Entscheidungen
des Reichsgerichts
in Zivilsachen

Sammlung der noch wichtigen Entscheidungen nach Fachgebieten geordnet

Herausgegeben

von

Professor Dr. **Leonhard Auerbach,** Berlin; Präsident des Reichspatentamtes a. D. **Johannes Eylau,** München; Rechtsanwältin **Charlotte Graf,** Berlin; Ministerialdirektor z. Wv. Senatspräsident Dr. **Ernst Knoll,** Berlin; Rechtsanwalt **Erich Kummerow,** Berlin; Rechtsanwalt **Hermann Reuss,** Berlin; Rechtsanwalt Dr. **Walter Schmidt,** Düsseldorf; Landgerichtsdirektor **Alexander Swarzenski,** Berlin; Rechtsanwalt Dr. **Werner Vahldiek,** Berlin

Gruppe II Verfahrensrecht

Konkursordnung

Berlin 1954

Walter de Gruyter & Co.

vormals G. J. Göschen'sche Verlagshandlung / J. Guttentag, Verlagsbuchhandlung / Georg Reimer / Karl J. Trübner / Veit & Comp.

Konkursordnung

Bearbeitet

von

Prof. Dr. Leonhard Auerbach

Rechtsanwalt in Berlin

Berlin 1954

Walter de Gruyter & Co.

vormals G. J. Göschen'sche Verlagshandlung / J. Guttentag, Verlagsbuchhandlung / Georg Reimer / Karl J. Trübner / Veit & Comp.

Archiv-Nr. 28 17 54

Satz: Walter de Gruyter & Co., Berlin W 35
Druck: MV Potsdam, 5000/95/53, A 2331

Inhaltsverzeichnis

Verzeichnis

der aufgenommenen Entscheidungen aus der alten Sammlung

† Entscheidung ist gekürzt
* Entscheidung enthält nur Leitsatz

Die Entscheidungen sind grundsätzlich ungekürzt gebracht worden. Ausnahmsweise gekürzte Entscheidungen sind mit einem † gekennzeichnet.

Soweit eine Entscheidung mehrere Fachgebiete betrifft, ist sie nur in einem Fachgebiet aufgenommen worden. Die anderen Gebiete enthalten nur den Leitsatz der betreffenden Entscheidung mit einem Hinweis, wo der vollständige Abdruck erfolgt ist.

Um das Auffinden der Entscheidungen zu erleichtern, wird am Schluß der Gruppe ein Gesamt-Fundstellenregister erscheinen, in dem alle aufgenommenen Entscheidungen verzeichnet und nach der Fundstelle der alten und der neuen Sammlung zitiert sind.

Konkursrecht

Allgemeine Bestimmungen

RGZ. 12, 42

Zur Auslegung der §§ 5, 6, 23, 24 (6, 7, 30, 31 n. F.) der Konkursordnung.

II. Zivilsenat. Urt. v. 13. Juni 1884.

I. Landgericht Freiburg. II. Oberlandesgericht Karlsruhe.

Am 2. November 1881 übergab der Beklagte leihweise dem Kaufmanne L. in Freiburg Wertpapiere im Gesamtnominalwerte von 12000 M., damit der Entleiher dieselben für ein Darlehn verpfände; L. nahm sodann bei der Gewerbebank in Freiburg ein Darlehn von 12000 M. auf und gab hierfür die Papiere als Faustpfand. Am 28. April 1882 gab er dem Beklagten die eine Hälfte der Papiere zurück; dieser drängte auf Rückgabe der übrigen; am 19. Oktober 1882 zahlte L. der Gewerbebank 5700 M. und erhielt den Rest der Papiere zurück; am 20. Oktober morgens zwischen 9 und 10 Uhr übergab er dieselben in einem Pakete der Post in Freiburg, und am 21. Oktober gelangte der in Heilbronn wohnende Beklagte in deren Besitz. — Am 20. Oktober vormittags 11 Uhr war gegen L. der Konkurs eröffnet worden. Der Konkursverwalter erhob nun Klage auf Rückgabe der am 19. Oktober bei der Gewerbebank ausgelösten und am 21. Oktober dem V. zugekommenen Papiere, bzw. auf Bezahlung eines gleichkommenden Geldbetrages. Die Klage ist in doppelter Richtung begründet: einmal auf die Behauptung, daß die Empfangnahme in Heilbronn maßgebend, danach die Rückgabe nach Eröffnung des Konkurses erfolgt, dieselbe daher nichtig sei (§§ 5, 6 KO.); sodann auf die §§ 23, 24 KO. und die Behauptung, daß die Auslösung zur Begünstigung des Beklagten und zur Benachteiligung der übrigen Gläubiger des L. geschehen und jenem dies bekannt gewesen sei. — Mit Urteil vom 16. Mai 1883 hat das Landgericht zu Freiburg dem Beklagten einen richterlichen Eid dahin auferlegt: „Es ist nicht wahr, daß ich bei dem am 21. Oktober v. J. erfolgten Empfange der von L. mir übersendeten Wertpapiere Kenntnis davon hatte, daß L. in der Absicht, mich von der Notwendigkeit der Auslösung der Papiere aus meinen eigenen Mitteln zu entheben und diese aus dem Vermögen, welches bei dem nachher ausgebrochenen Konkurse den Gläubigern zugefallen wäre, zu bewirken, am 19. Oktober v. J. die in meinen Besitz gelangten Wertpapiere bei der Gewerbebank ausgelöst und an mich übersendet hat." Für den Fall der Eidesleistung ist die Klage abgewiesen, für den Fall der Verweigerung der Beklagte verurteilt worden, der Konkursmasse die Wertpapiere oder den Betrag von 5000 M. zurückzugewähren. Das Oberlandesgericht hat die von der Klägerin eingelegte Berufung verworfen, und die Revision gegen dessen Urteil wurde zurückgewiesen aus folgenden

Gründen:

„1. In erster Linie ist die Klage dahin begründet, daß auf Grund der §§ 5 und 6 KO. die unbedingte Verurteilung des Beklagten zur Herausgabe der Wertpapiere begehrt wird. Hierbei ist von der behaupteten benachteiligenden Absicht des L. bei deren Einlösung abzusehen und lediglich daran festzuhalten, daß derselbe die wieder in seinen Besitz gekommenen Papiere dem Beklagten zurückgegeben hat. Diese waren, wie festgestellt ist, Eigentum des letzteren, gehörten daher nicht zu dem die Konkursmasse bildenden Vermögen des L. (§§ 1, 5 Abs. 1 KO.) und hatte Beklagter einen Anspruch auf Aussonderung derselben (§ 35 KO.), so daß die Rückforderung der Papiere jedenfalls durch die Einrede ausgeschlossen wird, daß die Klägerin die Ausfolgung einer Sache begehrt, welche sie sofort wieder zurückzugeben verpflichtet wäre. Der Vertreter der Revisionsklägerin scheint zwar darauf Gewicht zu legen, daß dieser Einrede mit der Replik begegnet werden könne, daß L. die Einlösung der Papiere in der dem Beklagten bekannten Absicht bewirkt habe, die Gläubiger zu benachteiligen. Diese Behauptung ist aber die Grundlage der gleichzeitig erhobenen Anfechtungsklage und kann nicht unabhängig von dieser geprüft werden.

2. Diese Anfechtungsklage wird dahin begründet, daß L. bei der Auslösung lediglich den Zweck gehabt habe, den Beklagten der Notwendigkeit, seine Papiere aus eigenen Mitteln einzulösen, zu entheben und solche vielmehr mit den Mitteln der Konkursmasse zum Nachteile der Gläubiger zu bewirken, und daß Beklagter von dieser Absicht Kenntnis hatte. Diese Behauptung hat nicht sowohl den Sinn, daß L. in gefährdender Absicht seine Verbindlichkeit aus dem Darlehn gegenüber der Gewerbebank erfüllt habe, als vielmehr den, daß er seiner dem Beklagten gegenüber bestehenden Verpflichtung, die Papiere vom Pfandnexus zu befreien, in rechtswidriger Absicht nachgekommen sei. Durch diese Einlösung hat er nicht bloß die Befriedigung der Gewerbebank, sondern weiter noch zum Vorteile des Beklagten bewirkt, daß dieser seine Papiere zurückerhielt, ohne sie aus eigenen Mitteln pfandfrei machen und wegen des Gezahlten sich als Konkursgläubiger anmelden zu müssen. — Wenn nun auch die Bezahlung des Darlehns an die Gewerbebank nur dieser gegenüber anfechtbar ist und es hierbei darauf ankäme, ob bei dieser die Voraussetzungen für die Anfechtung gegeben sind, so kann doch andererseits die zugleich

mit dieser Zahlung bewirkte Erfüllung der dem Beklagten gegenüber bestandenen Verpflichtung des L. auch dem Beklagten gegenüber als selbständig anfechtbar betrachtet werden. Hiernach erscheint aber nicht die Rückgabe der Papiere, sondern deren Einlösung als die anzufechtende Rechtshandlung, und wäre daher eventuell entscheidend, ob dem Beklagten zur Zeit der Einlösung — 19. Oktober — die unredliche Absicht des L. bekannt gewesen sei. Zu einer Änderung des Eides in dieser Richtung hatte aber das Berufungsgericht um deswillen keinen Grund, weil sich der Beklagte dabei beruhigt hatte, daß er schon dann verurteilt werde, wenn durch seine Eidesverweigerung feststeht, daß er wenigstens am 21. Oktober von der gedachten Absicht des Gemeinschuldners Kenntnis hatte. Aber auch zu einer Änderung des Urteils nach den Anträgen der Klägerin gibt die vorstehende rechtliche Beurteilung keinen Anlaß. Zu einer unbedingten Verurteilung des Beklagten hätte das Berufungsgericht nur gelangen können, wenn entweder die Klage in der ersten Richtung (§§ 5, 6 KO.) begründet, oder die Kenntnis des Beklagten von der unredlichen Absicht des L. im entscheidenden Zeitpunkte für erwiesen zu achten oder, wenn § 23 Ziff. 2 KO. anwendbar wäre. Auf die §§ 5, 6 KO. kann sich aber die Klage, wie dargetan, nicht stützen, und daß die Kenntnis des Beklagten von der unredlichen Absicht des Gemeinschuldners nicht voll erwiesen sei, beruht auf unanfechtbarer Beweiswürdigung. Der § 23 Ziff. 2 KO. findet aber deshalb keine Anwendung, weil der Anspruch des Beklagten auf pfandfreie Rückgabe der Papiere, also auch auf die Einlösung derselben, ein längst fälliger war, also keine Rechtshandlung in Frage steht, welche ihm eine Befriedigung gewährte, die er nicht oder nicht in der Art oder nicht zu der Zeit zu beanspruchen hatte, zu welcher sie erfolgt ist. Auch der eventuelle Antrag der Klägerin auf Änderung des Eides dahin, daß dem Beklagten zur Zeit, als er die Papiere in Empfang nahm (21. Oktober), deren Auslösung am 19. Oktober und die Konkurseröffnung am 20. Oktober nicht unbekannt gewesen seien, erscheint nicht begründet. Nach dem Ausgeführten ist nicht der Zeitpunkt der Empfangnahme, sondern derjenige der Auslösung der entscheidende, dieser geht aber der Konkurseröffnung voraus. Daß zu diesem Zeitpunkte, am 19. Oktober, L. bereits seine Zahlungen eingestellt habe und dem Beklagten dies bekannt gewesen sei, behauptet die Klägerin nicht. Mithin findet auch § 23 Ziff. 1 KO. keine Anwendung."

RGZ. 13, 151

Behält ein Kaufmann nach Eröffnung des Konkurses über sein Vermögen die Kaufmannseigenschaft bei?

I. Zivilsenat. Urt. v. 4. März 1885.

I. Landgericht Hirschberg. II. Oberlandesgericht Breslau.

Über das Vermögen des Kaufmannes Th., des jetzigen Beklagten, war Konkurs eröffnet worden, welcher 1878 durch Akkord beendet wurde. Noch bevor das den Akkord bestätigende zweitinstanzliche Urteil ergangen war, stellte der Beklagte dem Kläger einen Schein aus, worin er sich ohne Angabe eines Schuldgrundes verpflichtete, dem Kläger am 31. Dezember 1883 spätestens 2000 M. zu zahlen. Der Berufungsrichter verurteilte den Beklagten auf Grund dieses Verpflichtungsscheines.

Auf Revision des Beklagten wurde dieses Urteil aufgehoben aus folgenden

Gründen:

. . . „Der mit der Klage überreichte Schein würde als ein kaufmännischer Verpflichtungsschein zu behandeln sein, wenn der Beklagte zur Zeit der Ausstellung desselben Kaufmann gewesen wäre. Dies kann aber nicht angenommen werden. Der Berufungsrichter nimmt an, daß der Beklagte, welcher unbestritten bis zur Konkurseröffnung Kaufmann war, nicht unmittelbar durch die Konkursordnung aufgehört habe, Kaufmann zu sein, die Kaufmannseigenschaft vielmehr während der Dauer des Konkurses, also bis zur rechtskräftigen Bestätigung des Akkordes unverändert behalten habe, wenn er auch während dieser Zeit keine Handelsgeschäfte gemacht habe. Er knüpft daran noch die Bemerkung, der Beklagte habe nicht geltend gemacht, daß er nach dem Konkurse seine Geschäfte nicht wieder aufgenommen habe. Diese Ausführung ist rechtsirrtümlich. Kaufmann im Sinne des Handelsgesetzbuches, also auch des Art. 301, ist nach Art. 4 derjenige, welcher gewerbsmäßig Handelsgeschäfte betreibt. Diese beiden Begriffe fallen auch zeitlich zusammen, so daß jemand nur so lange Kaufmann ist, als er ein Handelsgewerbe betreibt, und sobald er aufhört, Handelsgeschäfte tatsächlich zu betreiben, auch aufhört, Kaufmann zu sein. Sobald daher über das Vermögen eines Kaufmannes Konkurs eröffnet wird, hört er auf, Kaufmann zu sein, wenn er nicht etwa fortfährt, Handelsgeschäfte zu betreiben. Dies wird nach der Konkurseröffnung die Regel bilden. Nach § 4 der für den vorliegenden Fall maßgebenden preußischen Konkursordnung vom 8. Mai 1855 verlor der Beklagte mit dem Zeitpunkte der Konkurseröffnung von Rechts wegen die Befugnis, sein zur Konkursmasse gehöriges Vermögen zu verwalten und darüber zu verfügen; das Verwaltungs- und Verfügungsrecht wurde von da an durch die Gläubigerschaft an Stelle des Gemeinschuldners ausgeübt und zu dem Ende ein Konkursverwalter bestellt. Andererseits hört aber der Gemeinschuldner durch die Konkurseröffnung nicht unter allen Umständen und notwendig auf, Kaufmann zu sein; er kann Kaufmann bleiben, wenn er fortfährt Handelsgeschäfte zu betreiben. Inwiefern dies durch Verwaltungsakte des Verwalters der Konkursmasse geschehen kann, ist hier nicht zu erörtern. Der Kridar selbst aber kann, da er durch die Konkurseröffnung die

Handelsfähigkeit nicht verliert, auch nach der Konkurseröffnung fortfahren, Handelsgeschäfte zu betreiben, und sofern er dies gewerbsmäßig tut, bleibt er Kaufmann.... Zu reprobieren ist die Ansicht des Berufungsgerichtes, daß der Beklagte, auch ohne während des Konkurses Handelsgeschäfte zu betreiben, bloß deshalb, weil er vor der Konkurseröffnung Kaufmann gewesen sei, auch nach der Konkurseröffnung Kaufmann bleibt. Es ist ferner unzutreffend und beruht auf einer Verkennung der Beweislast, wenn der Berufungsrichter bemerkt, der Beklagte habe nicht geltend gemacht, daß er nach dem Konkurse seine Geschäfte nicht wieder aufgenommen habe. Es wäre Sache des Klägers gewesen, darzulegen und nachzuweisen, daß Beklagter zu der in Frage stehenden Zeit gewerbsmäßig Handelsgeschäfte betrieben habe, wenn er einen Anspruch darauf gründen wollte, daß Beklagter zu der fraglichen Zeit Kaufmann gewesen sei. Das hat aber Kläger in bezug auf die Zeit der Ausstellung des Verpflichtungsscheines vom 21. Juli 1878 nicht behauptet. Der Art. 301 HGB. kann daher, da es an dem Hauptrequisite eines kaufmännischen Verpflichtungsscheines, nämlich der Kaufmannseigenschaft des Ausstellers, fehlt, nicht zur Aufrechterhaltung des Klaganspruches dienen. Es kann daher unerörtert bleiben, ob der Art. 301 HGB. nicht auch deshalb keine Anwendung leidet, weil nicht festgestellt ist, daß der Verpflichtungsschein in dem Betriebe des Handelsgewerbes des Beklagten ausgestellt ist."

RGZ. 26, 425

Verschafft nach vorläufiger Privatpfändung einer Forderung *) die nach Veröffentlichung eines allgemeinen Veräußerungsverbotes, aber noch vor der Konkurseröffnung erfolgte gerichtliche Pfändung jener Forderung dem Gläubiger ein den Konkursgläubigern gegenüber wirksames Pfandrecht an derselben?

ZPO. § 744 (845 n. F.). KO. §§ 12, 98 (15, 106 n. F.).

VI. Zivilsenat. Urt. v. 3. Juli 1890.

I. Landgericht Hamburg. II. Oberlandesgericht daselbst.

Aus den Gründen:

„Die Beklagte hatte auf Grund eines ihr gegen die Firma J. erworbenen vollstreckbaren Schuldtitels zum Belaufe von 3528,67 M. nebst Zinsen und Kosten nach Maßgabe des § 744 ZPO. Benachrichtigung von der bevorstehenden Pfändung zweier ausstehender Forderungen jener Firma der letzteren und den Drittschuldnern am 27. Juli 1889 zustellen lassen. Am 9. August 1889 wurde sodann die gerichtliche Pfändung der beiden Forderungen vollzogen. Inzwischen war

*) Pfändungsankündigung (vom Herausgeber).

aber beim Amtsgerichte von einem anderen Gläubiger ein Antrag auf Eröffnung des Konkursverfahrens gegen die Firma J. gestellt und infolge davon von dem genannten Gerichte ein allgemeines Veräußerungsverbot an die letztere erlassen worden, welches am 8. August öffentlich bekannt gemacht worden war. Am 12. August wurde das Konkursverfahren eröffnet, und es hat nun der Konkursverwalter die fragliche Forderungspfändung als den Konkursgläubigern gegenüber unwirksam angefochten.

Dem dem Klagantrage im wesentlichen entsprechenden Berufungsurteile *konnte in seiner Begründung nicht durchweg beigepflichtet* werden. Insbesondere ist dort nicht scharf genug unterschieden zwischen dem Falle, wo die in § 744 ZPO. erforderte, nachträgliche gerichtliche Pfändung bis zur Eröffnung des Konkursverfahrens noch nicht erfolgt ist, und dem hier vorliegenden, wo die Pfändung zwar erst nach öffentlicher Bekanntmachung des allgemeinen Veräußerungsverbotes, aber doch noch vor Eröffnung des Konkursverfahrens stattgefunden hat. Wenigstens bezieht sich die vom Oberlandesgerichte als Autorität für seine Ansicht angeführte Bemerkung von v. Wilmowski und Levy zu § 744 ZPO., sowie die von Küntzel in den Beiträgen zur Erläuterung des deutsches Rechtes (Bd. 28 S. 279) mitgeteilte Entscheidung des Kammergerichtes zu Berlin nur auf den ersteren Fall, der hier gar nicht in Frage steht. Das ist allerdings auch unzweifelhaft, daß von der Konkurseröffnung an der vorläufigen Privatpfändung des § 744 ZPO. die endgültige Wirksamkeit nicht mehr durch gerichtliche Pfändung verschafft werden kann, da der § 11 KO. für die Dauer des Konkursverfahrens alle Zwangsvollstreckungen zugunsten einzelner Konkursgläubiger in das Vermögen des Gemeinschuldners untersagt, und da die von v. Völderndorff in der Zeitschrift für deutschen Zivilprozeß (Bd. 6 S. 169flg.) aufgestellte Ansicht, wonach die Konkurseröffnung selbst hier in der fraglichen Beziehung die Stelle der gerichtlichen Pfändung vertreten sollte, als völlig unhaltbar erscheint. Als bei weitem nicht so zweifellos stellt sich aber die Entscheidung der anderen Frage dar, welche Bedeutung der bloßen öffentlichen Bekanntmachung des allgemeinen Veräußerungsverbotes in dieser Hinsicht zukomme. Es handelt sich hierbei um die Anwendung der aus § 98 Abs. 1 in Verbindung mit § 12 KO. zu entnehmenden Vorschrift, daß von jener Bekanntmachung an Pfandrechte an Gegenständen der zukünftigen Konkursmasse im Wege der Zwangsvollstreckung nicht mehr mit verbindlicher Kraft gegen die Konkursgläubiger erworben werden können, und es fragt sich, ob in dem durch § 744 ZPO. gesetzten Falle durch die gerichtliche Pfändung das Pfandrecht im Sinne dieser Bestimmung erst „erworben" wird.

Nach dem zweiten Absatze des genannten § 744 soll die im ersten Absatze vorgesehene Benachrichtigung des Drittschuldners die Wirkung „eines Arrestes“ haben, sofern die Pfändung der Forderung innerhalb drei Wochen vom Tage der Benachrichtigung an bewirkt wird. Gemeint ist offenbar die Wirkung einer Arrestvollstreckung, wie sich auch in dem parenthetischen Zitate des § 810 ZPO. kundgibt; die fragliche Benachrichtigung des Drittschuldners soll dem Gläubiger unter der bezeichneten weiteren Voraussetzung ein Arrestpfandrecht an der Forderung verschaffen. Nun kann dahingestellt bleiben, ob man diese Voraussetzung richtiger mit dem Landgerichte als resolutive oder mit dem Oberlandesgerichte als suspensive Bedingung auffaßt; denn unter allen Umständen ist das gewiß, daß, wenn die gerichtliche Pfändung innerhalb der dreiwöchigen Frist vollzogen wird, der Regel nach alles so angesehen wird, als hätte jenes Arrestpfandrecht von Anfang an bestanden, wie auch vom Reichsgerichte schon ausgesprochen ist.

Vgl. Entsch. des RG.s in Zivils. Bd. 17 S. 331 flg.

Sonst würde es auch der Bestimmung des § 744 ZPO. an jeder praktischen Bedeutung fehlen; denn mit dem Augenblicke der gerichtlichen Forderungspfändung entsteht ohnehin allemal ein Pfandrecht, mindestens ein Arrestpfandrecht, gewöhnlich aber sogar ein vollständiges Pfändungspfandrecht. Ob die auf diesen Punkt bezüglichen Ausführungen des Berufungsurteiles, welche nicht in jeder Beziehung klar erscheinen, dieser gesetzlichen Sachlage völlig gerecht geworden sind, kann unerörtert bleiben; denn die Entscheidung selbst war jedenfalls aufrechtzuerhalten. Mag man nämlich auch in anderen Beziehungen sagen können, daß nach erwirkter gerichtlicher Pfändung das Arrestpfandrecht als schon mit der Zustellung der Benachrichtigung an den Drittschuldner erworben gelte, so ist doch der § 98 Abs. 1, bzw. der § 12 KO. nicht in diesem Sinne aufzufassen. Die hier in Rede stehende Bestimmung will soviel als möglich verhindern, daß nach Veröffentlichung des Veräußerungsverbotes ein einzelner Gläubiger sich durch irgend eine Rechtshandlung noch einen Vorzug vor der Gesamtheit der Konkursgläubiger verschaffen könne, und es entspricht daher dem Sinne des Gesetzes, unter dem „Erwerbe“ von Pfandrechten, welcher den Konkursgläubigern gegenüber unwirksam sein soll, auch den hier fraglichen Fall, wo die Benachrichtigung nach Maßgabe des § 744 ZPO. bereits stattgefunden hat, mitzuverstehen, obschon dies sonst immerhin ein Erwerb mit rückwirkender Kraft sein würde.

Demgemäß mußte die Revision der Beklagten als unbegründet zurückgewiesen werden.“ ...

RGZ. 28, 283

1. Gehören zu den Zwangsvollstreckungen im Sinne des § 11 (14 n. F.) KO. auch die Eintragungen im Grundbuche im Wege der Zwangsvollstreckung?

2. Wird die Zwangsvollstreckung erst durch die Eintragung im Grundbuche oder schon durch die Vorlegung des begründeten Eintragungsgesuches beim Grundbuchamte vollzogen?

V. Zivilsenat. Urt. v. 16. September 1891.

I. Landgericht Cöslin. II. Oberlandesgericht Stettin.

Auf Antrag des Beklagten sind am 1. Februar 1886 auf den Grundstücken des Bauernhofsbesitzers L. in Abt. III unter Nr. 4 des Grundbuches zwei vollstreckbare Wechselforderungen des Beklagten von 13500 *und 10000 M. nebst Zinsen und Kosten* vorgemerkt worden, nachdem bereits am Abende des 30. Januar 1886 der Konkurs über das Vermögen des Schuldners L. eröffnet war. Der Konkursverwalter ist der Ansicht, die Gläubigerschaft brauche die Vormerkung nicht gelten zu lassen, und hat Klage erhoben mit den Anträgen: prinzipaliter den Beklagten zur Bewilligung der Löschung der Vormerkung, eventuell zu dem Anerkenntnisse zu verurteilen, daß ihm aus der Vormerkung keinerlei Realrechte gegenüber dem Gemeinschuldner und den Konkursgläubigern zustehen. Der erste Richter hat die Klage abgewiesen. Auf die Berufung der Klägerin ist der Beklagte nach dem prinzipalen Klagantrage verurteilt worden. Die Revision des Beklagten ist zurückgewiesen worden aus folgenden

Gründen:

„Während der erste Richter für entscheidend hält, ob der Eintragungsantrag des Beklagten beim Grundbuchamte vor oder nach der Konkurseröffnung vorgelegt ist, und mit seiner tatsächlichen Feststellung die erste Alternative bejaht: legt das Berufungsgericht diesem Umstande keine Bedeutung bei, gründet vielmehr seine Entscheidung allein auf die feststehende Tatsache, daß die Eintragung der Vormerkung nach der Eröffnung des Konkurses erfolgt ist. Es hält die Eintragung der Vormerkung für eine Maßregel der Zwangsvollstrekkung und diese sowohl den Konkursgläubigern wie dem Gemeinschuldner gegenüber nach § 11 für nichtig.

Es fragt sich zunächst, ob die Eintragung der Vormerkung eine Zwangsvollstreckung im Sinne des § 11 KO. darstellt, oder ob dieselbe, als ein Pfand- und Hypothekenrecht begründend, unter die Vorschrift des § 12 KO. fällt. Wäre letzteres der Fall, so könnte der Entscheidung nach dem Prinzipalantrage der Klägerin nicht beigetreten werden, weil durch die damit begehrte Löschung die Vormerkung und das dadurch begründete dingliche Recht gänzlich aufgehoben würde, durch § 12 aber der Erwerb und die Eintragung von Pfand- und Hypothekenrechten nicht absolut gehindert, diesen Rechten vielmehr die verbindliche Kraft nur „gegenüber den Konkursgläubigern“ abgesprochen wird, so daß dieselben gegenüber anderen, als den Konkursgläubigern, namentlich dem Gemeinschuldner gegenüber bestehen. Ist dagegen anzunehmen, daß der § 11 KO. Anwendung findet, so erscheint die Entscheidung gerechtfertigt; denn nach § 11 finden während der Dauer des Konkursverfahrens Zwangsvollstreckungen zugunsten einzelner Konkursgläubiger weder in das zur Konkursmasse gehörige, noch in das sonstige Vermögen des Gemeinschuldners statt. Zwangsvollstreckungen, welche diesem Verbote entgegen ausgeführt sind, ist also jede Wirkung versagt, so daß sowohl von den Konkursgläubigern wie von dem Gemeinschuldner die Aufhebung der erfolgten Vollstreckungsmaßregeln, insonderheit die gänzliche Aufhebung des durch Eintragung einer Vormerkung für eine vollstreckbare Forderung begründeten Realrechtes mittels Löschung im Grundbuche gefordert werden darf.

Da im § 11 KO. Zwangsvollstreckungen zugunsten einzelner Konkursgläubiger ohne Einschränkung für unzulässig erklärt werden, so muß diese Bestimmung auf alle Arten von Zwangsvollstreckungen bezogen werden, welche die Konkursordnung oder das neben derselben geltende Recht als solche anerkennt. In der Zivilprozeßordnung wird vorgeschrieben, daß die Zwangsvollstreckung in das unbewegliche Vermögen sich nach den Landesgesetzen bestimmt (§ 757). Das Landesgesetz, welches hier zur Ergänzung der Vorschriften der Zivilprozeßordnung zu dienen hat, ist das preußische Gesetz, betreffend die Zwangsvollstreckung in das unbewegliche Vermögen, vom 13. Juli 1883 (GS. S. 131). Nach § 2 Nr. 1 desselben erfolgt die Zwangsvollstreckung in Grundstücke „durch Eintragung der vollstreckbaren Forderung in das Grundbuch". Die §§ 6flg. bestimmen die Voraussetzungen und das Verfahren. Es kann hiernach keinem Zweifel unterliegen, daß die Zwangsvollstreckung in Grundstücke durch Eintragung der vollstreckbaren Forderung in das Grundbuch zu den im § 11 KO. während der Dauer des Konkursverfahrens ausgeschlossenen Zwangsvollstreckungen gehört. Ebensowenig läßt der Wortlaut des § 2 Nr. 1 jenes Gesetzes im unklaren darüber, daß die Eintragung im Grundbuche als Akt der Zwangsvollstreckung anzusehen ist. Daß dieser Akt dem Grundbuchrichter, dessen Tätigkeit auf dem Gebiete der freiwilligen Gerichtsbarkeit liegt, zur selbständigen Erledigung zugewiesen worden (Gesetz vom 13. Juli 1883 § 12), daß der Grundbuchrichter mithin nicht als Vollstreckungsrichter im Sinne des § 685 ZPO. angesehen werden darf, kann die Eintragung der vollstreckbaren Forderung im Grundbuche des sich aus ihrer rechtlichen Natur ergebenden und auch vom Gesetze ihr aufgeprägten Charakters einer Zwangsvollstreckung nicht entkleiden.

Wie im Urteile des Reichsgerichtes vom 9. März 1887 (Johow, Jahrb. Bd. 7 S. 305flg.) zutreffend gesagt wird, ist der Grundbuchrichter, wenn er eine solche Eintragung vornimmt, bei der Zwangsvollstreckung mittätig, mag er auch als Vollstreckungsgericht im Sinne der Zivilprozeßordnung nicht handeln.

Weiter ist zu prüfen, welcher Akt des Zwangsvollstreckungsverfahrens mittels Eintragung vor der Eröffnung des Konkurses liegen muß, damit die Zwangsvollstreckung selbst als vor diesem Zeitpunkte ausgeführt gelten kann. Mit der Eintragung der Vormerkung wird im Endziele die abgesonderte Befriedigung der durch die Vormerkung gesicherten Forderung aus dem Grundstücke mit dem sich aus der Stelle der Vormerkung in der Reihenfolge der Eintragungen ergebenden Vorrechte erstrebt (Eigentumserwerbsgesetz §§ 22, 34, 36, 17; Gesetz vom 13. Juli 1883 §§ 6, 7, 23, 29). Nach § 39 KO. in Verbindung mit § 1 Nr. 1 des Gesetzes vom 13. Juli 1883 dienen Grundstücke zur abgesonderten Befriedigung, insoweit ein dingliches oder sonstiges Recht auf vorzugsweise Befriedigung aus denselben besteht. Es folgt demnach, daß derjenige Akt der Zwangsvollstreckung vor der Eröffnung des Konkurses stattgefunden haben muß, durch welchen ein dingliches oder sonstiges Recht auf vorzugsweise Befriedigung aus dem Grundstücke und somit auf abgesonderte Befriedigung erworben wird. Dieser Akt kann nur in der Eintragung selbst gefunden werden; denn erst durch die Eintragung im Grundbuche entsteht das Recht der Hypothek und der Grundschuld als dingliches Recht auf vorzugsweise Befriedigung (Eig.-Erw.-Ges. § 18), vorher kann deshalb auch von dem Erwerbe eines solchen Rechtes nicht die Rede sein. Was von der Entstehung der Hypothek und der Grundschuld gilt, muß aber auch von der Vormerkung gelten, deren Bestimmung ist, für die später einzutragende Hypothek oder Grundschuld die Stelle in der Reihenfolge der Eintragungen zu sichern (Eig.-Erw.-Ges. § 22). Freilich wird daraus, daß nach §§ 17, 34, 36 des Eigentumserwerbsgesetzes und § 45 der Grundbuchordnung das Vorrecht der Eintragungen untereinander durch den Zeitpunkt der Vorlegung der Gesuche bei dem Grundbuchamte bestimmt wird, gefolgert, die Entstehung der Hypothek müsse von dem Zeitpunkte ihrer Eintragung auf die Zeit der Vorlegung des Eintragungsgesuches zurückbezogen werden, und deshalb die hier interessierende Frage dahin beantwortet, daß eine vor der Konkurseröffnung zur Eintragung gehörig angemeldete Hypothek in ihrer Wirkung wie eine vor der Konkurseröffnung durch Eintragung erlangte Hypothek zu behandeln ist *); allein, mag auch diese Ansicht,

*) Vgl. Erkk. des preuß. Obertrib. in Entsch. desselben Bd. 47 S. 178, Bd. 58 S. 196, Bd. 76 S. 103, 163, Bd. 78 S. 299; Striethorst, Archiv Bd. 52, S. 129, Bd. 66 S. 164, Bd. 79 S. 358, Bd. 86 S. 335; Gruchot, Beiträge Bd. 14 S. 127; Reichsanzeiger von 1878 Nr. 9; Urteil des II. Hilfssenats des Reichsgerichtes in Entsch. des RG.s in Zivils. Bd. 4 S. 324; Achilles, S. 165 Anm. 5; Bahlmann, S. 90 Anm. 5 sowie die übrigen Bearbeiter des Grundbuchrechtes mit Ausnahme von Schultzenstein, Drei Fragen usw. S. 39 flg.; ferner Dernburg, Bd. 1 § 200 Anm. 9, Bd. 2 § 114 Anm. 26; Dernburg und Hinrichs, Bd. 1 S. 130, 411 Anm. 49; Förster-Eccius, Bd. 1 § 116 Anm. 24; Koch, Kommentar zum ALR. Bd. 2 Anm. 22 zu § 411 I. 20.

welche darauf gestützt ist, daß der Antragsteller mit der Vorlegung seines Antrages bei dem Grundbuchrichter alles getan habe, was ihm gesetzlich obgelegen, daß ihm selbst auf den Zeitpunkt der Eintragung eine Einwirkung nicht zustehe und ihn deshalb die Folgen von Verzögerungen im Grundbuchamte nicht treffen dürfen, Billigkeitsgründe für sich haben, — rechtlich kann sie doch nicht bestehen. Denn entscheidend bleibt, daß, wie das Faustpfandrecht durch Übergabe und das Pfändungspfandrecht durch den Akt der Pfändung (vgl. ZPO. §§ 712, 730, 709, 730 Abs. 3), das dingliche Recht auf vorzugsweise Befriedigung aus dem Grundstücke erst durch die Eintragung der Hypothek oder Vormerkung entsteht, und — die Bestimmungen der §§ 17, 34, 36 des Eig.-Erw.-Ges. und des § 45 der Grundbuchordnung können keine anderen Wirkungen äußern, als ihnen vom Gesetze beigelegt sind — daß sich die Reihenfolge der Eintragungen nach dem Zeitpunkte der Vorlegung der Eintragungsgesuche und die Rangordnung der eingetragenen Rechte nach der Reihenfolge der Eintragungen bestimmt. Diese Auffassung, der sich die Kommentatoren der Konkursordnung angeschlossen haben (v. Wilmowski, 4. Aufl. S. 82 Anm. 3; Petersen und Kleinfeller, 2. Aufl. S. 53flg.; v. Sarwey, S. 58flg.; v. Völderndorff, Bd. 1 S. 196; Meisner, S. 67flg.), hat der V. Zivilsenat des Reichsgerichtes bereits in dem Urteile vom 25. November 1885 (Entsch. des RG.s in Zivils. Bd. 14, S. 291 flg.) kundgegeben, und es liegt um so weniger Veranlassung vor, dieselbe wieder zu verlassen, als auch der III. Zivilsenat des Reichsgerichtes (Entsch. des RG.s in Zivils. Bd. 26 S. 395) die gleiche Ansicht bei Prüfung der Rechtsbeständigkeit einer in Vollziehung eines Arrestbeschlusses eingetragenen Vormerkung ausgesprochen hat. Wie dort die Vollziehung des Arrestes nicht schon in der Vorlegung des Antrages auf Vollziehung durch Eintragung einer Vormerkung beim Grundbuchrichter gefunden wird, so kann auch in dem gleichliegenden Falle, wo die Zwangsvollstreckung wegen einer vollstreckbaren Forderung durch Eintragung einer Vormerkung erfolgen soll, die Vollziehung der Zwangsvollstreckung nicht bereits in der Vorlegung des Eintragungsgesuches erblickt werden."

RGZ. 28, 422

Ist es statthaft, daß der Gemeinschuldner dem Konkursverwalter in einem Rechtsstreite, welchen der letztere betreffs Feststellung einer Forderung gegen die Masse führt, als Nebenintervenient beitrete?

II. Zivilsenat. Beschluß v. 16. September 1891.

I. Oberlandesgericht Darmstadt.

Gründe:

„Die Frage, ob der Gemeinschuldner berechtigt sei, dem Konkursverwalter in einem Rechtsstreite wegen einer von diesem im Prüfungstermine bestrittenen Forderung als Nebenintervenient beizutreten, wäre unbedenklich zu verneinen, wenn davon auszugehen wäre, daß der Verwalter nur als Vertreter des Gemeinschuldners den Prozeß führe, dieser selbst also Partei sei. Es kann jedoch von dieser bestrittenen Auslegung des § 5 KO. abgesehen werden, weil die Unstatthaftigkeit der Nebenintervention auch aus einem anderen Grunde sich ergibt. Die Feststellung einer Forderung der Konkursmasse gegenüber kann nämlich vom Gemeinschuldner nicht verhindert werden. Eine Forderung gilt vielmehr (§ 132 [144 n. F.] Abs. 1 KO.) als festgestellt, soweit gegen sie im Prüfungstermine weder vom Verwalter noch von einem Konkursgläubiger Widerspruch erhoben oder soweit ein erhobener Widerspruch beseitigt wird; ein Widerspruch des Gemeinschuldners dagegen kommt in bezug auf diese Feststellung nicht in Betracht. Der Gemeinschuldner hat nun allerdings ein Interesse auch daran, daß die Masse nicht mit unbegründeten Forderungen belastet werde; dieses Interesse ist jedoch, wie die Motive zu §§ 8, 9 KO. hervorheben, nur ein tatsächliches und fällt mit dem der Gläubiger zusammen, und der Verwalter hat das Interesse beider wahrzunehmen. Die Zulässigkeit der Nebenintervention erfordert aber ein rechtliches, nicht bloß ein tatsächliches Interesse (§ 63 ZPO.). Letzteres kann der Gemeinschuldner durch Mitteilung der der angemeldeten Forderung entgegenstehenden Einwendungen an den Verwalter und, wenn dieser seiner Pflicht nicht nachkommen sollte, durch Beschwerdeführung beim Konkursgerichte wahrnehmen. Ein rechtliches Interesse hat der Gemeinschuldner daran, daß aus der Eintragung in die Tabelle keine Zwangsvollstreckung gegen ihn stattfinde. Dieses Interesse schützt er (§ 152 [164 n. F.] KO.) durch ausdrückliches Bestreiten der Forderung im Prüfungstermine. Ein solches Bestreiten ist im gegebenen Falle nicht erfolgt, und es könnte daher nur die Frage entstehen, ob dasselbe nachträglich noch statthaft sei. Wäre aber auch dies mit dem Oberlandesgerichte anzunehmen, so würde diese Bestreitung doch nicht auf dem Wege der Nebenintervention geschehen können, sondern zwischen dem anmeldenden Gläubiger und dem Gemeinschuldner ein besonderer Prozeß (§ 134 [146 n. F.] KO.) geführt werden müssen. Als Nebenintervenient könnte der Gemeinschuldner nicht das gedachte rechtliche Interesse wahren; er könnte den Verwalter nicht hindern, die Forderung nachträglich anzuerkennen und deren Feststellung der Masse gegenüber zuzulassen (§ 64 ZPO.); der weitere Erfolg aber, ob die Eintragung in die Tabelle einen Vollstreckungstitel gegen den Gemeinschuldner begründe, berührt die Masse und deren Verwalter nicht.

Die Nebenintervention ist auch nicht etwa deshalb oder insofern statthaft, als der Konkursverwalter eine Widerklage auf Bezahlung von 4750,74 M. erhoben hat; denn die Vermehrung der Masse um diese Summe bildet für den Gemeinschuldner gleichfalls nur ein tatsächliches Interesse.

Die Beschwerde gegen das Zwischenurteil (§ 68 ZPO.) mußte daher für begründet erachtet und es mußten dem Nebenintervenienten sämtliche Kosten zur Last gelegt werden."

RGZ. 29, 29†

Kann der Gemeinschuldner in Prozessen zur Feststellung der Passivmasse als Zeuge vernommen werden? Rechtliche Stellung des Konkursverwalters.

V. Zivilsenat. Urt. v. 30. März 1892.

I. Landgericht Graudenz. II. Oberlandesgericht Marienwerder.

Der Kläger hat zum Konkurse des P. Forderungen angemeldet, die vom Konkursverwalter bestritten wurden; er hat deshalb gegen diesen auf Feststellung der Forderungen geklagt. Der Konkursverwalter berief sich bei einer Reihe von streitigen Tatsachen auf das Zeugnis des Gemeinschuldners P., und dieser ist auch als Zeuge, zunächst unvereidigt, vernommen und nachträglich auf besonderen Gerichtsbeschluß vereidigt worden (§ 358 Ziff. 4 ZPO.). Im übrigen aus den

Gründen:

. . . „Endlich rügt der Kläger, daß der Gemeinschuldner P. über eine Anzahl streitiger Fragen als Zeuge vernommen worden ist, was er für unzulässig hält. Die Erheblichkeit dieser Rüge kann nicht beanstandet werden, da der Berufungsrichter in der Beweiswürdigung wiederholt durch die Aussage des Zeugen P., und zwar zuungunsten des Klägers, beeinflußt worden ist. Die Rüge ist aber nicht gerechtfertigt.

Der Berufungsrichter hat anerkannt, daß der Gemeinschuldner am Ausgange dieses Prozesses interessiert sei; er hat ihn deshalb als eine bei dem Ausgange des Rechtsstreites unmittelbar beteiligte Person im Sinne des § 358 Ziff. 4 ZPO. behandelt, die nach dieser gesetzlichen Vorschrift vorläufig unbeeidigt zu vernehmen war und erst auf besondere Anordnuung des Gerichtes nachträglich beeidigt werden durfte, was auch geschehen ist. Die Ansicht, daß der Gemeinschuldner, zumal in Prozessen über die Aktiv- und Passivmasse, die eigentliche Partei, und daß der Konkursverwalter der gesetzliche Vertreter dieser Partei sei, hat der Berufungsrichter verworfen. Er führt aus: Der Gemeinschuldner verliere durch die Konkurseröffnung nicht die Prozeßfähigkeit, sondern nur die Verwaltungs- und Verfügungsbefugnis über sein zur Konkursmasse gehöriges Vermögen (§ 5 [6 n. F.] KO.), und diese Befugnis gehe auf den Konkursverwalter über. Dadurch werde der Konkursverwalter in seiner amtlichen Stellung selbständige Prozeßpartei, wenn er in der Eigenschaft als Konkursverwalter Prozesse führe.

Daß er dabei in gewisser Weise die Interessen des Gemeinschuldners und der Konkursgläubiger vertrete, mache ihn nicht zum gesetzlichen Vertreter dieser Personen, wofür es einer besonderen Bestimmung bedurft haben würde. Dieser Ansicht des Berufungsrichters kann lediglich beigepflichtet werden.

Das Zeugnis des Gemeinschuldners wäre nur dann unzulässig, wenn er als die eigentliche Prozeßpartei und der Konkursverwalter als sein (gesetzlicher) Vertreter angesehen werden müßte. In der Tat ist die Ansicht, daß — nicht etwa bloß in vorkommenden Prozessen, sondern überhaupt — *der Konkursverwalter den Gemeinschuldner* vertrete, namentlich in der Literatur weitverbreitet. Sie wird darauf gestützt, daß der Gemeinschuldner auch nach der Konkurseröffnung Eigentümer seines gesamten Vermögens bleibt, und daß er durch die Handlungen des Konkursverwalters verpflichtet wird. Letzterem Argumente ist jedoch keine selbständige Bedeutung beizumessen. Die Haftung des Gemeinschuldners aus den Verfügungen des Konkursverwalters — soweit sie überhaupt stattfindet — ist eine notwendige Folge des Umstandes, daß der Gemeinschuldner es ist, über dessen Vermögen Konkurs eröffnet war. Denn man mag das Konkursverfahren gestalten und die Stellung des Konkursverwalters konstruieren, wie man will, ohne den Grundsatz ist nicht auszukommen, daß die Handlungen des Konkursverwalters für den Gemeinschuldner bindend sein müssen. In diesem Sinne kann auch nicht bestritten werden, daß der Konkursverwalter den Gemeinschuldner vertrete. Die Vertretung in diesem Sinne ist aber nicht Gegenstand der Kontroverse, sondern gestritten wird über die Frage, ob es Rechte und Pflichten des Gemeinschuldners als Eigentümers der Konkursmasse seien, die der Konkursverwalter in dieser seiner Eigenschaft auszuüben oder zu erfüllen hat. Diese Formulierung der Frage macht es erklärlich, daß bei ihrer Beantwortung vielfach Gewicht auf den Umstand gelegt wird, daß der Gemeinschuldner während des Konkurses Eigentümer der Konkursmasse bleibt, was nach § 5 (6 n. F.) KO. nicht bezweifelt werden kann. Freilich beweist dieser Umstand allein noch nicht, daß die Rechtsverbindlichkeit der Verfügungen des Konkursverwalters über dieses Eigentum des Gemeinschuldners nicht anders erklärt werden könne als durch die Annahme, daß der Konkursverwalter dabei den Eigentümer rechtlich vertrete; aber zu dieser Annahme hält man sich deshalb für berechtigt, weil man den § 5 KO. weiter dahin versteht, daß das darin dem Gemeinschuldner entzogene Verwaltungs- und Verfügungsrecht über die Konkursmasse vom Konkursverwalter in rechtlicher Vertretung des Gemeinschuldners ausgeübt werden solle. Indessen so ist dieser Paragraph nicht zu verstehen. Wörtlich genommen enthalten seine Bestimmungen nicht die Anordnung einer Vertretung des Gemeinschuldners durch den Konkursverwalter in Ausübung des Verwaltungs- und Verfügungsrechtes; sie besagen nur, daß der Gemeinschuldner die Befugnis, sein zur Konkursmasse gehöriges Vermögen zu verwalten und über dasselbe zu verfügen, verliert, und daß das Verwaltungsrecht durch einen Konkursverwalter ausgeübt wird. Die Motive ergeben auch, daß der Gesetzgeber der Frage nicht präjudizieren wollte, als wessen Vertreter der Konkursverwalter dabei rechtlich aufzufassen sei (Motive S. 17 in Hahn, Materialien zur KO. S. 46). Der § 5 (6 n. F.) hat die Bedeutung, Eingriffe des Gemeinschuldners in die Konkursverwaltung abzuwehren, und es wird ihm von vornherein eine zu weite Auslegung gegeben, wenn seine Bestimmung *für die Quelle angesehen wird, aus der die Ermächtigung* des Konkursverwalters zur Vornahme der einzelnen Verwaltungs- und Verfügungsakte über die Konkursmasse abgeleitet werden müßte. Der Konkursverwalter übt seine Tätigkeit bei der Konstituierung und demnächstigen Versilberung der Aktivmasse, bei der Feststellung der Passivmasse und bei der Verteilung des Erlöses an die einzelnen Gläubiger überhaupt nicht als Ausfluß eines ihm aus der Person des Gemeinschuldners gesetzlich übertragenen Rechtes, sondern als eine ihm unbekümmert um die Person des Gemeinschuldners vom Gesetze übertragene Pflicht. Ein den Obliegenheiten des Konkursverwalters korrespondierender Pflichtenkreis ist in der Person des Gemeinschuldners weder vorher vorhanden gewesen, noch durch die Konkurseröffnung neu entstanden. Der Schuldner ist bei Eintritt der Voraussetzungen des Konkurses nur verpflichtet, die konkursmäßige Behandlung seines Vermögens zu dulden; dagegen läßt sich aus seiner Eigenschaft als Schuldners und als Eigentümers der Konkursmasse nicht die Verpflichtung ableiten, die zur Abwicklung des Konkursverfahrens erforderlichen Rechtshandlungen seinerseits vorzunehmen. Es könnte sich also nur fragen, ob das Gesetz (die Konkursordnung) derartige Pflichten oder Rechte für ihn neu begründe; aber für die Bejahung dieser Frage bietet die Reichskonkursordnung keine Handhabe. Namentlich kann eine solche nicht in dem § 5 (6 n. F.) KO. gefunden werden, denn die dort getroffene Bestimmung, daß der Gemeinschuldner die Befugnis zur Verwaltung und Verfügung über die Konkursmasse verliere, begründet allerdings die Folgerung, daß das Eigentumsrecht beim Gemeinschuldner zurückbleibt, aber nicht die, daß ihm de jure auch die Verwaltungs- und Verfügungsbefugnis verbleibe, und diese ihm nur der Ausübung nach entzogen werde, es heißt vielmehr schlechtweg, daß der Gemeinschuldner diese Befugnis verliert. Der Zusatz, daß das Verwaltungs- und Verfügungsrecht durch einen Konkursverwalter ausgeübt werde, hätte ganz fehlen können, da sich dies aus den ferneren Bestimmungen der Konkursordnung von selbst ergibt.

Es wird nun behauptet, die Bestimmungen der §§ 5 (6 n. F.) flg. KO. seien dahin aufzufassen, daß dem Gemeinschuldner insoweit, als er der Verwaltungs- und Verfügungsbefugnis über sein Vermögen für verlustig erklärt werde, die Handlungsfähigkeit (und deshalb auch die Prozeßfähigkeit) entzogen sei, und daß er deshalb insoweit durch den Konkursverwalter vertreten werden müsse. Diese Behauptung läßt sich jedoch nicht begründen. Zwar ist die Dispositionsfähigkeit ein Teil der Handlungsfähigkeit überhaupt und darum die Entziehung der Dispositionsfähigkeit mit einer Verminderung der Handlungsfähigkeit gleichbedeutend. Aber es handelt sich hier nicht um eine Entziehung der Dispositionsfähigkeit, sondern nur um die Entziehung der Dispositionsbefugnis. Diese, als das Recht, über bestimmte Vermögensobjekte zu disponieren, kann zwar nur erworben und behalten werden, wenn die Dispositionsfähigkeit (das Disponierenkönnen) vorhanden ist; sie kann aber verloren werden, ohne daß die Dispositionsfähigkeit erlischt. Ein Schluß aus der Entziehung der Dispositionsbefugnis auf den Verlust der Dispositionsfähigkeit läßt sich nur ziehen, wenn mit der Entziehung der Dispositionsbefugnis die Entziehung der Dispositionsfähigkeit gemeint, wenn der Verlust der Dispositionsbefugnis nur die Folge des Verlustes der Dispositionsfähigkeit ist. Die Konkursordnung entzieht dem Gemeinschuldner wörtlich nur die Befugnis zur Verwaltung und Verfügung; es müßte also nachgewiesen werden, daß damit nicht die Befugnis, sondern die Fähigkeit zur Verwaltung und Verfügung gemeint sei. Diesem Nachweise steht aber schon die Erwägung entgegen, daß dabei dem Gesetzgeber ein höchst auffälliges Vergreifen in dem Ausdrucke für einen ganz geläufigen Begriff zur Last gelegt werden müßte. Weiter steht entgegen, daß die Entziehung der Dispositionsfähigkeit bloß für einen begrenzten Kreis von Vermögensobjekten, für das zur Konkursmasse gehörige Vermögen, ein ungewöhnlicher Vorgang wäre. Es ist zwar nicht begrifflich ausgeschlossen, aber doch ein seltener Fall, daß die Handlungsfähigkeit bestimmter Personen nur mit Bezug auf gewisse Vermögensobjekte eingeschränkt ist. Hier würde aber die Beschränkung der Handlungsfähigkeit eine noch geringere sein, nämlich sich erstens lediglich auf die Verwaltung und Verfügung über ein bestimmtes Vermögen erstrecken und zweitens nur gegenüber einem bestimmten Kreise von Personen, nämlich nur gegenüber den Konkursgläubigern hervortreten, da nach § 6 KO. die nach der Konkurseröffnung vom Gemeinschuldner vorgenommenen Rechtshandlungen (nur) den Konkursgläubigern gegenüber nichtig sind. Eine in letzterer Art „relative“ Handlungsfähigkeit stände ganz vereinzelt da und würde auch mit dem Begriffe der Handlungsfähigkeit überhaupt nicht zu vereinigen sein. Schließlich läßt sich auch kein Motiv ersehen, weshalb der Gesetzgeber dem Gemeinschuldner die Dispositionsfähigkeit sollte haben entziehen wollen, da die Entziehung der Dispositionsbefugnis ausreichte, um Eingriffe des Gemeinschuldners in die Konkursverwaltung wirkungslos zu machen. Allerdings sind die Konsequenzen auf prozessualem Gebiete andere, je nachdem man den Gemeinschuldner als prozeßfähig ansieht und ihn deshalb als Prozeßpartei behandelt oder nicht; allein daß der Gesetzgeber nicht daran gedacht hat, um dieser Konsequenzen willen die Dispositionsfähigkeit des Gemeinschuldners — nicht auszusprechen, aber — zu wollen, ergibt sich daraus, daß in den Motiven (S. 42, in Hahn, Materialien S. 66) ausgeführt wird, dem Gemeinschuldner fehle in Prozessen mit Beziehung auf die Konkursmasse die legitimatio ad causam. Die Legitimation zur Sache steht in ähnlichem Verhältnisse zur Prozeßfähigkeit wie die Dispositionsbefugnis zur Dispositionsfähigkeit; sie kann dem Prozeßfähigen *in einem einzelnen Falle fehlen; aber wo sie ihm fehlt*, da kann er nicht Partei sein. Es läßt sich nicht behaupten,

vgl. Petersen im Sächs. Archiv Bd. 1 S. 30flg.; Wach, Handb. des Zivilprozesses Bd. I § 47 S. 543,

daß die Entziehung der Dispositionsbefugnis wenn auch nicht in allen Fällen, so doch in Anwendung auf den Gemeinschuldner eine partielle Prozeßunfähigkeit hervorrufe. Dafür sind aus der Konkursordnung und aus dem sonstigen bürgerlichen Rechte, worauf der § 50 ZPO. bei der Definition der Prozeßfähigkeit verweist, keine Beweise beizubringen, und der § 51 Abs. 1 ZPO., wonach eine Person insoweit prozeßfähig ist, als sie sich durch Verträge verpflichten kann, läßt sich nicht etwa in die Negative übersetzen, daß eine Person prozeßunfähig sei, soweit sie sich durch Verträge nicht verpflichten könne. Die Beispiele, die herangezogen zu werden pflegen, um die Möglichkeit einer relativen Prozeßunfähigkeit in Fällen der entzogenen Dispositionsbefugnis zu beweisen, nämlich die Prozeßunfähigkeit der offenen Handelsgesellschafter bei eingeleiteter Liquidation der Gesellschaft und die des abwesenden Angeschuldigten bei der Vermögensbeschlagnahme nach § 334 StPO., können, wenn wirklich in diesen Fällen Prozeßunfähigkeit vorliegt, für den Fall des Gemeinschuldners um deswillen nicht zur Konsequenz gezogen werden, weil die Prozeßunfähigkeit dort auf besondere gesetzliche Anordnung gestützt wird, die hier fehlt.

Vgl. Entsch. des RG.s in Zivils. Bd. 17 Nr. 91 S. 365flg., Bd. 11 Nr. 37 S. 188flg.

Kann sonach eine (relative) Handlungsunfähigkeit des Gemeinschuldners nicht anerkannt werden, so bliebe nur übrig, den Konkursverwalter als seinen gesetzlich bestellten Bevollmächtigten aufzufassen, um die Ansicht zu begründen, daß der Konkursverwalter gesetzlicher Vertreter des Gemeinschuldners sei.

Vgl. v. Wilmowski-Levy, KO. 4. Aufl. S. 32flg.

Die Annahme einer solchen Zwangsvollmacht wäre aber eine bloße Fiktion, die im Gesetze keine Stütze findet. Daß namentlich nicht im § 5 KO. die Anordnung einer gesetzlichen Vertretung des Gemeinschuldners in Ausübung des Verwaltungs- und Verfügungsrechtes zu finden sei, wurde bereits hervorgehoben. Die Befugnis, das zur Konkursmasse gehörige Vermögen zu verwalten und darüber zu verfügen, ist vielmehr dem Gemeinschuldner ganz genommen, und es fehlt jede Andeutung dafür, daß dies dahin zu verstehen sei, als werde der Gemeinschuldner gesetzlich gezwungen, den Konkursverwalter in dieser Hinsicht zu seiner Vertretung zu bevollmächtigen. Diese Fiktion ist nur ein Mittel, um für die Stellung des Konkursverwalters und besonders dafür eine juristische Erklärung zu finden, daß seine Dispositionen Vermögensobjekte des Gemeinschuldners betreffen und für den Gemeinschuldner in dem Umfange, wie es die Konkursordnung vorschreibt, verbindlich sind. Es kann zugegeben werden, daß diejenigen Theorien, welche den Konkursverwalter als Vertreter der Gläubiger, sei es als einzelnen oder der Gläubigerschaft, sei es unter Zugrundelegung einer Sukzession oder einer Repräsentation, hinstellen, und daß ebenso die Theorie, welche der Konkursmasse eine juristische Persönlichkeit beimißt, weder an sich haltbar sind, noch ausreichen, die Stellung des Konkursverwalters in allen ihren Beziehungen zu erklären. Aber derselbe Mangel haftet der Ansicht an, daß der Konkursverwalter den Gemeinschuldner vertrete. Wie sie keine gesetzliche Grundlage hat, so kann sie auch eine Reihe von Erscheinungen in der dem Konkursverwalter gesetzlich zugewiesenen Stellung nicht erklären, z. B. daß der Konkursverwalter Rechtshandlungen des Gemeinschuldners wegen Benachteiligung der Gläubiger (§§ 22flg. KO.) und Rechtshandlungen des Gemeinschuldners aus der Zeit nach der Konkurseröffnung als nichtig (§ 6) anfechten darf, wozu dem Gemeinschuldner selbst die Berechtigung fehlen würde, daß er mit dem Gemeinschuldner über dessen etwaige Ansprüche an die Masse Prozesse führen kann, daß er den Gemeinschuldner zur Leistung des Offenbarungseides zwingen darf (§ 115) usw. Wenn der Versuch gemacht worden ist, diese Schwierigkeiten durch eine Kombinierung der erwähnten verschiedenen Theorien zu überwinden, den Konkursverwalter in einer Beziehung als Vertreter des Gemeinschuldners, in einer anderen als Vertreter der Konkursgläubiger oder der Konkursmasse aufzufassen, so beweist dies nur, daß auf dem Wege der sog. Vertretungstheorien überhaupt nicht zu einer einheitlichen Konstruktion zu gelangen ist. Eine solche läßt sich nur dadurch gewinnen, daß man in dem Konkursverwalter ein im öffentlichen Interesse geschaffenes Organ für die Durchführung des Zweckes des Konkurses erblickt, das seine Legitimation zur Ausübung der ihm übertragenen Funktionen unmittelbar aus dem Gesetze entnimmt. Er handelt nicht als Vertreter des Gemeinschuldners oder der Konkursgläubiger; denn seine Funktionen gehen über den Kreis der rechtlichen Befugnisse dieser hinaus. Er handelt auch nicht als Vertreter der Konkursmasse, die überhaupt kein Vermögenssubjekt, sondern nur ein der Verfügung des Konkursverwalters unterworfenes

Vermögensobjekt bildet. Er handelt lediglich kraft gesetzlichen Auftrages zur Erfüllung der ihm gestellten Aufgabe. Hat er dabei auch die Interessen des Gemeinschuldners und der Konkursgläubiger wahrzunehmen, so geschieht dies doch nicht in stellvertretender Ausübung von rechtlichen Befugnissen dieser Personen, sondern in Erfüllung der ihm gesetzlich auferlegten Verpflichtungen. Wie diese Verpflichtungen seine eigenen sind, so sind auch die ihm zur Ermöglichung ihrer Erfüllung beigelegten Berechtigungen seine eigenen, und dazu gehört auch die Dispositionsbefugnis über das zur Konkursmasse gezogene Vermögen. *Die gesetzliche Dispositionsgewalt* der Konkursverwaltung erklärt es, daß dieses Vermögen, wenn überhaupt, nur so, wie es durch die Verwaltung des Konkursverwalters geworden ist, in die Verfügung des Gemeinschuldners zurückkehren kann.

Vgl. Fischer, Lehrb. des preuß. Privatrechtes § 136 S. 776; derselbe in seinen und Bekker's Beiträgen zur Erläuterung und Beurteilung des Entwurfes eines Bürgerlichen Gesetzbuches 6. Heft S. 45 und in der Zeitschrift für Zivilprozeßrecht Bd. 10 S. 436; Eccius, Preuß. Privatrecht, 6. Aufl. Bd. 1 § 19 S. 103 und § 116 S. 797; Ötker, Konkursrechtl. Grundbegriffe Bd. 1 S. 51, 112, 314.

Darum werden auch die in der Konkursverwaltung vorkommenden Prozesse vom Konkursverwalter in dieser gesetzlichen Eigenschaft geführt, nicht in Vertretung des Gemeinschuldners. Es ist vollkommen zutreffend, wenn die Motive zum Entwurfe der Konkursordnung a. a. O. dem Gemeinschuldner für diese Prozesse die Legitimation zur Sache absprechen.

Vgl. auch Planck, Lehrbuch des Zivilprozeßrechtes Bd. 1 § 44 S. 215; Eccius in Gruchot's Beiträgen Bd. 33 S. 731, Bd. 34 S. 147; Derselbe, Preuß. Privatrecht 6. Aufl. Bd. 1 § 116 Anm. 26 S. 797, 798; auch Kohler, Lehrbuch des Konkursrechtes § 65 S. 402; ferner Seuffert, Kommentar zur ZPO. 5. Aufl. Anm. 2 zu § 50 S. 68, Anm. 5 zu § 358 S. 458; Struckmann und Koch, Kommentar zur ZPO. 5. Aufl. Anm. 5 zu § 51; Gaupp, ZPO. 2. Aufl. Bd. 1 Anm. III a. E. zu § 50 S. 115, und andere.

Im vorliegenden Falle handelt es sich um die Feststellung einer vom Kläger angemeldeten und vom Konkursverwalter bestrittenen Konkursforderung. Daß etwa in Prozessen dieser Art der Gemeinschuldner die eigentliche Prozeßpartei sei und vom Konkursverwalter nur vertreten werde, läßt sich so wenig behaupten, daß vielmehr umgekehrt ein Argument gegen die Parteistellung des Gemeinschuldners in diesen Prozessen aus den rechtlichen Wirkungen zu entnehmen ist, mit denen die Konkursordnung die in ihnen angegebenen Urteile ausgestattet hat. Wäre wirklich der Gemeinschuldner in diesen Prozessen selbst Partei, so hätte konsequenterweise den ergehenden Urteilen die Wirkung der Rechtskraft gegen ihn auch für sein nicht zur Konkursmasse gehöriges Vermögen beigelegt werden müssen, gleichviel ob er selber die Forderung des Gläubigers im Prüfungstermine bestritten hat oder nicht. Statt dessen verfährt die Konkursordnung umgekehrt; sie legt den Urteilen nur Rechtskraft bei für die Feststellung der Teilnahmerechte der betreffenden Gläubiger im Konkurse und macht davon zwar eine Ausnahme für den Fall, daß der Gemeinschuldner die angemeldeten Forderungen seinerseits im Prüfungstermine nicht ausdrücklich bestritten hat (§ 152 Abs. 2), aber lediglich aus praktischem Bedürfnisse (Motive S. 384 in Hahn, Materialien S. 344) unter *ausdrücklicher Ablehnung einer darin zu erblickenden juristischen Konsequenz.* Weiter zu gehen und mit der bayerischen Prozeßordnung auf Grund dieser Urteile die Zwangsvollstreckung gegen den Schuldner nach beendetem Konkurse zu gestatten, wird als untunlich bezeichnet, und zwar u. a. mit der Begründung, daß der Gemeinschuldner in diesen Prozessen keine Parteirolle habe (vgl. Motive a. a. O.).

Aus diesen Gründen war die Rüge über die Zulassung des Gemeinschuldners P. als Zeugen zurückzuweisen. Zu demselben Resultate hinsichtlich der Zulässigkeit des Zeugnisses des Gemeinschuldners ist das Reichsgericht auch in früheren Entscheidungen gelangt.

Vgl. Entsch. des RG.s in Zivils. Bd. 8 S. 413 (1. Sen.); Bolze, Praxis des RG.s Bd. 1 Nr. 1783 (3. Sen.), Bd. 1 Nr. 1788 (2. Sen.); ferner mit Bezug auf Anfechtungsprozesse Bolze, Bd. 4 Nr. 1283, Bd. 11 Nr. 781; dann Rep. VI. 243/89 und Rep. VI. 276/90 (6. Sen.); Bolze, Bd. 8 Nr. 872 (3. Sen.); Entsch. des RG.s in Zivils. Bd. 7 S. 35 (2. Sen.)." *)

RGZ. 37, 398

Sind Einwendungen des Gemeinschuldners gegen die Inbesitznahme einzelner Vermögensstücke durch den Konkursverwalter im Wege der Einwendung nach § 685 (766 n. F.) ZPO. geltend zu machen?

III. Zivilsenat. Beschl. v. 19. Mai 1896.

I. Landgericht Greifswald. II. Oberlandesgericht Stettin.

Aus den Gründen:

„Der Beklagte hat in seiner Eigenschaft als Konkursverwalter im Konkurse des Klägers die im Antrage vom 13. Februar 1896 unter Nr. 1—17 bezeichneten Bücher als zur Masse gehörig in Besitz genommen. Der Kläger behauptet, daß diese ihm unentbehrlichen wissenschaftlichen Werke nach § 715 Ziff. 4 ZPO. der Pfändung nicht unterworfen und nach § 1 KO. nicht zur Konkursmasse zu ziehen seien,

*) Prozeßfähigkeit bejaht in Bd. 148, 405 (vom Herausgeber).

und er hat in der auf Herausgabe der Bücher gegen den Beklagten erhobenen Klage im Antrage vom 13. Februar 1896 gebeten, dem Beklagten bis zur rechtskräftigen Entscheidung der Sache den Verkauf der streitigen Bücher durch einstweilige Verfügung zu untersagen. Der Antrag ist im Beschlusse des Landgerichtes vom 15. Februar 1896 zurückgewiesen, weil angenommen ist, es sei nicht glaubhaft gemacht, daß der Beklagte den klägerischen Anspruch durch Veräußerung der Bücher vereiteln werde. Die hiergegen gerichtete Beschwerde des Klägers ist im angefochtenen Beschlusse des Oberlandesgerichtes mit der Begründung zurückgewiesen, daß die beantragte einstweilige Verfügung überhaupt unzulässig erscheine, da über die Frage, ob gewisse, dem Gemeinschuldner gehörige Gegenstände zur Konkursmasse zu ziehen seien, nicht im Prozeßwege, sondern gemäß § 685 (766 n. F.) ZPO. und §§ 65, 66 (72, 73 n. F.) KO. im Beschwerdewege zu entscheiden sei.

Die weitere Beschwerde des Klägers erscheint zulässig, da ein neuer Beschwerdegrund darin liegt, daß das Oberlandesgericht die Beschwerde nicht in der Sache geprüft hat, sondern, abweichend vom Landgerichte, das gesamte vom Kläger eingeschlagene Verfahren zur Rückerlangung der von ihm in Anspruch genommenen Sachen für prozessualisch unstatthaft erachtet und von diesem Standpunkte auf die Frage, ob die tatsächlichen Angaben des Klägers glaubhaft gemacht sind, nicht eingegangen ist.

Die weitere Beschwerde muß auch für begründet erachtet werden.

Der vom Oberlandesgerichte für maßgebend erachtete § 685 ZPO. würde dann zutreffen, wenn der Gemeinschuldner die Herausgabe seines Vermögens an den Konkursverwalter verweigert hätte, und dieser seine ihm durch § 107 (117 n. F.) KO. auferlegten Pflichten im Zwangswege gegen ihn zur Durchführung gebracht, mithin auf Grund einer vollstreckbaren Ausfertigung des Eröffnungsbeschlusses sich im Zwangsvollstreckungswege in den Besitz der Masse gesetzt hätte. In solchem Falle hätten Einwendungen gegen einzelne Vollstreckungshandlungen des Gerichtsvollziehers vom Gemeinschuldner nur im Wege der Erinnerung nach § 685 (766 n. F.) ZPO. bei dem Vollstreckungsgerichte angebracht werden können.

Vgl. v. Wilmowski-Levy, Konkursordnung § 107 Ziff. 1.

Diesem Falle steht aber derjenige keineswegs gleich, in welchem der Konkursverwalter selbst nach § 107 (117 n. F.) KO. die Masse tatsächlich in Besitz genommen und dabei nach Behauptung des Gemeinschuldners ihm auch den Besitz solcher Sachen entzogen hat, welche nicht zur Konkursmasse gehören und daher der Verwaltung und Verwertung für die Gläubiger durch den Konkursverwalter nicht unterliegen. Bezüglich solcher, keinen Teil der Konkursmasse bildenden Vermögensstücke wird die bisherige Dispositionsbefugnis des Gemeinschuldners durch die Konkurseröffnung nicht geändert, und es bleibt ihm unbenommen, seine bezüglichen Rechte gegen Dritte, wie gegen den Konkursverwalter, im ordentlichen Wege Rechtens zur Geltung zu bringen.

Auf solche Sachlage kann der § 685 (766 n. F.) KO. auch in Beihalt des § 65 (73 n. F.) KO. keine entsprechende Anwendung finden; denn der § 685 (766 n. F.) a. a. O. bezieht sich auf Vollstreckungshandlungen durch Vollstreckungsorgane, nicht auf den Konkursverwalter und dessen Verwaltungshandlungen. Insoweit aber der Konkursverwalter ohne Zwangsmaßregeln selbst nach § 107 KO. die Masse in Besitz nimmt, liegt ein Akt der ihm zugewiesenen Verwaltungstätigkeit vor, bezüglich deren ihm grundsätzlich eine selbständige Stellung zugewiesen ist. Er hat insoweit selbst zu prüfen und zu entscheiden, welche Sachen des Gemeinschuldners er als zur Masse gehörig in Besitz nehmen will, und das Konkursgericht ist wie das Vollstrekkungsgericht nicht in der Lage, in die von ihm persönlich getroffenen Maßnahmen im Wege des § 685 ZPO. einzugreifen." ...

RGZ. 45, 374

Kann in einem Prozesse über den Anspruch auf Unterlassung unrichtiger Angaben im Sinne des § 1 des Gesetzes zur Bekämpfung des unlauteren Wettbewerbes vom 27. Mai 1896 das durch Eröffnung des Konkurses über das Vermögen des Beklagten unterbrochene Verfahren vom Konkursverwalter aufgenommen werden?

II. Zivilsenat. Urt. v. 24. November 1899.

I. Landgericht Schweidnitz. II. Oberlandesgericht Breslau.

Die verklagte Firma, Inhaberin eines Reichspatentes auf Smyrna-Näharbeit, machte in öffentlichen Kundgebungen die angeblichen Vorzüge ihrer Nähmethode vor der alten Smyrna-Knüpfmethode bekannt und behauptete unter anderem, die Näharbeit zeichne sich vor der Knüpfarbeit durch Klarheit des Musters aus. Die klagende Firma, welche die Smyrna-Knüpfarbeit gewerbsmäßig betreibt, fand in dieser Behauptung eine unrichtige Angabe im Sinne des § 1 des Gesetzes zur Bekämpfung des unlauteren Wettbewerbes vom 27. Mai 1896, welche geeignet sei, den Anschein eines besonders günstigen Angebotes auf Kosten der Smyrna-Knüpfarbeit hervorzurufen, und beantragte Verurteilung der Beklagten zur Unterlassung der Angabe und zum Schadensersatz. Das Landgericht wies die Klage ab. Auf Berufung der Klägerin verurteilte das Oberlandesgericht die Beklagte, die früher aufgestellte Behauptung, daß die ihr patentierte Smyrna-Näharbeit sich vor der Smyrna-Knüpfarbeit durch Klarheit des Musters auszeichne, zu unterlassen und Schadensersatz zu leisten. Das Berufungsgericht ließ es unentschieden, ob infolge einer im Laufe des Prozesses bei der Herstellung der Erzeugnisse der Beklagten eingeführten Neuerung zur Zeit der Urteilsfällung die Angabe der Beklagten richtig sei, stellte aber fest, daß jedenfalls zu der Zeit, als dieselbe die Kundmachungen erließ, welche der Klage zugrunde lagen, die Angabe unrichtig gewesen sei.

Nachdem die Beklagte Revision eingelegt hatte, wurde über ihr Vermögen Konkurs eröffnet. Der Konkursverwalter nahm das unterbrochene Verfahren auf, und sowohl er als auch die Gemeinschuldnerin stellten bei der mündlichen Verhandlung der Revisionsinstanz Anträge zur Sache. Die Aufnahme des Verfahrens durch den Konkursverwalter wurde, soweit es den Unterlassungsanspruch der Klägerin betraf, für zulässig, das Auftreten der Gemeinschuldnerin insoweit für unzulässig erachtet aus folgenden

Gründen:

„Der anhängige Rechtsstreit umfaßt in der gegenwärtigen Instanz zwei Ansprüche, welche von der Klägerin gegen die Gemeinschuldnerin daraus hergeleitet werden, daß diese vor der Einleitung des Prozesses in öffentlichen Kundmachungen behauptet hat, die ihr patentierte Smyrna-Näharbeit zeichne sich vor der Smyrna-Knüpfarbeit durch Klarheit des Musters aus, nämlich den Anspruch auf Unterlassung dieser Behauptung und den ferneren auf Schadensersatz. Der erstere durch das Berufungsgericht nur hinsichtlich der früheren Behauptung der Beklagten als gerechtfertigt zugesprochene Anspruch ist, wie der Vertreter des Konkursverwalters zutreffend ausführte, für die Ausbeutung des Patentes der jetzigen Gemeinschuldnerin von Bedeutung, da durch das Gebot der Unterlassung der früheren Behauptung über die Klarheit des Musters ihrer Waren die Absatzfähigkeit derselben beeinträchtigt werden kann. Diese Möglichkeit besteht jedenfalls auch hinsichtlich derjenigen Waren, welche zu der Zeit hergestellt worden sind, in welcher die Kundgebungen der Beklagten ergangen sind, die zu dem gegenwärtigen Prozesse den Anlaß gegeben haben. Das Patent der Gemeinschuldnerin und dessen Ausbeutung gehören unzweifelhaft zu dem einer Zwangsvollstreckung unterliegenden Vermögen, welches ihr zur Zeit der Eröffnung des Konkursverfahrens zustand, und bilden deshalb gemäß § 1 der Konkursordnung einen Bestandteil der Konkursmasse, und zwar der Aktivmasse. Der schwebende Prozeß betrifft daher, soweit er das Gebot der Unterlassung der Anpreisung der Waren der Beklagten durch den Hinweis auf Klarheit des Musters derselben zum Gegenstande hat, die Ausbeutung des Patentes und somit die Konkursmasse und ist folgeweise gemäß § 218 ZPO. (a. F.) durch die Eröffnung des Konkursverfahrens unterbrochen worden. Die Zulässigkeit der durch den Konkursverwalter erfolgten Aufnahme des Verfahrens ist nach den §§ 8 und 9 (10, 11 n. F.)

KO. zu beurteilen. Der § 9 steht dem Konkursverwalter nicht zur Seite, da es sich nicht um eine solche gegen die Gemeinschuldnerin anhängige Rechtsstreitigkeit handelt, welche auf Aussonderung oder abgesonderte Befriedigung gerichtet ist oder einen als Masseschuld zu erachtenden Anspruch betrifft. Dagegen kann sich der Konkursverwalter mit Erfolg auf § 8 KO. berufen, nach welchem für den Gemeinschuldner anhängige Rechtsstreitigkeiten in der Lage, in welcher sie sich zur Zeit der Eröffnung des Konkursverfahrens befinden, von dem Konkursverwalter aufgenommen werden können. Wenn auch diese Bestimmung regelmäßig nur auf solche Prozesse Anwendung findet, in welchen der Gemeinschuldner Kläger ist, so ist doch die Parteirolle nicht ausschließlich maßgebend, sondern kommt es darauf an, ob der Gemeinschuldner einen zur Vermehrung der Teilungsmasse dienlichen Anspruch in der schwebenden Rechtsstreitigkeit verfolgt, in welchem Falle diese als für ihn anhängig anzusehen ist. Vergleiche das Urteil des Reichsgerichtes vom 31. Dezember 1883 in den Entsch. des RG.s in Zivils. Bd. 11 S. 398flg. Ein solcher Fall liegt hier vor. Die Gemeinschuldnerin hat in dem gegenwärtigen Prozesse, indem sie dem auf Unterlassung der Behauptung des Vorzuges ihrer Ware gerichteten Anspruche der Klägerin entgegentrat und das Recht auf die in Rede stehende Anpreisung ihrer Waren für sich geltend machte, nicht nur die Auferlegung einer Beschränkung hinsichtlich der Ausübung ihres Patentes und damit hinsichtlich eines jetzigen Bestandteiles der Konkursmasse abzuwehren gesucht, sondern auch ihrerseits einen Anspruch nämlich das Recht zur unbeschränkten Ausbeutung ihres Patentes verfolgt. Dieser Anspruch ist zur Aktivmasse des Konkurses zu rechnen, da er zur Vermehrung der Teilungsmasse insofern führen kann, als durch die öffentliche Behauptung des Vorzuges der Klarheit des Musters der Absatz der Waren der Gemeinschuldnerin, insbesondere auch des aus der früheren Zeit stammenden Warenbestandes, seitens des Konkursverwalters zu höheren Preisen oder in größerem Umfange ermöglicht würde, als es ohne die Zulässigkeit der in Rede stehenden Behauptung der Beklagten der Fall sein würde. Diese Vermehrung der Teilungsmasse konnte im gegenwärtigen Verfahren dadurch herbeigeführt werden, daß dasselbe fortgesetzt und die durch das angefochtene Urteil ausgesprochene Verurteilung der Beklagten beseitigt wurde. Der Konkursverwalter muß demnach im Hinblick auf § 8 KO. für befugt erachtet werden, durch Aufnahme des Verfahrens den gegenwärtigen Prozeß fortzusetzen, soweit sich der Streit der Parteien um die Zulässigkeit der früheren Behauptung der Beklagten dreht, daß die ihr patentierte Smyrna-Näharbeit vor der Smyrna-Knüpfarbeit durch Klarheit des Musters sich auszeichne. Zur Fortsetzung des Verfahrens bezüglich dieses Streitpunktes war dagegen die beklagte Firma persönlich nicht befugt, da sie gemäß § 5 Abs. 1 KO. mit dem Zeitpunkte der Eröffnung des Konkursverfahrens die Berechtigung verloren hatte, ihr gemäß § 1 zur Konkursmasse gehöriges Vermögen zu verwalten und über dasselbe zu verfügen." . . .

RGZ. 52, 49

Gehört der Anspruch des Versicherten aus einem Unfallversicherungsvertrage zur Konkursmasse, wenn der Vertrag vor Eröffnung des Konkurses über das Vermögen des Versicherten abgeschlossen worden ist, der Unfall aber erst *nach* der Konkurseröffnung in einem Versicherungsjahre sich ereignet hat, für welches die Prämie von der Versicherungsgesellschaft mit dem Gemeinschuldner persönlich während des Konkursverfahrens verrechnet worden ist?

II. Zivilsenat. Urt. v. 20. Juni 1902.

I. Landgericht Karlsruhe. II. Oberlandesgericht daselbst.

Der Kläger, über dessen Vermögen im Oktober 1898 das Konkursverfahren eröffnet wurde, war bei der Beklagten für die Zeit vom 18. September 1897 bis zum 20. September 1902 gegen Unfall versichert. In dem § 8 der dem Versicherungsvertrage zugrunde liegenden allgemeinen Versicherungsbedingungen war bestimmt:

„Sind am letzten Tage dieser Frist diese Prämien und die Kosten nicht voll bezahlt, gleichviel aus welchen Gründen, so ruht die Verpflichtung der Gesellschaft aus dem Versicherungsvertrage ohne weiteres."

Die Prämie für das Versicherungsjahr vom 20. September 1899 bis 20. September 1900 wurde von der Beklagten mit dem Gemeinschuldner selbst verrechnet, indem sie dieselbe von der Entschädigungssumme für einen am 25. August 1899 erlittenen Unfall in Abzug brachte. Der Konkursverwalter war in den Versicherungsvertrag nicht eingetreten. Am 12. April 1900 erlitt Kläger wieder einen Unfall. Wegen dieses Unfalles erhob er Klage auf Feststellung, daß die Beklagte ihn zu entschädigen verpflichtet sei. Von dem Landgerichte wurde nach dem Klageantrage erkannt. In der Berufungsinstanz wandten die Beklagte und der als Nebenintervenient in den Prozeß eingetretene Konkursverwalter u. a. ein, daß der Kläger zur Klage nicht legitimiert sei, weil der Klaganspruch zur Konkursmasse gehöre. Die Berufung wurde zurückgewiesen. Die von der Beklagten eingelegte Revision hatte keinen Erfolg.

Aus den Gründen:

„Die Revision rügt, daß das Berufungsgericht den Einwand der mangelnden Aktivlegitimation mit Unrecht für unbegründet erklärt habe. Die Entscheidung des Berufungsgerichtes beruht auf der Annahme, daß der Anspruch des Klägers aus dem Unfallversicherungsvertrage im Zeitpunkte der Konkurseröffnung, also vor Eintritt des Unfalles nicht ein der Zwangsvollstreckung unterliegendes, zur Konkursmasse des Klägers gehörendes Vermögensstück gewesen sei.... Hiervon abgesehen, sei auch der Anspruch aus einer freiwilligen privaten Unfallversicherung derart mit der Persönlichkeit des Gemeinschuldners, mit seiner Erwerbstätigkeit und Erwerbsfähigkeit verknüpft, daß es, wenn nicht den guten Sitten, so doch dem Wesen des Versicherungsvertrages widersprechen würde, wenn die Konkursmasse *mit der Unfallgefahr des Gemeinschuldners spekulieren und* daraus Gewinn erzielen wolle. Tatsächlich sei dann auch der Eintritt des Konkursverwalters in das Versicherungsverhältnis nicht erfolgt....

Der Angriff der Revision geht fehl, da die Entscheidung des Berufungsgerichtes nach der besonderen Lage des Falles als gerechtfertigt erscheint, wenn auch der Begründung nicht in allen Punkten beizupflichten ist. Nach § 1 KO. umfaßt die Konkursmasse das gesamte einer Zwangsvollstreckung unterliegende Vermögen des Gemeinschuldners, welches ihm zur Zeit der Eröffnung des Konkursverfahrens gehört.

Hiernach gehört zur Konkursmasse:

a) nur das pfändbare Vermögen. Der Begriff der Pfändbarkeit in Ansehung des beweglichen und des unbeweglichen Vermögens wird durch die Zivilprozeßordnung besonders in den §§ 811 flg. 850 flg. und 864 flg. bestimmt. Der § 850 Abs. 1 Ziff. 4 ZPO. bezieht sich nur auf die aus Kranken-, Hilfs- oder Sterbekassen zu beziehenden Unterstützungen. Bezüglich des dem Verletzten nach § 843 BGB. bzw. gemäß Art. 42 Einf.-Ges. zum BGB. zustehenden Anspruches wegen einer Verletzung des Körpers oder der Gesundheit ist die Pfändbarkeit nicht ausgeschlossen, sondern nur der Höhe nach beschränkt. Dagegen genießt die Entschädigungsforderung des Versicherten aus einem Unfallversicherungsvertrage, obwohl sie wirtschaftlich mit dem gesetzlichen Schadensersatzanspruche wegen Körperverletzung gleichbedeutend ist, ein gleiches Privilegium nicht. Aus der Zweckbestimmung der Konkursmasse, die zur Befriedigung der Gläubiger dienen soll, folgt übrigens, daß Rechte und Objekte, welche an sich zu den Vermögensrechten zu zählen und gesetzlich nicht unpfändbar sind, nicht zur Konkursmasse gehören, wenn nach allgemeiner Verkehrsauffassung jede Möglichkeit ausgeschlossen ist, daß sie zur Gewinnung eines Vermögenswertes zu verwerten sind. In der Regel wird jedoch die Verwertbarkeit eines Vermögensstückes erst bei Beendigung des Konkurses sich beurteilen lassen, wie denn auch § 162 KO. die Beschlußfassung der Gläubiger über die nicht verwertbaren Vermögensstücke erst vor Aufhebung des Konkursverfahrens vorsieht. Die Verwertung eines Anspruches aus einem Unfallversicherungsvertrage zum Zwecke der Befriedigung der Gläubiger kann allerdings vor Eintritt eines Unfalles ernstlich wohl nicht in Betracht kommen; dagegen gewinnt ein solcher Anspruch mit dem Eintritte des Unfalles sofort einen verwertbaren Vermögenswert.

b) Die Konkursmasse umfaßt nur dasjenige Vermögen des Gemeinschuldners, das ihm zur Zeit der Konkurseröffnung gehört. Das nach der Konkurseröffnung von dem Gemeinschuldner insbesondere durch seine persönliche Tätigkeit erworbene Vermögen gehört nicht zur Konkursmasse, sondern dem Gemeinschuldner. Die Frage, ob dem Gemeinschuldner zur Zeit der Konkurseröffnung Sachen bzw. Ansprüche schon erworben waren, ist nach dem bürgerlichen Rechte zu entscheiden. Seine zu dieser Zeit suspensiv bedingten Rechte sind ihm bereits erworben, also von der Konkursmasse nicht ausgeschlossen. Ob ein Erwerb vor oder nach der Konkurseröffnung gemacht ist, bestimmt sich nicht nach dem tatsächlichen Zufallen des Erwerbes, sondern lediglich nach dem Zeitpunkte, in welchem der Rechtsgrund des Erwerbes entstanden ist. Deshalb folgt daraus, daß der fragliche Unfall erst nach der Konkurseröffnung sich ereignet hat, nicht, daß der Klaganspruch nicht zur Konkursmasse gehört. Andererseits ist daraus, daß der fragliche Versicherungsvertrag vor der Konkurseröffnung abgeschlossen worden ist, nicht ohne weiteres zu schließen, daß der klagend geltend gemachte Anspruch schon im Zeitpunkte der Konkurseröffnung zu dem Vermögen des Gemeinschuldners gehört hat. Voraussetzung für den Bestand der Versicherung war die Zahlung der für das betreffende Jahr fälligen Prämien. In dem § 8 des Vertrages der Parteien ist die Verpflichtung der Gesellschaft ausdrücklich an die Voraussetzung rechtzeitiger Prämienzahlung geknüpft und bestimmt, daß im Falle einer Säumnis die Verpflichtung der Gesellschaft aus dem Versicherungsvertrage „ohne weiteres ruhen", d. h. nicht weiter bestehen solle. Somit ist die Annahme gerechtfertigt, daß mit der Zahlung der Prämie als der vertraglichen Vorleistung des Versicherten die als Gegenleistung sich darstellende Verpflichtung der Gesellschaft zur Tragung der Gefahr für das betreffende Jahr erst entstand. Daher liegt der Rechtsgrund des Erwerbes des Unfallversicherungsanspruches in der Zahlung der Prämie für das betreffende Jahr, in dem der Unfall sich ereignete; dagegen war der Erwerb des Anspruches nicht schon mit dem Abschlusse des Versicherungsvertrages vom 18. September 1897 begründet, wenn dieser auch die allgemeine Grundlage des Vertragsverhältnisses bildet. Auf dem nämlichen Gesichtspunkte beruht es, daß die seit der Eröffnung des Verfahrens laufenden Zinsen gemäß § 63 KO. im Konkursverfahren nicht geltend gemacht werden können. Diese Bestimmung wird in den Motiven zu § 56 KO. a. F. (jetzt § 63 n. F.) folgendermaßen begründet (vgl. Hahn, Materialien zur Konkursordnung S. 252): „Wenngleich die Ursache der Zinsverpflichtung, der Zinsvertrag oder die gesetzliche Zahlbarkeit der Forderung oder der Verzug, in die Zeit vor der Konkurseröffnung fallen mag, so entsteht, wie ein Pacht- oder Mietzins von Sachen, überhaupt jede Zinsforderung immer erst mit dem Ablaufe der Zeit für die gehabte oder entzogene Benutzung des geschuldeten Gegenstandes. Laufende Zinsen sind daher nicht als bedingte, sondern überhaupt nicht als „Konkursforderungen anzusehen". Wie die Zinsenforderung als Äquivalent für die Benutzung des Kapitales erst mit dieser Benutzung entsteht, so entstand auch die Verpflichtung der Gesellschaft zur Tragung der Gefahr für einen bestimmten Zeitraum als Äquivalent für die betreffende Zeit erst mit der Zahlung der Prämie. Auch nimmt Kohler (Lehrbuch des Konkursrechtes S. 325) an, daß in Ansehung der erst nach der Konkurseröffnung fällig werdenden Prämien die Forderung des Versicherers mit Rücksicht auf die ständige Leistung der Gefahrstragung, welche er schulde, eine erst künftig entstehende Forderung und deshalb keine Konkursforderung im Sinne des § 2 KO. a. F. (jetzt § 3 n. F.) sei. Gewiß hat der Konkursverwalter das Recht, in die zur Zeit der Konkurseröffnung bestehenden Versicherungsverträge des Gemeinschuldners einzutreten (§ 17 KO.). Was er auf Grund bestehender Verträge durch seine Geschäftsführung zu den ursprünglichen Bestandteilen der Masse hinzu oder an deren Stelle erwirbt, gehört selbstverständlich zur Konkursmasse. Bei der Feuer- und bei der Lebensversicherung hat der Konkursverwalter unter Umständen auch ein offenbares Interesse daran, der Konkursmasse einen hierzu bereits gehörigen Vermögenswert durch Fortzahlung der Prämie zu erhalten. Aber gerade darin besteht zwischen der Feuer- und der Lebensversicherung einerseits und der Unfallversicherung anderseits ein erheblicher Unterschied, daß kein vernünftiges Interesse erkennbar ist, welches den Konkursverwalter bestimmen könnte, durch Fortzahlung der Prämien aus Mitteln der Konkursmasse eine Unfallversicherung des Gemeinschuldners fortzusetzen und auf einen Ersatz für den Verlust oder für die Verminderung der Erwerbstätigkeit des Gemeinschuldners bedacht zu sein, welche nicht zur Konkursmasse gehört und deren Erträgnis dem Gemeinschuldner verbleibt. An der Erhaltung der Erwerbstätigkeit des Gemeinschuldners hat der Konkursverwalter nur ein allgemein menschliches Interesse, aber kein Interesse vom Standpunkte der von ihm verwalteten Masse aus, zu deren Nachteile vielmehr die Verwendung von Konkursmitteln zu einem der Konkursmasse fremden Zwecke gereichen würde. Nach der tatsächlichen Feststellung des Berufungsgerichtes hat nun die Konkurseröffnung im Oktober 1898, der fragliche Unfall, bezüglich dessen der Klaganspruch geltend gemacht wird, erst am 12. April 1900 stattgefunden. Der Konkursverwalter ist vor dem Unfalle trotz der langen Zwischenzeit seit der Konkurseröffnung in den Versicherungsvertrag nicht eingetreten, und die Beklagte hat die Prämie von 66,15 M., welche für das

Versicherungsjahr vom 20. September 1899 bis 20. September 1900 zu zahlen war, mit dem Gemeinschuldner selbst verrechnet, indem sie dieselbe von der Entschädigungssumme von 90,75 M. für einen am 25. August 1899 erlittenen Unfall in Abzug brachte.

Wenn hiernach die Prämie mit dem Gemeinschuldner verrechnet und nach der übereinstimmenden Willensmeinung der Parteien die Versicherung mit dem Kläger und für die Person des Klägers, also nicht zugunsten der Konkursmasse, welche an der Fortsetzung der Versicherung kein Interesse hatte, und für welche auch der Konkursverwalter in den Versicherungsvertrag nicht eingetreten war, erneuert worden ist, so ist für die entscheidende Frage, für wessen Rechnung die Prämie entrichtet worden ist, der Einwand der Beklagten, daß die Prämie mit einer nur vermeintlich dem Kläger, in Wirklichkeit aber der Konkursmasse zustehenden Forderung verrechnet worden sei, von nebensächlicher Bedeutung. Folglich gehörte der Klageanspruch nicht schon im Zeitpunkte der Konkurseröffnung zum Vermögen des Klägers, sondern er ist erst nachträglich von letzterem neu erworben worden. Bei dieser Sachlage war die Entscheidung des Berufungsgerichts, wenn auch aus anderen Gründen, gerechtfertigt (§ 563 ZPO.)“ ...

RGZ. 59, 53

Sind Ansprüche auf Vertragsstrafen wegen Zuwiderhandlungen gegen ein Konkurrenzverbot, die der Gemeinschuldner nach der Konkurseröffnung vorgenommen hat, Konkursforderungen?

KO. §§ 3. 6. 7.

II. Zivilsenat. Urt. v. 4. Oktober 1904.

I. Landgericht Stuttgart. II. Oberlandesgericht daselbst.

Kaufmann D. hatte in zwei nebeneinander liegenden Läden zwei getrennte Geschäfte. Das eine verkaufte er am 13. Juni 1900 an den Kläger W.; das andere betrieb er weiter. Am 4. September 1900 wurde über sein Vermögen das Konkursverfahren eröffnet. Der Konkursverwalter verkaufte das zweite Geschäft an ein Händlerkonsortium; es wurde von letzterem an die Frau des Gemeinschuldners verkauft und von dem Gemeinschuldner als Geschäftsführer seiner Frau betrieben. Bei dieser Tätigkeit handelte er, wie die Instanzgerichte übereinstimmend angenommen haben, einem Konkurrenzverbot zuwider, dem er sich in dem Kaufvertrage vom 13. Juni 1900 gegenüber W. unterworfen hatte. Die danach verwirkte Vertragsstrafe von 5000 M. meldete W. als Konkursforderung an; auf Bestreiten des Konkursverwalters beantragte er mit der Klage, die Vertragsstrafe von 5000 M. als nicht bevorrechtigte Konkursforderung festzustellen. Die Vorderrichter erkannten zugunsten des Klägers. Auf die Revision des Konkursverwalters wurde unter Aufhebung der Instanzurteile die Klage abgewiesen.

Aus den Gründen:

...„Der Berufungsrichter führt aus, die von D. verwirkte Vertragsstrafe könne auch in dessen Konkurse als Konkursforderung verfolgt werden, obgleich die Zuwiderhandlung des Gemeinschuldners erst nach der Konkurseröffnung erfolgt und von seiner Willkür abhängig gewesen sei. In diesem Zusammenhange wird erwogen: einmal treffe die für die Teilnahme der Forderung als Konkursforderung im § 3 Abs. 1 KO. bestimmte Voraussetzung, daß der Vermögensanspruch an den Gemeinschuldner schon zur Zeit der Eröffnung des Verfahrens begründet gewesen sei, hier zu, weil die Strafforderung als ein durch die Zuwiderhandlung des Schuldners bedingtes Forderungsrecht gegen diesen schon vor der Zuwiderhandlung, also vor der Konkurseröffnung, vorhanden und somit nach § 67 KO. zu behandeln war. Sodann sei der rechtlichen Auffassung beizutreten, daß unter den im § 7 KO. genannten Rechtshandlungen des Gemeinschuldners nur solche Handlungen desselben verstanden sein können, die eine mit dem im § 6 geregelten Dispositionsverlust in Widerspruch stehende Verfügung desselben über die Konkursmasse enthalten, somit nicht solche Handlungen, die einen Einfluß auf die Konkursmasse nicht durch seine hierauf gerichtete Verfügung, sondern ohne und gegen diesen Willen ausüben. Zu den letzteren Handlungen sei nach der gegebenen Sachlage die Zuwiderhandlung des Gemeinschuldners gegen ein vor der Konkurseröffnung begründetes Konkurrenzverbot zu rechnen; letztere könne nicht als „Rechtshandlung" nach § 7 KO. beurteilt werden.

Der Revisionskläger hatte in der schriftlichen Revisionsbegründung nur die Ausführungen des Berufungsrichters angegriffen, worin das Vorhandensein eines zur Zeit der Eröffnung des Verfahrens begründeten Vermögensanspruches, und damit die Voraussetzung des § 3 Abs. 1 KO. bejaht wurde; er machte geltend, die Vertragsstrafe sei nichts weiter als die Vereinbarung über die Höhe der Vergütung für den Fall, daß jemand in Zukunft ein Delikt begeht; das Delikt, nicht die Vereinbarung sei Grundlage der Forderung; deshalb habe zur Zeit der Konkurseröffnung auch nichts von dem Klaganspruch bestanden. In der mündlichen Verhandlung erweiterte er den Angriff dahin, der Berufungsrichter verletze jedenfalls den § 7 KO. durch die Annahme, daß die Zuwiderhandlung des Gemeinschuldners gegen ein Konkurrenzverbot nach der Konkurseröffnung keine Rechtshandlung im Sinne jener Gesetzesvorschrift sei.

Dem Revisionsangriffe konnte der Erfolg nicht versagt werden. Wenn die erwähnte Zuwiderhandlung des Gemeinschuldners gegen ein Konkurrenzverbot nicht als Rechtshandlung nach § 7 a. a. O. zu beurteilen wäre, könnte zwar den Ausführungen des Revisionsklägers nicht beigetreten werden, daß überhaupt die Vereinbarung einer Vertragsstrafe, sofern keine Zuwiderhandlung vor der Konkurseröffnung erfolgte, keinen zur Zeit der Eröffnung des Verfahrens begründeten Vermögensanspruch im Sinne des § 3 Abs. 1 a. a. O. darstelle, und daß folgeweise eine Vertragsstrafe überhaupt nicht als Konkursforderung in Betracht komme, wenn die Zuwiderhandlung nach der Konkurseröffnung erfolgte. Zunächst steht den Ausführungen des Revisionsklägers, daß bei *Vertragsstrafen* das *„Delikt"*, nicht die Vereinbarung, Grundlage der Forderung sei, die Vorschrift des § 339 BGB. entgegen. Weiterhin ist an der wiederholt in der Rechtsprechung des Reichsgerichts,

Entsch. in Zivils. Bd. 21 S. 6, Bd. 26 S. 92,

ausgesprochenen Auffassung festzuhalten, daß nach § 26 (früher 21) KO. eine nach bürgerlichem Rechte bestehende Forderung auf das Erfüllungsinteresse als Konkursforderung geltend gemacht werden kann, daß folgeweise das Erfüllungsinteresse, das auf Grund einer vom Gesetz als wirksam erklärten Vereinbarung in einer Vertragsstrafe besteht (§§ 339. 340 BGB., §§ 26. 62 Ziff. 2 KO.) als Konkursforderung geltend gemacht werden kann, sowie daß es der Geltendmachung einer solchen Forderung auf das Erfüllungsinteresse oder auf die Vertragsstrafe als Konkursforderung nicht entgegensteht, wenn eine nach der Konkurseröffnung eingetretene Nichterfüllung ihren Grund etwa in der Zahlungsunfähigkeit des Gemeinschuldners, in dem Nichtwollen oder Nichterfüllen des Konkursverwalters hat. Von dem Ausgange aus ferner, daß die Forderung auf das Erfüllungsinteresse gleich der Forderung auf eine Vertragsstrafe von einer Vertragsverletzung aufschiebend bedingt sei, könnte, soweit in Wirklichkeit eine echte Bedingung vorlag, aus der Vorschrift in § 158 Abs. 1 BGB., wonach die von der Bedingung abhängig gemachte Wirkung mit dem Eintritt der Bedingung eintritt, nicht abgeleitet werden, daß kein zur Zeit der Konkurseröffnung begründeter Vermögensanspruch vorliegt, wenn die den Eintritt der Bedingung begründende Vertragsverletzung in die Zeit nach der Konkurseröffnung fällt. Denn die Vorschrift des § 67 KO., deren Tragweite durch die jetzige Fassung des § 154 Abs. 2 ebenda noch verstärkt ist, schließt jeden Zweifel darüber aus, daß für den Begriff der Konkursforderung im Sinne des § 3 Abs. 1 ein nach dem Rechte des Bürgerlichen Gesetzbuchs zu beurteilendes aufschiebend bedingtes Schuldverhältnis zureicht.

Indessen folgt aus § 7 KO., daß die Sätze: „Eine nach bürgerlichem Recht begründete Forderung auf das Erfüllungsinteresse oder auf eine Vertragsstrafe ist nach § 26 KO. Konkursforderung", und „ein aufschiebend bedingtes Schuldverhältnis genügt nach § 3 KO.

für den Begriff der Konkursforderung", eine Einschränkung für den Fall erleiden, wenn die das Erfüllungsinteresse oder die Vertragsstrafe begründende Vertragsverletzung oder das als aufschiebende Bedingung gesetzte Ereignis eine Handlung des Gemeinschuldners nach der Konkurseröffnung ist. Denn nach § 7 a. a. O. sind Rechtshandlungen, welche der Gemeinschuldner nach der Eröffnung des Verfahrens vorgenommen hat, den Konkursgläubigern gegenüber unwirksam. Der Auffassung aber, die der Berufungsrichter vertritt, unter den in § 7 genannten Rechtshandlungen des Gemeinschuldners könnten *nur solche Handlungen desselben verstanden sein, die eine mit dem* im § 6 geregelten Dispositionsverlust in Widerspruch stehende Verfügung über die Konkursmasse enthalten, kann nicht beigetreten werden. Wenn die Begründung des Entwurfs der Konkursordnung S. 26 zu Entwurf § 2 (jetzt § 3) des Gesetzes ausführt: „Wenn das Verfahren durchführbar sein soll, muß dem Gemeinschuldner das Recht genommen werden, über die Masse zu verfügen (§ 5, jetzt § 6), und aus dem Verluste des Verfügungsrechts folgt, daß eine Forderung, soweit sie erst nach diesem, also nach Eröffnung des Verfahrens durch eine Handlung des Gemeinschuldners entstanden, umgestaltet oder vollendet worden ist, von der Teilnahme an der Masse ausgeschlossen werden muß", und S. 279 zu Entwurf § 60 (jetzt § 67) sagt: „Bedingungen, deren Erfüllung auf eine Tätigkeit des Gemeinschuldners gestellt ist, schließen die Forderung von der Teilnahme am Konkursverfahren gänzlich aus; jede Rechtshandlung, welche der Gemeinschuldner nach der Eröffnung desselben vornimmt, ist in bezug auf die Konkursgläubiger nichtig (Entwurf § 6, jetzt § 7); die Erfüllung der Bedingung durch ihn vermag daher eine Konkursforderung nicht zu erzeugen", so läßt sie darüber keinen Zweifel, daß nach Auffassung des Gesetzgebers die deutsche Konkursordnung durch ihren § 7 in Erweiterung der Bestimmungen des § 6 den rechtlichen Grundsatz aufstellt: jede rechtlich erhebliche Handlung des Gemeinschuldners nach der Konkurseröffnung, nicht bloß jede Verfügung desselben, ist zu Lasten der Konkursmasse unwirksam. Mit dieser Auffassung des Gesetzes ist sein Wortlaut wohl vereinbar, wonach hier unter Rechtshandlung jede Willensbetätigung mit rechtlichem Erfolg oder jede rechtlich erhebliche Handlung zu verstehen ist. Geht man aber von dieser Auslegung des § 7 aus, so steht von vornherein fest, daß, auch wenn eine Zuwiderhandlung des Gemeinschuldners nach der Konkurseröffnung nach bürgerlichem Recht eine Forderung auf das Erfüllungsinteresse oder auf eine Vertragsstrafe zu begründen geeignet ist, diese Forderung, mag man sie als eine zur Zeit der Konkurseröffnung aufschiebend bedingte ansehen, oder nicht, nicht als Konkursforderung geltend gemacht werden kann, weil sie den Konkursgläubigern gegenüber nach § 7 unwirksam ist. In diesem Sinne wird die hier streitige Frage für Vertragsstrafen, die durch eine Zuwiderhandlung des Gemeinschuldners nach der Konkurseröffnung verfallen sind, in der Rechtslehre, insbesondere von Jaeger, KO. 2. Aufl. zu § 3 Bem. 10 S. 41, Wilmowski, KO. 6. Aufl. zu § 3 Bem. 7 S. 49, v. Sarwey-Bossert, KO. 4. Aufl. § 67 Bem. 1, Petersen u. Kleinfeller, KO. 4. Aufl. § 7 Bem. 3. § 67 Bem. 4, vertreten, während Fitting, Reichs-Konkursrecht 3. Aufl. S. 95/96 Anm. 28 u. 29, Endemann, Das deutsche Konkursverfahren S. 493, v. Völderndorff, § 60 Bem. 3, Oetker, Konkursrechtliche Grundbegriffe Bd. I S. 156, L. Seuffert, Konkursprozeßrecht S. 54, den Standpunkt des Berufungsgerichts einnehmen. Die gleiche Auffassung des § 7 KO., wie die hier ausgeführte, ist auch in dem Urteile des III. Zivilsenats vom 28. Januar 1896 (Entsch. des RG.s in Zivils. Bd. 36 S. 126) vertreten, dessen hierher gehörende Ausführungen nach Inhalt der Akten nicht die vom Berufungsrichter unterstellte nebensächliche Bedeutung haben. Ob die folgerichtige Durchführung der hier vertretenen Auffassung, wie Jaeger a. a. O. ausführt, in allen den Fällen, wenn bei einer aufschiebend bedingten Forderung die Bedingung auf eine Handlung des Gemeinschuldners gestellt ist, arg. § 7 zu dem Ergebnisse führt, eine so bedingte Forderung von dem Begriffe der Konkursforderung schlechthin auszunehmen, weil nach § 7 von vornherein feststehe, daß die Bedingung mit Wirksamkeit gegenüber den Konkursgläubigern nicht erfüllt werden könne, steht hier nicht unmittelbar zur Entscheidung.“ ...

RGZ. 63, 364

Was versteht § 10 KO. unter Rechtsstreitigkeiten über das zur Konkursmasse gehörige Vermögen, welche zur Zeit der Eröffnung des Verfahrens für den Gemeinschuldner anhängig sind?

II. Zivilsenat. Beschl. v. 12. Juni 1906.

I. Oberlandesgericht Hamburg.

Gründe:

„Durch die Klage war aus unstreitiger Warenlieferung Zahlung von 2663,48 M. verlangt. Der Beklagte machte aus einem anderen Abschlusse eine Forderung auf Schadensersatz wegen Nichterfüllung geltend. In Höhe der Klageforderung rechnete er auf; durch Widerklage verlangte er Zahlung des in der Schlußverhandlung erster Instanz auf 76,52 M. berechneten Mehrbetrags. Das Landgericht hat die Klage abgewiesen und den Kläger als Widerbeklagten nach dem Antrag der Widerklage verurteilt. Durch Berufung des Klägers und Widerbeklagten sind die Anträge angekündet, das erste Urteil dahin abzuändern, daß der Beklagte nach dem Klagantrag verurteilt, und seine Widerklage abgewiesen werde. Nach Einlegung der Berufung wurde am 6. Juli 1905 über das Vermögen des Beklagten und Widerklägers der Konkurs eröffnet, und dadurch das Verfahren nach § 240 ZPO. unterbrochen.

Der Kläger und Widerbeklagte hat das Verfahren über die von ihm eingelegte Berufung nicht aufgenommen, dagegen hat der Verwalter im Konkurse über das Vermögen des Beklagten und Widerklägers durch zugestellten Schriftsatz vom 27. November 1905 erklärt, den Rechtsstreit aufzunehmen, soweit er für den Gemeinschuldner anhängig sei, und die Anträge angekündet, die Berufung des Klägers und Widerbeklagten zurückzuweisen, soweit durch sie die Verurteilung auf die Widerklage angefochten, und Abweisung der Widerklage beantragt ist, auf die durch Anschlußberufung zu erweiternde Widerklage aber den Kläger und Widerbeklagten zur Zahlung weiterer 280 M. mit Zinsen zu verurteilen. In dem auf Antrag des Konkursverwalters bestimmten Termin zur mündlichen Verhandlung vom 17. Mai 1906 war der Kläger und Widerbeklagte nicht vertreten. Der Konkursverwalter beantragte, gegen ihn nach Maßgabe der bezeichneten Anträge Versäumnisurteil zu erlassen. Das Oberlandesgericht hat durch sofort verkündeten Beschluß diese Anträge als unzulässig verworfen. Es ging dabei von der Auffassung aus, das durch Eröffnung des Konkursverfahrens unterbrochene Verfahren sei vom Kläger nicht aufgenommen und gelte deshalb noch als unterbrochen. Sonach bestehe ein prozeßordnungsgemäß zur Verhandlung über die Berufung gegebener Termin nicht, und fehle es an einem prozeßordnungsgemäßen Verfahren für die vom Konkursverwalter beabsichtigten Anträge, insbesondere an der Gelegenheit, die angekündigte Anschlußberufung in einem prozeßordnungsgemäß zur mündlichen Verhandlung über die Berufung bestimmten Termine zu erheben.

Gegen diesen Beschluß richtet sich die rechtzeitig und in zulässiger Weise eingelegte sofortige Beschwerde, mit der beantragt ist, den angefochtenen Beschluß aufzuheben und die Sache nach § 336 ZPO. an das Oberlandesgericht zurückzuweisen.

Die sofortige Beschwerde hat ihre prozessuale Grundlage in § 336 Satz 1 ZPO. Die Rechtsprechung nimmt die Anwendbarkeit dieser Vorschrift an, wenn die Erlassung eines Versäumnisurteils auch aus anderen Gründen, als denen des § 335 ZPO. zurückgewiesen wurde.

Vgl. Entsch. des RG.s in Zivils. Bd. 37 S. 369, Bd. 55 S. 310.

Die Beschwerde ist auch materiell begründet. Allerdings betrifft die Klage und die Berufung, soweit sie sich auf die Abweisung der Klage bezieht, einen sogenannten Passivprozeß, und deshalb wären für Aufnahme dieses Teiles des in der Berufungsinstanz anhängigen Verfahrens die Vorschriften in den §§ 12 und 146 Abs. 3 KO. anzuwenden. Der Konkursverwalter könnte das Verfahren nicht aufnehmen. Dem stände auch nicht entgegen, daß über die Aufrechnung des Gemeinschuldners in diesem Teile des Verfahrens entschieden wird.

Die Widerklage dagegen, durch die Zahlung an den Gemeinschuldner verlangt wird, und die Berufung des Klägers als Widerbeklagten, soweit sie Abänderung des der Widerklage stattgebenden Urteils und deren Abweisung verlangt, betrifft einen sogenannten Aktivprozeß. Daher ist § 10 KO. anzuwenden. Zwar wird in diesem Paragraphen von Rechtsstreitigkeiten über das zur Konkursmasse gehörige Vermögen, welche zur Zeit der Eröffnung des Verfahrens für den Gemeinschuldner anhängig sind, gesprochen. Die Bestimmung will indes nicht sagen, daß die konkrete Gestaltung des Verfahrens für den Gemeinschuldner anhängig, hier also das Rechtsmittel für den Gemeinschuldner eingelegt sein müsse. Vielmehr soll damit nur ausgesprochen werden, daß durch den Rechtsstreit Vermögensrechte zugunsten des Gemeinschuldners verlangt werden. Für den Gemeinschuldner ist daher der Rechtsstreit im Sinne dieser Bestimmung anhängig, wenn gegen eine zur Leistung an ihn verurteilende Entscheidung von der Gegenpartei ein Rechtsmittel zur Zeit der Eröffnung des Konkursverfahrens eingelegt ist. Denn hier wird in dem anhängigen Verfahren ein Vermögensrecht für den Gemeinschuldner und für die Konkursmasse beansprucht. Danach konnte der Konkursverwalter im vorliegenden Falle das Verfahren über die vom Kläger und Widerbeklagten eingelegte Berufung aufnehmen, soweit letztere das Urteil über die Widerklage betrifft. Durch die Berufung ist die ganze Sache, also auch dieser Teil des Rechtsstreits, in der Berufungsinstanz anhängig. Im Rahmen des so aufgenommenen Verfahrens über einen Teil der Berufung war ferner der Termin zur mündlichen Verhandlung vom 17. Mai 1906 ein Termin zur mündlichen Verhandlung über die Berufung; folgeweise konnte in diesem Termin auch eine Anschlußberufung des Konkursverwalters, durch die ein damit zusammenhängender erweiterter Anspruch des Gemeinschuldners, jetzt der Konkursmasse, verfolgt wird, erhoben werden.

Danach war der angefochtene Beschluß aufzuheben, und die Sache zum weiteren Verfahren nach § 336 Satz 2 ZPO. an das Oberlandesgericht zurückzuweisen."

RGZ. 66, 181

1. Ist der Konkursverwalter zur Aufnahme des Prozeßverfahrens befugt, wenn der Gemeinschuldner den Klaganspruch nach der Rechtshängigkeit, aber vor der Eröffnung des Konkursverfahrens abgetreten hat?

ZPO. § 265, KO. § 10.

2. . . . .

Die Entscheidung ist abgedruckt unter „Handelsrecht, Handelsgesellschaften 1, Aktiengesellschaft".

RGZ. 69, 85 †

1\. . . .

2. Darf der Konkursverwalter Zubehörstücke eines Grundstücks, solange sie nicht von einem Absonderungsberechtigten gerichtlich oder außergerichtlich in Anspruch genommen sind, für die Konkursmasse veräußern?

KO. §§ 4, 6, 82. ZPO. § 865 Abs. 2. BGB. §§ 1121, 1135.

V. Zivilsenat. Urt. v. 17. Juni 1908.

I. Landgericht Kiel. II. Oberlandesgericht daselbst.

Im Konkurse des Holzhändlers R. in B. war von der Gläubigerversammlung am 23. Oktober 1905 einstimmig beschlossen worden, die von dem Gemeinschuldner auf dessen Grundstück außer dem Holzhandel noch betriebene Holzsägerei zu schließen, im übrigen das Geschäft im kleinen weiterzuführen, es aber nach vier Wochen ebenfalls zu schließen. Am 28. Oktober ließ darauf der Konkursverwalter durch den Gerichtsvollzieher fünf in dem erwähnten Geschäftsbetriebe gebrauchte Pferde versteigern, und im Januar 1906 verkaufte er freihändig eine Anzahl gleichfalls zum Geschäftsbetriebe gehöriger Gegenstände. Den Erlös mit mindestens 2163 M. und 700 M. nahm er zur Konkursmasse; die verkauften Pferde und Sachen wurden alsbald vom Grundstück fortgeschafft.

Im März 1906 wurde das Grundstück zur Zwangsversteigerung gebracht; dabei fiel an erster Stelle der Kläger mit einer Hypothek von 10000 M. im Betrage von 8000 M. aus. Der Kläger verlangte darauf vom verklagten Konkursverwalter die Herauszahlung des Erlöses aus den verkauften Gegenständen, weil diese als Zubehör des Grundstücks nach § 1120 BGB. für seine Hypothek mitgehaftet, und nicht zum Besten der Konkursmasse hätten veräußert werden dürfen. Gegen die Veräußerung im Januar 1906 wollte der Kläger vorher dem Beklagten gegenüber Widerspruch erhoben haben. Der Beklagte bestritt dies. Die Zubehöreigenschaft der verkauften Sachen hatte er in erster Instanz nicht bestritten; in zweiter Instanz bestritt er sie, erklärte jedoch dabei, dies nicht weiter begründen zu können. Er glaubte, sich auf das dem Konkursverwalter in den §§ 117, 127 KO. eingeräumte Veräußerungsrecht berufen zu können, indem er behauptete, daß die Veräußerung in den Grenzen einer ordnungsmäßigen Wirtschaft erfolgt sei, nachdem die Gläubigerversammlung den Beschluß vom 23. Oktober 1905 gefaßt habe, und da die Fütterung der Pferde unnütze Kosten verursacht haben würde.

In erster Instanz wurde der Beklagte zur Herauszahlung des Erlöses mit Prozeßzinsen verurteilt; seine Berufung wurde zurückgewiesen. Auch die Revision wurde zurückgewiesen.

Aus den Gründen:

. . .

II. Die Revision greift auch den Standpunkt an, den der Berufungsrichter mit dem Landgericht zu der bestrittenen Frage genommen hat, ob der Konkursverwalter berechtigt sei, Zubehörstücke eines Grundstücks vor deren Beschlagnahme durch einen absonderungsberechtigten Hypothekengläubiger zum Besten der Konkursmasse zu verwerten. Der Berufungsrichter verneint die Frage und spricht dem Kläger, als in der späteren Zwangsversteigerung des Grundstücks erstausgefallenem Hypothekengläubiger, das Recht zu, die Herausgabe des Erlöses aus der Konkursmasse zu verlangen.... Daß der Erlös sich noch in der Masse befindet, ist unbestritten.

Der Berufungsrichter begründet seine Entscheidung in folgender Weise. Der Anspruch auf abgesonderte Befriedigung aus dem Zubehör, den der Hypothekengläubiger bei Ausbruch des Konkurses gehabt habe, sei zwar in dieser Gestalt dadurch untergegangen, daß der Konkursverwalter das Zubehör vor der Beschlagnahme durch den Hypothekengläubiger veräußert und vom Grundstück habe fortnehmen lassen; aber wenn und soweit dadurch eine grundlose Bereicherung der Konkursmasse bewirkt worden sei (§ 812 BGB.), habe sich jener Anspruch von selbst in den Anspruch auf Herausgabe des Erlöses, solange dieser sich noch in der Masse befand, verwandelt, auch dann, wenn der Hypothekengläubiger dem Verkauf nicht besonders widersprochen habe. Die Bereicherung der Konkursmasse sei nun in der Tat eine grundlose. Denn wenn der Konkursverwalter auch an sich berechtigt sein möge, ohne Rücksichtnahme auf die Hypothekengläubiger Zubehörstücke zu veräußern, wie der Eigentümer, so sei er darin dem Eigentümer doch nicht völlig gleichzustellen, weil er nicht bloß die Interessen des Gemeinschuldners, sondern auch die aller Gläubiger wahrzunehmen habe. Verwende er nun den Erlös zur Befriedigung der Konkursgläubiger, so bereichere er sie grundlos gegenüber den Hypothekengläubigern, die ein Recht auf den Erlös hätten, und zu deren Befriedigung er daher den Erlös in erster Linie hätte verwenden müssen. Die grundlose Bereicherung der Konkursmasse gegenüber dem Kläger ergebe sich aber auch noch aus dem weiteren Gesichtspunkte, daß der Konkursverwalter das Zubehör überhaupt nicht, namentlich nicht zuungunsten eines Hypothekengläubigers, habe verkaufen dürfen, da in § 865 Abs. 2 ZPO. die Pfändung von Zubehör für unzulässig erklärt sei. Der Verkauf durch den Konkursverwalter habe Dritten gegenüber die gleiche Wirkung wie eine Zwangsvollstreckung und sei dieser gleichzuachten.

Die Revision wendet hiergegen ein: wie der Eigentümer nach § 1121 BGB. bis zur Beschlagnahme für die Hypothekengläubiger das Recht habe, die Haftung des Zubehörs für die Hypothek durch Veräußerung und Entfernung vom Grundstück aufzuheben, so stehe das gleiche Recht nach §§ 6 und 117 KO. dem Konkursverwalter zu. Die Ausübung dieses Rechts könne also nicht eine Rechtsverletzung enthalten gegenüber dem Hypothekengläubiger, dessen Rechte doch durch die Konkurseröffnung nicht vermehrt worden wären. Auch aus der Bestimmung in § 865 Abs. 2 ZPO. lasse sich nichts Gegenteiliges herleiten; das Konkursverfahren könne nicht in allen Beziehungen als Zwangsvollstreckung betrachtet werden; die Veräußerung einzelner Sachen durch den Konkursverwalter sei jedenfalls keine Pfändung, sondern eine Verwaltungsmaßregel. Mindestens hätte der Kläger sein Absonderungsrecht vor der Veräußerung geltend machen müssen, und daß dies geschehen sei, habe der Beklagte bestritten.

Diese Ausführungen können jedoch nicht für durchschlagend erachtet werden.

Richtig ist, daß der Konkursverwalter, da nach § 6 KO. mit der Eröffnung des Konkurses das Verwaltungs- und Verfügungsrecht des Eigentümers auf ihn übergeht, nun in der Lage ist, in Ausübung des dem Eigentümer in § 1121 BGB. eingeräumten Rechts die dort bezeichneten Gegenstände, darunter auch Zubehörstücke — um die es sich hier allein handelt —, solange sie noch nicht für den Hypothekengläubiger in Beschlag genommen sind, von der Haftung für die Hypothek freizumachen. Damit ist aber noch nicht die Frage entschieden, was aus dem Erlöse wird. Veräußert der Eigentümer, so fällt natürlich ihm auch der Erlös zu; aber der Konkursverwalter ist nicht Eigentümer, sondern hat nur dessen Verwaltungs- und Verfügungsrecht auszuüben, und zwar nicht vorwiegend im Interesse des Eigentümers, sondern zu den Zwecken, die das Konkursverfahren verfolgt, und die am letzten Ende darauf hinauslaufen, daß die Konkursgläubiger zu ihrem Rechte kommen. Das Recht der Konkursgläubiger beschränkt sich aber auf die Konkursmasse, und es kann darum nicht die Aufgabe des Konkursverwalters sein, diese Masse auf Kosten anderer, besser Berechtigter zu vermehren. Daß dies geschähe, wenn der Masse Werte zugeführt werden, an denen noch Absonderungsrechte bestanden, liegt auf der Hand. Nun wird wohl gesagt, an den in § 1121 BGB. bezeichneten Gegenständen bestehe nur ein bedingtes Absonderungsrecht, nämlich nur unter der Bedingung, daß sie vom Gläubiger in Beschlag genommen seien, bevor der Eigentümer sie veräußere und wegbringe. Das ist auch insoweit richtig, als in der Tat dem Eigentümer im Interesse seiner Wirtschaftsführung, um ihn im wirtschaftlichen Interessenkampfe nicht zu sehr einzuengen, das Recht verliehen ist, einzelne dieser Gegenstände zu Gelde zu machen und der Haftung für die Hypotheken zu entziehen. Aber dabei ist schon zu beachten, daß dieses Recht, sobald es sich um Zubehör handelt, seine Schranke hat in dem Gebot ordnungsgemäßiger Wirtschaftsführung; denn der § 1135 gibt den Hypothekengläubigern das Recht, gegen eine diesem Gebot zuwider erfolgende Verschleuderung von Zubehörstücken mit einer Klage auf Unterlassung einzuschreiten; und in weiterer Folge davon können sie solchenfalls den Eigentümer wegen widerrechtlicher Verletzung ihres Hypothekenrechts aus § 823 BGB. auf Schadenersatz in Anspruch nehmen.

Vgl. Urteil des erkennenden Senats vom 20. April 1907, Rep. V. 333/06.

Mit der Eröffnung des Konkursverfahrens ist nun aber der wirtschaftliche Kampf für den Eigentümer zu Ende; was nun folgt, dient *nur den Zwecken des Konkursverfahrens. Daraus ergibt sich,* daß das in § 1121 BGB. dem Eigentümer eingeräumte Verfügungsrecht in der Hand des Konkursverwalters eine andere Bedeutung gewinnt. Wie es sich mit Beziehung auf die übrigen in § 1121 bezeichneten Gegenstände gestaltet, ingleichen wie weit das ähnliche Verfügungsrecht des Eigentümers über Miet- und Pachtzinse, sowie über Versicherungsgelder durch den Konkursverwalter ausgeübt werden kann, ist hier nicht zu erörtern. Aber wenn der Konkursverwalter Zubehörstücke eines Grundstücks veräußert, nicht etwa in ordnungsmäßiger Fortführung der bisherigen Bewirtschaftungsweise, sondern nachdem diese aufgegeben ist, so kann das, wie schon in anderem Zusammenhange dargelegt ist, zwar eine für die ordnungsmäßige Verwaltung der Konkursmasse nützliche oder gar notwendige Maßregel sein. Aber im Interesse einer ordnungsmäßigen Bewirtschaftung des Grundstücks liegt sie dann nicht, ist darauf auch gar nicht berechnet; sondern sie soll nur dazu dienen und hat jedenfalls im vorliegenden Falle nur dazu gedient, die infolge Aufgebens der Wirtschaft überflüssig gewordenen Zubehörstücke in Geld umzusetzen. Damit kann aber die Abführung des Erlöses in die Konkursmasse nicht gerechtfertigt werden; die Konkursmasse würde vielmehr dadurch Werte empfangen, die nicht ihr zukommen, sondern den Absonderungsberechtigten, um die sie also rechtlos bereichert werden würde (§ 59 Nr. 3 KO.). Es ist unrichtig, wenn zur Verteidigung der entgegengesetzten Ansicht zuweilen der Satz aufgestellt wird, der Konkursverwalter habe nicht bloß nach § 6 KO. das Recht, sondern nach §§ 82, 117 sogar die Pflicht, noch nicht in Beschlag genommene Zubehörstücke zum Besten der Konkursmasse zu verwerten. Die Pflicht des Konkursverwalters in dieser Beziehung erschöpft sich in einer ordnungsmäßigen Verwaltung der Konkursmasse; zu einer grundlosen Bereicherung der Konkursmasse und Entwertung oder doch Verschlechterung der Hypotheken durch Wegbringung des Zubehörs hat er aber kein Recht und vollends keine Verpflichtung. Auch darf nicht eingewandt werden, daß nach § 4 Abs. 2 KO. die abgesonderte Befriedigung unabhängig vom Konkursverfahren erfolgt, und daß deshalb der Konkursverwalter die Rechte der Absonderungsberechtigten nicht von Amts wegen zu berücksichtigen hat. Daraus folgt nicht, daß der Konkursverwalter diese Rechte zu verletzen berechtigt wäre und die rechtliche Macht hätte, den Absonderungsberechtigten Werte zu entziehen und der Konkursmasse zuzuwenden, auf die diese kein Recht hat.

Es rechtfertigt sich die angefochtene Entscheidung aber auch aus dem weiteren vom Berufungsgericht hervorgehobenen Gesichtspunkt, daß in § 865 Abs. 2 ZPO. jetziger Fassung die Pfändung von Zubehör für unzulässig erklärt wird. Der Grund ist, daß der schon im öffentlichen Interesse gebotene wirtschaftliche Zusammenhang zwischen Grundstück und Zubehör aufrecht erhalten werden soll (*Hahn, Mat. Bd. 8 S. 164*). Nun ist zwar die Verwertung durch den Konkursverwalter keine Pfändung; aber schon in einem Urteil des erkennenden Senats vom 6. November 1886 (Jurist. Wochenschr. 1886 S. 414 Nr. 3) ist ausgeführt, und dies ist in dem Urteil gleichfalls des V. Senats vom 12. November 1898 (Entsch. Bd. 42 Nr. 22 S. 85 flg.) für den Fall eines Verkaufs von Zubehör auf Grund des § 127 KO. noch weiter ausgeführt worden, daß eine derartige Verwertung im Konkurse materiell einer solchen gleichsteht und in Beziehung auf Dritte, denen das Gesetz ein Widerspruchs- oder ein Vorzugsrecht für den Fall einer Zwangsvollstreckung beigelegt hat, wie eine solche wirkt. An dieser Auffassung ist festzuhalten. Hiernach ist die rechtliche Stellung der Absonderungsberechtigten zu der durch den Konkursverwalter erfolgten Veräußerung von Zubehör — wenn sie sich nicht etwa als eine zur ordnungsmäßigen Fortführung der Wirtschaft gehörige Maßregel und als aus diesem Grunde zulässige Verwaltungshandlung rechtfertigen läßt, was hier nicht der Fall ist — so zu beurteilen, wie wenn die Veräußerung im Wege der Zwangsvollstreckung für persönliche Gläubiger stattgefunden hätte. In diesem Fall stände aber dem Absonderungsgläubiger das Recht zu, den Erlös für die Immobiliarmasse in Anspruch zu nehmen, oder aus ihr seine vorzugsweise Befriedigung zu verlangen, wie in dem Urteil Bd. 42 S. 90 der Entsch. des RG.s in Zivils. dargelegt ist, also, da die Gegenstände selbst durch deren Veräußerung und Entfernung vom Grundstück aus der Pfandhaftung ausgeschieden sind, und damit das Recht auf ihre Zurückbringung zur Immobiliarmasse erloschen ist, jetzt den Erlös zu dieser Masse zu ziehen.

Nun lag freilich in den erwähnten beiden Fällen die Sache so, daß der Hypothekengläubiger wenigstens außergerichtlich der Veräußerung durch den Konkursverwalter widersprochen hatte, und es wurde ausgeführt, daß dies genüge, um ihm das Vorzugsrecht auf den Erlös zu erhalten, während unentschieden gelassen wurde, ob dies auch der Fall sein würde, wenn kein Widerspruch erhoben wäre. Allein dies erklärt sich aus der Vorschrift in § 206 des damals maßgebenden preußischen Zwangsvollstreckungsges. vom 13. Juli 1883, wonach die Zwangsvollstreckung in bewegliche Gegenstände, die zur Immobiliarmasse gehören, freigegeben, und dem Realberechtigten nur das

Recht eingeräumt war, dagegen Widerspruch zu erheben. Das ist inzwischen durch den neu eingefügten § 865 ZPO. geändert worden, der in seinem Abs. 2 die Pfändung von Zubehör ausschließt. Daß der Hypothekengläubiger nicht etwa auf den Weg der Beschwerde gegen die verbotene Pfändung beschränkt ist (§ 766 ZPO.), sondern sich ihrer mit der Widerspruchsklage aus § 771 ZPO. erwehren könnte — die bis zum Schluß der Zwangsvollstreckung, also bis zur Auskehrung des Erlöses an den pfändenden Gläubiger möglich ist —, das ist bereits in dem Urteil des erkennenden Senats in den Entsch. Bd. 55 Nr. 49 S. 209 ausgeführt worden. Aber angesichts dieses nunmehrigen Pfändungsverbots kann die Zulässigkeit der Widerspruchsklage nicht mehr von der vorherigen Erhebung eines Widerspruchs gegen die Pfändung abhängig sein. Die Unterlassung eines Widerspruchs würde die Pfändung nicht gültig machen, seine Erhebung wäre somit eine leere Formalität. Das Gleiche muß dann aber auch gegenüber der Veräußerung von Zubehör durch den Konkursverwalter gelten, zumal das Verlangen eines Widerspruchs hier obendrein die unerwünschte Folge haben würde, daß ein Wettlauf zwischen dem Absonderungsberechtigten und dem Konkursverwalter um das Zuvorkommen entstände, von dessen Ausfall, häufig also vom Zufall, die Entscheidung abhinge.“ ...

RGZ. 71, 38

Wird durch die Eintragung des Konkursvermerks das Grundbuch gegen weitere Eintragungen auf Grund rechtsgeschäftlicher Verfügungen des Gemeinschuldners gesperrt?

KO. §§ 6, 7. BGB. § 135. GBO. § 19.

V. Zivilsenat. Beschl. v. 24. April 1909.

I. Amtsgericht Tessin. II. Landgericht Rostock.

Die Frage wurde bejaht aus folgenden

Gründen:

„Der Bauunternehmer Sp. bewilligte durch notariell beglaubigte Urkunde vom 6. Mai 1908 auf die ihm gehörige Häuslerei Nr. 22 zugunsten des Beschwerdeführers die Eintragung einer Hypothek von 3000 M. Der Beschwerdeführer stellte, nachdem am 23. Juli über das Vermögen des Schuldners das Konkursverfahren eröffnet war, beim Grundbuchamte Tessin, dem er später auch die Schuldurkunde einreichte, den Antrag auf Eintragung der Hypothek. Das Grundbuchamt lehnte durch Beschluß vom 28. Dezember auf Grund des § 15 KO. und des § 878 BGB. den Eintragungsantrag ab und trug am 2. Januar 1909 den Konkursvermerk zum Grundbuche ein. Das Landgericht wies durch den jetzt angefochtenen Beschluß die Beschwerde zurück.

Die gegen diesen Beschluß eingelegte weitere Beschwerde möchte das Oberlandesgericht in Rostock zurückweisen, es sieht sich hieran aber durch die Entscheidungen des Kammergerichts vom 6. Mai 1901 und 12. Juli 1906, mitgeteilt in RJA. Bd. 2 S. 139 und Bd. 8 S. 47, verhindert. Auf Grund des § 79 Abs. 2 GBO. hat deshalb das Oberlandesgericht die weitere Beschwerde dem Reichsgerichte vorgelegt und seiner Rechtsauffassung dahin Ausdruck gegeben, daß in Ansehung des zur Konkursmasse gehörenden Vermögens durch § 6 KO. die Verfügungsbefugnis dem Gemeinschuldner schlechthin entzogen und der Ausübung nach auf den Konkursverwalter übertragen sei. Deshalb werde durch die Eintragung des Konkursvermerks das Grundbuch gegen weitere Eintragungen auf Grund rechtsgeschäftlicher Verfügungen des Gemeinschuldners gesperrt und es dürften Eintragungen, die den Erwerb des Rechts an einem Grundstücke zum Ziele haben, auch dann nicht erfolgen, wenn sie, wie im vorliegenden Falle, vom Gemeinschuldner bereits vor der Konkurseröffnung bewilligt seien, der Berechtigte aber den Eintragungsantrag erst nachher stelle. Die gerade entgegengesetzte Ansicht vertritt dagegen in jenen beiden und auch in sonstigen Beschlüssen das Kammergericht. Dieses erachtet Verfügungen des Gemeinschuldners mit Rücksicht auf § 7 KO. nicht „absolut“, sondern nur „relativ“, nämlich nur gegenüber den Konkursgläubigern, für unwirksam. Diese Auffassung wird vielfach auch in der Rechtslehre vertreten, allein ihr stehen überwiegende Bedenken entgegen.

Nach § 135 BGB. sind Verfügungen, die gegen ein den Schutz bestimmter Personen bezweckendes Veräußerungsverbot verstoßen, nur diesen Personen gegenüber unwirksam. Dem entspricht im Wortlaute insofern der § 7 KO., als hier Verfügungen des Gemeinschuldners gegenüber den Konkursgläubigern für unwirksam erklärt sind. Allein für die Auslegung des § 7 hat entscheidende Bedeutung die unmittelbar vorhergehende Vorschrift des § 6, nach der der Gemeinschuldner mit der Eröffnung des Verfahrens die Verfügungs- und Verwaltungsbefugnis „verliert“; das Verfügungs- und Verwaltungsrecht wird „ausgeübt“ durch den Konkursverwalter, so daß dieser insoweit kraft Gesetzes an die Stelle des Gemeinschuldners tritt. Dagegen bleibt verfügungsberechtigt, wem zwar durch Gesetz, aber nur zugunsten einer bestimmten Person die Verfügung über einen Gegenstand verboten ist; Erklärungen, die auf den Eintritt einer Rechtsänderung abzielen, kann nach wie vor nur er abgeben, wenn auch unbeschadet des geschützten Rechtes des andern. In solchem Falle kann daher das Veräußerungsverbot beim Fortbestande des Verfügungsrechts des Eigentümers nicht die Sperrung des Grundbuchs bewirken; dagegen muß diese Folge eintreten mit dem Verluste des Verfügungsrechts.

Das Bestehen der Verfügungsmacht hat der Grundbuchrichter stets von Amts wegen zu prüfen. Von diesem Grundsatze des Grundbuchrechts hat die Konkursordnung keine Ausnahme machen wollen. Allerdings ist, worauf das Kammergericht Gewicht legt, in den Motiven gesagt, daß die Verfügungsbeschränkung des Gemeinschuldners die Wirkung eines Veräußerungsverbots im Sinne des § 135 BGB. habe; allein es ist (Bd. 1 S. 110) nicht minder betont, daß die Wirkung des Konkurses eine stärkere sei. Die Konkursmasse steht kraft eigenen Rechts ausschließlich zur Verfügung des Konkursverwalters, und von Eintragungen wird (§ 19 GBO.) sein „Recht betroffen". Er hat das Recht und die Pflicht, die Masse im gemeinsamen Interesse der Gläubiger *zu verwerten, und dieses Recht kann durch Verfügungen* des nicht mehr verfügungsberechtigten Gemeinschuldners keine Beeinträchtigung erleiden. Eine unmittelbare Gefährdung der Masse würde eintreten, wenn das Grundbuchamt einem Löschungsantrage des Gemeinschuldners stattgäbe; dann würde nichts übrig bleiben, woran die Gläubiger sich halten könnten. Diese Erwägung hat denn auch bereits das Kammergericht in der in seinem Jahrb. Bd. 23 A S. 242 mitgeteilten Entscheidung dazu genötigt, für vom Gemeinschuldner bewilligte Löschungen eine Einschränkung zu machen. Allein empfindliche Schädigungen können der Masse auch aus Eintragungsbewilligungen erwachsen. Mögen diese auch als unwirksam der Anfechtung unterliegen, so machen sie doch das Grundbuch unrichtig, zwingen den Verwalter unter Umständen zu langwierigen und kostspieligen Prozessen und hindern dadurch, wenn nicht rechtlich, so doch tatsächlich die Verwertung der Masse. Der Gesetzgeber hat, indem er dem Gemeinschuldner in § 6 ohne Einschränkung das Verfügungsrecht entzog und dessen Ausübung in die Hand des Konkursverwalters legte, den Gläubigern nicht nur überhaupt Schutz, sondern auch ausreichenden Schutz gewähren wollen. Man kann den Gemeinschuldner nicht neben dem sachlich allein berechtigten Verwalter für verfügungsbefugt erklären, ohne eine doppelte Verfügungsmacht und damit die unvermeidliche Gefahr von Konflikten zu schaffen.

Es muß daher angenommen werden, daß Verfügungen des Gemeinschuldners, die erst nach Eröffnung des Verfahrens getroffen oder (§ 878 BGB.) beim Grundbuchamte eingereicht werden, zu Eintragungen im Grundbuche nicht führen können. Entgegen der Rechtsauffassung des Kammergerichts, aber in Übereinstimmung mit der Rechtsauffassung des Oberlandesgerichts Rostock war daher die Ablehnung des Antrags auf Eintragung der Hypothek für begründet zu erachten."

RGZ. 79, 27

Kann in einem vom Konkursverwalter aufgenommenen Aktivprozesse der Gemeinschuldner selbst gegen das Urteil der ersten

Instanz rechtswirksam Berufung einlegen, wenn ihm der Konkursverwalter erklärt hat, daß er ihm den Anspruch freigibt?

KO. §§ 6, 114. ZPO. § 265.

VII. Zivilsenat. Urt. v. 1. März 1912.

I. Landgericht Hamburg. II. Oberlandesgericht daselbst.

Mit der Klage wurde Verurteilung des Beklagten zur Zahlung von 10000 M. nebst Zinsen an den Kläger begehrt. Im Laufe der ersten Instanz wurde über das Vermögen des Klägers der Konkurs eröffnet. Das hierdurch unterbrochene Verfahren wurde vom Konkursverwalter aufgenommen. Dem Antrage des Beklagten entsprechend wies das Landgericht die Klage ab. Vor Ablauf der Berufungsfrist richtete der Konkursverwalter durch Schreiben vom 19. Juli 1910 an die Rechtsanwälte A. und E. J., die den Gemeinschuldner und auch den Konkursverwalter in der ersten Instanz als Prozeßbevollmächtigte vertreten hatten, die Erklärung, daß er den Anspruch dem Gemeinschuldner freigebe. Darauf legte der Gemeinschuldner rechtzeitig Berufung gegen die landgerichtliche Entscheidung ein. Das Oberlandesgericht verwarf die Berufung als unzulässig. Auf die Revision des Klägers ist dieses Urteil aufgehoben und die Sache an das Oberlandesgericht zurückverwiesen worden.

Gründe:

„Das Berufungsgericht ist der Ansicht, daß dem Konkursverwalter, nachdem er einmal das durch die Konkurseröffnung unterbrochene Verfahren aufgenommen hatte, nicht das Recht zugestanden habe, ohne Zustimmung des Beklagten aus dem Prozesse wieder auszuscheiden und dessen Fortführung dem Gemeinschuldner zu überlassen. Gegen das landgerichtliche Urteil hätte deshalb nur der Konkursverwalter Berufung einlegen können. Da er das nicht getan habe sei das Urteil mit Ablauf der Berufungsfrist rechtskräftig geworden.

Diese Auffassung beruht auf einer Verkennung der Rechtswirkung, die die an den Gemeinschuldner gerichtete Freigabeerklärung des Konkursverwalters mit sich brachte. Von der sachlichen Wirkung dieser Erklärung kann die Befugnis zur Prozeßführung nicht unberührt bleiben. Das Prozeßführungsrecht und die Prozeßführungspflicht des Konkursverwalters haben ihre Grundlage in dem ihm durch das Gesetz (§ 6 KO.) übertragenen Verwaltungs- und Verfügungsrechte an dem zur Konkursmasse gehörigen Vermögen des Gemeinschuldners. Dieses Vermögen bleibt auch in der Konkursmasse Vermögen des Gemeinschuldners, und es bedurfte deshalb einer besonderen gesetzlichen Bestimmung, um die Verwaltung und die Verfügung dem Gemeinschuldner zu entziehen (§ 6 Abs. 1) und dem Verwalter zu verleihen (§ 6 Abs. 2). Auf Vermögen des Gemeinschuldners, das nicht in die Konkursmasse fällt, findet diese Bestimmung, wie der Wortlaut des Gesetzes klar ergibt, keine Anwendung; insoweit hat also nach wie vor der Konkurseröffnung der Gemeinschuldner selbst das Verwaltungs- und Verfügungsrecht und damit auch die Parteirolle im Prozesse. Die Zugehörigkeit zur Konkursmasse bildet die Voraussetzung und die Grenze für die Befugnis des Konkursverwalters.

Darauf beruht es, daß in dem Augenblicke, wo durch Beendigung des Konkurses die Konkursmasse als solche und damit die Zugehörigkeit des Vermögens zu ihr zu bestehen aufhört, die Befugnisse des Verwalters erlöschen und der Gemeinschuldner kraft seines nunmehr wieder freigewordenen Verwaltungs- und Verfügungsrechts ohne weiteres als Partei in anhängige Prozesse eintritt.

Vgl. Entsch. des RG.s in Zivils. Bd. 52 S. 334 und Bd. 73 S. 314.

Auf Ausnahmefälle, in denen die Prozeßführungsbefugnis des Verwalters auch nach Beendigung des Konkurses fortdauert, weil es sich um eine Nachverteilungsmasse handelt, braucht hier nicht eingegangen zu werden.

Daß der Konkursverwalter nach seinem pflichtmäßigen Ermessen befugt ist, einzelne an sich zur Konkursmasse gehörige Vermögensstücke davon auszuscheiden und dem Gemeinschuldner durch eine an ihn gerichtete Erklärung freizugeben, ist nicht zu bezweifeln und in § 114 KO. vorausgesetzt. Mit der Freigabeerklärung hört in dem Zeitpunkte, wo sie dem Gemeinschuldner zugeht, die Zugehörigkeit zur Konkursmasse auf. Der rechtliche Zustand, der durch die Beendigung des Konkurses für das ganze in die Konkursmasse gefallene Vermögen des Gemeinschuldners eintreten würde, wird durch die Freigabeerklärung für den freigegebenen Gegenstand herbeigeführt. Diese Auffassung hat auch im Gesetze erkennbaren Ausdruck gefunden. Denn wie nach Eintragung des Konkursvermerks in das Grundbuch (§113 KO.) auch die Beendigung des Konkurses durch Aufhebung oder durch Einstellung einzutragen ist (§§ 116, 163, 190, 205), so ist das gleiche durch die schon erwähnte Bestimmung des § 114 auch für den Fall der Freigabe des betreffenden Grundstücks aus der Konkursmasse vorgesehen. Die Beendigung des Konkurses im ganzen kann freilich nur durch eine Entscheidung des Gerichts erfolgen, während die Freigabe eines einzelnen Gegenstandes, wie erwähnt, dem Verwalter zusteht. Hierdurch wird aber nichts daran geändert, daß die Freigabe in Ansehung des freigegebenen Gegenstandes die Bedeutung und Wirkung der Konkursbeendigung hat. Hieraus folgt, daß in einem bezüglich dieses Gegenstandes anhängigen Prozesse der Gemeinschuldner mit der Freigabe ebenso ohne weiteres an die Stelle des Verwalters als Partei eintritt, wie es geschehen würde, wenn der Konkurs im ganzen beendet würde.

Nach § 265 ZPO. hat die Veräußerung der in Streit befangenen Sache oder die Abtretung des geltend gemachten Anspruchs auf den Prozeß keinen Einfluß, und der Rechtsnachfolger ist nicht berechtigt, ohne Zustimmung des Gegners den Prozeß als Hauptpartei an Stelle des Rechtsvorgängers zu übernehmen. Für eine auch nur entsprechende Anwendung dieser Vorschrift bietet der vorliegende Fall keinen Raum. Durch die Freigabeerklärung hat der Konkursverwalter nicht, wie das Berufungsgericht annimmt, sein Verwaltungs- und Verfügungsrecht bezüglich des freigegebenen Anspruchs auf den Gemeinschuldner übertragen, so daß dieser insoweit im Sinne des § 265 als Rechtsnachfolger des Konkursverwalters zu gelten hätte. Der Gemeinschuldner macht durch die Fortsetzung des Prozesses sein Forderungsrecht geltend, das nie aufgehört hatte, sein Recht zu sein, wenn es auch durch die Konkurseröffnung seiner Verwaltung und Verfügung entzogen worden war. Diese Einschränkung seiner Rechtsstellung ist durch die Freigabe weggefallen, und damit ist der Gemeinschuldner wieder in die freie und unbeschränkte Ausübung seines Rechts, nicht aber als Rechtsnachfolger in das Recht eines andern, eingetreten. Es hätte einer besonderen gesetzlichen Bestimmung bedurft, wenn der Konkursverwalter nach der Freigabe, trotz des damit verbundenen Erlöschens seines Verwaltungs- und Verfügungsrechts, zur Fortsetzung eines über den freigegebenen Gegenstand anhängigen Rechtsstreit noch befugt sein sollte. Indem das Gesetz eine solche Bestimmung nicht trifft, gibt es zu erkennen, daß der Gemeinschuldner vermöge seines frei gewordenen Verwaltungs- und Verfügungsrechts nunmehr den Prozeß fortzusetzen hat. Der Gegner, zu dem der Konkursverwalter durch die Aufnahme des Verfahrens allerdings in ein prozessuales Rechtsverhältnis eingetreten war, muß sich den Wechsel der Parteirolle ebenso gefallen lassen, wie er es nach dem früher Dargelegten müßte, wenn der Konkurs im ganzen beendet worden wäre.

Auch darin ist nicht, wie das Berufungsgericht meint, ein „unhaltbares Ergebnis" zu finden, daß durch eine Abänderung des landgerichtlichen Urteils in der höheren Instanz der Konkursverwalter, wiewohl in der höheren Instanz nicht mehr beteiligt, von der ihm durch die Entscheidung des Landgerichts auferlegten Kostenpflicht befreit werden würde. Auch solange der Konkursverwalter den Prozeß führte, handelte es sich darin immer um Vermögen des Gemeinschuldners, und auch die Kostenentscheidung wirkte auf dieses Vermögen. Die Befreiung des Konkursverwalters von der ihm aufgebürdeten Kostenlast würde ebenfalls eine Wirkung auf das Vermögen des Gemeinschuldners sein, und es kann deshalb daraus, daß diese Befreiung von dem in den Prozeß eingetretenen Gemeinschuldner erwirkt werden würde, ein Rückschluß auf die Unhaltbarkeit dieses Eintritts nicht gezogen werden.

Das Berufungsgericht hat noch den Fall angeführt, daß durch kostspielige Beweiserhebungen, die der Gegner vorschußweise bezahlt hat, die Hinfälligkeit des vom Konkursverwalter verfolgten Klaganspruchs außer Zweifel gestellt wäre, daß nunmehr der Verwalter, um eine Haftung der zahlungsfähigen Konkursmasse für die Prozeßkosten zu verhüten, den Anspruch dem zahlungsunfähigen Gemeinschuldner freigeben und daß er somit, wenn er hierdurch rechtswirksam aus dem Prozesse ausschiede, den nachher obsiegenden Gegner um die Erstattung seiner Auslagen bringen könnte. Dieses Bedenken beruht indes auf einer Voraussetzung, deren Richtigkeit erst noch zu prüfen wäre, auf der Voraussetzung nämlich, daß, wenn der Gegner endgültig obsiegt, der Konkursverwalter nicht für die bis zu seinem Ausscheiden entstandenen Kosten mit der Konkursmasse zu haften hätte. Hierauf näher einzugehen, ist im gegenwärtigen Abschnitte des Prozesses kein Anlaß." ...

RGZ. 83, 401

Kann der Bürge im Konkurse des Hauptschuldners, wenn er vor der Konkurseröffnung einen Teil der Schuld an den Gläubiger bezahlt hat, die insoweit auf ihn übergegangene Forderung geltend machen?

BGB. § 774 Abs. 1 Satz 1 u. 2. KO. §§ 3, 68.

VI. Zivilsenat. Urt. v. 29. Dezember 1913.

I. Landgericht Heilbronn. II. Oberlandesgericht Stuttgart.

Die Entscheidung ist abgedruckt unter „Bürgerliches Recht, Recht der Schuldverhältnisse 7".

RGZ. 84, 121

Ist ein Indossatar von der Teilnahme am Konkurse des Wechselschuldners ausgeschlossen, wenn dem Indossanten eine Einrede entgegenstand und der Wechsel erst während des Konkurses indossiert wurde?

KO. § 3.

II. Zivilsenat. Urt. v. 3. Februar 1914.

I. Landgericht Dortmund. II. Oberlandesgericht Hamm.

Die Niederdeutsche Bank in D. war Akzeptantin dreier in den ersten Tagen des Juli 1910 ausgestellter Dreimonatswechsel. Die durch Blankindossament legitimierte Klägerin hatte die Wechsel empfangen, nachdem die Bank am 27. Juli 1910 in Konkurs geraten war. Der

Konkursverwalter bestritt die Anmeldungen und wurde deshalb mit der Feststellungsklage belangt.

Über die unterliegenden Rechtsverhältnisse stand so viel fest, daß die Ausstellerunterschriften und die Indossamente aus Gefälligkeit für die Gemeinschuldnerin erteilt waren und daß diese die Wechsel mit dem Auftrag, ihr darauf Geld zu verschaffen, dem Geheimen Justizrat J. W. übergeben hatte. Ohne daß neue Indossamente darauf gesetzt wurden, waren die Wechsel von J. W. an den Architekten G. und von diesem an die Klägerin gegangen.

Der Beklagte behauptete, J. W. habe den Diskontierungsauftrag der Gemeinschuldnerin einfach an G. weitergegeben. Da somit eine Forderung frühestens in der Person der Klägerin entstanden sei und diese die Wechsel erst nach der Konkurseröffnung erhalten habe, könne der Anspruch im Konkurse nicht geltend gemacht werden. Übrigens sei die Klägerin auch nur Inkassomandatarin G.s oder habe die Wechsel doch in arglistigem Einvernehmen mit ihm, um Einwendungen abzuschneiden, erworben. Die Klägerin bestritt dieses Vorbringen und behauptete, die Begebung der Wechsel an G. sei durch einen Vertrag mit J. W. veranlaßt worden, wodurch G. den J. W. an einer umfangreichen Terrainspekulation beteiligt habe. Infolge dieses Vertrags habe J. W. eine große Anzahl von Akzepten der Gemeinschuldnerin hergegeben, teils zur Tilgung seiner Verpflichtungen aus dem Spekulationsgeschäfte, teils mit der Abmachung, daß G. die Papiere für Rechnung J. W.s umsetzen solle. Die eingeklagten Wechsel gehörten zu der ersten Gruppe; G. sei befugt gewesen, sie für sich selber zu verwerten.

Während der erste Richter auf Abweisung erkannte, gab das Oberlandesgericht der Klage statt. Die Revision des Beklagten wurde zurückgewiesen aus folgenden

Gründen:

„Der Revision ist zuzugeben, daß die Begründung des Berufungsurteils auf Rechtsirrtum beruht.

Dem Oberlandesgericht ist es um den Nachweis zu tun, daß schon G., der unmittelbare Vormann der Klägerin, der die Wechsel vor der Konkurseröffnung über das Vermögen der Akzeptantin besaß, vollwirksames Wechselrecht gegen die Akzeptantin erworben habe. Um diesen Nachweis wirklich zu erbringen, hätten die Gründe aufgeklärt werden müssen, aus denen J. W. die Wechsel dem G. übergeben hat. Das ist nicht geschehen. Das Oberlandesgericht hat nur festgestellt, daß G. nicht sowohl mit der Gemeinschuldnerin als vielmehr mit J. W. selbst in ein Vertragsverhältnis getreten ist. Welcher Art das Vertragsverhältnis war, welche Rechte und Pflichten es für G. erzeugte, ist unentschieden geblieben. Danach ist es zwar richtig, daß die Einrede des Beklagten, das der Gemeinschuldnerin auf die Wechsel zu beschaffende Geld sei ihr nicht ausgehändigt worden, nicht unmittelbar zwischen der Gemeinschuldnerin und G. entstanden ist. Die Einrede hat ihren Ursprung in dem Verhältnis der Gemeinschuldnerin zu J. W. Wohl aber bleibt die Möglichkeit bestehen, daß sie wegen der besonderen Beziehungen, in denen J. W. zu G. stand, auf diesen erstreckt werden müßte. Die Klägerin selbst hat angegeben, ein Teil der Wechsel, die G. von J. W. empfing, sei zu dem Zwecke gegeben worden, um sie diskontieren zu lassen und den Erlös an J. W. abzuführen. Würden hierzu auch die Klagwechsel gehört haben, so müßte G., da er eigenes selbständiges Wechselrecht nicht erworben hätte, die Einrede gegen sich gelten lassen (vgl. das Urteil des RG.s Rep. I. 158/90, vom 4. Oktober 1890 in Bolze's Praxis Bd. 10 Nr. 365b).

Allein es bedarf der Aufklärung dieses Punktes gar nicht, um die Klage als berechtigt anzuerkennen. Die Erwägung, aus der heraus die Instanzgerichte, ebenso wie beide Parteien, auf die Person G.s Gewicht legen, ist die, daß die Klägerin die Wechsel nach der Eröffnung des Konkurses über das Vermögen der Niederdeutschen Bank erworben hat und daß nach § 3 KO. ein Vermögensanspruch gegen den Gemeinschuldner, um im Konkurse geltend gemacht zu werden, schon zur Zeit der Eröffnung des Verfahrens begründet gewesen sein muß. Dabei wird vorausgesetzt, daß der Anspruch aus den eingeklagten Wechseln nur dann vor dem Konkurse der Bank begründet gewesen wäre, wenn schon der damalige Inhaber G. die Verurteilung hätte erzielen können. Diese Voraussetzung trifft indes nicht zu. Hätte die Bank vor dem Konkurse nur Blankoakzepte gegeben, die erst nachträglich von der Klägerin ausgefüllt wären, so möchte das Recht der Klägerin, am Konkurse teilzunehmen, Bedenken unterliegen. Für die verneinende Ansicht könnte man sich auf Art. 7 WO. berufen, wonach die wechselmäßige Verbindlichkeit mit Beschaffung des letzten wesentlichen Erfordernisses entsteht. Ob die Zweifel berechtigt sein würden, soll hier nicht entschieden werden; die herrschende Meinung nimmt auch bei späterer Ausfüllung eine Konkursforderung an (vgl. z. B. Entsch. des RG.s in Zivils. Bd. 58 S. 172; Grünhut, Wechselrecht Bd. 1 S. 446; Jaeger, Kommentar zur Konkursordnung § 3 Anm. 21; abweichend Hellmann, Konkursrecht S. 211). Im vorliegenden Falle waren die Wechsel vor dem Konkurse der Niederdeutschen Bank vollständig fertiggestellt. Um gleichwohl die Klägerin vom Konkurs auszuschließen, bringt der Beklagte nichts weiter vor, als daß dem G. eine persönlich wirkende Einrede entgegengestanden habe. Diese Behauptung kann die daraus gezogene Schlußfolgerung nicht rechtfertigen.

Indem das Oberlandesgericht davon ausgeht, daß der Klaganspruch seine Begründung erst durch den Fortfall der Einrede erhalten habe, verkennt es das Wesen der Wechselverpflichtung. Es ist die Eigentümlichkeit wechselmäßiger Versprechen, daß sie nicht einer einzelnen Person, sondern jedem gegenüber abgegeben werden, der den Wechsel gültig erwirbt. Dringt ein bestimmter Inhaber gegen den Wechselschuldner deshalb nicht durch, weil sich der Schuldner mit Erfolg auf seine persönlichen Beziehungen zu dem Inhaber oder dessen Vorgänger beruft, so hat dieser Umstand mit der Wirksamkeit des Wechselskripturakts an sich nichts zu schaffen. Die von dem Akte ausgehende Rechtswirkung wird durch die Gegenwirkung eines zweiten Rechtsverhältnisses gehemmt, tritt aber sofort wieder in Kraft, sobald das Papier in andere Hände gelangt. Es versteht sich ja auch von selbst, daß eine Einrede nach Art der zweiten Gruppe des Art. 82 WO. den Wechselschuldner nicht ein für allemal gegen die Verurteilung sichert, sondern ihm nur so lange zugute kommt, als der betreffende Inhaber den Wechsel besitzt. Auf die Fortdauer dieses Besitzes hat der Schuldner kein Recht. Danach aber gehören, wenn er in der Zwischenzeit zwischen dem Besitze des einredebetroffenen und des einredefreien Wechselinhabers in Konkurs gerät, die für den Anspruch des neuen Inhabers entscheidenden Tatsachen der Zeit vor der Konkurseröffnung an. Die Veränderung der Inhaberschaft stellt sich rechtlich als reine Zufälligkeit dar und darf im Sinne des § 3 KO. nicht zum Begründungstatbestand gerechnet werden. Der neue Inhaber wird durch den Umstand, daß sein Vorgänger mit einer Klage gescheitert sein würde, nicht berührt; er kann den Anspruch unbekümmert hierum im Konkurse geltend machen.

Hiernach kommt es nur darauf an, ob Gründe vorliegen, die die ausnahmsweise Ausdehnung einer dem Verhältnis der Gemeinschuldnerin zu G. entnommenen Einrede auf die Klägerin rechtfertigen würden. Das ist nicht der Fall. Der Beklagte hatte behauptet, die Klägerin sei Inkassomandatarin G.s gewesen oder habe die Wechsel doch nur zu dem Zwecke erworben, um Einreden, die ihm entgegengesetzt werden könnten, abzuschneiden. Beide Behauptungen hat das Oberlandesgericht auf Grund der Zeugenaussagen für widerlegt angesehen. Eine prozessuale Bemängelung dieser tatsächlichen Feststellung durch die Revision ist nicht erfolgt." ...

RGZ. 90, 124

Darf die aus Verwertung österreichischen Grundbesitzes entstandene Geldforderung des inländischen Gemeinschuldners zur inländischen Konkursmasse gezogen werden? Finden die Vorschriften der deutschen Konkursordnung auf eine ausländische Forderung des inländischen Gemeinschuldners Anwendung, wenn die Leistung im Inlandgebiete zur Ausführung gebracht wird?

KO. §§ 1, 8, 118, 238.

IV. Zivilsenat. Urt. v. 2. April 1917.

I. Landgericht Bielefeld. II. Oberlandesgericht Hamm.

Über das Vermögen des Gutsbesitzers A. T. ist am 19. Dezember 1910 das Konkursverfahren von dem Amtsgerichte Detmold eröffnet worden. Zu seinem Vermögen gehörte das aus dem Nachlasse seines Vaters auf ihn als Miterben nach gemeinen Rechte vererbte Miteigentum zu 1/6 an drei Wiener Häusern, von denen das eine Haus bereits am 20. September 1910, die beiden andern Häuser während des Konkurses von dem im Testamente des Erblassers zum Verwalter des Nachlasses ernannten Beklagten verkauft worden sind. Der Konkursverwalter erhob bezüglich dieses Wiener Grundbesitzes gegen den Beklagten, der nach Entmündigung des Gemeinschuldners wegen Geisteskrankheit auch dessen Vormund geworden war, Klage auf Rechnungslegung und auf Auszahlung des von den Erträgen und dem Erlöse des Grundbesitzes auf den Gemeinschuldner entfallenen Anteils. Nachdem der Beklagte zunächst zur Rechnungslegung rechtskräftig verurteilt worden war und zur Erfüllung dieser Verpflichtung eine Abrechnung über die Einnahmen und Ausgaben aus den Wiener Häusern für 1910 bis 1917 eingereicht hatte, verlangt Kläger jetzt die Zahlung verschiedener in der Abrechnung aufgeführter Einnahmebeträge von zusammen 26672,19 M. nebst Zinsen, weil die Zahlung dieser Beträge an den Gemeinschuldner unter Übersendung des Geldes in das Inland der Konkursverwaltung gegenüber ohne Wirkung sei.

Das Landgericht verurteilte den Beklagten gemäß dem Klageantrage. Die Berufung wurde durch Teilurteil in Höhe von 16100,65 M. zurückgewiesen. Die Revision blieb erfolglos aus nachstehenden

Gründen:

„Durch den in Deutschland von dem Fürstlich Lippeschen Amtsgerichte Detmold eröffneten Konkurs wurde nach § 61 der österreichischen Konkursordnung vom 25. Dezember 1868, wie bereits in dem früheren Urteile des Revisionsgerichts in dieser Prozeßsache vom 23. April 1914 (Gruchots Beitr. Bd. 58 S. 1119) ausgeführt ist, das in Österreich belegene unbewegliche Vermögen des Gemeinschuldners nicht berührt. Die infolge der Konkursbeschlagnahme eingetretene Verfügunsbeschränkung des Gemeinschuldners war hinsichtlich des Wiener Grundbesitzes ohne Wirkung. Das Verwaltungs- und Verfügungsrecht hierüber stand nicht dem Konkursverwalter, sondern dem Gemeinschuldner zu. An diesem Grundsatze wird auch nichts geändert durch § 67 der jetzt geltenden österreichischen Konkursordnung vom 10. Dezember 1914, der lediglich die Einwirkung des ausländischen Konkurses auf das im Inlande (Österreich) befindliche bewegliche Vermögen behandelt (vgl. Lehmann, Kommentar zur österreich. Konkurs-Ausgleichs- und Anfechtungsordnung Bd. 1 S. 457). Die hiernach dem unbeweglichen Vermögen zukommende Ausnahmestellung gilt aber nur so lange, als das Vermögen die Eigenschaft des unbeweglichen hat. Ist durch Veräußerung des Grundstücks, durch Einziehung der Grundstückseinkünfte usw. die Verwertung des Grundbesitzes durchgeführt und an Stelle des Miteigentums am Grundstück eine einfache Geldforderung des Gemeinschuldners getreten, ist sogar, wie dies nach den Anführungen des Beklagten der Fall, das Geld für den Gemeinschuldner bei einer Bank angelegt, so finden auf diese Forderung die Grundsätze Anwendung, die für das in Österreich befindliche bewegliche Vermögen gelten. Daß das unbewegliche Vermögen in Österreich der Einwirkung des ausländischen Konkurses entzogen ist, hat seinen Grund in der Rücksichtnahme auf die dortigen Gläubiger. Zur Wahrung der Interessen dieser Gläubiger ist im § 61 der Konkursordnung vom 25. Dezember 1868 den österreichischen Gerichten, wenn der Gemeinschuldner dort Grundstücksvermögen besitzt, die ausschließliche Zuständigkeit vorbehalten, das Konkursverfahren hierüber nach österreichischen Gesetzen zu eröffnen und nach diesen Gesetzen zur Durchführung zu bringen. Für ein solches Konkursverfahren ist aber kein Raum, wenn die Liquidation des Grundbesitzes beendet ist und es sich nur um den bei der Liquidation verbliebenen Überschuß handelt.

Die Revision erhebt denn auch nach dieser Richtung hauptsächlich nur den Einwand, daß nach § 1 der deutschen Konkursordnung, wonach das Konkursverfahren nur das zur Zeit der Konkurseröffnung dem Gemeinschuldner gehörige Vermögen umfaßt, der Anspruch des Gemeinschuldners auf Auszahlung des Anteils an dem bei Versilberung des Wiener Grundbesitzes erzielten Barerlös überhaupt nicht in die Konkursmasse falle. Neben dem Miteigentum an den Grundstücken habe zur Zeit der Konkurseröffnung ein Anspruch auf Auszahlung des Erlöses, der einen selbständigen Vermögensbestandteil darstelle, nicht bestanden. Er sei zu dieser Zeit auch nicht als ein bedingter Anspruch vorhanden gewesen. Diese Ausführungen erscheinen nicht begründet. Der Anspruch auf Auszahlung des Anteils hat seinen Rechtsgrund in dem bereits vor der Konkurseröffnung vorhandenen Miteigentum, aus welchem sich dieser Anspruch infolge Verwertung des Grundbesitzes entwickelt hat, und ist in dem Miteigentum als ein schon zur Zeit der Konkurseröffnung bestehendes Recht (vgl. Gruchots Beitr. Bd. 45 S. 621) mit enthalten gewesen. Die Konkurszugehörigkeit ergibt sich aber auch, wenn man den Grund der Vorschrift des § 1 KO. ins Auge faßt. Die hier ausgesprochene Beschränkung der Konkursmasse auf das zur Zeit der Konkurseröffnung dem Gemeinschuldner gehörige Vermögen hat nur die Bedeutung, daß der nach dieser Zeit von dem Gemeinschuldner gemachte Neuerwerb, um ihm das wirtschaftliche Fortkommen nicht zu sehr zu erschweren, vom Konkurse frei bleiben soll (Motive II S. 19flg., Protok. S. 1flg., 145; Jaeger, Anm. 53 zu § 1 KO.). Ein solcher Neuerwerb steht aber hier, wo nicht von dem Gemeinschuldner neue

Mittel hinzuerworben sind, sondern das zur Zeit der Konkurseröffnung in Form von Grundeigentum vorhandene Vermögen nur eine andere Rechtsform angenommen hat, nicht in Frage. Bedenken gegen die Zugehörigkeit des Anspruchs zur Konkursmasse sind auch nicht etwa aus dem Gesichtspunkte zu erheben, daß es dem Konkursverwalter zur Zeit der Konkurseröffnung bezüglich des Wiener Grundbesitzes nicht möglich war, der ihm im § 1 KO. (vgl. auch § 238) gestellten Aufgabe der Herbeischaffung des gesamten ausländischen Vermögens zu genügen, daß die nach ausländischem Rechte aus § 61 der *österreichischen Konkursordnung* sich ergebende Schranke erst im Laufe des Konkursverfahrens weggefallen ist. Es ist nicht zu bezweifeln, daß schon im Zeitpunkte der Konkurseröffnung der Wiener Grundbesitz, obschon damals die Zwangsvollstreckung im Bereiche des österreichischen Rechtes noch nicht durchführbar war, vom Standpunkte des § 1 der deutschen Konkursordnung aus der Zwangsvollstreckung unterlag.

Unerörtert kann bleiben, welche Grenzen der Einwirkung des deutschen Konkurses auf das in Österreich befindliche bewegliche Vermögen zu ziehen sind. Anerkanntermaßen ist die Rechtsgültigkeit einer Zwangsvollstreckung in das dortige bewegliche Vermögen vor Eingang des Ersuchens der deutschen Konkursbehörde um Ausantwortung lediglich nach österreichischem Rechte ohne Berücksichtigung der Verfügungsbeschränkung des ausländischen Gemeinschuldners zu beurteilen (RGZ. Bd. 54 S. 193, § 67 österr. KO. vom 10. Dezember 1914, Lehmann, Kommentar hierzu Bd. 1 S. 462, Friedländer, Anm. 3 und 5 zu § 61 österr. KO. vom 25. Dezember 1868). Fraglich ist aber, in welchem Maße diese Verfügungsbeschränkung sonst für die Zeit vor Stellung des Ersuchens Geltung hat, ob insbesondere der Beklagte durch die ohne Zustimmung des Konkursverwalters erfolgte Hinterlegung des dem Gemeinschuldner zustehenden Anteils bei dem Wiener Bankverein von seiner Verbindlichkeit befreit worden ist. Auf diese Fragen braucht für den vorliegenden Rechtsfall nicht weiter eingegangen zu werden. Entscheidend ist, daß der Schuldner, der die dem inländischen Gemeinschuldner zu machende Leistung im Inlande bewirkt, die nach inländischem Rechte bestehende Verfügungsbeschränkung des Gemeinschuldners, worin dem Berufungsgerichte nur beigetreten werden kann, zu beachten hat. Durch den mit der Konkurseröffnung verbundenen offenen Arrest wird allen Personen die Verpflichtung auferlegt, das dem Gemeinschuldner zu Leistende nicht an diesen, sondern zur Konkursmasse an den Verwalter abzuführen (§ 118 und § 8 KO.). Dieser Vorschrift ist auch der ausländische Schuldner insoweit unterworfen, als die Leistung innerhalb der Grenzen des deutschen Staatsgebietes im Bereiche der inländischen Zwangsvollstreckungsgewalt zur Ausführung kommt, ohne daß es darauf ankommt, ob der Erfüllungsort im Inland oder im Auslande belegen ist, ob die Forderung des inländischen Gemeinschuldners zu dem inländischen Vermögen oder zu dem ausländischen Vermögen zu rechnen ist (vgl. über letztere Frage RGZ. Bd. 13 S. 280; Jur. Wochenschr. 1900 S. 588 Nr. 3; anderseits Meili, Lehrbuch des intern. Konkursrechts § 26 unter II 3 S. 89, Kohler, Lehrbuch des Konkursrechts § 112 bei Anm. 4). Hat der Leistende in Kenntnis der Eröffnung des Konkursverfahrens die Leistung im Inlande dem Gemeinschuldner zugeführt, so wird er der Konkursmasse gegenüber, soweit das Geleistete nicht in deren Besitz *gekommen ist, von seiner Verbindlichkeit nicht befreit, sondern* ist zur nochmaligen Leistung verpflichtet.

Im vorliegenden Falle hat der Beklagte, wie festgestellt, über das aus der Verwertung des Wiener Grundbesitzes herrührende, nach seiner Angabe bei dem Wiener Bankverein auf das Konto des Gemeinschuldners angelegte Guthaben in der Weise verfügt, daß er (anscheinend durch Anweisung der Bank) die im Berufungsurteile näher bezeichneten, von ihm als verausgabt in Rechnung gestellten Zahlungen im Gesamtbetrage von 16100,65 M. an und für den Gemeinschuldner im Inlande hat leisten lassen. Er hat hierdurch, mag er nun als Verwalter oder als späterer Vormund des Gemeinschuldners gehandelt haben, das in diesen Geldbeträgen bestehende Vermögen in das Inland übergeführt und die kraft seiner Verwaltungspflicht (nach Herausnahme des Geldes aus der Bank) dem Gemeinschuldner zu machende Leistung nicht, wie es nach den Vorschriften der deutschen Konkursordnung geboten war, an die Konkursmasse abgeführt, sondern dem Gemeinschuldner zukommen lassen. Daß hinsichtlich dieser im Inlande vorgenommenen Leistungen die Vorschriften der deutschen Konkursordnung für den Beklagten verbindlich waren, kann hier um so weniger einem Zweifel unterliegen, als er im Deutschen Reiche seinen Wohnsitz hat und, was für seine etwaige Tätigkeit als Vormund in Betracht kommen würde, ein von einem deutschen Amtsgerichte bestellter Vormund war. Mit Recht hat demgemäß das Berufungsgericht angenommen, daß der Beklagte, weil er trotz Kenntnis der Konkurseröffnung unter Nichtbeachtung des vom Konkursverwalter gestellten Verlangens den Vorschriften der deutschen Konkursordnung zuwiderhandelte, sich persönlich haftbar gemacht hat und deshalb zum Ersatze der 16100,65 M. verpflichtet ist.

Die Revision erweist sich hiernach nicht als begründet."

RGZ. 133, 40

1. Können Verkäufe unter Eigentumsvorbehalt, wenn der Gemeinschuldner den Preis vor der Konkurseröffnung nicht vollständig bezahlt hat, auf seiten des Verkäufers als vollständig erfüllt gelten?

2. Kann der Konkursverwalter, wenn zur Zeit der Konkurseröffnung ein Ankaufsgeschäft und das über denselben Gegenstand geschlossene Verkaufsgeschäft nicht vollständig erfüllt sind, sein Wahlrecht mit Bezug auf beide Geschäfte nur in dem gleichen Sinne ausüben?

3. Unter welchen Voraussetzungen kann der Verkäufer einer Ware, der sich das Eigentum daran vorbehalten hat, vom Konkursverwalter die Abtretung der Preisforderung aus dem vom Gemeinschuldner vorgenommenen Weiterverkauf verlangen?

KO. §§ 17, 30, 31, 46.

VII. Zivilsenat. Urt. v. 2. Juni 1931.

I. Landgericht Ulm. II. Oberlandesgericht Stuttgart.

Die Firma R. & Sch. GmbH., die am 17. Januar 1928 in Konkurs verfiel, hatte die von der Beklagten erzeugten Kraftwagen vertrieben, teils als Eigenhändlerin, teils als Kommissionärin. Innerhalb dieser Geschäftsverbindung hatte sie bei der Beklagten am 2. Mai 1927 ein Lastkraftwagengestell zum Preise von 9250 RM. bestellt, als dessen Abkäuferin sie ihr demnächst die Firma M. & W. in H. angegeben hatte. Am 12. Mai 1927 hatte sie ferner bei ihr für die Firma J. in H. einen Aussichtswagen für 17062,50 RM. bestellt. Der Auftragsbestätigung der Beklagten über das erste Geschäft sowie dem schriftlichen Auftrage der Firma R. & Sch. über das zweite Geschäft waren die „Allgemeinen Verkaufsbedingungen" der Beklagten aufgedruckt, die unter „6. Eigentumsvorbehalt" die Bestimmung enthielten:

Die Ware . . . bleibt bis zur völligen Bezahlung des Kaufpreises . . . und bis zur Einlösung aller gegebenen Zahlungsmittel Eigentum des Verkäufers. — Der Weiterverkauf eines noch nicht vollbezahlten Wagens darf nur nach vorheriger Genehmigung des Verkäufers geschehen. Das Eigentumsrecht der Fabrik ist dem neuen Käufer gegenüber auf jeden Fall vorzubehalten.

Am 17. Oktober 1927 hatte sich die Beklagte von der Firma R. & Sch. deren Restforderungen aus den Weiterverkäufen abtreten lassen, die bei M. & W. noch 6500 RM., bei J. noch 7000 RM. betrugen und demnächst von ihr eingezogen wurden. Nach der Eröffnung des Konkursverfahrens focht der klagende Verwalter diese Abtretungen auf Grund der §§ 30, 31 KO. an. Die Beklagte bestritt namentlich die vom Kläger behauptete Benachteiligung der Konkursgläubiger und machte hierzu geltend, sie sei bis zur vollständigen Bezahlung der Preise berechtigt gewesen, die Fahrzeuge den Kunden wegzunehmen, also auch die Forderungen auf die Restkaufpreise zu übernehmen.

Das Landgericht verurteilte die Beklagte antragsgemäß zur Zahlung der eingezogenen 13500 RM. Dagegen wies das Oberlandesgericht auf die Berufung der Beklagten die Klage ab. Die Revision des Klägers hatte Erfolg.

Gründe:

Das Berufungsgericht gelangt auf Grund einer Prüfung der Rechtslage, wie sie sich ohne die angefochtenen Abtretungen bei der Eröffnung des Konkursverfahrens gestaltet haben würde, zu der Ansicht, daß durch jenes Geschäft der Stand der Masse nicht verschlechtert worden sei: da die Gemeinschuldnerin ihre Weiterverkäufe unter Vorbehalt des Eigentums der Beklagten gemäß dem bei ihren Ankäufen benutzten Vertragsmuster geschlossen habe und die Kaufpreise bei Konkurseröffnung noch nicht ganz bezahlt gewesen seien, würde es sich bei den Weiterverkäufen ebenso wie bei den Ankaufsgeschäften um beiderseits unerfüllte zweiseitige Verträge der Gemeinschuldnerin im Sinne des § 17 KO. gehandelt haben, deren Erfüllung zu verlangen dem Kläger anheimgestellt gewesen wäre; hätte er dieses Verlangen gestellt, so würde er gehalten gewesen sein, die Restkaufpreise der Abkäufer an die Beklagte abzuführen, so daß die Masse nicht anders dagestanden hätte als zufolge der angefochtenen Abtretungen; hätte er aber die Erfüllung abgelehnt, so würde die Beklagte in der Lage gewesen sein, von ihm auf Grund ihres Rücktrittsrechts die Abtretung seines aus dem Eigentumsvorbehalt entspringenden Herausgabeanspruchs gegen die Abkäufer zu fordern, wobei er die von ihr zurückzugewährenden Anzahlungen der Gemeinschuldnerin an die Abkäufer hätte weitergeben müssen.

Diese Ausführungen beruhen auf einer irrtümlichen Auffassung der Rechtslage, die sich für die Konkursmasse infolge des dem Verwalter nach § 17 KO. zustehenden Rechtes, die Erfüllung beiderseits nicht vollständig erfüllter gegenseitiger Verträge zu verlangen, ergeben haben würde, wenn die angefochtenen Abtretungen von der Gemeinschuldnerin nicht vorgenommen worden wären. Allerdings ist entgegen der von der Revision vertretenen Ansicht an der ständigen und im Schrifttum weit überwiegend gebilligten Rechtsprechung des Reichsgerichts festzuhalten, daß Verkäufe unter Eigentumsvorbehalt auch von seiten des Verkäufers im Sinne des § 17 nicht vollständig erfüllt sind, wenn der Preis bei der Konkurseröffnung noch nicht vollständig bezahlt ist (RGZ. Bd. 64 S. 204 u. S. 334, Bd. 85 S. 402, Bd. 95 S. 105; Jaeger Konkursordnung 6./7. Aufl. Anm. 11 zu § 17; Mentzel desgl. 3. Aufl. Anm. 2 zu § 17). Denn die den Gegenstand der Verpflichtung des Verkäufers bildende Verschaffung des Eigentums ist erst mit dem Eintritt der Bedingung vollzogen, unter der die Übertragung erfolgte; bis dahin ist also die Erfüllung objektiv nicht bewirkt, und nur auf diesen objektiven Erfolg kann die Vorschrift des § 17 KO. ihrem Wortlaut und Zwecke nach bezogen werden (vgl. bes. Jaeger a. a. O. Anm. 10). Wenn gegen diese Erwägung geltend gemacht wird, daß die Verpflichtung des Verkäufers beim Vorbehaltskauf sich auf die bedingte Übereignung beschränke, so wird diese Auffassung dem Willen der Parteien nicht gerecht, der sich beim Kaufabschluß nicht auf die Verschaffung bedingten, sondern unbedingten Eigentums richtet, auch wenn die Übereignung nur unter der Bedingung der Zahlung des Preises erfolgen soll.

Der Berufungsrichter verkennt aber die Tragweite des § 17 KO., indem er bei Prüfung der sich aus ihm für die Konkursmasse ergebenden Lage nur die Fälle in Betracht zieht, daß der Konkursverwalter die Erfüllung der Ankäufe und die der Weiterverkäufe gleichmäßig entweder abgelehnt oder gefordert und bewirkt haben würde, also offenbar von der Annahme ausgeht, das Wahlrecht des Verwalters könne für das Ankaufs- und das entsprechende Verkaufsgeschäft nur gleichmäßig ausgeübt werden. Eine solche Beschränkung des Wahlrechts ist weder aus dem Wortlaut noch aus dem Zweck des § 17 zu entnehmen. Es stand auch einer Erfüllung der Weiterverkaufsgeschäfte bei Ablehnung der Ankaufsgeschäfte nicht etwa entgegen, daß die weiterverkauften Sachen von der Gemeinschuldnerin erst durch die Ankaufsgeschäfte erworben worden waren und deren Nichterfüllung die Verkäuferin berechtigt hätte, die Rückgabe der noch nicht endgültig in das Eigentum der Gemeinschuldnerin übergegangenen Sachen von dieser zu verlangen. Denn da sich die Wagen bei Eröffnung des Konkurses nicht mehr im unmittelbaren oder auch nur mittelbaren Besitze der Gemeinschuldnerin befanden, so wurde durch die etwaigen Rückgabeansprüche der Verkäuferin gegen die Gemeinschuldnerin die fernere Erfüllung der von dieser getätigten Weiterverkäufe in keiner Weise behindert. Der Vergleich zwischen der durch die angefochtenen Abtretungen geschaffenen und der ohne sie auf Grund des § 17 KO. bestehenden Lage der Masse hätte daher das Berufungsgericht nur dann zur Verneinung einer objektiven Benachteiligung führen dürfen, wenn sich eine solche auch bei Berücksichtigung der Möglichkeit verschiedenartiger Ausübung des Wahlrechts für das Ankaufs- und das Weiterverkaufsgeschäft nicht hätte feststellen lassen.

Auch aus § 46 KO. versucht das Berufungsgericht herzuleiten, daß ohne die Abtretungen die Lage der Gläubiger nicht günstiger gewesen wäre, als sie sich infolge dieser Geschäfte gestaltet hat. Es meint, in jenem Falle hätte der Beklagten ein Ersatzaussonderungsrecht am Weiterverkaufserlöse zugestanden, weil ihr Eigentumsvorbehalt mit dem Weiterverkaufe nicht erloschen, sondern nur inhaltlich verändert, nämlich von der Zahlung durch die Abkäufer abhängig gemacht worden sei, während das Reichsgericht in seiner Entscheidung RGZ. Bd. 115 S. 262 dem Vorbehaltsverkäufer das Ersatzaussonderungsrecht am Erlöse der von seinem Abnehmer weiterverkauften Sache nur deshalb versagt habe, weil er sich das Eigentum nur bis zum Weiterverkaufe vorbehalten hatte. Indessen fußt dieses Urteil des erkennenden — damals als der VI. bezeichneten — Zivilsenats in der Hauptsache auf der Erwägung, daß § 46 ein Ersatzaussonderungsrecht nur für den Fall einer unrechtmäßigen Veräußerung gewähren und Aussonderungsansprüche nicht schaffen, sondern lediglich verstärken wolle. Diese Auslegung schränkt die Tragweite der Vorschrift allerdings in einer Weise ein, zu der ihr Wortlaut keinen Anhalt bietet; sie findet aber eine Grundlage darin, daß die Vorschrift ausweislich der Motive (Hahn Materialien zur Konkursordnung S. 182 bis 184) nur die Unbilligkeit verhüten sollte, die sich bei einer unrechtmäßigen Veräußerung einer dem Gemeinschuldner nicht gehörenden Sache aus der Einziehung des Erlöses zur Masse für den Eigentümer ergeben würde. Zudem stellt das Ersatzaussonderungsrecht eine Ausnahme von dem Grundsatz des § 43 KO. dar, daß Aussonderungsansprüche nur nach Maßgabe der außerhalb des Konkursverfahrens geltenden Gesetze anerkannt werden; auch dieser Umstand spricht für eine enge Auslegung des § 46 KO. Im Schrifttum wird die hier vertretene Auffassung teils allgemein, teils wenigstens in der Beschränkung gebilligt, daß das Ersatzaussonderungsrecht entfalle, wenn der Eigentümer auf sein Aussonderungsrecht an der Kaufsache verzichtet hatte (Mentzel a. a. O. Anm. 3b zu § 46; Jaeger a. a. O. Anm. 2 zu § 46). Geht man aber von dieser Auslegung der Vorschrift aus, so kann es keinen Unterschied machen, ob der Weiterverkauf, wie in dem in RGZ. Bd. 115 S. 262 behandelten Falle, dem Vorbehaltskäufer schlechthin oder ob er ihm, wie im vorliegenden Falle, nur unter der — tatsächlich eingetretenen — Bedingung der Auferlegung weiteren Eigentumsvorbehalts zugunsten des Erstverkäufers und dessen Verkaufsgenehmigung gestattet war. Unter dieser letzteren Voraussetzung ist der Weiterverkauf ebenso rechtmäßig wie unter der ersteren, und es ist auch ein Verzicht auf das Aussonderungsrecht an der Kaufsache im Konkurse des Erstkäufers, sofern man hierauf abstellen will, in gleicher Weise anzunehmen.

Die Beklagte hat versucht, das Berufungsurteil mit der Begründung zu halten, daß die Gemeinschuldnerin als ihre Treuhänderin bezüglich der Wagen anzusehen und daß sie als solche verpflichtet gewesen sei, die Kaufpreisforderungen auf den Namen der Beklagten zu stellen, oder daß sie diese sogar, wenigstens wirtschaftlich, unmittelbar für die Beklagte erworben habe. In der Tat hat der V. Zivilsenat des Reichsgerichts in RGZ. Bd. 45 S. 80 die Aussonderung von Grundstücken für zulässig erklärt, die dem Gemeinschuldner nur behufs Erleichterung von Verfügungen bei einer Erbauseinandersetzung zwischen den Aussonderungsklägern aufgelassen worden waren. Ein wirtschaftliches Eigentum des Treugebers, wie es in diesem Falle angenommmen wurde, kann aber an einer Forderung des Treuhänders, die der Regel nach den dem Treugeber zukommenden Betrag übersteigt, nicht ohne weiteres als von den Parteien gewollt gelten. Die Vertragsbestimmung, daß die Gemeinschuldnerin beim Weiterverkauf das Eigentum der Verkäuferin an den Wagen vorzubehalten hatte, spricht ebenfalls nicht für die Annahme, daß der letzteren außerdem auch die Kaufpreisforderungen zustehen sollten. Der Genehmigungsvorbehalt gab der Beklagten die Möglichkeit, den Weiterverkauf in jedem einzelnen Falle nur dann zu gestatten, wenn ihr die Gemeinschuldnerin die Forderungen an ihre Abkäufer in Höhe der Restansprüche der Beklagten abtrat. Um so weniger bedurfte es einer Vorausabtretung der künftigen Forderungen gegen die Abkäufer beim Verkauf an die Gemeinschuldnerin. Ein Treuhandverhältnis der behaupteten Art könnte daher nur angenommen werden, wenn dafür bei erneuter Verhandlung entscheidende Anzeichen festgestellt würden.

Das Berufungsurteil muß hiernach aufgehoben und die Sache an das Berufungsgericht zurückverwiesen werden, das außer den von ihm zurückgestellten Fragen aus den §§ 30, 31 KO. auch die eines etwaigen Treuhandverhältnisses zu klären haben wird.

RGZ. 133, 234

1.—2. . . .

3. Zur Frage, wann im Falle der Konkurseröffnung über das Vermögen des Kreditnehmers das Absonderungsrecht des Abtretungsempfängers entsteht?

BGB. §§ 138, 185, 306, 398flg., 823flg. KO. § 15.
II. Zivilsenat. Urt. v. 7. Juli 1931.

Die Entscheidung ist abgedruckt unter „Bürgerliches Recht, Recht der Schuldverhältnisse 4“.

RGZ. 141, 427

1. Unterbricht die Eröffnung des Konkurses über das Vermögen des Nichtigkeitsklägers das Patentstreitverfahren mindestens dann, wenn er Gewerbetreibender ist und die Umstände dafür sprechen, daß er die Klage mit Rücksicht auf seinen Gewerbebetrieb erhoben hat?

2. . . .

KO. §§ 1, 10, 11.

I. Zivilsenat. Urt. v. 27. September 1933.

Die Entscheidung ist abgedruckt unter „Gewerblicher Rechtsschutz, Patent- und Gebrauchsmusterrecht“.

Erfüllung der Rechtsgeschäfte

RGZ. 41, 133

Kann der Gemeinschuldner auf Erfüllung eines zweiseitigen, zur Zeit der Konkurseröffnung von ihm und vom anderen Teile noch nicht oder nicht vollständig erfüllten Vertrages bestehen, wenn der Konkursverwalter die Erfüllung aus der Konkursmasse ausdrücklich oder stillschweigend abgelehnt hat?

I. Zivilsenat. Urt. v. 29 Juni 1898.

I. Landgericht I Berlin. II. Kammergericht daselbst.

Der Kläger nahm die Beklagten aus einem angeblich mit ihnen geschlossenen Kaufvertrage in Anspruch. In erster Instanz wurden die Beklagten nach dem Klagantrage verurteilt, dem Kläger 470000 Stück Mauersteine, zum Preise von 4,50 M. das Tausend, zu liefern. Gegen dieses Urteil legten die Beklagten Berufung ein mit dem Antrage, dasselbe abzuändern und die Klage abzuweisen. Demnächst wurde das Verfahren durch die Eröffnung des Konkurses über das Vermögen des Klägers unterbrochen. Am 13. Mai 1897 richtete ein Mitinhaber der verklagten Handlung an den Konkursverwalter brieflich die Anfrage, ob er Erfüllung des streitigen Vertrages verlange. Der Konkursverwalter erwiderte hierauf durch Schreiben vom 21. Mai 1897, in welchem er die Beklagten ersuchte, ihm vor Abgabe einer bindenden Erklärung Mitteilung darüber zu machen, ob sie bereit seien, der Konkursmasse die vom Gemeinschuldner verauslagten Gerichtskosten mit etwa 83 M. und die etwa 180 M. betragenden Anwaltskosten zu erstatten. Dieses Schreiben blieb unbeantwortet. Demnächst erklärte die Beklagte, und sodann auch der Gemeinschuldner, daß sie das Verfahren aufnehmen; letzterer überreichte ein an ihn gerichtetes Schreiben des Konkursverwalters vom 27. Januar 1898, in welchem dieser erklärte, daß er den Eintritt in den Prozeß ablehne, aber nichts dagegen habe, daß der Gemeinschuldner ihn für seine Person aufnehme. In der mündlichen Verhandlung der Berufungsinstanz verlas der Vertreter der Beklagten den Antrag auf Abweisung der Klage; der Vertreter des Gemeinschuldners beantragte, den Rechtsstreit für durch den Gemeinschuldner aufgenommen zu erklären und die Berufung der Beklagten zurückzuweisen. Das Berufungsgericht hat dem Antrage der Beklagten entsprochen. Die vom Gemeinschuldner eingelegte Revision ist zurückgewiesen worden aus folgenden

Gründen:

„Das angefochtene Urteil beruht auf derselben Rechtsauffassung, wie die in einer im wesentlichen gleich gelagerten Sache gegebene

Entscheidung des V. Zivilsenates des Reichsgerichtes vom 9. Juli 1892 in Sachen G. w. B. (Rep. V. 76/92, auszugsweise mitgeteilt in der Jurist. Wochenschrift von 1892 S. 371 Nr. 8 und bei Bolze, Bd. 15 Nr. 761). Die angeführte Entscheidung kommt zu dem Ergebnisse, daß durch § 15 KO. für zweiseitige, zur Zeit der Konkurseröffnung von dem Gemeinschuldner und vom anderen Teile nicht oder nicht vollständig erfüllte Verträge dem Konkursverwalter das Wahlrecht gewährt ist, ob er das Geschäft aus der Masse erfüllen will, oder nicht, daß aber, wenn er sich ausdrücklich oder stillschweigend für letzteres entschieden hat, diese Entscheidung auch gegen den Gemeinschuldner Geltung behält, so daß nun also auch der Gemeinschuldner für seine Person nicht mehr auf der Erfüllung bestehen kann. Der gegenwärtig erkennende Senat des Reichsgerichtes stimmt diesem Grundsatze zu. Die von der Revision hiergegen vorgebrachten Bedenken können nicht für gerechtfertigt erachtet werden. Nicht zutreffend erscheint insbesondere der Hinweis auf die Bestimmung in § 8 Abs. 2 KO. Diese Bestimmung, die dem Gemeinschuldner die Befugnis gibt, Rechtsstreitigkeiten über das zur Masse gehörige Vermögen, welche zur Zeit der Konkurseröffnung für ihn anhängig waren, aufzunehmen, sofern der Verwalter die Aufnahme ablehnt, hat zwar nicht, wie vom Vertreter der Revisionsbeklagten geltend gemacht ist, ein bloß formale Bedeutung, sondern enthält zugleich den materiellen Rechtssatz, daß infolge der Ablehnung des Konkursverwalters, den Rechtsstreit aufzunehmen, der streitige Anspruch nicht mehr zur Konkursmasse, sondern zum konkursfreien Vermögen des Gemeinschuldners gehört. Diese Bedeutung der erwähnten Bestimmung kann aber trotz ihrer allgemein lautenden Fassung nicht auf die im § 15 KO. geregelten Fälle eines zweiseitigen Vertrages bezogen werden, aus dem zur Zeit der Konkurseröffnung noch für beide Teile Verpflichtungen bestehen. Will in Fällen der letzteren Art der Konkursverwalter von der ihm durch § 15 Abs. 1 eingeräumten Befugnis, das Geschäft für die Masse zu übernehmen, keinen Gebrauch machen, so hat der Gemeinschuldner regelmäßig keinen Anspruch darauf, daß das Vertragsverhältnis ihm gegenüber als fortbestehend gelte. Wie in der Entscheidung des V. Zivilsenates mit Recht ausgeführt ist, würde, wenn man dem Gemeinschuldner diesen Anspruch einräumen wollte, der andere Teil nicht in der Lage sein, seine Interesseforderung im Konkurse geltend zu machen. Aber auch in Fällen, wie dem hier vorliegenden, in denen von einer solchen Interesseforderung keine Rede sein kann, weil der Mitkontrahent des Gemeinschuldners schon vor der Konkurseröffnung seinerseits die Erfüllung des Vertrages verweigert hat, kann letzterem nicht zugemutet werden, nachdem der Konkurs eröffnet ist, dem Gemeinschuldner gegenüber noch ferner im Engagement zu bleiben. Das Recht, auf Vertragserfüllung zu bestehen, hat nur der Konkursverwalter; übt er dieses Recht nicht aus, so ist auch der andere Teil nicht an den Vertrag gebunden. Der in der Entscheidung des V. Zivilsenates offen gelassene Fall, daß der Gemeinschuldner bereite Mittel für die Befriedigung seines Mitkontrahenten nachweist oder Sicherheit hierfür bestellt, kann auch gegenwärtig dahingestellt bleiben, da nichts dafür vorliegt, daß dieser Fall hier gegeben ist. Sieht man von derartigen Möglichkeiten ab, so führt die dem Berufungsurteile zugrunde liegende Auffassung auch da zu einem billigen, der Natur der Sache entsprechenden Ergebnisse, wo es sich, wie im Streitfalle, um einen Zug um Zug zu erfüllenden Vertrag handelt." ...

RGZ. 56, 245

Inwieweit enthält die Bestimmung des § 17 KO. a. F. zwingendes Recht? Steht sie der Wirksamkeit einer Vertragsvereinbarung entgegen, die dem Verpächter für den Fall der Eröffnung des Konkurses über das Vermögen des Pächters das Recht der Kündigung zur sofortigen Aufhebung des Pachtverhältnisses gibt?

KO. a. F. § 17 (n. F. § 19).

VI. Zivilsenat. Urt. v. 23. Dezember 1903.

I. Landgericht Gleiwitz. II. Oberlandesgericht Breslau.

Der Beklagte hatte von der Verwaltung des Klägers durch notariellen Pachtvertrag die Güter Groß- und Klein-Sch. gepachtet; die vertragsmäßige Pachtzeit lief bis zum 30. Juni 1913. In § 33 des Vertrages war bestimmt, daß der Verpächter das Recht zur sofortigen Kündigung, Aufhebung des Pachtverhältnisses und Exmission des Pächters haben solle, wenn Konkurs über dessen Vermögen eröffnet werde. Am 22. Oktober 1901 wurde der Konkurs über das Vermögen des Pächters eröffnet. Der Konkursverwalter richtete unter dem 25. Oktober 1901 ein Schreiben an die Verwaltung des Klägers mit dem Ersuchen, zu erwägen, „ob und wann eine vorzeitige Lösung des Pachtverhältnisses etwa herbeizuführen sei"; die Verwaltung antwortete am 30. Oktober, daß sie keine Veranlassung habe, den Vertrag vorzeitig zu lösen, und dem Konkursverwalter anheimstelle, wenn er dies für angezeigt erachte, von der Befugnis des § 19 KO. Gebrauch zu machen. Durch Schreiben vom 8. April 1902, das sowohl dem Konkursverwalter als auch dem Gemeinschuldner zugesandt wurde, kündigte die Verwaltung des Klägers den Pachtvertrag zum 1. Juli 1902; mittels Schreibens vom 25. April 1902 erwiderte der Pächter U., daß er sich mit seinen Gläubigern geeinigt habe, die Pachtgüter wieder übernehmen werde und die Kündigung nicht anerkenne.

Die im Mai 1902 gegen den Konkursverwalter mit dem Antrage auf Räumung zum 1. Juli 1902 erhobene Klage wurde durch das landgerichtliche Urteil vom 20. Juni 1902 abgewiesen, weil das Recht des Klägers zur vorzeitigen Aufhebung des Vertrages durch die Erklärung seiner Verwaltung vom 30. Oktober 1901 verwirkt worden sei. Das Berufungsgericht erkannte, nachdem inzwischen das Konkursverfahren aufgehoben, und der frühere Gemeinschuldner in den Prozeß eingetreten war, abändernd nach dem Klagantrage, d. i. verurteilte nunmehr den Beklagten zur sofortigen Räumung und Rückgewähr des Pachtgutes.

Die gegen dieses Urteil von dem Beklagten eingelegte Revision wurde zurückgewiesen aus folgenden

Gründen:

... „Der zu entscheidende Rechtsfall steht, da die Voraussetzungen des Art. 171 Einf.-Ges. zum BGB., ein beiderseits gleiches Kündigungsrecht des Verpächters und des Pächters (vgl. Entsch. des RG.s in Zivils. Bd. 53 S. 170), nicht vorliegen, und der Pachtvertrag vor dem 1. Januar 1900 geschlossen ist, unter dem früheren Recht, und zwar bleibt gemäß Art. VI des Einführungsgesetzes zu dem Gesetze, betr. Änderungen der Konkursordnung, vom 17. Mai 1898 mit dem Pachtverhältnis selbst auch die Wirkung der Konkurseröffnung auf dieses dem alten Recht unterworfen. Es kommt mithin nicht § 19 der Konkursordnung vom 20. Mai 1898, sondern § 17 der Konkursordnung vom 10. Februar 1877 zur Anwendung. Sachlich wird hierdurch ein Unterschied für den Rechtsfall nicht begründet, da § 19 der neuen Konkursordnung von § 17 der früheren nur darin abweicht, daß an die Stelle der Bezugnahme auf die gesetzliche oder ortsübliche Kündigungsfrist diejenige auf die gesetzliche Kündigungsfrist des Bürgerlichen Gesetzbuchs getreten ist, und eine Bestimmung über die Schadensersatzpflicht der Konkursmasse für den Fall, daß der Konkursverwalter kündigt, hinzugefügt worden ist.

Es kann unerörtert bleiben, ob die in Gemäßheit des § 33 des zwischen den Parteien geschlossenen Pachtvertrages von dem Verpächter ausgesprochene Kündigung nicht schon deshalb für den jetzigen Beklagten, den früheren Gemeinschuldner, als wirksam angesehen werden muß, weil das Konkursverfahren beendet ist, und es sich somit jetzt nicht mehr um die Frage handelt, ob der Konkursverwalter gegenüber der gesetzlichen Bestimmung des § 17 KO. a. F. der Kündigung aus dem Vertrage unterworfen ist, sondern ob der Pächter, der den Vertrag selbst geschlossen hat, für seine Person Einwendungen gegen die auf Grund des Vertrages erfolgte Kündigung erheben kann. Denn auch die Anwendung des § 17 a. a. O. führt nicht zu dem Ergebnisse, daß die Kündigung des Klägers als unwirksam zu erachten wäre.

Die Bestimmung des § 17 KO. a. F. enthält insoweit zwingendes Recht, als sie im öffentlichen Interesse erlassen ist, und dies ist der

Fall, insoweit durch sie die Gläubiger im Konkursverfahren gegen die aus der vertragsmäßigen Fortdauer des Miet- oder Pachtverhältnisses für ihre Befriedigung erwachsenden Nachteile geschützt, und der rasche Gang des Konkursverfahrens selbst gesichert werden soll. Dem Zwecke des Konkursverfahrens, zum Besten der Gläubiger das Vermögen des Gemeinschuldners bestmöglich zu verwerten (§§ 2. 107 KO. a. F.), würde es zuwiderlaufen, wenn der Konkursverwalter Pacht und Miete bis zum Vertragsende mit den Mitteln der Masse durchführen müßte. Deshalb kann das Kündigungsrecht des Konkursverwalters durch keine Privatvereinbarung ausgeschlossen oder über das Gesetz hinaus eingeschränkt werden; alle Vertragsberedungen, welche für den Konkursverwalter die Kündigung erschweren, sind dem Gesetze gegenüber unwirksam.

Vgl. Motive zur Konkursordnung Bd. 1 S. 74 flg.; Jäger, Konkursordnung 2. Aufl. Bem. 8 zu § 19; v. Wilmowski, Konkursordnung 5. Aufl. Bem. 2 und 4 zu § 17, 6. Aufl. Bem. 8 zu § 19; Petersen u. Kleinfeller, Konkursordnung 4. Aufl. Bem. 1 zu §§ 19—21.

Daß die Konkursordnung über diesen Zweck hinaus in die Privatwillkür habe eingreifen wollen, kann nicht angenommen werden. Die Bestimmung des § 17 läßt vereinbarte kürzere Kündigungsfristen zu, ohne der Kürze der Frist eine Grenze zu setzen; es ist deshalb kein Grund vorhanden, einer Vertragsbestimmung, wonach die Kündigung zur sofortigen Lösung des Vertragsverhältnisses zulässig sein soll, die Wirkung zu versagen; wie denn auch nach dem Rechte der Konkursordnung vom 10. Februar 1877 von der weit überwiegenden Mehrzahl der Schriftsteller die Kündbarkeit des Miet- und Pachtverhältnisses zur sofortigen Lösung nicht nur dann angenommen wurde, wenn es sowohl an einer gesetzlichen oder üblichen, wie an einer vereinbarten Kündigungsfrist fehlte, sondern auch dann, wenn eine vertragsmäßige Frist zwar bestimmt, eine gesetzliche aber nicht gegeben war.

So v. Völderndorff, Stieglitz, Endemann, v. Sarwey, v. Wilmowski; vgl. Petersen u. Kleinfeller 3. Aufl. S. 80; v. Wilmowski 6. Aufl. S. 105 Bem. 8 Abs. 3 zu § 19.

Es kann auch nicht anerkannt werden, daß die Bezugnahme auf vertragsmäßig festgesetzte kürzere Fristen im Gesetze nur die ordentliche Kündigung im Auge habe und deshalb die Vertragsfestsetzungen ausschließe, die die kürzere Frist nur für den Fall der Konkurseröffnung vereinbaren,

vgl. Jäger, Konkursordnung 2. Aufl. S. 168 Bem. 18 zu § 19,

oder daß die Vertragsbestimmung notwendigerweise beiden Teilen das Recht der kürzeren Kündigung einräumen müsse. Für den Verpächter gerade ist die Persönlichkeit des Pächters und Bewirtschafters und die Sicherheit wirtschaftlicher Nutzung des Gutes von der allergrößten Bedeutung,

vgl. Motive zur Konkursordnung Bd. 1 S. 78,

und deshalb erscheinen Vereinbarungen, die ihm bei Veränderungen in diesen Verhältnissen die schnelle Lösung des Vertrages sichern, durchaus gerechtfertigt.

Ist nun die Bestimmung des § 17 KO. a. F. nur insofern zwingender Natur, als sie für die Konkursmasse die Möglichkeit vorzeitiger Lösung des Pachtverhältnisses gewährleisten soll, so folgt, daß der Konkursverwalter zwar auf das ihm durch das Gesetz gegebene Kündigungsrecht gültig nicht verzichten kann, daß dagegen einem Verzichte der Gegenseite, handle es sich um den Pächter, oder den Verpächter, und um das auf das Gesetz, oder das auf den Vertrag gegründete Kündigungsrecht, nichts im Wege steht.

Vgl. Jäger, Konkursordnung 2. Aufl. Bem. 8 zu § 19.

Der Beklagte behauptet im gegebenen Falle, daß dies durch den Kläger in dem Schreiben ... vom 30. Oktober 1901 geschehen sei. Das Berufungsgericht erblickt dagegen in diesem Schreiben einen Verzicht nicht." ... (Es wird näher dargelegt, weshalb dem Berufungsgerichte zuzustimmen sei.)

RGZ. 78, 91

1. Wird der Kommissionsvertrag durch den Konkurs des Kommissionärs von selbst aufgelöst?

2. Kann der Kommittent im Konkurse des Kommissionärs, wenn der Konkursverwalter die fernere Erfüllung des noch für längere Zeit geschlossenen Kommissionsvertrag ablehnt, Schadensersatz wegen Nichterfüllung geltend machen?

I. Zivilsenat. Urt. v. 13. Dezember 1911.

I. Landgericht I Berlin, Kammer für Handelssachen.
II. Kammergericht daselbst.

Die Klägerin hatte mit den Beklagten am 2./3. April 1909 einen Vertrag geschlossen, inhaltlich dessen sie der Passage-Kaufhaus-Betriebsgesellschaft ein Lager von Schirmen und Stöcken kommissionsweise zum Verkaufe übergab; über die Verkäufe war wöchentlich abzurechnen und der Erlös nach Abzug von $33^1/_3$ v. H. Rabatt an die Klägerin abzuliefern. Die Dauer des Vertrags war für die Zeit vom 3. April 1909 bis zum 31. März 1918 bestimmt. Für die Verbindlichkeiten der Passage-Kaufhaus-Betriebsgesellschaft aus dem Vertrage übernahm die Passage-Kaufhaus-Aktiengesellschaft die samtschuldnerische Bürgschaft. Nach Behauptung der Klägerin sollte die Betriebsgesellschaft ihre Abrechnungs- und Zahlungspflicht nicht ordnungsgemäß erfüllt haben. Die Klägerin erwirkte im Juli 1909 eine einstweilige Verfügung auf Herausgabe des Kommissionslagers. Anfang August überließ die Betriebsgesellschaft durch Mietvertrag der Firma W. W., Gesellsch. m. b. H., das Passagekaufhaus. W. W. lehnte nach Behauptung der Klägerin die Fortsetzung des Vertragsverhältnisses ab. Die einstweilige Verfügung wurde am 9. August 1909 vollzogen.

Mit der Klage verlangte die Klägerin Verurteilung der Beklagten zur Zahlung des ihr durch die Nichterfüllung des Vertrags in der Zeit vom 6. August 1909 bis zum 31. März 1918 erwachsenen und noch erwachsenden Schadens, da die Betriebsgesellschaft durch ihr Verhalten schuldhafterweise die Erfüllung des Vertrags unmöglich gemacht habe, die Aktiengesellschaft aber als samtschuldnerische Bürgin für sie hafte. Die Beklagten behaupteten, daß die Klägerin ihrerseits durch Einwirkung und Vollzug der einstweiligen Verfügung die weitere Vertragserfüllung unmöglich gemacht habe, die auch außerhalb des Passage-Kaufhauses unmöglich gewesen sei; sie bestritten, daß W. W. zum Eintritt in das Kommissionsverhältnis aufgefordert sei und diesen abgelehnt habe. Endlich bestritten sie auch jeden Schaden der Klägerin, da ohne das Abkommen mit W. W. der Konkurs ihrer Gesellschaften unvermeidlich gewesen wäre.

Das Landgericht machte die Verurteilung der Beklagten von einem der Klägerin auferlegten Eide darüber abhängig, daß sie die Firma W. W. über ihren Eintritt in den Kommissionsvertrag befragt und diese ihn abgelehnt habe. Die Berufung der Beklagten wurde zurückgewiesen. Ihre Revision hatte keinen Erfolg.

Aus den Gründen:

„Die Entscheidung des Kammergerichts beruht im wesentlichen auf der Erwägung, daß sich die Betriebsgesellschaft anfangs August 1909 durch die Vermietung des Passagekaufhauses an W. W., G. m. b. H., in die Unmöglichkeit versetzt habe, den mit der Klägerin geschlossenen, bis zum 31. März 1918 dauernden Kommissionsvertrag zu erfüllen, und daß sie wegen dieser von ihr zu vertretenden Unmöglichkeit der Klägerin den durch die Nichterfüllung des Vertrags verursachten Schaden zu ersetzen habe. Die Revision der Betriebsgesellschaft und der Aktiengesellschaft führt dagegen aus, ein Schade sei der Klägerin durch den Vertrag mit W. W. überhaupt nicht entstanden. Denn ohne diesen Vertragsabschluß wären sie genötigt gewesen, ihren Konkurs anzumelden. Durch den Konkurs hätten sie aufgehört zu bestehen; auch hätte der Kommissionsvertrag dann ohnehin sein Ende erreicht. Es könne der Betriebsgesellschaft nicht zum Verschulden gerechnet werden, wenn sie um den Konkurs zu vermeiden, mit W. W., wie geschehen, abgeschlossen habe. Im Konkurse der Betriebsgesellschaft hätte die Klägerin höchstens eine Dividende von 8 v. H. erzielt; der Konkurs der Aktiengesellschaft würde überhaupt keine Dividende ergeben haben.

Die Ausführungen der Revision sind rechtsirrig und gelangen daher auch zu unrichtigen Ergebnissen. Die Eröffnung des Konkurses der beiden Gesellschaften würde allerdings ihre Auflösung zur Folge gehabt haben (vgl. § 60 Nr. 4 G. m. b. H. Ges. u. § 292 Nr. 3 HGB.). Aber nach anerkannten Rechtsgrundsätzen wären die Gesellschaften bis zur endgültigen Abwicklung ihrer Vermögensangelegenheiten als fortbestehend behandelt worden. Auch das Kommissionsverhältnis wäre durch den Ausbruch des Konkurses der Betriebsgesellschaft nicht ipso jure beendet worden. Zwar wird von Staub, Kommentar zum HGB. (8. Aufl.) § 383 Anm. 25 und ihm folgend von Brand, Kommentar zum HGB., § 383 S. 946 die Ansicht vertreten, daß beim Kommissionsvertrage dem auf das persönliche und finanzielle Vertrauen gegründeten Vertragswillen die Auslegung zu geben sei, daß das Vertragsverhältnis mit dem Konkurse des Kommissionärs von selbst endigen solle. Allein diesem Gesichtspunkte ist durch das Gesetz schon dadurch Rechnung getragen, daß bei entgeltlicher Geschäftsbesorgung dem Geschäftsherrn das Recht zur fristlosen Kündigung des Vertragsverhältnisses nach § 626 oder § 649 BGB. zusteht. Für den Agenturvertrag, der doch auch ein persönliches Vertrauensverhältnis zwischen Geschäftsherrn und Agenten begründet, hat Staub selbst die gleiche Folgerung nicht gezogen, nimmt vielmehr an, daß der Konkurs des Agenten das Vertragsverhältnis nicht beendigt, und verweist den Geschäftsherrn auf das ihm zustehende Recht zur sofortigen Kündigung (vgl. § 92 Anm. 13). Der Kommissionsvertrag ist ein zweiseitiger Vertrag, der, soweit die Tätigkeit des Kommissionärs in Betracht kommt, Geschäftsbesorgungen gegen Vergütung zum Gegenstande hat. Er unterliegt insoweit der allgemeinen Regel des § 17 KO. Lehnt der Konkursverwalter die weitere Erfüllung des Vertrags ab, so kann der Kommittent seine Ansprüche wegen Nichterfüllung gemäß § 26 KO. geltend machen.

Vgl. Staub (6./7. Aufl.) § 383 Anm. 25 und die Kommentare zum HGB. von Düringer-Hachenburg Bd. III S. 342, Goldmann § 383 Anm. 23, Ritter § 383 Anm. 7, ferner Jaeger, Komm. zur KO. (3./4. Aufl.) § 22 Anm. 8, 10, § 23 Anm. 15, v. Wilmowski, Komm. zur KO. § 17 Anm. 3, § 23 Anm. 3.

Bei dieser Beurteilung bedarf es keines Eingehens auf die Frage, ob in den Fällen, wo ein Vertragsverhältnis durch den Konkurs kraft Gesetzes erlischt, der Konkurs als ein vom Gemeinschuldner zu vertretender Umstand aufgefaßt werden könnte, eine Frage, die in den Gründen des Erkenntnisses des III. Ziv.Sen. vom 16. März 1906 (Entsch. des RG.s Bd. 63 S. 69) verneint wird.

Mit Recht hat hiernach das Kammergericht die Einwendung der Beklagten, sie hätten ohne den vertragswidrigen Abschluß mit W. W. in Konkurs gehen müssen und in diesem Falle hätte Klägerin keinen Schaden ersetzt verlangen können, als unbegründet zurückgewiesen. Im Konkursfalle hätte der Konkursverwalter entweder den Kommissionsvertrag erfüllt, oder es wäre bei Ablehnung der Erfüllung der Klägerin ein Anspruch auf Schadensersatz erwachsen, den sie als Konkursgläubigerin hätte geltend machen können und auf den sie nach der eigenen Behauptung der Beklagten eine Konkursdividende von etwa 8 v. H. erhalten hätte." ...

RGZ. 79, 209

Wirkung der Erklärung des Konkursverwalters, einen vom Gemeinschuldner und von dem anderen Teile noch nicht erfüllten zweiseitigen Vertrag nicht erfüllen zu wollen. Einfluß der Beendigung des Konkursverfahrens.

KO. §§ 17, 26.

II. Zivilsenat. Urt. v. 12. April 1912.

I. Landgericht I Berlin. II. Kammergericht daselbst.

Am 25. April 1908 kaufte der Beklagte von der Klägerin 1000 Stück Cambric, die er in Raten bis spätestens März 1909 abzunehmen hatte. Als am 12. Mai 1909 über sein Vermögen das Konkursverfahren eröffnet wurde, war die Abnahme erst zu einem kleinen Teile erfolgt. Die Klägerin meldete eine Schadensersatzforderung von 14470 M. wegen angeblich ohne Grund verweigerter Abnahme des Restes der Ware zum Konkurse an. In der Anmeldung bemerkte sie, daß die Schadensersatzforderung fortfallen würde, wenn der Konkursverwalter den Rest der Ware gegen Zahlung des vereinbarten Preises abnähme. Die Forderung wurde im Prüfungstermine vom Verwalter bestritten, und die Klägerin erhob gemäß § 146 Abs. 2 KO. die Klage auf Feststellung. Demnächst kam ein rechtskräftiger Zwangsvergleich zustande, wonach die nichtbevorrechtigten Gläubiger 28% ihrer Forderungen erhalten sollten. Infolgedessen wurde das Konkursverfahren aufgehoben, der Beklagte trat an Stelle des Konkursverwalters in den Prozeß ein, und die Klägerin beantragte nunmehr, den Beklagten zur Zahlung der auf die angemeldeten 14470 M. entfallenden Zwangsvergleichssumme von 4051,60 M. nebst Zinsen zu verurteilen. Das Landgericht wies die Klage ab. In der Berufungsinstanz begründete die Klägerin ihre Schadensersatzforderung damit, daß einmal der Beklagte schon vor Eröffnung des Konkurses die Restabnahme ohne Grund verweigert, daß sodann der Konkursverwalter durch sein Verhalten zu erkennen gegeben habe, die vollständige Erfüllung des Kaufvertrages verweigern zu wollen, und daß endlich der Beklagte nach Aufhebung des Konkurses die Abnahme des Restes der Ware wiederum ohne Grund abgelehnt habe. Die Berufung hatte keinen Erfolg. Dagegen wurde der Revision stattgegeben und die Sache an das Berufungsgericht zurückverwiesen.

Aus den Gründen:

„Das Berufungsgericht geht davon aus, daß man in dem Verhalten des Konkursverwalters möglicherweise die Erklärung habe finden können, den zur Zeit der Konkurseröffnung sowohl vom Gemeinschuldner (dem Beklagten), wie von dem anderen Teile (der Klägerin) erst teilweise erfüllten, zweiseitigen Vertrag vom 25. April 1908 nicht erfüllen zu wollen (§ 17 KO.), und daß infolgedessen die im Konkurs angemeldete Schadensersatzforderung von 14470 M. der Konkursmasse gegenüber vielleicht begründet gewesen sei (§ 26 das.). Es meint aber, diese Schadensersatzforderung habe sich dadurch erledigt, daß nach rechtskräftiger Bestätigung des Zwangsvergleichs die Aufhebung des Konkursverfahrens erfolgt sei. Die Klageforderung könne jetzt nur noch aus einem vertragswidrigen Verhalten des Gemeinschuldners in der Zeit vor der Eröffnung oder nach der Aufhebung des Konkursverfahrens hergeleitet werden (§ 326 BGB.). Ein solches Verhalten des Gemeinschuldners sei jedoch nicht erwiesen, die Klage sei deshalb unbegründet.

Die Feststellung des Berufungsgerichts, daß die Voraussetzungen des § 326 BGB. nicht gegeben seien, wird von der Revision nicht bemängelt. Dagegen wendet sich die Revision, und zwar mit Recht, gegen die Annahme, daß die infolge der Erfüllungsweigerung des Konkursverwalters im Konkurse etwa begründet gewesene Schadensersatzforderung der Klägerin aus § 26 KO. durch die Aufhebung des Konkurses ihre Erledigung gefunden habe und deshalb gegen den Beklagten nicht geltend gemacht werden könne. Diese Ansicht findet namentlich in den vom Berufungsgericht angeführten Entsch. des RG.s in Zivils. Bd. 11 S. 49, Bd. 17, S. 80, Bd. 26 S. 94, Bd. 56 S. 238 keinerlei Stütze. In diesen und in zahlreichen anderen Entscheidungen (Bd. 22 S. 107, Bd. 49 S. 189, Bd. 63 S. 69, Bd. 64 S. 204, Bd. 73 S. 58) wird allerdings in Übereinstimmung mit den Motiven der KO. (S. 86flg.) und mit der Begründung zur Novelle vom 17. Mai 1898 (S. 30) ausgesprochen, daß ein zur Zeit der Konkurseröffnung weder von dem Gemeinschuldner, noch von dem anderen Teile bereits vollständig erfüllter zweiseitiger Vertrag durch die Erfüllungsweigerung des Konkursverwalters nicht aufgehoben werde, daß vielmehr infolge dieser Weigerung nur die Erfüllung des Vertrags unterbleibe, und daß aus der Nichterfüllung für den anderen Teil eine Schadensersatzforderung erwachse, die als Konkursforderung geltend zu machen sei. Es ist aber nirgends davon die Rede, daß der Vertrag trotz der Erfüllungsweigerung des Verwalters mit seinem früheren Inhalte bestehen bleibe, und noch weniger davon, daß mit Aufhebung des Konkursverfahrens die im Konkurse entstandene Schadensersatzforderung erlösche. Wenn das Gesetz einerseits dem Konkursverwalter die Befugnis beilegt, entweder die Erfüllung des zweiseitigen Vertrags durch und an die Konkursmasse, oder die Nichterfüllung zu wählen, und wenn es anderseits dem Vertragsgegner das Recht einräumt, den Konkursverwalter zur Vornahme der Wahl zu nötigen und, falls dieser die Nichterfüllung wählt, Schadensersatz zu fordern, so bezweckt es damit offenbar, das Rechtsverhältnis für alle Beteiligte abschließend zu regeln. Die in der Rechtslehre herrschende Meinung geht denn auch zutreffend dahin, daß die Weigerung des Konkursverwalters, den noch von keiner Seite vollständig erfüllten zweiseitigen Vertrag zu erfüllen, den Erfüllungsanspruch des Vertragsgegners endgültig und mit Wirkung über das Konkursverfahren hinaus in einen Anspruch auf Schadensersatz wegen Nichterfüllung verwandele, den Erfüllungsanspruch des Gemeinschuldners dagegen endgültig ausschließe*).

Hiernach hätte das Berufungsgericht prüfen müssen, ob der Konkursverwalter die Erfüllung verweigert hatte, und im Bejahungsfalle, ob dadurch der Klägerin eine Schadensersatzforderung erwachsen war, und es hätte, wenn es zur Bejahung auch dieser Frage gelangte, in Höhe der Zwangsvergleichssumme von 28% (vgl. § 193 KO.) der Berufung stattgeben müssen (vgl. § 538 Nr. 3 ZPO.)."

---

*) So namentlich die Kommentare von Jaeger, 2. Aufl. zu § 17 KO. Anm. 43flg., 49flg.; Sarwey-Bossart, 4. Aufl. zu § 17 Anm. 6; Petersen-Kleinfeller, 4. Aufl. zu § 17 Anm. 11; Wolff zu § 17 Anm. 4; Willenbücher-Günther, 3. Aufl. zu § 17 Anm. 6; ferner Schellhas, Die Konkurssachen in der gerichtlichen Praxis S. 302 bei und in Anm. 3; Breitling-Schöninger, Grundzüge des Konkursrechts 2. Aufl. S. 144; Voigt, Der Einfluß des Konkurses auf die schwebenden Prozesse des Gemeinschuldners S. 117; Rintelen, Zur Frage der Nachhaltigkeit der Konkurswirkungen in Goldschmidt's Zeitschr. Bd. 61 S. 148flg., bes. S. 157flg.; vgl. auch das auf Grund des § 16 preuß. KO. ergangene Urteil d. RG.s vom 17. Februar 1886, Rep. V 247/85, bei Bolze Bd. 2 Nr. 1999, sowie die Urteile vom 9. Juli 1892, Rep. V. 76/92, bei Bolze Bd. 15 Nr. 716; Seuffert's Arch. Bd. 48 Nr 79, Jur. Wochenschr. 1892 S. 371 Nr. 8, und vom 29. Juni 1898, Rep. I. 152/98, Entsch. in Zivils. Bd. 41 S. 133; dag. Oetker, Über den Einfluß des Konkursverfahrens auf noch nicht erfüllte zweiseitige Verträge, i. d. Zeitschr. f. D. Zivilprozeß, Bd. 14 S. 35; Seuffert, Deutsches Konkursprozeßrecht S. 190; Kohler, Leitfaden des Deutschen Konkursrechts S. 96; Förster-Eccius, Preuß. Privatr. 7. Aufl. Bd. 1 § 117 Anm. 3; abweichend Fitting, Reichs-Konkursrecht § 6; Hellmann, Lehrbuch des Deutschen Konkursrechts § 27.

RGZ. 85, 214†

1. Ist eine Leistung, die auf Grund eines für vorläufig vollstreckbar erklärten Urteils vor Eröffnung des Konkurses über das Vermögen des Schuldners gemacht wird, Erfüllung, so daß § 17 KO. auf das Vertragsverhältnis keine Anwendung findet?

2—3. . . . .

III. Zivilsenat. Urt. v. 3. Juli 1914.

I. Landgericht I Berlin. II. Kammergericht daselbst.

Auf Grund eines zwischen Kläger und dem ursprünglichen Beklagten, Bankier L., geschlossenen Vertrages wurde dieser vom Landgerichte verurteilt, dem Kläger 25 Kuxe der Gewerkschaft R. in H. Zug um Zug gegen Zahlung von 93750 M. zu liefern und ihm über die Übertragung eine schriftliche Urkunde auszustellen. Zugleich wurde dieses Urteil gegen Sicherheitsleistung von 100000 M. in bar oder mündelsicheren Papieren für vorläufig vollstreckbar erklärt. Zur Abwendung der Zwangsvollstreckung lieferte der damalige Beklagte dem Kläger die 25 Kuxe, stellte auch die Abtretungsurkunde aus und zahlte 928,50 M. Kosten. Der Kläger bezahlte seinerseits urteilsgemäß 93649 M. und rechnete mit dem Reste bis zu 93750 M. auf.

Nachdem der Beklagte Berufung eingelegt hatte, wurde über sein Vermögen der Konkurs eröffnet und der jetzige Beklagte zum Konkursverwalter bestellt. Er hat den Rechtsstreit gemäß § 250 ZPO. aufgenommen, später die Erfüllung nach § 17 KO. abgelehnt und beantragt, den Kläger mit der Klage abzuweisen und ihn ferner nach § 717 Abs. 2 ZPO. zu verurteilen, an die Konkursmasse die 25 Kuxe nebst Abtretungsurkunde herauszugeben und 928,50 M. nebst 4% Zinsen seit 12. März 1910 zu bezahlen. In zweiter Reihe hat er beantragt, den Kläger zur Zahlung von 101 M. nebst Zinsen zu verurteilen. Das Berufungsgericht änderte durch Teilurteil das Urteil des Landgerichtes dahin ab, daß es die Klage abwies.

Von den von beiden Teilen hiergegen eingelegten Revisionen ist die des Beklagten als unzulässig verworfen, auf die des Klägers dagegen das Berufungsurteil aufgehoben und die Sache zur anderweiten Verhandlung und Entscheidung an das Berufungsgericht zurückverwiesen worden.

Aus den Gründen:

I. Revision des Klägers.

„Nachdem das landgerichtliche Urteil, das gegen Sicherheit von 100000 M. für vorläufig vollstreckbar erklärt ist, erlassen war, unterhandelten die Parteien über diese Sicherheitsleistung. Da der Kläger zwar eine Sicherheit von 100000 M. zu leisten hatte, die Kuxe und die Abtretungserklärung aber nur gegen Zahlung von 93750 M. erlangen konnte, waren nur 6250 M. eigentlich zu hinterlegen. Darüber, daß dem so sei, einigten sich die Parteien. Zugleich einigte man sich weiter, daß diese 6250 M. bei dem Prozeßbevollmächtigten des Klägers zu hinterlegen seien und hinterlegt seien. Dies alles ergibt sich aus dem Briefwechsel bis zum 12. Februar 1910, wie der Berufungsrichter feststellt.

Am 14. Februar 1910 sind in Vollziehung des Urteils und dieser Einigung dem *Kläger die 25 Kuxe nebst Zessionsurkunde ausgehändigt* worden. Der Kläger zahlte aber nicht 93750 M., sondern an den Beklagten nur 93649 M. Mit dem Rest von 101 M. rechnete er auf. Er hatte nämlich den Beklagten am 12. Februar 1910 notariell in Verzug gesetzt. Die Kosten der Verzugssetzung, die der Kläger auf 101 M. angibt, hat er an den 93750 M. gekürzt. Daraus erklärt sich der Hilfsantrag des Beklagten auf Verurteilung des Klägers zur Zahlung von 101 M.

Durch Übertragung der Kuxe und Übergabe der schriftlichen Abtretungserklärung hat der damalige Beklagte das Eigentum an den Kuxen auf den Kläger nach § 105 des allgemeinen preußischen Berggesetzes vom 24. Juni 1865 übertragen. Auf diese Tatsache stützt der Kläger seinen mit der Klage verfolgten Erfüllungsanspruch. Er meint, auf die Klagebegründung im übrigen komme es nicht an, weil der Beklagte vor Eröffnung des Konkurses ebenso wie er selbst erfüllt habe die Erfüllung eines beiderseits vollständig erfüllten Vertrags könne der Konkursverwalter nach der ausdrücklichen Vorschrift des § 17 KO. nicht ablehnen.

Der Klage liegt folgender Sachverhalt zugrunde. Am 15. Dezember 1909 bestätigte L. dem Kläger, diesem 25 Kuxe bis zum 15. Januar 1910 in des Klägers Wahl an Hand zu lassen. Der Kläger erblickt in dieser Bestätigung einen unwiderruflichen Verkaufsantrag, den er am 18. Dezember 1909 angenommen habe. Der Beklagte L. wollte in seiner Bestätigung vom 15. Januar einen widerruflichen Kommissionsauftrag sehen, den er am 17. Dezember 1909 widerrufen und am 18. Dezember 1909 wegen arglistiger Täuschung angefochten habe. Das Landgericht hat sich auf die Seite des Klägers gestellt und die Einwendungen des Beklagten verworfen.

Der Berufungsrichter geht auf diese Seite der Sache nicht ein; denn die Parteien hätten ihre Vorträge allein auf die Frage beschränkt, ob § 17 KO. Platz greife. Er weist die Klage ab, weil die Leistung die ein durch vorläufig vollstreckbares Urteil verurteilter Beklagter zum Zwecke der Abwendung der Zwangsvollstreckung aus diesem Urteile seinem Gegner macht, nicht als Erfüllung des dem Klaganspruche zugrunde liegenden Rechtsgeschäfts angesehen werden könne; folglich sei das Geschäft im Augenblicke der Konkurseröffnung noch von keiner Seite erfüllt, der Konkursverwalter nach § 17 KO. zur Ablehnung der Erfüllung berechtigt und der Kläger auf die Anmeldung seiner vermeintlichen Ansprüche im Konkurse von L. beschränkt gewesen. Die Erfüllungsklage sei abzuweisen; auf alles Weitere komme es nicht an.

. . .

Das Revisionsgericht hat also die angegriffene Entscheidung sachlich zu prüfen. Dieser sachlichen Prüfung hält das Berufungsurteil nicht stand; denn der Berufungsrichter verkennt die rechtliche Bedeutung der Beitreibung der Klageforderung auf Grund eines vorläufig vollstreckbaren Urteils. Der entscheidende Gesichtspunkt ist allerdings nicht der vom Kläger geltend gemachte, daß sowohl die Leistung auf ein rechtskräftiges Urteil wie auch die Leistung auf ein nur für vorläufig vollstreckbar erklärtes Urteil hin die Klageforderung in gleicher Weise zum Erlöschen bringe, und daß der verurteilte Schuldner in beiden Fällen denselben erzwungenen Erfüllungswillen habe. Durch diese Gleichstellung des rechtskräftigen und des nur vorläufig vollstreckbaren Urteils, die der Kläger in § 815 Abs. 3, § 897 ZPO. bestätigt findet, vermöchte der Entscheidungsgrund des Berufungsrichters nicht beseitigt zu werden, daß der Schuldner auf Grund eines „vorläufig" vollstreckbaren Urteils nur „vorläufig" bis zum Austrag des Urteils über die Klageforderung zwangsweise leisten, also nicht endgültig erfüllen will, daß er seine Leistung sogar wieder zurückfordern kann, wenn er im schwebenden Rechtsstreit obsiegt. Der Berufungsrichter führt nämlich aus, beide Teile seien bei ihren beiderseitigen Leistungen des Willens gewesen, nicht etwa den Vertrag zu erfüllen, der ja streitig blieb, sondern das Urteil auszuführen. Sei aber die Übertragung der Kuxe und der Abtretungsurkunden nicht als Vertragserfüllung anzusehen, so gelte dasselbe von der Gegenleistung des Klägers, d. h. von dessen Zahlung und von der Aufrechnung; Leistung und Gegenleistung ständen in unlösbarem rechtlichem Zusammenhange. Hieraus zieht der Berufungsrichter den Schluß, eine Leistung zum Zwecke der Zwangsvollstreckung aus einem nur vorläufig vollstreckbaren Urteile beeinflusse den materiellen Streit nicht; der Kläger könne seine Ansprüche nur als Konkursgläubiger verfolgen.

Diese Schlußfolgerung des Berufungsrichters kann nicht als richtig anerkannt werden. Die vorläufige Vollstreckbarkeit soll den Gläubiger gegen die Gefahr späterer Vermögensunzulänglichkeit des Schuldners schützen. Der Gläubiger, der durch Beitreibung der Schuldsumme vorläufige Befriedigung erhalten hat, kann nicht schlechter gestellt sein, als der Gläubiger, dem der Schuldner zur Abwendung der Zwangsvollstreckung Sicherheit geleistet und damit ein Pfandrecht und Absonderungsrecht für den Konkurs eingeräumt hat, das den Gläubiger von der Anmeldung im Konkurse befreit (§§ 11, 48 KO.; RGZ. Bd. 12 S. 222). In RGZ. Bd. 39 S. 108 wird hieraus gefolgert, es könne dem Gläubiger, wenn er auch nur vorläufig zum Zweck der Abwendung der Zwangsvollstreckung Zahlung erhalten habe, nicht zugemutet werden, das Empfangene zurückzuzahlen und sich auf die Konkursmasse verweisen zu lassen, wenn die beigetriebene Forderung auch in der höheren Instanz als begründet erkannt wird. Danach würde der Kläger von einem Zwangsvergleich nicht betroffen worden sein, weil er nicht Konkursgläubiger war. Er hatte folglich auch seine Forderung nicht zum Konkurs anzumelden, obgleich er nur vorläufig befriedigt war (RGZ. Bd. 11 S. 401 oben, Jur. Wochenschr. 1897 S. 562[4]). Mit dieser Auffassung steht nicht, wie der Berufungsrichter meint, RGZ. Bd. 63 S. 332 im Widerspruch. Dieser Entscheidung will sich der Berufungsrichter anschließen, indem er auf deren Endsätze verweist. Sie endigt mit den Sätzen:

„Die Hingabe oder Wegnahme des Geldes auf Grund der vorläufigen Vollstreckung ist die vorläufige Regelung des Streitverhältnisses zugunsten des Klägers, aber unter voller Wahrung der Rechte des Beklagten; und der Bestand dieser vorläufigen Regelung ist abhängig gemacht von dem Bestand oder der Aufhebung des Urteils, nicht von dem Bestande der Klageforderung zur Zeit der Erlassung des Urteils oder seiner Vollstreckung. Die Entscheidung über die rechtliche Wirkung der Auslieferung des Geldes ist hiernach hinausgeschoben bis zur rechtskräftigen Entscheidung des Streites. . . .“

Aus diesen Sätzen wurde dort hergeleitet, daß der Beklagte, der auf Grund eines vorläufig vollstreckbaren Urteils geleistet hatte, doch noch eine an und für sich zulässige Aufrechnung mit Hilfe einer erst nach seiner Zahlung an den Gerichtsvollzieher erworbenen Gegenforderung vornehmen kann.

Diesen Sätzen ist beizutreten. Es ergibt sich aus ihnen aber nichts zur Stütze des Berufungsurteils. Vielmehr folgt aus ihnen, daß der Beklagte mit seiner Leistung einen Anspruch auf Rückerstattung des zur Abwendung der Zwangsvollstreckung Geleisteten erwirbt, wenn dem Kläger ein Anspruch auf das Geleistete nicht zustand. Dieser durch § 717 Abs. 2 ZPO. noch weiter bekräftigte aufschiebend bedingte Anspruch bildete einen Teil der Aktivmasse, als über das Vermögen des Beklagten der Konkurs eröffnet wurde. Der Konkursverwalter hat diesen die Konkursmasse betreffenden Rechtsstreit nach §§ 240 flg. ZPO. aufgenommen. Dieser Rechtsstreit war für den Gemeinschuldner nach § 10 KO. anhängig, insofern nämlich der Konkursverwalter den Anspruch auf Rückerstattung des Geleisteten in demselben Prozesse verfolgte (RGZ. Bd. 11 S. 400).

Aber der Kläger hatte, nachdem er seine Forderungen eingezogen hatte, keine Ansprüche mehr im Konkurse anzumelden.

Im Sinne des § 17 KO. ist Erfüllung auch die Leistung auf Grund vorläufig vollstreckbaren Urteils. Es kann nach dem Erörterten nicht im Sinne des § 17 KO. gelegen sein, daß eine Leistung auf Grund eines vorläufig vollstreckbaren Urteils, mag diese Leistung auch infolge des durch das Urteil ausgeübten Zwanges gemacht worden sein, deshalb einer Nichterfüllung gleichgestellt werde, weil zur Zeit der Leistung die Möglichkeit bestand, daß in der höheren Instanz ein anderes Urteil ergehen und auf Grund dessen die gemachte Leistung wieder zurückverlangt werden konnte.

RGZ. 90, 218

Kann der Beklagte, dem das ihm vom Gemeinschuldner verkaufte Grundstück durch diesen übergeben, aber nicht aufgelassen worden ist, dem Konkursverwalter gegenüber, der die Vertragserfüllung gemäß § 17 KO. abgelehnt hat und daraufhin die Herausgabe des Grundstücks auf Grund des § 985 BGB. fordert, mit Erfolg den Einwand der gekauften und übergebenen Sache entgegensetzen?

KO. § 26.

V. Zivilsenat. Urt. v. 12. Mai 1917.

I. Landgericht Tilsit. II. Oberlandesgericht Königsberg.

Durch notariellen Vertrag vom 2. September 1913 kauften die Eheleute G. von dem Schneidemühlenbesitzer L. dessen Grundstück Absteinen Nr. 123. Die Übergabe an die Käufer ist erfolgt, die Auflassung aber unterblieben. Die Beklagten haben demnächst das Grundstück von den Eheleuten G. zur Bewirtschaftung überlassen erhalten. Inzwischen ist über das Vermögen des Verkäufers der Konkurs eröffnet worden, und der zum Konkursverwalter bestellte G. hat daraufhin den Eheleuten G. gemäß § 17 KO. erklärt, daß er den Vertrag nicht erfüllen werde. In Verfolg dessen hat er auch die Beklagten als die Besitzer des Grundstücks auf dessen Herausgabe in Anspruch genommen.

Das Landgericht gab seiner Klage statt. Das Oberlandesgericht wies dagegen die Klage ab, weil es die Beklagten nur als die Besitzdiener der Eheleute G. ansah. In ihrer Berufung hatten die Beklagten namentlich auch den Einwand der verkauften und übergebenen Sache (exceptio rei venditae et traditae) erhoben. Auf die Revision des Konkursverwalters ist die Berufung der Beklagten zurückgewiesen worden.

Aus den Gründen:

(Zunächst wird dargelegt, die Beklagten seien, weil zwischen ihnen und den Eheleuten G. ein Leihverhältnis begründet worden sei, gemäß § 868 BGB. als die unmittelbaren Besitzer des Grundstücks anzusprechen, wenngleich man eine bestimmte Zeitdauer für die Leihe nicht vereinbart habe. Sodann heißt es im Urteile weiter:)

. . . . „Mit der Einrede der verkauften und übergebenen Sache wollen die Beklagten offenbar geltend machen, daß der Konkursverwalter den Besitz des Grundstücks den Eheleuten G., daher aber auch ihnen selbst aus dem Grunde nicht entziehen dürfe, weil der Gemeinschuldner durch die Übergabe des Grundstücks an die Eheleute G. nur seine entsprechende vertragliche Verpflichtung erfüllt habe und der Vertrag trotz der Erklärung des Konkursverwalters vom 16. Juni 1914, daß er den Vertrag nicht erfüllen werde, in Geltung geblieben sei. Letzteres ist zwar richtig, da die Erklärung des Konkursverwalters immer nur zur Folge haben konnte, daß eine weitere Vertragserfüllung von keinem Teile mehr verlangt werden durfte, die Rechtsbeständigkeit des Vertrags an sich dagegen unberührt ließ (§ 17 KO., RGZ. Bd. 56 S. 240; Bd. 79 S. 211). Indes gleichwohl muß die Einrede versagen.*)

Welche besonderen Rechtsfolgen für den Vertragsgegner des Gemeinschuldners eintreten, wenn der Konkursverwalter unter den Voraussetzungen des § 17 KO., die hier unstreitig gegeben sind, von der Vertragserfüllung absieht, ist aus § 26 KO. zu entnehmen. Danach gestaltet sich aber die Rechtslage des Vertragsgegners so, daß er einerseits anstatt der Vertragserfüllung regelmäßig nur noch Entschädigung wegen der Nichterfüllung fordern darf (§ 26 Satz 2), und anderseits daß er die in das Eigentum des Gemeinschuldners bereits übergegangene Leistung nicht mehr zurückfordern kann (Satz 1 des § 26). Diese Bestimmungen regeln die Rechtsstellung des Vertragsgegners offenbar auch erschöpfend. Mit dem Grundsatze nunmehr, daß der Vertragsgegner die Vertragserfüllung gegebenenfalls unbedingt nicht mehr verlangen kann, mithin aber, wenn eine teilweise Erfüllung von seiten des Gemeinschuldners bereits erfolgt war, auch nicht mehr die weitere und volle Vertragserfüllung beanspruchen darf, ist die Annahme, daß er zwar nicht die Auflassung des ihm vom Gemeinschuldner auf Grund des Kaufvertrags übergebenen Grundstücks fordern könne, wohl aber ein Recht zum Besitze des Grundstücks behalte, unvereinbar. Bei anderer Auffassung träte ein

---

*) S. auch Jaeger, Konkursordnung § 17 Anm. 14 und in Leipz. Zeitschrift 1908 S. 688; Planck, K. z. BGB. § 986 Anm. 1 aβ; Biermann, Sachenrecht § 986 Anm. 1; Staudinger, K. z. BGB. § 986 Anm. 1 h; Düringer-Hachenburg, Handelsgesetzbuch, 2. Aufl. Bd. 3 S. 223.

Rechtszustand ein, der unleidlich wäre und vom Gesetze nicht gewollt sein kann. Der Zustand nämlich, daß der Vertragsgegner ein dauerndes Recht zum Besitze hätte ohne jedes Anrecht auf Erlangung auch des Eigentums, daß hingegen das Eigentumsrecht unentziehbar dem Gemeinschuldner verbliebe, ohne daß der Konkursverwalter in der Lage wäre, auch den Besitz an sich zu ziehen. Bei solchem Zustande würde dem Eigentumsrechte nicht zuteil, was ihm grundsätzlich zukommt, und erhielte anderseits der Besitz oder das Recht zum Besitz eine Beschaffenheit oder einen Wert, der ihm grundsätzlich nicht gebührt. Dem auf Grund eines Kaufvertrags eingeräumten Besitze gewissermaßen den Wert eines selbständigen dinglichen Rechtes beizulegen, geht nicht an; der Besitz muß vielmehr seiner Natur nach vor dem Eigentum zurückstehen und soll diesem gegenüber jeweilig nur einen einstweiligen Schutz gewähren (§ 864 Abs. 2 BGB.), während es im Eigentumsrechte gerade eingeschlossen ist, daß der Eigentümer auch den Besitz der Sache hat. Da endlich das Eigentumsrecht in seiner vollen materiellen Wirksamkeit dem Gemeinschuldner verblieben wäre, so ist auch unbezweifelbar, daß der Konkursverwalter über das dem Vertragsgegner übergebene Grundstück unbehindert rechtlich verfügen und es insbesondere vollwirksam zu seiner Verwertung weiter veräußern dürfte. Unleidlich wäre jetzt sonach auch der Zustand, daß der Erwerber wiederum nur das Eigentumsrecht erlangen, der Vertragsgegner des Gemeinschuldners dagegen auch ihm gegenüber dauernd im Besitze geschützt sein sollte.

Allerdings hat die Einrede der verkauften und übergebenen Sache auch ihre Vertreter gefunden. So ist ausgeführt worden, daß der Konkursverwalter die Stelle des Gemeinschuldners vertrete, der die Sache verkauft habe, und daß der Genannte nicht mehr Rechte geltend machen könne, als dem Gemeinschuldner zugestanden hätten (Dernburg, Bürgerl. Recht Bd. 3 § 92 Nr. 3). Hierbei ist jedoch übersehen, daß durch die Eröffnung des Konkurses und durch die Erklärung des Konkursverwalters, nicht erfüllen zu wollen, eine durchaus neue Rechtslage geschaffen wird, die in erster Linie nach den besonderen Bestimmungen des Konkursrechts zu beurteilen ist, namentlich also nach § 26 KO. Und die wesentlich andere Rechtslage zeigt sich gerade darin, das jetzt der Käufer die Erfüllung überhaupt nicht mehr verlangen darf, wie er sie sonst vom Verkäufer hätte fordern können. Die Rechtsstellung des Konkursverwalters gegenüber dem Vertragsgegner des Gemeinschuldners und die Rechtsstellung des Vertragsgegners der Konkursmasse gegenüber lassen sich daher jetzt auch unmöglich nach dem bemessen, was ohne die Konkurseröffnung und ohne die Erklärung des Konkursverwalters zwischen den beiden Vertragsparteien selbst als Recht gelten müßte.

Es ist weiter erwogen worden (Müller in Leipz. Zeitschr. 1908 S. 684), daß gemäß § 17 KO. Rechtsgeschäfte insoweit bestehen blieben, als sie vor der Konkurseröffnung bereits erfüllt worden seien, und daß als Erfüllung auch die auf Grund des Kaufvertrags erfolgte Übergabe erachtet werden müsse. Die Beantwortung der Frage jedoch, welche Rechtsgeschäfte zutreffenden Falles bestehen bleiben, ist wiederum in erster Linie aus dem Konkursrechte selbst zu geben, und zwar ebenfalls aus § 26. In Betracht kommt hier freilich nur die ausdrücklich allein hinsichtlich des Vertragsgegners gegebene Bestimmung, daß er nicht seine in das Eigentum des Gemeinschuldners bereits übergegangene Leistung zurückfordern darf. Allein in dieser Vorschrift spricht sich ein allgemeiner Gedanke des Gesetzes aus, und zwar der, daß Leistungen, die schon in das Eigentum des Empfängers übergegangen waren, überhaupt nicht mehr der Rückforderung unterliegen sollen, mag der Gemeinschuldner oder sein Gegner der Empfänger gewesen sein. Denn unfraglich geht das Gesetz davon aus, daß die bereits eingetretenen Vermögensverschiebungen unberührt bleiben sollen, weil, sie rückgängig zu machen, kein begründeter Anlaß vorliegt, und daß das Gesetz in diesen Beziehungen die Leistungen des Vertragsgegners anders behandelt wissen wollte als die des Gemeinschuldners, dafür spricht nichts. Im Wege des Umkehrschlusses gelangt man schließlich aber auch zu dem positiven Ergebnis, daß solche Leistungen, sei es des Gemeinschuldners, sei es seines Vertragsgegners, die vor der Konkurseröffnung noch nicht in das Eigentum des anderen Teiles übergegangen waren, zurückgefordert werden können, und hiernach ergibt sich aus § 26 KO. gerade, daß ein auf Grund eines Kaufvertrags übergebenes, aber noch nicht aufgelassenes Grundstück vom Empfänger zurückgefordert werden kann. Durch die Übergabe des Grundstücks ist übrigens die Verpflichtung des Verkäufers zur Eigentumsverschaffung gemäß § 433 BGB. auch noch nicht einmal teilweise erfüllt, da die Übergabe nach dieser Richtung hin überhaupt von keiner rechtlichen Bedeutung ist. Für seine Annahme, daß die vor der Konkurseröffnung bereits erfolgten Erfüllungsgeschäfte durchweg bestehen blieben, hat sich Müller auf das Urteil des erkennenden Senats RGZ. Bd. 56 S. 241 zu Unrecht berufen. Es ist auch dort bereits der Grundsatz ausgesprochen worden, daß „eine Zurückforderung der gegenseitigen Leistungen soweit nicht in Frage kommen könne, als sie in das Eigentum des Empfängers übergegangen seien", und der spätere allgemeinere Satz des Urteils, den Müller im Auge hat, daß „jeder das Empfangene behält", ist nur mit der im voraufgegangenen Ausspruch enthaltenen Einschränkung zu verstehen. In dem damaligen Falle handelte es sich übrigens um eine in das Eigentum des Gemeinschuldners bereits übergegangene Leistung, nämlich um eine von seinem Vertragsgegner erfolgte Barzahlung (vgl. auch RGZ. Bd. 63 S. 231/32).

Wenn endlich von Wolff (Recht zum Besitz der Festschrift für Koch S. 159) dem Erwerber einer beweglichen Sache unter den gegebenen Voraussetzungen die Einrede der verkauften und übergebenen Sache zugesprochen, dem Käufer eines Grundstücks dagegen versagt wird, so ist dem Ergebnis zwar zuzustimmen, aber nur aus dem Grunde, weil der Erwerber im ersteren Falle mit der Übergabe zugleich das Eigentum an der beweglichen Sache erlangt hat (§ 26 KO.) und somit auch ein dauerndes Recht auf den Besitz erworben hat, der Grundstückskäufer dagegen trotz der Übergabe des Eigentumsrechts nicht teilhaftig geworden ist, zugleich aber auch des Rechtes auf Erlangung des Eigentums gemäß § 26 KO. entbehrt. Der Umstand, daß die „Publizitätswirkungen in dem einen Falle an den Besitz, in dem anderen an den Bucheintrag geknüpft sind", kommt hier gar nicht in Betracht." . . .

RGZ. 96, 292

Kann trotz § 17 Abs. 2 KO. in dem Schweigen des Konkursverwalters auch ohne vorgängiges Erfordern des anderen Teiles die Erklärung gefunden werden, daß er die Erfüllung des Vertrags nicht verlangen will?

III. Zivilsenat. Urt. v. 3. Oktober 1919.

I. Landgericht I Berlin. II. Kammergericht daselbst.

Durch Brief der Beklagten vom 23. November 1911 und Annahmeschreiben der Klägerin vom 8. Dezember 1911 kam zwischen den Streitteilen ein Vertrag zustande, nach dem die Beklagte von der Klägerin deren „gesamte Produktion an kältebeständigem, paraffinfreiem Harklowa-Rohöl bis zur Höhe von 3 Millionen kg jährlich vom 1. Juli 1912 bis 30. Juni 1918 zum Preise von 3,20 M. per 100 kg netto . . . unter Abzug von 2% Kommission" unter näheren Bedingungen „kaufte". Die Beklagte verkaufte ihrerseits an die Oleum G. m. b. H. laut des Bestätigungsschreibens vom 19. Oktober 1911 „die gesamte Produktion an kältebeständigem Harklowa-Rohöl" in Höhe von 3 Millionen kg jährlich auf die Zeit vom 1. Juli 1912 bis 30. Juni 1915 zum Preise von 3,50 M. für 100 kg, und laut Bestätigungsschreibens vom 20. März 1912 „die Produktion der Grube Harklowa bis zu 3 Millionen kg per Jahr kältebeständiges Rohöl" auf die Zeit vom 1. Juli 1915 bis 30. Juni 1918 zum Preise von 5,50 M. für 100 kg. Am 15. Februar 1913 wurde über das Vermögen der Oleum G. m. b. H. der Konkurs eröffnet. Der Konkursverwalter trat durch notariell beglaubigte Erklärung vom 18. Juni 1913 alle der Oleum G. m. b. H. oder deren Konkursmasse aus diesen Verträgen gegen die Beklagte zustehenden Rechte an die Klägerin ab.

Die Klägerin, die auf Grund des Vertrags vom 23. November/8. Dezember 1911 der Beklagten nur 600000 kg Rohöl geliefert hat, focht diesen Vertrag durch Brief vom 8. März 1913 wegen arglistiger Täuschung an und erklärte ihn auch wegen nachträglich eingetretener Umstände für unverbindlich und nichtig. Ende desselben Monats reichte sie eine Klage auf Feststellung ein, daß der Vertrag nichtig sei und der Beklagten aus ihm keine Ansprüche gegen sie zuständen, hilfsweise auf Feststellung, daß er nicht mehr zu Recht bestehe, und daß sie zu seiner Erfüllung für die Zeit nach dem 15. Februar 1913 nicht mehr verpflichtet sei. Außerdem beantragte sie die Verurteilung der Beklagten zur Zahlung von 6585,60 M. nebst Zinsen für im Februar 1913 gelieferte 210000 kg Öl. Die Beklagte hat eine Gegenforderung wegen Erfüllungsverzugs geltend gemacht, und zwar in dem ersten Rechtszug in Höhe von 11697 M., von denen sie 6585,60 M. zur Aufrechnung verwendet und den Rest widerklagend gefordert hat, in dem zweiten dagegen in Höhe von 306585,60 M., also 300000 M. im Wege der Widerklage.

Das Landgericht hat dem ersten Feststellungsantrag und dem Leistungsantrage der Klägerin entsprochen und die Widerklage abgewiesen. Das Berufungsgericht hat dagegen zunächst durch Teilurteil die Feststellungsanträge abgewiesen. Die hiergegen erhobene Revision ist durch Urteil des erkennenden Senats vom 16. Februar 1915 (III. 326/14) zurückgewiesen worden. Darauf hat das Kammergericht auch die Leistungsklage abgewiesen und den Widerklaganspruch dem Grunde nach für gerechtfertigt erklärt. Die Revision der Klägerin hatte keinen Erfolg.

Gründe:

„Der Berufungsrichter erklärt die Schadensersatzforderung der Beklagten wegen Nichterfüllung des Vertrags vom 23. November/8. Dezember 1911 in einer die (an sich unstreitige) Klagforderung übersteigenden Höhe für begründet. Er findet in der Erklärung der Klägerin, daß der Vertrag von Anfang an nichtig gewesen sei und jedenfalls nicht mehr zu Recht bestehe, und in der Erhebung der entsprechenden Feststellungsklage eine tatsächlich unbegründete, ernstliche Verweigerung der Erfüllung, die die Beklagte berechtige, ohne vorgängige Fristsetzung gemäß § 326 BGB. Schadensersatz wegen Nichterfüllung zu verlangen. Diese von der Revision bekämpfte Annahme unterliegt keinem begründeten Bedenken.

Gleichfalls unbedenklich ist die von der Revision nicht ausdrücklich angefochtene Feststellung, daß die Klägerin, die in der Zeit vom 1. Juli 1912 bis zum 31. Juli 1914 kein unter den Vertrag fallendes Rohöl gewonnen haben will, in dieser Zeit mit mindestens 3114030 kg

Rohöl, die sie auf Grund des Vertrags hätte liefern müssen, in Verzug geraten sei.

Aber auch die von der Revision vor allem angegriffenen Ausführungen, mit denen das Berufungsgericht den auf die Abtretung der Rechte der Oleum G. m. b. H. an die Klägerin gegründeten Einwand zurückweist, sind frei von Rechtsirrtum. Die Annahme, daß der Oleum G. m. b. H. zur Zeit der Abtretung vom 18. Juni 1913 ein Anspruch auf Erfüllung der zwischen ihr und der Beklagten geschlossenen Kaufverträge vom 19. Oktober 1911 und 20. März 1912 nicht mehr zugestanden habe, beruht vorwiegend auf Tatsachenwürdigung, die sich der Nachprüfung in der Revisionsinstanz entzieht. Die von der Klägerin und dem Nebenintervenienten in diesem Rechtszuge neu aufgestellten Behauptungen, die die tatsächliche Unrichtigkeit der Feststellungen des Berufungsrichters ergeben sollen, können von dem Revisionsgerichte nach § 561 ZPO. ebensowenig berücksichtigt werden wie nach § 559 ZPO. die erst in der mündlichen Verhandlung, nicht in der schriftlichen Revisionsbegründung vorgebrachte Rüge, daß die Feststellung, die Oleum G. m. b. H. habe auf das Schreiben der Beklagten vom 26. Juni 1912 geschwiegen, tatbestandswidrig sei. In diesem Schweigen findet das Berufungsgericht aber ohne Rechtsverstoß die Erklärung des Einverständnisses der Oleum G. m. b. H. mit dem Vorschlage der Beklagten, daß die Rohölmengen, die jene nicht abnehme, von dem Vertrage gestrichen würden. Infolge dieser Vereinbarung, an die auch der Konkursverwalter der Oleum G. m. b. H. gebunden ist, kann die Klägerin als dessen Rechtsnachfolgerin Ansprüche wegen Nichtlieferung von Öl bis zum 18. Juni 1913, dem Tage der Abtretung, nicht erheben, da nach den Feststellungen des Berufungsgerichts weder die Oleum G. m. b. H. Öl abgenommen, noch der Konkursverwalter vor jenem Tage der Beklagten in irgendeiner Weise zu erkennen gegeben hat, daß er die Erfüllung verlange. Aber auch die weitere Annahme des Berufungsrichters, daß der Konkursverwalter durch dieses Verhalten das Recht auf Vertragserfüllung verwirkt habe, ist rechtlich einwandfrei. Die Vorschrift des § 17 Abs. 2 KO. steht nicht entgegen. Durch sie soll nur dem Vertragsgegner des Gemeinschuldners die Möglichkeit eröffnet werden, den Konkursverwalter, der noch keine Erklärung darüber abgegeben hat, ob er auf Erfüllung bestehen will oder nicht, zu unverzüglicher Entscheidung zu veranlassen. Sie schließt, ebensowenig wie eine ausdrückliche, eine stillschweigende wirksame Erklärung des Konkursverwalters, daß er die Erfüllung des Vertrags nicht verlange, ohne vorgängiges Erfordern des anderen Teiles aus (vgl. RGZ. Bd. 22 S. 109), und verlangt auch nicht, wie die Revision meint, für eine solche stillschweigende Erklärung positive schlüssige Handlungen; vielmehr kann, wie sonst, so auch in einem solchen Falle bloßes Schweigen unter Umständen genügen. In dem gegebenen Falle ist es ohne Rechtsverstoß für genügend erachtet worden. Daß diese

Annahme des Berufungsgerichts jeder tatsächlichen Grundlage und einer genügenden Begründung entbehre, kann der Revision nicht zugegeben werden, und ihr Hinweis auf die Abtretung, durch die der Konkursverwalter zweifelsfrei zu erkennen gegeben habe, daß er auf Erfüllung bestehe, und auf die Kürze der Zeit zwischen der Konkurseröffnung und der Abtretung berührt nur das tatsächliche Gebiet. Daß die Klägerin sich bereits vor der förmlichen Abtretung im Schriftsatze vom 13. Juni 1913 auf diese berufen und daraufhin aufgerechnet hat, ist ohne Belang; entscheidend ist das Verhalten des Konkursverwalters gegenüber der Beklagten.

Mit diesem stillschweigenden Verzichte des Konkursverwalters fallen alle Ansprüche der Oleum G. m. b. H. und des Verwalters gegen die Beklagte aus den Verträgen vom 19. Oktober 1911 und vom 20. März 1912 fort, nicht nur der Anspruch auf Erfüllung, sondern auch etwaige Schadensersatzansprüche, insbesondere auch der von der Revision behauptete Ersatzanspruch wegen arglistiger Täuschung, der übrigens in den früheren Rechtszügen nicht geltend gemacht ist. Es ist daher auch ohne Belang, ob zwischen der Beklagten und der Oleum G. m. b. H. ein besonderes Vertrauensverhältnis bestanden hat. Den Ausführungen der Revision gegenüber sei jedoch darauf hingewiesen, daß ein Kommissionsverhältnis durch den Konkurs des Kommittenten gemäß § 23 KO. ohne weiteres erlischt (vgl. RGZ. Bd. 71 S. 76).

Schließlich ist auch die Annahme des Berufungsgerichts einwandfrei, daß die Beklagte durch den Wegfall ihrer Lieferungspflicht an die Oleum G. m. b. H. die freie Verfügung über das ihr von der Klägerin zu liefernde Öl erlangt hat."

RGZ. 98, 136

1. Was ist im Falle eines Sukzessivlieferungsvertrags unter Verlangen der Erfüllung im Sinne des § 17 KO. zu verstehen?

2. Zur Anfechtung einer Willenserklärung wegen Irrtums über ihre Rechtsfolgen.

KO. § 17; BGB. § 119.

II. Zivilsenat. Urt. v. 10. Februar 1920.

I. Landgericht Leipzig, Kammer für Handelssachen.
II. Oberlandesgericht Dresden.

Die Klägerin hatte dem Beklagten Zwirn und Garn geliefert. Ihrer Klage auf den Rest des Kaufpreises wurde in allen Instanzen stattgegeben, vom Reichsgericht aus folgenden

Gründen:

„Von den Lieferungsverträgen vom 3. August, 25. und 26. November 1910 ging der erste auf 2000 kg 2/78 A I Zwirn zur sukzessiven

Abnahme September und Oktober j. Jahres, der zweite auf 3000 kg 52 (oder 40) A I Kette und 2000 kg 64 A Schuß zur sukzessiven Abnahme im ersten Vierteljahr 1911, der dritte auf 2000 kg 52 (oder 40) A I Kette und 1000 kg 64 A Schuß „zur anschließenden Lieferung an bestehenden Kontrakt per 1. Quartal 1911“. Als am 7. Juni 1911 über das Vermögen der Käuferin der Konkurs eröffnet wurde, hatte die Klägerin den ersten Vertrag bis auf 730,7 kg, den zweiten bis auf 211,8 kg erfüllt und auf den dritten noch nichts geliefert; Zahlung hatte sie nicht empfangen. In den ersten Vertrag wollte der Verwalter zunächst nicht eintreten und forderte „Streichung dieser Qualität“; auf das Angebot der Klägerin aber, ihm „den auf Abschluß Nr. 8778 vom 3. August 1910 noch offenstehenden Saldo von etwa 730 kg A I Zwirn eventuell in einfachen Garnen auszuführen“, schrieb er am 28. Juni 1911, er akzeptiere den Vorschlag, ihm „die auf Schluß vom 3. August 1910 rückständigen etwa 735 kg 2/78 Zwirn in einfachem Kettengarn zu liefern“ und bitte deshalb, „diesen Schlußrest anschließend in 1/52 A I Kette zur Ablieferung zu bringen“. Ferner hat der Verwalter durch Briefe vom 9., 10. und 14. Juni die dort angegebenen Posten 52 A I Kette und 64 A Schuß abgerufen und dabei noch durch verschiedene Wendungen (z. B. „a conto Schluß“) zum Ausdruck gebracht, daß die Ware zur Erfüllung der Verträge vom 25. und 26. November 1910 bestimmt sei. In Übereinstimmung damit hat die Klägerin in ihrem Anwortschreiben vom 12. Juni 1911 die Bestellungen auf die 3211,8 kg verrechnet, die auf die beiden Schlüsse vom 25. und 26. November 1910 rückständig waren. Ihre Fakturen vom Juni und Juli 1911 tragen auch sämtlich den Vermerk „a conto Order vom 3. August (bzw. 25. oder 26. November) 1910“.

Hiernach hat das Berufungsgericht mit Recht angenommen, daß der Verwalter in die Verträge vom 3. August und 25. November 1910 eingetreten ist, d. h. ihre Erfüllung verlangt hat. Der Beklagte, der frühere persönlich haftende Gesellschafter der in Konkurs gewesenen Kommanditgesellschaft, der das Geschäft durch Vertrag mit dem Kommanditisten samt Aktiven und Passiven übernahm, hat daher gemäß §§ 17, 57, 59 Nr. 2, §§ 191, 193 KO. auch die vor der Konkurseröffnung bewirkten Teillieferungen nicht nur mit der Zwangsvergleichsrate, sondern nach Verhältnis des vollen Kaufpreises als Masseschulden zu bezahlen.

Für dieses Ergebnis ist es unerheblich, daß sowohl der Konkursverwalter wie auch die Klägerin sich im Juni 1911 über die Rechtslage unklar waren und glaubten, aus den früheren Lieferungen sei nur eine Konkursforderung erwachsen. Unzweifelhaft lag in der Anmeldung der jetzigen Forderung als Konkursforderung kein Verzicht der Klägerin auf die Masseschuld. Aber auch aus dem Umstande, daß beide Teile gleichmäßig im Irrtum befangen waren, läßt sich zugunsten des Beklagten nichts entnehmen. Es ist unzutreffend, wenn die Revision ausführt, falls beide bei den entscheidenden Verhandlungen des Willens und der Meinung gewesen seien, nur für die noch zu liefernde Ware solle eine Masseschuld begründet werden, so sei für § 17 KO. kein Raum. Vielmehr hätte es, um diese Bestimmung auszuschalten, einer Erklärung des dahin gehenden Willens, mithin des Vertragsschlusses bedurft. Einen solchen Vertrag hat der Beklagte in den Vorinstanzen in der Tat behauptet, indem er hat vortragen lassen, der Verwalter habe mit Vertretern der Klägerin vereinbart, daß der Kaufpreis für das bis zur Konkurseröffnung Gelieferte nur als Konkursforderung geltend gemacht werden solle. Das Berufungsgericht erklärt die Behauptung mit eingehender Begründung, die von der Revision prozessual nicht angefochten ist, für nicht erwiesen. Sind aber Willenserklärungen des behaupteten Inhalts nicht abgegeben und handelt es sich nur um innere Vorstellungen der Klägerin und des Verwalters, so kommt uneingeschränkt das Gesetz zur Anwendung. Denn dafür genügt es, daß die Erklärung des Verwalters auf die Erfüllung der Verträge gerichtet war. Die Rechtsfolge, daß auch die schon an die Gemeinschuldnerin bewirkten Lieferungen voll bezahlt werden mußten, bedurfte keiner besonderen Erklärung, sondern griff auch ohne eine solche kraft Gesetzes Platz.

Die Revision meint ferner, nach § 17 KO. erfasse das Eintrittsrecht des Konkursverwalters den laufenden Vertrag nur so, wie er vom Gemeinschuldner geschlossen war, während hier Abänderungen verabredet worden seien. Auch das ist unzutreffend. Es steht nichts im Wege, daß der Verwalter durch Vereinbarung mit dem Gegner den Vertrag abändert; er ist dazu ebensowohl befugt wie es vor der Konkurseröffnung der Gemeinschuldner war. Nur darf er nicht die Erfüllung des Vertrags ablehnen und mit dem Gegner einen neuen Vertrag schließen. Die Grenze zwischen beiden Möglichkeiten mag mitunter flüssig sein, ist aber im vorliegenden Falle nicht überschritten worden. Überhaupt nicht in Betracht kommt, daß der Verwalter von den Garnsorten 52 A I Kette und 64 A Schuß mehr Ware abgerufen hat, als auf den Vertrag vom 25. November 1910 Rest geblieben war; es verstand sich von selbst, daß die überschießende Menge auf den noch vollständig unerfüllten, anschließenden Vertrag vom 26. November entfiel. Abänderungen der Verträge vom 3. August und 25. November bestanden nur darin, daß der nach jenem rückständige Zwirn durch einfaches Kettengarn ersetzt und die für beide Verträge maßgebenden Zahlungsbedingungen betr. Ziel und Skonto verschärft wurden. Dagegen wurde an den ursprünglich bedungenen Kaufpreisen festgehalten; auch für das Garn, das an Stelle des Zwirnes trat, wurde der Preis auf Grundlage des Schlußpreises nach einem feststehenden Umrechnungssatz ermittelt. Gerade hierin liegt aber der entscheidende Punkt. Preis und Ware sind die Hauptbestimmungen des Kaufvertrags; wie unbestritten, übrigens auch durch Zeugen G. bekundet ist, wichen die Vertragspreise von den Tagespreisen ab; dadurch, daß jene aufrecht erhalten wurden, blieb die Identität der Verträge gewahrt.

Endlich kommt die Revision auf die Anfechtung des Erfüllungsverlangens wegen Irrtums zurück. Allein der Verwalter hat gewußt, daß die Klägerin auf die Verträge vom 3. August und 25. November 1910, auf die sich seine Abrufe bezogen, Teilmengen geliefert und bisher nicht bezahlt erhalten hatte. Was er nicht kannte, war nur die Rechtsfolge, wonach, wenn er Erfüllung verlangte, die Vertragsverpflichtungen der Gemeinschuldnerin in vollem Umfang als Masseschulden erfüllt werden mußten. Wie das Reichsgericht wiederholt ausgesprochen hat, betrifft eine solche Vorstellung hierüber nicht den Inhalt der Erklärung im Sinne des § 119 BGB. (RGZ. Bd. 51 S. 283; Jur. Wochenschr. 1906 S. 104 Nr. 2; Leipziger Zeitschr. 1916 Sp. 23; vgl. auch RGZ. Bd. 62 S. 201, Bd. 85 S. 221). An dieser Rechtsprechung ist festzuhalten. Nicht entgegensteht das von der Revision angeführte Urteil des V. Zivilsenats (RGZ. Bd. 88 S. 278), das unter Umständen auch den Irrtum über die Rechtsfolgen einer Erklärung zur Anfechtung genügen läßt (vgl. ebenso die späteren Entscheidungen RGZ. Bd. 89 S. 33; RG. Leipziger Zeitschr. 1917 Sp. 852, 1325). Denn danach ist ein solcher Irrtum nur dann erheblich, wenn infolge Verkennung seiner rechtlichen Bedeutung ein Rechtsgeschäft erklärt worden ist, das eine von der gewollten wesentlich verschiedene Rechtswirkung erzeugt, nicht dann, wenn ein irrtumsfrei erklärtes und gewolltes Geschäft außer der erstrebten Wirkung noch andere, nicht erkannte und nicht gewollte Nebenfolgen hervorbringt. Daß aber ein Konkursverwalter, der durch Abruf der einzelnen Lieferung die Masse lediglich mit der Gegenleistung für diese zu belasten vermeint, nur über eine gesetzliche Nebenfolge des Erfüllungsverlangens irrt, wird auch in dem angeführten Urteile Bd. 88 (vgl. S. 285) anerkannt."

RGZ. 127, 116

Findet auf Vermietung und Veräußerung eines zu einer Konkursmasse gehörigen Grundstücks neben § 21 Abs. 3 KO. auch Abs. 2 das. Anwendung?

VIII. Zivilsenat, Urt. v. 20. Januar 1930.

I. Landgericht Hannover. II. Oberlandesgericht Celle.

Im Oktober 1925 ist über das Vermögen des K. Konkurs eröffnet, der Kläger ist zum Konkursverwalter bestellt worden. Am 16. Juli 1924 hatte K. der Beklagten einen Laden mit Zubehör für fünf Jahre vermietet. In § 13 des Mietvertrags ist bestimmt:

Der Mietzins beträgt 5000 RM. pro anno, für 5 Jahre demnach 25000 RM. Durch Zahlung bei Abschluß des Vertrages von

9000 RM. und weitere Zahlung von 5000 RM. am 1. Oktober 1924, wodurch die Miete auf 3 Jahre abgegolten ist, verringert sich die Miete auf 24000 RM. für 5 Jahre. Es verbleibt demnach ein zu zahlender Rest von 10000 RM. und dieser wird dahin umgelegt, daß ab 1. Oktober 1924 vierteljährlich im voraus 500 RM. zu zahlen sind.

Die Beklagte hat die 14000 RM. gezahlt. Der deshalb vertragsgemäß mit nur 10000 (statt 11000) RM. berechnete Mietzinsrest war in Vierteljahrszahlungen von je 5000 RM. abzutragen. Demgemäß *ist auch zunächst verfahren worden. Nach Eröffnung des Konkurses* zahlte jedoch die Beklagte entsprechend dem Verlangen des Klägers für das erste Halbjahr 1926 zwei Vierteljahrsmieten von je 1250 RM. Ihre nach dem 1. Oktober 1925 angefallenen und an den Gemeinschuldner entrichteten Vierteljahrszahlungen meldete sie als Konkursforderung an, die der Kläger anerkannte. Im Mai 1926 verkaufte der Konkursverwalter das Mietgrundstück. Der Käuferin zahlte die Beklagte fortan den Mietzins, jedoch nur in Höhe von vierteljährlich 500 RM. Den diesen Betrag übersteigenden Mietzinsanspruch der Käuferin hat der Kläger in seiner Eigenschaft als Konkursverwalter sich abtreten lassen und hat ihn eingeklagt. Im zweiten Rechtszug ist die Beklagte verurteilt worden, 6350 RM. nebst Zinsen nach besonderer Berechnung zu zahlen. Sie hat Revision eingelegt, die zur Aufhebung des Berufungsurteils führte.

Gründe:

Nach § 13 des Mietvertrags beträgt die jährliche Miete 5000 RM. und ist durch die von der Beklagten geleistete Zahlung von 14000 RM. für drei Jahre abgegolten. Hätte der ursprüngliche Vermieter das Grundstück veräußert, so müßte der Neuerwerber diese Anzahlung und die an sie vertraglich geknüpfte Rechtsfolge gegen sich gelten lassen, weil sie schon im Mietvertrag vorgesehen, nicht etwa nachträglich herbeigeführt worden ist (RGZ. Bd. 94 S. 281, 282; vgl. auch RG. in SeuffArch. Bd. 79 S. 42). Das ergibt sich aus § 571 BGB.

Nach Ansicht des Berufungsgerichts soll aber die Rechtslage hier deshalb eine andere sein, weil nicht der Vermieter selbst, sondern der Kläger als Konkursverwalter das Grundstück freiwillig veräußert hat. Dieser Ansicht kann nicht zugestimmt werden.

Auf den vom Berufungsgericht festgestellten Sachverhalt findet § 21 Abs. 3 KO. Anwendung. Demgemäß wirkt die vorliegende, vom Konkursverwalter freiwillig vorgenommene Veräußerung wie eine Zwangsvollstreckung; es greifen also die §§ 57 und 57a des Zwangsversteigerungsgesetzes ein, nicht jedoch § 57b, da dessen Vorschriften nach der vorgenannten konkursrechtlichen Bestimmung außer Betracht bleiben. Im vorliegenden Falle scheidet auch § 57a ZwangsverstG.

aus; denn eine Kündigung, wie sie diese Gesetzesstelle vorsieht, ist hier nicht erfolgt. Somit kommt allein § 57 ZwangsverstG. zur Geltung, der vorab den § 571 BGB. Anwendung finden läßt. Wie sich aber gemäß § 571 die Rechtslage gestaltet, ist schon eingangs gesagt, nämlich dahin, daß der Kläger die Anzahlung und die an sie vertraglich geknüpfte Rechtsfolge gegen sich gelten lassen muß.

Das Berufungsgericht ist zu seiner hiernach nicht zutreffenden Rechtsansicht dadurch gelangt, daß es auch den Abs. 2 des § 21 KO. als einwirkend angesehen hat. Dieser bestimmt, daß eine Verfügung, die der Gemeinschuldner vor der Eröffnung des Verfahrens über den auf die spätere Zeit entfallenden Miet- oder Pachtzins getroffen hat, der Konkursmasse gegenüber nur insoweit wirksam ist, als sich die Verfügung auf den Miet- oder Pachtzins für das zur Zeit der Eröffnung des Verfahrens laufende Kalendervierteljahr bezieht. Diese Vorschrift gleicht die Rechtsstellung der Konkursgläubiger insoweit derjenigen der Hypothekengläubiger an. An der hier einschlägigen Stelle der Begründung der Novelle zur Konkursordnung (Drucks. Nr. 100 des Reichstags 9. Legislaturperiode 5. Session S. 30) ist ausgesprochen, daß den Konkursgläubigern derselbe Schutz zuteil werden solle, wie ihn die Hypothekengläubiger nach § 1124 BGB. genießen. Die letztgenannte Gesetzesstelle besagt, soweit hier von Belang, in Abs. 2, daß eine Verfügung über den Miet- oder Pachtzins dem Hypothekengläubiger gegenüber unwirksam sein soll, soweit sie sich auf den Miet- oder Pachtzins für eine spätere Zeit als das zur Zeit der Beschlagnahme laufende Kalendervierteljahr bezieht. Wortlaut, Sinn und Begründung des § 21 Abs. 2 KO. ergeben hiernach übereinstimmend, daß er gegen Handlungen des Gemeinschuldners gerichtet ist und den Konkursgläubigern eine Rechtsstellung gewähren soll, welche der den Hypothekengläubigern nach § 1124 BGB. zustehenden angenähert ist. Daß die Vorschrift eine weitergehende Bedeutung haben, namentlich irgendwie auf eine Rechtshandlung des Konkursverwalters, insbesondere auf die von ihm vorgenommene Grundstücksveräußerung einwirken soll, ist gesetzlich nicht vorgesehen. Es wäre auch nicht damit vereinbar, daß sich die Regelung des Abs. 2 auf eine vom Gemeinschuldner vorgenommene die Masse beeinträchtigende, das Grundstückseigentum nicht berührende Handlung bezieht. Der hier vorliegende, in Abs. 3 des § 21 KO. geregelte Fall betrifft dagegen die Veräußerung eines Grundstücks, die nicht der Gemeinschuldner, sondern der Konkursverwalter vornimmt und die nicht als eine Beeinträchtigung der Masse anzusehen ist. Beide Fälle sind also durchaus verschieden. Auch die Begründung (a. a. O. S. 31) führt zu keiner anderen Beurteilung beider Gesetzesstellen. Demnach kann hier auch nicht von einer mittelbaren oder entsprechenden Anwendung oder einer sonstigen Berücksichtigung des Abs. 2 die Rede sein; der festgestellte Sachverhalt ist vielmehr lediglich nach Abs. 3 des § 21 KO. zu beurteilen, so daß dahingestellt bleiben kann, welche Bedeutung in der hier fraglichen Richtung dem Abs. 2 beizumessen sein möchte.

RGZ. 135, 167

Hat der Konkursverwalter — gegebenenfalls der Gemeinschuldner — einen Anspruch aus ungerechtfertigter Bereicherung wegen Leistungen, die auf Grund eines Grundstückskaufvertrags bewirkt wurden, der deshalb nicht zur Ausführung gelangte, weil der Konkursverwalter die Erfüllung ablehnte? Wie verhält sich dieser Anspruch zum Schadensersatzanspruch des Gegners? Nach welchen Vorschriften findet in solchem Falle die Auseinandersetzung wegen der Nutzungen und Verwendungen statt?

KO. §§ 17, 26. BGB. §§ 812, 987flg.

VI. Zivilsenat. Urt. v. 1. Februar 1932.

I. Landgericht Köslin. II. Oberlandesgericht Stettin.

Die Beklagte und ihre Schwester sind Eigentümer eines Hausgrundstücks in K. Sie verkauften es durch notariellen Vertrag vom 9. Dezember 1924 an den Kläger zum Preise von 60000 RM. und gegen Bestellung eines Altenteils für die Verkäuferinnen. Die Übergabe sollte nach dem Vertrage als am 1. Juni 1924 erfolgt gelten. Die Auflassung hat nicht stattgefunden. Am 28. Januar 1926 wurde das Konkursverfahren über das Vermögen des Klägers eröffnet; nach rechtskräftiger Bestätigung des Zwangsvergleichs vom 23. Oktober 1927 wurde es wieder aufgehoben. Anfang Februar 1926 wurde dem Konkursverwalter im Einverständnis beider Parteien wahrheitswidrig mitgeteilt, daß die Verkäufer unter Zustimmung des Käufers Anfang Januar 1926 vom Vertrage zurückgetreten seien. Der Konkursverwalter erwiderte, der Gläubigerausschuß habe beschlossen, die Erfüllung des Vertrags abzulehnen bzw. dessen Aufhebung nicht anzufechten. Am 18. Mai 1926 schlossen die Beklagte und ihre Schwester mit dem Kläger einen privatschriftlichen Vertrag, in dem die „Stornierung des Verkaufs ohne gegenseitige Vergütung“, die Einräumung eines Vorkaufsrechts an den Kläger und ein Mietvertrag über die bisher von ihm im verkauften Hause innegehabten Räume auf unbestimmte Zeit gegen Zahlung von monatlich 400 RM. vereinbart wurden. Dieser Vertrag wurde auf den 8. Januar 1926 zurückdatiert. Am 24. September 1926 teilten die Beklagte und ihre Schwester dem Konkursverwalter mit, daß die ihm früher gemachte Mitteilung über die vor der Konkurseröffnung erfolgte Aufhebung des Kaufvertrags unrichtig sei; der Kaufvertrag sei in Wirklichkeit nicht aufgehoben; er möge sich erklären, ob er die Erfüllung des Vertrags verlange. Der Konkursverwalter lehnte am 11. Oktober 1926 die Erfüllung ab.

Im September 1927 erhob die Beklagte, zugleich in abgetretenen Rechten ihrer Schwester, vor dem Amtsgericht die Räumungsklage. Der Kläger erhob Widerklage auf Feststellung, daß der Kaufvertrag gültig sei. Durch Beschluß des Amtsgerichts wurde die Widerklage an das Landgericht verwiesen und das Verfahren über die Räumungsklage bis zur Entscheidung über die Widerklage ausgesetzt.

Vom Landgericht wurde die Widerklage als Klage behandelt. Der Kläger verlangte nunmehr Übergabe und Auflassung des Grundstücks, hilfsweise Zahlung von 41017,31 RM. nebst Zinsen. Diese Summe stellt Zahlungen auf den Kaufpreis und Verwendungen auf das Grundstück dar. Das Landgericht wies die Klage ab. In der Berufungsinstanz schlossen die Parteien am 23. Oktober 1929 einen gerichtlichen Vergleich, wodurch dem Kläger gegen bestimmte Zahlungen und sonstige Verpflichtungen das Grundstück überlassen wurde. Da er die Zahlungen nicht in der Höhe leistete, von welcher der Vergleich abhängig gemacht war, sondern nur insgesamt 7737,54 RM. zahlte, widerrief die Beklagte den Vergleich. Sie macht geltend, daß der Kläger ihr den Wert gelieferter Heizmaterialien und gewisser Sachen zu erstatten habe, die er vom Grundstück entfernt habe; ferner habe er den Gegenwert für die Nutzungen des Grundstücks zu zahlen, der mit 500 RM. monatlich angemessen sei. Gegebenenfalls stellt sie diese Forderungen zur Aufrechnung. Während des Berufungsverfahrens wurde über das Vermögen des Klägers erneut das Konkursverfahren eröffnet. Der Konkursverwalter gab die im jetzigen Rechtsstreit befangenen Ansprüche frei.

Das Berufungsgericht hält den Hauptantrag auf Auflassung und Übergabe für unbegründet. Wegen der Leistungen des Klägers an die Beklagte und der Verwendungen auf das Grundstück erachtet es den Klaganspruch in Höhe von 34715,74 RM. auf Grund ungerechtfertigter Bereicherung für unbegründet. Demgegenüber berechnet es die Forderung der Beklagten aus ungerechtfertigter Bereicherung auf 600 RM. und hält eine weitere Forderung der Beklagten aus dem Vertrage vom 18. Mai 1926 in Höhe von monatlich 400 RM. für die Zeit vom 1. April 1926 bis zum 31. Juli 1931 nach Abzug eines hier nicht interessierenden Betrags von 1800 RM. mit 23800 RM. für gerechtfertigt. Danach wurde die Forderung des Klägers auf 34715,74 — 24400 RM. = 10315,74 RM. nebst Zinsen bemessen. In dieser Höhe wurde die Beklagte zur Zahlung verurteilt, im übrigen wurde die Klage abgewiesen. Die Revision der Beklagten führte zur Aufhebung des angefochtenen Urteils und zur Zurückverweisung, soweit darin zu ihren Ungunsten erkannt ist.

Gründe:

Zutreffend geht das Berufungsgericht davon aus, daß dem Kläger kein Anspruch auf Erfüllung des Kaufvertrags vom 9. Dezember 1924 zusteht. Da der Konkursverwalter in dem über das Vermögen des Klägers eröffneten Konkursverfahren die Erfüllung des Vertrags abgelehnt hat, wozu er nach § 17 KO. berechtigt war, ist ein Anspruch auf Erfüllung endgültig, auch nach Aufhebung des Konkursverfahrens ausgeschlossen (RGZ. Bd. 79 S. 211). Es kann daher nur Zahlungsanspruch in Betracht kommen.

Zur Begründung seiner Geldforderung hat der Kläger erklärt, daß ihm der Anspruch auf Rückgewähr der Anzahlung und auf Ersatz des Wertes der Verwendungen zustehe. Ob die in dieser Beziehung vorgetragenen Tatsachen den Zahlungsanspruch nach einer gesetzlichen Vorschrift rechtfertigen, und welche gesetzliche Vorschrift anzuwenden war, hatte das Gericht von Amts wegen zu prüfen. Worauf die im Tatbestand des Berufungsurteils wiedergegebene Erklärung des Klägers in der letzten mündlichen Verhandlung beruht, daß er seinen Zahlungsanspruch nur auf ungerechtfertigte Bereicherung stütze, ist nicht ersichtlich; es fragt sich, ob der Kläger jede andere rechtliche Begründung insbesondere auch insoweit ausschließen wollte, als nur eine andere gesetzliche Grundlage den Anspruch stützen kann.

Wenn der Konkursverwalter bei einem beiderseits noch nicht vollständig erfüllten Vertrage die Erfüllung nach § 17 KO. ablehnt, so erlischt zwar der Vertrag nicht, wohl aber erlöschen die Erfüllungsansprüche; an ihre Stelle tritt ein Anspruch des Gegners auf Schadensersatz wegen Nichterfüllung, und zwar, wenn nicht schon nach § 26 KO. (Jaeger KO. Anm. 44 zu § 17; RGZ. Bd. 58 S. 11, Bd. 64 S. 207 und wohl auch Bd. 79 S. 211), so zum mindesten nach materiellem Recht (Mentzel KO. Anm. 3 zu § 26; RGZ. Bd. 63 S. 73), da die Erfüllungsweigerung regelmäßig eine positive Vertragsverletzung enthält. Die weitere Rechtsentwicklung ergibt, daß die Vergleichsordnung vom 5. Juli 1927 in § 30 den Schadensersatzanspruch wegen Nichterfüllung ausdrücklich festsetzt. Die Begründung zum Entwurf der Vergleichsordnung sieht zu § 24 des Entwurfs die ungünstige Vermögenslage des Schuldners, also einen Umstand, den dieser zu vertreten habe, als den sachlichen Grund des Schadensersatzanspruchs an. Teilleistungen des Gemeinschuldners aus der Zeit vor der Konkurseröffnung kommen regelmäßig nur insofern in Betracht, als sie diesen Schaden mindern (vgl. RGRKomm. Anm. 8c δ zu § 812 BGB.). Daraus folgt zunächst grundsätzlich, daß das Berufungsgericht den von der Beklagten zur Begründung ihrer Forderungen vorgetragenen Sachverhalt unter dem Gesichtspunkt des Schadensersatzes wegen Nichterfüllung prüfen mußte, da diese

Begründung für sie günstiger ist als die Heranziehung des § 812 BGB. Falls der Gegner des Gemeinschuldners durch die Nichterfüllung nicht geschädigt wird oder sein Schaden den Wert der empfangenen Teilleistung nicht erreicht, so kann die Rechtslage zweifelhaft sein. Der V. Zivilsenat des Reichsgerichts hat in RGZ. Bd. 56 S. 238 in einem solchen Falle den Anspruch auf Rückzahlung des vom Gemeinschuldner auf einen Grundstücksvertrag angezahlten Kaufpreisteils für unbegründet erachtet. Die Entscheidung beruht auf der Erwägung, daß der Vertrag weder durch die Konkurseröffnung noch durch die Erfüllungsweigerung des Konkursverwalters aufgelöst werde. Das ist unbedenklich zutreffend. Nur bei Ablehnung des Gedankens, daß auch diese Erfüllungsweigerung der Vertrag aufgelöst werde, läßt sich der Anspruch des Vertragsgegners auf Schadensersatz wegen Nichterfüllung rechtfertigen. Insoweit besteht der Vertrag weiter. Die Rechtslage ist in dieser Beziehung keine andere als bei dem Schadensersatzanspruch wegen Nichterfüllung, der in § 326 BGB. geregelt ist. Daß der V. Zivilsenat die angeführte Entscheidung nur vom Gesichtspunkt des Bestehens oder der Auflösung des Vertrags beurteilt hat, ergibt der letzte Absatz des Urteils, wonach die Klägerin die Klage nicht auf ungerechtfertigte Bereicherung gestützt hat; nur beiläufig wird dort unter Verweisung auf die in dieser Beziehung als zutreffend bezeichneten Gründe des Berufungsgerichts hinzugefügt, daß die Voraussetzungen der Bereicherung nicht gegeben sein würden. Anders als der vorliegende Fall ist der Sachverhalt gestaltet, den der III. Zivilsenat in RGZ. Bd. 73 S. 58 zu beurteilen hatte. Es handelte sich dort auch um einen Fall des § 17 KO., aber um die Werklohnforderung eines Gemeinschuldners für ein zum Teil hergestelltes Werk. Die Vorinstanzen hatten den Anspruch für unbegründet erachtet, weil nach der Erfüllungsablehnung von seiten des Konkursverwalters kein Teil weitere Erfüllung des Vertrags beanspruchen könne; ein Bereicherungsanspruch sei auch insoweit nicht gegeben, als das, was dem Vertragsgegner auf Grund des Vertrags bereits vor der Konkurseröffnung zugeflossen sei, den Wert des von ihm Geleisteten übersteige; die Bereicherung entbehre nicht des rechtlichen Grundes, denn was der Vertragsgegner erhalten habe, habe er auf Grund eines wirksam gebliebenen Vertragsrechts erhalten. Dieser Rechtsauffassung ist der III. Zivilsenat nicht beigetreten. Er hat dahingestellt gelassen, ob ein Anspruch aus ungerechtfertigter Bereicherung gegeben sei, da ein Anspruch auf den den Leistungen des Gemeinschuldners entsprechenden Teil der vertragsmäßigen Gegenleistung anzuerkennen sei. Der Senat hat damals die Entscheidung auf den allgemeinen, keine Besonderheit des § 325 BGB. bildenden, aber in ihm zum Ausdruck genommenen Rechtssatz gestützt, daß keine Vertragspartei die auf Grund eines zweiseitigen Vertrags empfangene

Teilleistung endgültig behalten könne, ohne zu der entsprechenden Gegenleistung verpflichtet zu sein.

Im vorliegenden Falle bedarf es der Entscheidung, ob der Anspruch auf Rückzahlung derjenigen Beträge, die der Kläger auf Grund des Kaufvertrags sowie des gerichtlichen, später weggefallenen Vergleichs vom 23. Oktober 1929 gezahlt hat, nach der Erfüllungsweigerung des Konkursverwalters in § 812 BGB. seine Stütze findet. Das ist zu bejahen. Nicht zutreffend ist die Erwägung des Berufungsgerichts in dem oben erwähnten Falle RGZ. Bd. 73 S. 58, daß der rechtliche Grund für die Leistungen des Käufers nicht weggefallen sei, weil sie ihren Grund in dem Vertrage hätten und dieser nicht aufgelöst worden sei. Dabei ist nicht beachtet, daß infolge der Erfüllungsweigerung des Konkursverwalters ein Erfüllungsanspruch eben nicht mehr besteht; der Vertrag hat nur noch insoweit Wirkung, als der Schadensersatzanspruch des Gegners wegen Nichterfüllung besteht. In Wirklichkeit ist der rechtliche Grund jener in Erfüllung des Kaufvertrags bewirkten Leistungen nunmehr weggefallen und damit die Anwendbarkeit des § 812 BGB. gegeben (so auch Jaeger Anm. 46 zu § 17 KO. und RGRKomm. a. a. O.). Wollte man einen anderen Standpunkt einnehmen, so würde einem der am Konkursverfahren beteiligten Gläubiger ein Vorteil auf Kosten aller übrigen Gläubiger erwachsen, ohne daß ein Grund für diese Bevorzugung ersichtlich wäre. Ein solches Ergebnis kann vom Gesetzgeber nicht gewollt sein. Die erwähnte Begründung zum Entwurf der Vergleichsordnung führt zu § 24 aus, diese Frage sei für das Konkursrecht streitig; sie sei praktisch wenig bedeutsam und es bestehe kein Anlaß, sie ausdrücklich zu entscheiden.

Was den Anspruch des Klägers auf Ersatz der Verwendungen angeht, so steht fest, daß der Kläger Besitzer der Sache ist, die er infolge der Erfüllungsweigerung des Konkursverwalters an die Beklagte als Eigentümerin herauszugeben hat; er kann die Herausgabe nicht mehr auf Grund des § 986 BGB. verweigern. Daraus ergibt sich, daß sich das Rechtsverhältnis zwischen den Parteien nach der dinglichen Seite gemäß §§ 987flg. BGB. regelt. Dies sind Sondervorschriften, die unter Ausschließung der allgemeinen Vorschriften der §§ 812flg. das. anzuwenden sind, sobald die für die Sondervorschriften bestimmten Voraussetzungen vorliegen. Hat danach der Besitzer gezogene Nutzungen nicht herauszugeben oder der Eigentümer für bestimmte Verwendungen nicht Ersatz zu leisten, so ist in den Vorschriften, die dies anordnen, zugleich der rechtliche Grund für die insoweit eingetretene Vermögensverschiebung enthalten. Dieser Grundsatz ist in der Rechtsprechung des Reichsgerichts stets festgehalten worden; es wird das Urteil des IV. Zivilsenats in RGZ. Bd. 129 S. 307 und die dortigen Nachweisungen bezug genommen (vgl. auch RGZ. Bd. 133 S. 283). Ob der vom IV. Zivilsenat ausgesprochenen, jene Entscheidung stützenden Rechtsauffassung beizutreten wäre, daß unter Umständen etwas anderes gelten könne, wenn sich die Rechtsbeziehungen zwischen dem Besitzer und dem Eigentümer an einen nichtigen Grundstückskaufvertrag anschließen, kann dahingestellt bleiben, da dem vorliegenden Rechtsstreit kein nichtiger Vertrag zugrunde liegt. Somit können für den Anspruch des Klägers auf Ersatz von Verwendungen nur die §§ 994flg. BGB. die gesetzliche Grundlage bieten.

Die danach zu den einzelnen Ansprüchen vorzunehmende tatsächliche Erörterung fehlt bisher und ist vom Berufungsgericht nachzuholen. Diese Ansprüche können aber nur bestehen, soweit sie über den Schadensersatzanspruch der Beklagten wegen Nichterfüllung hinausgehen. Zunächst mindern sie, wie dargelegt, diesen Schadensersatzanspruch. Wenn man darin eine Gegenforderung sieht, mit der aufgerechnet worden ist, so würde auch dieser Aufrechnung der Zwangsvergleich nach §§ 53, 54 KO. nicht entgegenstehen (RGZ. Bd. 58 S. 11). Was nun den Schadensersatzanspruch angeht, so wird es die Aufgabe des Berufungsgerichts sein, den Sachverhalt unter diesem Gesichtspunkt zu prüfen. Soweit jener Anspruch größer ist als derjenige Anspruch, der sich für die Beklagte aus §§ 987flg. BGB. in bezug auf die Nutzungen des Klägers ergeben würde, ist der Schadensbetrag der Bemessung des Anspruchs der Beklagten zugrunde zu legen. Hierbei kommt namentlich folgendes in Betracht: Die Übergabe des Grundstücks galt nach dem Vertrage vom 9. Dezember 1924 als am 1. Juni 1924 erfolgt. Das Berufungsgericht hat die Frage der Benutzung des Grundstücks lediglich auf der Grundlage des Vertrags vom 18. Mai 1926 geprüft und demgemäß den Kläger für verpflichtet gehalten, der Beklagten für die Nutzung des Grundstücks vom 1. April 1926 ab einen Betrag von monatlich 400 RM. zu zahlen. Da aber der Kläger schon seit dem Jahre 1924 das Grundstück benutzt hat, so ist für den ganzen Zeitraum seines Besitzes zu fragen, ob der Beklagten durch diese Benutzung ein Schaden entstanden ist. Weiterhin ist zu prüfen, inwieweit der gesetzliche Schadensersatzanspruch durch den Abschluß des Vertrags vom 18. Mai 1926, der in der Urkunde mit dem Datum des 8. Januar 1926 versehen wurde, beeinflußt worden ist. Der Berufungsrichter hat diesen Vertrag dahin ausgelegt, daß in Wirklichkeit darin keine Aufhebung des Kaufvertrags enthalten sei, und daraus die Vereinbarung entnommen, daß für die Benutzung des Grundstücks monatlich 400 RM. zu zahlen seien; er hat ferner angenommen, daß dieser Vertrag auch ohne die rechtsunwirksame Vereinbarung des Vorkaufsrechts abgeschlossen worden wäre. Nunmehr wird das Berufungsgericht den Vertrag anderweit daraufhin zu beurteilen haben, ob und inwieweit er auf den Schadensersatzanspruch der Beklagten — insbesondere für die Zeit seit 1924 — von Einfluß ist.

RGZ. 138, 69

1. Welchen Einfluß hat die Freigabe eines Miethauses aus der Konkursmasse auf die seit dem Konkursbeschlag rückständigen, noch nicht eingezogenen Mieten?

2. Welche Folgen treten ein, wenn eine Mietzinsverfügung gegenüber dem früheren Konkursbeschlag unwirksam, gegenüber der Zwangsverwaltung wirksam ist?

KO. § 21. BGB. § 1124. ZVG. § 148.

VIII. Zivilsenat. Urt. v. 17. Oktober 1932.

I. Landgericht I Berlin. II. Kammergericht daselbst.

Die Klägerin hat von der H. AG. Räume gemietet; der Monatszins beträgt 4652,50 RM. Im Januar 1931 rechnete sie mit der H. AG. ab und verrechnete die Mietzinsforderungen bis einschließlich Mai 1931 auf Forderungen, die ihr selbst an die Vermieterin zustanden. Am 13. März 1931 wurde über das Vermögen der H. AG. der Konkurs eröffnet und am 24. April 1931 auf Antrag eines Hypothekengläubigers die Zwangsverwaltung in das Mietgrundstück ausgebracht. Im August 1931 gab der verklagte Konkursverwalter das Grundstück aus der Konkursmasse frei.

Die Klägerin hat, wie sie behauptet, nach Vereinbarung mit dem Konkursverwalter Auslagen für Kohlen zur Beheizung des Hauses gemacht und klagt dafür den Betrag von 1983,46 RM. nebst Zinsen gegen ihn ein. Der Beklagte verlangt mit der im Oktober 1931 erhobenen Widerklage die Miete des Hauses für April und Mai 1931 mit 9305 RM., kürzt aber von deren Betrag den der Kohlenauslage.

Das Landgericht hat nach dem Antrag der Klage erkannt und die Widerklage abgewiesen. Die Berufung des Beklagten hatte keinen Erfolg. Auf seine Revision wurde das Berufungsurteil aufgehoben und die Sache an das Berufungsgericht zurückverwiesen.

Gründe:

Nach der Meinung des Berufungsrichters enthält die im August 1931 erklärte Freigabe des Hauses aus der Konkursmasse auch das Aufgeben aller bislang von dem Konkursverwalter nicht geltend gemachten, aus dem Eigentum am Hause fließenden Rechte, insbesondere des Anspruchs auf die streitigen Mietrückstände. Der Berufungsrichter will damit nicht die Willenserklärung des Konkursverwalters für diesen Fall dahin auslegen, als erkenne er an, das Grundstück habe von Anfang an nicht zur Konkursmasse gehört. Das behauptet, wie der Berufungsrichter feststellt, die Klägerin selbst nicht. Vielmehr soll eine Freigabeerklärung des Konkursverwalters allgemein die Tragweite haben, „daß der Sache nach der gleiche

Zustand eintritt, wie er bestanden hätte, wenn der Anspruch von vornherein nicht zur Konkursmasse gehört hätte, oder wie er im Fall der Aufhebung des Verfahrens hinsichtlich des ganzen Vermögens gegeben wäre". Den letzten Satz entnimmt der Berufungsrichter aus dem Beschluß des Reichsgerichts vom 21. September 1928 (RGZ. Bd. 122 S. 51 [56]), der die Wirkung behandelt, welche die Erklärung der Freigabe einer streitbefangenen Forderung der Konkursmasse auf das unterbrochene Prozeßverfahren über diese Forderung hat. Mit den angezogenen Worten stellt die Reichsgerichtsentscheidung nach dem Zusammenhang darauf ab, daß die Freigabeerklärung ebenso wie die Aufhebung des Konkurses den Zustand der Unterbrechung unmittelbar beendet, ohne daß es zu diesem Behuf einer Aufnahme des Verfahrens bedarf. Eine Rückwirkung der Freigabeerklärung ist damit keineswegs ins Auge gefaßt. Das stellt schon das in RGZ. Bd. 122 S. 56 angezogene Erkenntnis RGZ. Bd. 79 S. 27 (29) klar, in dem es heißt: „Mit der Freigabeerklärung hört in dem Zeitpunkt, wo sie dem Gemeinschuldner zugeht, die Zugehörigkeit zur Konkursmasse auf." Nichts anderes sagt das von der Revisionsbeantwortung erwähnte Urteil RGZ. Bd. 105 S. 313. Gerade die in den Entscheidungen RGZ. Bd. 79 S. 27, Bd. 49 S. 55 und Bd. 122 S. 56 betonte Gleichstellung der Freigabewirkung mit der Wirkung der Konkursaufhebung schließt die Annahme aus, als habe die in der Vergangenheit liegende Zugehörigkeit des freigegebenen Gegenstandes zur Konkursmasse infolge der Freigabe als nicht oder nicht wirksam geschehen bezeichnet werden sollen. Denn die Vorgänge des Konkursverfahrens werden durch seine Aufhebung in ihrer Rechtsgültigkeit und Wirkung offenbar nicht vernichtet.

Von einem anderen Gesichtspunkt geht die Revisionsbeantwortung aus, soweit sie im Sinne der Berufungsentscheidung geltend macht, der Konkursverwalter habe über die streitigen Mieten noch nicht verfügt, deshalb erstrecke sich die Freigabe auf sie. Wenn man wiederum von der Frage der Auslegung der hier abgegebenen Freigabeerklärung absieht, die der Berufungsrichter sich nicht gestellt hat, so ist damit die rechtliche Zugehörigkeit rückständiger Mieten zum Miethause in die Erörterung gezogen, mit anderen Worten ihre Eigenschaft als Früchte im Sinne des § 99 Abs. 3 BGB. Von diesem Gesichtspunkt aus liegt die Entscheidung nicht in dem von der Revision angezogenen § 101 Nr. 2 BGB., der das schuldrechtliche Verhältnis zwischen zwei einander folgenden Fruchtziehungsberechtigten regelt, während es sich hier, im Außenverhältnis zum Mieter, um den Erwerb der Früchte handelt. Der vom Berufungsurteil geteilte Standpunkt der Revisionsbeantwortung dagegen, Mietrückstände folgten (hinsichtlich der Freigabe) notwendig dem Rechtsschicksal des Miethauses, solange über sie nicht verfügt sei, entbehrt für das Konkursverfahren der gesetzlichen Grundlage und findet keine Stütze in dem von der Revisionsbeantwortung angezogenen Schrifttum (Jaeger KO. § 10 Anm. 31; Mentzel KO. § 7 Anm. 4, § 6 Anm. 2). Der Fruchterwerb an Rechtsfrüchten im Sinne von § 99 Abs. 3 BGB. vollzieht sich mit dem Eintritt der Fälligkeit (RGRKomm. BGB. § 99 Anm. 1 S. 127 unten). Handelt es sich um den Ertrag einer zur Konkursmasse gehörenden Sache, so ist der Konkursverwalter berechtigt und verpflichtet, die während des Konkursverfahrens anfallenden und der Masse nicht wirksam entzogenen Mietbeträge für die Konkursmasse einzuziehen (RG. in JW. 1903 Beil. S. 101 Nr. 227). Die zur zukünftigen Lösung aus der Konkursmasse erklärte Freigabe des Miethauses kann diesen geschehenen Erwerb nicht berühren, es sei denn, daß die Freigabeerklärung sich im Einzelfall auf die Rückstände erstrecken soll und das ausdrückt. Die Revision weist auch mit Recht darauf hin, daß die Konkursmasse während der Zugehörigkeit des Grundstücks zur Masse dessen Lasten tragen müsse.

Somit reicht der für das Berufungsurteil entscheidende Umstand, die Erklärung der Freigabe des Hauses im August 1931, für sich allein nicht aus, die Stellungnahme des Berufungsrichters zu rechtfertigen. Es bedarf vielmehr der mit der Frage der Auslegung der Freigabeerklärung gleichlaufenden, in dem Berufungsurteil unterbliebenen Erörterung, ob der Konkursverwalter auf die Einziehung der zur Widerklage streitigen Mietrückstände verzichtet oder sie etwa „verwirkt" hat.

Soweit eine Freigabe dieser Mietraten, ein Verzicht auf sie oder (soweit das in Frage kommen sollte) die geltend gemachte Verwirkung nicht anzunehmen ist, begegnet die Widerklage ferner keinem Bedenken aus dem Umstand, daß am 24. April 1921 die Zwangsverwaltung von einem Hypothekengläubiger erwirkt worden ist. Nach § 1123 BGB., § 148 ZVG. würde zwar dieser dingliche Beschlag auch die hier rückständigen Mieten umfassen, und statt des widerklagenden Konkursverwalters wäre der Zwangsverwalter zu ihrer Geltendmachung befugt. Aber bei dem Zeitpunkt des dinglichen Beschlags wog ihm gegenüber vor die in der Verrechnung vom Januar 1931 liegende Verfügung nach § 148 ZVG., § 1124 BGB. Es macht keinen Unterschied, daß die Zwangsverwaltung das Grundstück in einem Konkursverfahren befangen antraf, dessen früherer Beschlag die Verrechnung im Verhältnis zu den Konkursgläubigern nach § 21 Abs. 1, 2 KO. unwirksam machte. Der Kreis der durch dieses und durch jenes Beschlagsrecht Geschützten ist verschieden, und die in § 21 KO. verhängte verhältnismäßige Unwirksamkeit duldet keine Erstreckung in das dingliche Beschlagsverfahren, dem eigne feste Grenzen gezogen sind. Nicht schlüssig ist die vom Landgericht angestellte Erwägung, der Konkursverwalter könne nicht verlangen, daß der Masse Werte zugeführt würden, welche ohne die Vorausverfügung in die Masse der Zwangsverwaltung, nicht in die des Konkurses geflossen wären. Ohne jene wäre der dingliche Zugriff stärker gewesen als der Konkursbeschlag. Daraus kann nicht folgen, daß bei dem Ausbleiben der dinglichen Beschlagswirkung der Konkursbeschlag hinter seine gesetzlichen Grenzen zugunsten des durch die Verfügung Gewollten zurücktritt. Somit unterliegt die Sachbefugnis des Widerklägers auch aus diesem Gesichtspunkt keinem Bedenken, und es bleiben gemäß dem Vorstehenden zur Widerklage nur die Fragen zu prüfen, die der Berufungsrichter infolge seiner rechtsirrigen Auffassung der Freigabe vom August 1931 zu entscheiden unterlassen hat. . . .

RGZ. 140, 156

1. Kann beim Kauf unter Eigentumsvorbehalt der Konkursverwalter des Verkäufers die Erfüllung des Vertrags ohne weiteres rechtswirksam auch dann ablehnen, wenn der Käufer auf die Kaufpreisforderung zahlungshalber eigene Wechselakzepte gegeben hat, welche vom Verkäufer demnächst diskontiert worden sind, zur Zeit der Konkurseröffnung aber noch nicht fällig waren?

2. Zur rechtlosen Bereicherung der Konkursmasse in dem zu 1 bezeichneten Fall bei rechtswirksamer Erfüllungsablehnung des Konkursverwalters.

KO. §§ 17, 59 Nr. 3.

II. Zivilsenat. Urt. v. 22. März 1933.

I. Landgericht Elbing. II. Oberlandesgericht Marienwerder.

Der Kaufmann D. hat in den Monaten Juli bis Oktober 1931 231 Läuferschweine zum Preise von 8806,55 RM. unter Eigentumsvorbehalt bis zur Vollbezahlung des Kaufgeldes an den Beklagten geliefert. Den Preis hat dieser mit 1438,70 RM. in bar, im übrigen mit mehreren im Januar und Februar 1932 fälligen eigenen Akzepten gedeckt. Die Akzepte hat D. bei verschiedenen Banken diskontiert, die ihm den Gegenwert gutschrieben. Anfang Januar 1932 verstarb D.; am 5. Januar 1932 wurde über seinen Nachlaß das Konkursverfahren eröffnet. Am 13. Januar 1932 lehnte der Kläger als Konkursverwalter gemäß § 17 KO. die weitere Erfüllung der Kaufverträge über die Schweine ab und forderte deren Rückgabe. Der Beklagte hat die Tiere inzwischen weiterverkauft. Die erwähnten Wechsel sind sämtlich eingelöst worden. Mit der Klage verlangt der Kläger den Wert von 199 angeblich bei Konkurseröffnung noch vorhanden gewesenen Schweinen abzüglich Fütterungskosten, insgesamt — einschließlich der Anwaltskosten eines Verfahrens über eine einstweilige Verfügung — 8402,53 RM. nebst Zinsen. Der Beklagte stützt seinen Klagabweisungsantrag in erster Linie darauf, daß § 17 KO. nicht eingreife.

Beide Vorinstanzen haben die Klage abgewiesen. Auch die Revision des Klägers blieb erfolglos.

Gründe:

1. Der Vorderrichter stellt in den Mittelpunkt seiner Erörterungen die Frage, ob die von dem Konkursverwalter des Verkäufers gemäß § 17 KO. erklärte Ablehnung der weiteren Erfüllung der Kaufverträge über die Schweine zu Recht erfolgt und wirksam war. Er verneint dies. Zwar sei richtig, daß zur Zeit der Konkurseröffnung diese Verträge von beiden Seiten noch nicht vollständig erfüllt gewesen seien; denn der Beklagte habe damals seine Wechselakzepte, die mangels besonderer Vereinbarung nach der Regel des § 364 Abs. 2 BGB. nur erfüllungshalber gegeben seien, noch nicht eingelöst gehabt; deshalb sei auch der Eigentumsvorbehalt des Verkäufers hinsichtlich der den Gegenstand der Kaufverträge bildenden Schweine noch nicht erledigt und damit der Verkäufer seiner Verpflichtung zur Eigentumsverschaffung nicht voll nachgekommen gewesen. Hieran würde, so fährt der Berufungsrichter fort, selbst dann nichts geändert, wenn das Eigentum an den Schweinen entgegen der Regel des § 455 BGB. auflösend bedingt übertragen wäre. Der Beklagte behaupte nicht, daß etwa sämtliche Schweine einer Lieferung schon vor Konkurseröffnung von ihm anderweit übereignet worden seien. Auch eine etwaige untrennbare Vermischung der unter Eigentumsvorbehalt gekauften Schweine mit eigenen Beständen des Beklagten habe nicht den Untergang des vorbehaltenen Eigentums des Verkäufers nach sich gezogen, sondern nur bewirkt, daß sich dessen Alleineigentum in einen Mieteigentumsanteil am gesamten Schweinebestand des Beklagten verwandelt haben würde. Demnach seien an und für sich die Voraussetzungen des § 17 KO. für die vom Kläger gemäß dieser Vorschrift erklärte Ablehnung der Erfüllung der Kaufverträge gegeben gewesen. Der gegenwärtige Fall liege aber besonders. Einerseits seien die Schweine längst vom Verkäufer übergeben und vom Beklagten in volle eigene „Bewirtschaftung" genommen gewesen, anderseits habe sich der Verkäufer durch die Diskontierung der Wechsel schon wegen des ganzen Kaufpreises bezahlt gemacht gehabt. Für den Verkäufer seien also die Verkäufe lange vor Konkurseröffnung „wirtschaftlich" abgewickelt gewesen. Er habe seinerseits das zur Erfüllung Erforderliche getan und sich den durch die Kaufverträge erstrebten wirtschaftlichen Vorteil gesichert; die zur rechtlichen Erledigung des Geschäfts noch fehlende Tatsache — die Einlösung der diskontierten Akzepte — und damit der selbsttätig eintretende Übergang des Eigentums an den Schweinen auf den Beklagten habe sich bei regelrechtem Verlauf ganz ohne Zutun des Ver-

käufers vollzogen. Nur dann habe die Befriedigung des Verkäufers nachträglich wieder in Frage gestellt werden können, wenn die Wechsel nicht eingelöst worden wären und die Wechselnehmer sich nunmehr an ihn, den Verkäufer, gehalten hätten; wegen dieser Möglichkeit sei seine Befriedigung nicht vollständig gewesen. Mache aber der Kläger deshalb von dem Recht auf Erfüllungsablehnung nach § 17 KO. Gebrauch, so habe das zur Folge, daß er auf Grund des vorbehaltenen Eigentums die Schweine zur Konkursmasse herausverlange und damit die bereits abgeschlossene Leistung des Verkäufers aus dem Kaufgeschäft in vollem Umfang wieder rückgängig mache, während die Verpflichtung des Beklagten aus den Wechseln infolge deren Weiterbegebung an Dritte bestehen bleibe, der Beklagte mithin gezwungen werde, seine volle Leistung aus den Kaufverträgen zu bewirken. Ein solches Ergebnis, das jedem Rechtsempfinden widerspreche, sei mit Sinn und Zweck des Gesetzes nicht vereinbar. § 17 KO. wolle der Unbilligkeit vorbeugen, daß der Konkursverwalter die Ansprüche des Gemeinschuldners aus einem gegenseitigen Vertrag voll zur Geltung bringen und den anderen Teil auf die Konkursdividende verweisen könne. Gerade diese Unbilligkeit werde hier aber herbeigeführt, wenn der Kläger ohne weiteres die Erfüllung des Kaufvertrags schlechthin ablehnen dürfte. Daher müsse das Wahlrecht des Konkursverwalters eingeschränkt werden. Liege der Fall so, daß zur Zeit der Konkurseröffnung ein vom Gemeinschuldner abgeschlossener Kaufvertrag auf Grund der getroffenen Maßnahmen wirtschaftlich bereits abgewickelt und der Vertragsgegner zur Bewirkung seiner vollen Vertragsleistung unter allen Umständen gezwungen sei, so dürfe der Konkursverwalter die weitere Erfüllung nur für den Fall ablehnen, daß die Leistung des Vertragsgegners trotz der bestehenden und durch das Wahlrecht des Konkursverwalters unberührt bleibenden Verpflichtung nicht bewirkt werde. Diese Einschränkung entfalle dann, wenn der Konkursverwalter den für den Vertragsgegner bestehenden tatsächlichen Zwang zur vollen Vertragserfüllung, z. B. durch Rückerwerb der Wechsel, wieder beseitige. Demnach sei die Erklärung des Klägers, daß er von weiterer Erfüllung des Vertrags Abstand nehme und Rückgabe der Schweine verlange, nur bedingt zulässig gewesen, nämlich nur unter der Bedingung, daß der Beklagte die vom Verkäufer weiterbegebenen Wechsel nicht einlöse. Hier sei aber diese Einlösung pünktlich erfolgt und deshalb die Erfüllungsablehnung des Konkursverwalters wirkungslos. Damit sei auch den Schadensersatzansprüchen die Grundlage entzogen.

2. Bei Nachprüfung dieser Entscheidung ist zunächst zu fragen, ob der Tatbestand des § 17 KO., wonach der gegenseitige Vertrag bei Konkurseröffnung noch von keinem Teil vollständig erfüllt sein darf, wirklich vorliegt.

Beim Beklagten, dem Käufer, bereitet die Frage keine Schwierigkeiten. Die Wechsel waren nur zahlungshalber gegeben. Auch ihre Diskontierung brachte die Kaufpreisschuld noch nicht zum Erlöschen, sondern verschaffte dem Verkäufer D. zunächst nur eine vorläufige Befriedigung. Diese Rechtslage blieb so lange bestehen, als D. Gefahr lief, das Empfangene auf Wechselrückgriff nach Art. 14 WO. wieder herausgeben zu müssen. Daß er es behalten durfte, konnte, von den fernliegenden Möglichkeiten der Protestversäumnis und der Verjährung der Regreßklage abgesehen, erst dadurch bewirkt werden, daß die Wechsel bei Verfall eingelöst wurden.

Auf der Verkäuferseite hatte sich D. bei Übergabe der Schweine das Eigentum bis zur vollständigen Zahlung seiner Forderungen vorbehalten. Unaufgeklärt ist, ob und in welchem Umfang er es später durch Weiterveräußerung, sei es infolge gutgläubigen Erwerbs durch die Abkäufer des Beklagten (§§ 932flg. BGB.) oder, falls er der Weiterveräußerung zustimmte, nach § 185 BGB. verloren hatte. Fest steht aber, daß von jedem der fünf zwischen den Parteien geschlossenen Einzelkaufverträge zur Zeit der Erfüllungsablehnung noch Tiere unveräußert beim Beklagten vorhanden waren. Sollte er sie, wie er behauptet, untrennbar mit anderen Schweinen vermischt haben, so hätte sich das Alleineigentum des D. in Miteigentum an den gesamten Beständen verwandelt (§§ 947, 948 BGB.). Auf keinen Fall war sein Eigentumsvorbehalt bei Konkursbeginn erledigt.

Nach der bisherigen Rechtsprechung des Reichsgerichts wäre hiernach der Kaufvertrag gemäß § 17 KO. auch vom Verkäufer noch nicht vollständig erfüllt gewesen (vgl. Urteil des I. Zivilsenats vom 20. Oktober 1906 RGZ. Bd. 64 S. 204, Urteil des VII. Zivilsenats vom 12. Oktober 1906 das. S. 334, Urteil des erkennenden Senats vom 11. Januar 1907 II 313/06, Urteil des V. Zivilsenats vom 2. November 1914 RGZ. Bd. 85 S. 402, Urteile des VII. Zivilsenats vom 4. März 1919 RGZ. Bd. 95 S. 105 und vom 2. Juni 1931 RGZ. Bd. 133 S. 40; s. ferner Urteil des erkennenden Senats vom 4. Oktober 1907 RGZ. Bd. 66 S. 83, aber auch das zu § 454 BGB. ergangene Urteil des VI. Zivilsenats vom 26. September 1927 RGZ. Bd. 118 S. 100). Gegen diese Rechtsprechung wird in neuester Zeit von sehr beachtlichen Vertretern der Wissenschaft eingewandt, daß es auf die Beendigung der Leistungstätigkeit, nicht auf den Eintritt des Leistungserfolgs ankomme (vgl. namentlich Oertmann in LZ. 1927 Sp. 16 und in ZHR. Bd. 93 S. 356, 396; Rühl Eigentumsvorbehalt und Abzahlungsgeschäft S. 204; ders. in ZZP. Bd. 56 S. 159 sowie in LZ. 1931 Sp. 158; H. Lehmann Festgabe für R. Schmidt S. 346). Ob diese Angriffe das Reichsgericht zum Verlassen seines Standpunktes nötigen werden, kann für die hier zu entscheidende Streitsache dahingestellt bleiben. Eine Anrufung der

Vereinigten Zivilsenate würde nur dann zulässig sein, wenn bei Bejahung der Voraussetzungen des § 17 KO. der Klage stattgegeben werden müßte. Das trifft jedoch nicht zu. Weder hat die beiderseitige Unerfülltheit der Leistungen die Wirksamkeit der Erfüllungsablehnung zur notwendigen Folge noch würde, auch bei vorhandener Wirksamkeit, der Beklagte den Erlös der Schweine schlechthin herausgeben müssen.

3. Um mit dem letzteren Punkt zu beginnen, so soll nach Rühl Eigentumsvorbehalt S. 212 und H. Lehmann a. a. O. S. 348, wenn der Konkursverwalter des Vorbehaltsverkäufers die Erfüllung ablehnt, der Käufer allemal auf eine Konkursforderung auf Schadensersatz beschränkt sein. So allgemein läßt sich das aber nicht sagen. Hat er, wie im vorliegenden Fall, dem Verkäufer zahlungshalber Wechsel gegeben, die dieser diskontiert hat, so kann ihm aus der nachträglichen Einlösung der Wechsel sehr wohl ein Masseschuldanspruch nach § 59 Nr. 3 KO. erwachsen. Wie das Berufungsgericht erwähnt, wurden dem D. die Gegenwerte der Wechsel von den diskontierenden Banken gutgeschrieben. Soweit er die Beträge also noch nicht abgehoben hatte, gehörten die Forderungen aus den Gutschriften zur Masse. Diese Forderungen waren in ihrem Bestand durch die Aufrechnungsbefugnis der Wechselinhaber bedroht, denn nach § 54 KO. scheiterte die Aufrechnung nicht daran, daß die Wechselregreßansprüche zur Zeit der Konkurseröffnung bedingt waren. Indem der Beklagte die Wechsel einlöste, rettete er mithin der Masse Werte, die ohne die Einlösung untergegangen sein würden. Und er tat dies, ohne der Masse dazu verpflichtet zu sein. War die Erfüllungsablehnung wirksam, so wurde dadurch seine Kaufpreisschuld für die Zukunft aufgehoben. Wäre doch auch der Konkursverwalter, wenn er die Papiere unbegeben vorgefunden hätte, nach der Ablehnung nicht mehr imstande gewesen, Ansprüche daraus zu erheben. Nicht anders läge die Sache dann, wenn sich D. zwar die Diskonterlöse vor dem Konkurs hätte auszahlen lassen, aber die Regreßansprüche der Wechselkäufer durch Verpfändung oder Sicherungsübereignung von Vermögensstücken geschützt hätte. Auch dann wäre die Masse durch die spätere Einlösung der Wechsel und den damit verbundenen Wegfall der Absonderungsrechte auf Kosten des Beklagten ohne Rechtsgrund bereichert worden (§ 812 BGB.).

Müßte hiernach mit der Möglichkeit gerechnet werden, daß die Wechseleinlösung vorweg aus der Masse zu berichtigende Bereicherungsansprüche ins Leben gerufen hat, so würde die Tatsache Bedeutung gewinnen, daß auch die Klage einen Bereicherungsanspruch geltend macht. Wegen der Weiterveräußerungen, die der Beklagte nach der Erfüllungsablehnung vornahm, wird vom Kläger nicht etwa Schadensersatz gefordert — das hierzu laut § 990 Abs. 1 Satz 2, Abs. 2, § 285 BGB. nötige Verschulden des Beklagten wäre auch sicherlich durch seine Überzeugung, im Recht zu sein, ausgeschlossen —, sondern nur Wertersatz nach §§ 816, 818 Abs. 2 BGB. Dann aber würde gemäß der vom Reichsgericht bei § 818 Abs. 3 befolgten Saldotheorie die Klagforderung durch die Gegenposten ohne weiteres gemindert oder aufgezehrt sein. Eine Aufrechnung, die tatsächlich nicht stattgefunden hat, wäre weder notwendig noch auch nur denkbar gewesen (vgl. RGZ. Bd. 129 S. 310 mit Nachweisen).

4. Indessen bedarf es keiner Zurückverweisung an das Berufungsgericht, um die Frage zu prüfen, ob Abhebungen oder Sicherungen vorgenommen worden sind. Nach Lage der Umstände kann die Erfüllungsablehnung des Klägers nicht für wirksam erachtet werden.

Ausgehend von dem reichsgerichtlichen Standpunkt, wonach der Eigentumsvorbehalt die Erfüllung unvollständig macht, meint Bley „Judicium“ 1932 S. 209, daß gleichwohl der Konkursverwalter des Vorbehaltsverkäufers niemals die weitere Erfüllung ablehnen dürfe. Er sucht das zu begründen mit der Anwartschaft des Käufers auf den Eigentumserwerb. Wie Zwischenverfügungen des Verkäufers und seines Konkursverwalters ihr gegenüber zurücktreten müßten (§ 161 Abs. 1 BGB.), so habe das gleiche auch für die Erfüllungsablehnung zu gelten. Dieser Ansicht vermag sich der Senat nicht anzuschließen. Nicht nur daß § 17 KO. im Vergleich zu den Vorschriften über die Wirkungen der schwebenden Bedingung die engere Rechtsnorm ist: ein allgemeines Verbot der Erfüllungsablehnung würde überall da, wo dem Käufer Zahlungsfristen von längerer Dauer eingeräumt wurden, zu unerträglichen Ergebnissen führen.

Wohl aber muß als oberstes Gesetz anerkannt werden, daß die Erfüllungsablehnung nicht gegen Treu und Glauben verstoßen darf. Dieser das ganze Rechtsleben beherrschende Grundgedanke, der für gegenseitige Verträge in § 320 Abs. 2 BGB. eine besondere Ausprägung erfahren hat, liegt auch dem § 17 KO. zugrunde. Auch diese Vorschrift beruht auf einer Billigkeitserwägung, indem sie verhüten will, daß bei beiderseits nicht vollständig erfüllten Verträgen der Gegner des Gemeinschuldners voll erfüllen muß und selber mit einer mageren Konkursdividende abgespeist wird. Eine ebenso große Unbilligkeit könnte entstehen, wenn ein Käufer, wie hier der Beklagte, der den dem Verkäufer gegebenen Wechsel dem Inhaber gegenüber pflichtmäßig einlöst, trotzdem zur Herausgabe der Ware oder ihres Wertes gezwungen werden dürfte. In diesem ausschlaggebenden Punkt tritt der Senat der Auffassung des Berufungsgerichts durchaus bei. Mag der Konkursverwalter auch triftigen Anlaß gehabt haben, dem Zahlungsvermögen des Beklagten zu mißtrauen, so, wie er hier vorgegangen ist, durfte er unter den besonderen Umständen des Falls nicht verfahren. Es war hier vorläufige Befriedigung schon erlangt; die Wechsel liefen nicht mehr lange — der letzte war in wenigen Wochen, am 20. Februar 1932, fällig —, die Entscheidung über die Einlösung stand also binnen kurzem bevor. Da durfte der Verwalter, wenn er die Wechsel nicht zurückgeben wollte oder konnte, die Erfüllung nur bedingt ablehnen, nämlich nur unter der Bedingung, daß die Einlösung nicht erfolgen werde. Der unbedingt erklärten Ablehnung ist für den Fall der Einlösung, der hier eingetreten ist, die Wirksamkeit abzusprechen.

RGZ. 145, 253

Steht den Vergleichsgläubigern an dem zur Durchführung eines Treuhandvergleichs dem Treuhänder übereigneten Treugut ein Recht auf abgesonderte Befriedigung zu, wenn über das Vermögen des Schuldners oder über seinen Nachlaß später das Konkursverfahren eröffnet wird?

KO. § 23. VerglO. § 7.

VII. Zivilsenat. Urt. v. 6. November 1934.

I. Landgericht Bartenstein. II. Oberlandesgericht Königsberg.

Die Firma J. J. in R., deren alleiniger Inhaber der Kaufmann M. war, befand sich im Jahre 1929 im gerichtlichen Vergleichsverfahren, an dem die Klägerin mit einer Forderung von 87511,24 RM. beteiligt war. Das Verfahren endete mit einem am 19. Juni 1929 gerichtlich bestätigten Vergleich. Danach sollten die Gläubiger mit Forderungen bis 100 RM. volle Bezahlung erhalten, die übrigen Gläubiger 55 v. H. in bestimmten Raten. Zur Sicherung und Erfüllung der Vergleichsforderungen sollte die Schuldnerin dem Treuhänder, Bankdirektor R., ihr gesamtes Aktivvermögen als Treugut übertragen. Demgemäß hat M. in dem Treuhandvertrag vom 4. Juli 1929 dem Treuhänder sämtliche Aktiven übereignet und ihm die Befugnis erteilt, die übereigneten Gegenstände zur Befriedigung der Gläubiger zu verwerten. Nach § 9 des Vertrags sollte der Treuhänder den Gläubigern und dem Schuldner für die Sorgfalt eines ordentlichen Kaufmanns einstehen; für die Erfüllung der vom Schuldner im Vergleich den Gläubigern gegenüber übernommenen Verpflichtungen sollte er dagegen persönlich nicht, auch nicht gemäß § 419 BGB. haften. Im April 1932 ist M. verstorben, am 13. Oktober 1932 ist über seinen Nachlaß Konkurs eröffnet und der Beklagte zum Konkursverwalter bestellt worden.

Der Treuhänder R. hat die Treuhandschaft bis zur Konkurseröffnung geführt. Zu diesem Zeitpunkt waren von den Vergleichsgläubigern folgende noch nicht befriedigt: die Klägerin in Höhe von etwa 86000 RM., die Schwester des Verstorbenen, Anna M., in Höhe von 27000 RM. ihrer unverkürzten Forderungen. Das Treugut bestand damals aus einem von dem Treuhänder bei der Klägerin hinterlegten

Guthaben von etwa 33000 RM. Der Treuhänder hat davon 8002,45 RM. an den Konkursverwalter mit dem Vorbehalt ausgezahlt, daß damit auf etwaige Rechte der Altgläubiger nicht verzichtet werden sollte. Der überwiesene Betrag blieb bei der Klägerin hinterlegt.

Die Klägerin nimmt als Vergleichsgläubigerin das Recht auf abgesonderte Befriedigung aus dem Treugut in Anspruch. Nach dem Beschluß des Gläubigerausschusses vom 23. November 1932 sollte das Absonderungsrecht durch den Treuhänder oder die Klägerin im Rechtsstreit geltend gemacht werden.

Mit der Klage beantragt die Klägerin, festzustellen, daß ihr wegen ihrer Forderung an die M.sche Nachlaßkonkursmasse in Höhe von 6100 RM. das Recht auf abgesonderte Befriedigung aus dem Teilbetrag des Treuguts von 8002,45 RM. zustehe, der von Bankdirektor R. als Treuhänder im M.schen Vergleichsverfahren an den Beklagten bereits herausgegeben worden ist.

Das Landgericht hat die Klage abgewiesen, weil mit der Konkurseröffnung gemäß § 23 KO. der Treuhandvertrag und damit auch die gesonderte Haftung des Treuguts erloschen sei. Das Oberlandesgericht hat die Berufung der Klägerin zurückgewiesen. Auch ihre Revision hatte keinen Erfolg.

Gründe:

Der Berufungsrichter verneint die Frage, ob nach einem Vergleichsverfahren, das mit einem Treuhandvergleich geendet hat, im Konkurse des Schuldners oder seines Nachlasses den Vergleichsgläubigern an dem zur Durchführung des Vergleichs dem Treuhänder übereigneten Treugut ein Recht auf abgesonderte Befriedigung zusteht. Er führt aus:

Auf den Grundsatz, wonach ein Absonderungsrecht auch demjenigen zuzubilligen sei, dem zur Sicherheit für eine Forderung ein Gegenstand zu treuen Händen übereignet worden ist, könne sich die Klägerin nicht berufen, weil der Schuldner ihr nichts übereignet habe, vielmehr einem Dritten sein Vermögen zum Zwecke der Erfüllung der Vergleichsforderungen zu treuen Händen übertragen habe. Dieser hätte, wenn überhaupt, nur ein Absonderungsrecht zum Zwecke der anteiligen Befriedigung aller Vergleichsgläubiger aus dem ganzen Treugut; dem einzelnen Gläubiger stünden am einzelnen zum Treugut gehörenden Gegenstande keinerlei Rechte unmittelbar zu.

Der zwischen dem Schuldner und R. abgeschlossene, der Durchführung des Vergleichs dienende Treuhandvertrag sei als Geschäftsbesorgungsvertrag nach § 23 KO. mit der Konkurseröffnung erloschen. Damit sei auch die Befugnis des Treuhänders zur Verwertung des Treugutes erloschen; er sei nunmehr gemäß § 667 BGB. zur Rückgewähr des Treuguts in die Konkursmasse verpflichtet gewesen. Um wohlerworbene Rechte der am Vergleich beteiligten Gläubiger, die durch das Erlöschen des Treuhandauftrags nicht in Mitleidenschaft hätten gezogen werden dürfen, handele es sich im vorliegenden Fall nicht. Denn nach dem Inhalt des Vertrags vom 4. Juli 1929 hätten die Gläubiger weder ein dingliches Recht am Treugut erlangt, noch hafte ihnen der Treuhänder für die Erfüllung der Vergleichsforderungen. Eine solche Haftung sei im Vertrag ausdrücklich ausgeschlossen. Der Pflicht des Treuhänders zur Rückgewähr des Treuguts stehe auch nicht entgegen, daß der Schuldner den Gläubigern gegenüber verpflichtet gewesen sei, sein Vermögen einem Treuhänder zur Durchführung des Vergleichs zu übertragen. Diese Verpflichtung habe er bereits erfüllt. Das Erlöschen des Geschäftsbesorgungsvertrags sei durch § 23 KO. angeordnet, damit der Konkursverwalter das zur Konkursmasse gehörige Vermögen verwalten könne, ohne durch einen Dritten behindert zu werden.

Schon auf Grund dieser Erwägungen erachtet der Berufungsrichter die Klage für unbegründet. Er nimmt aber auch an, daß der Treuhandvertrag samt der Vermögensübertragung ohne weiteres hinfällig wurde, weil der Vergleich und der Treuhandvertrag unter der stillschweigenden Bedingung geschlossen seien, daß es nicht zum Konkurse komme; denn der Zweck des Vergleichsverfahrens sei gerade die Abwendung des Konkurses. Bei jedem Treuhandvertrag komme es maßgeblich auf den Willen des Schuldners und des Treuhänders an, die den Vertrag geschlossen hätten; hier habe der Schuldner ein Interesse daran gehabt, daß im Konkurse, wenn er nicht abzuwenden wäre, Alt- und Neugläubiger gleichmäßig befriedigt würden. Sollte in einem andern Falle der Wille der Vertragsparteien darauf gerichtet sein, den Gläubigern eine Sicherheit auch im Falle des Konkurses zu bieten, so würde einem etwaigen Absonderungsanspruch die Einrede der Anfechtung aus § 31 Nr. 1 KO. entgegenstehen. Wenn nach § 7 VerglO. ein Teilerlaß im Falle der Konkurseröffnung im Zweifel hinfällig werde, so müsse dies folgerichtig auch für die Gegenleistung des Schuldners, die Treuhandübereignung, gelten.

Da der Berufungsrichter hiernach ein Recht der Klägerin auf abgesonderte Befriedigung aus dem Treuhandgut verneint, sieht er von einer Erörterung des Einwands des Scheinvertrags und des Sittenverstoßes ab.

Der Revision der Klägerin war der Erfolg zu versagen. Die Frage, ob nach einem durch einen Treuhandvergleich beendeten Vergleichsverfahren den Vergleichsgläubigern im späteren Konkurse des Schuldners oder seines Nachlasses an dem zur Durchführung des Vergleichs dem Treuhänder übereigneten Treugut ein Recht auf abgesonderte Befriedigung zusteht, wird von Jaeger (KO. Bd. 1 S. 23 Anm. 8; vgl. auch Warneyer KO. § 23 V S. 77; Bley in Konk. u. Treuh. 1928 S. 1; Urt. des erkennenden Senats vom 2. Oktober 1914 VII. 198/14 in LZ. 1915 S. 218) im Gegensatz zu Mentzel (KO. Nachtrag zu § 48

S. 296 flg.) und Kiesow (VerglO. § 7 A. 6—10 S. 172 flg.) verneint. Den überzeugenden Ausführungen, mit denen Jaeger diese Ansicht begründet, schließt sich der erkennende Senat an. Zutreffend geht Jaeger davon aus, daß das Erlöschen eines auf Geschäftsbesorgung gerichteten Treuhandvertrags nach § 23 KO. als gesetzliche Konkursfolge unabdingbar eintritt. Die Unabdingbarkeit ergibt sich aus dem öffentlich-rechtlichen Charakter der Vorschriften der Konkursordnung, namentlich der des § 23. Wird dem Geschäftsbesorger, wie hier, ein bestimmtes Treugut auf Grund eines zur Abwendung des Konkurses geschlossenen Vergleichs übertragen, so bildet das Treugut, aus dessen Ertrag oder Erlös die Schuldenbereinigung zu geschehen hat, nicht minder einen Bestandteil der Konkursmasse des Treugebers als in den Fällen, in denen es einem Einzelgläubiger unmittelbar durch Sicherungsübereignung oder Sicherungsabtretung übertragen worden war. Auch in jenem Falle steht der Geschäftsbesorgungsvertrag in Beziehung zur Konkursmasse, und er erlischt daher nach § 23 KO., wenn der Treugeber in Konkurs verfällt. Hierbei macht es keinen Unterschied, ob der Schuldner allein oder zusammen mit der Mehrheit der Gläubiger den Treuhandvertrag mit dem Treugeber abgeschlossen hat. In beiden Fällen erlischt das Treuhandverhältnis uneingeschränkt in seiner Gesamtheit. Dieses Erlöschen hat zur Folge, daß das Treugut, soweit es im Zeitpunkt der Konkurseröffnung noch vorhanden ist, in die Konkursmasse fällt. Und zwar vollzieht sich der Rückfall des Treuguts in das Schuldnervermögen bei Konkurseröffnung von Rechts wegen. Denn die Übertragung des Treuguts an den Treuhänder war erfolgt mit dem Willen einer bestimmten Zweckgebundenheit, nämlich ausschließlich zum Zwecke einer den Konkurs abwendenden Gläubigerbefriedigung, wie denn auch die Überschrift des Gesetzes vom 5. Juli 1927 von einem Vergleich „zur Abwendung des Konkurses“ spricht. Die Übertragung war also stillschweigend in dem Sinn bedingt, daß sie ihre Wirksamkeit verlieren sollte, wenn über das Vermögen des Schuldners oder seines Nachlasses der Konkurs doch noch eröffnet werden würde. Soweit das Treugut in diesem Zeitpunkt noch nicht zur Befriedigung des Vergleichsgläubigers verwendet worden ist, tritt der frühere Rechtszustand von selbst wieder ein. Selbstverständlich wirkt dies nur für die Zukunft, nicht nach rückwärts. Die schon geschehene Abwicklung des Vergleichs bleibt bestehen, seine bereits erfolgte Erfüllung wird durch die Konkurseröffnung nicht aufgehoben. Nur insoweit wird durch § 7 VerglO. eine Ausnahme geschaffen, als ein teilweiser Forderungserlaß seitens der Vergleichsgläubiger im Zweifel hinfällig wird. Lediglich das Wiederaufleben der teilweise erlassenen Forderungen wird in § 7 a. a. O. bestimmt. Dagegen besagt diese Vorschrift nicht — wie die Revision meint —, daß das zur Abwicklung des Vergleichs noch nicht verwendete Treugut den Vergleichsgläubigern zu ihrer besonderen Befriedigung trotz der Konkurseröffnung verbleibt. Dies würde zu dem völlig unannehmbaren Ergebnis führen, daß neben dem Konkursverfahren auch noch die Abwicklung des früheren Vergleichs liefe.

Ist hiernach die Revision zurückzuweisen, so bedarf es nicht der Erörterung, ob der erst in der Verhandlung vor dem Revisionsgericht gebrachte Einwand der mangelnden Klagberechtigung der Klägerin zutrifft, oder ob sich diese aus dem Beschluß des Gläubigerausschusses vom 23. November 1932 ergibt.

RGZ. 148, 326†

1. . . . .

2. Sind die normalen Zuleitungsverträge (Kleinabnehmerverträge) auf Lieferung von Wasser, Gas, Elektrizität oder anderer Kraft Einheitsverträge (Sukzessivlieferungsverträge) oder Wiederkehrschuldverhältnisse?

3. Ist der Konkursverwalter einem solchen Vertrag gegenüber zu einer Erklärung nach § 17 KO. verpflichtet?

4. Sind die aus der Erfüllung eines solchen Zuleitungsvertrags bis zur Konkurseröffnung entstehenden Forderungen Masseschulden, wenn die Lieferungen über den Zeitpunkt der Konkurseröffnung hinaus fortgesetzt werden?

KO. §§ 17, 59 Nr. 2.

II. Zivilsenat. Urt. v. 13. September 1935.

I. Landgericht Erfurt. II. Oberlandesgericht Naumburg a. S.

Die Gemeinschuldnerin ist Eigentümerin eines Grundstücks in M. (Preußen). Auf dem Grundstück betrieb sie eine Fabrik durch eine ihrer Tochtergesellschaften, die Kammgarnspinnerei M. Gesellschaft mbH., deren Geschäftsanteile sich sämtlich in ihrer Hand befanden. Das Grundstück war unter den Bedingungen der „Ortssatzung über Abgabe und Entnahme von Wasser aus dem städtischen Wasserwerk zu M.“ vom 25. März 1927 mit Nachträgen aus den Jahren 1928 bis 1930, die am 1. Oktober 1932 durch neue „Wasserlieferungsbedingungen“ ersetzt wurden, an das Wasserversorgungsnetz der jetzt klagenden Stadtgemeinde angeschlossen. Als die Gemeinschuldnerin am 21. Juli 1931 in Konkurs geriet, wurde die laufende Wasserentnahme nicht unterbrochen.

Mit Schreiben vom 11. August 1931 forderte die Klägerin vom Konkursverwalter die Zahlung der vom 1. Januar bis 21. Juli 1931 auf 14612,60 RM. aufgelaufenen rückständigen Wassergeldschuld der Gemeinschuldnerin als Masseschuld. Der verklagte Konkursverwalter erwiderte unter dem 14. August, es liege kein laufender Lieferungsvertrag vor, zu dem er sich gemäß § 17 KO. zu äußern habe; die Forderung der Klägerin für die bis zum Tage der Konkurseröffnung gelieferten Wassermengen sei eine reine Konkursforderung, deren Anmeldung im Konkursverfahren erbeten werde. Mit Schreiben vom 17. August entgegnete die Klägerin, ihre Wasserlieferungen seien aus einem dauernden Lieferungsvertrag erfolgt, dessen Erfüllung zur Masse der Beklagte durch Fortbezug des Wassers nach der Konkurseröffnung stillschweigend verlangt habe. Hierauf antwortete der Beklagte unter dem 27. August 1931, ein Wiederkehrschuldverhältnis liege vor; bei diesem werde durch die jeweilige Entnahme von Wasser ein neuer Vertrag geschlossen; eine Erklärung des Konkursverwalters nach § 17 KO. sei überhaupt nicht erforderlich.

Nachdem es wegen der Heranziehung des Beklagten zur Zahlung des vollen Entgelts für die bis zur Konkurseröffnung empfangenen Wassermengen zu einem Rechtsstreit vor dem Bezirksverwaltungsgericht in E. gekommen war und dieses sich durch Beschluß vom 15. September 1932 für unzuständig zur Entscheidung der Frage, ob die Forderung der Klägerin Masseschuld oder Konkursforderung sei, erklärt hatte, hat die Klägerin die jetzige Klage erhoben. Sie vertritt den Standpunkt, ihre Forderung sei privatrechtlicher Natur; es liege ein mit der Gemeinschuldnerin geschlossener Dauerlieferungsvertrag vor, dessen Erfüllung zur Masse der verklagte Konkursverwalter verlangt habe. Die Wassergeldforderung sei daher als Masseschuld voll zu begleichen. Unter Abzug der auf die Forderung erhaltenen Konkursquote von 1169 RM. beantragt die Klägerin den Beklagten zu verurteilen, an sie auf die rückständige Restschuld vorläufig einen Betrag von 8500 RM. nebst 6% Zinsen seit dem 21. Juli 1931 zu zahlen.

Der Beklagte hält die Klageforderung ihres nach seiner Meinung öffentlich-rechtlichen Charakters wegen für eine Gebührenforderung, für die der Rechtsweg unzulässig sei. Im übrigen liege ein Wiederkehrschuldverhältnis vor, in das er seinerseits nicht nach § 17 KO. eintreten könne. Davon abgesehen habe er auch die Erfüllung nicht verlangt, da er in den ersten Wochen nach der Eröffnung des umfangreichen Konkurses andere Sorgen gehabt habe, als daß er sich um die einzelnen Wasserlieferungsverträge der Werke der Gemeinschuldnerin hätte bekümmern können. Seine Schreiben vom 14. und 27. August enthielten sogar eine Ablehnung der Erfüllung, da in ihnen eine Anfechtungserklärung eines etwa doch gestellten Erfüllungsverlangens zum Ausdruck komme.

Das Landgericht hat die Klage abgewiesen, ohne auf die Streitfrage einzugehen, ob es sich bei dem streitigen Wasserlieferungsvertrag um einen Sukzessivlieferungsvertrag oder um ein Wiederkehrschuldverhältnis handelt. Es ist der Ansicht, daß der Konkursverwalter keinesfalls in diesen Vertrag eingetreten sei und deshalb auch nicht für verpflichtet erachtet werden könne, die rückständige Wassergeldforderung als Masseschuld anzuerkennen. Das Oberlandesgericht hat auf die Berufung der Klägerin das landgerichtliche Urteil abgeändert und den Beklagten antragsgemäß verurteilt. Seine Revision führte zur Aufhebung des Berufungsurteils und zur Wiederherstellung des landgerichtlichen Urteils.

Aus den Gründen:

1. . . .

2. In der Sache selbst hängt die Entscheidung des Rechtsstreits in erster Linie davon ab, ob der zwischen der Klägerin und der Gemeinschuldnerin abgeschlossene Vertrag über die Entnahme von Wasser aus dem Wasserwerk der klagenden Stadtgemeinde als ein Sukzessivlieferungsgeschäft oder als ein sog. Wiederkehrschuldverhältnis aufzufassen ist. Liegt ein Sukzessivlieferungsgeschäft, also ein Vertrag vor, obschon seine Erfüllung in zeitlich getrennten Teilleistungen erfolgen soll, kraft wechselseitig bindenden Willens der Parteien ein einheitliches Ganzes bildet, dann konnte er vom Konkursverwalter nach § 17 KO. nur im ganzen erfüllt oder im ganzen abgelehnt werden. Es kann sich dann nur noch darum handeln, ob der Konkursverwalter, wie dies das Berufungsgericht annimmt, die Erfüllung des Vertrags verlangt hat. War dies der Fall, dann war von ihm das gesamte noch ausstehende Entgelt als Masseschuld nach § 59 Nr. 2 Fall 1 KO. zu bezahlen, die Klage also begründet (RGZ. Bd. 98 S. 138, Bd. 129 S. 228). War der mit der Gemeinschuldnerin geschlossene Wasserlieferungsvertrag dagegen ein Wiederkehrschuldverhältnis, d. h. ein Schuldverhältnis, das kraft einer, wäre es auch nur stillschweigenden, Wiederholung des Vertragsschlusses fort und fort für weitere Zeitabschnitte oder für weitere Bezugsmengen neu entsteht, also nicht ein für allemal begründet ist, dann ist zu unterscheiden, ob ein für bestimmte Zeitabschnitte sich erneuerndes Wiederkehrschuldverhältnis vorliegt, das durch einseitige Lösbarkeit begrenzt wird. In diesem Falle könnte sich das etwa anzunehmende Erfüllungsverlangen des Konkursverwalters im Zweifel nur auf den bei Konkursbeginn laufenden Zeitabschnitt bezogen haben, so daß dann der Anspruch der Klägerin auf das ausstehende Entgelt gemäß §§ 17, 59 Nr. 2 Fall 1 KO. eine Masseschuld nur insoweit bilden könnte, als die Gegenleistung für diesen Zeitabschnitt in Betracht kommt. Der Anspruch auf das Entgelt für den späteren Wasserbezug steht nicht in Streit. Liegt dagegen ein solches Wiederkehrschuldverhältnis vor, dessen fortlaufende Erneuerung nicht auf Zeit, sondern auf Bezugsmengen abgestellt, also durch einen Abruf bedingt ist, der im freien Belieben des Abnehmers steht, dann konnte das Erfüllungsverlangen des Konkursverwalters im Zweifel überhaupt nicht einen noch von keiner Seite erfüllten zweiseitigen Vertrag treffen. In diesem Fall wäre der Anspruch der Klägerin auf das Entgelt für

die bis zur Konkurseröffnung gelieferten Wassermengen einfache Konkursforderung nach § 3 KO., die erhobene Klage also ohne weiteres als unbegründet zu erachten.

Die Revision rügt Verletzung des § 17 KO., weil das Berufungsgericht das Vorliegen eines Sukzessivlieferungsvertrags angenommen hat. Die Rüge ist begründet.

Die Frage, ob die Wasserlieferungsverträge, ebenso wie die auf Lieferung von Gas, elektrischer oder anderer Kraft, zu der einen oder der anderen der vorstehend bezeichneten Arten von Schuldverhältnissen gehören, ist streitig. Die Ansichten gehen zum Teil recht weit auseinander. Einmütigkeit herrscht nur darüber, daß die Zuleitungsverträge als echte Einheitsverträge (Sukzessivlieferungsverträge) abgeschlossen werden k ö n n e n und solche jedenfalls dann sind, wenn die Lieferung einer Höchst- oder Mindestmenge vereinbart oder bestimmt ist, daß der Gesamtbedarf einer bestimmten Zeit zu einem mit Rücksicht auf den Großbezug ermäßigten Einheitspreis geliefert werden soll. Dagegen werden die normalen Zuleitungsverträge, zu denen die Kleinabnehmerverträge zu rechnen sind, von den einen als echte Einheitsverträge, von den anderen als Wiederkehrschuldverhältnisse beurteilt. In der Rechtsprechung ist die Streitfrage vorwiegend dahin entschieden worden, daß jene Kleinabnehmerverträge echte Einheitsverträge seien (vgl. unter vielen anderen OLG. Kiel JW. 1931 S. 2139 Nr. 5, Frankfurt das. S. 3146 Nr. 15, Köln das. S. 2169 Nr. 59 und JW. 1933 S. 2229 Nr. 24, Celle JW. 1933 S. 928 Nr. 16, Darmstadt das. S. 2229 Nr. 23, Naumburg das. S. 2230 Nr. 25). — Ein Wiederkehrschuldverhältnis nehmen dagegen an die OLG. Braunschweig JW. 1930 S. 1427 Nr. 11 und Stettin das. S. 1429 Nr. 12. Ersteres hat sich in einer späteren Entscheidung JW. 1933 S. 1135 Nr. 2 allerdings wieder der anderen Ansicht zugewandt. Das Reichsgericht hat zu der Streitfrage, soweit ersichtlich, noch nicht Stellung genommen, auch nicht in der Entscheidung des VII. Zivilsenats vom 24. März 1931 (RGZ. Bd. 132 S. 274), die irrtümlich dahin ausgelegt worden ist, daß schon der damals erkennende Senat sich für eine Beurteilung der bezeichneten Verträge als Wiederkehrschuldverhältnisse entschieden habe.

Die Frage, ob jeweils ein Einheitsvertrag (Dauervertrag) oder ein Wiederkehrschuldverhältnis vorliegt, ist Tatfrage, bei deren Entscheidung der Parteiwille in aller Regel den Ausschlag gibt. Dieser ist allerdings nicht immer klar erkennbar. Die Vertragsschließenden werden selten ausdrücklich erklären, ob sie einen Einheitsvertrag oder ein Wiederkehrschuldverhältnis begründen wollen. Sie werden von der rechtlichen Bedeutung ihrer Vereinbarung vielfach nicht einmal eine klare Vorstellung haben. Die Vertragsauslegung ist daher darauf angewiesen, sachliche Merkmale ausfindig zu machen, aus denen auf einen nach der einen oder der anderen Richtung gehenden Parteiwillen geschlossen werden kann. Solche sachlichen Anhaltspunkte wird in aller Regel die Gestaltung der beiderseitigen Vertragspflichten aufweisen. Ergibt sich aus ihr, daß eine ganz bestimmte Leistung Gegenstand des Vertrags ist, daß also der eine Teil zur Lieferung einer bestimmten Menge, der andere Teil zur Abnahme dieser Menge, sei es auch in zeitlich getrennten Lieferungen, bis zu einem bestimmten oder unbestimmten Zeitpunkt verpflichtet sein soll, so liegt ein wechselseitig verpflichtender Einheitsvertrag, ein Sukzessivlieferungsvertrag vor. Erscheint dagegen auf Grund der Parteiabreden eine derartige wechselseitige Bindung ausgeschlossen, etwa weil bestimmt ist, daß zwar der eine Teil zur jederzeitigen Lieferung verpflichtet, der andere aber berechtigt sein soll, die Lieferung oder die Fortsetzung der Lieferung jederzeit oder unter Einhaltung einer Kündigungsfrist abzulehnen, so ist regelmäßig ein Wiederkehrschuldverhältnis gegeben, das sich durch die Unterlassung der möglichen Ablehnung weiterer Lieferungen oder die Abstandnahme von einer möglichen Kündigung fort und fort erneuert. Eine Eigentümlichkeit des Wiederkehrschuldverhältnisses ist also der Mangel einer dauernden wechselseitigen Bindung, das Fehlen eines einheitlichen Verpflichtungsgrundes, der die einzelnen Vertragsleistungen zu einer inneren Einheit verbindet.

Die normalen Zuleitungsverträge, die vielfach so bezeichneten Kleinabnehmerverträge, sind regelmäßig Wiederkehrschuldverhälnisse. Das gilt zunächst für den Fall, daß dem Abnehmer durch den Zuleitungsvertrag überhaupt keine andere Verpflichtung auferlegt ist, als daß er die bezogenen Mengen an Wasser, Strom oder Kraft nach den bestehenden Tarifen zu bezahlen hat . . . Denn dann fehlt das zur Begründung eines zweiseitigen Vertrags erforderliche gegenseitige Abhängigkeitsverhältnis von Leistung und Gegenleistung völlig. Es kann nur ein unter den oben bezeichneten Voraussetzungen sich fort und fort erneuerndes Wiederkehrschuldverhältnis in Frage kommen, das einen einseitig verpflichtenden Grundvertrag oder Vorvertrag zur Grundlage hat, zu diesem aber in keiner inneren rechtlichen Beziehung steht. Hier geht die in der Herstellung und Unterhaltung der Lieferbereitschaft liegende Leistung des Unternehmers als bloße Nebenleistung in der einzelnen Hauptleistung, der Lieferung von Wasser, Strom oder Kraft, auf.

Etwas wesentlich anderes kann auch nicht für die (normalen) Zuleitungsverträge gelten, in denen die Verpflichtung des Abnehmers zur Zahlung einer sog. Zählermiete oder einer sog. Grundgebühr oder zur Entrichtung jeder dieser Vergütungen ausgesprochen ist. Diese Verpflichtung mag mit der Verpflichtung des Unternehmers, sich dauernd zur Lieferung bereitzuhalten und zu diesem Zweck unter Umständen sogar erhebliche Opfer an Kapital und Arbeit zu bringen, in einem gegenseitigen Abhängigkeitsverhältnis stehen und insoweit einen zweiseitig verpflichtenden Grundvertrag oder Vorvertrag begründen. Der Mangel einer Verpflichtung des Abnehmers, die nur in Aussicht genommenen, in aller Regel als Hauptleistungen anzusehenden Einzelleistungen des Vertragsgegners überhaupt entgegenzunehmen, schließt ein solches Verhältnis zwischen der erst mit der Abnahme der Einzelleistungen entstehenden Zahlungspflicht des Abnehmers und der in der fortdauernden Lieferbereitschaft liegenden Leistung des Unternehmers aus. Die in Anlehnung an gewisse im Schrifttum vertretene Meinungen von der Revisionsbeantwortung vorgetragene Ansicht, die ständige Lieferbereitschaft des Unternehmers sei wirtschaftlich und rechtlich so wenig von den Einzelleistungen zu trennen, daß sie selbst schon einen erheblichen Teil der Erfüllung darstelle, die durch die Einzelleistungen bewirkt werde, ist abzulehnen. Die Leistung der ständigen Lieferbereitschaft wird durch die Entrichtung der Zählermiete und Grundgebühr in aller Regel abgegolten. Die aus dem Grundvertrag oder Vorvertrag fließenden Vertragsbeziehungen der Parteien erschöpfen sich in der Leistung der Lieferbereitschaft und der Gegenleistung der Grund- und Zählergebühr. Durch das ständige Leistungsangebot des Unternehmers und dessen jeweilige Annahme durch den anderen Teil werden von Fall zu Fall neue Verträge begründet, die, allerdings mit dem in dem Grund- oder Vorvertrag vorgesehenen Inhalt, nach Entstehung und Fortbestand ihr eigenes Dasein haben. Dabei erscheint es zulässig, auch den Grund- und Vorvertrag — auf seine Benennung kommt es nicht an — als ein Wiederkehrschuldverhältnis zu behandeln, wenn sein Fortbestand, was die Regel sein wird, von der Unterlassung einer Kündigung überhaupt oder nach dem Ablauf der für seine Geltung vereinbarten Zeitdauer abhängt.

Ein praktisches Bedürfnis, die Kleinabnehmerverträge als Einheitsverträge zu behandeln, besteht auch im Konkurse des Abnehmers nicht. Nach der ständigen Rechtsprechung des Reichsgerichts über die Wirkungen des für Monopolbetriebe allgemein bestehenden Abschlußzwanges — d. i. eines durch die Verpflichtung zum Schadensersatz wegen unerlaubter Handlung mittelbar wirkenden Zwanges zu einem Abschluß unter den allgemeinen Bedingungen des Monopolinhabers (Urt. des erkennenden Senats vom 15. März 1935 II 226/34) — ist es unzulässig, eine Zuleitungssperre zu dem Zweck zu verhängen, den Konkursverwalter zum Eintritt in einen als Sukzessivlieferungsvertrag aufzufassenden Zuleitungsvertrag zu zwingen und damit die Anerkennung der aus diesem stammenden, noch nicht erledigten Gegenleistungsverbindlichkeiten des Gemeinschuldners als Masseschulden herbeizuführen. Die Streitfrage ist also praktisch bereits zugunsten der Konkursverwaltungen entschieden. Der Konkursverwalter ist durch diese Rechtsprechung in die Lage versetzt, den Eintritt in einen zur Zeit der Konkurseröffnung laufenden Zuleitungsvertrag mit der Wirkung abzulehnen, daß die aus den Leistungen der Monopolbetriebe bis zur Konkurseröffnung entstandenen Forderungen bloße Konkursforderungen bleiben. Er vermag diese Folge herbeizuführen, ohne die von den Monopolbetrieben belieferten Unternehmungen des Gemeinschuldners stillegen zu müssen; denn er kann verlangen, daß die Unternehmungen auf Grund eines neuen, vielleicht mit anderem Inhalt, abzuschließenden Zuleitungsvertrags mit der Wirkung weiter beliefert werden, daß nur die aus dieser Weiterbelieferung entstehenden Verbindlichkeiten die Konkursmasse als Masseschulden belasten. In der Rechtsprechung des Reichsgerichts hat also die Behandlung der Zuleitungsverträge im Konkurse des Abnehmers bereits eine Gestaltung angenommen, die diese Verträge von Wiederkehrschuldverhältnissen praktisch kaum noch unterscheidet. Damit ist schon heute dem § 17 KO. in seiner Anwendung auf Zuleitungsverträge fast jede Bedeutung genommen, eine Folge, die dem Interesse einer gerechten und billigen Abwicklung der Konkurse im besonderen Maße dient. Die Monopolbetriebe, namentlich die diesen Charakter tragenden öffentlichen Unternehmungen, verfügen, was keiner weiteren Darlegung bedarf, über so viele und so nachhaltig wirkende Machtmittel, ihre Abnehmer zur pünktlichen Erfüllung ihrer Verpflichtungen ihnen gegenüber anzuhalten, daß sie stets als befähigt angesehen werden müssen, ein übermäßiges Anwachsen dieser Verpflichtungen und damit die Gefahr einer Uneinbringlichkeit ihrer Forderungen zu verhindern. Fälle wie der vorliegende dürften zu den Ausnahmen gehören. Daher besteht kein Bedürfnis, diesen Gläubigern im Konkurse des Schuldners auf Grund des § 17 KO. eine Bevorzugung zu sichern, die sie nicht kraft anderer Vorschriften der Konkursordnung genießen.

Die hier vertretene Beurteilung der Wasser- usw. Lieferungsverträge entspricht auch der neueren Rechtsentwicklung. In § 36 Abs. 2 der Vergleichsordnung vom 26. Februar 1935 (RGBl. I S. 321) hat der Sukzessivlieferungsvertrag im Vergleichsverfahren eine Behandlung erfahren, die einen Bruch mit der bisherigen Anschauung von der Einheitsnatur dieses Vertrags bedeutet. Denn dort ist abweichend von der allgemein für das frühere Recht vertretenen Auffassung für den Fall, daß die aus dem gegenseitigen Vertrag zu bewirkenden Leistungen teilbar sind und der Gläubiger bei Verfahrenseröffnung bereits einen Teil geleistet hat, bestimmt, daß der Gläubiger mit dem Gegenanspruch für diese Teilleistung am Vergleichsverfahren beteiligt ist. Der Sukzessivlieferungsvertrag ist also dem Wiederkehrschuldverhältnis gesetzlich angenähert. Für diese Regelung sind wirtschaftliche Erwägungen, insbesondere die Rücksicht auf die übrigen Vergleichsgläubiger, maßgebend gewesen. Denn als Grund für die Abweichung vom geltenden Recht wird angeführt, die bisherige Gestaltung habe den Schuldner benachteiligt, weil sie unter

Umständen das Zustandekommen des Vergleichs gefährdet habe und geeignet gewesen sei, die am Verfahren beteiligten Gläubiger, die ihre Forderungen nicht aus Sukzessivlieferungsverträgen herzuleiten vermocht hätten, zu schädigen, da die Mittel des Schuldners durch die Befriedigung der außerhalb des Vergleichsverfahrens stehenden Gläubiger aufgezehrt worden seien.

Die entwickelten Rechtsgrundsätze auf den vorliegenden Fall angewendet, ergeben, daß der zwischen der Klägerin und der Gemeinschuldnerin abgeschlossene Wasserlieferungsvertrag ein Wiederkehrschuldverhältnis bildet. Die Bestimmungen der Satzung vom 25. März 1927 mit ihren späteren Abänderungen bis zum Erlaß der neuen Lieferungsbedingungen vom 1. Oktober 1932 enthalten nichts, was zur Annahme eines Sukzessivlieferungsvertrags nötigen könnte. Eine Bindung der Gemeinschuldnerin zum Bezug einer Mindest- oder Höchstmenge von Wasser ist darin ebensowenig ausgesprochen wie der Ausschluß eines jederzeitigen Kündigungsrechts. Der verklagte Konkursverwalter war daher zur Abgabe einer Erklärung über den Eintritt oder Nichteintritt in den Vertrag weder gehalten noch überhaupt in der Lage, da in Ansehung dieses Schuldverhältnisses von dem Vorliegen eines zweiseitigen, zur Zeit der Eröffnung des Konkursverfahrens von der Gemeinschuldnerin und von dem anderen Teile nicht oder nicht vollständig erfüllten Vertrags obigen Darlegungen zufolge keine Rede sein konnte. Eines Eingehens auf die Frage, ob in dem Verhalten des verklagten Konkursverwalters gegenüber dem Zahlungsanspruch der Klägerin ein Erfüllungsverlangen im Sinne des § 17 KO. zu finden ist, bedarf es daher nicht.

Anfechtung

RGZ. 10, 325

Rechtliche Natur des Anfechtungsrechtes auf Grund des Tatbestandes des § 23 (30 n. F.) KO.

Beruht dieses Recht auf einer „unerlaubten" Handlung im Sinne des § 32 ZPO.?

I. Zivilsenat. Urt. v. 25. November 1882.

Die Entscheidung ist abgedruckt unter „Verfahrensrecht, Zivilprozeßordnung 1".

RGZ. 10, 334

Ist für die auf § 23 (30 n. F.) Ziff. 2 KO. gestützte Klage der Gerichtsstand, wo die unerlaubte Handlung begangen worden (§ 32 ZPO.), begründet?

II. Zivilsenat. Urt. v. 16. Juni 1883.

Die Entscheidung ist abgedruckt unter „Verfahrensrecht, Zivilprozeßordnung 1".

RGZ. 17, 328

1. Findet auf die durch § 26 (33 n. F.) der Konkursordnung bestimmte sechsmonatliche Frist § 200 Abs. 2 ZPO. Anwendung?

2. Ist die vorgedachte sechsmonatliche Frist, im Falle einer Pfändung eine Benachrichtigung gemäß § 744 Abs. 2 ZPO. vorhergegangen ist, vom Tage dieser Benachrichtigung, oder erst vom Tage der erfolgten Pfändung an zu berechnen?

II. Zivilsenat. Urt. v. 9. November 1886.

I. Landgericht Köln. II. Oberlandesgericht daselbst.

Am 21. September 1885 wurde über das Vermögen der Handlung G. D. das Konkursverfahren eröffnet. Die Beklagte besaß eine vollstreckbare Forderung gegen die genannte Handlung im Betrage von 13779,02 M. und hatte am 20. März 1885 einem Schuldner der Handlung G. D., der zu H. domizilierten D. W.-Gesellschaft auf Grund des § 744 ZPO. die Benachrichtigung zustellen lassen, daß wegen ihrer vorerwähnten Forderung die Pfändung der Forderung der Handlung G. D. an die genannte Drittschuldnerin zur Höhe von 14000 M. bevorstehe. Auf diese Benachrichtigung folgte am 9. April 1885 die förmliche Pfändung der genannten Forderung durch Zustellung des amtsgerichtlichen Pfändungsbeschlusses vom 8. dess. Mon. an die Drittschuldnerin.

Kläger hat nun unter der Behauptung, daß die Beklagte bei Vornahme der vorgedachten Rechtshandlungen die schon vorhandene Zahlungseinstellung der Handlung G. D. gekannt habe, gegen die Beklagte Klage erhoben mit dem Antrage, festzustellen, daß Beklagte aus der ihrerseits gegen die Handlung G. D. erwirkten Pfändung der Forderung derselben gegen die D. W.-Gesellschaft zu H. keinerlei Rechtsanspruch auf abgesonderte Befriedigung habe, und die Pfändung nebst dem vorausgegangenen Arreste aufzuheben.

Die Beklagte erklärte die Anfechtung der Pfändung für unzulässig, weil sie länger als 6 Monate vor der Eröffnung des Konkursverfahrens stattgefunden habe (§ 26 KO.). Hiergegen wandte Kläger ein, daß der

20. September 1885, wie auch von der Beklagten als richtig anerkannt ist, auf einen Sonntag gefallen sei, daß daher gemäß § 65 KO. und § 200 ZPO. der 21. September 1885 der sechsmonatlichen Frist noch hinzugerechnet werden müßte, so daß die Pfändung innerhalb der 6 Monate stattgefunden habe.

Das Landgericht hat die Klage auf Grund des § 26 KO. abgewiesen, weil die Pfändung, bzw. die am 20. März 1885 erfolgte Zustellung früher als 6 Monate vor der Konkurseröffnung erfolgt und die Bestimmung des § 200 ZPO. auf die in Rede stehende sechsmonatliche Frist nicht anwendbar sei. Das Oberlandesgericht trat in seinem die Berufung verwerfenden Urteile der Ansicht des Landgerichtes bei.

Die Revision wurde vom Reichsgericht zurückgewiesen aus folgenden

Gründen:

„Der Revisionskläger behauptet, daß der Berufungsrichter in zweifacher Hinsicht das Gesetz verletzt habe, erstens weil er die Anwendbarkeit des Abs. 2 des § 200 ZPO. auf die durch den § 26 KO. bestimmte sechsmonatliche Frist für ausgeschlossen erachtet, und zweitens, weil er die fraglichen 6 Monate im vorliegenden Falle vom 20. März 1885, dem Tage der an die Drittschuldnerin erfolgten Benachrichtigung über die bevorstehende Pfändung, nicht aber vom 9. April 1885, dem Tage der wirklich erfolgten Pfändung, an berechnet habe. Nach beiden Richtungen hin erscheint die Rüge nicht gerechtfertigt.

1. § 200 ZPO. bezieht sich nur auf prozessualische Fristen, auf Fristen, die in einem laufenden Prozeßverfahren zur Anwendung kommen, oder doch in Beziehung zu einem Prozeßverfahren stehen. Das ergibt sich schon daraus, daß die §§ 191—207 ZPO., welche von „Ladungen, Terminen und Fristen" handeln, in dem Abschnitte des ersten Buches „Vom Verfahren" enthalten sind. Die Motive zur Zivilprozeßordnung ergeben aber auch zweifellos, daß der Gesetzgeber in der Zivilprozeßordnung nur die Absicht gehabt hat, Bestimmungen über prozessualische Fristen in dem obengedachten Sinne zu treffen. Die Motive führen nämlich zu § 194 (§ 187 des Entwurfes) die verschiedenen Arten von Fristen auf, welche in der Zivilprozeßordnung vorkommen. Die in Rede stehende Frist des § 26 KO. könnte nur unter eine dieser Arten subsumiert werden, nämlich unter die zu Nr. 5 erwähnten gesetzlichen Fristen. Bezüglich dieser aber sagen die Motive weiter: „Gesetzliche Fristen werden nicht durch Verfügung des Richters in Lauf gesetzt, sondern ihr Beginn knüpft sich kraft Gesetzes unmittelbar an ein bestimmtes prozessualisches Ereignis (z. B. die Zustellung eines Parteischriftstückes usw.)."

Die sechsmonatliche Frist des § 26 KO. ist nun aber keine prozessualische. Sie knüpft den Verlust des Rechtes, eine bestimmte Rechtshandlung anzufechten, an den Ablauf der 6 Monate, ohne daß an ein laufendes Prozeßverfahren gedacht wird, und ohne daß die Frist in irgend einer Beziehung zu einem Prozesse steht. Diese Fristbestimmung gehört, wie viele andere, dem materiellen Rechte an, und ebendeshalb können die Vorschriften der Zivilprozeßordnung überhaupt auf die in Rede stehende Frist nicht angewendet werden.

Hervorzuheben ist noch, daß auch § 65 KO., auf Grund dessen die Anwendbarkeit des § 200 ZPO. behauptet wird, nur ausspricht, daß die Vorschriften der Zivilprozeßordnung auf das Konkursverfahren entsprechende Anwendung finden sollen. Es läßt sich aber mit Grund nicht behaupten, daß die Fristbestimmung des § 26 KO. dem Konkursverfahren angehöre oder mit dem Verfahren in Beziehung stehe. Daher muß auch schon aus diesem Grunde § 200 ZPO. für unanwendbar gehalten werden.

Die vorstehend vertretene Auffassung wird auch von den meisten Auslegern der deutschen Konkursordnung und Zivilprozeßordnung geteilt.

Vgl. v. Wilmowski, Konkursordnung zu § 26 Nr. 2; v. Wilmowski und Levy, Zivilprozeßordnung zu § 200 Nr. 1 Abs. 2; Petersen, Konkursordnung zu § 26 Nr. 3; v. Völderndorff, Konkursordnung zu § 26b. A. M.: Sarwey, Konkursordnung 2. Aufl. zu § 26 Nr. 2. Vgl. auch Dr. Eccius in der Zeitschrift von Rassow und Küntzel, Bd. 23 S. 739.

2. § 744 Abs. 2 ZPO. bestimmt:

„Die Benachrichtigung an den Drittschuldner hat die Wirkung eines Arrestes (§ 810), sofern die Pfändung der Forderung innerhalb drei Wochen bewirkt wird. Die Frist beginnt mit dem Tage, an welchem die Benachrichtigung zugestellt ist."

Unbestritten ist im vorliegenden Falle die Pfändung innerhalb drei Wochen nach der Benachrichtigung nach § 730 Abs. 3 ZPO. bewirkt worden. Die Benachrichtigung hat also die Wirkung des Arrestes und gewährt dem Gläubiger ein Pfand- und Vorzugsrecht vor anderen Gläubigern (§§ 810, 709 ZPO.).

Wenn nun der Revisionskläger geltend macht, daß die Benachrichtigung doch nur etwas Provisorisches, nur eine Handlung mit Suspensiveffekt sei, deren Wirksamkeit durch die nachfolgende Pfändung bedingt werde, daß also für den in Rede stehenden Rechtsverlust nur die wirkliche Pfändung, durch welche der Gläubiger erst sein Recht ausgeübt habe, in Betracht kommen könne, so erscheint diese Auffassung, insbesondere die Schlußfolgerung als durchaus unzutreffend. § 744 ZPO. hat vielmehr nach Wortlaut und Sinn offenbar die Bedeutung, daß — wenn die Bedingung der Pfändung innerhalb der gesetzten Frist erfüllt ist — in allen Fällen und nach jeder Richtung hin schon die in Gemäßheit des Abs. 1 desselben erfolgte Benachrichtigung die Wirkung des Arrestes und der Pfändung mit allen an die letztere geknüpften Wirkungen haben soll. Der Berufungsrichter hat daher mit Recht die sechsmonatliche Frist vom Tage der erfolgten Benachrichtigung an berechnet."

RGZ. 21, 420

Ist für die auf die Vorschrift des § 23 (30 n. F.) Ziff. 2 KO. gestützten Anfechtungsklagen der Gerichtsstand für Klagen aus unerlaubten Handlungen (§ 32 ZPO.) begründet, und zwar auch in dem *Falle, wenn eine Mitwirkung des Gemeinschuldners bei oder ein Einverständnis desselben* mit der angefochtenen Rechtshandlung nicht behauptet ist?

Vereinigte Zivilsenate. Beschl. v. 28. Juni 1888.

Die Entscheidung ist abgedruckt unter „Verfahrensrecht, Zivilprozeßordnung 1".

RGZ. 22, 389

Liegt eine unstatthafte Klagänderung vor, wenn ein Anfechtungsanspruch, der in der Klageschrift aus § 24 [32 n. F.] Ziff. 1 KO. abgeleitet wurde, späterhin auf § 23 [31 n. F.] Ziff. 2 KO. gestützt wird?

III. Zivilsenat. Urt. v. 19. Oktober 1888.

I. Landgericht Altona. II. Oberlandesgericht Kiel.

Aus den Gründen:

„Der Revisionskläger rügt, daß das Berufungsgericht den geltend gemachten Anfechtungsanspruch nur unter dem Gesichtspunkte des § 24 Ziff. 1 KO. gewürdigt, dagegen die Berufung auf den § 23 Ziff. 2 als eine unstatthafte Klagänderung angesehen und zurückgewiesen habe. Dieser Revisionsangriff konnte nicht für begründet erkannt werden.

Aus der Klageschrift erster Instanz läßt sich entnehmen, daß in derselben nicht nur der § 23 Ziff. 2 KO. ausdrücklich als Anfechtungsgrund nicht hervorgehoben, sondern daß auch das zu dessen Begründung erforderliche tatsächliche Material nicht darin enthalten ist. In letzterer Richtung hätte behauptet sein müssen, daß am 17. Dezember 1885, dem Tage der angefochtenen Zahlung, oder 10 Tage vorher die Zahlungseinstellung des Gemeinschuldners erfolgt oder der Antrag auf Eröffnung des Konkursverfahrens gestellt worden sei. Ein solcher Antrag ist nicht geltend gemacht, und was die Zahlungseinstellung betrifft, so ist nach den eigenen, mit dem Inhalte der Akten übereinstimmenden Ausführungen des Klägers nichts weiter vorgebracht, als daß der Gemeinschuldner bereits im Dezember 1885 in einer sehr schwierigen finanziellen Lage sich befunden habe, daß er durch Gutmütigkeit und Leichtsinn mehr und mehr von allen Mitteln sich entblößt habe und überschuldet geworden sei. Durch diese Behauptung wird nur auf die ungünstigen Vermögensverhältnisse des Gemeinschuldners im allgemeinen hingewiesen, keineswegs aber, was zur Substanziierung der Erfordernisse des § 23 Ziff. 2 KO. unentbehrlich war, positiv behauptet, daß zur kritischen Zeit die Zahlungseinstellung des Gemeinschuldners erfolgt sei.

Ist hiernach der Anfechtungsgrund des § 23 Ziff. 2 KO. in der Klageschrift selbst nicht geltend gemacht, so kann es sich nur fragen, ob er nicht nachträglich noch, in der mündlichen Verhandlung, als eine zulässige Verbesserung des Klagevorbringens geltend gemacht werden konnte, oder ob vielmehr seine unter sofortigem Widerspruche des Beklagten erfolgte nachträgliche Geltendmachung als eine unstatthafte Klagänderung anzusehen ist. Das Reichsgericht hat sich für die letztere Ansicht entschieden.

Zwar kann nicht gebilligt werden, daß die Anfechtungsgründe der Konkursordnung und des Anfechtungsgesetzes allgemein und unbeschränkt für verschiedene, eine Klagänderung enthaltende Klagegründe haben erklärt werden sollen. Dagegen ist nicht zu bezweifeln, daß die Anfechtung nach § 25 und diejenige nach § 24, 1 KO. — hier die auf ein subjektiv rechtswidriges Handeln gestützte Deliktsklage, dort der aus der objektiven Tatsache abgeleitete Anspruch, daß eine im Vermögen eines Dritten befindliche Bereicherung auf der unentgeltlichen Verfügung des Gemeinschuldners beruhe — wesentlich verschiedene Klagfundamente darstellen. Wie aber die Geltendmachung des § 25 gegenüber dem § 24 Ziff. 1 oder umgekehrt eine Klagänderung in sich schließt, so ist das gleiche auch in dem Verhältnisse des § 24 Ziff. 1 und § 23 KO. der Fall. Denn geht man mit dem Beschlusse der Vereinigten Zivilsenate des Reichsgerichtes vom 28. Juni 1888 *) davon aus, daß die Vorschrift des § 23 KO. nicht auf der Präsumtion eines Dolus der am Geschäfte Beteiligten, sondern auf dem Prinzipe beruht, daß es im Interesse der Aufrechterhaltung des Kredites in den gedachten Fällen billig und zweckmäßig erscheine, dem dritten Beteiligten eine Verpflichtung zur Rückgewähr aufzuerlegen, so ergibt sich von selbst, daß ein hierauf gegründeter Anfechtungsanspruch sich wesentlich von den Fällen des § 24 Ziff. 1 KO. unterscheidet, welch letztere allein und ausschließlich ein fraudulöses Handeln zur Grundlage haben. Die beiden Anfechtungsgründe sind also verschieden hinsichtlich ihrer tatsächlichen Voraussetzungen, wie hinsichtlich des rechtlichen Charakters der ihnen entsprechenden Klage, der Übergang von dem einen zu dem anderen Grunde muß daher als eine unstatthafte

*) Vgl. Entsch. des RG.s in Zivils. Bd. 21 S. 420.

Klagänderung bezeichnet werden, wenn er, wie im gegebenen Falle, nach Erhebung der Klage und unter Widerspruch der beklagten Partei erfolgt ist."

RGZ. 25, 86

Bezieht sich § 26 (33 n. F.) KO. auch auf die Anfechtungsklage aus § 23 (30 n. F.) Nr. 2 KO.?

VI. Zivilsenat. Urt. v. 10. März 1890.

I. Landgericht Zwickau. II. Oberlandesgericht Dresden.

Für den Beklagten war am 16. März 1887 eine Hypothek auf das Grundstück der Aktiengesellschaft B. eingetragen worden. Im Jahre 1888 wurde Konkurs über das Vermögen der Aktiengesellschaft eröffnet. Der Konkursverwalter focht die Hypothekenbestellung gemäß § 23 Nr. 1, 2 KO. an.

Aus den Gründen:

„Soweit die Klage auf eine zur Zeit der Hypothekeneintragung schon vorhandene Zahlungseinstellung der Aktiengesellschaft gestützt worden ist, hat das Oberlandesgericht den § 26 KO. mit Recht angewendet. Die Hypothek wurde bereits am 16. März 1887 im Hypothekenbuche vermerkt. Das Konkursverfahren über das Vermögen der Gesellschaft ist erst am 2. Juni 1888 eröffnet worden. Demnach liegt die angefochtene Rechtshandlung vor den sechs Monaten, welche nach § 26 nicht verflossen sein dürfen, wenn die Kenntnis der Zahlungseinstellung für die Anfechtung benutzt werden soll.

Daß dem Beklagten die Zahlungseinstellung bekannt war, mußte der Kläger unter allen Umständen dartun, wenn er die Hypothekenbestellung auf Grund des § 23 Nr. 1 KO. anfechten wollte. Bei der Klage aus § 23 Nr. 2 hatte er allerdings nur die Zahlungseinstellung nachzuweisen. Vornehmlich deshalb glauben einige Ausleger der Konkursordnung, den § 26 nicht auf § 23 Nr. 2 beziehen zu dürfen. Der § 26 trifft dennoch auch die auf Zahlungseinstellung beruhende Klage aus § 23 Nr. 2. Die hier aufgeführten Rechtshandlungen werden darum für anfechtbar erklärt, weil sie nach der Zahlungseinstellung vorgenommen wurden und dem Beklagten eine Begünstigung gewähren. Zwar braucht hier dem Beklagten die Kenntnis der Zahlungseinstellung nicht nachgewiesen zu werden. Immerhin erfolgt jedoch die Anfechtung aus dem Grunde einer solchen Kenntnis. Denn der Beklagte hat zur Entkräftung der Klage den Beweis seiner Unkenntnis zu führen. Dieser Beweis ist aber dann nicht von ihm zu verlangen, wenn die Zahlungseinstellung mit der nachherigen Konkurseinleitung nicht ursachlich zusammenhängt. Nur Zahlungseinstellungen, welche innerhalb sechs Monaten vor dem Beginne des Konkurses erfolgten, berechtigen zur Anfechtung. Frühere Zahlungseinstellungen hält das Gesetz nicht für geeignet, die spätere Konkurseröffnung darauf zurückzuführen. Die Motive zu § 26 (S. 139flg.) heben ausdrücklich hervor: „Wenigstens wird der lange Zeitablauf bei Dritten die Meinung begründen, daß die Zahlungseinstellung inzwischen wieder beseitigt sei. Es würde doch eine Unsicherheit und eine Lähmung des Verkehres entstehen, wäre es zulässig, unbeschränkt in die fernste Vergangenheit zurückzugreifen. Das will das Gesetz vermeiden.“ Sonach sprechen die Motive unzweifelhaft für die weitere Auslegung des Gesetzes. Die Bezugnahme auf die Motive ist jedoch nicht einmal erforderlich. Schon die Worte des Gesetzes ergeben zur Genüge, daß der Gesetzgeber eine Zahlungseinstellung, die weiter als sechs Monate vor dem Konkursanfange zurückliegt, als Anzeichen des Konkurses nicht betrachtet wissen wollte. Noch weniger ist auf die Entstehungsgeschichte des Gesetzes besonderer Wert zu legen. Der offenbare Sinn des Gesetzes schließt jede Anfechtung nach § 23 aus, wenn die Zahlungseinstellung, auf welche sich der Kläger beruft, mit der Konkurseröffnung nicht zusammenhängt. Fehlt dieser Zusammenhang, so ist die Anfechtung aus § 23 unstatthaft, mag nun der Anfechtende die Kenntnis der Zahlungseinstellung nachzuweisen oder der Beklagte den Beweis der Unkenntnis zu erbringen haben.

Einer Erörterung der Frage, ob § 26 sämtliche Fälle des § 23 umfasse, also auch den, wo die angefochtene Rechtshandlung nach dem Antrage auf Eröffnung des Verfahrens oder in den letzten zehn Tagen vor der Zahlungseinstellung oder dem Eröffnungsantrage erfolgte, bedarf es gegenwärtig nicht. Derartige Fälle stehen hier nicht zur Entscheidung. Die weitergehende Meinungsäußerung der Vorinstanz kann deshalb dahingestellt bleiben.“ ...

RGZ. 26, 5

Wie ist die im § 23 (30 n. F.) Ziff. 2 KO. erwähnte zehntägige Frist zu berechnen?

III. Zivilsenat. Urt. v. 18. Februar 1890.

I. Landgericht Aurich. II. Oberlandesgericht Celle.

Aus den Gründen:

„Die vom Beklagten erhobene Revision macht zunächst geltend, es sei zu Unrecht vom Berufungsgerichte angenommen, daß die angefochtene Rechtshandlung in die zehntägige, in § 23 Ziff. 2 KO. erwähnte Frist falle. Wenn, wie das Berufungsgericht feststelle, die Zahlungseinstellung am 14. April erfolgt sei, so falle die am 4. April erfolgte Zahlung außerhalb dieser Frist. Der Angriff erscheint unbegründet. Die Reichskonkursordnung enthält keine ausdrückliche Bestimmung, wie diese Frist zu berechnen ist. Erwägt man indes, daß nach den sonstigen Bestimmungen der Reichsgesetze da, wo eine Frist nach Tagen zu berechnen ist, der Tag, auf welchen der Zeitpunkt oder das Ereignis fällt, nach welchem der Anfang der Frist sich richtet, nicht mitgerechnet werden soll,

vgl. Art. 32 Ziff. 1 WO., Art. 328 Ziff. 1 HGB. und § 199 ZPO.,

so wird man nach den Grundsätzen der Analogie im Sinne der Reichsgesetzgebung auch den hier in Frage stehenden Zeitraum in gleicher Weise, nämlich dahin berechnen müssen, daß der Tag der Zahlungseinstellung, hier der 14. April, nicht mitgerechnet wird. Die Ansicht des Revisionsklägers, daß, wenn der 4. April als erster Tag gerechnet werde, eine Rechtshandlung, die am 14. April, aber noch vor der Zahlungseinstellung, vorgenommen sei, unanfechtbar sein würde, ist nicht richtig. Wäre im vorliegenden Falle eine naturale Komputation vorgeschrieben, und wäre es möglich, die Zahlungseinstellung auf eine bestimmte Stunde des 14. April zu fixieren, so würde diese Stunde als der Zeitpunkt zu betrachten sein, von welchem aus die zehnmal vierundzwanzig Stunden rückwärts zu zählen sein würden. Es würde daher der Endpunkt der Frist in die entsprechende Stunde des 4. April fallen. Bei der zivilen Komputation, die nach dem Obigen hier einzutreten hat, wird der ganze Tag, in welchen bei naturaler Berechnung der Endpunkt der Frist, hier also der 4. April, fällt, mit in den Zeitraum hineingerechnet, was tatsächlich einer Verlängerung der Frist um so viel Stunden gleichkommt, als zwischen dem natürlichen Endpunkte der Frist und der zunächst zurückliegenden Mitternacht verstrichen sind. Daß die zehntägige Frist in dieser Weise zu berechnen ist, darüber besteht auch in der Literatur kein Streit.

Vgl. Petersen und Kleinfeller, KO. 2. Aufl. S. 88 Note 3 und die dort angeführten Schriftsteller." ...

RGZ. 26, 74

Beweis der Gläubigerbenachteiligung bei Anfechtung einer Wechselverpflichtung auf Grund des § 24 (31 n. F.) Ziff. 2 KO. Gegenbeweis durch den Nachweis eines schon vor der kritischen Zeit über den Wechselbetrag erteilten, von Angabe des Schuldgrundes absehenden Schuldversprechens.

I. Zivilsenat. Urt. v. 7. Dezember 1889.

I. Landgericht Cottbus. II. Kammergericht Berlin.

Im Konkurse der offenen Handelsgesellschaft Ferdinand K. meldete der Kläger, welcher Ehemann der Schwester des Mitgesellschafters Ernst K. ist, Forderungen aus drei Wechselakzepten der Gemeinschuldnerin an. Da die Wechsel aus dem letzten Jahre vor der Konkurseröffnung datierten, auch dem Kläger in dieser Zeit unmittelbar von der nachmaligen Gemeinschuldnerin gegeben waren, bestritt der Konkursverwalter die Forderungen, indem er einredeweise die Wechselverpflichtungen aus § 24 Ziff. 2 KO. anfocht. Der Kläger bezog sich hiergegen auf ein schriftliches Schuldanerkenntnis der Gemeinschuldnerin, welches nach seinem Datum über ein Jahr von der Konkurseröffnung ab gerechnet zurücklag, und in welchem die Gemeinschuldnerin dem Kläger „bestätigt hatte, daß er bei ihr ein Guthaben von 13520 M. besitze", über welches ihm fünf Dreimonatsakzepte zu geben sie sich verpflichtete. Zu diesen Akzepten sollten die angemeldeten gehören. Dies Schuldanerkenntnis hatte nach Behauptung des Klägers eine Schuld aus Lieferungen von Waren seitens des Klägers an den früheren Alleininhaber der Firma Ferdinand K. zur Grundlage, welche die Handelsgesellschaft bei Übernahme des Geschäftes mit übernommen hatte. Die Instanzgerichte erachteten den Kläger behufs Führung des Gegenbeweises gegen die Kenntnis einer Benachteiligungsabsicht der Gemeinschuldnerin in bezug auf den materiellen Schuldgrund der Hingabe von Waren an den früheren Firmeninhaber für beweispflichtig und wiesen denselben ab, weil dieser Beweis mißlang. Das Reichsgericht hob das Berufungsurteil auf.

Aus den Gründen:

. . . „Als objektive Voraussetzung für die Anfechtung gemäß § 24 Ziff. 2 KO. genügt neben dem daselbst vorgesehenen Verwandtschaftsverhältnisse und dem Vertragsabschlusse innerhalb des kritischen Zeitraumes nicht der Abschluß eines entgeltlichen Vertrages schlechthin, vielmehr wird erfordert, daß durch den Abschluß die Gläubiger benachteiligt werden. Was zur Begründung dieser Voraussetzung dem Anfechtenden obliegt, darüber herrscht gerade bei der Anfechtung einer vom Gemeinschuldner eingegangenen Wechselverpflichtung unter den Auslegern der Konkursordnung Meinungsverschiedenheit. Vielfach wird die Ansicht vertreten, daß, weil die Wechselverpflichtung für sich allein noch gar kein entsprechend den Anfechtungsvoraussetzungen qualifizierbares Geschäft — ob entgeltlich oder unentgeltlich — erkennen lasse, das Zurückgehen auf das der Entstehung der Wechselverpflichtung zugrunde liegende Rechtsgeschäft zur Begründung der Anfechtung gehöre.

Vgl. Petersen u. Kleinfeller, Kommentar (2. Aufl.) zu § 23 S. 115 Note 2 und die dort Angeführten; v. Wilmowski, Kommentar (4. Aufl.) S. 122.

Soll dies den Sinn haben, daß die Anfechtung ausgeschlossen sei, wenn der Anfechtende das zugrunde liegende Rechtsgeschäft nicht darzulegen vermöge, so könnte dies nicht als dem Willen des Gesetzes entsprechend erachtet werden. Denn das Gesetz kann die Anfechtung nicht von der Darlegung von Grundlagen des Wechselgeschäftes abhängig machen wollen, die dem Anfechtenden insbesondere bei unklaren Verhältnissen des Gemeinschuldners unbekannt sind und für ihn häufig unerforschlich bleiben werden. Es wird also davon auszugehen sein, daß der Anfechtende gerade wegen der abstrakten Natur der Wechselverpflichtung es sich zunächst an dem Nachweise, daß der Gemeinschuldner zugunsten eines der in § 24 Ziff. 2 a. a. O. bezeichneten Verwandten als des gewollten Nehmers des Wechsels in der kritischen Zeit eine Wechselverpflichtung eingegangen ist, genügen lassen darf, da diese Verpflichtung die Befriedigungsmittel für die Konkursgläubiger durch Vermehrung der Passiva kürzt, während sie von der Darlegung der geschehenen Zuführung eines entsprechenden Wertes in das Vermögen des Gemeinschuldners unabhängig ist. Aber es erscheint unzutreffend, wenn man hiermit die in der Benachteiligung der Gläubiger beruhende, objektive Anfechtungsvoraussetzung für endgültig erledigt ansieht und alle Entgegnungen des Anfechtungsgegners, welche sich auf jene objektive Voraussetzung beziehen, nur unter dem Gesichtspunkte des die subjektive Seite betreffenden, ihm nachgelassenen Gegenbeweises gegen die Kenntnis von der Benachteiligungsabsicht prüft.

Auch wenn man der Behauptung des Anfechtungsgegners, daß nach dem der Wechselhingabe zugrunde liegenden Rechtsgeschäfte der Gemeinschuldner für die Eingehung der Wechselverpflichtung einen entsprechenden Gegenwert erlangt habe, die Bedeutung einer materiellen Einrede der Wideraufhebung einer in der Tat durch die Wechselhingabe als bewirkt anzusehenden Gläubigerbenachteiligung beimessen wollte,

vgl. Cosak, Anfechtungsrecht S. 335; Eck in der Zeitschrift für Handelsrecht Bd. 29 S. 303,

so wäre es doch immer noch die objektive Gläubigerbenachteiligung, welche durch das Zurückgehen des Anfechtungsgegners auf das dem Wechsel zugrunde liegende Rechtsgeschäft, als zum mindesten nicht mehr vorhanden, in Frage gestellt würde. Natürlicher und den in Betracht kommenden Hergängen in ihrer zeitlichen Verknüpfung entsprechender erscheint aber die Auffassung, daß die Eingehung der Wechselverpflichtung nur einen Beweis prima facie für das Vorhandensein der Gläubigerbenachteiligung erbringt, der entscheidend bleibt, wenn der Anfechtungsgegner überhaupt ein zugrunde liegendes Rechtsgeschäft nicht aufdeckt und beweist, der aber entkräftet wird, sobald solche Aufdeckung seitens des Anfechtungsgegners in einer Weise erfolgt, welche die Bedeutungslosigkeit der Wechselverpflichtung als Benachteiligung wegen einer entsprechend erfolgten Vermehrung der Aktivmasse oder der Beseitigung eines anderen gleich hohen Passivums, die der Wechselverpflichtung zugrunde liegt, dartut, wobei es dann allerdings wieder dem Anfechtenden unbenommen bleiben muß, die Annahme solcher Ausgleichung durch den Beweis besonderer Umstände, mag er sie aus jener Aufdeckung des Rechtsverhältnisses selbst oder anderswoher schöpfen, zu widerlegen.

Vermöchte demnach der Kläger sich lediglich auf das Vorhandensein des materiellen, durch Lieferungen von Waren und Werten an den früheren Firmeninhaber entstandenen materiellen Schuldgrundes zu berufen, so würde er diesen allerdings zu beweisen gehabt haben. Zwischen jenen angeblichen Lieferungen und der Wechselhingabe liegt aber gerade jenes Schuldanerkenntnis, von welchem der Kläger unter Bezugnahme auf sein Datum behauptet, daß es bereits früher als ein Jahr von der Konkurseröffnung ab zurückgerechnet ihm ausgehändigt, also der Anfechtung aus § 24 Ziff. 2 a. a. O. entrückt sei. Erweist sich diese Behauptung als richtig, so daß bereits vor Beginn des letzten Jahres vor der Konkurseröffnung die Verpflichtung der nachmaligen Gemeinschuldnerin aus jenem Schuldanerkenntnisse bestand, so ist nicht ersichtlich, wie gegenüber der damals bereits vorhandenen Rechtslage durch die Hingabe der bisher unbezahlt gebliebenen und nur zur Teilnahme an den Konkursdividenden liquidierten Wechsel über die gleichen Beträge eine Veränderung dieser Lage zum Nachteile der Konkursgläubiger stattgefunden haben soll. Ist auch das Schuldanerkenntnis vom 1. Juli 1884 wegen der ausdrücklich nur auf Übergabe durch Wechselakzepte übernommenen Verpflichtung kein kaufmännischer Verpflichtungsschein, so ist es doch ein Anerkenntnis im Sinne eines selbständigen Verpflichtungsgrundes. Dies ergibt sich aus dem Mangel der Angabe eines materiellen Schuldgrundes — „wir bestätigen, daß Herr usw. bei uns ein Guthaben von 13520,24 M. besitzt" — und erklärt sich daraus, daß die Schuld ihrem materiellen Grunde nach vom Vorbesitzer des Geschäftes kontrahiert sein und von der nachmaligen Gemeinschuldnerin durch den Erwerb des Geschäftes vom Vorbesitzer diesem gegenüber übernommen worden sein sollte. Auch bei Geltendmachung jenes Schuldanerkenntnisses wären die Gemeinschuldnerin sowie die Konkursmasse auf eine Verteidigung, mittels welcher sie die Voraussetzungen für die Rückforderung einer Leistung wegen mangelnden Rechtsgrundes zu beweisen hätten, so daß sie das Fehlen des materiellen Schuldgrundes dartun mußten, beschränkt gewesen. Schlechter steht die Konkursmasse auch infolge der geschehenen Hingabe der Wechsel gegenüber der Geltendmachung dieser nicht. Erwägungen, wie die vom Berufungsgerichte angestellten, daß mittels des Wechsels eine schnellere Eintreibung der Forderung ermöglicht werde, sowie daß im vorliegenden Falle die Fälligkeit der Schuld der für die Deckung durch Wechsel getroffenen Vereinbarung zuwider bei der Hingabe der Wechsel verfrüht worden sei, würden nur dann von Belang sein können, wenn infolge der Wechselhingabe die Zahlung stattgefunden hätte, und es sich darum handelte, mittels der Anfechtung der Wechselhingabe und der auf dieselbe hin erfolgten Zahlung letztere zurückzufordern. Hat der Gläubiger von den ihm durch die Wechselhingabe gewährten Mitteln zur schleunigeren oder früheren Eintreibung der Zahlung keinen Gebrauch gemacht, so ist es für die Frage der objektiven Benachteiligung der Gläubiger so anzusehen, als hätte er den ihm gewährten Vorteil der Masse wieder zurückgewährt. Die Steigerung, welche der vorhandene Anspruch durch die Wechselhingabe um Protestkosten und Provisionen und etwa um Zinsen erfährt, kann immer nur zur Anfechtung dieser Steigerungen, aber nicht zur Beseitigung des Anspruches, soweit er sich mit dem vor der Wechselhingabe bestandenen deckt, führen. Daß, soweit die Forderung aus dem Wechsel geltend gemacht wird, die Konkursmasse die Zahlung der Dividende auf die alte Schuld, zu deren Deckung der Wechsel gegeben worden, erspart, bedarf keiner besonderen Ausführung.

Freilich ist es denkbar, daß schon die vor der kritischen Zeit erfolgte Begründung der abstrakten Schuldverpflichtung eine Benachteiligung der Gläubiger enthalten hat, indem die Aufstellung derselben des materiellen Schuldgrundes überhaupt entbehrt. In diesem Falle würde in der späteren Wechselhingabe zwar keine Veränderung des Zustandes, wie er bereits vorher und beim Ausbruche des kritischen Jahres vorhanden war, aber immerhin doch eine erneute Betätigung jener Gläubigerbenachteiligung zu finden sein. Indessen ist es nicht Sache des Anfechtungsgegners, den Beweis, daß dies nicht der Fall gewesen, zu erbringen. Er genügt seiner Pflicht im Falle der Anfechtung des Formalverpflichtungsaktes aus § 24 Ziff. 2, wenn er beweist, daß die Lage der Masse für die Befriedigung der Gläubiger durch diesen Rechtsakt gegenüber dem Zustande vor demselben nicht zu deren Nachteil verändert ist. Und es ist Sache des Anfechtungsklägers, wenn er trotzdem zur Beseitigung des Rechtsaktes gelangen will, den früheren Rechtsakt, in welchem der spätere die Stütze findet, vermöge deren ihm eine nachteilige Veränderung nicht innewohnt, entsprechend den Anfechtungsvorschriften anzufechten. Denn es muß, wenn dies nicht geschieht oder nicht geschehen kann, davon ausgegangen werden, daß jener frühere Akt keine Benachteiligung der Gläubiger enthält, und alsdann bleibt entscheidend, daß durch den späteren Akt keine Veränderung der Rechtslage zum Nachteile der Gläubiger eingetreten ist. Eine Feststellung dahin, daß für die Ausstellung des Schuldanerkenntnisses in Wahrheit ein materieller Schuldgrund nicht existierte, oder auch nur, daß das Schuldanerkenntnis im Hinblicke auf einen Konkursausbruch wegen der erkannten Unzulänglichkeit der für eine erfolgreiche Geltendmachung des materiellen Anspruches vorhandenen Grundlagen ausgestellt worden, hat das Berufungsgericht nicht getroffen. Dasselbe nimmt nur an, daß der Kläger den materiellen Schuldgrund nicht bewiesen habe, und die Grundlage dieser Annahme beruht hauptsächlich nur auf der Unzulänglichkeit des jetzt allein noch vorhandenen Materials an Handlungsbüchern. Daß zur Zeit der Ausstellung des Schuldanerkenntnisses das Geschäft bereits insolvent war, — gemeint kann nur sein, daß es überschuldet war, — und daß der Kläger dies wissen mußte, erscheint für sich allein nicht geeignet, jenem Schuldanerkenntnisse und folgeweise den sich daran reihenden Wechselverpflichtungen die Wirkung der Gläubigerbenachteiligung zu geben.

Zu dem gleichen Ergebnisse gelangt man übriges auch, falls man annehmen wollte, daß der Mangel der objektiven Benachteiligung der Gläubiger durch die Wechsel nicht aus dem bloßen vorherigen Vorhandensein des abstrakten Schuldanerkenntnisses gefolgert werden dürfe, weil beide Urkunden immerhin Schuldpapiere verschiedener Art wären, bei Beurteilung der subjektiven Anfechtungsvoraussetzung. Wenn dem Anfechtungsgegner im Falle des § 24 Ziff. 2 a. a. O. der Beweis obliegt, daß er von einer Absicht des Gemeinschuldners, seine Gläubiger zu benachteiligen, keine Kenntnis gehabt habe, so darf sich doch diese ihm obliegende Bekämpfung der ihm entgegenstehenden Präsumtion, die zugleich die Präsumtion der Benachteiligungsabsicht des Gemeinschuldners ist, auf diejenigen Benachteiligungsabsichten beschränken, welche als möglich demjenigen Rechtsakte innewohnen, der die Benachteiligung enthalten soll und angefochten wird. Bei der Führung des Beweises gegen die Präsumtion darf daher der Anfechtungsgegner vorausgegangene Rechtsakte, welche der Anfechtung aus § 24 Ziff. 2 entzogen sind, als rechtmäßige behandeln. Er hat nicht auch noch einen Beweis gegen eine diesen innewohnende Benachteiligungsabsicht zu führen, da ihm bei diesen keine Präsumtion entgegensteht. Wenn also davon ausgegangen werden darf, daß dem Kläger vor der kritischen Zeit das — ebendeshalb auf Grund des § 24 Ziff. 2 nicht anfechtbare — Schuldanerkenntnis erteilt worden war, welches zugleich noch die Verpflichtung des Schuldners enthielt, dem Kläger in Höhe des anerkannten Betrages seine Wechselakzepte zu geben, während doch durch Hingabe dieser Akzepte materiell die Last der Konkursmasse gegenüber der bereits zuvor vermöge des Schuldanerkenntnisses bestehenden, abgesehen von den Wechselnebenkosten, nicht vergrößert wurde, so ist nicht abzusehen, weshalb damit nicht der Beweis des Anfechtungsgegners, daß der Schuldner bei Hingabe der Akzepte keine Absicht der Benachteiligung der Gläubiger gehabt habe, geführt sein sollte.

Aus allem diesen ergibt sich, daß die bisherige Begründung des Berufungsurteiles nur zureichen würde, wenn der Kläger nicht zu beweisen vermag, daß er das Schuldanerkenntnis früher als ein Jahr vor der Konkurseröffnung erhalten hat, — wobei es der Würdigung des Instanzgerichtes überlassen werden muß, welches Gewicht für diesen Beweis die Datierung desselben vom 1. Juli 1884 und die anscheinend unstreitige Tatsache, daß das Geschäft mit dem 1. Juli 1884 von Ferdinand K. auf die Handelgesellschaft übergegangen, zu beanspruchen haben —, daß aber, wenn dieser Beweis als geführt zu erachten ist, eine Anfechtung dieser Wechselhingaben der Hauptsache nach — im Gegensatze zu den Wechselnebenkosten — den Nachweis seitens des Konkursverwalters voraussetzt, daß die Gemeinschuldnerin das Schuldanerkenntnis in der dem Kläger bekannten Absicht, ihre Gläubiger zu benachteiligen (§ 24 Ziff. 1 a. a. O.) ausgestellt habe.“...

RGZ. 30, 71

Kann der Konkursverwalter das ihm nach den §§ 22 (29 n. F.) flg. KO. zustehende Anfechtungsrecht mit rechtlicher Wirkung an Dritte abtreten?

VI. Zivilsenat. Urt. v. 5. Januar 1893.

I. Landgericht I Berlin. II. Kammergericht daselbst.

Das Reichsgericht hat die aufgeworfene Frage verneint*).

Aus den Gründen:

„Die am 25. August 1890 in Konkurs verfallene Handlung A. H. zu Stolp hatte am 12. August 1890 eine ihr zustehende Grundschuld von 60000 M. an die Beklagte abgetreten, für die demnächst auch die Grundschuld umgeschrieben worden ist. Diese Abtretung wird im gegenwärtigen Prozesse von der Klägerin nach Maßgabe des § 23 Ziff. 1 KO. angefochten. Dabei leitet die Klägerin die Berechtigung zur Anfechtung aus einer von ihr und dem H.schen Konkursverwalter vollzogenen Urkunde vom 2. 26. Februar 1891 her, in welcher der Verwalter erklärt hat, daß die H.sche Konkursmasse, gestützt auf § 22 KO., einen Anspruch auf die gedachte Grundschuld erhebe, die ihr an der Grundschuld zustehenden Rechte aber an die Klägerin zu eigenen Rechten zediere, wogegen letztere sich verpflichtete, den Anfechtungsprozeß gegen die jetzige Beklagte auf Herausgabe der Grundschuld auf eigene Kosten zu führen und, falls in diesem Prozesse sie obsiege und die Grundschuld zurückbekommen habe, an die Konkursmasse 28000 M. zu zahlen. Klägerin beantragte demgemäß, die Beklagte zu verurteilen, anzuerkennen, daß ihr ein Recht an der für sie

*) Ebenso Petersen und Kleinfeller, Konkursordnung 2. Aufl. S. 151, und für österreichisches Recht Menzel, Anfechtungsrecht S. 301, 302. Dagegen bejahen die Frage v. Sarwey, Konkursordnung S. 198; v. Völderndorff, Konkursordnung Bd. 1 S. 397 Anm. 3; Cosack, Anfechtungsrecht S. 304 flg. 329, 363; Korn, Anfechtung S. 34; v. Wilmowski, Konkursordnung 3. Aufl. S. 124.

eingetragenen Grundschuld von 60000 M. nicht zustehe, und in die Eintragung der Klägerin als Eigentümerin der Grundschuld zu willigen.

Das Landgericht erkannte auf Abweisung der Klage mit der Ausführung, daß die Klägerin zwar durch die Urkunde vom 2./26. Februar 1891 zur Anfechtung legitimiert, die Anfechtung selbst aber wegen Fehlens der Voraussetzungen des § 23 KO. unbegründet sei. Nachdem von der Klägerin die Berufung eingelegt und eventuell noch beantragt war, die Beklagte zur Zession der Grundschuld sowie zur Herausgabe des Grundschuldbriefes an die Klägerin zu verurteilen, hat das Kammergericht die Verhandlung auf die Frage der Aktivlegitimation der Klägerin beschränkt und alsdann die Berufung unter Verneinung der Aktivlegitimation zurückgewiesen.

Der jetzt vorliegenden Revision war der Erfolg zu versagen.

Der Vorderrichter legt die Urkunde vom 2./26. Februar 1891 dahin aus, daß den Gegenstand der vorgenommenen Abtretung lediglich das Anfechtungsrecht des Konkursverwalters gebildet habe. In dieser Auslegung wird von der Revisionsklägerin eine Verletzung des § 65 ALR. I. 4 erblickt, weil mit der gedachten Urkunde die Konkursmasse nicht bloß das Anfechtungsrecht, sondern überhaupt die ihr an der Grundschuld zustehenden Rechte abgetreten habe. Es ist indessen nicht ersichtlich und auch seitens der Klägerin nicht angegeben worden, welche sonstigen Rechte an der vor der Konkurseröffnung aus dem Vermögen des Gemeinschuldners ausgeschiedenen Grundschuld der Verwalter an die Klägerin abgetreten haben könnte. Und wenn selbst noch andere Rechte abgetreten wären, so leitet doch die Klägerin im gegenwärtigen Prozesse aus jener Urkunde nur das Recht zur Anfechtung der Abtretung der Grundschuld her. Danach ist die Entscheidung über die Revision ausschließlich von der Frage abhängig, ob der Konkursverwalter das ihm nach den §§ 22flg. KO. zustehende Anfechtungsrecht mit rechtlicher Wirkung an die Klägerin abtreten konnte. Die Vorinstanz hat diese, unter den Schriftstellern des Konkursrechtes streitige Frage mit eingehender Begründung in verneinendem Sinne beantwortet, und der Verneinung mußte das Reichsgericht sich anschließen.

Eine ausdrückliche Vorschrift, durch die dem Konkursverwalter die Befugnis zur Abtretung des Anfechtungsrechtes beigelegt würde, ist in der Konkursordnung nicht enthalten. Daß der Verwalter die zur Konkursmasse gehörigen Forderungen nicht bloß durch deren Einziehung, sondern auch auf dem Wege der Veräußerung und Abtretung an dritte Personen verwerten darf, unterliegt nach den §§ 107, 121 Ziff. 2 keinem Bedenken. Um eine zur Konkursmasse gehörige Forderung im Sinne dieser Bestimmungen handelt es sich hier aber nicht. Denn das Anfechtungsrecht ist nicht ein Bestandteil des Vermögens, welches dem Gemeinschuldner zur Zeit der Eröffnung des Konkursverfahrens gehörte (§ 1 KO.); es entsteht vielmehr erst mit der Konkurseröffnung, in deren Folge gemäß § 22 KO. bestimmte Rechtshandlungen, die vor der Konkurseröffnung vorgenommen sind, nach Maßgabe der §§ 23—34 als den Konkursgläubigern gegenüber unwirksam angefochten werden können. Wenn nun der § 29 verordnet, daß das Anfechtungsrecht von dem Verwalter ausgeübt wird, so ist damit nicht bloß der Verwalter für anfechtungsberechtigt erklärt, sondern zugleich, wie dies die Motive zur Konkursordnung besonders hervorheben (S. 145, 146), allen anderen Personen das Anfechtungsrecht während der Dauer des Konkurses abgesprochen, namentlich auch den einzelnen Konkursgläubigern die ihnen von der früheren preußischen Konkursordnung (§ 112) subsidiär gestattete Ausübung des Anfechtungsrechtes entzogen worden. Daraus allein läßt sich indessen noch nicht der Schluß ziehen, daß eine Abtretung des Anfechtungsrechtes dem Verwalter nicht gestattet sei. Ebensowenig darf in dieser Beziehung ein erhebliches Gewicht darauf gelegt werden, daß außerhalb des Konkursverfahrens der Anfechtungsanspruch des Gläubigers nicht für sich allein an einen Dritten übertragen werden, vielmehr nur in Verbindung mit der dem Gläubiger zustehenden Forderung auf deren Erwerber übergehen kann. Außerhalb des Konkursverfahrens hat die Anfechtung den Zweck, dem Anfechtenden zu seiner Befriedigung wegen einer bestimmten vollstreckbaren Forderung zu verhelfen und die vom Schuldner in gesetzwidriger Weise geschaffenen Hindernisse der Zwangsvollstreckung für diese Forderung zu beseitigen. Demgemäß tritt der akzessorische Charakter des Anfechtungsanspruches zu einer vollstreckbaren Forderung des Anfechtenden in den Bestimmungen des Gesetzes vom 21. Juli 1879 deutlich hervor, und zwar ebenso in den §§ 1, 2, 4, 5 wie in dem § 7, nach welchem der Anfechtungsgegner das Empfangene nur insoweit zurückzugewähren hat, als es zur Befriedigung des anfechtenden Gläubigers erforderlich ist. In einem derartigen Abhängigkeitsverhältnisse zu einer einzelnen Forderung oder zu mehreren Forderungen steht das Anfechtungsrecht des Konkursverwalters nicht, da es zugunsten aller Konkursgläubiger ausgeübt wird und die vollständige Zurückgewährung des durch die anfechtbare Handlung der Konkursmasse Entzogenen bezweckt.

Muß hiernach auch einem Teile der Ausführungen des Vorderrichters eine ausschlaggebende Bedeutung abgesprochen werden, so folgt doch aus den Vorschriften der Konkursordnung selbst die Richtigkeit der getroffenen Entscheidung. Zuzugeben ist, daß der Wortlaut des § 29, für sich allein betrachtet, einer Abtretung des Anfechtungsrechtes nicht entgegenstehen würde. Denn wenn auch das Anfechtungsrecht nur dem Anfechtungsgegner gegenüber — durch Klage oder Einrede, vgl. § 110 der preußischen Konkursordnung — ausgeübt werden und deshalb von einer Ausübung des Anfechtungsrechtes durch dessen Veräußerung nicht wohl die Rede sein kann, so wäre doch an sich nach der Fassung des § 29 eine Übertragung der Ausübung des Anfechtungsrechtes auf einen Dritten immerhin möglich. Allein zum richtigen Verständnisse des § 29 sind die nachfolgenden Bestimmungen über den Zweck und die Wirkungen der Anfechtung notwendig mit heranzuziehen. Nach § 30 muß das durch die anfechtbare Handlung aus dem Vermögen des Gemeinschuldners Veräußerte, Weggegebene oder Aufgegebene zur Konkursmasse zurückgewährt werden; nach § 31 ist die Gegenleistung aus der Konkursmasse zu erstatten, soweit sie sich in derselben befindet, oder soweit die Masse um ihren Wert bereichert ist, während darüber hinaus ein Anspruch nur als Konkursforderung geltend gemacht werden kann; und nach § 32 tritt die Forderung des Empfängers einer anfechtbaren Leistung, sobald dieser das Empfangene zurückgewährt, wieder in Kraft, so daß sie nunmehr als Konkursforderung geltend gemacht werden kann (vgl. § 108 der preußischen Konkursordnung). Alle diese Bestimmungen weisen in unzweideutiger Weise auf den untrennbaren Zusammenhang zwischen dem Anfechtungsrechte des Verwalters und dem Konkursverfahren hin. Es kann nicht als dem § 30 entsprechend angesehen werden, wenn an Stelle des Veräußerten, Weggegebenen oder Aufgegebenen nur eine Zessionsvaluta von beliebiger Höhe zur Konkursmasse fließt, wogegen der Gemeinschuldner dem Anfechtungsgegner für das dem Zessionar Zurückgewährte in vollem Umfange verhaftet bliebe (vgl. Motive zur Konkursordnung S. 111, 112). Andererseits darf der Anfechtungsgegner die Erstattung seiner Gegenleistung in den durch § 31 gezogenen Grenzen aus der Konkursmasse fordern, die darüber hinausgehenden Ansprüche aber sowie die gemäß § 32 wieder in Kraft tretende Forderung im Konkursverfahren geltend machen. Wäre die Abtretung des Anfechtungsrechtes an einen Dritten zuzulassen, so müßte freilich der Zessionar die Gegenansprüche des Anfechtungsgegners, soweit sie aus der Konkursmasse befriedigt werden könnten, gegen sich gelten lassen. Allein trotzdem würde die Lage des Anfechtungsgegners durch die Abtretung da verschlechtert werden, wo die Valuta der Abtretung den Wert des Zurückzugewährenden nicht erreicht, wie dies vorliegend der Fall ist und wohl regelmäßig, um die Zession überhaupt zu ermöglichen, der Fall sein müßte. Was der Anfechtungsgegner in Gemäßheit des § 30 KO. zur Konkursmasse zurückgewährt, kommt ihm anteilig bei der Festsetzung der auf seine Gegenansprüche fallenden Konkursdividende zugute. Erfolgte dagegen die Rückgewähr an einen Zessionar des Verwalters, so könnte für die Berechnung der Konkursdividende nicht der Wert des Zurückgewährten, vielmehr nur der möglicherweise erheblich geringere Betrag der Zessionsvaluta in Betracht kommen. Die Konkursordnung gewährt aber auch keinen Anhalt für die Annahme, daß zwischen dem Anfechtungsgegner und dem Zessionar darüber gestritten und entschieden werden könnte, inwieweit die Konkursmasse die Gegenleistung noch enthält oder um deren Wert bereichert ist, und inwieweit die sonstigen Ansprüche des Anfechtungsgegners in der Konkursmasse Deckung finden.

Das Reichsgericht hat dementsprechend schon früher ausgesprochen, daß Voraussetzung der Anfechtung ein Konkursverfahren ist, und daß nach dessen Beendigung durch Zwangsvergleich oder Einstellung von einer Anfechtung im Sinne der §§ 22flg. KO. nicht mehr die Rede sein kann.

Vgl. Entsch. des RG.s in Zivils. Bd. 7 S. 35, 36.

Der *Möglichkeit einer Zession des Anfechtungsrechtes ist hierbei nicht* gedacht worden; es liegt aber auf der Hand, daß, selbst wenn eine Abtretung des Anfechtungsrechtes zulässig wäre, solche Abtretung immer nur während der Dauer des Konkursverfahrens rechtliche Wirkungen haben könnte, da die Ausübung des erloschenen Anfechtungsrechtes durch einen Zessionar rechtlich undenkbar ist. Schon diese beschränkte Wirksamkeit spricht gegen die Zulässigkeit der Übertragung, ebenso aber, daß auch während der Dauer des Konkursverfahrens das Anfechtungsrecht nach dem oben Gesagten in unlösbarer Abhängigkeit von dem Verfahren selbst steht. Danach kann der § 29 KO. nur dahin verstanden werden, daß das Anfechtungsrecht ausschließlich von dem Konkursverwalter selbst, sei es im Wege der Klage oder der Einrede, ausgeübt, nicht aber auf einen anderen übertragen werden darf.

Die Unzulässigkeit einer derartigen Übertragung ergibt sich überdies auch aus den Vorschriften des § 13 des Anfechtungsgesetzes vom 21. Juli 1879, insbesondere aus dessen Abs. 4, welcher die einzelnen Gläubiger für befugt erklärt, nach der Beendigung des Konkursverfahrens Anfechtungsrechte, deren Ausübung dem Konkursverwalter zustand, nach Maßgabe des Anfechtungsgesetzes zu verfolgen, auch wenn der Anspruch nicht schon zur Zeit der Eröffnung des Konkursverfahrens rechtshängig war. Diese Befugnis würde den Gläubigern entzogen werden, wenn der Konkursverwalter das Anfechtungsrecht auf andere übertragen könnte; und daß der Gesetzgeber solche Disposition über die eventuelle Befugnis der Gläubiger ohne deren Zuziehung habe zulassen wollen, läßt sich nicht annehmen.

Vgl. auch die Urt. des RG.s in der Jurist. Wochenschrift 1889 S. 203 und 1891 S. 273 wegen der Zulassung einzelner Konkursgläubiger als Nebenintervenienten im Anfechtungsprozesse des Verwalters."...

RGZ. 30, 90

Steht dem die Bestellung einer Hypothek anfechtenden Konkursverwalter der Anspruch auf Löschung der Hypothek zu?

KO. §§ 22, 30 (29, 37 n. F.).

VI. Zivilsenat. Urt. v. 19. Januar 1893.

I. Landgericht Stuttgart. II. Oberlandesgericht daselbst.

Aus den Gründen:

„Der im Konkurse über das Vermögen der Frau Maria Kli. in St. bestellte Verwalter ficht auf Grund des § 23 KO. ein von der Gemeinschuldnerin kurze Zeit vor der Konkurseröffnung dem Beklagten für ein Darlehn von 17000 M. auf zwei in St. gelegenen Häusern bestelltes Unterpfand an. Mit der bei dem Landgerichte St., als dem nach § 25 ZPO. zuständigen Gerichte, erhobenen Klage beantragte er, zu erkennen, die erwähnte Hypothek sei der klägerischen Konkursmasse gegenüber unwirksam; der Beklagte habe demgemäß in die Löschung der Hypothek einzuwilligen und zum Behufe der Löschung den Pfandschein herauszugeben. Das Landgericht hat dem Antrage des Beklagten entsprechend die Klage wegen Unzuständigkeit des Gerichtes abgewiesen. Auf Berufung des Klägers hat das Oberlandesgericht unter teilweiser Änderung dieses Urteiles die Einrede der Unzuständigkeit in betreff des Antrages auf Verurteilung des Beklagten zur Einwilligung in die Löschung und zur Herausgabe des Pfandscheines verworfen; bezüglich des Antrages auf Unwirksamkeitserklärung der Hypothek wurde die Berufung zurückgewiesen. Dieses Urteil ist rechtskräftig geworden. Der Konkursverwalter hat hierauf seinen Klagantrag mit Beschränkung auf den zweiten Teil des früheren Antrages aufrechterhalten.... Vom Landgeichte ist die Klage abgewiesen; die Berufung des Klägers ist von dem Oberlandesgerichte zurückgewiesen. Das Berufungsurteil ... beruht auf der prinzipiellen Auffassung, daß wegen der nur relativen Wirkung der durchgesetzten Anfechtung gemäß § 22 KO. in dem Anfechtungsanspruche der Anspruch auf Löschung der angefochtenen Hypothek nicht enthalten sei. Für die Interessen der Konkursmasse genüge es auch, wenn ein die Hypothekbestellung den Konkursgläubigern gegenüber für unwirksam erklärendes Urteil erwirkt werde. Hieran könne auch der erst in zweiter Instanz zur Sprache gekommene und von dem Konkursverwalter für den Anspruch auf Löschung geltend gemachte Umstand, daß derselbe die mit der angefochtenen Hypothek belasteten Häuser schon vor Erhebung der Klage, ohne Rücksicht auf das angefochtene Unterpfandsrecht des Beklagten, aus freier Hand verkauft und an den Käufer übergeben habe, sowie daß das bei dem Verkaufe bedungene Angeld und der Erlös aus den bedungenen Kaufschillingszielern an den Konkursverwalter bezahlt worden seien, nichts ändern....

Die Revision wirft dem Berufungsgerichte in erster Linie Verletzung der §§ 22, 30 KO. vor. Dieser Vorwurf ist begründet.... Das Berufungsgericht läßt dahingestellt, ob auf einen Fall, wie den vorliegenden, die Bestimmung des § 30 KO. sich beziehe. Warum dies, falls in dem Anfechtungsanspruche derjenige auf Bewilligung der Löschung des angefochtenen Unterpfandes inbegriffen ist, nicht zutreffen sollte, ist nicht ersichtlich. Das Berufungsgericht geht aber schon darin fehl, daß es bei seiner Entscheidung lediglich von der Bestimmung des § 22 KO. ausgeht. Hier ist allerdings ausgesprochen, daß die in §§ 23flg. bezeichneten Rechtshandlungen nicht nichtig sind, sondern (von dem Konkursverwalter) angefochten werden müssen, sowie daß die durchgesetzte Anfechtung an sich nur den Konkursgläubigern gegenüber, d. h. im Verhältnisse zwischen diesen und dem Anfechtungsgegner, wirkt. Allein hieraus darf nicht geschlossen werden, daß, wo Gegenstand der Anfechtung eine dingliche Belastung eines Grundstückes zugunsten des Anfechtungsgegners ist, der Konkursverwalter grundsätzlich nicht die Beseitigung dieser Belastung mittels der Anfechtungsklage fordern könne. In der Theorie ist allerdings die Frage, ob der Konkursverwalter im Falle der Anfechtung einer Hypothek von dem Anfechtungsgegner die Einwilligung in die Löschung der Hypothek verlangen könne, streitig. Von Cosack (Das Anfechtungsrecht der Gläubiger S. 349 vgl. mit S. 350, 266) wird die Frage bejaht (s. auch Gruchot, Bd. 25 S. 111), während Kohler (Lehrbuch des Konkursrechtes § 45 S. 261) anscheinend anderer Ansicht ist, indem er bemerkt, die Klage des Konkursverwalters gehe solchenfalls auf Aufhebung der Belastung, aber nicht auf Aufhebung schlechtweg, sondern dahin, daß das Pfand nicht dem Beschlagsrechte gegenüber geltend gemacht werde („Beschlagserwerb"). In der Praxis begnügt sich, soviel ersichtlich, auch im Falle der Anfechtung im Konkurse, allerdings der Konkursverwalter gewöhnlich mit dem Antrage, zu erkennen, daß dem Beklagten den Konkursgläubigern gegenüber ein Absonderungsrecht (auf Grund der angefochtenen Hypothekbestellung) oder ein Recht auf vorzugsweise Befriedigung aus dem Erlöse des verpfändeten Grundstückes (aus dem an sich auf die Hypothek entfallenden Teile des Erlöses) nicht zustehe. Hieraus folgt jedoch selbstverständlich nicht, daß dem Konkursverwalter der Anspruch auf Löschungsbewilligung nie zustehe. Ohne Heranziehung des § 30 KO. kann die Frage überhaupt nicht entschieden werden. Hier ist bestimmt, daß, was durch die anfechtbare Handlung aus dem Vermögen des Gemeinschuldners veräußert, weggegeben oder aufgegeben ist, zur Konkursmasse zurückgewährt werden müsse. Der Anspruch des Konkursverwalters geht hiernach auf Beseitigung des durch die Rechtshandlung begründeten rechtlichen und tatsächlichen Zustandes und Wiederherstellung des vor der Rechtshandlung bestandenen Zustandes. Weggegeben aus dem Vermögen des Gemeinschuldners ist die Hypothek. Nach § 30 muß das Weggegebene ganz zur Konkursmasse zurückgewährt werden. Klar ist, daß der Zurückgewährungspflicht an sich rein und vollkommen Genüge geschieht durch Beseitigung der Hypothek selbst. Die Motive zu § 30 (S. 147) erwähnen auch als einen Fall der hier normierten Rückgewährpflicht die Mitwirkung des Gegners zur Löschung im Grundbuche eingetragener Rechte. Hiernach kann nicht bezweifelt werden, daß der Anfechtungsanspruch des Konkursverwalters nach dem Reichsgesetze grundsätzlich auch den Anspruch auf Löschung, bzw. auf Einwilligung des Gegners in die Löschung jedenfalls dann in sich begreift, wenn nach Lage des konkreten Falles dem Interesse der Konkursgläubiger hiermit sicher gedient wird, und wenn nicht besondere Interessen auf der Gegenseite oder auf Seite des Gemeinschuldners stehen. Die erstere Voraussetzung ist im vorliegenden Falle als vorhanden anzunehmen, nachdem der Konkursverwalter die mit der Hypothek belasteten Gebäude frei verkauft hat. Entgegenstehende Interessen müßten allerdings schon nach dem Grundgedanken des § 22 KO. berücksichtigt werden. Solche hat aber der Beklagte nicht geltend gemacht, und sie sind auch sonst nicht hervorgetreten. Der Beklagte hat dem Anspruche des klagenden Konkursverwalters in dieser Richtung nur entgegengehalten, daß auf den beiden fraglichen Gebäuden eine nicht angefochtene Nachhypothek bestellt sei. Allein abgesehen von der tatsächlichen Frage, ob diese Nachhypothek nicht schon vor der Konkurseröffnung wieder gelöscht wurde, berührt den Nachpfandgläubiger die auf Grund der §§ 22, 30 KO. erfolgte Löschung der Vorhypothek nicht. Diese Löschung hat nicht zur Folge, daß der Nachpfandgläubiger vorrückt; sie kommt nur den Konkursgläubigern zugute.

Vgl. Entsch. des RG.s in Zivils. Bd. 20 S. 29flg.

Der Beklagte könnte demnach aus dem Bestehen dieser Nachhypothek keinesfalls eine Einwendung gegen die Klage des Konkursverwalters ableiten. Auch der Gemeinschuldner selbst ist hierbei vollständig interesselos. Die Konkursgläubiger rücken eben gewissermaßen in die Stelle der angefochtenen Hypothek ein. Das Berufungsgericht hat aber, um seine Auslegung des § 22 KO. für den vorliegenden Fall zu stützen, lediglich theoretische Erwägungen angestellt über Eventualitäten, welche vorkommenden Falles dem Anspruche des Konkursverwalters auf Löschung einer Hypothek entgegenstehen können, hier aber, wie die Revision mit Recht geltend macht, jeder tatsächlichen Grundlage ermangeln. In dieser abstrakten und formalistischen Auffassung der Bestimmungen der Konkursordnung liegt gerade der Rechtsirrtum, auf welchem das angefochtene Urteil beruht. Nun sagt allerdings der Berufungsrichter, das württembergische Pfandgesetz vom 15. April 1825 kenne eine Löschung auf Grund einer gemäß §§ 22flg. KO. durchgesetzten Anfechtung einer Hypothek nicht, und der Klage des Konkursverwalters stehe insbesondere entgegen die Bestimmung in Art. 135 Abs. 2 des württembergischen Gesetzes, daß mit der eingetragenen Löschung des Rechtes eines einzelnen Gläubigers die folgenden Gläubiger ihrer Ordnung nach vorrücken. Das Berufungsgericht meint hiermit ohne Zweifel selbst nicht, daß, wenn das Reichsgesetz dem Konkursverwalter den Anspruch auf Löschung gebe, dieser Anspruch vor dem württembergischen Partikulargesetze zurücktreten müßte. Gewährt das Reichsgesetz jenen Anspruch, so tritt eben zu den in dem württembergischen Gesetze vorgesehenen Fällen (falls darunter der Fall der Löschung auf Grund des § 30 KO. nicht zu subsumieren ist) noch der weitere, reichsgesetzlich geordnete Fall hinzu, und gegenüber der im Reichsgesetze bestimmten Wirkung der Löschung, wie sie mit Bezug auf die Rechte der Nachpfandgläubiger schon gekennzeichnet wurde, kann auch die angeführte Bestimmung in Art. 135 Abs. 2 des württembergischen Pfandgesetzes nicht zur Geltung kommen, so daß es auch insoweit nicht darauf ankommt, ob in der Tat eine Nachhypothek hinter der angefochtenen Hypothek noch besteht.

Nach dem Ausgeführten ist die Klage des Konkursverwalters auf Einwilligung des Beklagten in die Löschung des angefochtenen Unterpfandrechtes vorliegenden Falles als begründet anzusehen, wenn die Voraussetzungen des Anfechtungsanspruches, auf deren Vorhandensein dieser gestützt wird, bewiesen werden. Das Urteil des Berufungsgerichtes ist deshalb, insoweit durch dasselbe jene Klage zurückgewiesen ist, aufzuheben, und die Sache zur anderweiten Verhandlung und Entscheidung über die gedachten Voraussetzungen an das Berufungsgericht zurückzuverweisen." ...

RGZ. 31, 123

Kann die auf Grund einer desfallsigen Verpflichtung erfolgte Sicherstellung des Heiratsgutes der Ehefrau, welche nach § 25 (32 n. F.) Ziff. 2 KO. der Anfechtung durch den Konkursverwalter entzogen ist, auf Grund des § 24 (31 n. F.) Ziff. 2 KO. angefochten werden, wenn sie in dem letzten Jahre vor Eröffnung des Verfahrens stattgefunden hat?

VI. Zivilsenat. Urt. v. 26. Juni 1893.

I. Landgericht Erfurt. II. Oberlandesgericht Naumburg a. S.

Aus den Gründen:

... „Nach dem § 25 Ziff. 2 KO. ist die in den letzten zwei Jahren vor der Eröffnung des Konkursverfahrens von dem Gemeinschuldner bewirkte Sicherstellung des Heiratsgutes oder des gesetzlich in seine Verwaltung gekommenen Vermögens seiner Ehefrau ohne weiteres anfechtbar, sofern er nicht zu der Sicherstellung verpflichtet war. Hieraus folgt an sich, daß die Sicherstellung nicht ohne weiteres anfechtbar ist, wenn eine Verpflichtung des Gemeinschuldners zu derselben vorhanden war. Demgegenüber macht die Revision geltend, daß die

Bestellung einer Hypothek zur Sicherung des Heiratsgutes der Frau, auch wenn der Gemeinschuldner zu derselben verpflichtet war, als entgeltlicher Vertrag auf Grund des § 24 Ziff. 2 KO. anfechtbar sei, daß also in einem solchen Falle die Anfechtungsklage des Konkursverwalters noch ohne weiteres begründet sei, wenn die Bestellung der Hypothek in dem letzten Jahre vor der Eröffnung des Verfahrens stattgefunden habe, insofern die Frau nicht beweise, daß ihr zur Zeit der Bestellung der Hypothek eine Absicht ihres Ehemannes, seine Gläubiger zu benachteiligen, nicht bekannt gewesen sei. Danach würde eine auf Grund einer gesetzlichen oder einer mehr als zwei Jahre vor der Eröffnung des Konkurses übernommenen vertragsmäßigen Verpflichtung von dem Gemeinschuldner in dem letzten Jahre vor der Konkurseröffnung bestellten Hypothek zur Sicherstellung des Heiratsgutes seiner Frau, auch abgesehen von besonderen Umständen (§ 24 Ziff. 1 KO.), ohne weiteres anfechtbar sein, insofern die Frau nicht sollte beweisen können, daß ihr zur Zeit der Hypothekenbestellung eine Absicht ihres Ehemannes, seine Gläubiger zu benachteiligen, nicht bekannt gewesen sei. Wäre dagegen die Hypothek vor mehr als einem Jahre vor der Konkurseröffnung gewährt, so wäre sie unanfechtbar, falls nicht im einzelnen Falle besondere die Anfechtung begründende Voraussetzungen (§ 24 Ziff. 1 KO.) vorhanden sein sollten. Es läßt sich aber nicht wohl annehmen, daß das Gesetz für die Anfechtung der Sicherstellung der Ehefrau des Gemeinschuldners wegen ihres Heiratsgutes derartige gekünstelte Bestimmungen hat treffen wollen. Das Gesetz enthält auch keine Andeutungen, welche eine solche Auffassung desselben, wie sie von der Revision vertreten wird, rechtfertigen könnten; vielmehr ist die einfachste und natürlichste Auslegung des § 25 Ziff. 2 KO. die, daß die Sicherstellung des Heiratsgutes der Ehefrau des Gemeinschuldners, von besonderen Umständen abgesehen, von dem Konkursverwalter nicht angefochten werden kann, wenn der Gemeinschuldner gesetzlich oder durch einen vor mehr als zwei Jahren vor der Eröffnung des Verfahrens geschlossenen Vertrag zu der Sicherstellung verpflichtet war. Diese Auslegung findet eine Unterstützung in den Motiven zu § 25 Ziff. 2 KO. Hier heißt es: „Dementsprechend setzt der Entwurf der Anfechtung aus: jede Sicherstellung oder Rückgewähr des Heiratsgutes, sowie des auf Grund des maritalischen Rechtes in die Verwaltung des Gemeinschuldners gekommenen Frauenvermögens, sofern sie innerhalb des zweijährigen Zeitraumes freiwillig, ohne rechtliche Notwendigkeit, erfolgt ist. Mit rechtlicher Notwendigkeit, also, abgesehen von betrüglicher Kollusion (§ 24 Ziff. 1), unanfechtbar, erfolgt eine Sicherstellung der Frau oder eine Rückgewähr ihres Vermögens, wenn zu derselben der Gemeinschuldner kraft gesetzlicher Vorschrift oder zufolge eines vor Beginn des zweijährigen Zeitraumes rechtsgültig geschlossenen Vertrages verpflichtet war."

Wenn es nun auch richtig sein sollte, daß, wie die Revision geltend macht, die Bestellung einer Hypothek im allgemeinen als ein entgeltlicher Vertrag im Sinne des § 24 Ziff. 2 KO. anzusehen sei, so würde doch nach dem Vorstehenden dieses in bezug auf die Bestellung einer Hypothek zur Sicherheit des Heiratsgutes nicht gelten. Die Anfechtbarkeit einer solchen Hypothek ist in dem § 25 Ziff. 2 KO. besonders geregelt." ...

RGZ. 32, 22

1. Ist bei der Anfechtung eines Pfändungspfandrechtes als Rechtsnachfolger im Sinne des § 33 (40 n. F.) Abs. 2 KO. derjenige anzusehen, welchem der ursprüngliche Erwerber mit der gegen den Gemeinschuldner erstrittenen Forderung das dafür erlangte Pfändungspfandrecht abgetreten hat?

2. Unter welchen Voraussetzungen findet die Anfechtung auf Grund des § 33 Abs. 2 Ziff. 1 KO. statt?

VI. Zivilsenat. Urt. v. 19. Oktober 1893.

I. Landgericht I Berlin. II. Kammergericht daselbst.

Der Sachverhalt ergibt sich aus den folgenden

Gründen:

„Der Kaufmann K. trat, nachdem er am 23. März 1892 wegen einer ihm gegen den Bauunternehmer B. zustehenden vollstreckbaren Wechselforderung von 3033,25 M. nebst Zinsen Bauhölzer des B. hatte pfänden lassen, mittels notarieller Urkunde vom 26. März 1892 die gedachte Forderung mit dem durch die Pfändung erworbenen Pfandrechte an den jetzigen Beklagten ab. Letzterer ließ am Vormittage des 12. Mai 1892 die gepfändeten Bauhölzer versteigern und erhielt aus dem Erlöse die Summe von 3110,40 M. ausgezahlt. Am Nachmittage des 12. Mai 1892 wurde der Konkurs über das Vermögen des Bauunternehmers B. eröffnet. Im gegenwärtigen Prozesse hat nun der Konkursverwalter sowohl die Pfändung der Bauhölzer als die Befriedigung des Beklagten auf Grund des § 23 KO. angefochten und auf Verurteilung des Beklagten zur Zahlung von 3110,40 M. nebst Zinsen an die Konkursmasse angetragen. Während das Landgericht dem Klagantrage entsprach, indem es annahm, daß B. seine Zahlungen bereits am 15. Januar 1892 eingestellt habe, daß dies dem K. zur Zeit der Pfändung bekannt gewesen sei, und daß der Beklagte bei der Zession von der Anfechtbarkeit der Pfändung und des dadurch begründeten Pfandrechtes Kenntnis gehabt habe, hat das Berufungsgericht abändernd auf Abweisung der Klage erkannt, weil die infolge der Versteigerung geschehene Befriedigung des Beklagten einer selbständigen Anfechtung nicht unterworfen sei, für die Anfechtung der Pfändung selbst aber die Voraussetzungen des § 33 KO. gegenüber dem Beklagten nicht vorlägen. Die nunmehr von der Klägerin eingelegte Revision konnte einen Erfolg nicht erzielen.

Bei der Beurteilung der Sache muß davon ausgegangen werden, daß das von K. durch die Pfändung der Bauhölzer erworbene Pfandrecht infolge der Zession vom 26. März 1892 auf den Beklagten übergegangen ist. Auf diesen Standpunkt hat sich die Klägerin selbst bei der Erhebung und Begründung ihres Anfechtungsanspruches gestellt. Damit setzt sich die Revision in Widerspruch, wenn sie auszuführen sucht, es habe ein Übergang des Pfandrechtes ohne eine körperliche Übergabe der gepfändeten Bauhölzer an den Beklagten nicht stattfinden können. Sie läßt aber auch unbeachtet, daß es hier sich nicht um ein Faustpfand (§§ 7, 104, 105 ALR. I. 20), sondern um ein Pfändungspfandrecht handelt, bei welchem nach Lage der Sache eine Übertragung durch körperliche Übergabe ausgeschlossen war.

Unbedenklich und von der Revision nicht angefochten ist sodann die Annahme des Vorderrichters, daß eine selbständige Anfechtung der durch die Versteigerung der Pfandsachen herbeigeführten Befriedigung des Beklagten nach § 23 KO. nicht stattfinden kann, wenn die vorausgegangene Pfändung sich dem Beklagten gegenüber als unanfechtbar erweist.

Vgl. Entsch. des RG.s in Zivils. Bd. 17 S. 26—28.

Was aber diese Pfändung anlangt, so läßt sich ihre Anfechtung mit dem von der Revision aufgestellten Satze, daß der Beklagte bezüglich der Wechselforderung und des dafür erlangten Pfändungspfandrechtes nicht mehr Rechte erworben habe, als in beiden Beziehungen dem K. zustanden, nicht rechtfertigen. Nach den Vorschriften der §§ 22flg., 30, 33 KO. sind anfechtbare Handlungen weder nichtig noch dergestalt ungültig, daß der aus ihnen hervorgegangene Erwerb mit dem Mangel der Anfechtbarkeit dinglich belastet wäre.

Vgl. Entsch. des RG.s in Zivils. Bd. 13 S. 5.

Vielmehr verleiht das Anfechtungsrecht dem Verwalter einen rein persönlichen Anspruch auf Rückgewähr des durch die angefochtene Handlung Veräußerten zur Konkursmasse gegen bestimmt bezeichnete Erwerber, und zwar zunächst gegen denjenigen, welchem gegenüber die anfechtbare Handlung vorgenommen ist, sowie gegen dessen Erben, ausnahmsweise und nur unter den in § 33 Abs. 2 angegebenen Voraussetzungen auch gegen dessen Singularsukzessoren.

Vgl. auch die Begründung des Entwurfes zur Konkursordnung S. 111flg., 147, 151, 152.

Wäre also, wie die Revision meint, der § 33 Abs. 2 Ziff. 1 im vorliegenden Falle deshalb unanwendbar, weil der Beklagte nicht als

Rechtsnachfolger des K. angesehen werden könnte, oder weil hier eine vom Gemeinschuldner vorgenommene Rechtshandlung nicht vorläge, so könnte daraus nur der Schluß gezogen werden, daß dem Verwalter ein Anfechtungsrecht gegenüber dem Beklagten überhaupt nicht zustehe. Der Umstand, daß der Beklagte durch die Zession vom 26. März 1892 nicht die gepfändeten Bauhölzer selbst, sondern nur das Pfändungspfandrecht des K. an denselben erworben hat, würde übrigens der Annahme einer Rechtsnachfolge im Sinne des § 33 Abs. 2 nicht entgegenstehen, da hier als „Rechtsnachfolger" unbedenklich auch diejenigen gelten müssen, die ein vom ersten Erwerber durch die anfechtbare Handlung erlangtes Recht erworben haben. Ob aber in der Vorschrift Ziff. 1 des § 33 Abs. 2 unter den vom Gemeinschuldner „vorgenommenen" Rechtshandlungen auch die durch Zwangsvollstreckung gegen den Gemeinschuldner erwirkten Rechtshandlungen zu verstehen sind, kann dahingestellt bleiben, weil für den Fall der Verneinung dieser Frage jeder gesetzliche Grund für die gegen den Beklagten erhobene Anfechtungsklage fehlen würde, und danach die Revision ohne weiteres zurückzuweisen wäre.

Es kann sich danach nur noch fragen, ob die Vorschrift Ziff. 1 des § 33 Abs. 2, falls sie überhaupt hier Anwendung fände, in der Vorentscheidung richtig ausgelegt worden ist, und diese Frage war zu bejahen. Von der Revisionsklägerin wird freilich die Ansicht vertreten, es komme nach dem Gesetze nur darauf an, ob dem Rechtsnachfolger zur Zeit seines Erwerbes die Anfechtbarkeit der vorausgegangenen Rechtshandlung bekannt war, und es hätte deshalb der von ihr angetretene Beweis darüber erhoben werden müssen, daß K. dem Beklagten bei der Zession von der Nichtbezahlung zahlreicher Wechsel seitens des B. seit Januar 1892 sowie von den gegen B. ergangenen Versäumnisurteilen und erfolgten Pfändungen Mitteilung gemacht habe. Allein diese Ansicht ist mit dem Wortlaute des Gesetzes nicht zu vereinen, und ihre Unrichtigkeit tritt bei einem Blicke auf die Verschiedenheit der Fassung der Bestimmungen Ziff. 1 und 2 a. a. O. klar zutage. In beiden Bestimmungen wird eine Kenntnis des Rechtsnachfolgers zur Bedingung der Anfechtbarkeit gemacht. Während aber nach Ziff. 2 gegen die in § 24 Ziff. 2 genannten Personen als Rechtsnachfolger die Anfechtung schon dann stattfindet, wenn sie zur Zeit ihres Erwerbes von den Umständen, welche die Anfechtung gegen den Rechtsvorgänger begründen, Kenntnis hatten (was überdies bis zur Führung des Gegenbeweises vermutet wird), erfordert Ziff. 1 für die Anfechtung gegen einen anderen Rechtsnachfolger dessen Kenntnis, „daß der Gemeinschuldner die Rechtshandlung in der Absicht vorgenommen hatte, seine Gläubiger zu benachteiligen". In der Begründung zum Entwurfe ist denn auch auf diesen Unterschied ausdrücklich hingewiesen, und der Grund für die Anfechtbarkeit nach Ziff. 1 darin gefunden, daß der Nachfolger an dem Betruge des Gemeinschuldners gegen seine Gläubiger durch Kenntnis vom Betruge bei dem Erwerbe teilgenommen habe (Begründung S. 152, 153). Einzelne Schriftsteller sind hiernach zu der Auffassung gelangt, daß in Fällen, in welchen zur Anfechtung gegen den ursprünglichen Erwerber eine betrügliche Absicht des Gemeinschuldners nicht erforderlich ist, wie in dem hier vorliegenden Falle des § 23 (vgl. auch § 25 KO.), jede Anfechtung gegen den Rechtsnachfolger auf Grund der Vorschrift Ziff. 1 des § 33 Abs. 2 fortfalle. Wenn aber auch dieser Auffassung nicht beizupflichten sein mag, so muß doch jedenfalls in solchen Fällen nicht bloß die Anfechtbarkeit der Rechtshandlung gegenüber dem ersten Erwerber, sondern nach der Vorschrift Ziff. 1 a. a. O. noch außerdem nachgewiesen werden, daß der Gemeinschuldner die Rechtshandlung in der Absicht vorgenommen hatte, seine Gläubiger zu benachteiligen, und daß dem in Anspruch genommenen Rechtsnachfolger diese Absicht zur Zeit seines Erwerbes bekannt war *). Da die Klägerin einen solchen Nachweis weder erbracht noch auch angetreten hat, war die Abweisung ihrer Klage auch nach der ihr günstigsten Auslegung des Gesetzes geboten.

Ob die in Ziff. 1 a. a. O. enthaltene Begünstigung der Rechtsnachfolger vom Standpunkte des Gesetzgebers aus gerechtfertigt erscheinen, und ob den Interessen der Konkursgläubiger durch die Möglichkeit der Anfechtung der Rechtshandlung gegen den ursprünglichen Erwerber in ausreichender Weise Rechnung getragen sein möchte, ist hier nicht zu erörtern **)." ...

RGZ. 33, 120

1. Ist die Anfechtung eines Veräußerungsvertrages aus § 24 (31 n. F.) Ziff. 1 KO. ausgeschlossen, wenn das Entgelt dem Werte der veräußerten Gegenstände völlig entspricht?

2. Unter welchen Voraussetzungen ist bei einem sog. Deckungsgeschäfte anzunehmen, daß der Schuldner in der Absicht, seine Gläubiger zu benachteiligen, gehandelt habe?

VI. Zivilsenat. Urt. v. 14. Juni 1894.

I. Landgericht Hamburg. II. Oberlandesgericht daselbst.

Der Beklagte stand mit dem am 12. Dezember 1891 verstorbenen Gerbermeister K. J. B. in dauernder Geschäftsverbindung auf Grund eines Abkommens, wonach er die Produktion der Gerberei des B. in Kommission zu übernehmen und dagegen dem B. Barvorschüsse in

*) Vgl. Petersen und Kleinfeller, Konkursordnung Nr. 4 zu § 33 und die dortigen Zitate in Anm. 1, 2.

**) Vgl. Cosack, Anfechtungsrecht S. 306 flg.

Höhe von drei Vierteln des Wertes des Kommissionslagers und von 30000 M. außerdem zu geben hatte. Die dem B. hiernach geleisteten Vorschüsse betrugen Ende November 1891 etwa 49000 M. mehr, als der Beklagte zu geben verpflichtet war. Für den Monat Dezember sollte der Beklagte nach der von ihm nicht beanstandeten Aufgabe des B. weitere 115000 M. in bestimmten Raten vorschießen. Nachdem B. Ende November schwer erkrankt war, schloß der Beklagte am 5. Dezember 1891 mit dem Generalbevollmächtigten des B., K., einen notariellen Vertrag ab, nach welchem 1500 Stück Rohhäute des B. im Fakturenwerte von 67178,85 M. mit 2 Prozent Aufschlag an den Beklagten verkauft und zu Eigentum übertragen, einstweilen jedoch, behufs der Verarbeitung zu Leder gegen Gerbelohn, im Gewahrsam des B. belassen wurden, und zwar dergestalt, daß die Zahlung von 68522,40 M. in dieser Höhe an Stelle der für Dezember zu leistenden Vorschüsse treten sollte. Nach dem Tode des B. wurde dessen Geschäft für seine Erben weitergeführt, und die Geschäftsverbindung mit dem Beklagten in der bisherigen Weise fortgesetzt. Namentlich leistete der Beklagte die für Dezember bestimmten Zahlungen, die ersten 68522,40 M. jedoch nicht als Vorschüsse, sondern als Kaufpreis. Dagegen wurden ihm auch die gekauften Häute, zu Leder verarbeitet, überliefert, und zwar zum größten Teile nach der am 5. Februar 1892 erfolgten Eröffnung des Konkurses über den B.schen Nachlaß durch den Konkursverwalter. Nachträglich hat indessen der Verwalter den Vertrag vom 5. Dezember 1891 als den Gläubigern gegenüber unwirksam angefochten und auf Verurteilung des Beklagten zur Zahlung von 67178,85 M. oder zur Rücklieferung der gekauften Häute angetragen. Beide Vorinstanzen haben auf Abweisung der Klage erkannt. Das Berufungsgericht geht davon aus, daß die Anfechtung nur dann durchdringen könnte, wenn die Benachteiligung der Gläubiger durch die angefochtene Rechtshandlung verursacht wäre, und daß diese Voraussetzung nicht vorliege, da für die verkauften Häute ein volles Äquivalent gewährt worden sei; zwar sei der Beklagte von weiterer Vorschußleistung in Höhe von 68522,40 M. befreit worden, dadurch seien aber die Gläubiger nicht benachteiligt, weil anfangs Dezember 1891 der Beklagte, wegen der damals eingetretenen wesentlichen Veränderung der Umstände mit Bezug auf die Kreditwürdigkeit des B., zur weiteren Erfüllung des pactum de mutuo dando nicht verpflichtet gewesen sei. Das Reichsgericht hat die Revision des Konkursverwalters zurückgewiesen aus folgenden

Gründen:

„Die Gründe, die das Berufungsgericht zur Abweisung des auf das Kaufgeschäft vom 5. Dezember 1891 bezüglichen Anfechtungsanspruches veranlaßt haben, beruhen zum Teil, wie der Revision zuzugeben ist, auf einer unrichtigen Auffassung des Gesetzes.

Daß am 5. Dezember 1891 eine Zahlungseinstellung des K. J. B. vorgelegen habe, ist weder von der Klägerin behauptet noch in dem angefochtenen Urteile festgestellt worden. Nach dem Inhalte dieses Urteiles war sogar am 31. Januar 1892 die Zahlungseinstellung noch nicht erfolgt. Die Klägerin hat denn auch die Anfechtung des gedachten Kaufgeschäftes nicht auf eine der Bestimmungen des § 23 KO., sondern gemäß § 24 Ziff. 1 KO. lediglich auf die Behauptung gestützt, daß der Bevollmächtigte des B. das Kaufgeschäft in der dem Beklagten bekannten Absicht, die Gläubiger des B. zu benachteiligen, vorgenommen habe. Über die Richtigkeit oder Unrichtigkeit dieser Behauptung spricht sich das Berufungsgericht nicht besonders aus. Es erachtet vielmehr die Anfechtung schon deshalb für ungerechtfertigt, weil durch die angefochtene Rechtshandlung selbst eine Benachteiligung der Gläubiger des B. nicht verursacht sei. Diesem Abweisungsgrunde stehen die dafür in Bezug genommenen, in den Entscheidungen des Reichsgerichtes in Zivilsachen Bd. 27 S. 98 und Bd. 29 S. 77 abgedruckten Urteile nicht zur Seite. Bei beiden Urteilen handelte es sich um die Anwendbarkeit des ersten Satzes der Ziff. 1 des § 23 KO., der nach seinem Wortlaute voraussetzt, daß die Konkursgläubiger durch die Eingehung des anzufechtenden Rechtsgeschäftes benachteiligt worden sind. Ebenso unterliegen der Anfechtung aus der Ziff. 2 des § 24 KO. nur solche entgeltliche Verträge, durch deren Abschluß die Gläubiger des Gemeinschuldners benachteiligt werden. Eine derartige Beschränkung der Anfechtbarkeit ist aber aus der Vorschrift des § 24 Ziff. 1 KO. nicht zu entnehmen. Allerdings setzt jede Anfechtung des Konkursverwalters voraus, daß infolge der anzufechtenden Rechtshandlung eine Verminderung der zur Befriedigung der Konkursgläubiger dienenden Konkursmasse und damit eine Benachteiligung der Konkursgläubiger eingetreten ist; allein ob solche Benachteiligung vorliegt, ist, abgesehen von den Ausnahmefällen des § 23 Ziff. 1 und des § 24 Ziff. 2, nicht nach dem Zeitpunkte der Eingehung des angefochtenen Rechtsgeschäftes, sondern nach dem Zeitpunkte der Konkurseröffnung zu beurteilen. Stellt sich also heraus, daß die Konkursmasse sich ohne das Dazwischentreten der angefochtenen Rechtshandlung für die Konkursgläubiger günstiger gestaltet haben würde, so ist die zur Anfechtung aus § 24 Ziff. 1 KO. erforderliche Benachteiligung gegeben, auch wenn dem Gemeinschuldner für das, was er aus seinem Vermögen veräußert, weggegeben oder aufgegeben hat, eine dem Werte entsprechende Gegenleistung gewährt war. Dabei macht es keinen Unterschied, ob die Gegenleistung dem Befriedigungsrechte der Gläubiger durch spätere Verfügungen des Gemeinschuldners oder durch Zufall entzogen worden ist. Daß durch die Angemessenheit des Entgeltes die Anfechtung aus § 24 Ziff. 1 KO. nicht ausgeschlossen wird, ist aus den Worten dieser Vorschrift im Gegensatze zur Fassung der Ziff. 2 desselben Paragraphen und der

Ziff. 1 des § 23 sowie aus den §§ 30, 31 KO. zu entnehmen und in den Motiven zur Konkursordnung ausdrücklich hervorgehoben.

Vgl. Motive S. 108flg., 114 und dazu Entsch. des RG.s in Zivils. Bd. 10 S. 8, 9 mit den dortigen Zitaten; Cosack, Anfechtungsrecht S. 62, 63; Petersen und Kleinfeller, Konkursordnung Anm. II. 1 zu § 22, II. 2 zu § 23, I. 4 und II. 1 zu § 24; v. Wilmowski, Konkursordnung Anm. 1 zu § 22, Anm. 3 zu § 23 und Anm. 4 zu § 24; endlich auch Jäckel, Die Anfechtung, wo auf den in der Vorentscheidung angezogenen S. 105flg. sowie S. 98flg. von § 3 Ziff. 2 des Gesetzes vom *21. Juli 1879* und *§ 23 Ziff. 1*, *§ 24 Ziff. 2 KO.*, dagegen S. 68flg. von der Benachteiligung bei sonstigen Anfechtungen die Rede ist. Für den Fall des § 23 Ziff. 1 a. F. (30 Ziff. 1 n. F.) vgl. RGZ. Bd. 29 S. 77 u. Bd. 27 S. 99.

Hiernach mußte in der Verneinung einer Benachteiligung der Konkursgläubiger eine Verletzung der §§ 22, 24 Ziff. 1, 30 KO. erblickt werden, da das Berufungsgericht nicht festgestellt hat und, soweit ersichtlich, nicht feststellen konnte, daß die dem Gemeinschuldner für die verkauften Häute gewährte Gegenleistung in vollem Umfange zur Konkursmasse gelangt sei.

Die Vorentscheidung stellt sich indessen aus anderen Gründen als richtig dar. Wenn auch die Frage, ob der Bevollmächtigte des B., K., das Geschäft vom 5. Dezember 1891 in der dem Beklagten bekannten Absicht, die B.schen Gläubiger zu benachteiligen, vorgenommen hat, einer ausdrücklichen Erörterung nicht unterzogen worden ist, so ergeben doch die Ausführungen über den Zweck des Geschäftes, über die Angemessenheit der Gegenleistung, sowie über den Wegfall der Verpflichtung des Beklagten zu weiteren Vorschüssen, daß das Berufungsgericht auch eine Benachteiligungsabsicht auf seiten des K. sowie eine Kenntnis davon auf seiten des Beklagten als ausgeschlossen angesehen hat und ohne Gesetzesverletzung ansehen durfte. Von vornherein war schon für das Vorhandensein der Benachteiligungsabsicht aus den Anführungen der Klägerin ein genügender Anhalt nicht zu entnehmen. Zur Begründung der Anfechtungsklage wurde vorgetragen, der Beklagte habe das Geschäft nur geschlossen, um sich Deckung zu verschaffen zum Nachteile der übrigen Gläubiger, und diese Absicht habe K. gekannt und geteilt. Unter Darlegung der Sachlage fand sodann die Klägerin die Bedeutung des Geschäftes darin, „daß Beklagter für seine gegenwärtige und zukünftige Forderung an B. eine teilweise Deckung durch die Häute erhalten sollte“; „auch das spätere Verhalten des Beklagten zeige deutlich, wie es ihm lediglich darum zu tun gewesen, sich zu decken und alle irgendwie wertvollen Aktiva in seine Hände zu bekommen“. Endlich hob die Klägerin noch im Berufungsverfahren hervor, es sei dem Beklagten in der Absicht, die übrigen Gläubiger zu benachteiligen, eine Deckung für seine Forderungen gewährt worden. Wenn sie glaubte, mit diesem Vorbringen die Anwendbarkeit des § 24 Ziff. 1 KO. zu rechtfertigen, ging sie offensichtlich von der Ansicht aus, es genüge zur Feststellung der Benachteiligungsabsicht das bloße Bewußtsein des Schuldners, daß durch die Befriedigung oder Sicherung des einen Gläubigers den übrigen Gläubigern die Möglichkeit ihrer Befriedigung entzogen werde. Die Unrichtigkeit dieser Ansicht ist indessen schon wiederholt vom Reichsgerichte dargetan worden.

Vgl. Entsch. des RG.s in Zivils. Bd. 20 S. 180, Bd. 23 S. 9; Jurist. Wochenschrift 1891 S. 417 Nr. 26; Gruchot, Beiträge Bd. 36 S. 1136 u. 1138; Urteile vom 18. Mai 1893 Rep. VI. 224/92 und 29. März 1894 Rep. VI. 390/93.

Liegt hier ein Deckungsgeschäft vor, so hatte die Klägerin besondere Umstände nachzuweisen, die ergeben, daß der damit verfolgte Zweck nicht auf Befriedigung oder Sicherung des Beklagten, sondern auf Vereitelung des Befriedigungsrechtes sonstiger Gläubiger gerichtet war. Solche Umstände hat die Klägerin nicht angegeben; vielmehr läßt ihr Vorbringen erkennen, daß beide Teile nur bezweckt haben, den Beklagten wegen seiner bereits entstandenen und wegen der aus der Geschäftsverbindung noch künftig entstehenden Forderungen zu befriedigen bzw. zu sichern. Selbst wenn beide Teile sich dabei bewußt gewesen wären, daß durch diese Befriedigung und Sicherung andere Gläubiger des B. benachteiligt würden, würde daraus auf das Vorhandensein der in § 24 Ziff. 1 KO. vorausgesetzten fraudulosen Absicht nicht geschlossen werden können.

Muß schon hiernach die Abweisung des auf das Kaufgeschäft vom 5. Dezember 1891 bezüglichen Anfechtungsanspruches gerechtfertigt erscheinen, so bedarf es keines weiteren Eingehens auf die Frage, ob der Konkursverwalter, und zwar derjenige Verwalter, von dem Klage angestellt war, auf diesen Anspruch dadurch wirksam verzichtet hat, daß er den größten Teil der am 5. Dezember 1891 verkauften und dann gegen Gerbelohn bearbeiteten Rohleder nach der Konkurseröffnung an den Beklagten ausgeliefert und nicht behauptet hat, erst nachträglich von den die Anfechtbarkeit begründenden Umständen Kenntnis erlangt zu haben.

Vgl. Cosack, Anfechtungsrecht S. 352, 353." ...

RGZ. 36, 4

Klage des Konkursverwalters auf Löschung einer Vormerkung, die vor Ausbruch des Konkurses von einem Gläubiger zur Sicherung seines Anfechtungsanspruches gegen den Anfechtungsgegner im Wege des Arrestes auf dem durch das anzufechtende Rechtsgeschäft veräußerten Grundstücke erwirkt ist.

KO. § 29 [36 n. F.].

VI. Zivilsenat. Urt. v. 17. Oktober 1895.

I. Landgericht Neiße. II. Oberlandesgericht Breslau.

Aus den Gründen:

„Der Schwarzviehhändler Michael C. zu O. verkaufte am 2. Januar 1892 seine Grundstücke Nr. 2 Dominial und Nr. 11 und mit seiner Ehefrau die beiden gemeinschaftlich gehörenden Grundstücke Nr. 99 und 144... an seinen Sohn Melchior C. und dessen Ehefrau. Auflassung fand am 9. Januar, die Eintragung der Käufer als Eigentümer in das Grundbuch am 14. Januar 1892 statt. Am 31. Januar 1892 stellte Michael C. einer größeren Zahl angeblicher Darlehnsgläubiger, darunter den Beklagten, vollstreckbare Urkunden (§ 702 Ziff. 5 ZPO.) über deren Forderungen aus, in denen je der 1. Februar 1892 mittags 12 Uhr als Verfallzeit bezeichnet wurde. Dies geschah, um den Gläubigern für die von ihnen beabsichtigte Anfechtung des Verkaufes und der Auflassung die nach dem Reichsgesetze, betreffend die Anfechtung von Rechtshandlungen außerhalb des Konkursverfahrens, vom 21. Juli 1879 (§ 2) nötige Grundlage zu verschaffen. In weiterer Verfolgung dieser Absicht, um nämlich die Fruchtlosigkeit der Zwangsvollstreckung zu konstatieren, wie Beklagte selbst angeben, hat sodann der Beklagte G. wegen seiner Forderung von 2000 M. am 2. Februar einen Zwangsvollstreckungsversuch bei Michael C. vornehmen lassen, welcher fruchtlos blieb. Daraufhin vereinigten sich die Beklagten zu einem Arrestgesuche gegen die Melchior-C.schen Eheleute, welches sie am 3. Februar ... bei dem Amtsgerichte Neustadt O. S. anbrachten. Darin ist unter Berufung auf die durch die vollstreckbaren Urkunden festgestellten Forderungen und auf den fruchtlosen Pfändungsversuch vorgetragen: es liegen die Voraussetzungen zur Anfechtung von Rechtshandlungen, nämlich des Verkaufes und der Auflassung der Grundstücke ihres Schuldners an die Arrestbeklagten, (und zwar nach § 3 Ziff. 2 des Anfechtungsgesetzes) vor; der Schuldner Michael C. habe, gedrängt von Gläubigern und auf Anraten der Arrestbeklagten selbst, die Grundstücke Nr. 2 und 11 und sein Miteigentum an den Grundstücken Nr. 99 und 144, um sie dem Zugriffe seiner Gläubiger zu entziehen, an die Arrestbeklagten veräußert. Damit sei das einzige Befriedigungsobjekt den Gläubigern entzogen. Die Wirkung der Anfechtung sei, daß die Arrestbeklagten die Zwangsvollstreckung in die gekauften Grundstücke wegen der Forderungen der anfechtenden Gläubiger gegen Michael C. dulden müßten; sie müßten sich also auch die zwangsweise Eintragung der Forderung des Gläubigers gefallen lassen. Wegen der naheliegenden Gefahr, daß die Durchführung des Rechtes der Gläubiger auf Befriedigung aus den Grundstücken durch Veräußerung oder Belastung der Grundstücke seitens der Melchior-C.schen Eheleute vereitelt oder erschwert würde, werde beantragt, im Wege des Arrestes die Eintragung einer Vormerkung je in Höhe der anfechtungsweise gegen die Arrestbeklagten geltend gemachten Darlehnsforderungen der Beklagten nebst Zinsen und eines bestimmten Kostenpauschquantums des Anfechtungsprozesses auf den früher dem Michael C. allein gehörigen Grundstücken und auf dem früheren Miteigentume desselben (an Nr. 99 und 141) anzuordnen. Diesem Antrage entsprechend erließ das Amtsgericht am 3. Februar einen Arrestbefehl gegen die Melchior und Marie C.schen Eheleute, in welchem der dingliche Arrest, und zwar durch Eintragung einer Vormerkung in Höhe der anfechtungsweise gegen „die Schuldner" geltend gemachten Darlehnsforderung der Arrestgläubiger an Michael C. sowie der Zinsen und des Kostenpauschquantums des Anfechtungsprozesses, auf den fraglichen ... Grundstücken angeordnet wurde. Die Eintragung der Vormerkungen im Grundbuche erfolgte am 6. Februar 1892 (in der dritten Abteilung, Rubrik „Hypotheken und Grundschulden") mit dem Wortlaute: „a) ... Mark anfechtungsweise geltend gemachte Darlehnsforderung nebst 5 Prozent Zinsen von ... an, b) ... Mark Kostenpauschquantum, vorgemerkt zur Erhaltung des Vorrechtes einer Hypothek für den (Name des Gläubigers) aus dem Arrestbefehl vom 3. am 6. Februar 1892 auf dem Eigentum, bzw. Miteigentum des Auszüglers Michael C. an Bl. 2 Dom., 11, 99 und 141 O." Am 26. Februar 1892 wurde über das Vermögen des Michael C. das Konkursverfahren eröffnet. Der Aufforderung des Konkursverwalters, die der Anfechtung unterliegende Veräußerung der Grundstücke ... rückgängig zu machen, entsprachen die Melchior-C.schen Eheleute freiwillig. Die Rückauflassung fand am 23. April, die Wiedereintragung des Michael C. als Eigentümers, bzw. Miteigentümers in das Grundbuch am 26. April 1892 statt. Die Beklagten gingen dagegen auf das Verlangen des Konkursverwalters, in die Löschung der erwähnten Vormerkungen zu willigen, nicht ein, weshalb er gegen sie Klage erhoben hat mit dem Antrage, die Beklagten zu verurteilen, in die Löschung der fraglichen (im einzelnen bezeichneten) Vormerkungen zu willigen. Das Landgericht hat die Beklagten nach dem Klagantrage verurteilt, indem es die Klage lediglich als Anfechtungsklage aus § 23 KO. beurteilte und die Anfechtung nach § 23 Ziff. 2 als begründet erachtete. Auf Berufung der Beklagten erkannte das Oberlandesgericht auf den von jedem Beklagten zu leistenden Eid, es sei nicht wahr, daß er zur Zeit der Eintragung der angefochtenen Vormerkung (am 6. Februar 1892) davon, daß Michael C. damals seine Zahlungen eingestellt oder die Absicht gehabt habe, ihn vor den übrigen Gläubigern zu begünstigen, Kenntnis gehabt habe; als Folge der Leistung oder Verweigerung des Eides ist die Klagabweisung gegen den betreffenden Beklagten, bzw. seine klagegemäße Verurteilung ausgesprochen.

In der Berufungsinstanz haben die Beklagten unter anderem geltend gemacht: bei Erlaß des Arrestbefehles vom 3. Februar 1892 habe es sich gar nicht um Sicherung der Zwangsvollstreckung in das Vermögen ihres Schuldners Michael C., sondern um Sicherung ihres Anfechtungsanspruches gegenüber dessen Kindern gehandelt, so daß prozessual nicht die Arrestanlegung, sondern die Erlassung einer einstweiligen Verfügung am Platze gewesen wäre; gerade um ihr Anfechtungsrecht glaubhaft zu machen (§ 2 des Anfechtungsgesetzes), nicht zur zwangsweisen Erzielung der Zahlung durch Michael C. sei ja auch die Ausstellung der vollstreckbaren Urkunden vom 31. Januar 1892 ins Werk gesetzt worden. Die Vorschrift des § 23 Ziff. 2 KO. stehe ihnen nicht entgegen, weil ihnen auf Sicherung ihres Anfechtungsrechtes — und nur solche hätten sie durch die Eintragung erlangt — ein Recht zugestanden habe. Kläger hob darauf in erster Linie hervor, die Beklagten seien schon deshalb in die Löschung der fraglichen Vormerkungen zu willigen verbunden, weil letztere, wie sie selbst sagen, nur den Schutz ihres Rechtes auf Anfechtung des Kaufvertrages zwischen Michael C. und den Melchior-C.schen Eheleuten bezweckten, dieses Anfechtungsrecht auszuüben nach Eröffnung des Konkurses aber allein der Konkursverwalter befugt sei, solches auch schon von ihm mit Erfolg geltend gemacht und infolgedessen die Rückgewähr der Grundstücke an Michael C., bzw. dessen Konkursmasse geschehen, damit aber jeder weitere Anfechtungsanspruch der Beklagten gegenstandslos geworden sei. Möchten aber die Vormerkungen als Sicherung der Darlehnsforderungen der Beklagten zu betrachten sein, so stehe ihre Anfechtbarkeit nach §§ 23, 33 Ziff. 1 KO. außer Zweifel. Das Berufungsgericht führt hierzu aus: wie aus den Grundakten hervorgehe, enthalten die angefochtenen Grundbucheintragungen nichts von der Sicherung eines Anfechtungsrechtes der Beklagten bezüglich der Auflassung der fraglichen Grundstücke seitens des Michael C. an die Melchior-C.schen Eheleute; dieselben hätten vielmehr nach Wortlaut und Fassung die Erhaltung des Vorrechtes in betreff der künftig für die Beklagten wegen ihrer dem Michael C. gegenüber beanspruchten Darlehnsforderungen im Wege der Zwangsvollstreckung einzutragenden Hypotheken mittels arrestatorischer Vormerkungen zum Gegenstande und Zwecke. Sei aber hiervon, so lange sie mit diesem Inhalte bestehen, auszugehen, auch wenn die eigene Auffassung der Beklagten eine abweichende sei, so könne auf Grund der letzteren allein ihr Widerspruchsrecht gegen die verlangte Löschungsbewilligung vom Kläger um so weniger beanstandet werden, als die dingliche Wirkung jener Vormerkungen den Beklagten auch nach der Konkurseröffnung dem Konkursverwalter gegenüber ein Absonderungsrecht sichere. Für die Entscheidung könne es sich sonach nur darum handeln, ob die fraglichen Vormerkungen der Anfechtbarkeit und deshalb der Löschung unterliegen. In der Folge beurteilt auch das Berufungsgericht die Frage der Anfechtbarkeit lediglich aus § 23 Ziff. 2 KO. und gelangt in Würdigung des Ergebnisses der stattgehabten Beweisaufnahme zu der Ansicht, daß den Beklagten behufs Widerlegung der dort aufgestellten Vermutung noch der Eid nachzulassen sei (§ 437 ZPO.).

Revisionskläger erhebt hiergegen den Angriff: das Berufungsgericht habe nicht die gesamte festgestellte Sachlage geprüft; nach derselben hätten die Beklagten überhaupt nichts anderes bezwecken können, als die Sicherung ihres Anfechtungsanspruches gegen die Melchior-C.schen Eheleute, und sie hätten durch den Arrestbefehl und die demgemäß eingetragene Vormerkung auch nichts weiter erreicht. Nach § 13 Abs. 1 des Anfechtungsgesetzes habe nunmehr der Konkursverwalter in die hierdurch geschaffene Rechtslage einzutreten und müsse demgemäß die Löschung der gegenstandslos gewordenen Vormerkungen verlangen können; Beklagte hätten weiter nichts mehr damit zu tun und an Aufrechterhaltung der Vormerkungen kein Interesse.

Bei Würdigung dieses Angriffes kann mit dem Berufungsgerichte davon ausgegangen werden, daß ein Grundbucheintrag nach seiner Bedeutung und Wirkung jedenfalls zunächst aus seinem Inhalte zu beurteilen ist. Dies erheischt die Sicherheit des Grundbuchsverkehres. Damit ist aber für die Erfassung der Bedeutung eines Eintrages nicht jede Auslegung ausgeschlossen, und bei solcher ist man auch nicht auf die eigentlichen Grundbuchakten beschränkt. Im vorliegenden Falle steht fest, daß die Beklagten auf Grund des gegen die Melchior-C.schen Eheleute ausgebrachten Arrestbefehles die fraglichen Vormerkungen zur Höhe eines zu sichernden Geldbetrages erwirkt haben (§ 10 des preußischen Gesetzes, betreffend die Zwangsvollstreckung in das unbewegliche Vermögen, vom 13. Juli 1883). Fraglich ist nach der Auffassung des Berufungsgerichtes, ob der Arrest und die Vormerkungen die Sicherung der Beklagten wegen ihrer angeblichen Darlehnsforderungen gegen Michael C. oder vielmehr wegen ihres Anfechtungsanspruches gegen die Melchior-C.schen Eheleute bezweckten, und ob das eine oder das andere in den Grundbucheinträgen Ausdruck findet. Das Berufungsgericht hält sich lediglich an den Wortlaut der Einträge und diesen für ganz klar. Es übersieht aber hierbei erhebliche Umstände, welche bei Beantwortung jener Frage gewürdigt werden müssen, oder faßt sie falsch auf. Schon an sich weist der Wortlaut der Einträge darauf hin, daß die Vormerkungen nicht die Sicherung der Darlehnsforderungen gegen Michael C., sondern die Sicherung des Anfechtungsanspruches der Beklagten gegen die Melchior-C.schen Eheleute zum Zwecke und Gegenstande hatten. Allerdings ist in den Vormerkungen unter anderem gesagt, „vorgemerkt zur Erhaltung des Vorrechtes einer Hypothek für den ...“. Allein eingetragen sind 2000, 1500 usw. M. anfechtungsweise (gegen die

Melchior-C.schen Eheleute) geltend gemachte Darlehnsforderungen und je ein gewisses Kostenpauschquantum. Hieraus ist, wie es nach damaliger Lage der Sache auch gar nicht anders denkbar war, da ja die Melchior-C.schen Eheleute die eingetragenen Eigentümer der Grundstücke, nicht die Darlehnsschuldner waren, und die Beklagten eben nur mittels der Anfechtung des Kaufvertrages und der Auflassung diese Grundstücke zur Zwangsvollstreckung heranziehen konnten und zweifellos auf diesem Wege heranziehen wollten, zu entnehmen, daß die Eintragungen erfolgten zur Sicherung desjenigen Anspruches, welchen allein die Beklagten gegen die Melchior-C.schen Eheleute hatten, nämlich des Anfechtungsanspruches. Freilich ist hiermit auch mittelbar als Ziel der Sicherung die Zwangsvollstreckung wegen der Darlehnsforderungen bezeichnet, aber, worauf es ankommt, als zu sichernder Anspruch ebenjener Anfechtungsanspruch. Dem entspricht nur (gemäß § 7 Abs. 1 des Anfechtungsgesetzes vom 21. Juli 1879), daß — abgesehen von dem Kostenpauschquantum — die Höhe des zu sichernden Geldbetrages nach der Höhe der Darlehnsforderungen und der angeblich hieraus geschuldeten Zinsen bemessen wurde, und es kann hiernach weiter schon aus dem Eintrage selbst entnommen werden, daß mit dem Kostenpauschquantum nur die Kosten des gegen die Melchior-C.schen Eheleute zu führenden Anfechtungsprozesses gemeint sind. Zur Eintragung eines Kostenpauschquantums wegen eines gegen den Darlehnsschuldner zu führenden Prozesses lag überdies gar kein Anlaß vor, nachdem dieser kurz zuvor freiwillig den Beklagten wegen ihrer Darlehnsforderungen vollstreckbare Urkunden erteilt hatte. Zuzugeben ist, daß bei dieser Sachlage als das richtige Mittel zur Sicherung der Beklagten die Erwirkung einer einstweiligen Verfügung und deren Eintragung in das Grundbuch erscheinen mochte. Allein daraus, daß die Beklagten den Weg des Arrestverfahrens betraten, und die Behörden ihnen hierin folgten, kann nicht geschlossen werden, daß Gegenstand der Sicherung die Darlehnsforderung der Beklagten gegen Michael C. in dem vom Berufungsgerichte entwickelten Sinne gewesen sei. Jeder Zweifel daran, daß als der zu sichernde Anspruch auch nach dem Inhalte der Vormerkungen der den Beklagten nach ihrer Meinung gegen die Melchior-C.schen Eheleute zustehende Anfechtungsanspruch anzusehen ist, wird aber ausgeschlossen durch die von dem Berufungsgerichte nicht gewürdigten Grundlagen der Vormerkungen, das Arrestgesuch und den Arrestbefehl, sowie durch die Angaben, welche die Parteien in dem Rechtsstreite in dieser Beziehung gemacht haben. Zunächst ergibt schon der Inhalt des Arrestgesuches, daß die Beklagten nichts anderes bezweckten, als die Realisierung des Anfechtungsanspruches, vermöge dessen sie von den Melchior-C.schen Eheleuten die Duldung der Zwangsvollstreckung in die fraglichen Grundstücke (also eine Individualleistung) begehrten, zu sichern. Ebenso bezeichnet der Arrestbefehl deutlich diesen Anfechtungsanspruch als Gegenstand der Sicherung. Klar ist dies hier wie dort auch dadurch ausgesprochen, daß das Kostenpauschquantum als dasjenige des Anfechtungsprozesses bezeichnet ist. Vor allem aber sind die Parteien vollständig einig darüber, daß der Arrestbefehl und die auf Grund desselben eingetragenen Vormerkungen lediglich die Sicherung des Anfechtungsanspruches der Beklagten bezweckten, und die Beklagten gerade haben erklärt, daß, wie schon ihr Vorgehen gegen ihren Schuldner Michael C. nur zur Vorbereitung der Anfechtung der Übertragung der Grundstücke auf die Melchior-C.schen Eheleute, so der gegen letztere ausgebrachte Arrestbefehl und die Vormerkungen einzig zur Sicherung des Anfechtungsanspruches gedient haben, und daß sie auch durch die Vormerkungen nur die Sicherung dieses Anspruches erreicht haben. Insoweit handelt es sich nicht, wie das Berufungsgericht anzunehmen scheint, um eine bloße nicht zutreffende Auffassung der Beklagten von der Bedeutung der Vormerkungen, sondern um tatsächliche Erklärungen der Beklagten, welche als solche von besonderer Wichtigkeit sind.

Nach alledem liegt klar vor, daß Gegenstand der Vormerkungen und der durch sie bezweckten Sicherung der Anfechtungsanspruch der Beklagten gegen die Melchior-C.schen Eheleute ist, und es ist demgemäß auch das Verlangen des Konkursverwalters, daß die Beklagten die Löschung der Vormerkungen bewilligen, begründet. Dieses Verlangen kann zwar nicht auf § 13 Abs. 1 des Anfechtungsgesetzes gestützt werden ...; denn in dieser Vorschrift ist ein im Prozeßwege erhobener Anfechtungsanspruch vorausgesetzt, und die Beklagten haben die Anfechtungsklage gegen die Melchior-C.schen Eheleute nicht erhoben. Mit Recht hat aber der klagende Konkursverwalter geltend gemacht, daß ihm (nach Ausbruch des Konkurses) das Anfechtungsrecht allein zustehe, und er dasselbe schon mit Erfolg ausgeübt habe. Das Anfechtungsrecht der einzelnen Gläubiger wird gemäß § 29 KO. in Beziehung auf einen zur Konkursmasse gehörigen oder zu ziehenden Gegenstand während der Dauer des Konkursverfahrens durch das dem Konkursverwalter allein zustehende und von ihm im Interesse der Konkursgläubiger auszuübende Anfechtungsrecht absorbiert. Die Melchior-C.schen Eheleute haben auf die Anfechtungserklärung des Konkursverwalters die Grundstücke ohne weiteres auf den Kridar zurückübertragen, und der Konkursverwalter hat sie behufs der Verwertung zur Konkursmasse gezogen. Nach den Feststellungen im Tatbestande erster Instanz besteht kein Zweifel darüber, daß der Erlös aus den Grundstücken zur Befriedigung der Konkursgläubiger vollständig aufgebraucht wird. Der Verwertung stehen die von den Beklagten erwirkten Vormerkungen entgegen. Diese haben nach dem Ausgeführten den Rechtsgrund wie den Gegenstand, als welcher der Anfechtungsanspruch der Beklagten anzusehen ist, verloren. Der Konkursverwalter muß hiernach gegenüber dem Widerspruche der Beklagten (negatorisch) auf die Löschung klagen können. Die Beklagten haben auch zur Begründung ihres Widerspruches nichts weiteres vorzubringen gewußt. Sie wollen eben das Bestehen der Vormerkungen benutzen, um auf Grund derselben ein ihnen nicht zustehendes Absonderungsrecht wegen ihrer Darlehnsforderungen zu beanspruchen. Dem Verlangen des Konkursverwalters steht auch der Umstand nicht entgegen, daß der Arrestbeschluß, auf Grund dessen die Eintragung der Vormerkungen erfolgte, von dem Konkursverwalter mit der Klage nicht gleichzeitig angegriffen ist, der Beschluß also formell zu Recht besteht. Denn dieser Beschluß erging antraggemäß lediglich zur Sicherung des Anfechtungsanspruches der Beklagten und ist mit dem Wegfalle dieses Anspruches gleichfalls gegenstandslos geworden.

Fraglich konnte nur erscheinen, ob der Kläger den Anspruch auf Löschung auf die in vorstehendem gewürdigte Weise schon in erster Instanz begründet hat, ob also nicht in seinem Vorbringen zweiter Instanz, welches diese Begründung klar enthält, eine (unzulässige) Klagänderung liegt. Diese Frage ist jedenfalls zu verneinen. Der Klagantrag ist gerichtet auf Löschungsbewilligung, und das tatsächliche Material, welches nach dem vorstehenden diesen Antrag als gerechtfertigt erscheinen läßt, wurde von dem Konkursverwalter im wesentlichen schon in erster Instanz vorgetragen und dem Gerichte zur Prüfung unterbreitet, wobei Kläger nur den Gesichtspunkt der Anfechtung in den Vordergrund gestellt hat. In zweiter Instanz hat er sodann lediglich, nachdem die Sach- und Rechtslage durch den Inhalt der von dem Berufungsgerichte eingeforderten Arrest- und Grundbuchakten und die entsprechenden Erklärungen der Beklagten weitere Beleuchtung erhalten hatte, unter Festhaltung der Anfechtungsklage in erster Linie denjenigen rechtlichen Gesichtspunkt betont, welcher, wie gezeigt, seinen Löschungsanspruch ohne weiteres als berechtigt erscheinen läßt. Es liegt also eine Verschiebung der Klag- und Angriffsgründe, nicht eine Klagänderung vor.

Kein Zweifel besteht, daß die Zuständigkeit des Landgerichtes zur Entscheidung über die (negatorische) Löschungsklage auch nach § 25 ZPO. begründet ist.

Das angefochtene Urteil mußte demnach aufgehoben, und in der Sache selbst sofort (§ 528 Abs. 3 Ziff. 1 ZPO.) erkannt, und zwar die Berufung der Beklagten gegen das sie unbedingt zur Löschungsbewilligung verurteilende Erkenntnis erster Instanz zurückgewiesen worden. Hiermit erübrigt sich eine Erörterung über die Entscheidung des Berufungsgerichtes in betreff der Anfechtungsklage und über die in dieser Richtung erhobenen Revisionsangriffe." ...

RGZ. 36, 161

Anfechtung einer Faustpfandbestellung des Gemeinschuldners an einer ihm vom Eigentümer zum Zwecke der Verpfändung geliehenen Sache. Gegenstand der Rückgewährpflicht.

KO. §§ 23, 30 (30, 37 n. F.).

VI. Zivilsenat. Urt. v. 6. Februar 1896.

I. Landgericht I Berlin. II. Kammergericht daselbst.

Aus den Gründen:

„Die Firma Fr. & Co. schuldet der verklagten Firma . . . die Summe von 12377,25 M. Auf wiederholtes Verlangen alsbaldiger Zahlung übersandte die Schuldnerin der verklagten Firma mit Schreiben vom 7. September 1893 zur Sicherung ihrer Forderung einen Kuxschein über 25 Kuxe des Eisenerz-Bergwerkes H.-H. (preußisches Berggesetz vom 24. Juni 1865 § 108), im Werte von etwa 70000 M., als Faustpfand. Dieser Kuxschein gehörte aber nicht der Schuldnerin, sondern der Witwe F., welche Teilhaberin der Gesellschaft Fr. & Co. ist, oder der Witwe F. und den übrigen Miterben des verstorbenen Gewerken August F. Der Kuxschein wurde von der Schuldnerin der Beklagten ausdrücklich als fremdes Eigentum verpfändet, hierbei jedoch der letzteren (in dem Briefe vom 7. September und einigen folgenden Briefen) mitgeteilt, daß — was in der Tat der Fall war — der Eigentümer des Kuxscheines diesen der Firma Fr. & Co. zum Zwecke der Verpfändung zur Verfügung gestellt habe.

Am 15. September 1893 wurde über das Vermögen der Firma Fr. & Co. der Konkurs eröffnet. Der Konkursverwalter ficht nun auf Grund des § 23 KO. die Verpfändung mit dem Antrage an, die Beklagte zur Zurückgewährung des Kuxscheines an die Konkursmasse zu verurteilen. Das Landgericht hat die Klage unter Verurteilung des Klägers in die Prozeßkosten abgewiesen. Auf die Berufung des Klägers hat dagegen das Kammergericht die Beklagte nach dem Klagantrage zur Zurückgewährung des Kuxscheines verurteilt.

Das Berufungsgericht führt aus: auf die Frage nach dem Eigentume an dem Kuxscheine komme es, da nicht eine Vindikationsklage, sondern nur eine Anfechtungsklage im Umfange des § 30 KO. erhoben sei, nicht an. Die Einwendung der Beklagten, die Anfechtung sei ausgeschlossen, weil in dem Kuxscheine und mit demselben aus der Konkursmasse nichts weg- oder aufgegeben oder veräußert worden sei, könnte als zutreffend nur dann erachtet werden, wenn die Gemeinschuldnerin den Kuxschein im Namen und in Vertretung des Eigentümers verpfändet hätte, insofern nur solchenfalls eine Rechtshandlung der Gemeinschuldnerin, wodurch über deren Vermögen Verfügung getroffen wäre, nicht vorliegen würde. Damit aber, daß Gemeinschuldnerin über den Kuxschein zwar als über eine fremde Sache, aber in eigenem Namen und in eigenem Interesse verfügte, habe sie auch eine Rechtshandlung und Verfügung über ihr Vermögen getroffen, welche nach Maßgabe der §§ 22flg. KO. und im Umfange des § 30 anfechtbar sei, vorausgesetzt namentlich, daß eine Benachteiligung der Konkursgläubiger mit jener Verfügung verbunden sei. Dies treffe zu, wenn durch die Rechtshandlung den Konkursgläubigern Befriedigungsobjekte entzogen, oder die Befriedigungsansprüche an die zur Befriedigung der Konkursgläubiger vorhandenen Vermögensstücke vermehrt seien, oder der eine Gläubiger vor den anderen rechtswidrig bevorzugt werde. Ob dies dadurch herbeigeführt werde, daß eine mit dem Aussonderungsrechte eines Dritten behaftete (bzw. demselben unterworfene) Sache zum Gegenstande der Rechtshandlung gemacht worden, sei gleichgültig. Die Gemeinschuldnerin habe vorliegenden Falles die tatsächliche Verfügungsgewalt über den Kuxschein gehabt und sich dieser durch die Verpfändung an die Beklagte entäußert und dadurch sich in die Lage versetzt, dem Aussonderungsanspruche der Eigentümer nicht mehr Genüge leisten zu können. Ob diese Verfügung eine derartige gewesen sei, daß sie nach Eröffnung des Konkurses durch die Anfechtungsklage des Konkursverwalters wieder rückgängig gemacht werden könne, hänge nicht davon ab, ob der Verwalter im Falle seines Obsieges und der Rückerlangung des Kuxscheines ihn wieder an den Aussonderungsberechtigten herauszugeben haben werde, sondern lediglich von dem Inhalte und den Umständen des Geschäftes zwischen der Gemeinschuldnerin und der Beklagten und seinen für die Konkursgläubiger nachteiligen Wirkungen. Die Wirksamkeit des fraglichen Geschäftes werde dadurch, daß es ausdrücklich über eine fremde Sache geschlossen worden, nicht beeinträchtigt; dagegen sollen die für die Konkursgläubiger nachteiligen Wirkungen und Folgen eines solchen Geschäftes durch das Anfechtungsrecht des Verwalters beseitigt werden können. Daß die angefochtene Pfandbestellung in der Tat ein den Konkursgläubigern nachteiliges Rechtsgeschäft sei, erhelle daraus, daß die Beklagte aus einem ihr an sich gesetzmäßig bestellten und zu Recht bestehenden Pfandrechte infolge Absonderungsrechtes völlige Befriedigung auch noch wegen der nach der Konkurseröffnung laufenden Zinsen beanspruchen könne, während ihr als Konkursgläubigerin nur Zinsen bis zur Konkurseröffnung zuständen (§ 55 Ziff. 3 KO.), und daß die durch die Pfandbestellung Geschädigten, sonst Aussonderungsberechtigten, mit ihren Entschädigungsansprüchen den Konkursgläubigern hinzutreten. Hiernach hält das Berufungsgericht, indem es weiter ausführt, daß durch die in die letzten zehn Tage vor der Konkurseröffnung fallende Pfandbestellung die Beklagte eine Sicherung, welche sie in keiner Weise zu beanspruchen hatte, erhalten habe, sowie daß ihr hierbei die schon damals eingetretene Zahlungseinstellung der Gemeinschuldnerin und die Begünstigungsabsicht derselben bekannt gewesen, die erhobene Klage nach § 23 Ziff. 2, § 30 KO. für begründet.

Diese Entscheidung erscheint, insofern sie dem Klagantrage auf Zurückgewährung des Gegenstandes des Faustpfandes, des Kuxscheines, entspricht, als eine rechtsirrige; in dieser Hinsicht muß den Angriffen der Revision beigetreten werden. Im vorliegenden Falle kann die Zurückgewährung des Kuxscheines selbst überhaupt nicht verlangt werden.

Die Anfechtung setzt auch in den Fällen des § 23 KO. eine Benachteiligung der Konkursgläubiger durch die anzufechtende Rechtshandlung in ihrem Anspruche auf konkursmäßige Befriedigung (§§ 1, 2 KO.) voraus, in den Fällen des § 23 Ziff. 2 in dem Sinne, daß die Begünstigung des Anfechtungsbeklagten vor den übrigen Gläubigern aus dem Vermögen des Gemeinschuldners herbeigeführt worden ist. Andererseits ist der § 30 KO. nicht dahin zu verstehen, daß unter allen Umständen derjenige Gegenstand, welcher unmittelbar das Objekt der anzufechtenden Rechtshandlung bildet, herausgegeben werden müßte, ohne Rücksicht darauf, ob er zum Vermögen des Gemeinschuldners gehörte. Der Konkursmasse ist nach § 30 dasjenige zurückzugewähren, was durch die anfechtbare Handlung aus dem Vermögen des Gemeinschuldners veräußert, weggegeben oder aufgegeben worden ist. Hieraus ergibt sich die Beschränkung der Verpflichtung des Anfechtungsbeklagten auf die Zurückgewährung eben nur desjenigen, was aus dem Vermögen des Gemeinschuldners herausgekommen ist.

Vgl. Entsch. des RG.s in Zivils. Bd. 16 S. 22flg., 26.

Es kommt also darauf an, zu untersuchen, was aus dem Vermögen des Gemeinschuldners herausgekommen ist. Das Berufungsgericht prüft nun zunächst nicht das Rechtsgeschäft, durch welches die Gemeinschuldnerin die Befugnis zur Verpfändung des ihr nicht gehörigen Kuxscheines von dem Eigentümer erhalten hat. Es stellt nur fest, daß die Gemeinschuldnerin den Kuxschein mit Erlaubnis des Eigentümers zwar als eine fremde Sache, aber in eigenem Namen verpfändet hat, und meint im übrigen, auf die Frage des Eigentumes an dem Kuxscheine komme es hier bei der Anfechtungsklage nicht an. Nach den Feststellungen in den Vorinstanzen kann nicht bezweifelt werden, daß jenes Rechtsgeschäft als Gebrauchsleihvertrag (§§ 229flg. ALR. I. 21) zu charakterisieren ist, und daß vertragsmäßig als der Gebrauch, zu welchem der Kuxschein der Gemeinschuldnerin von dem Eigentümer hingegeben wurde, nur die Verpfändung des Kuxscheines durch die Firma Fr. & Co. und zu deren Gunsten bestimmt worden ist.

Vgl. Entsch. des RG.s in Zivils. Bd. 13 S. 127flg., und Urt. vom 2. Mai 1895 i. S. S. w. L. u. Z. Rep. VI. 26/95.

Ob hierbei ausdrücklich die verklagte Firma als diejenige Gläubigerin bezeichnet worden ist, welcher allein der Kuxschein verpfändet werden dürfe, kann dahingestellt bleiben; jedenfalls kann ferner nicht bezweifelt werden, daß die Konkursmasse aus dem Leihvertrage für sich keinerlei Rechte zu einer Disposition über den Kuxschein hätte ableiten können, falls er zur Zeit der Konkurseröffnung in der Masse sich befunden hätte. Insbesondere hätte der Konkursverwalter den Kuxschein nicht für Zwecke seiner Verwaltung verpfänden dürfen. Denn der Vertrag hatte eben nur den Gebrauch durch die Firma Fr. & Co. für deren Geschäftsbetrieb zum Gegenstande und Zwecke. Das Berufungsgericht nimmt selbst an, daß, wäre der Kuxschein in der Masse, wäre er insbesondere von der Beklagten etwa unter Verzicht auf ihr Pfandrecht an den Konkursverwalter ausgefolgt worden, der Kuxschein dem Eigentümer als Aussonderungsberechtigtem herausgegeben werden müßte. Hiernach ist klar, daß, wie der Kuxschein im Eigentume des Verleihers geblieben ist, so die Konkursmasse aus dem Leihvertrage nicht irgend welches Recht in Ansehung des Kuxscheines erworben hat und erwerben konnte, welches als ein zur Masse gehörendes, für die Konkursgläubiger zu verwertendes Vermögensrecht bezeichnet werden könnte. Damit ist auch dargetan, daß die Pfandbestellung mittels des fremden Kuxscheines in keiner Weise als unmittelbar aus dem Vermögen der Gemeinschuldnerin erfolgt angesehen werden kann.... Ebensowenig läßt sich von dem an dem Kuxscheine bestellten Pfandrechte sagen, daß dieses unmittelbar aus dem Vermögen der Gemeinschuldnerin bestellt sei. Hieran wird durch den Umstand nichts geändert, daß die Firma Fr. & Co. den Kuxschein im eigenen Namen verpfändet hat. Der Eigentümer, welcher in diese Verpfändung eingewilligt hat, wurde hierdurch allerdings nicht Interzedent (§ 72 ALR. I. 20). Wesentlich ist aber, daß die Firma Fr. & Co. den ihr nicht gehörigen Kuxschein der Beklagten ausdrücklich als einem Dritten gehörig und ihr von diesem Eigentümer nur zu solchem Gebrauche geliehen zum Pfande hingegeben hat. Es bleibt hiernach die Tatsache bestehen, daß die Verpfänderin das Pfandobjekt selbst nicht aus ihrem Vermögen hergegeben hat. Demnach kann auch (nach § 30 KO.) nicht die Rückgewähr des Kuxscheines verlangt werden; hiermit wird etwas gefordert, was aus dem Vermögen der Gemeinschuldnerin nicht veräußert oder weggegeben worden ist. Es kann dahingestellt bleiben, wie sich die Rückgewährpflicht dann gestaltete, wenn der Gemeinschuldner dem Gläubiger einen fremden Gegenstand einfach wie aus seinem eigenen Vermögen hingegeben hätte, ob in solchem Falle der Gläubiger als Anfechtungsbeklagter die Einwendung erheben könnte, der Gegenstand der Klage gehöre nicht zum Vermögen des Kridars, welcher Fall der im Kommentar von Petersen u. Kleinfeller (3. Aufl. S. 100) erwähnten Entscheidung (i. S. K. w. R. Konkursm. Rep. VI. 103/88) zugrunde gelegen zu haben scheint. Dieser Fall liegt, wie gezeigt, hier nicht vor; vielmehr ist sogar die erhobene Anfechtungsklage von vornherein mit auf die Tatsache zu stützen gesucht worden, daß die Firma Fr. & Co. den Kuxschein als fremden (mit Bewilligung des Eigentümers) verpfändet, dies auch der Beklagten ausdrücklich mitgeteilt hat. Hiermit ist aber nicht gesagt, daß die fragliche Faustpfandbestellung der Anfechtung überhaupt entzogen wäre, und eine Anfechtungsklage gegenständlich mit einem anderen Inhalte nicht hätte erhoben werden können. Anfechtbar ist unter den Voraussetzungen der §§ 23flg. KO. jede Rechtshandlung des Gemeinschuldners, durch welche das Recht der Gläubiger auf konkursmäßige Befriedigung irgendwie beeinträchtigt wird. Dies kann, wie das Berufungsgericht mit Recht annimmt, geschehen nicht bloß durch Schmälerung der Aktivmasse (welcher Fall hier nicht vorliegt), sondern auch durch Erhöhung der Passivmasse, durch Erweiterung des Kreises der Konkursgläubiger.

Vgl. v. Wilmowski, Kommentar zur Konkursordnung 5. Aufl. S. 111flg., 59, 61; Petersen u. Kleinfeller a. a. O.; Cosack, Das Anfechtungsrecht der Gläubiger S. 60, 192; Korn, Anfechtung von Rechtshandlungen S. 44, 46; vgl. auch Menzel, Das Anfechtungsrecht der Gläubiger nach österreichischem Rechte S. 58, 60.

Die Benachteiligung liegt darin, daß durch die Konkurrenz solcher Gläubiger die ohne solche auf die anderen entfallende Dividende aus der vorhandenen Aktivmasse (§ 1 KO.) vermindert wird. Im vorliegenden Falle ist nun nicht zu bezweifeln, daß die Firma Fr. & Co. sich den Kuxschein zum Zwecke der Verpfändung an die Beklagte nur verschafft hat und verschaffen konnte, indem sie zugleich dem Eigentümer gegenüber die persönliche Verpflichtung übernahm, die Wiedereinlösung des ihm nur geliehenen Kuxscheines zum Zwecke der Ermöglichung der Zurückgabe an den Eigentümer zu bewirken, eventuell jedenfalls letzterem vollen Ersatz zu leisten. Durch Übernahme dieser Verpflichtung hat die Firma Fr. & Co. mittelbar etwas aus ihrem Vermögen zur besonderen Sicherung der Beklagten veräußert oder weggegeben. Auch eine solche Aufwendung aus dem Vermögen fällt unter § 30 KO. Diese Belastung des Vermögens der Gemeinschuldnerin hätte nun an sich ökonomisch denselben Wert wie der Kuxschein selbst. Allein da über das Vermögen der Leiherin und Verpfänderin das Konkursverfahren eröffnet ist, und der Eigentümer des Kuxscheines von der Masse nach der Sachlage nicht den vollen Wert desselben verlangen kann, vielmehr seinen persönlichen Anspruch als Konkursgläubiger zu verfolgen genötigt ist, so kommt allein sein Anspruch auf konkursmäßige Befriedigung aus der vorhandenen Aktivmasse in Betracht. Durch seine Beteiligung als Konkursgläubigers würde im Verhältnisse des Betrages der auf seine Forderung fallenden Dividende die den übrigen Gläubigern ohne seine Beteiligung zukommende Dividende geschmälert. Hierin läge, wie bemerkt, die Benachteiligung der Konkursgläubiger durch die von der Firma Fr. & Co. mittels des fremden Kuxscheines der Beklagten gewährte Sicherheit und, sofern Beklagter die ganze durch Verwertung dieses Pfandes erzielte Befriedigung seiner Forderung behalten dürfte, seine Begünstigung vor den anderen Gläubigern. Die Anfechtungsklage könnte daher auch nach § 30 KO. nur etwa auf eine Ausgleichung dadurch gerichtet werden, daß die Beklagte an die Konkursmasse die Differenz zwischen der höheren Forderung des Eigentümers als Konkursgläubigers, bzw. der höheren hierauf entfallenden Dividende und derjenigen (geringeren) Dividende zu zahlen habe, welche auf die Forderung der Beklagten, falls sie als Konkursgläubigerin sich zu beteiligen hätte, entfallen würde, oder auch auf Liberierung der Konkursmasse von der Verpflichtung zur Zahlung der dem Eigentümer zukommenden Konkursdividende, wobei die Beklagte, soweit sie hierdurch ihre aus dem Pfande gewonnene Deckung verliert, als gewöhnliche Konkursgläubigerin auftreten dürfte.

Vgl. die Ausführung Cosack's zu dem analogen Falle des regreßberechtigten Interzedenten, a. a. O. S. 192flg.

Wie dieser Anfechtungsanspruch des näheren zu begründen wäre und sich (insbesondere bei Berücksichtigung des Anspruches des Verpfänders oder des Eigentümers auf Herausgabe der hyperocha) gestalten würde, ist hier nicht zu untersuchen. Denn es fehlt in allem, was klägerischerseits vorgetragen ist, jede Andeutung, daß Kläger die Anfechtung in dieser Weise irgendwie beabsichtigte, vollends an jeder tatsächlichen Grundlage für eine Anfechtung mit diesem ganz anderen, beschränkten Inhalte. Das Berufungsurteil muß demnach nicht bloß aufgehoben, sondern auch sofort, da die allein angestellte Klage nach dem festgestellten Sachverhältnisse nicht begründet und nicht zu begründen ist, in der Sache selbst erkannt, das heißt, die Berufung Klägers gegen das klagabweisende Urteil erster Instanz zurückgewiesen werden." ...

RGZ. 38, 6 †

Unterliegt die Bezahlung der Schuld eines vermögenslosen Gesellschafters durch die offene Handelsgesellschaft, bei der allen Teilen die Zahlungsunfähigkeit des Gesellschafters bekannt war, auf Grund des § 25 (31 n. F.) Ziff. 1 KO. der Anfechtung in dem Konkurse über das Vermögen der Gesellschaft, wenn dieser eine Gegenleistung nicht gewährt worden ist und nicht gewährt werden sollte?

VI. Zivilsenat. Urt. v. 12. Oktober 1896.

I. Landgericht I Berlin. II. Kammergericht daselbst.

Aus den Gründen:

„Am 1. Februar 1890 errichteten die Kaufleute Br. und W. eine offene Handelsgesellschaft unter der Firma Br. & W. In dem Gesellschaftsvertrage verpflichteten sich die beiden Gesellschafter, eine Bareinlage von je 5000 M. zu machen. Br. erhielt zu diesem Zwecke von seinem Schwiegervater, dem Beklagten, ein bares Darlehn von 5000 M., das er mit 4 Prozent zu verzinsen und nach dreimonatiger Kündigung zurückzuzahlen in dem Schuldscheine vom 3. Februar 1890 versprach. Br. hat dem Beklagten das Kapital am 20. November 1894 zurückgezahlt, und an rückständigen Zinsen am 22. November 1894 den Betrag von 500 M....

Über das Vermögen der Handelsgesellschaft Br. & W. ist durch Beschluß des Amtsgerichtes ... vom 6. Dezember 1894 das Konkursverfahren eröffnet, und X. zum Verwalter bestellt. Derselbe ficht die erwähnten beiden Zahlungen als den Konkursgläubigern gegenüber unwirksam an, und zwar zunächst, weil dieselben unentgeltliche Verfügungen der Gemeinschuldnerin darstellten.... Br., der selbst völlig mittellos gewesen sei, habe nämlich die dem Beklagten gezahlten Gelder aus der Gesellschaftskasse entnommen, und der andere Gesellschafter habe die Zahlungen auch genehmigt. Die Gesellschaft sei aber nicht Schuldnerin des Beklagten gewesen.

Der von der Klägerin in erster Instanz gestellte Antrag verlangt die Verurteilung des Beklagten zur Rückzahlung von 5500 M. nebst 5% Zinsen seit dem 6. Dezember 1894 an die klägerische Konkursmasse. ... Das Berufungsgericht hat diesem Antrage gemäß erkannt....

Die hiergegen erhobenen Angriffe sind nicht begründet....

Die Bezahlung einer Privatschuld eines Gesellschafters seitens der ... offenen Handelsgesellschaft ist ... auf ihrer Seite eine unentgeltliche Verfügung, wenn ihr eine Gegenleistung nicht gewährt worden ist und nicht gewährt werden sollte. Die offene Handelsgesellschaft haftet mit ihrem Vermögen nicht für die Privatschulden der Gesellschafter (Art. 119 HGB.). Sie wird deshalb durch die Bezahlung einer solchen Schuld nicht von einer auf ihrem Vermögen ruhenden Verpflichtung befreit. Ihr Vermögen wird aber durch die Fortgabe des Geldes vermindert. Sie macht dem Zahlungsempfänger daher unentgeltlich eine Zuwendung aus diesem Vermögen, wenn dieser ihn auch anderweitig für die Zahlung keinen Ersatz leistet und auch nicht leisten will.

Der Beklagte ist im vorliegenden Falle aber auch bereichert worden. Eine Bereicherung liegt jedenfalls dann vor, wenn dem Gläubiger, dem eine von seinem vermögenslosen Schuldner nicht beizutreibende und deshalb wertlose Forderung zusteht, Bezahlung durch einen Dritten geleistet wird. Denn sein Vermögen wird auf der einen Seite durch den Empfang des Geldes vermehrt, während auf der anderen Seite der Untergang der wertlosen Forderung demselben keinen wirklichen Wert entzieht*). Das Berufungsgericht hat ferner für erwiesen erachtet, daß dem Beklagten beim Empfang der 5000 M. die Vermögenslosigkeit des Br. bekannt war, und dadurch auch festgestellt, daß der Beklagte das Geld in dem Bewußtsein empfing, dadurch Befriedigung für eine Forderung, die keinen Wert hatte, zu erhalten, ohne irgend ein Entgelt hierfür gewähren zu müssen.

Waren hiernach der Zahlende, der namens der Handelsgesellschaft Br. & W. handelnde Br., und der Zahlungsempfänger, der Beklagte, darüber einig, daß seitens der Gesellschaft die wertlose Privatschuld des Br. getilgt werden, und dieser kein Entgelt hierfür an die Gesellschaft oder an einen Dritten leisten sollte, so kann es nicht zweifelhaft sein, daß diese Zahlung eine unentgeltliche Verfügung der Gesellschaft im Sinne des § 25 KO. ist.

Daß dasselbe auch bezüglich der zwei Tage später unter gleichen Umständen gezahlten Zinsen von 500 M. gelten muß, ist vom Berufungsgerichte ebenfalls ohne Rechtsirrtum angenommen und von der Revision auch nicht in Zweifel gezogen.

Es bedarf hiernach keiner Entscheidung der Frage, ob der weitergehenden Ansicht in dem Urteile des II. Zivilsenates vom 27. November 1883,

vgl. Entsch. des RG.s in Zivils. Bd. 10 S. 86,

auf welche sich das Berufungsgericht stützt, daß für den Begriff der unentgeltlichen Verfügung im Sinne des § 25 a. a. O. allein das objektive Moment der Vermögensverminderung entscheidend sei, und es weder auf die Absicht des Schuldners, noch die Kenntnis des Empfängers ankomme, beizutreten wäre. Die gegenwärtige Entscheidung steht bei der Lage des Falles mit diesem und auch mit den in den Urteilen anderer Senate ausgesprochenen Rechtsgrundsätzen nicht im Widerspruch. Denn in dem Urteile des I. Zivilsenates vom 22. Februar 1888 in Sachen D. wider L., Rep. I. 292/88 — teilweise abgedruckt in der Jurist. Wochenschrift von 1889 S. 68 — ist auch nur gesagt, daß eine unentgeltliche Verfügung nur dann gegeben sei, wenn die Unentgeltlichkeit auf der Seite des Verfügenden und auf der des Empfängers vorliege, daß dies aber nicht der Fall sei, wenn derjenige, zu dessen Gunsten eine Bürgschaft übernommen, als Gegenleistung hierfür einem Anderen Kredit gewähren solle.

In dem Urteile des III. Zivilsenates vom 16. April 1886 in Sachen K. wider H. u. Gen., Rep. III. 366/85 ist zwar angenommen, daß bei einer unentgeltlichen Verfügung im Sinne des § 25 a. a. O. eine Bereicherung auf seiten des Anfechtungsgegners nicht erforderlich sei. Es ist aber die Übernahme einer Schuld eines Gesellschafters durch

*) Vgl. Kohler, Lehrbuch des Konkursrechts § 40 S. 228.

die offene Handelsgesellschaft für eine unentgeltliche Verfügung erachtet worden, weil für die Übernahme der Schuld keine Vergütung geleistet worden.

In einem ferneren Urteile des III. Senates vom 12. Februar 1892,

vgl. Entsch. des RG.s in Zivils. Bd. 29 S. 1,

ist ausgesprochen, daß die Bezahlung einer vollkommen sicheren und vollwertigen Wechselforderung durch einen Dritten keine Bereicherung des Gläubigers enthalte, dabei aber bemerkt, daß eine solche bei Bezahlung einer materiell unsicheren und rechtlich zweifelhaften Forderung anzunehmen sein würde." ...

RGZ. 38, 102

Hat bei Anfechtung der Erfüllung einer vor dem kritischen Jahre begründeten Verbindlichkeit aus § 24 (31 n. F.) Ziff. 2 KO. der Anfechtungskläger außer der Benachteiligungsabsicht des Schuldners auch die Kenntnis des Anfechtungsbeklagten von dieser Absicht nachzuweisen?

III. Zivilsenat. Urt. v. 18. Dezember 1896.

I. Landgericht Stuttgart. II. Oberlandesgericht daselbst.

Der Bäckermeister B., der aus dem Verkaufe seines Hauses eine am 1. Juli 1895 fällige Kaufgelderforderung von 4265 M. hatte, bestimmte den Käufer, ihm am 11. Juni 1895 3265 M. und am 26. Juni den Rest zu zahlen. Seinem Vater, der aus einer für ihn im November 1893 übernommenen Bürgschaft 4000 M. hatte zahlen müssen, zahlte er am 12. Juni 3000 M. und am 27. Juni 1000 M. Seine Mehllieferanten, die er auf die Zahlung des Hauskäufers vertröstet und dadurch von weiteren Schritten abgehalten hatte, ließ er leer ausgehen. Am 2. Juli 1895 wurde über sein Vermögen das Konkursverfahren eröffnet, in welchem sich eine Aktivmasse von etwa 450 M., eine Passivmasse von etwa 4500 M. ergab.

Der Konkursverwalter hat die vom Gemeinschuldner seinem Vater geleisteten Zahlungen gegen diesen auch aus § 24 Ziff. 2 KO. angefochten. Das Berufungsgericht hält, mit der Entscheidung des Reichsgerichtes,

Entsch. des RG.s in Zivils. Bd. 27 S. 131,

diese Anfechtung an sich für begründet. Weil aber ein Erfüllungsgeschäft vorliegt, verlangt es vom Anfechtungskläger den Beweis der Absicht des Gemeinschuldners, seine Gläubiger zu benachteiligen, und der Kenntnis dieser Absicht auf seiten des Anfechtungsbeklagten. Den ersteren Beweis hält es für erbracht; für die Kenntnis des Beklagten liegt aber nach Annahme des Berufungsgerichtes nur ein auf dem persönlichen Verhältnisse des Beklagten zum Schuldner beruhender Verdacht vor, und zur Beseitigung dieses Verdachtes ist dem Beklagten ein Eid dahin auferlegt, daß er bei Empfang der Zahlungen nicht gewußt habe, daß sein Sohn den Hauskäufer zur Zahlung des Angeldes vor dessen Fälligkeit bestimmt und zuvor seine Gläubiger auf Zahlung aus diesem Angelde vertröstet hatte. Bei Kenntnis dieser Tatsachen hat der Beklagte nach Annahme des Berufungsgerichtes darüber nicht in Zweifel sein können, daß ihn der Gemeinschuldner in rechtswidriger Absicht durch Hinausziehen der anderen Gläubiger und durch vorzeitiges Flüssigmachen des letzten Befriedigungsmittels begünstigen und damit die anderen Gläubiger benachteiligen wollte.

Die Revision des Klägers rügt Verletzung des § 24 Ziff. 2 KO. auf Grund folgender Erwägungen: es sei bei den unter § 24 Ziff. 2 a. a. O. fallenden Verträgen bei Benachteiligung der Gläubiger zu präsumieren, daß die Benachteiligungsabsicht des Gemeinschuldners dem anderen Teile bekannt gewesen sei; möge es nun auch bei reinen Erfüllungsgeschäften Sache des Anfechtenden sein, die Fraudationsabsicht des Gemeinschuldners nachzuweisen, so sei doch dieser Beweis in vorliegender Sache nach der Feststellung des Berufungsgerichtes erbracht, und bleibe daher die auf dem persönlichen Verhältnisse des Beklagten zum Gemeinschuldner beruhende gesetzliche Vermutung von der Kenntnis der Fraudationsabsicht des Schuldners bestehen; mithin habe der Beklagte den Beweis seiner Unkenntnis zu erbringen. Dieser Revisionsangriff ist zurückgewiesen worden aus folgenden

Gründen:

...„Nach Ansicht des erkennenden Senates hat das Berufungsgericht mit Recht den Anfechtungskläger für die Kenntnis des Beklagten von der Fraudationsabsicht des Gemeinschuldners für beweispflichtig erachtet. Wird eine vor dem kritischen Jahre begründete Verpflichtung im kritischen Jahre erfüllt, so ist für dieses Erfüllungsgeschäft die doppelte Präsumtion des § 24 Ziff. 2 KO. an sich widerlegt; denn der Gemeinschuldner leistet nur, was er schuldig ist, und der Gläubiger empfängt nur, was ihm gebührt. Hat gleichwohl bei dem Gemeinschuldner eine besondere fraudulöse Absicht obgewaltet, so spricht doch für die bona fides des Gläubigers immer die Tatsache, daß er nur erhalten hat, was er zu fordern hatte und auch empfangen durfte, selbst wenn er wußte, daß der Schuldner allen Gläubigern nicht gerecht werden konnte. Demnach kann die Erfüllung gegen ihn nur angefochten werden, wenn ihm nachgewiesen wird, daß er conscius fraudis gewesen ist. Daß die Präsumtion gegen ihn wieder auflebe, wenn die Fraudationsabsicht des Zahlenden dargetan ist, ist nicht anzunehmen. Ihm steht für seine bona fides die Natur des Erfüllungsgeschäftes zur Seite, und die hierdurch widerlegte Präsumtion des bösen Glaubens kann dadurch nicht wieder in Kraft treten, daß der

Schuldner nach den besonderen Umständen des Falles eine fraudulöse Absicht gehabt und zum Zwecke der Benachteiligung seiner Gläubiger erfüllt hat. Ihm ist daher conscientia fraudis nachzuweisen, wenn die einfache Erfüllung einer schon vor dem kritischen Jahre begründeten Verpflichtung gegen ihn angefochten werden soll.“ ...

RGZ. 39, 89

Kann ein Gläubiger eine Veräußerung des dem Schuldner gehörenden Aktivvermögens, welche eine gleichmäßige Befriedigung aller vorhandenen Gläubiger herbeiführen soll, auch dann mit Erfolg anfechten, wenn feststeht, daß im Falle der Ablehnung dieses Vertrages sofort das Konkursverfahren eröffnet worden wäre, und daß er zufolge des Vertrages mindestens ebensoviel, ja voraussichtlich mehr erhalten wird, wie wenn das Konkursverfahren eröffnet und durchgeführt worden wäre?

II. Zivilsenat. Urt. v. 15. Juni 1897.

I. Landgericht Kottbus. II. Kammergericht Berlin.

Die Handelgesellschaft E. & N., welche dem klagenden Vereine auf Grund von Wechseln verschiedene Beträge schuldete, stellte am 25. April 1896 ihre Zahlungen ein und schloß am nämlichen Tage im Einverständnisse mit der großen Mehrzahl ihrer Gläubiger, deren Forderungen sich nach der Behauptung der Beklagten auf neun Zehntel aller Verbindlichkeiten belaufen sollen, mit fünf Gläubigern einen Vertrag ab, durch welchen nach der Erklärung der Beteiligten eine gleichmäßige und möglichst vollständige Befriedigung ihrer Gläubiger herbeigeführt werden sollte. Sie übertrug nämlich ihr ganzes Vermögen den erwähnten fünf Gläubigern, wogegen diese die Verpflichtung übernahmen, das Aktivvermögen zu verwalten, möglichst vorteilhaft zu verwerten und den Erlös gleichmäßig unter alle vorhandenen Gläubiger zu verteilen. Der klagende Verein war anscheinend mit diesem Vorgehen nicht einverstanden. Er bewirkte wegen eines bestimmten Wechsels ein Urteil gegen die Teilhaber der Gesellschaft und erhob dann Klage gegen die Gläubiger, welchen das Vermögen übertragen worden war, mit dem Antrage, dieselben zu verurteilen, die Zwangsvollstreckung in das in ihrem Besitze befindliche Vermögen der Schuldnerin zu dulden. Zur Begründung dieses Antrages wurde ausgeführt, es handle sich um einen Scheinvertrag; jedenfalls sei der Vertrag dem Kläger gegenüber nach § 3 des Anfechtungsgesetzes unwirksam. Die Beklagten machten geltend, der Vertrag enthalte eine ernstliche Veräußerung und gereiche allen Gläubigern, auch dem Kläger, zum Vorteile. Sie beantragten Abweisung der Klage, und mittels Widerklage eine Feststellung, daß dem Kläger auch wegen seiner übrigen Forderungen ein Recht auf Zwangsvollstreckung in das streitige Vermögen nicht zustehe. Das Landgericht sprach die Klage zu, weil § 3 Ziff. 1 des Anfechtungsgesetzes zutreffe, und wies die Widerklage ab; das Kammergericht wies die Berufung der Beklagten zurück. Auf deren Revision wurde aber das angefochtene Urteil vom Reichsgerichte hinsichtlich der Entscheidung über die Klage aufgehoben, und die Sache zu anderweiter Verhandlung und Entscheidung an das Berufungsgericht zurückverwiesen.

Aus den Gründen:

. . . „Soweit es sich hinsichtlich der Klage um den Begriff der Benachteiligung eines Gläubigers im Sinne des Reichsgesetzes vom 21. Juli 1879 handelt, ist zwar das Berufungsgericht, das sich im wesentlichen an die Rechtsprechung des Reichsgerichtes angeschlossen hat, von richtigen Sätzen ausgegangen. Es hat mit Recht angenommen, jeder Gläubiger, dem durch eine vom Schuldner vorgenommene Veräußerung der an sich mögliche Zugriff auf dessen Vermögen oder auf einzelne Bestandteile desselben unmöglich gemacht werde, sei durch diesen Vertrag benachteiligt, sofern dadurch nicht ein Entgelt in das Vermögen des Schuldners gelange, das einen Ersatz für die veräußerten Gegenstände bilde und zu seiner Befriedigung dienen könne. Die in dieser Richtung erhobenen Angriffe konnten deshalb keinen Erfolg haben. Der Umstand, daß der die Veräußerung anfechtende Gläubiger infolge des angefochtenen Vertrages ebensoviel erhalten werde, als bei einer gleichmäßigen Verteilung des vorhandenen Vermögens unter alle Gläubiger auf ihn treffen würde, schließt nicht aus, daß er durch diesen Vertrag benachteiligt wird; denn er hat, solange ein Konkursverfahren nicht eröffnet worden ist, das Recht, sich durch einseitiges Vorgehen gegen den Schuldner auf dem Wege der Zwangsvollstreckung volle Befriedigung zu verschaffen. Wird ihm dieses lediglich dadurch unmöglich gemacht, daß der Schuldner sein ganzes Vermögen oder einzelne Teile desselben veräußert, so wird ihm dadurch eine Befriedigung entzogen, auf welche er Anspruch hatte. Diese Benachteiligung braucht er sich nicht aus dem Grunde gefallen zu lassen, weil er immerhin soviel erhalte, wie die übrigen Gläubiger. Im vorliegenden Falle ist nun dem Kläger durch den angefochtenen Vertrag der Zugriff auf das Vermögen seines Schuldners dadurch unmöglich gemacht worden, daß dieses Vermögen von letzterem unter Zustimmung der großen Mehrzahl seiner Gläubiger auf die Beklagten übertragen wurde, welche dagegen die Verpflichtung übernahmen, die vorhandenen Vermögensstücke bestmöglich zu verwerten und den Erlös gleichmäßig unter alle Gläubiger zu verteilen. Auch ist der von den Revisionsklägern erhobene Einwand, die letztere Verpflichtung bilde ein hinreichendes Entgelt für die veräußerten Vermögensbestandteile, mit dem sich auch der Kläger begnügen müsse, nicht durchschlagend. Diese Gegenleistung kann nämlich für den Kläger nicht den Gegenstand einer Zwangsvollstreckung bilden; sie gibt ihm, da das vorhandene Vermögen nicht zur Befriedigung aller Gläubiger ausreicht, nicht die Möglichkeit, sich vollständige Befriedigung zu verschaffen. Hätte er, falls der angefochtene Vertrag nicht abgeschlossen worden wäre, Aussicht gehabt, diese mittels Pfändung zu erlangen, so würde deshalb ohne weiteres anzunehmen sein, er sei durch diesen Vertrag benachteiligt worden. Anders liegt die Sache aber, wenn eine solche Aussicht nicht bestand, sondern unzweifelhaft feststeht, daß lediglich der Abschluß des Vertrages die Eröffnung des Konkursverfahrens verhinderte, also, wenn er nicht zustande gekommen wäre, eine Pfändung überhaupt nicht hätte erfolgen können, oder, wenn sie stattgefunden hätte, doch unzweifelhaft mit Erfolg angefochten worden wäre. In einem solchen Falle steht nicht ohne weiteres fest, daß die Veräußerung des Vermögens dem anfechtenden Gläubiger zum Nachteile gereicht. Liegt aber eine Benachteiligung nicht vor, so kann er eine seine Befriedigung in gleichem oder in höherem Maße als das Konkursverfahren sichernde Veräußerung des ganzen Vermögens ebensowenig mit Erfolg anfechten, wie die Veräußerung eines Grundstückes, das mit Pfandrechten überlastet ist, durch dessen zwangsweise Veräußerung er sich sonach Befriedigung nicht verschaffen könnte. Im vorliegenden Falle hatten nun die Beklagten in der Berufungsinstanz den Beweis erboten, daß das Konkursverfahren ohne weiteres beantragt und eröffnet worden wäre, wenn die Gläubiger nicht den angefochtenen Vertrag mit dem Schuldner abgeschlossen hätten, daß sonach Kläger niemals volle Befriedigung, sondern nur eine Konkursdividende hätte erlangen können, welche in keinem Falle mehr, voraussichtlich sogar weniger als dasjenige betragen hätte, was er von den Beklagten erhalten werde. Die Erhebung dieses Beweises hat das Berufungsgericht unterlassen; die dafür gegebene Begründung reicht aber nicht aus, um die Ablehnung des Beweisanerbietens zu rechtfertigen. Der vom Berufungsgerichte hervorgehobene Umstand, daß dem Kläger, abgesehen von einer etwaigen Anfechtung, das Recht auf vollständige Befriedigung zustand, verliert nämlich jede Bedeutung, wenn festgestellt wird, daß es zu einer Pfändung überhaupt nicht kommen konnte, oder sie unter allen Umständen mit Erfolg angefochten worden wäre. In dieser Beziehung kommt auch in Betracht, daß der Kläger, wie der Tatbestand des Urteiles erster Instanz ergibt, erst am 27. Mai 1896 ein Urteil gegen die Schuldner erwirkt hat, während diese schon am 25. April 1896 ihre Zahlungen eingestellt und nach einer stattgehabten Gläubigerversammlung den angefochtenen Vertrag mit den Beklagten abgeschlossen hatten, also von vornherein eine große Wahrscheinlichkeit dafür spricht, daß ohne diese Vereinbarung viel früher, als der Kläger zur Zwangsvollstreckung schreiten konnte, das Konkursverfahren eröffnet worden wäre. Eine Benachteiligung des Klägers könnte zwar dessenungeachtet durch den angefochtenen Vertrag herbeigeführt worden sein, wenn die Personen der Beklagten ihm keine genügende Bürgschaft dafür böten, daß er in gleicher Weise Befriedigung erhalten werde, wie es im Falle der Konkurseröffnung zu erwarten gewesen wäre. Dies hat jedoch das Berufungsgericht nicht festgestellt. Es hat die durch den Vertrag geschaffene Sachlage nicht mit dem zu erwartenden Ergebnis eines Konkursverfahrens, sondern lediglich mit dem Falle verglichen, daß der Kläger eine wirksame Pfändung und damit ein Pfändungspfandrecht erlangt haben würde. Durch den angebotenen Beweis soll aber gerade festgestellt werden, daß dieser Fall vollständig ausgeschlossen war. Ob von dem erwähnten Gesichtspunkte aus in dem streitigen Vertrage eine Benachteiligung des Klägers enthalten ist, wird noch zu prüfen sein. Die Gläubiger brauchen sich allerdings nicht gefallen zu lassen, daß ihnen durch Mehrheitsbeschluß ein außergerichtliches Liquidationsverfahren aufgezwungen wird, sondern können verlangen, daß ein gerichtliches Konkursverfahren eröffnet werde. Wenn aber ein Gläubiger, wie es der Kläger getan hat, hiervon absieht und einseitig auf dem Wege der Zwangsvollstreckung vorgehen will, um dadurch einen Vorzug vor den übrigen Gläubigern zu erlangen, kann er Veräußerungen der vorliegenden Art gemäß § 3 des Anfechtungsgesetzes nur dann mit Erfolg anfechten, wenn er nachweisen kann, daß er dadurch benachteiligt worden ist. Nur in diesem Falle, nicht unter allen Umständen, kann er verlangen, daß der Vertrag ihm gegenüber für unwirksam erklärt werde. Steht, wie die Beklagten behaupten, unzweifelhaft fest, daß ohne den Vertrag sofort das Konkursverfahren eröffnet worden wäre, und daß ihre Tätigkeit dem Kläger volle Sicherheit dafür gewährt, er werde mindestens eine ebenso hohe, wahrscheinlich eine höhere Dividende erhalten, als im Falle der Konkurseröffnung, gereicht ferner, wie auch der Kläger früher selbst zugegeben haben soll, der Vertrag sämtlichen Gläubigern im Vergleiche mit einem Konkursverfahren zum Vorteile, so kann der Kläger nicht mit der Behauptung durchdringen, daß er durch diesen Vertrag benachteiligt worden sei. Daß ihm (theoretisch) ein Recht auf vollständige Befriedigung zustand, und er diese, falls es nicht zum Konkursverfahren gekommen wäre, ohne den angefochtenen Vertrag und das Dazwischenkommen anderer Gläubiger vielleicht hätte erreichen können, genügt nicht zur Begründung der Anfechtungsklage." ...

RGZ. 39, 122

Besteht der in Art. 29 WO. vorgesehene Anspruch auf Sicherstellung nur für die Zeit, während deren der Wechsel noch nicht fällig ist? Ist danach eine nach Eintritt der Fälligkeit gewährte Sicherung

eine solche, auf welche der Wechselgläubiger keinen Anspruch hatte (KO. § 23 [30 n. F.] Ziff. 2)?

II. Zivilsenat. Urt. v. 25. Juni 1897.

I. Landgericht Dortmund. II. Oberlandesgericht Hamm.

Die verklagte Firma erwirkte am 25. Juni 1895 gegen Kl. & A. zur Sicherung von zwei Wechselforderungen einen Arrestbefehl, auf Grund dessen sie am 27. Juni zwei ihrer Schuldnerin angeblich zustehende Forderungen pfänden ließ. Am 11. Juli wurde das Konkursverfahren über das Vermögen der Firma Kl. & A. eröffnet. Der Konkursverwalter focht nun mittels Klage den Arrest und die daraufhin vorgenommene Pfändung an. Vom Landgericht wurde die Klage abgewiesen. Das Oberlandesgericht erkannte sie dagegen im wesentlichen zu. Die gegen dessen Entscheidung von der Beklagten eingelegte Revision wurde zurückgewiesen.

Aus den Gründen:

. . . „Das Oberlandesgericht hat die Anfechtung der von der Beklagten erwirkten Arrestpfändungen für begründet erklärt, weil alle Voraussetzungen zur Anwendung von § 23 Ziff. 2 KO. gegeben seien. Diese Auffassung wird von der Revisionsklägerin nur insoweit beanstandet, als das Berufungsgericht angenommen hat, sie habe die ihr aus der Pfändung erwachsene Sicherung überhaupt nicht, jedenfalls nicht der Art nach zu beanspruchen gehabt, in welcher sie erfolgt sei. Auch geben im übrigen, nämlich soweit es sich um die Feststellung der Zahlungseinstellung und um den der Beklagten nach § 23 Ziff. 2 KO. obliegenden Beweis handelt, die Ausführungen des Oberlandesgerichtes zu keinerlei Bedenken Veranlassung. Es handelt sich also nur darum, ob das Oberlandesgericht ohne Rechtsirrtum angenommen hat, der Beklagten habe der von ihr behauptete, aus Art. 29 WO. abgeleitete Anspruch auf die erlangte Sicherheit (nämlich das von ihr beanspruchte Pfandrecht) zur Zeit der Pfändung nicht zugestanden. Diese Annahme wurde vom Oberlandesgericht darauf gestützt, daß Art. 29 WO. einen Anspruch auf Sicherstellung nur bezüglich noch nicht fälliger Wechsel unter bestimmten Voraussetzungen vorsehe, am Tage der Pfändung — 27. Juni 1895 — aber die beiden Wechsel der Klägerin bereits verfallen gewesen seien. Der Auffassung des Oberlandesgerichtes liegt ein Rechtsirrtum nicht zugrunde. Deshalb kann dahingestellt bleiben, ob die Beklagte, wenn es sich anders verhielte, und ihr ein allgemeiner Anspruch auf Sicherung zugestanden hätte, gerade die durch die Arrestpfändung erlangte Sicherheit, d. h. ein Pfändungspfandrecht, hätte beanspruchen können.

Vgl. das Urteil des Reichsgerichtes vom 7. November 1888, veröffentlicht in Seuffert's Archiv Bd. 44 S. 378 und in Bolze, Bd. 7

Nr. 293, sowie die hier in Bd. 14 Nr. 214, 215 angeführten weiteren reichsgerichtlichen Urteile.

Die Ansicht des Oberlandesgerichtes steht nicht, wie die Revisionsklägerin behauptet hat, in Widerspruch mit den Grundsätzen, die in dem Plenarbeschlusse des Reichsgerichtes vom 6. Dezember 1883,

Entsch. des RG.s in Zivils. Bd. 10 S. 33,

ausgesprochen worden sind. Dort wurde dargelegt, daß der Anspruch auf Befriedigung nicht einen Anspruch auf Sicherung in sich enthalte, diese beiden Ansprüche vielmehr voneinander unabhängig seien. Daraus folgt, daß derartige Ansprüche nebeneinander bestehen können, nicht aber auch, daß ein Anspruch auf Sicherung stets so lange fortbestehen muß, bis der Gläubiger Befriedigung erlangt hat. Auch in Ansehung fälliger Forderungen kann unzweifelhaft ein Anspruch auf besondere Sicherstellung (im Gesetze oder durch Vertrag) eingeräumt werden; so kommt z. B. die sog. Urteilshypothek, wo sie besteht, derartigen Forderungen zugute. Aber der Anspruch auf Bestellung einer besonderen Sicherheit kann auch in der Weise gewährt werden, daß er nur bis zum Eintritt der Fälligkeit der Forderung geltend gemacht werden darf. Um einen solchen Anspruch handelt es sich in den Art. 26, 29 WO., welche dem Wechselgläubiger unter bestimmten Voraussetzungen ausnahmsweise das Recht einräumen, vor Eintritt des Verfalltages Klage auf Bestellung einer Sicherheit zu erheben. In diesen Vorschriften ist zwar die erwähnte Beschränkung nicht ausdrücklich ausgesprochen; daß aber nur in dem Zeitraume vor der Fälligkeit des Wechsels, also solange eine Klage auf Zahlung nicht zulässig ist, die Bestellung einer besonderen Sicherheit gefordert werden darf, ergibt sich deutlich aus Grund und Zweck der erwähnten Bestimmungen. In den beiden hier geregelten Fällen bestand ein Bedürfnis zur Einräumung einer Klage auf Sicherstellung, als die Wechselordnung erlassen wurde, nur in Ansehung desjenigen Zeitraumes, in dem eine Klage, insbesondere eine Inanspruchnahme der Vormänner, ohne eine besondere gesetzliche Bestimmung ausgeschlossen war. In denjenigen Fällen, in welchen der Wechsel bereits fällig war, konnte der Gläubiger mit der Klage auf Zahlung denselben Erfolg erzielen, wie mit der Klage auf Sicherheitsleistung. Erst durch § 23 Ziff. 2 KO. und die darauf bezügliche Rechtsprechung hat die Frage, ob der Anspruch auf Sicherstellung auch für die Zeit nach der Fälligkeit des Wechsels fortbesteht, praktische Bedeutung erlangt. Dieser Umstand konnte aber bei Erlaß der Wechselordnung nicht vorausgesehen werden und deshalb nicht in Betracht kommen. Eine für die Zeit vor Verfall des Wechsels gegebene Klage genügte dem Gläubiger; andererseits wären die Vormänner des Wechselinhabers großen und zwecklosen Belästigungen ausgesetzt gewesen, wenn diesem für die spätere Zeit zwei Klagen eingeräumt worden wären, von denen er nebeneinander oder nacheinander hätte Gebrauch machen können. Hiernach kann der Wechselinhaber nach Eintritt der Fälligkeit des Wechsels weder nach Art. 26 WO. wegen verweigerter Annahme, noch auf Grund des Art. 29 wegen erfolgter Zahlungseinstellung usw. Bestellung einer Sicherheit fordern, sondern in beiden Fällen nur auf Zahlung klagen. Im letzteren Falle ist es auch gleichgültig, ob die Zahlungseinstellung erst nach Eintritt der Fälligkeit, oder schon vorher erfolgte. Der in den Art. 26, 29 WO. vorgesehene Anspruch auf Sicherstellung besteht nur so lange, als nicht Zahlung gefordert werden darf; sobald ein Anspruch auf Befriedigung besteht, darf nur noch dieser, nicht auch daneben eine besondere Sicherstellung verlangt werden. Ist dies richtig, so kann ein Wechselgläubiger, der erst nach der Fälligkeit des Wechsels eine Sicherstellung erlangte, auch nicht mit Erfolg geltend machen, er habe einen Anspruch darauf gehabt; denn in § 23 Ziff. 2 KO. wird, wie allgemein anerkannt ist, ein klagbarer Anspruch vorausgesetzt. Die dargelegte Auffassung ist übrigens auch schon früher vom VI. Zivilsenate des Reichsgerichtes in einem Urteile vom 25. November 1886,

vgl. Bolze, Bd. 3 Nr. 380,

und ebenso vom III. Strafsenate in einem Urteile vom 28. März 1889,

vgl. Juristische Wochenschrift 1889 S. 229 Nr. 16,

ausgesprochen worden*).

Die Revisionsklägerin hat sich zwar noch darauf berufen, daß bezüglich des einen Wechsels der Arrestbefehl schon am Tage vor Eintritt der Fälligkeit erwirkt worden sei. Dieser Umstand ist aber nicht entscheidend; denn nicht durch den Arrestbefehl, sondern erst durch die Pfändung, welche als die nach den §§ 23, 28 KO. angefochtene Rechtshandlung anzusehen ist, hat die Beklagte die in § 23 Ziff. 2 KO. erwähnte Sicherheit erlangt. Es kann daher nur darauf ankommen, ob noch am Tage der Pfändung der Anspruch auf Sicherstellung bestand. Diese Frage hat aber das Oberlandesgericht ohne Rechtsirrtum verneint." ...

RGZ. 40, 40

1. Darf § 27 (34 n. F.) Abs. 2 KO. nur dann Anwendung finden, wenn die Voraussetzungen von Abs. 1 daselbst gegeben sind, oder ist seine Anwendung auch in anderen Fällen gestattet?

2. Unter welchen Voraussetzungen trifft § 27 (34 n. F.) Abs. 1 KO. zu?

II. Zivilsenat. Urt. v. 15. Oktober 1897.

I. Landgericht Posen. II. Oberlandesgericht daselbst.

---

*) So auch Hartmann, Wechselrecht S. 353 (unter Bezugnahme auf Liebe und Brauer); ferner Rehbein, Wechselordnung Art. 29 S. 57, und Petersen-Kleinfeller, Konkursordnung § 23 S. 121.

Der Verwalter in dem Konkursverfahren über das Vermögen von Stanislaus Cz. trug in der gegen dessen Vater Thomas Cz. gerichteten Klage darauf an, den Beklagten zur Zahlung von 2000 M. zu verurteilen. Er behauptete, der Beklagte habe drei am 25. August 1896 fällige Wechselakzepte seines Sohnes besessen, die er am Fälligkeitstage oder kurz vorher durch Indossament einem gewissen Ch. übertragen habe, und dann seinen Sohn veranlaßt, am 25. August dem Ch. ein notarielles Schuldbekenntnis auszustellen, in welchem er sich der sofortigen Zwangsvollstreckung unterworfen habe; auf Grund dieser Urkunde habe dann Ch. das ganze Warenlager nebst Ladeneinrichtung pfänden und versteigern lassen und auf diesem Wege die Summe von 2000 M. erlangt. Die Verpflichtung des Beklagten zur Erstattung dieser Summe wurde zunächst auf § 23 KO. und auf die Behauptung gestützt, daß er in Wirklichkeit Gläubiger geblieben sei, und der von ihm vorgeschobene Ch. diese Summe auch dem Beklagten ausbezahlt habe. Außerdem wurde geltend gemacht, der Beklagte, der von der vor der Wechselübergabe erfolgten Zahlungseinstellung seines Sohnes Kenntnis gehabt habe, sei nach § 27 Abs. 2 KO. jedenfalls als der letzte Wechselregreßschuldner verpflichtet, den auf die Wechsel bezahlten Betrag an die Konkursmasse zurückzugewähren. Der Beklagte beantragte Abweisung der Klage. Er gab zwar zu, daß er im August 1896 die Wechselakzepte seines Sohnes an Ch. weiterbegeben habe, bestritt aber im übrigen die Behauptungen des Klägers, insbesondere seine Kenntnis von der Zahlungseinstellung seines Sohnes. Das Landgericht sprach die Klage zu, und das Berufungsgericht wies die Berufung des Beklagten zurück, weil § 27 Abs. 2 KO. Anwendung zu finden habe. Das Reichsgericht hob das angefochtene Urteil unter Zurückweisung der Sache an das Berufungsgericht auf aus folgenden

Gründen:

. . . „Der Kläger hat die Klage auf zwei selbständige Gründe gestützt. Er hat zunächst geltend gemacht, der Kaufmann Ch. sei lediglich eine vorgeschobene Person; in Wirklichkeit sei der Beklagte Gläubiger geblieben; ihm gegenüber sei aber die Anfechtung seiner Befriedigung begründet, da er sich auf § 27 Abs. 1 KO. nicht berufen könne. Sodann hat der Kläger sich auf § 27 Abs. 2 KO. berufen, der dem Beklagten gegenüber Anwendung finden müsse, wenn es sich um eine ernstliche Wechselbegebung handle. Das Oberlandesgericht hat die Prüfung des ersten Klagegrundes unterlassen, weil die Klage durch § 27 Abs. 2 KO. gerechtfertigt werde. Die Ausführungen, durch welche diese Entscheidung begründet werden soll, enthalten aber einen Rechtsirrtum. Es ist nämlich mit Unrecht angenommen, Abs. 2 der erwähnten Vorschrift könne in Verbindung mit § 28 KO. auch in solchen Fällen zur Anwendung kommen, in denen die Voraussetzungen von § 27 Abs. 1 dieses Gesetzbuches nicht vorliegen. Der

§ 28 KO. stellt nur den Grundsatz auf, die Anfechtung werde dadurch nicht ausgeschlossen, daß für die anzufechtende Rechtshandlung ein vollstreckbarer Schuldtitel erlangt, oder daß sie durch Zwangsvollstreckung oder durch Vollziehung eines Arrestes erwirkt worden ist. Er hat also für den vorliegenden Fall, soweit es sich um den dem Beklagten gegenüber in Frage stehenden Erstattungsanspruch handelt, keine unmittelbare Bedeutung. Soweit es sich um § 27 KO. handelt, kann aber kein Zweifel bestehen, daß dessen Abs. 2 nicht einen allgemeinen, von den Voraussetzungen des Abs. 1 unabhängigen Grundsatz aufstellt, sondern daß er nur in denjenigen Fällen Anwendung findet, in welchen Abs. 1 zutrifft. Dies ergibt sich sowohl daraus, daß die beiden Vorschriften in demselben Paragraphen zusammengefaßt sind, als aus dem Zwecke dieser Bestimmungen, zwischen denen auch ein innerer Zusammenhang besteht, mit voller Deutlichkeit. Während Abs. 1 die Anfechtung von Wechselzahlungen des Gemeinschuldners dem Empfänger gegenüber in denjenigen Fällen ausschließt, in welchen er nach Wechselrecht bei Verlust des Wechselrechtes gegen andere Wechselverpflichtete zur Annahme der Zahlung verbunden war, muß nach Abs. 2 in derartigen Fällen, weil das Anfechtungsrecht dem Empfänger gegenüber versagt, der letzte Wechselregreßschuldner die gezahlte Wechselsumme zurückerstatten, sofern ihm zur Zeit der Wechselbegebung einer der in § 23 Ziff. 1 KO. erwähnten Umstände bekannt war. Diese Verpflichtung trifft, wenn der Wechsel vom letzten Wechselregreßschuldner für Rechnung eines Dritten begeben worden ist, diesen letzteren, da in diesem Falle ihm der Vorteil zugute kommt, der sich aus der Ausschließung der Anfechtung gemäß § 27 Abs. 1 ergibt. Wenn diese letztere Vorschrift nicht zutrifft, sondern die an den Wechselinhaber geleistete Zahlung nach § 23 Ziff. 1 angefochten werden darf, hat hiernach der Konkursverwalter nicht etwa neben dem ihm zustehenden Anfechtungsrechte noch den in § 27 Abs. 2 vorgesehenen Erstattungsanspruch, und ebensowenig steht ihm ein Wahlrecht zwischen einer Klage gegen den Empfänger der Zahlung und derjenigen gegen den letzten Wechselregreßschuldner zu; vielmehr ist er auf die Geltendmachung des Anfechtungsrechtes beschränkt, das sich aus § 23 Ziff. 1 KO. ergibt. Weil § 27 Abs. 1 der Ausübung dieses Anfechtungsrechtes nicht im Wege steht, kann auch Abs. 2 dieser Vorschrift in solchen Fällen nicht zur Anwendung kommen. Diese Bestimmung hat, wie auch in den Motiven dazu bemerkt wurde, lediglich den Zweck, die Konkursmasse gegen einen Mißbrauch des Abs. 1 zu schützen, indem dem Verwalter an Stelle des ausgeschlossenen Anfechtungsrechtes ein Erstattungsanspruch eingeräumt wird *).

Das Oberlandesgericht hätte hiernach zunächst prüfen sollen, ob dem Empfänger der Zahlung gegenüber mit Rücksicht auf § 27 Abs. 1

---

*) Vgl. noch v. Wilmowski, KO. § 27 Bem. 2 S. 149, 150.

KO. die Anfechtung der Zahlung ausgeschlossen sei, sonach diese erste Voraussetzung des von dem Konkursverwalter dem Beklagten gegenüber erhobenen Erstattungsanspruches vorliege. Nur wenn es ohne Rechtsirrtum feststellen konnte, daß Ch., der Empfänger der Wechselzahlung, bei Verlust des Wechselanspruches gegen den Beklagten zur Annahme der Zahlung seitens des Gemeinschuldners verbunden gewesen sei, durfte es den Abs. 2 des § 27 zur Anwendung bringen. Eine solche Feststellung ist aber nicht erfolgt und konnte auch nicht vorgenommen werden, solange nicht feststeht, ob und zu welcher Zeit ein Wechselprotest aufgenommen worden ist. Hätte Ch. den Wechsel rechtzeitig protestieren lassen und dann nachträglich von dem Gemeinschuldner Zahlung erhalten, so wäre die Anwendung des § 27 Abs. 1 ausgeschlossen, weil sein Wechselanspruch gegen den Beklagten durch die Protesterhebung gewahrt war, der im Gesetze vorausgesetzte Verlust desselben sonach nicht zu befürchten stand. Ebenso würde es sich aber auch verhalten, wenn der Wechselinhaber den Protest unterlassen und nach Versäumung der Protestfrist vom Gemeinschuldner Zahlung erhalten hätte; denn in diesem Falle war der Wechselanspruch bereits zur Zeit der Zahlung verloren, der Empfänger also nicht bei Gefahr des Verlustes des Regreßanspruches zu deren Annahme verbunden *). Bei dieser Sachlage brauchte die Frage nicht entschieden zu werden, ob die Anwendung von § 27 Abs. 1 KO. nicht schon deshalb ausgeschlossen sei, weil dem Wechselinhaber die Zahlung vom Gemeinschuldner nicht angeboten, überhaupt nicht freiwillig geleistet, sondern dieselbe mittels Zwangsvollstreckung erzwungen worden ist, die Wahrung des Regreßanspruches durch Protesterhebung sonach sehr wohl möglich war **). Auch konnte dahingestellt bleiben, ob der weitere, auf den Mangel einer Feststellung der Begebungszeit und der Kenntnis der Zahlungsunfähigkeit seitens des Beklagten bezügliche Revisionsangriff begründet ist. Vielmehr war das angefochtene Urteil schon deshalb aufzuheben, weil die Voraussetzungen zur Anwendung von § 27 Abs. 2 KO. vom Oberlandesgerichte nicht festgestellt worden sind. Die Zurückverweisung der Sache an das Berufungsgericht war aber geboten, weil, auch wenn § 27 Abs. 2 KO. keine Anwendung finden kann, zu prüfen ist, ob der erste Klagegrund durchschlage.“ ...

RGZ. 40, 89

1. Welchen Gegenbeweis hat der Anfechtungsbeklagte zu führen, wenn die anfechtbare Handlung in die letzten 10 Tage vor der Zahlungseinstellung oder dem Eröffnungsantrage fällt?

*) Vgl. hierzu: v. Sarwey, KO. § 27 Bem. 2 S. 271; v. Völderndorff, ebenda Bem. I b Bd. 1 S. 380; Willenbücher, ebenda Bem. 2; v. Wilmowski, ebenda § 27 Bem. 1.

**) Vgl. Willenbücher, a. a. O., und Rehbein zu Art. 36 WO. Bem. 9.

2. Schließt die vor der Konkurseröffnung erfolgte Befriedigung eines Gläubigers die Anfechtung der Pfändung, in deren Vollziehung die Befriedigung erfolgt ist, aus?

II. Zivilsenat. Urt. v. 7. Dezember 1897.

I. Landgericht Beuthen. II. Oberlandesgericht Breslau.

Aus den Gründen:

. . . „Das Oberlandesgericht geht von der Anschauung aus, daß bei Anwendung des § 23 Ziff. 2 KO., wenn die anzufechtende Handlung in die letzten 10 Tage vor der Zahlungseinstellung fällt, der Anfechtungsbeklagte zu seiner Entlastung nur zu beweisen habe, daß ihm zur Zeit der Handlung die Zahlungseinstellung des Gemeinschuldners nicht bekannt war. Das letztere betrachtet das Oberlandesgericht aber als selbstverständlich, weil damals die Zahlungseinstellung wirklich noch nicht eingetreten gewesen sei. Diese Auffassung, auf welcher das Urteil des Oberlandesgerichtes beruht, verletzt den § 23 Ziff. 2 a. a. O. Nach Inhalt desselben sind die beiden Fälle zu unterscheiden:

1. wenn die anzufechtende Handlung in die letzten 10 Tage vor der Zahlungseinstellung, und
2. wenn dieselbe in die Zeit nach der Zahlungseinstellung fällt.

Im ersteren Falle ist der Gegenbeweis des Anfechtungsbeklagten lediglich dahin zu führen, daß ihm zur Zeit der Handlung die Absicht des Gemeinschuldners, ihn vor den übrigen Gläubigern zu begünstigen, nicht bekannt gewesen sei. Im zweiten Falle muß der Anfechtungsbeklagte außerdem noch beweisen, daß ihm die Tatsache der Zahlungseinstellung nicht bekannt war. Im ersteren Falle kann ja von dem letzteren Beweise keine Rede sein, weil das Gesetz selbst von der Voraussetzung ausgeht, daß die Zahlungseinstellung noch nicht erfolgt sei.

Vgl. Sarwey, 3. Aufl. S. 247; Petersen u. Kleinfeller, 3. Aufl. S. 123; Entsch. des RG.s in Zivils. Bd. 2 S. 377, Bd. 3 S. 399, Bd. 4 S. 436.

Der erste Richter war daher vollständig im Rechte, wenn er erwog, daß es behufs Anfechtung der Pfändung vom 4. Dezember 1895 klägerischerseits nur des Nachweises der spätestens am 13. Dezember 1895 erfolgten Zahlungseinstellung bedürfe. Führt der klagende Konkursverwalter diesen Beweis, so hat der Beklagte den oben für den ersteren Fall bezeichneten Gegenbeweis, und nur diesen, zu führen. Das Oberlandesgericht hätte daher feststellen müssen, an welchem Tage die Zahlungseinstellung erfolgt ist, worüber die Gründe sich nicht bestimmt aussprechen, sowie ob der allein in Betracht kommende Gegenbeweis dem Beklagten gelungen ist, worüber die Gründe nicht einmal eine Bemerkung enthalten.

Was diesen Gegenbeweis betrifft, so kann derselbe lediglich mit Rücksicht auf den Umstand, daß eine Pfändung der Regel nach ohne Mitwirkung und Zutun des Schuldners erfolgt, nicht ohne weiteres als erledigt erachtet werden, da Fälle vorkommen können, wobei auch bei der Pfändung in dem Verhalten des Schuldners eine Begünstigungsabsicht liegen kann. Es bleibt daher Sache der tatsächlichen Beurteilung, ob der in Rede stehende Gegenbeweis als geführt zu erachten sei, oder nicht.

Vgl. Entsch. des RG.s in Zivils. Bd. 6 S. 369.

Weiter könnte in Frage kommen, ob nicht die vor der Konkurseröffnung infolge der Versteigerung der gepfändeten Gegenstände erfolgte Befriedigung des Gläubigers im vorliegenden Falle die Anfechtung der Pfändung ausschließe, weil ja der Gläubiger, wenn auch nicht auf die Sicherung, doch auf die Befriedigung einen Anspruch hatte. Allein es muß der, unter Abweichung von der Entscheidung des erkennenden Senates Bd. 7 S. 36 der Entsch. des RG.s in Zivils., in den Entscheidungen Bd. 17 S. 26 und Bd. 23 S. 112 daselbst ausgesprochenen Auffassung beigetreten werden, daß die lediglich auf Grund und in Vollziehung einer anfechtbaren Pfändung erfolgte Befriedigung des Gläubigers die Anfechtung der Pfändung und der weiterhin erfolgten Befriedigung selbst nicht ausschließt." ...

RGZ. 45, 110

Ist die nach der Zahlungseinstellung geschehene Aushändigung von Geld oder Wertpapieren an die Reichsbank behufs Gutschrift des Wertes auf Girokonto nach § 23 (30 n. F.) Nr. 1 KO. anfechtbar, wenn sie nur erfolgt ist, um das Girokonto des späteren Gemeinschuldners zu erhöhen und es dadurch zu ermöglichen, daß eine früher von ihm ausgestellte Zahlungsanweisung honoriert werden kann?

VI. Zivilsenat. Urt. v. 22. Januar 1900.

I. Landgericht Bremen. II. Oberlandesgericht Hamburg.

Am 9. November 1898 ergab die Abrechnung zwischen den Mitgliedern der zu Bremen unter der Leitung der dortigen Reichsbankhauptstelle bestehenden Abrechnungsstelle, zu welcher die Firma Br. & Co., die Beklagte und noch 7 andere Bankiers gehörten, für die Firma Br. & Co. einen Debetsaldo von 127003,04 M. Den Vertragsbestimmungen entsprechend ersuchte letztere mittels einer weißen Anweisung die Reichsbank, diesen Betrag zu Lasten ihres Girokontos dem Konto der Abrechnungsstelle gutzuschreiben. Nachdem die Abrechnungsverhandlung beendet war, der Vertreter der Reichsbankhauptstelle den Vertretern der übrigen Beteiligten die als richtig bescheinigten Abrechnungsblätter zurückgegeben, und diese sich entfernt hatten, ersah der betreffende Beamte der Beklagten, daß die Firma Br. & Co. nur ein nicht überweisbares Guthaben von 2742,78 M. auf ihrem Girokonto hatte. Der Vertreter der Beklagten, H., begab sich darauf in das Kontor von Br. & Co., wo ihm der dort anwesende Prokurist Th. erklärte, daß genügende Deckung zur Komplettierung des Girokontos nicht vorhanden sei, die Abrechnung daher zurückgehen müsse. H. ging fort, kam aber nach kurzer Zeit wieder, und nun fanden sich auch mehrere Vertreter von anderen Mitgliedern der Abrechnungsstelle ein. Man verlangte von Th., daß er das vorhandene Geld und die Wertpapiere sofort an H. als Einschuß auf Girokonto abliefere. Th. händigte darauf das bare Geld, Schecks und Wechsel im Gesamtbetrage von 73838,64 M. an H. aus, nachdem dieser die Rückgabe der betreffenden Werte versprochen hatte, wenn die Abrechnung zurückgehe. Am Nachmittage desselben Tages beschlossen die Mitglieder der Abrechnungsstelle, abgesehen von Br. & Co., die Abrechnung bestehen zu lassen und den nicht gedeckten Teil des Debetsaldos dieser Firma durch Einzahlung von 51000 M. zu decken. Die Einzahlung ist erfolgt. Der Betrag der von Th. an H. übergebenen Werte wurde dem Girokonto von Br. & Co. gutgeschrieben, und ebenso das Debetsaldo von 127003,04 M. zu Lasten ihres Kontos für das Konto der Abrechnungsstelle.

Am 10. November 1898 abends 6¾ Uhr wurde der Konkurs über das Vermögen der genannten Firma eröffnet, und der Kläger zum Konkursverwalter ernannt. Dieser hielt die Übertragung der vorerwähnten Werte den Konkursgläubigern gegenüber für unwirksam, weil die Firma bereits zu dieser Zeit ihre Zahlungen eingestellt gehabt habe, und dies dem Vertreter der Beklagten bekannt gewesen sei. Er beantragte, da Beklagte die Schecks und Wechsel inzwischen realisiert hatte, dieselbe zur Zahlung von 73838,64 M. nebst Zinsen zu verurteilen.

Beklagte beantragte Abweisung der Klage. Sie bestritt die Behauptungen des Klägers und führte aus, daß der Anfechtungsanspruch gegen sie nur insoweit gerichtet werden könne, als sie bei der Abrechnung vom 9. November mit einer Forderung von 9482,80 M. gegen die spätere Gemeinschuldnerin beteiligt gewesen sei, der Anspruch aber im übrigen nur gegen die anderen Mitglieder der Abrechnungsstelle geltend gemacht werden könne.

Die Beklagte wurde in erster Instanz nach dem Klagantrage verurteilt, ihre Berufung zurückgewiesen. Die Revision ist nicht für begründet erachtet worden.

Aus den Gründen:

„Das Berufungsgericht ist der Ansicht, daß die Konkursgläubiger durch die Hingabe der Werte benachteiligt seien, da über das Guthaben, welches durch die Buchung ihres Äquivalentes auf Girokonto entstanden, bereits durch die vorher abgegebene weiße Anweisung zugunsten derjenigen Personen verfügt worden sei, die den aus der Abrechnung vom 9. November 1898 resultierenden Passivsaldo der Firma Br. & Co. zu fordern gehabt haben, eine Befriedigung der Konkursgläubiger aus der Forderung, die dieser Firma aus der Hingabe der Werte erwachsen, also nicht möglich gewesen sei. Da die Anweisung bereits vor der Weggabe der Werte erteilt worden, sei nicht sie das die Konkursgläubiger benachteiligende Rechtsgeschäft. Dies sei vielmehr die Hingabe der Werte gewesen, die die Honorierung der Anweisung erst ermöglicht habe.

Demgegenüber macht die Revisionsklägerin geltend, daß die Gemeinschuldnerin durch die Übergabe der Gelder und Wertpapiere ein erhöhtes Guthaben auf Girokonto erworben habe, welches den hergegebenen Werten völlig gleichgestanden habe, so daß durch die Hingabe derselben an die Beklagte die Konkursgläubiger nicht benachteiligt seien. Eine Benachteiligung sei nur dadurch eingetreten, daß die Gemeinschuldnerin über das später erworbene Giroguthaben durch die vorher erteilte Anweisung zugunsten derjenigen Personen verfügt gehabt habe, die den nach der Abrechnung vom 9. November 1898 ihr zur Last fallenden Passivsaldo zu fordern gehabt haben. Die Ausstellung der Anweisung allein sei allerdings noch nicht die Ursache der Benachteiligung, aber ebensowenig die Hergabe der Gelder oder die Buchung ihres Wertes auf dem Girokonto der Gemeinschuldnerin, sondern die Abschreibung des Debetsaldos von 127003,04 M. der erteilten Anweisung gemäß von dem Guthaben der Gemeinschuldnerin zugunsten des Kontos der Abrechnungsstelle und damit zugunsten der an dem Debetsaldo beteiligten Firmen. Diese Abschreibung sei durch das Girokonto der Beklagten in Ausführung des durch die Anweisung erteilten Auftrages erfolgt, sei also ein Rechtsgeschäft, welches die Gemeinschuldnerin nicht mit der Beklagten, sondern durch Vermittelung der von ihr beauftragten Beklagten mit denjenigen Personen abgeschlossen habe, zu deren Gunsten die Abschreibung erfolgt sei. Gegen diese sei deshalb der Anfechtungsanspruch zu richten, gegen die Beklagte also nur insoweit, als ihr ein Teil des Girokonto-Guthabens der Gemeinschuldnerin übertragen sei.

Diese Ausführungen sind nicht zutreffend.

Richtig ist allerdings, daß eine Benachteiligung der Konkursgläubiger nicht eingetreten, und die Hingabe des baren Geldes, der Schecks und Wechsel zum Gesamtbetrage von 73838,64 M. an die Beklagte nicht anfechtbar sein würde, wenn diese die Werte nur zu dem Zwecke in Empfang genommen hätte, um den Betrag dem Girokonto der späteren Gemeinschuldnerin gutzuschreiben. Denn alsdann würde letztere eine dem Werte des Geldes und der Wertpapiere, welche sie aus ihrem Vermögen fortgegeben hat, gleichkommende Forderung an die Beklagte erlangt haben, aus welcher die Konkursgläubiger in gleicher

Weise hätten befriedigt werden können, wie aus den an die Beklagte gelangten Gegenständen. Nach den Feststellungen des Berufungsgerichtes ist aber die Hingabe der Werte von dem Vertreter der Beklagten nicht verlangt und von dem Vertreter der Gemeinschuldnerin nicht geleistet, um letzterer ein Giroguthaben zu verschaffen, über das sie beliebig verfügen könne, sondern um die erforderlichen Mittel zur Honorierung der von der Gemeinschuldnerin vorher ausgestellten weißen Anweisung über 127003,04 M. zu beschaffen. Es sollte zugleich mit der Gutschrift der Werte die Belastung des Girokontos in gleicher Höhe erfolgen, die Forderung der Firma Br. & Co. an die Beklagte also sofort wieder zum Erlöschen gebracht werden. Für die Konkursgläubiger entstand mithin gar nicht die Möglichkeit, Befriedigung aus einer Forderung der Gemeinschuldnerin an die Beklagte zu erlangen. Sie sind deshalb unzweifelhaft benachteiligt, da das am 9. November 1898 in dem Vermögen der Firma vorhandene Geld, sowie die Schecks und Wechsel, bzw. deren Wert zur Konkursmasse geflossen sein würden, wenn die Sachen der Beklagten nicht ausgeantwortet worden wären.

Die Benachteiligung der Konkursgläubiger ist aber auch durch ein zwischen dem Vertreter der Beklagten und dem Prokuristen von Br. & Co. abgeschlossenes Rechtsgeschäft herbeigeführt worden. Die am Morgen des 9. November 1898 von Br. & Co. ausgestellte Anweisung über 127003,04 M. zu Lasten ihres Girokontos durfte die Bekagte nach Nr. 9 der Bestimmungen über den Giroverkehr und dem mit Br. & Co. abgeschlossenen Girovertrage nicht honorieren, da die Firma kein verfügbares Guthaben hatte. Um ein dem Betrage der Anweisung möglichst gleich großes Guthaben herzustellen, wurde von Th. die Hergabe der vorhandenen Mittel verlangt, und wurden die Werte von diesem herausgegeben, nachdem ihm H. die Zurückgabe derselben zugesichert hatte, wenn die Abrechnung zurückgehe. Nachdem sich sodann andere Mitglieder der Abrechnungsstelle und ein weiteres Bankhaus bereit erklärt hatten, die an dem Betrage der Anweisung noch fehlenden etwa 50500 M. bei der Reichsbank einzuzahlen, wurde der Betrag der von Th. der Beklagten gegebenen Werte auf dem Girokonto der Firma Br. & Co., zugleich aber der Debetsaldo zugunsten der Abrechnungsstelle gutgeschrieben. Durch die Gutschrift der Werte auf Girokonto hat die Beklagte die ihr ausgeantworteten Werte definitiv angenommen. Dadurch übernahm sie aber auch die Verpflichtung, das dem Prokuristen der Firma Br. & Co., welcher ihr die Papiere nur für diesen Fall überlassen hatte, abgegebene Versprechen zu erfüllen, nämlich das zur Vollziehung der Abrechnung Erforderliche auszuführen. Die Abschreibung des Debetsaldos auf dem Konto von Br. & Co. ist also in Erfüllung der von ihr für die Überlassung der Werte eingegangenen Verpflichtung ausgeführt.

Bei diesem Zusammenhange zwischen der Hergabe der Werte seitens des Prokuristen Th. und der Verbuchung derselben auf dem Girokonto von Br. & Co. seitens der Beklagten einerseits und der Abschreibung des Debetsaldos auf demselben Konto anderseits kann nicht, wie die Revisionsklägerin will, die Ausantwortung der Werte und deren Gutschrift von der auf Grund der Anweisung geschehenen Abschreibung des Debetsaldos getrennt, und allein in letzterer die Benachteiligung der Konkursgläubiger gefunden werden. Denn die Beklagte hat die Werte gerade zu dem Zwecke erhalten, um die Anweisung honorieren zu können, und durfte die Werte auch nur behalten, wenn sie dies tat.

Der Umstand, daß der Betrag der der Beklagten gegebenen und von ihr angenommenen Werte schließlich den an dem Debetsaldo der Firma Br. & Co. beteiligten Firmen zugute gekommen ist, falls nämlich Beklagte nicht selbst diesen Firmen haftete, schließt die Anfechtungsklage gegen sie nicht aus. Die Werte sind infolge eines Rechtsgeschäftes zwischen der Gemeinschuldnerin und ihr ihr Eigentum geworden, ohne daß sie eine Gegenleistung übernahm, welche unter den obwaltenden Umständen zur Befriedigung der Konkursgläubiger dienen konnte, da sie die Gegenstände nur erwarb, damit die Gemeinschuldnerin auf ihrem Girokonto ein buchmäßiges Guthaben erlangte, und sie, die Beklagte, das Ergebnis der Abrechnung ausführen konnte. Ob sie letzteres herbeiführen wollte, weil sie befürchtete, sonst den beteiligten Firmen für ihre Ansprüche an Br. & Co. aufkommen zu müssen, und um sich Sicherheit zu verschaffen, oder ob sie die Sache nur erledigen wollte, weil eine Unregelmäßigkeit eines ihrer Beamten vorgekommen war, oder ob sie noch andere Gründe zu ihrem Verhalten hatte, ist gleichgültig. Sie hat sich jedenfalls das Geld und die Papiere nicht übereignen lassen, damit Br. & Co. in die Lage versetzt würden, nach der Gutschrift des betreffenden Betrages auf dem Girokonto über das Guthaben beliebig zu verfügen, sondern damit es ihr möglich werde, die Honorierung der ihr vorher erteilten Anweisung durch eine sich an die Gutschrift unmittelbar anschließende Belastung des Kontos auszuführen. Sie ist also diejenige, welche das die Konkursgläubiger benachteiligende Geschäft mit der Firma Br. & Co. abgeschlossen und das aus dem Vermögen der Gemeinschuldnerin Weggegebene erhalten hat." ...

RGZ. 51, 403

1. Hat ein Dritter, zu dessen Gunsten ein Lebensversicherungsvertrag auf den Todesfall des Versicherungsnehmers abgeschlossen ist, vor dem Tode des letzteren aus dem Versicherungsvertrage ein Recht?

2. Kann in solchem Falle der in dem Konkurse über den Nachlaß des Versicherungsnehmers bestellte Vertreter die Zuwendung dem Dritten gegenüber unter den Voraussetzungen der §§ 30—32 KO. anfechten?

BGB. §§ 330, 331.

VII. Zivilsenat. Urt. v. 3. Juni 1902.

Die Entscheidung ist abgedruckt unter „Bürgerliches Recht, Recht der Schuldverhältnisse 3".

RGZ. 53, 234

Ist eine Benachteiligung der Konkursgläubiger im Sinne des § 30 Ziff. 1 Satz 1 KO. durch ein vor der Konkurseröffnung zwischen dem Gemeinschuldner und einem Dritten abgeschlossenes Rechtsgeschäft herbeigeführt, zufolgedessen der letztere eine Hypothek an dem Grundbesitze des Gemeinschuldners dafür erwarb, daß er in Höhe derselben einzelne von dessen Gläubigern befriedigte?

VII. Zivilsenat. Urt. v. 2. Januar 1903.

I. Landgericht Dresden. II. Oberlandesgericht daselbst.

Aus den Gründen:

„Es handelt sich darum, ob die Gläubiger in dem Konkurse des Karl Heinrich Th. durch die Eingehung des Rechtsgeschäfts benachteiligt (§ 30 Ziff. 1 Satz 1 KO.) sind, welches der Gemeinschuldner am 16. Juli 1900 kurz vor der Konkurseröffnung mit dem Beklagten abgeschlossen hat, soweit hierdurch dem ersteren die Beträge von 750 M., 1100 M. und 7239,93 M. seitens des letzteren gewährt, und diesem dafür an dem Grundbesitz des Gemeinschuldners eine Hypothek, die am 21. Juli 1900 eingetragen ist, versprochen wurde. Von den erwähnten Beträgen wurden die 750 M. bar hingegeben, in Höhe von 1100 M. löste der Beklagte zwei fällige Akzepte ein, und wegen der 7239,93 M. übernahm derselbe laufende Akzepte in solcher Höhe zur eigenen Tilgung.

Die Vorinstanz hat das Vorliegen der in Rede stehenden Benachteiligung verneint, indem ausgeführt ist, daß die fraglichen Leistungen des Beklagten, soweit sie in Übernahme von Wechselverpflichtungen bestanden, dem Gemeinschuldner und damit indirekt auch allen Konkursgläubigern zugute gekommen seien, daß aber, wie nach der Sachlage anzunehmen, der Gemeinschuldner den Barbetrag von 750 M. zur Bezahlung laufender Verbindlichkeiten verwendet habe. Auf Grund hiervon ist der auf die Anfechtung der fraglichen sämtlichen Zuwendungen gerichtete Anfechtungsanspruch des Konkursverwalters, bezüglich welcher Forderung nur die oben angezogene Bestimmung der Konkursordnung in Betracht kommen könne, abgewiesen.

Gegen diese Entscheidung richtet sich die Revision. Mit derselben wird zugegeben, daß eine Benachteiligung wegen der bar gegebenen 750 M. für ausgeschlossen erachtet werden könne. Dagegen wird die Annahme, daß dies auch im übrigen zutreffe, als rechtsirrtümlich bezeichnet. Ausgeführt ist, daß, falls in diesem Umfange, also soweit der Beklagte Wechsel eingelöst oder laufende Akzepte des Gemeinschuldners zur Einlösung übernommen habe, das Rechtsgeschäft nicht abgeschlossen wäre, der entsprechende Gegenwert in der Konkursmasse verblieben sein und zur Befriedigung der Gesamtheit der Konkursgläubiger gedient haben würde, während nunmehr erreicht worden, daß einzelnen Gläubigern, nämlich denjenigen, welche durch die Einlösung der Wechsel Befriedigung erhalten hätten, die Gegenleistung des Gemeinschuldners zugeflossen sei. Der Wert, den alle Konkursgläubiger im Falle der Nichtabschließung des Rechtsgeschäfts, soweit solches in Rede, gehabt hätten, sei größer, als der dadurch entstandene, daß ein Teil der Gläubiger infolge voller Befriedigung aus der Zahl der Konkursgläubiger ausgeschieden sei.

Diesen Erwägungen ist beizutreten. Bezüglich des Empfangs von barem Gelde seitens des Gemeinschuldners, welches dieser, wie das angefochtene Urteil annimmt, sofort zur Tilgung laufender Verbindlichkeiten verwendet hat, kann eine Benachteiligung durch das Rechtsgeschäft als eingetreten nicht angesehen werden. In diesem Umfange erscheint daher die Revision hinfällig. Soweit aber nach dem Vertrage die Leistung des Beklagten in der seinerseitigen Befriedigung von Gläubigern des Gemeinschuldners bestand, wurden die Befriedigungsmittel allen anderen Gläubigern entzogen, diese daher in hohem Maße geschädigt. Das Reichsgericht hat auch schon früher das Vorliegen einer Beschädigung im Sinne der fraglichen Gesetzesbestimmung bei solcher Sachlage als vorliegend erachtet.

Vgl. Entsch. des III. Zivilsenats vom 12. Oktober 1894, Rep. III. 145/94, Jurist. Wochenschr. S. 546 Anm. 14.

Es kann dahingestellt bleiben, ob etwa, was den Umfang der Beschädigung im Falle einer auf letztere Weise herbeigeführten Befriedigung einzelner Gläubiger betrifft, der von dem Revisionsbeklagten hervorgehobene Gesichtspunkt von Erheblichkeit ist, wonach die Benachteiligung insoweit ausgeschlossen sein soll, als durch jene Befriedigung die Konkurrenz der betreffenden einzelnen Gläubiger beseitigt worden. Denn solche Beseitigung ist vorliegend, da in dem Konkursverfahren von dem Beklagten die fraglichen, auf ihn übergegangenen Wechselansprüche angemeldet sind, jedenfalls nicht eingetreten."

RGZ. 58, 105†

Wie vollzieht sich die Rückgewähr einer Forderung, die zugunsten eines Konkursgläubigers gepfändet und diesem zur Einziehung überwiesen ist, wenn die Pfändung nach § 30 Nr. 2 KO. mit Erfolg angefochten ist, der Pfändungspfandgläubiger aber die Aufrechnung der gepfändeten Forderung mit einer dem Drittschuldner ihm — dem Gläubiger — gegenüber zustehenden Forderung erklärt hat? Ist der Gläubiger zu solcher Aufrechnung befugt?

VII. Zivilsenat. Urt. v. 3. Mai 1904.

I. Landgericht II Berlin. II. Kammergericht daselbst.

Dem Beklagten stand gegen die Gemeinschuldnerin eine vollstreckbare Forderung von 5000 M. nebst Zinsen zu. Unter dem 23. Februar 1901 ließ der Beklagte gemäß § 845 ZPO. seiner Schuldnerin und dem Tischlermeister M. zu C. die Benachrichtigung zustellen, daß wegen der bezeichneten Forderung die Pfändung der der Schuldnerin gegen M. für gelieferte Arbeiten zustehenden Forderung von 4000 M. bevorstehe. Die Pfändung selbst erfolgte am 6. März 1901; gleichzeitig wurde dem Beklagten die gepfändete Forderung zur Einziehung überwiesen. Dieser erklärte dem Drittschuldner M. gleichfalls unter dem 6. März 1901, daß er die ihm überwiesene Forderung zu dem entsprechenden Betrage mit einer eigenen Schuld an M. in Höhe von 4000 M. aufrechne. Am 18. März 1901 wurde über das Vermögen der Schuldnerin der Konkurs eröffnet, und der Kläger zum Verwalter bestellt. Er focht die Pfändung gemäß § 30 Nr. 2 KO. an und beantragte klagend:

1. festzustellen, daß die Pfändung den Konkursgläubigern gegenüber unwirksam sei;
2. den Beklagten zu verurteilen, an ihn — den Kläger — 4000 M. nebst 4 v. H. Zinsen seit dem 6. März 1901 zu zahlen.

Der Kläger widersprach diesem Verlangen und machte insbesondere geltend, daß er keinesfalls zur Zahlung der geforderten Summe verpflichtet sei. Das Landgericht verurteilte indessen den Beklagten nach beiden Klaganträgen. Seine Berufung wurde vom Kammergericht zurückgewiesen. Auch die Revision ist ohne Erfolg geblieben.

Gründe:

(Der erste Teil der Gründe beschäftigt sich mit der nicht weiter interessierenden Frage, ob überhaupt die Voraussetzungen der Anfechtbarkeit nach § 30 Nr. 2 KO. gegeben sind. Dann wird fortgefahren):

. . . „Ist der Tatbestand des § 30 Nr. 2 KO. gegeben, so trifft den Beklagten die Pflicht zur Rückgewähr des anfechtbar Empfangenen (§ 37 KO.). Er hätte also die gepfändete Forderung frei von dem

Pfandrechte zur Konkursmasse zurückzugewähren. Davon könnte aber nur die Rede sein, wenn ihm die Aufrechnungsbefugnis gefehlt hätte, und daher die gepfändete Forderung ebenso fortbestände, wie die Forderung des Drittschuldners M., mit welcher der Beklagte gegen die gepfändete und ihm zur Einziehung überwiesene Forderung aufgerechnet hat. War dagegen der Beklagte zur Aufrechnung berechtigt, so bewirkte diese gleich der Zahlung die endgültige Tilgung beider Forderungen (§ 389 ZPO.). Die auf Grund des Pfändungs- und Überweisungsbeschlusses vollzogenen Rechtshandlungen verlieren nicht ihre Kraft durch die demnächst erfolgte konkursmäßige Anfechtung des Beschlusses. Eine derartig sich auf die Vergangenheit erstreckende, dingliche Wirkung der Anfechtung ist vom Reichsgericht in ständiger Rechtsprechung für das alte Recht abgelehnt (Entsch. desselben in Zivils. Bd. 42 S. 367), und die neue Fassung der Konkursordnung bietet keinen Anlaß, den Boden dieser Rechtsprechung zu verlassen. Auch von den Anhängern der sog. Dinglichkeitslehre würde die gegenteilige Meinung für den vorliegenden Sachverhalt kaum verteidigt werden können, weil selbst der zu Unrecht erlassene Überweisungsbeschluß zugunsten des Drittschuldners dem Schuldner gegenüber so lange als rechtsbeständig gilt, bis er aufgehoben wird, und die Aufhebung zur Kenntnis des Drittschuldners gelangt (§ 836 Ab. 2 ZPO.). Wenn sonach die befreiende Wirkung der Aufrechnung durch die Anfechtung nicht wieder beseitigt werden kann, so ist die Wiederherstellung der gepfändeten Forderung unmöglich, und der Beklagte hat statt der Rückgewähr Ersatz in Geld zu leisten (Entsch. des RG.s in Zivils. Bd. 9 S. 72, Bd. 10 S. 10). Es kommt also für den Angriff der Revision, der sich gegen die Verurteilung des Beklagten zur Zahlung des Geldbetrags der überwiesenen Forderung richtet, lediglich auf die Beantwortung der Frage an, ob der Beklagte mit einer dem Drittschuldner M. gegen ihn zustehenden Forderung aufrechnen durfte. Diese Frage war zu bejahen.“ ...

RGZ. 58, 141

Beweis der Gläubigerbenachteiligung bei Anfechtung einer durch Indossamente erfolgten Übertragung von Wechselforderungen gemäß § 24 Nr. 2 KO. a. F. (§ 31 KO. n. F.).

II. Zivilsenat. Urt. v. 17. Mai 1904.

I. Landgericht Koblenz. II. Oberlandesgericht Köln.

Der Gemeinschuldner D. hatte kurz vor der Konkurseröffnung mehrere akzeptierte Wechsel, in denen er als Remittent bezeichnet war, durch Indossamente auf seinen Schwager übertragen. Der Konkursverwalter focht dieses Rechtsgeschäft als den Konkursgläubigern gegenüber unwirksam gemäß § 24 Nr. 2 KO. a. F., bzw. § 31 Nr. 2 KO. n. F. an, indem er in der Klage beantragte, den Beklagten, als Indossatar dieser Wechsel, zu deren Herausgabe zu verurteilen. Der Beklagte behauptete, er habe bei der Indossierung dieser Wechsel den Gesamtbetrag der Wechselsummen an den Gemeinschuldner bezahlt; die klägerische Konkursmasse sei dafür beweispflichtig, daß die Wechsel ohne vollwertige Gegenleistung von dem Gemeinschuldner indossiert worden seien.

Die Klage wurde von dem Landgerichte zugesprochen, von dem Oberlandesgerichte aber abgewiesen. Auf die von der Klägerin gegen das Berufungsurteil eingelegte Revision wurde dieses aufgehoben, und die Sache an das Berufungsgericht zurückverwiesen, aus folgenden

Gründen:

„Das Berufungsgericht hat die von der Klägerin verlangte Anwendung des § 31 Nr. 2 KO. auf den vorliegenden Fall deshalb verneint, weil nicht dargetan sei, daß durch den Abschluß des angefochtenen Geschäftes die Gläubiger des Gemeinschuldners benachteiligt worden seien. Es hat in dieser Hinsicht zunächst die Behauptung der Klägerin für nicht zutreffend erachtet, daß eine durch den Abschluß des angefochtenen Geschäfts bewirkte Benachteiligung der Gläubiger schon mit der Begebung der Wechsel an den Rechtsvorgänger des Beklagten deshalb an sich gegeben sei, weil mit Rücksicht auf die abstrakte Natur des Wechselbegebungsakts in der Begebung eines Wechsels schlechthin („prima facie") eine Verminderung des Vermögens des Wechselbegebers erblickt werden müsse. Gegenüber diesem Rechtsbehelfe der Klägerin hat nämlich das Berufungsgericht folgendes ausgeführt: die unter anderem in der in den Entsch. des RG.s in Zivils. Bd. 26 S. 74 flg. vertretene Ansicht, daß die Begebung eines Wechsels „prima facie" eine Benachteiligung der Gläubiger des Begebers darstelle, und es somit im Falle der Anfechtung des Begebungsaktes Sache des Anfechtungsgegners sei, darzutun, daß und warum im konkreten Falle eine Benachteiligung gleichwohl nicht eingetreten sei, treffe für die vorliegende Sache nicht zu. Namentlich greife hier dieser „prima facie-Beweis" einer Gläubigerbenachteiligung nicht durch. Wenn auch D. durch die Begebung der Wechsel mittels Indossaments eine wechselmäßige Regreßpflicht übernommen habe, und damit nach abstrakten Begriffen eine Verminderung seines Vermögens eingetreten sein möge, so stehe doch andererseits als unstreitig fest, daß die Akzeptanten der Wechsel durchaus zahlungsfähige Schuldner seien, und demnach die Regreßpflicht, die D. mit Begebung der Wechsel einging, eine nur rein theoretische gewesen sei, indem von vornherein habe angenommen werden können, daß die Akzeptanten zahlen würden, und damit die Regreßpflicht in concreto überhaupt nicht entstehen werde. Die Akzeptanten hätten auch die Wechsel nach Fälligkeit eingelöst. Die bloß abstrakt eingegangene Regreßpflicht vermöge daher eine Benachteiligung der Gläubiger im vorliegenden Falle nicht zu begründen. Eine derartige Benachteiligung lasse sich der abstrakten Natur des Wechselbegebungsakts ebensowenig insoweit entnehmen, als der Begeber eines Wechsels durch die Begebung sich seiner wechselmäßigen Rechte entäußere. Bei Anfechtung einer nicht wechselmäßigen Forderung genüge es nicht, daß der Anfechtungskläger sich zum Nachweise der Benachteiligung der Gläubiger auf die bloße Tatsache der Veräußerung berufe; daß dies wegen der abstrakten Natur der aus einem Wechsel fließenden Rechte bei der Veräußerung dieser Rechte anders sein sollte, sei nicht erfindlich.

Diese, von der Revisionsklägerin zunächst angefochtenen, Ausführungen sind nicht frei von Rechtsirrtum. Abgesehen davon, daß in dem gegenwärtigen Rechtsstreite, welcher ein im Jahre 1899 eröffnetes Konkursverfahren und ein Rechtsgeschäft aus dem nämlichen Jahre betrifft, nicht die Anwendung des vom Berufungsgerichte bezüglich des fraglichen Punktes allein in Betracht gezogenen § 31 Nr. 2 der erst am 1. Januar 1900 in Kraft getretenen Konkursordnung vom 20. Mai 1898, sondern die Anwendung des übrigens inhaltlich mit § 31 Nr. 2 a. a. O. übereinstimmenden § 24 Nr. 2 der Konkursordnung von 1877 auf das streitige Rechtsverhältnis in Frage steht (vgl. Art. I. V. VI Einf.-Ges. zu dem Gesetze, betr. Änderungen der Konkursordnung, vom 17. Mai 1898 und Art. 1 und 170 Einf.-Ges. zum BGB.), hat das Berufungsgericht in seinen obigen Ausführungen mit Unrecht die fragliche Wechselbegebung nicht als einheitlichen Rechtsakt, wodurch sowohl die Rechte aus den Wechseln auf den Indossatar übertragen als auch wechselmäßige Verpflichtungen des Indossanten begründet worden sind (Art. 9 Abs. 1. Art. 10. 14 WO.), gewürdigt und namentlich die abstrakte Natur der in der Wechselbegebung selbst hauptsächlich liegenden Übertragung der Rechte aus dem Wechsel nicht genügend berücksichtigt.

Der vorliegende Fall unterscheidet sich nämlich von dem durch das angeführte Urteil des I. Zivilsenates des Reichsgerichts vom 7. Dezember 1889 (Entsch. desselben in Zivils. Bd. 26 S. 74flg.) entschiedenen Falle wesentlich dadurch, daß in letzterem für die Frage, ob durch den Abschluß des Rechtsgeschäftes die Gläubiger des Gemeinschuldners benachteiligt waren, nur die durch die Wechselakzepte des letzteren begründeten Wechselverpflichtungen desselben in Betracht kamen, während es sich im gegebenen Falle bezüglich dieser Frage sowohl um die durch die fraglichen Indossamente bewirkte Veräußerung der dem Gemeinschuldner als Remittenten zustehenden Rechte aus den Wechseln als auch um die damit verbundene Übernahme von Wechselverpflichtungen handelt. Indem das Berufungsgericht bei Prüfung dieser Frage zunächst nur die Eingehung dieser

Verpflichtungen von seiten des Gemeinschuldners für sich allein und sodann, getrennt hiervon, die in der Wechselbegebung zugleich liegende Veräußerung der Rechte aus den Wechseln in Betracht zog, bezüglich des letzteren Punktes aber die abstrakte Natur der Wechselbegebung als unerheblich ansah, hat es die für die zu entscheidende Frage wesentlich in Betracht kommende Zusammengehörigkeit dieser beiden Rechtswirkungen der fraglichen Indossamente, namentlich aber die formale, abstrakte Natur des in der Wechselbegebung vor allem liegenden Veräußerungsgeschäfts und deren Einfluß auf die Beweislast in Fällen des § 24 Nr. 2 KO. a. F. verkannt. Durch die Wechselbegebung mittels Indossaments wird nämlich eine Veräußerung der dem Indossanten zustehenden Rechte aus dem Wechsel in der Weise bewirkt, daß diese Rechte durch den bloßen Formalakt dieser Wechselbegebung nach Art. 10 WO. unmittelbar auf den Indossatar übergehen und somit unabhängig von dem dem Wechelindossamente etwa zugrunde liegenden Rechtsgeschäfte, also namentlich auch dann aus dem Vermögen des Indossanten endgültig ausscheiden, wenn kein entsprechender Gegenwert für den Wechsel diesem Vermögen zufließt, indem eine Gegenleistung des Indossatars für den Wechsel ja nicht zum Wechselbegebungsgeschäfte, als reinem Formalvertrage, gehört. Die Übertragung der Rechte aus dem Wechsel durch Indossament ist also von dem dieser formalen Rechtshandlung zugrunde liegenden Rechtsgeschäfte vollständig losgelöst und rechtlich davon unabhängig. Da aber im gegebenen Falle nach der Feststellung des Berufungsgerichts die von dem Gemeinschuldner durch Indossament auf den Rechtsvorgänger des Beklagten übertragenen Wechselakzepte wirkliche Vermögenswerte darstellten, so sind die Befriedigungsmittel der Gläubiger des Gemeinschuldners ohne weiteres („prima facie" in dem Sinne des erwähnten Urteils vom 7. Dezember 1889) als durch die Indossierung dieser Wechsel, d. h. durch den von dem Gemeinschuldner abgeschlossenen Wechselbegebungsvertrag, vermindert, und somit diese Gläubiger als hierdurch unmittelbar benachteiligt anzusehen. Insoweit treffen die auch von dem erkennenden Senate gebilligten Ausführungen des angeführten Urteils des I. Zivilsenats (a. a. O. S. 76 und 77) über die durch Übernahme von Wechselverbindlichkeiten bewirkte Schädigung der Gläubiger des Gemeinschuldners ohne weiteres auch für die hier in Rede stehende Übertragung der Rechte aus den fraglichen akzeptierten Wechseln durch Indossament zu. Namentlich ist auch bezüglich des letzteren Rechtsgeschäftes der Erwägung des angeführten Urteils beizutreten, das Gesetz könne die Anfechtung nicht von der Darlegung der Grundlagen des Wechselgeschäfts abhängig machen wollen, die dem Anfechtenden insbesondere bei unklaren Verhältnissen des Gemeinschuldners unbekannt seien und für ihn häufig unerforschlich bleiben würden. Hiernach erscheint auch der Grund des Berufungsgerichts, daß auch bei Anfechtung der Veräußerung einer nicht wechselmäßigen Forderung es nicht genüge, daß der Anfechtungskläger sich zum Nachweise der Benachteiligung der Gläubiger auf die bloße Veräußerung der Forderung berufe, als nicht geeignet, seine abweichende Beurteilung der Frage der Beweislast zu rechtfertigen; denn dieser Satz — bezüglich dessen es dahingestellt bleiben kann, inwieweit er namentlich nach dem eventuell für den gegenwärtigen Rechtsstreit in Betracht kommenden französischen Rechte für den (hier nicht in Rede stehenden) Fall der Übertragung einer nicht wechselrechtlichen Forderung richtig ist — trifft jedenfalls im Hinblick auf die dargelegte rechtliche Natur des hier in Frage kommenden Wechselbegebungsvertrags für die Übertragung einer Wechselforderung durch Indossament nicht zu.

Im gegebenen Falle hat also, da der Abschluß des letzteren Rechtsgeschäfts feststeht, und die hierdurch bewirkte Benachteiligung der Gläubiger des Gemeinschuldners aus dem Inhalte und der rechtlichen Natur des Geschäftes sich ohne weiteres ergibt, der klagende Konkursverwalter bezüglich dieses Punktes keinen weiteren Beweis zu führen. Dagegen ist es Sache des Beklagten, als des Anfechtungsgegners, ein dieser Wechselbebung zugrunde liegendes die Annahme einer Benachteiligung der Gläubiger des Gemeinschuldners ausschließendes Rechtsgeschäft aufzudecken und zu beweisen, aus dem sich namentlich ergeben würde, daß durch die fragliche Wechselbegebung wegen der damit zusammenhangenden entsprechenden Vermehrung des Aktivvermögens des Gemeinschuldners oder wegen Beseitigung einer mindestens gleich hohen Schuld desselben in Wirklichkeit keine Benachteiligung der Gläubiger bewirkt worden ist. Nur wenn der Beklagte diesem Erfordernisse genügen sollte, würde die fragliche Wechselbegebung nicht als ein die Gläubiger benachteiligender Vertrag anzusehen sein.

Wenn aber nach obigen Ausführungen bei Beurteiligung der Frage der Benachteiligung der Gläubiger die Wechselbegebung in ihrer Gesamtheit zu berücksichtigen, und schon in der hierin liegenden Veräußerung der Rechte aus den Wechseln ein — wenn auch noch nicht endgültiger — Beweis für die hierdurch bewirkte Benachteiligung der Gläubiger zu finden ist, so kommt es auf die von dem Berufungsgerichte weiter erörterte Frage nicht an, ob diese Benachteiligung insoweit, als der Gemeinschuldner bei den Indossamenten auch Wechselregreßverbindlichkeiten übernommen hat, wegen der Zahlungsfähigkeit der Wechselakzeptanten als ausgeschlossen zu gelten hat; denn wenn der Beklagte nicht dartun sollte, daß durch die Veräußerung der Wechsel die Gläubiger des Gemeinschuldners nicht benachteiligt worden sind, so genügt für die Anwendung des § 24 Nr. 2 KO. a. F. die dargelegte, aus dieser Veräußerung ohne weiteres, auch im Falle der Zahlungsfähigkeit der Wechselakzeptanten, sich ergebende Benachteiligung der Gläubiger.

Wenn der Beklagte aber seiner oben erörterten Beweispflicht genügen sollte, so wird hierdurch die Annahme einer Benachteiligung der Gläubiger auch insoweit ausgeschlossen, als die Übernahme der betreffenden Wechselverpflichtungen in Frage steht, da auch diesen eine entsprechende Gegenleistung des Indossatars gegenüberstehen würde."...

RGZ. 61, 217

Stellt bei einer Lebensversicherung des Ehemannes zugunsten der Ehefrau die Zahlung der Jahresprämien eine unentgeltliche Verfügung des Ehemannes zugunsten der Ehefrau dar, so daß der Verwalter im Konkurse über den Nachlaß des Ehemannes im Wege der Anfechtung auf Grund des § 32 Nr. 2 KO. die Rückgewähr der zwei letzten Jahresprämien von der Ehefrau, welche die Versicherungssumme ausbezahlt erhalten hat, verlangen kann?

VII. Zivilsenat. Urt. v. 8. Juli 1904.

I. Landgericht Aschaffenburg. II. Oberlandesgericht Bamberg.

Die vorstehende Rechtsfrage wurde im Prinzip bejaht aus folgenden

Gründen:

„In dem in den Entsch. des RG.s in Zivils. Bd. 51 S. 403 mitgeteilten Urteile vom 3. Juni 1902 hat der hier erkennende Senat bei Anwendung der §§ 330, 331 BGB. angenommen, daß ein Dritter, zu dessen Gunsten ein Lebensversicherungsvertrag auf den Todesfall des Versicherungsnehmers abgeschlossen ist, vor dem Tode des letzteren nur eine Hoffnung, kein bedingtes Recht auf die Erlangung der Versicherungssumme habe, den bezüglichen Anspruch vielmehr im Zeitpunkte des Todes des Versicherungsnehmers unmittelbar auf Grund des Vertrages erhalte, und daß das auf diese Weise zufallende Recht, da es nicht zum Nachlasse des Versicherungsnehmers gehört habe, dem Zugriffe der Nachlaßgläubiger entzogen sei, daß demgemäß in solchem Falle der in dem Konkurse über den Nachlaß des Versicherungsnehmers bestellte Verwalter nicht berechtigt sei, die Zuwendung dem Dritten gegenüber auf Grund der Vorschriften der §§ 30—32 KO. anzufechten.

Hier handelt es sich um die von den Vorinstanzen verneinte Frage, ob bei einer Lebensversicherung des Ehemannes zugunsten der Ehefrau die Zahlung der Jahresprämien eine unentgeltliche Verfügung des Ehemannes zugunsten der Ehefrau darstellt, so daß der Verwalter im Konkurse über den Nachlaß des Ehemannes im Wege der Anfechtung auf Grund des § 32 Nr. 2 KO. die Rückgewähr der zwei letzten Jahresprämien von der Ehefrau, welche die Versicherungssumme ausbezahlt erhalten hat, verlangen kann.

Die Vorinstanzen gehen davon aus, daß die Prämien das Entgelt für die Vertragsleistung der Versicherungsgesellschaft bilden und nicht, auch nicht mittelbar in der Form der Versicherungssumme, in das Vermögen des Bedachten fließen. Sie befinden sich insoweit in Übereinstimmung u. a. mit Jaeger, Komm. zur KO. 2. Aufl. Anm. 27, 28 zu § 32; Petersen-Kleinfeller, KO. 4. Aufl. Bem. 6 zu § 32; dem Oberlandesgericht Stuttgart in dem Urteil vom 16. Mai 1902 in der Deutschen Juristenzeitung VII. Jahrg. S. 439.

Für die Anfechtbarkeit der Prämienzahlungen haben sich dagegen u. a. ausgesprochen: Hartmann-Meikel, Anfechtungsgesetz 5. Aufl. S. 181, das Bayerische Oberste Landesgericht und die Oberlandesgerichte Stuttgart, Hamburg und Darmstadt in den in Seuffert's Archiv Bd. 41 Nr. 138, Bd. 24 Nr. 155, Bd. 55 Nr. 13, Bd. 46 Nr. 48 mitgeteilten Entscheidungen.

Das Reichsgericht hat, soweit sich ermitteln ließ, bisher noch nicht direkt Stellung zu der Streitfrage genommen. Der jetzt erkennende Senat schließt sich im Prinzip der Bejahung derselben an.

Darüber, daß der Abschluß eines Lebensversicherungsvertrages seitens eines Ehemannes zugunsten seiner Ehefrau, falls diese dem Manne hierfür kein Entgelt gewährt, eine Liberalität des Mannes gegenüber der Frau enthält, kann kein Zweifel obwalten. Die Erstattung der von der Versicherungsgesellschaft an die Ehefrau ausgezahlten Versicherungssumme kann aber von dem Verwalter im Konkurse über den Nachlaß des Ehemannes auf Grund der Bestimmungen der §§ 30—32 KO. nicht gefordert werden, weil die Versicherungssumme, bzw. der Anspruch auf dieselbe nicht zum Nachlasse gehört hat, durch die Auszahlung somit die Nachlaßmasse nicht vermindert wird. Dieser Grund entfällt hinsichtlich der Prämien, durch deren Zahlung der Ehemann, um den Versicherungsanspruch zu erhalten, sein Vermögen zugunsten der Ehefrau vermindert hat. Die Prämienzahlung stellt sich, falls sie lediglich, um den Versicherungsanspruch zum Vorteil der Ehefrau zu erhalten, und ohne Gewährung eines Entgelts seitens der letzteren erfolgt, zweifellos als eine unentgeltliche Verfügung des Ehemannes zugunsten der Ehefrau dar; die Anfechtbarkeit der in den letzten zwei Jahren vor der Konkurseröffnung geleisteten Prämienzahlungen auf Grund des § 32 Nr. 2 KO. würde in solchem Falle nur dann zu verneinen sein, wenn anzunehmen wäre, daß dieselben der Ehefrau auch nicht mittelbar zugewendet seien. Von einer unmittelbaren Zuwendung an die Ehefrau kann keine Rede sein, da die Prämien in das Vermögen der Versicherungsgesellschaft fließen, an die sie gezahlt werden.

Der erkennende Senat hat sich unter der angegebenen Einschränkung der Auffassung angeschlossen, daß in der Prämienzahlung eine zur Anwendbarkeit des § 32 Nr. 2 KO. ausreichende mittelbare Zuwendung an die Ehefrau zu erblicken ist, weil dieselbe zu dem Zwecke geschieht, die auf Liberalität beruhende Zuwendung der Versicherungssumme zu vermitteln und mittels der letzteren, soweit sie sich mit dieser deckt, der Ehefrau zugute kommt. Vgl. insbesondere das Urteil des Obersten Landesgerichts für Bayern vom 13. November 1885, Seuffert's Archiv Bd. 41 Nr. 138.

Diese Auffassung konnte indessen noch nicht ohne weiteres zur Abweisung der Klage führen, weil die besonderen Bedingungen des von dem Ehemanne der Klägerin mit der Bayerischen Hypotheken- und Wechselbank geschlossenen Versicherungsvertrages möglicherweise eine andere Auffassung begründen. Das Oberlandesgericht Hamburg hat in dieser Hinsicht in dem Urteile vom 28. Juni 1898, Seuffert's Archiv Bd. 55 Nr. 13, bei gleicher Sachlage, nachdem es zunächst die zugunsten der damaligen Beklagten geschlossenen Versicherungsverträge als unentgeltliche Zuwendungen ihres Ehemannes bezeichnet hat, zutreffend ausgeführt: „Ob die einzelnen, die Fortdauer der Versicherung bedingenden und deren Erhaltung bezweckenden Prämienzahlungen ebenfalls als neue unentgeltliche Zuwendungen an die Beklagte anzusehen sind, wird wesentlich davon abhängen, ob nach Maßgabe der Versicherungsbedingungen der Ehemann der Beklagten zur Fortsetzung der Versicherung der Gesellschaft gegenüber verpflichtet war, oder ob es in seinem Belieben stand, die Versicherung verfallen zu lassen. Während im ersteren Falle die zweite und die ihr folgenden Prämienzahlungen sich lediglich als Erfüllung der durch den Versicherungsvertrag übernommenen Verbindlichkeit darstellen und damit zunächst ... der Anfechtung nicht unterliegen würden (Entsch. des RG.s in Zivils. Bd. 27 Nr. 30), wäre die Anfechtung im anderen Falle an sich nicht ausgeschlossen, weil dann durch die jedesmalige Prämienzahlung der ursprüngliche Vertrag nicht als erfüllt, sondern vielmehr als durch einen neuen freiwilligen Akt des Versicherungsnehmers prolongiert, d. h. von neuem geschlossen, behandelt werden müßte."

Da über den Inhalt des Versicherungsvertrages in der hier berührten Hinsicht aus dem Tatbestande der Urteile der Vorinstanzen nichts erhellt, so war unter Aufhebung des angefochtenen Urteils die Sache zur anderweiten Verhandlung und Entscheidung an das Berufungsgericht zurückzuverweisen." ...

RGZ. 62, 46

Ist die Umwandlung eines zunächst schlechthin zugunsten der Erben des Versicherungsnehmers geschlossenen Lebensversicherungsvertrags in einen Vertrag zugunsten bestimmter Dritter im Konkurs über den Nachlaß des Versicherungsnehmers anfechtbar?

KO. §§ 32, 37.

VII. Zivilsenat. Urt. v. 10. November 1905.

I. Landgericht Stuttgart. II. Oberlandesgericht daselbst.

Der Gemeinschuldner hatte mittels zweier Policen sein Leben versichert. Die erste Police datierte vom 23. August 1888; nach ihr sollte die Versicherungssumme nach dem Tode des Versicherten an seine Erben zahlbar sein. In der zweiten Police versprach die Gesellschaft Zahlung der Summe spätestens am 1. Januar 1914 an den Versicherten oder früher im Falle des Todes desselben an seine Erben. Laut der Nachträge vom 28. bzw. 29. September 1903 sollten die versicherten Beträge nicht an die Erben schlechthin, sondern an die Abkömmlinge (Kinder) des Versicherungsnehmers gezahlt werden. Dieser starb am 18. Dezember 1903. Die Versicherungssummen wurden an den Nachlaßverwalter für Rechnung der drei Töchter des Verstorbenen (der jetzigen Beklagten) gezahlt. Am 29. Juli 1904 wurde der Konkurs über den Nachlaß eröffnet. Der Verwalter focht auf Grund des § 32 Nr. 1 KO. die Umschreibung der Police auf die Geschwister F. an. Das Landgericht erkannte auf Abweisung der Klage. Das Oberlandesgericht verurteilte dagegen die Beklagten nach dem Klagantrage. Die Revision ist zurückgewiesen worden.

Gründe:

„Der Revision mußte der Erfolg versagt werden, da die Ausführungen des Berufungsrichters im wesentlichen als zutreffend erscheinen. Zunächst ist die Annahme nicht zu beanstanden, daß die Versicherungssumme ohne die angefochtene Rechtshandlung in die Nachlaß- bzw. Konkursmasse des Erblassers der Beklagten geflossen sein würde. In der mündlichen Verhandlung ist dagegen geltend gemacht, daß die Versicherung schon von vornherein zugunsten der Erben nicht als der allgemeinen Rechtsnachfolger des Versicherungsnehmers, sondern als bestimmter, unter dieser Bezeichnung zusammengefaßter Berechtigter genommen worden sei, daß also die Versicherungssumme nicht den Erben als solchen, sondern denjenigen Personen zu eigenem Recht habe zugute kommen sollen, welche zur Zeit des Todes als Erben berufen sein würden, ohne Rücksicht auf den wirklichen Erwerb der Erbschaft, die sie ausschlagen könnten, ohne des Anspruchs aus der Versicherung verlustig zu gehen. Es ist zuzugeben, daß eine solche Auslegung des Versicherungsvertrags unter Umständen möglich ist, und daß in diesem Falle die Rechtslage die gleiche ist, wie wenn der Lebensversicherungsvertrag zugunsten eines bestimmten Dritten schlechthin, ohne Beziehung zu seiner Erbeneigenschaft, lautete (vgl. Entsch. des RG.s in Zivils. Bd. 51 S. 403). Allein die gegenwärtige Sachlage bot keinen Anlaß, der Frage näher zu treten, ob der Versicherungsnehmer unter seinen Erben, denen die Versicherungssumme zukommen sollte, etwas anderes verstanden habe, als die allgemeinen, seine Persönlichkeit fortsetzenden Rechtsnachfolger. Denn darüber bestand unter den Parteien kein Streit, daß diese Frage zu verneinen sei, und daß erst die Beklagten als dritte Bezugsberechtigte in den Nachträgen zu den Policen benannt worden seien. Darum gehörte aber auch der Anspruch aus dem Versicherungsvertrag ursprünglich zu dem Vermögen des Versicherungsnehmers, über dessen Nachlaß demnächst der Konkurs eröffnet wurde; es handelte sich nicht bloß um eine Aussicht oder Hoffnung, sondern um ein festes, wenn schon betagtes und durch die Zahlung der Prämien bedingtes, Recht, wobei es unerheblich ist, daß der Anspruch nicht bei Lebzeiten des Erblassers fällig wurde. Verfügte dieser nicht anderweit, so war bei seinem Tode kein Dritter vorhanden, der die Versicherungssumme fordern konnte; das Recht auf deren Bezug ging als Bestandteil des Nachlasses auf die Erben als die Gesamtrechtsnachfolger des Versicherten über. Dies ist in Rechtsprechung und Rechtslehre anerkannt.

Vgl. Entsch. des RG.s in Zivils. Bd. 16 S. 129, Bd. 32 S. 162; Reichsgericht bei Gruchot, Bd. 31 S. 1119; Ehrenberg, in Iherins's Jahrb. Bd. 41 S. 361, 371; Crome, Bürgerliches Recht Bd. 2 § 293 Anm. 21, 22.

Daraus folgt aber weiter, daß das Recht auf die Versicherungssumme ein dem Zugriffe der Gläubiger offenstehendes Nachlaßaktivum bildete und mithin auch zur Konkursmasse gehörte. Von diesem richtigen Ausgangspunkt aus konnte der Berufungsrichter ohne Rechtsirrtum zu der ferneren Annahme gelangen, daß die Umschreibung der Policen auf die Beklagten, welche unstreitig ohne Entgelt geschehen ist, eine nach § 32 Nr. 1 KO. anfechtbare Zuwendung darstelle. Der rechtliche Erfolg dieser Umschreibung war jedenfalls, auch wenn man ihr nicht die Bedeutung einer Rechtsübertragung, sondern lediglich die der nachträglichen Umwandlung der Versicherungen in Verträge zugunsten Dritter beimißt, die Ausscheidung eines bisher zum Vermögen des Verfügenden gehörenden Gegenstandes, zwar nicht unwiderruflich, wie regelmäßig bei der Zession, aber doch dergestalt, daß im Falle des Nichtwiderrufs für die Beklagten unter Ausschluß der Erben und der Gläubiger mit dem Tode des Versicherungsnehmers der Anspruch auf Auszahlung der Versicherungssumme zur Entstehung gelangte. Dabei mag es richtig sein — worauf in der schriftlichen Revisionsbegründung entscheidendes Gewicht gelegt wird —, daß sie den Anspruch im Augenblick des Todes des Erblassers unmittelbar auf Grund des späteren Vertrags, nicht als Teil des Nachlasses, erwarben.

Vgl. Entsch. des RG.s in Zivils. Bd. 51 S. 404, 405.

Immerhin bleibt bestehen, daß der Erwerb nur durch die Rechtshandlung ihres Vaters, wie sie in der nachträglichen Umschreibung der Policen in die Erscheinung trat, ermöglicht wurde, und diese Umschreibung bewirkte, daß sich der Erblasser, wenn schon nicht endgültig, eines aktiven Bestandteils seines Vermögens entäußerte und ihn seinen Kindern zugänglich machte. Mit seinem Ableben wurde dann die Entäußerung unwiderruflich; die Beklagten erlangten, was ohne die Verfügung ihres Vaters in die Konkursmasse gefallen wäre, sind also auf Kosten der Konkursmasse bereichert, der sie die Versicherungssumme entzogen haben. Es verhält sich hier anders, als in dem mehrfach angezogenen Falle der Entsch. Bd. 51 S. 403, in welchem die Versicherung von vornherein zugunsten eines Dritten (der Ehefrau) eingegangen war, und man sagen konnte, daß der Versicherungsanspruch nicht zum Vermögen des Gemeinschuldners gehört habe. Die bisherige Rechtsprechung hat auch das Anfechtungsrecht des Konkursverwalters in einem Falle, wie er vorliegend gegeben ist, nicht bezweifelt.

Vgl. Reichsgericht bei Gruchot, Bd. 31 S. 1119, und die Anführungen bei Jaeger, 2. Aufl. Anm. 29 zu § 32 KO. Wenn der Berufungsrichter Ehrenberg (a. a. O. S. 400) als Gegner anführt, so beruht das anscheinend auf einem Mißverständnis.

Aufgegeben ist aus dem Vermögen des Erblassers der Anspruch auf die Versicherungssumme. Da diese erhoben, und die Wiederherstellung des Anspruchs, wenn überhaupt denkbar, ein nutzloser Umweg ist, so erscheint das Verlangen auf Zahlung zur Konkursmasse begründet (§ 37 KO.).“ ...

RGZ. 67, 20

Kann die Veräußerung von Sachen, die der veräußernde Gemeinschuldner unter Eigentumsvorbehalt seines Verkäufers erworben hatte, vom Konkursverwalter angefochten werden? Kann der Anfechtungsbeklagte sich auf den Eigentumsvorbehalt berufen? Lebt der Vorbehalt durch die erfolgreiche Anfechtung wieder auf?

KO. § 30.

VII. Zivilsenat. Urt. v. 29. Oktober 1907.

I. Landgericht Verden. II. Oberlandesgericht Celle.

Der Gemeinschuldner B. hatte kurz vor der Konkurseröffnung an die verklagte Firma eine Motorbauwinde mit fünfpferdekräftigem Gasmotor und verschiedene andere Gegenstände verkauft und übergeben, wobei die Käuferin nicht wußte, daß die Firma F. & W., von der B. die Sachen im Jahre vorher gekauft hatte, sich bis zur Zahlung des Kaufpreises das Eigentum vorbehalten hatte, und der Kaufpreis noch nicht völlig bezahlt war. Die auf den § 30 KO. gestützte Anfechtungsklage des Konkursverwalters wurde von den Vorinstanzen abgewiesen, das Berufungsurteil aber auf die Revision des Klägers aufgehoben aus folgenden

Gründen:

...„Sachlich erweist sich die Revision als begründet. Das Berufungsgericht weist die Klage deshalb ab, weil die Firma F. & W. seinerzeit sich bei dem Verkauf der streitigen Sachen an den späteren Gemeinschuldner das Eigentum bis zur Bezahlung des Kaufpreises vorbehalten hatte. Es folgert hieraus, daß der Gemeinschuldner durch die Weiterveräußerung nichts aus seinem Vermögen weggegeben habe, die Konkursgläubiger nicht auf Kosten der Konkursmasse benachteiligt seien. An der Rücklieferung eines Gegenstandes zur Masse, den ihr ein Aussonderungsberechtigter sofort wieder entziehen würde, könnten die Konkursgläubiger kein Interesse haben. Diese Ausführungen sind rechtlich nicht haltbar. Es kann dahingestellt bleiben, ob sie zuträfen, wenn sich die Gegenstände im Besitze des Gemeinschuldners etwa nur leihweise oder auf Grund eines sonstigen Verhältnisses befunden hätten, das eine Verwertung zugunsten der Masse ausschließen würde. In diesem Falle ließe sich wohl mit dem Berufungsgerichte sagen, durch die Veräußerung sei nur eine Schadensersatzforderung des Eigentümers begründet worden, und mehr als die Befreiung der Masse von dieser Ersatzforderung könne der Konkursverwalter nicht verlangen. Beim Eigentumsvorbehalt liegt aber die Sache wesentlich anders. Der Käufer hat die Sachen im Besitz mit dem Rechte, jeden Augenblick durch Zahlung des jeweiligen Kaufpreisrestes das volle Eigentum daran zu erwerben. Er kann auch nachträglich, nachdem er die Sachen anderweit veräußert hat, den früheren Eigentümer durch Zahlung des Kaufpreisrestes befriedigen. Gesetzt, es sei nur noch ein geringer Teil des Kaufpreises rückständig, so würde der Vermögenswert, den der Besitz auf Grund des Kaufes für den Käufer hat, dem vollen Sachwert nahe kommen. Unter solchen Umständen kann nicht gesagt werden, daß die Sachen nicht zum Vermögen des Käufers und Weiterverkäufers gehört haben. Und ebenso ist klar, daß durch eine Weiterveräußerung die Gläubiger des Gemeinschuldners geschädigt sind; denn auch der Konkursverwalter könnte durch Zahlung des Kaufpreisrestes das volle Eigentum erwerben. Nun steht hier allerdings nicht fest, wieviel von dem Kaufpreise an die Firma F. & W. bereits bezahlt, wieviel noch rückständig ist. Für die Frage, ob die Anfechtung im Endergebnisse den Gläubigern einen Vorteil bringen wird, kann dies von Erheblichkeit sein. Für das Rechtsverhältnis des Verwalters gegenüber der Beklagten aber ist es ohne Bedeutung. Hier kommt nur die angefochtene Rechtshandlung und deren Erfolg in Betracht. Durch die Veräußerung an die Beklagte hat der Gemeinschuldner die Sachen weggegeben und ist dafür durch Verrechnung einer Schuld von 2500 M. dieser Schuld ledig geworden. Im Falle erfolgreicher Anfechtung erhält die Konkursmasse die Sachen zurück und hat an die Beklagte die Konkursdividende auf 2500 M. zu zahlen, ist also offenbar günstiger gestellt. Und ebenso wäre der Stand der Masse, wenn die angefochtene Veräußerung überhaupt nicht stattgefunden hätte. Wieviel die Masse an die Firma F. & W. zu zahlen hätte, um die Rücknahme der Sachen zu hindern, ist der Beklagten gegenüber gleichgültig; die Berufung auf dieses Verhältnis ist für die Beklagte eine unzulässige Einrede aus dem Rechte eines Dritten. Diese Einrede ist aber auch sachlich gar nicht begründet. Denn die Firma F. & W. hat im Laufe des Rechtsstreits, noch vor Erlassung des erstinstanzlichen Urteils, auf ihren Eigentumsvorbehalt ausdrücklich verzichtet. Aber auch ohne solchen Verzicht würde sie ihn nicht geltend machen können; denn die Anfechtung wirkt nicht dinglich; sie hat nicht zur Folge, daß das durch die Veräußerung an die gutgläubige Beklagte untergegangene Eigentum der Firma F. & W. wieder auflebt. Die Verpflichtung der Beklagten aus der Anfechtung geht nicht auf Rückübertragung des Eigentums, sondern nur auf Duldung der Verwertung der Kaufgegenstände für die Konkursmasse (vgl. Entsch. des RG.s in Zivils. Bd. 56 S. 143)."

RGZ. 68, 150

Anfechtung einer Zwangsvormerkung, die auf Antrag eines Gläubigers auf dem Grundstücke des Gemeinschuldners eingetragen ist. Ist für die Kenntnis des Gläubigers von der Zahlungseinstellung oder dem Eröffnungsantrage die Zeit der Eintragung der Vormerkung maßgebend? oder die Zeit der Stellung des Antrages auf Eintragung?

KO. §§ 7, 14, 15, 30 Nr. 1, 42. BGB. § 892 Abs. 2. ZPO. §§ 898, 894.

VII. Zivilsenat. Urt. v. 25. Februar 1908.

I. Landgericht Hamburg. II. Oberlandesgericht daselbst.

Für eine Forderung des Beklagten gegen den Gemeinschuldner L. war auf Antrag des Beklagten durch einstweilige Verfügung des Amtsgerichts in Hamburg vom 13. Oktober 1904 die Eintragung einer später in eine Vormerkung umgewandelten Sicherungshypothek in das Grundbuch eines Grundstückes des Schuldners angeordnet, und die Eintragung an demselben Tage vom Grundbuchrichter verfügt worden. Die Eintragung selbst war erst am 24. Oktober 1904 erfolgt. Inzwischen stellte am 17. Oktober 1904 ein Gläubiger des L. den Antrag auf Eröffnung des Konkursverfahrens über dessen Vermögen. Dieses Verfahren wurde am 29. Oktober eröffnet.

Der Konkursverwalter focht die eingetragene Vormerkung auf Grund der Konkursordnung an, indem er geltend machte, daß dem Beklagten zur Zeit der Eintragung der Hypothek die Zahlungseinstellung des L. oder der Eröffnungsantrag bekannt gewesen sei. Das Landgericht gab der Anfechtung statt, und das Oberlandesgericht wies die Berufung zurück. Auch die Revision des Beklagten wurde zurückgewiesen, aus folgenden

Gründen:

„Nach § 30 Nr. 1 Halbsatz 2 KO.; sind anfechtbar „die nach der Zahlungseinstellung oder dem Eröffnungsantrage erfolgten Rechtshandlungen, welche einem Konkursgläubiger Sicherung oder Befriedigung gewähren, wenn dem Gläubiger zu der Zeit, als die Handlung erfolgte, die Zahlungseinstellung oder der Eröffnungsantrag bekannt war.“ Die Eintragung der später in eine Vormerkung umgewandelten Sicherungshypothek, deren Rechtswirksamkeit der klagende Konkursverwalter durch die jetzige Anfechtungsklage den Konkursgläubigern gegenüber zu beseitigen sucht, ist, was auch die Revision nicht verkennt, eine Rechtshandlung, die dem Beklagten eine Sicherung gewährte. Daß dem Beklagten zur Zeit der Eintragung, am 24. Oktober 1904, der Eröffnungsantrag und die Zahlungseinstellung des Gemeinschuldners bekannt waren, stellt der Berufungsrichter unangefochten und auch unanfechtbar fest. Die Anfechtung der Eintragung ist hiernach auf Grund des klaren Wortlautes und Sinnes der genannten Vorschrift als begründet anzusehen.

Der Beklagte vertritt die Meinung, daß die Anfechtung auf Grund dieser Vorschrift nur dann durchdringen könne, wenn auch schon zur Zeit der Stellung des Eintragungsantrages dem antragenden Gläubiger der Eröffnungsantrag oder die Zahlungseinstellung bekannt war. Wäre diese Rechtsansicht zu billigen, so könnte das Berufungsurteil nicht aufrecht erhalten werden; denn eine Feststellung, daß auch zur Zeit des Eintragungsantrags dem Beklagten jene Kenntnis innewohnte, ist bisher durch den Berufungsrichter nicht erfolgt. Dem Beklagten kann aber in diesem Punkte nicht beigetreten werden.

Für die Zeit vor dem Inkrafttreten des Bürgerlichen Gesetzbuchs hat das Reichsgericht in ständiger Rechtsprechung den Rechtsgrundsatz anerkannt, daß es bei der Anfechtung einer im Grundbuch erfolgten Eintragung nach den Vorschriften der Konkursordnung sowohl, als auch des Anfechtungsgesetzes für die Frage der Kenntnis des Gläubigers von dem Eröffnungsantrage oder der Zahlungseinstellung lediglich darauf ankomme, ob diese Kenntnis beim Gläubiger zur Zeit der Eintragung selbst, nicht des Eintragungsantrages vorhanden war.

Vgl. die Urteile vom 20. April 1883 (III. Zivilsenat), Entsch. des RG.s in Zivils. Bd. 9 S. 66, vom 26. April 1894 (VI. Zivilsenat), Gruchot,

Erläuterungen Bd. 38 S. 1200, vom 20. Januar 1896 (VI. Zivilsenat), Jurist. Wochenschr. 1896 S. 150 Nr. 24, vom 21. Dezember 1896 (VI. Zivilsenat), Beilage zum Reichsanzeiger 1897 S. 77, vom 7. Dezember 1897 (II. Zivilsenat), Jurist. Wochenschr. 1898 S. 52 Nr. 26. Von dieser Rechtsprechung abzuweichen liegt ein Anlaß nicht vor. Weder durch die Verpfändungserklärung oder den Eintragungsantrag des Grundstückseigentümers, noch durch die Eintragungsverfügung des Grundbuchrichters erfolgt schon eine dem Anfechtenden nachteilige Veränderung im Eigentume des Schuldners; diese benachteiligende Vermögensverschiebung vollzieht sich vielmehr erst durch die Eintragung selbst, und sie ist nie erfolgt, wenn der Eintragungsantrag gültig vor erfolgter Eintragung zurückgenommen wird.

Es fragt sich aber, ob an diesem Rechtszustande durch die neuere Gesetzgebung etwas geändert ist. Der erkennende Senat hat dies in dem Urteile vom 9. Mai 1902 (Entsch. des RG.s in Zivils. Bd. 51 S. 284) verneint. Er hat der Anfechtung aus § 30 Nr. 1 KO. damals stattgegeben, weil der Gläubiger zur Zeit der Eintragung der angefochtenen Hypothek von der Zahlungseinstellung Kenntnis gehabt habe und die Vorschriften der §§ 878, 892, 893 BGB. und des § 42 KO. der Anfechtbarkeit nicht entgegenständen. An dieser Auffassung ist festzuhalten. Die von der Revision erhobene Rüge der Verletzung des § 892 BGB. trifft nicht zu. Nach dieser Vorschrift gilt regelmäßig der Inhalt des Grundbuchs als richtig zugunsten dessen, der ein Recht an einem Grundstücke oder ein Recht an solchem Rechte gutgläubig durch Rechtsgeschäft erwirbt (Entsch. des RG.s in Zivils. Bd. 54 S. 104). Die hier in Frage stehende, den Konkursgläubigern nachteilige Eintragung ist aber nicht ein Rechtsgeschäft des Beklagten, sondern eine Maßregel der Zwangsvollstreckung, also eine Handlung des Richters. Nimmt man aber auch einen Erwerb durch „Rechtsgeschäft" als hier vorliegend an, so wird doch die Anfechtbarkeit der Eintragung durch den § 892 nicht berührt. Dieser beruht keineswegs auf dem allgemeinen Grundsatze, daß der gute Glaube bei Abschluß der auf Rechtserwerb gerichteten Geschäfte stets zu schützen sei. Der gute Glaube heilt vielmehr dem Rechtserwerb anhaftende Mängel nur in den Fällen, die besonders im Gesetze bezeichnet sind. Der § 892 BGB. insbesondere bestimmt, daß bei Gutgläubigkeit des Erwerbers der Erwerb eines eingetragenen Rechtes sich trotz der Unrichtigkeit des Grundbuchs rechtsgültig vollzieht. Über die „Anfechtung" von Rechtsgeschäften, die ihrem Begriffe nach nur gegen an sich rechtsgültige Geschäfte gerichtet werden darf, ist im § 892 nichts bestimmt. Die Frage, ob der öffentliche Glaube des Grundbuchs auch die Nichtkenntnis einer Zahlungseinstellung oder des Eröffnungsantrags dartun könne, ist schon deshalb zu verneinen, weil das Grundbuch zur Kundmachung dieser Tatsachen nicht bestimmt ist und sie aus ihm nicht ersichtlich sind. Daher steht die

Ausnahmevorschrift des Abs. 2 § 892, wonach bei dem Erwerbe eines eingetragenen Rechtes für die Kenntnis des Erwerbers die Zeit der Stellung des Antrages auf Eintragung maßgebend ist, dem Anfechtungsbeklagten als solchem nicht zur Seite.

Dasselbe gilt von den Vorschriften der §§ 7, 15 und 42 KO. Die §§ 7 und 15 ergeben nur, daß — ungeachtet der Regel, daß nach der Konkurseröffnung durch den Gemeinschuldner vorgenommene Rechtshandlungen und desgleichen der Erwerb von Rechten an Bestandteilen der Konkursmasse den Konkursgläubigern gegenüber unwirksam sind — diese Rechtshandlungen und der Rechtserwerb an sich wirksam sind, soweit die Voraussetzungen der §§ 892, 893 BGB. zutreffen. Über die Frage aber, ob und inwieweit derartige gültige Rechtshandlungen und ein derartiger gültiger Rechtserwerb hinterher „angefochten" werden können, ist aus den §§ 7 und 15 nichts zu entnehmen; darüber treffen erst die §§ 29—42 Bestimmung. In § 42 ist noch besonders angeordnet, daß Rechtshandlungen des Gemeinschuldners, die lediglich auf Grund der §§ 892, 893 BGB. den Konkursgläubigern gegenüber wirksam sind, der Anfechtung nach Maßgabe der §§ 29—41 unterliegen, also dann, wenn die besonderen Voraussetzungen der Anfechtbarkeit vorliegen.

Einen besonderen Angriff stützt die Revision noch auf § 14 KO., indem sie aus ihm folgert, daß der Erwerb auf Grund einer einstweiligen Verfügung nicht als Erwerb in der Zwangsvollstreckung anzusehen sei, sondern als rechtsgeschäftlicher Erwerb. Dieser Angriff verliert seine Bedeutung schon gegenüber den Ausführungen, die oben für den Fall gegeben sind, daß man für den vorliegenden Rechtsstreit einen rechtsgeschäftlichen Erwerb als vorhanden unterstellt. Die von der Revision gezogene Folgerung ist aber auch unrichtig. Der § 14 bestimmt in Abs. 1, daß während der Dauer des Konkursverfahrens Arreste und Zwangsvollstreckungen zugunsten einzelner Konkursgläubiger weder in das zur Konkursmasse gehörige, noch in das sonstige Vermögen des Gemeinschuldners stattfinden. Wenn dann in Abs. 2 besonders angeordnet wird, daß in Ansehung der zur Konkursmasse gehörigen Grundstücke während der Dauer des Konkursverfahrens eine Vormerkung auf Grund einer einstweiligen Verfügung zugunsten einzelner Konkursgläubiger nicht eingetragen werden kann, so ist hieraus zwar zu schließen, daß Zwangsvormerkungen gegenüber konkursfreien Grundstücken des Gemeinschuldners auch den einzelnen Konkursgläubigern nicht verwehrt sind, nicht aber, daß der Erwerb aus Zwangsvormerkungen als ein rechtsgeschäftlicher und nicht als ein durch Zwangsvollstreckung erlangter Erwerb zu erachten sei.

Zu Unrecht rügt endlich die Revision Verletzung der §§ 898, 894 ZPO. Nach § 898 finden auf einen Erwerb, der sich nach § 894 (und § 897) vollzieht, die Vorschriften des bürgerlichen Rechtes zugunsten derjenigen, die Rechte von einem Nichtberechtigten herleiten, Anwendung. Rechnet man zu diesen Vorschriften den Abs. 2 des § 892 BGB., so muß dieser hier doch außer Betracht bleiben, da sich der Erwerb im vorliegenden Falle nicht nach § 894 ZPO. vollzogen hat. Dieser betrifft den Fall, daß der Schuldner zur Abgabe einer Willenserklärung rechtskräftig verurteilt ist. Hier aber ist eine Verurteilung des Beklagten zur Bewilligung der Eintragung der Vormerkung nicht erfolgt. Daß die Ausnahmevorschrift des § 898 über die Fälle der §§ 894, 897 hinaus anzuwenden sei, ist nirgends angeordnet.

Vgl. die Begründung zur Zivilprozeß-Novelle vom 17. Mai 1898 S. 188 zu § 779d."

RGZ. 68, 374

1. Anfechtung einer vom Gemeinschuldner bestellten Hypothek durch den Konkursverwalter. Welches ist der Zeitpunkt, nach dem zu beurteilen ist, ob die angefochtene Rechtshandlung vor oder nach der Zahlungseinstellung erfolgt ist?

2. In welcher Art ist in solchem Falle der dem Hypothekengläubiger gegenüber der Anfechtungsklage nach § 30 Nr. 2 KO. obliegende Beweis zu führen, wenn für ihn der dingliche Vertrag durch einen Vertreter ohne Vertretungsmacht abgeschlossen worden ist?

KO. § 30 Nr. 2. BGB. § 166.

VII. Zivilsenat. Urt. v. 12. Mai 1908.

I. Landgericht Aachen. II. Oberlandesgericht Köln.

Die Klage war auf Löschung einer Hypothek gerichtet, die zugunsten des Beklagten auf einem Grundstücke des Gemeinschuldners Sch. eingetragen war. Bei der notariellen Bestellung der Hypothek war die Annahme im Namen des Beklagten, aber ohne dessen Auftrag durch den Notariatssekretär P. erklärt worden.

Das Oberlandesgericht hatte der Klage stattgegeben. Die Revision des Beklagten wurde zurückgewiesen aus folgenden

Gründen:

..."Das Berufungsgericht hat ... unterstellt, daß der Beklagte an sich die Hypothek rechtsgültig erworben habe, hat aber für diesen Fall die mit der Klage erfolgte Anfechtung dieses Erwerbs gemäß § 30 Nr. 2 KO. als begründet erachtet. Dieser ... das Urteil selbständig tragende Entscheidungsgrund hält der ... Revision stand.

Daß die Zahlungseinstellung des Gemeinschuldners ... am 15. April 1905 stattgefunden hat, ist einwandfrei festgestellt, auch von der Revision nicht angefochten. Erst durch die Eintragung der Hypothek im Grundbuche ist die den Gegenstand der Anfechtung bildende

Rechtshandlung zum Abschlusse gelangt. Diese Eintragung, und nicht, wie das Berufungsgericht annimmt, die Eintragungsbewilligung, bezeichnet deshalb den Zeitpunkt, nach dem zu beurteilen ist, ob die Rechtshandlung vor oder nach der Zahlungseinstellung stattgefunden hat.

Vgl. das zum Abdrucke bestimmte Urteil des erkennenden Senats vom 25. Februar 1908, Rep. VII. 204/07, und die dort angeführten älteren Urteile.

Die Eintragung ist unstreitig am 19. April 1905, also nach der Zahlungseinstellung erfolgt. Außer Streit ist auch, daß der Beklagte durch die Hypothek eine Sicherheit erlangt hat, die er nicht zu beanspruchen hatte. Demnach muß die Anfechtung Erfolg haben, sofern nicht der Beklagte den in § 30 Nr. 2 KO. bezeichneten Beweis erbringt. Diesen Beweis hat der Beklagte in der Berufungsinstanz in der Art angetreten, daß er den Notariatssekretär P. als Zeugen darüber benannte, daß dieser zur Zeit der notariellen Erklärung vom 12. April 1905 weder von der Zahlungseinstellung, noch von einer Begünstigungsabsicht des Sch. Kenntnis gehabt habe. Ohne Grund führt die Revision Beschwerde über die Nichtbeachtung dieses Beweiserbietens.

Käme es, wie die Revision meint, für die Kenntnis lediglich auf die Person des Vertreters P. an, so wäre, wie sich aus dem Dargelegten ergibt, nicht der Zeitpunkt der Erklärung vom 12. April, sondern der Zeitpunkt der Eintragung (19. April) der entscheidende, und auf diesen Zeitpunkt bezog sich das Beweiserbieten nicht. Überdies aber kann in einem Falle der vorliegenden Art die Person des Vertretenen bei der Kenntnisfrage nicht außer Betracht bleiben.

Nach § 166 Abs. 1 BGB. soll allerdings, soweit die rechtlichen Folgen einer Willenserklärung a) durch Willensmängel oder b) durch die Kenntnis oder das Kennenmüssen gewisser Umstände beeinflußt werden, nicht die Person des Vertretenen, sondern die des Vertreters in Betracht kommen. Daß diese Bestimmung zu b) auch auf dem Gebiete der Gläubigerversammlung in und außer dem Konkurse Anwendung zu finden hat, kann einem gegründeten Bedenken nicht unterliegen, wird auch, soweit ersichtlich, in der Rechtslehre von keiner Seite in Zweifel gezogen.

Vgl. Ramdohr in Gruchots Beitr. Bd. 44 S. 143; Kuhlenbeck, Von den Pandekten zum Bürgerlichen Gesetzbuch Bd. 1 S. 474, 475; Schloßmann, Stellvertretung Bd. 2 S. 409flg.; Rosenberg, Stellvertretung im Prozeß S. 237flg., 248, 250, 928.

Fraglich könnte allerdings erscheinen, ob angesichts des Umstandes, daß § 164 BGB. ausdrücklich nur von Vertretung mit (gesetzlicher oder durch Rechtsgeschäft erteilter) Vertretungsmacht spricht, und daß die Vertretung ohne Vertretungsmacht zusammenhängend erst in den §§ 177flg. geregelt wird, der Abs. 1 des § 166 überhaupt auch auf die Vertretung ohne Vertretungsmacht zu beziehen ist. Indes würde es, wenn dies zu verneinen wäre, an einer entsprechenden Vorschrift für die Fälle der Vertretung ohne Vertretungsmacht fehlen, d. h. an einer Regelung der Frage, ob in diesen Fällen für den Einfluß der Willensmängel und der Kenntnis oder des Kennenmüssens der erwähnten Umstände die Person des Vertreters oder die des Vertretenen in Betracht kommt. Hieraus muß gefolgert werden, daß in Abs. 1 des § 166 eine allgemeine Regel für alle Fälle der Vertretung hat aufgestellt werden sollen. Mit dieser Auffassung in Einklang wird in der Begründung des *Entwurfs eines Gesetzes über den Versicherungsvertrag* (S. 58, 72 der Buchausgabe von 1903) zur Rechtfertigung der vorgeschlagenen Bestimmungen, § 2 Abs. 3 und § 14 Abs. 2, ausdrücklich gesagt, daß, wenn das bürgerliche Recht maßgebend bliebe (womit eben § 166 Abs. 1 gemeint ist), bei Abschluß eines Vertrages durch einen Vertreter ohne Vertretungsmacht lediglich die Kenntnis dieses Vertreters maßgebend wäre. (Vgl. ebenso die Begründung zu § 2 Abs. 3 und § 19 des Gesetzentwurfs von 1905 in den Drucksachen des Reichstags 1905/06.) Auch Planck (3. Aufl.) Bd. 1 S. 283 unter 1 Abs. 3 ist der Meinung, daß das Bürgerliche Gesetzbuch unter dem Ausdrucke „Vertreter“ auch den Vertreter ohne Vertretungsmacht begreife, und sagt S. 284 unter 5, daß § 166 Abs. 1 für alle Vertreter gelte. Ebenso v. Staudinger (2. Aufl.) Bd. 1 S. 465 unter 4 und S. 498 Fußnote (vgl. auch Eck, Vorträge über das Recht des Bürgerlichen Gesetzbuchs Bd. 1 S. 177).

Findet aber hiernach die Regel in Abs. 1 des § 166 auf dem Gebiete der Vertretung ohne Vertretungsmacht Anwendung, so fehlt es an einem inneren Grunde, nicht auch ebenso die in Abs. 2 vorgeschriebene Ausnahme, mag auch der Wortlaut dieser Bestimmung für jenes Gebiet nicht zutreffen, doch zur entsprechenden Anwendung gelangen zu lassen. Nach Abs. 2 kann im Falle einer durch Rechtsgeschäfte erteilten Vertretungsmacht (Vollmacht) der Vollmachtgeber sich in Ansehung solcher Umstände, die er selbst kannte, nicht auf die Unkenntnis des Vertreters berufen, wenn dieser nach bestimmten Weisungen des Vollmachtgebers gehandelt hat. Zieht man in Betracht, daß der von dem Vertreter ohne Vertretungsmacht geschlossene Vertrag erst durch die Genehmigung des Vertretenen wirksam wird (§ 177), daß aber diese Genehmigung auf den Zeitpunkt des Vertragsschlusses zurückwirkt (§ 184), so tritt die innere Ähnlichkeit mit dem in § 166 Abs. 2 vorgesehenen Falle klar zutage. Durch die Genehmigung wird der Vertrag so, wie er abgeschlossen ist, von Anfang an wirksam; es ist also nicht anders, als wenn der Vertreter Vollmacht gehabt und nach bestimmter Weisung des Vollmachtgebers gehandelt hätte. Die Genehmigung nimmt die Stelle ein, welche im Falle des § 166 Abs. 2 die mit bestimmten und befolgten Weisungen verbundene Vollmacht hat. Dem Merkmale der bestimmten Weisung (im Falle der Vollmacht) insbesondere entspricht es, daß im vorliegenden Falle die vollmachtlose Vertretung und ebenso die Genehmigung nicht einen größeren oder kleineren Kreis von Geschäften, sondern ein einzelnes bestimmtes Geschäft zum Gegenstande hatte. Wie nun im Falle des § 166 Abs. 2 für die eigene Kenntnis des Vollmachtgebers nach der Natur der Sache der Zeitpunkt der Weisung der maßgebende ist, so muß folgerichtig im Falle der Genehmigung des ohne Vertretungsmacht Vertretenen für dessen Kenntnis der Zeitpunkt der Genehmigung entscheiden. Sonach hätte im vorliegenden Falle der Beklagte, um der ihn nach § 30 Nr. 2 KO. treffenden Beweispflicht zu genügen, dartun müssen, daß ihm im Zeitpunkte der nach der Feststellung des Berufungsgerichts die Genehmigung enthaltenden, am 1. September 1905 erfolgten Anmeldung des Absonderungsanspruchs weder bekannt gewesen, daß der Gemeinschuldner schon vor der Eintragung der Hypothek seine Zahlungen eingestellt hatte, noch auch bekannt gewesen sei, daß der Gemeinschuldner zur Zeit der Eintragung die in § 30 Nr. 2 KO. bezeichnete Begünstigungsabsicht hatte. Diesen Beweis hat der Beklagte in keiner der beiden angegebenen Richtungen angetreten.

Es mag sein, daß durch die hier dargelegte entsprechende Anwendbarkeit des Abs. 2 des § 166 die Regel des Abs. 1 für die Fälle der Vertretung ohne Vertretungsmacht tatsächlich ganz oder nahezu ganz ausgeschaltet wird. Dieses Ergebnis entspricht aber auch den Anforderungen des redlichen Verkehrs. Käme es in jenen Fällen nach der Regel des Abs. 1 stets nur auf die Kenntnis des Vertreters an, so wäre der Umgehung der Anfechtungsvorschriften Tür und Tor geöffnet; denn einem betrügerischen Schuldner würde es kaum je schwer fallen können, für den Gläubiger, dessen Begünstigung er beabsichtigt, einen gutgläubigen Vertreter ohne Vertretungsmacht zu finden.

Mit Recht hat sonach das Berufungsgericht dem Klaganspruch aus dem Gesichtspunkte der Anfechtung stattgegeben." ...

RGZ. 69, 254

Ist die Anfechtung einer Rechtshandlung aus § 30 Nr. 2 KO. ausgeschlossen, wenn von der Zahlungseinstellung bis zur Konkurseröffnung mehr als sechs Monate verflossen sind?

KO. §§ 30 Nr. 2, 33.

VII. Zivilsenat. Urt. v. 2. Oktober 1908.

I. Landgericht I Berlin. II. Kammergericht daselbst.

Die Beklagte hatte von der offenen Handelsgesellschaft B. H., über deren Vermögen am 17. April 1905 der Konkurs eröffnet wurde, am 12. Oktober 1904 Sicherstellung für eine Wechselforderung durch Abtretung einer Forderung erlangt. Der Konkursverwalter focht die Abtretung aus § 30 Nr. 2 KO. an. Die erste Instanz gab der Klage statt; die zweite wies sie ab. Auf die Revision des Konkursverwalters wurde das Berufungsurteil aufgehoben, aus folgenden

Gründen:

. . . „In Frage kommt nur die Anfechtung aus § 30 Nr. 2 KO., die das Berufungsgericht in Anwendung des § 33 KO. abgewiesen hat. Die Erwägungen des Berufungsgerichts beruhen indessen in wesentlichen Punkten auf Rechtsirrtum.

Zur Begründung der Anfechtung aus § 30 Nr. 2 ist zunächst erforderlich, daß die anzufechtende Rechtshandlung dem verklagten Konkursgläubiger eine Sicherung oder Befriedigung gewährt, die er nicht oder nicht in der Art oder nicht zu der Zeit der Rechtshandlung zu beanspruchen hatte. Dieses Erfordernis ist hier einwandfrei festgestellt. Sodann verlangt das Gesetz einen gewissen zeitlichen Zusammenhang der Rechtshandlung mit der Zahlungseinstellung oder dem Antrage auf Konkurseröffnung: sie muß nach oder wenigstens in den letzten zehn Tagen vor der Zahlungseinstellung oder dem Eröffnungsantrage erfolgt sein. Der Eröffnungsantrag kommt vorliegendenfalls nicht in Betracht. Was die Zahlungseinstellung betrifft, so fehlt es an einer bestimmten Feststellung des Zeitpunktes, in dem sie eingetreten ist. Das Landgericht hatte sich mit der Darlegung begnügt, daß die Gesellschaft spätestens am 22. Oktober 1904 ihre Zahlungen eingestellt habe, und daß demnach die am 12. Oktober 1904 geschehene Rechtshandlung, wenn nicht nach, so doch in den letzten zehn Tagen vor der Zahlungseinstellung vorgenommen sei. Das Berufungsgericht befaßt sich nicht weiter mit dem Zeitpunkt der Zahlungseinstellung, nimmt aber offenbar gleichwohl an, sie sei schon vor der angefochtenen Abtretung, also schon vor dem 12. Oktober 1904 erfolgt. Für die Revisionsinstanz kann nur als festgestellt gelten, daß die Zahlungseinstellung nicht später als am 22. Oktober 1904 eingetreten ist, nicht hingegen, daß sie über sechs Monate vor der Konkurseröffnung zurückliegt, was nur dann zuträfe, wenn sie vor dem 17. Oktober erfolgt wäre. Für die hier zu treffende Entscheidung ist diese Unsicherheit bedeutungslos; von dem Rechtsstandpunkte aus, den das Berufungsurteil einnimmt, wäre ihre Beseitigung nötig gewesen. Das Berufungsgericht zieht nämlich aus dem § 33 KO. die Folgerung, daß die Anfechtung aus § 30 Nr. 2 nicht stattfinde, wenn die Zahlungseinstellung länger als sechs Monate vor der Konkurseröffnung eingetreten ist; es hätte demnach auch feststellen müssen, daß dies zutrifft.

Die Rechtsanschauung des Berufungsgerichts kann indessen nicht gebilligt werden. Weder aus dem § 30 noch aus dem § 33 KO. läßt sich ein Rechtssatz des bezeichneten Inhalts ableiten. Der § 30 Nr. 2 stellt, wenn ein Gläubiger nach oder in den letzten zehn Tagen vor der Zahlungseinstellung die dort bezeichnete sog. inkongruente Deckung erhalten hat, gewisse Vermutungen auf: es wird vermutet, daß dem Gläubiger die Zahlungseinstellung bekannt war, und es wird weiter vermutet, daß der Gemeinschuldner in der Absicht gehandelt hat, ihn vor den übrigen Gläubigern zu begünstigen, und daß er diese Absicht gekannt hat. Nach beiden Richtungen muß der Gläubiger seine vermutete Kenntnis widerlegen; gelingt ihm der Entlastungsbeweis *nach der einen, nicht auch nach der anderen Richtung, so ist die* Anfechtung gleichwohl begründet. Eine zeitliche Schranke für die Anfechtbarkeit setzt der § 30 Nr. 2 überhaupt nicht. Wenn nun der § 33 bestimmt, daß Rechtshandlungen, welche früher als sechs Monate vor der Eröffnung des Verfahrens erfolgt sind, „aus dem Grunde einer Kenntnis der Zahlungseinstellung" nicht angefochten werden können, so läßt diese Fassung des Gesetzes keinen Zweifel über seine Bedeutung. Einmal geht aus ihr hervor, daß es nicht auf die Zeit der Zahlungseinstellung, sondern auf die Zeit der angefochtenen Rechtshandlung ankommt. Freilich schlägt der § 33 nur ein, wenn die Zahlungseinstellung früher als sechs Monate vor der Konkurseröffnung erfolgt ist, weil eben sogar die angefochtene Rechtshandlung erfolgt sein muß, und weil diese mit Kenntnis der Zahlungseinstellung nur nach, nicht vor der Zahlungseinstellung vorgenommen sein kann. Dagegen findet die Folgerung, daß im Falle einer über sechs Monate vor der Konkurseröffnung erfolgten Zahlungseinstellung die Anfechtung aus § 30 Nr. 2 ausgeschlossen sei, in den Worten des Gesetzes keine Stütze. Die entgegenstehende Ausführung der Motive zum § 26 (ältere Fassung) kann nicht hierher verwertet werden; denn sie ist, wie Jaeger, Konkursordnung Anm. 1 zu § 33, zutreffend darlegt, wörtlich aus den Motiven zu § 32 des Entwurfs einer Gemeinschuldordnung entnommen, und nach diesem Entwurf sollte die Anfechtung „aus dem Grunde der Zahlungseinstellung" ausgeschlossen sein, wenn sie, die Zahlungseinstellung, früher als sechs Monate vor der Eröffnung des Verfahrens erfolgt war. Die geänderte Fassung des geltenden Gesetzes verbietet es, die Anfechtung deshalb auszuschließen, weil die Zahlungseinstellung über sechs Monate vor der Konkurseröffnung erfolgt ist. Sodann spricht der § 33 nur von der Anfechtung aus dem Grunde einer Kenntnis der Zahlungseinstellung, schließt also nur diesen Anfechtungsgrund aus. Nun enthält aber jede Anfechtung aus § 30 Nr. 2 kraft der gesetzlichen Vermutung zugleich die Anfechtung „aus dem Grunde einer Kenntnis der Begünstigungsabsicht" des Gemeinschuldners, und von diesem Anfechtungsgrunde ist in § 33 überhaupt keine Rede; er kann also auch nicht durch diese Gesetzesbestimmung für den Fall einer über sechs Monate zurückliegenden Zahlungseinstellung ausgeschlossen sein.

Das Ergebnis, daß die Kenntnis der Zahlungseinstellung als Anfechtungsgrund auszuscheiden hat, wenn sechs Monate nach der angefochtenen Rechtshandlung das Verfahren noch nicht eröffnet ist, während im gleichen Falle die Kenntnis der Begünstigungsabsicht als Anfechtungsgrund bestehen bleibt, mag auf den ersten Blick wenig befriedigend erscheinen, läßt sich aber sehr wohl rechtfertigen. Im Falle einer auf die Benachteiligung der Gläubiger gerichteten Absicht des Gemeinschuldners (§ 31 Nr. 1 KO.) ist die Anfechtung erst nach 30 Jahren ausgeschlossen (§ 41 Abs. 1 Satz 2). Nun besteht gewiß zwischen dieser Absicht und der Absicht, einen Gläubiger zu begünstigen, ein wesentlicher Unterschied, aber immerhin eine gewisse Verwandtschaft, die es rechtfertigt, den letzteren Anfechtungsgrund nicht schon durch den Ablauf von sechs Monaten hinfällig werden zu lassen. Die Befürchtung einer daraus folgenden ungemessenen zeitlichen Ausdehnung der Anfechtbarkeit aus § 30 Nr. 2 widerlegt sich aus dem Anfechtungstatbestande selbst: die Rechtshandlung muß in zeitlichem Zusammenhange mit der Zahlungseinstellung stehen, wobei natürlich nicht an eine beliebige, wieder beseitigte Zahlungseinstellung zu denken ist, sondern nur an eine solche, auf die die spätere Konkurseröffnung zurückzuführen ist. Steht aber der innere Zusammenhang zwischen Zahlungseinstellung und Konkurseröffnung fest, dann ist kein ausreichender Grund ersichtlich, die Anfechtung einer nach oder höchstens zehn Tage vor der Zahlungseinstellung vom Gemeinschuldner in der dem Gläubiger bekannten Absicht, ihn zu begünstigen, vorgenommenen Rechtshandlung deshalb auszuschließen, weil sechs Monate nach der Zahlungseinstellung das Konkursverfahren noch nicht eröffnet war. Der Senat verkennt nicht, daß diese Erwägungen nicht in allen Punkten mit der Begründung, die der VI. Zivilsenat seinem Urteile vom 10. März 1890 (Entsch. Bd. 25 S. 86) gegeben, in Einklang stehen. Zur Anrufung der vereinigten Zivilsenate besteht jedoch kein Anlaß. Denn dort beruhte die Anfechtung auf der vermuteten Kenntnis der Zahlungseinstellung. Diese kann auch vorliegendenfalls nicht als Anfechtungsgrund verwertet werden; darin ist dem Berufungsgerichte beizutreten. Als rechtsirrig erachtet der Senat die Ansicht des Berufungsgerichts nur insoweit, als es auch den Anfechtungsgrund der Kenntnis der Begünstigungsabsicht ausschließt, und diesen Fall hat der VI. Zivilsenat ausdrücklich von der Erörterung ausgeschieden.“

RGZ. 71, 89

Ist eine Sicherstellung oder Befriedigung, die der Gläubiger in der Art zwar nicht zu fordern berechtigt, die er aber anzunehmen verpflichtet ist, nach § 30 Nr. 2 KO. anfechtbar?

VII. Zivilsenat. Urt. v. 23. April 1909.

I. Landgericht Elberfeld. II. Oberlandesgericht Köln.

Die Gemeinschuldnerin stand mit der Beklagten, die ihr gegen Sicherheitsbestellung einen hohen Kredit eröffnet hatte, seit Jahren in laufender Geschäftsverbindung. In den letzten zehn Tagen vor dem Antrage auf Konkurseröffnung gingen von der Gemeinschuldnerin teils in bar, teils in Kundenwechseln rund 40000 M. bei der Beklagten zur Gutschrift ein. Der Konkursverwalter focht diese Leistungen auf Grund des *§ 30 Nr. 2 KO. an. Das Berufungsgericht wies die Klage hinsichtlich* der Barzahlungen ab, gab ihr aber hinsichtlich der Wechsel statt. Das Berufungsurteil wurde in seinem letzteren Teile aufgehoben.

Aus den Gründen:

... „Wenn, wie es im Verhältnisse der Beklagten zu der (späteren) Gemeinschuldnerin der Fall war, ein Bankhaus einem Kunden bis zu einem bestimmten Höchstbetrage Kredit in laufender Rechnung eröffnet, so entspricht es der Natur dieses Verhältnisses, daß die kreditierte Summe nicht unverändert bis zur Beendigung des Kreditvertrags stehen bleiben soll; sie soll vielmehr möglichst oft umgesetzt werden. Der Kunde wird die bei ihm eingehenden Akzepte seiner Kunden dem Bankhause (zur Diskontierung) überweisen und kann dann seinerseits wieder über einen entsprechenden Betrag bei der Bank verfügen. Ob sich von solchen vorübergehenden und vorübergehend gewollten Gutmachungen sagen läßt, die Bank erlange durch sie (teilweise) Befriedigung ihres Guthabens, kann zweifelhaft erscheinen. Doch braucht hierauf nicht eingegangen zu werden; denn unbedenklich ist eine (teilweise) Befriedigung der Bank dann anzunehmen, wenn der Kunde den Höchstbetrag seines Kredits überschritten hatte und nun seine Schuld bis auf den Höchstbetrag herabmindert. Diese Herabminderung soll dauernd und endgültig sein, sie ist insoweit Befriedigung des Gläubigers. Die Revision geht demnach zu weit, wenn sie ausführt, die während der Dauer des Kontokorrentverkehrs geleisteten Zahlungen oder sonstigen Gutmachungen seien überhaupt nicht Leistungen im Sinne des § 2 Nr. 2 KO.

Der Fall einer bedeutenden Überschreitung des erwähnten Kredits lag nun auch im gegenwärtigen Streitfalle vor" (wird ausgeführt). „Daraus erwuchs, wie das Berufungsgericht zutreffend annimmt, für die Beklagte der Anspruch auf sofortige anderweitige Sicherstellung oder auf sofortige Befriedigung wegen des nicht mehr gesicherten Betrages ihres Guthabens. Sie hatte also Befriedigung zu der Zeit zu beanspruchen und hat solche in Höhe von rund 40000 M. teils in bar, teils in Wechseln erhalten. Es fragt sich, ob die Beklagte die Befriedigung durch Wechsel in der Art zu beanspruchen hatte. Die

Antwort ist aus dem Vertragsverhältnisse der Beteiligten zu entnehmen; sie hat bejahend zu lauten, wenn die Beklagte der Schuldnerin gegenüber verpflichtet war, Wechsel in Zahlung zu nehmen. Das Berufungsgericht trifft darüber, ob eine solche Verpflichtung der Beklagten bestand, eine bestimmte Feststellung nicht, weil es diesen Punkt nicht für entscheidend hält. Es führt aus: die Beklagte konnte nur Barzahlung fordern, nicht Zahlung durch Indossierung von Kundenwechseln; die Hingabe der Akzepte mag ein Recht der Firma W. M. gewesen sein, einen Anspruch auf diese Art der Befriedigung hatte die Beklagte nicht; sie hat also durch die hingegebenen Akzepte eine Deckung erhalten, auf welche sie in dieser Art keinen Anspruch hatte.

Hat man, wie dies zurzeit unterstellt werden muß, davon auszugehen, daß die Hingabe der Wechsel ein Recht der Firma W. M. war, dann erweist sich die erwähnte Ausführung des Berufungsgerichts als rechtsirrig. Allerdings war die Beklagte nicht berechtigt, von W. M. die Übertragung von Kundenwechseln zu fordern. Allein dies rechtfertigt noch nicht die Anwendung des § 30 Nr. 2 KO. Als eine Sicherung oder Befriedigung, die der Gläubiger zu beanspruchen hat, muß im Sinne des erwähnten Gesetzes auch eine solche gelten, zu deren Annahme er dem Schuldner gegenüber verpflichtet ist. Ganz unzweifelhaft trifft dies zu im Falle einer Wahlschuld mit Wahlrecht des Schuldners (§ 262 BGB.). Nun handelt es sich vorliegend allerdings nicht um eine Wahlschuld, sondern um eine sog. facultas alternativa: der Gläubiger hatte nur Barzahlung zu fordern, der Schuldner aber war berechtigt, sich durch eine andere Leistung, die Hingabe von Kundenwechseln, von seiner Verpflichtung zu befreien. Der an sich vorhandene Unterschied zwischen diesen beiden Arten von Schuldverhältnissen rechtfertigt aber nicht ihre verschiedene Behandlung auf dem Gebiete des Anfechtungsrechts. In beiden Fällen hat der Gläubiger Befriedigung zu fordern; die Art der Befriedigung hängt in beiden Fällen von dem Willen des Schuldners ab. Es wäre gewiß ein unerträglicher Rechtszustand, wenn einerseits der Gläubiger verpflichtet wäre, die ihm vom Schuldner angebotene Art der Befriedigung als Erfüllung anzunehmen, anderseits die Gläubiger des Schuldners die Macht hätten, die Befriedigung als eine nicht in der Art geschuldete anzufechten. Eine zu solchem Ergebnis führende, allzu buchstäbliche Auslegung des § 30 Nr. 2 KO. ist abzulehnen (vgl. auch Jaeger, KO. 3. Aufl. § 30 Anm. 51)."

RGZ. 74, 16

Können bei der Gesellschaft mit beschränkter Haftung die Gläubiger eines Gesellschafters im Wege der Anfechtung von der Gesell-

schaft zum Zwecke ihrer Befriedigung die Rückgewähr der Stammeinlage des Schuldners beanspruchen?

KO. § 31 Nr. 1. Ges., betr. Gesellsch. m. b. H., § 30.

VII. Zivilsenat. Urt. v. 24. Mai 1910.

I. Landgericht I Berlin. II. Kammergericht daselbst.

Durch notariellen Vertrag vom 6. April 1906 gründeten der Kaufmann Hä. und der Restaurateur Ho. eine Gesellschaft mit beschränkter Haftung. Den Gegenstand des *Unternehmens sollte der Betrieb von* Restaurationsgeschäften bilden. Die Einlage Hä.s bestand darin, daß er seine Rechte aus den Pachtverträgen, die er mit Unterpächtern über das Café Tiergartenhof in Charlottenburg und über das Parkrestaurant zu Südende geschlossen hatte, an die neu gegründete Gesellschaft abtrat. Am 27. Dezember 1906 wurde über sein Vermögen das Konkursverfahren eröffnet. Der Konkursverwalter focht die in dem Gesellschaftsvertrage enthaltene Abtretung auf Grund des § 31 Nr. 1 KO. an und beantragte, die Gesellschaft zu verurteilen, die von Hä. eingebrachten Rechte am Tiergartenhof und Parkrestaurant an ihn zurückzugewähren. In beiden Vorinstanzen wurde die Beklagte verurteilt. Ihre Revision blieb ohne Erfolg.

Aus den Gründen:

„In der mündlichen Verhandlung vor dem Revisionsgerichte hat der Vertreter der Beklagten ausgeführt, daß eine Rückgewähr der von Hä. in die Gesellschaft eingebrachten Rechte schon um deswillen nicht verlangt werden könne, weil die Stammeinlage den Gläubigern der Gesellschaft nicht entzogen werden dürfe. Dieser Ansicht ist nicht beizupflichten. Der Umstand, daß die in die Gesellschaft eingebrachten Rechte Bestandteile der Stammeinlage bilden, steht der Anfechtung keineswegs entgegen. Das Reichsgericht hat zwar schon ausgesprochen, daß bei der Gesellschaft m. b. H. weder der einzelne Gesellschafter die Herausgabe, noch die Gesellschaft die Rücknahme der Einlage beanspruchen können, und es ist diese Ansicht damit begründet, daß in einer solchen Maßnahme eine Gefährdung der Gläubiger der Gesellschaft liegen würde, wogegen diese mit Rücksicht auf die Registereintragung Schutz verlangen könnten.

Vgl. Entsch. des RG.s in Zivils. Bd. 68 S. 271.

Ebenso ist bezüglich der Aktiengesellschaften in konstanter Rechtsprechung angenommen, daß der Zeichner oder Käufer einer Aktie weder im Wege einer Anfechtung wegen Irrtums oder Betrugs, noch durch Erhebung eines Schadensanspruchs durchsetzen könne, daß ihm seine Einlage zurückgewährt werde. Die Vorschrift des § 213 HGB., wonach die Aktionäre ihre Einlage nicht zurückfordern können, sei zum Schutze des mit der Aktiengesellschaft kontrahierenden Publikums und im Interesse der Gesamtheit der Aktionäre getroffen, und diese Vorschrift könne nicht dadurch außer Wirksamkeit gesetzt werden, daß im Einzelfalle ein Aktionär durch schuldhaftes Verhalten der Gesellschaftsorgane zu seiner Beteiligung veranlaßt worden sei.

Vgl. Entsch. des RG.s in Zivils. Bd. 54 S. 128 und die dort angeführten älteren Urteile.

Allein im vorliegenden Falle handelt es sich nicht, wie dort, um das Verhältnis zwischen Gesellschafter und Gesellschaft, sondern um das Verhältnis der Gläubiger eines *Gesellschafters* zur *Gesellschaft*, und zwar solcher Gläubiger, die nicht Rechte des Gesellschafters, sondern eigene Rechte wegen fraudulosen Zusammenwirkens zwischen Gesellschafter und Gesellschaft geltend machen. Hier müssen die Interessen der Gesellschaftsgläubiger zurücktreten. Der maßgebende § 30 des Gesetzes, betr. Gesellsch. m. b. H., bestimmt nur, daß das zur Erhaltung des Stammkapitals erforderliche Vermögen nicht an die Gesellschafter ausgezahlt werden darf. Von einer solchen Auszahlung kann keine Rede sein, wenn Vermögen der bezeichneten Art an die Gläubiger eines Gesellschafters gegen dessen Willen und gegen den Willen der Gesellschaft wegen Anfechtbarkeit des Illationsgeschäfts zum Zwecke der Befriedigung jener Gläubiger herausgegeben werden muß. Das Reichsgericht hat denn auch schon entschieden, daß die Einlage eines Aktionärs von dessen Gläubigern wegen Fraudulosität des Illationsgeschäfts in Anspruch genommen werden kann.

Vgl. Entsch. in Zivils. Bd. 24 S. 14." ...

RGZ. 77, 49

1. Konkursanfechtung gegen den Rechtsnachfolger.

KO. § 40 Abs. 2 Nr. 1.

2. Schenkungsanfechtung gegenüber Prolongationswechseln. Kommt es für die Berechnung der gesetzlichen Fristen auf den letzten Wechsel oder auf den Urwechsel an?

KO. § 32.

I. Zivilsenat. Urt. v. 16. September 1911.

I. Landgericht Gießen. II. Oberlandesgericht Darmstadt.

Am 5. März 1908 wurde über das Vermögen des Referendars B. in G. das Konkursverfahren eröffnet. Die Klägerin meldete eine Forderung aus einem Wechsel an, den der Gemeinschuldner am 25. Februar 1908 auf einen Bekannten gezogen und mit seinem Blankoindossament der Klägerin übergeben hatte. Der verklagte Konkursverwalter bestritt die Forderung. Nachdem rechtzeitig Protest mangels Zahlung erhoben war, wurde die Feststellungsklage angestrengt. Der Beklagte focht den Wechsel wegen Gläubigerbenachteiligung an.

Während der erste Richter, der Anfechtung stattgebend, die Klage abwies, stellte das Berufungsgericht die angemeldete Forderung fest. Die Revision wurde zurückgewiesen aus folgenden

Gründen:

„Der eingeklagte Wechsel ist der letzte einer Reihe von Prolongationswechseln. Die Vorgänger unterscheiden sich dadurch von ihm, daß sie hinter dem Indossamente des Ausstellers noch das des Kaufmanns R. tragen. Wie das Berufungsgericht auf Grund der Beweisaufnahme feststellt, hatte die Klägerin längere Zeit hindurch R. einen umfangreichen Kredit gewährt. Die Ausstellung und Indossierung der verschiedenen Wechsel durch den Gemeinschuldner bildete die Gegenleistung gegen jenen Kredit. Ob es sich im Verhältnis des Gemeinschuldners zu R. um bloße Gefälligkeitsakzepte gehandelt hat, wird vom Berufungsgerichte nicht entschieden.

Schon diese Feststellungen reichen aus, um der Schenkungsanfechtung nach § 32 Nr. 1 KO., die für die Revisionsinstanz allein noch interessiert, den Boden zu entziehen. Hatte der Gemeinschuldner mit der Klägerin einen gegenseitigen Vertrag geschlossen, dem zufolge sie, in Austausch gegen die Wechselunterschriften des Gemeinschuldners, R. Vermögensvorteile zukommen ließ, so lag eine unentgeltliche Zuwendung an die Klägerin nicht vor. Die Erörterung aber, die das Berufungsurteil in Anknüpfung hieran enthält, ist gegenstandslos. Der Vorderrichter hält sich die Möglichkeit vor, daß bei einem der vorangegangenen, von R. indossierten Wechseln der Gemeinschuldner seine Unterschriften aus Gefälligkeit gegen R. hergegeben habe. Hier, meint er, komme die Klägerin auch als Rechtsnachfolgerin eines ersten Anfechtungsgegners in Betracht, so daß für die gegen sie gerichtete Anfechtung die Vorschrift des § 40 Abs. 2 Nr. 1 KO. mitbeachtet werden müsse. Er überwindet das Bedenken durch die tatsächliche Erwägung, es sei nicht nachgewiesen, daß die Klägerin beim Erwerbe des Wechsels dessen Eigenschaft als Gefälligkeitswechsel gekannt habe. Indes schon die rechtliche Grundlage, von der die Ausführung ausgeht, kann nicht gebilligt werden. Ist der Erwerb des gegenwärtigen Wechsels durch die Klägerin einer Anfechtung entzogen, so hat es keine Bedeutung, ob bei einem früheren Wechsel die Anfechtung möglich war. Außerdem sind die Vorschriften des § 40 Abs. 2 nur auf Fälle gemünzt, in denen der Anfechtungsgegner sein Recht lediglich auf Rechtsnachfolge stützt. Beruht der Erwerb eines Forderungsrechts gegen den Gemeinschuldner, wie hier, auf zwei verschiedenen

Geschäften, von denen das eine mit einem früheren Forderungsinhaber, das andere mit dem Schuldner selbst geschlossen wurde, so ist der Vertrag mit dem Schuldner, wie für die Einwendungen überhaupt, so auch für die Anfechtungseinrede maßgebend. Die Revisionsrüge, daß das Berufungsgericht eine Beweisantretung für die Kenntnis der Klägerin übersehen habe, geht daher fehl.

Der Schenkungsanfechtung gebricht es aber auch noch an einer anderen Voraussetzung. Nach § 32 Nr. 1 muß die anzufechtende unentgeltliche Verfügung im letzten Jahre vor der Eröffnung des Verfahrens vorgenommen sein. Dieses Erfordernis trifft zu, wenn man auf den eingeklagten Prolongationswechsel sieht. Es trifft aber nicht zu, wenn man auf den Urwechsel abstellt, auf den der Klagewechsel zurückgeht. Während der Konkurs am 5. März 1908 eröffnet wurde, war jener Urwechsel im Februar 1907 bereits im Laufe. Nun glaubt zwar das Berufungsgericht, daß der Klagewechsel entscheiden müsse. Es stützt sich darauf, daß auf ihm die Unterschrift eines der früher Verpflichteten fehlt, und daß — wahrscheinlich infolge hiervon — der zuletzt prolongierte Wechsel bei Hingabe des Klagewechsels nicht ausgehändigt worden ist. Indes sind diese Tatsachen ohne Erheblichkeit. Allerdings hat der erkennende Senat in dem bei Bolze, Praxis Bd. 3 Nr. 386, unvollständig abgedruckten Urteile Rep. I. 386/85 betont, daß der damalige Klagewechsel gegen Rückgabe und Vernichtung des früheren, mithin gegen Befreiung von einer Verbindlichkeit und daher nicht unentgeltlich, erteilt sei (vgl. ebenso das Urteil des VII. Zivilsenats, Leipz. Zeitschr. 1909 S. 74, und Jaeger, KO. § 32 Anm. 16). Ausschlaggebendes Gewicht darf aber auf diesen Punkt nicht gelegt werden. Für die Möglichkeit der Schenkungsanfechtung muß es gleichgültig sein, ob der prolongierte Wechsel gegen Empfang des Prolongationswechsels zurückgegeben wird, oder mit ihm zusammen gegen Empfang der Zahlung.

Der Zweck, um den es den Parteien bei Ausstellung und Entgegennahme eines Prolongationswechsels zu tun ist, erschöpft sich in der Hinausschiebung der Fälligkeit. Es verhält sich nicht etwa so wie sonst, wenn zu dem Endziel der Befriedigung des Gläubigers eine neue Verbindlichkeit vom Schuldner übernommen wird. Eine Absicht, den Gläubiger sicherzustellen oder ihm die Rechtsverfolgung zu erleichtern, spielt keine Rolle. Der Grund, warum eine neue Urkunde entworfen wird, liegt nur in den Eigentümlichkeiten des Wechselrechts. Die Angabe der Zahlungszeit im Wechsel wird vom Gesetz als unerläßliches Erfordernis vorgeschrieben (Art. 4 Nr. 4 WO.). Wollte der Aussteller mit Bewilligung des stundenden Gläubigers den im Wechsel einmal stehenden Verfalltag durchstreichen und durch einen späteren ersetzen, so würde dies, selbst wenn alle Vormänner des Gläubigers zustimmten, leicht Beweisschwierigkeiten zur Folge haben; auch würde das Papier verdächtig und für die Weiterbegebung wie für den Wechselprozeß unverwendbar geworden sein. Andrerseits führt ein Stundungsvermerk, der unter Beibehaltung des bisherigen Verfalltags auf den Wechsel gesetzt wird, zu rechtlich zweifelhaften Verhältnissen, insbesondere hinsichtlich der Haftung der Regreßschuldner. Daher zieht der Verkehr die Ausstellung eines neuen Wechsels vor. Es könnte hiernach die Frage aufgeworfen werden, ob es überhaupt richtig ist, die Erteilung eines Prolongationswechsels den Begriffen der Novation, Hingabe an Zahlungsstatt (§ 364 BGB.) oder Hingabe zahlungshalber, unterzuordnen. Man könnte versucht sein, den rechtlichen Vorgang so zu denken, daß die bis auf den Verfalltag ungeändert gebliebene Wechselverpflichtung nur neu beurkundet würde. Immerhin mag dies zu weit gehen. Es mag zugegeben werden, daß mehrere Wechselurkunden mit verschiedenen Ausstellungs- und Verfalltagen, formell betrachtet, eine Mehrheit von Wechselverpflichtungen enthalten. Aufgabe der Rechtsprechung aber ist es, überall da, wo es nicht auf die Form, sondern auf das Wesen der Sache ankommt, die materielle Identität der Wechselschuld bei Entscheidung der Einzelfragen zur Geltung zu bringen.

Das Reichsgericht hat diese Aufgabe auch nicht verkannt. Es hat wiederholt entschieden, daß Einwendungen, die den Anspruch aus dem Erstwechsel entkräften, ebendeshalb auch dem Anspruche aus dem Prolongationswechsel entgegenstehen (vgl. z. B. die Urteile des I. Zivilsenats, Jur. Wochenschr. 1908 S. 410 Nr. 13, Leipz. Zeitschr. 1911 S. 302). Der II. Zivilsenat hatte Gelegenheit auszusprechen, daß sich die gesetzlichen Beschränkungen des Anatozismus durch Ausstellung von Prolongationswechseln nicht umgehen lassen (vgl. das auf Art. 1154 Code civil bezügliche Urteil Jur. Wochenschr. 1903 S. 433 Nr. 8). Der Gesichtspunkt der Indentität der Wechselschuld hat auch zugunsten des Gläubigers Verwertung gefunden. War der Gläubiger bei Erwerb des Erstwechsels in gutem Glauben, so ist es als eine unschädliche mala fides superveniens behandelt, wenn er in der Zwischenzeit vor Erwerb des Prolongationswechsels von den gegen den Vormann begründeten Einwendungen erfuhr (vgl. das in der Jur. Wochenschr. 1903 S. 187 Nr. 47 unvollständig abgedruckte Urteil Rep. I 469/02). Es würde in Widerspruch treten mit der Grundanschauung dieser Judikatur, wollte man den Empfänger eines Prolongationswechsels der Schenkungsanfechtung aussetzen, obwohl der Empfang des Erstwechsels jenseits der Fristen des § 32 KO. liegt. Ob in der Entgegennahme des späteren Wechsels eine Benachteiligung der Konkursgläubiger erblickt werden kann, mag auf sich beruhen. Eine neue, selbständige Zuwendung, wie sie für die Schenkungsanfechtung verlangt werden muß, ist nicht vorhanden.“ ...

RGZ. 79, 24

Wird die Anfechtungsfrist des § 41 KO. durch eine Eventualaufrechnung im Prozesse gewahrt?

III. Zivilsenat. Urt. v. 16. Februar 1912.

I. Landgericht Weimar. II. Oberlandesgericht Jena.

Aus den Gründen:

„Am 19. März 1909 wurde über das Vermögen der Kommanditgesellschaft E. & Co. in A. das Konkursverfahren eröffnet. Die Klägerin, Ehefrau des persönlich haftenden Gesellschafters M. E. und Kommandistin der Gesellschaft, war als Prokuraträgerin tätig gewesen und meldete eine Gehaltsforderung von 2187,50 M. . . . als bevorrechtigte Konkursforderung an. Später . . . erhob sie Feststellungsklage nach § 146 KO. gegen den widersprechenden Konkursverwalter. Dieser bestritt, daß die Klägerin gegen Gehalt angestellt gewesen sei, machte geltend, ihr sei der Erlös aus den Abfällen der Fabrikation, so seien ihr in der Zeit vom 15. April 1908 bis zur Konkurseröffnung allein 5981,60 M. von der Firma Gebr. E. gezahlte Gelder, überlassen worden, focht diese Zuwendung als unentgeltliche Verfügung nach § 32 KO. an und machte den darauf gestützten Rückgewähranspruch zunächst unter Vorbehalt der Widerklage in der mündlichen Verhandlung vom 20. Januar 1910 in der Höhe der Klageforderung durch eventuelle Aufrechnung, später in der mündlichen Verhandlung vom 28. April 1910 in voller Höhe durch Widerklage geltend. Die erste Instanz erklärte die Aufrechnung für unzulässig und gab sowohl der Klage als der Widerklage in vollem Umfange statt. Auf die Berufung der Klägerin und die Anschlußberufung des Beklagten wurde die Klage abgewiesen und die Verurteilung zur Widerklage nur teilweise aufrecht erhalten. Mit der Revision erstrebt die Klägerin die völlige Abweisung der Widerklage und die Wiederherstellung des ersten Urteils bezüglich der Klage.

Soweit es sich um die Klage handelt, ist die Entscheidung des Berufungsgerichts nicht zu beanstanden." (Wird näher ausgeführt.)

„Dagegen wird die Entscheidung über die Widerklage von der Revision mit Recht angegriffen. Den Gegenstand der Widerklage bildet der aus der Anfechtung einer unentgeltlichen Verfügung nach §§ 32, 37 KO. abgeleitete Rückgewähranspruch. Nach § 41 Abs. 1 Satz 1 KO. kann die Anfechtung nur binnen Jahresfrist seit der Eröffnung des Konkursverfahrens erfolgen. In welcher Weise das Anfechtungsrecht ausgeübt werden muß, ob insbesondere eine außergerichtliche Erklärung genügt oder ob gerichtliche Geltendmachung erforderlich ist, damit die Frist gewahrt wird, ist bestritten. Das Reichsgericht hat die Frage wiederholt erörtert und in mehreren Urteilen, so z. B. der VII. Senat in den Entsch. in Zivils. Bd. 58 S. 44, der II. Senat ebenda Bd. 62 S. 199 und in diesem Punkte zustimmend der V. Senat ebenda Bd. 52 S. 334 für die Anfechtung außerhalb des Konkurses, auch für das seit dem 1. Januar 1900 geltende Recht ausgesprochen, daß zur Fristwahrung gerichtliche Geltendmachung erforderlich ist. Gerichtlich geltend gemacht ist das Anfechtungsrecht aber nur dann, wenn es im Prozeß in einer Art und Weise verwertet wird, die nach dem Willen des Anfechtenden dazu bestimmt ist, den aus der anfechtbaren Handlung abgeleiteten Rückgewähranspruch zu verwirklichen. Die Geltendmachung muß daher erfolgen durch Klage (Widerklage) oder durch Einrede (Gegeneinrede). Vgl. auch Jäger, KO. § 41 Anm. 6 und § 29 Anm. 59 flg. 3./4. Aufl. Zur Wahrung der Frist genügte daher nicht, daß der Beklagte in der mündlichen Verhandlung vom 20. Januar 1910, also noch innerhalb der Frist, erklärte, daß er die Zuwendung nach § 32 KO. anfechte; ebensowenig war von Belang, daß er sich die Erhebung einer Widerklage vorbehielt. Die Widerklage selbst aber wurde erst in der mündlichen Verhandlung vom 28. April 1910, also nach Ablauf der Frist, erhoben.

Fraglich könnte nur sein, ob nicht die Frist für die Geltendmachung des Rückgewähranspruchs dadurch gewahrt ist, daß der Beklagte den Anspruch in der mündlichen Verhandlung vom 20. Januar 1910, also noch innerhalb der Frist, gegenüber der bestrittenen Klageforderung eventuell zur Aufrechnung stellte. Das Berufungsgericht hat dies für den Umfang der Eventualaufrechnung, also in Höhe der Klageforderung angenommen und unter Hinweis auf die Analogie der für die Verjährung in § 209 Abs. 2 Nr. 3 BGB. getroffenen Bestimmung ausgeführt, die Wirksamkeit der Anfechtung werde weder dadurch beeinträchtigt, daß die Aufrechnung nur eventuell erklärt worden sei, noch dadurch, daß der Beklagte im Prozesse nach Ablauf der Frist von der Aufrechnungseinrede zur Widerklage, von der Verteidigung zum Angriff übergegangen sei. Es kann dahingestellt bleiben, ob und inwieweit letzteres zutreffend ist; in der Beurteilung der Eventualaufrechnung ist dem Berufungsgerichte jedenfalls nicht beizutreten.

Die gerichtliche Geltendmachung des Anfechtungsrechtes kann auch im Wege der Aufrechnung geschehen; denn auch sie ist dazu bestimmt, den aus der anfechtbaren Handlung abgeleiteten Rückgewähranspruch zu verwirklichen. Der Beklagte hat aber hier die Aufrechnung nicht schlechtweg erklärt, sondern die Klageforderung an und für sich bestritten und nur eventuell aufrechnen zu wollen erklärt. Diese Erklärung ist dahin zu verstehen, daß der Beklagte die Aufrechnung überhaupt nur für den Fall der Entscheidung des Gerichts unterbreiten, sie nur für den Fall zum Prozeßstoffe machen wollte, daß die Klageforderung wider Erwarten vom Gericht als begründet erachtet werden sollte. In diesem Sinne war die Aufrechnungserklärung zwar trotz § 388 BGB. zulässig.

Vgl. Planck, BGB. § 390 Bem. 4b und 5; v. Staudinger, BGB. § 388 Anm. 2; Seuffert, ZPO. § 300 Anm. 2, Stein, ZPO. § 300 II. C 2; Jäger, KO. § 53 Anm. 1.

Sie hatte aber, wie jede andere Eventualerklärung im Prozesse, für diesen nur dann Wirksamkeit, wenn der vorausgesetzte Eventualfall eintrat; denn nur für diesen Fall war sie nach dem eigenen Willen des Anfechtenden abgegeben. Vgl. Stein, ZPO. vor § 128 V. 9. Nur für diesen Fall war daher auch die Aufrechnung gerichtlich geltend gemacht und zur Wahrung der Frist des § 41 KO. geeignet. Dieser *Fall ist aber nicht eingetreten. Die Klage ist vom Gerichte nicht als* begründet erachtet, sondern als unbegründet abgewiesen worden. Durch die Eventualaufrechnung ist also auch die Frist des § 41 KO. nicht gewahrt worden.

An diesem aus dem Erfordernisse der gerichtlichen Geltendmachung und der Bedeutung von Eventualerklärungen im Prozesse folgenden Ergebnisse kann auch der Hinweis auf § 209 Abs. 2 Nr. 3 BGB. nichts ändern. Die Novelle vom 17. Mai 1898 hat die Verjährungsfrist des früheren § 34 KO. im Anschluß an § 124 BGB. absichtlich durch eine Ausschlußfrist ersetzt und dadurch, daß sie auf den Lauf der Frist einzelne für die Verjährung geltende Vorschriften für entsprechend anwendbar erklärt hat, zum Ausdrucke gebracht, daß im übrigen eine entsprechende Anwendung der für die Verjährung geltenden Vorschriften nicht stattfinden soll. Aus der Analogie des § 209 Abs. 2 Nr. 3 BGB., die sich allerdings gerade auf die Eventualaufrechnung im Prozesse bezieht (vgl. Planck, BGB. § 209 Bem. 2a und v. Staudinger, BGB. § 209 Anm. 8 zu Nr. 3), läßt sich daher nichts für die hier streitige Frage ableiten, ob die vom Beklagten abgegebene Eventualerklärung genügt, um die Frist des § 41 KO. zu wahren.

Die Versäumung der für die Geltendmachung des Anfechtungsrechtes gesetzten Ausschlußfrist hatte den Untergang des Anfechtungsrechtes zur Folge. Die Widerklage ist daher unbegründet. Demgemäß ist das Berufungsurteil, soweit dadurch die Klägerin auf die Widerklage verurteilt worden ist, aufzuheben und auf die Berufung der Klägerin das Urteil der ersten Instanz dahin abzuändern, daß der Beklagte mit der Widerklage im vollem Umfange abgewiesen wird."...

RGZ. 81, 144

Sind die Gläubiger benachteiligt, wenn ein Konkursgläubiger im Auftrage des Schuldners von einem Dritten befriedigt und diesem wegen seines Ersatzanspruchs vom Schuldner Sicherheit bestellt ist?

KO. § 30 Nr. 1 u. 2.

VII. Zivilsenat. Urt. v. 20. Dezember 1912.

I. Landgericht Metz. II. Oberlandesgericht Colmar.

Der Gemeinschuldner M., über dessen Vermögen am 3. Dezember 1908 der Konkurs eröffnet wurde, hatte am 4. September 1908 mit der Delkredere- und Treuhand-Aktiengesellschaft in F. einen „Kreditvertrag gegen Diskontierung von Außenständen" geschlossen. Daraufhin zahlte die Gesellschaft an den beklagten Kreditverein, der gegen M. wegen einer Wechselforderung von 5000 M. ein Urteil erwirkt hatte, am 21. November 1908 5000 M. und am 25. desselben Monats 366,24 M., und zwar gegen Abtretung dieser Forderung. Auf Grund des § 30 Nr. 1 und 2 KO. forderte der Konkursverwalter Herauszahlung dieser Beträge zur Konkursmasse. Beide Vorinstanzen wiesen die Klage ab. Der Revision des Klägers wurde stattgegeben.

Aus den Gründen:

... „Es ist für die Revisionsinstanz zu unterstellen, daß der Gemeinschuldner auf Grund des Vertrags der Treuhandgesellschaft den Auftrag zur Befriedigung des Beklagten erteilt, und daß die Gesellschaft den Auftrag ausgeführt hat. Bei solcher Sachlage kann dem Berufungsrichter darin nicht beigetreten werden, daß durch Erteilung und Ausführung des Auftrags weder in bezug auf die Aktiv- noch bezüglich der Passivmasse für die Konkursgläubiger eine ungünstigere Lage eingetreten sei. Der Berufungsrichter verkennt nicht, daß auch bei Befriedigung eines Konkursgläubigers mit fremden Mitteln, sofern sie für Rechnung des zum Ersatze verpflichteten Gemeinschuldners erfolgt, eine Benachteiligung der übrigen Konkursgläubiger dann vorliegen kann, wenn die auf Grund der Zahlung entstehende Ersatzforderung eine schwerere Belastung der Masse nach sich zieht. Der Berufungsrichter meint aber, daß nach dem Vorbringen des Klägers eine schwerere Belastung hier ebensowenig wie im Falle der von ihm angezogenen Entscheidung des Reichsgerichts in Zivils. Bd. 48 S. 148 gegeben sei. Diese letztere Annahme beruht auf einer Verletzung des § 286 ZPO. und des § 30 KO. Der Berufungsrichter übersieht, daß sich der zur Entscheidung stehende Fall von jenem Falle wesentlich dadurch unterscheidet, daß hier der Gemeinschuldner M. der mit der Befriedigung des Beklagten beauftragten Treuhandgesellschaft für ihre Ersatzansprüche durch Übertragung von Forderungen Sicherheit bestellt hatte. Zwar ist weder dadurch, daß der Gesellschaft infolge der auftragsmäßigen Befriedigung des Beklagten eine Ersatzforderung entstanden ist, noch durch die Abtretung des beklagtischen Anspruchs, bezüglich deren für die Revisionsinstanz übrigens gleichfalls zu unterstellen ist, daß sie auf Wunsch des Gemeinschuldners zum Zwecke des Vorgehens gegen die übrigen mitverurteilten Wechselschuldner erfolgt ist, eine Veränderung in der Höhe der Passiva zum Nachteil der Konkursgläubiger eingetreten.

Gleichwohl ist, wie der Berufungsrichter selbst ausführt, dadurch, daß die Gesellschaft gemäß der auf Grund des Vertrags ihr erteilten Anweisung an den Beklagten Zahlung leistete, für sie das Recht erwachsen, sich in Höhe dieser ihrer Zahlung aus den ihr übertragenen Forderungen zu befriedigen. Durch Erteilung des Zahlungsauftrags und seine Ausführung gelangte das der Treuhandgesellschaft zur Sicherung ihrer zukünftigen Ersatzforderungen bestellte Recht an den übertragenen Außenständen zur vollen Rechtswirksamkeit und gab ihr der Konkursmasse gegenüber mindestens ein Absonderungsrecht. Infolgedessen wurden die übrigen Konkursgläubiger insofern benachteiligt, als die Gesellschaft sich nicht, wie der Beklagte, mit der Konkursdividende zu begnügen brauchte, sondern ihre Befriedigung aus den abgetretenen Forderungen vorweg betreiben konnte. Würde schon in dieser ungünstigeren Gestaltung der zur Befriedigung der übrigen Konkursgläubiger verbleibenden Konkursmasse eine Benachteiligung dieser Gläubiger i. S. des § 30 KO. enthalten sein, so muß eine weitere Erwägung aber auch dahin führen, daß unter den vom Kläger behaupteten Umständen in der Erteilung und Ausführung des Zahlungsauftrags auch eine Verminderung des Aktivbestandes zu finden ist. Nach dem Vertrage hatte die Treuhandgesellschaft dem Gemeinschuldner gegen Gewährung von Sicherheiten, insbesondere gegen Übertragung von Forderungen, Kredit eröffnet. Soweit diese Sicherheiten zum Zwecke der Befriedigung der für die Gesellschaft auf Grund dieses Kreditvertrags erwachsenen Ansprüche nicht erforderlich waren, bestand für die Gesellschaft die vertragsmäßige Verpflichtung zur Zurückgewährung der Forderungen. Jeder einzelne Zahlungsauftrag des Gemeinschuldners an die Treuhandgesellschaft hatte deshalb mit seiner Ausführung notwendig zur Folge, daß sich dieser Rückübertragungsanspruch in Höhe der jedesmaligen Zahlung verringerte. Auch insofern würde demnach in der vom Revisionsgericht unterstellten Erteilung des Zahlungsauftrags in Verbindung mit seiner Ausführung ein wegen mangelnder Gläubigerbenachteiligung der Anfechtung aus § 30 KO. entzogener Zuwendungsakt nicht zu finden sein." ...

RGZ. 81, 424

Unterliegen Hypotheken, die gemäß § 878 BGB. nach Konkurseröffnung rechtswirksam eingetragen sind, der Anfechtung nach § 42 KO.?

KO. §§ 15, 42. BGB. §§ 878, 873, 1117.

VII. Zivilsenat. Urt. v. 28. Februar 1913.

I. Landgericht Konitz. II. Oberlandesgericht Marienwerder.

Der Fabrikbesitzer M. war Eigentümer des Grundstücks T. Bl. 276. Am 13. September 1910 bewilligte er in notariell beglaubigter Erklärung die Eintragung einer Hypothek von 5000 M. zugunsten des Beklagten. Der Notar reichte am 14. September 1910 die Urkunde dem Grundbuchamte zur Eintragung ein. Die Eintragung der Hypothek verzögerte sich bis zum 4. Oktober 1910, weil die Grundakten verschickt waren. Inzwischen wurde am 30. September 1910 das Konkursverfahren über M.s Vermögen eröffnet. Der Konkursverwalter focht die Hypothek an. Er behauptete, daß M. schon lange vor dem 13. September 1910 seine Zahlungen eingestellt, sich auch erheblicher Wechselfälschungen schuldig gemacht habe, und daß S., der alleinige persönlich haftende Gesellschafter des Beklagten, bereits vor dem 13. September 1910 hiervon Kenntnis gehabt habe.

Das Landgericht verurteilte den Beklagten zur Bewilligung der Löschung. Es nahm an, daß die erst nach der Konkurseröffnung eingetragene Post den Konkursgläubigern gegenüber nicht wirksam geworden sei. Auf Berufung der Beklagten wurde die Klage abgewiesen. Auf die Revision des Klägers wurde das Berufungsurteil aufgehoben.

Gründe:

„Der Berufungsrichter hat die Begründung der Klage aus § 15 KO. rechtlich bedenkenfrei abgelehnt. Die Hypothek des Beklagten ist allerdings erst nach Eröffnung des Konkurses über das Vermögen des Gemeinschuldners eingetragen worden. Die Eintragungsbewilligung war aber schon vorher, am 13. September 1910, erklärt, auch waren an diesem Tage der Gemeinschuldner und der gesetzliche Vertreter des Beklagten über die Belastung des Grundstücks mit der Hypothek zugunsten des Beklagten einig geworden. Ferner hatten die Beteiligten die notariell beglaubigte, also der Vorschrift des § 29 GBO. entsprechende Eintragungsbewilligung, die zugleich den Beklagten berechtigte, sich den Hypothekenbrief vom Grundbuchamt aushändigen zu lassen, dem Notar als dessen Beauftragten ausgehändigt, um sie für ihn dem Grundbuchamte zum Zwecke der Eintragung einzureichen. Auf Grund dieser Einigung vom 13. September 1910 und der am 14. September 1910 mit entsprechendem Antrage stattgehabten Einreichung der Eintragungsbewilligung bei dem Grundbuchamte war die Hypothek nach § 15 Satz 2 KO., §§ 878, 873, 1117 BGB. zugunsten des Beklagten auch den Konkursgläubigern gegenüber rechtswirksam geworden.

Dagegen hat der Berufungsrichter rechtsirrig die Anfechtung der Hypothekeneintragung aus § 42 KO. für ausgeschlossen erachtet. Der Erwerb der Hypothek wird durch Einigung der Beteiligten über deren Begründung, ihre Eintragung in das Grundbuch und Übergabe des Hypothekenbriefs bewirkt. An Stelle dieser Übergabe ist hier nach § 1117 BGB. die Vereinbarung über Auslieferung des Briefes an den Beklagten durch das Grundbuchamt getreten. Der Erwerb der Hypothek war für den Beklagten also mit der Eintragung in das Grundbuch vollendet und erfolgte demgemäß erst nach der Konkurseröffnung. Die Eintragung und der darauf beruhende Erwerb der Hypothek ist als eine nach der Konkurseröffnung liegende Rechtshandlung der Anfechtung nach §§ 29flg. entzogen, da diese sich nur auf die Anfechtung von Rechtshandlungen beziehen, die vor der Konkurseröffnung liegen. Dagegen unterliegt sie der Anfechtung aus § 42 KO., obwohl in dieser Bestimmung der § 878 BGB. nicht ausdrücklich erwähnt worden ist.

Das Reichsgericht hat in ständiger Rechtsprechung angenommen, daß es bei Anfechtung einer im Gebrauch erfolgten Eintragung nach den Vorschriften der Konkursordnung für die Frage der Kenntnis von dem Eröffnungsantrage oder der Zahlungseinstellung lediglich darauf ankommt, ob diese Kenntnis beim Gläubiger zur Zeit der Eintragung selbst, nicht des Eintragungsantrags vorhanden war, weil weder durch die Verpfändungserklärung noch durch den Eintragungsantrag des Grundeigentümers die dem Anfechtenden nachteilige Veränderung im Eigentum des Schuldners erfolgt, die benachteiligende Vermögensverschiebung sich vielmehr erst durch die Eintragung selbst vollzieht und niemals erfolgen kann, wenn der Eintragungsantrag rechtsgültig vor erfolgter Eintragung zurückgenommen wird (Entsch. des RG.s in Zivils. Bd. 68 S. 152), weil also erst die Eintragung die Vollendung des Rechtsgeschäfts darstellt und der Hypothekenerwerb sich durch einen einheitlichen, erst mit der Eintragung abschließenden Vorgang vollzieht.

Während die Konkursordnung in ihrer alten Fassung die Anfechtung von Rechtshandlungen, die nach der Konkurseröffnung vorgenommen waren, nicht kannte und in den §§ 22flg. nur über die Anfechtung von vor der Eröffnung liegenden Rechtshandlungen Bestimmung traf, hat § 42 der neuen Fassung die jetzt in den §§ 29flg. niedergelegten Bestimmungen über die Anfechtung auch auf solche Rechtshandlungen ausgedehnt, die nach der Eröffnung des Verfahrens vorgenommen sind, „sofern diese nach den §§ 892, 893 BGB. den Konkursgläubigern gegenüber wirksam sind". Diese Fassung des § 42 ist im Anschluß an § 7 KO. erfolgt, der Rechtshandlungen, welche der Gemeinschuldner nach Eröffnung des Verfahrens vorgenommen hat, den Konkursgläubigern gegenüber im allgemeinen für unwirksam erklärt, die Vorschriften der §§ 892, 893 BGB. aber unberührt läßt. Hierbei hat man anscheinend an den § 15 KO. in seiner von der Fassung des alten § 12 abweichenden Gestalt nicht gedacht; die Begründung der Novelle erwähnt wenigstens diese Vorschrift nicht. Während nach § 12 alter Fassung Pfand- und Hypothekenrechte an Gegenständen der Konkursmasse nach Eröffnung des Konkursverfahrens nicht mit verbindlicher Kraft gegen die Konkursgläubiger erworben oder eingetragen werden konnten, wenngleich der Anspruch auf den Erwerb oder die Eintragung schon vor der Eröffnung begründet war, bestimmt der an Stelle des § 12 getretene § 15 neuer Fassung, daß Rechte an den zur Konkursmasse gehörigen Gegenständen nach der Eröffnung des Verfahrens nicht mit Wirksamkeit gegenüber den Konkursgläubigern erworben werden können, auch wenn der Erwerb nicht auf einer Rechtshandlung des Gemeinschuldners beruht, fügt aber dieser Bestimmung hinzu, daß die Vorschriften der §§ 878, 892, 893 BGB. unberührt bleiben. Während also die Fassung des früheren § 12 den Erwerb von Hypothekenrechten an den zur Konkursmasse gehörigen Grundstücken ausschloß, hat § 15 neuer Fassung im Zusammenhange mit den Bestimmungen des Bürgerlichen Gesetzbuchs über die Eintragung im Grundbuche (§§ 878, 892, 893) eine durch die Rücksicht auf die Sicherheit des Rechtsverkehrs gebotene Beschränkung der früheren Vorschrift eingeführt, wonach eine Erklärung, durch welche der Gemeinschuldner eine Eintragung im Grundbuche bewilligt hat, auch den Konkursgläubigern gegenüber wirksam bleibt, sofern die Konkurseröffnung erst erfolgt, nachdem die Erklärung für den Gemeinschuldner bindend geworden und der Antrag auf Eintragung bei dem Grundbuchamte gestellt war. Nach dem geltenden Rechte hat also die in solcher Weise nach der Konkurseröffnung erfolgende Eintragung den Konkursgläubigern gegenüber rechtswirksam werden sollen. „Selbstverständlich ist aber der Konkursverwalter nicht behindert, die erfolgte Eintragung gegebenenfalls nach Maßgabe der §§ 29flg. KO. als unwirksam anzufechten", besagt die amtliche Begründung der Konkursnovelle und macht dabei keinen Unterschied, ob die Eintragung vor oder nach der Konkurseröffnung erfolgt ist. Mit Rücksicht auf diese Stellungnahme der amtlichen Begründung der Novelle, sowie darauf, daß kein innerer Grund dafür ersichtlich ist, den Erwerb im guten Glauben an die Richtigkeit des Grundbuchs gemäß §§ 892, 893 BGB. anders zu behandeln, wie den Erwerb aus § 878, ebensowenig wie dafür, daß eine unmittelbar vor der Konkurseröffnung geschehene Eintragung anfechtbar sein soll, die spätere aber nicht, muß angenommen werden, daß in § 42 KO. der gesetzgeberische Wille hat ausgesprochen sein sollen, die nach der Konkurseröffnung erfolgenden, auf § 878 oder §§ 892, 893 BGB. gegründeten Eintragungen gleichmäßig der Anfechtung zu unterwerfen, obgleich er in der Fassung dieser Vorschrift, wie zuzugeben ist, nur unvollständig Ausdruck gefunden hat.

Ist hiernach die Anfechtung der nach der Konkurseröffnung erfolgten Hypothekeneintragung nach § 42 KO. zulässig, so kommt es nicht auf die Nachprüfung der Frage an, ob die vor der Konkurseröffnung liegende Eintragsbewilligung nebst Eintragungsantrag der Anfechtung aus § 30 KO. selbständig unterliegen möchte, weil im Zeitpunkt ihrer Vornahme die Zahlungseinstellung des Gemeinschuldners erfolgt war. Vielmehr war das Berufungsurteil aufzuheben und die

Sache zur weiteren Verhandlung an das Berufungsgericht zurückzuverweisen, damit dieses dazu Stellung nimmt, ob § 30 Nr. 1 KO. auf die Eintragung der Hypothek anwendbar ist."

RGZ. 90, 69

Zum Begriffe der unmittelbaren Gläubigerbenachteiligung im Sinne des ersten Halbsatzes und der Befriedigung eines Konkursgläubigers im Sinne des zweiten Halbsatzes des § 30 Nr. 1 KO.

VII. Zivilsenat. Urt. v. 20. März 1917.

I. Landgericht III Berlin. II. Kammergericht daselbst.

Die W. Bank verpfändete am 23. Dezember 1912 der beklagten Gemeinde für alle dieser aus ihrer beiderseitigen Geschäftsverbindung zustehenden und noch erwachsenden Forderungen Hypotheken, löste aber im Oktober 1913 drei dieser Hypotheken durch Barzahlungen ein. Am 12. Januar 1914 wurde über das Vermögen der Bank das Konkursverfahren eröffnet und der Kläger zum Konkursverwalter ernannt. Der Konkursverwalter focht die erwähnten Zahlungen auf Grund des § 30 Nr. 1 KO. an.

Die Klage wurde abgewiesen, die Berufung des Klägers zurückgewiesen. Auch die Revision blieb ohne Erfolg.

Gründe:

„Die W. Bank hatte von dreien ihrer Geschäftskunden, B., T. u. Sch., zur Sicherheit für Darlehnsforderungen Hypotheken abgetreten erhalten und vertragswidrig der gutgläubigen Beklagten für die dieser gegen sie erwachsenden Ansprüche verpfändet. Die genannten drei Schuldner der Bank forderten, nachdem sie ihre Darlehnsschulden berichtigt hatten, von der Bank Herausgabe der Hypotheken. Um diesem Verlangen nachzukommen und lediglich zu diesem Zwecke verlangte nun die Bank von der Beklagten, deren Forderung inzwischen fällig geworden war, gemäß § 1223 Abs. 1 BGB. Rückgabe der verpfändeten Hypotheken gegen Befriedigung der Beklagten. Die Beklagte leistete diesem Verlangen Folge und gab die Hypotheken gegen Empfang der Zahlung an die Bank zurück, obwohl die Bank, wie der Beklagten bekannt war, bereits ihre Zahlungen eingestellt hatte. Hiergegen richtet sich die auf § 30 Nr. 1 KO. gestützte Anfechtungsklage des Konkursverwalters.

Beide Vorinstanzen sind zur Abweisung der Klage gelangt. Der Berufungsrichter sieht zwar für erwiesen an, daß durch die angefochtene Rechtshandlung die Konkursgläubiger benachteiligt worden sind. Er hält aber diese Benachteiligung lediglich für eine mittelbare, nicht für eine unmittelbar durch die Eingehung des Rechtsgeschäfts hervorgerufene im Sinne des ersten Halbsatzes des § 30 Nr. 1 KO., dessen Voraussetzungen er im übrigen für gegeben erachtet. Er begründet dies damit, daß durch die Herausgabe der verpfändeten Hypotheken an die Bank Zug um Zug gegen Zahlungsleistung in deren Vermögen ein gleichwertiger Gegenstand zurückgelangt und hierdurch eine unmittelbare Benachteiligung der Gläubiger der Bank ausgeschlossen worden sei, diese Benachteiligung vielmehr erst dadurch hervorgerufen worden sei, daß später andere, nämlich die drei genannten Personen, die Hypotheken für sich in Anspruch nahmen. Die Anwendung des zweiten Halbsatzes des § 30 Nr. 1 KO. hält der Berufungsrichter aus dem Grunde für ausgeschlossen, weil die Bank gemäß § 1223 Abs. 2 BGB. einen auf dem Pfandvertrage beruhenden erzwingbaren Anspruch auf Rückgabe der verpfändeten Hypotheken gehabt, die Beklagte aber mit der Rückgabe der Hypotheken gegen Empfangnahme der Zahlung lediglich ihre Vertragspflicht erfüllt habe und auch durch Verwertung der Hypotheken im Wege des Pfandverkaufs volle Deckung ihrer Forderung erhalten haben würde.

Die hiergegen gerichteten Angriffe der Revision sind nicht begründet. Die Revision führt aus, für die Anfechtbarkeit der Zahlung nach dem zweiten Halbsatze des § 30 Nr. 1 KO. mache es keinen Unterschied, ob der Rückerwerb der Hypotheken die Hauptsache für die Bank gewesen sei. Deshalb sei auch die Annahme des Berufungsrichters rechtsirrig, daß nur der erste Halbsatz des § 30 Nr. 1 in Frage kommen könne. Endlich könne die Annahme, daß es sich nicht um eine unmittelbare Benachteiligung der Gläubiger handle, nicht darauf gestützt werden, daß die drei Berechtigten erst später die Hypotheken für sich in Anspruch genommen hätten, denn die Hypotheken hätten, da schon im Augenblick ihres Rückerwerbs die Verpflichtung der Bank zu ihrer Zurückgabe an die Berechtigten bestanden habe, kein Aktivum der Bank gebildet, es könne mithin für die Frage, ob eine mittelbare oder unmittelbare Benachteiligung der Gläubiger vorliege, nicht der Zeitpunkt entscheidend sein, zu dem die Rückgabe von den Berechtigten verlangt und ihnen gewährt wurde.

Den Gründen des Berufungsrichters ist jedoch zunächst darin zuzustimmen, daß unter den gegebenen Voraussetzungen die Zahlungsleistung an die Beklagte nicht als Befriedigung eines Konkursgläubigers im Sinne des zweiten Halbsatzes des § 30 Nr. 1 KO. angesehen werden kann. Hat die Bank, wie der Berufungsrichter feststellt, von dem ihr als Verpfänderin der Hypotheken nach § 1223 Abs. 2 BGB. zustehenden Einlösungsrechte Gebrauch gemacht, so lag in der zu diesem Zwecke von ihr an die Beklagte geleisteten Zahlung ihrer fälligen Schuld nicht eine einfache Befriedigung eines Konkursgläubigers im Sinne des zweiten Halbsatzes des § 30 Nr. 1 KO., sondern es handelte sich dann um ein auf pfandrechtlichem Gebiete liegendes

Rechtsgeschäft, bei dem die Bank als Verpfänderin und die Beklagte als Pfandgläubigerin, mithin als absonderungsberechtigte Gläubigerin beteiligt war. Der Fall lag dann rechtlich nicht anders, als wenn die Bank lediglich Verpfänderin der Hypotheken und nicht zugleich persönliche Schuldnerin der Beklagten gewesen wäre und ihr Einlösungsrecht geltend gemacht hätte. Daß die Bank tatsächlich zugleich die persönliche Schuldnerin der Beklagten war, schloß die Anwendung des § 1223 Abs. 2 BGB. nicht aus (Jur. Wochenschr. 1910 S. 391, Recht 1911 Nr. 3190, RechtsprOLG. Bd. 26 Nr. 203). Aus diesem Grunde muß die Anfechtung, soweit sie auf den zweiten Halbsatz des § 30 Nr. 1 KO. gestützt ist, versagen.

Was sodann die Frage der Anwendbarkeit des ersten Halbsatzes dieser Vorschrift betrifft, so erscheint es zunächst zum mindesten zweifelhaft, ob die angefochtene Rechtshandlung sich als ein Rechtsgeschäft im Sinne des Gesetzes ansehen läßt. Ein Rechtsgeschäft stellt begrifflich eine die Beteiligung mehrerer Personen erfordernde und durch ihr Zusammenwirken zustande kommende Rechtshandlung dar im Gegensatze zu der einfachen, von einer einzelnen Person ausgehenden Rechtshandlung, wie z. B. Mahnung, Kündigung, Widerruf. Auch eine Geldzahlung ist ein Rechtsgeschäft im gewöhnlichen Sinne des Wortes, da sie, ebenso wie die Übergabe, die Mitwirkung zweier Personen, die Hingabe des Geldes von der einen und dessen Annahme von der anderen Seite erfordert. Es handelt sich aber darum was in dem ersten Halbsatze des § 30 Nr. 1 unter Rechtsgeschäft zu verstehen ist. Daß darunter auch Zahlungen an Gläubiger zu verstehen seien, ist im Hinblick darauf, daß solche im § 30 Nr. 1 und 2 KO. eine gesonderte Regelung erfahren haben, wenig wahrscheinlich (vgl. Jaeger, Konkursordn. 5. Aufl., § 30 Anm. 24). Im vorliegenden Falle liegt zudem, wie schon oben erwähnt wurde, nicht eine einfache Zahlung vor, sondern die Bank machte von ihrem Einlösungsrechte Gebrauch und nötigte dadurch die Beklagte, die Hypotheken gegen Empfangnahme der Zahlung herauszugeben. Die Handlung in ihrer Gesamtheit stellt sich mithin rechtlich als ein Ausfluß einer ausschließlich von der Bank kraft der ihr zustehenden freien Entschließung vorgenommenen Rechtshandlung dar, nämlich der Geltendmachung ihres Einlösungsrechts; der an und für sich rechtsgeschäftliche Charakter der Zahlungsleistung tritt hierbei, da sie zur Erreichung des von der Bank erstrebten Zweckes diente, wesentlich in den Hintergrund.

Hiervon aber abgesehen, so ist dem Berufungsrichter unbedenklich darin beizupflichten, daß eine unmittelbare, durch die Eingehung des fraglichen Rechtsgeschäfts bewirkte Gläubigerbenachteiligung, wie sie der erste Halbsatz des § 30 Nr. 1 erfordert, nicht vorliegt. Denn der Beklagten gegenüber stellte die Einlösung der Hypotheken durch die Bank ein Rechtsgeschäft dar, bei welchem auf der einen Seite eine Barzahlung geleistet und dafür auf der anderen Seite eine mindestens gleichwertige Leistung, nämlich die Herausgabe der, wie beim Mangel einer gegenteiligen Behauptung und Feststellung anzunehmen ist, vollwertigen Hypotheken bewirkt wurde. Die die Konkursgläubiger benachteiligenden Wirkungen dieses Rechtsgeschäfts hatten ihre Ursache nicht in dessen Eingehung, sondern in anderen Umständen, die mit dem Rechtsgeschäfte selbst und dessen Eingehung nicht unmittelbar in Zusammenhang standen und die der Beklagten gegenüber deshalb auch nicht zu deren Nachteil berücksichtigt werden dürfen.

Auch sonst läßt die Begründung des angefochtenen Urteils einen Rechtsverstoß nicht erkennen. Die Revision war hiernach zurückzuweisen."

RGZ. 92, 227 †

1. Zum Begriffe der unentgeltlichen Verfügung im Sinne des § 32 Nr. 1 KO.

2. . . .

VII. Zivilsenat. Urt. v. 19. Februar 1918.

I. Landgericht Zwickau. II. Oberlandesgericht Dresden.

Der Ehemann der Beklagten, O. B., war Mitinhaber der offenen Handelsgesellschaft O. B. & Co. Diese hatte von einer Reihe von Personen, meist wenig bemittelten Leuten, Gelder als Depositeneinlagen zur Verzinsung entgegengenommen. Am 17. Juli 1914 nahm der Ehemann der Beklagten ein Darlehen von 50000M. auf, erwarb mit diesem Gelde Staatspapiere und überließ diese der Beklagten, welche sie größtenteils zur Befriedigung jener Gläubiger verwendete. Am 25. Juli 1914 stellte die Firma ihre Zahlungen ein; am 5. Oktober 1914 wurde über ihr Vermögen und gleichzeitig über das Vermögen des Ehemanns der Beklagten das Konkursverfahren eröffnet. Der Konkursverwalter hat die Überlassung der Staatspapiere an die Beklagte als den Konkursgläubigern gegenüber unwirksam angefochten.

In erster Instanz wurde die Klage abgewiesen, dagegen wurde auf Berufung des Klägers in zweiter Instanz nach dem Klagantrage erkannt. Die Revision der Beklagten blieb ohne Erfolg.

Gründe:

„Mit Recht nimmt der Berufungsrichter an, daß die auf § 32 Nr. 1 KO. gestützte Anfechtungsklage nicht begründet sein würde, wenn die Beklagte die von ihr zur Befriedigung einzelner Gläubiger der Firma O. B. & Co. verwendeten Wertpapiere nicht sich zugeeignet, sondern nur als Beauftragte ihres Ehemanns, des Gemeinschuldners, zur Weitergabe an diese Gläubiger erhalten hätte. Er stellt aber fest, daß die Wertpapiere zum Zwecke der Befriedigung jener Gläubiger der Beklagten von ihrem Ehemann übereignet und darauf von ihr den betreffenden Gläubigern zugeführt worden sind. Gegen diese Feststellung hat die Revision Einwendungen nicht erhoben, ein rechtliches Bedenken liegt auch insoweit nicht vor.

Weiterhin ist dem Berufungsrichter auch darin beizustimmen, daß der Begriff der unentgeltlichen Verfügung im Sinne der erwähnten Rechtsvorschrift eine Bereicherung des Empfängers nicht erfordert, vielmehr auch die freigebige Zuwendung an eine Person umfaßt, welche die ihr überlassenen Werte zufolge Abrede der Beteiligten restlos zur Erreichung eines bestimmten Zweckes aufwenden muß. Hiergegen wendet die Revision ein, da die Wertpapiere von vornherein zur Befriedigung einzelner Gläubiger des Ehemanns der Beklagten bestimmt gewesen seien, so sei es gleichgültig, ob sie vorübergehend in das Vermögen der Beklagten übergegangen seien, vielmehr habe die von der Beklagten übernommene Verpflichtung, den Ehemann in Höhe von 50000 M. von bestimmten Schulden zu befreien, die von ihr zugesagte und demnächst gewährte Gegenleistung gebildet, eine unentgeltliche Verfügung liege mithin nicht vor.

Dem läßt sich nicht zustimmen. Allerdings ist die Zuwendung, dem von den beiden Beteiligten getroffenen Übereinkommen gemäß, nicht dem Vermögen der Beklagten, sondern dem Vermögen ihres Ehemanns selbst zugute gekommen, denn nach der Austeilung des Zugewendeten an bestimmte Gläubiger des letzteren blieb für die Beklagte nichts mehr übrig, während das Vermögen ihres Ehemanns im Wege der Schuldtilgung entlastet wurde. Daraus folgt aber nur, daß die Beklagte durch die Zuwendung nicht bereichert worden ist und daß mithin die Zuwendung nicht als eine Schenkung im Sinne des § 516 BGB. angesehen werden kann, da die Schenkung eine Bereicherung des Beschenkten begrifflich voraussetzt (RGZ. Bd. 62 S. 386). Als ein dem Ehemanne der Beklagten für die Zuwendung gewährtes Entgelt kann dagegen die der Zuwendung beigefügte Zweckbestimmung und deren Ausführung nicht angesehen werden, denn es handelt sich nicht, wie es der Begriff der Entgeltlichkeit erfordert, um einen gegenseitigen Austausch von Leistungen, vielmehr liegt, ähnlich wie bei der Schenkung unter einer Auflage, eine zunächst nur einseitige, durch die ihr beigefügte Zweckbestimmung näher bestimmte und beschränkte Zuwendung vor, die dadurch, daß das Geleistete zur Erreichung des vorgeschriebenen Zweckes verwendet wurde, nicht zu einer gegenseitigen, entgeltlichen Leistung geworden ist (RGZ. Bd. 60 S. 238). Der Umstand, daß die Beklagte das ihr Zugewendete bestimmungsgemäß zur Befriedigung von Gläubigern ihres Ehemanns verwendet hat, könnte ihr vielmehr nur unter der Voraussetzung zugute kommen, daß sie die ihr zugeführte Leistung gutgläubig an Gläubiger ihres Ehemanns ausgeantwortet hat. Zutreffend führt in dieser Hinsicht der Berufungsrichter unter Hinweis auf § 37 KO. aus, daß die Rückgewährpflicht der Beklagten erloschen sein würde, soweit sie vor Erhebung des Rückgewähranspruchs die ihr übergebenen Werte in gutem Glauben dem beabsichtigten Zwecke zugeführt hätte. Er legt im Anschluß hieran aber weiter dar, daß der Beklagten in jedem Falle von der ihr sofort bekannt gewordenen Zahlungseinstellung an der gute Glaube gefehlt habe und daß sie im übrigen für die von ihr behauptete Gutgläubigkeit beweispflichtig sei, Beweis dafür aber nicht angeboten habe.

. . .

RGZ. 94, 305

Darf der Konkursverwalter nach §§ 29 flg. KO. eine Zahlung anfechten, welche der Gemeinschuldner nach Eröffnung des Konkurses auf Grund eines Treuhandverhältnisses und in der Eigenschaft als Treuhänder an den Treugeber geleistet hat?

VII. Zivilsenat. Urt. v. 5. November 1918.

I. Landgericht Hamburg. II. Oberlandesgericht daselbst.

Am 15. Oktober 1915 wurde über das Vermögen der offenen Handelsgesellschaft R. & Co. der Konkurs eröffnet und der Kläger zum Konkursverwalter bestellt. Seit November 1914 hatte die spätere Gemeinschuldnerin eine Granatdreherei betrieben. Das Fabrikinventar hatte ehemals einem Neffen der Beklagten, A. B., gehört, von dem es zur Sicherheit für eine Schuld von 5025 M. an die Beklagte, seine Gläubigerin, übertragen worden war. Von letzterer war das Inventar an die genannte Handelsgesellschaft gelangt. Der nähere Hergang war im Rechtsstreite streitig. Nach Behauptung des Klägers ist das Inventar der Handelsgesellschaft als Einlage des Sohnes der Beklagten, E. R., übereignet worden; die Beklagte behauptet, sie habe das Inventar der Firma R. & Co. zunächst nur zum Verkauf anvertraut und sodann, als eine Veräußerung nicht ausführbar gewesen sei, es der Firma auf deren Bitte zur Benutzung überlassen. Am 27. September 1915 hat E. R. namens R. & Co. das Maschineninventar für den empfangenen Kaufpreis von 5500 M. an K. W. verkauft und zwei Tage darauf hat er, wie der Kläger behauptete, 4500 M. an die Beklagte gezahlt.

Mit der Klage focht der Kläger auf Grund der Konkursordnung die Zahlung an und beantragte, die Beklagte zur Zahlung von 4500 M. zu verurteilen. Das Landgericht gab dem Klagebegehren statt. Das Berufungsgericht wies dagegen die Klage ab. Auf die Revision des

Klägers wurde das Berufungsurteil aufgehoben und die Sache zur anderweiten Verhandlung und Entscheidung zurückverwiesen.

Gründe:

„Wie das Berufungsurteil unangefochten feststellt, hat die Beklagte das Maschineninventar der Granatdreherei auf die Firma R. & Co. nicht zu vollen, uneingeschränkten Eigentumsrechten, sondern nur als Treuhandeigentum zur Benutzung, und zwar entweder mit oder ohne Ermächtigung zum Weiterverkauf übertragen. Davon ausgehend, erwägt das Berufungsurteil: Auf Vermögensstücke, die der Gemeinschuldner nur als Treuhänder zu Eigentum habe, stehe seinen Gläubigern ein Anspruch nicht zu. Es sei gleichgültig, ob W. den Kaufpreis für das Inventar an die Gemeinschuldnerin zahlen wollte und E. R. ihn so angenommen habe, und es sei auch unerheblich, ob letzterer an die Beklagte die gleichen Geldstücke aushändigte, die er von W. empfangen habe. Den Gläubigern gegenüber habe der Kaufpreisanspruch nicht zum Vermögen der Gemeinschuldnerin gehört. Da diese keinen Anspruch darauf gehabt hätten, daß der Kaufpreis der Gemeinschuldnerin zufloß oder gar ihr verblieb, habe in der Ablieferung an die Beklagte keine Benachteiligung der Gläubiger gelegen, auch wenn der Preis durch die Bücher oder Kasse der Gemeinschuldnerin ein- und ausgegangen sei. Sei bei der Eigentumsübertragung auf die Gemeinschuldnerin von einem Verkaufsauftrage nicht die Rede gewesen, so habe das Fabrikinventar zur Verfügung der Beklagten gestanden, sobald die ursprünglich verabredete Benutzung durch Abwickelung des Granatdrehauftrags ihr Ende erreicht habe. Verkaufte dann E. R. das Inventar, ohne sich des Einverständnisses der Beklagten zu versichern, so sei der erhaltene Gegenwert nur in die Rechtslage des ursprünglichen Treuhandgegenstandes getreten. Das Benutzungsrecht habe als erloschen gelten müssen, als ein weiterer Drehauftrag nicht zu beschaffen gewesen sei; daher sei auch ein solches Recht den Gläubigern nicht entzogen.

Auf diesem Wege gelangt das angegriffene Urteil dazu, für die am 29. September 1915 von dem Gesellschafter E. R. an die Beklagte geleistete Zahlung von 4500 oder 3400 M., gegen die sich der Anfechtungsanspruch des Klägers richtet, das Merkmal einer jeden nach den §§ 29 flg. KO. zulässigen Anfechtung, nämlich daß der angefochtene Akt eine Benachteiligung der Konkursgläubiger zur Folge gehabt habe, zu verneinen. Gegen die Urteilsbegründung sind jedoch im Einklange mit den von der Revision vorgetragenen Ausführungen rechtliche Bedenken zu erheben, die zur Aufhebung der Berufungsentscheidung und zur Zurückverweisung der Sache in die Berufungsinstanz führen.

Die Frage, ob die Konkursgläubiger objektiv benachteiligt sind, ist zu bejahen, wenn durch die angefochtene Zahlung aus dem Vermögen der Gemeinschuldnerin Werte ausgeschieden sind, welche ohne die Zahlung zur Verteilung an die Gesamtheit der Gläubiger zur Verfügung gestanden hätten. Der Fall liegt vor. Nach den Ausführungen des Berufungsurteils ist anzunehmen, daß die Handelsgesellschaft R. & Co. in Ansehung des ihr zur Benutzung überlassenen Maschineninventars zwar Treuhänderin für die Beklagte, indes immerhin Eigentümerin geworden war, daß E. R. namens der Handelsgesellschaft das Inventar veräußert und den Kaufpreis von 5500 M. empfangen hat, und daß somit dieser Erlös, der zur Gesellschaftskasse floß, Eigentum von R. & Co. geworden ist. Die Vereinnahmung ermöglichte die zwei Tage später an die Beklagte erfolgte Zahlung. Wäre aber der Betrag der Gesellschaftskasse verblieben, so hätte die Beklagte seiner Verteilung an die Gesamtheit der Konkursgläubiger nicht widersprechen dürfen. In der Rechtsprechung des Reichsgerichts und in der herrschenden Rechtslehre ist anerkannt, daß fiduziarisch übereignete Vermögensgegenstände im Konkurse des Treuhänders unter entsprechender Anwendung des § 43 KO. vom Treugeber ausgesondert werden dürfen (vgl. RGZ. Bd. 45 S. 80, Bd. 62 S. 198, Bd. 79 S. 121, Bd. 91 S. 12; Jaeger KO. § 43 Anm. 38flg.). Wenn sich also das Maschineninventar noch bei Eröffnung des Konkurses im Treuhandeigentum der Gemeinschuldnerin befunden hätte, so würde der Beklagten ein das Beteiligungsrecht der Gesamtheit der Konkursgläubiger ausschließender Anspruch auf Aussonderung des Inventars zugestanden haben. Nachdem aber das Treugut an W. veräußert war und die Firma R. & Co. den Kaufpreis vereinnahmt hatte, bestand ein auf das Treuhandverhältnis zurückzuführender Anspruch der Beklagten von dinglicher Art nicht mehr. Aus dem § 46 KO. ergibt sich vielmehr unzweideutig für den vorliegenden Tatbestand, indes abgesehen von der angefochtenen Zahlung, daß die Beklagte auf Grund des Treuhandverhältnisses nur noch schuldrechtliche Ansprüche geltend machen konnte, die ihr im Konkurse der Treuhänderin die Stellung einer einfachen Konkursgläubigerin ohne Vorrecht vor den anderen Konkursgläubigern zuwiesen. Selbst in den Fällen einer Verkaufskommission, in denen der Kommittent Eigentümer des Kommissionsgutes, solange es der Kommissionär in Händen hatte, geblieben war, ist ersterer im Konkurse des letzteren auf eine bloße Konkursforderung ohne Aussonderungs- oder Absonderungskraft angewiesen, wenn der Kommissionär vor seinem Konkurse das Gut veräußert und den Preis eingezogen hat. Keineswegs läßt sich etwa der bei der Veräußerung an W. von R. & Co. erzielte Erlös als ein im Verhältnis zur Beklagten einer gleichen Beurteilung wie das Maschineninventar unterliegender fiduziarischer Erwerb auffassen. Ein fiduziarisches Eigentum hat zur Voraussetzung, daß der Gegenstand vom Treugeber aus seinem Vermögen dem Treuhänder anvertraut und übereignet ist (vgl. RGZ. Bd. 84 S. 214, Bd. 91 S. 12; Gruchot Bd. 54 S. 626). Dies Erfordernis ist bei jenem Erlöse nicht erfüllt. Auch die im Rechtssysteme für mannigfache Verhältnisse maßgebliche Regel des dinglichen Ersatzes, die in den Erörterungen der Vorinstanz berührt und herangezogen ist, kann dem angegriffenen Urteile nicht zur Stütze dienen. Wie der erkennende Senat schon wiederholt ausgesprochen hat, ist der Grundsatz der Surrogation kein allgemein geltender, sondern in Ansehung seiner Wirksamkeit und seines Umfanges nach den einzelnen ihn betreffenden Bestimmungen zu bemessen (vgl. RGZ. Bd. 70 S. 233, Bd. 94 S. 20). Bei einem zur Sicherung von Forderungen eingegangenen Treuhandverhältnis kann im Einzelfalle die Frage entstehen, ob eine der auf *Surrogation* bezüglichen *Vorschriften* aus dem *Gebiete* des *Pfandrechts* entsprechend anwendbar ist. Dies bedarf aber hier keiner Erörterung. Denn die Übertragung des Maschineninventars auf die Handelsgesellschaft R. & Co. war nicht zu Pfandzwecken, sondern deshalb erfolgt, damit die Firma das Inventar zur Granatdreherei benutzte, vielleicht auch, damit sie es weiter veräußerte. Aus der mit oder ohne Genehmigung der Treugeberin vorgenommenen Veräußerung des Treuguts an W. erwuchs der Beklagten ein auf Herausgabe des erzielten Erlöses oder auf Wertersatz gerichteter Anspruch gegen die Treuhänderin. Dieserhalb konnte aber die Beklagte, wenn die Zahlung vom 29. September 1915 unterblieb, im Konkurse der Treuhänderin immer nur eine Geldforderung verfolgen und anteilsmäßige Befriedigung aus der Masse nach dem für die Konkursgläubiger ermittelten Maßstabe erwarten."

RGZ. 95, 224

Sind der anfechtungsweise im Verteilungstermin einer Zwangsversteigerung vom Konkursverwalter erhobene Widerspruch gegen eine Hypothek und die anschließende Widerspruchsklage als Verweigerung einer Leistung des Gemeinschuldners im Sinne des § 41 Abs. 2 KO. aufzufassen und sonach an die Anfechtungsfrist des § 41 Abs. 1 nicht gebunden?

V. Zivilsenat. Urt. v. 29. März 1919.

I. Landgericht Verden. II. Oberlandesgericht Celle.

Durch Altenteils- und Abfindungsvertrag vom 18. Oktober 1912 hatte der Mühlenbesitzer Friedrich P. sein Mühlengrundstück H. Bl. 132 seinem Sohne Karl P. gegen Übernahme der dinglichen und persönlichen Schulden und Lasten zu Eigentum überlassen und übergeben, sich aber die Verwaltung und Nutznießung bis zum 1. April 1918 und für sich und seine Ehefrau ein in den §§ 4 bis 7 des Vertrags näher bezeichnetes Altenteil vorbehalten, auch seinen 5 andern Kindern, den beklagten Geschwistern P., eine Abfindung von je 1000 M. ausbedungen. Für diese Abfindungen wurde auf dem Grundstück eine Sicherungshypothek von 5000 M. eingetragen. Der Hypothek standen 44000 M. andere Hypotheken vor, doch sollen diese nach der Behauptung der Beklagten bis auf 24000 M. bezahlt gewesen sein.

Im Frühjahr 1914 verkaufte Karl P. das Grundstück, nachdem die Mühle abgebrannt und die Versicherungsentschädigung auf 9904 M. festgesetzt war, nach Angabe der Beklagten für 22000 M. Er hatte dafür ein anderes, für den Mühlenbetrieb angeblich günstiger gelegenes Grundstück, H. Bl. 198, erworben und ließ darauf die Abfindungen und das Altenteil, die auf H. Bl. 132 gelöscht wurden, neu eintragen. Die Sicherungshypothek für die Abfindungen von 5000 M. kam in Abt. III Nr. 4 an sicherer Stelle zu stehen. Nachdem die Neueintragungen am 27. April 1914 bewirkt waren, verfiel am 22. Juni 1914 Karl P. infolge der durch die Grundstückskäufe und den Mühlenneubau eingetretenen Überschuldung in Konkurs.

Im Zwangsversteigerungsverfahren des Grundstücks H. Bl. 198 kamen die Beklagten laut Teilungsplan vom 17. Januar 1916 mit ihrer Sicherungshypothek zur Hebung. Der Konkursverwalter widersprach aber und hat mit der im Februar 1916 erhobenen Klage die Eintragung der Sicherungshypothek vom 27. April 1914 sowie die Anweisung auf den Versteigerungserlös angefochten. Er machte geltend, daß nach den Feststellungen in anderen Prozessen Karl P. schon vor der Neueintragung der Hypothek, am 14. April 1914, seine Zahlungen eingestellt und daß die Verschiebung der Hypothek die Benachteiligung der Gläubiger bezweckt habe. Der Antrag ging dahin, festzustellen, daß den Beklagten kein Recht auf die Auszahlung des Versteigerungserlöses zustehe, dieser vielmehr unter Abänderung des Teilungsplans der Konkursmasse zu überweisen sei.

Die Beklagten bestritten, daß Karl P. schon vor Eintragung der neuen Hypothek seine Zahlungen eingestellt habe, daß die alte Hypothek, wie der Konkursverwalter behauptet hatte, wertlos gewesen und daß die Gläubiger benachteiligt worden seien.

Während das Landgericht der Klage stattgab, wies das Oberlandesgericht sie ab. Der Revision ist stattgegeben worden aus folgenden

Gründen:

. . . „Der Berufungsrichter hat die Anfechtung der Hypothekeneintragung auf H. Bl. 198 nach § 41 KO. für verspätet erachtet. Das Konkursverfahren sei am 22. Juni 1914 eröffnet, die Anfechtungsklage aber erst nach Ablauf der einjährigen Ausschlußfrist, im Februar 1916, erhoben worden. Die vom Konkursverwalter geltend gemachte frühere außergerichtliche Anfechtung komme nicht in Betracht (RGZ. Bd. 58 S. 44, Bd. 62 S. 199, Gruchot Bd. 49 S. 1094). Ebensowenig die Ausnahme des § 41 Abs. 2, die auch nach Ablauf der Ausschlußfrist die Verweigerung einer geschuldeten Leistung zulasse, denn es handle sich im vorliegenden Falle nicht um eine schuldrechtliche Leistung, sondern um Geltendmachung des dinglichen Hypothekenrechts....

Diese Ausführungen des Berufungsrichters und die darauf beruhende Zurückweisung der Anfechtungseinrede des Konkursverwalters sind unhaltbar. Der den Widerspruch gegen den Verteilungsplan verfolgende Konkursverwalter verweigert die Leistung aus dem Versteigerungserlös zugunsten des Gemeinschuldners und seiner Konkursmasse. Die dem Anspruche der Beklagten entsprechende Verpflichtung des Gemeinschuldners war allerdings, da der persönliche Anspruch im Konkurse nicht verfolgt worden ist, nur dinglicher Natur. § 41 Abs. 2 KO. beschränkt sich aber nicht auf rein persönliche Ansprüche, ist vielmehr, wie vom Reichsgerichte wiederholt ausgeführt worden ist (RGZ. Bd. 62 S. 199, Bd. 84 S. 225), ausdehnend auszulegen und auch auf solche Ansprüche anzuwenden, die aus einem dinglichen Rechte, sei es auch nur mittelbar, durch Versteigerung und Hinterlegung erwachsen sind. Um so weniger kann, bei der Begriffsbestimmung der Hypothek in § 1113 BGB., die Anwendung auf Ansprüche, die dem Hypothekengläubiger gegen den Versteigerungserlös zustehen, einem Bedenken unterliegen.

Das Berufungsurteil war demnach aufzuheben und die Sache zur weiteren Erörterung in die Vorinstanz zurückzuverweisen."

RGZ. 120, 107

Wirkt die Vermutung des § 1362 Abs. 1 BGB. auch dann, wenn der Konkursverwalter eine vom Gemeinschuldner vorgenommene Rechtshandlung als unentgeltliche Verfügung nach § 32 Nr. 2 KO. anficht und sich darauf beruft, daß die von der Ehefrau dem Mann als angebliche Gegenleistung gewährten Sachen von vornherein dessen Eigentum gewesen seien?

VII. Zivilsenat. Urt. v. 3. Februar 1928.

I. Landgericht Cottbus. II. Kammergericht Berlin.

Der Architekt Sch., der Ehemann der Klägerin, betrieb in S. ein Baugeschäft. Am 9. Oktober 1925 wurde über sein Vermögen das Konkursverfahren eröffnet. An einer Anzahl von Sachen, die der beklagte Konkursverwalter zur Masse ziehen wollte, nahm die Klägerin das Eigentum in Anspruch, und zwar auf Grund nachstehenden Sachverhalts: Der Ehemann der Klägerin hatte bei der Stadtbank in S. Kredit genommen. Um ihm einen weiteren Kredit von 5000 RM. zu ermöglichen, boten die Eheleute Sch. der Stadtbank am 10. August 1925 an, ihr ein Speisezimmer, ein Herrenzimmer, einen Silberkasten mit Inhalt und vier Gobelins im Gesamtwerte von 13500 RM. zur Sicherheit zu übereignen. Die Stadtbank ging auf den Antrag ein und in einer am 13. August 1925 ausgestellten, aber auf den 3. August 1925 vordatierten Urkunde wurde die Übereignung erklärt. Die Übergabe der Sachen wurde dabei durch den Abschluß eines Verwahrungsvertrags ersetzt, so daß die Eheleute Sch. im Besitz der Sachen verblieben. Die Klägerin behauptet, diese Sachen seien ihr alleiniges Eigentum gewesen. Sie will sich zu dem Vertrage mit der Stadtbank nur verstanden haben, weil ihr Ehemann ihr versprochen habe, ihr zu ihrer Sicherung gleichwertige Gegenstände aus seinem Vermögen zu übereignen. Tatsächlich haben die Eheleute Sch. am 16. August 1925 ein Abkommen getroffen, worin es heißt:

„§ 1. Die Ehefrau Sch. . . . hat . . . Gläubigern gegenüber ihr gehörige Sachen zum Werte von 13500 RM. für Schulden ihres Ehemannes zur Sicherung übereignet. Sie hat demnach gegen ihren Ehemann den Anspruch auf Herbeiführung der Rückübereignung oder Zahlung des Betrages von 13500 RM. Zur Sicherheit für diese beiden Forderungen gegen ihren Ehemann übereignet der Ehemann G. Sch. seiner Ehefrau die nachfolgenden Sachen (folgt ein längeres Verzeichnis).

§ 2. Die Ehefrau . . . . überläßt die ihr nach § 1 übereigneten Gegenstände ihrem Ehemann leihweise zur Mitbenutzung. Durch dieses Rechtsverhältnis des Leihvertrages wird die Übergabe ersetzt."

Der Beklagte hat den Vertrag vom 16. August 1925 auf Grund des § 31 Nr. 2 und des § 32 Nr. 2 KO. angefochten. Beide Vorinstanzen wiesen deshalb die Klage der Frau Sch. ab (bei der es sich nur um einen Teil der in dem Verzeichnis angeführten Sachen handelte). Die Revision der Klägerin blieb ohne Erfolg.

Gründe:

Das Berufungsgericht weist die Klage ab, weil die auf § 32 Nr. 2 KO. gestützte Anfechtung des Beklagten durchgreife. Anfechtbar sind danach die in den letzten zwei Jahren vor der Eröffnung des Konkurses vom Gemeinschuldner vorgenommenen unentgeltlichen Verfügungen zugunsten seines Ehegatten. Der Vertrag vom 16. August 1925 ist in den letzten zwei Jahren vor der Konkurseröffnung vom Gemeinschuldner mit seiner Ehefrau geschlossen worden. Die Klägerin bestreitet aber, daß es sich dabei um eine unentgeltliche Verfügung zu ihren Gunsten gehandelt habe; die Übereignung der in dem Vertrag bezeichneten Sachen an sie habe die vorher vereinbarte Gegenleistung dafür gebildet, daß sie am 3. (13.) August 1925 ihr gehörige Sachen als Unterlage für einen Kredit ihres Ehemanns der Stadtbank übereignet habe. Der Konkursverwalter bestreitet das Eigentum der Klägerin an den Sachen des Vertrags vom 3. (13.) August 1925 und beruft sich für das Eigentum des Gemeinschuldners daran auf die Vermutung des § 1362 Abs. 1 BGB. Danach wird zugunsten der Gläubiger des Mannes vermutet, daß die im Besitz eines der Ehegatten oder beider Ehegatten befindlichen beweglichen Sachen dem Manne gehören. Das Berufungsgericht hat die Vorschrift des § 1362 Abs. 1 BGB. für anwendbar erachtet und deshalb von der Klägerin den Gegenbeweis gegen die dort aufgestellte Vermutung verlangt. Diesen Gegenbeweis hat es jedoch nicht als geführt angesehen. Darauf beruht die angegriffene Entscheidung.

Die Revision hält den § 1362 Abs. 1 BGB. im vorliegenden Falle für unanwendbar und rügt deshalb Verkennung der Beweislast; dem Beklagten habe es obgelegen, zu beweisen, daß der Gemeinschuldner Eigentümer der in der Urkunde vom 3. (13.) August aufgeführten Sachen gewesen sei. Dabei geht die Revision mit Recht nicht soweit, daß sie dem bei der Anfechtung von Rechtshandlungen des Gemeinschuldners die Belange der Gläubiger wahrnehmenden Konkursverwalter jede Berufung auf § 1362 Abs. 1 BGB. versagen will (vgl. Gruch. Bd. 47 S. 910). Sie meint nur, die in jener Vorschrift aufgestellte Vermutung komme dem anfechtenden Konkursverwalter bloß dann zugute, wenn er diejenigen Sachen zur Konkursmasse ziehen wolle, für welche die Vermutung wirken soll. Für eine derartige wesentliche Einschränkung seiner Tragweite gewährt jedoch das Gesetz keinen Anhalt. Der § 1362 Abs. 1 enthält keine Sondervorschrift, nach der sich der Umfang der Konkursmasse bestimmen soll, nicht einmal eine Sondervorschrift über die Möglichkeiten einer Zwangsvollstreckung gegen den Ehemann; er enthält vielmehr einen ganz allgemeinen Rechtssatz „zugunsten der Gläubiger des Mannes.“ Überall da, wo ein Gläubiger des Mannes in dieser seiner Eigenschaft auftritt oder — wie im Konkursverfahren — mit seinen Belangen in Frage kommt, greift die Vermutung des § 1362 Abs. 1 ein. Steht ein einzelner Gläubiger dem Manne gegenüber, so wird es allerdings die Regel bilden, daß bei der Zwangsvollstreckung gegen den Mann Sachen gepfändet worden sind, die sich im Besitz der Ehefrau allein oder beider Ehegatten befanden, und daß der Gläubiger kraft des § 1362 Abs. 1 BGB. auf diese Sachen als Eigentum des Ehemanns Anspruch erhebt. Das Reichsgericht (RGZ. Bd. 80 S. 64) hat jene Vorschrift aber auch in einem Falle für anwendbar gehalten, wo ein Gläubiger die Herausgabe von Sachen verlangte, die ihm der Ehemann zur Sicherheit für eine Forderung übereignet hatte. Tritt der Konkursverwalter dem in Konkurs verfallenen Ehemann und dessen Frau gegenüber, so wird er sich allerdings in der Regel dann auf § 1362 Abs. 1 BGB. berufen, wenn er Sachen zur Masse ziehen will, die sich im Besitze der Ehefrau allein oder beider Ehegatten befinden. Es steht aber nichts im Wege, daß er die Vermutung auch dann geltend macht, wenn es sich, wie hier, darum handelt, ob der Konkursverwalter, der eine Rechtshandlung des Ehemanns und Gemeinschuldners anficht, einen vom Gemeinschuldner mit seiner Ehefrau abgeschlossenen Vertrag als entgeltlichen Vertrag und eine Leistung des Gemeinschuldners an seine Ehefrau als entgeltliche Leistung anerkennen muß. Das hängt im vorliegenden Falle davon ab, ob die am 3. (13.) August 1925 der Stadtbank übereigneten Sachen der Klägerin gehörten. Auch bei der Entscheidung dieser Frage ist also von der Vermutung des § 1362 Abs. 1 BGB. auszugehen.

Die Vorschrift enthält allerdings eine Einschränkung, nämlich die, daß die Vermutung nur zugunsten der Gläubiger des Mannes gilt, nicht im Verhältnis der Eheleute untereinander. Über diese Grenze ist aber der Konkursverwalter mit seiner Berufung auf § 1362 Abs. 1 nicht hinausgegangen. Es handelt sich hier nicht um das Verhältnis der Eheleute untereinander, nicht darum, ob die Klägerin ihrem Ehemann gegenüber geltend machen kann, sie habe ihm am 3. (13.) August 1925 in ihrem Eigentum stehende Sachen übereignet. Es kommt vielmehr allein darauf an, ob die Gläubiger des Ehemanns das angebliche Eigentum der Klägerin anerkennen müssen, und das brauchen sie nur, wenn die Klägerin die gegen sie selbst, aber für die Gläubiger des Mannes sprechende Vermutung widerlegt.

Darüber, daß sich die am 3. (13.) August 1925 der Stadtbank übereigneten Sachen damals im Besitz mindestens eines der Ehegatten befunden haben, herrscht kein Streit. Die Entscheidung des Berufungsgerichts, daß die Klägerin den ihr nach § 1362 Abs. 1 obliegenden Beweis nicht geführt habe, liegt auf dem Gebiet tatrichterlicher Beweiswürdigung und ist daher dem Revisionsangriff entzogen.

RGZ. 120, 189

1. Liegt Klagänderung vor, wenn eine zunächst aus § 31 Nr. 1 KO. verfolgte Anfechtung später auf § 40 Abs. 2 Nr. 1 das. gestützt wird?

2. Kann der Konkursverwalter aus eigenem Recht einen Schadensersatzanspruch wegen einer unerlaubten Handlung geltend machen, die eine Schädigung der Gesamtheit der Konkursgläubiger verursacht hat?

KO. §§ 30, 31, 32, 40, 117. ZPO. §§ 268, 527.

VII. Zivilsenat. Urt. v. 21. Februar 1928.

I. Landgericht Elberfeld. II. Oberlandesgericht Düsseldorf.

Über das Vermögen des Kaufmanns V. in E. wurde am 16. Mai 1924 das Konkursverfahren eröffnet, nachdem seine Firma seit dem 15. April 1924 unter Geschäftsaufsicht gestanden hatte. Der zum Konkursverwalter bestellte Kläger verfolgt mit der Klage für die Konkursmasse Ansprüche auf drei Waggonladungen mit verschiedenen Waren, die der Gemeinschuldner in der Zeit vom 22. bis 27. März 1924 zu seiner Verfügung an eine Speditionsfirma in Rotterdam gesandt und durch Vertrag vom 7. April 1924 an die dortige Aktiengesellschaft

„Estag“ verkauft hatte, mit welcher er in Geschäftsverbindung stand. Die Klage war im ersten Rechtsgang auf die Gesichtspunkte der Anfechtung gemäß § 31 Nr. 1, §§ 36, 37 KO. und der unerlaubten Handlung im Sinne der §§ 823, 826, 830, 840 BGB. in Verbindung mit § 239 Nr. 1 KO. gestützt. Der Kläger behauptete, die jetzt noch in Frage kommenden drei Beklagten hätten in gegenseitigem Einverständnis zusammengewirkt, um die drei Waggonladungen der V.schen Konkursmasse zu entziehen. Seine Anträge waren darauf gerichtet, die Veräußerung oder Sicherungsübereignung der drei Ladungen an die „Estag“-A.-G. den Konkursgläubigern gegenüber für unwirksam zu erklären, die Beklagten Sch. und F. zur Auskunfterteilung über den Bestand der in den Besitz der „Estag“ oder in ihren eigenen Besitz gekommenen Sachen und alle drei Beklagte zur Rückgewähr der Waren an die Konkursmasse, im Falle der Unmöglichkeit der Rückgabe zum Ersatz ihres Wertes mit mindestens 30000 RM. zu verurteilen.

Das Landgericht wies die Klage ab. Im zweiten Rechtszug erklärte der Kläger, das anzufechtende Rechtsgeschäft sei „die vom Gemeinschuldner an die Beklagten bzw. an die „Estag“ erfolgte Veräußerung bzw. Sicherungsübereignung der drei Waggonladungen“, es werde jetzt nicht mehr Rückgewähr der Waren, sondern nur noch Wertersatz in Höhe von 30000 RM. gefordert. Das Oberlandesgericht wies die Berufung zurück. Die Revision des Klägers führte zur Aufhebung und Zurückverweisung.

Gründe:

Soweit sich die Revision mit der Anfechtung aus § 40 Abs. 2 Nr. 1 KO. beschäftigt, kann ihr nicht beigepflichtet werden. Das Berufungsgericht sieht eine nach § 527 ZPO. unstatthafte Änderung der Klage darin, daß der Kläger im zweiten Rechtsgang Anfechtungsansprüche als Rechtsnachfolger der „Estag“ geltend gemacht hat, während in erster Instanz nur die unmittelbare Anfechtung aus § 31 Nr. 1 KO. verfolgt worden war. Diese Auffassung ist nicht rechtsirrig. Zur Begründung der Anfechtungsklage aus § 40 Abs. 2 Nr. 1 KO. gehört, daß zunächst die Anfechtbarkeit des Erwerbs des ersten Erwerbers (des Rechtsvorgängers des Anfechtungsgegners) dargetan und sodann nachgewiesen wird, daß die diese Anfechtbarkeit begründenden Umstände dem Anfechtungsgegner zur Zeit seines späteren Erwerbs bekannt waren. Diese Erfordernisse sind wesentlich verschieden von denjenigen Tatbeständen, auf die nach §§ 30, 31 oder 32 KO. eine unmittelbare Anfechtung gegründet werden kann. Demnach hat man es hier mit einer Änderung des Klaggrundes zu tun, so daß § 268 ZPO. nicht anwendbar ist. Diese Ansicht steht in Übereinstimmung mit den Gedankengängen des Urteils des V. Zivilsenats in RGZ. Bd. 103 S. 113, besonders S. 121 flg. Der Umstand, daß sich dieses Urteil mit § 11 und den sonst einschlagenden Bestimmungen des Anfechtungsgesetzes befaßt, schließt nicht aus, seine Darlegungen auch auf die Anfechtung nach der Konkursordnung zu beziehen (Mentzel KO. 2. Aufl. Anm. 1 und Anm. 4 Abs. 2 zu § 40).

Dem Vorderrichter ist auch darin beizutreten, daß die vom Kläger zur Stützung seines Schadensersatzanspruchs aus unerlaubter Handlung im ersten Rechtszug aufgestellte Behauptung, die Beklagten Sch. und F. hätten die zunächst vom Gemeinschuldner V. an die „Estag" veräußerten Waren unter sich verteilt, nicht ausreichte, um den Klagegrund des § 40 Abs. 2 Nr. 1 KO. in den Rechtsstreit einzuführen. Denn damit waren die oben dargelegten besonderen Tatbestandsmerkmale der Anfechtung nach jener Vorschrift noch nicht behauptet; ihre Anführung hat der Kläger erst im zweiten Rechtsgang, also zu spät, nachgeholt. Nicht zu billigen ist jedoch die Stellungnahme des Berufungsgerichts zum Anspruch auf Schadensersatz aus unerlaubter Handlung. Zwar hat der Vorderrichter mit Recht das Eingehen auf das zweitinstanzliche Vorbringen des Klägers abgelehnt, die Konkursgläubiger im V.schen Konkurs hätten ihm ihre Schadensersatzansprüche aus unerlaubter Handlung gegen die Beklagten abgetreten. Die Annahme einer Klagänderung in einem derartigen Falle entspricht der ständigen Rechtsprechung des Reichsgerichts (RGZ. Bd. 42 S. 248, Bd. 66 S. 419, Bd. 77 S. 141, Bd. 90 S. 433), und es ist dabei auch unerheblich, ob die erst im zweiten Rechtszug geltend gemachte Abtretung tatsächlich schon früher — vor der Klagerhebung oder in erster Instanz — erfolgt war. Ein Rechtsirrtum liegt aber insofern vor, als der Berufungsrichter meint, ohne jene Abtretung sei der Kläger nicht befugt, den Schadensersatzanspruch geltend zu machen. Der Kläger als Konkursverwalter hatte den Anspruch im ersten Rechtsgang aus eigenem Recht verfolgt und es kann nicht zweifelhaft sein, daß er auch im Rechtsgang der Berufung an diesem Vorbringen festgehalten und sich nur hilfsweise auf die Abtretung durch die Konkursgläubiger gestützt hat. Die zur Begründung des Anspruchs vorgetragenen Behauptungen gehen dahin, daß die Beklagten in Kenntnis der Zahlungseinstellung des Gemeinschuldners und seines bevorstehenden wirtschaftlichen Zusammenbruchs dazu mitgewirkt hätten, die drei nach Rotterdam gesandten Waggonladungen beiseitezuschaffen und der Konkursmasse zu entziehen. Zur Geltendmachung eines solchen Ersatzanspruchs, der eine Schädigung der Gesamtheit der Konkursgläubiger, nicht einzelner von ihnen, zur Grundlage hat, ist gemäß § 117 Abs. 1 KO. der Verwalter berechtigt und verpflichtet (RGZ. Bd. 89 S. 237, Bd. 97 S. 107; Mentzel a. a. O. Anm. 2 Abs. 1 zu § 117, Anm. 7 zu § 6). Dies ist, entgegen der Auffassung des Berufungsgerichts, auch vom Standpunkt der Rechtsansicht anzunehmen, daß der Konkursverwalter als amtliches Organ zur Durchführung des Konkursverfahrens zu gelten habe. Gerade weil er nicht als Vertreter des Gemeinschuldners anzusehen ist, kommt für seine Klagberechtigung auch nichts darauf an, ob der Schadensersatzanspruch dem Gemeinschuldner zustände, wenn keine Konkurseröffnung erfolgt wäre. Der Einwand der Revisionsbeklagten, welche auf die Beteiligung des V. an ihren angeblichen Schädigungshandlungen verweisen und deshalb die Entstehung eines Ersatzanspruchs in seiner Person leugnen, ist sonach belanglos.

Das Berufungsgericht wird nunmehr zu prüfen haben, ob der Anspruch auf Schadensersatz wegen unerlaubter Handlung begründet ist.

RGZ. 124, 59

1. Sind gebräuchliche Gelegenheitsgeschenke des Gemeinschuldners an seinen Ehegatten von der Anfechtbarkeit der Gattengeschenke ebenso ausgenommen, wie gebräuchliche Gelegenheitsgeschenke an andere Personen von der allgemeinen Anfechtung aus dem Gesichtspunkt der Schenkung?

2. Begriff des gebräuchlichen Gelegenheitsgeschenks.

KO. § 32.

VII. Zivilsenat. Urt. v. 9. April 1929.

I. Landgericht Dresden. II. Oberlandesgericht daselbst.

Der Beklagten war zu Weihnachten 1924 von ihrem Manne ein Nerzpelzmantel übereignet worden, den er im September bei einem Berliner Konfektionshaus für 27000 RM. gekauft hatte. Nachdem der Mann am 24. März 1926 in Konkurs verfallen war, focht der Konkursverwalter mit der im September 1926 erhobenen Klage diese Übereignung als Schenkung an und verlangte die Herausgabe des Pelzes. Das Landgericht wies die Klage ab, indem es der Beklagten darin folgte, daß ihr Mann ihr den Pelzmantel in Erfüllung seiner gesetzlichen Unterhaltspflicht gegeben und damit die durch seine damaligen Lebens- und Vermögensverhältnisse bezeichneten Grenzen jener Pflicht nicht überschritten habe. Gegenüber der Berufung des Klägers machte die Beklagte geltend, sie habe den Pelz als Weihnachtsgeschenk erhalten und sein Wert übersteige das der damaligen Vermögenslage ihres Mannes entsprechende Maß solcher Gelegenheitsgaben nicht. Das Oberlandesgericht gab dem Rechtsmittel statt und verurteilte die Beklagte zur Herausgabe. Die Revision führte zur Aufhebung und Zurückverweisung.

Gründe:

Der Berufungsrichter versteht den Vortrag der Beklagten in zweiter Instanz dahin, daß sie nicht mehr in Abrede stelle, den Pelzmantel als Geschenk erhalten zu haben, und nicht mehr behaupte, ihr Mann habe mit der Gabe in der Hauptsache seiner gesetzlichen Unterhaltungspflicht genügen wollen. Er hält aber die Anfechtung selbst unter der Annahme, daß nach § 32 Nr. 2 KO. gebräuchliche Gelegenheitsgeschenke von der Anfechtbarkeit der Gattengeschenke der letzten zwei Jahre ausgenommen seien, für begründet, weil angesichts der schweren Verluste, die der Gemeinschuldner im Jahre 1924 erlitten hatte und die eine den Zusammenbruch des Jahres 1926 vorbereitende Erschütterung seiner Vermögenslage bedeutet hätten, ein Weihnachtsgeschenk im Werte von 27000 RM. über seine Vermögensverhältnisse und damit über das Maß des Gebräuchlichen bei weitem hinausgegangen sei. *Diese Ausführungen sind nicht frei von* Rechtsirrtum, wie die Revision mit Recht geltendmacht. Das Maß gebräuchlicher Gelegenheitsgeschenke im Sinne des § 32 KO. kann entsprechend der Bedeutung, die der gewöhnliche Sprachgebrauch dem Ausdruck beilegt, nur aus dem entnommen werden, was verständige Wirtschafter in der Vermögenslage, in der sich der Gemeinschuldner zur Zeit der Schenkung befand, für Geschenke an Personen, zu denen sie in gleichen Beziehungen standen, bei gleichen Anlässen aufzuwenden pflegten. Die spätere Gestaltung der Vermögenslage des Gemeinschuldners kommt danach nur insofern in Betracht, als sie schon zur Zeit der Schenkung bei verständiger Würdigung der damaligen Lage vorausgesehen werden mußte. Im Gegensatz hierzu zieht das Berufungsgericht in Erwägung, die Tatsache der Konkurseröffnung vom 24. März 1926 zeige, daß es sich bei den Verlusten des Jahres 1924 nicht um vorübergehende Erscheinungen, sondern um Erschütterungen gehandelt habe, die den Zusammenbruch vorbereitet hätten. Das Urteil läßt hierbei jede Feststellung darüber vermissen, ob diese spätere Entwicklung bereits in der zu Weihnachten 1924 bestehenden Lage derart begründet war, daß der jetzige Gemeinschuldner sie schon damals als wahrscheinlich voraussehen und bei der Bemessung des Weihnachtsgeschenks für die Beklagte verständigerweise berücksichtigen mußte. Die Annahme, daß diese rechtsirrtümliche Heranziehung der späteren Entwicklung die Ansicht des Berufungsgerichts von der Ungebräuchlichkeit des Geschenks beeinflußt habe, liegt um so näher, als dem Gemeinschuldner nach der Unterstellung des Berufungsgerichts Ende 1924 nach Abzug der Verluste dieses Jahres ein Geschäftsvermögen von $3^1/_2$ Millionen RM. — laut der Bilanz vom 31. Dezember 1924 immerhin ein solches von 2,3 Millionen — neben einem Privatvermögen von $1^1/_2$ Millionen RM. geblieben war, so daß damals, wenn mit baldigem Aufhören der Verluste gerechnet werden durfte, ein Weihnachtsgeschenk von 27000 RM. an die Beklagte schwerlich ohne weiteres als ungebräuchlich erscheinen konnte.

Die vom Berufungsgericht offen gelassene Frage, ob gebräuchliche Gelegenheitsgeschenke nach § 32 Nr. 2 KO. von der Anfechtbarkeit der Gattengeschenke ebenso ausgenommen sind, wie nach § 32 Nr. 1 von der Anfechtbarkeit der Schenkungen an andere Personen, ist zu bejahen. Es ist zwar nicht zu verkennen, daß der Wortlaut des § 32 für die Auslegung zu sprechen scheint, unentgeltliche Verfügungen zugunsten des Gatten sollten der Anfechtung nicht nur auf längere Zeit unterliegen als unentgeltliche Verfügungen zugunsten anderer Personen, sondern auch ohne die nur bei diesen letzteren Verfügungen ausgesprochene Ausnahme in Ansehung der Gelegenheitsgeschenke. Indessen läßt der Wortlaut der Vorschrift immerhin auch die Auslegung zu, daß in Nr. 2 die „unentgeltlichen Verfügungen" nur *mit der in Nr. 1 bezeichneten Beschränkung getroffen werden sollten.* Diese Auslegung verdient deshalb den Vorzug, weil ein gesetzgeberischer Grund, den Gatten nicht bloß hinsichtlich der Frist, sondern auch in Ansehung der gebräuchlichen Gelegenheitsgeschenke schlechter als andere Beschenkte zu stellen, nicht ersichtlich ist und die Erstreckung der Anfechtbarkeit auf die Gelegenheitsgeschenke gerade gegenüber dem Gatten eine besondere Härte bedeuten würde. Die der ganzen Vorschrift des § 32 zugrundeliegende Rücksicht auf Verhütung von Schiebungen vermag zwar die Verlängerung der Dauer der Anfechtbarkeit gegenüber dem Gatten, aber nicht die Einbeziehung der gebräuchlichen Gelegenheitsgeschenke zu rechtfertigen.

RGZ. 126, 304

Zur rechtlichen Stellung des Absonderungsberechtigten als Anfechtungsgegners.

KO. §§ 4, 30, 31, 47, 64.

VII. Zivilsenat. Urt. v. 13. Dezember 1929.

I. Landgericht Landsberg a. d. W. II. Kammergericht Berlin.

Der Kaufmann K. hatte in L. zwei Grundstücke — Blatt Nr. 760 und Nr. 1789 des Grundbuchs — erworben, auf denen er umfangreiche Baulichkeiten zu Geschäftszwecken aufführen ließ. Hierbei nahm er seit April 1924 bei der vom verklagten Kreiskommunalverband betriebenen Kreissparkasse Kredit in Anspruch. Zu ihrer Sicherheit bewilligte er die Eintragung von Sicherungshypotheken über 45000 GM. und 80000 GM. auf dem Grundstück Bl. 1789 an erster und zweiter Stelle; die Eintragungen im Grundbuch erfolgten am 5. September und 6. Oktober 1924. Ferner trat K. der Kreissparkasse eine für seine Ehefrau auf dem Grundstück Bl. 760 an erster Stelle eingetragene Hypothek von 7,2 kg Feingold = 20000 GM. sowie eine auf demselben Grundstück für ihn selbst eingetragene Grundschuld von 7,2 kg Feingold ab; die Abtretungen wurden am 6. Oktober 1924 ins Grundbuch eingetragen. Wegen weiterer von K. erbetener Kreditgewährungen kam keine Einigung mit dem Beklagten zustande. Infolgedessen geriet er in Zahlungsschwierigkeiten und sah sich am 28. Oktober 1925 veranlaßt, ein Rundschreiben an seine sämtlichen Gläubiger zu richten, durch das er um ein Moratorium nachsuchte und eine Gläubigerversammlung auf den 2. November 1925 einberief. In dieser Versammlung, der auch ein Vertreter des Beklagten beiwohnte, wurde bekanntgegeben, daß K. seine Zahlungen eingestellt habe und seinen Gewerbebetrieb den Gläubigern zur Verfügung stelle.

Am 5. November 1925 beantragte der Beklagte den Erlaß eines Urkunden- und Wechsel-Zahlungsbefehls gegen K., durch den ihm aufgegeben werden sollte, dem Antragsteller 50000 RM. mit Zinsen und Kosten zu zahlen und wegen dieser Forderungen die Zwangsvollstreckung in das Grundstück Bl. 1789 aus den eingetragenen Sicherungshypotheken zu dulden. Der Zahlungsbefehl wurde am 6. November 1925 antragsgemäß erlassen. K. erhob dagegen Widerspruch, ließ sich aber nach weiteren Verhandlungen mit dem Beklagten am 24. November 1925 zur Errichtung einer notariellen Urkunde bereit finden, wodurch das Mahnverfahren erledigt wurde. In dieser Urkunde erkannte er an, dem Beklagten 145650,93 RM. nebst Bankzinsen zu schulden, und unterwarf sich wegen dieser Schuld der sofortigen Zwangsvollstreckung in die Grundstücke Bl. 760 und Bl. 1789 sowie in sein sonstiges Vermögen. Der Beklagte beantragte am 21. Dezember 1925 die Zwangsversteigerung der beiden Grundstücke, die am 8. Januar 1926 angeordnet und am 14. Januar ins Grundbuch eingetragen wurde. Im Versteigerungstermin vom 17. April 1926 blieb der Beklagte mit 5000 RM. Meistbietender auf das Grundstück Bl. 1789. Am 24. April 1926 wurde ihm der Zuschlag erteilt und am 4. März 1927 wurde er als Eigentümer eingetragen. Das Grundstück Bl. 760 gelangte erst im Termin vom 20. Oktober 1928 zur Zwangsversteigerung. Dabei wurde ein Meistgebot eines Dritten von 45100 RM. erzielt; über die Erteilung des Zuschlags ist aber bisher noch nicht rechtskräftig entschieden.

Bereits am 12. April 1926 war auf Antrag des K. vom Amtsgericht D. das Konkursverfahren über sein Vermögen eröffnet und der Kläger zum Verwalter bestellt worden. In dem Verfahren meldete der Beklagte am 3. Mai 1926 seinen vermutlichen Ausfall bei der Zwangsversteigerung des Grundstücks Bl. 1789 mit 120000 RM. als Konkursforderung an; der Kläger bestritt diese Forderung.

Durch die im September 1926 eingereichte Klage verfolgte der Kläger gemäß §§ 30, 31 KO. die Anfechtung der vollstreckbaren Urkunde vom 24. November 1925 und der auf Grund der Urkunde vom Beklagten vorgenommenen Zwangsvollstreckungshandlungen. Das Landgericht wies die Klage ab. Auf die Berufung des Klägers erkannte das Kammergericht nach den zuletzt von ihm gestellten Anträgen, indem es die Zwangsvollstreckung aus der gedachten Urkunde für unzulässig erklärte und den Beklagten verurteilte, das Grundstück Bl. 1789 an den Gemeinschuldner zurückaufzulassen, und zwar in dem Zustand, in dem es sich vor der Versteigerung befand, Zug um Zug gegen Wiedereintragung der in Abteilung III unter Nr. 1 und 2 eingetragen gewesenen Sicherungshypotheken von 45 000 RM. und 80 000 RM.

Die Revision des Beklagten führte zur Wiederherstellung des landgerichtlichen Urteils.

Gründe:

Die im September und Oktober 1924 für den Beklagten vorgenommene Eintragung der beiden Sicherungshypotheken von 45000 GM. und 80000 GM. auf dem Grundstück Bl. 1789 ist nicht angefochten worden, ebensowenig die am 6. Oktober 1924 eingetragene Abtretung der Hypothek und der Grundschuld von je 7,2 kg Feingold, die auf dem Grundstück Bl. 760 hafteten. Demnach kam der Beklagte im Falle der Eröffnung des Konkursverfahrens über das Vermögen des Eigentümers K. als absonderungsberechtigter Gläubiger in Betracht, der sich gemäß § 47 KO. aus den Grundstücken befriedigen durfte. Der Einwand, den er aus dieser rechtlichen Stellung herleitet, ist nach der Meinung des Berufungsgerichts nicht geeignet, die Anfechtung des Klägers zu hindern, die es aus den sämtlichen Fällen des § 30 KO. wie auch aus § 31 Nr. 1 das. für begründet erachtet. Der Vorderrichter bescheidet die Einwendung, indem er erwägt, der Beklagte sei nicht nur Absonderungsberechtigter, sondern auch Konkursgläubiger, da er eine zur Zeit der Eröffnung des Verfahrens begründete persönliche Darlehnsforderung an den Gemeinschuldner gehabt und diese auch durch Anmeldung eines Anspruchs von 120000 RM. zur Konkursmasse geltend gemacht habe; überdies habe sich K. in der Urkunde vom 24. November 1925 nicht nur der Zwangsvollstreckung in die Grundstücke, soweit daran dem Beklagten ein Absonderungsrecht zustand, sondern der Vollstreckung in sein gesamtes Vermögen unterworfen; demnach liege keine Rechtshandlung vor, die ausschließlich die Befriedigung eines Absonderungsberechtigten aus den ihm haftenden Gegenständen bezweckt habe.

Diese Erörterung des Kammergerichts wird von der Revision mit Recht angegriffen. Die Rechtslage des Absonderungsberechtigten, dem der Gemeinschuldner auch persönlich haftet, ist in § 64 KO. geregelt. Er kann danach nur für denjenigen Betrag verhältnismäßige Befriedigung als Konkursgläubiger verlangen, zu dem er auf abgesonderte Befriedigung verzichtet oder mit dem er bei dieser ausgefallen ist. Das Gesetz verweist also den Absonderungsberechtigten darauf, zunächst — und zwar unabhängig vom Konkursverfahren (§ 4 Abs. 2 KO.) — aus den zu seiner abgesonderten Befriedigung dienenden Gegenständen diese Befriedigung zu suchen, und gestattet ihm, abgesehen von dem hier belanglosen Falle des Verzichts, nur, den Betrag seiner persönlichen Forderung, mit dem er bei der Ausübung des Absonderungsrechts ausgefallen ist, als Konkursforderung geltend zu machen. Der sein Absonderungsrecht verfolgende Gläubiger ist für die diesem Recht zugrunde liegende Forderung zunächst nur als Absonderungsberechtigter und nicht als Konkursgläubiger anzusehen. Wollte man dem Umstand, daß er später bei Wahrung seiner Rechte wegen der Ausfallforderung als Konkursgläubiger aufzutreten hat, für die Beurteilung seiner Rechtsstellung während des Laufes des die abgesonderte Befriedigung bezweckenden Verfahrens Gewicht einräumen, so würde die gesetzliche Ordnung für die häufigen Fälle durchbrochen werden, wo die Forderung in jenem Verfahren ganz oder teilweise ungedeckt bleibt. Dies wäre um so weniger annehmbar, als es während des Absonderungsverfahrens oft noch ungewiß sein wird, ob ein Ausfall eintritt und ob mithin der Berechtigte überhaupt eine Konkursforderung geltend machen wird. Die Erwägung des Berufungsgerichts, der Beklagte sei deshalb von vornherein auch als Konkursgläubiger anzusehen, weil er später seine Ausfallforderung im Konkursverfahren angemeldet hat, ist sonach rechtsirrig.

Auch der Inhalt der vollstreckbaren Urkunde vom 24. November 1925 rechtfertigt nicht die Ansicht des Vorderrichters. Er hat an anderer Stelle des Urteils das Wesen derjenigen Rechtshandlung, deren Anfechtbarkeit zu untersuchen ist, zutreffend dahin klargestellt, daß die Handlung nicht in der Ausstellung jener Urkunde allein zu sehen sei, sondern in der Verbindung der Ausstellung mit der Vornahme von Vollstreckungshandlungen auf Grund der Urkunde. Der Beklagte hat aber nur gegen die ihm als Absonderungsberechtigten haftenden Grundstücke des K. Vollstreckungsmaßnahmen eingeleitet; deshalb kann er im Rahmen der mit der Klage angefochtenen Rechtshandlung nur als absonderungsberechtigter Gläubiger gelten. Hätte er auch eine Zwangsvollstreckung in das übrige Vermögen des Gemeinschuldners auf Grund jener Urkunde erwirkt, so würde insoweit eine Anfechtung des Klägers möglicherweise durchgreifen. Der Kläger hat aber nicht behauptet, daß dies geschehen sei.

Da hiernach der Beklagte nicht als Konkursgläubiger in Betracht kommt, so entfällt zunächst ohne weiteres die Anfechtung aus § 30 Nr. 1 Fall 2 und aus § 30 Nr. 2 KO. (vgl. Mentzel Komm. zur Konkursordnung 3. Aufl. Anm. 9 zu § 30 S. 174). Aber auch die Anfechtung nach § 30 Nr. 1 Fall 1 und nach § 31 Nr. 1 muß scheitern, weil eine Benachteiligung der Konkursgläubiger nicht dadurch hat eintreten können, daß der Beklagte aus den ihm haftenden Grundstücken seine abgesonderte Befriedigung suchte, und weil deshalb auch von einer Benachteiligungsabsicht des Gemeinschuldners und von deren Kenntnis auf seiten des Beklagten keine Rede sein kann. Allerdings bedurfte der Beklagte eines vollstreckbaren dinglichen Titels. Ob er sich diesen durch ein gerichtliches Urteil oder durch eine Urkunde der im § 794 Abs. 1 Nr. 5 ZPO. vorgesehenen Art verschaffte, ist aber entgegen der Ansicht des Kammergerichts unerheblich. Da K. in dem gegen ihn eingeleiteten Rechtsstreit die Verteidigung aufgegeben und sich zur Ausstellung einer vollstreckbaren Urkunde bereit erklärt hatte, besteht kein Anlaß, an den Beklagten die Anforderung zu stellen, daß er trotzdem das Prozeßverfahren bis zum Ende hätte durchführen müssen. Im Gegenteil rechtfertigte schon die Kostenersparnis, die auch den Belangen der künftigen Konkursgläubiger entsprach, sein Eingehen auf den von K. ihm gemachten Vorschlag. Ein Fall arglistigen Zusammenwirkens des Gemeinschuldners mit dem Gläubiger zum Zwecke der Begünstigung dieses Gläubigers gegenüber den anderen Gläubigern liegt nicht vor. Denn der Beklagte hatte durch die unangefochten gebliebene Hypothekenbestellung bereits das Absonderungsrecht erworben und hatte somit auf den dinglichen Vollstreckungstitel einen Anspruch, den er auch nach der Eröffnung des Konkursverfahrens gegen den Verwalter hätte geltend machen können.

Nach alledem lassen sich die Klagansprüche unter keinem Gesichtspunkt des Anfechtungsrechts begründen.

RGZ. 132, 281

Zum Begriff der Zahlungseinstellung.

KO. § 30.

VII. Zivilsenat. Urt. v. 31. März 1931.

I. Landgericht Hagen i. W. II. Oberlandesgericht Hamm.

Der Beklagte stand mit der jetzigen Gemeinschuldnerin in Geschäftsverbindung, indem er ihr Draht lieferte. Am 16. August 1928 wurde ein notarieller Vertrag geschlossen, worin die Gemeinschuldnerin dem Beklagten aus Warenlieferungen 9164,83 RM. zu schulden anerkannte und der Beklagte es übernahm, Wechsel mit dem Akzept der Beklagten in der Gesamthöhe von 6230,70 RM. und fällig in der Zeit vom 10. bis 31. August 1928 aus eigenen Mitteln zu bezahlen. Zur Deckung der 9164,83 + 6230,70 = 15395,53 RM. trat die Gemeinschuldnerin dem Beklagten 40 Forderungen über insgesamt 13554,77 RM. zahlungshalber ab und verpflichtete sich, ihm noch weitere Forderungen über 2000 RM. abzutreten. Am 31. Oktober 1928 wurde über das Vermögen der Gemeinschuldnerin das Konkursverfahren eröffnet.

Der klagende Konkursverwalter ficht den Vertrag vom 16. August 1928 auf Grund der §§ 29 flg. KO. an und behauptet u. a., die Zahlungseinstellung habe bereits bei Vertragsschluß vorgelegen und sei dem Beklagten bekannt gewesen. Das Landgericht gab der Klage nach § 30 Nr. 2 KO. statt, erklärte den Vertrag vom 16. August 1928 den Konkursgläubigern gegenüber für unwirksam und verurteilte den Beklagten, an den Kläger 9164,83 RM. nebst Zinsen zu zahlen. Das Oberlandesgericht wies die Klage ab. Die Revision des Klägers führte zur Aufhebung und Zurückverweisung.

Gründe:

Der Berufungsrichter läßt die auf § 30 Nr. 2 KO. gestützte Anfechtungsklage in erster Linie daran scheitern, daß es vor dem 16. August 1928 bei der Gemeinschuldnerin nicht zu einer Zahlungseinstellung gekommen sei. Nach seinen Feststellungen war am 15. August 1928, als die Verhandlungen mit dem Beklagten bereits schwebten, aber noch nicht zum Abschluß kamen, die Lage der Gemeinschuldnerin die, daß ein am 10. August 1928 fällig gewesener Wechsel über 600 RM. nicht bezahlt worden war, daß drei weitere, am 15. August 1928 fällige Wechsel über 510, 612 und 1594,40 RM. nicht bezahlt werden konnten, daß der Beklagte den Wechsel über 1594,40 RM. protestieren ließ und Konkursantrag stellte. An bereiten Zahlungsmitteln besaß die Gemeinschuldnerin damals nur einen Scheck über 1250 RM. auf die Spar- und Darlehnskasse in H. Mit ihm hatte sie den am 10. August 1928 fällig gewesenen Wechsel über 600 RM. bezahlen wollen, die D. Bank in M., bei welcher der Wechsel zahlbar war, hatte aber den Scheck nicht angenommen. Hiernach bestand bei der Gemeinschuldnerin, was auch der Berufungsrichter anscheinend nicht verkennt, am 15. August 1928 ein nicht bloß vorübergehender, sondern voraussichtlich dauernder Mangel an Zahlungsmitteln, der sie im allgemeinen hinderte, ihre fälligen Geldschulden zu erfüllen. Der Berufungsrichter vermißt aber das nach außen erkennbare Hervortreten dieses Zustands, das allerdings zum Begriff der Zahlungseinstellung gehört. Er legt insoweit Wert darauf, daß nach Abschluß des Vertrags vom 16. August 1928 die fälligen Wechsel der Gemeinschuldnerin bezahlt oder wenigstens prolongiert worden sind, daß vor dem 16. August 1928 und auch in den nächsten zehn Tagen nachher außer vom Beklagten von anderen Gläubigern keinerlei Schritte wie Mahnungen oder Klagen gegen die Gemeinschuldnerin unternommen worden sind und daß ihre Zahlungsunfähigkeit gegenüber dem Beklagten lediglich dem Konkursgericht bekannt geworden ist. Indessen kommt es nicht darauf an, daß die Zahlungsunfähigkeit in weiteren Kreisen wirklich bekannt wird; es genügt vielmehr, daß sie überhaupt erkennbar hervortritt, und zur Annahme einer Zahlungseinstellung kann es bereits ausreichen, daß die Zahlungsunfähigkeit nur dem Anfechtungsgegner als Grund des Nichtzahlens erkennbar gewesen ist (JW. 1901 S. 753 Nr. 10). Im vorliegenden Falle haben von der Zahlungsunfähigkeit der Gemeinschuldnerin außer dem Anfechtungsgegner noch die zugezogenen

Berater der Vertragsparteien, der Buchsachverständige F. und der Rechtsanwalt Sch., vielleicht auch der den Wechsel des Beklagten protestierende Beamte und jedenfalls das Konkursgericht erfahren. Bei dieser Sachlage beruht die Annahme, daß die Zahlungsunfähigkeit der Gemeinschuldnerin vor dem Vertragsschluß vom 16. August 1928 nicht erkennbar hervorgetreten sei, auf Rechtsirrtum. Die vom Berufungsgericht an erster Stelle gegebene Begründung versagt also.

In zweiter Linie stützt sich das angefochtene Urteil auf die Erwägung, daß die Zahlungseinstellung der Gemeinschuldnerin, wenn sie etwa doch als vor dem 16. August 1928 eingetreten anzuerkennen sein sollte, durch die dem Vertragsschluß nachfolgenden Maßnahmen wieder beseitigt worden und daß die am 31. Oktober 1928 erfolgte Konkurseröffnung auf eine neue, erst im Oktober 1928 eingetretene selbständige Zahlungseinstellung zurückzuführen sei. Auch hiergegen erheben sich rechtliche Bedenken. Wie der Berufungsrichter selbst hervorhebt, kam es auch nach dem Vertragsschluß vom 16. August 1928 nicht dazu, daß sämtliche Wechsel der Gemeinschuldnerin bei ihrer Fälligkeit bezahlt wurden; es waren immer noch Prolongationen nötig, und nach kurzer Frist verfiel die Gemeinschuldnerin doch in Konkurs. Die bisherigen Feststellungen des angefochtenen Urteils berechtigen deshalb nicht zu dem Schluß, daß die Zahlungseinstellung vom 15. August 1928 wirklich beseitigt worden sei. Näher liegt vielmehr die Annahme, daß die Zahlungsunfähigkeit tatsächlich fortdauerte, daß sie durch das Eingreifen des Beklagten nur verschleiert wurde, daß sich bei der Gemeinschuldnerin zwar der Anschein einer Zahlungsfähigkeit ergab, der auch die Prolongation ermöglicht haben mag, daß es tatsächlich aber bei der Zahlungseinstellung vom 15. August 1928 verblieben ist und daß auf ihr auch das schließlich am 31. Oktober 1928 eröffnete Konkursverfahren beruht. Der Vertrag vom 16. August 1928 würde dann bestenfalls als ein Versuch zu betrachten sein, welcher der Gemeinschuldnerin über die bestehenden Schwierigkeiten hinweghelfen sollte, sein Ziel aber nicht erreicht hat.

RGZ. 132, 284

Wird die Anfechtungsfrist des § 41 Abs. 1 der Konkursordnung nur durch eine schlüssige Klage gewahrt?

V. Zivilsenat. Urt. v. 15. April 1931.

I. Landgericht I Berlin. II. Kammergericht daselbst.

Der klagende Konkursverwalter verlangt, hilfsweise sich stützend auf die Vorschriften der Konkursordnung über die Anfechtung, die Erstattung des Wertes einer vom Gemeinschuldner auf die Beklagte übertragenen und von ihr veräußerten Grundschuld. Die Vordergerichte haben die Klage abgewiesen. Die Revision des Klägers führte zur Aufhebung und Zurückverweisung.

Aus den Gründen:

. . . Zur Anfechtungsklage führt das Berufungsgericht aus: Die Klage müsse, um die vorgeschriebene Frist zu wahren, die für den gesetzlichen Anfechtungstatbestand erheblichen Umstände darlegen; das spätere Vorbringen komme dafür auch dann nicht in Betracht, wenn es nach den Vorschriften über die Klagänderung (§§ 268, 264 ZPO.) zugelassen werden könnte. Hier trage die Klageschrift nur in großen Zügen vor, daß die Beklagte durch die Abtretung der Grundschuld eine Sicherung oder Befriedigung erlangt habe, die sie zu dieser Zeit (25. November 1927) nicht mehr zu beanspruchen gehabt hätte. Sie lasse dagegen ganz ungeklärt, welches Rechtsgeschäft der Hypothekenbestellung und der Abtretung der Grundschuld zugrunde gelegen habe, obwohl das für die Anfechtbarkeit wesentlich gewesen sei. Hinterher habe sich ergeben, daß die Abtretung in Verbindung mit einem andern Geschäft zu dessen Sicherung vorgenommen worden sei, und ohne die Kenntnis der Art des Geschäfts habe sich nicht beurteilen lassen, ob durch dieses die Gläubiger unmittelbar benachteiligt worden seien (§ 30 Nr. 1 erster Fall KO.). Die Revision meint demgegenüber: Die Klage habe angeführt, daß die Abtretung der Grundschuld an die Beklagte auf Grund der Erklärungen vom 19. September 1927 durch die erst nach dem Vergleichsantrag und zehn Tage vor Eröffnung des Vergleichsverfahrens erfolgte Umschreibung bewirkt worden sei. Das habe zur Begründung ausgereicht, das Gericht habe andernfalls auf ihre Ergänzung hinwirken müssen und habe die erforderlichen Urkunden später auch erhalten.

Die Schlüssigkeit der Klageschrift, welche die Revision hiernach bejaht, ist mit Recht verneint worden. Um die Anfechtbarkeit auf Grund der Vorschrift des § 30 Nr. 2 KO. beurteilen zu können, auf welche die Darstellung der Klage zunächst hinwies, mußte das Gericht die Tatsachen erfahren, die zur Übertragung der Grundschuld geführt hatten. Nur daraus konnte sich ergeben, daß die Beklagte die Grundschuld nicht zu beanspruchen hatte. Durch die Eröffnung des Vergleichsverfahrens war ein sonst begründeter Anspruch nicht für die vorangegangene Zeit von selbst hinfällig geworden. Die Klage berichtete aber jene Tatsachen nicht; sie waren aus der Urkunde über die Abtretung ohne die Kenntnis der Begleitumstände nicht zu entnehmen. Die Anfechtbarkeit auf Grund des § 30 Nr. 1 zweiter Fall, der gleichfalls in Betracht kam, setzt voraus, daß der Gegner bei der angefochtenen Rechtshandlung die Stellung des Antrags auf Konkurseröffnung — hier auf Eröffnung des Vergleichsverfahrens (§ 87 VerglO.) — gekannt hat und beim Empfang der Leistung Konkursgläubiger war (RGUrt. vom 19. September 1930 VII 22/30 in JRdsch. Nr. 2174). Auch das ging aus der Klage nicht hervor. Der erste Fall des § 30 Nr. 1 war nicht einmal angedeutet. Aber die anscheinend vom Berufungsgericht vertretene Rechtsauffassung, daß nur eine schlüssige Klage die Anfechtungsfrist des § 41 KO. wahre und ihre Begründung nach Fristablauf überhaupt nicht mehr ergänzt werden könne, trifft nicht zu. Die Rechtsprechung hat zunächst den Satz entwickelt, daß die Anfechtung gerichtlich durch Klage oder Einrede geltend gemacht werden muß, und hat dann für den ersten Fall die einzelnen Erfordernisse dargelegt. Die Klage muß *sich als geeignet erweisen, zu einer sachlichen Entscheidung zu* führen, sie muß also unter den gesetzlichen Prozeßvoraussetzungen erhoben sein (RGZ. Bd. 88 S. 296 [vgl. aber dazu § 276 ZPO.], Bd. 114 S. 126, Bd. 131 S. 201; JW. 1929 S. 870 Nr. 6). Sie muß erkennen lassen, welches Rechtsgeschäft oder welche sonstige Rechtshandlung angefochten wird; nur zur Erläuterung unbestimmter Ausdrücke des schon in der Klage gemeinten Anfechtungsgegenstands sind spätere Erklärungen zugelassen worden (JW. 1929 S. 367 Nr. 10). Sie muß endlich, wie das reichsgerichtliche Urteil vom 26. März 1912 VII 464/11 (LZ. 1912 Sp. 691) sagt, die die Anfechtung begründenden Tatsachen enthalten. Das bedeutet, daß die Klage den Sachverhalt angeben muß, aus dem die Anfechtung hergeleitet wird. Dieser Sachverhalt, der den Klagegrund bildet, kann nicht willkürlich gewechselt werden. Sonst liegt darin ebenso eine neue Anfechtung wie beim Wechsel des Anfechtungsgegenstands. Eine solche Anfechtung kann also ganz ohne Rücksicht darauf, ob sie nach der Zivilprozeßordnung im selben Prozeß verfolgt werden darf, die Wahrung der Frist nicht mit der anders begründeten Anfechtung der Klageschrift rechtfertigen. Dagegen ist es aus dem Wesen der Sache nicht herzuleiten und wird weder in der Rechtsprechung noch, soweit ersichtlich, im Schrifttum gefordert, daß die Klagebegründung in jeder Beziehung den gesetzlichen Tatbestand erfüllen müsse, um zur Wahrung der Frist geeignet zu sein, und daß eine Ergänzung oder Berichtigung der in der Klageschrift enthaltenen Anführungen nach dem Fristablauf ausgeschlossen wäre. Von diesem Rechtsstandpunkt aus geht der Schluß des Berufungsgerichts zu weit, der Schluß nämlich, daß ein derartiger Mangel der näheren Begründung des Anspruchs, wie er hier vorgelegen hat, der völligen Versäumung der Frist gleichstehe. Die in der Klageschrift enthaltenen Angaben über den Sicherungszweck der Abtretung und die Zeit ihrer Vornahme waren tatsächlicher Art und mußten das Gericht veranlassen, die Anfechtung auf Grund des § 30 Nr. 1 zweiter Fall und Nr. 2 KO. zu prüfen, wenngleich die Klage ohne Ergänzung des Vortrags nicht durchdringen konnte. Das angefochtene Urteil ist hiernach mit der bisherigen Begründung nicht aufrechtzuerhalten. Zur Endentscheidung ist die Sache in dieser Instanz nicht reif. Das Berufungsgericht stellt fest, daß die Beklagte nach dem eigenen, im Laufe der ersten Instanz ergänzten Vortrage des Klägers und abgesehen von dem ganz neuen Sachverhalt der Berufung (über die Nichtigkeit der Grundgeschäfte) die durch die Abtretung erlangte Sicherung zu beanspruchen hatte. Daraus ergibt sich von selbst, daß § 30 Nr. 2 KO. nicht anwendbar ist. Es bleibt zu untersuchen, ob die Anfechtung bei Berücksichtigung der zulässigen Nachträge nach § 30 Nr. 1 Halbsatz 2 KO. ausreichend gerechtfertigt ist und durchdringen kann.

RGZ. 133, 46

1. Welches ist die anfechtbare Rechtshandlung, durch die etwas aus dem Vermögen des späteren Gemeinschuldners weggegeben worden ist, wenn dieser ausstehende Forderungen in anfechtbarer Weise abgetreten, sie demnächst aber im Auftrage des neuen Gläubigers eingezogen und die empfangenen Beträge an den letzteren abgeliefert hat?

2. Wie ist zu entscheiden, wenn sodann nach Eröffnung des Konkursverfahrens der Konkursverwalter selbst noch auf Grund des Auftragsverhältnisses tätig geworden ist, indem er abgetretene Forderungen einzog und empfangene Beträge an den neuen Gläubiger abführte?

Konkursordnung § 37.

VII. Zivilsenat. Urt. v. 5. Juni 1931.

I. Landgericht Weimar. II. Oberlandesgericht Jena.

Der Kaufmann O. betrieb eine Kunstmühle und ein Elektrizitätswerk in H., außerdem noch eine Brotfabrik in P. Die verklagte Bank hatte ihm Darlehen gewährt. Deren Summe belief sich Ende September 1925 auf mehr als 50000 RM., während die von O. der Beklagten bestellte Sicherungshypothek nur auf 30000 RM. lautete. Am 2. Oktober 1925 schloß O. mit dem Bankamtmann P., der die Zweigstelle der Beklagten in H. verwaltete, einen Vertrag ab, nach dessen § 2 O. alle Einkünfte des Elektrizitätswerks vom 1. Oktober 1925 ab zur Sicherung für seine Schulden an die Beklagte abtrat. Im § 3 hieß es, daß die Einkünfte jedes Monats spätestens bis zum 8. des folgenden Monats bei der Beklagten eingezahlt werden sollten; diese sollte dann im Winterhalbjahr die 3000 RM. und im Sommerhalbjahr die 1500 RM. monatlich überschießenden Beträge an das Elektrizitätswerk zur freien Verfügung zurückgeben. Nach § 3a endlich sollte O. seine Schuld in Monatsraten von 3000 RM. im Winter und 1500 RM. im Sommer tilgen. Am 12. Dezember 1925 wurde über das Vermögen des O. das Konkursverfahren eröffnet und der Kläger zum Verwalter bestellt.

In einem Vorprozeß hat der Kläger den Vertrag vom 2. Oktober 1925 angefochten. Seinen Antrag entsprechend hat das Landgericht Weimar dahin anerkannt, daß der Vertrag den Konkursgläubigern gegenüber unwirksam sei. Das Oberlandesgericht Jena hat die Berufung der Beklagten durch ein rechtskräftig gewordenes Urteil zurückgewiesen. Beide Urteile sehen den Tatbestand des § 30 Nr. 2 KO. als gegeben an.

Im gegenwärtigen Rechtsstreit verlangt der Kläger die Zurückzahlung der Beträge, welche auf Grund des Vertrages vom 2. Oktober 1925 an die Beklagte gelangt sind. Es sind das vor der Konkurseröffnung 6402,61 RM. und nachher noch 7426,90 RM., insgesamt 13829,51 RM. gewesen. Nach dem 10. Februar 1926 ist kein Geld mehr an die Beklagte abgeführt worden. An Zinsen verlangt der Kläger 9 v. H. seit den jeweiligen Zahlungstagen. Das Landgericht hat der Klage in vollem Umfang entsprochen. Das Oberlandesgericht hat nur 6402,61 RM. nebst 9 v. H. Zinsen seit dem 2. Oktober 1929 (Klagezustellung) zuerkannt, im übrigen aber die Klage abgewiesen. Die Revision des Klägers hatte Erfolg; die Anschließung der Beklagten wurde zurückgewiesen.

Aus den Gründen:

I. Die Anschlußrevision ist unbegründet.

Sie will dem im Vorprozeß ergangenen Urteil jede rechtliche Wirkung schon deshalb versagen, weil die Anfechtungsklage verspätet erhoben gewesen sei. Ob das zutrifft, kann unerörtert bleiben. Das Urteil ist rechtskräftig geworden, und es kann deshalb jetzt nicht mehr geprüft werden, ob bei seinem Erlaß ein Rechtsirrtum obgewaltet hat oder nicht. Die Anschließung meint aber auch, daß die im Urteil des Vorprozesses getroffene Feststellung rein abstrakt sei, da sie weder erkennen lasse, was aus dem Vermögen des Gemeinschuldners veräußert, weggegeben oder aufgegeben gewesen sei, noch die Frage der Rückgewährpflicht irgendwie entscheide. Es müsse jetzt für jede einzelne Zahlung nachgeprüft werden, ob sie unter den Anfechtungstatbestand falle. Dieser letzteren Ausführung liegt der Irrtum zugrunde, als ob es sich um ein schuldrechtliches Grundgeschäft und mehrere einzelne dingliche Erfüllungsgeschäfte gehandelt hätte. Das ist aber nicht der Fall. Im § 2 des Vertrags hat sich der Gemeinschuldner nicht verpflichtet, gewisse Forderungen an seine Schuldner der Beklagten abzutreten, er hat sich auch nicht verbindlich gemacht, gewisse Gelder, welche seine Schuldner an ihn als Gläubiger zahlen würden, an die Beklagte abzuführen; er hat vielmehr alle Forderungen, die ihm im Betriebe des Elektrizitätswerks vom 1. Oktober 1925 ab seinen Abnehmern gegenüber entstehen würden, an die Beklagte abgetreten. Hierin liegt bereits das dingliche Rechtsgeschäft, durch das etwas aus dem Vermögen des späteren Gemeinschuldners weggegeben wurde. Diese Abtretung ist das Rechtsgeschäft, das angefochten werden konnte und mußte und auch angefochten worden ist. Unerheblich ist dabei die Art, in welcher die abgetretenen Beträge schließlich an die Beklagte gelangten. § 3 des Vertrags läßt deutlich erkennen, daß die Abtretung den einzelnen Abnehmern des Werks nicht mitgeteilt werden, daß mithin die Beklagte mit ihnen nicht in unmittelbare Verbindung treten sollte. Der Gemeinschuldner sollte nach wie vor die Gelder von den Schuldnern einziehen, aber *nur noch als Beauftragter der Beklagten* und mit der Wirkung, daß die Gelder sofort bei ihrem Eingang in das Eigentum der Beklagten fielen. Dieser waren die ihr gehörigen Gelder binnen gewisser Frist auszuhändigen, und nur die Überschüsse über bestimmt begrenzte Summen hatte sie dann in das Eigentum des Gemeinschuldners zurückzuübertragen. So wurde nach den dem Berufungsurteil zugrunde liegenden Annahmen der Geschäftsverkehr mit den Abnehmern des Werks und mit der Beklagten offenbar auch gehandhabt. Durch die Zahlungen des Gemeinschuldners seit dem Oktober 1925 wurde also nichts aus seinem Vermögen weggegeben, sondern die Beklagte empfing nur Geld, das ihr bereits gehörte. Die anfechtbare Rechtshandlung ist deshalb allein die Abtretung. Das würde in vollster Reinheit hervortreten, wenn ein Abnehmer des Werks unmittelbar an die Beklagte gezahlt hätte. Dies ist wohl nicht vorgekommen, die Anschließung hält es aber immerhin für möglich. In einem solchen Falle wäre die „Zahlung" nicht einmal eine Rechtshandlung des Gemeinschuldners.

Welche Wirkungen dem im Vorprozeß ergangenen Urteil zukommen, ergibt sich aus dem Wesen des Anfechtungsanspruchs. Er entsteht nach der feststehenden Rechtsprechung des Reichsgerichts (RGZ. Bd. 44 S. 93, Bd. 58 S. 47, Bd. 77 S. 69) nicht erst als Folge einer vorangegangenen einseitigen Anfechtungserklärung, sondern schon dann, wenn sich einer der gesetzlichen Anfechtungstatbestände verwirklicht hat. Dies ist der Anspruch, dessen Geltendmachung im § 41 Abs. 1 Satz 1 KO. an die Wahrung einer Ausschlußfrist von einem Jahre seit der Eröffnung des Konkursverfahrens geknüpft ist. Wie jeder andere Anspruch kann er im Wege der Leistungsklage oder auch, wenn die gesetzlichen Voraussetzungen gegeben sind, im Wege der Feststellungsklage verfolgt werden. Daß gemäß § 9 AnfG. für die Anfechtung von Rechtshandlungen außerhalb des Konkursverfahrens die Feststellungsklage nicht zugelassen ist, kommt hier nicht in Betracht. Tatsächlich wurde die Klage im Vorprozeß als Feststellungsklage erhoben, und zwar war sie in wörtlicher Anlehnung an § 29 KO. dahin gerichtet, den Vertrag vom 2. Oktober 1925 den Konkursgläubigern gegenüber für unwirksam zu erklären. Diese Klage haben die Gerichte im Vorprozeß zugelassen und sie haben ihr auch stattgegeben. Bei der Rechtskraft dieser Entscheidungen dürfen ihre Gründe nicht mehr nachgeprüft werden. Was damals von den Gerichten ausgesprochen wurde, steht jetzt unter den Parteien fest. Die Abtretung vom 2. Oktober 1925 als das einzige Rechtsgeschäft des Vertrags von demselben Tage, durch welches etwas aus dem Vermögen des Gemeinschuldners weggegeben worden ist, hat keine Rechtswirksamkeit gegenüber den Konkursgläubigern. Daraus folgt nach § 37 KO. ohne weiteres, daß alles, was durch die anfechtbare Handlung aus dem Vermögen des Gemeinschuldners weggegeben ist, zur Konkursmasse zurückgewährt werden muß. Eigentlich müßte also die Beklagte die ihr abgetretenen Forderungen an den Kläger zurückabtreten. Da das aber nicht mehr möglich ist, weil die Beklagte die jetzt im Streit befindlichen Beträge bereits eingezogen hat, so steht dem Kläger ein Anspruch auf Ersatz der weggegebenen Forderungen in Geld zu. Die Beklagte hat also keinen Anlaß zur Beschwerde, wenn das Berufungsgericht sie verurteilt hat, an den Kläger die Beträge zurückzuzahlen, welche der Gemeinschuldner selbst vor der Konkurseröffnung für die Beklagte eingezogen und an sie abgeführt hat. Damit fällt die Anschließung.

II. Die Revision dagegen ist begründet.

Der Berufungsrichter lehnt es ab, dem Kläger einen Anfechtungsanspruch wegen der Summen zuzubilligen, die erst während des schwebenden Konkurses an die Beklagte abgeführt worden sind; erst mit dieser Abführung sei etwas aus dem Vermögen des Gemeinschuldners weggegeben worden, insoweit handle es sich daher um keine Rechtshandlung des Gemeinschuldners. Das ist nach dem bereits oben Ausgeführten nicht richtig. Mit der Ablieferung der für die Beklagte eingezogenen Gelder wurde nichts aus dem Vermögen des Gemeinschuldners weggegeben; das war schon mit der Abtretung geschehen und diese war eine Rechtshandlung des Gemeinschuldners. Dies ist nicht, wie der Berufungsrichter meint, „zu formell" gedacht, sondern es ergibt sich zwingend aus der rechtlichen Beurteilung des Sachverhalts. Der Berufungsrichter bleibt auch nicht folgerichtig, denn in seinen weiteren Darlegungen sieht er die anfechtbare Handlung doch in der Abtretung und meint, durch dieses dingliche Rechtsgeschäft sei eine schuldrechtliche Verpflichtung begründet worden. Dabei ist nicht beachtet, daß der klagende Konkursverwalter auf Grund eines Auftragsverhältnisses tätig geworden ist und daß er nur solche Gelder abgeliefert hat, die bereits im Eigentum der Beklagten standen. Alles, was das Berufungsgericht zum § 41 Abs. 2 KO. und zu den §§ 813, 814 BGB. ausgeführt hat, kann also auf sich beruhen.

Mit Recht weist aber auch die Revision darauf hin, daß mit der Rechtskraft des im Vorprozeß ergangenen Urteils die hier behandelte

Frage schon entschieden ist. Es ist festgestellt, daß der Vertrag vom 2. Oktober 1925 den Konkursgläubigern gegenüber unwirksam ist, und zwar der ganze Vertrag, auch soweit er die Abtretung der Forderungen betrifft, deren Beträge erst nach der Konkurseröffnung an die Beklagte abgeführt worden sind. Wenn die Beklagte insoweit Bedenken anregen wollte, so mußte sie das schon im Vorprozeß tun, denn die Tatsachen, auf welche sie sich dabei stützen will, liegen bereits vor der früheren Klagerhebung.

Danach muß es bei der vom Landgericht ausgesprochenen Verurteilung der Beklagten zur Zahlung von weiteren 7426,90 RM. nebst 9 v. H. Zinsen seit dem 2. Oktober 1929 verbleiben. Insoweit ist die Sache gemäß § 565 Abs. 3 Nr. 1 ZPO. zur Endentscheidung reif.

RGZ. 135, 347

Steht die Rechtskraft eines Berufungsurteils, das eine Hypothekenklage auf Grund der Konkursanfechtungseinrede abgewiesen hat, der Hypothekenklage gegen den Gemeinschuldner entgegen, wenn vor Rechtskraft jenes Urteils das Konkursverfahren aufgehoben und darauf die vom Hypothekengläubiger eingelegte Revision zurückgewiesen wurde?

ZPO. §§ 322, 561. KO. §§ 29, 36.

VII. Zivilsenat. Urt. v. 15. März 1932.

I. Landgericht Oppeln. II. Oberlandesgericht Breslau.

Für die Klägerin ist auf einem Mühlengrundstück des Beklagten in Abt. III Nr. 1 des Grundbuchs am 3. Februar 1928 eine Darlehnshypothek von 32500 RM. eingetragen worden. Am 4. Mai 1928 wurde über das Vermögen des Beklagten das Konkursverfahren eröffnet und der Kaufmann K. zum Konkursverwalter ernannt. Gegen diesen erhob in einem Vorprozeß die Klägerin den Anspruch auf Zahlung der Hypothekensumme zur Vermeidung der Zwangsvollstreckung in das belastete Grundstück. Der Konkursverwalter focht die Hypothekeneintragung wegen Gläubigerbenachteiligung an und erhob Widerklage mit dem Antrag, die Klägerin zum Verzicht auf die Hypothek zu verurteilen. Diesem Antrage gab, unter Abweisung der Klage, das Oberlandesgericht am 11. Mai 1929 statt. Nachdem die Klägerin Revision eingelegt hatte, wurde im Konkursverfahren am 31. Juli 1929 ein Zwangsvergleich geschlossen und sodann das Konkursverfahren aufgehoben. Auf Grund des Zwangsvergleichs wurde zur Sicherung der Konkursgläubiger für K. als deren Treuhänder eine Hypothek von 75000 RM. auf das Grundstück des Beklagten am 3. August 1929 eingetragen (Abt. III Nr. 7). In der Verhandlung vor dem Reichsgericht erklärte der Prozeßbevollmächtigte des Konkursverwalters, daß er nur für den Gemeinschuldner auftrete. Seinem Antrag entsprechend wurde die Revision durch Urteil vom 25. März 1930 zurückgewiesen.

Im gegenwärtigen Rechtsstreit verlangte die Klägerin u. a., den Beklagten zur Zahlung von 32500 RM. nebst Zinsen zur Vermeidung der Zwangsvollstreckung in das belastete Grundstück wegen der in Abt. III Nr. 1 eingetragenen Darlehnshypothek zu verurteilen. Das Landgericht gab diesem Antrage statt. Auf die Berufung des Beklagten wurde dieser zwar wieder zur Zahlung der 32500 RM. aus dem Grundstück wegen der darauf eingetragenen Hypothek (III Nr. 1) verurteilt, aber im Range hinter der für den Kaufmann K. eingetragenen Hypothek von 75000 RM. (III Nr.7). Die Revision der Klägerin führte zur Wiederherstellung des landgerichtlichen Urteils.

Gründe:

Gegenüber der Klage aus der für die Klägerin eingetragenen Hypothek hat der Beklagte im zweiten Rechtszuge geltend gemacht, daß der Klägerin durch das rechtskräftige Urteil des Oberlandesgerichts im Vorprozeß der jetzt erhobene Anspruch wegen Gläubigerbenachteiligung aberkannt sei, so daß der Klage der Einwand der rechtskräftig entschiedenen Sache entgegenstehe. Die Klägerin hat demgegenüber ausgeführt, das Urteil im Vorprozeß schaffe keine Rechtskraft zwischen den Parteien; jedenfalls könne sie sich ihm gegenüber darauf berufen, daß das Konkursverfahren über das Vermögen des Beklagten vor dem Eintritt der Rechtskraft des Vorprozeßurteils aufgehoben und damit das Anfechtungsrecht des Verwalters beseitigt worden sei.

In dem im Vorprozeß ergangenen Urteil vom 25. März 1930 hat der erkennende Senat ausgeführt, daß er die erst im Laufe der Revisionsinstanz eingetretene Aufhebung des Konkursverfahrens in materiellrechtlicher Hinsicht gemäß § 561 Abs. 1 ZPO. nicht berücksichtigen dürfe, weil dieser Umstand eine neue Tatsache darstelle; er hat sich demgemäß auf die Prüfung der Frage beschränkt, ob der Sachverhalt, wie er zur Zeit der letzten mündlichen Verhandlung vor dem Berufungsgericht vorlag, dessen Urteil rechtfertige. Diese Frage hat der Senat bejaht und die Anfechtung des Konkursverwalters durchgreifen lassen.

Das Berufungsgericht führt aus: Im Vorprozeß sei vor dem Reichsgericht der Beklagte an Stelle des Konkursverwalters in den Rechtsstreit eingetreten. Durch die Zurückweisung der Revision sei also zwischen den Parteien die Abweisung der Hypothekenforderung rechtskräftig geworden. Demnach ständen der Klägerin die von ihr erhobenen Einwendungen gegen den durch das Vorprozeßurteil festgestellten Anspruch nicht zu.

Gegen diese Auffassung wendet sich die Revision. Sie verweist darauf, daß durch die Zurückweisung der Revision im Vorprozeß das zwischen dem Konkursverwalter und der Klägerin ergangene Urteil des Oberlandesgerichts dem Beklagten gegenüber keine materielle Rechtskraft erlangt habe; der Umstand, daß vor dem Reichsgericht der Beklagte als früherer Gemeinschuldner in den Rechtsstreit eingetreten sei, habe nicht zur Folge, daß auch ihm gegenüber die Klage abgewiesen sei.

Diese Rüge ist begründet. Der Beklagte konnte im Vorprozeß vor dem Reichsgericht zur Begründung des Antrags auf Zurückweisung der Revision nur geltend machen, daß der Rechtsstreit, wie er dem Oberlandesgericht vorgelegen hatte, richtig entschieden sei. Sein Eintreten in den Prozeß hatte in Ansehung des Anfechtungsanspruchs nur formelle Bedeutung; es ist ausgeschlossen, daß dadurch der nur dem Konkursverwalter zustehende Rechtsbehelf der Anfechtung zu einem dem Beklagten materiell zustehenden Angriffs- oder Verteidigungsmittel geworden wäre. In seinem Urteil vom 25. März 1930 hat der erkennende Senat lediglich entschieden, daß das Urteil des Oberlandesgerichts nach der diesem unterbreitet gewesenen Rechts- und Sachlage zutreffend sei. Er hat ausdrücklich in den Urteilsgründen hervorgehoben, infolge der Nichtberücksichtigung der Aufhebung des Konkursverfahrens ergehe eine Entscheidung, die mit der geänderten Rechtslage nicht im Einklang stehe; die Klägerin erleide aber dadurch keinen Rechtsverlust, da sie in einem neuen Rechtsstreit die Aufhebung des Konkursverfahrens geltend machen könne. Daran ist festzuhalten.

Der Beklagte kann sich hiernach gegenüber der Klage aus der Hypothek nicht auf die Rechtskraft des Vorprozeßurteils berufen.

Das Berufungsgericht wendet sich sodann gegen die Annahme der Klägerin, daß durch die Aufhebung des Konkursverfahrens die Voraussetzungen für die Anfechtung weggefallen seien. Es stellt fest: Der Beklagte hat schon zur Zeit, als der Vorprozeß noch beim Oberlandesgericht schwebte, dem Konkursverwalter zwei Vergleichsvorschläge gemacht, den einen für den Fall des Durchdringens, den anderen für den Fall der Erfolglosigkeit der Anfechtung. Nach Erlassung des oberlandesgerichtlichen Urteils vom 11. Mai 1929 hat der Beklagte einen weiteren Vergleichsvorschlag gemacht, der als Zwangsvergleich am 31. Juli 1930 angenommen und bestätigt worden ist; danach sollte zur Sicherheit der Gläubiger wegen ihrer Vergleichsforderungen auf dem Mühlengrundstück eine Hypothek von 75000 RM. eingetragen werden. Diese Bestimmung legt das Berufungsgericht dahin aus, daß die Hypothek an erster Stelle einzuzutragen sei, und meint, daraus ergebe sich, daß der Konkursverwalter ermächtigt sein sollte, für die Konkursgläubiger den Anfechtungsprozeß zu Ende zu führen. Er habe sich auch bemüht, vor dem Reichsgericht nach Aufhebung des Konkursverfahrens seine Parteilegitimation darzutun. Das Reichsgericht habe ihn allerdings nicht zugelassen, aber an seiner Stelle habe der Beklagte die Rechte der Konkursgläubiger wahrgenommen und für diese die sich aus dem Vorprozeßurteil ergebenden Rechte erworben, die zur Folge hätten, daß die Klägerin ihre Hypothek nicht zum Nachteil der Konkursgläubiger geltend machen könne. Dies würde aber geschehen, wenn die Hypothek der Klägerin aus dem Grundstück ohne Rücksicht auf die *hinter ihr eingetragene Hypothek* der Konkursgläubiger gezahlt würde. Daher könne die Klägerin die Zahlung des Hypothekenkapitals aus dem Grundstück nur im Range hinter der Hypothek der Konkursgläubiger verlangen.

Diese Ausführungen sind im entscheidenden Punkte rechtlich nicht einwandfrei. Sie übersehen, daß das Anfechtungsrecht des Konkursverwalters mit der Beendigung des Konkursverfahrens erlischt. Das Erlöschen kann nicht durch eine dem Konkursverwalter im Zwangsvergleich erteilte Ermächtigung zur Durchführung eines anhängigen Anfechtungsprozesses hintangehalten werden, denn die Vergleichsparteien sind nicht befugt, die gesetzlichen Voraussetzungen (§§ 29, 36 KO.) abzuändern, von denen das Anfechtungsrecht und seine Ausübung abhängen. Das Erlöschen des Anfechtungsrechts hat zur Folge, daß anhängige Anfechtungsprozesse in Ansehung der Hauptsache gegenstandslos werden (RGZ. Bd. 31 S. 40, Bd. 52 S. 338).

Aus diesen Gründen mußte der Klage auf Zahlung der Hypothekenforderung aus dem Grundstück ohne die vom Berufungsgericht ausgesprochene Einschränkung stattgegeben werden.

RGZ. 136, 152

Zur Frage der Anfechtbarkeit von Honorarzahlungen an eine mit der „Sanierung" eines notleidenden Unternehmens beauftragte Vertrauensperson.

KO. § 30 Nr. 1, §§ 33, 55.

VII. Zivilsenat. Urt. v. 26. April 1932.

I. Landgericht Stade. II. Oberlandesgericht Celle.

Die Firma H. & Co. befand sich im Frühjahr 1929 in Zahlungsschwierigkeiten. Da sie ihren fälligen Verpflichtungen nicht voll nachkommen konnte, beauftragte sie durch Vertrag vom 2. Juli 1929 die verklagte Aktiengesellschaft, einen außergerichtlichen Vergleich mit den Gläubigern abzuschließen und gegebenenfalls die Übernahme der Firma durch eine andere zu bewirken. Nachdem der Beklagten ein Versuch in letzterer Richtung mißlungen und sodann ein „Status" für den 30. Juni 1929 aufgestellt worden war, der die Überschuldung von H. & Co. ergab, rief sie die Hauptgläubiger zu einer Versammlung am 16. Juli 1929 zusammen. In dieser wurden die Verhältnisse der Firma dargelegt und ein Vergleich zu 65% angeboten; es wurde ein Gläubigerausschuß gebildet, und man beschloß, das gesamte Vermögen der Firma auf die Beklagte als Treuhänderin zu übertragen. Sie bekam sämtliche Außenstände abgetreten und erhielt weitgehende Vollmacht, besonders auch zur Verfügung über den Grundbesitz und über Geld und Bankguthaben. In der Folgezeit wurden die begonnenen Arbeiten der Firma H. & Co. weitergeführt, namentlich angefangene Bauten fertiggestellt; Arbeiter und Angestellte erhielten ihre fälligen Löhne und Gehälter weiter ausgezahlt. Die umfangreiche Tätigkeit der Beklagten führte jedoch nicht zum Erfolge, so daß ihr Auftrag am 30. Oktober 1929 beendet wurde. Für ihre Tätigkeit erhielt sie insgesamt 11000 RM., von denen sie 5000 RM. als vom Gläubigerausschuß bewilligte Abschlagszahlung am 31. August 1929 aus dem Vermögen der Firma entnommen hatte, während sie weitere 6000 RM. bei der Rückgabe des ihr übertragenen Vermögens Ende Oktober 1929 einbehielt. Die Firma H. & Co. betraute danach den Kläger mit weiteren Stützungsversuchen. Auf seinen Antrag wurde am 12. Februar 1930 über ihr Vermögen das Konkursverfahren eröffnet und der Kläger zum Konkursverwalter ernannt.

Mit der Klage hat dieser sowohl den Vertrag vom 2. Juli 1929 als auch die beiden Zahlungen auf Grund des § 30 Nr. 1 KO. angefochten und Zahlung von 11000 RM. samt Zinsen verlangt. Beide Vorinstanzen haben dementsprechend erkannt. Die Revision der Beklagten führte zur Aufhebung und Zurückverweisung.

Gründe:

1. Während das Landgericht die Anfechtung des Vertrages wie der Zahlungen nach den beiden Halbsätzen des § 30 Nr. 1 KO. für begründet erachtet, hat der Berufungsrichter seine Entscheidung nur auf die Anfechtbarkeit der Zahlungen, und zwar nach dem zweiten Halbsatz gestützt. Zur Begründung dieser Ansicht hat er im einzelnen ausgeführt: Eine Zahlungseinstellung der Gemeinschuldnerin habe bereits am 2., spätestens am 16. Juli 1929 vorgelegen, und die Beklagte habe davon schon damals, also längst vor der ersten Zahlung gewußt; die Zahlungseinstellung sei auch nach Beendigung ihrer Tätigkeit nicht wieder weggefallen, sondern habe bis zur Konkurseröffnung fortgedauert und zu dieser geführt. Durch die Zahlung der 11000 RM. sei die Konkursmasse verringert worden, da die

Firma H. & Co. dafür keine zur Befriedigung der Gläubiger verwendbaren Gegenwerte erhalten habe. Die ganze Tätigkeit der Beklagten für die Gemeinschuldnerin beruhe, trotz ihr etwa später erteilter Einzelanweisungen, auf dem Vertrage vom 2. Juli 1929, und schon durch dessen Abschluß sei der Anspruch der Beklagten auf Vergütung entstanden, so daß auch der im August 1929 bewilligte „Kostenvorschuß" eine Abschlagszahlung, nicht eine Zug- um Zugleistung bedeute; auch gehöre dieser Anspruch nicht etwa zu den nach § 61 Nr. 1 KO. bevorzugten Konkursforderungen. Der Beklagten sei also eine ihr gegenüber den anderen Gläubigern nicht zustehende Befriedigung gewährt worden. Endlich komme auch keine nach § 38 KO. zu berücksichtigende Bereicherung der Konkursmasse durch Ersparnis von Aufwendungen für eine ähnliche Tätigkeit von anderer Seite in Frage.

Die Revision hat zunächst Einwendungen hinsichtlich der Zahlungseinstellung erhoben, und zwar besonders in der Richtung, daß die im Juli 1929 etwa vorhanden gewesene Zahlungseinstellung nicht dieselbe gewesen sei, die dann zum Konkurse geführt habe; denn während und auf Grund der Tätigkeit der Beklagten seien die Zahlungen wieder aufgenommen worden, und infolge der von den Gläubigern gemäß der Verhandlung vom 16. Juli 1929 allgemein erteilten Stundung seien keine Zahlungsanforderungen mehr an die Gemeinschuldnerin herangetreten, so daß keine Nichterfüllung von Verbindlichkeiten aus Mangel an Mitteln mehr in Frage gekommen sei.

Diese Einwendungen sind jedoch nicht stichhaltig. Daß mindestens am 16. Juli 1929 eine nach außen hinreichend in die Erscheinung getretene Zahlungseinstellung vorlag, hat der Vorderrichter in Übereinstimmung mit der Rechtsprechung des Reichsgerichts einwandfrei dargetan. Den Bericht der Beklagten vom 2. August 1929 über ihre Maßnahmen „seit Zahlungseinstellung" hat er dabei nur als Beweisanzeichen verwertet, was entgegen der Ausführung der Revision rechtlich unbedenklich war. Es ist aber auch nicht richtig, daß diese Zahlungseinstellung nachträglich wieder beseitigt und erst eine erneute anderweite Zahlungseinstellung für die Konkurseröffnung ursächlich geworden sei. Zwar sind nach den Urteilsfeststellungen noch nach dem 16. Juli 1929 Zahlungen geleistet worden, jedoch fast nur auf Forderungen, die durch Weiterführung angefangener Bauten entstanden waren, sowie für Löhne und Steuern, während keiner der alten Hauptgläubiger irgendwelche Zahlungen erhalten hat. Die alten Gläubiger, besonders die Hauptgläubiger, haben auch nicht etwa eine wirkliche Stundung gewährt; das Berufungsgericht stellt ausdrücklich fest, daß keine allgemeine Stundung durch die Gläubiger bewilligt sei. Allerdings haben sie von Zwangsvollstreckungen Abstand genommen, weil die Gemeinschuldnerin freiwillig ihr gesamtes Vermögen zur Sicherung und demnächst auch Befriedigung aller Gläubiger nach Höhe der vereinbarten 65% der Beklagten zur Verfügung gestellt und ihr als Treuhänderin übergeben hatte. Ob dies für alle einzelnen Vermögensgegenstände rechtswirksam geschehen war, ist nicht erheblich; jedenfalls gingen alle Beteiligten, die Gemeinschuldnerin, die Gläubiger — zunächst mindestens diejenigen der Versammlung vom 16. Juli 1929 — und die Beklagte als Treuhänderin davon aus, daß dieser die alleinige Verfügungsbefugnis über das Vermögen der Gemeinschuldnerin übertragen und letztere völlig ausgeschaltet worden war. Es liegt also keine unbedingte Stundung auf bestimmte Zeit vor, die das ganze Geschäft der Gemeinschuldnerin auf eine neue Grundlage gestellt und die Zahlungseinstellung völlig behoben hätte. Tatsächlich ist es dann auch infolge und in Fortwirkung der im Juli 1929 eingetretenen Zahlungseinstellung zur Konkurseröffnung gekommen, da alle Versuche, die Firma H. & Co. zu stützen, schließlich fehlschlugen. Ob das erst rund sieben Monate nach der Zahlungseinstellung geschah, ist nicht wesentlich, sieht doch zweifellos die Konkursordnung selbst nach § 33 dies als möglich vor. Die von der Revision angezogene Entscheidung RGZ. Bd. 100 S. 65 steht dem nicht entgegen; denn wie sich insbesondere aus den Urteilen RGZ. Bd. 114 S. 208, 209 und Bd. 127 S. 61 ergibt, die ergänzend zu dieser Entscheidung heranzuziehen sind, beseitigt nicht schon die Stundung als solche die Zahlungseinstellung, sondern erst eine mit Hilfe der Stundung erfolgte allgemeine Wiederaufnahme der Zahlungen, sei es auch zunächst nur von Ratenzahlungen. Daß der bloße Wiederbeginn der Zahlungsfähigkeit infolge Stundung auch ohne allgemeine Wiederaufnahme der Zahlungen die vorher eingetretene Zahlungseinstellung beseitige, kann nicht als zutreffend anerkannt werden; überdies ist es aber im vorliegenden Fall, wie schon erwähnt, zu einer wirklichen Stundung gar nicht gekommen.

2. Auch wenn aber bereits am 2. Juli 1929 bei Abschluß des Dienstvertrags auf Geschäftsbesorgung (als solcher stellt sich die Erteilung und die Annahme des Auftrags zur Sanierung eines notleidenden Unternehmens rechtlich dar) eine der Beklagten bekannte Zahlungseinstellung der Firma H. & Co. vorgelegen hat, die dann auch für die Konkurseröffnung ursächlich gewesen ist, so scheidet doch eine Anfechtung dieses Vertragsschlusses selbst nach § 30 Nr. 1 KO. aus. Denn ganz abgesehen davon, ob nicht eine — für die Anwendung des ersten Halbsatzes das. erforderliche — Benachteiligung der Konkursgläubiger unmittelbar durch die Eingehung dieses Vertrags verneint werden müßte, steht seiner Anfechtbarkeit aus § 30 Nr. 1, und zwar aus beiden Halbsätzen, namentlich der § 33 KO. entgegen, weil der Vertragsschluß länger als sechs Monate vor der Konkurseröffnung liegt.

Es handelt sich also nur um die Anfechtbarkeit der beiden Zahlungen nach § 30 Nr. 1 Halbsatz 2 KO., worüber allein auch das Berufungsgericht eine Entscheidung, und zwar in bejahendem Sinne, getroffen hat. Wenn der Revisionsbeklagte hierzu ausführt, daß insbesondere die schließliche Einbehaltung der 6000 RM. bei Beendigung des Auftrags keine wirkliche Zahlung darstelle — obgleich er selbst von Anfechtung der beiden „Zahlungen" gesprochen hatte — so kann dies auf sich beruhen; denn auch eine Befriedigung der Beklagten, die diese sich selbst durch eigenmächtige einseitige Handlung ohne Zustimmung der Gemeinschuldnerin verschafft hätte, fiele in gleicher Weise unter den zweiten Halbsatz des § 30 Nr. 1 KO.

Gegen die Anwendung dieser Bestimmung auf die beiden „Zahlungen" kämpft nun die Revision aus zwei Gesichtspunkten an: aus dem allgemeineren, daß ein solcher auf Bemühungen um einen konkursabwendenden Ausgleich gerichteter Dienstvertrag, namentlich wenn die Gesamtheit oder doch die große Mehrzahl der Gläubiger damit einverstanden sei, und ebenso auch seine Erfüllung durch Zahlung von Honorar und Erstattung von Auslagen grundsätzlich nicht als gläubigerbenachteiligend angesehen werden könne, und weiter aus dem nur nach Lage des Einzelfalles, aber gerade auch hier einschlagenden Grunde, daß die einzelnen Zahlungen mit Rücksicht auf die Zeit, in der sie geleistet worden seien, und auf die Begleitumstände nicht als Befriedigung eines Konkursgläubigers zu betrachten seien, sondern daß ein „Bargeschäft" in Betracht komme (vgl. zu den beiden Gründen im allgemeinen die Ausführungen von Jaeger KO. 6./7. Aufl. § 30 Anm. 26, 26a, 37; Mentzel KO. 4. Aufl. § 30 Anm. 6; Emmerich Sanierung I S. 130 bis 132).

Jedoch kann zunächst der erste Gesichtspunkt nicht als gerechtfertigt anerkannt werden. Billigkeitserwägungen und mehr oder weniger große wirtschaftliche Bedürfnisse können nicht zu einer Abweichung von der gesetzlichen Regelung führen, solange nicht das Gesetz selbst eine Ausnahme festgesetzt hat. Ob man zur Zeit der gesetzlichen Regelung der Konkursanfechtung außergerichtliche Vergleichsmaßnahmen, namentlich die Beauftragung eines Treuhänders mit der Herbeiführung einer Sanierung schon kannte, ist unerheblich. Die Bestimmung des § 85 der Vergleichsordnung vom 5. Juli 1927, durch welche den Ansprüchen der Vertrauensperson auf Vergütung und Auslagenersatz eine besondere Vorzugsstellung eingeräumt ist, gilt nur für das gerichtliche Vergleichsverfahren und auch nur unter den besonderen Voraussetzungen des § 82 das.; sie kann aber nicht auf außergerichtliche Stützungsversuche entsprechend angewendet werden. Ausschlaggebend gegen eine Anfechtbarkeit kann auch nicht sein, daß ein Vertrag, durch den — wie im vorliegenden Fall nicht zu bezweifeln ist — ernstlich die Aufrechterhaltung einer Firma erstrebt wird, nach Inhalt und Zweck dem gemeinsamen Vorteil aller Gläubiger zu dienen bestimmt sei. Denn ob der Versuch zum Ziel führen wird, ist stets unsicher, und es läßt sich deshalb keineswegs sagen, daß die ganze Unternehmung tatsächlich dem gemeinsamen Wohl aller Gläubiger förderlich sei. Insbesondere vermindern Zahlungen an den Treuhänder das Aktivvermögen des Schuldners, so daß durch sie, falls es doch zum Konkurs kommt, an sich die Konkursmasse geschmälert wird und damit die Gläubiger benachteiligt werden. Es könnte höchstens in Frage kommen, ob dann, wenn alle Gläubiger der Erteilung des Sanierungsauftrags und vielleicht auch noch der Leistung der Vergütungen zugestimmt haben, eine Anfechtung deshalb ausgeschlossen wäre, weil dann der Konkursverwalter nach Treu und Glauben nicht zugunsten derselben Personen die Leistungen rückgängig machen könnte, die vorher damit einverstanden gewesen waren. Aber diese Erwägung trifft keinesfalls zu, wenn nur die Mehrzahl der Gläubiger, wenn auch eine verstärkte Mehrheit gemäß § 63 VerglO. oder § 182 KO., zugestimmt hatte. Denn eine Bindung der Minderheit durch das Verhalten der Mehrheit kann nur in den durch Gesetz bestimmten Fällen Platz greifen und insbesondere auch nicht unter dem Gesichtspunkt einer auftraglosen nützlichen Geschäftsführung der Mehrheit für die Minderheit angenommen werden. Übrigens ist es selbst dann, wenn die Gesamtheit der Gläubiger dem Vertragsschluß und den Zahlungen zugestimmt hat, zweifelhaft, ob damit das Anfechtungsrecht des Konkursverwalters ausgeschlossen wäre; denn bis zur Konkurseröffnung können sehr wohl Änderungen im Bestande der Gläubiger eintreten und neue Gläubiger hinzukommen, und gegenüber diesen neuen Gläubigern könnte der gegen die alten zustimmenden Gläubiger dargelegte Gesichtspunkt nicht in Betracht kommen. Ferner könnte aber eine Anfechtung von Rechtshandlungen auch im Interesse der Massegläubiger geboten sein, und die Entschließungsfreiheit des Konkursverwalters würde dann kaum durch ein früheres Verhalten der Konkursgläubiger, wenn auch ihrer Gesamtheit, beeinträchtigt werden dürfen. Doch braucht zu alledem nicht endgültig Stellung genommen zu werden, da die Zustimmung sämtlicher Gläubiger auch nur zu dem Vertragsschluß vom 2. Juli 1929, geschweige denn zu den beiden „Zahlungen", von der Beklagten nicht dargetan worden ist, die dafür als für eine besondere Sachgestaltung gegenüber den angefochtenen und an sich anfechtbaren Rechtshandlungen beweispflichtig wäre. Ja, die Beklagte hat nicht einmal schlüssige Behauptungen in dieser Beziehung aufgestellt; denn wenn selbst alle Gläubiger von dem Sanierungsauftrag der Gemeinschuldnerin an die Beklagte und der Zustimmung der Hauptgläubiger erfahren haben sollten, so würde ein bloß untätiges (passives) Verhalten der übrigen Gläubiger noch keine Zustimmung bedeuten, da für sie keine Rechtspflicht zu einer Widerspruchserklärung bestand. Mehr als ein stillschweigendes Geschehenlassen der Handlungen der Firma H. & Co. und der Hauptgläubiger, ein Stillhalten, für das die verschiedensten Erwägungen maßgebend sein konnten, hat aber die Beklagte niemals geltend gemacht.

Der andere von der Beklagten gegen die Anfechtbarkeit der beiden „Zahlungen" aus § 30 Nr. 1 Halbsatz 2 KO. geltend gemachte Gesichtspunkt ist auch nicht gerechtfertigt. Zwar entsprechen die Ausführungen an sich dem allgemein anerkannten Rechtsgrundsatz (vgl. Jaeger a. a. O. § 30 Anm. 37; Mentzel a. a. O. § 30 Anm. 6, 9 und 10), daß dann, wenn es sich nicht um die Befriedigung einer bereits zuvor entstandenen Forderung handelt, sondern um eine vor oder gleichzeitig mit dem Erwerb des Gläubigerrechts eingetretene Befriedigung („Bargeschäft" im weiteren Sinne), mithin keine Konkursgläubigerschaft entstanden ist, der zweite Halbsatz des § 30 Nr. 1 keine Anwendung finden kann. Aber die tatsächliche Gestaltung des vorliegenden Falls ist nicht so, daß ein Bargeschäft angenommen werden könnte. Maßgebend ist der Abschluß vom 2. Juli 1929, und es ist namentlich richtig — was auch von der Revision nicht bekämpft wird —, daß nicht etwa Einzelanweisungen an die Beklagte neue Vertragsverhältnisse begründet haben. Auf Grund der Vereinbarung vom 2. Juli 1929 hatte aber die Beklagte bereits die Stellung eines Konkursgläubigers erlangt, wenn ihr auch zunächst nur ein bedingter Anspruch erwachsen war, nämlich auf Honorarzahlung, abhängig von wirklichen Dienstleistungen entsprechend dem Vertrage, die mangels Vereinbarung eines bestimmten Betrags angemessen zu vergüten waren, und auf Ersatz von Auslagen, abhängig von den tatsächlich erfolgenden Aufwendungen. Dann war aber auch die Zahlung der 5000 RM. Ende August 1929 nicht eine Vorschußzahlung, sondern eine Zahlung für bereits geleistete Arbeiten als Teilzahlung auf Grund der Gesamtforderung der Beklagten, wofür das Berufungsgericht mit Recht ihren Bericht vom 2. August 1929 heranzieht; und das gleiche gilt dann auch für die Befriedigung der Beklagten durch Einbehaltung der weiteren 6000 RM. bei Beendigung des Vertragsverhältnisses. Es mag zwar sein, daß nach dem Willen der vertragschließenden Teile und nach der Verkehrsauffassung ein Rechtsgeschäft den Charakter eines Bargeschäfts nicht verliert, wenn zwischen Vertragsschluß und Zahlung nur eine kurze Zeitspanne liegt (vgl. Mentzel a. a. O. S. 190 a. E. der Anm. 6); aber die hier inneliegenden Zeiträume von rund zwei und rund vier Monaten schließen eine solche Annahme aus. Nicht möglich erscheint es auch, ein Bargeschäft unter dem Gesichtspunkt anzunehmen, daß die Beklagte den Auftrag zur Geschäftsbesorgung nur unter der aufschiebenden Bedingung der Vorschußzahlung angenommen hätte (vgl. Jaeger a. a. O. S. 582 Anm. 37 a. E.), oder daß, solange die Tätigkeit des Treuhänders in Anspruch genommen werde, alle Zahlungen deshalb Bargeschäfte wären, weil sie Teilleistungen auf den einheitlichen Anspruch auf Vergütung der einheitlichen weiter fortzusetzenden Tätigkeit darstellten (so Emmerich a. a. O. S. 131). Es fehlt aber endlich auch an jedem tatsächlichen Anhalt dafür, daß die Beklagte bereits durch die vielleicht ziemlich bald nach dem Vertragsschlusse bewirkte — über die Zeit hat das Berufungsurteil noch nichts Näheres festgestellt — und deshalb nach dem Gesagten einer gleichzeitigen Leistung möglicherweise gleichzustellende fiduziarische Vermögensübertragung an sie im voraus in Höhe des ihr schließlich an Honorar und Auslagenerstattung zukommenden Betrags Bezahlung erhalten habe. Denn die Übertragung des Vermögens, besonders auch die etwaige Abtretung der Bankguthaben, geschah zur Sicherung der Gläubiger vor bedenklichen Geschäftsmaßnahmen der Firma H. & Co. und zur späteren möglichst weitgehenden Befriedigung der Gläubiger. Dagegen ist dem festgestellten Sachverhalt in keiner Weise zu entnehmen, daß die Beteiligten damit nebenbei auch bereits eine Vorauszahlung von Vergütung und Auslagen gewollt hätten, was doch immerhin ziemlich fern lag, da sie nichts über eine bestimmte Höhe der Vergütung, mindestens bestimmt nach der Zeit der erforderlich werdenden Tätigkeit, vereinbart hatten.

3. Dagegen lag die Möglichkeit nahe und hätte deshalb vom Berufungsgericht einer Erörterung unterzogen werden müssen, ob nicht mit der fiduziarischen Übertragung des Vermögens der Firma H. & Co. auf die Beklagte die Beteiligten zugleich eine Sicherung der Beklagten wegen ihrer Ansprüche auf Vergütung und Auslagenersatz gewollt haben. War dies der Fall, so wäre der Beklagten im Umfang der wirksamen Sicherungsübereignung für den Konkursfall ein Absonderungsrecht nach Höhe ihrer berechtigten Ansprüche entstanden. Soweit dieses aber unanfechtbar begründet worden war, würden auch die beiden „Zahlungen" nicht der Anfechtung unterliegen, da die Beklagte dann eine gleich hohe Zahlung auch im Konkurs auf Grund ihres Absonderungsrechts hätte verlangen können, so daß die Konkursgläubiger durch die Zahlungen nicht beeinträchtigt worden wären (vgl. Mentzel a. a. O. § 30 Anm. 9). Freilich bedarf es noch der Klärung der Einzelheiten der Vermögensübertragung, und zwar wegen der übereigneten Gegenstände selbst sowie der Art, der rechtlichen Wirksamkeit und der Zeit der einzelnen Übereignungsakte.

4. Das Berufungsgericht hätte aber ferner auch noch prüfen müssen, ob für die Beklagte, wenn sie nicht die „Zahlungen" erhalten hätte, wegen ihrer Ansprüche auf Vergütung und Auslagenersatz nicht die Möglichkeit einer Aufrechnung gegenüber dem Anspruch der Gemeinschuldnerin gegen sie auf Rückübertragung der ihr

übereigneten Vermögenswerte bestanden hätte, und ob eine gleiche Möglichkeit auch gegenüber dem Kläger nach der Konkurseröffnung gegeben gewesen wäre. Denn dann würde, die Unanfechtbarkeit des Erwerbs der Ansprüche der Beklagten und deren noch nicht klargestellte Berechtigung ihrer Höhe nach vorausgesetzt, durch die „Zahlungen“ die Konkursmasse — gerade so wie bei einem Absonderungsrecht nach dem unter 3 Ausgeführten — nicht verringert und die Gläubiger würden daher nicht benachteiligt worden sein. Ob nicht die Prüfung einer Aufrechnungsmöglichkeit um so mehr geboten wäre, wenn — wie der Revisionsbeklagte will — die einseitige *Einbehaltung der 6000 RM. nicht als Zahlung anzusehen* wäre, kann auf sich beruhen.

Der Kläger verneint die Möglichkeit einer Aufrechnung, weil einem Summenanspruch eine Pflicht zur Rückgabe von Einzelgegenständen gegenübergestanden habe, also die Gleichartigkeit der Ansprüche fehle, und weil ferner § 55 Abs. 1 Nr. 3 KO. eine Aufrechnung ausschließe. Allerdings würde gemäß § 387 BGB., woran hier durch § 54 KO. nichts geändert ist, dem Anspruch der Beklagten auf Zahlung einer Geldsumme auch ein gleichartiger Anspruch auf Rückgewähr eines Geldbetrags gegenüberstehen müssen. Der Anspruch gegen die Beklagte auf Rückübertragung der ihr übereigneten Vermögenswerte ist jedoch wegen deren Verschiedenheit kein großer einheitlicher Anspruch, sondern er setzt sich aus einzelnen Ansprüchen zusammen, und neben Einzelansprüchen wegen bestimmter Gegenstände kann auch eine Forderung auf Zahlung eines Geldbetrags in Betracht kommen. Dann wäre insoweit die Gleichartigkeit gegeben. § 55 Abs. 1 Nr. 3 KO. schlägt aber aus verschiedenen Gründen nicht ein. Die Beklagte hat ihre Forderung, obgleich zunächst als bedingte, bereits durch den Vertragsschluß vom 2. Juli 1929 erworben, so daß nach dem Schlußsatz der Nr. 3 wiederum § 33 KO. Platz greift. Ferner ist die Beklagte die Rückgabe der Vermögenswerte an die Firma H. & Co. nicht eher schuldig geworden, als sie ihre Forderung gegen diese erworben hat, was Voraussetzung für die Anwendung dieser Vorschrift des § 55 KO. ist (vgl. Mentzel a. a. O. § 55 Anm. 4 Abs. 2). Denn beide Ansprüche sind gleichzeitig als bedingte mit dem Vertragsschlusse vom 2. Juli 1929 entstanden; übrigens ist auch die Fälligkeit, wenn man darauf abstellen wollte, bei der Rückgabepflicht der Beklagten keinesfalls vor der Fälligkeit ihrer Ansprüche eingetreten.

RGZ. 138, 84

1. Kann für die Rückgewähr nach § 37 KO. auch Rücklieferung vertretbarer Sachen in Betracht kommen?

2. Unter welchen Voraussetzungen ist bei einer Konkursanfechtung ein Urteil über den Grund des Anspruchs möglich?

KO. § 37. ZPO. § 304.

VII. Zivilsenat. Urt. v. 21. Oktober 1932.

I. Landgericht Koblenz. II. Oberlandesgericht Köln.

Der Mühlenbesitzer M., der mit der Beklagten in Geschäftsverbindung stand, schuldete ihr Geldbeträge. Am 5. November 1928 war ein von ihm akzeptierter, von der Beklagten ausgestellter Wechsel über 6259,47 RM. fällig, zu dessen Einlösung er nicht imstande war. Am Abend jenes Tages kam es zwischen ihm und den beiden Inhabern der Beklagten zu Verhandlungen, deren Ergebnis von M. schriftlich bestätigt wurde. Danach verkaufte er der Beklagten bestimmte Mengen an Roggen, Roggenmehl und sonstigen Mühlenerzeugnissen für einen Gesamtkaufpreis von 30000 RM., der durch Verrechnung des damals vorhandenen Saldos und Einlösung der an die Beklagte gegebenen laufenden Akzepte des M. gedeckt werden sollte. Soweit frühere Verträge bestanden, sollte die Ware als auf diese Verträge abgerufen gelten. Die Beklagte löste daraufhin den erwähnten und auch noch weitere Wechsel des M. ein. Am 10. November 1928 ging aber doch ein Wechsel gegen ihn zu Protest, und am 14. November beantragten mehrere Gläubiger die Konkurseröffnung über sein Vermögen. Nachdem ein Vergleichsverfahren eingeleitet, aber gescheitert war, wurde am 14. Dezember 1928 der Konkurs eröffnet, zu dessen Verwalter der Kläger bestellt wurde.

Dieser hält die Übertragung der erwähnten Waren auf die Beklagte für anfechtbar, da M. seine Zahlungen am 5. November 1928, spätestens aber im Lauf der folgenden zehn Tage eingestellt, die Beklagte jedoch Waren erhalten habe, auf die sie in der Art und zu der Zeit keinen Anspruch gehabt habe, und ihre Inhaber die Zahlungseinstellung und die Absicht des M., sie vor den übrigen Gläubigern zu begünstigen, gekannt hätten. Auf Grund dessen hat er beantragt, zu erkennen, daß der Vertrag vom 5. November 1928 der Konkursmasse gegenüber unwirksam sei, und die Beklagte zu verurteilen, die darin aufgeführten Mengen von Mühlenerzeugnissen und Roggen an die Konkursmasse herauszugeben oder an sie den Gegenwert mit 37500 RM. zu zahlen.

Das Landgericht hat die Klage abgewiesen. Dagegen hat das Oberlandesgericht auf die Berufung des Klägers die Klage, soweit sie auf Lieferung oder Zahlung lautet, dem Grunde nach für gerechtfertigt erklärt und die Sache zur Verhandlung und Entscheidung über die Höhe des Anspruchs an das Landgericht zurückverwiesen. Die Revision der Beklagten führte zur Aufhebung dieses Urteils und zur Zurückverweisung.

Gründe:

Das Berufungsgericht hat, abweichend vom Landgericht, angenommen, daß die Anfechtung nach § 30 Nr. 2 KO. gerechtfertigt sei, und zwar hat es dies damit begründet: die Beklagte habe durch den Verkauf der Ware an sie eine Befriedigung erlangt, die sie nicht in der Art und nicht zu der Zeit zu beanspruchen gehabt habe; M. habe schon vor Abschluß des Vertrags seine Zahlungen eingestellt gehabt; endlich habe die Beklagte nicht bewiesen, daß sie beim Abschluß des Vertrags weder eine Zahlungseinstellung noch eine Absicht des M., sie vor den übrigen Gläubigern zu begünstigen, gekannt habe. Hilfsweise hat das Oberlandesgericht noch ausgeführt, daß die Anfechtung auch dann begründet sei, wenn man eine Zahlungseinstellung als noch nicht am 5. November 1928 vorliegend, sondern erst bis zum 15. November 1928 — was auf jeden Fall zutreffe — eingetreten ansehe, da alsdann die Beklagte mindestens den Nachweis der Unkenntnis von einer Begünstigungsabsicht des M. nicht erbracht habe. Im übrigen enthält das Berufungsurteil noch Ausführungen darüber, daß ein Ausspruch zunächst über den Grund des Klaganspruchs zulässig sei, jedoch nur insoweit, als die Klage auf Lieferung der im Klagantrag erwähnten Mengen von Mühlenerzeugnissen und Roggen oder auf Zahlung ihres Wertes gehe.

Von diesen Ausführungen erscheinen, entgegen der Ansicht der Revision, diejenigen einwandfrei, mit denen die Anfechtbarkeit des Vertragsschlusses vom 5. November 1928 und der zu seiner Erfüllung vorgenommenen Rechtshandlungen mit Rücksicht auf eine bereits am 5. November 1928 vorliegende und für die Konkurseröffnung ursächlich gewordene Zahlungseinstellung des M. dargetan wird. (Wird näher ausgeführt.)

Dagegen rügt die Revision mit Recht, daß das Berufungsgericht ein Grundurteil dahin erlassen hat, die Klage werde, „soweit sie auf Lieferung oder Zahlung lautet", dem Grunde nach für gerechtfertigt erklärt. Denn mag auch ein Grundurteil in einem Rechtsstreit über eine Konkursanfechtung an sich zulässig sein, so muß doch der Ausspruch des Berufungsurteils in verschiedenen Richtungen beanstandet werden, so daß aus diesem Grunde seine Aufhebung geboten ist.

Ein Grundurteil kommt allerdings im allgemeinen für die beiden Fälle in Betracht, daß der Streit um Lieferung vertretbarer Sachen oder um Zahlung einer Geldsumme geht, weil hier ein Streit um den „Betrag" möglich ist, während für andere Fälle eine Anwendung des § 304 ZPO. grundsätzlich ausscheidet (vgl. RGZ. Bd. 60 S. 368, Bd. 73 S. 428). Aber bei einem Anfechtungsstreit auf Grund der Konkursordnung (wie übrigens auch des Anfechtungsgesetzes) kann von einer Rückgewähr vertretbarer Sachen überhaupt nicht die Rede sein. Denn soweit die durch die anfechtbare Rechtshandlung aus dem Vermögen des Gemeinschuldners herausgekommenen Sachen nicht etwa schon durch das zugrunde liegende schuldrechtliche Abkommen von anderen Sachen der gleichen Gattung abgesondert und individuell bestimmt (vereinzelt) worden sind — was hier durch die vorausgegangene Besichtigung und eine dabei getroffene Auswahl des Mehles und des Roggens geschehen sein könnte —, so ist eine solche Vereinzelung auf alle Fälle durch das tatsächliche Herauskommen der Sachen aus dem Vermögen des Gemeinschuldners infolge der Lieferung eingetreten. Dann käme aber auf Grund des § 37 KO. nur die Rückgewähr eben dieser Sachen selbst in Natur in Frage; wenn jedoch diese Art Rückgewähr nicht mehr möglich ist, ausschließlich noch der Wertersatz in Geld. *Dagegen ist für einen Anspruch* auf Rücklieferung einer gleichen Menge gleichartiger Sachen, mit Rücksicht auf eine Vertretbarkeit der Sachen, im Rahmen des § 37 überhaupt kein Raum. Daß aber im vorliegenden Fall tatsächlich etwa nur noch Wertersatz in Frage kommen könne, weil überhaupt nichts mehr von dem gelieferten Mehl oder Roggen in Natur vorhanden sei (so daß etwa insoweit der Ausspruch des Berufungsurteils alsbald im Revisionsurteil berichtigt werden könnte), dafür fehlt es an der nötigen tatsächlichen Feststellung des Berufungsrichters, der sich nur dahin äußert, die gelieferte Ware werde heute jedenfalls zum größten Teil nicht mehr vorhanden sein.

Zu beanstanden ist der Urteilsspruch auch insofern, als er auf „Lieferung oder Zahlung" lautet und als gar nicht klargestellt ist, in welchem Sinn das Berufungsgericht dies meint, ob es dem Kläger oder der Beklagten ein Wahlrecht geben will, oder was sonst der Sinn sein soll. Ein Abhängigkeitsverhältnis zwischen den beiden Möglichkeiten, nämlich Zahlung für den Fall der Unmöglichkeit der Lieferung — die Frage nach der rechtlichen Zulässigkeit eines solchen Ausspruchs ganz dahingestellt — kann der Vorderrichter darunter bei seiner Annahme einer Verpflichtung zur Rücklieferung vertretbarer Sachen nicht wohl verstanden haben.

Endlich hat das Berufungsgericht noch, wie die Revision mit Recht geltend macht, bei seinen Erwägungen über die Zulässigkeit eines Grundurteils einen Punkt übersehen, dessen Erörterung in das Verfahren über den Grund des Anspruchs im Gegensatz zum nachfolgenden Betragsverfahren gehört. Das Urteil erwähnt als für die Höhe des Anspruchs erheblich und noch aufklärungsbedürftig nur zweierlei: ein Teil der an die Beklagte auf Grund des Abkommens gelieferten Waren sei immer Eigentum der Beklagten gemäß den rheinisch-westfälischen Handelsgebräuchen geblieben, so daß insoweit für sie ein Aussonderungsrecht bestehe und daher in diesem Umfang keine Anfechtung in Frage komme; ferner sei nicht die ganze im Vertrag aufgeführte Menge von Sachen an die Beklagte gelangt. Zum ersten Punkt nimmt das Berufungsgericht offenbar an, daß auf Grund jener Handelsgebräuche das Eigentum sowohl an dem gelieferten Getreide als auch an den daraus hergestellten Erzeugnissen dem Lieferer bis zur Bezahlung zustehe, also insbesondere auch der Beklagten zugestanden habe. Das Bestehen eines derartigen, für das dem M. gelieferte Getreide maßgebenden Handelsgebrauchs wird also tatsächlich festgestellt. Einem solchen Handelsgebrauch ist aber unbedenklich Rechtswirksamkeit auch wegen der gewonnenen Erzeugnisse trotz § 950 BGB. zuzuerkennen; denn erstens tritt der Wert der Verarbeitung, der Vermahlung, hinter dem Wert des Getreides selbst erheblich zurück, und zweitens würde sogar im gegenteiligen Fall eine rechtswirksame Vereinbarung möglich sein, daß der Verarbeiter alsbald für den Eigentümer des Stoffes das Eigentum erwirbt (vgl. RGRKomm. BGB. § 950 Anm. 2 mit den drei dort erwähnten Entscheidungen). Dann käme in der Tat insoweit wegen des Aussonderungsrechts der Beklagten kein Anfechtungsrecht des Klägers in Frage.

Nicht berücksichtigt hat sodann das Berufungsgericht, daß an die Beklagte auch Roggen und Mühlenerzeugnisse geliefert worden sind, die im Eigentum anderer Personen gestanden haben, und daß auch hier im Zweifel die Anfechtung entfällt. Denn insoweit wird im allgemeinen (besonders gestaltete Sachverhalte ausgenommen) nichts aus dem Vermögen des M. herausgekommen sein, und die Berücksichtigung dieses Punktes ist auch nicht etwa deshalb ausgeschlossen, weil es sich um eine Einwendung aus dem Recht eines Dritten handelt. Das angefochtene Urteil ergibt mit Bestimmtheit allerdings nur einen solchen Fall, daß sich nämlich unter den der Beklagten gelieferten Sachen 500 Ztr. Roggen befunden haben, die Eigentum des K.er Spar- und Darlehnskassenvereins gewesen und gar nicht erst in die Mühle des M. gelangt, sondern von ihm unmittelbar zur Beklagten gefahren worden sind. Es können aber auch noch weitere Posten in Betracht kommen, wenn nämlich M. der Beklagten auch Getreide oder Mehl geliefert hat, das sonst noch dem K.er Verein gehörte oder Eigentum von Bäckern war, oder das, wie es die Revision behauptet, der C.er Bezugs- und Absatzgenossenschaft gehörte. Daß das Berufungsurteil wegen dieser Möglichkeiten nichts festgestellt hat, steht ihrer gegenwärtigen Berücksichtigung nicht entgegen. Denn es handelt sich hier nicht um einen verfahrensrechtlichen, sondern um einen sachlich-rechtlichen Verstoß, indem das Berufungsgericht offenbar die Möglichkeit nicht erwogen hat, daß auch unter diesem Gesichtspunkt eine Anfechtung ausscheiden kann. Die Prüfung dieses Punktes gehörte aber mit zum Verfahren über den Grund des Anspruchs.

Es muß auch mit der Möglichkeit gerechnet werden, daß dasjenige, was von den Mehl- und Roggenmengen des Abkommens vom 5. November 1928 tatsächlich an die Beklagte geliefert worden ist, durchgehends entweder ihr selbst gehört hat oder Eigentum Dritter gewesen ist. Jedenfalls hat das Berufungsgericht nirgends festgestellt, daß sich auf alle Fälle unter den gelieferten Sachen auch solche befunden haben, die im Eigentum des M. standen. Wie die Revision mit Recht geltend macht, bleibt also die Möglichkeit offen, daß mit den Lieferungen an die Beklagte überhaupt nichts in anfechtbarer Weise aus dem Vermögen des M. herausgekommen ist.

Alle diese noch zweifelhaften Fragen wird das Berufungsgericht näher zu erörtern haben, wobei gegenwärtig dahingestellt bleiben kann, ob alsdann der Erlaß eines Grundurteils nach § 538 Abs. 1 Nr. 3 ZPO. überhaupt noch erforderlich sein wird.

RGZ. 149, 9

Genügt zur Wahrung der Anfechtungsfrist des § 41 KO. die Einreichung der Klage bei dem nur örtlich, nicht auch sachlich zuständigen Amtsgericht, falls demnächst ihre Zustellung erfolgt?

KO. § 41. ZPO. § 496 Abs. 3.

VII. Zivilsenat. Urt. v. 4. Oktober 1935.

I. Landgericht Wuppertal. II. Oberlandesgericht Düsseldorf.

Die Frage wurde bejaht aus folgenden

Gründen:

Soweit die Klage auf die Anfechtung des Sicherungsvertrags vom 9. Dezember 1929 gestützt ist, lehnt das Berufungsgericht eine sachliche Prüfung ab, da die Klage nicht innerhalb der in § 41 KO. bestimmten, mit der Konkurseröffnung beginnenden Jahresfrist erhoben sei. Der Kläger habe die Klage zwar am letzten Tage der Frist bei Gericht eingereicht, jedoch bei dem sachlich unzuständigen Amtsgericht, von dem sie erst nach Fristablauf an das zuständige Landgericht verwiesen worden sei. Die Vorschrift in § 496 Abs. 3 ZPO. dürfe nicht dazu mißbraucht werden, wie es im vorliegenden Falle durch den Kläger geschehen sei, die verfahrensrechtlichen Zuständigkeitsvorschriften behufs einer Fristwahrung zu umgehen.

Mit Recht erhebt die Revision des Klägers gegen diese Beurteilung rechtliche Bedenken. Die konkursmäßige Anfechtung, für die § 41 KO. an Stelle der früher geltenden Verjährungsfrist seit dem Änderungsgesetz vom 17. Mai 1898 eine Ausschlußfrist bestimmt, erfolgt im Prozeßwege. Im amtsgerichtlichen Verfahren läßt § 496 Abs. 3 ZPO. zur Fristwahrung statt der Zustellung die Einreichung der Klage bei Gericht genügen, wenn die Zustellung demnächst erfolgt. Die Streitfrage ist, ob diese Vorschrift auch eingreift, wenn die Klage bei einem sachlich unzuständigen Gericht, dem Amtsgericht statt dem Landgericht, eingereicht wird und an das zuständige Gericht erst durch nachmalige Verweisung gemäß § 276 ZPO. gelangt. Der erkennende Senat hat sich in einer früheren Entscheidung (RGZ.

Bd. 88 S. 294) zu § 41 KO. dahin ausgesprochen, daß, um die Ausschlußfrist zu wahren, die Klage geeignet sein müsse, zu einer sachlichen Entscheidung über den Anfechtungsanspruch zu führen. Diese Entscheidung betraf einen Fall, wo die Klage zunächst bei einem örtlich unzuständigen Gericht erhoben, von diesem wegen Unzuständigkeit abgewiesen und vor Ablauf von sechs Monaten beim zuständigen Gericht neu erhoben war. Angesichts der Fassung des § 41 KO. hat damals der Senat eine Anwendung von § 212 Abs. 2 BGB. für ausgeschlossen erklärt, weil er in § 41 nicht angezogen sei. Das Erläuterungswerk zur KO. von Mentzel (4. Aufl., Anm. 1 zu § 41) sieht darüber hinausgehend die Frist auch dann als versäumt an, wenn das zunächst angegangene unzuständige Gericht nach Fristablauf gemäß § 276 ZPO. den Rechtsstreit an das zuständige verwiesen hat. In ähnlicher Weise ist auch sonst, namentlich für die im ausschließlichen örtlichen Gerichtsstand zu erhebende Entschädigungsklage des preußischen Enteignungsrechts, die Wahrung von Ausschlußfristen durch Klagerhebung beim örtlich unzuständigen Gericht verneint worden (vgl. RGZ. Bd. 3 S. 303, Bd. 92 S. 40; JW. 1917 S. 231 Nr. 21; WarnRspr. 1917 Nr. 8).

Mit diesen Auffassungen sich auseinanderzusetzen, ist jedoch für den Streitfall nicht erforderlich. In diesem handelt es sich um eine Klage bei einem nicht örtlich, wohl aber sachlich unzuständigen Gericht. Für diesen Fall ist im Gegensatz zu den erwähnten Entscheidungen bereits mehrfach vom Reichsgericht erkannt worden, daß mangels Bestehens einer ausschließlichen Zuständigkeit die Klagerhebung beim sachlich unzuständigen Gericht zur Fristwahrung genüge. Die Entscheidungen betreffen zwar wiederum landesrechtliche Rechtsgebiete (RGZ. Bd. 93 S. 312: preußisches Enteignungsgesetz, Bd. 114 S. 126: preußisches Kommunalbeamtengesetz); es liegt indes kein zwingender Grund vor, ihre Übertragung auf den Fall des § 41 KO. abzulehnen. Gerade von der in RGZ. Bd. 88 S. 294 vom Senate vertretenen Meinung aus, daß eine Klage vorliegen müsse, die zu sachlicher Entscheidung über den Anfechtungsanspruch zu führen geeignet sei, besteht gegen die Fristwahrung durch die Klagerhebung beim sachlich unzuständigen Gericht kein schwerwiegendes Bedenken. Die Parteien können für eine an sich vor das Landgericht gehörige, jedoch vor dem Amtsgericht erhobene Klage nicht nur nach §§ 38, 39 ZPO. die amtsgerichtliche Zuständigkeit vereinbaren, sondern auch gemäß § 276 ZPO. ihre Verweisung ans Landgericht durch einfachen Gerichtsbeschluß herbeiführen. Es läßt sich danach nicht sagen, daß die Klagerhebung beim sachlich unzuständigen Gericht etwa zur Herbeiführung einer Sachentscheidung ungeeignet sei. Auch im Falle der Verweisung bildet das Verfahren vor dem Landgericht mit dem amtsgerichtlichen einen einheitlichen Rechtszug (§ 276 Abs. 3 ZPO.). Wenn Abs. 2 das. ausspricht, daß mit der Verkündung des Verweisungsbeschlusses der Rechtsstreit als bei dem neuen Gericht anhängig gelte, so wird doch damit nichts an der Tatsache geändert, daß es bei der Klagerhebung am unzuständigen Gericht bleibt. Weder ein Grund innerer Folgerichtigkeit noch auch der Zweckmäßigkeit spricht dagegen, die Klage, wenn sie demgemäß als erhoben betrachtet wird, nach Form und Wirkung nach den verfahrensrechtlichen Vorschriften zu beurteilen, welche die Prozeßordnung für sie gibt, d. h. auf eine statt beim Landgericht beim Amtsgericht eingereichte Klage den § 496 Abs. 3 ZPO. anzuwenden.

So ist denn auch mehrfach in Rechtslehre und Rechtsprechung die Fristwahrung bei der Anfechtungsklage durch Klagerhebung beim unzuständigen Gericht anerkannt worden (vgl. Jaeger KO. § 41 Anm. 3a, b; Sydow-Busch ZPO. § 276 Anm. 7; OLG. Breslau in JW. 1929 S. 870 Nr. 6), und zwar auch für den Fall, daß die Verweisung an das zuständige Gericht erst nach Ablauf der Ausschlußfrist erfolgt. Für diese Meinung spricht überdies die Entscheidung in RGZ. Bd. 132 S. 284 (V. Zivilsenat) mit ihrem S. 286 zu der Entscheidung Bd. 88 S. 296 gemachten Hinweis auf § 276 ZPO. Ohne daß auf die Fälle der Klagerhebung beim örtlich unzuständigen Gericht oder der ausschließlichen Zuständigkeit eingegangen zu werden braucht, kann somit ausgesprochen werden, daß zur Fristwahrung nach § 41 KO. die Klageinreichung beim sachlich unzuständigen Amtsgericht jedenfalls dann genügt, wenn die Klagzustellung demnächst erfolgt und die Unzuständigkeit nachmals gemäß § 38 ZPO. geheilt wird oder gemäß § 276 ZPO. der Rechtsstreit an das zuständige Gericht verwiesen wird. Ob die Klageinreichung beim Amtsgericht gerade nur zur Fristwahrung um des Vorteils des § 496 Abs. 3 ZPO. willen stattfindet, kann für die Beurteilung keinen Unterschied machen, da keiner Partei verwehrt werden kann, von verfahrensrechtlichen Möglichkeiten zu ihren Gunsten Gebrauch zu machen, wenn dadurch weder Belange der öffentlichen Rechtsordnung noch Rechte des Gegners verletzt werden. Es kommt daher nicht darauf an, ob der Kläger etwa, wie der Beklagte behauptet, die Klagerhebung schuldhaft verzögert hat.

Hat nach alledem die Anfechtungsklage als rechtzeitig erhoben zu gelten, so hat die Vorinstanz zu Unrecht von ihrer sachlichen Prüfung abgesehen, und schon aus diesem Grunde muß das Berufungsurteil im Umfang der Revisionsanträge aufgehoben werden....

RGZ. 152, 321

Kann der Fall des § 30 Nr. 2 KO. auch dann vorliegen, wenn der Gemeinschuldner eine Sicherung bestellt für die Hauptforderung einer von ihm übernommenen Bürgschaft?

VII. Zivilsenat. Urt. v. 6. November 1936.

I. Landgericht Chemnitz. II. Oberlandesgericht Dresden.

Über das Vermögen des Kaufmanns B. in Ch. ist am 10. Januar 1933 das Konkursverfahren eröffnet worden. Der Beklagte ist zum Konkursverwalter bestellt worden.

Durch Vertrag vom 23. Dezember 1925 hatte der Gemeinschuldner von dem Gutsbesitzer L. in N. das Recht erworben, auf einem Teil eines diesem gehörenden Grundstücks Sand abzubauen. Ein Nachbargrundstück gehört einer Gesellschaft mit beschränkter Haftung unter der Firma K. B. Sandwerk GmbH., die der Gemeinschuldner im Jahre 1926 gegründet hat. Geschäftsführer waren er selbst und der Kaufmann P. Diesen beiden gehörten alle Geschäftsanteile spätestens seit Ende 1931. Das Sandabbaurecht an dem L.schen Grundstück ist seit 1926 vom Gemeinschuldner der genannten Gesellschaft mbH. zur Ausnutzung überlassen worden.

Die Klägerin hat der K. B. Sandwerk GmbH. einen laufenden Kredit eröffnet, für den sie sich neben anderen Sicherheiten von dem Gemeinschuldner im Jahre 1926 und im Mai 1931 Bürgschaften von je 15000 RM. hatte geben lassen. Am 15. Juli 1932 kam zwischen der Klägerin und dem Gemeinschuldner ein Vertrag zustande, durch den letzterer zur Sicherheit der Ansprüche der Klägerin gegen die K. B. Sandwerk GmbH. alle ihm aus dem Abkommen zwischen ihm und L. vom 23. Dezember 1925 zustehenden Rechte und Ansprüche an die Klägerin abtrat. Als die grundbuchmäßige Regelung dieser Abtretung auf Schwierigkeiten stieß, wurde am 3. Oktober 1932 zwischen der Frau L. als Alleinerbin des L. und dem Gemeinschuldner ein neuer Vertrag geschlossen, in dem der Vertrag vom 23. Dezember 1925, soweit nötig, bestätigt und die Anlegung eines besonderen Grundbuchblattes für das Abbaurecht beantragt wurde. Gleichzeitig bestellte der Gemeinschuldner an dem Abbaurecht für die Klägerin eine Sicherungshypothek zum Höchstbetrag von 70000 GM. für deren Ansprüche gegen die K. B. Sandwerk GmbH.; am 14. November 1932 wurde die Hypothek im Grundbuch eingetragen.

Der Klägerin stehen aus dem Kreditverhältnis fällige, unter die Sicherungshypothek fallende Ansprüche in Höhe von mehr als 6500 RM. an die K. B. Sandwerk GmbH. zu. Sie hat Klage erhoben mit dem Antrag, den Beklagten zu verurteilen, wegen eines Teilbetrags von 6500 RM. die Zwangsvollstreckung in das Abbaurecht aus der Sicherungshypothek zu dulden. Der Beklagte hat Klagabweisung beantragt mit der Begründung, die Bestellung der Hypothek sei nach § 30 Nr. 1 und 2, § 31 Nr. 1 KO. anfechtbar. Während das Landgericht der Klage stattgegeben hat, hat das

Berufungsgericht die Klage abgewiesen. Die Revision der Klägerin hatte keinen Erfolg.

Aus den Gründen:

Die Revision rügt, § 30 Nr. 2 KO. könne schon deshalb nicht angewandt werden, weil die Sicherungshypothek nicht für eine Forderung der Klägerin gegen den Gemeinschuldner, sondern für eine solche gegen die K. B. Sandwerk GmbH. bestellt und der Klägerin deshalb nicht als Konkursgläubigerin im Sinne des § 30 Nr. 2 KO. eine Sicherung gewährt worden sei. Der Berufungsrichter hat allerdings zu dieser Frage nicht ausdrücklich Stellung genommen. Aus seinen Feststellungen ergibt sich aber zunächst, daß die Klägerin auch im Konkursverfahren über das Vermögen des B. Konkursgläubigerin ist. B. hat unstreitig im Jahre 1926 und im Mai 1931 für die Kreditforderung der Klägerin gegen die K. B. Sandwerk GmbH. die Bürgschaft in Höhe von jedesmal 15000 RM. übernommen. Es ist nicht festgestellt, ob es sich hierbei um eine selbstschuldnerische Bürgschaft gehandelt hat. Aber auch wenn dies nicht der Fall gewesen sein sollte und die Forderung der Klägerin deshalb im Konkursverfahren über das Vermögen des Bürgen zunächst aufschiebend bedingt gewesen wäre, die nach § 67 KO. nur zu einer Sicherung berechtigt hätte, so würde die Klägerin gleichwohl Konkursgläubigerin im Sinne des § 30 KO. gewesen sein, da auch bedingte Forderungen einen Vermögensanspruch an den Gemeinschuldner im Sinne dieser Bestimmung begründen (vgl. Mentzel Konkursordnung 4. Aufl. S. 36, Anm. 3 Abs. 2 zu § 3). Außerdem ist aber am 29. November 1932 über das Vermögen der K. B. Sandwerk GmbH. das Konkursverfahren eröffnet worden und damit nach § 773 Abs. 1 Nr. 3 BGB. eine etwa bestehende Einrede der Vorausklage weggefallen, so daß spätestens von diesem Zeitpunkt ab die Forderung der Klägerin gegen den Gemeinschuldner nicht mehr durch den Ausfall bei der Hauptschuldnerin bedingt war. Unerheblich ist ferner, ob die Klägerin ihre Bürgschaftsforderung im Konkursverfahren über das Vermögen des B. angemeldet hat, da die Konkursgläubigereigenschaft nicht von einer Anmeldung der Forderung abhängig ist. Die Klägerin ist also Gläubigerin auch in diesem Konkursverfahren. Als solche hat sie eine Sicherheit erlangt, auf die sie keinen Anspruch hatte. Zwar muß davon ausgegangen werden, daß die Abtretung des Abbaurechts vom 15. Juli 1932 und die Hypothekenbestellung vom 3. Oktober 1932 zur Sicherung für die der Klägerin gegen die K. B. Sandwerk GmbH. zustehende Forderung, also für die Hauptforderung, erfolgt sind. Soweit aber B. für diese Forderung als Bürge haftet, gewähren jene Rechtshandlungen der Klägerin auch als Gläubigerin in dem Konkursverfahren des Bürgen eine Sicherung, die sie nicht zu beanspruchen hatte. Allerdings haftet die für die Hauptschuld bestellte Sicherheit nicht auch unmittelbar für die Bürgschaftsschuld; sie wirkt aber wegen der Abhängigkeit der Bürgschaftsforderung von der Hauptforderung mittelbar auf erstere, indem die Bürgschaftsforderung insoweit erlischt, als die Hauptforderung aus der Sicherheit befriedigt wird. Nun bezweckt § 30 Nr. 2 KO. die gleichmäßige Befriedigung der Gläubiger. Diese wäre jedenfalls gestört, wenn der Gemeinschuldner die Sicherheit unmittelbar für die Bürgschaftsschuld bestellt hätte. Sie wird aber auch dadurch gestört, daß er sie für die Hauptforderung bestellt hat, da auch so die Klägerin wegen ihrer Konkursforderung aus der Bürgschaft insoweit vor den anderen Konkursgläubigern bevorzugt wird, als diese aus dem als Sicherheit gestellten Vermögensgegenstande keine Befriedigung mehr finden können. Hiernach ist die von der Revision vermißte Voraussetzung des § 30 Nr. 2 KO. gegeben. Ob dieses Bedenken der Revision etwa insoweit begründet ist, als die Klägerin keine Bürgschaftsforderung gegen den Gemeinschuldner hat, kann hier dahingestellt bleiben, da mit der Klage die Zwangsvollstreckung in das Grundstück uneingeschränkt, also auch innerhalb der ersten 30000 RM. der Sicherungshypothek, verfolgt wird.

RGZ. 162, 292

1. Kann beim Konkursgrunde der Überschuldung die Annahme der Gläubigerbenachteiligung mit der Begründung bekämpft werden, die Masse sei zulänglich, weil bestrittene Konkursforderungen nicht zu Recht beständen?

2. Hat im Falle des § 31 Nr. 1 KO. der Anfechtungsgegner den Beweis, daß die Masse zulänglich ist, zu führen, falls das Konkursverfahren wegen Überschuldung eröffnet ist?

3. Nach welchen Gesichtspunkten sind die Fragen zu beantworten, ob durch die einem Abwickler vor der Konkurseröffnung aus der Masse gewährte Vergütung die Gläubiger benachteiligt sind, ob sich eine Gegenleistung in der Masse befindet und was zurückzugewähren ist?

KO. § 31 Nr. 1, §§ 37, 38.

VII. Zivilsenat. Urt. v. 5. Januar 1940.

I. Landgericht Berlin. II. Kammergericht daselbst.

Der Beklagte war vom 9. Juli bis zum 18. August 1936 Abwickler der U-Bank Aktiengesellschaft. An diesem Tage hat er die Eröffnung des Konkursverfahrens über das Vermögen dieser Bank wegen Überschuldung beantragt. Das Konkursverfahren ist am 24. August 1936 eröffnet und der Kläger zum Konkursverwalter bestellt worden. Seit dem 9. Juli 1936 waren keine Zahlungen an Gläubiger geleistet worden mit Ausnahme der laufenden Gehälter der Angestellten und einer Zahlung an eine Treuhand-Gesellschaft, welche die Bücher der späteren Gemeinschuldnerin geprüft und in Ordnung gebracht und den Vermögensstand aufgestellt hatte. Der Barbestand der Masse hat während der Abwicklungszeit durchschnittlich über 110000 RM. betragen.

Am 17. August 1936 hatte der Beklagte als Abwickler der Bank ein Rundschreiben an ihre Gläubiger gerichtet, worin er ihnen einen Vergleichsvorschlag unterbreitete; er hatte darauf hingewiesen, daß die von jener Treuhand-Gesellschaft errechnete Verteilungsquote nur 1 bis 2 v. H. betrage. Ohne Antworten auf dieses Schreiben abzuwarten, hatte er am 18. August 1936 den Konkursantrag gestellt. An diesem Tage hatte er dem vorhandenen Barbestand einen Betrag von 12000 RM. als Vergütung für seine Tätigkeit und 500 RM. als Ersatz für ausgelegte Reisekosten entnommen.

Der Kläger ficht diese Entnahmen nach § 30 Nr. 1, § 31 Nr. 1 KO. an; er hält auch die entnommene Summe für viel zu hoch. Er hat beantragt, den Beklagten zur Rückzahlung der 12500 RM. nebst Zinsen zu verurteilen. Das Landgericht hat die Klage abgewiesen; das Kammergericht hat den Beklagten nach dem Antrage verurteilt. Seine Revision führte zur Aufhebung und Zurückverweisung.

Aus den Gründen:

Das Berufungsgericht hat den Anfechtungstatbestand des § 30 Nr. 1 KO. ungeprüft gelassen und die Entscheidung ausschließlich auf den des § 31 Nr. 1 KO. abgestellt. Hierzu meint der Vorderrichter, eine Benachteiligung der Konkursgläubiger liege vor, weil nicht feststehe, daß die vorhandene Masse zu ihrer Befriedigung ausreiche; denn es müsse noch mit der gerichtlichen Verfolgung der vom Konkursverwalter bestrittenen Forderungen gerechnet werden. Die Verminderung der Masse, welche die vom Beklagten als Abwickler der nachmaligen Gemeinschuldnerin an sich selbst geleistete Zahlung herbeigeführt habe, sei nicht durch den Wert seiner Gegenleistung ausgeglichen worden. Die Revision beanstandet nach beiden Richtungen hin diese die Annahme des Benachteiligungserfolgs tragenden Erwägungen des Vorderrichters als rechtsirrig. Sie führt aus, der Beklagte habe vorgetragen, daß bei einem Massebestande von rund 250000 RM., dem nur 30000 RM. festgestellte Forderungen gegenübergestanden hätten, bis zum Erlaß des Berufungsurteils am 7. Februar 1939, also seit $2^1/_2$ Jahren von der Konkurseröffnung ab, keiner der Gläubiger, deren Forderungen der Kläger als unbegründet bestritten habe, die Feststellungsklage erhoben habe. Der Kläger habe gegenüber dem unstreitigen Verhältnis der tatsächlich vorhandenen Mittel zu den unstreitigen Forderungen den Beweis für die Unzulänglichkeit der Masse zu führen. Das ist unrichtig. Den Beweis der Massezulänglichkeit hat angesichts der Tatsache der Konkurseröffnung aus dem Konkursgrunde der Überschuldung, also der Masseunzulänglichkeit, grundsätzlich der Anfechtungsgegner zu führen (vgl. Jaeger KO. Bem. 40 zu § 29 S. 514 unten); es kommt nicht einmal darauf an, daß im vorliegenden Falle der Anfechtungsgegner (der Beklagte) selbst es gewesen ist, der die Eröffnung des Konkurses wegen Überschuldung also wegen Masseunzulänglichkeit beantragt hatte, noch dazu unter den vom Berufungsrichter festgestellten besonderen Umständen. Die Revision behauptet selbst nicht, daß der Beklagte den vorerwähnten Beweis geführt habe. Sie hat aber auch nichts dafür vorgebracht, daß er ihn auch nur anzutreten versucht hätte. Seine oben wiedergegebenen Behauptungen, welche die Revision als vom Berufungsrichter zu Unrecht übergangen bezeichnet, enthalten keinen solchen Beweisantritt. Es soll nicht verkannt werden, daß es für den Anfechtungsgegner schwierig sein kann, den Gegenbeweis der Massezulänglichkeit mit der Begründung zu führen, daß angemeldete und vom Verwalter bestrittene Forderungen nicht zu Recht bestünden. Jedenfalls reicht zur Führung dieses Beweises der Hinweis auf die eigene Ansicht des Anfechtungsgegners nicht aus, ebensowenig der Hinweis auf diejenige des Konkursverwalters und einer Treuhandgesellschaft über den mangelnden Rechtsbeistand der bestrittenen Forderungen. Dem Kläger kann auch nicht vorgeworfen werden, daß er gegen Treu und Glauben handle, wenn er im Konkurse jene Forderungen bestreite, dem Beklagten gegenüber aber die Masseunzulänglichkeit geltend mache. Der Konkursverwalter übt ein verantwortungsvolles Amt aus. Er kann einerseits nicht Forderungen anerkennen, von deren Rechtsbestand er nicht überzeugt ist, er kann sich aber anderseits auch nicht bei der Prüfung der Voraussetzungen der konkursrechtlichen Anfechtung ohne weiteres auf den Standpunkt stellen, daß eine Unzulänglichkeit der Masse gar nicht vorliege, weil jene Forderungen nicht rechtsbeständig seien; denn er kann in aller Regel nicht wissen, welchen Erfolg Feststellungsklagen jener Gläubiger haben werden. In solchem Falle geht die Schwierigkeit der Beweisführung zu Lasten des beweispflichtigen Anfechtungsgegners. Der Beklagte ist also in diesem Punkte jedenfalls bisher beweisfällig geblieben, so daß insoweit der Vorderrichter ohne Rechtsirrtum von dem Vorhandensein einer Benachteiligung der Konkursgläubiger ausgehen durfte.

Dagegen bestehen anderweitige Bedenken gegen die Feststellung der Benachteiligung, insbesondere ihres Umfanges, mit denen solche gegen die Annahme der Benachteiligungsabsicht der Gemeinschuldnerin und der Kenntnis des Beklagten hiervon im Sinne des § 31 Nr. 1 KO. zusammenhängen. Der Vorderrichter nimmt an, die vom Beklagten geleisteten Dienste könnten für die Gläubiger keinesfalls als voller Gegenwert für die 12500 RM. Entnahme angesehen werden, zumal kein alle Gläubiger betreffender Ausgleich zustandegekommen sei. Der Beklagte habe sich sagen müssen, daß seine Leistungen, insbesondere den nicht befriedigten Gläubigern gegenüber, nicht als gleichwertig mit der Verminderung der Masse hätten angesehen werden können. Seine Aufgabe sei es gewesen, einen Vergleich zu versuchen. Diesen Versuch habe er allerdings gemacht, der Abschluß sei aber nicht zustandegekommen, wobei auch hier sein Verhalten auffalle; denn er habe die Antworten auf sein Vergleichsangebot gar nicht abgewartet, sondern bereits am folgenden Tage Konkursantrag gestellt. Mit diesen Erwägungen begründet der Vorderrichter auch die Annahme der Benachteiligungsabsicht der Gemeinschuldnerin und der Kenntnis dieser Absicht beim Beklagten gegenüber Bedenken, die sich daraus ergeben könnten, daß der Beklagte selbst und mit ihm die nachmalige Gemeinschuldnerin den Wert seiner Leistungen als Abwickler für gleich hoch mit dem Werte seiner Entnahme aus der Masse veranschlagt haben mögen. Hierbei stellt der Berufungsrichter also darauf ab, daß die vom Beklagten entfaltete Tätigkeit vom Standpunkte der nicht zur Befriedigung gelangenden Konkursgläubiger aus keinen oder keinen vollen Gegenwert für die von ihm vorgenommene Masseverminderung dargestellt habe und daß sich der Beklagte in seiner Doppeleigenschaft dessen auch bewußt gewesen sei. Im Gegensatze dazu nimmt jedoch der Berufungsrichter das Vorhandensein eines solchen Gegenwertes an, soweit die Gehälter der Angestellten während der Abwicklungszeit aus der Masse bezahlt worden sind. Offenbar ist also bei dieser unterschiedlichen Bewertung für den Vorderrichter die Erwägung ausschlaggebend, daß, wie dem Beklagten bewußt gewesen sei, seine Tätigkeit im Gegensatze zu derjenigen jener Angestellten für die Masse kein ersprießliches Ergebnis gehabt habe. Die Auffassung der Revisionsbeantwortung, daß Dienstleistungen während der Abwicklungszeit überhaupt niemals einen Gegenwert in der Masse hinterlassen könnten, lehnt der Vorderrichter offensichtlich und mit Recht ab. Bei seinen Erwägungen hat er aber doch übersehen, daß mit ihnen noch nicht die Annahme gerechtfertigt werden kann, daß die gesamte Tätigkeit des Beklagten für die Masse überhaupt ohne jeden Wert gewesen und daß ihm auch dies bewußt gewesen sei. Denn auch wenn die Leistungen des Beklagten als Abwickler nicht gleichwertig gewesen sein sollten der von ihm vorgenommenen Masseverminderung, so ist damit noch nicht gesagt, daß sie gar keinen Wert gehabt hätten und daß sich der Beklagte in seiner Doppeleigenschaft dessen auch bewußt gewesen wäre. Das scheint der Berufungsrichter selbst irgendwie empfunden zu haben; denn er spricht davon, daß der Beklagte seine Leistungen sehr hoch bewertet haben möge. Dann ist aber nicht recht ersichtlich, wieso der Beklagte selbst erkannt haben sollte, daß sie für die Masse wertlos seien. Dem Berufungsrichter scheint die Möglichkeit vorzuschweben, daß die Tätigkeit des

Beklagten zwar in ihrem Werte für die Masse nicht so hoch hätte angeschlagen werden können, wie der Beklagte das getan hat, daß sie aber immerhin, ähnlich der Tätigkeit der Angestellten in der Abwicklungszeit, irgendeinen Wert für die Masse gehabt haben könne. Er ist diesem Gedanken aber nicht nachgegangen, obwohl er von gewissen Leistungen des Beklagten, nämlich vom Abschluß eines Abkommens mit v. O., und von gewissen besonders vergüteten Leistungen des Beklagten selbst anzunehmen scheint, daß diese einem Gegenwert entsprachen. Es wäre aber allgemein zu prüfen gewesen, ob die Leistungen des Beklagten nicht in irgendwelchem Umfange doch wertvoll für die Masse gewesen sind. Das war der Fall, wenn und soweit sie nach Lage der Dinge sachlich veranlaßt waren und von irgend jemandem bewirkt werden mußten. Insoweit mußte mit einer Benachteiligung auch die Benachteiligungsabsicht und die Kenntnis davon entfallen. Der Revision ist darin Recht zu geben, daß das Kammergericht die Tätigkeit des Beklagten als Abwickler unter diesem Gesichtspunkt einer genaueren Prüfung hätte unterziehen müssen, ehe es sie schlechthin für unbedeutsam und unnötig für die Gemeinschuldnerin erklärte, und daß deshalb die Darlegungen hätten berücksichtigt werden müssen, die der Beklagte über Umfang und Bedeutung seiner Tätigkeit als Abwickler gegeben hatte, wobei auch eine Zeugenaussage (die angeführt wird) zu berücksichtigen war.

Doch ist es überhaupt nicht gerechtfertigt, die Benachteiligung danach zu beurteilen, ob die Tätigkeit des Beklagten, rückschauend gewürdigt, für die Konkursmasse einen bleibenden Wert hinterlassen hat, ob sich also ein dem Anfechtungsgegner zu erstattender Gegenwert in der Masse befindet (§ 38 KO.). Die Frage, ob ein solcher Rückerstattungsanspruch, sei es als Masseschuldanspruch, sei es als gewöhnliche Konkursforderung (Satz 1 oder Satz 2 a. a. O.) besteht, hat mit der Feststellung der Benachteiligung an sich nichts zu tun. Der vom Vorderrichter angelegte Maßstab müßte folgerichtig dazu führen, auch die Vergütung der Tätigkeit der Angestellten während der Abwicklung mindestens teilweise als gegenwertlos bewirkt anzusehen. Es muß vielmehr darauf abgestellt werden, ob und inwieweit diese Vergütungen als ordnungsmäßige und gleichwertige Gegenleistungen anzusehen sind für die Leistungen, die vom Abwickler ebenso wie von den Angestellten während der Abwicklung, nachdem sie einmal eingeleitet war, im Rahmen einer zweckmäßigen Sacherledigung erbracht werden mußten und erbracht worden sind, auch wenn sie, als dann doch das Konkursverfahren eröffnet worden war, rückschauend keinen greifbaren Wert für die Masse zugunsten der Konkursgläubiger hinterlassen haben. Wenn der Konkursverwalter aus der Bezahlung der gesamten infolge der Abwicklung sonst entstandenen Kosten durch den Beklagten keinen Anlaß zur Anfechtung entnommen hat, ohne die Frage nach dem bleibenden Wert ihrer Tätigkeit für die Masse

(§ 38 KO.) zu stellen, so mußten Gründe vorliegen, aus denen gerade die Bezahlung des hier streitigen Teils der Abwicklungskosten im Gegensatze zur Bezahlung der übrigen Kosten als völlig gegenwertlose Masseminderung anzusehen war. Was der Vorderrichter an solchen Gründen angegeben hat, erschöpft, wie erwähnt, den Streitstoff nicht und beruht auch auf einem rechtlich unzutreffenden Ausgangspunkte. Dazu kommt, daß bei sogenannter kongruenter (ebenmäßiger) Dekkung, deren Vorliegen der Berufungsrichter selbst bejaht, an eine lediglich auf § 31 Nr. 1 KO., also nicht auch auf § 30 das. gestützte Anfechtung, die ein Benachteiligenwollen, nicht bloß das Bewußtsein nachteiligen Erfolgs, voraussetzt (vgl. Jaeger KO. Bem. 6 zu § 31), strengere Anforderungen an den Absichtsnachweis zu stellen sind (Jaeger a. a. O. Bem. 2 S. 607 und 608 und die dort angeführten Urteile des erkennenden Senats). Wie der erkennende Senat zu § 3 Nr. 1 des Anfechtungsgesetzes in einem Urteile vom 12. Dezember 1939 VII 102/39 (S. 218 dieses Bandes) neuerdings betont hat, liegt der Schwerpunkt im Falle der sogenannten Absichtsanfechtung in der Beurteilung des inneren Tatbestandes; das Bewußtsein des Schuldners von einem notwendig oder nach dem gewöhnlichen Verlaufe der Dinge zu erwartenden Benachteiligungserfolge genügt nicht; die „Absicht" setzt vielmehr ein Wollen, nicht bloß ein Wissen voraus. Dies muß auch für die inneren Voraussetzungen gelten, die hier bei der (nachmaligen) Gemeinschuldnerin vorhanden gewesen sind.

Der Senat ist, wie sich schon aus dem Dargelegten ergibt, nicht in der Lage, gemäß § 565 Abs. 3 ZPO. in der Sache selbst zu entscheiden, zumal der Anfechtungsgrund des § 30 Nr. 1 KO. vom Berufungsgericht ungeprüft gelassen worden ist. Sollte es nach erneuter Verhandlung noch darauf ankommen, so wird der Berufungsrichter folgendes zu beachten haben: Wenn er unter Berücksichtigung der im Vorstehenden bezeichneten Grundsätze zu dem Ergebnis kommen sollte, daß der Wert der vom Beklagten entfalteten Tätigkeit nur einem Teile der von ihm vorgenommenen Masseminderung entspricht und daß für den übrigen der zur Anwendung des § 31 Nr. 1 KO. erforderliche innere Tatbestand vorlag, so wird zwar eine Teilbarkeit der Benachteiligungsabsicht abzulehnen sein; dagegen wird eine Rückgewährpflicht des Beklagten (§ 37 Abs. 1 KO.) nur für den Teil angenommen werden können, für den nach dem Dargelegten kein Gegenwert geleistet worden ist. Soweit der Gegenwert geleistet wurde, mag es offen bleiben, ob die Rückgewährpflicht des Beklagten aus § 37 oder aus § 38 KO. entfällt; denn jedenfalls wäre insoweit im Ergebnis der Klageanspruch unbegründet.

Aussonderung

RGZ. 14, 21

Zur Auslegung von § 37 (45 n. F.) der Konkursordnung.

II. Zivilsenat. Urt. v. 12. Juni 1885.

I. Landgericht Dresden. II. Oberlandesgericht daselbst.

O. hatte mit einer Gesellschaft einen Lebensversicherungsvertrag abgeschlossen mit der *Bestimmung, daß das versicherte Kapital nach* seinem Tode an seine Ehegattin gezahlt werde. Er starb; die Witwe erhob die Versicherungssumme; zu dem Nachlasse wurde das Konkursverfahren eröffnet. Der Konkursverwalter nahm auf Grund von § 37 KO. die Versicherungssumme in Anspruch. Diese Klagebegründung wurde für unstatthaft erklärt aus folgenden

Gründen:

„Der § 37 KO., auf welchen die Klage gestützt worden ist, findet vorliegenden Falles keine Anwendung. Danach soll die Ehefrau des Gemeinschuldners Gegenstände, welche sie während der Ehe erworben hat, nur in Anspruch nehmen können, wenn sie beweist, daß dieselben nicht mit den Mitteln des Gemeinschuldners erworben sind. Die Beklagte hat aber die Versicherungssumme durch eine unentgeltliche Zuwendung des Ehemannes selbst erworben; der Vertrag wurde zu ihrem Vorteile von dem Ehemanne mit der Versicherungsgesellschaft abgeschlossen; sie hat dem Ehemanne dafür keine Gegenleistung gewährt. Auf solche Vertragshandlungen bezieht sich der § 37 KO. nicht. Derselbe nötigt nur die Ehefrau, wenn sie von Dritten Gegenstände erworben hat, welche sie den ehemännlichen Konkursgläubigern gegenüber in Anspruch nehmen will, nachzuweisen, daß die Gegenstände von ihr oder für sie nicht mit den Mitteln des Ehemannes angeschafft wurden. Hiermit soll Simulationen vorgebeugt und der wahre Sachverhalt klargestellt werden. Dagegen werden Rechtsgeschäfte, welche die Ehefrau mit dem Ehemanne selbst abgeschlossen hat, von der Bestimmung des § 37 KO. nicht getroffen. Allerdings hat gegenwärtigen Falles der Ehemann den Anspruch auf die Versicherungssumme durch die eigenen Prämienzahlungen erlangt; aber die Ehefrau hat diesen Anspruch wiederum von dem Ehemann erworben; und was sie von dem Ehemanne erwirbt, erwirbt sie nicht mit dessen Mitteln. Rechtsgeschäfte zwischen den Ehegatten fallen wohl nach Befinden unter die Anfechtungsvorschriften der §§ 24 Ziff. 2, 25 Ziff. 2 KO.; sie können nach der Konkursordnung anfechtbar oder auch nach dem bürgerlichen Rechte ungültig sein; eine Rückforderung auf Grund des § 37 KO. findet jedoch nicht statt. Dieser Sinn ist der

Gesetzesstelle in den Motiven (S. 180) und noch deutlicher von den Regierungsvertretern bei den Kommissionsverhandlungen (Prot. S. 38) beigelegt worden. Hiermit rechtfertigt sich die Zurückweisung der Klage, soweit dieselbe auf § 37 KO. beruht, und kann unerörtert bleiben, ob die Annahme der Vorinstanz haltbar sei, daß die Beklagte während der Ehe noch keinen, nicht einmal einen bedingten Anspruch auf die Versicherungssumme erlangt habe."

RGZ. 27, 84

1. Hat die Aushändigung des Frachtbriefes (Art. 402 HGB.) die Wirkung, daß der Frachtführer von da ab die Ware für den Empfänger besitzt, bzw. den Gewahrsam im Sinne des § 36 (44 n. F.) KO. für ihn ausübt?

2. Findet diese Vorschrift nur dann Anwendung, wenn die Ware im Auftrage des Verkäufers an den Gemeinschuldner abgesendet worden ist, oder auch dann, wenn dieser von dem Verkäufer angewiesen wurde, die Ware von einem Dritten zu beziehen, und er daraufhin angeordnet hat, dieselbe solle ihm zugeschickt werden?

II. Zivilsenat. Urt. v. 13. Februar 1891.

I. Landgericht Mannheim. II. Oberlandesgericht Karlsruhe.

Der Kaufmann P. in Mannheim kaufte im Juli 1889 von dem Kaufmanne E. in Würzburg drei Waggons Braunschweiger Zuckerraffinade, lieferbar ab Braunschweig in den Monaten Juli, August und September. Die beiden ersten Waggons wurden geliefert und bezahlt. Bezüglich der dritten im September fälligen Sendung schrieb E. im Laufe dieses Monates an P., daß er ihm den Waggon zusende, bzw. bei der Zuckerraffinerie Braunschweig zu seiner Verfügung halte. Diesem Briefe legte er zwei Wechsel bei mit der Bitte, dieselben zu akzeptieren. P. entsprach diesem Ersuchen und forderte dann unter Übersendung eines von E. erhaltenen, auf seine Order lautenden Bezugscheines die Braunschweiger Raffinerie auf, den Zucker unter seiner Adresse nach Mannheim zu senden, was auch geschah. In dem Begleitschreiben der Raffinerie an P. war gesagt, daß sie ihm den ihm von E. überwiesenen Zucker sende. Ehe der in Mannheim angelangte Zucker an P. ausgeliefert war, jedoch nach der Übergabe des Frachtbriefes, erwirkte E., weil P. seine Zahlungen eingestellt hatte, eine einstweilige Verfügung, durch welche dem letzteren aufgegeben wurde, sich weder selbst noch durch einen Anderen in den Gewahrsam des Zuckers zu setzen. Bald darauf wurde über das Vermögen des P. und sodann über dasjenige des E. das Konkursverfahren eröffnet. Der Konkursverwalter in dem letzteren Verfahren erhob nun auf Grund des § 36 KO. Klage auf Aussonderung des Zuckers.

Das Landgericht Mannheim wies die Klage zurück, weil kein Distanzgeschäft in Frage stehe, die Voraussetzungen des § 36 KO. sonach nicht gegeben seien. Die Berufung des Klägers wurde zurückgewiesen. Das Berufungsgericht billigte aber die Entscheidungsgründe des ersten Richters nicht, sondern bestätigte die Entscheidung aus anderen Gründen. Die Revision des Klägers wurde zurückgewiesen aus folgenden

Gründen:

„Die Revision konnte nicht für begründet erachtet werden, da zwar die Entscheidungsgründe des angefochtenen Urteiles eine Gesetzesverletzung enthalten, die Entscheidung selbst sich aber aus anderen Gründen als richtig darstellt, sonach § 526 ZPO. zur Anwendung kommt.

1. Das Berufungsgericht stützt seine Entscheidung im wesentlichen darauf, daß der Frachtführer, weil er nach Art. 402 HGB., sobald er nach Ankunft des Gutes am Ablieferungsorte dem Empfänger den Frachtbrief übergeben habe, den Anweisungen des letzteren Folge leisten müsse, von diesem Augenblicke an auch die Ware für den Empfänger, als dessen Vertreter, besitze. Daraus wird gefolgert, das im § 36 KO. vorgesehene Verfolgungsrecht habe von dem Kläger nicht mehr ausgeübt werden können, weil die von diesem zurückgeforderte Ware zur Zeit der Konkurseröffnung bereits in den Gewahrsam des Gemeinschuldners bzw. einer für ihn besitzenden Person gelangt sei. Diesen Ausführungen liegt aber eine rechtsirrtümliche Auffassung zugrunde. Durch die Art. 402, 405 HGB. sind lediglich die vertragsmäßigen Befugnisse geregelt worden, welche dem Absender und dem Empfänger in Ansehung des durch den Frachtvertrag begründeten Rechtsverhältnisses gegenüber dem Frachtführer zustehen. Dies ist in der Weise geschehen, daß das Verfügungsrecht über die Ware bis zu einem gewissen Zeitpunkte lediglich dem Absender, von da ab aber dem Empfänger zusteht. Demgemäß ist auch in Art. 402 vorgeschrieben worden, daß der Frachtführer nach Ankunft der Ware und Übergabe des Frachtbriefes an den Empfänger lediglich die Anweisungen des letzteren zu beachten habe. Hierbei handelt es sich aber überall nur um die sich aus dem Frachtverhältnisse ergebenden obligatorischen Beziehungen und Verpflichtungen, insbesondere um das Verhältnis, in welchem der Frachtführer als solcher einerseits zum Absender, andererseits zum Empfänger der von ihm beförderten Ware steht. An den Besitzverhältnissen und an dem Verhältnisse des Absenders zu dem Frachtgute selbst sowie an den Rechten, die ihm dem Empfänger gegenüber in Ansehung dieses Frachtgutes zustehen, wurde durch die Vorschriften der Art. 402, 405 nichts geändert. Insbesondere darf daraus, daß der Empfänger — sei es wegen der Übergabe des Frachtbriefes, sei es zufolge einer gemäß Art. 405 erhobenen Klage — von dem Frachtführer ohne Rücksicht auf die von dem Ab-

sender erteilten Anweisungen die Auslieferung des Frachtgutes verlangen kann, nicht gefolgert werden, daß der Frachtführer den Gewahrsam der Ware für den Empfänger ausübe. Für die Frage, wem die tatsächliche Verfügungsgewalt über eine bestimmte Sache zusteht und in wessen Namen sie ausgeübt wird, ist keineswegs der Umstand entscheidend, daß eine bestimmte Person die rechtliche Befugnis hat, die Aushändigung dieser Sache zu fordern, sonst würde auch der Verkäufer immer für den Käufer besitzen, der nach dem Kaufvertrage die Auslieferung der gekauften Gegenstände verlangen kann. Durch Art. 402 wurde hiernach das Verfolgungsrecht des Verkäufers, welches sich auf die noch auf dem Transporte befindlichen, d. h. noch nicht an den Empfänger oder einen Vertreter desselben ausgelieferten Waren bezieht, nicht in der Weise beschränkt, daß die Übergabe des Frachtbriefes der Auslieferung der Ware gleichsteht. Vielmehr kann der Frachtführer, der zwar den Frachtbrief selbst, aber nicht die Ware dem Empfänger übergeben hat, nur auf Grund besonderer tatsächlicher Verhältnisse, wie sie im vorliegenden Falle nicht festgestellt sind, als Vertreter des Empfängers gelten. Insbesondere ist dies dann der Fall, wenn der Frachtführer die Ware infolge einer besonderen Vereinbarung für den Empfänger in Verwahrung genommen hat, dieselbe sonach ebenso behandelt wird, wie wenn sie zwar dem Empfänger ausgeliefert, aber von diesem in Verwahrung gegeben wäre. In einem solchen Falle hat denn auch das Reichsgericht in einem Urteile vom 9. November 1883,

vgl. Busch' Zeitschrift Bd. 8 S. 482 flg., bes. 490,

ausgesprochen, daß der Frachtführer die Ware für den Gemeinschuldner im Gewahrsam gehabt habe. Daß durch Art. 402 HGB. an dem Verfolgungsrechte nichts geändert werde, ist übrigens bei den Beratungen über dieses Gesetzbuch mehrfach hervorgehoben worden.

Vgl. Protokolle der Nürnberger Konferenz S. 4027, 4076—4078, 4755, 5047, 5048.

Auch wird dies in der Rechtslehre allgemein *), auch von Goldschmidt, auf dessen Ausführungen sich das Oberlandesgericht beruft, anerkannt,

vgl. Handbuch Bd. 1 Tl. 2 S. 748 Anm. 36 und S. 866,

und ist auch vom Reichsoberhandelsgerichte stets angenommen worden **). Wenn nicht die Auffassung des Landgerichtes als zutreffend

*) Vgl. insbes. v. Hahn, Bd. 2 S. 636 flg., bes. S. 637—639; Puchelt, Bd. 2 S. 489 mit S. 148, 149; Anschütz und v. Völderndorff, Bd. 3 S. 445. 446; Makower, S. 466; Eger, Frachtrecht S. 82 flg. 92, 98, 294 flg. 326; ferner: Neues Archiv für Handelsrecht Bd. 3 S. 240 flg. bes. S. 269 und Bd. 4 S. 379; Goldschmidt, Zeitschrift Bd. 16 S. 297 flg.; Gareis und Fuchsberger, S. 834.

**) Vgl. Entsch. des ROHG.s Bd. 6 S. 298 flg., Bd. 10 S. 70 flg., Bd. 11 S. 324 und Bd. 24 S. 345 flg., bes. S. 352.

anzusehen wäre, müßte hiernach das angefochtene Urteil aufgehoben werden.

2. Das Landgericht Mannheim hat die Klage abgewiesen, weil ein Distanzgeschäft im Sinne des Art. 344 HGB., wie es auch in § 36 KO. vorausgesetzt werde, nicht vorliege, das Geschäft zwischen dem Verkäufer und Käufer sich vielmehr in Braunschweig selbst abgewickelt habe, und die Versendung der Ware lediglich vom Käufer angeordnet worden sei. Diese Auffassung ist im wesentlichen als zutreffend anzusehen. In § 36 KO. ist zwar nicht ausdrücklich gesagt, die Waren müßten von dem Verkäufer bzw. Einkaufskommissionär oder von einem Vertreter derselben abgesendet worden sein. Aber aus dem Grunde des Gesetzes und aus der Natur des Verfolgungsrechtes, das lediglich den Verkäufer gegen die mit der Absendung der Ware vor Empfang des Kaufpreises verbundenen Gefahren schützen soll, ergibt sich mit voller Bestimmtheit, daß § 36 nur dann Anwendung finden kann, wenn die Versendung der Ware von dem Verkäufer selbst oder doch in dessen Auftrage vorgenommen wurde, nicht auch dann, wenn der Käufer oder ein Vertreter desselben, statt die Ware am Ablieferungsorte in Empfang zu nehmen, deren Absendung anordnete *). Letzteres ist auch in den Motiven zu § 36 (S. 165, 166) ausdrücklich hervorgehoben worden. Daß die Versendung vom Verkäufer oder einem Vertreter desselben vorgenommen worden sein muß, wurde im Gesetze selbst offenbar nur deshalb nicht ausdrücklich gesagt, weil auch die Fälle getroffen werden sollen, in welchen ein Rechtsvorgänger des Verkäufers, z. B. dessen Verkäufer, die Ware absandte. Im vorliegenden Falle war es allerdings nach dem Kaufvertrage Sache des Verkäufers, die Zusendung der Ware anzuordnen, und es hätte der Käufer diese verlangen können. Dieses Verhältnis wurde aber dadurch geändert, daß der Verkäufer, statt den Zucker selbst zu beziehen und dem Käufer zuzuschicken oder die Zuckerraffinerie Braunschweig mit der Versendung zu beauftragen, dem Käufer seinen Anspruch gegen diese Zuckerfabrik übertrug, und dieser die Überweisung des Zuckers annahm. Damit hat der Verkäufer die Ware selbst aus der Hand gegeben und den Käufer in die Lage gesetzt, den Zucker in Braunschweig persönlich oder durch einen Vertreter zu erheben und ihn entweder dort zu verkaufen oder selbst einem Frachtführer zu übergeben. Hätte der Käufer von der letzteren Befugnis Gebrauch gemacht, so könnte von Anwendung des § 36 KO. keine Rede sein. Die Sache liegt aber rechtlich nicht anders, weil der Käufer es vorzog, die Zuckerfabrik mit Zusendung des Zuckers zu beauftragen. Die lediglich vom Willen des Käufers abhängige und auf seinem Auftrage beruhende Versendung

*) Vgl. Oetker, Verfolgungsrecht S. 12; Petersen und Kleinfeller, KO. § 36 Nr. II 2 S. 181; v. Sarwey, § 36 Nr. 2, 5 S. 250; v. Wilmowski, ebendas. S. 182 Nr. 3.

der Ware konnte dem Käufer, der diese vollständig aus der Hand gegeben und damit auf das Verfolgungsrecht verzichtet hatte, letzteres nicht wieder verschaffen." ...

RGZ. 31, 134

Unter welchen Voraussetzungen kann sich der beklagte Verkäufer auf das Verfolgungsrecht aus § 36 (44 n. F.) KO. gegenüber einer im Konkurse des Käufers erfolgten Anfechtung (§ 23 [30 n. F.] KO.) der Übereinkunft mit diesem berufen, nach welcher unter Aufhebung aller Verbindlichkeiten aus dem Kaufgeschäfte die gelieferte Ware dem Verkäufer zurückgesendet worden ist?

II. Zivilsenat. Urt. v. 11. Juli 1893.

I. Landgericht Köln. II. Oberlandesgericht daselbst.

In Ausführung eines mit dem Kaufmanne J. F. in Köln geschlossenen Lieferungsvertrages übersandte diesem die beklagte Verkäuferin von Stettin mittels Seedampfers in zwei Sendungen am 10. Dezember 1891 100 Sack Roggenmehl und 100 Sack Weizenmehl und weiter am 18. Dezember 1891 150 Sack Roggenmehl und 100 Sack Weizenmehl. Es war „cif Köln" verkauft, zahlbar durch Zweimonatsakzepte gegen Empfang der Namenkonnossemente. Letztere wurden dem Käufer F. am 12. und 20. Dezember 1891 gegen zwei Akzepte desselben über 6343,50 M. und 7550 M. durch den Vertreter der Beklagten, den Agenten L. in Köln, behändigt. Die erste Sendung wurde nach ihrer Ankunft in Köln am 8. Januar 1892 dem Käufer gemeldet, F. löste den Frachtbrief ein, die Ware wurde ausgeladen, blieb aber im Hafen von Köln einstweilen liegen. Was die zweite Sendung anlangt, so wurde F. von den Spediteuren K. & K. in Köln benachrichtigt, daß der Seedampfer, mit welchem diese Sendung verladen worden war, wegen zu starken Eisganges des Rheines in Rotterdam habe löschen müssen, und zugleich aufgefordert, über seine Waren bei der Speditionsfirma W. & Sohn in Rotterdam zu verfügen, worauf F. das Konnossement am 30. Dezember 1891 der genannten Firma einsendete mit dem Auftrage, baldmöglichst die Waren nach Köln zu verschiffen. Während letztere nun sich auf der Reise von Rotterdam nach Köln befanden, stellte F. seine Zahlungen ein. Am 14. Januar 1892 setzte er hiervon den Vertreter L. in Kenntnis und infolge eines mit diesem am nämlichen Tage getroffenen Abkommens gingen sämtliche Waren, sowohl die im Hafen von Köln lagernde als die noch schwimmende Sendung, an das Stettiner Haus zurück. Mittels Briefes vom 15. Januar 1892 benachrichtigte F. hiervon direkt die beklagte Gesellschaft. Am 22. Januar 1892 wurde das Konkursverfahren über das Vermögen des F. eröffnet.

Mit der von dem Konkursverwalter erhobenen, auf § 23 Ziff. 2 KO. gestützten Anfechtungsklage wurde unter der Behauptung, daß nach der angefochtenen Vereinbarung vom 14. Januar 1892 der Gemeinschuldner der Verkäuferin die Waren zum Ausgleiche für ihre Kaufpreisforderungen aus den Akzepten zurückgegeben habe, die Verurteilung der Beklagten zur Rückgewähr der Waren und, wenn sie innerhalb 8 Tagen dieser Auflage nicht nachkomme, zur Zahlung von 15000 M. nebst 6% Zinsen vom Klagtage beantragt.

Die Beklagte, welche die Abweisung der Klage beantragte, bestritt, daß die Vereinbarung vom 14. Januar 1892 den vom Kläger behaupteten Inhalt gehabt habe; der Gemeinschuldner habe vielmehr dem Vertreter L. erklärt, er könne nicht mehr zahlen, L. möge über die beiden Sendungen verfügen. Hierauf sei das ganze Kaufgeschäft ex tunc rückgängig gemacht worden, und zwar zu einer Zeit, wo der Gemeinschuldner noch volle Verfügungsgewalt besessen habe. Von einer Befriedigung der Beklagten im Sinne des § 23 Ziff. 2 KO. könne daher keine Rede sein, da nach Aufhebung des Vertrages nichts mehr zu befriedigen gewesen sei. Die Zurücknahme der Ware sei aber auch nach § 36 KO. gerechtfertigt. Keine der Sendungen sei nämlich vor der Konkurseröffnung in den „Gewahrsam“ des Gemeinschuldners gelangt, Beklagte sei daher aussonderungsberechtigt. Aber selbst wenn man annehmen könnte, daß die erste Sendung vor der Konkurseröffnung bereits in den Gewahrsam F.s gelangt sei, so müsse auch hier § 36 KO. in analoger Ausdehnung Platz greifen.

Das Landgericht Köln verurteilte die Beklagte, die dem Gemeinschuldner F. verkauften, von diesem empfangenen und alsdann wieder zurückgegebenen, unterm 10. und unterm 18. Dezember 1891 fakturierten Waren cif Köln der klagenden Konkursmasse zurückzugewähren. Vom Oberlandesgerichte Köln wurde die Berufung und vom Reichsgerichte die Revision der Beklagten zurückgewiesen; letztere Entscheidung beruht auf folgenden

Gründen:

„Rechtlich unbedenklich ist die von der Revision auch nicht angegriffene Annahme des Oberlandesgerichtes, daß das zwischen der in Stettin domizilierten Beklagten und dem Kaufmanne F. in Köln abgeschlossene Lieferungsgeschäft in Stettin zu erfüllen (Art. 324, 342, 345 HGB.), und daß das Eigentum an der in zwei Sendungen am 10. und am 18. Dezember 1891 mittels Seedampfers abgesendeten Ware (Mehl) bereits auf den Käufer übergegangen war, als dieser zufolge der Einstellung seiner Zahlungen am 14. Januar 1892 mit dem Vertreter der Beklagten übereinkam, das gelieferte Mehl an letztere zurückgehen zu lassen.

Ebenso unterliegt es keinem Zweifel, daß diese Vereinbarung, wenn sie den vom Kläger angegebenen Inhalt hatte, ein der Anfechtung gemäß § 23 Ziff. 2 KO. unterliegendes Rechtsgeschäft war. Denn wenn die Ware der Verkäuferin zum Ausgleiche für ihre Kaufpreisforderung zurückgegeben wurde, so erhielt diese an Stelle der ihr nach Maßgabe des Vertrages übergebenen Zweimonatsakzepte, welche der Käufer nicht einzulösen vermochte, anderweite Deckung durch Hingabe von Waren an Zahlungsstatt, also eine Befriedigung, welche sie in dieser Art nicht zu beanspruchen hatte.

Aber auch mit dem von der Beklagten behaupteten Inhalte konnte die Übereinkunft vom 14. Januar 1892, die hiernach eine völlige Aufhebung des eingegangenen Lieferungsgeschäftes enthielt, als ein nach § 23 Ziff. 1 KO. anfechtbares Rechtsgeschäft, durch dessen Eingehung die Konkursgläubiger benachteiligt wurden, angesehen werden. Ein selbständiges Recht, von dem Vertrage abzugehen, stand der Beklagten nicht zu, weder nach Art. 354 HGB., da die Ware als übergeben zu gelten hatte, noch nach Art. 1184, 1654 BGB., wenn das rheinisch-französische Recht in Anwendung zu kommen hätte, da hiernach die Aufhebung eines Kaufes ein auf Auflösung erkennendes richterliches Urteil voraussetzt, übrigens ein Zahlungsverzug des Käufers gar nicht vorlag. Auch das Rückforderungsrecht aus § 36 KO. war jedenfalls gegenüber der ersten vor der Zahlungseinstellung des Käufers am Orte der Ablieferung angekommenen Sendung schon deshalb ausgeschlossen, weil diese Sendung nach Einlösung des Frachtbriefes durch den Käufer ausgeladen und in dessen Namen zur Zollstätte gebracht worden war, so daß ohne Rechtsirrtum festgestellt werden konnte, dieser Teil der Gesamtlieferung sei bereits in den Gewahrsam des Gemeinschuldners oder einer anderen Person für ihn gelangt gewesen.

Fraglicher erscheint dies hinsichtlich der zweiten Sendung, welche am 14. Januar 1892 noch nicht in Köln angekommen war, sondern sich noch auf dem Transporte von Rotterdam nach Köln befand und nun infolge der erwähnten Vereinbarung wieder an das Stettiner Haus zurückging. Die in den Urteilsgründen von dem Berufungsgerichte dargelegte, durch die behauptete Annulierung des Lieferungsgeschäftes bewirkte B e n a c h t e i l i g u n g der Konkursgläubiger würde zu verneinen sein, wenn feststünde, daß der Beklagten auf die Zurückziehung dieser gelieferten Ware, welche ihr durch die in der Übereinkunft vom 14. Januar 1892 gegebene Bewilligung des Käufers ermöglicht wurde, im Falle der Eröffnung des Konkursverfahrens auf Grund des § 36 KO. ein selbständiges Recht erwachsen wäre. Daß nicht der Zeitpunkt der Zahlungseinstellung, welche der Übereinkunft vom 14. Januar 1892 vorausgegangen war, sondern der Zeitpunkt der Konkurseröffnung, welche erst am 22. Januar 1892 erfolgt ist, bei dem Rückforderungsrecht des § 36 KO. der entscheidende ist, und daß von einer anologen Ausdehnung dieser Gesetzesvorschrift in dieser Richtung keine Rede sein kann, hat das Oberlandesgericht mit Recht angenommen. Der von der Beklagten verteidigten entgegengesetzten Ansicht steht der Wortlaut des § 36 KO. direkt entgegen. Wenn die Ware noch vor der Eröffnung des Konkurses abgeliefert wurde, besteht das eine Begünstigung des Verkäufers enthaltende Rückforderungsrecht nicht, mag die Ablieferung vor oder erst nach der Zahlungseinstellung stattgefunden haben. Aus den gesetzgeberischen Vorarbeiten (Motive zum Entwurfe S. 166, Protokolle der Kommission in Hahn's Materialien zur Konkursordnung S. 544) ergibt sich, daß der Zeitpunkt der Zahlungseinstellung, auf welchen die Eröffnung des Falliments nicht etwa wie nach dem Code zurückverlegt wird, nicht für maßgebend erachtet, und daß ein Antrag, den Zeitpunkt der Stellung des Antrages auf Eröffnung des Konkursverfahrens für entscheidend zu erklären, abgelehnt wurde. Danach könnte der erhobenen Anfechtungsklage das Rückforderungsrecht des § 36 KO. nur dann entgegengehalten werden, wenn die Beklagte zugleich darzulegen und nötigenfalls zu beweisen vermocht hätte, daß die Ablieferung der noch schwimmenden Ware vor der Konkurseröffnung nicht mehr erfolgt wäre. Eine solche Behauptung hat aber die Beklagte nicht aufgestellt, und das Oberlandesgericht stellt fest, es sei am 15. Januar 1892 noch völlig ungewiß gewesen, ob die zweite Sendung im Fakturabetrage von 7550 M. vor oder nach der Konkurseröffnung in den Gewahrsam des F. bzw. der Masse gelangen, und aus diesem Grunde der Beklagten das Absonderungs- und Rückforderungsrecht des § 36 KO. zustehen würde. Ohne Rechtsirrtum konnte daher in der Vereinbarung, das Lieferungsgeschäft mit der Wirkung, als habe es nie bestanden, aufzuheben, eine Benachteiligung der Konkursgläubiger und, da der Beklagten bzw. deren Vertreter die vorausgegangene Zahlungseinstellung des Schuldners bekannt war, ein unter § 23 Ziff. 1 KO. fallendes, der Anfechtung unterworfenes Rechtsgeschäft gefunden werden.

Der Beklagten stand aber auch nicht als Absenderin das Recht zu, der Ware eine andere Bestimmung zu geben und auf diese Weise die Ablieferung an den Käufer zu verhindern. Die Ware wurde von Stettin aus zur See befördert, und dem Käufer waren bereits am 12. bzw. 20. Dezember 1891 die auf seinen Namen lautenden Konnossemente von dem Vertreter der Beklagten in Köln ausgehändigt worden. Ohne seine Mitwirkung konnte daher die Beklagte nach Art. 661 HGB. die Zurückgabe oder Auslieferung der Ware nicht erlangen. Der Käufer war von dem Eintreffen der zweiten Sendung in Rotterdam am 29. Dezember 1891 durch die Spediteure K. & K. benachrichtigt worden und hatte, da der Dampfer „Saturn" wegen Eisganges des Rheines seine Reise nicht fortsetzen konnte, und die Ladung daher gelöscht werden mußte, dem ihm bezeichneten Spediteur in Rotterdam das Konnossement mit dem Auftrage zugehen lassen, die Ware nach Köln zu senden; und die zweite Sendung befand sich noch auf dem Rheine unterwegs, als die angefochtene Übereinkunft vom 14. Januar 1892 getroffen wurde. Durch diese Vorgänge ist daher die Beklagte gleichfalls nicht etwa in die Lage gesetzt worden, die Auslieferung des Mehles an den Adressaten verhindern zu können, wenn sie anders Schritte in dieser Richtung zu tun beabsichtigt haben sollte. Hiernach mußte die Revision zurückgewiesen werden."

RGZ. 40, 5

Kann das Anfechtungsrecht im Konkurse des Anfechtungsgegners als Aussonderungsanspruch geltend gemacht werden?

III. Zivilsenat. Urt. v. 15. Oktober 1897.

I. Landgericht Wiesbaden. II. Oberlandesgericht Frankfurt a. M.

Durch Vertrag vom 25. Juni 1895 hatte L. H. sein gesamtes Vermögen an seinen Vater J. H. abgetreten. Der letztere starb im September 1895, und es wurde über sein Vermögen am 30. Dezember 1895 der Konkurs eröffnet. Der Kläger hatte gegen L. H., welcher ihm am 1. Juli 1895 den Betrag von 25000 M. schuldete, im Jahre 1896 verurteilende Entscheidungen erwirkt, welche in Ermangelung von Exekutionsobjekten nicht vollstreckt werden konnten. Er focht darauf den Vertrag vom 25. Juni 1895 nach § 3 Ziff. 2, eventuell Ziff. 1 des Reichsgesetzes vom 21. Juli 1879 an und beantragte, daß der verklagte Konkursverwalter im J.-H.schen Debitwesen verurteilt werde, die Zwangsvollstreckung in die früher L. H. zustehenden Forderungen zu dulden, und herauszugeben, was darauf bereits eingezogen sei. Die gegen die Klagabweisung erhobene Revision ist zurückgewiesen aus folgenden

Gründen:

. . . „Die Klage ist mit Recht im Berufungsurteile als unbegründet zurückgewiesen. Es steht fest, daß die dem L. H. gehörenden Waren und Forderungen infolge des Vertrages vom 25. Juni 1895 durch Tradition und Zession in das Vermögen des J. H. übergegangen sind, mithin Teile des Vermögens des letzteren bilden, welche zur Konkursmasse gehören. Nach dem Wesen des Konkursverfahrens, welches die anteilige Befriedigung der Gläubiger bezweckt, konnte der Kläger seine Ansprüche, wenn überhaupt, doch nur als einfache Konkursforderung geltend machen, insofern ihm nicht die Rechte eines Aussonderungsberechtigten, eines Absonderungsberechtigten oder eines Massegläubigers zustanden. Es trifft aber keiner der letzteren rechtlichen Gesichtspunkte auf den in der Klage verfolgten Anfechtungsanspruch zu.

Ein Absonderungsrecht steht nicht in Frage, und auch eine Masseschuld im Sinne des § 52 KO. liegt nicht vor; denn durch den Vertrag vom 25. Juni 1895 konnte J. H., bzw. die Konkursmasse nur aus dem Vermögen des L. H. bereichert sein, nicht aus dem des Klägers. Das Interesse, welches der letztere als Gläubiger des L. H. hieran hatte, begründet die Kondiktion wegen ungerechtfertigter Bereicherung gegen die Masse nicht.

Endlich ist auch ein Aussonderungsrecht des Klägers auf Grund des Anfechtungsanspruches nicht gegeben. Es ist zwar nicht zweifelhaft, daß ein solches Recht nicht nur durch Eigentumsansprüche, sondern auch durch obligatorische Forderungen, wie sie der Hinterlegungs-, Leih- oder Mietvertrag ergibt, begründet werden kann; das Recht auf Aussonderung muß aber allemal auf einem Anspruche beruhen, durch welchen bestimmte Gegenstände als nicht zur Masse gehörig aus derselben abgefordert werden. Dies trifft bei dem Anfechtungsanspruche nicht zu. Derselbe berührt die Zugehörigkeit der zwecks Befriedigung des Anfechtungsklägers in Anspruch genommenen Sachen zur Masse nicht, und es würde hieran auch durch einen durchgeführten Anfechtungsanspruch, falls derselbe zulässig wäre, nichts geändert werden, was sich darin zeigt, daß ein etwaiger Überschuß nach erledigter Zwangsvollstreckung an die Anfechtungsbeklagte zurückfließen müßte. Die Ausführungen des Reichsgerichtes in den Entsch. des RG.s in Zivils. Bd. 13 S. 5 treffen auch im vorliegenden Falle zu, und es ergibt die von der Revision betonte Fassung des § 7 des Anfechtungsgesetzes eine abweichende Beurteilung nicht. Die Vorschrift, daß dasjenige, was durch die anfechtbare Handlung aus dem Vermögen des Schuldners veräußert ist, als noch zu demselben gehörig zurückgewährt werden solle, hat nicht die Bedeutung, daß die durchgeführte Anfechtung die Annullierung der anfechtbaren Handlung bewirkt, sondern den Sinn, daß der Gläubiger, soweit es zu seiner Befriedigung erforderlich ist, sich an die veräußerten Sachen halten darf, gleichwie wenn keine Veräußerung erfolgt wäre, und daß der Empfänger dies zu dulden hat.“ ...

RGZ. 73, 145

Findet das Verfolgungsrecht des Verkäufers im Falle des Konkurses nach § 44 KO. auch statt, wenn die Ware den Absendungsort noch nicht verlassen hat, sondern sich noch dort im Gewahrsam des vom Verkäufer mit der Versendung beauftragten Spediteurs befindet?

VII. Zivilsenat. Urt. v. 8. März 1910.

I. Landgericht Breslau. II. Oberlandesgericht daselbst.

Die Frage wurde bejaht.

Aus den Gründen:

...„In Frage kann kommen, ob die Ware, die unstreitig noch in Breslau bei dem Spediteur B. Sch. Nachf. lagert, gleichwohl als

„von einem anderen Orte an den Gemeinschuldner abgesendet", wie § 44 KO. es voraussetzt, gelten kann. Das Landgericht bejaht diese Frage, indem es den „transitus" der Ware als mit ihrer Übergabe an den Spediteur begonnen ansieht, und das Berufungsgericht stimmt dem zu, indem es in der Einlagerung bei dem Spediteur ein „vorübergehendes Anhalten" der Ware findet, was nichts anderes bedeute, als eine Unterbrechung des, also schon begonnenen, Transports. In der Tat hat der Verkäufer durch die Übergabe an den Spediteur alles getan, was von seiner Seite zur Absendung zu geschehen hat, und man muß deshalb mit dieser Übergabe die Ware als „abgesendet" im Sinne des § 44 betrachten. Dem Verkäufer, der das Verfolgungsrecht hat, wenn die Ware schon auf der Eisenbahn zum Käufer rollt oder auf dem Wasser zu ihm schwimmt, kann das Gesetz jenes Recht nicht versagen wollen, wenn die Ware noch nicht einmal soweit gelangt ist, sondern erst auf dem Fuhrwerke des Spediteurs die nächste Straßenecke oder dessen Lager erreicht hat. Es genügt, daß die Ware aus der tatsächlichen Verfügungsgewalt des Verkäufers entfernt ist, um dem Käufer zuzugehen, sofern sie nur im Zeitpunkte der Konkurseröffnung noch nicht „an dem Orte der Ablieferung angekommen und in den Gewahrsam des Gemeinschuldners oder einer anderen Person für ihn gelangt ist." ...

RGZ. 98, 143

1. Auf welchem Wege ist die Aussonderung einer Forderung, die der Gemeinschuldner vor der Konkurseröffnung abgetreten hat, geltend zu machen?

2. Ist § 46 Satz 2 KO. auf die Einziehung fremder Forderungen durch den Konkursverwalter anwendbar?

KO. §§ 43, 46, 59; ZPO. § 256; BGB. § 812.

VI. Zivilsenat. Urt. v. 19. Februar 1920.

I. Landgericht II Berlin. II. Kammergericht daselbst.

Der Witwe Anna K., über deren Vermögen am 13. August 1914 das Konkursverfahren eröffnet worden ist, stand gegen ihren Stiefbruder, den Kaufmann Franz G., eine Darlehnsforderung von 22000 M. zu. Der Kläger behauptet, sie habe ihm diese Forderung Ende Mai 1913 abgetreten. Mit der weiteren Behauptung, der Konkursverwalter betrachte die Forderung als zur Masse gehörig und habe einen Teil davon bereits vom Schuldner eingezogen, nimmt er ihn deswegen klagweise in Anspruch, mit dem Antrage:

1. festzustellen, daß ihm hinsichtlich der Forderung von 22000 M. ein Aussonderungsrecht zustehe und daß der Beklagte demnach

nicht berechtigt sei, den noch nicht eingezogenen Restbetrag der Forderung von dem Schuldner G. einzuziehen, sowie

2. den Beklagten zu verurteilen, diejenigen Summen, die G. an ihn zur Tilgung der Forderung gezahlt hat, an den Kläger zu zahlen.

Die Vorinstanzen wiesen die Klage ab. Die Revision hatte Erfolg.

Gründe:

„Das Berufungsgericht stellt fest, daß die Witwe K. zu dem angegebenen Zeitpunkt, also vor der Konkurseröffnung, dem Kläger ihre Forderung an G. abgetreten hat, daß der letztere hiervon vor der Konkurseröffnung benachrichtigt worden ist, aber trotzdem auf Anfordern des Verwalters Zahlungen auf die Schuld zur Konkursmasse geleistet hat. Dennoch hält es beide Ansprüche des Klägers für ungerechtfertigt. Zum ersten Anspruch führt es aus, die Feststellungsklage sei unzulässig, weil für den Fall des Bestehens eines Aussonderungsanspruchs die Leistungsklage möglich wäre, es also an einem Feststellungsinteresse im Sinne des § 256 ZPO. fehle; der Kläger habe auch in dem Antrage zu 2. die Leistungsklage mit der Feststellungsklage verbunden. Sodann stehe ihm ein Aussonderungsrecht aus § 43 KO. deshalb nicht zu, weil nur individuell bestimmte Sachen Gegenstand der Aussonderung sein könnten, aber keine Geldsummen, die nicht unterscheidbar in der Masse vorhanden seien. Den Herausgabeansprüchen, die ein Recht auf Aussonderung gäben, ständen die sogenannten Erstattungsansprüche gegenüber, die bloße in Geldsummen zu verfolgende Konkursforderungen bildeten, und um solche Ansprüche handle es sich hier.

Die Revision rügt zutreffend, daß diese Erwägungen das materielle Recht sowie die Vorschrift des § 256 ZPO. verletzen. Der Kläger nimmt die Forderung der Gemeinschuldnerin gegen G. auf Grund der Abtretung für sich in Anspruch und behauptet mithin im Widerspruch zum Beklagten, daß sich ein fremder Vermögensgegenstand in der Konkursmasse befinde. Sein Verlangen nach dessen Aussonderung zu seinen Gunsten steht also mit der Vorschrift des § 43 KO. im Einklange. Denn der „Gegenstand", der dort als der Aussonderung unterliegend bezeichnet wird, muß allerdings individuell bestimmt sein, kann aber auch in einer Forderung bestehen. Gerade der hier vorliegende Fall, daß jemand behauptet, ihm sei vor der Konkurseröffnung vom Gemeinschuldner eine diesem gegen einen Dritten zustehende Forderung abgetreten worden, deren Gläubigerschaft aber der Konkursverwalter für die Masse in Anspruch nehme, enthält alle Voraussetzungen für einen Aussonderungsanspruch (vgl. Jaeger, Komm. z. KO., 5. Aufl., § 43 Anm. 1, 4, 9, 28, ferner Urteil VII 120/06 vom 22. Dez. 1906). Da bei derartiger Sachlage, nämlich vor der Bezahlung der abgetretenen Forderung, eine Leistungsklage gegen den Verwalter nicht in Frage kommen kann, ist der gegebene Weg zur Durchsetzung eines solchen Anspruchs die Feststellungsklage, deren Antrag dahin zu fassen ist, daß das Bestehen des Gläubigerrechts des klagenden Zessionars und das Nichtbestehen dieses Rechtes auf seiten des Konkursverwalters festgestellt werde (vgl. Jaeger § 43 Anm. 59). Dem letzteren gegenüber erschöpft sich das rechtliche Interesse des Zessionars in der begehrten Feststellung; anderseits ist aber auch die Feststellungsklage das einzige Mittel, um das zwischen ihm und dem Verwalter durch die Tatsache, daß sie beide dieselbe Forderung als Gläubiger in Anspruch nehmen, hergestellte Rechtsverhältnis zu klären. Prozeßrechtlich ist übrigens die Lage nicht anders, als wenn ohne Konkurseröffnung der Zedent selbst wieder die Forderung als die seinige behandeln würde, wie denn überhaupt die Feststellungsklage als der regelmäßige Weg anerkannt ist, um einen Streit zweier Forderungsprätendenten zu erledigen (vgl. RGZ. Bd. 7 S. 418, Bd. 41 S. 345, ferner die Urteile III 31/06 vom 15. Juni 1906 und III 182/08 vom 26. Januar 1909). Deswegen und weiter mit Rücksicht darauf, daß die Einleitung des Konkursverfahrens eine eilige Klarstellung der in Rede stehenden Rechtsbeziehung nötig machte, kann am Vorhandensein des rechtlichen Interesses an der alsbaldigen richterlichen Feststellung kein Zweifel sein. — Hiernach sind die Erwägungen des Berufungsgerichts dadurch veranlaßt, daß es irrig den ersten Satz des Berufungsantrags dahin verstanden hat, er beschäftigte sich nur mit dem vom Schuldner bereits an den Beklagten ausgezahlten Teilbetrage der Forderung und erstrebe die Aussonderung der dabei in Frage kommenden, nicht unterscheidbar in der Konkursmasse vorhandenen Geldsumme. Wenn es in diesem Zusammenhang unter Berufung auf Jaeger § 43 Anm. 4, 8 und 31 von „Erstattungsansprüchen" redet, so sind damit wohl die dort erörterten sogenannten „Verschaffungsansprüche" gemeint, deren Merkmale aber auf den hier geltend gemachten Anspruch nicht zutreffen. . . .

Hinsichtlich des ersten Anspruchs kann demnach das Berufungsurteil nicht aufrecht erhalten werden. Der Rechtsstreit würde insoweit zur Endentscheidung im Sinne der Klage reif sein, wenn nicht zweifelhaft wäre, ob nicht G. in der Zwischenzeit den gesamten Forderungsbetrag von 22000 M. nebst Zinsen zur Masse bereits eingezahlt hat. Nach seiner Zeugenaussage ist dies wahrscheinlich. Wäre dem aber so, dann würde insoweit, als Feststellung der Nichtberechtigung des Beklagten, den von ihm bisher noch nicht eingezogenen Restbetrag der Forderung vom Schuldner einzuziehen, verlangt wird, dem Klagantrage nicht stattgegeben werden können. Die Frage muß vom Tatrichter noch geklärt werden.

2. Der zweite Anspruch des Klägers hat diejenigen Zahlungen zum Gegenstande, die G. auf die streitige Forderung an den Beklagten geleistet hat, und verlangt deren Erstattung.

Auch gegen die Abweisung dieses Leistungsanspruchs bestehen erhebliche Bedenken. Der Anspruch war vom Kläger als Aussonderungsanspruch im Sinne des § 46 sowie hilfsweise als Masseanspruch aus ungerechtfertigter Bereicherung nach § 59 Nr. 3 KO. geltend gemacht worden. Auf den § 46 geht das Kammergericht überhaupt nicht ein. Es fragt sich aber, ob diese Vorschrift dem Anspruche nicht als Stütze dienen kann. Sie behandelt die sogenannte Ersatzaussonderung und setzt voraus, daß Gegenstände, deren Aussonderung aus der Konkursmasse hätte beansprucht werden können, veräußert worden sind, sei es vor der Eröffnung des Verfahrens vom Gemeinschuldner oder nachher vom Verwalter. Während im Satz 1 der Aussonderungsberechtigte für befugt erklärt wird, die Abtretung des Rechtes auf die Gegenleistung, soweit sie noch aussteht, zu verlangen, legt ihm der hier allein in Betracht kommende Satz 2 die Befugnis bei, die Gegenleistung aus der Masse zu beanspruchen, soweit sie nach der Eröffnung des Verfahrens zu dieser eingezogen worden ist. Im gegebenen Falle scheint es auf den ersten Besicht an einer „Veräußerung" zu fehlen, denn durch den verklagten Konkursverwalter, dessen Handeln allein in Frage steht, ist weder ein Verkauf noch eine sonstige Übertragung der gegen G. bestehenden Forderung erfolgt. Der Begriff der Veräußerung muß aber hier in einem weiteren Sinne verstanden werden, wie die Entstehungsgeschichte des § 46 (in alter Fassung gleichlautend § 38) lehrt. Die Begründung des Entwurfs (Hahn, Materialien zur KO., S. 182—184) bemerkt eingangs, der § 38 schließe den Titel „Aussonderung" mit einer allgemeinen Bestimmung; der beabsichtigte Schutz fremden Eigentums müsse unvollkommen erscheinen, wenn nicht der Fall bedacht werde, daß bei Erhebung des Anspruchs die fremde Sache nicht mehr in der Masse vorhanden, vielmehr durch Veräußerung oder durch andere Verwertung in die Hand eines Dritten übergegangen sei. Weiter kennzeichnet sie (im Abs. 3) den mit den vorgeschlagenen Vorschriften angestrebten Zweck wie folgt:

„Der Fall, daß die bei Eröffnung des Verfahrens in Beschlag genommene Sache aus der Konkursmasse veräußert worden, setzt voraus, daß der Konkursverwalter den Anspruch nicht gekannt oder ihn absichtlich verletzt hat. Wie dem nun sei, das Verhalten des Verwalters darf den Berechtigten nicht beeinträchtigen. Sein Anspruch bestand zur Zeit der Konkurseröffnung; die Beschlagnahme erfolgte zu Unrecht. Kann die nicht zur Konkursmasse gehörig gewesene Sache nicht mehr herausgegeben werden, so ist dem Anspruch in anderer Weise aus der Konkursmasse zu genügen. Die nach allgemeinen Rechtsgrundsätzen eintretende Entschädigungspflicht ist eine Masseschuld; die Masse ist ohne Rechtsgrund bereichert worden. Der Berechtigte soll aber nicht lediglich auf die meist schwierige und zeitraubende Ermittelung des Schadens angewiesen, er soll durch das unrechtmäßige Verhalten des Verwalters nicht schlechter, sondern besser gestellt werden. Das Verhalten des letzteren erscheint als fremde Geschäftsführung ohne Auftrag. Der Entwurf sichert jenem daher die zur Konkursmasse für seine Sache eingezogene Gegenleistung oder, sofern diese noch aussteht, die Befugnis zu, sie von dem Dritten einzuziehen."

Endlich sagt die Begründung in ihrem Schlußsatz:

„Der Entwurf legt der Vorschrift des § 38 allgemeine Geltung bei. Sie soll auch auf Fälle Anwendung finden, in denen, wenn die fremde Sache oder Forderung noch nicht veräußert worden wäre, *ihre Herausgabe oder Abtretung hätte aus der Konkursmasse* verlangt werden können."

Um völlig klar zu stellen, was mit der Veräußerung einer fremden Forderung gemeint sei, sind in der Anm. 2 (S. 184) Belege angezogen. Zunächst ein Erkenntnis des OAG. Dresden vom 11. November 1862 (Seufferts Archiv Bd. 16 Nr. 271), das den Fall behandelt, daß der Schuldner einer vom Gemeinschuldner vor Ausbruch des Konkurses abgetretenen Forderung, bevor ihm die Abtretung angezeigt wurde, zur Konkursmasse gezahlt hat; hier wurde entschieden, daß das Gezahlte nicht von der Gläubigerschaft zu beanspruchen, sondern dem Zessionar zu überlassen sei. Weiter ein Urteil des preuß. OTrib. vom 11. März 1837 (Präjudiz Nr. 224a auf S. 261 der Präjudiziensammlung 1832—48), welches allgemein ausspricht, daß der Eigentümer einer durch einen Konkurskurator zur Kreditmasse eingezogenen Forderung deren Betrag an Kapital und Zinsen vor allen erstattet verlangen kann. Die dritte angezogene Stelle (Koch, Recht der Forderungen, 1858, Bd. 1 S. 542) zählt auf der Grundlage der preuß. KO. vom 8. Mai 1855 zu den Masseansprüchen, die aus rechtsverbindlichen Geschäften oder Handlungen des Verwalters entstanden sind, unter 4. den „Anspruch desjenigen, dessen Forderung an einen Dritten der Verwalter zur Kreditmasse eingezogen hat, unbeschadet des Rechtes des Gläubigers, sich auch an seinen durch die Zahlung an einen unlegitimierten Empfänger nicht freigewordenen Schuldner zu halten".

Hiernach hat bei der Vorlegung des Entwurfs der Reichskonkursordnung an den Reichstag die gesetzgeberische Absicht obgewaltet, unter die „Veräußerung" in dem Sinne, wie er im § 38 gebraucht wurde, alle wirtschaftlich gleichwertigen Vorgänge fallen zu lassen, namentlich auch die Einziehung fremder Forderungen durch den Konkursverwalter. In diesem Falle ist die Hingabe des Geldes oder die sonstige Leistung, die behufs Tilgung der Schuld gegeben und so angenommen wurde, im Sinne des Gesetzes als „Gegenleistung" gegen die gleichzeitig gewährte Schuldbefreiung aufzufassen (vgl. Hellwig, Erweiterung des Eigentumsschutzes durch persönliche Ansprüche mit besonderer Beziehung auf § 38 KO., im ArchZivPrax. Bd. 68 S. 224).

Nur durch dies Ergebnis wird das Ziel erreicht, daß der Berechtigte durch das mindestens gegenständlich unrechtmäßige Verhalten des Verwalters nicht schlechter, sondern besser gestellt werde. Soweit eine fremde Forderung in Frage steht, bleibt es sich gleich, ob der Verwalter sie an einen anderen verkauft oder selbst einzieht; die Beeinträchtigung des Rechtes des wahren Gläubigers ist in beiden Fällen dieselbe. Wollte man ihm für den zweiten Fall den unmittelbaren Anspruch aus § 46 versagen, so würde er auf die in ihrem Ausgange rechtlich wie wirtschaftlich ungewisse Prozeßführung gegen den Schuldner verwiesen und damit schlechter gestellt, als er es vor dem Eingreifen des Verwalters gewesen war, da der Schuldner noch ihm gegenüber zahlungswillig und zahlungsfähig gewesen sein mochte. Unzweifelhaft hat die Erkenntnis hiervon dazu geführt, den § 38 anders zu fassen als die Bestimmungen der §§ 23, 28 preuß. KO. von 1855, die lediglich den Verkauf des dem Vindikationsanspruch unterliegenden Gegenstandes berücksichtigten, und den nach § 44 preuß. KO. unter die „Ansprüche der Massegläubiger" verwiesenen Fall, daß die Gegenleistung („der Kaufpreis") bereits zur Masse eingezogen worden ist, mit unter die Ersatzaussonderung einzureihen (Hahn S. 183 Abs. 6; Hellwig S. 252). Die Absicht der Begründung hat zweifellos auch die Billigung des Reichstags gefunden, da § 38 von der Kommission wie von der Vollversammlung ohne jede Aussprache oder Änderung angenommen wurde (Hahn S. 548, 647).

Die Anwendbarkeit des § 46 Satz 2 auf die Einziehung fremder Forderungen durch den Konkursverwalter wird teilweise im Schrifttum (Jaeger § 46 Anm. 9; v. Sarwey-Bossert, KO., 4. Aufl., § 46 Anm. 4) in der Art begrenzt, daß die Tilgung der Schuld durch die Leistung an den Konkursverwalter Voraussetzung sei, bei vorangegangener Abtretung also die Wirksamkeit der Leistung gegenüber dem neuen Gläubiger gemäß § 407 BGB., an der es nach dem vorliegenden Sachverhalte fehlt. Eine solche Einschränkung läßt sich nicht rechtfertigen. Der Begründung zum Entwurfe der Konkursordnung ist sie, wie die Belege ergeben, jedenfalls fremd, und es sind auch keine inneren Gründe für die Auffassung anzuerkennen. Eine Vereitelung des fremden Rechtes tritt zwar nicht in dem Maße ein, wie bei Wirksamkeit der Leistung gegenüber dem Berechtigten; jedoch kann, wie Hellwig (S. 225) zutreffend hervorhebt, der Rechtsbehelf aus § 46 KO. auch dann sehr praktisch werden, wenn der Schuldner durch die Zahlung an den Verwalter nicht befreit wird, z. B. falls er inzwischen zahlungsunfähig geworden ist. Überdies ist regelmäßig, und unzweifelhaft auch im vorliegenden Falle, die Absicht des leistenden Schuldners sowohl wie des die Leistung annehmenden Konkursverwalters darauf gerichtet, das Erlöschen des Schuldverhältnisses gemäß § 362 Abs. 1 BGB. herbeizuführen; der Umstand, daß dies Ziel infolge der entgegenstehenden, ihrer Verfügungsmacht entzogenen Berechtigung eines Dritten nicht erreichbar ist, vermag dem Vorgange die Merkmale von Leistung und Gegenleistung im Sinne des § 46 KO. nicht zu nehmen. Zur Heranziehung des Grundsatzes im § 816 Abs. 2 BGB. als eines rechtsähnlichen besteht kein hinreichender Anlaß.

Hiernach wird der Berufungsrichter die Prüfung, ob sich der Leistungsanspruch des Klägers auf § 46 KO. stützen läßt, nachzuholen und dabei festzustellen haben, ob sich die Zahlungen des Schuldners G. noch unterscheidbar in der Konkursmasse befinden. Denn an dieser Voraussetzung des Anspruchs auf Abgewährung der Gegenleistung nach Satz 2 des § 46 ist in Übereinstimmung mit früheren Entscheidungen des Reichsgerichts festzuhalten (RGZ. Bd. 41 S. 3, Bd. 94 S. 25; Urteil VII 147/06 in LeipzZ. 1908, Sp. 855; vgl. Hellwig S. 226; Jaeger § 46 Anm. 17; § 43 Anm. 8). Zwar soll nicht verkannt werden, daß durch dieses Erfordernis, das gerade bei Geldzahlungen zumeist versagen wird, der Anwendbarkeit des § 46 die Wirksamkeit vielfach genommen werden wird. Es ließe sich auch einwenden, daß, wenn auch der allgemeine Aussonderungsanspruch des § 43 KO. begrifflich auf individuell bestimmte Gegenstände beschränkt sein muß, die Ansprüche der Ersatzaussonderung im § 46 eine derart selbständige Regelung gefunden haben, daß eine Übertragung der rechtlichen Natur des allgemeinen Aussonderungsanspruchs auf sie nicht unbedingt geboten erscheint. Im Satz 2 handelt es sich ohnehin nicht mehr um dem Berechtigten unterschiedlich zustehende Gegenstände, sondern um Leistungen an die Masse nach Konkurseröffnung, die, soweit Geld in Frage steht, nicht anders vor sich gehen, als Zahlungen auf irgendeine Forderung des Gemeinschuldners. Immerhin ist diesen Bedenken doch nicht so viel Gewicht beizulegen, daß sie ein Abgehen von der bisherigen Rechtsprechung des Reichsgerichts auf dem im § 137 GVG. geordneten Wege rechtfertigen könnten....

Sollte infolge Vermischung des von G. eingezahlten Geldes mit sonstigen Beständen der Konkursmasse der Rechtsbehelf des § 46 Satz 2 KO. endgültig versagen, so wird weiter zu erörtern sein, ob nicht der Anspruch des Klägers als Masseschuld nach § 59 Nr. 1 oder 3 KO. zum Zuge gelangen kann. Da G. dem Beklagten während geraumer Zeit Ratenzahlungen geleistet hat, wird möglicherweise die Beurteilung der Teilbeträge, die der Beklagte nach erlangter Kenntnis von den Ansprüchen des Klägers (spätestens durch die Klageerhebung Ende August 1916), und derjenigen, die er vorher empfangen hatte, eine verschiedene sein müssen. Namentlich bei Anwendung der Vorschriften über die Geschäftsführung ohne Auftrag in Verb. mit § 59 Nr. 1 KO. würden sich Abweichungen herausstellen, indem für den früheren Zeitraum wohl der § 687 Abs. 1 BGB. einschlagen würde, während für den späteren der § 678 BGB. dem Kläger vielleicht zustatten kommen könnte. Soweit endlich der Anspruch aus ungerechtfertigter Bereicherung (§ 59 Nr. 3 KO.) in Frage käme, würde die

Erwägung, daß die Masse nicht auf Kosten des Klägers bereichert sei, um deswillen nicht Platz greifen können, weil die Zahlungen des G. bei der Hingabe an den Konkursverwalter den Charakter einer dem Kläger nach § 46 Satz 2 KO. gebührenden Gegenleistung trugen, und demgemäß jede Verschiebung dieser Rechtslage als auf Kosten des Klägers erfolgt gelten müßte. Auch die Vermischung des von G. empfangenen Geldes mit sonstigen Beständen der Masse durch den Beklagten würde eine solche Verschiebung sein." ...

Ebenso RGZ. Bd. 141 S. 89.

RGZ. 115, 262

Steht einem Verkäufer, der Waren unter Vorbehalt des Eigentums bis zur vollständigen Preiszahlung verkauft, dem Käufer jedoch gestattet hat, schon vorher die Waren weiterzuveräußern und seinen Abnehmern zu Eigentum zu übertragen, hinsichtlich der Gegenleistungen der Abnehmer ein Anspruch auf Ersatzaussonderung nach § 46 KO. zu?

VI. Zivilsenat. Urt. v. 19. November 1926.

I. Landgericht Köln. II. Oberlandesgericht daselbst.

Die Klägerin hatte dem Kaufmann M. in K. Textilwaren im Gesamtfakturenbetrag von 9848,85 RM. geliefert, indem sie sich dabei das Eigentum an den Waren bis zur vollständigen Bezahlung des Kaufpreises vorbehielt. Ohne ihr eine Zahlung zu leisten, veräußerte M. den größten Teil der Waren. Danach wurde über sein Vermögen das Konkursverfahren eröffnet und der Beklagte zum Verwalter bestellt. Dieser gab der Klägerin auf ihr Verlangen den noch in der Konkursmasse vorhandenen Rest der gelieferten Waren — 9 Stück im Fakturenwerte von 614 RM. — zurück.

Wegen der durch M. veräußerten Warenmengen verfolgte die Klägerin Ansprüche aus § 46 KO. Sie hat mit der im Dezember 1925 erhobenen Klage beantragt, den Beklagten zur Rechnungslegung darüber zu verurteilen, welche daraus hervorgegangenen Kaufpreisforderungen sich in der Konkursmasse befinden, welche dazu gehörigen Beträge er zur Masse eingezogen hat, und für welche Beträge die Schuldner nach der Eröffnung des Konkursverfahrens Wechsel gegeben haben, ferner den Beklagten zur Abtretung der noch ausstehenden Forderungen, zur Auszahlung der von ihm eingezogenen Beträge sowie zur Aushändigung der empfangenen Wechsel zu verurteilen. Der Beklagte hat die Anwendbarkeit des § 46 KO. bestritten.

Die Vorinstanzen haben die Klage abgewiesen. Die Revision der Klägerin blieb erfolglos.

Gründe:

Der Berufungsrichter lehnt zunächst aus Erwägungen, die größenteils dem tatsächlichen Gebiet angehören, die Annahme ab, daß zwischen der Klägerin und dem Gemeinschuldner ein Kommissionsverhältnis im Sinne der §§ 383 flg. HGB. bestanden habe. Gegen diesen Teil der Entscheidung bestehen keine rechtlichen Bedenken und werden auch von der Revision keine Angriffe erhoben.

Sodann stellt das Oberlandesgericht in Übereinstimmung mit dem ersten Richter tatsächlich fest, die Klägerin sei damit einverstanden gewesen, daß M. die Textilwaren vor Bezahlung des ihr dafür geschuldeten Kaufpreises weiter verkaufe und seinen Abnehmern zu Eigentum übertrage. Bei solcher Sachlage erachtet der Berufungsrichter, insoweit ebenfalls dem Landgericht beitretend, einen Aussonderungsanspruch der Klägerin gemäß § 46 KO. nicht für gegeben.

Die Revision bekämpft diese Rechtsauffassung. Wenn sie sich in erster Reihe auf den Wortlaut des § 46 beruft, so ist ihr zuzugeben, daß dieser auf den ersten Besicht die von ihr vertretene Ansicht zu stützen scheint. Bei näherer Untersuchung ergibt sich indes, daß dennoch die Voraussetzungen, unter denen der Anspruch des § 46 entsteht, nicht als erfüllt gelten können. Vielmehr ist zu verneinen, daß es sich um einen Gegenstand handelt, der der Aussonderung unterliegt.

Die hier aufzuwerfende Frage, wann von einem Gegenstand gesagt werden kann, daß er dem Gemeinschuldner nicht gehört, und wann ein Anspruch auf Aussonderung eines solchen Gegenstands aus der Masse begründet ist, beantwortet sich gemäß § 43 KO. lediglich „nach den außerhalb des Konkursverfahrens geltenden Gesetzen". Entscheidend ist mithin, wie der Inhalt des zwischen der Klägerin und dem Gemeinschuldner geschlossenen Kaufvertrags zu beurteilen ist. Dem Gemeinschuldner waren die Waren nach der den Revisionsrichter bindenden Feststellung des Berufungsgerichts mit der Maßgabe zum Besitz überlassen worden, daß sie Eigentum der Klägerin bis zum Zeitpunkt ihres Weiterverkaufs bleiben sollten. Sonach war die Sicherung, die sich die Klägerin ausbedang, von vornherein nur beschränkt: bis zur Weiterveräußerung sollten die Sachen ihr gehören, danach aber sollte ihre Kaufpreisforderung nicht länger gesichert sein. Demgemäß war auch ihr etwaiges Aussonderungsrecht im Konkurs ihres Abkäufers nur beschränkt: es sollte vereinbarungsgemäß nur bis zur Weiterveräußerung der Waren ausgeübt werden dürfen. Diese Vereinbarung schränkt also den Anspruch auf Aussonderung nach § 43 KO. ein und folgerichtig auch den auf die Ersatzaussonderung nach § 46 KO. Auch der letztere entfällt, nachdem der Gemeinschuldner befugterweise die Waren verkauft hatte.

Zum gleichen Ergebnis gelangt man, wenn man von dem gesetzgeberischen Zwecke des § 46 KO. ausgeht. Hier ist zunächst auf die

Begründung des Entwurfs der Konkursordnung zu dem mit § 46 gleichlautenden § 38 a. F. (Hahn, Materialien zur KO., S. 182 bis 184) zu verweisen. Bei der Rechtfertigung der Ausdehnung des Anspruchs auf den Fall, daß die fremde Sache schon vor der Eröffnung des Konkursverfahrens vom Gemeinschuldner veräußert worden war, die Gegenleistung aber noch aussteht, finden sich dort (S. 183 Abs. 2) die Sätze:

„Es würde aber zu einer offenbaren Unbilligkeit ausschlagen, wollte man gestatten, daß der Verwalter den Erlös für eine Sache, die dem Gemeinschuldner nicht gehörte und die er unrechtmäßig veräußert hatte, zur Konkursmasse und zur Verteilung unter alle Konkursgläubiger einzöge. Die Billigkeit verlangt, daß auch hier die Forderung auf den Erlös als dem Vindikationsberechtigten zustehend angesehen werde."

Hiernach haben die Billigkeitserwägungen des Gesetzgebers auf den Fall abgestellt, daß die Veräußerung durch den Gemeinschuldner unrechtmäßig war. Hält man hieran fest, so ist weiter mit Jaeger (Komm. zur KO., 5. Aufl. Anm. 3 zu § 46, Bd. I S. 711) von dem aus dem Wesen der Ersatzaussonderung herzuleitenden Satze auszugehen, daß § 46 KO. Ansprüche nicht schaffen, sondern lediglich verstärken will. Mit Recht folgert Jaeger daraus, daß es nicht Zweck der Gesetzesvorschrift sein kann, dem Schuldnervermögen im Konkursfall eine Haftung aufzubürden, die außerhalb des Konkurses gar nicht besteht und eine höchst unangemessene Begünstigung des Dritten auf Kosten des Gemeinschuldners und der Konkursgläubiger mit sich bringen würde. Von dieser Auffassung aus nimmt Jaeger (a. a. O. Anm. 3 a. E. S. 712) zu der hier zu entscheidenden Frage im Sinne der Unanwendbarkeit des § 46 KO. Stellung. Er erachtet mit Recht das in dieser Richtung gefällte Urteil des Oberlandesgerichts Kiel vom 28. März 1913 (Seuff.Arch. Bd. 68 Nr. 163 II S. 297) für zutreffend. Dieselbe Grundauffassung teilt auch Hellwig (Über Erweiterung des Eigentumsschutzes durch persönliche Ansprüche, mit besonderer Beziehung auf § 38 KO. a. F., im Archiv f. d. Ziv. Praxis Bd. 68 S. 217), indem er (a. a. O. S. 248) zur juristischen Natur des Anspruchs aus dieser Gesetzesstelle ausführt, der Schutz des Eigentums, den im allgemeinen die dingliche Klage gewähre, werde erweitert durch die persönliche Klage auf Abtretung des Vermögensrechts, das der Veräußerer durch die Verfügung über das fremde Vermögen erlangt hat, durch eine Verfügung, zu der er kein Recht hatte.

Die Revision vermag sich für ihre Anschauung nur auf die Urteile des Oberlandesgerichts Stettin vom 3. März und 3. April 1913 (Seuff.Arch. Bd. 68 Nr. 163 I S. 296, auch Rspr. d. OLG. Bd. 27 S. 253) zu beziehen. Dort wird indes die Anwendbarkeit des § 46 KO. auf den Fall einer befugten Veräußerung einer mit dem Eigentumsvorbehalt eines Dritten belasteten Sache durch den Gemeinschuldner lediglich aus dem Wortlaut der Gesetzesstelle abgeleitet und im übrigen die für die Anhänger der Gegenmeinung entstehende Frage erörtert, ob der Verkäufer des Gemeinschuldners die Abtretung der von diesem beim Weiterverkauf erzielten Preisforderung im vollen, den ursprünglichen Kaufpreis vielleicht übersteigenden Betrag oder nur bis zur Höhe des ihm selbst geschuldeten Preises beanspruchen kann, und es wird versucht, die Frage im letzteren Sinne zu lösen. Eine solche Beschränkung wäre jedoch, wie Jaeger a.a.O. zutreffend annimmt, mit dem § 46 KO. unvereinbar.

Auch was die Revision sonst vorträgt, kann nicht für gerechtfertigt erachtet werden. Sie meint, der durch die Weiterveräußerung der Waren entstandene Preisanspruch sei insoweit für den Gemeinschuldner ein materiell fremder, als er sich mit dem Anspruche der Klägerin auf Zahlung des Kaufpreises decke. Nach der vom Berufungsgericht festgestellten Vereinbarung trifft dies jedoch nicht zu. Der Gemeinschuldner sollte danach berechtigt sein, die Waren trotz des Eigentumsvorbehalts derart weiter zu verkaufen, daß die daraus entspringenden Preisforderungen — ohne jede Mitberechtigung der Klägerin — nur ihm zustanden. Irrig ist auch die weiterhin von der Revision vertretene Ansicht, durch die von ihr verfolgte Ersatzaussonderung werde kein neuer Anspruch für die Klägerin begründet, sondern nur die vertraglich vereinbarte Sicherung ihrer Kaufpreisforderung aufrechterhalten; denn es fehlt an der Vereinbarung einer so weit reichenden Sicherung.

RGZ. 118, 209†

1. Gewährt die Sicherungsübereignung im Konkurse des Sicherungsgebers ein Aussonderungsrecht oder nur ein Recht auf abgesonderte Befriedigung?

2. . . . .

KO. §§ 43 flg., 47 flg.

VII. Zivilsenat. Urt. v. 14. Oktober 1927.

I. Landgericht Düsseldorf. II. Oberlandesgericht daselbst.

Die Klägerin verlangt vom verklagten Konkursverwalter die Herausgabe von 100 Tonnen Stabeisen und Blechen, 30 Tonnen Gußeisen und 30 Tonnen Halbfertigfabrikaten im Gesamtwerte von 38300 RM. Sie behauptet, daß die Gemeinschuldnerin ihr diese Sachen zur Sicherheit für eine Wechselforderung von 19000 RM. übereignet habe. Der Beklagte bestreitet, daß es vor der Zahlungseinstellung der Gemeinschuldnerin zu einer wirksamen Übereignung gekommen sei, und ficht die etwa nach der Zahlungseinstellung vorgenommene Übereignung auf Grund der §§ 30, 31 Nr. 1 KO. an.

Beide Vorinstanzen haben die Klage abgewiesen. Die Revision der Klägerin hielt in erster Linie den Klagantrag aufrecht, stellte aber noch den Hilfsantrag, den Beklagten zur Anerkennung des Absonderungsrechts der Klägerin an den streitigen Gegenständen zu verurteilen. Die Revision blieb ohne Erfolg.

Gründe:

Die Klägerin verlangt vom Beklagten die Herausgabe gewisser Sachen, die sie als ihr Eigentum bezeichnet. Sie fordert damit, wie auch die *Klageschrift ausdrücklich hervorhebt, die Aussonderung* dem Gemeinschuldner nicht gehöriger Gegenstände aus der Konkursmasse (§ 43 KO.). Gestützt wird der Anspruch auf eine Sicherungsübereignung. Es steht aber in der Rechtsprechung des Reichsgerichts seit jeher fest, daß eine Sicherungsübereignung im Konkurse über das Vermögen des Schuldners für den Gläubiger nicht ein Aussonderungsrecht, sondern nur ein Recht auf abgesonderte Befriedigung begründet (§§ 47 flg. KO.; RGZ. Bd. 24 S. 48 flg., Bd. 91 S. 15, 280; WarnRspr. 1910 Nr. 38). Die Klage entbehrt deshalb von vornherein der Schlüssigkeit. Schon aus diesem Grunde war die Revision zurückzuweisen. Eines Eingehens auf die gegen die Gründe des Berufungsurteils erhobenen Einwendungen bedurfte es nicht mehr.

. . .

Absonderung

RGZ. 20, 133

1. Faustpfandrecht oder Zurückbehaltungsrecht an Hypothekenbriefen?

2. Wirksamkeit des einem Gläubiger vertragsmäßig eingeräumten Besitz- und Zurückbehaltungsrechtes an einem Hypothekenbriefe gegenüber der Konkursmasse des Einräumenden?

VI. Zivilsenat. Urt. v. 5. März 1888.

I. Landgericht Halle a. S. II. Oberlandesgericht Naumburg.

Durch Urkunde vom 27. April 1886 verpfändete der Kaufmann F. H., über dessen Vermögen im Juni 1886 der Konkurs eröffnet ist, eine für ihn eingetragene Hypothekenforderung von 3200 M. dem Beklagten zur Sicherung der Ansprüche desselben aus einer im Januar 1885 übernommenen Bürgschaft. Diese Verpfändung wird von der klagenden Konkursmasse auf Grund des § 23 KO. angefochten. Dem

Klagantrage entsprechend hat das Landgericht die Verpfändung der Klägerin gegenüber als rechtsunwirksam erklärt und den Beklagten zur Bewilligung der Einziehung der 3200 M. nebst Zinsen durch den Konkursverwalter, sowie zur Herausgabe der Hypothekenbriefes verurteilt. In zweiter Instanz setzte der Beklagte dieser Verurteilung die Behauptung entgegen, daß ihm schon im Januar 1885 an dem Hypothekenbriefe ein Retentionsrecht mit dinglicher Wirkung eingeräumt worden sei. Namentlich stellte er unter Beweis, er habe vor der Bürgschaftsübernahme von F. H. das Hypothekendokument mit der Abrede ausgehändigt erhalten, daß er dasselbe als Unterpfand für die Bürgschaft mit Ausschluß jeder Verfügung des F. H. bis zur völligen Erledigung der Bürgschaft in seinen Händen behalten solle. Das Berufungsgericht hat jedoch die Berufung zurückgewiesen, ohne den vom Beklagten über die Einräumung des Retentionsrechtes angetretenen Beweis zu erheben, indem es auf Grund der schon vorliegenden Umstände für festgestellt erachtet, daß die Willensübereinstimmung bei der behaupteten Abrede nicht auf Verpfändung der bloßen Urkunde, sondern auf eine — wegen Mangels der Schriftlichkeit ungültige — Verpfändung der Hypothekenforderung gerichtet gewesen sei.

Aus den Gründen:

„Von der Revision wird dem Vorderrichter vorgeworfen, die in dem Urteile des Reichsgerichtes vom 15. Mai 1886,

vgl. Entsch. des RG.s in Zivils. Bd. 16 S. 169,

dargelegten Rechtsgrundsätze über die rechtliche Natur des vertragsmäßigen Zurückbehaltungsrechtes verkannt und zugleich durch Nichterhebung des vom Beklagten angetretenen Beweises die §§ 259, 513 Nr. 7 ZPO. sowie den § 74 ALR. I, 4 verletzt zu haben. Eines näheren Eingehens auf diese Vorwürfe bedarf es jedoch nicht, da, auch wenn in den Ausführungen der Vorinstanz eine Gesetzesverletzung zu erkennen wäre, die angefochtene Entscheidung doch aus anderen Gründen aufrechterhalten werden müßte.

Daß der Beklagte an dem in seinen Händen befindlichen Hypothekenbriefe ein Pfandrecht nicht erworben hat, wird von der Revision anerkannt und erscheint unbedenklich. Denn Papiere, welche nicht selbständige Träger einer Obligation sind, sondern nur zum Beweise einer Forderung dienen, namentlich also auch Hypothekendokumente, können, wie das Reichsgericht wiederholt ausgesprochen hat, für sich allein wegen Mangels eines realisierbaren Vermögenswertes ebensowenig Gegenstand eines Faustpfandrechtes wie Gegenstand eines kaufmännischen Zurückbehaltungsrechtes im Sinne der Art. 313—315 HGB. sein.

Vgl. Entsch. des RG.s in Zivils. Bd. 3 S. 154, Bd. 10 S. 40, sowie auch Bd. 1 S. 187, Bd. 15 S. 58, 59, Bd. 17 S. 58.

Allerdings lassen sich auch Beweis- und Legitimationspapiere zur Sicherstellung eines Gläubigers in der Weise verwenden, daß dem Gläubiger an ihnen vertragsmäßig ein Besitz- und Zurückbehaltungsrecht eingeräumt wird. Damit erlangt indessen der Gläubiger kein Recht auf Befriedigung aus dem Gegenstande seiner Sicherstellung, sondern nur die Befugnis, die Herausgabe des Papieres dem Schuldner so lange vorzuenthalten, bis seine Befriedigung erfolgt ist.

Vgl. Entsch. des RG.s in Zivils. Bd. 16 S. 169flg.

Inwieweit von dieser Befugnis auch dritten Personen gegenüber Gebrauch zu machen, kann für die vorliegende Entscheidung unerörtert bleiben. Hier handelt es sich in erster Reihe um die Frage, ob ein derartiges Besitz- und Zurückbehaltungsrecht nach Eröffnung des Konkurses über das Vermögen des Schuldners gegenüber der Konkursmasse fortbesteht, und diese Frage muß auf Grund der Vorschriften der Reichskonkursordnung verneint werden.

Die Konkursmasse dient danach zur gemeinschaftlichen Befriedigung aller Konkursgläubiger und ist zum Zwecke dieser Befriedigung von dem Konkursverwalter zu verwerten (§§ 1, 2, 107flg. KO.). Sicherungs- und Vorzugsrechte aber, welche vom Gemeinschuldner einzelnen Konkursgläubigern an den zur Konkursmasse gehörigen Gegenständen eingeräumt waren, verlieren mit der Konkurseröffnung ihre Bedeutung, sofern nicht ihre fortdauernde Wirksamkeit in der Konkursordnung selbst oder in dem Einführungsgesetze dazu ausdrücklich anerkannt ist (§§ 3, 39flg., 54flg. KO., Einführungsgesetz §§ 4, 12—17). An solcher Anerkennung fehlt es für ein von dem Gemeinschuldner bestelltes Besitz- und Zurückbehaltungsrecht, auch wenn dasselbe durch Besitzeinräumung die Eigenschaft eines dinglichen Rechtes im Sinne des Allgemeinen Landrechtes erlangt haben sollte. Denn keineswegs können alle zur Sicherung eines Konkursgläubigers dienende Rechte, sofern sie nur nach Landesrecht den Charakter der Dinglichkeit haben, auch der Konkursmasse gegenüber geltend gemacht werden. Vielmehr hat die Reichsgesetzgebung diejenigen Sicherungsrechte, welche trotz der Konkurseröffnung ihre Wirksamkeit behalten sollen, speziell aufgeführt. Namentlich ist in § 40 KO. Gläubigern, welche an einer beweglichen körperlichen Sache des Gemeinschuldners ein — nach Zivilrecht gültiges — Faustpfandrecht haben, der Anspruch auf abgesonderte Befriedigung aus dem verpfändeten Gegenstande eingeräumt, während der § 41 ein gleiches Absonderungsrecht an einzelnen Sachen neun verschiedenen Klassen von Gläubigern gewährt, und zwar durchweg nur solchen Gläubigern, deren Ansprüche in einer unmittelbaren Beziehung zu jenen Sachen stehen. In diesem § 41 sind unter Nr. 5—8 auch einzelne Retentionsrechte aufgenommen worden. Damit ist allen sonstigen gesetzlichen Retentionsrechten die Wirksamkeit für das Konkursverfahren entzogen, wie dies aus den Worten und aus den Materialien des Gesetzes deutlich hervorgeht (vgl. Begründung zum Entwurfe der Konkursordnung S. 215, 216; Protokolle der Kommission S. 40, 41, 202—205).

Hiernach läßt sich angesichts der angezogenen Gesetzesvorschriften die Aufrechterhaltung eines vertragsmäßig bestellten Retentionsrechtes gegenüber der Konkursmasse in keiner Weise rechtfertigen. Können selbst die Faustpfandgläubiger und die ihnen gleichgestellten Absonderungsberechtigten gemäß § 117 KO. einer Verwertung der zu ihrer abgesonderten Befriedigung dienenden Gegenstände durch den Konkursverwalter nicht widersprechen, vielmehr ihre Rechte nur auf den Erlös geltend machen, so erscheint ohne weiteres die Annahme ausgeschlossen, daß ein Gläubiger, dem vom Gemeinschuldner nur ein Zurückbehaltungsrecht eingeräumt ist, auf Grund dieses Rechtes befugt sein sollte, bis zu seiner Befriedigung dem Verwalter den in seinen Händen befindlichen Bestandteil der Konkursmasse vorzuenthalten und dadurch die Verwertung der Konkursmasse unmöglich zu machen.

Vgl. v. Sarwey, Konkursordnung Anm. 1 zu § 40; Protokolle der Kommission S. 204, 205.

Da somit dem Beklagten, die Richtigkeit aller seiner Behauptungen vorausgesetzt, weder ein im Konkurse wirksames Retentionsrecht an dem H.schen Hypothekenbriefe noch ein Anspruch auf abgesonderte Befriedigung aus dem Erlöse der Hypothekenforderung des Gemeinschuldners zugestanden werden kann, stellt sich die vom Vorderrichter ausgesprochene Verurteilung nach allen Richtungen als gerechtfertigt dar."

RGZ. 23, 43

Wieweit ist der im Konkurse geschlossene Zwangsvergleich für die absonderungsberechtigten Gläubiger wirksam?

KO. §§ 39flg. 178 (47flg. 193 n. F.).

IV. Zivilsenat. Urt. v. 18. Februar 1889.

I. Landgericht Elbing. II. Oberlandesgericht Marienwerder.

Die Beklagte ließ am 26. Januar 1885 wegen einer rechtskräftig erstrittenen Forderung von 4488,99 M. gegen den Kläger auf dessen Gut eine Quantität Stahlschienen, verschiedenes Vieh und Fahrgeschirr pfänden. Zwei Tage später wurde über das Vermögen des Klägers der Konkurs eröffnet, aber bereits durch Zwangsvergleich vom 5. Juni 1885 mit 50 Prozent beendet.

Durch Beschluß des Amtsgerichtes zu Christburg vom 16. Mai 1888 ist auf Antrag der Beklagten eine Brandentschädigungsforderung an die Feuerversicherungsgesellschaft zu Schwedt in Höhe von noch 3066,85 M. und 179,30 M. für die Beklagte gepfändet und ihr zur Einziehung überwiesen. Von diesen Brandentschädigungsgeldern hat die Beklagte nach Erhebung der vorliegenden Klage 2300 M. ausgezahlt erhalten.

Kläger hält die Pfändung für unzulässig, da die Beklagte dem Zwangsvergleiche unterworfen sei und hat daher klagend beantragt:

den Pfändungs- und Überweisungsbeschluß vom 16. März 1888 aufzuheben und die Beklagte zu verurteilen, die empfangene Brandentschädigungssumme von 2300 M. nebst 5 Prozent Zinsen seit dem 12. April 1888 an Kläger, eventuell zur Hinterlegungsstelle, zu zahlen.

Die Beklagte hat dagegen geltend gemacht, daß sie durch die Pfändung vom 26. Januar 1885, und zwar nicht bloß auf jene Pfandobjekte, sondern überhaupt Absonderungsberechtigte geworden sei und als solche dem späteren Zwangsvergleiche nicht unterliege, vielmehr zu jeder Pfändung wegen ihrer ganzen Forderung berechtigt sei.

Das Landgericht zu Elbing hat die Beklagte nach dem Klagantrage verurteilt, das Oberlandesgericht zu Marienwerder dagegen auf die Berufung der Beklagten den Kläger abgewiesen. Der vom Kläger eingelegten Revision ist stattgegeben aus folgenden

Gründen:

„Der Berufungsrichter nimmt an, daß die Absonderungsberechtigten als solche bei dem Zwangsvergleichsverfahren nicht beteiligt sind. Dieser Satz läßt sich nicht beanstanden, wenn man die Worte „als solche“ dahin auffaßt: „soweit es sich um die Ausübung des Absonderungsrechtes handelt.“

Dagegen kann als richtig nicht anerkannt werden, was an diesen Satz angeschlossen wird, nämlich:

daß die Absonderungsberechtigten nur soweit, als sie überhaupt an dem Konkurse teilnehmen und aus der Konkursmasse Befriedigung erhalten wollen, mit ihren persönlichen Forderungen dem Akkorde unterworfen sind, daß sie nur unter Voraussetzung des Verzichtes oder eines Ausfalls zu den nicht bevorrechtigten Konkursgläubigern gehören und an dem Zwangsvergleiche teilnehmen.

Nach § 2 KO. ist Konkursgläubiger jeder persönliche Gläubiger, welcher einen zur Zeit der Eröffnung des Verfahrens begründeten Vermögensanspruch an den Gemeinschuldner hat. Darunter fällt ein persönlicher Gläubiger auch dann, wenn er einen Anspruch auf abgesonderte Befriedigung aus Gegenständen, welche zur Konkursmasse gehören, hat. Dieser Anspruch schließt das Recht, seine Befriedigung auch aus den übrigen zur Konkursmasse gehörigen Gegenständen zu suchen, an sich nicht aus.

Deshalb bestimmt der dritte Absatz des § 3 nicht, daß die Befriedigung der Absonderungsberechtigten, sondern daß die abgesonderte Befriedigung unabhängig von dem Konkursverfahren erfolgt.

Schon der § 3 ergibt klar, daß der Anspruch auf abgesonderte Befriedigung nur bestimmte Gegenstände, nur Teile der Konkursmasse ergreift. Noch deutlicher ist dies ausgedrückt in § 40, in welchem als Gegenstände, aus denen die Faustpfandgläubiger abgesonderte Befriedigung verlangen können, nur die verpfändeten Gegenstände bezeichnet werden, sowie aus § 41, in welchem überall durch die Worte „in Ansehung" die Bestandteile der Konkursmasse bezeichnet werden, deren Absonderung aus derselben der Berechtigte behufs seiner Befriedigung beanspruchen kann.

Dieser Anspruch aus bestimmten Bestandteilen der Masse mit Ausschluß der Konkursgläubiger, welchen ein solcher Anspruch auf diese Bestandteile nicht zusteht, Befriedigung zu suchen, besteht an sich neben dem Rechte, die Befriedigung aus den übrigen Bestandteilen zu verlangen; derselbe ist eine Erweiterung dieses Rechtes.

Da aber das Recht der absonderungsberechtigten Konkursgläubiger nur einzelne Bestandteile der Masse ergreift und da der Berechtigte nicht doppelte Befriedigung beanspruchen kann,

vgl. Motive zu § 57 in Hahn, Materialien S. 253,

nämlich einmal aus den abgesonderten Bestandteilen der Masse und sodann noch aus den übrigen Bestandteilen derselben, so ist als notwendiges Korrelat des weitergehenden Rechtes des Absonderungsberechtigten demselben das Recht, aus der übrigen Masse seine Befriedigung zu suchen, zwar nicht entzogen, wohl aber durch die Bestimmung des § 57 beschränkt:

daß derselbe die Forderung zur Konkursmasse zwar geltend machen, aus derselben aber nur für den Betrag verhältnismäßige Befriedigung verlangen kann, zu welchem er auf abgesonderte Befriedigung verzichtet, oder mit welchem er bei derselben ausgefallen ist.

Die hinzugefügte Voraussetzung:

wenn der Gemeinschuldner auch persönlich für sie haftet,

drückt gerade aus, daß dieses Recht ein Ausfluß der Eigenschaft des Absonderungsberechtigten als Konkursgläubigers ist.

Ob er von diesem Rechte Gebrauch machen will, hängt ganz ebenso, wie bei jedem anderen Konkursgläubiger, von seinem Willen ab. Wie jeder andere Konkursgläubiger, dessen Forderung nicht festgestellt ist oder für dessen Forderung ein vollstreckbarer Titel nicht vorliegt, falls er dem Verwalter die Erhebung der Feststellungsklage nicht binnen zwei Wochen nachweist, bei der vorzunehmenden Verteilung unberücksichtigt bleibt (§ 140), so trifft derselbe Nachteil auch den Gläubiger, welcher abgesonderte Befriedigung beansprucht, wenn er binnen derselben Frist dem Verwalter den Nachweis seines Verzichtes oder seines Ausfalles, bzw. den Nachweis, daß die Veräußerung des zur abgesonderten Befriedigung dienenden Gegenstandes betrieben wird, nicht führt und den Betrag des mutmaßlichen Ausfalles nicht glaubhaft macht (§ 141).

Wird aber von ihm zwar nicht der Nachweis des Verzichtes oder des Ausfalles, wohl aber der Nachweis des Betriebes der Veräußerung geführt und der Betrag des mutmaßlichen Ausfalles glaubhaft gemacht, so wird bei der Schlußverteilung ihm sein Anteil ganz ebenso zurückbehalten, wie jedem anderen Konkursgläubiger, dessen Forderung wegen erhobenen Widerspruches im Prozesse befangen ist (§ 155).

Endlich ergibt der § 88 in Verbindung mit § 169, daß der Absonderungsberechtigte keineswegs von der Mitwirkung bei dem Zustandekommen des Zwangsvergleiches ausgeschlossen ist, vielmehr soweit mitstimmt, als sein mutmaßlicher Ausfall reicht. Der Zwangsvergleich wird zwischen dem Gemeinschuldner und den nicht bevorrechtigten Konkursgläubigern geschlossen. Der Absonderungsberechtigte zählt aber nicht zu den bevorrechtigten Gläubigern (§ 54).

Alles dies führt mit Notwendigkeit zu der Folgerung, daß der Zwangsvergleich (im Unterschiede von den bevorzugten Konkursgläubigern) für und gegen die absonderungsberechtigten Konkursgläubiger ganz ebenso, wie gegen andere Konkursgläubiger, wirksam ist, mögen sie an dem Konkursverfahren und der Beschlußfassung über den Vergleich teilgenommen haben oder nicht (§ 178). Selbstverständlich bleibt das Recht auf abgesonderte Befriedigung aus den Bestandteilen der Masse bzw. dem Erlöse derselben (§ 117), in Ansehung derer sie das Absonderungsrecht haben, bestehen, soweit sie nicht darauf verzichtet haben. Denn diese Befriedigung erfolgt unabhängig von dem Konkursverfahren und daher auch unabhängig von dem in diesem Verfahren geschlossenen Vergleiche (§ 3 Abs. 2).

Die obige Ausführung stimmt auch mit den Motiven überein, aus welchen hervorzuheben ist:

Zu § 3 (Hahn, Materialien S. 57):

Die Absonderungsberechtigten können zugleich persönliche Gläubiger des Gemeinschuldners sein; in dieser Eigenschaft sind sie Konkursgläubiger.

Zu § 40 (Hahn, S. 201):

Der Entwurf beläßt den Pfandgläubigern das Recht, ihre etwaige persönliche Forderung als Konkursgläubiger geltend zu machen, soweit sie aus dem Pfande nicht oder nicht völlig befriedigt sind.

Zu § 57 (Hahn, S. 253). Das Absonderungsrecht berechtigt zur vorzugsweisen Befriedigung aus dem speziellen Gegenstande;

reicht dieser zur Befriedigung nicht hin, so ist die Forderung, des Absonderungsrechtes entkleidet, eine persönliche Forderung, wie jede Konkursforderung.

(Hahn, S. 254): Es liegt auf der Hand, daß jeder Absonderungsgläubiger bei der Geltendmachung seiner persönlichen Forderung zu der Konkursmasse denselben Vorschriften und denselben Beschränkungen unterworfen ist, wie sie für alle Konkursgläubiger gelten.

Vgl. auch die Kommentare von Wilmowski-Levy zu § 160 Note 4; zu § 178 Note 1, von Petersen zu § 160 Nr. 2.

Dies auf den vorliegenden Fall angewendet, so ist die in Rede stehende Forderung der Beklagten an den Kläger unzweifelhaft eine persönliche, die Beklagte also Konkursgläubigerin. Sie hatte aber durch die Pfändung vom 26. Januar 1885 ein Absonderungsrecht erworben, aber gemäß § 41 Nr. 9 der Konkursordnung nur in Ansehung der gepfändeten Stahlschienen und der sonstigen in dem Verzeichnisse des Gerichtsvollziehers verzeichneten Gegenstände. Die Forderung ist aber des Absonderungsrechtes dadurch entkleidet, daß, wie nach der Feststellung des Berufungsurteiles unstreitig ist, die Pfandstücke weder während des Konkurses noch nach demselben versilbert worden, sondern nach Beendigung desselben zum Teil verbrannt, zum Teil abhanden gekommen, bzw. beseitigt worden sind. Es verblieb der Beklagten nur dasselbe Recht, wie allen übrigen Konkursgläubigern, d. h. das Recht auf die Zwangsvergleichsquote.

Der Umstand, daß sie weder ihre Forderung im Konkurse geltend gemacht, noch auf ihr Absonderungsrecht verzichtet, noch sich bei dem Zwangsvergleichsverfahren beteiligt hat, ist nach § 178 unerheblich. Nur wegen der Akkordquote stand ihr auf Grund ihres vollstreckbaren Schuldtitels die Zwangsvollstreckung gegen den Kläger zu (§ 179).

Sie hat aber zugestanden, daß sie die bis zur Erhebung der Klage fälligen drei Raten mit zusammen 1422,09 M. erhalten hat, und nur eingewendet, daß sie dieselben als Abschlagszahlungen auf ihre Forderung angenommen habe. Sie hat ebenso nicht bestritten, daß sie aus den Brandentschädigungsgeldern 2300 M. ausgezahlt erhalten hat, und nur ins Nichtwissen gestellt, daß dies gerade am 12. April 1888 geschehen ist. Es rechtfertigt sich nach dem Obigen die vom Richter erster Instanz ausgesprochene Verurteilung der Beklagten zur Zahlung dieser 2300 M. nebst 5 Prozent Zinsen seit dem gedachten Tage durch § 207, 208, 194 ALR. I. 16 und § 129 Abs. 3 ZPO.

Es ist auch der Rechtsbehelf der Beklagten, daß Kläger nach Beendigung des Konkurses den Umfang ihres erworbenen Pfandrechtes durch Beiseiteschaffung der Pfandstücke verschuldet hat, in keiner Weise substanziert worden, und darauf, daß die Brandversicherungsforderung des Klägers an die Stelle der verbrannten Gegenstände getreten sei, hat Beklagte ein Recht an dieser Forderung nicht gestützt.

Nach allem Vorstehenden ist die Aufhebung des angefochtenen Urteiles und die Zurückweisung der Berufung geboten, welche die Beklagte gegen das auf Aufhebung des Pfändungs- und Überweisungsbeschlusses des Amtsgerichtes zu Christburg vom 16. März 1888 und auf Verurteilung der Beklagten zur Zahlung der auf Grund dieses Beschlusses erhobenen 2300 M. nebst Zinsen lautende Urteil erster Instanz eingelegt hat."

RGZ. 26, 110

Ist der Streit, ob eine Konkursforderung wegen der Pfandeigenschaft einer anderweitigen Deckung des Gläubigers bloße Ausfallsforderung ist, im Feststellungsverfahren zu erledigen? Keine Behandlung als Ausfallsforderung, wenn die anderweitige Deckung lediglich in einer Aufrechnungsbefugnis beruht. Gewährt § 44 (51 n. F.) KO. der Kreditgenossenschaft ein Absonderungsrecht am Geschäftsguthaben des Genossen für Forderungen an denselben aus erfolgter Kreditgewährung?

I. Zivilsenat. Urt. v. 5. Juli 1890.

I. Landgericht I Berlin. II. Kammergericht daselbst.

Die klagende Genossenschaft gewährt ihren Mitgliedern Kredit gegen Wechsel. Nach ihrem Statute geht die Mitgliedschaft bei Nichterfüllung der statutenmäßigen Verpflichtungen durch Gesellschaftsbeschluß verloren, insbesondere auch dann, wenn ein Mitglied es wegen Rückzahlung der erhaltenen Darlehen zur gerichtlichen Klage kommen läßt. Dem Mitgliede steht der Austritt am Ende des Rechnungsjahres nach dreimonatlicher Aufkündigung zu.

Im § 41 des Statutes heißt es:

„Jedes Mitglied erhält über seinen Geschäftsanteil (Guthaben) ein Buch, worin der Vorstand den Zugang bemerkt usw. Das Guthaben der Mitglieder haftet dem Vereine auch für einen etwaigen Ausfall, den derselbe im Konkurse eines Mitgliedes erleidet, und ist eine Kompensation des Guthabens gegen die Schulden zum Nachteile des Vereines nicht gestattet. Wenn ein Mitglied oder ein ausgeschiedenes Mitglied seine während der Mitgliedschaft entstandene Verpflichtung gegen den Verein nicht erfüllt, so ist der Verein indes berechtigt, jedes bei ihm befindliche Guthaben desselben oder von demselben vorhandene Effekten, gleichviel aus welchem Rechtsgrunde dieselben in den Besitz des Vereines gelangt oder für ihn zur Verfügung gestellt sind, kraft des ihm hiermit vertragsmäßig bestellten Pfandrechtes mit allen Rechten eines Pfandgläubigers zu seiner Deckung in Anspruch zu nehmen und durch Kompensation zu seiner Befriedigung zu verwenden, soweit die vorerwähnten Mittel dazu ausreichen. Es bleibt dem Vereine jedoch die Befugnis vorbehalten, sich nach seiner Wahl auch zunächst an die Person und das übrige Vermögen der säumigen Schuldner zu halten, ohne daß er auf sein Kompensations- und Pfandrecht zu verzichten verpflichtet ist."

R., Mitglied der Genossenschaft, verfiel in Konkurs. Die Genossenschaft meldete, ohne die eventuelle Deckung durch sein Geschäftsguthaben aufzugeben, zum Konkurse die Forderungen aus von demselben gegebenen Wechseln an. Der Konkursverwalter bestritt die Forderungen an sich nicht. Er wollte aber die Genossenschaft für ihre Befriedigung zunächst auf das Geschäftsguthaben des Gemeinschuldners bei der Genossenschaft verwiesen wissen, weil denselben an diesem Geschäftsanteile nach § 41 des Statutes wie auch ferner nach § 44 KO. ein Pfand-, bzw. Absonderungsrecht zustehe. Er bewilligte daher die Feststellung der Forderungen nur nach Höhe des nachzuweisenden Ausfalles am Pfande. Die Genossenschaft bestritt, daß ihr Recht, sich aus dem Geschäftsanteile zu befriedigen, die Natur eines die Anwendung des § 57 KO. begründenden Pfand- oder Absonderungsrechtes habe, und erhob Klage auf Feststellung der Forderungen in voller Höhe und ohne Beschränkung. Das Gericht erster Instanz trat dem Konkursverwalter bei, indem es wegen des § 41 des Statutes das Recht der Klägerin am Geschäftsguthaben des Genossen als Faustpfand, die Bestimmung in jenem Paragraphen, wonach die Genossenschaft sich ohne Einschränkung zunächst an das übrige Vermögen des Gemeinschuldners halten dürfe, aber für den Konkursfall wegen der zwingenden Vorschriften der Reichskonkursordnung als unwirksam erachtete. Das Berufungsgericht verurteilte dagegen den Konkursverwalter gemäß der Klage, aber lediglich von der Rechtsansicht aus, daß der Konkursgläubiger, sobald die angemeldete Forderung selbst nicht bestritten werde, ein Recht auf eine uneingeschränkte Feststellung derselben habe und der Streit darüber, ob die Befriedigung nach der vollen Höhe der Forderung oder wegen eines vorhandenen Pfandes nur in Höhe des Ausfalles zu erfolgen habe, erst im Verteilungsverfahren zu erledigen sei.

Das Reichsgericht hat das Berufungsurteil aufrechterhalten aus folgenden

Gründen:

„Stellt man sich auf den Boden, daß der Klägerin an dem Geschäftsguthaben des Gemeinschuldners als Genossen, sei es nach § 41 des Genossenschaftsstatutes oder nach § 44 KO., ein Faustpfandrecht oder Absonderungsrecht wegen der von ihr im Konkurse angemeldeten Wechselforderungen in der Tat zusteht, so durfte der Konkursverwalter allerdings verlangen, daß die Feststellung der Forderungen lediglich als Aufallsforderungen erfolge, und der unbeschränkten, von dieser Maßgabe absehenden Feststellung widersprechen. Die entgegengesetzte Ansicht des Berufungsgerichtes, welche dahin geht, daß die Erörterung, ob ein solches Pfand- oder Absonderungsrecht für die angemeldeten Forderungen bestehe, nicht für die Feststellung der Forderungen, die an sich nicht bestritten seien, sondern erst für die Verteilung der Konkursmasse interessiere, und welche das Berufungsgericht dahin geführt hat, von einer materiellen Entscheidung über den eigentlichen Streit der Parteien abzusehen, erscheint nicht begründet. Es wird dabei die grundsätzliche Verschiedenheit der beiden Fragen verkannt, einmal, ob bei einer wegen Vorhandenseins eines besonderen Deckungsobjektes als Ausfallsforderung gemäß § 57 KO. zu charakterisierenden Konkursforderung der Gläubiger schon auf die Deckung verzichten oder letztere realisiert haben müsse, um überhaupt die Forderung als Konkursforderung, letzterenfalls in Höhe des ungedeckt gebliebenen Restes, zur Feststellung bringen zu können, und andererseits, ob der Streit über die Natur der Forderung als bloßer Ausfallsforderung, weil ein anderes in den Händen des Gläubigers befindliches Objekt zu der Forderung als eine herauszugebende oder zunächst zur Befriedigung heranzuziehende Deckung in Beziehung stehe, in das Feststellungsverfahren gehöre.

Die erstere Frage ist es, die vom Reichsgerichte in dem seitens des Berufungsgerichtes angezogenen Urteile des III. Zivilsenates vom 29. Januar 1884 Rep. 262/83, vgl. Jurist. Wochenschrift Jahrg. 13 S. 89, und ebenso in dem Urteile des I. Zivilsenates vom 27. Februar 1889 Rep. 332/88 i. S. Sch. w. B. als V.scher Konkursverwalter verneint worden ist. Es kann demnach eine Forderung einfach als Ausfallsforderung angemeldet werden, ohne daß schon zur Zeit der Anmeldung oder Feststellung auf das besondere Deckungsobjekt verzichtet zu werden oder der Ausfall festzustehen braucht. Dagegen muß die zweite Frage bejaht werden. Ob mit der angemeldeten Forderung ein in den Händen des Gläubigers befindlicher Gegenstand als Deckung derartig in Verbindung steht, daß der Gläubiger nicht neben der Vorenthaltung dieses Gegenstandes die Konkursdividende für die volle Forderung beanspruchen kann, dies berührt die Bedeutung der Forderung für den Konkurs überhaupt, nicht speziell bloß für die Verteilung. Dies ergibt sich deutlich daraus, daß bereits für das Stimmrecht in den Gläubigerversammlungen, also für den Einfluß der Konkursgläubiger auf die Verwaltung, die Ausfallsforderungen anders als die unbeschränkten Forderungen behandelt werden (§ 88 KO.), die hier dem Gerichte vorbehaltene Entscheidung über das Stimmrecht nach Höhe des mutmaßlichen Ausfalles aber immer die Erledigung eines vorhandenen Streites darüber, ob die Forderung lediglich eine Ausfallsforderung ist, voraussetzt.

Die Revision mußte indessen zurückgewiesen werden, weil eine Beziehung des Geschäftsguthabens des Gemeinschuldners bei der Klägerin zu den von dieser angemeldeten Forderungen, vermöge deren ein Pfand- oder Absonderungsrecht derselben wegen dieser Forderungen an dem Geschäftsguthaben bestände, nicht existiert.

Ein vertragsmäßiges Faustpfandrecht entsprechend § 40 KO. hat durch die Festsetzung im § 41 des Genossenschaftsstatutes nicht begründet werden können, weil dazu nach § 15 Ziff. 2 des Einführungsgesetzes zur Konkursordnung gehören würde, daß der Pfandgläubiger die über die Forderung oder das Vermögensrecht ausgestellte Urkunde erlangt hätte. Von dem über den Geschäftsanteil des Genossen auszustellenden Buche heißt es aber gerade in dem § 41 des Statutes, welcher die Pfandbestellung in betreff des Mitgliedguthabens ausspricht, daß der Genosse dasselbe erhalte. Da es sich um eine allgemeine statutarische Festsetzung für das Verhältnis zu allen Genossen handelt, so erscheint eine durch keinen besonderen Umstand nahe gelegte weitere Ermittelung, ob etwa der Gemeinschuldner sein Buch der Klägerin wieder zurückgegeben habe, nicht angezeigt.

Der § 44 KO. erscheint auf das vorliegende Verhältnis unanwendbar. Für sein Verständnis ist seine Beziehung zu § 14 KO. von Bedeutung. Beide Bestimmungen beruhen auf dem Gedanken, daß bei einer vorhandenen Gemeinschaft als Anteil des Teilnehmers, der zu seiner Konkursmasse zu fließen hat, nur der Nettoanteil und nicht der Bruttoanteil anzusehen ist, indem nur das, was ihm nach Abzug der ihn auf Grund der Gemeinschaft treffenden Verbindlichkeiten rein verbleibt, den Gegenstand des berechtigten Zugriffes seiner Privatgläubiger bilden soll. Um dieser Auffassung die Geltung im weitesten Umfange zu sichern, ist den Mitteilnehmern auch für die persönlichen Forderungen, welche ihnen zum Zwecke der erforderlichen Ausgleichung auf Grund des Gemeinschaftsverhältnisses gegen den in Konkurs verfallenen Teilnehmer erwachsen, wie Regreßforderungen infolge über das Maß der internen Beitragspflicht geschehener oder drohender Heranziehung zur Zahlung von die Gemeinschaft angehenden Schulden, Ersatzforderungen für Verwendungen zum Gemeinschaftszwecke und ähnliche Forderungen, ein Absonderungsrecht in betreff des Gemeinschaftsanteiles des Gemeinschuldners durch § 44 KO. gewährt. Auch diese zur Ausgleichung erforderlichen Leistungen gelten als Lasten, nach deren Abzug erst sich der reine, für Privatgläubiger verfügbare Anteil des Gemeinschuldners an der Gemeinschaft ergibt.

Vgl. die Begründung des Entwurfes einer Konkursordnung in Hahn, Materialien zur Konkursordnung S. 214.

Daraus ergibt sich, daß unter den „auf ein solches Verhältnis sich gründenden Forderungen“ im Sinne des § 44 a. a. O. nicht Forderungen zu verstehen sein können, welche sich darauf gründen, daß der in Konkurs verfallene Teilnehmer aus einem von der Gesellschaft oder Gemeinschaft in Betätigung ihres Unternehmens mit ihm unterhaltenen Geschäftsverkehre Schuldner derselben geworden ist .... Hätte der Gemeinschuldner nun auch die Darlehen, über welche die Wechsel gegeben sind, nicht bekommen, wenn er nicht Mitglied der Genossenschaft gewesen wäre, und war es auch gerade der Zweck der Genossenschaft, ein Bankgeschäft behufs gegenseitiger Beschaffung der in Gewerbe und Wirtschaft nötigen Geldmittel auf gemeinschaftlichen Kredit zu betreiben, so beruht der Rechtsgrund für die Forderungen aus den gegebenen Darlehen immer nur auf der Hingabe der Darlehen. *Lediglich entsprechend diesem Rechtsgrunde behandelt die* Genossenschaft solche Forderungen. Sie werden in die Bilanzen, auf Grund deren die Höhe der Geschäftsguthaben der Mitglieder ermittelt wird, wie andere Aktiva eingesetzt. In der Bilanz, auf Grund welcher die Auseinandersetzung der Genossenschaft mit dem infolge seines Konkurses ausscheidenden Genossen erfolgt, ist die Forderung aus Darlehnsgewährungen an den Genossen wie jedes zweifelhaft oder ganz oder teilweise uneinbringlich gewordene Aktivum zu behandeln, und der ausscheidende Genosse trägt seinen genossenschaftlichen Anteil an diesem Verluste, indem sein Guthaben sich entsprechend vermindert oder er an einem sich herausstellenden Fehlbetrage zur Deckung der Genossenschaftsschulden seinen Anteil zu zahlen verpflichtet wird. Freilich äußert der Verlust an der betreffenden Darlehnsforderung seine Einwirkung auch auf die Geschäftsguthaben der übrigen Genossen und eventuell auf den Umfang ihrer Solidarverpflichtungen, aber doch nicht anders wie jeder Geschäftsverlust. Dafür bleibt eben auch die Darlehnsforderung bestehen und kann von der Genossenschaft in jeder zulässigen Weise, insbesondere auch, indem das Geschäftsguthaben des Gemeinschuldners, wie es sich bei der Auseinandersetzung herausstellt, auf die Forderung aufgerechnet wird, geltend gemacht werden. Zur Gewährung eines Absonderungsrechtes an diesem Guthaben, weil das Darlehn, auf dessen Hingabe an den Genossen sich die Genossenschaftsforderung gründet, aus Anlaß des Mitgliedsverhältnisses oder auch auf Grund einer Verpflichtung der Genossenschaft wegen ihres statutarischen Zweckes gewährt worden ist, fehlt es gerade bei den umfassenden Befugnissen zur Aufrechnung, welche die Reichskonkursordnung dem Gläubiger gewährt, auch an einem ersichtlichen Interesse. Jedenfalls ist aber die Verpflichtung des Genossen zur Rückgewähr des empfangenen Darlehns ihrem Rechtsgrunde nach nur eine Schuld gegen die Genossenschaft als Darlehnsgeberin und Darlehnsgläubigerin. Sie ist weder ausschließlich noch zugleich im Hinblick auf die übrigen Genossen genossenschaftliche Verpflichtung, behufs Vermeidung von Verlusten für diese das empfangene Darlehn an die Genossenschaft zurückzuzahlen. Es bedarf deshalb nicht noch der weiteren Erörterung, ob denn überhaupt nach der allgemeinen rechtlichen Natur der Erwerbs- und Wirtschaftsgenossenschaft und dem Wesen der als Geschäftsanteil bei derselben bezeichneten Rechte sich entsprechend § 44 KO. das Verhältnis als ein Miteigentum, eine Gesellschaft oder eine Gemeinschaft, in welcher sich die Genossenschaft zu dem Genossen befindet, auffassen läßt.

Danach ist aber die Entscheidung im Sinne des Klaganspruches gerechtfertigt. Der Konkursverwalter hat eine Aufrechnung des Geschäftsguthabens gegen die angemeldeten Forderungen nicht geltend gemacht, wie denn auch gar nicht zur Erörterung gebracht ist, ob die für eine Realisierbarkeit des Guthabens erforderliche Voraussetzung einer Beendigung der Mitgliedschaft des Gemeinschuldners, sei es durch Ausschluß desselben seitens der Genossenschaft oder infolge Kündigung seitens des Konkursverwalters in Anwendung des § 16 des Genossenschaftsgesetzes vom 4. Juli 1868, vorliegt. Deshalb bedarf es keiner Entscheidung, ob der statutarische Ausschluß der Aufrechnungsbefugnis des Genossen im Falle des Konkurses desselben seine Wirksamkeit verlieren könnte. Klägerin ist zu bindenden Erklärungen, ob und wie sie aufrechnen will, bei Betreibung der Feststellung ihrer Forderungen nicht verbunden, noch hat die Feststellung die eventuellen Einwirkungen solcher Aufrechnung auszusprechen. Die Aufrechnungsbefugnis der Klägerin hindert dieselbe nicht, ihre Forderungen zum vollen Betrage im Konkurse zur Feststellung zu bringen, und es geht ihr die Aufrechnungsbefugnis bloß hierdurch sowenig wie im Falle der Einklagung der Forderungen und der Erlangung eines verurteilenden Erkenntnisses verloren.

Vgl. v. Sarwey, Kommentar zur Reichskonkursordnung 2. Aufl. S. 436; v. Wilmowski, Kommentar 4. Aufl. S. 225; Petersen und Kleinfeller, Kommentar 2. Aufl. S. 242 und die dort Angeführten.

Doch soll zur Vermeidung irrtümlicher Auffassungen über die Tragweite des klägerischen Erfolges im vorliegenden Prozesse hervorgehoben werden, daß mit diesem Urteile auch nicht der Klägerin eine Aufrechnungsbefugnis in der Weise zuerkannt wird, daß sie bei vorhandener oder bevorstehender Realisierbarkeit des Geschäftsguthabens des Gemeinschuldners, statt zunächst mit demselben aufzurechnen und die Konkursdividende nur in Höhe des Ausfalles zu erheben, die Konkursdividende von der vollen Forderung erheben und für den Ausfall Deckung mittels der Aufrechnung nehmen könnte. Hierüber ist hier nicht zu entscheiden, weil bei vorhandener Kompensationslage anders, als bei vorhandenem Absonderungsrechte, die Erhebung einer Konkursdividende von der Geltendmachung der Aufrechnung oder einem ausdrücklichen Verzichte auf dieselbe nicht abhängig ist, während indessen nicht ausgeschlossen ist, daß der Gläubiger vermöge eines Verhaltens, welches mit der Fortdauer des Rechtes zur Aufrechnung unvereinbar ist, letztere verliert. Klägerin wird daher erwägen müssen, ob es nicht der Bedeutung des Konkurses und seinem Zwecke sowie auch dem Wortlaute des § 46 KO. entspricht, daß ohne Rücksicht auf entgegenstehende Vertragsfestsetzungen bei entsprechend den Voraussetzungen der §§ 46flg. vorhandener Kompensationslage nur für den durch Aufrechnung nicht gedeckten Forderungsbetrag die Konkursdividende erhoben und nicht umgekehrt für den Ausfall im Konkurse Deckung mittels der Aufrechnung gefordert werden kann,

vgl. Blätter für Genossenschaftswesen Jahrg. 1887 Nr. 45 S. 309; Parisius & Crüger, Das Reichsgesetz betr. die Erwerbs- und Wirtschaftsgenossenschaften vom 1. Mai 1889 S. 248 Note 7; v. Sarwey, a. a. O. S. 437,

und ob demnach nicht zur Vermeidung des Verlustes des Aufrechnungsrechtes überhaupt oder doch unter Umständen, insbesondere wenn es sich um die Erhebung von Dividenden aus der Konkursmasse handelt, während der Betrag des Geschäftsguthabens noch nicht liquide ist, besondere Vorkehrungen erforderlich sind.

Vgl. v. Völderndorff, Kommentar zur Reichskonkursordnung Bd. 1 S. 569; Petersen und Kleinfeller, a. a. O. S. 242; v. Wilmowski, a. a. O. S. 223 Note 4 S. 225 Note 2.“

RGZ. 78, 71 †

1. Gewährt eine Vormerkung zur Sicherung des Anspruchs auf Einräumung einer Hypothek ein Absonderungsrecht im Konkurse?
2. Unter welchen Voraussetzungen kann ein absonderungsberechtigter Gläubiger nach Beendigung des Konkurses Zahlung der Zwangsvergleichsquote beanspruchen?
3. Erfüllung einer nicht bestehenden Verbindlichkeit, die einer auf den Anstand zu nehmenden Rücksicht entsprach.

KO. §§ 47, 64, 193. BGB. § 814.

V. Zivilsenat. Urt. v. 6. Dezember 1911.

I. Landgericht Potsdam. II. Kammergericht Berlin.

Am 17. Juli 1908 wurde in das Grundbuch von L. Bd. XIII Bl. 544 für die Firma B. auf Grund einstweiliger Verfügung eine Vormerkung zur Sicherung des Anspruchs auf Einräumung einer Sicherungshypothek in Höhe von 30895,50 M. nebst 32,80 M. Kosten für eine Restforderung der Firma gegen den Grundstückseigentümer Karl N., Inhaber der Firma Gebr. N., eingetragen. Über das Vermögen dieser Firma wurde am 23. Juli 1908 der Konkurs eröffnet. Die Firma B. trat demnächst ihre Forderung sowie ihre Rechte aus der Vormerkung an den Kläger ab. Die Abtretung wurde ins Grundbuch eingetragen. Die Forderung wurde zum Konkurse angemeldet und „in Höhe des

Ausfalls" festgestellt; auch wurde die Abtretung an den Kläger in der Tabelle vermerkt. Es kam dann ein Zwangsvergleich zustande, wonach die Konkursgläubiger 40% ihrer Forderungen erhalten sollten. Entsprechend dieser Quote erhielt der Kläger 20% seiner Forderung mit 6191,79 M. im Januar 1909 und je 10% mit 3095,80 M. im April und Juli 1909 von Karl N. gezahlt. Inzwischen war am 9. Januar 1909 das Eigentum an dem genannten Grundstücke auf die Beklagte, Firma Gebr. N., Gesellschaft m. b. H., auf Grund Auflassung Karl N.s, der Geschäftsführer der Beklagten geworden war, übergegangen. Nach jeder Zahlung schrieb der Kläger sowohl an Karl N. als auch an die Beklagte, daß er den gezahlten Betrag „als Sicherung gegen seine Ansprüche aus der von B. erworbenen Forderung gegen Karl N. bzw. die Firma Gebr. N. gutschreibe, indem er sich alle Rechte daraus sowie aus der wegen der Forderung im Grundbuch eingetragenen Vormerkung vorbehalte".

Der Kläger verlangte Verurteilung der Beklagten zur Bewilligung, daß auf ihr Grundstück für ihn eine Sicherungshypothek in Höhe von 18608,36 M. mit demselben Range wie die Vormerkung eingetragen werde. Er machte geltend, ihm sei, nachdem er von Karl N. die Zahlungen von zusammen 12383,39 M. erhalten habe, noch eine Restforderung von 18608,36 M. verblieben; die Beklagte sei als jetzige Grundstückseigentümerin auf Grund der Vormerkung zur Einwilligung in die Eintragung der Sicherungshypothek für den Restbetrag verpflichtet.

Der erste Richter verurteilte die Beklagte, zuzustimmen, daß die Sicherungshypothek von 18608,36 M. für den Kläger auf ihr Grundstück eingetragen werde. Die Berufung hatte keinen Erfolg. Auch die Revision der Beklagten wurde zurückgewiesen.

Aus den Gründen:

. . .

Jedoch von einem anderen rechtlichen Gesichtspunkte aus ist die Entscheidung des Berufungsrichters aufrecht zu erhalten. Nach § 47 KO. dienen die der Zwangsvollstreckung in das unbewegliche Vermögen unterliegenden Gegenstände zur abgesonderten Befriedigung für diejenigen, welche ein Recht auf Befriedigung aus den Gegenständen zusteht. Die für den Kläger eingetragene Vormerkung zur Sicherung des Anspruchs auf Einräumung einer Sicherungshypothek, auf Grund deren der Kläger gemäß § 24 KO. auch vom Konkursverwalter Befriedigung des gesicherten Anspruchs verlangen konnte, gewährte dem Kläger, wie sich aus § 10 Nr. 4 in Verbindung mit § 48 ZwVG. ergibt, ein, allerdings durch das Bestehen des gesicherten Anspruchs bedingtes, Recht auf Befriedigung aus dem mit der Hypothekenvormerkung belasteten Grundstücke und somit ein Absonderungsrecht. Nach § 64 KO. konnte der Kläger seine Forderung gegen den Gemeinschuldner, wofür die Hypothekenvormerkung bestand, zwar zur Konkursmasse geltend machen, also sie zur Konkursmasse anmelden und zur Feststellung bringen lassen,

vgl. Entsch. des RG.s in Zivils. Bd. 22 S. 154, Bd. 26 S. 112;

aber (verhältnismäßige) Befriedigung aus der nicht zur abgesonderten Befriedigung dienenden Konkursmasse konnte er nur für den Betrag verlangen, zu dem er auf abgesonderte Befriedigung verzichtete oder mit dem er bei dieser ausgefallen war. Der Kläger hat seine Forderung zur Konkursmasse angemeldet. Sie ist „in Höhe des Ausfalls" festgestellt. Der Kläger hätte daher während Schwebens des Konkursverfahrens, *sofern er nicht auf die Rechte aus der Vormerkung* verzichtete, nur wegen des Betrages seiner Forderung, mit dem er bei der Zwangsversteigerung des Grundstücks ausgefallen gewesen wäre, vom Konkursverwalter bei der von ihm vorzunehmenden Verteilung an die Konkursgläubiger anteilsmäßige Zahlung beanspruchen können (§§ 153, 156 KO.). Durch den Zwangsvergleich wurden diese Beschränkungen des Rechts auf Befriedigung aus dem der abgesonderten Befriedigung nicht unterliegenden Vermögen des Gemeinschuldners nicht beseitigt. Die in der Rechtslehre vereinzelt vertretene Meinung, die Vorschrift des § 64 KO. gelte nur für die Dauer des Konkursverfahrens, nach Beendigung des Verfahrens durch Zwangsvergleich könne der absonderungsberechtigte Gläubiger von dem bisherigen Gemeinschuldner unbedingt Zahlung der Zwangsvergleichsquote von seiner ganzen Forderung beanspruchen und wegen des weiteren Betrages der Forderung Befriedigung aus dem mit dem Absonderungsrechte belasteten Gegenstande suchen, ist unzutreffend. Für die Konkursgläubiger trat die Zwangsvergleichsquote an die Stelle des Anteils an der unter die Konkursgläubiger zu verteilenden Masse, und wenn der Anspruch auf den Anteil von einer Bedingung abhängig war, haftete auch dem Anspruche auf die Zwangsvergleichsquote diese Bedingung an. Da der Anspruch des absonderungsberechtigten Gläubigers auf den genannten Anteil durch Verzicht auf das Absonderungsrecht oder durch Ausfall bedingt war, stand auch sein Anspruch auf die Zwangsvergleichsquote unter dieser Bedingung. Zwar wurde das Recht, welches das Absonderungsrecht gewährte, durch den Zwangsvergleich nicht berührt (§ 193 Satz 2 KO.). Aber daraus folgt nur, daß der Gläubiger wegen seines Rechtes aus dem mit diesem belasteten Gegenstande in voller Höhe Befriedigung suchen konnte. Dagegen konnte er Zahlung der Zwangsvergleichsquote verlangen und ihretwegen Befriedigung aus dem sonstigen Vermögen des früheren Gemeinschuldners erst dann suchen (§ 194 KO.), wenn die vorbezeichnete Bedingung eingetreten war, er also auf das fragliche Recht verzichtet hatte oder beim Nachsuchen der Befriedigung aus dem für das Recht haftenden Gegenstande ausgefallen war.

Vgl. Entsch. des RG.s in Zivils. Bd. 5 S. 394, Bd. 6 S. 66, Bd. 23 S. 45; Gruchot's Beitr. Bd. 54 S. 1174.

Vorliegend stand hiernach dem Kläger, als der Gemeinschuldner an ihn die Zwangsvergleichsquote in drei Teilzahlungen entrichtete, ein Anspruch auf die Zwangsvergleichsquote nicht zu. Denn der Kläger hatte auf die Hypothekvormerkung nicht verzichtet und Befriedigung aus dem belasteten Grundstücke überhaupt noch nicht gesucht; die Bedingung für den Anspruch auf die Zwangsvergleichsquote war also noch nicht eingetreten. Karl N. hat mithin tatsächlich eine nicht bestehende Schuld bezahlt.

Trotzdem jedoch ist der von der Beklagten auf Grund der Abtretung Karl N.s geltend gemachte Anspruch auf Rückzahlung für unbegründet zu erachten. Hätte allerdings N. etwa in der Erwartung die Zahlungen geleistet, daß der Kläger auf die Vormerkung verzichten werde, so könnte in Frage kommen, ob nicht deswegen, weil der Kläger nicht verzichtet hat, vielmehr die Vormerkung im vorliegenden Rechtsstreite gegen die Beklagte als jetzige Eigentümerin des belasteten Grundstücks verfolgt, ein Rückforderungsrecht nach § 812 BGB. gegeben wäre.

Vgl. Entsch. des RG.s in Zivils. Bd. 71 S. 316, Bd. 75 S. 146.

Nach dieser Richtung sind aber von der Beklagten Behauptungen nicht aufgestellt worden, und der Annahme einer Zahlung in Erwartung des Verzichts steht auch entgegen, daß N., wiewohl sich der Kläger nach jeder Zahlung ausdrücklich seine Rechte aus der Vormerkung vorbehalten hatte, weitere Teilzahlungen auf die Zwangsvergleichsquote geleistet hat. Anderseits würde, wenn N. gewußt hätte, daß er zu den Zahlungen nicht verpflichtet sei, die Rückforderung gemäß § 814 Halbsatz 1 BGB. ausgeschlossen sein. Eine solche Kenntnis ist jedoch vom Kläger nicht behauptet worden, und da der Berufungsrichter auch unterstellt, daß N. beabsichtigt habe, durch die Zahlung der Zwangsvergleichsquote die ganze Forderung des Klägers zu tilgen, so ist davon auszugehen, daß N. in dem irrtümlichen Glauben gewesen ist, er sei gegenüber dem Kläger ebenso wie gegenüber den anderen Konkursgläubigern zur Zahlung der Zwangsvergleichsquote verpflichtet.

Aber nach der Sachlage folgt aus § 814 Halbsatz 2 BGB., daß das Gezahlte nicht zurückgefordert werden kann. Das Reichsgericht hat ausgesprochen, daß der Teilerlaß der Forderung durch den Zwangsvergleich eine natürliche Verbindlichkeit zurücklasse,

vgl. Gruchot's Beitr. Bd. 54 S. 1174; Jur. Wochenschr. 1909 S. 331 Nr. 6,

und daß, wenn der frühere Gemeinschuldner diese natürliche Verbindlichkeit erfülle, er einer Anstandspflicht genüge, die nach der genannten Vorschrift eine Rückforderung ausschließe.

Vgl. Jur. Wochenschr. 1909 S. 361 Nr. 6.

Vorliegend hat der frühere Gemeinschuldner N. allerdings nicht eine Zahlung über die Zwangsvergleichsquote hinaus an den Kläger geleistet. Aber er hat doch einen Betrag, den der Kläger auf seine bestehende und an sich auch fällige Forderung schließlich immer erhalten mußte, durch Zahlung der Zwangsvergleichsquote nur vorzeitig geleistet. Selbst wenn nämlich der Kläger bei Durchführung der Vormerkung gar keine Befriedigung aus dem belasteten Grundstück erlangte, hatte er Anspruch auf den Betrag der gezahlten Zwangsvergleichsquote, da N. ihm diese nunmehr von der gänzlich ausgefallenen Forderung entrichten mußte. Daher entsprach es einer auf den Anstand zu nehmenden Rücksicht, daß, als an die andern Konkursgläubiger die Zwangsvergleichsquoten gezahlt wurden, auch der Kläger den Betrag der Zwangsvergleichsquote gezahlt erhielt, wiewohl er die Vormerkung noch nicht zur Durchführung gebracht hatte und wiewohl, wenn er demnächst Befriedigung aus dem Grundstück suchte, ein Ergebnis möglich blieb, wonach er keinen Ausfall erlitt oder doch der Ausfall sich so gering stellte, daß die von N. hiernach zu entrichtende Zwangsvergleichsquote den bereits gezahlten Betrag nicht erreichte. Allerdings ist, da davon auszugehen ist, daß N. die Zwangsvergleichsquote in dem Glauben, dazu verpflichtet zu sein, gezahlt hat, die Absicht N.s nicht als auf Erfüllung einer Anstandspflicht gerichtet zu erachten. Zur Anwendung des § 814 Halbsatz 2 BGB. ist aber nicht erforderlich, daß der Leistende von der Absicht geleitet worden ist, durch die Leistung einer Anstandspflicht zu genügen. Dies erhellt daraus, daß, wenn der Leistende, wissend, daß er zur Leistung nicht verpflichtet sei, nur aus Anstandsgefühl leistet, die Rückforderung schon nach § 814 Halbsatz 1 ausgeschlossen ist. Die Bedeutung des § 814 Halbsatz 2 ist vielmehr, daß das zum Zwecke der Erfüllung einer Verbindlichkeit Geleistete nicht zurückgefordert werden kann, wenn zwar die als rechtlich wirksam vorgestellte Pflicht zur Leistung in Wahrheit nicht bestand, aber doch die Leistung nach den obwaltenden Umständen (objektiv) aus Sittlichkeits- oder Anstandsrücksichten geboten war. Demnach steht der Beklagten ein Anspruch auf Rückzahlung der von N. an den Kläger geleisteten Zwangsvergleichsquote nicht zu. Im Endergebnis hat daher der Berufungsrichter die Zurückbehaltungseinrede wegen dieses Anspruchs mit Recht zurückgewiesen.“ ...

RGZ. 80, 407

Zur Frage der Einwirkung eines Zwangsvergleichs auf eine im Konkurs aufrechenbare Forderung. Ist es von Bedeutung, ob die Auf-

rechnung vor dem Zwangsvergleich oder vor der Beendigung des Konkurses erklärt wird?

KO. §§ 53, 54, 193.

II. Zivilsenat. Urt. v. 15. November 1912.

I. Landgericht I Berlin. II. Kammergericht daselbst.

In einer Urkunde vom 11. Mai 1894 hatte der Beklagte der Kommanditgesellschaft S. & Cie. versprochen, einen Betrag von 25000 M., den er für Rechnung der Gesellschaft empfangen habe, am 1. Juli 1895 zurückzuzahlen. Als Rechtsnachfolger der Firma S. & Cie., auf Grund einer Abtretungserklärung vom 11. Januar 1901, erhob der Kläger Klage auf Zahlung von 25000 M. nebst Zinsen. Der Beklagte machte außer anderen Einwendungen die Aufrechnung mit Wechselforderungen geltend, die ihm gegen die Firma S. & Cie., die Zedentin des Klägers, entstanden seien.

Das Weitere ergibt sich aus den

Gründen:

„Was die geltend gemachte Aufrechnung anbelangt, so kommt in Betracht, daß nach der Feststellung des Berufungsgerichts das Konkursverfahren über das Vermögen der Firma S. & Cie. am 8. Februar 1896 eröffnet und am 2. Dezember 1898 durch Beschluß des Konkursgerichts beendigt worden ist infolge des Zwangsvergleichs vom 6. Juli 1898, wonach die Konkursgläubiger nur 10% ihrer Forderungen erhielten, und zwar 5% am 21. Dezember 1898, 1% am 21. Dezember 1900 und je 2% an dem gleichen Tage der Jahre 1901 und 1902. Der Beklagte will nun gegen die Klageforderung aufrechnen seine Forderungen gegen die Firma S. & Cie. aus 16 in dem Tatbestande des angegriffenen Urteils einzeln aufgeführten, von der genannten Firma akzeptierten, sämtlich im Laufe des Jahres 1894 fällig gewordenen Wechseln.

1. Für die unter Nr. 11 und 12, sowie unter Nr. 15 aufgeführten drei Wechsel über je 5000 M. nimmt das Berufungsgericht an, daß der Beklagte schon vor der Eröffnung des Konkurses über das Vermögen der Firma S. & Cie. das Gläubigerrecht als Inhaber der Wechsel unbedingt erlangt hatte. Danach standen die Forderungen des Beklagten aus diesen Wechseln schon zur Zeit der Konkurseröffnung der Klageforderung nach dem damals für die Aufrechnung geltenden preußischen Allgemeinen Landrechte (§§ 302flg. ALR. I. 16) als aufrechenbare gegenüber. Das Berufungsgericht folgert daraus, daß der Beklagte diese Forderungen in voller Höhe aufrechnen kann, ungeschmälert durch den Zwangsvergleich vom 6. Juli 1898, und es hat demnach die Aufrechnung in betreff der Wechsel unter Nr. 11 und 12 für die im Konkurse festgestellten Beträge von 3524,45 M.

und 3524,40 M. insgesamt also für 7048,85 M., wegen des Wechsels unter Nr. 15 für den vom Beklagten selbst im Konkursverfahren ermäßigten Betrag von 4294,90 M. für gerechtfertigt erklärt.

Hiergegen richtet sich die Revision des Klägers, der die Aufrechnung der hier fraglichen drei Wechselforderungen nicht in ihrer vollen Höhe für zulässig erachtet, sondern nur in Höhe der am 6. Februar 1901 — zur Zeit, als der Beklagte von der Abtretung der eingeklagten Forderung an den Kläger Kenntnis erlangte — fälligen Zwangsvergleichquote von 6%. Die Revision ist der Ansicht, daß dem rechtskräftig bestätigten Zwangsvergleich auch unbeschränkt solche Konkursforderungen unterworfen seien, die der Gläubiger schon *zur Zeit der Konkurseröffnung nach bürgerlichem Rechte gegen eine* Forderung des Gemeinschuldners aufzurechnen befugt war, für die aber die Aufrechnung bis zum Inkrafttreten des Zwangsvergleichs nicht durch Erklärung des Gläubigers oder des Konkursverwalters vollzogen ist.

Diese Ansicht kann nicht gebilligt werden. Sie steht nicht im Einklange mit dem Wesen der Aufrechnung im Konkurs und mit der Natur des Zwangsvergleichs. Während nach § 3 KO. die Konkursmasse zur gemeinschaftlichen Befriedigung aller Konkursgläubiger dient, bewirkt in Abweichung hiervon die Zulassung der Aufrechnung im Konkurse, daß der Konkursgläubiger, welcher zu einer Aufrechnung befugt ist, damit das Recht hat, soweit seine Aufrechnungsbefugnis reicht, alle übrigen Konkursgläubiger von der Befriedigung aus der zur Konkursmasse gehörigen Forderung des Gemeinschuldners auszuschließen, gegen welche er aufrechnen darf. Er hat das Recht, sich insoweit aus der zur Konkursmasse gehörigen Forderung wegen seiner eigenen Forderung zu befriedigen, wie der absonderungsberechtigte Pfandgläubiger, der zugleich Konkursgläubiger ist, aus der zur Konkursmasse gehörigen Pfandsache. Die Ausübung dieses Rechtes erfolgt außerhalb des Konkursverfahrens, dessen Aufgabe es ist, die gleichmäßige Befriedigung aller Konkursgläubiger herbeizuführen. Die Befugnis zur Aufrechnung und die Ausübung dieser Befugnis sind der Einwirkung des Konkursverfahrens entzogen.

Einen Teil des Konkursverfahrens bildet aber der Zwangsvergleich. Er dient wie das Schuldenfeststellungsverfahren dazu, die allgemeine Befriedigungsquote für die Konkursgläubiger festzustellen (Mot. S. 390). Sowenig die übrigen Konkursgläubiger bei der Schuldenfeststellung, die unter ihrer Mitwirkung erfolgt, in der Lage sind, irgend welchen Einfluß auf die Feststellung der Höhe einer Forderung auszuüben, soweit deren Aufrechnung gegen eine Forderung des Gemeinschuldners in Frage kommt, ebensowenig kann ein Zwangsvergleich, der wesentlich auf der Mitwirkung der übrigen Konkursgläubiger beruht, für die Höhe einer solchen Forderung im Bereiche der Aufrechnung bestimmend sein.

Voraussetzung für diese Einflußlosigkeit des Zwangsvergleichs ist nicht, daß die Aufrechnungsbefugnis durch Erklärung des Aufrechnungswillens vor der Beendigung des Konkurses oder vor dem Zustandekommen des Zwangsvergleichs ausgeübt wird. Weder die Konkursordnung noch das bürgerliche Recht, sei es das preußische Allgemeine Landrecht, sei es das Bürgerliche Gesetzbuch, setzen der Ausübung des Aufrechnungsrechts eine zeitliche Schranke. Diese Ausübung ist zulässig, solange die Aufrechenbarkeit besteht. Ist die Ausübung der Aufrechnungsbefugnis vor dem Zustandekommen des Zwangsvergleichs erfolgt, so kann er keinen Einfluß mehr auf die Forderung im Umfange des aufgerechneten Betrags ausüben, weil *insoweit die Forderung erloschen ist. Ist hingegen die* Ausübung noch nicht erfolgt, so wird die aufrechenbare Forderung zwar von dem Zwangsvergleiche betroffen, aber unbeschadet der mit ihr zur Zeit des Zustandekommens des Zwangsvergleichs verbundenen Aufrechnungsbefugnis.

Es besteht kein Grund, eine Forderung, die diese ihren Wert erhöhende, auch im Konkurs anerkannte Befugnis bis dahin in sich schloß, seit dem Augenblicke des Zustandekommens des Zwangsvergleichs ebenso zu behandeln, wie jede andere dieses erweiterten Befriedigungsrechts entbehrende Konkursforderung. Dies wäre eine Verletzung des Grundsatzes, daß der Vergleich allen nicht bevorrechtigten Konkursgläubigern gleiche Rechte gewähren muß. Denn der Konkursgläubiger, der seine Forderung gegen eine solche des Gemeinschuldners aufrechnen kann, hat ein größeres Recht, als derjenige, dem diese Befugnis fehlt. Ersterer hat im Konkurse nicht nur wie letzterer ein Recht auf gemeinschaftliche anteilmäßige, bei der regelmäßigen Unzulänglichkeit der Konkursmasse zur Deckung des Forderungsbetrags nicht ausreichende Befriedigung. Er hat vielmehr auch das Recht, einen einzelnen zur Konkursmasse gehörigen Gegenstand, die Forderung des Gemeinschuldners, herauszugreifen und sich unter Ausschluß aller anderen Konkursgläubiger aus diesem vollständig zu befriedigen. Seine Forderung gibt ihm daher im Konkurse regelmäßig Anspruch auf einen größeren Geldbetrag aus der Konkursmasse, als ihm ein anderer Konkursgläubiger auf seine Forderung von gleichen Nennbetrage zu beanspruchen hat. Ihn trotzdem dem anderen Gläubiger wegen des ihm zukommenden Betrags völlig gleichzustellen, ihm nur die Zwangsvergleichsquote für den Nennbetrag seiner Forderung zu gewähren und das Recht, welches ihm eine Befriedigung in größerem Maße sicherte, untergehen zu lassen, wäre eine Verletzung des in § 181 KO. aufgestellten obersten Grundsatzes für den Zwangsvergleich. Diesem Grundsatze kann nur genügt werden, wenn die Herabminderung durch Zwangsvergleich die Forderung des aufrechnungsberechtigten Konkursgläubigers insoweit nicht trifft, als er die für ihn bereits zur Zeit des Zustandekommens des Zwangsvergleichs begründete Befugnis, sei es vor oder nach Beendigung des Konkurses, ausübt.

Diese Immunität gegenüber dem Zwangsvergleiche fällt weg, wenn gegen Forderungen des Gemeinschuldners aufgerechnet werden soll, die erst nach dem Zwangsvergleiche entstanden sind, oder die etwa während des Konkurses Masseforderung waren (§ 55 Nr. 1 KO.), weil hier die beiderseitigen Forderungen als aufrechenbare sich erst gegenüber getreten sind, nachdem bereits die Gegenforderung infolge des Zwangsvergleichs herabgemindert war.

Es ergibt sich daher auch ohne besondere gesetzliche Bestimmung aus dem Wesen der Aufrechnung und des Zwangsvergleichs, daß der *Konkursgläubiger, der bereits zur Zeit der Konkurseröffnung nach* bürgerlichem Rechte zur Aufrechnung befugt ist, in dieser Befugnis durch einen Zwangsvergleich nicht beeinträchtigt wird, daß er vielmehr seine Befugnis noch nach dem Zustandekommen des Zwangsvergleichs ausüben kann, und zwar ohne Beschränkung auf die Zwangsvergleichsquote. Nach den vorausgeschickten Erörterungen ist auch aus dem § 53 KO. zu entnehmen, daß ein Konkursgläubiger, soweit er zu einer Aufrechnung befugt ist, von allen Nachteilen, die das Konkursverfahren für andere Konkursgläubiger herbeiführt, frei bleiben, daß er für den Bereich der bereits zur Zeit der Konkurseröffnung begründeten Aufrechnungsbefugnis nicht als Konkursgläubiger gelten soll (vgl. Seuffert, Konkursprozeßrecht 1899 § 57 S. 436 flg.). Die entgegengesetzte Ansicht (Wilmowski-Kurlbaum, Konkursordnung 6. Aufl. Nr. 2 zu § 53), wonach sich der Inhalt des § 53 in der Bestimmung erschöpfen soll, daß der zur Aufrechnung befugte Gläubiger nur nicht an die Form der Anmeldung gebunden ist, um seine Forderung geltend zu machen, ist nicht zu billigen. Denn die Ausübung der Aufrechnungsbefugnis findet im Konkursverfahren begrifflich und gesetzlich überhaupt keinen Raum, und die Stellung des § 53 im ersten Buche der Konkursordnung beweist, daß er materielles Konkursrecht schaffen soll, wie es die Bestimmung der Immunität der aufrechenbaren Forderung gegenüber allen Gefahren des Konkursverfahrens ist.

Aus dieser Bedeutung des § 53 wird zutreffend hergeleitet, daß er als Sondervorschrift gegenüber der allgemeinen Bestimmung in § 193 Satz 1 KO. für die im Konkurs aufrechenbare Forderung eine Ausnahme macht, und es kann nach der Entstehungsgeschichte des Satzes 2 des § 193 die Unzulässigkeit eines Gegenschlusses aus dieser Bestimmung nicht zweifelhaft sein (s. Jaeger, Kommentar zur Konkursordnung, 3. und 4. Aufl. Nr. 29 und 30 zu § 53). Bereits die Rechtsprechung des Obertribunals hatte den dem § 53 KO. entsprechenden § 95 der Preußischen Konkursordnung vom 8. Mai 1855 dahin ausgelegt, daß er dem Kompensationsberechtigten für dieses Recht die volle Gewähr geben, ihn vor den Eventualitäten des Konkursverfahrens sichern solle, und hatte hieraus den Satz hergeleitet, daß den Wirkungen eines Akkords nicht zum Nachteile des Kompensationsberechtigten die Tragweite einer endgültigen Tilgung des Ausfalls durch Vergleich zugesprochen werden könne (Strieth. Arch. Bd. 83 S. 287 flg.).

Demnach ist die Revision des Klägers zurückzuweisen.

2. Für die unter 2, 6 bis 10, 13, 14, 16 aufgeführten Wechsel steht fest, daß der Beklagte zur Zeit der Konkurseröffnung Inhaber dieser Wechsel nicht war, daß er aber bereits vor der Konkurseröffnung diese Wechsel erworben und weiter indossiert hatte. Nach Eröffnung des Konkurses hat er die Wechsel von seinen Nachmännern eingelöst, und zwar ist die Einlösung aller hier fraglichen Wechsel außer dem unter 14 nach den Feststellungen des Berufungsgerichts vor dem 6. Juli 1898, dem Tage des Abschlusses des Zwangsvergleichs, erfolgt. Hinsichtlich des Wechsels 14 ist eine genauere Feststellung nicht erfolgt. Dieser ist aber nach der Annahme des Berufungsgerichts jedenfalls vor dem 6. Februar 1901, an welchem Tage der Beklagte von der Abtretung der eingeklagten Forderung Kenntnis erhielt, eingelöst worden.

Seit ihrer Einlösung nun war der Beklagte wieder im Besitze der Wechsel und in der Lage, seine bereits vor der Konkurseröffnung entstandenen wechselrechtlichen Ansprüche gegen den Akzeptanten, die Firma S. & Cie., auszuüben. Durch die Weiterbegebung hatte der Beklagte nicht aufgehört, wechselberechtigt zu sein. Es fehlte ihm nur die Möglichkeit, das ihm verbliebene Recht geltend zu machen, bis er durch Einlösung die Wechsel zurückerlangt hatte (Entsch. des ROHG.s Bd. 24 S. 1 flg.; Entsch. des RG.s in Zivils. Bd. 77 S. 187 flg.). Die hier fraglichen Wechselforderungen waren daher einerseits zur Zeit der Konkurseröffnung zur Aufrechnung nach bürgerlichem Rechte nicht geeignet, anderseits aber auch nicht vom Beklagten erst nach der Konkurseröffnung erworben (§ 55 Nr. 2 KO.). Sie standen vielmehr dem Beklagten bereits zur Zeit der Konkurseröffnung zu, nur ihre Geltendmachung war aufschiebend bedingt durch die Einlösung der Wechsel.

Durch diese Bedingung wurde aber die Aufrechenbarkeit, deren Voraussetzungen nach bürgerlichem Rechte im übrigen vorlagen, gemäß § 54 KO. infolge der Konkurseröffnung nicht mehr ausgeschlossen. Galten danach die hier fraglichen Wechselforderungen für den Konkurs als aufrechenbar, so konnte die so für den Beklagten begründete Aufrechnungsbefugnis zufolge des bereits dargelegten Wesens der Aufrechnung im Konkurse und des Zwangsvergleichs sowie gemäß § 53 KO. durch einen während des Schwebens der Bedingung, also während bestehender Aufrechenbarkeit, zustande gekommenen Zwangsvergleich ebensowenig beeinträchtigt werden, wie eine schon zur Zeit der Konkurseröffnung nach bürgerlichem Rechte bestehende Aufrechnungsbefugnis.

Das Berufungsgericht nimmt indes an, der Beklagte könne, weil er während des Konkursverfahrens von der nach § 54 KO. zulässigen Aufrechnung keinen Gebrauch gemacht habe, sich nunmehr nach Beendigung des Konkursverfahrens nicht mehr auf diese Aufrechenbarkeit berufen, es seien mithin seine hier fraglichen Wechselforderungen, weil von dem Zwangsvergleiche mitbetroffen, nur noch in Höhe der Vergleichsquote zur Aufrechnung verwendbar. Mit Recht bekämpft die Revision des Beklagten diese, auch von Wilmowski-Kurlbaum, Konkursordnung 6. Aufl. Nr. 4a zu § 54 S. 246 vertretene, *Ausführung des Berufungsgerichts. Ihr liegt die Annahme zugrunde*, die in § 54 KO. der aufschiebend bedingten Forderung gegebene Aufrechenbarkeit erschöpfe sich darin, dem Gläubiger für den Fall des Eintritts der Bedingung die Durchführung der ihm dann zustehenden Aufrechnungsbefugnis durch Gewährung eines Anspruchs auf Sicherstellung zu ermöglichen. Dieser letztere Anspruch besteht allerdings nur für die Dauer des Konkursverfahrens. Er ist aber erst dann gegeben, wenn der Konkursverwalter Zahlung der Schuld zur Konkursmasse verlangt, und geht lediglich auf Sicherstellung Zug um Zug gegen Zahlung. Würde sich daher die Aufrechnungsbefugnis des Gläubigers einer aufschiebend bedingten Forderung auf den in Abs. 3 § 54 KO. geregelten Anspruch auf Sicherstellung beschränken, so würde die Aufrechnung vollständig versagen, falls es nicht während des Konkurses zur Zahlung an die Konkursmasse käme.

Eine solche Beschränkung ist indes nicht anzunehmen. Denn nach § 54 Abs. 1 KO. ist eine aufschiebend bedingte Forderung, wenn im übrigen die Voraussetzungen der Aufrechenbarkeit nach bürgerlichem Rechte vorliegen, für den Konkurs für aufrechenbar erklärt, d. h. ihr Gläubiger darf sich unter Ausschluß der übrigen Konkursgläubiger aus seiner eigenen Schuld zur Masse vollständig befriedigen. Dieses Recht auf abgesonderte Befriedigung aus einem Gegenstande der Konkursmasse ist jeder nachteiligen Einwirkung des Konkursverfahrens entzogen, also auch der Herabminderung durch einen Zwangsvergleich.

Tritt die Bedingung während des Konkursverfahrens ein, wird also während des Konkurses die Forderung des Konkursschuldners eine unbedingte, so kann er die Aufrechnung selbst erklären. Dies kann er nur kraft § 54 Abs. 1 KO., weil ihm ohne diese Bestimmung zur Zeit der Konkurseröffnung ein Aufrechnungsrecht, auch ein bedingtes, nicht zugestanden hätte. Die Anwendung des Abs. 3 § 54 KO. kann in diesem Falle nicht in Frage kommen, weil der Gläubiger der unbedingt gewordenen Forderung Befriedigung, nicht bloß Sicherstellung verlangen kann. Der in Abs. 3 § 54 KO. geregelte Anspruch auf Sicherheitsleistung kommt nur in Frage, wenn der Konkursverwalter während des Konkurses Zahlung der Schuld des Gläubigers der aufschiebend bedingten Forderung verlangt, bevor die Bedingung eingetreten ist. In diesem Falle muß der Gläubiger zahlen, weil er wegen seiner Gegenforderung Befriedigung noch nicht verlangen kann. Es ist ihm aber zur Sicherung der ihm in § 54 Abs. 1 KO. gewährten Aufrechnungsbefugnis, die erst nach Eintritt der Bedingung voll zur Geltung kommen kann, in Abs. 3 § 54 das Recht gegeben, Sicherstellung für die ihm mit Eintritt der Bedingung entstehende Forderung auf Rückzahlung des Gezahlten zu verlangen. Zahlt der Gläubiger, ohne dieses Verlangen zu stellen — das als eine, nach § 388 Satz 2 BGB. nicht unstatthafte, unbedingte Erklärung, mit der bedingten Forderung aufrechnen zu wollen, bezeichnet werden kann —, so wird durch die Zahlung des Gläubigers seine Schuld endgültig getilgt; eine Aufrechnung gegen sie ist nicht mehr möglich, weshalb auch die nunmehr der Aufrechnungsbefugnis entkleidete Forderung der Herabminderung durch einen Zwangsvergleich unterliegt.

Anders ist die Rechtslage, wenn, wie im gegenwärtigen Falle, der Konkursverwalter während des Konkurses Zahlung nicht verlangt. Erlangt dann nach Beendigung des Konkurses der Gemeinschuldner die Verfügung über seine Forderung zurück, so kann er deren Zahlung verlangen, und der Gläubiger der aufschiebend bedingten Forderung kann mit dieser nicht eher aufrechnen, als bis die Bedingung eingetreten ist. Ist diese aber eingetreten und seine bis dahin bedingte Forderung auch nach bürgerlichem Rechte aufrechenbar geworden, so kann er mit seiner Forderung aufrechnen in ihrem vollen, durch einen vor Aufhebung des Konkurses zustande gekommenen Zwangsvergleich nicht herabgeminderten Betrage. Gegen diese Herabminderung ist er geschützt durch § 54 Abs. 1 KO., wonach seiner bedingten Forderung während der Dauer des Konkurses, also auch zur Zeit des Zustandekommens des Zwangsvergleichs, die Eigenschaft einer aufrechenbaren Forderung zukommt. Er genießt diesen Schutz nicht nur dann, wenn seine Forderung vor dem Abschlusse des Zwangsvergleichs eine unbedingte geworden ist, sondern auch dann, wenn die Bedingung erst nach dem Abschlusse des Zwangsvergleichs oder nach der Aufhebung des Konkurses eingetreten ist, soweit er von der ihm dann nach bürgerlichem Rechte zustehenden Aufrechnungsbefugnis Gebrauch macht (vgl. Seuffert, Konkursprozeßrecht § 57 S. 437; Jaeger, Kommentar zur Konkursordnung 3. und 4. Aufl. Nr. 6, 8, 10 zu § 54 S. 632flg.; Kohler, Leitfaden des Konkursrechts 2. Aufl. § 67 S. 288).

Es ergibt sich, daß die von dem Beklagten — nachdem er die hier fraglichen Wechsel bis auf einen bereits vor Abschluß des Zwangsvergleichs, den einen aber jedenfalls noch vor Kenntnis von der Abtretung der eingeklagten Forderung eingelöst hatte — im Laufe des gegenwärtigen Rechtsstreits abgegebene Aufrechnungserklärung die Aufrechnung der Wechselforderungen in ihrem vollen, nicht durch den Zwangsvergleich herabgeminderten Betrage gegen die eingeklagte Forderung zur Folge hat." ...

RGZ. 117, 160

Welche Bedeutung hat das Bestehen eines Absonderungsrechts für die Ausübung des Anfechtungsrechts während des Konkurses, namentlich gegenüber Veräußerungen, deren Wirksamkeit die Entstehung des Absonderungsrechts gehindert haben würde?

KO. § 6. AnfG. § 13.

(VII.) VI. Zivilsenat. Urt. v. 27. Mai 1927.

I. Landgericht Chemnitz. II. Oberlandesgericht Dresden.

Die verklagte Firma erhielt am 25. November 1925 von der Firma R. L. in Ch. etwa 500 kg rohes Wollgarn zum Färben, lehnte aber demnächst die Rückgabe ab, indem sie ein Zurückbehaltungsrecht wegen einer Forderung von 12000 RM. für andere Färbeaufträge geltend machte, über die sie am 22. Februar 1926 in Höhe eines Teilbetrags von 4500 RM. eine vorläufig vollstreckbare Verurteilung der Auftraggeberin beim Landgericht erwirkte. Der Kläger, der mit einer Schwester des Alleininhabers der Firma R. L. verheiratet ist, behauptete, daß diese Firma ihm die Garne durch Vertrag vom 9. November 1925 übereignet habe, und erhob Klage auf ihre Herausgabe. Die Beklagte bestritt die Übereignung und focht sie hilfsweise an, weil durch sie die Gläubiger der Übereignerin, die am 6. April 1926 in Konkurs geraten ist, benachteiligt worden seien und die hierauf gerichtete Absicht der Übereignerin dem Kläger beim Abschluß des Vertrags bekannt gewesen sei.

Die Klage wurde abgewiesen, die Berufung des Klägers zurückgewiesen. Auch seine Revision blieb erfolglos.

Gründe:

Das Berufungsgericht läßt dahingestellt, ob die Garne auf Grund des Vertrags vom 9. November 1925 dem Kläger übereignet worden sind und ob dieser Vertrag etwa als Knebelungsvertrag wegen Sittenwidrigkeit nichtig ist. Es hält für erwiesen, daß die Übereignung, falls sie gültig stattgefunden hat, die Gläubiger der Firma R. L. benachteiligte und daß dies von ihrem Inhaber beabsichtigt war, und meint, daß es mit Rücksicht auf das Schwägerschaftsverhältnis eines Beweises für die Kenntnis des Klägers von dieser Absicht nicht bedürfe. Der Vorderrichter erachtet deshalb die Anfechtungseinrede der Beklagten gegen den Herausgabeanspruch auf Grund ihres vollstreckbaren Forderungstitels und des ihr zustehenden Zurückbehaltungsrechts für gerechtfertigt. Er ist weiter der Ansicht, daß die Beklagte, da sie kraft ihres Zurückbehaltungsrechts im Konkurs absonderungsberechtigt sei, das Anfechtungsrecht auch im Konkurs selbständig ausüben könne.

Die Revision wendet gegen diese Ausführungen vornehmlich ein, die Beklagte habe an den Garnen kein Zurückbehaltungsrecht erwerben können, weil diese bereits Eigentum des Klägers gewesen seien, als die Beklagte sie zum Färben erhalten habe; demgemäß stehe ihr auch kein Anfechtungsrecht zu; auch sei eine Rückgewähr zu ihren Gunsten gegenstandslos, da sie kein Recht auf Sicherung ihrer Forderung durch die Garne gehabt habe.

Dieser Angriff ist unbegründet. Grundlage des Anfechtungsrechts außerhalb des Konkurses ist nicht das Absonderungsrecht, sondern die fällige Forderung des Gläubigers und der für sie bestehende vollstreckbare Schuldtitel. Diese Voraussetzungen sind aber bei der Beklagten unabhängig vom Erfolg ihrer Anfechtungseinrede gegeben. Daß die Beklagte kein Recht auf Übergabe der Garne zur Sicherung hatte, schließt nicht aus, daß die Übereignung an einen Dritten ihre Befriedigung aus den Garnen erschwerte, und hindert sie auch nicht, aus der Rückgewähr durch den Dritten den Vorteil zu ziehen, den sie ohne die Übereignung durch Begründung ihres Zurückbehaltungsrechts erlangt hätte. Das Absonderungsrecht, dessen Entstehung durch die angefochtene Übereignung in Frage gestellt wird, ist für die Anfechtung nur insofern von Bedeutung, als von ihm die Befugnis der Beklagten abhängt, ihren Anfechtungsanspruch noch während des Konkurses selbständig geltend zu machen. Wohl ist im allgemeinen das Anfechtungsrecht nach § 36 KO. während des Konkurses vom Konkursverwalter auszuüben und kann von den einzelnen Gläubigern nach § 13 Abs. 4 AnfG. erst nach Beendigung des Konkurses wieder verfolgt werden; die absonderungsberechtigten Gläubiger jedoch können sich dieses Rechtes auch während des Konkurses bedienen, wie in der Rechtsprechung des Reichsgerichts seit jeher anerkannt ist (RGZ. Bd. 16 S. 32). Da das Absonderungsrecht dem anfechtungsberechtigten Gläubiger hiernach nur die Fortdauer der Befugnis zur selbständigen Geltendmachung des Anfechtungsrechts im Konkurs gewährt, so muß ihm diese Befugnis auch gegenüber Veräußerungen zustehen, die im Falle der Wirksamkeit die Entstehung seines Absonderungsrechts, wie im vorliegenden Falle, gehindert haben würden. Andernfalls würde, da der Konkursverwalter in der Regel kein Interesse an der Anfechtung solcher Veräußerungen haben wird, die Konkurseröffnung den Erwerber für die Dauer des Konkurses vor der bis dahin begründeten Anfechtung sichern und den Anfechtungsberechtigten auf die ungewisse Möglichkeit beschränken, sein Anfechtungsrecht nach der Beendigung des Konkurses geltend zu machen.

Wenn die Revision noch anführt, daß die Gemeinschuldnerin und der Kläger bei der Übereignung eine Benachteiligung der Beklagten nicht hätten beabsichtigen können, da deren Forderung zum Teil erst später entstanden, jedenfalls erst später mit vollstreckbarem Titel und Zurückbehaltungsrecht ausgestattet worden sei, so ist dieser Angriff gegenüber dem klaren Wortlaute des § 3 Nr. 2 AnfGes. hinfällig, der nicht eine Benachteiligung des anfechtenden Gläubigers, sondern nur eine Benachteiligung der Gläubiger erfordert.

RGZ. 137, 109

1. Ist der Konkursverwalter durch einen vom Gemeinschuldner geschlossenen Schiedsvertrag gebunden, insbesondere auch insoweit, als es sich um einen Streit über den Bestand von Rechten handelt, auf Grund deren im Konkurs Aussonderung oder abgesonderte Befriedigung begehrt wird?

2. Zum Begriff der Verurteilung zu einer der Genehmigung der Devisenbewirtschaftungsstelle bedürfenden Leistung im Sinne der Devisenbewirtschaftungsverordnung.

ZPO. § 1025. KO. §§ 43, 48. Verordnung über die Devisenbewirtschaftung vom 23. Mai 1932 (RGBl. I S. 231) §§ 12, 13, 14, 22, 24.

VII. Zivilsenat. Urt. v. 8. Juli 1932.

I. Landgericht Hamburg. II. Oberlandesgericht daselbst.

Der Gemeinschuldner S. war im November 1926 mit Einwilligung der Finanzdeputation in einen Vertrag vom 9. Oktober 1923 eingetreten, durch den der Hamburgische Staat einem Dr. B. ein Grundstück bis zum 30. Juni 1953 unter der Auflage vermietet hatte, darauf ein Geschäftshaus zu errichten, das mit dem Einbau Eigentum des Staates werden sollte. Am 25. April 1929 nahm S. bei der Klägerin ein Darlehen von 300000 GM. auf und vereinbarte zu dessen Sicherung, daß jener Vertrag mit dem von ihm einzuholenden, am 29. April 1929 erteilten Einverständnisse der Finanzdeputation auf den Kaufmann H. „übertragen" werden sollte, der dann als „Treuhänder" für die Klägerin und für S. den Mietern gegenüber Vermieter des Grundstücks sein, den Reinüberschuß der Mieten jeden Monat an S. abführen sollte, solange dieser die vereinbarte Verzinsung und Tilgung des Darlehns pünktlich bewirken würde, und nach dessen völliger Rückzahlung die „Rückübertragung des Vertrags" auf S. bei der Finanzdeputation zu beantragen hätte. Nach § 8 des Darlehnsvertrages sollten „alle etwaigen Streitigkeiten und Meinungsverschiedenheiten, die sich aus ihm ergeben würden", durch ein Schiedsgericht unter Ausschluß des ordentlichen Rechtsweges erledigt werden, soweit nicht die ordentlichen Gerichte ausschließlich zuständig sind, und es sollten „für das Schiedsgericht und den übrigen Vertrag die Bestimmungen des deutschen Rechtes gelten".

Nachdem S. im Februar 1931 in Konkurs geraten und der Beklagte zum Verwalter bestellt worden war, beanspruchte die Klägerin abgesonderte Befriedigung aus dem Reinertrage der Mieten und aus einer Veräußerung ihrer durch den Vertrag vom 25. April 1929 begründeten Rechte. Das von ihr unter Beitritt des H. angerufene Schiedsgericht verurteilte den Beklagten, dem H. gegenüber einzuwilligen, daß dieser den Reinüberschuß der Mieten an die Klägerin auf deren Zins- und Tilgungsforderung vergüte, und stellte ferner fest, daß die Klägerin berechtigt sei, ihre Rechte aus dem Vertrage vom 25. April 1929 an dem in Rede stehenden Grundstück durch einen Notar an der Börse öffentlich versteigern zu lassen. Auf Antrag der Klägerin erklärte das Landgericht gegen den Widerspruch des Beklagten diesen Schiedsspruch für vollstreckbar. Die Berufung des Beklagten wurde vom Oberlandesgericht zurückgewiesen. Auch seine Revision blieb erfolglos.

Aus den Gründen:

Das Berufungsgericht hält den Einwand der Unzulässigkeit des schiedsgerichtlichen Verfahrens für unbegründet, weil der Konkursverwalter im allgemeinen in die vom Gemeinschuldner abgeschlossenen Schiedsverträge eintrete und die etwa aus § 23 KO. herzuleitende Aufhebung des Treuhandverhältnisses mit H. durch den Konkurs den Darlehnsvertrag mit der Klägerin und die auf diesen bezügliche Schiedsgerichtsklausel nicht berühre. Die Revision beanstandet diese Ausführung einmal deshalb, weil der Gemeinschuldner den ordentlichen Gerichten die ausschließliche Zuständigkeit zur Entscheidung über den Bestand von Aussonderungs- und Absonderungsrechten nicht durch eine im voraus getroffene Vereinbarung entziehen könne, sodann weil das Berufungsgericht eine Prüfung darüber unterlassen habe, ob der Vertrag in solchem Sinne auszulegen sei. Die zweite Rüge ist deshalb unbegründet, weil sich aus den Ausführungen des Vorderrichters ohne weiteres ergibt, daß er der Schiedsklausel eben jene von der Revision als unzulässig bezeichnete Tragweite nach dem Willen der Parteien beimessen zu müssen geglaubt hat. Diese Auslegung ist für das Revisionsgericht deshalb nicht weniger verbindlich, weil ihr keine besondere Begründung beigegeben wurde. Aber auch die erste Rüge kann nicht als gerechtfertigt erachtet werden. Allerdings kann niemand vor der Konkurseröffnung einen Schiedsvertrag darüber schließen, ob in seinem künftigen Konkurs ein Aussonderungs- oder Absonderungsrecht anzuerkennen sei, wie er auch den Bestand eines solchen Rechtes nicht wirksam für den Konkursfall anerkennen kann. Aber wie der Gemeinschuldner durch einen vor dem Konkurs abgeschlossenen Vergleich Eigentum, Pfandrecht oder ein sonstiges Recht eines Dritten, aus dem sich im Konkursfall ein Aussonderungs- oderAbsonderungsrecht ergeben würde, gültig begründen kann, so steht auch der Rechtswirksamkeit eines vor dem Konkurse geschlossenen Schiedsvertrags über den Bestand eines Rechts jener Art rechtlich nichts entgegen, da nach § 1025 ZPO. ein Schiedsvertrag über alle Streitigkeiten rechtswirksam geschlossen werden kann, die den Gegenstand eines Vergleichs bilden können. Diese Rechtswirksamkeit wird auch durch die Konkurseröffnung nicht berührt, sondern sie erstreckt sich auf den Konkursverwalter. Die Konkursordnung geht davon aus, daß der Verwalter *grundsätzlich die Rechtslage hinnehmen muß, die bei* Eröffnung des Verfahrens besteht. Ausnahmen hiervon sind in den Anfechtungsvorschriften der §§ 29flg. KO. und wegen der Erfüllung der Rechtsgeschäfte in den §§ 17 bis 28 das. getroffen. Von den letzteren Vorschriften trifft keine auf den Schiedsvertrag zu. Sofern also nicht etwa im Einzelfalle die Voraussetzungen der Anfechtbarkeit bei ihm bestehen — was hier nicht behauptet ist und nach der allgemeinen Sachlage nicht in Frage kommt — ist der Schiedsvertrag für den Konkursverwalter bindend.

(Weiterhin werden mehrere Rügen zurückgewiesen, welche sich gegen die Ausführungen des Berufungsurteils über diejenigen Einwendungen des Beklagten richten, die sich auf den Inhalt und die Fassung des Schiedsspruchs und auf das Verfahren des Schiedsgerichts beziehen; sodann fährt die Begründung fort:)

Von Amts wegen bleibt noch zu prüfen, ob etwa die seit dem Erlasse des Schiedsspruchs ergangenen Vorschriften über die Devisenbewirtschaftung seiner Vollstreckbarerklärung entgegenstehen. Maßgebend ist hierbei nach den vom erkennenden (damals VI.) Zivilsenate in seinem Urteil vom 28. März 1924 (RGZ. Bd. 108 S. 139 [143]) aufgestellten Grundsätzen die beim Erlasse des Revisionsurteils geltende Fassung dieser Vorschriften, also die Verordnung vom 23. Mai 1932. Nach deren in erster Linie in Betracht kommendem § 24 darf ein Schiedsspruch, der den Schuldner zu einer im Sinne des § 22 genehmigungsbedürftigen Leistung verpflichtet, erst nach Erteilung der erforderlichen Genehmigung für vollstreckbar erklärt werden. Um einen solchen Schiedsspruch handelt es sich aber im vorliegenden Falle nicht. Eine Verurteilung zu einer im Sinne des § 22 genehmigungsbedürftigen Leistung, d. h. zu einer Leistung, die nach den Vorschriften der Verordnung oder einer Durchführungsverordnung nicht ohne Genehmigung der Devisenbewirtschaftungsstelle bewirkt werden darf, enthält weder der erste noch der zweite Teil der Schiedsspruchsformel. Die Einwilligung, zu deren Erteilung der Beklagte im ersten Satze der Formel verurteilt wird, soll zwar mit Bezug auf eine von H. beabsichtigte Vergütungsleistung an die Klägerin gegeben werden, sie ist aber nur eine durch die bürgerlichrechtlichen Beziehungen der Parteien erforderte Voraussetzung zur Ausführung dieser Absicht; durch die Verurteilung zu dieser Einwilligung wie auch durch ihre Erteilung wird die Vergütungsleistung noch nicht in Angriff genommen oder ihr vorgegriffen. Zudem ist weder im Schiedsspruch festgelegt noch durch die aus ihm ersichtliche Sach- und Rechtslage bedingt, daß H. die Vergütung seinerzeit mittels einer nach § 12 oder § 14 der angeführten Verordnung genehmigungsbedürftigen Handlung zu bewirken haben wird. Es wird, wenn er sich entschließen sollte, die Vergütung auf derartigem Wege zu leisten, lediglich seine Sache sein, die hierzu erforderliche Genehmigung der Devisenbewirtschaftungsstelle zu beschaffen. Der zweite Satz des Schiedsspruches enthält überhaupt keine Verurteilung des Beklagten zu einer Leistung, sondern stellt nur im Verhältnis zu diesem eine bürgerlichrechtliche Befugnis der Klägerin zu einer auf der Sicherungsabtretung beruhenden Verfügung fest. Diese Verfügung, nämlich die Veräußerung der ihr zur Sicherung abgetretenen Vertragsrechte, ist selbst noch keine Verfügung über ihre gesicherte Darlehnsforderung im Sinne des § 13 Abs. 3 Vo., sondern soll nur eine solche Verfügung nämlich die Empfangnahme des Veräußerungserlöses zur Tilgung der Darlehnsforderung, vorbereiten. Die Erteilung einer Genehmigung wird deshalb erst bei der Abführung des Erlöses durch den Käufer der Rechte oder durch den mit dem Verkaufe betrauten Notar in Frage kommen.

Da hiernach zur Vollstreckbarerklärung des Schiedsspruches keine vorgängige Genehmigung der Devisenbewirtschaftungsstelle erforderlich ist, so hat das Berufungsurteil auch insoweit als rechtlich unbedenklich zu gelten.

Aufrechnung

RGZ. 26, 66 †

1. Kann ein Gläubiger, welcher nach Eröffnung des Konkurses Schuldner des Gemeinschuldners geworden ist, seine Schuld auf seine Konkursforderung aufrechnen?

2.—3. . . .

II. Zivilsenat. Urt. v. 1. Juli 1890.

I. Landgericht Elberfeld. II. Oberlandesgericht Köln.

Am 13. Oktober 1887 ist gegen das Vermögen des Kaufmannes G. Sp. der Konkurs eröffnet worden; am 8. Dezember 1887 ist dessen

Mutter gestorben. Dieselbe hatte durch Testament den Beklagten, den Bruder des Gemeinschuldners, zum Universalerben eingesetzt und demselben ein Legat von 5000 M. zugunsten des Gemeinschuldners auferlegt. Der Beklagte hat an den Gemeinschuldner eine Forderung von 16000 M., von welcher er am 17. Januar 1888 den Betrag von 11000 M. zur Konkursmasse anmeldete, indem er seine Schuld von 5000 M. aus dem Legate abrechnete. Am 28. Mai 1888 trat aber der Gemeinschuldner seine Legatforderung behufs Zuwendung an die Konkursmasse dem Konkursverwalter ab, und nachdem die Zession am 4. Juni 1888 eröffnet worden war, erhob der Verwalter Klage auf Bezahlung der 5000 M. mit Zinsen vom Tage der Klagzustellung an.

Die Klage ist durch Urteil des Landgerichtes abgewiesen und die dagegen eingelegte Berufung verworfen worden. Die Revision wurde zurückgewiesen aus folgenden

Gründen:

„Die Statthaftigkeit der Abtretung der Legatforderung seitens des Gemeinschuldners an den Verwalter der Konkursmasse unterliegt, wie das Berufungsgericht zutreffend ausführt, keinem rechtlichen Bedenken. Die abgetretene Forderung gehört, weil erst nach Eröffnung des Konkurses entstanden, nicht zum Massevermögen, und schon aus diesem Grunde findet der § 48 KO. keine Anwendung. Auch der § 11 KO. steht der Kompensation nicht entgegen. Dieser schließt nur Arreste und Zwangsvollstreckungen auch in das nicht zur Konkursmasse gehörende Vermögen des Gemeinschuldners aus, und, wenn auch der eine Grund des Gesetzes, nämlich, dem Schuldner die Erwerbs- und Kreditfähigkeit wieder zu eröffnen, für dessen Anwendung auf die Befriedigung mittels Aufrechnung zu sprechen scheint, so rechtfertigt dies doch keine ausdehnende Auslegung des Gesetzes über dessen bestimmten Wortlaut hinaus, und kann insbesondere nicht angenommen werden, daß die nach Zivilrecht kraft Gesetzes eintretende Erlöschung sich gegenüberstehender, zur Kompensation geeigneter Forderungen durch diesen § 11 habe beseitigt werden wollen.

Demnach ist die Zulässigkeit der vom Beklagten geltend gemachten Kompensation lediglich nach dem bürgerlichen Rechte zu beurteilen. . . .

. . .

RGZ. 26, 81

Fällt die Aufrechnung einer gegen den Gemeinschuldner unter Kenntnis seiner Zahlungseinstellung erworbenen Forderung auf eine erst nachher gegen den Gemeinschuldner begründete Schuld unter § 48 (55 n. F.) Ziff. 3 KO.? Gegen welchen Rechtsakt hat sich zur Verhinde-

rung der Deckung eines Gläubigers mittels Aufrechnung die Anfechtung nach § 23 (30 n. F.) KO. zu richten?

I. Zivilsenat. Urt. v. 21. Dezember 1889.

I. Landgericht Guben. II. Kammergericht Berlin.

Der Beklagte hatte an den Gemeinschuldner noch nach dessen Zahlungseinstellung Waren verkauft und geliefert. Er hatte aber auch von demselben teils vor jenen Verkäufen, teils nach denselben Waren gekauft und empfangen; der Forderung des Konkursverwalters auf Zahlung der Kaufpreise für die vom Gemeinschuldner gelieferten Waren setzte der Beklagte die Aufrechnung in Höhe der Kaufpreise für die von ihm dem Gemeinschuldner gelieferten Waren entgegen. Das Berufungsgericht nahm an, daß der Beklagte, als er dem Gemeinschuldner die Waren verkaufte, von dessen Zahlungseinstellung Kenntnis gehabt habe, und erachtete deshalb die Aufrechnung durch § 48 Ziff. 3 KO. für ausgeschlossen. Das Reichsgericht hielt die Aufrechnung zum Teile, nämlich gegen die Kaufpreise für diejenigen Waren, welche der Gemeinschuldner erst nach seinen Verkäufen an den Beklagten von diesem gekauft hatte, für begründet.

Aus den Gründen:

. . . „Vermag auch der Beklagte zwar die von ihm beanspruchten Warenpreisforderungen wegen § 48 Ziff. 3 KO. nicht den Warenpreisforderungen des Gemeinschuldners im Wege der Aufrechnung entgegenzusetzen, soweit letztere vor den ersteren entstanden sind, so hindert ihn dieses Gesetz doch an der Aufrechnung jener Forderungen auf die des Gemeinschuldners nicht, soweit letztere später entstanden sind. Es ist für die Anwendung des § 48 Ziff. 3 a. a. O. nicht gleichgültig, ob die Entstehung der Schuld an den Gemeinschuldner dem Erwerb einer Forderung gegen denselben zeitlich vorausgegangen oder nachgefolgt ist, so daß das Gesetz auch dann angewendet werden könnte, wenn jemand nach der Zahlungseinstellung des Gemeinschuldners unter Kenntnis hiervon eine Forderung gegen den Gemeinschuldner erlangt hat und ihm erst sodann etwas schuldig geworden ist. Es wiederspräche dies der natürlichen Auslegung der Gesetzesworte, welche durch das „schuldig war" und das darauffolgende „erworben hat" die erforderliche Zeitfolge dahin präzisieren, daß die betreffende Person bereits Schuldner des Gemeinschuldners gewesen sein muß, als sie eine Forderung gegen denselben erlangte, ferner dem offenbaren Anschlusse des zeitlichen Verhältnisses von Schuldbegründung und Forderungserwerb in der Fassung der Ziff. 3 an die Fassungen der Ziff. 1, 2 im § 48 und dem Zwecke des Gesetzes. Dasselbe will verhindern, daß Schuldner des nachmaligen Gemeinschuldners ihr Schuldverhältnis durch eine wegen der bekannt gewordenen Zahlungseinstellung des letzteren mit geringen Opfern verknüpfte Erlangung von Forderungen gegen diesen zu ihrem Vorteile und zum Nachteile der Konkursgläubiger erledigen. Für diesen Zweck wurde die Anfechtung aus § 23 KO. nicht für zureichend erachtet, weil dieser sich nur auf die Deckung, die dem Gläubiger des Gemeinschuldners verschafft werde, nicht aber auf die Schulderledigung, die sich der Schuldner des Gemeinschuldners durch Begründung einer Forderung gegen diesen im Zustande seiner Zahlungsunfähigkeit verschaffe, beziehe.

Vgl. Protokolle der Reichstagskommission zur Beratung des Entwurfes der KO. 7. Sitzung in Hahn, Materialien Bd. 4 S. 554 — nach welchen ein Änderungsvorschlag des Abgeordneten Hullmann, insofern er auf schärfere Hervorhebung der betreffenden Zeitfolge hinzielte, nur als redaktioneller bezeichnet, vom Regierungskommissar als entbehrlich unter Hinweis auf den Einklang der Fassung mit Ziff. 1, 2 erachtet und abgelehnt wurde — Hullmann, Kommentar zur KO. S. 193 Note 7; Petersen u. Kleinfeller, Kommentar zur KO. (2. Aufl.) S. 253 Note 2; Dernburg, Preuß. Privatrecht 4. Aufl. Bd. 2 S. 318.

Eine Verhinderung der Deckung, welche sich der Gläubiger des Gemeinschuldners für seine Forderung dadurch schafft, daß er auf dieselbe eine Schuld aufrechnet, die er, als er bereits Gläubiger war, gegen den Gemeinschuldner eingegangen ist, kann nur im Wege der Anfechtung nach § 23 KO. bewirkt werden, und zwar indem den Gegenstand der Anfechtung, sofern anderenfalls die gesetzlichen Voraussetzungen der Aufrechnung vorhanden bleiben, das Rechtsgeschäft bilden muß, durch welches die sonst aufrechenbare Schuld begründet worden ist.

Unter der Herrschaft der preußischen Konkursordnung vom 8. Mai 1855, deren § 101 Ziff. 2, 3 in größerer Einschränkung als der jetzige § 23 KO. nur „Zahlungen“ als Gegenstand der Anfechtung erachtete, sind darüber verschiedene Ansichten laut geworden, ob bei Kaufverträgen, die der Gemeinschuldner in der kritischen Zeit als Verkäufer mit seinem Gläubiger abschließt, zur Verhinderung der Kompensation zwischen der Kaufpreisschuld mit der Forderung des Gläubigers die Anfechtung gegen den Kaufvertrag selbst gerichtet werden muß oder auch nur darf, oder ob sie nur gegen den „Kompensationsakt“ zu richten ist. Einerseits ist ausgesprochen worden, daß nicht das Rechtsgeschäft selbst, durch welches die Kaufpreisschuld begründet worden, sondern nur die darin verabredeten Kompensationsakte den Gegenstand der Anfechtung bildeten,

vgl. Striethorst, Archiv Bd. 58 S. 175; Entsch. des ROHG.s Bd. 7 S. 335, andererseits, daß die Anfechtung des Kaufvertrages selbst begründet sei, wenn der Zweck desselben darin bestehe, die Kaufgegenstände dem Gläubiger zum Zwecke seiner Befriedigung durch dieselben für die bestehende Forderung zu überlassen.

Vgl. Entsch. des Obertrib. Bd. 64 S. 346, auch abgedruckt in Striethorst, Archiv Bd. 77 S. 146; Entsch. des ROHG.s Bd. 10 S. 210; vgl. außerdem die zuletzt erwähnte Entscheidung des ROHG.s Bd. 10 S. 212 a. E.; Fitting, Reichskonkursrecht S. 193 Note 18; Stieglitz, Kommentar zur KO. S. 142; Cosack, Recht der Anfechtung S. 200.

Von einer Anfechtung lediglich der Aufrechnung bei Nichtanfechtung des Rechtsgeschäftes, welches die Schuld des bisherigen Gläubigers, mit der er sich für seine Forderung decken will, begründet hat, kann nur die Rede sein, wenn neben dem Hauptgeschäfte zugleich ein Kompensationsabkommen getroffen ist, so daß dieses angefochten werden kann. Diese beschränkte Anfechtung wird übrigens auch nur zu einem Ziele führen, wenn nicht auch bei Beseitigung des Abkommens, doch immer, weil das Rechtsgeschäft bestehen bleibt, welches die Schuld begründet, die gesetzliche Befugnis zur Aufrechnung, die für den Fall des Konkurses nach § 47 Abs. 1 KO. von gewissen, sonst geltenden Voraussetzungen unabhängig ist, bestehen bleibt, also nur dann, wenn, während an sich wegen der Natur der Fordrung oder der Schuld die Kompensation aus Gründen, die nicht durch § 47 a. a. O. beseitigt werden, unzulässig wäre, durch jenes Abkommen dieselbe vollzogen oder ihre künftige Vollziehung vereinbart oder die Natur der Forderung oder der Schuld mit der Wirkung des Eintrittes der Kompensabilität geändert worden wäre. Sind aber mit dem Abschlusse des Rechtsgeschäftes für die dadurch gegen den Gemeinschuldner begründete Schuld gegenüber einer gegen denselben bereits bestehenden Forderung ohne weiteres die gesetzlichen Voraussetzungen der Aufrechnung gegeben, so müssen deren Wirkungen eintreten, sofern nicht jenes Rechtsgeschäft selbst angefochten wird. Denn man kann wohl ein Geschäft wegen seiner gesetzlichen Wirkungen, wenn es bestehen bliebe, anfechten, aber nicht es unangefochten lassen und bloß seine gesetzliche Wirkung anfechten wollen. Der Versuch, in der Nichtzahlung des Kaufpreises ein Stundungsabkommen zu finden, das Gegenstand der Anfechtung werden könne und allein zur Aufrechnung befähige (vgl. Gruchot, Beiträge Bd. 11 S. 401), erscheint verfehlt. Die Kompensation hat ihre Voraussetzung nicht in der Stundung, sondern in der Entstehung der Kaufpreisforderung beim Vorhandensein einer Forderung des Käufers an den Verkäufer, auch wenn der Kauf als Barkauf geschlossen ist, sofern nicht etwa nach besonderen Umständen eine solche Abmachung gerade im Sinne des Verzichtes auf die Kompensation aufzufassen wäre. Ebensowenig kann man etwa die Rechtshandlung der Geltendmachung der Aufrechnung von der

Befugnis hierzu trennen und für die anfechtbare Rechtshandlung erklären wollen. Die §§ 46, 47 KO. sprechen ausdrücklich aus, daß, sobald der Gläubiger zur Aufrechnung befugt ist, er diese Befugnis gerade im Konkursverfahren geltend machen kann. Gleichviel welche Bedeutung der Geltendmachung der Kompensation gegenüber der bereits vorhandenen Kompensationslage nach dem in Betracht kommenden bürgerlichen Rechte beizumessen wäre, so ergibt sich hieraus, daß die Anfechtung sich nur gegen die Befugnis selbst und nicht gegen deren Geltendmachung richten kann, was mit der Auffassung der Kompensation seitens des preußischen Landrechtes auch durchaus übereinstimmt. Übrigens hätte es, wenn in Trennung des Rechtsgeschäftes, *welches die Schuld gegen den Gemeinschuldner hervorruft*, von der Kompensationswirkung letztere für sich Gegenstand der Anfechtung sein könnte, der Bestimmung des § 48 Ziff. 3 nicht bedurft, indem alsdann schon unter dem Gesichtspunkte der Anfechtung durch § 23 Ziff. 1 Satz 2 auch die Fälle gedeckt sein würden, zu deren Deckung der § 48 Ziff. 3 für erforderlich erachtet worden ist. Nach der Fassung des § 23 Ziff. 1 ist aber die Anfechtung des Rechtsgeschäftes, welches die Kaufgeldschuld begründet hat, zulässig sowohl, wenn der Zweck des ganzen Geschäftes lediglich die Aufrechnung, also in Wahrheit Hingabe der Sachen an Zahlungsstatt war, wie wenn wirklich Verkauf beabsichtigt war, und die Aufrechnung nur die gesetzliche Wirkung wäre. Denn auch in letzterem Falle wird dem Konkursgläubiger durch das Geschäft für seine Forderung eine Befriedigung gewährt. Nur werden beide Fälle dahin sich unterscheiden lassen, daß im letzteren der Anfechtungsgegner die Anfechtung des Geschäftes durch den Verzicht auf die Aufrechnung wird beseitigen können, weil er damit dem Anfechtenden wegen seines ganzen Interesses an der Anfechtung Genüge leistet.

Nach diesen Ausführungen ist die Annahme des Berufungsgerichtes, daß der Gemeinschuldner bei seinen Verkäufen an den Beklagten seine Zahlungen bereits eingestellt und dieser hiervon Kenntnis hatte, ohne Bedeutung, da der Konkursverwalter diese Verkäufe, mit deren Preisen sich der Beklagte für seine Kaufpreisforderungen, soweit sie früher entstanden, decken will, nicht angefochten hat, in welchem Falle er nicht, wie er mit der Klage tut, die Kaufpreise, sondern nur die verkauften Waren selbst und beim Nichtvorhandensein derselben ihren Wert fordern könnte, vielmehr gerade auf Grund dieser Kaufverträge klagt.“ . . .

RGZ. 40, 120†

1. Fällt ein Vertrag, betreffend die jährliche Verrechnung von Pachtzinsraten gegen Zinsen und Raten einer im Zusammenhange mit

dem Pachtverhältnisse begründeten Darlehnsforderung, geschlossen vor der Konkurseröffnung, unter § 48 (55 n. F.) Ziff. 1 KO.?

2. . . . .

VI. Zivilsenat. Urt. v. 5. Januar 1898.

I. Landgericht Hagen. II. Oberlandesgericht Hamm.

Aus den Gründen:

„Durch schriftlichen Vertrag vom 19. März 1890 verpachtete Freiherr G. v. D. an den Beklagten ein Weidegrundstück auf die Zeit vom 11. November 1890 bis dahin 1896 um einen jährlichen Pachtzins von 750 M., zahlbar erstmals am 1. August 1891. Am gleichen Tage erhielt der Verpächter Freiherr v. D. von dem Beklagten die Summe von 4000 M. Hierüber wurde von Beiden folgende Urkunde aufgenommen:

„Viertausend Mark habe ich heute von Herrn J. Sch. aus H. geliehen erhalten, und verspreche dieses Kapital vom 19. März 1890 ab mit 5 Prozent zu verzinsen, auch durch die Pacht der Weide bis zum Ablauf der Pacht in Jahresraten zurückzuzahlen, damit daß zuerst am 1. August 1891 von dieser Pacht die Zinsen abgezogen werden, und dann der jedesmal bleibende Pachtsatz zur Kapitaltilgung verwendet wird. Sollte aber am 1. November 1896 noch ein Rest verbleiben, soll dieser bar zugezahlt werden."

Am 14. Dezember 1891 ist über das Vermögen des Verpächters das Konkursverfahren eröffnet, dem Beklagten als Pächter aber von dem Konkursverwalter die Nutzung des Pachtgrundstückes bis zum Ende der vertragsmäßigen Pachtzeit gewährt worden.

. . .

Mit der jetzt zur Beurteilung stehenden Klage verlangt der Konkursverwalter von dem Beklagten die Zahlung des Pachtzinses vom 11. November 1892 ab bis 11. November 1896, also von vier Jahresraten à 750 M., im Ganzen 3000 M., nebtst 5 Prozent Zinsen aus je 750 M. vom 1. August 1893, 1894, 1895, 1896 ab. Das Landgericht hat den Beklagten nach dem Klagantrage . . . verurteilt. Auf die Berufung des Beklagten ist die Klage von dem Oberlandesgerichte abgewiesen worden.

. . .

Das durch die Vereinbarungen vom 19. März 1890 geschaffene Rechtsverhältnis ist als ein Vertrag aufzufassen, wonach die Pachtzinsraten an deren Fälligkeitsterminen durch Aufrechnung mit der Forderung des Beklagten von Darlehnszinsen, bzw. einer entsprechenden Rate des Darlehnskapitales berichtigt werden sollten. Dies führt aber zu einem anderen, der Klage entsprechenden rechtlichen Ergebnisse.

Nach § 48 Ziff. 1 KO. ist eine Aufrechnung im Konkursverfahren unzulässig, wenn jemand vor oder nach der Eröffnung des Verfahrens eine Forderung an den Gemeinschuldner erworben hat und nach der Eröffnung etwas zur Masse schuldig geworden ist. Die hier in Frage stehenden Pachtzinsraten ist der Beklagte nach der Eröffnung des Konkursverfahrens zur Masse schuldig geworden. Das Berufungsgericht bemerkt zwar am Schlusse seiner Entscheidungsgründe: die Gläubigerschaft habe dem Beklagten das Pachtgrundstück seit der Konkurseröffnung nicht gewährt; Beklagter besitze dasselbe vielmehr nach wie vor der Eröffnung des Konkurses kraft seines eigenen, vom Grundeigentümer erworbenen, vertragsmäßigen Pachtrechtes, an welches die *Gläubigerschaft in allen Beziehungen gebunden bleibe*, so lange sie, bzw. der Konkursverwalter nicht das Pachtgrundstück veräußere und die Pachtung dem Beklagten kündige. Hiermit will das Berufungsgericht keine tatsächliche Feststellung treffen. Die Sätze scheinen mehr (vielleicht im Anschlusse an Oetker, in der Zeitschrift für deutschen Zivilprozeß Bd. 14 S. 42 flg.) dazu bestimmt zu sein, eine von der herrschenden, auch in der Reichsgerichts-Judikatur (Entsch. des RG.s in Zivils. Bd. 1 S. 347 flg., Bd. 33 S. 45 flg.) anerkannten Auffassung abweichende Ansicht über die Bedeutung des § 17 Ziff. 2 KO. anzudeuten, wie andere Ausführungen des Berufungsgerichtes augenscheinlich der Opposition gegen diese Judikatur (Entsch. des RG.s in Zivils. Bd. 6 S. 109 flg.) dienen. Der erkennende Senat hält jedoch an der herrschenden Auffassung fest, wonach wenn das vor der Konkurseröffnung vereinbarte Pachtverhältnis nach derselben von dem Konkursverwalter (der Gläubigerschaft) mit dem Pächter fortgesetzt wird, die fernere Gewährung der Pachtnutzung als von ihm ausgehend zu erachten ist, und deshalb auch der Konkursverwalter für die Masse den Anspruch auf die in der Zeit nach der Konkurseröffnung verfallenden Pachtraten hat. Das Berufungsgericht spricht auch schließlich aus, daß der Konkursverwalter den Pachtzins beanspruchen könnte, wenn er noch rückständig, d. h. nicht durch Vorauszahlung getilgt, wäre. Daß auch nach dem preußischen Landrechte die Forderung auf die Pachtzinsraten erst mit der Fälligkeit entsteht, ist nicht zu bezweifeln.

Vgl. Striethorst, Archiv Bd. 71 S. 329 flg.; Rehbein, Entsch. des preußischen Obertribunals Bd. 3 S. 169—173, Anm. zu §§ 317—327 ALR. I. 16; Eccius, Bd. 1 § 94 Nr. III, bes. Anm. 90.

Allgemein anerkannt ist, daß die Vorschrift des § 48 Ziff. 1 KO. (wie schon die entsprechende der preußischen Konkursordnung von 1855 § 97 Ziff. 1) als lex publica auch die auf Vertrag beruhende Kompensation trifft, wonach auch ein solcher Vertrag, zumal wenn, wie hier, die jedesmal wiederkehrende Aufrechnung der künftig entstehenden Pachtzinsraten mit einer Forderung des Pachtzinsschuldners vereinbart ist, für die Zeit nach der Konkurseröffnung im Konkursverfahren nicht geltend gemacht werden kann. Hieraus folgt zugleich, daß der Beklagte seine Forderung aus dem Darlehnsgeschäfte auf Zinsen und Rückzahlung, soweit sie nicht in der Zeit vor der Konkurseröffnung durch Aufrechnung getilgt, bzw. nach dem im Vorprozesse ergangenen rechtskräftigen Urteile als getilgt anzusehen ist, im Konkurse nur als Konkursforderung geltend machen kann. Eine solche (§ 2 KO.) ist sie, soweit sie noch besteht, jedenfalls.

RGZ. 46, 98

Ist es zulässig, eine Schadensersatzforderung wegen Nichterfüllung eines zweiseitigen Vertrages durch den Konkursverwalter gegen den Anspruch der Konkursmasse auf die vom Gemeinschuldner geleistete Anzahlung aufzurechnen?

V. Zivilsenat. Urt. v. 9. Mai 1900.

I. Landgericht Halle a. S. II. Oberlandesgericht Naumburg a. S.

Der Konkursverwalter hatte den Kaufvertrag vom Oktober 1895, wonach die Klägerin für 103215,25 M. Holz gegen 15250,80 M. Anzahlung an den Gemeinschuldner geliefert hatte, nicht erfüllt. Auf die Klage wurde ein suspensiver Eigentumsvorbehalt der Klägerin betreffs der Hölzer in drei Instanzen anerkannt, und, da die Stämme inzwischen vom Konkursverwalter verschnitten und weiter veräußert worden waren, die Beklagte zunächst durch Teilurteil zur Zahlung von 55900 M. Wertsersatzrate, sodann nach Berichtigung dieser 55900 M. und weiterer 15062 M. unter Mitberechnung sechsprozentiger Zwischenzinsen zur Zahlung eines Restes von 16979 M. nebst Zinsen verurteilt, dagegen die Mehrforderung der Klägerin zu 10510,98 M., als durch den entsprechenden Teil der Anzahlung des Gemeinschuldners ausgeglichen, abgewiesen, obschon die Klägerin gegen diesen Teil der Anzahlung einen etwas höheren Schadensersatzanspruch geltend gemacht hatte. Ihre Berufung gegen dieses Endurteil des ersten Richters wurde zurückgewiesen. Gleiches Schicksal hatte ihre Revision aus folgenden

Gründen:

„Das Berufungsgericht hat, gleich dem ersten Richter, die Abrechnung des Teilbetrages zu 10510,98 M. der Anzahlung von der der Klägerin gebührenden Wertsersatzforderung zugelassen, indem es, gestützt auf §§ 21/26. 48/55 Ziff. 1 KO., der Klägerin nicht gestattete, gegen jene 10510,98 M. mit der von ihr geltend gemachten Schadensersatzforderung zu angeblich 10649,17 M. aufzurechnen. Nur gegen diese Entscheidung richtet die Revisionsklägerin ihren Angriff.

Sie ... ist der Meinung, daß ihre Schadensersatzforderung wegen Nichterfüllung des Holzkaufvertrages durch den Konkursverwalter der auf Rückzahlung der 10510,98 M. gehenden Forderung der Beklagten im Augenblicke deren Entstehung gegenüber gestanden und sie vernichtet habe, weshalb für Anwendung der Grundsätze über Aufrechnung überhaupt kein Raum sei.

Diesen Ausführungen kann nicht beigetreten werden.

Die Klägerin hat gemäß § 15/17 KO. alsbald nach Eröffnung des Konkurses die Anfrage an den Konkursverwalter gerichtet, ob er den Holzkaufvertrag erfüllen wolle. Es ist in den früheren Urteilen zu gegenwärtiger Sache in nunmehr unangreifbarer Weise entschieden worden, auch jetzt nicht mehr bestritten, daß die vom Konkursverwalter auf jene Anfrage erteilte Antwort als Erfüllungsweigerung aufzufassen sei. Dadurch ist der infolge des suspensiven Eigentumsvorbehaltes schon zuvor gegeben, aber resolutiv bedingt gewesene Eigentumsanspruch der Klägerin auf die gelieferten Hölzer zu einem unbedingten geworden, der mittels der Eigentumsklage sofort geltend gemacht werden konnte und geltend gemacht wurde. Eben wegen des erwähnten Eigentumsvorbehaltes ist er von dem im ersten Satze des § 21/26 KO. enthaltenen Verbote, die Rückgabe der Leistung zu verlangen, nicht betroffen worden. Es trat aber dieser Vindikation sogleich bei der obenbezeichneten Erklärung des Konkursverwalters die Forderung der Konkursmasse auf Rückzahlung des angezahlten Kaufgeldteiles, soweit über diesen noch nicht anderweitig verfügt war, gegenüber, und als sich dann später der Anspruch auf die Hölzer wegen deren Verarbeitung und Veräußerung in die Geldforderung auf Wertsersatz umgewandelt hatte, kürzte sich solche augenblicklich von selbst um den Betrag der in Rede stehenden 10510,98 M. Eine Masseforderung zu diesem Betrage stand der Masseschuld zu 87826,09 M. (Wert der noch in Frage kommenden Hölzer im Frühjahr 1896) entgegen, und auf diese beiden Beträge trifft recht eigentlich der von der Revisionsklägerin geltend gemachte, auch vom Reichsgerichte schon ausgesprochene Grundsatz zu, daß die gewöhnlichen Aufrechnungsregeln auf Forderungen nicht Anwendung finden, die sich, demselben Rechtsverhältnisse entspringend, gegenüberstehen und sich von selbst miteinander ausgleichen.

Vgl. Gruchot, Beiträge Bd. 25 S. 1007; Förster-Eccius, Preuß. Privatrecht Bd. 1 § 94 Anm. 61 S. 607.

Anders verhält sich die Sache in Ansehung der von der Klägerin geltend gemachten, von der Beklagten jetzt noch bestrittenen Schadensersatzforderung. Diese gründet sich nicht etwa auf ein besonderes Verschulden des Konkursverwalters, sondern einerseits auf die in dessen Willen gelegene Nichterfüllung des Vertrages und andererseits auf den Umstand, daß zur Zeit der Konkurseröffnung der Wert der in

Frage kommenden Hölzer nach der angestellten Berechnung und der von dem Vorderrichter gebilligten Schätzung um 10649,17 M. geringer gewesen ist, als der zwischen der Klägerin und dem Gemeinschuldner vereinbarte Kaufpreis betragen hat.

Ob diese Forderung dem Grunde und . . . dem Betrage nach berechtigt ist, kann hier deshalb dahingestellt bleiben, weil sie in keinem Falle zur Tilgung der auf Rückzahlung der 10510,98 M. gerichteten Forderung der verklagten Konkursmasse verwendet werden konnte. Denn mag man auch zugeben, daß auch sie demselben Rechtsverhältnisse, wie die letztere, d. i. im letzten Grunde dem durch die besprochene Erklärung des Konkursverwalters nicht aufgehobenen Kaufvertrage, zunächst aber der Erklärung selbst, entsprungen ist, so bildete sie doch keine mit dem Anspruch auf Rückzahlung gleichartige, zur Aufrechnung oder gesetzlichen Ausgleichung geeignete Forderung.

Denn nach dem zweiten Satze des § 21/26 KO. können Forderungen wegen der Nichterfüllung eines Vertrages durch den Konkursverwalter regelmäßig nur als Konkursforderungen geltend gemacht werden. Hierdurch ist ihnen die Natur einer Masseschuld im Sinne des § 52/59 KO. ausdrücklich abgesprochen, die Gleichartigkeit mit Forderungen der Masse entzogen worden, und wenn damit auch die Aufrechnungsmöglichkeit noch nicht vollständig ausgeschlossen sein sollte, so ist dies doch durch die ausdrückliche Bestimmung in § 48/55 Ziff. 1 a. a. O. geschehen.

Die Klägerin hat nach der Eröffnung des Konkursverfahrens, nämlich infolge der Nichterfüllungserklärung des Konkursverwalters, ihre angebliche Schadensersatzforderung erworben, und sie ist auf Grund derselben Erklärung, also gleichfalls nach Konkurseröffnung, zur Masse etwas, nämlich die 10510,98 M., schuldig geworden. Für diesen Fall ist durch die angeführte Gesetzesstelle die Aufrechnung als unzulässig erklärt, und hieran muß das bezügliche Verlangen der Revisionsklägerin in jedem Falle scheitern. Irrtümlich ist insbesondere auch deren Meinung, daß die beiden letzterwähnten Forderungen nur für und gegen den Gemeinschuldner entstanden seien. Dieser hatte gegen Zahlung des Restes des Holzkaufgeldes die Überlassung des Holzes zum Eigentum, also die Aufgabe des Eigentumsvorbehaltes der Klägerin, zu fordern; in dieser Weise gingen auch seine Rechte und Pflichten durch die Konkurseröffnung an die Konkursmasse über; sie haben sich erst während des Konkursverfahrens in andere Forderungen und Gegenforderungen für und gegen die Klägerin umgewandelt; es ist aber nicht abzusehen, warum der letzteren hierbei nicht die Konkursmasse, sondern der Gemeinschuldner persönlich gegenüberstehen soll.

Unerheblich sind auch die Ausführungen der Revision, daß die Klägerin, falls es beim oberlandesgerichtlichen Urteile verbleibe, immer noch um mindestens 10510,98 M. zu wenig erhalten habe. Dieser Einwand erledigt sich von selbst aus den oben angegebenen Gründen, durch die ja der Klägerin gegebenenfalls eine als Konkursforderung geltend zu machende Schadensersatzforderung keineswegs grundsätzlich abgesprochen worden ist, und somit der in einem ähnlichen Falle Schadensersatz zuerkennenden Entscheidung des VI. Senates des Reichsgerichtes Rep. VI. 8 00 vom 12. März 1900 — abgedruckt in der Jurist. Wochenschr. v. 1900 S. 344 Nr. 12 — nicht entgegengetreten wird.

Auf ein besonderes Verschulden des Konkursverwalters, insbesondere auf das Verschneiden und Verkaufen der Hölzer durch ihn, hat die Klägerin *ihren Schadensersatzanspruch nicht gestützt*; es braucht daher auch nicht untersucht zu werden, ob bei solcher Schadensbegründung im Hinblick auf die Regel des § 52/59 Ziff. 1 KO. die Sache anders, als in Vorstehenden geschehen, zu entscheiden wäre.“ . . .

RGZ. 51, 394

Kann ein Konkursgläubiger aufrechnen, wenn zwar zur Zeit der Konkurseröffnung Forderung und Schuld in seiner Person vereinigt waren, er aber demnächst seine Konkursforderung abgetreten und erst später wieder erworben hat?

KO. § 55 Ziff. 2.

I. Zivilsenat. Urt. v. 31. Mai 1902.

I. Landgericht Chemnitz, Kammer für Handelssachen.
II. Oberlandesgericht Dresden.

Der Beklagte schuldete der Aktiengesellschaft L. B., über deren Vermögen am 27. Juni 1901 das Konkursverfahren eröffnet wurde, aus einem Wechsel vom 30. April 1901, fällig am 30. Juli dess. J., den Wechselregreßbetrag. Zur Zeit der Konkurseröffnung hatte er gegen die Gemeinschuldnerin eine seine Wechselschuld übersteigende Forderung. Diese Forderung trat er jedoch, um sich flüssige Geldmittel zu verschaffen, am 9. Juli 1901 dem Fabrikbesitzer W. zur Sicherstellung für den gewährten Kredit ab. Am 23. August 1901 wurde ihn ein die Wechselschuld übersteigender Teil der abgetretenen Forderung zurückübertragen, worauf er die Aufrechnung erklärte. Der Wechselklage des Konkursverwalters gegenüber berief sich der Beklagte auf diese Aufrechnung. Die erste Instanz erklärte die Aufrechnung für unzulässig; in der zweiten Instanz drang der Beklagte mit seiner Verteidigung durch. Die Entscheidung des Berufungsgerichtes ist vom Reichsgericht gebilligt worden aus folgenden

Gründen:

...„Das Berufungsgericht hält die .... Aufrechnung für zulässig, weil die Ausnahme des § 55 Ziff. 2 KO. weder nach dem Wortlaute dieser Vorschrift, noch nach dem von dem Gesetzgeber damit verfolgten Zwecke auf einen Fall, wie den vorliegenden, Anwendung finden könne. Im Ergebnis ist dem Berufungsgerichte beizutreten. Nicht zu billigen ist freilich, wenn auf den Wortlaut des § 55 Ziff. 2 Gewicht gelegt wird. Diese Stelle schließt im Konkurse die Aufrechnung dann aus, „wenn jemand dem Gemeinschuldner vor der Eröffnung des Verfahrens etwas schuldig war und nach derselben eine Forderung an den Gemeinschuldner erworben hat, auch wenn diese Forderung vor der Eröffnung für einen anderen Gläubiger entstanden war". Nach der Fassung des Nachsatzes — „auch wenn" — wäre darin nicht eine Beschränkung, sondern eine Ausdehnung der Ausnahme zu finden. Unter genauerer Erwägung des Inhaltes der Vorschrift und Berücksichtigung der in den Motiven gegebenen Begründung gelangt man freilich doch zu der Auslegung, daß, bloß wörtlich genommen, sie den Fall, wo die Forderung vor der Eröffnung des Konkurses in der Person des aufrechnenden Konkursgläubigers entstanden war, nicht mit umfaßt. Forderungen an den Gemeinschuldner, welche nach der Konkurseröffnung erworben werden, können entweder nach, oder vor der Konkurseröffnung entstanden sein. Für die nach der Konkurseröffnung entstandenen Forderungen an den Gemeinschuldner ist der Ausschluß der Aufrechnung gegen die zur Masse gehörigen Forderungen des Gemeinschuldners aus der Zeit vor der Eröffnung des Konkurses die Folge davon, daß sie nach § 3 KO. keinen Anspruch auf Befriedigung aus der Masse gewähren. Darauf weisen die Motive selbst hin, und machen im Gegensatze dazu für den Ausschluß der Aufrechnung bei Forderungen, die vor der Eröffnung des Konkurses entstanden sind, teils die Notwendigkeit, eine Ausplünderung der Masse durch frivolen Aufkauf von Passivforderungen zu verhüten, teils und hauptsächlich die Rechtskonsequenz geltend, welche die in der Aufrechnung liegende Deckung der Konkursgläubiger nur zulasse, wenn bei der Konkurseröffnung Forderung und Schuld in seiner Hand vereinigt seien; vgl. Motive S. 235/236. Demnach bezieht sich der Nachsatz allerdings auf die vor der Konkurseröffnung entstandenen Forderungen im Gegensatze zu den nachher entstandenen, und von den ersteren haben die nicht für einen anderen Gläubiger, sondern für den aufrechnenden Gläubiger selbst entstandenen keine ausdrückliche Erwähnung gefunden. Es ist aber deshalb nicht gerechtfertigt, für diese letzteren Forderungen die Aufrechnung zuzulassen. Die nicht ganz genaue Fassung des Gesetzes erklärt sich zur Genüge dadurch, daß dabei an den regelmäßigen, nicht an den seltenen Ausnahmefall gedacht worden ist. Die Gründe für den Ausschluß der Kompensation treffen, wenn die Voraussetzungen im übrigen gegeben sind, in ganz gleicher Weise zu, mag die vor der Konkurseröffnung entstandene Forderung ursprünglich für den aufrechnenden Gläubiger, oder für einen anderen entstanden sein. Ein argumentum a contrario aus dem Wortlaute des Gesetzes ist hiernach unzulässig. Insofern hat die Revision ganz recht, wenn sie bemerkt, in dem Nachsatze liege der Ton auf den Worten „vor der Eröffnung", nicht aber auf den Worten „für einen anderen Gläubiger". Wenn im vorliegenden Falle der Beklagte seine Forderung vor der Konkurseröffnung abgetreten und erst nachher wieder erworben hätte, so würde lediglich auf Grund des Wortlautes des Gesetzes die Zulassung der Aufrechnung wohl kaum verteidigt werden. Das Berufungsgericht hat denn auch die Argumentation aus dem Wortlaute nicht für sich allein gebraucht, sondern in Verbindung mit dem weiteren Umstande gebracht, daß der Beklagte zur Zeit der Konkurseröffnung die Forderung noch besaß und sie erst nachher veräußert hat. Diesen letzteren Umstand könnte man geneigt sein für entscheidend zu halten, weil nach den Motiven, wie oben bemerkt worden ist, der Ausschluß der Aufrechnung hauptsächlich dadurch gerechtfertigt sein soll, daß sich bei Eröffnung des Konkurses Schuld und Forderung nicht in derselben Hand befinden. Dennoch würde es bedenklich sein, diesen Umstand allein für ausschlaggebend zu erachten, so daß die zur Zeit der Konkurseröffnung vorhandene Aufrechnungsmöglichkeit durch eine spätere Abtretung der Forderung niemals endgültig beseitigt wäre, sondern beim Rückerwerbe der Forderung stets wieder aufleben würde. Diese Auslegung des Gesetzes könnte auch nicht durch die Betrachtung gerechtfertigt werden, daß in solchen Fällen die Gefahr der Ausplünderung der Masse durch frivolen Aufkauf von Passivforderungen gar nicht vorhanden sei. Für eine schlüssige Folgerung ist dieses Motiv des Gesetzes nicht geeignet; denn das Gesetz macht seine Vorschrift nicht abhängig von einer solchen Gefahr, wie sich ohne weiteres daraus ergibt, daß unter seine Bestimmung auch der Erwerb der Forderung durch Gesamtnachfolge fällt. Von Bedeutung aber ist der — auch vom Oberlandesgericht verwertete — Umstand, daß es sich bei der Abtretung der Forderung nicht darum gehandelt hat, diese dem Vermögen des Beklagten endgültig zu entziehen. Allerdings hat der Beklagte nach der Feststellung der Instanzgerichte seine Konkursforderung an den Fabrikbesitzer W. nicht bloß verpfändet (§ 1280 BGB.), sondern sie ihm nach § 398 das. abgetreten. Die Forderung ist daher, wie die Vorinstanzen mit Recht angenommen haben, aus dem Vermögen des Beklagten ausgeschieden und in das Vermögen des W. übergegangen. Unbestritten ist aber auch, daß die Abtretung nur zu dem Zwecke erfolgt ist, um dem W. Sicherheit dafür zu geben, daß er den Beklagten, dessen Konkursforderung zur Zeit keine parate Verwertung gestattete, mit flüssigen Geldmitteln versah. Die Wiedererwerbung der abgetretenen Forderung lag daher von Anfang an in der Absicht des Beklagten, und diese Wiedererwerbung hing nicht von dem guten Willen des Cessionars ab, sondern der Beklagte hatte darauf gegen Befriedigung des Cessionars einen Rechtsanspruch. Es liegt daher der besonders geartete Fall vor, daß der Beklagte zunächst das Recht der Aufrechnung hatte, wofür zur Zeit der Konkurseröffnung alle Voraussetzungen gegeben waren, daß er dann zwar die Konkursforderung an einen Dritten abtrat, aber nicht zu dauerndem Behalten, sondern in der Absicht und mit dem Rechtsanspruch auf Wiedererwerbung, und daß er dann dieser Absicht und diesem Anspruche gemäß einen zur Tilgung seiner Wechselschuld an die Konkursmasse hinreichenden Teil der abgetretenen Forderung zurückerwarb, und dafür die Aufrechnungserklärung abgab. Unter diesen Umständen muß mit der Vorinstanz angenommen werden, daß die Aufrechnung nicht unter die Ausschlußvorschrift des § 55 Ziff. 2 KO. fällt, sondern zulässig ist. Insbesondere kann der Revision darin nicht beigetreten werden, daß in einer solchen Abtretung ein Verzicht des Beklagten auf die Ausnutzung des ihm ursprünglich zustehenden Aufrechnungsrechtes zu finden sei." ...

RGZ. 79, 129

Kann der Gläubiger eine Forderung, die er vor Eröffnung des Konkurses über das Vermögen seines Schuldners erlangt hat, zur Aufrechnung verwenden gegenüber einer Forderung des Konkursverwalters, die dadurch entstanden ist, daß der Gläubiger seine Lieferungspflicht aus einem vor der Konkurseröffnung abgeschlossenen Kaufvertrage nicht erfüllt und der Konkursverwalter Schadensersatz wegen Nichterfüllung begehrt?

KO. §§ 54 Abs. 1, 55 Nr. 1. BGB. § 387.

II. Zivilsenat. Urt. v. 22. März 1912.

I. Landgericht Magdeburg. II. Oberlandesgericht Naumburg a. S.

Am 25. November 1907 ist über das Vermögen des Klägers der Konkurs eröffnet worden. Zur Zeit der Konkurseröffnung schuldete der Kläger der Beklagten aus Zuckerlieferungen 40113,05 M. Damals hatte der Kläger an die Beklagte aber auch Ansprüche auf Lieferung von Zucker aus zwei Abschlüssen. Am 2. November 1906 hatte der Kläger nämlich von der Beklagten 2000 Doppelzentner Zucker, den Doppelzentner zu 37 M. gekauft. Von diesem Zucker war noch nichts geliefert. Am 26. November 1906 hatte der Kläger ferner von der Beklagten 3000 Doppelzentner Zucker gekauft zum Preise von 37,25 M. für den Doppelzentner. Auf diesen Abschluß waren 1000 Doppelzentner geliefert. Der Konkursverwalter verlangte Erfüllung dieser beiden Abschlüsse. Die Beklagte verweigerte die Erfüllung. Sie wollte lieber Schadensersatz wegen Nichterfüllung leisten und dagegen ihre Forderung von 40113,05 M. aufrechnen. Der Konkursverwalter hielt die Aufrechnung im Hinblick auf § 55 Nr. 1 KO. für unzulässig. Im Briefwechsel vom 3./6. Juni 1907 einigten sich die Parteien. Über den Inhalt dieser Einigung entstand in der Folge Streit. Der Berufungsrichter legt den Inhalt des Briefwechsels dahin aus, es sei vereinbart worden, daß die Konkursmasse gegen die Beklagte infolge ihrer Erfüllungsweigerung einen Schadensersatzanspruch wegen Nichterfüllung gemäß § 326 BGB. habe, und daß sich die Konkursmasse bei der Beklagten zum Tagespreis eindecke. Der sich so ergebende Preisunterschied, der sogleich auf 6500 M. festgestellt wurde, sei die der Konkursmasse gebührende Forderung. Die Masse zahle die für den Deckungskauf vereinbarten Preise, vorbehaltlich der Rückforderung des etwa Zuvielbezahlten, vorläufig an die Beklagte. Die Streitfrage, ob die Beklagte gegen diesen Schadensersatzanspruch, d. h. gegen diesen Rückersatzanspruch von 6500 M., ihre Gegenforderung von 40113,05 M. aufrechnen dürfe, solle der gerichtlichen Entscheidung vorbehalten bleiben und durch das Abkommen vom 3./6. Juni 1907 nicht berührt werden. Die Aufrechnungserklärung habe die Beklagte bereits bei Abschluß dieses Abkommens unbedingt und endgültig abgegeben. Die gerichtliche Entscheidung solle darüber befinden, ob die Beklagte diese Aufrechnung nach § 55 Nr. 1 KO. rechtswirksam erklären durfte.

Die Beklagte hat entsprechend dem Abkommen vom 3./6. Juni 1907 der Konkursmasse den Zucker geliefert. Die Konkursmasse hat der Beklagten den vereinbarten Preis unbeschadet ihres Anspruchs auf Rückerstattung der 6500 M. bezahlt. Diesen Anspruch hat nach Aufhebung des Konkursverfahrens der Kläger geltend gemacht und die Beklagte auf 6500 M. nebst Zinsen verklagt. Der Kläger meint, die Beklagte dürfe ihre Gegenforderung von 40113,05 M. nicht zur Aufrechnung verwenden, während sich die Beklagte auf den Standpunkt stellt, daß sie bereits am 3./6. Juni 1907 die Aufrechnung vorbehaltlich gerichtlicher Entscheidung rechtswirksam erklärt habe. Der Berufungsrichter trat der Ansicht der Beklagten bei. Die Revision wurde zurückgewiesen. In den

Gründen

werden zunächst Revisionsangriffe gegen folgende Feststellungen des Berufungsrichters zurückgewiesen: es sei bei der unbedingt erklärten Aufrechnung verblieben, die Parteien hätten eine Aufhebung der einmal erklärten Aufrechnung nicht gewollt. Der Vorbehalt, unter dem die Beklagte ihre Forderung angemeldet hatte, sollte besagen, daß die Anmeldung unter dem Vorbehalt erfolge, daß der am 3./6. Juni 1907 getroffenen Vereinbarung entsprechend eine gerichtliche Entscheidung darüber erst noch zu befinden habe, ob die unbedingt erklärte Aufrechnung rechtswirksam sei. Da diese Entscheidung noch nicht erwirkt sei, hätte, ebenfalls der Vereinbarung entsprechend, die volle Forderung angemeldet werden müssen. Dies sei auch der Sinn des Abkommens vom 3./6. Juni 1907. Nach diesem Abkommen sollten sich die Vorgänge im Konkurs ohne Rücksicht auf die erklärte Aufrechnung abwickeln. Soweit diese Abwicklung mit der späteren Entscheidung über die Aufrechnung in Widerspruch stehe, sollte die Abwicklung wieder rückgängig gemacht werden. Es heißt dann weiter:

„Da hiernach das Abkommen vom 3./6. Juni 1907 die Aufrechnungszulässigkeit der späteren Entscheidung vorbehalten hat, war diese Entscheidung nunmehr im gegenwärtigen Prozesse zu geben. Der Berufungsrichter hält die Aufrechnungserklärung der Beklagten für rechtswirksam. Der Kläger wirft dem Berufungsrichter Verletzung des § 54 Abs. 1 KO. vor. Der Abs. 1 des § 54 KO. will die Aufrechnung des Gläubigers nicht daran scheitern lassen, daß seine Forderung nicht auf einen Geldbetrag gerichtet war, als das Konkursverfahren eröffnet wurde; eine solche Forderung ist dann zum Zweck der Aufrechnung nach §§ 69, 70 KO. gemäß § 54 Abs. 4 KO. zu berechnen. Aus dieser Bestimmung will der Kläger den Schluß ziehen, daß eine Aufrechnung in dem umgekehrten Falle, wenn nämlich die Forderung der Konkursmasse, wie hier, nur auf Schadensersatz wegen Nichterfüllung, also nicht auf einen Geldbetrag, gerichtet sei, ausgeschlossen werde. Diesem Gedankengange, der die Bestimmung des § 54 Abs. 1 KO. zu einem argumentum e contrario verwerten will, kann nicht gefolgt werden. Der Abs. 1 des § 54 KO. will nur die Rechte des Gläubigers, der eine nicht auf Geld gerichtete Forderung hat, erweitern. Im übrigen will § 54 Abs. 1 KO. nichts an den Erfordernissen der Aufrechenbarkeit ändern. Diese Erfordernisse regeln sich aber für den vorliegenden Fall nach § 55 Nr. 1 KO. in Verbindung mit § 387 flg. BGB.

Die Bestimmungen des § 55 Nr. 1 KO. und der §§ 387 flg. BGB. stehen der Aufrechnung nicht entgegen. § 55 Nr. 1 KO. verbietet eine Aufrechnung, wenn jemand vor oder nach Eröffnung des Konkurses eine Forderung an den Gemeinschuldner erworben hat und nach der Eröffnung etwas zur Masse schuldig geworden ist. Nach dieser Gesetzesstelle könnte die Beklagte, wenn sie erst nach der Konkurseröffnung die 6500 M. zur Masse schuldig geworden wäre, ihre vor der Konkurseröffnung entstandene Forderung von 40113,05 M. nicht zur Aufrechnung verwenden. Die Beklagte hätte dann auch mit dem Konkursverwalter eine Aufrechnung nicht rechtswirksam vereinbaren können. Nun ist in Entsch. des RG.s in Zivils. Bd. 58 S. 11 für den Fall, daß eine Schadensersatzforderung infolge der Erfüllungsweigerung des Konkursverwalters an Stelle des vertragsmäßigen Lieferungsanspruchs getreten ist, ausgesprochen, daß einer Aufrechnung die Bestimmung des § 55 Nr. 2 KO. nicht entgegensteht. Es ist dort ausgeführt, der Schadensersatzanspruch sei nicht als erst nach Eröffnung des Verfahrens erworben anzusehen, sondern er sei schon zur Zeit der Konkurseröffnung für den Fall begründet gewesen, daß der Konkursverwalter die Erfüllung ablehne. Zur Unterstützung dieser Ansicht wird dort auch auf die Bestimmung des oben berührten § 54 KO. verwiesen, wonach die Aufrechnung bedingter, betagter und nicht auf einen Geldbetrag gerichteter Forderungen des Gläubigers zugelassen ist. Der Grundsatz, den die Entscheidung Bd. 58 S. 11 aufstellt, muß auch auf den hier zur Entscheidung stehenden Fall Anwendung finden, in dem der Konkursverwalter infolge der Erfüllungsweigerung der Beklagten gegen diese einen Anspruch auf Schadensersatz wegen Nichterfüllung erworben hat. Der Berufungsrichter ist von dieser zutreffenden Ansicht ausgegangen. Der Kläger verweist dagegen auf Entsch. des RG.s in Zivils. Bd. 46 S. 98. Mit dieser Entscheidung hat sich bereits die Entscheidung Bd. 58 S. 11 befaßt. Dort ist gesagt, daß die Entscheidung Bd. 46 S. 98 mit der Bd. 58 S. 11 veröffentlichten Entscheidung nicht in Widersprruch steht, weil die Annahme, daß die Schadensersatzforderung des Gläubigers gegen den die Erfüllung weigernden Konkursverwalter erst nach der Konkurseröffnung entstanden sei, nicht die Grundlage des Bd. 46 S. 98 veröffentlichten Urteils bildet. Aus demselben Grunde war dem erkennenden Senat, indem er sich dem in Bd. 58 S. 11 aufgestellten Grundsatz anschließt, keine Veranlassung zur Anrufung einer Entscheidung der vereinigten Zivilsenate gegeben. Der Berufungsrichter erwägt, indem er von den bis dahin erörterten einwandfreien Unterlagen ausgeht, daß die Konkursmasse danach einen Anspruch auf Rückerstattung der von ihr bezahlten 6500 M. hatte, gegen welchen Anspruch die Beklagte den gleichen Betrag aus ihrer Forderung von 40113,05 M. aufrechnen durfte. Im Konkurse durfte die Beklagte nur den Überschuß anmelden und nur für diesen Überschuß die Dividende von 18 Prozent beanspruchen. Sie hat aber 18 Prozent von ihrer vollen Forderung von 40113,05 M., also die Dividende von 18 Prozent für 6500 M. zuviel erhalten. Diesen Betrag mit 1170 M. muß sie zurückerstatten. Mehr kann der Kläger nicht verlangen. Dementsprechend hat der Berufungsrichter erkannt." ...

RGZ. 85, 38

Was ist im § 55 KO. unter den Worten „im Konkursverfahren" für den Fall der Nr. 3 dieser Vorschrift zu verstehen?

III. Zivilsenat. Urt. v. 12. Mai 1914.

I. Landgericht Osnabrück. II. Oberlandesgericht Celle.

Aus den den Sachverhalt ergebenden

Gründen:

„Der Erblasser der Beklagten war Leiter der O.er Zweigniederlassung der N. Bank, als am 27. Juli 1910 über deren Vermögen das Konkursverfahren eröffnet wurde. Er stand damals mit seiner Bank in Geschäftsverbindung und schuldete ihr die Klagesumme von 9167,65 M., wenn man die Einwendungen der Beklagten mit dem klagenden Konkursverwalter der N. Bank für unberechtigt ansieht. Die Beklagten haben nämlich dem Klaganspruch mehrere Einwendungen entgegengehalten. Der Berufungsrichter beschäftigt sich lediglich mit der einen Einwendung. Diese hält er für durchschlagend und weist deshalb die Klage ab.

Der Einwendung liegt folgender Sachverhalt zugrunde. Am 9. Juli 1910, also vor der Konkurseröffnung, trat Architekt M. seine Forderung von 9600 M., die er nach der Klagebehauptung gegen die Bank am 8. Juli 1910 erlangt haben soll, dem Erblasser der Beklagten ab. Am Tage der Abtretung gab dieser seiner Bank die Erklärung ab, er rechne die so erworbene Forderung von 9600 M. gegen seine Schuld von 9167,65 M. auf. Forderung und Gegenforderung waren fällig. Deshalb sehen die Beklagten den Klaganspruch als durch Aufrechnung erloschen an (§ 389 BGB.). Dieser Auffassung ist der Berufungsrichter beigetreten.... Der Kläger hat der Aufrechnung entgegengehalten, bereits am 1. Juli 1910 habe die N. Bank ihre Zahlungen eingestellt. Davon habe der Erblasser der Beklagten Kenntnis gehabt und sich im Einvernehmen mit M. dessen Forderung zum Zwecke der Aufrechnung abtreten lassen. Der Kläger bedient sich nicht der Anfechtung nach §§ 29flg. KO., wie der Berufungsrichter ausdrücklich feststellt, sondern lediglich des § 55 Nr. 3 KO. Er rügt Verletzung dieser Gesetzesvorschrift und außerdem die Verletzung der §§ 139, 286, 551 Nr. 7 ZPO.

Die zuletzt angezogene Gesetzesstelle bleibt außer Betracht.... § 55 KO. regelt im Abs. 1 Nr. 3 den Fall besonders, wenn ein Schuldner vor der Konkurseröffnung durch Abtretung eine Forderung an den Gemeinschuldner erworben hat, ihm aber zur Zeit des Erwerbes der Forderung die Zahlungseinstellung des Gemeinschuldners bekannt war. § 55 lautet in seinem hier in Betracht kommenden Teile: „eine Aufrechnung im Konkursverfahren ist unzulässig, wenn jemand vor der Eröffnung des Verfahrens dem Gemeinschuldner etwas schuldig war und eine Forderung an den Gemeinschuldner . . . durch Rechtsabtretung . . . erworben hat, falls ihm zur Zeit des Erwerbes bekannt war, daß der Gemeinschuldner seine Zahlungen eingestellt hatte.“ ... Die Voraussetzungen der Anwendung dieser Vorschrift hält der Berufungsrichter hier für gegeben; er versagt jedoch den Erfolg und läßt die Aufrechnung zu, weil die N. Bank erst am 11. Juli 1910 ihre Zahlungen eingestellt habe.... (Das Urteil erörtert nun zwei Verstöße des Berufungsurteils gegen § 139 und § 286 ZPO. Sodann wird fortgefahren:)

Diese Verstöße führen zur Aufhebung des Urteils und zur Zurückverweisung; denn auf ihnen beruht das Urteil. Würde es nämlich bei der erneuten Verhandlung gelingen, auch nur den 9. Juli 1910 (also nicht schon den 8. Juli) als den Tag der Zahlungseinstellung zu ermitteln, so würde der Kläger zum Beweise zuzulassen sein, daß der Erblasser der Beklagten, als er am 9. Juli 1910 die Forderung erwarb, die Zahlungseinstellung kannte, wenn die übrigen Voraussetzungen des § 55 Nr. 3 KO. ebenfalls erfüllt sind. Die Beklagten bestreiten das, weil § 55 Nr. 3 KO. ausdrücklich nur den Fall der Aufrechnung „im Konkursverfahren“ treffe, die Aufrechnung hier aber am 9. Juli 1910, also vor Eröffnung des Konkurses, erklärt worden sei. Sie meinen, die durch § 55 Nr. 3 KO. verbotene Aufrechnung falle nicht unter das Verbot, wenn sie schon vor Konkursbeginn vollzogen sei, sondern sie äußere die in § 389 BGB. bestimmte Wirkung des Erlöschens der Schuld. Der Konkursverwalter sei auf eine Anfechtung nach § 30 Nr. 2 KO. beschränkt. Folgt man dieser Ansicht, so wäre die Klage abzuweisen; denn eine Anfechtung ist nicht erfolgt, wie dies der Berufungsrichter, ohne einem Einwande zu begegnen, ausdrücklich an der Spitze seiner Erwägungen ausgeführt hat.

Der Ansicht der Beklagten ist jedoch nicht beizutreten. § 55 Nr. 3 KO. trifft hier unmittelbar zu. Er erklärt in den drei von ihm aufgezählten Fällen die Aufrechnung „im Konkursverfahren“ für unzulässig. Es ist zuzugeben, daß dieser die ganze Vorschrift einleitende Satz, wenn man ihn rein wörtlich nimmt, zu dem Mißverständnis Veranlassung geben kann, es wolle der Gesetzgeber die Aufrechnungserklärung zeitlich beschränken, sie nämlich während der Dauer des Konkursverfahrens verbieten und nur dies verfügen. Im § 63 KO. haben die Worte „im Konkursverfahren“ allerdings nur die enge Bedeutung, daß die dort bezeichneten Ansprüche zwar in dem mit der Konkurseröffnung eingeleiteten Verfahren nicht geltend gemacht werden können, wohl aber nach Beendigung des Konkurses. Im § 55 KO. haben die Worte „im Konkursverfahren“ noch eine andere Bedeutung für den Fall der Nr. 3 der Vorschrift. In diesem Falle sollen sie nämlich als gleichbedeutend gebraucht sein mit den Worten „im Verhältnis des Gläubigers zu der vom Konkursverwalter vertretenen Konkursmasse“. Diesen Gedanken kann man auch dahin ausdrücken, der Gesetzgeber ziele mit den Worten „im Konkursverfahren“ nicht auf einen zeitlichen Ausschluß der Aufrechnungserklärung während des Konkursverfahrens ab, sondern auf den Ausschluß der Wirkungen einer Aufrechnungserklärung für die Dauer des Konkursverfahrens.

Diese Auslegung der streitigen Worte „im Konkursverfahren“ entspricht allein dem Sinn und Zweck des Gesetzes, das es im Interesse der Gläubigergesamtheit mit dem Eintritt des Zustandes der Konkursmäßigkeit dem einzelnen Gläubiger unmöglich machen will, sich Deckung vor den anderen Gläubigern durch Schaffung einer Aufrechnungsmöglichkeit zu erwerben. Diese gesetzgeberische Absicht des § 55 KO. ergibt sich zunächst aus dem Zusammenhange der §§ 53 und 54 mit dem § 55 KO. In den §§ 53, 54 KO. wird der Grundsatz aufgestellt und zur Durchführung gebracht, daß ein konkursrechtlich gültig erworbenes Aufrechnungsrecht, wenn auch die Aufrechnung noch nicht vollzogen, d. h. die Aufrechnungserklärung, um mit dem Bürgerlichen Gesetzbuche zu reden, noch nicht rechtswirksam abgegeben werden kann, im Konkurse doch einen Anspruch auf Deckung durch Abgabe der Aufrechnungserklärung verleiht. Im Gegensatze zu §§ 53 und 54 KO. stellt § 55 KO. die Fälle zusammen, in denen nicht etwa die Aufrechnungserklärung vor der Konkurseröffnung nicht möglich war, sondern in denen vielmehr die wirksame Entstehung eines Aufrechnungsrechts (einer Aufrechnungslage) zugunsten eines einzelnen entweder durch den Eintritt des Konkurses (Nr. 1 und 2 des § 55) oder durch den Konkursanspruch aller Gläubiger (Nr. 3 des § 55) ausgeschlossen wird. Entstanden ist der Konkursanspruch aller Gläubiger sowohl mit Einstellung der Zahlungen, als auch mit Stellung eines Konkursantrags. Mit der Entstehung dieses Konkursanspruchs, d. h. des Anspruchs auf Konkurseröffnung, kann niemand mehr ein Recht auf Aufrechnung erwerben. Dies ist der leitende Gedanke des § 55 KO. Dieser Grundsatz des § 55 wird dann in § 56 KO. gegen eine Umgehung durch Einschiebung von Mittelspersonen geschützt.

Die Motive zum § 48 der KO. vom 1. Februar 1877 besitzen noch ungeschwächte Bedeutung; denn der § 55 KO. vom 20. Mai 1898, der an die Stelle des alten § 48 KO. getreten ist, hat seine frühere Fassung beibehalten. Diese Motive erklären sich eingehend über den dritten Fall des § 55 der jetzt geltenden Konkursordnung, wonach Schuld und Forderung zwar vor der Konkurseröffnung sich in aufrechnungsfähigem Zustande gegenüberstanden, der Schuldner aber bei Erwerb der Forderung den Eintritt des Konkursanspruchs kannte. Sie führen aus, der Schuldner, der eine Forderung an den Gemeinschuldner in Kennntnis des Konkursanspruchs aller Gläubiger erwerbe und nun aufrechne, könne mit Hilfe der Anfechtungsgrundsätze nur unter ganz besonderen Umständen an der Erlangung voller Deckung durch Aufrechnung gehindert werden, weil wohl ein Gläubiger gegen den Grundsatz der Gleichheit aller Gläubiger sich verfehle, wenn er sich in Kennntnis des Konkursanspruchs vor anderen Befriedigung verschaffe, nicht aber ein Schuldner des Gemeinschuldners. Lasse man diesen Zustand bestehen, so würden die schlimmsten Mißbräuche freigegeben. Infolge des Eintritts des Konkursanspruchs sänken die Forderungen an den Gemeinschuldner im Werte. Seine Schuldner könnten

Forderungen in diesem Zeitpunkte billig erwerben und sich ihrer Schuld durch Aufrechnung zum Nachteile der Masse bequem entledigen. Auch auf Schiebungen anderer Art, die zu einer Ausplünderung der Masse führen müßten, weisen die Motive hin. Allen diesen Unzuträglichkeiten will § 55 Nr. 3 KO. abhelfen. Eine solche Abhilfe ist aber nur möglich, wenn man mit den Motiven den § 55 Nr. 3 KO. so versteht, wie ihn der Gesetzgeber verstanden wissen wollte.

Der Wille des Gesetzgebers in diesem Sinne hat auch im § 55 KO. selbst deutlichen Ausdruck gefunden. Der § 55 KO. behandelt drei Fälle. Im ersten Falle ist die Schuld, die durch Aufrechnung getilgt werden soll, nach der Konkurseröffnung entstanden; im zweiten Falle ist die Forderung, die zur Aufrechnung verwendet werden soll, nach der Konkurseröffnung erworben; im dritten Falle ist die Forderung, die zur Aufrechnung verwendet werden soll, zwar vor der Konkurseröffnung erworben, aber es befand sich der Erwerber nicht in gutem Glauben. Wenn nun in allen drei Fällen verfügt wird, die Aufrechnung finde im Konkursverfahren nicht statt, so kann dies nicht heißen, die Aufrechnungserklärung könne in dem dritten Falle noch bis zur Konkurseröffnung abgegeben werden, obgleich der böse Glaube bereits zur Zeit des Erwerbes der Forderung vorhanden war. Die Gleichstellung der Nr. 3 des § 55 KO. mit der Nr. 2 des § 55 kann vielmehr nur bedeuten, daß der böse Glaube dieselbe Wirkung des Ausschusses der Aufrechnung haben solle, wie wenn der Konkurs zur Zeit des Erwerbs der Forderung bereits eröffnet gewesen wäre.

Zur gleichen Auffassung von der Bedeutung des § 55 Nr. 3 KO. hat sich bereits der VII. Zivilsenat in seinem Urteile vom 24. März 1914, Rep. VII. 509/13, bekannt.

Aus diesen Gründen konnte der Erblasser der Beklagten die von M. erworbene Forderung nicht zur Aufrechnung benutzen, wenn zur Zeit der Abtretung am 9. Juli 1910 die N. Bank bereits ihre Zahlungen eingestellt hatte und der Erblasser der Beklagten diese Zahlungseinstellung kannte. Ob dies aber der Fall ist, bedarf, wie bereits ausgeführt, erst noch der Feststellung."...

RGZ. 124, 8

Unter welchen Umständen wirkt der Verzicht auf Aufrechnung auch für den Fall des Konkurses des Aufrechnungsgegners?

KO. § 53.

II. Zivilsenat. Urt. v. 8. März 1929.

I. Landgericht Kiel. II. Oberlandesgericht daselbst.

Der Beklagte hat im Februar 1924 für Uferbefestigungsarbeiten, die er von der Stadt Kiel übernommen hatte, von der damaligen offenen Handelsgesellschaft G. R. & Sohn in Kiel einen größeren Posten Hölzer gekauft, lieferbar in Teilmengen ab März 1924. Nach der bestrittenen Behauptung des Klägers sollen dabei mit gewissen Einschränkungen auch die „allgemeinen Verkaufsbedingungen" von G. R. & Sohn Vertragsinhalt geworden sein, so insbesondere die Klausel, daß bei Verzögerung der Lieferung dem Käufer wegen des von ihm für bereits bewirkte Teillieferungen geschuldeten Kaufpreises weder ein Zurückbehaltungs- noch ein Aufrechnungsrecht zustehen solle. Geschäft und Firma der offenen Handelsgesellschaft G. R. & Sohn sind später auf den Kaufmann W. R. als Alleininhaber übergegangen. Dieser ist im Januar 1926 in Konkurs geraten. Der Kläger hat unter der weiteren Behauptung, daß der Beklagte am Kaufpreis noch 8593,86 RM. schulde und daß diese Forderung im November 1925 an den Kläger abgetreten worden sei, auf Zahlung des genannten Betrags an sich selbst geklagt. Diesen Antrag hat er im Laufe des Verfahrens dahin abgeändert, daß an den Konkursverwalter von W. R. zu zahlen sei, dem er nach Klagerhebung die Forderung sicherungshalber abgetreten habe. Der Beklagte hat die Sachberechtigung des Klägers bestritten und hilfsweise eine angebliche Schadensersatzforderung gegen die Verkäuferin von mehr als 27000 RM. wegen verspäteter Lieferung des Holzes zur Aufrechnung gestellt.

Das Landgericht hat durch Teilurteil den Beklagten zur Zahlung von 8229,33 RM. nebst Zinsen verurteilt. Die Berufung des Beklagten ist zurückgewiesen worden. Seine Revision führte zur Aufhebung und Zurückverweisung.

Aus den Gründen:

Das Berufungsgericht bejaht die Frage, ob der von ihm angenommene vertragsmäßige Verzicht des Beklagten auf das Aufrechnungsrecht hier auch für den Fall des Konkurses des Verkäufers wirke. Zur Begründung führt es aber nur aus, daß das Gegenteil nicht als gewollt anzusehen sei. Mit Recht wendet sich hiergegen die Revision. Es handelt sich bei der bezeichneten Abrede um eine Formularklausel, die auch nur als solche Vertragsbestandteil geworden und nicht etwa ausdrücklich Gegenstand der Verhandlungen gewesen ist. Den Konkursfall erwähnt sie nicht; sie lautet insofern allgemein. Daraus folgt jedoch noch nicht, daß nach Treu und Glauben die Aufrechnungsbefugnis des Beklagten auch für diesen Fall ausgeschlossen sein sollte. Im Gegenteil erweist sich eine solche Auslegung hier als unmöglich. Sieht man zunächst vom Konkursfall ab, so bedeutet der Verzicht auf Aufrechnung nur, daß der Gläubiger nicht erst die Entscheidung über das Bestehen von Gegenforderungen abwarten muß, die häufig streitig sein werden, sondern ohne Rücksicht auf etwaige Gegenansprüche sofortige Zahlung verlangen kann. Hier umfaßt die Verzichtsklausel nur Gegenansprüche auf Schadensersatz wegen Lieferungsverzugs des

Verkäufers, also Ansprüche, die erfahrungsgemäß in der Regel nach Grund und Betrag umstritten sind. So ist es auch zu erklären, daß einzig und allein diese Ansprüche hinsichtlich des Anfechtungs- und Zurückbehaltungsrechts in den allgemeinen Bedingungen der Verkäuferin herausgegriffen worden sind und eine Sonderstellung einnehmen. Ansprüche des Beklagten dieser Art bestanden selbstverständlich bei Vertragsabschluß noch nicht. Daß schon damals G. R. & Sohn sich in Zahlungsschwierigkeiten befunden hätten und mit einem Konkurs zu rechnen gewesen wäre, ist nicht anzunehmen, vom Kläger auch nicht behauptet. Der Beklagte, der nach den von ihm gegenüber der Stadt Kiel übernommenen Verpflichtungen an der Leistungsfähigkeit und Zuverlässigkeit seiner Verkäuferin das größte Interesse hatte, hätte sich dann ohne Zweifel auf einen Vertrag mit G. R. & Sohn vernünftigerweise nicht eingelassen. Der Parteiwille bei dem Aufrechnungsverzicht kann demgemäß nur gewesen sein, daß der Beklagte gegen die „liquiden" Kaufpreisansprüche seiner zahlungsfähigen Vertragsgegnerin mit etwaigen künftigen, aller Voraussicht nach „illiquiden" Gegenansprüchen wegen Lieferungsverzögerungen nicht sollte aufrechnen oder deswegen mit der Zahlung des Kaufpreises sollte zurückhalten dürfen. Um etwas ganz anderes handelt es sich aber bei der Aufrechnung im Konkurs. Kann sich ein Konkursgläubiger, der gleichzeitig Schuldner der Masse ist, von seiner Schuld durch Aufrechnung befreien (die nebenbei bemerkt durch §§ 53, 54 KO. erleichtert und damit begünstigt wird), so läuft dies im Ergebnis auf eine abgesonderte Befriedigung seiner Forderung hinaus. Auf dieses Absonderungsrecht zu verzichten wird demjenigen, der seinem z a h - l u n g s f ä h i g e n Vertragsgegner pünktliche Zahlung verspricht, verständigerweise nicht in den Sinn kommen. Daher wird der Aufrechnungsverzicht regelmäßig nicht für den Konkursfall als vereinbart gelten können. Irgendwelche Umstände, die eine andere Beurteilung rechtfertigen könnten, sind nicht ersichtlich, auch vom Berufungsgericht nicht angeführt.

Diese Auffassung steht auch nicht im Widerspruch mit den Rechtsgrundsätzen, die in den Urteilen des I. Zivilsenats (RGZ. Bd. 60 S. 356) und des VII. Zivilsenats (LZ. 1909 Sp. 71 Nr. 5) aufgestellt sind. Eine Rechtsvermutung, wonach die Vereinbarung des Ausschlusses der Regel nach für den Konkurs des Aufrechnungsgegners nicht gelten würde, besteht allerdings nicht. Wie aber schon in dem angeführten Urteil des I. Zivilsenats gesagt ist, bedarf die Frage, ob die Vertragschließenden den Aufrechnungsverzicht auch für den Konkurs des Vertragsgegners des Verzichtenden gewollt haben, besonders genauer Prüfung. Eine solche Möglichkeit ist nach dem Ausgeführten hier zu verneinen. . . .

RGZ. 140, 43

1. Besteht eine Amtspflicht des Gerichtsvollziehers bei der Pfändung auch gegenüber demjenigen, der dem Vollstreckungsgläubiger für den Eingang der Schuld haftet?

2. Gilt das Aufrechnungsverbot des § 55 Nr. 1 KO. auch zu Gunsten eines Rechtsnachfolgers des Konkursverwalters?

BGB. § 839. RVerf. Art. 131.

V. Zivilsenat. Urt. v. 18. Februar 1933.

I. Landgericht I Berlin. II. Kammergericht daselbst.

Der Nebenintervenient führte als Obergerichtsvollzieher Aufträge des Klägers und der E.er Kreditanstalt zur Zwangsvollstreckung wegen ihrer Forderungen gegen den Kaufmann R. durch eine Warenpfändung aus, versteigerte die gepfändeten Waren, nachdem der Schuldner in Konkurs geraten war, und lieferte den Erlös an seine Auftraggeber ab. Die Ehefrau des Schuldners, welcher der Konkursverwalter gegen 10 RM. den Anspruch auf Rückgewähr des Beigetriebenen übertragen hatte, verlangte die Erstattung von den Gläubigern mit der Behauptung, die Pfändung sei, weil nicht kenntlich gemacht, ungültig gewesen. Sie erwirkte zunächst ein Urteil über 600 RM., welche ihr der jetzige Beklagte, dem der Streit verkündet worden war, zahlte. Den Rest zahlte ihr die Kreditanstalt freiwillig. Der Kläger, welcher der Kreditanstalt für deren Forderung haftete, ersetzte ihr den gezahlten Betrag und klagte ihn, zugleich auf Grund einer Abtretung ihres Rückgriffanspruchs, gegen den verklagten Preußischen Staat ein. Dieser hat, soweit er verurteilt worden ist, Revision eingelegt und damit Erfolg gehabt, bis auf den Betrag von 10,83 RM. nebst Zinsen, in welcher Höhe die Revision zurückgewiesen wurde.

Aus den Gründen:

I. Das Berufungsgericht kommt zwar ohne Rechtsirrtum zu dem Ergebnis, daß der Nebenintervenient die Pfändung vom 8. September 1924 teilweise ungültig vorgenommen und dadurch schuldhaft die Amtspflicht verletzt hat, die ihm den Auftraggebern gegenüber oblag. Es übersieht aber folgende Rechtsgründe, an denen die Klage größtenteils scheitert.

1. Nach § 839 Abs. 1 Satz 2 BGB., Art. 131 RVerf. ist der Staat für die Folgen der fahrlässigen Verletzung einer Amtspflicht nur dann verantwortlich, wenn der Verletzte nicht auf andere Weise Ersatz zu erlangen vermag. Der Kläger trägt nun selbst vor, er habe der E.er Kreditanstalt gegenüber kraft Vertrages und kraft Wechselrechts für den Verlust eintreten müssen, den sie durch die Nichterfüllung des Schuldners R. und die notwendig gewordene Rückzahlung des beigetriebenen Betrages erlitten habe; er habe ihr den Verlust auch gegen

Abtretung ihres Rückgriffsanspruchs an den Beklagten ersetzt. Danach hat aber die Kreditanstalt den Beklagten gar nicht haftbar machen können; ihre Abtretung, auf die sich der Kläger beruft, ist gegenstandslos (vgl. Urteil des III. Zivilsenats vom 15. November 1932 in RGZ. Bd. 138 S. 209).

2. Der Kläger hatte einen selbständigen öffentlich-rechtlichen Anspruch gegen den Gerichtsvollzieher auf sorgfältige Vornahme der Zwangsvollstreckung, weil diese auch der Ausführung *seines* Auftrags zur Einziehung der ihm gegen den Schuldner zustehenden vollstreckbaren Forderung diente. Aber da dem Gerichtsvollzieher diese Amtspflicht gegenüber dem Kläger nur für dessen vollstreckbare Forderung oblag, so zog die Verletzung der Amtspflicht die Haftung auch nur hinsichtlich dieser Forderung nach sich. Daß der Gerichtsvollzieher durch dieselbe Amtshandlung zugleich den Auftrag eines anderen Gläubigers, der Kreditanstalt, wegen einer dieser Gläubigerin zustehenden Forderung ausführte, und daß der Kläger zufällig dieser Gläubigerin für den Eingang ihrer Forderung haftete, das sind keine Umstände, die einen entsprechenden (adäquaten) Zusammenhang begründen zwischen der Verletzung der Amtspflicht, die dem Gerichtsvollzieher aus dem Auftrag des Klägers gegen diesen oblag, und dem Verlust des Klägers aus seiner Rückgriffshaftung gegenüber dem anderen Auftraggeber.

Insoweit wäre die Haftung des Beklagten gegenüber dem Kläger nur dann zu bejahen, wenn man annehmen dürfte, daß der Gerichtsvollzieher auf Grund des ihm von der Kreditanstalt erteilten Auftrags zur Beitreibung ihrer Forderung eine Amtspflicht auch gegenüber den Personen hatte, die, wie der Kläger, einen Rückgriff des Auftraggebers zu befürchten hatten. Die Frage, wem gegenüber die Pflicht des Beamten besteht, ist in jedem einzelnen Fall nach der besonderen Natur des Dienstgeschäfts zu beurteilen, nicht nach hinzutretenden äußerlichen Umständen (RGZ. Bd. 58 S. 298). Es kommt auf den Zweck der Amtstätigkeit an, auf die Interessen, denen sie dienen soll (RGZ. Bd. 78 S. 244). Der Vollstreckungsbeamte hat nun allerdings Pflichten nicht nur gegenüber dem Auftraggeber, sondern auch gegenüber anderen Personen, deren Schutz das Gesetz bezweckt. Deshalb ist seine Haftung gegenüber dem Schuldner, dem Eigentümer der Pfandstücke und dem Bieter in der Zwangsversteigerung anerkannt worden (RGZ. Bd. 129 S. 23; JW. 1931 S. 2427 Nr. 1). Der Umstand allein aber, daß jemand dem Auftraggeber kraft Rechtsgeschäfts verpflichtet ist, im Fall der Nichterfüllung der zu vollstreckenden Schuld einzutreten, bringt ihn nicht in Beziehungen zu der Amtstätigkeit des Vollstreckungsbeamten. Dieser hat keine Gelegenheit, solche Rechtsbeziehungen festzustellen, und, wenn er sie erfährt, keine rechtliche Möglichkeit oder gar Pflicht, sie bei seinen Maßnahmen zu berücksichtigen. Ebensowenig ist der Rückgriffsschuldner befugt, etwa durch

Vorstellungen beim Vollstreckungsgericht gemäß § 766 ZPO. das Verfahren des Beamten zu beeinflussen. Er bleibt vielmehr ganz davon abhängig, was der Vollstreckungsgläubiger tut. Daß die Zwangsvollstreckung, wenn sie zur Befriedigung des Auftraggebers führt, die Möglichkeit seines Rückgriffs gegen sonst haftbare Dritte ausschließt, reicht nicht aus, um für diese ein Recht gegen den Vollstreckungsbeamten auf gehörige Ausführung des Auftrags zu begründen. In dem erwähnten Urteil des III. Zivilsenats vom 15. November 1932 ist gleichfalls die Frage verneint worden, ob eine Kreditversicherungsanstalt, welche dem Gläubiger für den Eingang der beizutreibenden Forderung haftet, als Dritte im Sinne des § 839 BGB. anzusehen ist, die beim Verschulden des Vollstreckungsbeamten den Staat in Anspruch nehmen kann.

II. Die Revision wiederholt den Einwand, die Gläubiger hätten gegen ihre Verpflichtung zur Erstattung des Versteigerungserlöses mit ihren mangels einer gültigen Pfändung nicht erloschenen Forderungen aufrechnen dürfen. Hierzu führt der Beklagte in erster Linie aus, der Fall des § 55 Nr. 1 KO. liege deshalb nicht vor, weil die Gläubiger nicht erst durch die Versteigerung etwas zur Masse schuldig geworden seien; bedingt habe diese Verpflichtung vielmehr schon vom Augenblick der Pfändung an bestanden, nur in Abhängigkeit von der ungewissen Höhe des Versteigerungserlöses. Diese Ansicht hat das Berufungsgericht mit Recht abgelehnt. Die formell und sachlich unwirksame Pfändung war keine geeignete Grundlage für eine Versteigerung und legte damit keinen Rechtsgrund für den Anspruch auf Erstattung des Versteigerungserlöses. Den Eingriff in die nunmehr der Konkursmasse zustehenden Rechte des Schuldners enthielt vielmehr erst die Versteigerung selbst, eben weil diese Rechte von der Pfändung unberührt geblieben waren.

Der Beklagte meint weiter, das Aufrechnungsverbot des § 55 Nr. 1 KO. gelte nur für das Konkursverfahren; es solle verhüten, daß ein Gläubiger vor den anderen bevorzugt werde, und dieser Nachteil könne nicht mehr eintreten, wenn die Forderung aus der Masse ausgeschieden worden sei. Auch dem ist das Berufungsgericht nicht beigetreten. Es nimmt unter Hinweis auf eine Entscheidung des Oberlandesgerichts Hamburg (OLGRspr. Bd. 21 S. 174) an: die Einziehung der Forderung durch den Rechtsnachfolger des Konkursverwalters, dem letzterer die Außenstände verkauft habe, um sie durch Einziehung des Kaufpreises zu verwerten, erfolgte im Sinne des § 55 KO. ebenso im Konkursverfahren, wie wenn der Verwalter selbst die Forderung beitreibe; sonst sei dem Konkursverwalter die Verwertung unmöglich. Darin ist dem Berufungsgericht grundsätzlich zu folgen. Allerdings gibt es keinen Rechtssatz, wonach die Aufrechnung, die einem Schuldner gegen einen Gläubiger gesetzlich versagt wird, auch gegenüber dem Rechtsnachfolger des Gläubigers unstatthaft sein müßte.

Das läßt sich insbesondere nicht aus § 406 BGB. herleiten, den Jaeger 5. Aufl. Bd. 1 S. 809 Anm. 3 zu § 55 KO. hierzu erwähnt § 406 BGB. stellt nur fest, daß der Schuldner durch die Übertragung eines gegen ihn gerichteten Anspruchs nicht die Befugnis zur Aufrechnung mit einer Forderung gegen den Veräußerer verliert. Beim gesetzlichen Ausschluß der Aufrechnung kommt es vielmehr auf den Inhalt des Gesetzes an, zu dessen Bestimmung nötigenfalls auf den Gesetzeszweck zurückzugehen ist. Die Rechtsprechung des Reichsgerichts hat nun schon früher anerkannt, daß § 55 KO., der die Aufrechnung „im Konkursverfahren" unter bestimmten Voraussetzungen für unzulässig erklärt, nicht wörtlich zu verstehen ist. In Fällen des § 55 Nr. 3 wurde mit Bezug auf Aufrechnungserklärungen, die vor der Eröffnung des Konkurses abgegeben waren, ausgeführt: der Gesetzgeber ziele nicht auf einen zeitlichen Ausschluß der Aufrechnungserklärungen während des Konkursverfahrens ab, sondern auf einen Ausschluß der Wirkung der Aufrechnung im Verhältnis des Gläubigers zur Konkursmasse, auf einen Ausschluß der Wirkung der Aufrechnungserklärung für die Dauer des Konkursverfahrens (RGZ. Bd. 85 S. 40; LZ. 1914 Sp. 1910). Der Zweck des Gesetzes nötigt dazu, auch beim Vorliegen eines der anderen darin geordneten Tatbestände der Aufrechnung die Wirkung zum Nachteil der Konkursmasse zu versagen, gleichviel, ob die Aufrechnungserklärung erst nach dem Abschluß des Konkursverfahrens abgegeben wird und daher nur mittelbar gegen die Konkursgläubiger wirken kann. Dieser Rechtsgedanke macht die Aufrechnung auch gegenüber dem Rechtsnachfolger des Verwalters unzulässig, dem er die in seiner Hand durch § 55 KO. gegen die Aufrechnung geschützte Forderung in Ausführung seiner durch § 117 KO. begründeten Pflicht zur Verwertung der Masse übertragen hat. Andernfalls wären die Konkursgläubiger darauf beschränkt, eine bestrittene Forderung, der eine Gegenforderung der gesetzlich gekennzeichneten Art gegenübersteht, durch den Verwalter einzuziehen, obgleich ihnen das wegen der Notwendigkeit, Kosten aufzuwenden, und wegen der damit verbundenen Verzögerung nachteilig sein, ja die Verwertung unmöglich machen kann.

Der Beklagte hatte nun aber in diesem Zusammenhang auch ausgeführt: die Aufrechnung sei jedenfalls unter Umständen der vorliegenden Art zulässig, weil die Forderung nicht für die Masse ordnungsmäßig verwertet, sondern ohne einen nennenswerten Vorteil für die Konkursgläubiger wirtschaftlich dem Gemeinschuldner übertragen worden sei. Das Berufungsgericht hat sich mit diesem Vorbringen zwar insofern befaßt, als es den Einwand des Scheingeschäfts zurückweist und die Höhe des Kaufpreises bei der Ungewißheit des Forderungsbestandes nicht bemängeln zu können glaubt. Es geht aber nicht auf das Bedenken des Beklagten ein, ob die Rechtsfolgen des § 55 KO. auch zugunsten eines Erwerbers eintreten, welcher der

Masse nur ein sehr geringfügiges Entgelt gewährt und wirtschaftlich für den Gemeinschuldner erwirbt. Dem ersten Umstand vermag der Senat keine maßgebliche Bedeutung für die Anwendung des Gesetzes beizumessen. Kommt für die Masse eine Forderung in Betracht, die zu ungewiß erscheint, um auf Kosten der Konkursgläubiger im Rechtsweg verfolgt zu werden, so bleibt dem Verwalter vielfach nichts übrig, als sie dem Gemeinschuldner freizugeben. Zuvor wird er versuchen, sie zu verkaufen oder sonst entgeltlich zu verwerten, und er kann dann, eben weil die Forderung keinen anderen Wert für die Masse hat, unter Umständen veranlaßt sein, sie um jeden Preis loszuschlagen. Solange feststeht, daß es sich dabei nicht um eine dem Konkurszweck widerstreitende Schenkung, sondern um eine ernsthafte Verwertung der Masse handelt, fehlt es an einem Rechtsgrund, den Erwerb nur deshalb, weil die Gegenleistung ganz gering, die Verwertung also wenig lohnend war, von der Anwendung des § 55 KO. auszuschließen. Die Unterscheidung der Fälle unter einem derartigen Gesichtspunkt würde auch kaum durchführbar sein. Anders liegt die Sache hingegen, wenn das Recht dem Gemeinschuldner überlassen wird. Denn die Einschränkung der Aufrechnung gilt nach dem Wortlaut und dem Zweck des Gesetzes gerade nicht im Verhältnis zwischen dem Gemeinschuldner und dem einzelnen Gläubiger, der zugleich sein Schuldner ist. Dem Gemeinschuldner kann auch nicht erlaubt sein, sich diese im Interesse der Gläubigergesamtheit für den Konkurs eingeführte Begünstigung auf dem Wege zu verschaffen, daß er zwischen sich und den Konkursverwalter einen Dritten einschiebt. Hat also die Frau des Gemeinschuldners hier die Forderung nur in seinem Auftrag erworben, wenngleich entgeltlich, so durfte sie sich gegen die Aufrechnung des Konkursgläubigers, gegen den sie ging, ebensowenig auf den § 55 KO. berufen wie der Gemeinschuldner selbst. Träfe die Behauptung des Beklagten in diesem Punkt zu, so hätten die Gläubiger also die Erstattung des Versteigerungserlöses, als die Frau des Gemeinschuldners ihn forderte, dadurch abwenden können, daß sie gegen den Gemeinschuldner mit ihren Forderungen aufrechneten, welche durch die Ablieferung des Steigpreises noch nicht förmlich getilgt worden waren.

Dennoch braucht die Behauptung des Beklagten, die der Kläger bestreitet, nicht auf ihre Richtigkeit geprüft zu werden. Denn sie ist nicht geeignet, den entsprechenden Zusammenhang zwischen der Amtspflichtverletzung und der an die Frau des Gemeinschuldners geleisteten Zahlung auszuschließen. Ohne die Pflichtverletzung wäre es zu dieser Zahlung nicht gekommen. Daß sie aber durch Aufrechnung abgewendet werden konnte, lag wegen der sonst angenommenen Unzulässigkeit der Aufrechnung gegenüber dem Rechtsnachfolger des Konkursverwalters fern. Zudem hatte der Beklagte nach der Verurteilung der Gläubiger im Vorprozesse wegen der Teilforderung von 600 RM. keine Veranlassung genommen, die Rechtsverteidigung gegen das Urteil des Landgerichts fortzusetzen, sondern den Betrag gezahlt.

Die Verurteilung ist hiernach insoweit begründet, als sie den 10,83 RM. betragenden Erlösanteil betrifft, der auf die ursprüngliche Forderung des Klägers entfällt, während die Klage in Höhe des Erlösanteils der Kreditanstalt aus den zu I dargelegten Gründen abgewiesen werden muß.

Massegläubiger

RGZ. 61, 259

1. Unter welchen Voraussetzungen ist anzunehmen, daß sich im Sinne des § 53 KO. a. F. (§ 60 n. F.) die Unzulänglichkeit der Masse herausgestellt habe?

2. Kann der Konkursverwalter das, was der Massegläubiger der Bestimmung des § 53 KO. a. F. zuwider erhalten hat, wegen ungerechtfertigter Bereicherung zurückfordern?

VI. Zivilsenat. Urt. v. 26. Juni 1905.

I. Landgericht Oldenburg. II. Oberlandesgericht daselbst.

Durch Beschluß des Amtsgerichts O. vom 22. Mai 1903 wurde das Honorar des Beklagten als ehemaligen Verwalters im Konkurse über das Vermögen des Kaufmanns I. T. in O. auf 2300 M. festgesetzt. Auf Grund dieses vom Gerichtsschreiber des Amtsgerichts O. mit der Vollstreckungsklausel versehenen Beschlusses belegte der Beklagte am 7. April 1904 das Bankguthaben des Klägers als Konkursverwalters bei der Oldenburgischen Landesbank im Wege der Vorpfändung nach § 845 ZPO. in Höhe von 2314 M. mit Beschlag. Der Kläger erhob deshalb Klage gegen den Beklagten mit dem Antrage auf dessen Verurteilung, die durch Pfändungsankündigung vom 7. April 1904 in Höhe von 2314 M. vollzogene Arrestpfändung an dem Guthaben des Klägers bei der Oldenburgischen Landesbank zurückzunehmen. Durch Urteil des Landgerichts vom 26. April 1904 wurde der Kläger mit seiner Klage unter Verurteilung in die Kosten des Rechtsstreits abgewiesen.

Während des Laufes des Prozesses hatte der Kläger die Zwangsvollstreckung fortgesetzt. Nachdem der die Zwangsvollstreckung einstellende Beschluß des Amtsgerichts vom 9. April 1904 wieder aufgehoben worden war, erwirkte er am 27. April 1904 von der Oldenburger Landesbank die Auszahlung des Betrags von 2312,50 M. aus dem Guthaben des Klägers als Konkursverwalters.

Der Kläger legte gegen das landgerichtliche Urteil Berufung ein und stellte nunmehr den Antrag, den Beklagten zur Zahlung von 2312,50 M. nebst Zinsen zu verurteilen und ihm die Kosten aufzuerlegen. Durch Urteil des Oberlandesgerichts wurde, unter Aufhebung des landgerichtlichen Urteils vom 26. April 1904, der Beklagte verurteilt, an den Kläger 2312,50 M. mit 4 Prozent Zinsen seit dem 27. April 1904 zu bezahlen und die Kosten des Rechtsstreits zu tragen.

Die Revision des Beklagten wurde zurückgewiesen, aus folgenden

Gründen:

„Das Berufungsgericht weist den vom Beklagten erhobenen Einwand der Klagänderung auf Grund des § 268 Ziff. 3 ZPO. mit Recht zurück, da die nach der Verkündung des erstinstanzlichen Urteils eingetretene Veränderung der Sachlage die Änderung des Klagantrags in dem Gegenstande des Anspruchs rechtfertigt.

Den Anspruch des Klägers selbst erachtet das Berufungsgericht für begründet, weil der unrichtigerweise mit der Vollstreckungsklausel versehene Beschluß des Amtsgerichts O. vom 22. Mai 1903 keinen zur Vollstreckung geeigneten Titel bilde, und der Beklagte bei der als festgestellt erachteten Unzulänglichkeit der Masse zur Deckung der Masseschulden gemäß § 53 KO. a. F. nur Anspruch auf eine erst festzusetzende Quote habe. Es hält demnach aus beiden Gründen gemäß §§ 812, 816 Abs. 2 BGB. die Rückforderung der erhobenen Summe wegen ungerechtfertigter Bereicherung für gerechtfertigt. Hinsichtlich der zur Anwendung kommenden Bestimmungen der Konkursordnung nimmt das Berufungsgericht mit Recht an, daß gemäß Art. V Einf.-Ges. zu dem Gesetze, betreffend Änderungen der Konkursordnung, vom 17. Mai 1898 die bisherigen Gesetze zur Anwendung kommen.

Die Revision konnte nicht für begründet erachtet werden.

Die Revision macht geltend, der Honorarfestsetzungsbeschluß des Konkursgerichts bilde einen zur Zwangsvollstreckung geeigneten Titel. Überdies sei die Vollstreckbarkeit des Beschlusses durch rechtskräftige Entscheidung über die Zulässigkeit der Vollstreckungsklausel im Wege des § 732 ZPO. entschieden. Die Unzulänglichkeit der Konkursmasse zur Befriedigung der Massegläubiger, sowie deren Erkennbarkeit, insbesondere deren Feststellung durch das Konkursgericht, sei nicht dargetan. Das Berufungsgericht treffe die Feststellung der Unzulänglichkeit, weil es auf Grund der Erklärung des jetzigen Konkursverwalters, des Klägers, und der vom Beklagten selbst früher gemachten Erklärung die Unzulänglichkeit der Masse als erwiesen annehme, obgleich der Beklagte dieser Erklärung des Klägers gegenüber bemerkt habe, daß er nicht wisse, ob die Konkursmasse zur Befriedigung der Massegläubiger nicht ausreiche, sowie daß die Erklärung des jetzigen

Konkursverwalters nicht genügen könne, um die Unzulänglichkeit der Masse darzutun. Daß der Beklagte selbst eine die Erklärung des jetzigen Konkursverwalters unterstützende Erklärung nicht abgegeben habe, werde durch die Berichtigung des Tatbestandes des angefochtenen Urteils festgestellt.

Ob der in der Literatur vertretenen Ansicht, die gemäß § 77 KO. a. F. § 85 Abs. 1 n. F. vom Konkursgericht getroffene Festsetzung des Honorars des Verwalters liefere einen sofort verwertbaren Vollstreckungstitel im Sinne des § 794 Ziff. 3 ZPO.,

vgl. Jaeger, Konkursordnung S. 563 Anm. 4; Wolff, Konkursordnung S. 280 Nr. 5,

beizutreten wäre, mag ebenso dahingestellt bleiben, wie die Frage, ob die Vollstreckbarkeit des Festsetzungsbeschlusses durch eine nach § 732 ZPO. ergangene Entscheidung rechtskräftig festgestellt sei, da die Entscheidung des Berufungsgerichts, auch abgesehen von der Frage der Zulässigkeit der Vollstreckung, sachlich gerechtfertigt erscheint.

Die durch das Konkursgericht erfolgte Festsetzung des Honorars des Verwalters begründet eine Schuld der Masse an den Verwalter (§ 51 Ziff. 2 KO. a. F., § 58 Ziff. 2 n. F.). Massegläubiger sind keine Konkursgläubiger. Sie sind demnach auch nicht den Bestimmungen der §§ 10, 11, 12 KO. a. F. (§§ 12, 14, 15 n. F.) unterworfen. Solange nicht feststeht, daß die Masse nicht einmal zur Vollbefriedigung der Massegläubiger ausreicht, kann jeder einzelne Massegläubiger selbst seinen Anspruch gerichtlich oder außergerichtlich gegen den Verwalter geltend machen und sich im Vollstreckungswege Sicherung oder Befriedigung aus Massegegenständen verschaffen.

Vgl. Jaeger, a. a. O. 2. Aufl. zu § 60 S. 456; Wolff, a. a. O. S. 210; v. Wilmowski, Reichs-Konkursordnung 5. Aufl. zu § 58 a. F. S. 244, 6. Aufl. zu § 60 S. 262.

Sobald sich aber herausstellt, daß die Konkursmasse zur vollständigen Befriedigung aller Massegläubiger nicht ausreicht, tritt die verhältnismäßige Befriedigung nach der im § 53 a. F. (§ 60 n. F.) KO. angeordneten Rangordnung ein. Von da an kann kein Massegläubiger ein dem § 53 (§ 60) widersprechendes Vorrecht durch Zahlung, Zwangsvollstreckung oder Arrest wirksam erlangen.

Vgl. v. Wilmowski, a. a. O. 5. Aufl. zu § 53 a. F. S. 245, 6. Aufl. zu § 60 S. 263.

Was aber ein Massegläubiger, nachdem sich die Unzulänglichkeit der Konkursmasse herausgestellt hat, aus der Masse der Bestimmung des § 53 a. F. (§ 60 n. F.) zuwider, sei es im Wege der Sicherstellung, oder der Befriedigung, erhalten hat, kann der Konkursverwalter wegen ungerechtfertigter Bereicherung zur Masse zurückfordern.

Vgl. v. Wilmowski, a. a. O. 5. Aufl. zu § 53 S. 245, 6. Aufl. zu § 60 S. 263; Stieglitz, Konkursordnung S. 363; Pertersen u. Kleinfeller, Konkursordnung 4. Aufl. S. 313.

Darüber, unter welchen Voraussetzungen anzunehmen sei, daß sich die Unzulänglichkeit der Masse „herausgestellt" habe, besteht keine Einigkeit. Mehrfach wird die Ansicht aufgestellt, das Konkursgericht habe den Eintritt der Unzulänglichkeit festzustellen.

Vgl. v. Völderndorff, Konkursordnung 2. Aufl. Bd. 1 S. 602; Willenbücher, Reichs-Konkursordnung S. 129; Endemann, Deutsches Konkursverfahren S. 368.

Jaeger, a. a. O. S. 487, ist der Ansicht, zunächst habe der Konkursverwalter über die Frage zu befinden, ob sich Unzulänglichkeit herausgestellt habe, oder nicht. Daß das Konkursgericht durch beschwerdefähigen Beschluß den Zeitpunkt des Eintritts der Unzulänglichkeit festzustellen habe, sei nirgends gesagt und auch aus den §§ 187, 204 KO. nicht abzuleiten.

Das „Sich-Herausstellen" der Unzulänglichkeit der Konkursmasse besteht darin, daß dieser Zustand tatsächlich erkennbar wird. Wann und durch welche Tatsachen diese Erkennbarkeit hervortritt, ist, soweit es sich um die Erkenntnis desjenigen handelt, für dessen Vorgehen die Erkennbarkeit maßgebend sein muß, nach der konkreten Sachlage, „der Beziehung der objektiven Tatsache zu den in Betracht kommenden Personen" (Wolff, a. a. O. S. 231) zu beurteilen. Der Beklagte gibt keinen stichhaltigen Grund an, warum er die Erklärung des Konkursverwalters nicht gelten lassen will. Die Entgegnung, er wisse nicht, ob die Konkursmasse zur Befriedigung der Massegläubiger nicht ausreiche, stimmt mit seinem eigenen Verhalten nicht überein; die durch den Berichtigungsbeschluß festgestellte Erklärung des Beklagten, er habe beim Amtsgericht nicht erklärt, daß er keine Befriedigung aus der Masse würde erlangen können, sondern in seiner Eingabe an das Amtsgericht gesagt, wenn das ihm zustehende Pfandrecht aufgehoben würde, so würde er voraussichtlich endgültig seinen Anspruch verlieren, läßt doch nur ersehen, daß er die Masse nicht für ausreichend hielt, seine Forderung zu decken. Er hat diese Erklärung in einer an das Amtsgericht gerichteten Eingabe vom 14. April 1904 abgegeben. Diese Erklärung gibt die Begründung für sein Vorgehen. Der zeitliche enge Zusammenhang mit der Vorpfändung berechtigt zu dem Schlusse, daß die Besorgnis, bei einer Konkurrenz mit anderen Massegläubigern keine Befriedigung zu finden, ihn zu seinem Vorgehen bestimmte, die Besorgnis aber auf der Erkenntnis der Unzulänglichkeit der Masse beruhte.

Demgemäß war der Beklagte nicht mehr berechtigt, gesondert seine Befriedigung zu suchen; er mußte sich vielmehr der verhältnismäßigen Befriedigung nach der Rangordnung des § 53 KO. a. F.

unterwerfen. Was er dieser zuwider erhielt, unterliegt der Zurückforderung wegen ungerechtfertigter Bereicherung. Allerdings erscheint die Möglichkeit nicht ausgeschlossen, daß bei der Berichtigung der Masseschulden eine Quote seiner Honorarforderung auf ihn entfällt. Zurzeit und gesondert aber kann er auch diese nicht einmal annähernd bestimmte Quote nicht fordern. Der Konkursverwalter kann vielmehr das zur Masse Gehörige einfordern, um dann zur ordnungsmäßigen Verteilung zu schreiten.

Vgl. Stieglitz, a.a.O. S. 363; v. Wilmowski, a. a. O. 5. Aufl. S. 245, 6. Aufl. S. 263; Petersen u. Kleinfeller, a.a.O. S. 313."...

RGZ. 66, 326

1. Werden durch ein nach § 17 Abs. 2 KO. vom Konkursverwalter erklärtes Erfüllungsverlangen auch solche noch unerfüllte Ansprüche des anderen Teiles Masseforderungen, die zwar nicht unmittelbar den Vertragsgegenstand, auf den sich das Erfüllungsverlangen bezieht, betreffen, jedoch demselben Rechtsverhältnis, wie dieser Vertragsgegenstand, angehören?

2. Kann ein Streit darüber, ob und in welchem Maße die Konkursmasse zur vollständigen Befriedigung aller Massegläubiger unzureichend ist, durch Prozesse zwischen den Massegläubigern und dem Konkursverwalter zum Austrage gebracht werden?

KO. §§ 59 Nr. 2, 60.

V. Zivilsenat. Urt. v. 25. September 1907.

I. Landgericht Naumburg a. S. II. Oberlandesgericht daselbst.

Mittels notariellen Vertrages vom 21. März 1903 veräußerte die Klägerin die Kohlenabbaugerechtigkeit unter ihrem Grundstück in D. für einen in sechs gleichen Jahresraten zahlbaren Kaufpreis von 15487,68 M. an die Gemeinschuldnerin der verklagten Konkursmasse. Zugleich wurde der Käuferin gegen einen Jahreszins von 50 M. für den Morgen das Recht, die Oberfläche des Grundstücks zur Errichtung von Gebäuden, Anlegung von Schächten, Lagerplätzen, Wegen und Eisenbahnsträngen, sowie zu allen sonstigen durch die Kohlengewinnung gebotenen Zwecken benutzen zu dürfen, eingeräumt, auch von der Verkäuferin die Verpflichtung übernommen, der Käuferin auf Verlangen das Eigentum an dem Grundstück zum Preise von 1000 M. für den Morgen zu überlassen. Zur Sicherung des letzteren Anspruchs wurde für die Gemeinschuldnerin eine Vormerkung, zur Sicherung des erwähnten Benutzungsrechts eine Grunddienstbarkeit im Grundbuch des klägerischen Grundstücks eingetragen. Nachdem die Gemeinschuldnerin bis zum Ausbruch des Konkurses auf den Kaufpreis für die Kohlenabbaugerechtigkeit zwei Jahresraten bezahlt und etwa ein Viertel der Grundstücksoberfläche in Benutzung genommen hatte, erklärte der zuerst bestellte Konkursverwalter V. auf die gemäß § 17 Abs. 2 KO. an ihn gerichtete Aufforderung, er verlange Erfüllung des Vertrages vom 21. März 1903. Daraufhin klagte die Verkäuferin, von der Auffassung ausgehend, daß durch die erwähnte Erklärung des Konkursverwalters ihre noch unberichtigte Kaufpreisforderung Masseforderung geworden sei, zwei weitere Jahresraten des Kaufpreises (die vierte Jahresrate mittels Klagerweiterung in der Berufungsinstanz) gegen die Konkursmasse ein. Der erste Richter wies die Klage ab. Der zweite Richter erließ mit Rücksicht darauf, daß zwar im Laufe des Prozesses das Konkursgericht die verklagte Masse für unzureichend zur Deckung aller Masseschulden erklärt hatte, die Parteien jedoch darüber einig waren, daß zurzeit für 75 Prozent Deckung vorhanden sei, ein Teilurteil, durch das die Beklagte zur Bezahlung dieser 75prozentigen Rate der Klagesumme, d. h. zur Zahlung von 3871,92 M. nebst Zinsen, verurteilt wurde. Auf die Revision der Beklagten ist dieses Urteil aufgehoben und die Sache an das Berufungsgericht zurückverwiesen worden aus folgenden

Gründen:

„Die von der Revision bemängelte Annahme des Berufungsrichters, daß der Vertrag vom 21. März 1903 in allen seinen Teilen ein einheitliches Ganzes bilde, beruht auf Vertragsauslegung und ist daher gemäß § 561 ZPO. für die gegenwärtige Instanz bindend. Nicht erübrigt wird dadurch freilich eine Nachprüfung der anderen Frage, ob aus dem einheitlichen Vertrage nicht mehrere selbständige Rechtsverhältnisse erwachsen sind, die nach den Vorschriften der Konkursordnung (vgl. §§ 17—21 ebenda) einer verschiedenen Beurteilung unterliegen. Indessen ist auch diese Frage für den vorliegenden Fall zu verneinen. Denn es handelt sich hier jedenfalls insoweit, als die Veräußerung der Kohlenabbaugerechtigkeit und die Bestellung der Grunddienstbarkeit in Betracht kommt, mit Rücksicht auf den untrennbaren Zusammenhang dieser beiden Teile des Vertrages, um ein einheitliches Rechtsverhältnis, und es ist weiterhin dem Berufungsrichter unbedenklich darin beizutreten, daß die Vertragspflichten der Klägerin, die sich auf die Grunddienstbarkeit bezogen, nicht schon durch die Herbeiführung ihrer Eintragung im Grundbuche voll erfüllt sind, sondern daß noch die — zur Zeit der Konkurseröffnung unstreitig erst teilweise erfolgte — tatsächliche Besitzeinräumung hinzukommen muß. Hiernach hat der Berufungsrichter mit Recht angenommen, daß die Voraussetzung des § 17 Abs. 1 KO. — teilweises Unerfülltsein des Vertrages auf seiten beider Vertragsteile — hinsichtlich des Vertrages vom 21. März 1903 vorliegt. Die von ihm daraus gezogene Folgerung, der Anspruch der Klägerin auf den eingeklagten Restkaufpreis habe unter diesen Umständen durch das gemäß § 17 Abs. 2 KO. erklärte Erfüllungsverlangen des früheren Konkursverwalters den Charakter einer Masseforderung angenommen, ist unabweisbar und zutreffend.

Dagegen konnte der Revision insoweit der Erfolg nicht versagt werden, als sie Verletzung des § 60 KO. durch das vom Berufungsrichter erlassene Teilurteil rügt. Wenn das Teilurteil der Klägerin 75 Prozent ihrer Forderung zuspricht, so ist dies offensichtlich in dem Sinne geschehen, daß die Klägerin auf diesen Teil der Forderung ein unentziehbares Recht erlangen soll; es soll insbesondere bei der demnächstigen Urteilsvollstreckung dem Verwalter der verklagten Masse nicht der Einwand zustehen, die Masse reiche zur Befriedigung der Klägerin in Höhe der zuerkannten Quote nicht aus, weil noch andere gleichberechtigte Massegläubiger vorhanden seien. Diese Auffassung ist rechtsirrtümlich. Zunächst erhellt nicht, daß der Konkursverwalter mit seiner im Tatbestande des Berufungsurteils wiedergegebenen Erklärung, „er bestreite nicht, daß der Massebestand jetzt zur Befriedigung der Massegläubiger mit 75 Prozent ihrer Forderungen ausreiche", überhaupt eine bindende Verpflichtung, die Klägerin wegen ihrer Forderung in der bezeichneten Höhe zu befriedigen, hat eingehen wollen. Die Tragweite der Erklärung ist, da es sich um die Beurteilung prozessualer Vorgänge in einem anhängigen Rechtsstreit handelt, auch in gegenwärtiger Instanz frei nachzuprüfen, und sie läßt sich nach dem Zusammenhange, in dem die Erklärung abgegeben ist, nicht wohl anders als dahin bestimmen, daß der Konkursverwalter lediglich bezweckt hat, durch Auskunfterteilung über die Sachlage die gegnerische Behauptung, es könnten alle Masseforderungen durch den vorhandenen Bestand gedeckt werden, richtig zu stellen. Hiervon abgesehen, geht aber die Entscheidung des Berufungsrichters auch über den Rahmen des im gegenwärtigen Prozeß den Streitgegenstand bildenden Verhandlungsstoffs hinaus. Darüber, wie im Falle des § 60 KO. die Unzulänglichkeit der Masse festzustellen, und in welchen Formen die anteilsweise Befriedigung der einzelnen Massegläubiger durchzuführen ist, herrscht, da diese Fragen gesetzlich nicht geregelt sind, in der Literatur Streit; der Streit betrifft namentlich die Frage, ob Feststellung der Unzulänglichkeit durch den Konkursverwalter genügt, oder richterliche Feststellung erforderlich ist, sowie ob bei letzterer Annahme die Feststellung durch das Konkursgericht, oder im Prozeßwege zu erfolgen hat.

Vgl. die Kommentare von Jaeger, 2. Aufl. 1904 Bem. II 2, 3; v. Wilmowski-Kurlbaum, 6. Aufl. 1906, Bem. 2, 5; Petersen-Kleinfeller, 4. Aufl. 1900, Bem. 6; Wolff, Anm. 4, 5 zu § 60 KO.; s. auch Entsch. des RG.s in Zivils. Bd. 61 S. 262, 263.

Für den vorliegenden Fall kann dies alles dahingestellt bleiben. Denn nimmt man selbst an, die Feststellung der bei Unzulänglichkeit der Masse auf die einzelnen Massegläubiger entfallende Quote stehe dem Prozeßrichter zu, so kann doch ein solcher Verteilungsstreit jedenfalls nur im Prozeß zwischen den einzelnen Massegläubigern untereinander zum Austrage gebracht werden. Für seine Entscheidung in einem Rechtsstreit, in dem einem einzelnen Massegläubiger lediglich die Konkursmasse als Prozeßpartei gegenübersteht, ist um deswillen kein Raum, weil die Entscheidung mangels Vorliegens der Voraussetzungen des § 325 ZPO. den übrigen, am Prozeß nicht beteiligten Massegläubigern gegenüber ohne Rechtskraftwirkung sein, also jeder praktischen Bedeutung entbehren würde. Übrigens ist im vorliegenden Prozeß ein Antrag auf Quotenfestsetzung von keiner Seite gestellt; vielmehr dreht sich in ihm der Streit lediglich darum, ob der Anspruch der Klägerin überhaupt den Charakter einer Masseforderung hat, oder lediglich als Konkursforderung zu behandeln ist. Auch insoweit ist das angefochtene Teilurteil ohne prozessuale Unterlage.

Hiernach war gemäß § 565 ZPO., wie geschehen, zu erkennen. Ergeht auf Grund der erneuten Berufungsverhandlung anstatt des aufgehobenen Teilurteils ein die ganze Klageforderung umfassendes einheitliches Endurteil, so folgt aus dem oben Bemerkten, daß durch ein solches Urteil das Recht und die Pflicht des Konkursverwalters, auf Grund des § 60 KO. die volle Befriedigung der Klägerin zu verweigern und erforderlichenfalls zur Durchführung einer der angeführten gesetzlichen Vorschrift entsprechenden Massenverteilung die geeigneten prozessualen Sicherungsmaßregeln herbeizuführen, unberührt bleibt. Ob es zu diesem Zwecke der Aufnahme eines entsprechenden Vorbehalts in das Urteil nach der Analogie der §§ 780 Abs. 1, 786 ZPO. bedarf, ist bei der gegenwärtigen Lage des Rechtsstreits nicht zu entscheiden."

RGZ. 67, 372

Kann der Untermieter im Konkurse des Untervermieters einen Schadensersatzanspruch als Masseschuld geltend machen, wenn der Untermietvertrag dadurch vorzeitig sein Ende erreicht, daß der Hauptmietvertrag im Wege des § 19 KO. aufgelöst wird?

KO. §§ 19, 21, 26, 59, 126. ZwVG. § 57. BGB. § 556 Abs. 3.

III. Zivilsenat. Urt. v. 31. Januar 1908.

I. Landgericht Offenburg. II. Oberlandesgericht Karlsruhe.

Der Kläger hatte von der Firma F. F. & Co. in O. mittels Pachtvertrages vom 15. November 1903 eine Gerberei mit Lohmühle, Zurichterei, Kontor und allen sonstigen Gebäulichkeiten, einschließlich Wasserkraft, Dampfeinrichtung, Maschinen und Geräte, auf zehn

Jahre, vom 15. November 1903 bis zum 15. November 1913, gepachtet. Die Gerberei gehörte dem Kaufmanne Franz F. jr. in O. von dem sie die Firma F. F. & Co. ihrerseits gepachtet hatte. Über das Vermögen des Inhabers der Firma F. F. & Co. wurde am 9. November 1905 das Konkursverfahren eröffnet. Zu dieser Zeit war die Gerberei dem Kläger längst überlassen. Der Konkursverwalter schloß mit dem Hauptverpächter Franz F. jr. am 23. November 1905 einen Vertrag, durch den der Hauptpachtvertrag über die Gerberei aufgehoben wurde. Einer vom Konkursverwalter am 26. November 1905 auch dem Kläger gegenüber ausgesprochenen Kündigung des Unterpachtvertrages widersprach dieser unter Berufung auf § 21 KO. Die Verhandlungen zwischen Franz F. jr. und dem Kläger über den Abschluß eines neuen Pachtvertrages scheiterten. Im Juli 1906 hat der Kläger auf Verlangen von Franz F. jr. die Gerberei geräumt.

Er verlangt mit der Klage Schadensersatz wegen Nichterfüllung des noch bis zum 15. November 1913 laufenden Pachtvertrages, und zwar Zahlung von 14000 M. aus der Konkursmasse als Masseschuld.

Beide Vorinstanzen haben die Klage abgewiesen. Die Revision ist zurückgewiesen worden aus folgenden

Gründen:

„Der Kläger verlangt mit der vorliegenden Klage Zahlung von Schadensersatz wegen Nichterfüllung eines Pachtvertrages und begehrt diese Zahlung aus der Konkursmasse als Masseschuld. Das Berufungsgericht hat es unentschieden gelassen, ob dem Kläger überhaupt ein Anspruch auf Schadensersatz erwachsen sei; es hat die Klage abgewiesen, weil jedenfalls keine Masseschuld begründet sein würde. Dieser Entscheidung war im Ergebnis beizutreten. Wenn es sich als richtig erweist, daß aus der Nichterfüllung des Pachtvertrages dem Kläger keine Masseforderung erwachsen ist, so würde er mit einem etwaigen Entschädigungsanspruche, als einer bloßen Konkursforderung, auf den in § 12 KO. vorgezeichneten Weg der Teilnahme am Konkurse angewiesen sein, eine Befriedigung außerhalb des Konkursverfahrens durch Klage auf Zahlung der vollen Entschädigung aus der Konkursmasse nicht verlangen können.

Nach § 59 KO. sind Masseschulden:

1. die Ansprüche, welche aus Geschäften oder Handlungen des Konkursverwalters entstehen;
2. die Ansprüche aus zweiseitigen Verträgen, deren Erfüllung zur Konkursmasse verlangt wird oder für die Zeit nach der Eröffnung des Verfahrens erfolgen muß;
3. die Ansprüche aus einer rechtlosen Bereicherung der Masse.

Von diesen Fällen kommt der dritte, wie ohne weiteres klar ist, nicht in Betracht. Der Kläger hat sich auf die Nr. 1 und 2 des § 59 berufen. Nach dem unstreitigen Sachverhalte ist die Nichterfüllung des Pachtvertrages zwischen den Parteien darauf zurückzuführen, daß der Konkursverwalter durch Vertrag mit dem Eigentümer des in Unterpacht gegebenen Grundstückes den Hauptpachtvertrag aufgehoben hat. Die Nichterfüllung des Unterpachtvertrages beruht also auf einer Handlung des Konkursverwalters, und ein daraus etwa entstandener Anspruch auf Schadloshaltung würde aus einer Handlung des Konkursverwalters entstanden sein. Der Fall des § 59 Nr. 1 läge demnach an sich vor. Was nun § 59 Nr. 2 anlangt, so ist es allerdings richtig, daß der Pachtvertrag zwischen den Parteien einen zweiseitigen Vertrag darstellt, dessen Erfüllung gemäß § 21 KO. für die Zeit nach der Konkurseröffnung zur Konkursmasse erfolgen mußte. Fraglich bleibt aber, ob trotz dieses Sachverhaltes § 59 Nr. 2 um deswillen nicht angewendet werden kann, weil der mit der Klage verfolgte Anspruch nicht die Erfüllung des Pachtvertrages zum Gegenstande hat, sondern eine Entschädigung wegen Nichterfüllung betrifft (vgl. Entsch. des RG.s in Zivils. Bd. 32 S. 1 flg.). Indessen kann diese Frage hier unentschieden bleiben, weil im gegebenen Falle, auch wenn an sich der Tatbestand des § 59 Nr. 2, ebenso wie der des § 59 Nr. 1, vorliegen sollte, doch die Entstehung einer Masseschuld durch das Eingreifen der Bestimmung in § 26 KO. ausgeschlossen wird, wonach eine Forderung wegen Nichterfüllung einer Verbindlichkeit, die infolge der Eröffnung des Konkursverfahrens eintritt, nur als Konkursforderung geltend gemacht werden kann. Denn es muß mit dem Gerichte erster Instanz angenommen werden, daß die Nichterfüllung des Pachtvertrages des Klägers mit der Firma F. F. & Co. in der Tat eine Folge der Konkurseröffnung im Sinne des § 26 gewesen ist, weil die Aufhebung des Hauptpachtvertrages, die die Nichterfüllung des Unterpachtvertrages nach sich zog, vom Konkursverwalter und dem Eigentümer des Pachtgegenstandes durch Ausübung der ihnen in § 19 KO. beigelegten Befugnisse herbeigeführt worden ist.

Richtig ist, daß der Unterpachtvertrag des Klägers gemäß § 21 Abs. 1 KO. seine Wirksamkeit auch nach der Konkurseröffnung der Konkursmasse gegenüber behielt, also durch die Konkurseröffnung unmittelbar nicht berührt wurde. Damit ist aber nicht ausgeschlossen, daß er durch die Einwirkung des § 19 mittelbar infolge der Konkurseröffnung sein Ende erreichen könnte. Und es ist allgemein anerkannt, daß § 26 auch dann Anwendung findet, wenn die Nichterfüllung einer Verbindlichkeit nur mittelbar eine Folge der Konkurseröffnung ist (vgl. Motive zum Entwurf der KO. S. 93; Jaeger, KO. § 26 Anm. 9 und 19). Als Fälle solcher mittelbaren Einwirkung der Konkurseröffnung im Sinne des § 26 werden in der Rechtslehre allgemein angeführt: die Ablehnung der Vertragserfüllung durch den Konkursverwalter nach § 17, die vorzeitige Kündigung nach den §§ 19 und 22, die Veräußerung mit nachfolgender Kündigung des Erwerbers gemäß § 21 Abs. 3 KO. Zuzugeben ist, daß diese Fälle von dem im gegenwärtigen Streite vorliegenden Falle insofern eine rechtliche Verschiedenheit aufweisen, als bei ihnen die Nichterfüllung des Vertrages die Folge einer im Gesetze ausdrücklich ausgesprochenen konkursrechtlichen Sondernorm ist, während im Falle des vom Gemeinschuldner als Vermieter abgeschlossenen Untermietvertrages zwar die vorzeitige Aufhebung des Hauptmietvertrages auf der im Konkursrechte begründeten Sondernorm beruht, die Einwirkung auf den Untermietvertrag aber erst durch das allgemeine bürgerliche Recht zur Geltung kommt. Trotzdem liegt auch im letzteren Falle eine mittelbare Folge der Konkurseröffnung vor, weil die Wirkung des im allgemeinen bürgerlichen Rechte begründeten Rechtssatzes, hier das § 556 Abs. 3 BGB., erst durch die konkursrechtliche Sondernorm des § 19 ermöglicht wird.

Gegen diese Auffassung kann man nicht, wie es der Kläger in der Berufungsinstanz getan hat, anführen, daß nach ihr § 21 Abs. 1 in jedem Falle einer Untermiete unanwendbar werde, daß §§ 19 und 21 sich mit gleicher Kraft gegenüberstünden, eine gesetzliche Anordnung aber, die dem § 19 das Übergewicht verleihe, fehle. Der § 21 behält seine Wirkung für alle Fälle der Untermiete, in denen es nicht zu einer Aufhebung des Hauptmietvertrages kommt. Der Zweck und der Inhalt der gesetzlichen Vorschriften läßt aber überhaupt erkennen, daß dem § 19 gegenüber dem § 21 Abs. 1, wenn beide im Falle der Untermiete zusammentreffen, das Übergewicht beizulegen ist. Der Mietvertrag ist zwar unter den Voraussetzungen des § 21 Abs. 1 auch der Konkursmasse gegenüber wirksam. Das Recht des Mieters dauert auch für die Zeit nach der Konkurseröffnung fort. Für den Fall nun, der die Regel bildet, daß der Gemeinschuldner der Eigentümer des vermieteten Grundstückes ist, hat das Gesetz das Recht des Mieters gewissen Einschränkungen unterworfen, ohne die das allgemeine Interesse aller Gläubiger, das in einer wirtschaftlich möglichst vorteilhaften Durchführung des Konkurses besteht, Schaden leiden würde. Der Konkursverwalter hat nach § 126 KO. das Recht, das vermietete Grundstück im Wege der Zwangsversteigerung veräußern zu lassen. Eine solche Zwangsversteigerung hat zur Folge, daß der Mieter, obgleich er an sich den § 21 Abs. 1 für sich hat, das Grundstück räumen muß, wenn der Ersteher gemäß § 57 ZwVG. den Mietvertrag kündigt. Dieselbe Wirkung hat nach § 21 Abs. 3 KO. eine freiwillige Veräußerung, die der Konkursverwalter vornimmt. Diese Einschränkungen der in § 21 Abs. 1 ausgesprochenen Rechtsfolge dienen dem Zwecke, einer möglichst vorteilhaften Verwertung des zur Konkursmasse gehörigen Grundvermögens den Weg zu ebnen. Und deshalb ist auch der auf Grund der §§ 126 und 21 Abs. 3 KO. in Verbindung mit § 57 ZwVG. aus seinem Rechte entsetzte Mieter nach einstimmiger Meinung darauf angewiesen, seine etwaigen Entschädigungsansprüche als Konkursforderung geltend zu machen.

Vgl. die Kommentare zur KO. von Jaeger § 21 Anm. 22, § 59 Anm. 4; Petersen u. Kleinfeller § 21 Bem. 9; Wilmowski-Kurlbaum § 59 Bem. 4; Wolff § 21 Anm. 7.

Ebenso dient aber auch das außerordentliche Kündigungsrecht des Konkursverwalters, von dem § 19 handelt, den allgemeinen Interessen der Gläubiger, dem Zwecke, das Vermögen des Gemeinschuldners möglichst hoch zu verwerten und deshalb dem entgegenstehende Mietverträge zu lösen (Entsch. des RG.s in Zivils. Bd. 56 S. 247). Wie der Konkursverwalter durch Mietverträge über Grundstücke des Gemeinschuldners, die nach § 21 an sich bestehen bleiben, nicht gehindert werden soll, diese Grundstücke im Interesse aller Gläubiger vorteilhaft zu verwerten, so darf er auch nicht durch Untermietverträge über Sachen, die der Gemeinschuldner seinerseits gemietet hatte, gehindert werden, drückende und der Masse nachteilige Mietverpflichtungen im Rahmen des § 19 zu lösen. Die wirtschaftlichen Ziele des § 19 würden aber nicht erreicht werden, wenn der Untermieter, der nach Auflösung des Hauptmietvertrages gemäß § 556 Abs. 3 BGB. den Mietgegenstand herausgeben muß, seinen Ersatzanspruch als Masseschuld geltend machen könnte. Wollte man dies zulassen, so würde sich das eigentümliche Ergebnis herausstellen, daß sich der Mieter, der ein dem Gemeinschuldner eigentümlich gehöriges Grundstück gemietet hat und infolge der Veräußerung des Grundstückes durch den Konkursverwalter aus dem Grundstücke weichen muß, wegen seiner Entschädigungsforderung mit der Konkursdividende begnügen muß, der Mieter aber, der ein dem Gemeinschuldner von dritter Seite vermietetes Grundstück gemietet hat und infolge der Auflösung des Hauptmietvertrages das Grundstück räumen muß, seine volle Entschädigung aus der Konkursmasse entnehmen könnte. Daß dieses Ergebnis dem Willen des Gesetzes entspräche, kann nicht angenommen werden. Es wird vermieden, wenn man die durch § 19 mittelbar herbeigeführte Nichterfüllung des Untermietvertrages in gleicher Weise, wie die durch § 126 oder § 21 Abs. 3 herbeigeführte Nichterfüllung eines Hauptmietvertrages, der Vorschrift des § 26 unterstellt. Nicht zu bezweifeln ist allerdings, daß durch die Bestimmung des § 19 die Stellung des Untermieters in umfassenderer Weise beschränkt wird, als durch die Bestimmungen des § 126 oder § 21 Abs. 3 die Stellung eines Mieters, der vom Gemeinschuldner als dem Eigentümer gemietet hat. Dies beruht auf der Verschiedenheit der gesetzlichen Anordnungen.

Auf Grund der vorstehenden Erwägungen muß der Satz anerkannt werden, daß die durch die Ausübung der Kündigungsbefugnis des § 19 erzielte Auflösung des Hauptmietvertrages und die dadurch herbeigeführte Nichterfüllung des Untermietvertrages mittelbar eine Folge der Konkurseröffnung im Sinne von § 26 KO. ist, und daß deshalb daraus nicht eine Masseschuld, sondern nur eine Konkursforderung entstehen kann.

Im vorliegenden Falle ist nun der Hauptpachtvertrag nicht durch Kündigung und Ablauf der Kündigungsfrist zu Ende gegangen, sondern durch einen Vertrag des Konkursverwalters mit dem Eigentümer des Grundstückes aufgehoben worden. Diese besondere Gestaltung kann aber die Anwendung des § 26 nicht ausschließen, weil auch der vom Konkursverwalter geschlossene Aufhebungsvertrag als eine Verwirklichung der ihm in § 19 beigelegten Befugnis, den Vertrag vorzeitig zur Aufhebung zu bringen, angesehen werden muß. Das Wesentliche der in § 19 enthaltenen konkursrechtlichen Sonderbestimmung ist das in Satz 1 ganz allgemein festgesetzte Kündigungsrecht, das Recht, den Vertrag vorzeitig aufzuheben. Diese Möglichkeit ist die mit der Konkurseröffnung verbundene Folge. Die in Satz 2 bezeichneten gesetzlichen oder vertragsmäßigen Kündigungsfristen haben mit der grundsätzlichen Rechtsänderung nichts zu tun; sie sollen nur die wirtschaftlichen Interessen des Gemeinschuldners und der anderen Vertragspartei in bezug auf künftige anderweite Maßnahmen angemessen schützen. Es behält also § 26 auch für das vorliegende Sachverhältnis seine Bedeutung, und daraus folgt, daß der erhobene Masseanspruch dem Kläger nicht zusteht." ...

Konkursgläubiger

RGZ. 45, 156

Zur Auslegung des § 54 (61 n. F.) Nr. 5 KO.

IV. Zivilsenat. Urt. v. 11. Dezember 1899.

I. Landgericht Breslau. II. Oberlandesgericht daselbst.

Der am 5. August 1896 verstorbene Generalmajor K. hat testamentarisch die Klägerin zu seiner Alleinerbin eingesetzt, und den früheren Rechtsanwalt H. zu B. zum Testamentsvollstrecker und Pfleger seines Nachlasses ernannt. Nach seinem Tode übernahm H. die Verwaltung des Nachlasses. Im Februar 1898 wurde derselbe auf gerichtliche Anordnung als Pfleger der Klägerin behufs ihrer Vertretung bezüglich der K.schen Erbschaft verpflichtet. Schon vorher hatte er den größten Teil derselben veruntreut. Bald nachher wurde er flüchtig und der Konkurs über sein Vermögen eröffnet.

Zu dieser Konkursmasse meldete die Klägerin eine Ersatzforderung von 34553,30 M. mit dem Vorrecht aus § 54 Nr. 5 KO. an. Die Forderung wurde in Höhe von 33053,30 M. festgestellt, das Vorrecht jedoch vom Konkursverwalter bestritten.

Infolgedessen hat die Klägerin im jetzigen Rechtsstreite auf Feststellung des Vorrechtes in betreff eines Forderungsteiles von 2000 M. geklagt. Entsprechend dem Antrage der Beklagten ist vom Landgerichte die Klage abgewiesen. Dagegen hat auf Berufung der Klägerin das Oberlandesgericht der Klage stattgegeben.

Die Revision der Beklagten ist zurückgewiesen aus folgenden

Gründen:

„Das Berufungsurteil beruht auf der Annahme, daß die Ersatzforderung, welche der Klägerin gegen den Gemeinschuldner H. aus der Veruntreuung der kraft des K.schen Testamentes ihr angefallenen, in die Verwaltung des H. gekommenen Erbschaft erwachsen, mit der Verpflichtung des H. als Pfleger der Klägerin für diese Erbschaft gesetzlich der Verwaltung desselben unterworfen worden sei, und deshalb der Ersatzforderung, obschon sie nicht auf Grund der pflegschaftlichen Verwaltung des H. entstanden, das Vorrecht des § 54 Nr. 5 KO. zur Seite stehe....

Von der Revision ist die Auslegung, die der § 54 Nr. 5 KO. seitens des Berufungsgerichtes erfahren hat, beanstandet. Dieselbe steht aber im Einklange mit mehrfachen Urteilen des Reichsgerichtes, wie solche in dessen Entsch. in Zivils. Bd. 3 S. 294, Bd. 17 S. 44 und Bd. 39 S. 78 veröffentlicht sind, und denen auch die Theorie gefolgt ist (vgl. die Zitate in dem letzterwähnten Urteile). Erhebliche Momente gegen diese Auffassung sind von der Revision nicht erbracht. Dagegen darf zugunsten derselben noch ein legislatorischer Umstand herangezogen werden. Bei der Vorberatung der Novelle zur Konkursordnung im Reichstage in der Session von 1897/98 wurde nämlich mit Rücksicht darauf, daß die Auslegung des Reichsgerichtes, wie dieses in dem Urteile, Entsch. in Zivils. Bd. 39 S. 79, selbst nicht verkenne, zu Bedenken Anlaß gebe, beantragt, die Nr. 5 des § 54 dahin zu ändern, daß das bezügliche Vorrecht nur solchen Forderungen der Kinder und Pflegebefohlenen des Gemeinschuldners zustehen sollte, welche auf Grund der väterlichen oder vormundschaftlichen Verwaltung desselben entstanden seien. Der Antrag wurde indes von den Vertretern der Bundesregierungen wie in der Kommission selbst bekämpft, weil die Kinder und Pflegebefohlenen sich nicht selbst schützen könnten, ohne ihren Willen sich die gesetzliche Verwaltung des Vaters oder Vormundes gefallen lassen müßten, und deshalb besonderen Schutzes bedürften. Die Kommission verwarf denn auch den Antrag gegen eine Stimme. So hat die Nr. 5 a. a. O. durch die Novelle eine sachliche Änderung nicht erfahren.

Vgl. den Kommissionsbericht dazu, Drucksache Nr. 237 des Reichstages.

Bei dieser Rechtslage ist kein Anlaß vorhanden, von der bestehenden Praxis abzugehen." ...

RGZ. 59, 367

Kann das Befriedigungsrecht eines Konkursgläubigers, welchem der Gemeinschuldner die einem Dritten gehörige Sache rechtswirksam verpfändet hatte, dadurch, daß während des Konkursverfahrens der Konkursverwalter sich für die Masse das Eigentum an der Pfandsache von dem Dritten übertragen läßt, nachträglich auf die Geltendmachung des Ausfalls nach Maßgabe von § 64 KO. beschränkt werden?

VI. Zivilsenat. Urt. v. 19. Dezember 1904.

I. Landgericht Stuttgart. II. Oberlandesgericht daselbst.

Der Kaufmann Fr. W. B., über dessen Vermögen am 21. Februar 1903 das Konkursverfahren eröffnet wurde, schuldete zu dieser Zeit der Klägerin aus laufendem Kredit den Betrag von 32746,60 M. Er hatte am 6. Februar 1899 der Klägerin für ihre Ansprüche aus dem Kreditverhältnisse Wertpapiere im Nennwert von 15000 M. als Faustpfand bestellt. Diese Wertpapiere gehörten aber — was die Klägerin nicht wußte — einem Bruder des Gemeinschuldners und waren von letzterem ohne Wissen und Willen des Eigentümers verpfändet. Die Klägerin erklärte, das Pfandrecht an den Papieren geltend machen zu wollen, meldete aber daneben im Konkursverfahren ihre Forderung unverkürzt und nur vorsorglich als Ausfallsforderung an; im Prüfungstermin wurde die Forderung nur als Ausfallsforderung anerkannt. Der Eigentümer der Wertpapiere, R. L., meldete eine auf deren eigenmächtige Verpfändung durch den Gemeinschuldner gestützte Schadensersatzforderung zum Konkurse an, trat aber sodann am 19. Juni 1903 das Eigentum der Wertpapiere an den Konkursverwalter ab. Die Klägerin begehrte Feststellung dahin, daß ihr im Konkurse des W. Fr. B. eine unbevorrechtigte Forderung von 32746,60 M. zum vollen Betrage, und nicht bloß als Ausfallsforderung zustehe. Der erste Richter wies die Klage ab; das Berufungsgericht erkannte aber nach dem Klagantrage. Die Revision ist zurückgewiesen worden aus den folgenden

Gründen:

... „Die Rechtsgrundsätze, welche den Ausgangspunkt für die Erwägungen des Berufungsgerichts bilden, sind zweifellos zutreffend. Es ist insbesondere richtig, daß das einem Dritten gehörige Vermögensstück nicht Gegenstand eines Absonderungsrechts im Konkurse sein kann, daß, wenn der Gemeinschuldner fremde Sachen einem Gläubiger zum Pfand gegeben hat, und diese Sachen auch zur Zeit der Konkurseröffnung nicht zum Vermögen des Schuldners gehören, der Gläubiger für den vollen Betrag seiner Forderung verhältnismäßige Befriedigung aus der Konkursmasse verlangen und daneben für den Ausfall, den er im Konkurse erleidet, sich an sein Pfand halten kann.

Vgl. Entsch. des RG.s in Zivils. Bd. 7 S. 88, Bd. 22 S. 325 (331); Jaeger, Konkursordnung zu § 48 Anm. 5 Ziff. 3, zu § 64 Anm. 1 b, 2. Aufl. S. 414, 514 flg.

Desgleichen ist es richtig, daß es hierbei nur auf die objektive Rechtslage ankommt, und nicht darauf, ob der Gläubiger die ihm verpfändete Sache für Eigentum des Gemeinschuldners, oder eines Dritten gehalten hat; denn die Eigenschaft als Konkursgläubiger und das Absonderungsrecht im Konkurse bestimmen sich, unabhängig von dem Willen der Beteiligten, nach den vom Gesetze aufgestellten Voraussetzungen. Für die — im vorliegenden Falle unstreitige — Gültigkeit des Pfandrechts an der fremden Sache war allerdings die Meinung der Pfandgläubigerin nach Maßgabe der Bestimmungen des bürgerlichen Rechts über den Schutz des gutgläubigen Erwerbers von Bedeutung.

Bei Beurteilung der hiernach entscheidenden Frage, welche Wirkung der nachträglichen Abtretung der Wertpapiere an den Konkursverwalter zukomme, hat der Berufungsrichter nicht mit Unrecht darauf hingewiesen, daß in gleicher Weise, wie hier der Eigentümer der Pfänder getan, auch ein solcher Eigentümer, welcher selbst Sachen zugunsten des Gemeinschuldners einem Gläubiger zu Pfand bestellt hat, sie nachträglich an den Konkursverwalter abtreten und dadurch, wenn der Standpunkt des Beklagten richtig wäre, die Rechte des Gläubigers teilweise vereiteln könnte. Daß eine derartige Rechtsveränderung zuungunsten eines Konkursgläubigers durch Rechtsgeschäfte des Konkursverwalters herbeigeführt werden könne, muß, mit dem Berufungsgericht, verneint werden.

Grundsätzlich ist für die Rechtsstellung des Konkursgläubigers der Zeitpunkt der Konkurseröffnung maßgebend. „Durch die Konkurseröffnung" — sagen die Motive zu § 12 KO. a. F. S. 53 — „wird das Verhältnis eines jeden Konkursgläubigers zur Konkursmasse und zu den anderen Gläubigern fixiert"; — „in der Lage, in welcher sich zur Zeit der Konkurseröffnung ein Gläubiger zur Konkursmasse befindet, wird er in dem Verfahren berücksichtigt." Wenn daraus die Folgerung gezogen und in der Vorschrift des § 12, jetzt § 15 KO. zum Ausdrucke gebracht wird, daß eine Veränderung der Lage des einen Gläubigers zum Nachteile der anderen Gläubiger unstatthaft ist, und daß ein persönlicher Gläubiger nicht nachträglich abgesonderte Befriedigung aus einem Gegenstande der Konkursmasse erlangen kann, so entspricht es jenem Grundsatze auf der anderen Seite nicht minder, daß das einmal mit der Konkurseröffnung begründete Recht des Konkursgläubigers auf anteilsmäßige Befriedigung nicht durch eine spätere Veränderung der Konkursmasse zum Vorteile der übrigen Gläubiger beeinträchtigt werden darf.

Auch für den Bestand der Absonderungsrechte, namentlich nach §§ 48, 64 KO., ist prinzipiell die Lage zur Zeit der Konkurseröffnung maßgebend, wie sich aus der, auch dem § 4 KO. zugrunde liegenden, Begriffsbestimmung der Konkursmasse in § 1 KO. ergibt. Allerdings kann die Konkursmasse, wie auch im Berufungsurteil angeführt wird, durch Erwerbshandlungen des Konkursverwalters einen Zuwachs erfahren, sofern das, was dieser auf Grund von Masserechten oder durch die Verwaltung der Masse für diese erwirbt, gleichfalls der Konkursmasse zugehört.

Vgl. Entsch. des RG.s in Zivils. Bd. 29 S. 80flg., vgl. mit Bd. 26 S. 67.

Es ist auch nicht unmöglich, daß durch einen Neuerwerb von seiten des Konkursverwalters eine gegenständliche Erweiterung bestehender Pfandrechte herbeigeführt wird, und durch § 15 KO. ist — wie § 17 und § 134 Ziff. 2 KO. ergeben — auch die Neuentstehung eines Pfandrechts an Sachen des Gemeinschuldners nicht ausgeschlossen.

Vgl. Entsch. des RG.s in Zivils. Bd. 53 S. 350flg.

Allein keinesfalls liegt es in der Macht des Konkursverwalters, durch Erwerb einer Sache für die Konkursmasse ein bisher nicht bestehendes konkursrechtliches Absonderungsrecht rückwirkend zu begründen und damit eine vollberechtigte Konkursforderung nachträglich in eine Ausfallsforderung im Sinne von § 64 KO. umzuwandeln. Würde der ursprünglich unbeschränkt berechtigte Konkursgläubiger hinterher zufolge des Eigentumserwerbs der Konkursmasse auf den Ausfall beschränkt, obwohl er doch die zur Zeit der Konkurseröffnung vorhandene Aktivmasse durch Verwertung seines Pfandes nicht in Anspruch nimmt, so läge darin eine ungerechtfertigte Verschiebung des in dem maßgebenden Zeitpunkt bestandenen Rechtsverhältnisse der Gläubiger zueinander und zur Konkursmasse.

Die Revision meint nun: wenn man auch diese Grundsätze als richtig anerkennen wolle, so liege der Fall hier doch anders. Der Konkursverwalter habe die fraglichen Papiere auf Grund von § 255 BGB. erworben. Nachdem der Gemeinschuldner widerrechtlich über die Papiere seines Bruders verfügt hatte, habe diesem zur Zeit der Konkurseröffnung ein Schadensersatzanspruch, andererseits aber dem Kridar und folglich auch der Konkursmasse für den Fall, daß dieser Schaden ersetzt würde, ein Anspruch auf Herausgabe der Wertpapiere zugestanden. Dieser Anspruch habe zur Konkursmasse im Sinne des § 1 KO. — als bedingtes Recht — gehört; also gehöre dazu auch, was in Erfüllung der damit verbundenen Verpflichtung nachträglich in die Konkursmasse gekommen sei. Die Wertpapiere seien an die Stelle des Anspruchs getreten, welcher durch Befriedigung aus der Masse ausgeschieden sei. Der Gegner verlange also abgesonderte Befriedigung aus einem Gegenstande, der auf Grund eines zur Zeit der Eröffnung des Verfahrens bestehenden Rechtsverhältnisses in die Masse gekommen sei, und er könne daher für seine persönliche Forderung verhältnismäßige Befriedigung nach § 64 KO. nur für den Ausfall verlangen, welchen er bei Befriedigung aus dem Pfande erleide. Dieser Deduktion ist nicht beizustimmen.

Es mag zugegeben werden, daß nach § 255 BGB. der Gemeinschuldner und folgeweise die Konkursmasse dem Bruder des ersteren für die ihm entfremdeten, bzw. durch die Verpfändung für ihn wertlos gemachten Wertpapiere nur gegen Abtretung der Eigentumsrechte an den Papieren — Zug um Zug — Ersatz zu leisten verpflichtet war, und es kann weiter unterstellt werden, daß die Abtretung der Papiere von seiten des R. B. an den Konkursverwalter — obschon zur fraglichen Zeit aus der Konkursmasse ein Ersatz ohne Zweifel noch gar nicht geleistet war — gerade im Hinblick auf die Vorschrift des § 255 BGB. erfolgt sei. Gleichwohl würde die von dem Beklagten in Anspruch genommene Rechtswirkung auf die Stellung der Klägerin aus der erfolgten Abtretung nicht abzuleiten sein. Dazu führt auch nicht der Grundsatz, daß der nach der Konkurseröffnung gemachte Erwerb, welcher aus einem schon vor der Konkurseröffnung entstandenen Rechtsgrunde herrührt, als Bestandteil der Masse zu behandeln ist. Das dem Ersatzpflichtigen in § 255 BGB. eingeräumte Recht ist wesentlich ein Retentionsrecht, welches erst mit der Ersatzleistung in Wirksamkeit tritt. Sodann geht das Eigentum oder sonst abzutretende Recht nicht von selbst mit der Ersatzleistung auf den Ersatzpflichtigen über; es bedarf der rechtsgeschäftlichen Abtretung.

Vgl. Dernburg, Bürgerl. Recht Bd. 2 Abt. 1 § 34 S. 87; Planck, BGB. zu § 255 Bem. 1.

Im vorliegenden Falle ist das Eigentum an den Wertpapieren durch die während des Konkursverfahrens erfolgte Abtretung der Eigentumsansprüche (§ 931 BGB.) an den Konkursverwalter übertragen worden, wobei man mit dem Berufungsrichter dahingestellt lassen kann, ob dieser, oder der Gemeinschuldner, oder die Gesamtheit der Gläubiger Eigentümer geworden ist. Vor der Konkurseröffnung bestand für den Gemeinschuldner, wenn überhaupt schon ein Rechtsgrund zum Erwerb, so doch keinenfalls mehr als ein bedingter Anspruch auf Abtretung des Eigentums an den Papieren für den Fall einer Ersatzleistung. Der auf diesem Weg durch Rechtshandlungen des Ersatzberechtigten und des Konkursverwalters vermittelte Erwerb des Eigentums für die Konkursmasse könnte, auch wenn zuvor schon ein bedingtes Recht bestanden hätte, nach allgemeinen Rechtsgrundsätzen (vgl. § 158 Abs. 1 BGB.) nicht auf den Zeitpunkt der Konkurseröffnung zurückbezogen werden. Aber auch eine etwa für das Konkursrecht aufzustellende Fiktion der Rückwirkung,

vgl. Wolff, Absonderungsrecht im Konkurs § 20c S. 108, 110,

oder die Annahme einer Surrogierung des später erworbenen Rechts an die Stelle des dem Gemeinschuldner früher erwachsenen Anspruchs könnten nicht dazu berechtigen, daß zum Nachteile des Konkursgläubigers und zugleich Pfandberechtigten der nachträglich für die Masse erworbene Pfandgegenstand als *ein von Anfang an der Konkursmasse* zugehöriger Bestandteil und Absonderungsgegenstand behandelt wird. Solchen Folgerungen gegenüber würde sich der Grundgedanke, daß dem Konkursgläubiger ein fest begründetes, nach dem Zeitpunkte der Konkurseröffnung sich bestimmendes Recht auf uneingeschränkte anteilsmäßige Befriedigung zusteht, überall als das stärkere Prinzip erweisen. Die Vorschrift des § 64 KO. ist also auf einen Fall der vorliegenden Art nicht anzuwenden.

Das Berufungsgericht hat ferner zutreffend ausgeführt, daß und weshalb der von dem Beklagten für sich angerufene Grundsatz, welcher in der Plenarentscheidung des Reichsgerichts vom 15. Februar 1886 (Entsch. in Zivils. Bd. 14 S. 172flg.) in Beziehung auf §§ 60, 61 — jetzt §§ 67, 68 — KO. ausgesprochen ist, im gegebenen Falle keine Anwendung leide. Es handelt sich hier weder um einen Mitverpflichteten des Gemeinschuldners, noch bezüglich der Forderung der Klägerin und des von R. B. geltend gemachten Schadensersatzanspruchs um eine einheitliche Forderung. Die Revision hat die Frage aufgeworfen, ob denn, wenn vorliegend weder der § 64 noch der § 68 KO. zutreffe, wenn es sich um ein Absonderungsrecht im Konkurse vorliegend überhaupt nicht handeln sollte, die Klägerin sich nicht doch das, was sie vermöge ihres Pfandes erhalte (wie das auch außerhalb des Konkurses der Fall wäre) abrechnen lassen müßte. Aber die Frage im gegenwärtigen Rechtsstreit ist gerade die, ob die Klägerin ihre Forderung im vollen Betrag als Konkursforderung geltend machen und hierfür konkursmäßige Befriedigung ohne Rücksicht auf das ihr bestellte Pfand beanspruchen kann, oder ob sie, wie der Beklagte will, nach Maßgabe von § 64 KO. als Konkursgläubigerin nur insoweit im Konkursverfahren zuzulassen und zu befriedigen ist, als sie bei abgesonderter Befriedigung aus ihren Pfändern einen Ausfall erleidet. Das Berufungsgericht hat mit Recht in dem ersteren Sinne entschieden und zum Schlusse noch den Einwand des Beklagten verworfen, Klägerin müsse sich zunächst an ihre Deckung, die Pfänder, halten und könne aus der Konkursmasse erst Befriedigung verlangen, wenn und soweit der Pfanderlös zu ihrer Befriedigung sich nicht als ausreichend erwiesen habe: ein derartiger Rechtssatz habe weder für das württembergische Recht, unter dessen Herrschaft die Forderung der Klägerin und das Pfandrecht derselben entstanden ist, gegolten, noch gelte er nach dem deutschen Bürgerlichen Gesetzbuch. Auch diese Erwägung ist, soweit überhaupt nachzuprüfen, rechtlich einwandsfrei. Darüber, ob einer etwa seit der Konkurseröffnung von der Klägerin erlangten teilweisen Befriedigung ein Einfluß auf die Berechnung ihrer Konkursforderung, bzw. Konkursdividende zukomme, brauchte sich das Berufungsgericht nicht daneben noch besonders auszusprechen. Übrigens ist in den vorinstanzlichen Urteilen nirgends davon die Rede, daß die Klägerin bisher eine teilweise Befriedigung aus ihren Pfändern erlangt habe. Dieser Umstand würde zwar für die Berechnung der von der Klägerin höchstens zu erlangenden vollen Befriedigung in Betracht kommen, aber (auch abgesehen von der Vorschrift des § 68 KO.) nicht dazu führen, das Befriedigungsrecht der Klägerin im Konkurse, wofür der Bestand der Forderung zur Zeit der Konkurseröffnung maßgebend bleibt,

vgl. Entsch. des RG.s in Zivils. Bd. 2 S. 181, Bd. 52 S. 171,

auf den Ausfall zu beschränken.

S. auch v. Sarwey-Bossert, KO. 4. Aufl. zu § 68 Bem. 2; Fitting, Reichs-Concursrecht § 10 V. Anm. 22.

Die Revision hat schließlich noch hervorgehoben, die Entscheidung des Berufungsrichters führe zu dem unbilligen Ergebnis, daß die Klägerin, welche ein Pfandrecht an einem Vermögensstück ihres Schuldners erwerben wollte, infolge ihres Irrtums und ihrer Unkenntnis davon, daß die Wertpapiere dem R. B. gehörten, mehr erworben habe, als sie erworben hätte, wenn ihre Annahme, daß die Papiere dem Gemeinschuldner gehörten, richtig gewesen wäre. Allein in Wahrheit handelt es sich nicht sowohl um einen Mehrerwerb der Klägerin, als um einen größeren oder geringeren Verlust, den dieselbe voraussichtlich erleiden wird. Mehr, als ihre Forderung beträgt (32746,60 M.), kann die Klägerin aus den beiderseitigen Befriedigungsobjekten (der Konkursmasse und den Pfändern) zusammen doch niemals erlangen. Wenn aber — nach den Angaben im ersten Urteil — die Konkursdividende auf 40 Prozent, der Erlös aus den Pfändern auf 12000 M. zu schätzen ist, so wird die Klägerin voraussichtlich einen nicht unerheblichen Ausfall erleiden. Vor der Konkurseröffnung war die Rechtslage die, daß der Klägerin für ihre Forderung außer dem Vermögen des Schuldners noch das Vermögensstück eines Dritten haftete. Zufolge des Konkurses hat sich in ersterer Richtung das Befriedigungsobjekt auf den verhältnismäßigen Anteil an der Konkursmasse reduziert. Der verklagte Konkursverwalter aber hat durch den Erwerb der Pfandstücke eine Rechtslage herbeiführen wollen, wodurch sich die Position der Klägerin noch ungünstiger gestalten würde. Wenn die Konkursmasse zur Ersatzleistung für die Wertpapiere an R. B. verpflichtet ist, so kann diese Folge einer widerrechtlichen Handlung des Gemeinschuldners nicht der Klägerin zur Last gelegt, die damit verknüpfte Einbuße nicht ihr zugeschoben werden.“ ...

RGZ. 64, 425

Kann der ein Absonderungsrecht (Pfandrecht) besitzende Konkursgläubiger, der im Konkursverfahren erklärt hat, für einen Teil seiner Forderung aus dem Absonderungsrecht und für den als Ausfall von ihm bezeichneten Rest aus der Konkursmasse Befriedigung suchen zu wollen, nach Abschluß eines Zwangsvergleichs und Aufhebung des Konkurses, und nachdem er die Vergleichsquote ohne Vorbehalt angenommen hat, sich aus dem Gegenstande des Absonderungsrechts zu einem höheren als dem ursprünglich angegebenen Betrage befriedigen?

KO. §§ 64, 193.

VII. Zivilsenat. Urt. v. 7. Dezember 1906.

I. Landgericht Dresden. II. Oberlandesgericht daselbst.

Die Frage ist verneint aus folgenden

Gründen:

„Der erste Richter führt zur Rechtfertigung seiner vom Berufungsgerichte nicht gebilligten Entscheidung aus, ein ausdrücklicher Verzicht der Beklagten auf Befriedigung aus der ihr verpfändeten Lebensversicherungspolice liege zwar nicht vor, wohl aber ein Verhalten derselben, welches zur Annahme eines Verzichts führe; sie habe sich nicht damit begnügt, ihre Forderung in Höhe des Ausfalls anzumelden, sondern auch gegen den Konkursverwalter, der den Ausfall in Höhe von 5500 M. anerkannte, auf Feststellung desselben in Höhe von weiteren 3633,70 M. Klage erhoben und nach Aufhebung des Konkursverfahrens von dem Kläger selbst die Vergleichsrate von dem weiteren Ausfall gefordert und ein obsiegendes Urteil erlangt, auch die Vergleichsquote nicht nur für den vom Verwalter anerkannten Ausfall von 5500 M., sondern auch für den im Rechtsstreit festgestellten weiteren Ausfall von 3633,70 M. vorbehaltlos in Empfang genommen. In diesem Verhalten der Beklagten findet der erste Richter eine unzweideutige Äußerung ihres Willens, durch ihre Beteiligung am Konkursverfahren wegen eines Betrages von 9133,70 M. Befriedigung aus der Konkursmasse sich zu verschaffen, und folgert daraus mit Rücksicht auf den § 64 KO., daß die Beklagte wegen des angegebenen Betrages auf abgesonderte Befriedigung aus der ihr verpfändeten Police verzichtet habe.

Dagegen erachtet der Berufungsrichter das Verhalten der Beklagten weder in seinen Einzelheiten noch in seiner Gesamtheit als für die Annahme eines solchen Verzichtes ausreichend. So wenig in der Anmeldung der Forderung als in der Beteiligung der Beklagten an den Verhandlungen über den Abschluß des Zwangsvergleichs findet er einen Ausdruck des Willens der Beklagten, von ihrem Absonderungsrecht etwas aufzugeben, und führt aus, die von der jetzigen Beklagten früher angestellte Klage sei nur das Mittel gewesen, einen weiteren, als den bisher anerkannten Ausfallbetrag zu erhalten. Er betrachtet dann alles als von der Beantwortung der Frage abhängig, ob in der vorbehaltlosen Annahme der auf die Summe von 9133,70 M. entfallenden Zwangsvergleichsquote insoweit ein Verzicht auf das Absonderungsrecht zu finden sei, indem er bemerkt, wenn man diese Frage verneine, so sei auch den die Erlangung dieser Rate vorbereitenden Handlungen, also der Durchführung des Rechtsstreits, ein Verzicht auf das Absonderungsrecht nicht zu entnehmen. Bei Eingehen auf jene Frage führt er dann aus, durch die Annahme der Zahlung werde das Absonderungsrecht regelmäßig nicht berührt, und nur nach Belegenheit eines jeden einzelnen Falls entscheide sich, ob der die Akkordrate annehmende Gläubiger auf sein Absonderungsrecht habe verzichten wollen, im vorliegenden Falle aber fehle es an besonderen den Schluß auf einen Verzicht begründenden Umständen, und sei im Gegenteil anzunehmen, daß sowohl die Beklagte als der Konkursverwalter in der Zeit vor und nach Abschluß des Zwangsvergleichs das Absonderungsrecht der Beklagten als bestehend angesehen haben.

Mit Recht werden diese Erwägungen von der Revision angegriffen. Von entscheidender Bedeutung, und zwar von unmittelbar entscheidender Bedeutung, sind gerade die den Zahlungen vorhergegangenen Verhandlungen. Die Beklagte verlangte als Konkursgläubigerin Befriedigung in Höhe des „Ausfalls“, welchen sie hinsichtlich der ihr verpfändeten Lebensversicherungspolice erleide. Ein solcher Ausfall lag nicht vor; denn eine Veräußerung des Pfandes hatte nicht stattgefunden; auch waren irgendwelche Schritte zu ihrer Herbeiführung (§ 153 KO.) nicht vorgenommen. Durch den Beweis aber, daß der Wert des Pfandgegenstandes eine gewisse Höhe nicht überschreite, kann die Tatsache eines wirklichen Ausfalles nicht ersetzt werden. Indessen ging der Konkursverwalter auf den Standpunkt der Beklagten ein, nur mit der Einschränkung, daß, während die Beklagte den Wert der Police auf nur 5960 M. angab und demgemäß unter Kürzung einer von ihr geleisteten Prämienzahlung von 93,70 M. den Ausfall auf 9193,70 M. berechnete, der Konkursverwalter einen höheren Wert der Police und demgemäß eine geringere Ausfallsumme annahm. Nur infolge hiervon entstand der Prozeß, in welchem die gegenwärtige Beklagte die Feststellung der Ausfallforderung in Höhe weiterer 3633,70 M. begehrte, und den sie, nachdem der Konkurs aufgehoben war, wegen der Zwangsvergleichsrate von dieser Summe gegen den gegenwärtigen Kläger selbst fortsetzte. Von dem angegebenen rechtlichen Gesichtspunkte aus ließ sich nun zwar, da ein wirklicher Ausfall im Sinne des § 64 KO. überhaupt nicht vorlag, der Anspruch der Klägerin auf Befriedigung aus der Masse überhaupt nicht rechtfertigen; wohl aber fand er darin seine Begründung, daß nach der eben gedachten Gesetzesvorschrift ein Gläubiger, dem ein Absonderungsrecht zusteht, selbst darüber zu bestimmen befugt ist, zu welchem Teile seiner Forderung er aus dem Gegenstande des Absonderungsrechts, und zu welchem er als Konkursgläubiger Befriedigung suchen will. In dem Verhalten der gegenwärtigen Beklagten verkörperte sich nun der Wille, in Höhe von jedenfalls nicht mehr als 5960 M., als dem von ihr anerkannten Werte der Police, aus eben dieser Befriedigung zu suchen und dafür wegen des in dieser Weise nicht gedeckten Betrages als Konkursgläubigerin zugelassen zu werden. Sie erstrebte Befriedigung aus der Masse nicht in dem Sinne, daß ihr daneben ihr Pfandrecht unbeschränkt bleiben, und sie ohne irgendwelche Entsagung auf dasselbe Zahlung als Konkursgläubigerin sollte entgegennehmen können, sondern die in der Ausübung ihres Wahlrechts liegende Anweisung nur eines Teils ihrer Forderungen auf das Pfandrecht an der Police sollte ihr als Mittel dazu dienen, wegen des Restes als Konkursgläubigerin Befriedigung zu erhalten. Gerade dieser Charakter der die Zahlung auf die Konkursforderung vorbereitenden, den Grund zu ihr legenden Handlung der Beklagten ist vom Berufungsrichter übersehen, und damit der Kern der Sache verkannt. Die Beklagte konnte aber, nachdem ihre Konkursforderung zum Teil in der ihr geltend gemachten Höhe vom Konkursverwalter anerkannt, zum Teil im Rechtswege von ihr erstritten war, nachdem sie also den von ihr gesuchten Erfolg erreicht hatte, von der getroffenen Wahl nicht wieder abgehen; sie konnte das in bezug auf das Pfandrecht gebrachte Opfer, welches ihr als Mittel für ihre Zulassung als Konkursgläubigerin in gewollter Höhe gedient hatte, nicht nachträglich wieder beseitigen.

Dadurch, daß die Beklagte nicht nach regelmäßiger Erledigung des Konkursverfahrens die Konkursdividende, sondern daß sie infolge des Zwangsvergleichs die Vergleichsrate erhalten hat, wird nichts geändert. Nach § 193 KO. werden die Rechte des Gläubigers aus einem für seine Forderung bestehenden Pfandrecht durch den Zwangsvergleich nicht berührt; aber im gegenwärtigen Falle handelt es sich nicht darum, daß dem Vergleich als solchem ein mindernder Einfluß auf den Umfang der Haftung des Pfandes zuzugestehen wäre, sondern diese beruht auf dem dargelegten Verhalten der Gläubigerin selbst, während der Zwangsvergleich nur bewirkt, daß sie als Konkursgläubigerin von demjenigen Teile ihrer Konkursforderung, für den sie Befriedigung aus der Masse gesucht hatte, diese nicht in Höhe der

Konkursdividende, sondern nur der Akkordquote erhält. Die Frage könnte entstehen, ob nicht gerade der Abschluß des Zwangsvergleichs für die Beklagte das Recht geschaffen haben würde, die Ausübung des Wahlrechts rückgängig zu machen; aber es bedarf eines Eingehens auf dieselbe nicht, weil die Beklagte, auch nachdem der Zwangsvergleich abgeschlossen war, den von vornherein von ihr beschrittenen Weg nicht verlassen, sondern die unter Zugrundelegung des Teils ihrer Forderung, mit welchem sie ihre Zulassung als Konkursgläubigerin erreicht hatte, berechnete Akkordrate verlangt und erhalten hat. Insofern erlangt auch die vorbehaltlose Empfangnahme dieser Rate ihre Bedeutung. Überdies hätte die Beklagte keinenfalls mehr erreichen können, als daß sie unter Verzichtleistung auf die Akkordrate die Haftung des Pfandes für ihre Forderung in voller Höhe wieder herstellte, nie aber, daß sie trotz Annahme der Rate wegen des durch diese nicht gedeckten Teiles ihrer Forderung und zugleich wegen desjenigen Teils derselben, den sie ursprünglich allein auf das Pfand angewiesen hatte, Befriedigung aus diesem erzielte, was sie gerade gegenwärtig erstrebt.

Vgl. Entsch. des RG.s in Zivils. Bd. 5 S. 397.

Der Anspruch des Klägers auf Herausgabe der Police gegen Zahlung schon der Summe, welche zu leisten er sich bereit erklärte, ist also begründet. Da jedoch die Beklagte auf Grund geleisteter Prämienzahlungen noch eine Zurückbehaltungseinrede erhoben hat, und die Entscheidung über diese von tatsächlichen Feststellungen abhängig ist, so mußte die Sache zu weiterer Verhandlung und Entscheidung in die Berufungsinstanz zurückverwiesen werden.“

RGZ. 65, 132

Aufnahme des durch Eröffnung des Konkurses unterbrochenen Verfahrens gegenüber dem Konkursverwalter, wenn der Prozeß wegen eines nicht in einer Geldforderung bestehenden Anspruchs anhängig ist.

KO. §§ 69, 146 Abs. 1 u. 3. ZPO. § 268 Nr. 3.

V. Zivilsenat. Zwischenurteil v. 30. Januar 1907.

I. Landgericht Königsberg. II. Oberlandesgericht daselbst.

Die Klägerin hatte wegen Mängel eines ihr vom Beklagten verkauften Grundstückes auf Wandelung geklagt und schon in der ersten Instanz für den Fall eines von ihr zu leistenden Eides ein Urteil erstritten, wodurch der erhobene Anspruch dem Grunde nach für gerechtfertigt erklärt wurde. Die Berufung der Beklagten war zurückgewiesen worden. Diese hatte Revision eingelegt. Nach Einlegung der Revision wurde das Verfahren durch Eröffnung des Konkurses über das Vermögen des mitverklagten Ehemannes unterbrochen. Im Konkursverfahren berechnete die Klägerin unter Darlegung des Standes des gegenwärtigen Rechtsstreits ihr Interesse an der geltend gemachten Wandelung in Gestalt des Schadens, der ihr daraus erwachse, daß sie nicht mehr die Erfüllung des Gewährleistungsanspruchs auf Rücknahme des Grundstückes verlangen könne, sondern das fehlerhafte Grundstück behalten müsse, auf 16000 M. und meldete, zuzüglich der miteingeklagten Vertragskosten von 1544 M. und ihrer Anwaltskosten, einen Gesamtbetrag von 18590,70 M. als Konkursforderung an. Diese Forderung wurde vom Konkursverwalter und vom Gemeinschuldner bestritten, von jenem aber nachträglich in Höhe von 3546,70 M. anerkannt und in dieser Höhe festgestellt. Hierauf wurde von seiten der Klägerin und Revisionsbeklagten die Aufnahme des Rechtsstreits gegen den Konkursverwalter und den Gemeinschuldner erklärt und beantragt, die Revision der Beklagten zurückzuweisen. Der Konkursverwalter widersprach der Aufnahme des Rechtsstreits der Konkursmasse gegenüber und beantragte, den gegen ihn gestellten Antrag zurückzuweisen.

Die Verhandlung wurde zunächst auf den über die Zulässigkeit der Aufnahme des Rechtsstreits gegen den Konkursverwalter entstandenen Zwischenstreit beschränkt. Der Widerspruch des Konkursverwalters wurde zurückgewiesen.

Gründe:

„Der Widerspruch des Konkursverwalters gegen die ihm gegenüber erklärte Aufnahme des Rechtsstreits beruht wesentlich auf der Behauptung und Annahme, daß zwischen der im Konkurse angemeldeten Forderung und dem im Prozesse verfolgten Ansprüche eine Identität im Rechtssinne nicht bestehe. Dieser Ansicht konnte nicht beigetreten werden. Nach § 69 KO. sind — abgesehen von Absonderungs- oder Aussonderungsrechten — Forderungen, die nicht auf einen Geldbetrag gerichtet sind, nach ihrem Schätzungswerte geltend zu machen, d. h. es verwandelt sich mit der Konkurseröffnung jede Forderung, deren Gegenstand eine nicht in Gelde bestehende Leistung ist, für den Konkurs in eine Geldforderung. Also hat sich auch der in der ersten und zweiten Instanz der Klägerin bedingt zugesprochene Wandelungsanspruch in eine Geldforderung verwandelt und ist als solche im Konkurse geltend gemacht. Die rechtliche Identität des Anspruchs ist dadurch nicht aufgehoben, insbesondere auch nicht dadurch, daß die Klägerin den Wert ihrer im Prozesse verfolgten Forderung an dem Schaden bemißt und schätzt, der ihr daraus erwächst, daß sie den Wandelungsanspruch infolge des Konkurses nicht durchführen kann. Wird die so in den Konkurs gelangte Geldforderung ganz oder zum Teil nicht anerkannt, so hat der Gläubiger die Feststellung gegen den Widersprechenden zu betreiben (§ 146 Abs. 1 KO.), und dies geschieht, falls zur Zeit der Eröffnung des Konkursverfahrens ein Rechtsstreit über die Forderung anhängig ist, durch Aufnahme des Rechtsstreits (Abs. 3), gleichviel in welcher Lage und in welchem Rechtszuge sich dieser befindet. Ist, wie hier, der Prozeß wegen eines nicht in einer Geldforderung bestehenden Anspruchs anhängig, so bedarf der Klagantrag einer dem § 69 Rechnung tragenden Umwandlung (vgl. § 268 Nr. 3 ZPO.), die hier, wo zunächst über den Grund des Anspruchs erkannt ist — eine prozessuale Rüge ist hiergegen nicht erhoben —, dem sich eventuell anschließenden Nachverfahren vorbehalten bleiben kann. Keineswegs ist, wie vom Konkursverwalter ausgeführt wird, das Berufungsurteil als infolge der Konkurseröffnung gegenstandslos und für die Klägerin wertlos geworden anzusehen. Die Entscheidung über den Grund des Anspruchs, d. h. über die Berechtigung der Wandelung, würde, falls rechtskräftig geworden, auch für die an Stelle des Wandelungsanspruchs getretene Geldforderung die unverrückbare Grundlage bilden."

RGZ. 83, 206

1. Genießen Kanalisationsgebühren einer Stadtgemeinde das in § 61 Nr. 2 KO. bezeichnete Vorrecht?

2. Gehören solche Gebühren zu den „öffentlichen Abgaben" im Sinne des § 70 Abs. 3 GVG.?

VI. Zivilsenat. Urt. v. 23. Oktober 1913.

I. Landgericht Dresden. II. Oberlandesgericht daselbst.

Der Klägerin stand gegen den Oberleutnant a. D. L., der Eigentümer eines an die Kanalisation der Stadt Berlin angeschlossenen Grundstücks war, ein Anspruch auf Zahlung einer für die Zeit vom April bis Ende Juni 1912 fällig gewordenen Kanalisationsgebühr von 165,70 M. zu. Im Mai 1912 war über das Vermögen L.s das Konkursverfahren eröffnet worden. Nachdem der Konkursverwalter das von der Klägerin für jene Forderung beanspruchte Vorrecht bestritten hatte, beantragte diese in der Klage Feststellung, daß die Forderung nach § 61 Nr. 2 KO. bevorrechtigt sei. Die Klage wurde vom Landgericht abgewiesen, die Berufung der Klägerin wurde zurückgewiesen. Auch ihre Revision ist zurückgewiesen worden aus folgenden

Gründen:

„Das Berufungsgericht hat in Übereinstimmung mit dem ersten Richter die Frage, ob die Kanalisationsgebühren das Vorrecht des § 61 Nr. 2 KO. genießen, verneinend beantwortet. Unter „öffentlichen Abgaben" im Sinne dieser Gesetzesstelle seien nur Abgaben im engeren Sinne zu verstehen, also Steuern und den Steuern Ähnliches.

Welche Leistungen darunter zu verstehen seien, sei freilich eine nicht leicht und nur von Fall zu Fall zu entscheidende Frage. Immerhin ließen sich gewisse Richtlinien verfolgen, die auch vorliegend eine sichere Entscheidung gewährleisteten. Dies wird vom Berufungsgericht an der Hand der Rechtslehre und Rechtsprechung näher ausgeführt, wobei es sich mit der herrschenden Meinung dafür entscheidet, daß Gebühren im allgemeinen nicht als Abgaben anzusehen seien. Der hier in Frage stehenden Gebühr hafte ein steuerähnlicher Charakter nicht an; sie habe vielmehr den an sich privatrechtlichen Charakter eines Entgelts für Benutzung einer von der Gemeinde gestellten Einrichtung, deren Betrieb ebensogut von einem Privatunternehmer ausgeübt werden könnte, für eine von der Klägerin übernommene Leistung an den Hausbesitzer. Die Stellung der Klägerin nähere sich hierbei der einer Vertragspartei im Zivilrechtssinne. An dieser Bedeutung der Kanalisationsgebühr ändere auch der Umstand nichts, daß nach § 1 der zur fraglichen Zeit für Berlin geltenden Ordnung, betreffend den Anschluß an die Kanalisation und die Erhebung von Kanalisationsgebühren vom 4. Februar/23. März 1908 jedes bebaute Grundstück an einer mit unterirdischer Entwässerungsanlage versehenen Straße an das Straßenrohr (Straßenkanal) anzuschließen ist, daß also insoweit ein Zwang bestehe.

Die Revision bezeichnet als verletzt § 61 Nr. 2 KO. und § 286 ZPO. Sie stellt zur Nachprüfung, ob nicht alle Gebühren öffentlichrechtlicher Verbände unter die „öffentlichen Abgaben" im Sinne von § 61 Nr. 2 KO. fallen. Der Wortlaut des Gesetzes spreche für Bejahung der Frage und gegen die Beschränkung auf Steuern. Da Steuern und Gebühren volkswirtschaftlich feststehende Begriffe seien, wäre es dem Gesetzgeber ein leichtes gewesen, das streitige Vorrecht auf „Steuern" zu beschränken, wenn dies in seiner Absicht gelegen hätte. Auch in § 70 Abs. 3 GVG. sei offenbar absichtlich der weitere Begriff „öffentliche Abgaben" verwendet, wie denn unstreitig die öffentlichen Abgaben im Sinne dieser Gesetzesstelle die Gebühren in sich schlössen. Es sei nicht zulässig, den gleichen Ausdruck in zwei Gesetzen, die als Teile der Reichsjustizgesetzgebung im Zusammenhange ständen, verschieden auszulegen. Insbesondere aber komme den Gebühren, die im Gebiete des Preußischen Kommunalabgabengesetzes vom 14. Juli 1893 erhoben werden, eine andere Stellung zu, als z. B. Gerichtsgebühren. Nach § 2 des angeführten Gesetzes dürften die Gemeinden nur insoweit Steuern erheben, als die sonstigen Einnahmen zur Deckung der Ausgaben nicht hinreichten. Es bestehe also eine Wechselwirkung zwischen den Steuern und den Gebühren der Kommunen, so daß nicht einzusehen sei, warum die Gebühren, welche die Steuern ersetzten, nicht deren Vorrecht genießen sollten. Bei den immer wachsenden Aufgaben der Gemeinden müßten diese doch eine gewisse Sicherheit für ihre Gebührenansprüche haben und diese

Rücksicht müsse der Tendenz, die Konkursvorrechte möglichst zu beschränken, die Wage halten. Der von der Revision vertretenen Auffassung konnte nicht beigetreten werden.

Das Reichsgericht hat sich schon früher dahin ausgesprochen, der Begriff „öffentliche Abgaben" sei allerdings in § 70 Abs. 3 GVG. im weiteren, namentlich auch Gebühren der Behörden, die Gerichtskosten usw. umfassenden Sinne gebraucht, müsse jedoch für die Bestimmung in § 54 Nr. 2, jetzt § 61 Nr. 2 KO. in einem engeren Sinne verstanden werden, nämlich von Steuern und steuerähnlichen Abgaben (Entsch. des RG.s in Zivils. Bd. 21 S. 46, Bd. 28 S. 86). Der jetzt erkennende Senat findet keine Veranlassung, von dieser Ansicht abzugehen, der sich inzwischen auch die Mehrzahl der Schriftsteller des Konkursrechts angeschlossen hat (vgl. Sarwey-Bossert, Anm. 11 zu § 61 KO.; Petersen-Kleinfeller, 4. Aufl. Bem. 10; v. Wilmowski-Kurlbaum, 6. Aufl. Anm. 10 zu § 61, und endlich insbesondere nunmehr auch Jäger, 3./4. Aufl. Anm. 20 zu § 61 S. 684 flg.). Aus der neueren Rechtsprechung sind, als den gleichen Standpunkt vertretend, hervorzuheben: Urteil des Bayer. Obersten Landesger. Entsch. Bd. 4 S. 301 flg. (betrifft Gerichtskosten); Urteil des OLG. Stuttgart, Jahrb. Württemb. Rechtspfl. Bd. 18 S. 276 flg. (ortsbaustatutarische Kanalbeiträge); Urteil des OLG. Zweibrücken Zeitschr. f. Rechtspfl. in Bay. 1905 S. 132 (Gebühren für elektrischen Strom).

Das Bedenken, das gegen eine verschiedene Auslegung desselben Ausdrucks in dem einen und in dem anderen Gesetz immerhin erhoben werden mochte, greift hier gleichwohl nicht durch. Wenn zwar für die Regel anzunehmen sein wird, daß der gleiche Ausdruck in zwei Reichsgesetzen, sofern diese als Teile einer einheitlichen Gesetzgebung zu denken sind, in demselben Sinne gemeint sei, so ist doch diese Regel nicht ohne Ausnahme. Und die Gleichheit des Ausdrucks enthebt da, wo der Inhalt der Rechtsnorm zweifelhaft ist, nicht der Prüfung, ob die Begriffe hier und dort sich decken und welchen Sinn das Gesetz in dem einen und dem anderen Falle mit dem Ausdrucke verbindet.

Was zunächst den Wortlaut betrifft, so ist der Revision nicht zuzugeben, daß dieser einer einschränkenden Auslegung des § 61 KO. entgegenstehe. Der Ausdruck „öffentliche Abgaben" wird, wie schon in Entsch. des RG.s in Zivils. Bd. 21 S. 48 dargelegt ist, in der Sprache der Wissenschaft wie der Gesetze bald in einem weiteren, bald in einem engeren Sinne gebraucht. Im allgemeinen Sprachgebrauche pflegt man wenigstens Gebühren von der Art, wie sie hier in Frage stehen, nicht als öffentliche Abgaben zu bezeichnen. Schon früher (Entsch. Bd. 28 S. 88) ist darauf hingewiesen worden, daß der Zusatz in § 61 Nr. 2 KO.: „es macht hierbei keinen Unterschied, ob der Steuererheber die Abgabe bereits vorschußweise zur Kasse entrichtet hat", wohl auf Steuern, aber nicht auf Gebühren passe. Wenn die Revision jetzt die Schlüssigkeit dieses Beweisgrundes bestreitet und meint, der Ausdruck Steuererheber werde eben nur denjenigen Teil der — allgemein bevorrechtigten — öffentlichen Abgaben betreffen, für welchen eine Steuererhebung in Frage komme, so geht dieser Einwand fehl: der Schlußsatz in § 61 Nr. 2 KO. bezieht sich offenbar auf die sämtlichen in dieser Nummer genannten Abgaben; und es wäre andernfalls nicht einzusehen, weshalb das Gesetz für andere als steuerliche Abgaben keine entsprechende Vorschrift getroffen hätte, etwa durch den Gebrauch des allgemeinen Ausdrucks „Erhebers der Abgabe", vgl. Preuß. KO. vom 8. Mai 1855 § 73 Abs. 2 und § 74 Abs. 2.

Wollte der Gesetzgeber in § 61 Nr. 2 KO. ausschließlich nur den eigentlichen Steuern im finanztechnischen Sinne das Vorrecht verleihen, so hätte es freilich am nächsten gelegen, sich einfach des Ausdrucks „Steuern" zu bedienen. Aber wenn von der Vorschrift alle, nicht bloß dem Namen, sondern dem Wesen nach steuerartigen öffentlichen Abgaben umfaßt werden sollten, so wäre jene Wortform zu eng und nicht ausreichend gewesen. Auch § 49 Abs. 1 Nr. 1 KO. gebraucht den Ausdruck öffentliche Abgaben in einem engeren Sinne. Für die jetzige Entscheidung kommt es zwar nur darauf an, ob zu den öffentlichen Abgaben des § 61 Nr. 2 auch die Gebühren (der Rechtspflege und der Verwaltung und im besonderen die Gebühren für gemeindliche Leistungen) gehören. Aber die Verneinung dieser Frage ergibt sich ohne weiteres, wenn die den vorerwähnten reichsgerichtlichen Urteilen zugrunde liegende Auslegung des Gesetzes gerechtfertigt ist. Hierfür sprechen entscheidend der Zweck und die Entstehungsgeschichte des Gesetzes. In letzterer Beziehung namentlich der Zusammenhang der Gesetzesnorm mit den Bestimmungen der Preußischen Konkursordnung von 1855, welche das Vorrecht an erster Stelle nur gewährte für „Rückstände von direkten und indirekten Staatssteuern und anderen denselben gleichstehenden Abgaben", an zweiter Stelle den Rückständen von Abgaben und Leistungen, die aus dem Gemeindeverband usw. entspringen, dagegen den Forderungen von Gebühren und Auslagen der Gerichte und Auseinandersetzungsbehörden erst in der sechsten Klasse der Rangordnung einen Platz angewiesen hatte (§§ 73, 74, 78 Nr. 3). Tritt in diesem Unterschiede der Gesetze selbst die Absicht der Reichsgesetzgebung zutage, die Privilegien gegenüber den bisherigen Ordnungen einzuschränken, so erhellt diese Tendenz auch aus der Begründung des II. Entwurfs der Reichskonkursordnung, die, wenngleich nicht formell von den gesetzgebenden Faktoren als maßgebend anerkannt, doch für Auslegung des Gesetzes bedeutsam ist, und in der, anschließend an die Motive zum ersten Entwurfe (der D. Gemeinschuldordnung), zwar weniger weitgehend, aber doch scharf genug, als leitender Gesichtspunkt zum Ausdrucke gebracht war, daß die Konkursvorrechte, namentlich des Fiskus, tunlichst dem Maße des Rechtsbedürfnisses entsprechend zu beschränken seien (vgl. Motive zur KO. S. 252, 255; Hahn, Materialien S. 237, 240).

Die in den Motiven hierzu angeführten Gründe rechtspolitischer Art, so eine billige Rücksichtnahme auf das Interesse der Konkursgläubiger, zu deren Nachteile häufig ein beträchtlicher Teil der Masse von den Kostenansprüchen des Fiskus verschlungen werde, treffen auch auf Gebühren anderer Behörden und auf Gemeindeabgaben zu. Auf der anderen Seite läßt sich nicht, wie die Revision will, der einschränkenden Auffassung des Konkursvorrechts entgegenhalten, daß damit den wachsenden Aufgaben der Gemeinden und ihrer Sicherstellung für ihre Aufwendungen ungenügend Rechnung getragen würde. Den Gemeinden werden meist für die rechtzeitige Beitreibung ihrer Forderungen wirksamere Mittel, als dem Privatgläubiger, wie namentlich das Verwaltungszwangsverfahren zu Gebote stehen (vgl. dazu Motive S. 255).

Der Begriff der „Gebühren" ist von dem der Steuern wesentlich verschieden. Beide Begriffe werden von der Finanzwissenschaft wie auch der Regel nach in der Gesetzessprache auseinandergehalten: Gebühren sind öffentliche Abgaben (im weiteren Sinne des Wortes), die als besonderes Entgelt für bestimmte staatliche oder gemeindliche Leistungen an einzelne Staats- oder Gemeindeangehörige oder einzelne Klassen von solchen nach gewissen Sätzen erhoben werden, so namentlich für die Benutzung einer von der Gemeinde im öffentlichen Interesse unterhaltenen Veranstaltung; Steuern die Geldbeiträge, die der einzelne an den Staat oder die Gemeinde als Untertan, Bürger oder Einwohner zahlt, ohne daß dabei eine genaue Beziehung der Leistung zu bestimmten Vorteilen bestände. Die Steuer bildet die letzte der verschiedenen Abstufungen von Leistungen an Staat und Gemeinde in der Reihe, die anfangend von den rein privatwirtschaftlichen Leistungen und Gegenleistungen bis zur eigentlichen Steuer führt. Als Zwischenglied sind weiter noch die „Beiträge" anzuführen; Beiträge zu den Kosten von Veranstaltungen, die einzelnen vorzugsweise zugute kommen, wobei die Vergütung nach den gewährten besonderen wirtschaftlichen Vorteilen bemessen wird (vgl. Jahrb. Württ. Rechtspfl. a. a. O. S. 278 und Note 2).

Das ist denn auch die Einteilung, nach der in dem Preußischen Kommunalabgabengesetz vom 14. Juli 1893, mit genauer Unterscheidung des einen und des anderen Begriffs, die Gemeindeabgaben behandelt sind: Teil I §§ 1 flg. im allgemeinen; Titel 2 Gebühren und Beiträge, erstere §§ 4—8, letztere § 9; Titel 3 §§ 13 flg. Gemeindesteuern. Der Schluß, den die Revision aus der „Wechselwirkung" zwischen Steuern und Gebühren der Kommune, wie sie aus § 2 des genannten Gesetzes hervorgehe, auf einen steuerlichen Charakter der Gebühren ziehen will, ist nicht gerechtfertigt. Vielmehr tritt in der Vorschrift, daß „die Gemeinden von der Befugnis, Steuern zu erheben, nur insoweit Gebrauch machen dürfen, als die sonstigen Einnahmen insbesondere aus dem Gemeindevermögen, aus Gebühren, Beiträgen usw. nicht ausreichen", gerade der Unterschied zwischen den Steuern und den anderen Abgaben nach Art und Zweckbestimmung besonders deutlich zutage.

Unstreitig steht die Ordnung, betreffend den Anschluß an die Kanalisation und die Erhebung von Kanalisationsgebühren in der Stadt Berlin (*damalige vom 4. Februar/23. März 1908*), die auf Grund der §§ 4, 7 und 8 KommAbgG. vom 14. Juli 1893 erlassen war, mit den Vorschriften dieses Gesetzes im Einklange. Auf die bezüglichen Bestimmungen des Gesetzes und jener im Tatbestande der Vorderurteile in bezug genommenen Ordnung für die Beurteilung der hier fraglichen Gebühr näher einzugehen, ist das Revisionsgericht durch §§ 549, 562 ZPO. nicht gehindert (um eine Entscheidung des Berufungsgerichts handelt es sich insoweit nicht). Nach § 5 der genannten Ordnung sind für jedes zum Anschluß an die Kanalisation aufgerufene Grundstück, nachdem der im § 1 der Ordnung erwähnte Anschluß betriebsfähig hergestellt ist, Gebühren zu entrichten. Die Gebührenpflicht beginnt mit dem ersten Tage des auf die Herstellung des ersten Hausanschlusses folgenden Monats. Als Gebühren werden für alle Grundstücke, welche einen Nutzungswert haben, $1^1/_2$‰ des Nutzungswerts jährlich erhoben (§ 6). Für diejenigen Grundstücke, welche einen Nutzungswert nicht haben, wird nach § 18 die Kanalisationsgebühr nach dem Wasserverbrauche der Grundstücke während des zuletzt verflossenen Kalenderjahres bemessen. Zusatzgebühren, die nach der jährlichen Wassermenge bemessen sind, werden nach § 14 für nutzbare Grundstücke, die eigene maschinell betriebene Wasserversorgungsanlagen haben, usw. erhoben. Bei gewissen Betrieben oder Anlagen ist nach § 16 die Zuführung von Wässern in die Leitung der Kanalisation von der Genehmigung des Magistrats abhängig gemacht, der dann auch Zuführung durch besondere, auf Kosten des Eigentümers zu bauende Leitungen verlangen kann usw. Diese Bestimmungen zeigen, daß es sich hier in der Tat um eine Gebühr, eine Vergütung für die dem Hauseigentümer durch die gemeindliche Anlage und deren Benutzung verschafften besonderen Vorteile handelt. Dem steht auch keineswegs entgegen, daß die Veranlagung der Gebühren durch die städtische Steuerdeputation erfolgt (§ 5 Abs. 3), und daß neben dem Ausdrucke „gebührenpflichtige" Grundstücke auch die Bezeichnung „besteuerte" Grundstücke oder „Steuerpflichtige" vorkommt (§ 11 Abs. 2, § 22 Nr. 3).

Dem Vorderrichter ist auch darin beizustimmen, daß der Zwang zur Benutzung der Kanalanlage, wie er hier vermöge § 1 der Ordnung und der Polizeiverordnungen über Herstellung und Betrieb von Grundstücksentwässerungen für die Grundstückseigentümer besteht, der Gebühr nicht die Bedeutung einer Steuer oder steuerähnlichen öffentlichen Abgabe verleihen kann. Selbst auf rein privatrechtlichem Gebiete gibt es Fälle eines sog. Kontrahierungszwanges. Hier freilich kann man von einem solchen nicht wohl reden, da die zwangsweise Benutzung der in der Kanalisation getroffenen Gemeindeveranstaltung einesteils nicht von der Gemeinde, sondern von der Polizeibehörde vorgeschrieben wird (vgl. Strutz, Preuß. KommAbgG. Anm. 23 zu § 4) und zugleich im öffentlichen Interesse erfolgt, anderseits doch kein rein privatrechtliches Vertragsverhältnis vorliegt. Aber auch eine Benutzungspflicht dieser Art benimmt, sofern diesfalls überhaupt Gebühren erhoben werden (vgl. § 4 Abs. 3 KommAbgG.), diesen keineswegs den Charakter der Vergütung für gewährte Sondervorteile. Und es kommt auch nicht darauf an, ob die zum voraus nach festen Sätzen zu bestimmende Gebühr (vgl. ebendort § 7) im Einzelfall eine dem Maße des Vorteils mehr oder weniger entsprechende Gegenleistung darstellt. Davon kann nicht die Rede sein, daß Bezüge der Gemeinden aus gewerblichen Betrieben, aus privatwirtschaftlichen Unternehmungen, wie Gasanstalten, Anlagen für elektrische Beleuchtung, Straßenbahnen u. dgl. unter die öffentlichen Abgaben zu zählen wären, obwohl doch auch diese Veranstaltungen dem Gemeinwohle dienen und die Gemeindeangehörigen vielfach auf deren Benutzung tatsächlich angewiesen sind.

Nach der, wie oben erwähnt, in einem weiteren Sinne zu verstehenden Vorschrift des § 70 Abs. 3 GVG. in Verb. mit § 27 sächs. AusfGes. zum GVG. vom 1. März 1879 ergab sich aus § 547 Nr. 2 ZPO. die Zulässigkeit der Revision. Diese war jedoch dem Ausgeführten zufolge als unbegründet zurückzuweisen." *)

RGZ. 86, 247

1. Kann sich der Absonderungsberechtigte, dessen Forderung betagt ist, nach Einleitung des Konkurses auf die Fälligkeitsvorschrift des § 65 KO. berufen, wenn er auf das Absonderungsrecht nicht verzichtet, sondern dieses geltend macht?

2. Darf er von einem Vergleiche, der Stundung gewährt hat, nach Einleitung des Konkurses zurücktreten, weil der Gemeinschuldner den Vergleich nicht erfüllt hat? Kann in einem solchen zur Bei-

*) Vgl. RGZ. Bd. 156 S. 366 hinsichtlich Branntweinaufschlag. Vgl. RGZ. Bd. 131 S. 137 hinsichtlich Anliegerbeiträge.

legung von Prozessen geschlossenen Vergleiche die stillschweigende Vereinbarung einer Verfallklausel gefunden werden?

V. Zivilsenat. Urt. v. 20. Februar 1915.

I. Landgericht Erfurt. II. Oberlandesgericht Naumburg a. S.

Die Klägerin, die mit der Eisengießerei W. & O., Gesellschaft m. b. H., in Geschäftsverbindung stand, hatte im Juli 1913 außer einem am 5. d. M. fällig gewordenen Wechsel von 3000 M. drei auf dem Grundstücke der Gesellschaft haftende Darlehnshypotheken von zusammen 40000 M. (Abt. III Nr. 2: 17000 M., Nr. 7: 13000 M., Nr. 9: 10000 M.) eingeklagt. Zur Beilegung dieser Rechtsstreitigkeiten und zur *Regelung der sonstigen Schuldverhältnisse* der Beteiligten wurde am 24. Juli 1913 zwischen der Klägerin und ihrem Ehemanne sowie der durch ihren Geschäftsführer vertretenen Gesellschaft ein privatschriftlicher Vergleich geschlossen. Danach sollten, was demnächst auch geschah, die Klagen zurückgenommen werden. Die Wechselforderung wurde bis zum 1. September 1913, die Hypothek von 17000 M. bis zum 1. April 1916, die beiden anderen Hypotheken bis zum 1. April 1915 gestundet; hinsichtlich einer Bürgschaftsforderung der Klägerin von 7000 M. wurde bestimmt, daß sie am 14. Januar 1914 bezahlt und bis dahin auf dem Grundstücke der Gesellschaft sichergestellt werden sollte. Über die sonstigen Ansprüche wurden weitere Bestimmungen getroffen.

Nachdem am 8. November 1913 der Konkurs über das Vermögen der Gesellschaft eröffnet worden war, erklärte die Klägerin durch den Justizrat Z. den Vergleich, der ein einheitliches Rechtsgeschäft bilde, wegen Nichtzahlung der Wechselforderung von 3000 M. und anderer im Vergleich erwähnter Beträge für hinfällig und drohte die Hypothekenklage an. Diese Klage hat sie dann im Januar 1914 wegen der in Abt. III Nr. 2 eingetragenen 17000 M. nebst $4^1/_2$% Zinsen seit dem 1. Januar 1914 gegen den Konkursverwalter erhoben.

Obwohl dieser sich auf die Stundung im Vergleich — unter Ablehnung seiner weiteren Erfüllung — berief, hat das Landgericht ihn klagegemäß zur Duldung der Zwangsvollstreckung in das Grundstück verurteilt. Seine Berufung ist vom Oberlandesgerichte zurückgewiesen, seiner Revision dagegen ist stattgegeben worden.

Aus den Gründen:

„Das Landgericht hatte ausgeführt, der Vergleich bilde einen einheitlichen zweiseitigen Vertrag, der noch von keiner Seite vollständig erfüllt sei und dessen Erfüllung der Konkursverwalter auf Grund des § 17 KO. abgelehnt habe. Deshalb brauche auch die Klägerin nicht zu erfüllen; sie sei aber auch nicht genötigt, einen Schadensersatzanspruch nach § 26 a. a. O. im Konkursverfahren geltend zu machen, weil sie absonderungsberechtigt sei. Das Berufungsgericht hat diesen Grund erst in zweiter Linie sich zu eigen gemacht und dabei einen Antrag des Konkursverwalters, zwei Zeugen darüber zu vernehmen, daß die einzelnen Bestimmungen des Vergleichs selbständig und voneinander unabhängig hätten sein sollen, um deswillen abgelehnt, weil besondere Tatsachen, aus denen ein solcher Wille beider Teile zu schließen wäre, nicht behauptet, nach dem Inhalte des Vergleichs aber dessen Einheitlichkeit anzunehmen sei. In erster Linie hat jedoch der Berufungsrichter, indem er sich einer neueren Ansicht Jägers in seinem Kommentar zur Konkursordnung, § 65 (3./4. Aufl., Anm. 3, 4), anschloß, angenommen, daß die Stundung der Klägerin schon nach § 65 KO. hinfällig geworden sei. Zwar mache die *Klägerin ein Absonderungsrecht geltend,* und der § 65 KO., der die Fälligkeit betagter Forderungen bestimme, stehe im 8. Titel des ersten Buches, der von den „Konkursgläubigern" handle. Allein § 64 KO. ergebe, daß von diesen Bestimmungen die Absonderungsrechte mitbetroffen würden. Wenn kein reines Absonderungsrecht, z. B. eine Grundschuld, vorliege, sondern eine Hypothek, deren persönlicher Schuldner der Gemeinschuldner sei, müsse die Forderung und damit auch die Hypothek, schon damit der Ausfall nach § 64 (§§ 153, 155 flg., 168 Nr. 3) a. a. O. geltend gemacht werden könne, als fällig gelten.

Diese Ausführungen sind, wie die Revision mit Recht geltend gemacht hat, nicht stichhaltig. Sie stehen im Widerspruche mit der Auffassung der anderen Kommentare zur Konkursordnung,

vgl. v. Wilmowski-Kurlbaum-Kühne, Anm. 2 zu § 65, v. Sarwey-Bossert, Anm. 1, Petersen-Kleinfeller, Anm. 1 (§ 58),

und mit der früheren Ansicht Jägers (1. Aufl. Anm. 3, 4), sind auch nicht recht verträglich mit der von Jäger nicht angefochtenen Entscheidung RGZ. Bd. 3 S. 357, die dem Bürgen und Gesamtschuldner gegenüber die Fälligkeit nicht eintreten läßt. Sie stehen aber vor allen Dingen nicht im Einklange mit den gesetzlichen Vorschriften und der aus der Entstehungsgeschichte ersichtlichen Absicht des Gesetzgebers. Die Konkursordnung hat im Interesse der Vereinfachung und Beschleunigung des Konkursverfahrens die Absonderungsrechte aus dem Konkursverfahren völlig ausgeschieden; die abgesonderte Befriedigung erfolgt unabhängig vom Konkurse (§§ 4, 47 flg. KO., Motive zu §§ 3, 39 flg. des Entwurfs S. 27 flg., 190 flg.), und die Realgläubiger werden deshalb von den Wirkungen des Konkurses nicht betroffen (Mot. S. 29, in Hahns Material. S. 56). Die persönliche Forderung kann, wenn auf das dingliche Recht nicht verzichtet wird, im Konkursverfahren zwar ebenfalls angemeldet und bei den Abschlagsverteilungen mit dem glaubhaft gemachten mutmaßlichen Ausfalle vorläufig berücksichtigt werden. Bei der Schlußverteilung aber kommen diese (einstweilen hinterlegten) Beträge wieder in Wegfall, wenn bis dahin der Ausfall nicht endgültig feststeht (§§ 153flg., 168 Nr. 3 KO.).

In der Reichstagskommission hatte sich deren Vorsitzender v. Sarwey bemüht, diese mit gewissen Härten für die Absonderungsberechtigten verbundenen Bestimmungen zu mildern, indem er bei der ersten Lesung den Absonderungsberechtigten wenigstens eine einjährige Frist zum Nachweise des endgültigen Ausfalls zu erwirken versuchte und bei der zweiten Lesung wenigstens die Immobiliargläubiger auch bei der Schlußverteilung mit dem mutmaßlichen Ausfall berücksichtigen wollte. Die Anträge wurden jedoch abgelehnt, weil man um der Realgläubiger willen, die ihr Absonderungsrecht nicht aufgeben wollten, das Konkursverfahren nicht belasten und verlängern wollte (Prot. S. 101 flg., 178 flg., in Hahns Mat. S. 597, 671 flg.). Dabei wurde von allen Seiten, insbesondere von den Regierungskommissarien, Geheimem Regierungsrat Hagens und Geheimem Oberjustizrat Hertz, aber auch von der Gegenseite (v. Websky) für den Fall, daß nicht vertragsmäßig etwas anderes vereinbart sei, anerkannt, daß die „Mehrzahl der Gläubiger, nämlich alle, deren Forderungen betagt seien, die sog. vinkulierten Hypothekarier, die Subhastation ohnehin nicht betreiben könnten; denn die Annahme, daß mit der Konkurseröffnung die Forderung auch für das Subhastationsverfahren fällig werde, sei an sich nicht begründet, der Entwurf stelle diesen Satz nicht einmal für die Mobiliarpfandgläubiger auf" (Prot. S. 180, bei Hahn S. 673). Auch die Motive zu § 3 des Entwurfs (S. 30) und zu dem von den betagten Forderungen handelnden § 58 des Entwurfs (S. 276) ziehen für die Absonderungsberechtigten aus den vorgeschlagenen und demnächst Gesetz gewordenen Bestimmungen dieselbe Folgerung.

Der Hauptentscheidungsgrund des Berufungsrichters kommt hiernach in Wegfall, der weitere schon von dem Landgerichte herangezogene Grund aber läßt sich ebenfalls nicht halten. Dabei konnte die Revisionsrüge, daß der Berufungsrichter den Zeugenbeweis zu Unrecht abgelehnt habe, dahingestellt bleiben. Denn auch wenn man den Vergleich als ein zusammenhängendes, einheitliches Rechtsgeschäft auffaßt, ergeben sich nicht die von den Vorderrichtern gezogenen Folgerungen. Es unterliegt keinem Zweifel und ist in der Rechtsprechung des Reichsgerichts ständig anerkannt worden, daß die Erklärung des Konkursverwalters, den Vertrag nicht (weiter) erfüllen zu wollen, den Vertrag weder auflöst, noch dem anderen Teile ein Rücktrittsrecht gewährt, daß dieser vielmehr wegen der Nichterfüllung nur einen Schadensersatzanspruch im Konkurse geltend machen kann (§ 26 KO.). In den Motiven zu § 21 des Entwurfs (S. 21, bei Hahn S. 106) ist zwar bemerkt, daß ein vor der Konkurseröffnung eingetretener Verzug nach den Vorschriften des bürgerlichen Rechtes einen

Rücktrittsgrund nach wie vor abgeben könne, dies ist jedoch in der seitdem festgehaltenen grundlegenden Entscheidung des Reichsgerichts Bd. 17 S. 78, 82, 84 (vgl. auch RGZ. Bd. 56 S. 240, Bd. 73 S. 63) höchstens auf solche Rechte für anwendbar erachtet worden, die den Verzug allein als Rücktrittsgrund gelten lassen. Nach dem inzwischen in Kraft getretenen Bürgerlichen Gesetzbuche hat aber der Rücktritt noch andere hier nicht erfüllte Voraussetzungen (§ 326 BGB.). Die Klägerin kann daher nach § 26 KO., soweit sie bereits erfüllt hatte, das Geleistete nicht zurückfordern. Die Erfüllung des Vergleichs von ihrer Seite ging sogar so weit, daß man zu der Ansicht gelangen kann, sie hätte (durch Rücknahme der Klagen und Erteilung der Stundungen) den Vergleich ihrerseits schon vollständig erfüllt. In diesem Falle würde § 17 KO. überhaupt keine Anwendung finden, die Klägerin vielmehr darauf beschränkt sein, die gegenteilige Erfüllung und die an deren Stelle tretenden Ersatzansprüche im Konkursverfahren geltend zu machen.

Anders würde dagegen die Sache liegen, wenn der Vergleich nicht bloß als einheitliches Rechtsgeschäft aufzufassen wäre, die Zugeständnisse der Klägerin vielmehr von der Erfüllung der Gegenseite derartig abhängig gemacht worden wären, daß sie mit der Nichterfüllung der Gegenseite ohne weiteres als wegfallend zu erachten wären. Die Klägerin hatte in dieser Beziehung schon in der Klage behauptet und unter Beweis gestellt, daß Voraussetzung und Bedingung der Stundung die pünktliche Erfüllung der gegnerischen Verbindlichkeiten, insbesondere die Wechselzahlung der 3000 M. am 1. September 1913 gewesen sei. Der Tatbestand des landgerichtlichen Urteils wiederholt im wesentlichen diese Behauptung, und auch der des Berufungsurteils erwähnt die Behauptung der kassatorischen Klausel. Daß eine solche Vereinbarung gerade bei Vergleichen nicht ungewöhnlich ist und unter Umständen selbst stillschweigend getroffen werden kann, ergibt das Urteil des Reichsgerichts in der Jur. Wochenschr. 1910 S. 280 Nr. 3 (vgl. auch das Urteil vom 28. Oktober 1911 Rep. V. 312/11). Es bedarf daher diese Behauptung noch der Erörterung und Beweiserhebung, wobei auch der von der Gegenseite angetretene Beweis, dessen Nichterhebung die Revision gerügt hat, zu berücksichtigen ist.“ ...

RGZ. 91, 12

1. Hindert die fiduziarische Übereignung des mit einer Hypothek belasteten Grundstücks den Hypothekengläubiger, außer abgesonderter Befriedigung aus dem Grundstücke zugleich volle, verhältnismäßige Befriedigung aus der Konkursmasse des persönlichen Schuldners zu suchen, der die Hypothek bestellt und demnächst die Eigentumsübertragung vorgenommen hatte?

2. Begriff und Erfordernisse des Treuhandverhältnisses.

KO. §§ 64, 68.

V. Zivilsenat. Urt. v. 10. Oktober 1917.

I. Landgericht Koblenz. II. Oberlandesgericht Köln.

Aus den Gründen:

. . . „Die Vorinstanzen gehen in rechtlich bedenkenfreier Weise übereinstimmend davon aus, daß in einem auf Grund des § 209 KO. über das Vermögen einer offenen Handelsgesellschaft eröffneten Konkursverfahren das Gesellschaftsvermögen eine selbständige Vermögensmasse bildet, die das Vermögen der persönlich haftenden Gesellschafter nur insoweit ergreift, als es zu dem Gesellschaftszwecke vereinigt und für Zwecke der Gesellschaft gebunden ist; daß dagegen das nicht in dieser Weise gebundene Privatvermögen der Gesellschafter nicht zur Konkursmasse des über das Gesellschaftsvermögen eröffneten Konkurses gehört, und daß daran auch dadurch nichts geändert wird, daß Vermögensgegenstände (Grundstücke), die zum Privatvermögen der Gesellschafter gehören, für Forderungen gegen die Gesellschaft verpfändet (hypothekarisch belastet) werden. Die Vorinstanzen nehmen ferner rechtlich zutreffend an, daß, wenn über das Vermögen der offenen Handelsgesellschaft und über das Privatvermögen der persönlich haftenden Gesellschafter Konkurs eröffnet ist, die Gläubiger der Gesellschaft auf Grund des § 68 KO. bis zu ihrer vollen Befriedigung in jedem Verfahren den Betrag geltend machen dürfen, den sie zur Zeit der Eröffnung des Verfahrens zu fordern haben, und daß die in § 64 angeordnete Beschränkung auf verhältnismäßige Befriedigung für den Ausfall nur dann Platz greift, wenn dem Gläubiger an einem zur Konkursmasse gehörigen Vermögensstück ein Recht auf abgesonderte Befriedigung zusteht, was bei einem zum Privatvermögen der Gesellschafter gehörigen, wenn auch für Gesellschaftsschulden verpfändeten Grundstück im Verhältnis zum Gesellschaftskonkurse nicht zutrifft (vgl. RGZ. Bd. 7 S. 88, Bd. 52 S. 170). Insoweit sind von der Revision Angriffe gegen die Ausführungen des Berufungsrichters nicht erhoben worden.

Dagegen greift die Revision die Annahme des Berufungsrichters, daß die Grundstücke, die der Beklagten zur Hypothek gestellt sind und an denen sie ein Recht auf abgesonderte Befriedigung geltend gemacht hat, nicht zur Konkursmasse der Gesellschaft gehört haben, als prozeßwidrig und rechtsirrig an. Der Berufungsrichter hat seine Annahme mit der Ausführung begründet, die Grundstücke seien nicht auf den Namen der Gesellschaft, sondern auf den Namen der beiden Gesellschafter Ferdinand und Heinrich W. eingetragen und gehörten also „nach der hier nicht widerlegten Vermutung des § 891 BGB.“

diesen letzteren und nicht der Gesellschaft. Er hat im übrigen auf die Gründe des Landgerichts Bezug genommen, welches noch ausgeführt hatte, der Kläger behaupte durch seine Aufstellungen, daß die Grundstücke ungeachtet ihrer Eintragung auf den Namen der Gesellschafter Eigentum der Gesellschaft seien, die Unrichtigkeit des Grundbuchs und müsse daher mit Rücksicht auf die Vermutung des § 891 BGB. und den zugunsten der Beklagten sprechenden öffentlichen Glauben des Grundbuchs gemäß § 892 BGB. mangels eines eingetragenen Widerspruchs beweisen, daß der Beklagten die Unrichtigkeit des Grundbuchs bekannt war. Er berufe sich nun zum Beweise seiner Behauptung darauf, daß die Grundstücke in den Bilanzen der Gesellschaft, welche die Beklagte stets erhalten und geprüft habe, als Geschäftsvermögen eingestellt worden seien, während andere Vermögensstücke, wie z. B. die Mitgift der Ehefrau des Mitinhabers Heinrich W., nicht als Aktiva oder Passiva des Geschäfts in der Bilanz erschienen. Der Inhalt der Bilanzen sei jedoch gegenüber dem Inhalte des Grundbuchs ohne ausschlaggebende Bedeutung, da die Bilanzen keinen öffentlichen Glauben besäßen und ihr Inhalt auch zur Täuschung berechnet sein könne, während für die Beklagte allein habe bestimmend sein müssen, wen das Grundbuch als Eigentümer auswies.

Der Revision muß zugegeben werden, daß diese Ausführungen der Vorinstanzen nicht durchweg frei von Rechtsirrtum sind. Für die Frage, ob ein Vermögensgegenstand im Sinne der §§ 1, 43 KO. zur Zeit der Eröffnung des Verfahrens dem Gemeinschuldner und damit zur Konkursmasse „gehört“, ist das Bestehen oder Nichtbestehen eines formellen Eigentums des Gemeinschuldners an dem Gegenstande nicht unbedingt maßgebend. Das Reichsgericht hat in ständiger Rechtsprechung angenommen, daß ein Aussonderungsanspruch hinsichtlich solcher Vermögensgegenstände bestehe, die zwar formell im Eigentum des Gemeinschuldners stünden, materiell und wirtschaftlich aber nicht zu seinem Vermögen gehörten, sondern ihm nur auf Grund eines fiduziarischen Verhältnisses als Treuhänder für einen anderen von diesem übereignet worden seien, und es beruht auf dem gleichen Rechtsgedanken, daß auch außerhalb eines Konkursverfahrens im Falle des Bestehens eines solchen Treuhandverhältnisses der Treuhandgeber der Pfändung des Vermögensgegenstandes durch einen Gläubiger des Treuhänders im Wege der Widerspruchsklage entgegentreten kann. Vgl. RGZ. Bd. 45 S. 80, Bd. 79 S. 121; Rep. I. 143/90 vom 18. Juni 1890 (Jur. Wochenschr. S. 373).

Das Reichsgericht hat ferner wiederholt ausgesprochen, daß anderseits auch ein von dem Gemeinschuldner einem anderen zu treuen Händen, namentlich zur Sicherung einer Forderung übereigneter Vermögensgegenstand materiell und wirtschaftlich zum Vermögen des Gemeinschuldners gehört und somit als Bestandteil der Konkursmasse anzusehen ist, und daß deshalb die beschränkende Vorschrift des § 64 KO., die auch hier in Frage steht, zur Anwendung kommen muß, wenn ein Konkursgläubiger aus einem solchen Gegenstand abgesonderte Befriedigung betreibt und außerdem anteilige Befriedigung aus der Konkursmasse verlangt. Vgl. RGZ. Bd. 24 S. 45; ferner Rep. VII. 409/07 vom 19. Oktober 1909 (Jur. Wochenschr. 1910 S. 29) und Rep. VII. 510/14 vom 23. März 1915 (Recht Nr. 2588).

Diese Grundsätze werden auch Anwendung finden müssen, wenn Gegenstand des Treuhandverhältnisses ein Grundstück ist, das im Grundbuch auf den Namen des Treuhänders eingetragen steht, und von einem Dritten eine an diesem Grundstück erworbene Hypothek zur abgesonderten Befriedigung geltend gemacht, zugleich aber die *Forderung als Konkursforderung zum Konkurse des Treuhandgebers* angemeldet wird. Um die Widerlegung der aus § 891 BGB. sich ergebenden Vermutung des Eigentums handelt es sich dabei nicht, und ebensowenig stehen die Vorschriften über den öffentlichen Glauben des Grundbuchs (§ 892) entgegen, wie das Landgericht angenommen hat. Die rechtswirksam auf Grund des Grundbuchinhalts erworbene Hypothek bleibt von der Anwendung des § 64 KO. unberührt; bei dieser steht nur die Eigenschaft des Gläubigers als Konkursgläubiger und sein Recht auf anteilige Befriedigung als solcher in Frage. Daß es für die Anwendung des § 64 KO. nur auf die objektive Zugehörigkeit des zur abgesonderten Befriedigung dienenden Vermögensgegenstandes zur Konkursmasse, nicht aber auf den guten Glauben des Gläubigers ankommt, ist für den Fall des Mobiliarpfandes vom Reichsgericht in der in Bd. 59 S. 367 abgedruckten Entscheidung bereits ausgesprochen.

Ungeachtet dieser rechtsirrigen Ausführungen ist aber die angefochtene Entscheidung des Berufungsrichters im Ergebnis zutreffend, und zwar um deswillen, weil im vorliegenden Falle auch bei Zugrundelegung der vom Kläger geltend gemachten, für die Revisionsinstanz als richtig zu unterstellenden Behauptungen ein Treuhandverhältnis zwischen der Gesellschaft und den Gesellschaftern hinsichtlich der in Frage stehenden Grundstücke nicht als gegeben erscheint. Von einem Treuhandverhältnis im Rechtssinne kann, wie das Reichsgericht wiederholt ausgesprochen hat, nur in solchen Fällen die Rede sein, in denen der eine (Treuhandgeber) einen bisher auch rechtlich zu seinem Vermögen gehörenden Gegenstand einem anderen (dem Treuhänder) zu treuen Händen übereignet hat, so daß das Treugut zwar rechtlich, aber nicht wirtschaftlich aus seinem Vermögen ausgeschieden ist. Dagegen hat das Reichsgericht die Annahme eines Treuhandverhältnisses abgelehnt in solchen Fällen, in denen jemand einen Gegenstand lediglich für Rechnung und im Interesse eines anderen als stiller Stellvertreter für diesen von einem Dritten erworben hatte, so daß dem anderen ein schuldnerischer Anspruch auf Übereignung des Gegenstandes an ihn zustand. Vgl. Rep. VII. 79/09 vom 15. Oktober 1909 (Gruchot Bd. 54 S. 626); Rep. V. 32/1915 vom 29. Mai 1915 (Leipz. Zeitschr. S. 1022); RGZ. Bd. 84 S. 217.

Von dieser Rechtsprechung abzugehen, bietet der vorliegende Fall keinen Anlaß. Der Kläger behauptet nicht, daß die Grundstücke jemals Eigentum der Gesellschaft gewesen und von dieser den Gesellschaftern zu treuen Händen übereignet worden seien. Seine Behauptungen gehen vielmehr lediglich dahin, daß die Grundstücke durch Akt vor Notar Z. vom 27. Juni 1910 von der Witwe und den Kindern W., auf deren Namen (nicht auf den der Gesellschaft) sie bis dahin eingetragen standen, auf die nunmehrigen alleinigen Gesellschafter, Ferdinand und Heinrich W., zu Eigentum übertragen worden seien. Durch eine solche Übereignung von seiten Dritter (wenn sie auch die bisherigen Teilhaber der Gesellschaft waren) konnte ein Treuhandverhältnis zwischen der Gesellschaft und den nunmehrigen Gesellschaftern nicht begründet werden. Auch die weiter behauptete und zu Beweis gestellte tatsächliche Behandlung der Grundstücke als Gesellschaftsvermögen und ihre Aufnahme in die Bilanzen der Gesellschaft konnte ein Treuhandverhältnis im Rechtssinne zwischen der Gesellschaft und den Gesellschaftern nicht schaffen.

Stellt sich sonach die Voraussetzung für die Anwendung des § 64 KO., daß die Grundstücke zur Konkursmasse der Gesellschaft gehört haben, als nicht gegeben dar, so mußte die Revision zurückgewiesen werden."

RGZ. 115, 271

Kann sich in einem auf bestimmte längere Zeit geschlossenen Mietvertrag der Vermieter für den Fall, daß der Mieter in Konkurs gerät und er, der Vermieter, deshalb kündigt, ausbedingen, daß ihm der auf die restliche Mietzeit entfallende Mietzins als Schadensersatz zu zahlen sei?

KO. §§ 3, 17, 19.

III. Zivilsenat. Urt. v. 23. November 1926.

I. Landgericht Allenstein. II. Oberlandesgericht Königsberg i. Pr.

Die Klägerin hat auf Grund von Verträgen vom 13. und 25. Oktober 1923 und 4. Januar 1924 dem Kaufmann R. eine Fernsprechanlage eingerichtet und überlassen. Der Vertrag sollte bis Ende 1939 dauern, die Vergütung jährlich 1318 Goldmark betragen. § 6 der Verträge bestimmte gleichlautend: „Wenn der Mieter die vertraglichen Bedingungen nicht einhält oder in Konkurs gerät, ist die Gesellschaft (d. i. die Klägerin) berechtigt, die Fernsprechanlage zu sperren oder zu entfernen und $^3/_4$ der restlichen Mieten . . . . als Schadensersatz für Nichteinhaltung des Vertrags sofort zu fordern."

Über das Vermögen des R. ist im Juli 1924 das Konkursverfahren eröffnet worden. Die Klägerin hat darauf, gestützt auf § 6 der Verträge, Herausgabe der Anlage verlangt und erwirkt, und auf Grund desselben § 6 einen Anspruch auf 15321,75 RM. (d. i. $^3/_4$ der vertragsmäßigen Vergütung auf die Zeit vom 1. Juli 1924 bis 31. Dezember 1939) als nicht bevorrechtigte Konkursforderung zur Tabelle angemeldet. Die Konkursverwalter haben die Forderung in Höhe von 1000 RM. anerkannt, im übrigen bestritten. Die Klägerin verlangt jetzt Feststellung der angemeldeten Forderung in Höhe weiterer 14321,75 RM. Das Landgericht hat die Klage abgewiesen, das Oberlandesgericht hat ihr stattgegeben. Die Revision der Beklagten blieb ohne Erfolg.

Gründe:

Die Klägerin stützt ihren Anspruch auf § 6 der Verträge und kann ihn nur hierauf stützen, da ihr ein gesetzlicher Anspruch für den hier vorliegenden Fall, daß sie selbst das Vertragsverhältnis gekündigt hat, nicht zusteht. Als Voraussetzung des vertraglichen Schadensersatzanspruchs kommt nur die Tatsache der Konkurseröffnung in Betracht. Es fragt sich, ob § 6 der Verträge insoweit rechtswirksam ist. Andere als konkursrechtliche Bedenken sind nicht geltend gemacht und kommen nicht in Frage. Das Landgericht hat gemeint, die Vertragsabrede, wonach allein schon der Konkursfall der Klägerin das Recht geben sollte, sofort vom Vertrag zurückzutreten und $^3/_4$ der restlichen Mieten zu verlangen, ziele auf Umgehung des Gesetzes und sei deshalb nichtig. Denn die Absicht der Konkursordnung gehe dahin, die Masse nicht mit der Erfüllung langfristiger Verträge zu belasten, sondern den weiteren Mietzins im Interesse aller Gläubiger zu sparen; dieser Zweck werde aber vereitelt, wenn die Klägerin einen Betrag verlange, der dem gegenwärtigen Kapitalwert der ratenweise zu zahlenden Mietzinsbeträge auf die ganze Vertragszeit mindestens gleichkomme. Die Revision macht geltend, die Konkursordnung lege das Maß der Belastung der Konkursmasse zwingend fest, und niemand könne sich für den Konkursfall Rechte gegenüber der Konkursmasse ausbedingen, die ihm ohne den Konkursfall gegenüber dem Gemeinschuldner selber nicht zustehen würden. Namentlich könne gegenüber den Bestimmungen der §§ 17 und 19 KO. nicht bedungen werden, daß der Vertragsgegner des Gemeinschuldners einen Schadensersatzanspruch haben solle, wenn er selbst wegen der Konkurseröffnung die Erfüllung des Vertrags ablehne, d. h. den Mietvertrag kündige. Diesen Anschauungen kann nicht beigetreten werden.

Ohne Rechtsirrtum nehmen beide Vorinstanzen an, daß das Vertragsverhältnis die rechtliche Natur der Miete hatte. Dem Landgericht ist nur insoweit Recht zu geben, daß § 19 KO. die Rechte des Vermieters verkürzt, indem er dem Konkursverwalter ein unentziehbares Recht gibt, den Mietvertrag vorzeitig zu kündigen, und den Vermieter auf einen Schadensersatzanspruch an Stelle seines vertraglichen Anspruchs auf Mietzins für die Restdauer des Vertrags verweist. Auf diese Weise wird allerdings regelmäßig eine Entlastung der Masse erzielt, weil dem Vermieter der Nachweis obliegt, daß er trotz entsprechender Bemühungen nicht anderweit denselben Mietzins hat erzielen können; es ist aber keineswegs ausgeschlossen, daß dieser Nachweis gelingt. Anderseits ist anerkannt, daß der Vermieter sich vertragsmäßig von dieser Beweislast befreien und sich für den Fall, daß der Konkursverwalter vorzeitig kündigt, eine Vertragsstrafe ausbedingen kann (RGZ. Bd. 49 S. 189), deren Höhe, sofern sie nicht wucherisch ist oder sonst gegen die guten Sitten verstößt, vorbehaltlich einer Herabsetzung nach § 343 BGB. im Belieben der Vertragschließenden steht und somit dem Vermieter schließlich sogar mehr als den auf die restliche Vertragsdauer entfallenden Mietzins sichern kann. Daraus ergibt sich zugleich, daß der von der Revision aufgestellte Rechtssatz, es könne sich niemand für den Konkursfall Ansprüche gegen die Konkursmasse des Vertragsgegners ausbedingen, die ihm außerhalb des Konkurses gegen den Vertragsgegner persönlich nicht zustehen würden, zum mindesten in dieser Allgemeinheit nicht anerkannt werden kann. Auch der von der Revision herangezogene § 17 KO. steht der Zulässigkeit der fraglichen Vertragsklausel nicht im Wege. Es kann dahingestellt bleiben, ob die Vorschrift des § 17 KO., daß der Konkursverwalter Erfüllung des Vertrags soll verlangen können, durch Parteivereinbarung abgeändert und dem Vertragsgegner ein Recht zur Kündigung des Vertrags eingeräumt werden kann. Denn für den Sonderfall der Miete gibt § 19 KO. dem Vermieter ausdrücklich das Recht der Kündigung. Es kann sich nur fragen, ob § 19 KO. für den Vermieter die Möglichkeit ausschließt, sich für den Fall, daß nicht der Konkursverwalter, sondern er selbst kündigt, einen Schadensersatzanspruch wegen Nichteinhaltung des Vertrags auszubedingen.

Keinem Zweifel kann es unterliegen, daß, wie schon eingangs gesagt, dem Vermieter in diesem Fall kein gesetzlicher Anspruch auf Schadensersatz zusteht. Ein solcher Anspruch ist im Schrifttum nur ganz vereinzelt behauptet worden; das Reichsgericht hat ihn für den Geltungsbereich des gemeinen Rechts unter der Herrschaft der Konkursordnung in alter Fassung verneint (JW. 1898 S. 642 Nr. 12). Das Änderungsgesetz vom 17. Mai 1898 hat keine abweichende Vorschrift gegeben, wohl aber in dem neugeschaffenen § 19 Satz 3 KO. bestimmt, daß, falls der Konkursverwalter kündigt, der Vermieter einen Schadensersatzanspruch haben soll; daraus muß geschlossen werden, daß auch unter der Herrschaft des neuen Konkursrechts der kündigende Vermieter von Gesetzes wegen einen solchen Anspruch nicht soll geltend machen können. Damit ist aber nicht gesagt, daß die vertragliche Begründung eines Ersatzanspruchs ausgeschlossen sein soll. § 19 KO. enthält sicherlich nicht in allen seinen Teilen zwingendes Recht. Auch zum Nachteil der Konkursmasse wirkende Abänderungen sind nicht schlechthin ausgeschlossen. So ist anerkannt, daß durch Parteiabrede dem Vermieter das Recht eingeräumt werden kann, das Mietverhältnis im Konkursfall ohne Einhaltung einer Frist zu kündigen (RGZ. Bd. 56 S. 248). Es kommt, falls sich wie hier nicht aus besonderen Vorschriften eine Regelung ergibt, darauf an, ob solche vertragliche Änderungen mit dem Zweck des Konkursverfahrens vereinbar sind. Diese Frage muß für die hier streitige Vertragsbestimmung bejaht werden. In Betracht kommt allein der im § 3 und in anderen Vorschriften der Konkursordnung zum Ausdruck gebrachte Grundsatz der gleichmäßigen Berücksichtigung der Konkursgläubiger. Nach dieser Richtung zielen auch die Einwendungen der Revision. Hier hat aber schon das Berufungsgericht mit Recht ausgesprochen, daß grundsätzlich die Konkursgläubiger die Verträge des Gemeinschuldners so hinnehmen müssen, wie sie einmal geschlossen sind. Berechtigt am Konkursverfahren teilzunehmen, sind nach § 3 KO. alle persönlichen Vertragsansprüche vermögensrechtlicher Art, die im Rahmen der Vertragsfreiheit entstanden sind. Darauf, ob sie die Masse mehr oder weniger beschweren, kann es nicht ankommen; auch wirtschaftlich ungünstige Verträge, die der nachmalige Gemeinschuldner abgeschlossen hat, behalten grundsätzlich ihre Wirksamkeit. Eine Anfechtung nach §§ 29 flg. KO. kommt im vorliegenden Fall nicht in Frage.

RGZ. 135, 25

Erwirbt der zahlende Zollbürge den früheren Zollanspruch des Reichs nach § 774 BGB. mit dem Konkursvorrecht des § 61 Nr. 2 KO.?

VIII. Zivilsenat. Urt. v. 21. Dezember 1931.

I. Landgericht Hamburg. II. Oberlandesgericht daselbst.

Gegenüber dem Hauptzollamt in H. hatte die klagende Bank aus Anlaß von Zahlungsstundungen, die der verklagten Firma gewährt wurden, selbstschuldnerische Bürgschaft für deren Zollschulden übernommen. Sie hat daraufhin an das Zollamt 19875,95 RM. zahlen müssen. Das Zollamt hat ihr den Forderungsübergang nach § 774 BGB. bescheinigt.

Die Klägerin verlangt entsprechende Zahlung von der Beklagten, die sich seit dem 31. Oktober 1930 im Vergleichsverfahren befand. In diesem Verfahren kam am 29. November 1930 ein gerichtlich bestätigter Vergleich zustande, wonach erwählte Treuhänder die Vermögensmasse der Beklagten zur Verteilung an deren Gläubiger übernahmen. Aus diesem Vergleich will die Beklagte herleiten, ihre Inanspruchnahme sei zur Zeit unzulässig. Sie macht aber auch geltend, die Zollforderung des Reichs habe auf die Klägerin nicht übergehen können. Demgegenüber vertritt die Klägerin den Standpunkt, auf sie sei nicht nur die beglichene Forderung übergegangen, sondern auch das Vorrecht des § 61 Nr. 2 KO.; deshalb stehe ihr der im Vergleichsverfahren zustande gekommene Vergleich nicht entgegen.

Die Beklagte ist in allen drei Rechtszügen unterlegen.

Gründe:

Der Berufungsrichter hat keine Stellung genommen zu der von der Auslegung des Vergleichs abhängigen Frage, ob der Klägerin, wäre sie ohne Vorrecht, der Inhalt des Vergleichs auch nach Eintritt des als Endtermin der Abwicklung in Aussicht genommenen Monats September 1931 entgegenstehen würde. Er läßt ferner unentschieden, ob die Klägerin neben ihrer Berufung auf die Nachfolge in den früheren Zollanspruch des Reichs (gemäß § 774 BGB.) die Klage nicht auch auf das Vertragsverhältnis der Parteien und auf § 775 BGB. gegründet hat und gründen kann. Ohne Erörterung der Bedeutung des Vergleichs konnte der Berufungsrichter zu seiner Entscheidung nur deshalb kommen, weil er die Klägerin als eine mit dem Vorrecht des § 61 Nr. 2 KO. ausgerüstete Gläubigerin ansieht, der nach §§ 2 und 73 VerglO. der Vergleich überhaupt nicht entgegengehalten werden kann. Nicht allein der Übergang der Forderung an sich (gemäß § 774 BGB.), sondern der gleichzeitige Übergang des Vorrechts nach §§ 401, 412 BGB. ist somit die notwendige aber auch zureichende Grundlage des Berufungsurteils.

Die Revision verkennt bei ihren Angriffen auf diese grundlegende Stellungnahme des angefochtenen Urteils nicht, daß die seit der Geltung des Bürgerlichen Gesetzbuchs erwachsene Rechtsprechung des Reichsgerichts auf dem vom Berufungsrichter vertretenen Standpunkt steht; vgl. RGZ. Bd. 67 S. 214, Bd. 70 S. 405. In jenen Fällen handelte es sich allerdings nicht um das Rückgriffsrecht des zahlenden Zollbürgen, sondern um den auf §§ 1249, 1257 in Verb. mit § 268 Abs. 3 BGB. gestützten Ersatzanspruch eines gesetzlichen Pfandgläubigers, der die unter Zollzugriff stehende Ware durch Zahlung des Zolles ausgelöst hatte. Die Fälle liegen aber insofern dem jetzt zu entscheidenden gleich, als auch dort zu entscheiden war, ob der Zollanspruch des Reichs auf dem Wege des gesetzlichen Forderungsübergangs in die Hand einer Privatperson übergehen kann, und zwar mit dem für den Staat geschaffenen Konkursvorrecht. In Übereinstimmung mit der älteren, für das preußische Recht ergangenen Entscheidung RGZ. Bd. 3 S. 45 bejahen die beiden Urteile im Bd. 67 und im Bd. 70 diese Frage, ohne ein Bedenken daraus herzuleiten, daß ein aus der staatlichen Zollhoheit erwachsenes Recht Gegenstand einer „gesetzlichen Abtretung" wird.

Hier setzen Beanstandungen der Revision ein, die in Übereinstimmung mit einem Teile des neueren Schrifttums — und laut Mitteilung des Hauptzollamts in H. in Einklang mit der gegenwärtigen Stellungnahme des Reichfinanzministeriums — einen solchen Übergang des öffentlichrechtlichen Anspruchs ausschließen wollen. In einem älteren Urteil (JW. 1891 S. 416 Nr. 24) hat das Reichsgericht auch die durch Rechtsgeschäft vorgenommene Abtretung einer Zollforderung samt dem Konkursvorrecht für zulässig gehalten. Die Sachlage in solchen Fällen der freiwilligen Abtretung ist der Ausgangspunkt der Revisionsangriffe, der Auffassung des Reichsfinanzministeriums und einiger Schriftsteller (vgl. Ludwig i. d. Zeitschrift für Zölle und Verbrauchssteuern 1931 S. 131; Dörner i. d. Zeitschrift für Rechtspflege in Bayern 1921 S. 121). Es mag zunächst dahinstehen, ob bei gesetzlichem Forderungsübergang auf Grund des § 774 vgl. mit §§ 401, 412 BGB. für die hier zu entscheidende Frage notwendig das gleiche gilt wie für die freiwillige Übertragung.

Nach Meinung der Revision ist die frühere reichsgerichtliche Rechtsprechung zu der streitigen Frage nicht aufrechtzuerhalten, weil einmal nach der jetzt auch beim Reichsgericht herrschenden Auffassung der öffentlichrechtliche und hoheitsrechtliche Anspruch des Staates durch Übergang in private Hand seinen Inhalt ändern würde, sodann weil er als Steueranspruch nicht der Pfändung unterliege und weil insbesondere die Ordnung der allgemeinen Grundsätze des Steuerrechts in der Reichsabgabenordnung diesem Übergang entgegenstehe.

Ob von dieser Ansicht aus zu dem hoheitsrechtlichen Anspruch überhaupt eine dem Rechtsbegriff nach mit der Hauptschuld eng verknüpfte (akzessorische) Bürgschaft hinzutreten könnte, mag dahinstehen. Es liegt jedenfalls nicht im Sinne der hier in Frage stehenden Vorschriften, daß dieser Standpunkt entscheidet. Denn § 45 des zunächst in Betracht kommenden Vereinszollgesetzes sieht die Zuziehung eines Bürgen vor, der sich als Selbstschuldner verpflichtet und den bürgschaftlichen Rechtsbehelfen entsagt. Er verweist damit unmißverständlich auf eine Bürgschaft im Sinne des bürgerlichen Rechts. Auch das Recht der Reichsabgabenordnung ändert daran nichts. Dieses Gesetz selbst spricht im § 136 (früher § 113) von Bürgen und meint damit ersichtlich die Bürgschaft des Bürgerlichen Gesetzbuchs, da das Steuergesetz von einer besonderen Begriffsbestimmung absieht (vgl. RFinH. Bd. 14 S. 14). Die Stundungsordnung vom 29. Januar 1923, insbesondere ihr § 28, nimmt ausdrücklich auf die Vorschriften des Bürgerlichen Rechts Bezug. Eine solche Bezugnahme auf Vorschriften des allgemeinen Bürgschaftsrechts, insbesondere auf § 774 BGB. und sogar auf § 61 KO., findet sich auch in den hier abgegebenen Bürgschaftserklärungen. Nach § 120 Abs. 2 (früher § 100 Abs. 2) RAbgO. ist der Anspruch des Staates aus der Bürgschaft — als aus einem Vertrag, durch den der Bürge sich verpflichtet, für die Steuerschuld einzustehen — nicht nur sachlich dem bürgerlichen Recht unterworfen (§ 120 Abs. 1 letzter Satz), sondern allgemein nach dessen Vorschriften zu verfolgen (vgl. Becker RAbgO. 7. Aufl. Anm. 2 zu § 100 und die dort angezogenen Entscheidungen des Reichsfinanzhofs).

Danach liegt die Annahme fern, dem auf diese besondere Ordnung vertrauenden zugezogenen Bürgen könne aus allgemeinen Gesichtspunkten des öffentlichen Rechts oder des Steuerrechts der dem Bürgschaftsrecht eigene Forderungsübergang versagt sein. Im Einzelfall könnte sich der Zweifel ergeben, ob der Bürge bei solcher aus dem Stande des öffentlichen Rechts etwa folgenden Verkürzung seiner Rechte die Verpflichtung hätte übernehmen wollen.

In der Tat wird jenes Bedenken nicht bestehen, weil die Revision mit der Annahme, von der hoheitsrechtlichen Steuerforderung führe kein Weg zum bürgerlichrechtlichen Rückgriffsanspruch, die Anforderung an die Beachtung der Sondernatur des öffentlichen (Steuer-) Rechts für die Lage dieses Falles überspannt. Die neuere Rechtsprechung des Reichsgerichts trägt allerdings der Eigenart und den Zwecken des öffentlichen Rechts dadurch Rechnung, daß sie einer Ausdehnung der Gerichtszuständigkeit auf öffentlichrechtliche Verhältnisse, sei es auch vermögensrechtlichen Inhalts, mangels eines rechtfertigenden Grundes entgegentritt (vgl. z. B. RGZ. Bd. 92 S. 310, Bd. 106 S. 406, Bd. 107 S. 403, Bd. 118 S. 325, Bd. 130 S. 319) und indem sie Vorschriften, die für privatrechtliche Verhältnisse gegeben sind, im Gebiet ihrer öffentlichrechtlichen Zuständigkeit bei sonst gleichartiger Lage nicht anwendet, sondern eine den Zwecken des öffentlichen Rechts entsprechende Lösung sucht (vgl. z. B. RGZ. Bd. 97 S. 43, Bd. 111 S. 22, Bd. 113 S. 82, Bd. 114 S. 130, Bd. 124 S. 92). Aber gerade für das Verhältnis des Privatrechts zum Steuerrecht, das in der Erfüllung seiner Zwecke überall an privatrechtlich geordnete Verhältnisse anknüpfen muß, kann insbesondere in Fällen von der Art des vorliegenden nicht von der Hand gewiesen werden, daß ein vom öffentlichen Recht ausgehendes Rechtsverhältnis in seiner Fortwirkung Gegenstand bürgerlichrechtlicher Beurteilung werden kann. Gerade auch das Recht der Reichsabgabenordnung gibt keinen Anhalt für die Annahme, die Steuerforderung des Staates sei überall und grundsätzlich als von einer auf dasselbe Ziel gerichteten bürgerlichen Forderung wesensverschieden und als ungleich im Inhalt anzusehen. Auf die Einrichtung der bürgerlichrechtlichen Steuerbürgschaft, die zu einer Steuerforderung hinzutritt, ist schon hingewiesen worden. Darüber hinaus erkennt der bereits angeführte § 120 (früher § 100) RAbgO. an, daß die Steuerschuld aus Haftungsgründen des bürgerlichen Rechts, nunmehr als bürgerlichrechtliche Forderung auf andere als den ursprünglichen Steuerschuldner erstreckt werden kann (vgl. Becker a. a. O. Anm. 4 zu § 100 und Bühler Steuerrecht Bd. 1 § 32 II S. 224flg.). Zutreffend verweist der Berufungsrichter ferner auf die Vorschrift des § 103 RAbgO., wonach gegen Steueransprüche des Reichs mit unstreitigen Gegenansprüchen aufgerechnet werden kann. Schließlich ist hier auf die spätere Erörterung zu verweisen, daß die Geltendmachung des Steueranspruchs im Konkursverfahren den gleichen Regeln unterworfen ist wie bürgerlichrechtliche Forderungen. Danach ist die Berufung der Revision auf die Andersartigkeit der steuerlichen und der bürgerlichrechtlichen Forderung und damit auf die Anwendung von § 399 BGB. nicht anzuerkennen. Eine andere Frage ist, ob ein Privater in die bisher vom Staat als Hoheitsträger eingenommene sachliche Rechtsstellung einrücken kann. Wenn Lassar in seinem für diesen Rechtsstreit erstatteten Gutachten darauf verweist, daß die Erhebung von Chaussee-, Fuhr- und Brückengeldern nach preußischem Recht gegen Entgelt auf Private übertragen werden kann, obwohl es sich auch da um Gefälle handelt, die kraft Hoheitsrechts in Anspruch genommen werden (vgl. Germershausen-Seydel Wegerecht und Wegeverwaltung in Preußen 4. Aufl. § 34 zu 1 S. 327), so ist allerdings nicht zu verkennen, daß diese auf der Grundlage des Preußischen Allgemeinen Landrechts noch bestehende Rechtserscheinung für eine Ausdehnung auf andere Abgabengebiete (Steuergebiete) neuen Rechts schwer verwendbar ist. Der Revision ist zuzugeben, daß etwa die Anerkennung einer allgemeinen Steuereintreibung durch private Inkassostellen oder private Steuerpacht mit der in der Gegenwart herrschenden Auffassung vom Staat unverträglich sein könnte. Aber für diese Betrachtung ist der gesetzliche Forderungsübergang im Falle des § 774 BGB. wie auch in anderen Fällen nicht wie die freiwillige Abtretung anzusehen. Der gesetzliche Übergang folgt der Befriedigung des Staates als Gläubigers. Sein Forderungsverhältnis zum Schuldner ist durch den auch vom Standpunkt der Revision aus nicht zu beanstandenden Akt der Zahlung ausgelöscht und damit ist zugleich die hoheitsrechtliche Beziehung in diesem Belange beendet. Wenn das Gesetz, nicht der Staat als Gläubiger, dem zahlenden Bürgen ein Recht gleichen Inhalts, wie das befriedigte war, in die Hand gibt, so ist dagegen keine Beanstandung zu erheben, jedenfalls nicht aus dem erörterten Gesichtspunkt der Unverträglichkeit einer Abgabe von Staatsrechten in private Hand.

Unbegründet ist auch der von der Revision aus § 400 BGB. erhobenen Einwand. Zunächst beruht die Unpfändbarkeit des Steueranspruchs in der Hand des Staates weniger auf einer Eigenschaft der Forderung als auf der Eigenschaft des Hoheitsträgers, dem sie zusteht. Sodann aber findet die Vorschrift des § 400 im Falle des gesetzlichen Forderungsübergangs nur entsprechende Anwendung. Es bleibt also die Stellungnahme offen, daß nach den Zwecken des den Forderungsübergang ordnenden oder des die Pfändung verbietenden Rechts die Anwendung des § 400 nicht am Platze sei (WarnRspr. 1930 Nr. 5).

Die dem Staat gegenüber bestehende Unpfändbarkeit der Steuerforderung kann deshalb den gesetzlichen Eintritt des Rückgriffsgläubigers nur dann und nur soweit berühren, als Hoheitsbelange des Staates schon durch die Rechtsnachfolge verletzt oder gefährdet werden könnten. Sofern eine solche Verletzung oder Gefährdung *in Frage kommt, würde, von § 400 BGB. abgesehen, schon* das öffentliche Recht der Anerkennung einer Rechtsnachfolge entgegenstehen. In den Kreis dieser Erwägungen gehört das Bedenken, angesichts der nach § 402 BGB. bestehenden Auskunftspflicht des bisherigen Gläubigers gegenüber dem erwerbenden werde das nach § 22 (früher § 10) RAbgO. unverletzliche Steuergeheimnis gefährdet.

Es kann dahinstehen, ob die in diesem § 22 den Steuerbeamten auferlegte Geheimhaltungspflicht auch als eine öffentlichrechtliche, mit der Steuerhoheit verbundene Pflicht des Reichs in Betracht kommen kann, und ob die auf Grund des § 402 BGB. erteilte Auskunft unbefugte Offenbarung im Sinne von § 22 RAbgO. ist (verneinend für den gleichartigen Fall der Mitteilung an Gesamtschuldner des Steuerschuldners Becker a. a. O. § 10 Anm. 3a Abs. 2 S. 148 und Bühler a. a. O. Bd. 1 S. 315 Fußnote 3). Müßte sich die Geheimhaltungspflicht auch in solchen Fällen durchsetzen, so würde daraus ein Zurücktreten des § 402 BGB. gegenüber dem öffentlichen Recht folgen, nicht aber die Unzulässigkeit des Rechtsübergangs. Im übrigen sind in dem allein zu entscheidenden Fall der Zollbürgschaft solche Belange der Geheimhaltung weder geltend gemacht noch irgend ersichtlich. Auch im übrigen ist nicht zu erkennen — insbesondere auch nicht aus dem Vereinszollgesetz — und nicht dargelegt, daß die seit Jahrzehnten geübte Zahlung durch Zollbürgen und der als Folge davon bisher ständig anerkannte Forderungsübergang irgendwelche hoheitliche oder überhaupt staatliche Interessen verletzen könnte.

Gegen die Annahme des Forderungsübergangs nach den §§ 774, 401, 412 BGB. bestehen deshalb keine durchgreifenden Bedenken. Dem stimmt auch Bühler a. a. O. zu, auf den sich die Revision beruft; nur soll dem Rückgriffsrecht des Bürgen das Vorrecht des § 61 Nr. 2 KO., das bloß dem Staat gebühre, versagt sein. Die Bedeutung dieses Vorrechts hat das Reichsgericht in dem Urteil RGZ. Bd. 116 S. 368 in Bestätigung der früheren Entscheidung

RGZ. Bd. 114 S. 372 eingehend mit dem Ereignis erörtert, das Vorrecht der Steuerforderungen finde seine Grundlage nicht im öffentlichen Recht, sondern im privaten Konkursrecht. Für die Frage der Verfolgung des Vorrechts hat der Reichsfinanzhof in den Urteilen RFH. Bd. 19 S. 355, Bd. 20 S. 240 die gleiche Auffassung vertreten. Auf die Begründung des Urteils RGZ. Bd. 116 S. 368 wird Bezug genommen. Ihr ist hinzuzufügen, daß nicht nur die rechtliche Geschichte (vgl. Begründung des Entwurfs zur Konkursordnung von 1877 S. 237flg.) dieses Vorrecht in den Zusammenhang des Privatrechts verweist, sondern daß auch die positivrechtliche Regelung (die zeitliche Beschränkung der bevorrechtigten Ansprüche, die Nennung der Reichskasse, der Staatskasse usw. erst an zweiter Stelle, die dem Staat *ebenso wie anderen Gläubigern auferlegte Pflicht* der Teilnahme am Konkursverfahren) die Annahme ausschließt, der Staat sei hier als Hoheitsträger berücksichtigt. Kommt danach dem Vorrecht des Fiskus nach § 61 Nr. 2 KO. keine Sonderstellung, insbesondere keine öffentlichrechtliche Eigenschaft zu, so muß auch für dieses Vorrecht gelten, was die Konkursvorrechte im allgemeinen ständig anerkannt worden ist: daß es nicht der Person anhaftet, zu deren Gunsten es geschaffen worden ist, sondern der Forderung (vgl. v. Völderndorff KO. 2. Aufl. bei § 54 Fußnote 4 S. 620; v. Wilmowski-Kurlbaum KO. 6. Aufl. Anm. 3 zu § 61; Petersen-Kleinfeller KO. 4. Aufl. Anm. I 5 zu § 61; Jaeger KO. 5. Aufl. Anm. 11 zu § 61; Mentzel KO. 3. Aufl. Anm. 1 zu § 61). Nach alledem besteht kein Grund, von der angeführten Rechtsprechung des Reichsgerichts abzugehen und dem die Zollforderung befriedigenden Bürgen den Übergang der Forderung mit dem Konkursvorrecht zu versagen.

RGZ. 144, 246

Zum Konkursvorrecht der Kinder des Gemeinschuldners.

KO. § 61 Nr. 5.

II. Zivilsenat. Urt. v. 20. April 1934.

I. Landgericht Magdeburg. II. Oberlandesgericht Naumburg a. S.

Der Vater des Klägers war Mitgesellschafter der beiden offenen Handelsgesellschaften H. E. & Co. in M. und K. D. in Ch. Der letztgenannten Gesellschaft gehörten noch zwei weitere Gesellschafter an. Durch notariellen Vertrag vom 29. Juni 1920 überwies der Vater des Klägers aus seinem Kapitalguthaben bei den beiden offenen Handelsgesellschaften seinen minderjährigen Kindern, darunter auch dem Kläger, schenkungsweise 15000 M. mit der Auflage, sich damit als stille Gesellschafter an beiden Gesellschaften zu beteiligen. Durch

Vertrag vom 14. Juli 1920 wurde die Beteiligung der Kinder als stiller Gesellschafter an der offenen Handelsgesellschaft K. D. geregelt. Danach legten der Kläger und seine Geschwister je 10000 M. bei 6%iger jährlicher Verzinsung in der Weise in die Gesellschaft ein, daß von dem Kapitalguthaben des Vaters je 7500 M. abgeschrieben und auf die Kinder übertragen, weitere je 2500 M. aus eigenem Vermögen der Kinder in bar eingezahlt wurden. Der Beginn der stillen Gesellschaft wurde auf den 1. Januar 1920 festgesetzt; sie sollte mit der Auflösung der offenen Handelsgesellschaft endigen, wenn sie nicht bereits vorher gemäß § 6 des Vertrags gekündigt wurde. Die offene Handelsgesellschaft sollte die stille Gesellschaft nur mit Genehmigung des Vaters des Klägers, dieser selbst aber jedem stillen Gesellschafter mit Vierteljahresfrist zum Jahresschluß kündigen können (§§ 3 und 6 des Vertrags). Nach § 4 sollte jedes Kind nach näherer Maßgabe dieser Bestimmung an dem auf den Vater fallenden Gewinnanteil am Geschäftsgewinn der offenen Handelsgesellschaft beteiligt sein. Die Kinder sollten verpflichtet sein, ihren Gewinnanteil sowie die Kapitalzinsen bis zu ihrer Großjährigkeit in dem Geschäft stehen zu lassen. Beide Beträge sollten ihrem Kapitalkonto gutgeschrieben und verzinst werden. Mit Genehmigung des Vaters sollten die Kinder einzeln oder insgesamt auch schon vor ihrer Volljährigkeit über ihren Gewinnanteil und die Zinsen verfügen können, ohne daß es dazu der Zustimmung der übrigen Gesellschafter bedurfte. Am Verlust der offenen Handelsgesellschaft sollten die Kinder nicht teilnehmen. Ein Vertrag desselben Inhalts wurde zwischen den Kindern und der offenen Handelsgesellschaft H. E. & Co. abgeschlossen. Der Vertrag vom 14. Juli 1920, bei dem die Kinder, ebenso wie bei dem Vertrag vom 29. Juni 1920, durch einen zu diesem Zweck bestellten Pfleger vertreten waren, ist vormundschaftsgerichtlich genehmigt worden.

Die Einlage des Klägers in der offenen Handelsgesellschaft K. D. wuchs bis zum 18. Januar 1932 auf insgesamt 48239,20 RM. an. Nachdem im Jahre 1927 einer der Mitgesellschafter und am 28. Oktober 1931 der andere Mitgesellschafter aus der offenen Handelsgesellschaft ausgeschieden waren, führte der Vater des Klägers, unter Übernahme der Aktiven und Passiven, das Geschäft als alleiniger Inhaber weiter. Am 18. Januar 1932 wurde über sein Vermögen das Konkursverfahren eröffnet und der Beklagte zum Konkursverwalter bestellt. Der Konkurs ist noch nicht beendet.

Der nach Eröffnung des Konkursverfahrens volljährig gewordene Kläger meldete seine Forderung aus seinem früheren Verhältnis als stiller Gesellschafter in Höhe von 48239,20 RM. zur Konkurstabelle an und fordert für sie das Vorrecht aus § 61 Nr. 5 KO. Der verklagte Konkursverwalter bestritt zunächst Forderung und Vorrecht, erkannte aber später die Forderung in Höhe der Anmeldung an; sie wurde demgemäß zum Betrag von 48239,20 RM. zur Konkurstabelle festgestellt. Das vom Kläger beanspruchte Vorrecht ist streitig geblieben. Er hat deshalb mit der Klage die Feststellung verlangt, daß ihm mit einem Teilbetrag von 6100 RM. seiner festgestellten Forderung von 48239,20 RM. das Vorrecht aus § 61 Nr. 5 KO. zustehe.

Das Landgericht wies die Klage ab, das Oberlandesgericht gab ihr statt. Die Revision des Beklagten hatte keinen Erfolg.

Gründe:

1. Der Streit der Parteien betrifft ausschließlich die Frage, ob der Kläger für seine in die Konkurstabelle zum Betrag von 48239,20 RM. eingetragene Forderung zu einem Teilbetrag von 6100 RM. bevorrechtigte Befriedigung gemäß § 61 Nr. 5 KO. verlangen kann. Daß die Forderung des Klägers in voller Höhe von 48239,20 RM. besteht und daß der Kläger sie gegenüber dem Beklagten geltend machen kann, ist im Verhältnis der Parteien endgültig durch die Feststellung zur Konkurstabelle auf Grund des Anerkenntnisses des verklagten Konkursverwalters klargestellt worden. Die Eintragung in die Tabelle hat gemäß § 145 Abs. 2 KO. rücksichtlich der festgestellten Forderungen — und zwar auch dem Konkursverwalter gegenüber (RGZ. Bd. 27 S. 91 [92]) — die Wirkung eines rechtskräftigen Urteils. Die Einwendung des Beklagten, die der Forderung des Klägers zugrundeliegenden Verträge vom 29. Juni und 14. Juli 1920 seien sittenwidrig und deshalb nichtig, enthält die Behauptung, daß die Forderung des Klägers überhaupt nicht zur Entstehung gelangt sei. Mit dieser Einwendung kann der Kläger nicht gehört werden im Hinblick auf die Wirkung, die sich nach dem Gesagten aus der Eintragung der Forderung in die Tabelle und aus ihrer Feststellung ergibt (vgl. auch RGUrt. vom 28. April 1933 VII 25/33) . . .

2. Nach § 61 Nr. 5 KO. gehören zu den bevorrechtigten Konkursforderungen die Forderungen der Kinder . . . des Gemeinschuldners in Ansehung ihres gesetzlich dessen Verwaltung unterworfenen Vermögens. In Übereinstimmung mit der — insbesondere auch auf die Entstehungsgeschichte der Gesetzesvorschrift gestützten — ständigen Rechtsprechung des Reichsgerichts (RGZ. Bd. 17 S. 41, Bd. 39 S. 17, Bd. 42 S. 21 [23], Bd. 45 S. 156; RGUrt. v. 15. Mai 1911 IV 499/10 bei WarnRspr. 1911 Nr. 464) ist das Berufungsgericht davon ausgegangen, daß sich die Vorschrift nicht nur auf Forderungen der Kinder gegen den Vater aus der Führung der Verwaltung bezieht, sondern daß sie auch die Forderung selbst umfaßt, die das Vermögen des Kindes bildet und die der Verwaltung des Vaters unterliegt. An dieser Rechtsprechung ist festzuhalten; sie ist nicht nur mit dem

Wortlaut der Gesetzesvorschrift durchaus vereinbar, sondern wird auch deren Zweck gerecht, welcher dahin geht, die Minderjährigen in ihren vermögensrechtlichen Angelegenheiten eines besonderen Schutzes teilhaftig werden zu lassen, da sie sich selbst zu schützen nicht in der Lage sind und sich ohne ihren Willen die gesetzliche Verwaltung des Gewalthabers gefallen lassen müssen.

3. In dem zur Enscheidung stehenden Fall war nun bereits im Jahre 1920, als der Kläger als stiller Gesellschafter an der offenen Handelsgesellschaft K. D. beteiligt wurde, deren Mitgesellschafter der Vater des Klägers und jetzige Gemeinschuldner war, dieser der Schuldner des Klägers wegen der dem letzteren aus der Beteiligung erwachsenen Forderung geworden, und zwar zunächst in Höhe des — sich aus eigenem Vermögen des Klägers und aus einer Schenkung des Vaters zusammensetzenden — Einlagekapitals von 10000 M., einer Summe, die sich dann allmählich auf insgesamt 48239,20 RM. erhöhte. Die Forderung eines stillen Gesellschafters ist nicht eine künftige, erst mit der Auflösung der stillen Gesellschaft zur Entstehung gelangende, sondern eine seit der Begründung der stillen Gesellschaft bereits bestehende Forderung, die nur ihrer Höhe nach regelmäßig unbestimmt ist. Für diese Forderung, die der Kläger als stiller Gesellschafter gegen die offene Handelsgesellschaft K. D. erlangt hatte, hafteten nach § 128 HGB. die drei Gesellschafter — und damit auch der Vater des Klägers — außer mit dem Gesellschaftsvermögen auch persönlich als Gesamtschuldner. Es handelte sich also von vornherein um eine Forderung, die dem Kläger gegen seinen Vater, den jetzigen Gemeinschuldner, erwachsen war.

In der mündlichen Verhandlung vor dem Revisionsgericht hat der Revisionskläger noch ausgeführt: Der Vater des Klägers sei mit seinem Kapitalguthaben bei der offenen Handelsgesellschaft mindestens wirtschaftlich Gläubiger der offenen Handelsgesellschaft gewesen. Dadurch, daß er einen Teil des Guthabens auf den Kläger übertragen habe, sei also mit Bezug auf die Forderung, deren Schuldnerin die offene Handelsgesellschaft gewesen sei, ein Wechsel auf der Gläubigerseite eingetreten. Diese Erwägung geht fehl; sie übersieht, daß von einem Gläubigerwechsel in diesem Sinne schon deshalb nicht die Rede sein kann, weil der Kläger mit dem ihm überwiesenen Betrag nicht der offenen Handelsgesellschaft als Gesellschafter beigetreten ist, sondern daß er den Betrag zu seiner Beteiligung als stiller Gesellschafter verwendet hat.

Die Forderung als ein Bestandteil des Vermögens des damals minderjährigen Klägers gegen den Vater unterlag nach § 1627 BGB. gesetzlich dessen Verwaltung, da keiner der Sonderfälle des § 1638 BGB. gegeben war. Die Verwaltung, die dem Vater insoweit oblag, bestand in der Ausübung der Rechte, die dem Kläger als stillem Gesellschafter nach Gesetz und Vertrag zustanden. Dem Recht und der Pflicht des Vaters, auch diesen Bestandteil des Vermögens des Klägers zu verwalten, stand der Umstand nicht entgegen, daß der Vater selbst Schuldner der Forderung war. Im Rahmen der §§ 181, 1795 in Verbindung mit § 1630 Abs. 2 Satz 1 BGB. war er lediglich von der Vertretung des Klägers ausgeschlossen. Dasselbe würde zu gelten haben, wenn das Vormundschaftsgericht — was es in Wahrheit nicht getan hat — dem Vater wegen Interessenwiderstreits die Befugnis entzogen hätte, den Kläger bei Ausübung der sich aus dessen Beteiligung als stiller Gesellschafter ergebenden Rechte zu vertreten (§ 1796 Abs. 1 und 2 in Verbindung mit § 1630 Abs. 2 Satz 2 BGB.). Die Vertretungsbefugnis des Vaters bildete jedoch nur einen Teil des *Rechts zur Vermögensverwaltung; ihr Ausschluß oder ihre Entziehung* würde deshalb das gesetzliche Verwaltungsrecht des Vaters als solches nicht berührt haben (vgl. KG. in ROLG. Bd. 26 S. 247). Auch ein Fall des § 1628 BGB. lag nicht vor, da sich der Wirkungskreis des im Jahre 1920 für den Kläger und seine Geschwister im Hinblick auf § 181 BGB. bestellten Pflegers nur auf die Vertretung der Kinder bei den Vertragsschlüssen mit dem Vater erstreckte.

Während der ganzen Dauer der stillen Gesellschaft stellte sich deshalb die Forderung des Klägers aus seiner Beteiligung als stiller Gesellschafter als eine Forderung gegen seinen Vater, den jetzigen Gemeinschuldner dar, die gesetzlich dessen Verwaltung unterworfen war.

Die am 28. Oktober 1931 erfolgte Auflösung der offenen Handelsgesellschaft K. D. hatte nach § 3 des Vertrags vom 14. Juli 1920 — ungeachtet des Umstandes, daß der Vater des Klägers das von der offenen Handelsgesellschaft betriebene Handelsgeschäft unter Übernahme der Forderungen und Schulden als Alleininhaber fortführte — auch die Auflösung der stillen Gesellschaft zur Folge. An dem Verhältnis des Klägers zu seinem Vater in Ansehung der Forderung, die dem Kläger aus seiner Beteiligung als stiller Gesellschafter erwachsen war, wurde dadurch jedoch nichts geändert, abgesehen nur von der durch die Auflösung der stillen Gesellschaft eingetretenen Fälligkeit der Forderung. Der Vater des Klägers blieb nach wie vor Schuldner der Forderung, und die Forderung war auch weiterhin gesetzlich seiner Verwaltung unterworfen. Dieser Rechtszustand bestand noch, als am 18. Januar 1932 über das Vermögen des Vaters des Klägers das Konkursverfahren eröffnet wurde. In diesem — für die Rangordnung des § 61 KO. maßgebenden — Zeitpunkt war also, wie bisher, die Forderung des Klägers die eines „Kindes des Gemeinschuldners in Ansehung seines gesetzlich der Verwaltung des Gemeinschuldners unterworfenen Vermögens" im Sinne des § 61 Nr. 5 KO.

4. Der Beklagte hatte vor dem Berufungsgericht geltend gemacht, die offene Handelsgesellschaft K. D. sei bereits im Zeitpunkt ihrer

Auflösung und der Übernahme des Geschäfts durch den Gemeinschuldner konkursreif gewesen; schon in diesem Zeitpunkt habe die Forderung des Klägers wirtschaftlich nur noch einen Wert von 30% des Nennwertes besessen; selbst wenn also ein Vorrecht bestehe, so komme es höchstens in Höhe von 30% des zur Konkurstabelle festgestellten Betrags in Betracht. Diese Einwendung des Beklagten geht — ganz abgesehen davon, daß ihr die irrige Auffassung zugrundeliegt, der Gemeinschuldner sei erst im Zeitpunkt der Auflösung der offenen Handelsgesellschaft Schuldner des Klägers in Ansehung der hier in Betracht kommenden Forderung geworden — schon deswegen fehl, weil sie sich in Wahrheit gegen die Höhe der Forderung des Klägers selbst richtet, welche, wie bereits hervorgehoben, zwischen den Parteien in Höhe von 48239,20 RM. durch die Eintragung in die Tabelle rechtskräftig feststeht. Im Rahmen der Prüfung, ob der Forderung das Vorrecht aus § 61 Nr. 5 KO. zukommt, kann die Frage des Wertes der Forderung überhaupt nicht untersucht werden. Es ist aber auch in Übereinstimmung mit der in dem angefochtenen Urteil angeführten Entscheidung des Reichsgerichts vom 24. Oktober 1910 IV 614/09 (WarnRspr. 1910 Nr. 488) der grundsätzlichen Auffassung des Berufungsgerichts beizutreten, daß Inhalt und Umfang einer bestehenden Schuldverpflichtung durch das Unvermögen des Schuldners nicht beeinflußt werden, daß auch die ganz oder zum Teil uneinbringliche Forderung eine Forderung zum vollen ursprünglichen Betrag bleibt und demgemäß auch in voller Höhe die ihr nach dem Gesetz zukommenden Vergünstigungen genießt.

5. Das Berufungsgericht hat schließlich noch die Frage geprüft, ob der Beklagte der Berufung des Klägers auf das Vorrecht nach § 61 Nr. 5 KO. die Einrede der gegenwärtigen Arglist entgegensetzen könne, und ist auch hier zu einer Verneinung gelangt. Es mag dahinstehen, ob Fälle denkbar sind, in welchen der Konkursverwalter der Berufung eines Gläubigers auf das Vorrecht aus § 61 Nr. 5 KO. mit der Einrede der Arglist erfolgreich entgegentreten könnte. Wenn eine gewöhnliche Konkursforderung an ein minderjähriges Kind des Gemeinschuldners gerade nur zu dem Zweck abgetreten würde, um für die Forderung das Vorrecht aus § 61 Nr. 5 KO. zu erlangen, so würde dies wohl schon die Nichtigkeit des Abtretungsvertrags wegen Sittenwidrigkeit nach § 138 BGB. zur Folge haben. Wie dem aber auch sei: bei der Forderung des Klägers lagen, wie dargelegt, die das Vorrecht aus § 61 Nr. 5 KO. begründenden Tatsachen bereits im Zeitpunkt ihrer Entstehung im Jahre 1920 vor. Der Kläger nimmt also zwölf Jahre nach Entstehung seiner Forderung die dieser gesetzlich zukommende Vergünstigung im Konkursverfahren über das Vermögen seines Vaters in Anspruch. Gegenüber einer solchen Rechtsverfolgung fehlt es für eine Arglisteinrede an jeglicher Grundlage, auch wenn sie an sich zulässig sein sollte.

RGZ. 150, 99

Ist eine Konkursforderung, die einem längere Zeit vor der Konkurseröffnung abberufenen Geschäftsführer einer in Konkurs geratenen Gesellschaft mbH. wegen seiner Gehaltsansprüche aus der Zeit vor der Konkurseröffnung gegen die Gesellschaft zusteht, gemäß § 61 Nr. 1 KO. bevorrechtigt?

II. Zivilsenat. Urt. v. 24. Januar 1936.

I. Landgericht Dresden. II. Oberlandesgericht daselbst.

Die Frage wurde verneint aus folgenden

Gründen:

Soweit der Kläger ein Vorrecht für seine Gehaltsansprüche aus dem letzten Jahre vor der am 11. November 1933 erfolgten Eröffnung des Konkursverfahrens begehrt, hat ihm das Berufungsgericht entgegen der Ansicht des Landgerichts ein solches versagt und die Klage insoweit abgewiesen. Es hat dies im wesentlichen wie folgt begründet:

Der Umstand, daß der Kläger zufolge seiner Abberufung als Geschäftsführer schon seit dem März 1931 jeglichen Einflusses auf die Geschäftsführung beraubt gewesen sei, rechtfertige es nicht, von der herrschenden, durch die Rechtsprechung des Reichsgerichts, insbesondere in RGZ. Bd. 120 S. 300, festgelegten Ansicht abzugehen, daß Organen einer juristischen Person wegen rückständiger Gehaltsforderungen ein Konkursvorrecht nach § 61 Nr. 1, § 62 KO. nicht zuzubilligen sei. Das Reichsgericht und das Reichsarbeitsgericht seien allen Versuchen, diesen Grundsatz in besonderen Ausnahmefällen wieder zu durchbrechen, entgegengetreten. So habe das Reichsgericht in JW. 1928 S. 2619 Nr. 6 ein Vorrecht auch dann verneint, wenn über die betreffende Gesellschaft Geschäftsaufsicht verhängt worden sei und der Vorstand während dieser Zeit in Abhängigkeit von der Aufsichtsperson gestanden habe. In RAG. Bd. 12 S. 245 sei in gleicher Weise entschieden worden, als das Vermögen der Gesellschaft einem Treuhänder übereignet gewesen sei und die Vorstandsmitglieder nur noch unter dessen Leitung hätten tätig sein können. Auch Billigkeitserwägungen sei hierbei ein ausschlaggebendes Gewicht abgesprochen worden. Der Kläger müsse sich, wenn er mit seiner Meinung durchdringe, daß er zu Unrecht entlassen worden sei und sein Anstellungsverhältnis deshalb noch fortbestehe, gefallen lassen, auch mit allen Pflichten und Nachteilen seiner Stellung belastet zu werden. Er sei durch seine erzwungene Untätigkeit nicht zum sozial abhängigen Arbeitnehmer geworden. Sein Hinweis, daß die Versagung des Vorrechts geradezu eine Belohnung für das vertragsuntreue Verhalten der Gesellschaft bedeute, schlage nicht durch. Denn der Betrag, der ihm entgehe, komme nicht der Gemeinschuldnerin zugute, sondern zunächst den übrigen bevorrechtigten Konkursgläubigern, nächstdem den übrigen Konkursgläubigern. Der dem Kläger zuzubilligende Anteil an der Teilungsmasse würde also in erster Reihe zu Lasten einer Unzahl in sozial beengter Stellung befindlicher Angestellter und Arbeiter gehen.

Die Rüge der Revision, der Berufungsrichter habe unbeachtet gelassen, daß der Kläger bereits am 24. März 1931 als Geschäftsführer der Gemeinschuldnerin abberufen und seine Abberufung noch am selben Tage zum Handelsregister angemeldet und alsbald eingetragen und veröffentlicht worden sei, ist hiernach unbegründet. Die vom Berufungsgericht angeführten Entscheidungen heben als wesentlichen Gesichtspunkt hervor, daß sich in der rechtlichen Stellung eines durch Geschäftsaufsicht oder Vergleichsverfahren in der tatsächlichen Ausübung seiner Obliegenheiten behinderten Organs nichts geändert habe und auch in seinen vertraglichen Ansprüchen gegenüber der juristischen Person keine Änderung eingetreten sei. Soweit es hierauf ankommt, muß auch für den Kläger gelten, daß seine Ansprüche eben nur aus seinem durch seine Geschäftsführerstellung bedingten Anstellungsvertrag entspringen, nachdem dessen Aufhebung für unbegründet erklärt, seine Fortdauer also festgestellt worden ist. Die Gehaltsforderungen, die er geltend macht, stehen ihm nur als einem der Gesellschaft gegenüber noch angestellten, wenn auch seines Amtes enthobenen Geschäftsführer zu und werden dadurch, daß er sich als Geschäftsführer nicht mehr hat betätigen dürfen, nicht zu solchen eines von der Gesellschaft sozial abhängigen dienstverpflichteten Arbeitnehmers. Daß eine derartige Gestaltung des Anstellungsverhältnisses jemals hätte eintreten können, ist höchst unwahrscheinlich. Der Kläger war langjähriger Leiter des Unternehmens gewesen und kam für eine Beschäftigung als Arbeitnehmer schon deshalb kaum in Frage, würde sich wohl auch nie bereit gefunden haben, nach Entfernung von seinem leitenden Posten eine derartige Stellung in dem von ihm mitbegründeten und Jahrzehnte lang bestimmend geführten Unternehmen einzunehmen. Sein Anstellungsvertrag beruhte ausschließlich auf seiner Geschäftsführerstellung. Entfiel diese, so wurde jener tatsächlich inhaltslos. Das Konkursvorrecht soll aber nach seiner jetzigen rechtlichen Ausgestaltung nur dem in wirtschaftlich abhängiger Stellung befindlichen Dienstverpflichteten zugute kommen, der im Wirtschaftsleben als Arbeitnehmer angesehen und auch von der Rechtsordnung, insbesondere auf dem Gebiet des Arbeits- und Sozialrechts, als solcher eingestuft wird. Dazu gehört eine als Geschäftsführer einer Gesellschaft mbH. angestellte und auf dieser Grundlage noch zu entlohnende Persönlichkeit auch dann nicht, wenn ihre Bestellung als Geschäftsführer — unbeschadet ihres Anstellungsvertrags — widerrufen worden ist. Hieran vermögen auch Billigkeitserwägungen, deren Berücksichtigung die Revision fordert, nichts zu ändern. Wie das Berufungsgericht mit Recht hervorhebt, wäre eine Bevorzugung des Klägers eine Unbilligkeit gegenüber den übrigen, insbesondere den bevorrechtigten Gläubigern, die nicht annehmen konnten, daß sie gegenüber Gehaltsforderungen eines, wenn auch abberufenen, Geschäftsführers und Leiters des Unternehmens einmal das Nachsehen haben würden. In der mündlichen Verhandlung ist für den Standpunkt des Klägers noch geltend gemacht worden, das Konkursvorrecht sei bei Dienstverträgen die Regel, seine Nichtanerkennung bei Dienstverträgen der Vorstandsmitglieder die Ausnahme; diese Ausnahme dürfe nicht ausdehnend ausgelegt werden, sondern sei auf den engen Kreis zu beschränken, für den die Rechtsprechung sie aufgestellt habe. Diese Erwägung geht von einer Auffassung aus, die nicht als zutreffend anerkannt werden kann. Die Regel ist das einfache Konkursgläubigerrecht; das Konkursvorrecht bildet die fest umgrenzte Ausnahme. Es widerspricht dem Grundgedanken der Schicksalsgemeinschaft, zu der der Konkurs die Gläubiger zusammenschließt, diese Ausnahme weiter auszudehnen, als das Gesetz es gebietet.

RGZ. 170, 276

1. Hindert die Verjährung des Schadensersatzanspruchs, der über den im Konkurse des Schuldners angemeldeten Anspruch hinausgeht, den Gläubiger, wenn ihm im Feststellungsstreit nur ein Teilschaden zugebilligt wird, seine Behauptung dahin zu erweitern, daß sein Schaden ein Mehrfaches des angemeldeten Anspruchs betrage, und den angemeldeten Anspruch in voller Höhe aufrechtzuerhalten?

2. Wie ist eine gesetzliche Haftpflichtrente, deren Dauer davon abhängt, daß der Verletzte die Fälligkeit der Hebungen erlebt, im Konkurse des Schuldners geltend zu machen?

BGB. § 209 Abs. 2 Nr. 2. KO. §§ 69, 70, 139.

V. Zivilsenat. Urt. v. 12. Januar 1943.

I. Landgericht Oldenburg. II. Oberlandesgericht daselbst.

Der Kläger, der Viehhändler war, erlitt am 30. August 1927 einen Unfall, bei dem er schwere Verletzungen davontrug. Wegen des ihm entstandenen Schadens nahm er den inzwischen verstorbenen H. G. in Anspruch, und zwar, nachdem über G.s Vermögen am 20. Februar 1928 das Konkursverfahren eröffnet worden war, in der Weise, daß er am 7. Januar 1930 einschließlich Schmerzensgeld eine Forderung von 50000 RM. zur Konkurstabelle anmeldete. Der Konkursverwalter bestritt die Forderung.

Im jetzigen Rechtsstreit begehrt der Kläger die Feststellung, daß ihm im Konkursverfahren eine nicht bevorrechtigte Forderung von 10000 RM., die er als Teilforderung geltend macht, zustehe. Dieser Betrag wird in erster Linie als Schmerzensgeld, hilfsweise aber auch als Ersatz für — durch den Unfall entstandene — bare Auslagen und Verdienstausfall verlangt. Das Oberlandesgericht hat durch rechtskräftig gewordenes Urteil den Anspruch dem Grunde nach mit der Einschränkung für gerechtfertigt erklärt, daß der Kläger zwei Drittel des ihm aus dem Unfall entstandenen Schadens selbst zu tragen habe. Im Verfahren über die Höhe des Anspruchs hat der Kläger den Teilbetrag von 10000 RM. als Schmerzensgeld und als Ersatz von Heilungskosten und Erwerbsverlust gefordert. Der Konkursverwalter hat Widerklage erhoben mit dem Antrag auf Feststellung, daß dem Kläger in G.s Konkurs über den Betrag von 10000 RM. hinaus keine weitere nicht bevorrechtigte Forderung zustehe. Das Landgericht hat durch ein insoweit rechtskräftig gewordenes Teilurteil dem Antrage des Klägers stattgegeben; durch Schlußurteil hat es auf die Widerklage hin festgestellt, daß dem Kläger unter Anrechnung der ihm durch das Teilurteil zuerkannten 10000 RM. keine höhere nicht bevorrechtigte Forderung als 31790 RM. zustehe, und die weitergehende Widerklage abgewiesen. Das Oberlandesgericht hat auf die Berufung des Klägers unter deren Abweisung im übrigen den Betrag der verneinenden Feststellung von 31790 auf 32930,67 RM. erhöht.

Gegen dies Urteil haben beide Parteien Revision eingelegt. Die Revision des Beklagten wurde zurückgewiesen, die des Klägers führte zur Aufhebung und Zurückverweisung.

Aus den Gründen:

1. Die Revision des Beklagten rügt, das Berufungsgericht habe rechtsirrig verneint, daß der Anspruch des Klägers auf Schadensersatz verjährt sei, soweit er über ein Drittel von 50000 RM. hinausgehe. Das Berufungsgericht nimmt mit dem Landgericht an, die Verjährung der Ansprüche des Klägers sei durch die Anmeldung im Konkurse nach § 209 Abs. 2 BGB. unterbrochen worden, und deshalb könne der Kläger, da ihm ein Drittel seines Schadens zu ersetzen sei, die angemeldete Forderung von 50000 RM. in voller Höhe geltend machen, wenn ihm ein Schaden von mindestens 150000 RM. entstanden sei. In der Anmeldung habe der Kläger den Grund und den Betrag seiner Forderung angegeben. Er habe nichts davon gesagt, daß sein Gesamtschaden sich auf die angemeldeten 50000 RM. belaufe, sondern nur, daß in dieser Höhe eine Forderung geltend gemacht werde.

Die Revision des Beklagten führt aus: Das Berufungsgericht lege die Anmeldung des Klägers vom 7. Januar 1930 dahin aus, daß er nur einen Teilbetrag habe anmelden wollen, und diese Auslegung verstoße, wenn sie nicht geradezu unmöglich sei, gegen § 133 BGB., weil sie am Wortlaut hafte und rechtserhebliche Umstände rechtsirrig außer acht lasse. Die Anmeldung könne nur dahin aufgefaßt werden, daß der Kläger seinen Gesamtschaden habe anmelden wollen....

Die Rüge ist nicht berechtigt. Nach § 209 Abs. 2 Nr. 2 BGB. wurde die Verjährung durch die Anmeldung im Konkurs unterbrochen, und nach § 139 KO. brauchte die Anmeldung nur die Angabe des Betrages und des Grundes der Forderung zu enthalten. Diesem Erfordernis genügte die Anmeldung des Klägers, da sie eine Forderung von 50000 RM. enthielt und als ihren Grund die schuldhafte Verursachung des Unfalls vom 30. August 1927 durch den Gemeinschuldner angab. Die Folge der ordnungsmäßigen Anmeldung war die Unterbrechung der Verjährung bis zur Beendigung des — noch jetzt schwebenden — Konkursverfahrens (§ 214 BGB.). Wegen des angemeldeten Anspruchs auf Zahlung von 50000 RM. ist hiernach keine Verjährung eingetreten. Weshalb der Kläger sich bei der Anmeldung auf einen Anspruch in dieser Höhe beschränkt hat, ... ist unerheblich ... Richtig ist, daß, wenn der Kläger nur einen Teil seines Schadensersatzanspruchs angemeldet hat, der darüber etwa hinausgehende Teil des Anspruchs verjährt ist. Einen über den angemeldeten Anspruch von 50000 RM. hinausgehenden Anspruch macht der Kläger aber nicht geltend. Die Revision irrt, wenn sie meint, der Kläger habe einen Schaden von 50000 RM. angemeldet. Angemeldet hat er einen Anspruch auf Zahlung von 50000 RM., und diese Anmeldung hat die Möglichkeit offengelassen, im Verfahren auf Feststellung des angemeldeten Anspruchs diesen für den Fall der Annahme eines mitwirkenden eigenen Verschuldens durch Darlegung eines über 50000 RM. hinausgehenden Schadens zu begründen. Dies ist in der mündlichen Verhandlung mit der Behauptung eines Gesamtschadens von mindestens 91000 RM. geschehen, und der Kläger war auch durch die Vorschriften über die Verjährung nicht gehindert, im weiteren Verlaufe des Rechtsstreits seine Behauptungen dahin zu erweitern, daß sein Schaden sogar über 150000 RM. hinausgehe. Nur einer Erweiterung des angemeldeten Anspruchs über den Betrag von 50000 RM. hinaus würde der Einwand der Verjährung entgegenstehen.

Danach ist der Revision des Beklagten der Erfolg zu versagen.

2. Die Revision des Klägers bittet um Nachprüfung, ob der Abzug von Zwischenzinsen gerechtfertigt ist. Ansprüche auf wiederkehrende Leistungen, deren Betrag und Zeitdauer bestimmt sind, werden nach § 70 KO. unter Abrechnung der Zwischenzinsen (§ 65 KO.) durch Zusammenzählen der einzelnen Hebungen kapitalisiert. Soweit aber der Betrag der Ansprüche unbestimmt oder ungewiß ist, sind sie nach § 69 KO. nach ihrem Schätzungswert geltend zu machen.

Bei den auf Ersatz von einem Drittel des Schadens gehenden Ansprüchen des Klägers, die schon zur Zeit der Konkurseröffnung fällig waren, kann die Abrechnung von Zwischenzinsen, die in § 65 KO. nur für betagte, d. h. bei der Eröffnung des Verfahrens noch nicht fällige Ansprüche vorgesehen ist, nicht in Frage kommen. Diese Beträge waren also lediglich zusammenzuzählen. Soweit es sich um Ansprüche handelt, die zur Zeit der Konkurseröffnung noch nicht fällig waren, war eine Umwandlung in Stammvermögen notwendig. Dieser Notwendigkeit hat der Kläger dadurch Rechnung getragen, daß er keine Ansprüche auf wiederkehrende Hebungen, sondern nur eine kapitalisierte Forderung angemeldet hat. Von dieser entfällt ein — bisher nicht berechneter — Teil auf die Summe der zur Zeit der Konkurseröffnung bereits fällig gewesenen Ansprüche. Der Rest stellt den gemäß § 69 KO. vom Kläger geltend gemachten Schätzungswert aller später fälligen Ansprüche dar. Es fragt sich, ob diese inzwischen fällig gewordenen Ansprüche ganz oder zum Teil, weil sie mit dem Eintritt ihrer Fälligkeit aufgehört haben, unbestimmt oder ungewiß zu sein, jetzt nicht mehr unter § 69, sondern unter § 70 KO. fallen. Die Frage muß nach Sinn und Zweck des Gesetzes verneint werden. Mit Jaeger Bem. 4 zu § 69 KO. (6. und 7. Aufl.) und Mot. z. KO. (II S. 292) ist anzunehmen, daß bei Rechten auf wiederkehrende Leistungen die Konkursforderung aus dem Gesamtwert aller künftigen Leistungen zur Zeit der Eröffnung des Verfahrens besteht, und daß diese Konkursforderung ein einheitlicher, unbedingter Abfindungsanspruch ist und dementsprechend bei den Verteilungen durch Auszahlung des Anteils (der Dividende) für den ganzen Abfindungsbetrag bereinigt wird. Danach kommt es, wie Jaeger zutreffend ausführt, besonders für die konkursmäßige Berücksichtigung eines nach der wahrscheinlichen Lebensdauer des Gläubigers kapitalisierten Rentenanspruchs auf die tatsächliche Lebensdauer des Gläubigers nicht mehr an. Ist der Schätzungswert einmal zur Tabelle festgestellt, so gilt die Eintragung nach § 145 Abs. 2 KO. wie ein rechtskräftiges Urteil gegenüber allen Konkursgläubigern. Es liegt im Wesen der Abschätzung, daß für den Vorteil alsbaldiger Rechtsgewißheit die Gefahr einer Über- oder Unterschätzung in Kauf genommen werden muß, und nach der Feststellung steht den Beteiligten bei Veränderung der tatsächlichen Schätzungsunterlagen keine Umwandlungsklage nach § 323 ZPO. mehr offen (Jaeger Bem. 6 zu § 69 KO.).

Diese Grundsätze schließen es aus, daß sich der Schätzungswert eines unter § 69 KO. fallenden Anspruchs auf wiederkehrende Leistungen fortgesetzt mit der Dauer des Konkursverfahrens oder der Dauer des Rechtsstreits über den angemeldeten Abfindungsanspruch etwa in der Weise ändern könnte, daß jeweils mit dem Eintritt der Fälligkeit einer der wiederkehrenden Leistungen, für die der Abfindungsbetrag verlangt worden ist, ein entsprechender Betrag aus dem Abfindungskapital ausscheiden und dafür ein nach §§ 70 und 65 KO. berechneter Betrag eingesetzt werden könnte. Vielmehr ist und bleibt für alle erst nach der Konkurseröffnung fällig werdenden wiederkehrenden Leistungen, deren Dauer davon abhängt, daß der Gläubiger den Fälligkeitstag erlebt, der einmal gemäß § 69 KO. festgesetzte, nicht um den Zwischenzins geminderte Schätzungswert maßgebend, und zwar — dem Grundsatze des § 3 KO. entsprechend — der Schätzungswert für die Zeit der Konkurseröffnung (vgl. Jaeger Bem. 8 das.). Danach hatte das Gericht nicht, wie das Landgericht und das Oberlandesgericht es getan haben, die einzelnen wiederkehrenden Leistungen, zu denen ohne ein Konkursverfahren der Gemeinschuldner dem Kläger gegenüber verpflichtet gewesen wäre, zu ermitteln und nach Abrechnung von Zwischenzinsen festzustellen, sondern es war zu prüfen, welches Abfindungskapital zur Zeit der Konkurseröffnung dem Schätzungswerte der wiederkehrenden Leistungen entsprach.

Bei der Ermittlung dieses Schätzungswertes sind allerdings die Erkenntnisse zu verwerten, die inzwischen im Laufe der langen Dauer des Rechtsstreits über die vermutliche Lebensdauer und Erwerbsfähigkeit des Klägers, über die Entwicklung seines durch den Unfall entstandenen Leidens und über die Entwicklung der wirtschaftlichen Verhältnisse auf dem Gebiete des Vieh- und Pferdehandels gewonnen worden sind. Aber die zu beantwortende Frage bleibt: Wie hoch war — bei Beachtung der inzwischen gewonnenen Erkenntnisse — zur Zeit der Konkurseröffnung der Wert der damals unbestimmten Ansprüche des Klägers zu schätzen? Aus der gebotenen Rücksicht auf die inzwischen gewonnenen Erkenntnisse ergibt sich, daß die noch zu erörternden Revisionsrügen des Klägers, auch soweit sie die wiederkehrenden Leistungen betreffen, nicht deshalb gegenstandlos sind, weil anstatt dieser Leistungen ein Abfindungskapital nach dem Schätzungswert zur Zeit der Konkurseröffnung festzustellen ist. Denn nicht nur die Entscheidung über die Höhe der zur Zeit der Anmeldung bereits fällig gewordenen Beträge, sondern auch die Erkenntnisse, die über die zu erwartende Entwicklung gewonnen worden sind, können durch die erörterten Verfahrensfehler zum Nachteile des Klägers beeinflußt sein. (Es folgt die Prüfung der Verfahrensrügen, die zum Teil für begründet erachtet worden sind.)

Konkursverfahren

Allgemeine Bestimmungen

RGZ. 31, 119

Rechtsverhältnis zwischen dem Gemeinschuldner, dem Verwalter und dem Gläubigerausschuß. Kann der frühere Gemeinschuldner nach Aufhebung des Konkurses gegen den Gläubigerausschuß aus der von demselben verschuldeten Unterschlagung der Masse durch den Verwalter Ansprüche auch dann erheben, wenn die Gläubiger sich nach dem Zwangsvergleiche nur an die Masse zu halten hatten?

I. Zivilsenat. Urt. v. 23. September 1893.

I. Landgericht Breslau. II. Oberlandesgericht daselbst.

Der Kläger ist 1888 in Konkurs geraten, der damalige Rechtsanwalt B. zum Verwalter ernannt, durch Beschluß der Gläubigerversammlung ist ein Gläubigerausschuß bestellt, und die Beklagten sind zu Mitgliedern desselben gewählt. Nach dem Beschlusse der Gläubigerversammlung sollte der Verwalter zur Masse gehörige Gelder, wenn sie den Betrag von 300 M. überstiegen, mindestens einmal wöchentlich bei dem Vorschußvereine in K. hinterlegen. Über Auszahlungen sollte er verbindlich quittieren dürfen, dem Gläubigerausschusse aber zu Händen des Beklagten H. alle vier Wochen über die Verwaltung und Verwertung der Masse Bericht erstatten und Rechnung legen. Dies ist unstreitig nie geschehen, seit dem 16. Juni 1888 bis zur Beendigung des Konkurses auch nichts hinterlegt und die Kasse des Verwalters niemals revidiert worden. Der Konkurs ist infolge rechtskräftig bestätigten Zwangsvergleiches beendet, nach welchem der Kläger den nicht bevorrechteten Gläubigern sogleich nach der rechtskräftigen Bestätigung außer dem Betrage, den sie aus der bereits vollständig versilberten Masse erhalten würden, und den der Verwalter auf 46 bis 47 Prozent angegeben hatte, 5 Prozent unter Bürgschaft zu zahlen hatte. Der Verwalter B. ist nach dem Abschlusse und der Bestätigung des Zwangsvergleiches flüchtig geworden, und es hat sich von der Masse, in der sich 3835,12 M. befinden mußten, nichts vorgefunden.

Der Kläger ist gegen die Mitglieder des Gläubigerausschusses auf Schadensersatz klagbar geworden, weil sie das Verbringen der Masse durch grobe Pflichtverletzung verschuldet haben.

Die Klage ist in beiden Instanzen abgewiesen, auf die Revision des Klägers aber das Berufungsurteil aufgehoben aus folgenden

Gründen:

„Das Berufungsurteil beruht auf der Ausführung, daß durch die Unterschlagung der Masse nicht dem Kläger ein Schade entstanden sei, sondern nur den Gläubigern, weil nach dem Inhalte des Zwangsvergleiches der Kläger die Masse den Gläubigern zu ihrer Befriedigung überlassen habe, er trotz der Unterschlagung derselben von seiner Schuld befreit und nur noch zur Zahlung von 5 Prozent verpflichtet sei. Dem ist insoweit beizustimmen, daß nach dem Zwangsvergleiche die Gläubiger auf den die 5 Prozent und die aus der Masse in Aussicht gestellten 46—47 Prozent übersteigenden Betrag ihrer Forderungen verzichtet haben, und daß der Kläger und die Gläubiger davon ausgegangen sind, daß die Gläubiger die 46—47 Prozent nur aus der Masse durch den Verwalter erhalten sollten. Aber die rechtliche Schlußfolgerung, welche der Berufungsrichter daraus für die Klage zieht, ist nicht richtig. Die rechtskräftige Bestätigung des Zwangsvergleiches hatte nach § 175 Abs. 1 KO. die Aufhebung des Konkursverfahrens zur Folge, die demgemäß auch durch Beschluß vom 27. Februar 1889 erfolgt ist. Nach § 176 hatte der Verwalter als solcher die Masseansprüche und die bevorrechteten Forderungen zu berichtigen oder sicherzustellen. Die Ausführung des Zwangsvergleiches im übrigen war an sich nicht seine Sache als Verwalter. Nach § 177 KO. erhielt der Kläger mit der rechtskräftigen Bestätigung des Vergleiches und der Aufhebung des Konkurses das Recht zurück, über die Konkursmasse frei zu verfügen, soweit der Vergleich nicht ein anderes bestimmte. Die Masse war sein Eigentum während des Konkurses geblieben und blieb sein Eigentum auch nach der Aufhebung des Konkurses. Daraus, daß nach dem Zwangsvergleiche anzunehmen ist, die Masse solle nach der rechtskräftigen Bestätigung des Vergleiches durch den Verwalter dem Vergleiche entsprechend tributarisch verteilt werden und so lange in seinen Händen bleiben, folgt rechtlich nicht, daß die Masse den Gläubigern zum Eigentume überlassen und ihnen und nicht dem Kläger unterschlagen ist. Es braucht deshalb auch nicht untersucht zu werden, ob die Masse vor der Bestätigung des Vergleiches unterschlagen ist oder nachher, und ob im ersteren Falle von einer Eigentumsüberlassung an die Gläubiger überhaupt die Rede sein könnte. Aus dem Zwangsvergleiche hatten der Kläger und die Gläubiger den Anspruch gegen den Verwalter darauf, daß die Masse unter die Gläubiger dem Vergleiche gemäß verteilt werde. Aus dem Eigentume und aus diesem Anspruche des Klägers ergibt sich seine Legitimation zu der Klage. Selbst wenn durch den Untergang der Masse der Kläger von dem Anspruche der Gläubiger auf Befriedigung aus dieser Masse befreit ist, folgt daraus doch der Fortfall des Anspruches des Klägers auf Restitution der Masse gegen den Verwalter, der sie verbracht hat, und diejenigen, die dieses Verbringen verschuldet haben, sowenig wie der Anspruch des Eigentümers eines Gebäudes gegen denjenigen, der es zerstört hat, um deswillen fortfällt, weil das Gebäude nach seinem vollen Werte mit Schulden belastet ist, für welche der Eigentümer nur dinglich mit der zerstörten Sache haftet (§§ 2—5 ALR. I. 16).

Das Berufungsurteil hat deshalb aufgehoben werden müssen. Zur Endentscheidung ist die Sache noch nicht reif, weil bisher über das Verschulden der Beklagten und seinen Kausalzusammenhang mit dem Schaden, dessen Ersatz verlangt wird, nichts festgestellt ist. Dagegen ist die von den Beklagten in erster Instanz erhobene Einrede, daß der Kläger zur Klage gegen sie nicht legitimiert sei, weil sie zu ihm in keinem obligatorischen Verhältnisse gestanden hätten, aus dem sie ihm gegenüber gemäß § 81 und § 80 Abs. 2 KO. verpflichtet und aus der Nichtbeachtung beider Vorschriften verhaftet seien, hinfällig. Sie beruht auf der schon in dem Urteile des Senates vom 28. Januar 1888,

vgl. Entsch. des RG.s in Zivils. Bd. 20 S. 109,

zurückgewiesenen Auffassung, daß der Gläubigerausschuß lediglich in einem Mandatsverhältnisse zu den Gläubigern stehe. Der Gläubigerausschuß wird zwar mit dem Willen der Gläubiger und durch ihre Wahl bestellt (§ 79 KO.), hat aber, sobald er bestellt ist, nach §§ 76, 78, 85, 92, 113, 118, 120flg., 147, 163flg. KO. die rechtliche Stellung und Funktion eines von den Gläubigern wesentlich unabhängigen, selbständigen gesetzlichen Hilfsorganes der Konkursverwaltung. Die Mitglieder des Gläubigerausschusses haben nach § 83 KO. Anspruch auf Erstattung ihrer Auslagen und auf Vergütung für ihre Geschäftsführung aus der Masse, d. h. aus dem Eigentume des Gemeinschuldners. Sie treten damit, ebenso wie der Konkursverwalter, zu dem Gemeinschuldner und seinem in der Konkursmasse befindlichen, für sie fremden Vermögen in die Stelle eines im öffentlichen Interesse für die Durchführung der Zwecke des Konkurses geschaffenen gesetzlichen Organes, welches Recht und Pflicht nicht aus einem Mandate der Gläubiger, sondern unmittelbar aus dem Gesetze entnimmt.

Vgl. Entsch. des RG.s in Zivils. Bd. 29 S. 29, 36.

Verletzung der ihnen nach §§ 80, 81 KO. obliegenden gesetzlichen Pflicht ist deshalb auch nicht nur Verletzung einer Vertragspflicht gegenüber den Gläubigern, nicht nur kontraktliches, sondern außerkontraktliches Verschulden, für welches sie nach preußischem Rechte (§§ 7flg., 16flg. ALR. I. 3, §§ 1flg., 10flg. I. 6) schon dann haften, wenn ihr Verschulden in Nachlässigkeit besteht, durch welche das ihrer Aufsicht anvertraute fremde Vermögen beschädigt ist. Den Anspruch auf Ersatz dieses Schadens macht während des Konkurses der Konkursverwalter geltend, vgl. Entsch. des RG.s in Zivils. Bd. 20 S. 109,

nach Aufhebung des Konkurses durch den Zwangsvergleich der Kläger als früherer Gemeinschuldner und Eigentümer des beschädigten Vermögens. Denn der Fall des § 153 Abs. 1 oder 2 KO. liegt nicht vor.

Die Sache ist hiernach zur anderweiten Verhandlung und Entscheidung an das Berufungsgericht zurückverwiesen."

RGZ. 36, 367

Sind die Mitglieder des Gläubigerausschusses berechtigt, dem Konkursverwalter in einem von ihm auf Grund des § 29 (36 n. F.) KO. angestellten Anfechtungsprozesse als Nebenintervenienten beizutreten?

VI. Zivilsenat. Beschl. v. 14. November 1895.

I. Landgericht I Berlin. II. Kammergericht daselbst.

Aus den Gründen:

„Dem Konkursverwalter, der für die F.sche Konkursmasse eine vom Gemeinschuldner an den Beklagten geleistete Zahlung auf Grund der §§ 23, 24 Ziff. 1 KO. angefochten hat, sind als Nebenintervenienten beigetreten der Kaufmann Aug. in seiner Eigenschaft als Konkursgläubiger sowie als Mitglied des Gläubigerausschusses im F.schen Konkursverfahren und der Rechtsanwalt A. in seiner Eigenschaft als Mitglied desselben Gläubigerausschusses. Obgleich der Beklagte die Zurückweisung der Nebeninterventionen beantragte, erklärte das Landgericht durch verkündetes Zwischenurteil den Beitritt beider Nebenintervenienten für zulässig. Auf die vom Beklagten wegen der Zulassung des Rechtsanwaltes A. eingelegte sofortige Beschwerde hat jedoch das Kammergericht jenes Zwischenurteil dahin abgeändert, daß die Nebenintervention des Rechtsanwaltes A. als unzulässig zurückzuweisen. Zugleich hat es die Kosten der Nebenintervention und der Beschwerde dem Nebenintervenienten zur Last gelegt. Die nunmehr von dem Rechtsanwalte A. eingelegte weitere Beschwerde kann für begründet nicht erachtet werden, da den Ausführungen des angefochtenen Beschlusses im wesentlichen beizupflichten ist.

Als zulässig könnte nach der Vorschrift des § 63 ZPO. die Nebenintervention des Rechtsanwaltes A. nur dann angesehen werden, wenn dieser an dem Obsiegen der Konkursmasse ein rechtliches Interesse hätte, mit anderen Worten: wenn sein Rechtsverhältnis zu den Parteien oder zu dem Gegenstande des Rechtsstreites durch die Entscheidung des Rechtsstreites, ihren Inhalt oder ihre Vollstreckung mitbetroffen würde.

Vgl. Entsch. des RG.s in Zivils. Bd. 14 S. 437, Bd. 23 S. 343.

Mit Unrecht glaubt der Beschwerdeführer, ein solches Interesse aus seiner Stellung als Mitglied des Gläubigerausschusses ableiten zu können. Die Konkursordnung hat für die Durchführung der Zwecke des Konkurses verschiedene Organe geschaffen und jedem dieser Organe bestimmte Rechte und Pflichten übertragen. Während dem Verwalter das Verwaltungs- und Verfügungsrecht und damit die Prozeßführung, namentlich auch die Ausübung des Anfechtungsrechtes, zugewiesen ist (§§ 5, 29), hat der Gläubigerausschuß die Funktion eines gesetzlichen Hilfsorganes der Konkursverwaltung, dessen Aufgabe in der Unterstützung und Überwachung des Verwalters bei seiner Geschäftsführung besteht (§ 80 KO.).

Vgl. Entsch. des RG.s in Zivils. Bd. 20 S. 108flg., Bd. 31 S. 119flg.

Welche Befugnisse und Verpflichtungen mit der Erfüllung dieser Aufgabe verknüpft sind, ist in den §§ 76, 78, 79—85, 92, 113, 118, 120flg., 147, 163flg. KO. speziell vorgeschrieben. Insbesondere hat danach der Verwalter die Genehmigung des Gläubigerausschusses einzuholen, wenn Prozesse anhängig gemacht werden sollen (§ 121 Ziff. 2), und dem Gläubigerausschusse auf dessen Verlangen über die Lage der Sache Bericht zu erstatten (§ 80 Abs. 2). Dagegen legt die Konkursordnung weder dem Gläubigerausschusse noch dessen einzelnen Mitgliedern die Befugnis bei, dem Verwalter bei der Prozeßführung selbst zum Zwecke seiner Unterstützung beizutreten. Indem sie vielmehr den Verwalter zur Führung des Anfechtungsprozesses und zur selbständigen Wahrnehmung des Interesses der Gesamtheit der Konkursgläubiger im Prozesse ermächtigt,

vgl. Juristische Wochenschrift 1889 S. 203 Nr. 1; Entsch. des RG.s in Zivils. Bd. 29 S. 36, Bd. 31 S. 43,

schließt sie damit zugleich die Annahme eines rechtlichen Interesses im Sinne des § 63 ZPO. auf seiten der Mitglieder des Gläubigerausschusses und demzufolge deren Beteiligung an der Prozeßführung aus.

Vgl. auch Petersen und Kleinfeller, Konkursordnung Anm. III Nr. 1 zu §§ 79—84.

Der Beschwerdeführer macht nun zwar außerdem noch geltend, daß seine Nebenintervention schon wegen seiner Eigenschaft als Vertreters zweier Konkursgläubiger hätte zugelassen werden müssen; allein dies könnte nur dann ins Gewicht fallen, wenn der Beitritt namens der vertretenen Konkursgläubiger erklärt worden wäre. Der Beschwerdeführer ist jedoch gerade für seine Person und nur mit Bezugnahme auf seine Stellung als Mitglied des Gläubigerausschusses beigetreten. Das Interesse, welches der Bevollmächtigte eines Konkursgläubigers an einer seinem Auftraggeber günstigen Gestaltung der Konkursmasse haben mag, fällt keinesfalls unter den Begriff des im § 63 ZPO. erforderten rechtlichen Interesses." ...

RGZ. 63, 133

Anforderungen an den Gläubigerausschuß in bezug auf die Überwachung der Geschäftsführung, insbesondere der Kassenverwaltung, des Konkursverwalters.

KO. § 88.

VI. Zivilsenat. Urt. v. 2. April 1906.

I. Landgericht I Berlin. II. Kammergericht daselbst.

Am 3. August 1901 wurde über das Vermögen des Kaufmanns B. in S. Konkurs eröffnet, und der Kaufmann H. zum Verwalter bestellt. Die erste, am 3. September 1901 abgehaltene Gläubigerversammlung bestätigte den H. als Verwalter; sie wählte die Beklagten zu Mitgliedern des Gläubigerausschusses und bestimmte, daß die eingehenden Gelder bei der Deutschen Bank in Berlin hinterlegt werden sollten.

Der Verwalter kam dieser Anordnung nicht nach, unterschlug vielmehr zur Konkursmasse gehörige Gelder im Betrage von mehr als 20000 M. Der an Stelle des H. bestellte Konkursverwalter verlangte von den Beklagten, unter der Behauptung, daß sie die ihnen bezüglich der Überwachung des H. obliegenden Pflichten grob vernachlässigt hätten, für die Konkursmasse Schadensersatz zunächst in Höhe von 1600 M. Das Landgericht wies die Klage ab, weil es keinen Kausalzusammenhang zwischen der Pflichtverletzung der Beklagten und dem eingetretenen Schaden annahm; dagegen erklärte das Berufungsgericht den Klaganspruch dem Grunde nach für berechtigt. Die Revision der Beklagten blieb erfolglos.

Gründe:

„Nach den Feststellungen des Berufungsgerichts, gegen die insoweit Angriffe nicht erhoben worden sind, und Bedenken nicht vorliegen, ergibt sich zunächst folgender Sachverhalt.

Noch am 3. September 1901 sind die Beklagten mit dem Konkursverwalter H. zu einer Beratung zusammengetreten; es wurde beschlossen, daß H. das Geschäft des Gemeinschuldners unter dessen Mitwirkung fortführen, sich aber bemühen solle, einen Käufer zu finden, der das Geschäft als ganzes erwürbe. Bereits am 10. September lud H. die Mitglieder des Gläubigerausschusses für den 12. September zu einer Besprechung wegen eines ihm von dem Kaufmann Bl. gemachten Angebots ein. In dieser wurde der Preis, der gefordert werden solle, bestimmt, und H. angewiesen, von Bl. eine Kaution von 3000 M zu fordern. Der Verkauf des Geschäftes kam kurz danach in der Weise zustande, daß an Stelle von Bl. auf dessen Vorschlag der Kaufmann K. das Geschäft des Gemeinschuldners um 22153,29 M. erwarb. K. erhielt das Kaufobjekt am 18. September 1901 von H. übergeben, und dieser empfing dagegen bar den vollen Kaufpreis.

H. hatte schon in der Zeit vor der Gläubigerversammlung vom 3. September 1901 mehr als 2000 M. für die Konkursmasse vereinnahmt, und in der Zeit bis zum 18. September weitere Beträge von annähernd 1100 M. Er hat von diesen Summen nichts zur Deutschen Bank gebracht; ebensowenig hat er dies bezüglich der ihm am 18. September gezahlten 22153,29 M. getan, diese Summe vielmehr noch an dem Tage, wo er sie empfangen, rechtswidrig für sich verwendet.

Diese Unterschlagung ist erst nach geraumer Zeit entdeckt worden, nämlich erst als ein vom Gemeinschuldner angebotener Zwangsvergleich im Mai 1902 gerichtliche Bestätigung fand. Als dies geschehen war, wurde H. flüchtig. Aus den von ihm zurückgelassenen Papieren ergab sich, daß er sich zwar über die Verwaltung des B.schen Konkurses verschiedene Aufzeichnungen gemacht, ordentliche Bücher über Einnahmen und Ausgaben aber nicht geführt hatte. H., der sich später selbst gestellt hat und zu längerer Gefängnisstrafe verurteilt worden ist, besitzt kein Vermögen, aus dem Ersatz der von ihm unterschlagenen Gelder erlangt werden könnte.

Die Beklagten haben in der ganzen Zeit von ihrer Bestellung zu Mitgliedern des Gläubigerausschusses an bis zur Flucht des H. niemals dessen Bücher und Akten eingesehen, nie seine Kasse revidiert, sich niemals darum gekümmert, ob er die vereinnahmten Gelder bei der Deutschen Bank hinterlegt habe, auch keine Anordnungen darüber getroffen, wie und wie oft ihnen H. Bericht zu erstatten habe.

Auf Grund dieses Tatbestandes hat das Berufungsgericht ausgesprochen, daß die Beklagten in grob fahrlässiger Weise die ihnen als Mitgliedern des Gläubigerausschusses obliegenden Pflichten vernachlässigt hätten; es hat aber auch, abweichend von der ersten Instanz, angenommen, daß durch das schuldhafte Verhalten der Beklagten die von dem Kläger verwaltete Konkursmasse geschädigt worden sei, indem zwischen diesem Verhalten und den Unterschlagungen des H. ein ursächlicher Zusammenhang bestehe. Es hat insoweit folgendes ausgeführt.

Die Beklagten hätten bei Anwendung der durch die von ihnen übernommene Stellung gebotenen Sorgfalt vor allem alsbald nach ihrer Erwählung, also am 3. September 1901 oder an einem der nächstfolgenden Tage, von den Büchern und sonstigen Schriften des Konkursverwalters Einsicht nehmen und seine Kasse unter Feststellung des Sollbetrags und des vorhandenen Bestandes prüfen müssen, um sich ein Urteil über seine bisherige Geschäftsführung zu bilden und eine Unterlage für die von ihnen zu treffenden Anordnungen zu gewinnen. Hätten sie das getan und dadurch für H. die Überzeugung begründet, daß er einer wirksamen Beaufsichtigung seiner Geschäftsführung als Konkursverwalter gewärtig sein müsse, auch auf die alsbaldige Hinterlegung des bei ihm vorgefundenen Kassenbestandes hingewirkt, so würde er gar nicht gewagt haben, sich an den in seine Hände gelangenden Geldern zu vergreifen, sich vielmehr zu der von der Gläubigerversammlung angeordneten Hinterlegung der Gelder bei der Deutschen Bank bequemt haben.

Die Beklagten würden aber auch, wenn sie alsbald nach Übernahme ihrer Funktion eine Prüfung der Bücher und der Kasse des H. mit der erforderlichen Sorgfalt vorgenommen hätten, gegründeten Anlaß zu Bedenken gegen die Korrektheit seiner Geschäftsführung gefunden und daher dringenden Grund zu besonders scharfer Beaufsichtigung gehabt haben. Dann aber hätten sie keinesfalls geschehen lassen dürfen, daß bei dem Verkaufe des vom Gemeinschuldner betriebenen Geschäftes der Preis dafür ohne jede Kontrolle an H. bezahlt werde; sie hätten dann vielmehr Vorkehrungen dahin treffen müssen, daß dieser Preis von dem Käufer des Geschäfts für Rechnung der Konkursmasse unmittelbar an die Deutsche Bank gezahlt werde. Übrigens sei es überhaupt eine als Fahrlässigkeit zu erachtende Unvorsichtigkeit gewesen, daß die Beklagten ungeachtet der Hinterlegungsanordnung eine den Betrag von 20000 M. übersteigende Summe ohne weiteres und ohne Überwachung an den Konkursverwalter hätten zahlen lassen.

Die Revision hat nicht versucht, den gegen die Beklagten erhobenen Vorwurf, ihre Pflichten als Mitglieder des Gläubigerausschusses vernachlässigt zu haben, überhaupt abzuwehren; sie bestreitet aber, daß dieselben verpflichtet gewesen seien, die von der Vorinstanz bezeichneten Maßnahmen zu treffen, insbesondere alsbald nach dem 3. September 1901 eine Revision der Geschäftsführung des Konkursverwalters vorzunehmen oder bezüglich der Bezahlung des Preises für das B.sche Geschäft besondere Vorsichtsmaßregeln zu treffen. Eine Verpflichtung der Beklagten zu solchem Verhalten sei weder aus den Vorschriften der Konkursordnung, noch aus den besonderen Umständen des gegebenen Falles herzuleiten. In der Zeit von der Eröffnung des Konkurses an bis zum Geschäftsverkauf seien offenbar erst wenig Geschäfte abgewickelt, und ein nicht erheblicher Geldbetrag in die Hände des H. gelangt gewesen. Zu einer alsbaldigen Kassenrevision, die nach § 88 KO. nur alle Monate einmal stattzufinden brauche, für deren Vornahme vor dem 3. Oktober 1901 also keine Verpflichtung bestanden habe, sei daher kein Anlaß gegeben gewesen. Die Beklagten hätten auch keinerlei Grund gehabt, die Redlichkeit und die geschäftliche Tüchtigkeit des H. zu bezweifeln. Dieser habe, wie auch das Berufungsgericht als feststehend ansehe, in noch einer ganzen Anzahl anderer Konkurse die Stellung als Verwalter bekleidet; er sei also ein Mann gewesen, der sich bei dem Konkursgericht und in den Kreisen der Geschäftsleute allgemeinen Vertrauens erfreut habe.

Nehme man aber an, es sei den Beklagten kein Vorwurf daraus zu machen, daß sie nicht vor dem 18. September 1901 die Geschäftsführung des H. kontrolliert hätten, so fehle es an dem ursächlichen Zusammenhang zwischen dem Verhalten der Beklagten und dem für die Konkursmasse eingetretenen Verluste, da, wie festgestellt sei, H. die am 18. September 1901 an ihn gezahlte Summe sofort unterschlagen habe, diese Handlung also durch spätere Akte der Beklagten nicht hätte verhindert werden können. Ungerechtfertigt sei es, wenn die Vorinstanz angenommen habe, die Beklagten hätten es, ganz abgesehen von der Verpflichtung, schon vor dem 18. September die Geschäftsführung des H. durch eine bei ihm vorzunehmende Revision festzustellen, überhaupt nicht leiden dürfen, daß der Preis für das verkaufte Geschäft an den Konkursverwalter gezahlt werde; dieser sei die zu dieser Empfangnahme berufene Person gewesen, und Grund zu Mißtrauen gegen ihn habe nicht vorgelegen.

Diese Angriffe konnten keinen Erfolg haben.

Zu Unrecht meint die Revision aus der Bestimmung im § 88 Abs. 2 KO., wonach der Gläubigerausschuß verpflichtet ist, die Untersuchung der Kasse des Verwalters wenigstens einmal in jedem Monat durch ein Mitglied vornehmen zu lassen, die Folgerung ableiten zu dürfen, daß eine Kassenprüfung keinesfalls früher als am letzten Tage einer von der Bestellung des Ausschusses an zu berechnenden einmonatigen Frist erfolgen müsse. Der Zeitpunkt, wann der Ausschuß als solcher zuerst eine Kassenrevision veranlassen muß, wird durch jene Vorschrift nicht bestimmt, und ganz unhaltbar ist die Meinung, daß durch sie den einzelnen Mitgliedern des Ausschusses nachgelassen sei, die Erfüllung ihrer Pflicht, die Geschäftsführung des Verwalters zu überwachen, in der Weise hinauszuschieben, daß mit den ersten Akten der Überwachung bis zum Ablauf eines Monats nach der Bestellung des Ausschusses gewartet werden dürfte. Der Vorinstanz ist auch beizustimmen, wenn sie angenommen hat, der Regel nach müsse, wenn der zunächst vom Gerichte ernannte Konkursverwalter von der ersten Gläubigerversammlung bestätigt worden ist, der in dieser gewählte Gläubigerausschuß sich gleich bei Beginn seiner Funktion durch eigene Nachprüfung davon überzeugen, wie der Verwalter in der Zeit bis zur ersten Gläubigerversammlung die Geschäfte besorgt hat, um sich eine auf eigener Wahrnehmung beruhende Unterlage für die weiteren Entschließungen zu verschaffen. Hierzu hatten auch die Beklagten im vorliegenden Falle Anlaß, da, wie von der Vorinstanz festgestellt ist, H. schon vor der Gläubigerversammlung vom 3. September 1901 durch Einziehung von Außenständen und Fortführung des Geschäftes des Gemeinschuldners mehr als 2000 M. eingenommen hatte, und die in seine Hände gelangten Gelder nach dem Beschlusse der Gläubigerversammlung bei der Deutschen Bank hinterlegt und so der einseitigen Verfügung des Verwalters entzogen werden sollten (§ 137 KO.).

Zutreffend erscheint aber auch die weitere Annahme des Berufungsgerichts, daß die Beklagten, als ihre Zustimmung zum Verkaufe des B.schen Gechäfts im ganzen vom Verwalter eingeholt wurde (§ 134 Ziff. 1 KO.), Vorkehrung dahin hätten treffen müssen, daß der von dem Erwerber zu zahlende Preis auch wirklich sofort der Deutschen Bank zugeführt und dadurch gesichert würde. Es handelte sich dabei um eine sehr namhafte Summe, die den Hauptbestandteil der ganzen Konkursmasse bildete; die Beklagten aber hatten zu der Zeit, als der Verkauf stattfinden sollte, und sie die Genehmigung dazu erteilten, noch keinerlei Maßnahme getroffen, die ihnen ein eigenes Urteil über die Geschäftsführung des Verwalters ermöglicht hätte, und es war ohne jede Schwierigkeit ausführbar, die Einzahlung der Kaufsumme bei der Deutschen Bank sicher zu stellen, mochte zu diesem Zwecke der Erwerber K. verpflichtet werden, die geschuldete Summe direkt für Rechnung der Konkursmasse bei der Bank einzuzahlen, oder bedungen werden, daß er nur gemeinschaftlich an den Konkursverwalter und ein Mitglied des Ausschusses — das dann die Ablieferung des Geldes an die Bank zu überwachen hatte — zahlen dürfe.

Es liegt nach alledem kein Anlaß vor, der Auffassung des Berufungsgerichts entgegenzutreten, daß die Beklagten schon vor der Unterschlagung der bei Gelegenheit des Geschäftsverkaufs in die Hände des H. gelangten Summe die ihnen als Mitgliedern des Gläubigerausschusses obliegenden Pflichten schuldhaft vernachlässigt und dadurch diese Unterschlagung ermöglicht haben. Es kann gegenüber demjenigen, was die Vorinstanz insoweit festgestellt hat, zweifelhaft erscheinen, ob es gerechtfertigt gewesen ist, daß sie lediglich über den Grund des erhobenen Anspruchs entschieden und die Sache zur Verhandlung und Entscheidung über dessen Höhe an die erste Instanz zurückverwiesen hat. Es bedarf aber eines Ausspruchs hierüber nicht, da es jedenfalls die Beklagten nicht beschwert, daß so, wie geschehen, erkannt worden ist.“ ...

RGZ. 74, 258

Gehört der Zwangsvergleichsbürge zu den Beteiligten im Sinne des § 82 KO.? Haftet ihm der Konkursverwalter auch für solche Pflichtwidrigkeiten, die er vor der Abgabe der Bürgschaftserklärung begangen hat?

KO. §§ 82, 174 flg., 194. ZwVG. § 154.

III. Zivilsenat. Urt. v. 12. Oktober 1910.

I. Landgericht Breslau. II. Oberlandesgericht daselbst.

Aus den Gründen:

...„Soweit die Klage auf § 82 KO. gestützt ist, hat der Vorderrichter sie abgewiesen, weil der Kläger weder Konkursgläubiger noch Massegläubiger gewesen sei und als Zwangsvergleichsbürge nicht oder höchstens erst nach rechtskräftiger Bestätigung des Zwangsvergleichs zu den Beteiligten im Sinne des § 82 gehöre, eine Verletzung der Pflichten des Konkursverwalters nach diesem Zeitpunkte aber nicht behauptet sei. Diese Ausführung wird vom Revisionskläger als rechtsirrig bezeichnet; er ist der Meinung, daß ein Zwangsvergleichsbürge schlechthin und nicht erst nach Bestätigung des Zwangsvergleichs Beteiligter im Sinne des § 82 KO. sei. Dieser Angriff ist gerechtfertigt.

Der § 82 KO. hat seine jetzige Fassung: „Der Verwalter ist für die Erfüllung der ihm obliegenden Pflichten allen Beteiligten verantwortlich“ durch die Novelle vom 17. Mai 1898 erhalten; der dem § 82 entsprechende § 74 der Konkursordnung vom 10. Februar 1877 lautete: „Der Verwalter hat die Sorgfalt eines ordentlichen Hausvaters anzuwenden.“ Als Grund für die Änderung gibt die Begründung zum Entwurfe der Novelle nur an, die Vorschrift sei mit § 154 Satz 1 ZwVG., der die Verantwortlichkeit des Verwalters bei der Zwangsverwaltung regele, in Einklang gebracht. Für die Auslegung des § 82 KO. ist demnach die des gleichlautenden § 154 Satz 1 ZwVG. von Bedeutung; würde, wie Dernburg (Sachenrecht 4. Aufl. S. 892flg. § 262a Nr. IV) und Jaeckel-Güthe (ZwVG. 3. Aufl. S. 584 Bem. 1 zu § 154) annehmen, zu den Beteiligten im Sinne des § 154 Satz 1 ZwVG. jeder durch eine Handlung oder Unterlassung des Verwalters Geschädigte zu zählen sein, so müßte auch § 82 KO. entsprechend ausgelegt werden. Dernburgs und Jaeckels Meinung ist aber nicht zu billigen, vielmehr der herrschenden Ansicht,

vgl. Fischer-Schäfer, ZwVG. 2. Aufl. S. 487 Bem. 1 zu § 154; Wolff, ZwVG. 3. Aufl. S. 437 Bem. 1 zu § 154 und die hier Zitierten,

der Vorzug zu geben, nach der unter den Beteiligten in § 154 Satz 1 ZwVG. nur die in § 9 dieses Gesetzes aufgezählten am Zwangsverwaltungsverfahren Beteiligten zu verstehen sind. Da das Zwangsversteigerungsgesetz in § 9 den Begriff der Beteiligten für das ganze Gesetz festgelegt hat, ließe sich eine hiervon abweichende Auslegung des Wortes „Beteiligte“ in § 154 Satz 1 nur dann rechtfertigen, wenn erkennbar wäre, daß es hier eine besondere Bedeutung haben soll, oder sonst ein zwingender Grund für die weitere Auslegung spräche. Das ist aber nicht der Fall. Dernburg begründet seine Ansicht nicht. Jaeckel beruft sich darauf, daß die Konkursordnung, deren § 82 dem § 154 Satz 1 nachgebildet sei, keine dem § 9 ZwVG. entsprechende Vorschrift enthält und daß das Zwangsversteigerungsgesetz nicht überall an der in den Eingangsworten des § 9 aufgestellten Regel festgehalten hat; er betrachtet demnach zu Unrecht die weitere Auslegung des § 82 KO. als unzweifelhaft und will den § 154 Satz 1 ZwVG. im Anschluß an die Bestimmungen der Konkursordnung auslegen, während doch § 82 KO. dem § 154 Satz 1 und nicht umgekehrt dieser jenem nachgebildet ist und daher bei der Auslegung beider in erster Linie der Sprachgebrauch des Zwangsversteigerungsgesetzes berücksichtigt werden muß. Bei Dernburgs und Jaeckels Auslegung würde ferner das Wort „Beteiligte“ ohne jede Bedeutung sein, denn daß nur Geschädigte Ersatzansprüche erheben können, versteht sich von selbst. Auch aus der Fassung „allen Beteiligten“ läßt sich kein zwingender Schluß auf eine von der gesetzlichen Regel des § 9 abweichende Auslegung ziehen, wie dies das Kammergericht in einer Entscheidung vom 22. Mai 1908 (Rechtspr. d. OLG. Bd. 16 S. 344) mit der Begründung tut, bei Zugrundelegung des Begriffs des § 9 wäre die Fassung „den Beteiligten“ sachgemäß gewesen. Das Wort „allen“ läßt sich mit Wilmowski-Kurlbaum-Kühne (KO. 6. Aufl. Bem. 3 zu § 82) dahin deuten, daß der Verwalter nicht nur dem betreibenden Gläubiger und dem Schuldner, denen gegenüber ihm durch Satz 2 des § 154 die Pflicht zur Rechnungslegung auferlegt ist, sondern auch allen anderen Beteiligten im Sinne des § 9 verantwortlich ist; es kann aber auch, wenn man diese Deutung nicht billigt, gegenüber der Begriffsbestimmung des § 9 nicht entscheidend ins Gewicht fallen. Schließlich kann dem Kammergericht (a. a. O.), welches unter den Beteiligten zwar nicht alle Geschädigten, aber auch nicht bloß die am Verfahren unmittelbar Beteiligten, sondern auch dritte Personen verstehen will, zu denen der Verwalter kraft der Verwaltung in rechtliche Beziehungen tritt, nicht zugegeben werden, daß auf Grund des § 74 KO. vom 10. Februar 1877 und der gleichlautenden Bestimmung des § 144 Abs. 3 des preuß. Zwangsvollstreckungsgesetzes vom 13. Juli 1883 stets eine Verantwortlichkeit des Verwalters diesen Dritten gegenüber angenommen sei und daß sich deshalb die gleiche Auslegung der neuen Bestimmungen rechtfertige; es bestand vielmehr über den Kreis der Personen, denen der Verwalter auf Grund dieser älteren Vorschriften zu haften hätte, lebhafter Streit.

Vgl. Entsch. des RG.s in Zivils. Bd. 34 S. 29; Krech und Fischer, Preuß. Zwangsvollstreckungsgesetz Bem. 6 zu § 144.

Ist aber § 154 Sats 1 ZwVG. dahin auszulegen, daß der Zwangsverwalter nur den in § 9 aufgeführten Beteiligten verantwortlich ist, so sind auch zu den Beteiligten in § 82 KO. grundsätzlich nur die am Konkursverfahren Beteiligten zu zählen *).

*) Übereinstimmend Wilmowski-Kurlbaum-Kühne, KO. 6. Aufl. Bem. 2, 3 zu § 82; Sarwey-Bossert, KO. 4. Aufl. Bem. 1 zu § 82; Wolff, KO. Bem. 3 zu § 82. Abweichend Petersen-Kleinfeller, KO. 4. Aufl. Bem. 2 zu § 82; Seuffert, Konkursprozeßrecht S. 161; Kohler, Leitfaden des Konkursrechts 2. Aufl. S. 217 Anm. 3; Jaeger, KO. Anm. 2 zu § 82.

Ob eine Ausnahme zugunsten der nicht zu diesen Beteiligten zu rechnenden Personen, denen gegenüber die KO. durch besondere Vorschriften dem Konkursverwalter Pflichten auferlegt, im Falle der Verletzung dieser Pflichten zu machen ist, kann hier ebenso dahingestellt bleiben, wie die Streitfrage, ob Aussonderungs- und Absonderungsberechtigte zu den Beteiligten gehören. Denn auch bei jener engen Auslegung des § 82 ist der Konkursverwalter dem Zwangsvergleichsbürgen verantwortlich, da dieser zu den an dem Konkursverfahren Beteiligten zu zählen ist. In dem Vergleichsvorschlage des Gemeinschuldners muß nach § 154 KO. angegeben werden, ob und in welcher Art eine Sicherstellung der Konkursgläubiger bewirkt werden soll; dementsprechend ist denn auch in dem vorliegenden Falle mit dem Vergleichsvorschlage des Gemeinschuldners die Bürgschaftserklärung des Klägers durch den Beklagten dem Konkursgerichte eingereicht worden. Als Teil des Zwangsvergleichsvorschlages bildet die bereits abgegebene oder in Aussicht gestellte Bürgschaftserklärung des Vergleichsbürgen den Gegenstand der weiteren Verhandlungen im Zwangsvergleichsverfahren, sowohl der Vorprüfung durch den Gläubigerausschuß (§ 177 KO.), als auch insbesondere der Beratung und Abstimmung im Vergleichstermine (§§ 178, 179, 182), und vor der gerichtlichen Bestätigung des angenommenen Vergleichs ist das Vorliegen einer dem Vergleichsvorschlage entsprechenden bindenden Bürgschaftserklärung (vgl. Entsch. des RG.s in Zivils. Bd. 56 S. 72) und unter Umständen auch gemäß § 188 Abs. 2 die Persönlichkeit und die Vermögenslage des Bürgen zu prüfen. Schließlich bildet der rechtskräftig bestätigte Zwangsvergleich in Verbindung mit der konkursmäßigen Feststellung in der Tabelle gemäß § 194 einen Vollstreckungstitel für die nicht vom Gemeinschuldner ausdrücklich bestrittenen Forderungen der Konkursgläubiger gegen den Vergleichsbürgen ebenso wie gegen den Gemeinschuldner. Steht demnach der Vergleichsbürge neben dem Gemeinschuldner den nicht bevorrechtigten Konkursgläubigern als Vergleichsschuldner gegenüber und bildet seine Bürgschaftserklärung nicht minder als die Verpflichtungserklärung des Gemeinschuldners den Gegenstand der Verhandlungen im Zwangsvergleichsverfahren, so rechtfertigt sich der Schluß, daß auch er als an diesem Verfahren unmittelbar beteiligt anzusehen ist.

Ist der Vergleichsbürge aber am Zwangsvergleichsverfahren unmittelbar beteiligt, so ist er auch zu den Beteiligten im Sinne des § 82 KO. zu zählen und der Konkursverwalter ihm für die Erfüllung der ihm obliegenden Pflichten verantwortlich; und zwar haftet dieser ihm nicht nur für schuldhafte Handlungen und Unterlassungen, die nach der Abgabe der Bürgschaftserklärung oder gar erst nach der Annahme und Bestätigung des Zwangsvergleichs vorgekommen sind, sondern auch für vorher begangene Pflichtwidrigkeiten. § 82 gibt allen Beteiligten schlechthin einen Ersatzanspruch wegen schuldhafter

Pflichtverletzungen des Verwalters, ohne zu unterscheiden, ob diese nach dem Eintritte des Klägers als Beteiligten in das Verfahren oder vorher begangen sind; eine solche Unterscheidung würde auch jedes inneren Grundes entbehren.

Schließlich erfordert auch das Interesse des Vergleichsbürgen die Zubilligung eines Ersatzanspruchs auf Grund des § 82 in dem angeführten Umfange. Er ist sowohl interessiert an einer sorgfältigen Prüfung der angemeldeten Konkursforderungen durch den Verwalter, da durch die Anerkennung nicht bestehender Forderungen der Umfang seiner Verpflichtung erhöht wird, als auch an der ordnungsmäßigen Verwaltung und Verwertung der Konkursmasse, da deren Verringerung eine Minderung des Vermögens des Gemeinschuldners, das dem Zugriffe seiner Bürgschaftsgläubiger und seinem Rückgriffsanspruche unterliegt, und damit eine Vermehrung seines Risikos zur Folge hat. Dem gegenüber kann man auch nicht mit Fug einwenden, daß das Interesse des Bürgen die Haftung des Konkursverwalters für Pflichtwidrigkeiten aus der Zeit vor der Annahme seiner Bürgschaftserklärung deshalb nicht erfordere, weil er in der Lage sei, sich durch Einsicht der Akten über den Stand der Aktivmasse und der Passivmasse genügend zu unterrichten und dann noch seine Erklärung zurückzuziehen. Aus den Akten wird er sich meist keinen genügenden Überblick verschaffen können, er wird sich vielmehr regelmäßig auf den Konkursverwalter verlassen müssen. Dessen Amtsstellung läßt auch ein Vertrauen auf eine ordnungsmäßige Amtsführung und ein Unterlassen genauerer Nachforschungen gerechtfertigt erscheinen; natürlich kann aber eine solche Unterlassung unter Umständen ein mitwirkendes Verschulden darstellen.

Demnach ist die Entscheidung des Vorderrichters, daß dem Kläger auf Grund des § 82 ein Anspruch gegen den Beklagten nicht zustehe, rechtsirrig, und da das Berufungsgericht die angeblichen Pflichtwidrigkeiten des Beklagten als Konkursverwalter und deren ursächlichen Zusammenhang mit dem Schaden des Klägers noch nicht geprüft hat, . . . die Sache zur Verhandlung und Entscheidung an das Berufungsgericht zurückzuverweisen." . . .

RGZ. 78, 186

1. Ist der Gemeinschuldner nach Aufhebung des Konkursverfahrens durch Zwangsvergleich berechtigt, vom Konkursverwalter Schadensersatz zu verlangen, weil er die Masse durch Vernachlässigung der ihm obliegenden Pflichten geschädigt habe?

2. Kann der Konkursverwalter mit dem Einwande gehört werden, daß die angeblich von ihm der Masse entzogenen Werte bei ordnungsmäßiger Verwaltung nicht dem Gemeinschuldner, sondern den Kon-

kursgläubigern durch höhere Befriedigung zugute gekommen wären, der Gemeinschuldner also keinen Schaden erlitten habe?

3. Verjährung der Ersatzklage gegen den Konkursverwalter.

KO. a. F. §§ 74, 177, n. F. §§ 82, 192.

VI. Zivilsenat. Urt. v. 25. November 1911.

I. Landgericht Hamburg. II. Oberlandesgericht daselbst.

Der Kaufmann Cl. war am 27. Oktober 1899 in Konkurs verfallen. Zum Konkursverwalter wurde der Beklagte bestellt. Der Konkurs fand im April 1907 durch Zwangsvergleich sein Ende. Nach Aufhebung des Konkursverfahrens verklagte Cl. den Beklagten auf Zahlung von 140199,22 M. Schadensersatz, weil er durch Vernachlässigung seiner Pflichten als Konkursverwalter die Masse in dieser Höhe geschädigt habe. Der Kläger behauptete insbesondere, der Beklagte habe durch mangelhafte Unterweisung der Anwälte die Aufhebung einer einstweiligen Verfügung verschuldet, durch die zur Sicherung eines Anfechtungsanspruchs der Masse das letzte noch greifbare Vermögen des Anfechtungsbeklagten beschlagnahmt gewesen sei. Weiter habe er durch unterlassene Vollstreckung eines Urteils den Verlust der Urteilssumme herbeigeführt. Nachdem Cl. im Laufe des Verfahrens gestorben war, traten die Klägerinnen als seine Erben in den Prozeß ein.

Beide Vorinstanzen wiesen die Klage ab. Das Berufungsurteil ist aufgehoben worden aus folgenden

Gründen:

„In den Vorinstanzen sind von den Parteien und den Gerichten die §§ 82, 192 KO. n. F. angewendet oder zugrunde gelegt worden, während nach Art. V EinfGes. zum Gesetz, betr. Änderungen der Konkursordnung, vom 17. Mai 1898 das am 27. Oktober 1899 über das Vermögen Cl.s eröffnete Konkursverfahren nach den bisherigen Gesetzen zu erledigen war. Maßgebend sind somit, da unter den „bisherigen Gesetzen" auch die Bestimmungen über das materielle Konkursrecht zu verstehen sind, nicht die §§ 82, 192 n. F., sondern die §§ 74, 177 a. F. Doch kommt hierauf nichts an, da jedenfalls im Verhältnis des Konkursverwalters zu dem Gemeinschuldner und den Konkursgläubigern § 74 a. F. den gleichen Inhalt hatte wie jetzt § 82 n. F. (vgl. Entsch. des RG.s in Zivils. Bd. 20 S. 109, Bd. 34 S. 29).

Das Berufungsgericht stellt tatsächlich fest, daß auch bei Einbeziehung der eingeklagten Werte in die Konkursmasse kein Überschuß der Aktiven über die Verbindlichkeiten vorhanden gewesen, vielmehr nur der Erfolg herbeigeführt worden wäre, daß die Konkursgläubiger zu einem höheren Anteile Befriedigung erhalten hätten, als es zufolge des Zwangsvergleichs der Fall gewesen sei. Selbst wenn sich also — folgert das Berufungsgericht — bei ordnungsmäßiger Verwaltung der Konkursmasse die Werte darin hätten vorfinden müssen, so seien die Klägerinnen dennoch zu den Klageforderungen nicht berechtigt, sowenig wie der Gemeinschuldner die Auszahlung der Beträge an ihn selbst hätte verlangen können. Denn nur auf einen Überschuß der Aktiven über die Verbindlichkeiten habe er Anspruch gehabt. Diese Auffassung geht rechtlich fehl.

Gemäß § 177 KO. a. F. erhielt nach dem Zwangsvergleiche der Gemeinschuldner das Recht zurück, über die Masse frei zu verfügen. Die Masse wurde ihm ausgeantwortet, aber nur so, wie sie durch die Verwaltung des Konkursverwalters, der bisher die Verfügungsgewalt darüber gehabt hatte, geworden war. Sind nun die Klagebehauptungen richtig — was vom Berufungsgerichte nicht geprüft, aber für die Revisionsinstanz zu unterstellen ist —, lagen also die bezeichneten Werte in der Masse und sind sie durch Verschulden des Beklagten verloren gegangen, so ist der Anspruch auf Ersatz des Verlustes gegen den Beklagten Bestandteil der Masse geworden. Denn zur Masse gehören die Forderungen auf Ersatz dessen, was ihr entzogen oder worum sie geschädigt worden ist. Während des Konkursverfahrens hätte die Gesamtheit der Gläubiger — allerdings erst nach Enthebung des Beklagten und Bestellung eines neuen Konkursverwalters — die Ersatzansprüche gegen den Beklagten erheben können. Nach Aufhebung des Konkursverfahrens standen sie dem Gemeinschuldner zu, dem die Masse überkommen ist.

Zu demselben Ergebnis führt die Betrachtung, daß der Gemeinschuldner Eigentümer der Masse bleibt und nur die Verfügungsbefugnis darüber an den Konkursverwalter übergeht, diese aber mit der Aufhebung des Konkursverfahrens an den Gemeinschuldner zurückfällt. Als Eigentümer der zur Masse gehörigen Vermögensstücke wird er auch Eigentümer der Ersatzforderungen gegen den, der sie schuldhaft der Masse entzogen oder entwertet hat. Von ähnlichen Gesichtspunkten ist bereits das Urteil des Reichsgerichts in den Entsch. in Zivils. Bd. 31 S. 119 ausgegangen.

Die Klage kann mithin nicht durch die Erwägung des Berufungsgerichts entkräftet werden, daß der Gemeinschuldner — trotz der Vorschrift des § 177 KO. — nur auf einen Überschuß der Aktiven über die Verbindlichkeiten Anspruch gehabt hätte. Dies hat das Berufungsgericht wohl auch nicht gemeint. Sondern der Gedanke, von dem es geleitet wurde, scheint auf die Anerkennung des Einwandes hinauszulaufen, den der Beklagte in den Vorinstanzen der Klage hauptsächlich entgegengesetzt hatte: Cl. habe gar keinen Schaden erlitten, denn die angeblich vom Beklagten der Masse entzogenen Werte würden nicht ihm, sondern den Konkursgläubigern zugute gekommen sein und nur dazu gedient haben, die Verbindlichkeiten zu erfüllen, von denen Cl. durch den Zwangsvergleich befreit worden sei. Der Beklagte hat den Einwand noch durch den Hinweis zu verstärken gesucht, daß die gegnerische Ansicht zu der unannehmbaren Folgerung zwänge, daß der Gemeinschuldner bei ordnungsmäßiger Verwaltung des Beklagten nichts erhalten hätte, aber durch dessen Nachlässigkeit ein Vermögen gewönne. Dieser Verteidigung konnte nicht beigetreten werden.

Nach dem zu unterstellenden Sachverhalt ist die Masse durch Verschulden des Beklagten verringert worden. Sie hat also Schaden erlitten und konnte den Beklagten dafür haftbar machen. Nach Aufhebung des Konkursverfahrens ist der Gemeinschuldner Herr der Masse und damit des Ersatzanspruchs geworden. Hätte der Konkurs nicht durch einen Zwangsvergleich, sondern durch Ausschüttung der Masse sein Ende genommen, so würde kein Zweifel entstehen, daß der Gemeinschuldner, der die Gläubiger für ihren Ausfall zu befriedigen hätte, auch alles, was sich an Sachen und Rechten in der Masse befände, verwerten dürfte. Durch den Zwangsvergleich ist er allerdings seiner Schulden ledig geworden. Darauf aber, daß die Gläubiger auf den Rest ihrer Forderungen verzichtet und dem Gemeinschuldner in gewissem Sinne eine Zuwendung gemacht haben, kann sich der Beklagte, weil es für ihn res inter alios acta ist, nicht berufen. Dringen die Klägerinnen mit der Klageforderung durch, so beruht der von ihnen erlangte Gewinn nicht auf der ordnungswidrigen Verwaltung des Beklagten, sondern auf dem Schulderlaß der Gläubiger. Ebenso wie die Klägerinnen, ohne durch den Zwangsvergleich gehindert zu sein, den angeblich durch Schuld des Beklagten im Erfolg vereitelten Anfechtungsanspruch betreiben oder die vom Beklagten unterlassene Zwangsvollstreckung nachholen können, muß es ihnen auch unbenommen sein, den Beklagten wegen seiner Säumnisse zu belangen. Die Sache liegt nicht anders, als wenn der Gemeinschuldner einen vom Konkursverwalter für aussichtslos erachteten und deshalb nicht verfolgten Schadensersatzanspruch gegen einen Dritten nach dem Zwangsvergleiche geltend machte. Der Dritte könnte nicht einwenden, daß, wenn er die schädliche Handlung nicht begangen oder den Schaden wieder gut gemacht hätte, nur die Konkursgläubiger davon Vorteil gehabt hätten, der Gemeinschuldner also nicht geschädigt sei.

Die dem Beklagten verwunderlich erscheinende Folgerung wird sich in Wirklichkeit um deswillen nicht leicht einstellen, weil der Konkursverwalter oder die Konkursgläubiger Forderungen, die Erfolg versprechen und die Kosten der Eintreibung lohnen, kaum aufgeben werden.

Die vor dem Oberlandesgerichte nicht mehr wiederholte Einrede der Verjährung, auf die der Beklagte in der Revisionsinstanz zurückgegriffen hat, ist schon deshalb unbegründet, weil der Beklagte keiner unerlaubten Handlung, sondern einer Pflichtverletzung aus § 74 KO. bezichtigt wird. Der hierauf sich stützende Ersatzanspruch verjährt in dreißig Jahren." ...

RGZ. 129, 390†

1. Kann dem klagenden Konkursverwalter entgegengehalten werden, das Konkursverfahren sei unzulässig und er deshalb zur Klagerhebung nicht berechtigt?

2. . . .*).

VII. Zivilsenat. Urt. v. 8. Juli 1930.

I. Landgericht Verden. II. Oberlandesgericht Celle.

Am 26. August 1925 eröffnete das Amtsgericht S. das Konkursverfahren über das Vermögen des Beklagten und seiner Ehefrau und ernannte den Rechtsanwalt G. in S. zum Verwalter. Auf dessen Vorstellung wurde im November 1925 das Verfahren in ein Konkursverfahren über das Vermögen des Mannes und in ein solches über das Vermögen der Frau zerlegt; G. blieb Verwalter in beiden Konkursen. Der Konkurs des Mannes wurde am 2. November 1927 aufgehoben, der Konkurs der Frau erst am 17. Dezember 1929 (während der Revisionsinstanz). In dem letzteren Verfahren hatte der Verwalter im März 1927 ein zur Konkursmasse gehörendes Grundstück (Hofgut) freigegeben; daraufhin wurde der Konkursvermerk am 29. März 1927 im Grundbuch gelöscht. An demselben Tage ließ die Ehefrau Sch. auf dem Grundstück für sich eine Eigentümergrundschuld von 30000 RM. und für den Beklagten den lebenslänglichen Nießbrauch mit dem Range nach der Grundschuld eintragen.

Auf den Antrag eines Gläubigers vom 12. April 1927 eröffnete das Amtsgericht S. durch Beschluß vom 16. Mai 1927 über „das beschlagfreie Vermögen" der Ehefrau Sch. ein neues Konkursverfahren und ernannte dafür den Kläger zum Konkursverwalter. Die sofortige Beschwerde der Frau Sch. gegen diese Konkurseröffnung wurde vom Landgericht Verden durch Beschluß vom 21. Juli 1927 zurückgewiesen und die weitere sofortige Beschwerde durch Beschluß des Oberlandesgerichts Celle vom 17. August 1927 als unzulässig verworfen.

Der Kläger verfolgte sodann mit der im Mai 1928 erhobenen Klage die Anfechtung der Nießbrauchbestellung vom 29. März 1927, indem er sich auf die §§ 30, 31 und 32 KO. stützte. Seinem Antrag entsprechend verurteilte das Landgericht in Anwendung des § 30

*) Geringere Bedeutung.

Nr. 1 KO. den Beklagten, die Löschung des für ihn eingetragenen Nießbrauchs zu bewilligen. Die Berufung des Beklagten wurde zurückgewiesen. Seine Revision führte zur Aufhebung und Zurückverweisung.

Gründe:

In erster Reihe macht die Revision geltend, das am 16. Mai 1927 über das beschlagfreie Vermögen der Ehefrau des Beklagten eröffnete Konkursverfahren sei mit Einschluß der Bestellung des Klägers zum Verwalter in diesem Verfahren unzulässig, der Kläger sei daher zur Erhebung einer Anfechtungsklage nicht berechtigt. Das Landgericht hatte diesen Einwand mit der Erwägung abgelehnt, die Frage der Zulässigkeit jener Konkurseröffnung könne im gegenwärtigen Rechtsstreit nicht mehr nachgeprüft werden, da sie rechtskräftig bestätigt worden sei. Das Oberlandesgericht hat zu dem Einwand keine Stellung genommen, obgleich unbedenklich anzunehmen ist, daß der vom Beklagten auch im zweiten Rechtsgang aufrecht erhalten wurde. Der Auffassung des ersten Richters ist aber beizupflichten. Nachdem der amtgerichtliche Eröffnungsbeschluß vom 16. Mai 1927 durch Zurückweisung der dagegen eingelegten sofortigen Beschwerde und Verwerfung der weiteren sofortigen Beschwerde die Rechtskraft erlangt hat, muß die Konkurseröffnung und mit ihr die Ernennung des Klägers zum Konkursverwalter für alle Beteiligten als gesetzmäßig erfolgt und sonach ohne weiteres verbindlich gelten. Es geht nicht an, die Rechtswirksamkeit dieser öffentlichrechtlichen Maßnahme nachträglich irgendwie in Frage zu stellen. Bei den weitreichenden Wirkungen rechtlicher und wirtschaftlicher Art, die von einer Konkurseröffnung regelmäßig ausgehen, müßte es zu schweren, in ihrer Tragweite gar nicht übersehbaren Erschütterungen des Rechts- und Wirtschaftslebens kommen, wenn die Grundlage jener Wirkungen wieder beseitigt werden könnte. Zudem würde sich, wenn in einem Rechtsstreit dem Einwande der Unzulässigkeit eines Konkursverfahrens stattgegeben würde, die Rechtskraft einer solchen Entscheidung auf die im § 325 ZPO. bezeichneten Personen beschränken, während im übrigen das Verfahren auch weiterhin als rechtsbeständig zu gelten hätte und fortgesetzt werden müßte; ein derartiges Ergebnis wäre unvereinbar mit der Sicherheit, deren das Verkehrsleben bedarf. Deshalb kann hier dahingestellt bleiben, ob die Ausführung der Revision zutrifft, daß die Eröffnung des zweiten Konkursverfahrens über Vermögen der Frau Sch. während des Schwebens des ersten gegen sie eröffneten Konkursverfahrens den im Konkursrecht geltenden Grundsatz der Universalität verletze. Selbst wenn der Revision darin beizustimmen wäre, müßte doch angenommen werden, daß der dem Konkursgericht etwa zur Last fallende Rechtsverstoß durch den Eintritt der Rechtskraft seines Beschlusses geheilt sei. Diese Auffassung steht auch im Einklang mit der Stellungnahme des Reichsgerichts zu dem Bestätigungsbeschlusse des § 184 KO. Wie in RGZ. Bd. 57 S. 274/275 und Bd. 127 S. 376 dargelegt, ist der Rechtskraft dieses Beschlusses die Wirkung beizumessen, daß sie etwa vom Gericht übersehene Mängel des Zwangsvergleichsverfahrens heilt.

Der Revisionseinwand gegen die Berechtigung des Klägers zur Erhebung der Anfechtungsklage ist sonach abzulehen....

...

RGZ. 143, 263

1. Welche Wirkung hat es, wenn in der Gläubigerversammlung ein Gläubigerausschuß bestellt und eine Hinterlegungsstelle bestimmt wurde, ohne daß die Tagesordnung bei der Berufung der Gläubigerversammlung öffentlich bekannt gemacht worden war?

2. Zur Haftung der Hinterlegungsstelle, wenn sie Rückzahlungen bewirkt ohne Mitzeichnung der Quittung durch ein Mitglied des Gläubigerausschusses.

KO. § 87 Abs. 2, §§ 98, 129 Abs. 2, § 132 Abs. 1, § 137.

VII. Zivilsenat. Urt. v. 30. Januar 1934.

I. Landgericht Arnsberg. II. Oberlandesgericht Hamm.

Im April 1925 befand sich die Firma Wilhelm F., Kommanditgesellschaft in S., in Zahlungsschwierigkeiten. Sie verkaufte deshalb ihr Anwesen für 75000 RM. an die Firma Karl K. in S. Da sie trotzdem keine Einigung mit ihren Gläubigern erzielen konnte, wurde durch Beschluß des Amtsgerichts S., vom 1. Mai 1925 das Konkursverfahren über ihr Vermögen eröffnet. Der Rechtsanwalt Dr. U. wurde zum Konkursverwalter bestellt. In dieser Eigenschaft erhielt er aus dem vorgenannten Verkaufserlös 24000 RM., die er am 8. Mai 1925 auf Konto Nr. 4039 bei der Stadtbank der Beklagten einzahlte. Hierbei unterschrieb er eine Erklärung folgenden Inhalts:

Ich bestätige den Empfang

a) eines Exemplars der für den Geschäftsverkehr mit der Stadtbank S. gültigen allgemeinen Bedingungen,

b) eines Heftes Scheckformulare Nr. 144710 bis 144750. Ich wünsche besondere Mitteilungen über Veränderungen auf dem Konto auf unsere Kosten. Bei allen Verfügungen über mein Konto werde ich zeichnen wie untenstehend: Konkursmasse Wilhelm F., Kommanditgesellschaft z. Hd. des Konkursverwalters Herrn Rechtsanwalt Dr. U., welcher zeichnet: Dr. U. als Konkursverwalter.

Inzwischen hatte das Konkursgericht unterm 1. Mai 1925 eine Verfügung nachstehenden Inhalts öffentlich bekannt gemacht:

Über das Vermögen der Firma Wilhelm F. Kommanditgesellschaft in S. ist heute 9,40 Uhr vormittags der Konkurs eröffnet. Konkursverwalter ist der Rechtsanwalt Dr. U. in S. Offener Arrest mit Anzeigepflicht bis zum 20. Mai 1925. Anmeldefrist bis zum 20. Mai 1925. Erste Gläubigerversammlung und Prüfungstermin am 26. Mai 1925 vormittags 10 Uhr im hiesigen Amtsgericht Zimmer 43.

In dieser ersten Gläubigerversammlung wurde dann einstimmig beschlossen:

1. Der Rechtsanwalt Dr. U. in S. wird als Konkursverwalter beibehalten.

2. Es soll ein Gläubigerausschuß von 3 Mitgliedern gewählt werden.

Gewählt wurden die Herren a) Kaufmann S. in S., b) Rechtsanwalt Dr. S. in S., c) Rechtsanwalt W. in S.

3. Die eingehenden Gelder sollen bei der Stadtbank in S. zu den dort üblichen Bedingungen hinterlegt werden.

4. Der Verwalter soll dem Gläubigerausschuß über die Verwaltung und Verwertung des Masse Bericht erstatten und Rechnung legen innerhalb 6 Wochen.

Die bei der Beklagten eingezahlten, den Hauptbestandteil der Masse bildenden 24000 RM. hob U. nach und nach in vielen Einzelbeträgen jeweils durch Scheck bis Ende 1926 außer einem Rest von 89 RM. ab. Sämtliche Schecks wurden nur von ihm allein unterzeichnet. U. hat einen Teil der abgehobenen Beträge veruntreut; er ist deshalb im Jahre 1929 wegen Untreue rechtskräftig bestraft worden und jetzt zu einer Rückerstattung außerstande.

Der neu bestellte Konkursverwalter Rechtsanwalt W. hat die Beklagte auf Schadensersatz in Anspruch genommen, weil die Stadtbank als bestellte Hinterlegungsstelle gemäß § 137 KO. nur gegen eine von einem Gläubigerausschußmitglied mitunterzeichnete Quittung Zahlungen hätte leisten dürfen. Seine auf Zahlung eines Teilbetrags von 6000 RM. gerichtete Klage ist jedoch vom Landgericht am 1. Juni 1928 rechtskräftig abgewiesen worden.

In abgetretenen Rechten hat der Schlossermeister Adolf V. in S. die vorliegende, nach seinem Tode durch seine Witwe fortgeführte Klage auf Zahlung eines weiteren Teilbetrages von 6100 RM. erhoben. Das Landgericht erklärte den Klaganspruch dem Grunde nach für gerechtfertigt. Das Oberlandesgericht hat die Klage abgewiesen.

Auf die Revision der Klägerin wurde das Berufungsurteil aufgehoben und das Urteil des Landgerichts wiederhergestellt aus folgenden

Gründen:

Die Klagabweisung beruht auf folgenden Erwägungen des Berufungsrichters: Die Klägerin wolle die Zahlungen der Stadtbank an U. als Erfüllung nicht gelten lassen, weil die Quittungen nicht von einem Mitglied des Gläubigerausschusses mitunterzeichnet worden seien, wie es § 137 KO. erfordere. Allein die Bank sei nicht Hinterlegungsstelle im Sinne dieser Vorschrift gewesen. Zwar sei in der ersten Gläubigerversammlung vom 26. Mai 1925 ein Gläubigerausschuß bestellt und der Beschluß gefaßt worden, daß eingehende Gelder bei der Stadtbank S. hinterlegt werden sollten. Aber diese Beschlüsse seien nichtig, weil die Tagesordnung der Gläubigerversammlung entgegen der zwingenden Vorschrift des § 98 KO. nicht öffentlich bekannt gemacht worden sei. In der widerspruchslosen Entgegennahme und Protokollierung der Beschlüsse sei auch keine Anordnung des Konkursgerichts nach § 129 Abs. 2 KO. zu finden. Die Beklagte handle nicht arglistig, wenn sie sich darauf berufe, daß ihr keine Verpflichtung obgelegen habe, die Mitunterzeichnung der Quittungen durch ein Mitglied des Gläubigerausschusses zu verlangen. Der am 8. Mai 1925 zwischen U. und der Beklagten geschlossene Verwahrungsvertrag sei nicht dahin auszulegen, daß die Beklagte durch vertragliche Vereinbarung die Pflichten aus § 137 KO. übernommen habe. Selbst wenn die Vertragsteile willens gewesen seien, den Verwahrungsvertrag dieser Gesetzesvorschrift zu unterstellen, könne das doch nur für den Fall beabsichtigt gewesen sein, daß die Gläubigerversammlung die Stadtbank zur Hinterlegungsstelle machen werde.

Diesen Ausführungen ist insoweit zuzustimmen, als sie die zwingende Vorschrift des § 98 KO. auch auf solche Gegenstände anwenden, die gesetzlich auf die Tagesordnung einer ersten Gläubigerversammlung gehören, wie die Beschlußfassung über die Bestellung eines Gläubigerausschusses (§ 87 Abs. 2 KO.) und über die nach § 132 Abs. 1 KO. zu treffende Bestimmung einer Hinterlegungsstelle (vgl. Mentzel KO. 4. Aufl. S. 416 zu § 98). Aber damit ist die Frage noch nicht beantwortet, ob Beschlüsse der Gläubigerversammlung über Gegenstände, die bei ihrer Berufung nicht öffentlich bekannt gemacht worden sind, ohne weiteres als nichtig behandelt werden dürfen, bevor sie vom Konkursgericht oder von der Beschwerdeinstanz für nichtig erklärt worden sind. Diese Frage hat der Berufungsrichter überhaupt nicht geprüft. Sie ist zu verneinen.

Die Gläubigerversammlung ist, wie der Gläubigerausschuß, ein unter Leitung des Konkursgerichts (§ 95 KO.) stehendes Organ der konkursrechtlichen Selbstverwaltung (vgl. Mentzel a. a. O. S. 410 Anm. 1 zu § 93 KO.), also ein Rechtspflegeorgan. So wenig der Beschluß eines anderen Rechtspflegeorgans von irgend jemand als nichtig behandelt werden darf, solange die Nichtigkeit nicht rechtskräftig festgestellt ist, so wenig darf das gegenüber den Beschlüssen der Gläubigerversammlung geschehen (vgl. Kleinfeller in JW. 1931 S. 2588). Ist ein Beschluß der Gläubigerversammlung wegen Nichtbeachtung der Vorschrift in § 98 KO. nichtig, so kann zwar jeder Beteiligte beim Konkursgericht beantragen, daß der Beschluß aufgehoben werde, und im Falle der Zurückweisung des Antrags sofortige Beschwerde einlegen (vgl. Oberlandesgericht Rostock in ROLG. Bd. 35 S. 254; Mentzel a. a. O. S. 387 Anm. 3 zu § 73). Ist aber der Beschluß nicht auf diesem Wege aus der Welt geschafft, so ist er als rechtswirksam zu behandeln. Es geht nicht an, die Rechtswirksamkeit öffentlich-rechtlicher Maßnahmen, wie die Bestellung eines Gläubigerausschusses, solange sie nicht von dem Konkursgericht oder in dem ihm übergeordneten Instanzenzuge aufgehoben worden sind, irgendwie in Frage zu stellen. Bei den weitreichenden Wirkungen rechtlicher und wirtschaftlicher Art, welche die Bestellung eines Gläubigerausschusses und die Bestimmung einer Hinterlegungsstelle zur Folge haben können, würde es zu schweren, in ihrer Tragweite nicht zu übersehenden Erschütterungen des Rechts- und Wirtschaftsleben kommen, wenn jene Maßnahmen von jedermann in Zweifel gezogen und ihre Wirkungen rückwärts wieder beseitigt werden könnten. Solange die Beschlüsse der Gläubigerversammlung nicht auf gesetzlichem Wege beseitigt sind, kann sich kein Beteiligter auf die Nichtigkeit dessen berufen, was die Gläubigerversammlung beschlossen hat. Was der erkennende Senat in dem Urteil vom 8. Juli 1930 (RGZ. Bd. 129 S. 390) hinsichtlich der Rechtswirksamkeit eines Eröffnungsbeschlusses ausgesprochen hat, muß entsprechend in einem Fall wie dem vorliegenden gelten.

Kann sich schon hiernach die Beklagte nicht darauf berufen, daß die Bestellung des Gläubigerausschusses und die Bestimmung der Stadtbank S. zur Hinterlegungsstelle wegen Nichtbeachtung des § 98 KO. nichtig seien, so bedarf es keines Eingehens auf die weiteren Revisionsrügen. Wie das Landgericht in seinem Urteil unter Bezugnahme auf das Urteil des Reichsgerichts vom 5. Juli 1912 (RGZ. Bd. 80 S. 37) zutreffend ausgeführt hat, ist die Bestimmung des § 137 KO. der Beklagten gegenüber selbst dann in Kraft getreten, wenn ihr von jenen Beschlüssen der Gläubigerversammlung keine Mitteilung zugegangen sein und sie auch nicht auf andere Weise Kenntnis davon erlangt haben sollte. Die Haftung der Beklagten würde dann aus der Verletzung ihrer Erkundigungspflicht folgen, wie ebenfalls das Landgericht ohne Rechtsirrtum dargelegt hat. Auch insofern ist dem ersten Richter beizutreten, als er den Einwand der Verwirkung und die Verjährungseinrede zurückgewiesen hat.

Hat sonach das Landgericht mit Recht angenommen, daß die Stadtbank den hinterlegten Betrag nicht ohne Mitunterzeichnung eines Mitglieds des Gläubigerausschusses mit befreiender Wirkung zurückzahlen durfte (vgl. auch Urteil des Reichsgerichts vom 11. November

1913 in JW. 1914 S. 157 Nr. 22), so war unter Aufhebung des Berufungsurteils die Berufung gegen das den Klaganspruch dem Grunde nach für gerechtfertigt erklärende Urteil des Landgerichts zurückzuweisen und die Sache zur Verhandlung über den Betrag an die erste Instanz zurückzuverweisen.

RGZ. 144, 179

Haftet der Konkursverwalter persönlich aus schuldhafter Verletzung eines Vertrags, den er mit einem Absonderungsberechtigten zu dessen Befriedigung geschlossen hat?

KO. § 82.

VI. Zivilsenat. Urt. v. 19. März 1934.

I. Landgericht Königsberg. II. Oberlandesgericht daselbst.

Die Klägerin hatte eine erststellige Hypothek von 148500 GM. auf einem Berliner Grundstück des Architekten G. in K., über dessen Vermögen am 29. Mai 1931 das Konkursverfahren eröffnet wurde. Der Beklagte, der schon im voraufgegangenen Vergleichsverfahren für G. tätig gewesen war, wurde zum Konkursverwalter bestellt. Kurz vor der Konkurseröffnung trat die Klägerin zur Vermeidung einer Zwangsvollstreckung mit ihm in Unterhandlungen, die nach der Konkurseröffnung fortgesetzt wurden und mit dem Schreiben des Beklagten vom 25. Juli 1931 ihren Abschluß fanden. Darin sagte er zu, daß er die Einnahmen aus dem Grundstück in erster Linie zur Bezahlung der Steuern und Hypothekenzinsen verwenden und im Fall der Aufhebung des Konkurses der Klägerin so rechtzeitig Nachricht geben werde, daß sie noch vorher die Zwangsverwaltung anordnen lassen könne. Mit Schreiben vom 26. September 1931 teilte er ihr mit, daß er das Grundstück aus der Konkursmasse entlassen habe. Über das Grundstück war inzwischen wegen rückständiger Steuern auf Betreiben der Stadt Berlin, Bezirksamt Tiergarten, die Zwangsversteigerung angeordnet worden. Im Versteigerungstermin vom 2. November 1931 erhielt die Klägerin als Meistbietende den Zuschlag zu einem Bargebot von 155000 RM. Hiervon wurden dem Bezirksamt im Verteilungstermin 10492,42 RM. zugeteilt, die Klägerin fiel mit 21752,12 RM. ihrer Kapitalforderung aus.

Mit der gegenwärtigen Klage macht sie den Beklagten schadensersatzpflichtig, weil er die Einnahmen nicht vereinbarungsgemäß verwandt, eine Mietpfändung des Bezirksamts nicht abgewehrt und sie von der Freigabe des Grundstücks so spät benachrichtigt habe, daß sie die Mieten des letzten Kalendervierteljahrs 1931 nicht mehr habe erfassen können. Nachdem der Beklagte Rechnung gelegt und die Klägerin ihren Klagantrag insoweit für erledigt erklärt hatte, verlangte sie Zahlung von 7708,68 RM. nebst Zinsen. Und zwar richtete sie die Klage gegen den Beklagten persönlich, weil er sich persönlich verpflichtet habe, übrigens auch nach § 82 KO. haftbar sei; später beantragte sie hilfsweise, ihn unter Beschränkung seiner Haftung auf die Konkursmasse zu verurteilen. Der Beklagte leugnete eine persönliche Verpflichtung, bestritt eine Pflichtverletzung sowie eine Schadenszufügung und widersprach dem Hilfsantrag wegen verfahrensrechtlicher Unzulässigkeit.

Das Landgericht verurteilte ihn nur nach dem Hilfsantrag, wogegen beide Teile Berufung einlegten. Während des zweiten Rechtszugs trat ein anderer Konkursverwalter an die Stelle des Beklagten. Das Oberlandesgericht entschied nunmehr durch Teilurteil über die Berufung der Klägerin, die ihren auf persönliche Verurteilung des Beklagten gerichteten Hauptantrag, jedoch unter Ermäßigung um 50,90 RM., weiterverfolgt hatte. Durch das Teilurteil wurde ihre Berufung zurückgewiesen. Ihre Revision führte zur Aufhebung und Zurückverweisung.

Gründe:

Das Berufungsgericht befindet sich auf dem Boden der Vertragsauslegung, insoweit es annimmt, daß sich der Beklagte nur in seiner Eigenschaft als Konkursverwalter, nicht aber persönlich als „Treuhänder" verpflichtet habe, wie das die Klägerin in erster Linie darzulegen versucht hatte. Die Angriffe der Revision gegen diese Auslegung des Berufungsgerichts sind unbegründet. Die Auslegung ist durchaus möglich, sogar naheliegend und läßt keinesfalls einen Rechtsverstoß erkennen. Dagegen beschwert sich die Revision mit Recht darüber, daß das Berufungsgericht eine Haftbarkeit des Beklagten aus § 82 KO. verneint und nur eine solche aus § 823 Abs. 2 und § 826 BGB. für rechtlich möglich erachtet, deren tatsächliche Voraussetzungen es vermißt. Der Beklagte hat vielmehr, wenn er seine in dem Abkommen mit der Klägerin übernommenen Pflichten schuldhaft verletzt hat, ihr nach § 82 KO. dafür persönlich einzustehen.

Die Klägerin war Hypothekengläubigerin und als solche absonderungsberechtigt. Daß die Absonderungsberechtigten zu den in § 82 KO. genannten „Beteiligten" gehören, ist vom Reichsgericht zwar in RGZ. Bd. 74 S. 261 unentschieden gelassen worden, aber schon aus den Ausführungen daselbst S. 109 zu entnehmen (vgl. auch RGZ. Bd. 33 S. 120). Da sich der Gegenstand des Absonderungsrechts in der Masse befindet und das Recht vom Konkursverwalter beachtet werden muß, so ist die Richtigkeit dieser Ansicht nicht zu bezweifeln (vgl. Jaeger KO. § 4 Anm. 6, § 82 Anm. 2; Mentzel KO. § 4 Anm. 3, § 82 Anm. 2). Sie ist auch die des Berufungsgerichts. Dieses meint aber, § 82 KO. habe nur gesetzliche Pflichten im Auge, während es sich hier um vertraglich übernommene

Pflichten handle, deren Verletzung nur die Konkursmasse haftbar machen könne.

Diese Gesetzesauslegung ist zu eng. Es handelt sich um ein Abkommen, welches das Absonderungsrecht der Klägerin wahren, zugleich aber der Konkursmasse die mit einer Beschlagnahme verbundenen Nachteile ersparen sollte. Die Rechtswirksamkeit eines solchen, für beide Teile vorteilhaften Abkommens ist anerkannt (RGZ. Bd. 35 S. 118; JW. 1915 S. 709 Nr. 13). Der Absonderungsberechtigte, der damit von einer Geltendmachung seiner gesetzlichen Rechte Abstand nimmt, bleibt aber „Beteiligter", und der Konkursverwalter hat nunmehr seine vertraglichen Rechte ebenso zu beachten, wie er seine gesetzlichen Rechte hätte beachten müssen. Andernfalls erlitte die *Rechtsstellung des Absonderungsberechtigten durch* das erlaubte, auch dem Vorteil der Konkursmasse dienende Abkommen eine ungerechtfertigte Verschlechterung. Könnte er sich nicht darauf verlassen, daß der Konkursverwalter bei Vermeidung persönlicher Haftung den Vertrag gewissenhaft erfüllen werde, müßte er vielmehr gewärtigen, bei Vertragsverletzungen des Verwalters auf den Massebestand angewiesen zu sein, so würde das dem Abschluß derartiger Verträge ein Hindernis bereiten, an dem der Rechtsordnung nichts gelegen sein kann. Aus diesen Erwägungen muß der Beklagte nach § 82 KO. für persönlich haftbar erachtet werden, wenn er das Abkommen schuldhaft verletzt und der Klägerin dadurch Schaden zugefügt hat. Dem steht es nicht entgegen, daß nach § 59 KO. die Konkursmasse neben ihm haftet. . . .

RGZ. 149, 182

1. Gehört die von der Gläubigerversammlung bestimmte Hinterlegungsstelle zu den „Beteiligten", denen der Konkursverwalter und die Mitglieder des Gläubigerausschusses verantwortlich sind?

2. Besteht ein echtes Gesamtschuldverhältnis gegenüber der Konkursmasse zwischen der Hinterlegungsstelle und den Mitgliedern des Gläubigerausschusses, wenn der Konkursverwalter Gelder unterschlägt, die er bei der Hinterlegungsstelle ohne Mitzeichnung eines Mitgliedes des Gläubigerausschusses erhoben hat, und wenn der Gläubigerausschuß dies hätte verhindern können?

KO. §§ 82, 88, 89, 132, 137. BGB. §§ 254, 426.

VI. Zivilsenat. Urt. v. 7. November 1935.

I. Landgericht Siegen. II. Oberlandesgericht Hamm.

Über das Vermögen der Kommanditgesellschaft W. Fr. in S. wurde am 1. Mai 1925 das Konkursverfahren eröffnet. Der zum Konkursverwalter bestellte Rechtsanwalt Dr. U. zahlte am 8. Mai 1925 bei der Stadtbank in S. 24000 RM. ein, die aus dem Verkauf des Anwesens der Gemeinschuldnerin herrührten. Dabei erklärte er, er werde alle Verfügungen über das Konto mit „Konkursmasse W. Fr., Kommanditgesellschaft, z. Hd. des Konkursverwalters Herrn Rechtsanwalt Dr. U.“ zeichnen. Am 26. Mai 1925 fand die erste Gläubigerversammlung statt, in der die Beklagten zu alleinigen Mitgliedern des Gläubigerausschusses gewählt wurden und die Stadtbank zur Hinterlegungsstelle bestimmt wurde. Diese Gegenstände der Tagesordnung waren in der öffentlichen Bekanntmachung des Konkursgerichts vom 1. Mai 1925 nicht genannt worden. In der Folgezeit hob der Konkursverwalter U. auf Schecks ohne Mitunterzeichnung eines Gläubigerausschußmitgliedes nach und nach den hinterlegten Betrag bis auf 89 RM. ab, veruntreute davon einen Teil und wurde bestraft. Zur Rückerstattung ist er außerstande.

In einem Vorprozeß, den auf Grund einer von dem neuen Konkursverwalter W. erteilten Abtretung der Schlossermeister V., später dessen Witwe, führte, wurde die Stadt S. in Anspruch genommen, weil die Stadtbank unter Nichtbeachtung des § 137 KO. Zahlungen auf die alleinige Unterschrift des U. geleistet hatte. Das Landgericht erklärte den auf 6100 RM. bezifferten Anspruch dem Grunde nach für gerechtfertigt. Dagegen wies das Oberlandesgericht die Klage ab, weil wegen ungenügender Bekanntmachung der Tagesordnung die Bestimmung der Stadtbank zur Hinterlegungsstelle und die Bestellung des Gläubigerausschusses nichtig gewesen seien. Dieser Abweisungsgrund wurde vom VII. Zivilsenat des Reichsgerichts in dem Urteil vom 30. Januar 1934 VII 294/33 (abgedr. RGZ. Bd. 143 S. 263) mißbilligt, weil die Beschlüsse der Gläubigerversammlung trotz des Verstoßes gegen § 98 KO. als gültig behandelt werden müßten, solange sie nicht vom Konkurs- oder vom Beschwerdegericht aufgehoben seien. Das Reichsgericht stellte in jenem Verfahren das Urteil des Landgerichts wieder her. Darauf verstand sich die Stadtbank im Vergleichswege zur Zahlung von 11200 RM. und zahlte davon einen großen Teil aus.

Im gegenwärtigen Rechtsstreit will sich die an die Stelle der Stadtbank (Stadtgemeinde) getretene Sparkasse an den Mitgliedern des Gläubigerausschusses schadlos halten, weil diese durch Vernachlässigung ihrer Pflichten die Veruntreuungen des U. ermöglicht und damit die Inanspruchnahme der Stadtbank verschuldet hätten, übrigens auch ausgleichspflichtig seien. Sie klagt auf Zahlung von 6100 RM. nebst Zinsen. Die Beklagten leugnen, daß sie gegenüber der Hinterlegungsstelle verantwortlich gewesen seien, und daß diese durch sie geschädigt worden sei; sie leugnen auch eine Ausgleichspflicht und bestreiten den Anspruch auch der Höhe nach.

Landgericht und Oberlandesgericht wiesen die Klage ab. Die Revision der Klägerin führte zur Aufhebung und Zurückverweisung.

Gründe:

Das Berufungsgericht legt den Beklagten, hierin vom Landgericht abweichend, Verletzung ihrer Überwachungspflicht (§ 88 KO.) zur Last. Es meint, sie hätten von vornherein die Erklärung des Konkursverwalters über seine Befugnis zur Abhebung des hinterlegten Betrags einsehen und mit § 137 KO. in Einklang bringen, sich ferner um seine sonstigen Einnahmen außer diesem Betrage kümmern und aufklären müssen, wovon er die ihnen bekanntgewordenen Zahlungen geleistet habe. Das Berufungsgericht nimmt auch an, daß die Erfüllung ihrer Überwachungspflicht sie zu früherem Eingreifen veranlaßt haben würde und daß dann die Stadtbank (Stadtgemeinde) entweder überhaupt nicht oder jedenfalls nur in geringerem Maße geschädigt worden wäre. Diese Erwägungen sind rechtlich nicht zu beanstanden. Daß die Bestellung der Beklagten zu Mitgliedern des Gläubigerausschusses trotz des Verstoßes gegen § 98 KO. als wirksam zu behandeln ist, unterliegt aus den in RGZ. Bd. 143 S. 263 erörterten Gründen keinem Bedenken.

Dennoch vermißt das Berufungsgericht eine rechtliche Grundlage für den Klaganspruch. Es lehnt die Anwendung des § 823 Abs. 1 und Abs. 2 BGB. wie auch die des § 89 KO. ab und hält auch einen Ausgleichsanspruch unter Gesamtschuldnern (§ 426 BGB.) nicht für gegeben.

Von diesen Erwägungen greift die Revision in erster Reihe die Nichtanwendung des § 89 KO. an. Das Berufungsgericht meint, die Stadtbank sei als Hinterlegungsstelle nur insoweit „Beteiligte" gewesen, als sie Vergütungen aus dem Verwahrungsvertrag zu fordern gehabt habe; daran habe sie aber keinen Schaden erlitten, da sie sich durch entsprechende Abschreibungen vom Konto der Konkursmasse insoweit befriedigt habe.

Demgegenüber macht die Revision geltend, die Stadtbank sei noch aus einem anderen Grunde Massegläubigerin und damit „Beteiligte" geworden, weil nämlich durch ihre Zahlungen, die nach § 137 KO. keine befreiende Wirkung gehabt hätten, die Masse auf ihre Kosten ungerechtfertigt bereichert worden sei. Indessen kann das dahingestellt bleiben. Die Stadtbank muß, auch abgesehen von ihrer Rechtsstellung als Massegläubigerin, schon vermöge ihrer Eigenschaft als die von der Gläubigerversammlung bestimmte Hinterlegungsstelle zu den Beteiligten im Sinne der §§ 82, 89 KO. gerechnet werden, gegen die dem Konkursverwalter und dem Gläubigerausschuß Pflichten obliegen. Der Ausdruck „Beteiligte" ist an sich schon umfassend; da zudem der Konkursverwalter und die Mitglieder des Gläubigerausschusses für die Erfüllung ihrer Pflichten „allen Beteiligten" verantwortlich gemacht werden, so ist eine weite Auslegung angezeigt. Selbst die Entscheidung RGZ. Bd. 74 S. 258, die den Kreis unnötig eng gezogen hat (vgl. Jaeger KO. § 82 Anm. 2, 2a, § 89 Anm. 1; Mentzel KO. § 82 Anm. 2, § 89 Anm.), ist dazu gelangt, den Vergleichsbürgen unter die Beteiligten zu zählen. Die von der Gläubigerversammlung bestimmte Stelle, bei der nach § 132 KO. Gelder, Wertpapiere und Kostbarkeiten zu hinterlegen sind, erhält damit die Aufgabe, wertvolle Teile des Massebestandes zu sichern. Sie ist in dieser Hinsicht eine Gehilfin für die Durchführung des Verfahrens. Wenn nun § 137 KO. über ihren Geschäftsverkehr mit den Konkursorganen bestimmt, daß Quittungen und Anweisungen des Konkursverwalters, falls ein Gläubigerausschuß bestellt ist und die Gläubigerversammlung nicht ein anderes *beschließt, zu ihrer Gültigkeit der Mitzeichnung* eines Mitgliedes des Gläubigerausschusses bedürfen, so hat der Konkursverwalter diese Vorschrift nicht nur der Masse, sondern auch der Hinterlegungsstelle gegenüber zu beachten. Der Gläubigerausschuß aber hat ihn nach § 88 KO., wie in allem anderen, so auch darin zu überwachen. Da er die Bücher und Schriften des Verwalters einsehen sowie den Bestand seiner Kasse untersuchen kann, pflichtgemäß auch muß, so hat dasselbe von den Quittungen und Anweisungen zu gelten, die der Verwalter der Hinterlegungsstelle erteilt. Der Gläubigerausschuß hat also darüber zu wachen, daß sich der Verkehr mit der Hinterlegungsstelle ordnungsgemäß abwickelt. Verletzt er diese Überwachungspflicht, so sind seine Mitglieder dafür nicht nur der Masse, sondern auch der Hinterlegungsstelle verantwortlich. Ist dieser durch die Pflichtverletzung ein Schaden entstanden, so haften ihr dafür die Mitglieder des Gläubigerausschusses nach § 89 KO., unbeschadet des Rechts, ihr nach § 254 BGB. eigenes Verschulden zur Last zu legen.

Aus diesem Grunde war die Zurückverweisung der Sache geboten. Dagegen kann der Revision nicht darin gefolgt werden, daß zwischen der Stadtbank und den Beklagten ein echtes Gesamtschuldverhältnis gegenüber der Konkursmasse bestehe, woraus sich nach § 426 BGB. eine Ausgleichspflicht ergebe. Richtig ist zwar, daß die Beklagten wegen ihrer Pflichtvernachlässigung auch der Konkursmasse schadensersatzpflichtig waren, obwohl daneben der Erfüllungsanspruch der Masse gegen die Stadtbank nach § 137 KO. fortbestand. Die gegenteilige Meinung des Berufungsgerichts trifft nicht zu; dabei ist nicht beachtet, daß jener bestrittene Erfüllungsanspruch dem baren Gelde, dessen Veruntreuung die Beklagten hätten verhindern sollen, nicht gleichwertig war. Es blieb der Entschließung des neuen Konkursverwalters überlassen, ob er den Erfüllungsanspruch gegen die Stadtbank erheben oder gegen Abtretung dieses Anspruchs die Mitglieder des Gläubigerausschusses auf Schadensersatz belangen wollte. Aber wenn auch beide Möglichkeiten nebeneinander bestanden, so war darum das Verhältnis zwischen der erfüllungspflichtigen Stadtbank und den schadensersatzpflichtigen Mitgliedern des Gläubigerausschusses doch wegen der Verschiedenheit des Rechtsgrundes ihrer Haftung kein echtes, sondern ein unechtes Gesamtschuldverhältnis, das keine Ausgleichspflicht erzeugt (RGRKomm. z. BGB. § 421 Anm. 1b a. E.; RGZ. Bd. 67 S. 128; Urteile des erkennenden Senats vom 31. Januar 1935 VI 491/34 in SeuffArch. Bd. 89 Nr. 141 und vom 21. Februar 1935 VI 386/34). Die Klägerin kann also gegen die Beklagten zwar einen Schadensersatzanspruch aus § 89 KO., aber keinen Ausgleichsanspruch aus § 426 BGB. geltend machen.

RGZ. 150, 286

Kann die Gläubigerversammlung einzelnen Mitgliedern des Gläubigerausschusses etwas von dessen gesetzlichen Pflichten erlassen?

KO. § 88.

VI. Zivilsenat. Urt. v. 17. Februar 1936.

I. Landgericht Braunschweig. II. Oberlandesgericht daselbst.

Der Rechtsbeistand S. beging als Verwalter im Konkurs über das Vermögen des Hotelpächters L. in B. Veruntreuungen. Er erhob bei der Zweigstelle der Staatsbank in B., die von der Gläubigerversammlung als Hinterlegungsstelle bestimmt worden war, Gelder gegen seine alleinige Quittung, ohne Mitunterschrift eines Mitgliedes des Gläubigerausschusses, und verwandte die Gelder zum Teil für sich. Der Gläubigerausschuß bestand aus den ersten beiden Beklagten sowie aus dem Erblasser der Drittbeklagten. Nachdem S. aus seinem Amte entlassen war, erhob der jetzige Konkursverwalter gegen die beiden ersten Gläubigerausschußmitglieder und die Erben des dritten Klage auf Schadensersatz, weil der Gläubigerausschuß niemals Kassenrevisionen vorgenommen hatte. Das Berufungsgericht erklärte den Anspruch dem Grunde nach für gerechtfertigt. Der Erstbeklagte, der in B. selbst wohnte, während die beiden anderen Mitglieder des Gläubigerausschusses ihre Wohnsitze außerhalb hatten, ließ das Urteil gegen sich rechtskräftig werden. Die anderen Beklagten legten Revision ein. Durch Urteil des erkennenden Senats vom 21. Februar 1935 VI 386/34 wurde das Berufungsurteil gegen diese Beklagten aus Gründen, die hier nicht in Betracht kommen, aufgehoben und die Sache zurückverwiesen. Das Berufungsgericht gelangte wiederum zu demselben Ergebnis. Die abermalige Revision der noch beteiligten Beklagten blieb ohne Erfolg.

Aus den Gründen:

Das Berufungsgericht ist nunmehr auf die Behauptung näher eingegangen, daß die Gläubigerversammlung den Zweitbeklagten und den Erblasser der Drittbeklagten von ihrer gesetzlichen Pflicht, als Mitglieder des Gläubigerausschusses den Kassenbestand allmonatlich nachzuprüfen, entbunden und ihnen nur die Aufgabe der Beratung zugewiesen habe. Schon im ersten Revisionsurteil ist diese Behauptung für ungeeignet erklärt worden, die Beklagten von ihrer Haftung zu befreien. Das Gesetz kennt in dieser Hinsicht nur die eine, im ersten Revisionsurteil genannte Erleichterung, daß nämlich der Gläubigerausschuß eines seiner Mitglieder mit den monatlichen Kassenuntersuchungen beauftragen kann, was aber die übrigen nicht von der Pflicht entbindet, sich um die Vornahme der Untersuchungen und deren Ergebnis zu kümmern (§ 88 Abs. 2 KO.). Von einem Recht der Gläubigerversammlung, einzelnen Mitgliedern des von ihr gewählten Gläubigerausschusses von dessen gesetzlichen Pflichten etwas zu erlassen, schweigt die Konkursordnung gänzlich. Ein solches Recht kann daher nicht anerkannt werden; damit würden auch nur unklare Verhältnisse geschaffen werden. Das Berufungsgericht, das an diese, der Urteilsaufhebung nicht zugrunde gelegte Rechtsansicht des erkennenden Senats nicht gebunden war, hat die gegenteilige Meinung erwogen. Es neigt ihr, ohne abschließend Stellung zu nehmen, insoweit zu, als es sich um Erleichterungen für diejenigen Ausschußmitglieder handelt, welche die Zahl zwei übersteigen. Der dafür angeführte Grund, daß ein Gläubigerausschuß überhaupt nicht zwingend vorgeschrieben sei und daß er aus nicht mehr als zwei Mitgliedern zu bestehen brauche, ist aber nicht überzeugend. Das Gesetz kennt nur eine Art des Gläubigerausschusses. Ein solcher braucht zwar nicht gewählt zu werden; wird er aber gewählt und wird die Wahl angenommen, so haben alle seine Mitglieder die gesetzlichen Pflichten. Das allein verbürgt die nötige Klarheit. Im übrigen würde die Ansicht, zu der das Berufungsgericht neigt, im vorliegenden Fall nicht einmal weiterhelfen. Denn hier sollen von drei Ausschußmitgliedern zwei eine befreite Stellung erhalten haben. Das Berufungsgericht verfolgt jene Ansicht auch nicht weiter, weil es nach Ausweis der Niederschrift über die erste Gläubigerversammlung vom 2. April 1925 an einem entsprechenden Beschluß gefehlt habe, die Beklagten auf das Zeugnis des Konkursrichters verzichtet hätten und die von ihnen nach § 447 ZPO. beantragte Vernehmung des Zweitbeklagten gegenüber dem Protokoll nicht beweisen könne, daß ein förmlicher Beschluß gefaßt worden sei.

Wenn die Revision um Nachprüfung bittet, ob es eines förmlichen Beschlusses bedurft habe, so ist ihr entgegenzuhalten, daß auch ein förmlicher Beschluß an den zwingenden Gesetzesvorschriften nichts geändert, sondern allenfalls die Gültigkeit der Wahl in Frage gestellt hätte. Nach dem Protokoll kommt aber kein vom Gesetz abweichender Beschluß in Betracht. Was etwa in der Gläubigerversammlung unverbindlich gesagt worden ist, hat das Berufungsgericht ohne Rechtsirrtum für unerheblich erklärt. Auch unter dem Gesichtspunkt, ob die

Pflichtverletzung unverschuldet gewesen sei, hat es keine entscheidende Bedeutung. Das Protokoll ergibt ganz klar die Wahl und deren Annahme und enthält nichts, was auch nur die Möglichkeit eines unverschuldeten Mißverständnisses der Zweitbeklagten oder des Erblassers der Drittbeklagten begründen könnte. Sie hätten sich über ihre gesetzlichen Pflichten unterrichten müssen und handeln fahrlässig, wenn sie es nicht getan haben.

RGZ. 152, 125

1. Zum Verschulden des Konkursverwalters und der Mitglieder des Gläubigerausschusses beim Verkauf eines Grundstücks, dessen Eigentum sich die Gemeinschuldnerin durch völlige Befriedigung der Konkursgläubiger erhalten wollte.

2. Kann sich ein Mitglied des Gläubigerausschusses bei Erfüllung seiner gesetzlichen Pflichten vertreten lassen? Welche Rechtsfolgen hat eine unzulässige Vertretung?

KO. §§ 82, 89.

VI. Zivilsenat. Urt. v. 7. September 1936.

I. Landgericht Dresden. II. Oberlandesgericht daselbst.

Am 23. August 1926 wurde das Konkursverfahren über das Vermögen der Klägerin eröffnet; der Erstbeklagte wurde zum Konkursverwalter bestellt, die übrigen vier Beklagten wurden von der Gläubigerversammlung zu Mitgliedern des Gläubigerausschusses berufen. Zur Konkursmasse gehörte das Dampfschiffhotel B., das von der Klägerin für die Zeit vom 1. April 1926 bis Ende 1932 an den Gastwirt W. verpachtet war. Der Konkursverwalter verkaufte am 22. März 1927 das Grundstück für 182050 RM. an den Beklagten K. und an den Pächter W., nachdem in der Gläubigerausschußsitzung vom selben Tage der Verkauf beschlossen worden war.

Aus Anlaß dieses Verkaufs verlangt die Klägerin von den Beklagten Schadensersatz in Höhe eines Teilbetrags von 6200 RM. nebst Zinsen. Sie gründet den Anspruch in erster Reihe auf schuldhafte Verletzung der Pflichten, die den Beklagten als Konkursverwalter und Mitgliedern des Gläubigerausschusses obgelegen haben. Nachdem das die Klage abweisende erste Urteil des Berufungsgerichts durch Urteil des erkennenden Senats aufgehoben und die Sache an das Berufungsgericht zur anderweitigen Verhandlung zurückverwiesen worden war, hat das Berufungsgericht nunmehr den Anspruch dem Grunde nach für gerechtfertigt erklärt. Die Revision der Beklagten hatte keinen Erfolg.

Aus den Gründen:

Das Berufungsgericht nimmt auf Grund des Ergebnisses der erneuten mündlichen Verhandlung an, daß die Beklagten durch den Abschluß und die Vollziehung des Kaufvertrages vom 22. März 1927 grob fahrlässig gegen die Pflichten verstoßen haben, die ihnen durch die Konkursordnung (§§ 82, 89) auferlegt sind. Die verklagten Mitglieder des Gläubigerausschusses haben durch den Beschluß über den Verkauf diesen im Sinne des § 134 Nr. 1 KO. genehmigt. Der Verlauf der Angelegenheit ist nach der Feststellung des Berufungsgerichts im wesentlichen dieser gewesen:

Bereits im Februar 1927 hatte sich der Konkursverwalter zum freihändigen Verkauf des Grundstücks entschlossen. Der Widerspruch der Klägerin gegen diese Maßnahme war ihm bekannt. Sie hatte am 18. Februar 1927 einen Beschluß des Konkursgerichts erwirkt, wonach der freihändige Verkauf zunächst zu unterbleiben habe. Zugleich eröffnete der Konkursrichter dem Konkursverwalter, daß eine Gläubigerversammlung zur Herbeiführung einer Entschließung über den Verkauf einberufen werden solle. Der Konkursverwalter sagte dem Richter zu, daß er das Grundstück vorher nicht verkaufen werde. Gleichwohl verkaufte er das Grundstück schon am nächsten Tage an K. und W., allerdings unter dem Vorbehalt der Genehmigung durch die Gläubigerversammlung. In der Gläubigerversammlung vom 25. Februar 1927 wurde diese Genehmigung nicht erteilt. In der neuen Versammlung am 18. März wurde der Vertagungsantrag der Klägerin abgelehnt, da sie nicht nachweisen konnte, daß sie Mittel in derselben Höhe aufbringen könne, wie sie der Konkursverwalter durch den beabsichtigten Verkauf zu erzielen gedachte; zugleich wurde dem Konkursverwalter die Genehmigung erteilt, das Grundstück freihändig zu verkaufen. Die Klägerin widersprach sofort durch Rechtsanwalt H. dieser Maßnahme und kündigte auch die Beschwerde an. Der Konkursrichter empfahl dem Konkursverwalter, einen Verkauf nicht vor der Entscheidung über die Beschwerde vorzunehmen. Am 22. März 1927 fand eine Sitzung des Gläubigerausschusses statt, in der über den Verkauf des Grundstücks an K. und W. Beschluß gefaßt werden sollte. Rechtsanwalt H. bat den Konkursverwalter durch den Fernsprecher, den Verkauf noch nicht vorzunehmen, da es ihm gelungen sei, genügende Mittel zu beschaffen, und ihm Gelegenheit zur mündlichen Darstellung der Sache zu geben. Der Konkursverwalter setzte die Mitglieder des Gläubigerausschusses hiervon in Kenntnis; die Bitte des Rechtsanwalts H. wurde abgelehnt. Der Konkursverwalter teilte dies Rechtsanwalt H. mit und blieb auch bei der Ablehnung, als dieser ihm hohe Schadensersatzansprüche für den Fall des Verkaufs ankündigte. Außerdem wurde dem Konkursverwalter von Rechtsanwalt H. ein schriftliches Anerbieten mit Anlagen in die

Sitzung geschickt. Der Gläubigerausschuß nahm nach Ausweis der Sitzungsniederschrift vom 22. März 1927 davon Kenntnis. Schließlich hat aber noch der Justizinspektor J. an demselben Tage nachmittags im Auftrage des Richters dem Konkursverwalter durch den Fernsprecher den Eingang der Beschwerde gegen den Genehmigungsbeschluß vom 18. März 1927 mitgeteilt; die Beschwerde selbst war bereits am 19. März, die Begründung ist am 22. März nachmittags eingegangen. Trotz dieser Mitteilung ist noch an demselben Tage nach 8 Uhr abends der Verkauf an K. und W. zum Preise von 182050 RM. vorgenommen worden.

Das Berufungsgericht stellt auf Grund dieses Sachverhalts fest, daß der freihändige Verkauf mit einer durchaus unangebrachten und durch nichts gebotenen Überstürzung beschlossen und durchgeführt worden ist, daß der Konkursverwalter den Widerstand der Klägerin gegen den freihändigen Verkauf möglichst schnell unwirksam machen wollte. Es stellt weiter fest, daß der Konkursverwalter vor Abschluß des Kaufvertrags das Anerbieten der Klägerin, ohne den Verkauf die Konkursgläubiger in vollem Umfang zu befriedigen, nicht mit der erforderlichen Sorgfalt behandelt hat. Das Berufungsgericht unterstellt, daß der Konkursverwalter geglaubt habe, die Klägerin werde nicht in der Lage sein, Beträge in der Höhe aufzubringen, wie sie durch den freihändigen Verkauf beschafft worden sind; es legt aber dar, daß er die von der Klägerin gemachten Vorschläge eingehend prüfen und sich jede mögliche Aufklärung hätte verschaffen müssen. Das Berufungsgericht hebt besonders hervor, daß noch nicht einmal genügend klargestellt war, wie hoch schließlich der Erlös aus dem freihändigen Verkauf für die Konkursmasse sein würde. Es verwertet hierfür die Nichtberücksichtigung der Wertzuwachssteuer. Bereits in dem früheren Revisionsurteil war auf eine Mitteilung des Konkursverwalters aus dem September 1927 hingewiesen, daß diese — von ihm bei dem Verkauf nicht berücksichtigte — Steuer auf 25050 RM. festgesetzt worden sei. Erst wenn diese Wertzuwachssteuer rechtzeitig in Erwägung gezogen worden wäre, hätte, so legt das Berufungsgericht dar, festgestellt werden können, ob der freihändige Verkauf gegenüber dem Anerbieten der Klägerin überhaupt noch in Frage kam.

Das Berufungsgericht nimmt ferner an, daß es die Pflicht der verklagten Mitglieder des Gläubigerausschusses gewesen wäre, den Konkursverwalter zu überwachen und ihn von Schritten abzuhalten, welche die Klägerin ohne zwingenden Grund schädigen konnten; sie hätten gleichfalls die Pflicht gehabt, für die Prüfung des Angebots der Klägerin zu sorgen und auch um die Klärung der Frage der Wertzuwachssteuer bemüht zu sein. Die Auffassung des Beklagten K., er habe sich auf den Konkursverwalter und den im Gläubigerausschuß mitwirkenden Rechtsanwalt N. verlassen dürfen, gehe fehl.

Denn wer das Amt eines Mitgliedes des Gläubigerausschusses übernehme, müsse auch die wirtschaftlichen Folgen der Handlungen des Konkursverwalters beurteilen und diesen überwachen können.

Schließlich stellt das Berufungsgericht mit näheren tatsächlichen Erwägungen fest, daß das Anerbieten der Klägerin geeignet gewesen ist, dieser unter Beiseitelassung des Konkursverfahrens das Grundstück zu erhalten.

Alles das läßt keinen Rechtsirrtum erkennen . . . (Das wird näher dargelegt.)

Soweit sich die Beklagten in der Sitzung vom 22. März 1927 haben vertreten lassen, führt das Berufungsgericht aus, daß sie für ihre Vertreter haften. Dazu ist folgendes zu sagen: Die Tätigkeit eines Mitgliedes des Gläubigerauschusses ist an dessen Person geknüpft und kann als solche nicht auf einen anderen übertragen oder durch einen anderen ausgeübt werden. Daß das Ausschußmitglied seine gesetzliche Verantwortlichkeit (§ 89 KO.) nicht auf einen Erfüllungsgehilfen abwälzen kann, nimmt Jaeger Anm. 4 zu § 88 KO. mit Recht an, ebenso, daß das Ausschußmitglied persönlich nach § 287 BGB. für das Verschulden des Erfüllungsgehilfen haftet, wenn er einen solchen bestellt. Wenn es sich im vorliegenden Fall auch um eine Beschlußfassung handelt, für welche die Tätigkeit eines Erfüllungsgehilfen an sich nicht in Betracht kommt, so muß doch die Vorschrift des § 278 BGB. jedenfalls entsprechend angewendet werden. Überdies war es Sache jedes Mitgliedes des Ausschusses, sich um die Angelegenheit, die schon längere Zeit schwebte, persönlich zu kümmern und persönlich dafür zu sorgen, daß sie sachgemäß erledigt würde. Diese Pflicht haben auch diejenigen verletzt, die an der Sitzung nicht persönlich teilnahmen, sondern sich vertreten ließen.

RGZ. 154, 291

1. Über den Umfang der Aufsichtspflicht des Konkursrichters gemäß § 83 KO.

2. Ist der Konkursrichter verpflichtet, das aus Anlaß einer bevorstehenden Abschlagsverteilung von dem Konkursverwalter gemäß § 151 KO. auf der Geschäftsstelle niedergelegte Verzeichnis von Amts wegen auf seine Richtigkeit und Vollständigkeit zu prüfen?

V. Zivilsenat. Urt. v. 7. April 1937.

I. Landgericht Görlitz. II. Oberlandesgericht Breslau.

Am 22. August 1924 wurde über das Vermögen des Gutsbesitzers G. in Mittel-D.-O. das Konkursverfahren vor dem Amtsgericht in G. eröffnet und der Kaufmann He. daselbst zum Konkursverwalter ernannt. In der ersten Gläubigerversammlung vom 15. September 1924 wurde beschlossen, den Konkursverwalter beizubehalten und von der Bildung eines Gläubigerausschusses Abstand zu nehmen. Der Beschluß der Gläubigerversammlung enthielt ferner folgende Bestimmung:

Die eingehenden Gelder sollen, soweit solche verfügbar sind, bei der Communalständischen Bank hier zur täglichen Verfügung und zu den dort üblichen Bedingungen hinterlegt werden.

Der Verwalter soll dem Gericht monatlich einmal über die Verwaltung und Verwertung der Masse Bericht erstatten zur Einsicht der Beteiligten.

Der Konkursverwalter hat einen solchen Bericht jedoch nur einmal, am 15. Oktober 1924, erstattet; er ist zunächst auch von dem Konkursrichter nicht dazu angehalten worden. Erst nach der zweiten Gläubigerversammlung vom 11. November 1925, wo der Konkursverwalter zur freihändigen Veräußerung der dem Gemeinschuldner gehörigen ideellen Hälfte an dem Gute Mittel-D.-O. ermächtigt wurde, erstattete er auf die alle drei Monate erfolgende Aufforderung des Konkursrichters einen kurzen Bericht über den Fortgang des Verfahrens.

Der Kläger hatte am 25. September 1924 in Höhe von 82905,70 RM. Wechselforderungen zur Konkurstabelle angemeldet, die dort unter Nr. 22 eingetragen wurden. Nachdem die Forderungen im ersten Prüfungstermin vom Konkursverwalter bestritten worden waren, erhob der Kläger Klage auf Feststellung eines Teilbetrags von 19980 RM. Da im ersten Verhandlungstermin vom 13. Oktober 1925 niemand erschien, kam das Verfahren zum Ruhen. Am 16. August 1926 meldete der Kläger noch eine weitere Forderung von 21619,20 RM. zur Konkurstabelle an und beantragte gleichzeitig einen neuen Prüfungstermin. Auf diesen laut Aktenvermerks erst am 30. Oktober 1926 vorgelegten Antrag veranlaßte der Konkursrichter am 1. November 1926 die Eintragung in die Tabelle, die unter Nr. 35 erfolgte. Ein neuer Prüfungstermin wurde erst am 18. Februar 1927 auf den 17. März 1927 anberaumt, nachdem der Kläger am 17. Februar 1927 daran erinnert hatte. Auch die nachträglich angemeldete Forderung wurde vom Konkursverwalter bestritten. Der Kläger erhob, nachdem ihm auf seinen Antrag vom 18. März 1927 das Armenrecht anfangs Juni 1927 bewilligt worden war, am 16. Juni 1927 wegen dieser Forderung ebenfalls die Feststellungsklage. Dieses Verfahren wurde später ausgesetzt. Die Klage ist schließlich zurückgenommen worden.

Nachdem der Konkursverwalter inzwischen die Grundstückseigentumshälfte des Gemeinschuldners veräußert hatte, kündigte er im Amtsblatt der Regierung in L. vom 2. April 1927 eine Abschlagsverteilung von 34385,99 RM. an. Am 8. April 1927 reichte er dem Konkursgericht zur Auslegung in der Geschäftsstelle ein Verzeichnis der bei der Abschlagsverteilung zu berücksichtigenden Forderungen mit einem Teilungsplan ein, worin der Kläger nicht berücksichtigt war; bei seinen Forderungen von 82905,70 RM. und 21619,60 RM. war der Vermerk eingetragen: „sind bestritten worden, Feststellungsklage nicht nachgewiesen". Da Einwendungen gegen den Verteilungsplan nicht erhoben wurden, fand am 12. Mai 1927 die vorgesehene Abschlagsverteilung statt, bei der die berücksichtigten Gläubiger mit 80 v. H. ihrer Forderungen befriedigt wurden. Die unter Nr. 22 des Gläubigerverzeichnisses eingetragenen Forderungen des Klägers von insgesamt 82905,70 RM. sind von dem Konkursverwalter am 22. Mai 1929 in Höhe von 7300 RM., am 12. Oktober 1932 in Höhe weiterer 2000 RM. und am 18. September 1933 in Höhe der restlichen 73605,70 RM. anerkannt worden. Der Kläger hat aus der Konkursmasse 5074,20 RM. erhalten. Im übrigen ist er ausgefallen, da die Masse erschöpft war. Dies beruhte zum Teil darauf, daß der Konkursverwalter He. einen größeren Betrag unterschlagen hatte, weswegen er im Juli 1931 aus seinem Amt entlassen und bestraft wurde. Nach seinem Tode ist der Nachlaßverwalter verurteilt worden, an den Kläger 10394,60 RM. nebst Zinsen zu zahlen, abzüglich der aus der Konkursmasse erfolgten Zahlungen.

Nachdem sich die Vollstreckung aus diesem Urteil als aussichtslos erwiesen hat, verlangt der Kläger von dem Beklagten Schadensersatz wegen fahrlässiger Amtspflichtverletzung der beteiligten Konkursrichter. Er hat dazu vorgetragen:

Der Beschluß der Gläubigerversammlung vom 15. September 1924 habe dem Konkursrichter die regelmäßige Nachprüfung der Geschäftsführung des Konkursverwalters zur Pflicht gemacht. Die Überwachung hätte auch deshalb besonders sorgfältig durchgeführt werden müssen, weil kein Gläubigerausschuß bestellt worden sei. Der Konkursrichter hätte daher allmonatlich einen genauen Bericht einfordern und nachprüfen müssen, ob der Konkursverwalter die eingegangenen Gelder entsprechend dem Beschluß der Gläubigerversammlung auf einem Sonderkonto angelegt habe. Dann wäre es nicht möglich gewesen, daß der Konkursverwalter He. die Gelder zusammen mit denjenigen aus anderen Konkursen und seinen eigenen auf einem gemeinsamen Bankkonto angelegt hätte, wodurch die Unterschlagungen bedeutend erleichtert worden seien.

Mit Rücksicht darauf, daß der Konkursverwalter seit dem Jahre 1927 schwer krank und dauernd in ärztlicher Behandlung gewesen sei, hätte schon damals an seiner Stelle ein anderer Konkursverwalter bestellt werden müssen. Ferner hätte anläßlich der Erkrankung eine Kassenprüfung vorgenommen werden müssen. Auch hätte im Jahre 1930 nicht ein Büroangestellter des erkrankten He., Dr. S., zum Ersatzkonkursverwalter bestellt werden dürfen, denn dieser sei in Gewissenskonflikte gekommen, als er erstmalig auf die Veruntreuungen seines Arbeitsgebers aufmerksam geworden sei. Wenn sogleich ein

Unbeteiligter zum Konkursverwalter bestellt worden wäre, dann wären He.s Verfehlungen schon damals ans Licht gekommen.

Eine weitere Amtspflichtverletzung liege darin, daß der Konkursrichter nicht für beschleunigte Abwicklung des Konkurses Sorge getragen habe, obwohl der Kläger wiederholt um Beschleunigung gebeten habe. Bei entsprechender Beschleunigung hätte die Schlußabrechnung 4 bis 5 Jahre früher stattfinden können und die Unterschlagungen im Betrage von 4928,13 RM. wären verhindert worden.

Schließlich hätte der Konkursrichter veranlassen müssen, daß bei der Abschlagsverteilung vom 12. Mai 1927 der damals bereits eingeklagte Forderungsbetrag von 19980 RM. berücksichtigt und der hierauf entfallende Anteil aus der Teilungsmasse hinterlegt würde. Ebenso habe der Konkursrichter verschuldet, daß die nachträglich angemeldete Forderung von 21619,20 RM. nicht bei der Abschlagsverteilung berücksichtigt worden sei. Wenn der am 13. August 1926 beantragte Prüfungstermin rechtzeitig abgehalten worden wäre, dann hätte der Kläger auch wegen dieser Forderung die Feststellungsklage vor der Abschlagsverteilung erheben können.

Mit der Klage hat der Kläger zunächst einen Teilbetrag seines Schadens von 2000 RM. geltend gemacht.

Der Beklagte hat erwidert, eine schuldhafte Verletzung der Pflicht zur Aufsicht über den Konkursverwalter könne den Konkursrichtern nicht vorgeworfen werden. He. sei der älteste, tüchtigste und angesehenste Konkursverwalter in G. gewesen. Bis zur Jahreswende 1930/31 seien keine begründeten Beschwerden gegen ihn erhoben worden. Auch der Kläger sei nicht vorher, jedenfalls nicht vor der Abschlagsverteilung im Mai 1927, bei dem Konkursgericht vorstellig geworden. Die Unterschlagungen seien aber bereits in der Zeit von 1925 bis 1927 begangen worden.

Der Konkursrichter habe zwar im ersten Jahre nach der Gläubigerversammlung vom 15. September 1924 den Konkursverwalter nicht regelmäßig zum Bericht aufgefordert. Hierdurch sei aber kein Schaden entstanden, denn in dieser Zeit seien keine Veruntreuungen begangen worden. In der auf Antrag des Konkursverwalters am 11. November 1925 abgehaltenen Gläubigerversammlung sei dann Rechnung gelegt worden, und die Gläubigerversammlung habe daraufhin den Beschluß über die monatliche Rechnungslegung nicht aufrechterhalten. In der Folgezeit habe eine unter diesen Umständen ausreichende Aufsicht dadurch stattgefunden, daß regelmäßig alle drei Monate ein Bericht erfordert worden sei. Eine weitere Nachprüfung der Geschäftsführung des Konkursverwalters, insbesondere nach der Richtung, ob er die Massegelder auf ein Sonderkonto angelegt hätte, habe dem Konkursrichter ohne besonderen Anlaß nicht obgelegen.

Die Krankheit des Konkursverwalters habe bis zum Jahre 1930 keinen Anlaß zu einem Eingreifen des Konkursrichters gegeben. Als ein längerer Kuraufenthalt des Konkursverwalters notwendig geworden sei, sei am 31. Januar 1930 Dr. S. für die Dauer der Krankheit zum Stellvertreter des Konkursverwalters bestellt worden. Am 2. Oktober 1930 habe He. die Verwaltung wieder übernommen. Durch die Bestellung des Dr. S. sei jedenfalls kein Schaden entstanden, denn damals seien die Unterschlagungen bereits vollendet gewesen.

Für die Nichtberücksichtigung des Klägers bei der Abschlagsverteilung könne der Konkursrichter nicht verantwortlich gemacht werden, weil er von der Erhebung der Feststellungsklage keine Kenntnis gehabt habe. Er habe sich auf die Richtigkeit der Eintragung des Konkursverwalters in dem Gläubigerverzeichnis verlassen dürfen, daß der Kläger keine Feststellungsklage nachgewiesen hätte. Jedenfalls treffe aber den Kläger ein ganz überwiegendes eigenes mitwirkendes Verschulden, weil er trotz der öffentlichen Bekanntmachung der Abschlagsverteilung und der Auflegung des Gläubigerverzeichnisses keine Einwendungen gegen den Verteilungsplan erhoben habe. Die nachträglich angemeldete Forderung von 21619,20 RM. habe bei der Abschlagsverteilung nicht berücksichtigt werden dürfen, weil damals noch keine Feststellungsklage erhoben worden sei. Durch die Verzögerung des Prüfungstermins sei dem Kläger kein Schaden entstanden, weil diese Forderung niemals anerkannt oder festgestellt worden sei. Eine frühere Beendigung des Konkursverfahrens sei wegen der langen Dauer der anhängigen Konkursprozesse nicht möglich gewesen.

Der Kläger wurde vom Landgericht und Oberlandesgericht abgewiesen. Seine Revision führte zur Aufhebung und Zurückverweisung.

Gründe:

... Der Kläger erblickt den ihm erwachsenen Schaden in zwei Umständen: zunächst darin, daß infolge der Unterschlagungen des Konkursverwalters eine geringere Konkursdividende zur Ausschüttung gelangt, sodann darin, daß er bei der Verteilung ungenügend berücksichtigt worden sei. Soweit der Kläger den letztgedachten Schaden geltend macht, hat das Oberlandesgericht die Voraussetzung des § 839 Abs. 1 Satz 2 BGB. verneint mit der Begründung, dem Kläger stehe gegen die Gläubiger, die an der Verteilung teilgenommen hätten, ein Anspruch wegen ungerechtfertigter Bereicherung zu. Hiergegen werden von der Revision mit Recht Bedenken erhoben. Hinsichtlich der Erfüllung der Klagevoraussetzung des § 839 Abs. 1 Satz 2 BGB. dürfen an den Geschädigten keine unzumutbaren Anforderungen gestellt werden. Der Kläger kann daher hier nicht auf den weitläufigen und vollends bei einem Rechtsgrund wie dem der ungerechtfertigten Bereicherung im Ergebnis unsicheren Weg verwiesen werden, von einer großen Anzahl von Konkursgläubigern einen Teil der ihnen zugefallenen Konkursdividende herauszuverlangen. Hierbei kommt insbesondere in Betracht, daß die Konkursgläubiger die ihnen zugeteilte Abschlagszahlung gutgläubig in Empfang genommen haben und daß zwischen der Abschlagsverteilung und der Entdeckung der Veruntreuungen des Konkursverwalters ein Zeitraum von mehreren Jahren liegt. Unter diesen Umständen wäre es Sache des Beklagten gewesen, seinerseits darzulegen, daß etwa aus besonderen Gründen eine Bereicherungsklage gegen den einen oder anderen Gläubiger ohne besondere Schwierigkeiten durchzuführen und daher dem Kläger zuzumuten wäre.

Das dem Konkursgericht in § 83 KO. gegenüber dem Konkursverwalter eingeräumte Aufsichtsrecht umfaßt die Befugnis, jederzeit Auskunft über die Geschäftsführung des Konkursverwalters zu verlangen, Bücher und Belege einzusehen und den Kassenbestand zu prüfen. Wieweit das Konkursgericht von diesen Befugnissen Gebrauch machen will, steht in seinem pflichtmäßigen Ermessen. Eine regelmäßige Rechnungsprüfung, wie sie für den Vormundschaftsrichter angeordnet ist (§§ 1840, 1843 BGB.), obliegt dem Konkursgericht nicht. Dieses hat sich bei der Ausübung der Aufsicht über die Geschäftsführung des Konkursverwalters auch gegenwärtig zu halten, daß die Verwaltung nicht erschwert und die Berufs- und Entschlußfreudigkeit des Verwalters nicht beeinträchtigt werden darf. Eine Prüfung der Kassenbestände wird daher im allgemeinen nur vorzunehmen sein, wenn hierzu ein besonderer Anlaß geboten ist. Allerdings ist dies nicht nur der Fall, wenn der Verdacht der Unredlichkeit gegen den Konkursverwalter begründet ist, sondern es können auch andere Umstände, wie Fehlen des Gläubigerausschusses, lange Dauer des Konkurses, die Vornahme einer Kassenprüfung angezeigt erscheinen lassen (vgl. auch Allg. Verf. des Preuß. Justizministers vom 25. Juni 1931, Pr. JMBl. S. 223). Da die Sache ohnedies einer erneuten Erörterung in der Tatsacheninstanz bedarf, so wird Gelegenheit gegeben sein, die Frage einer nochmaligen Prüfung zu unterziehen, ob nicht die Beschwerden einiger Gläubiger, die Krankheit des Konkursverwalters und die lange Dauer des Konkursverfahrens in Verbindung mit dem Umstand, daß ein Gläubigerausschuß fehlte, den beteiligten Konkursrichtern eine Untersuchung der Kassenbestände nahelegen mußten.

Zu durchgreifenden Bedenken geben ferner die Ausführungen des Berufungsrichters Anlaß, die sich damit befassen, daß sich der Konkursverwalter über den Beschluß der Gläubigerversammlung vom 15. September 1924 hinweggesetzt hat. Daß der Konkursrichter gemäß § 83 KO. den Konkursverwalter zur Ausführung der Beschlüsse der Gläubigerversammlung anzuhalten hat, bedarf keiner weiteren Ausführung. Hieran haben es aber die beteiligten Richter im gegebenen Fall vollständig fehlen lassen. Hätten sie auf die genaue Einhaltung des Beschlusses vom 15. September 1924 gedrungen, so hätte sich ohne weiteres ergeben, daß die Gelder nicht, wie dies nach dem Sinn dieses Beschlusses selbstverständlich war, auf ein Sonderkonto angelegt waren. Dem aber hätte der Konkursrichter entgegentreten müssen. Daß bei der Anlegung der Gelder auf einem Sonderkonto die Aufdeckung einer Unterschlagung viel leichter gewesen wäre, liegt auf der Hand. Schon hieraus ergibt sich, daß die Erwägung des Oberlandesgerichts, der ursächliche Zusammenhang zwischen der Amtspflichtverletzung der beteiligten Konkursrichter und den Unterschlagungen des Konkursverwalters sei nicht nachgewiesen, nicht zutrifft. Es kommt aber weiter noch folgendes in Betracht: Bei Verfehlungen des Vormundschaftsrichters hinsichtlich der Erfüllung seiner Aufsichtspflicht hat das Reichsgericht den Grundsatz aufgestellt, daß, wenn diese Verfehlungen an sich geeignet waren, den dem Mündelvermögen erwachsenen Schaden hervorzurufen, anzunehmen sei, daß der Schaden auf ihnen beruhe, solange nicht der Gegner das Gegenteil bewiesen habe. Denn es sei davon auszugehen, daß das Bewußtsein des Vormundes, von dem Vormundschaftsgericht streng beaufsichtigt zu sein, geeignet sei, Veruntreuungen zu verhüten, während eine laxe Handhabung der Aufsicht einen nicht gewissenhaften Vormund zu Verfehlungen eher geneigt mache (vgl. WarnRspr. 1916 Nr. 280, 1936 Nr. 157). Dieser Grundsatz muß entsprechend auch dann Anwendung finden, wenn der Konkursrichter es an der gebotenen Aufsicht gegenüber dem Konkursverwalter hat fehlen lassen. Bei Verneinung der Ursächlichkeit der Amtspflichtverletzungen der Konkursrichter für die Veruntreuungen des Konkursverwalters ist daher das Oberlandesgericht von einer unrichtigen Verteilung der Beweislast ausgegangen. Hiernach bedarf diese Frage einer erneuten Erörterung in der Tatsacheninstanz.

Was sodann die Abschlagsverteilung betrifft, so ist eine Verpflichtung des Konkursrichters zur Prüfung der Richtigkeit und Vollständigkeit des gemäß § 151 KO. vom Konkursverwalter auf der Geschäftsstelle niederzulegenden Verzeichnisses im Gesetz weder ausdrücklich angeordnet, noch ergibt sie sich aus dem Zweck, dem die Niederlegung des Verzeichnisses dient. Es handelt sich hierbei um eine bloße Verwaltungsmaßregel, die einerseits eine feste Grundlage für die Ausführung der Abschlagsverteilung schaffen, anderseits den Gläubigern Veranlassung bieten soll, versäumte Nachweisungen nachzuholen und die Beseitigung etwaiger Unrichtigkeiten durch Änderung oder Ergänzung zu veranlassen. Das Konkursgericht hat sich mit diesem Verzeichnis erst zu befassen, wenn gemäß § 158 KO. Einwendungen bei ihm erhoben werden. Es ist also Sache der Konkursgläubiger, ihrerseits das Verzeichnis auf seine Richtigkeit zu prüfen und erforderlichenfalls Einspruch gemäß § 158 KO. einzulegen. Aus der Unrichtigkeit des Verzeichnisses und der etwaigen Kenntnis des Konkursrichters von der Erhebung der Feststellungsklage kann daher der Kläger keinen Schadensersatzanspruch gegen den Beklagten herleiten. Wegen einer nachträglichen Berücksichtigung seiner Forderungen gemäß § 155 KO. hätte sich der Kläger an den Konkursverwalter wenden und, falls dieser sich pflichtwidrig weigerte, bei dem Konkursgericht Vorstellungen erheben können. Daß dies geschehen und ob die Voraussetzungen des § 155 KO. gegeben waren, ist aus dem bisherigen Vortrag des Klägers nicht zu entnehmen.

Nach dem Berufungsurteil ist zu unterstellen, daß der Kläger, wenn der Prüfungstermin für seine nachträglich angemeldete Forderung früher abgehalten worden wäre, die Feststellungsklage so rechtzeitig erhoben hätte, daß seine Forderung bei der Abschlagsverteilung durch Hinterlegung gemäß § 168 Nr. 1 KO. berücksichtigt worden wäre. Das Oberlandesgericht nimmt weiter zutreffend an, daß der *hinterlegte Betrag dann bei der Schlußverteilung*, nachdem der Kläger die nachträgliche Anmeldung nicht aufrechterhalten hatte, für die bei der Abschlagsverteilung zu Unrecht übergangene Forderung von 19980 RM. zur Verfügung gestanden hätte. Der einzige Grund, aus dem es dem hieraus geltend gemachten Schadensersatzanspruch des Klägers die Anerkennung versagt hat, daß der Kläger seine Bereicherungsansprüche gegen die bei der Verteilung berücksichtigten Gläubiger durchsetzen müsse, schlägt, wie eingangs ausgeführt, nicht durch. Hiernach bedarf auch dieser Punkt einer weiteren Erörterung in der Tatsacheninstanz.

Eröffnungsverfahren

RGZ. 36, 93

Hat der Konkursverwalter auch im Falle des § 105 (116 n. F.) KO. die Pflicht, für die Berichtigung oder Sicherstellung der Massenansprüche zu sorgen?

III. Zivilsenat. Urt. v. 15. November 1895.

I. Landgericht Altona. II. Oberlandesgericht Kiel.

Nachdem das Amtsgericht Schwarzenbeck den Antrag des früheren Direktors H. auf Eröffnung des Konkurses über das Vermögen der Waldbrauerei B. durch Beschluß vom 8. Dezember 1892 abgelehnt hatte, wurde auf Beschwerde des H. das Amtsgericht durch Beschluß des Landgerichts zu Altona vom 14. Januar 1893 angewiesen, das Konkursverfahren zu eröffnen. Das Amtsgericht eröffnete hierauf durch Verfügung vom 17. Januar das Verfahren und bestellte den Rechtsanwalt B. in B. zum Konkursverwalter. Auf die Beschwerde der Gemeinschuldnerin wurde jedoch durch oberlandesgerichtlichen Beschluß vom 20. April 1893 der landgerichtliche Beschluß wieder aufgehoben und der Antrag auf Eröffnung des Konkurses abgewiesen. Die gegen diesen Beschluß verfolgte weitere Beschwerde wurde durch Beschluß des Reichsgerichtes vom 16. Mai 1893 verworfen. Das Amtsgericht hob hierauf durch Beschluß vom 31. Mai 1893 das Verfahren wieder auf und machte die Wiederaufhebung in der Bergedorfer Zeitung, seinem Amtsblatte, am 10. Juni öffentlich bekannt. Der Konkursverwalter hatte inzwischen den Betrieb der Gemeinschuldnerin durch den bisherigen Leiter des Geschäftes fortgesetzt, und mit diesem hatte auch die jetzige Klägerin kontrahiert. Die Klägerin ist aber für ihre Forderung aus Hopfenlieferung aus der Konkursmasse nicht befriedigt worden. Sie macht für diese Nichtbefriedigung klagend den früheren Konkursverwalter persönlich verantwortlich, nachdem später abermals und nun rechtskräftig der Konkurs über das Vermögen der Waldbrauerei eröffnet worden ist, und Klägerin in diesem Verfahren nach ihrer Behauptung Befriedigung nicht zu erwarten hat. Das Berufungsgericht hat den Beklagten verurteilt, der Klägerin gegen Abtretung der aus dem Konkurse der Waldbrauerei B. zu erwartenden Dividende den eingeklagten Betrag zu bezahlen.

Auf die Revision des Beklagten ist das Revisionsgericht den Erwägungen des Berufungsgerichtes über die Haftung des Beklagten beigetreten aus folgenden

Gründen:

„Es handelt sich um die Frage, ob der Konkursverwalter im Falle der Wiederaufhebung des Eröffnungsbeschlusses verpflichtet ist, für die Befriedigung bzw. Sicherstellung der Gläubiger zu sorgen, obwohl das Gesetz im Anschlusse an § 105 KO. nicht die Vorschrift gegeben hat, welche im Anschlusse an den Zwangsvergleich in § 176 (191 n. F.) KO. getroffen worden ist. Diese Frage mußte bejaht werden. Der die Eröffnung aufhebende Beschluß vernichtet nicht das voraufgegangene Verfahren ex tunc, sondern beendigt es. Es behalten daher auch alle Verfügungen, die der Konkursverwalter auf Grund der ihm mit seiner Bestellung vom Gesetze zugewiesenen Aufgabe über die Konkursmasse und für dieselbe getroffen hat, vollen Rechtsbestand, sind daher auch insbesondere für den Gemeinschuldner in derselben Weise bindend, wie bei Beendigung des Konkurses durch ordnungsmäßigen Verlauf oder durch Zwangsvergleich. Es wird aber auch seine Stellung zu den Massegläubigern dadurch nicht verändert, daß der Eröffnungsbeschluß, als zu Unrecht erfolgt, wieder aufgehoben wird. Das Recht der Massegläubiger, wegen ihrer Ansprüche vorweg aus der Masse befriedigt zu werden, ist vom Gesetze nicht von der Rechtskraft des Eröffnungsbeschlusses abhängig gemacht. Sie haben dieses Recht vielmehr unbedingt, wenn sie nach Eröffnung des Konkurses mit dem bestellten Konkursverwalter kontrahieren, der das Verwaltungs- und Verfügungsrecht über das zur Konkursmasse gehörige Vermögen des Gemeinschuldners ausübt. Ihrem Anspruche auf Befriedigung aus der Masse entspricht die Pflicht des Konkursverwalters, für solche Befriedigung zu sorgen; denn nur der Konkursverwalter in dieser seiner Eigenschaft und mit den ihm vom Gesetze beigelegten Befugnissen ist ihr Mitkontrahent; nur ihm und der zu seiner Verfügung stehenden Masse wollen sie trauen, nicht dem durch die Konkurseröffnung kreditlos gewordenen Gemeinschuldner. Ihr Vertrauen kann sich als ungerechtfertigt erweisen, wenn die Masse entweder von Anfang an unzulänglich ist oder in der Folge durch Absonderung unzulänglich wird; soweit aber Masse vorhanden ist, muß der Konkursverwalter für ihre Befriedigung bzw. Sicherstellung mit dieser Masse sorgen. Die Legitimation des Konkursverwalters endigt *auch nicht vor der wirksamen Bekanntmachung der Aufhebung* des Konkursverfahrens, mit dieser Bekanntmachung aber jedenfalls, soweit nicht das Gesetz für gewisse Zwecke besondere Ausnahmevorschriften getroffen hat. Demgemäß konnte der Konkursverwalter in vorliegender Sache allerdings nach der mit Ablauf des zweiten Tages nach Ausgabe des Amtsblattes wirksamen Bekanntmachung der Aufhebung des Konkursverfahrens die Massegläubiger aus der Konkursmasse weder befriedigen noch sicherstellen, hatte vielmehr nach solcher Bekanntmachung die Masse in dem Zustande, in welchem sie sich damals befand, der Gemeinschuldnerin zurückzugewähren. Bis dahin aber blieb der Beklagte auch nach dem oberlandesgerichtlichen, ja selbst nach dem reichsgerichtlichen Beschlusse so berechtigt als verpflichtet, für die Massegläubiger zu sorgen, gleichwie er diese Befugnis und Pflicht im Falle des Zwangsvergleiches auch nach rechtskräftiger Bestätigung des Vergleiches bis zu dem Zeitpunkte hat, in welchem die Bekanntmachung der Aufhebung nach § 68 KO. als bewirkt anzusehen ist. Wenn das Gesetz im Falle des Zwangsvergleiches den Konkursverwalter ausdrücklich angewiesen hat, aus der Konkursmasse die Masseansprüche zu berichtigen und die bestrittenen Masseansprüche sicher zu stellen, so ist hiermit nicht eine mit der Beendigung des Konkurses durch Zwangsvergleich in unmittelbarem Zusammenhange stehende besondere Bestimmung getroffen, sondern eine aus der Aufgabe des Konkursverwalters einerseits und den Rechten der Massegläubiger andererseits sich ergebende Folge für den Fall des Zwangsvergleiches dem Konkursverwalter ausdrücklich zur Pflicht gemacht. Ebendeshalb erscheint es auch geboten, im Falle des § 105 von denselben Rechtsgrundsätzen auszugehen, wenngleich das Gesetz es unterlassen hat, für diesen Fall ausdrücklich eine entsprechende Vorschrift zu geben. Hat aber der Konkursverwalter auch im Falle des § 105 die Pflicht, für die Befriedigung und Sicherstellung der Massegläubiger zu sorgen, so ist er auch für die schuldvolle Nichterfüllung dieser Pflicht persönlich aus § 74 KO. veranwortlich. Er hat daher auch selbst levis culpa zu vertreten." ...

RGZ. 50, 39

In welchem Sinne muß für den Begriff der Zahlungseinstellung vorausgesetzt werden, daß der Schuldner in der Allgemeinheit den fälligen Ansprüchen seiner Gläubiger gerecht zu werden aufgehört hat?

VII. Zivilsenat. Urt. v. 17. Dezember 1901.

I. Landgericht Altenburg. II. Oberlandesgericht Jena.

Über das Vermögen des Kaufmannes Th. ist am 23. Oktober 1897 das Konkursverfahren eröffnet. Dem Beklagten, welcher seit längerer Zeit in Geschäftsverbindung mit dem Gemeinschuldner gestanden und Forderungen im Betrage von mehr als 6200 M. gegen ihn hatte, sind zur Deckung derselben vom Gemeinschuldner Forderungen cediert und Waren überlassen. Der Konkursverwalter focht die Veräußerungen an, indem er behauptete, der Gemeinschuldner habe zur Zeit derselben seine Zahlungen bereits eingestellt, auch sei dies dem Beklagten bekannt gewesen. Der Beklagte bestritt diese Behauptungen und machte namentlich geltend, der Gemeinschuldner habe nach Vornahme der Veräußerungsgeschäfte wieder Zahlungen geleistet. In erster Instanz wurde nach dem Klagantrage erkannt. Auf die Berufung des Beklagten wurde, abgesehen von einem Teile der Veräußerungen, die in eine spätere Zeit als die übrigen fallen, die Klage abgewiesen. Der vom Kläger eingelegten Revision ist stattgegeben.

Aus den Gründen:

„Stattzugeben war der Revision ..., weil der Berufungsrichter von einer unrichtigen Auffassung des Begriffes der Zahlungseinstellung ausgeht, auch seine Feststellungen zum Teil prozessual bemängelt, insbesondere als nicht erschöpfend betrachtet werden müssen.

Der Berufungsrichter nimmt selbst an, daß zu der Zeit, als die angefochtenen Geschäfte abgeschlossen wurden, der Gemeinschuldner sich im Zustande der Zahlungsunfähigkeit befunden hat. Unter 2 der Erwägungen bemerkt er, im Hinblick auf die zum Teil unpünktliche, zum Teil unterbliebene Erfüllung verschiedener für einen Kaufmann dringlicher Verbindlichkeiten und auf die sonstige Lage der Umstände könne es keinem Bedenken unterliegen, die Tatsache der unzureichenden Erfüllung lediglich auf Zahlungsunvermögen des Gemeinschuldners zurückzuführen. Der Voraussetzung, daß der Berufungsrichter hier im Ausdrucke gefehlt und unter Zahlungsunvermögen nur Zahlungsstockung verstanden hätte, kann Raum nicht gegeben werden. An einer späteren Stelle der Entscheidungsgründe bemerkt er, soweit eingeklagte Verbindlichkeiten nicht erfüllt seien, liege die Ursache wiederum nur darin, daß dem Gemeinschuldner die bereiten Mittel gemangelt hätten. Im Verfolg dieser Erwägungen legt er weiter dar, aus denselben ergebe sich zugleich, daß in einer Mehrzahl von Fällen die Zahlungsunfähigkeit des Gemeinschuldners in die Erscheinung getreten sei.

Trotzdem verneint er das Vorhandensein der Zahlungseinstellung, indem er erwägt, diese erfordere, daß der Gemeinschuldner, als die angefochtenen Rechtshandlungen von ihm vorgenommen wurden, in der Allgemeinheit seine Verbindlichkeiten zu erfüllen aufgehört habe; hieran aber fehle es im Hinblick auf die nachher noch vom Gemeinschuldner geleisteten Zahlungen. Die weiteren Ausführungen des Berufungsrichters lassen aber erkennen, daß er dem genannten, in Übereinstimmung mit den Motiven des Gesetzes (S. 322—324) in vielen Urteilen des Reichsgerichtes anerkannten Erfordernisse eine größere Tragweite beimißt, als sich aus dem Gesetze folgern läßt und in der Rechtsprechung des Reichsgerichtes angenommen ist."

(Demnächst wird ausgeführt, der Berufungsrichter habe die schon in der ersten Instanz festgestellte pekuniäre Lage des Gemeinschuldners nicht in ihrer Totalität gewürdigt, insbesondere nicht beachtet, daß der Gemeinschuldner die Zinsen größerer Kapitalschulden wenigstens zum Teil nur nach wiederholter Mahnung und auch dann meistens nur durch Hingabe von Waren habe berichtigen, daß er nicht einmal die Gehälter seiner Angestellten an den Fälligkeitstagen voll habe auszahlen können und die Beträge für die Wochenlöhne seiner Arbeiter meistens habe zusammenleihen müssen, sowie daß er zur Berichtigung der im April 1897 fällig gewesenen Sparkassenzinsen sowie der übrigen schon im Februar zu zahlenden Hypothekenzinsen und der letzten Steuertermine vor der Konkurseröffnung außerstande gewesen sei.)

„Prüft man nun, welche Bedeutung für einen in der Lage des Kridars befindlichen Schuldner spätere Zahlungen desselben haben, so ist zu beachten, daß, wie der Begriff der Zahlungsunfähigkeit nicht völlige Entblößung von allen Mitteln und das Fehlen jeder Aussicht auf weitere Einnahmen erfordert, so auch die Annahme der Zahlungseinstellung durch den Umstand, daß überhaupt noch Zahlungen geleistet sind, nicht mit Notwendigkeit ausgeschlossen wird. Als zahlungsfähig kann ein Schuldner, der seine fälligen, Befriedigung erheischenden Forderungen ganz oder zu einem wesentlichen Teile, und zwar voraussichtlich dauernd, nicht mehr zu erfüllen vermag, nicht angesehen werden. Ebenso ist für die Annahme der Zahlungseinstellung ein weiteres nicht erforderlich, als daß die Zahlungsunfähigkeit zu tatsächlichen Konsequenzen führt, indem infolge ihrer der Gemeinschuldner entweder ausdrücklich seine Zahlungen einzustellen erklärt, oder seinen Zahlung verlangenden Gläubigern zu einem wesentlichen Teile ihrer Ansprüche aus dem zur äußeren Erscheinung gelangenden Grunde der Insolvenz Befriedigung werden zu lassen aufhört.

Vgl. Entsch. des RG.'s in Zivils. Bd. 6 S. 95. 97, Bd. 21 S. 21. 23, Bd. 25 S. 34. 39; Bolze, Praxis des Reichsgerichts Bd. 1 Nr. 2172; Juristische Wochenschrift 1892 S. 238 Nr. 12, 1899 S. 770 Nr. 11; Gruchot, Beiträge Bd. 26 S. 831. 832.

Für die Beurteilung einzelner noch erfolgender Zahlungen ist nun zu berücksichtigen, daß bei einem in bedrängter Lage befindlichen Gewerbetreibenden, insbesondere einem Kaufmanne, solange er den völligen Zusammenbruch hinauszuschieben und seinen Betrieb aufrecht zu erhalten weiß, immer noch Betriebseinnahmen stattfinden werden, aus denen Mittel zu Ausgaben, und namentlich gerade für den Zweck der Weiterführung des Betriebes, Gehälter, Löhne usw., gewonnen werden können, und mit deren Hilfe tatsächlich auch Ausgaben geleistet werden. Selbst daß dieselben noch in großer Zahl und fortlaufend stattfinden, wird vielfach in der Natur der Verhältnisse begründet sein. Dabei kann die ungünstige Lage des Schuldners bestehen bleiben und sich weiter verschlimmern. Im Einzelfalle ist nun die Tatsache, daß noch Zahlungen erfolgen, zunächst von dem Gesichtspunkte aus zu würdigen, ob durch sie die sonst aus den Umständen zu entnehmende Zahlungsunfähigkeit wieder in Zweifel gesetzt, und die Annahme berechtigt wird, daß es sich doch in Wirklichkeit nur um eine bloße Zahlungsstockung handelt, ob also der Schuldner erwarten konnte, innerhalb eines Zeitraumes, der nach Auffassung des Verkehrslebens den Mangel an bereiten Mitteln als einen nur vorübergehenden erscheinen läßt, seinen Gläubigern gerecht werden zu können. Muß dies aber verneint werden, so ergibt sich für einen Schuldner, der im übrigen die Forderungen seiner Gläubiger in dem vorher angegebenen Maße zu befriedigen außerstande ist, die Sachlage, daß dies erkennbar auf einer allen Gläubigern gegenüber gleichen, von der Individualität der Ansprüche unabhängigen Ursache beruht. Dies ist an sich geeignet, der Nichtbefriedigung der einzelnen konkreten Verbindlichkeiten des Schuldners den Charakter der Einstellung „seiner Zahlungen" aufzuprägen und eine Nichtzahlung in der Allgemeinheit als vorliegend erscheinen zu lassen. Dadurch wird nicht unbedingt ausgeschlossen, daß, wenn infolge Zahlungsunvermögens die Zahlungen zum Teil unterbleiben, während andere noch geleistet werden, die Nichtzahlung nach den Umständen des einzelnen Falles, insbesondere den für das Verhalten des Schuldners leitend gewesenen Gründen, dergestalt den Charakter der Einzeltatsache trägt, daß sie für die Annahme der Zahlungseinstellung nicht schlüssig bleibt; allein im vorliegenden Falle ist den bisherigen Feststellungen nichts dafür zu entnehmen, sondern diese sprechen eher für das Gegenteil." ...

Teilungsmasse

RGZ. 57, 195

Anfechtung eines die Bevorzugung eines Konkursgläubigers enthaltenden Rechtsgeschäfts des Konkursverwalters durch einen benachteiligten Gläubiger.

V. Zivilsenat. Urt. v. 16. März 1904.

I. Landgericht I Berlin. II. Kammergericht daselbst.

Im Konkurse des Kaufmanns G. in B. kaufte der Beklagte am 26. November 1898 vom Konkursverwalter das Grundstück R. Nr. 55 und übernahm in Anrechnung auf den Kaufpreis eine Hypothek von 4500 M., die auch noch auf drei Grundstücken des Mühlenbesitzers W. in R. als Gesamthypothek haftete. Beklagter verpflichtete sich, die Konkursmasse bis zum 1. April 1899 von der Hypothekenschuld zu befreien. Der Gemeinschuldner hatte dieses Grundstück am 10. Januar 1897 von dem erwähnten W. gekauft und dabei gleichfalls die Gesamthypothek von 4500 M. in Anrechnung auf den Kaufpreis übernommen, dieselbe jedoch nicht bezahlt. Auch der Beklagte bezahlte sie nicht, veranlaßte vielmehr, daß sie auf seinem Grundstück gelöscht und gegen die Erben des inzwischen verstorbenen W., die jetzigen Kläger, eingeklagt wurde. Die Kläger bezahlten darauf im Mai 1900 die Hypothek. Inzwischen hatten sie den Anspruch aus dem Vertrage vom 10. Januar 1897 gegen G. auf Befreiung von der Hypothek im G.schen Konkurse angemeldet; als der Konkursverwalter ihn bestritt, klagten sie den Anspruch gegen ihn ein und erzielten dessen rechtskräftige Feststellung durch Urteil vom 9. Januar 1901. Auf Klage des Konkursverwalters wurde dann der jetzige Beklagte durch rechtskräftiges Urteil vom 26. September 1901 verurteilt, die Konkursmasse von der persönlichen Haftung aus der Gesamthypothek zu befreien. Hierauf erstattete der Beklagte der Konkursmasse die für die Kläger als voraussichtliche Konkursdividende von 20 Prozent des von ihnen angemeldeten Anspruchs von 4500 M. hinterlegten 900 M. nebst Zinsen und Kosten; den weitergehenden Anspruch der Konkursmasse gegen ihn trat der Konkursverwalter durch Urkunde vom 5. April 1902 an die Kläger ab.

Die Kläger klagten nunmehr, unter Abrechnung der für sie hinterlegten 900 M., gegen den Beklagten auf Zahlung von 3600 M. nebst Zinsen und stützten diese Klage, neben anderen, nicht interessierenden Klagegründen, auf die erwähnte Zession des Konkursverwalters.

In erster Instanz wurde die Klage abgewiesen; das Landgericht fand in der Zession eine Schenkung, die dem Konkursverwalter nicht erlaubt und darum nichtig sei. Das Berufungsgericht dagegen verurteilte den Beklagten zur Zahlung der 3600 M. nebst Zinsen.

Diese Entscheidung wurde vom Reichsgericht aufgehoben aus folgenden

Gründen:

„Beide Vorderrichter haben angenommen, daß der Anspruch auf Befreiung von der Hypothekenschuld, den die Kläger gegen die G.sche Konkursmasse, und diese wieder gegen den Beklagten erworben hatten, sich nach Auszahlung der Hypothek durch die Kläger in eine Geldforderung auf Ersatz verwandelt habe. Dies ist auch in den Vorinstanzen von den Parteien nicht in Frage gestellt worden, die sogar übereinstimmend erklärt haben, daß der eingeklagte Anspruch, falls er sonst begründet sei, sich auf jetzt noch 3600 M. nebst Zinsen belaufe. Unter diesen Umständen konnte in der Revisionsinstanz nicht mehr der vom Vertreter der Revision angeregte Zweifel aufgeworfen werden, ob auch bei der Übernahme einer auf dem gekauften Grundstück ruhenden Gesamthypothek ohne weiteres eine Verpflichtung zur eventuellen Zahlung einer dem ganzen Hypothekenbetrage entsprechenden Summe angenommen werden dürfe; um so weniger, wenn im Widerspruch damit zugunsten der Revision weiter geltend gemacht wird, daß nach dem Kaufvertrage der Beklagte verpflichtet sein würde, den Betrag der übernommenen Hypothek als baren Kaufpreis nachzuzahlen, wenn und soweit die Übernahme sich wieder zerschlage.

Weiter sind übereinstimmend beide Vorinstanzen davon ausgegangen, daß der so in eine Geldforderung verwandelte Anspruch der Kläger nur als gewöhnliche Konkursforderung geltend gemacht werden durfte, also nur den gleichen Anspruch auf Befriedigung aus der Konkursmasse hatte, wie die übrigen nicht bevorrechtigten Konkursforderungen auch, während der Anspruch der Konkursmasse an den Beklagten in voller Höhe, nicht bloß zum Betrage der Konkursdividende der Kläger, ein Aktivum der Konkursmasse war. Das ist richtig und steht im Einklang mit den Ausführungen des VI. Zivilsenats des Reichsgerichts in dem ähnlichen Fall in den Entsch. des RG.s in Zivils. Bd. 37 Nr. 25 S. 93 flg. Mit Recht nimmt daher der Berufungsrichter an, daß dieses Aktivum dem Verwaltungs- und Verfügungsrecht des Konkursverwalters nach Maßgabe der Konkursordnung unterstand. Folglich hätte der Konkursverwalter die streitigen 3600 M. vom Beklagten einziehen können, und wenn er das getan hätte, würde die Teilungsmasse um diesen Betrag, und die Konkursdividende für sämtliche Konkursgläubiger entsprechend erhöht worden sein. Es wäre dann zwar die Konkursmasse um jenen Betrag auf Kosten der Kläger, die ihre Konkursdividende schon erhalten hatten, bereichert geblieben, aber nicht in ungerechtfertigter Weise; die Bereicherung hätte vielmehr den gesetzlichen Vorschriften entsprochen. So ist nun aber der Konkursverwalter nicht verfahren. Er hat die Masseforderung der 3600 M. nicht etwa bloß vorläufig nicht zur Masse eingezogen, sondern weggegeben, unentgeltlich weggegeben; denn einen Anspruch hatten die Kläger darauf nicht, und sie haben auch nichts für die Abtretung bezahlt; und weggegeben an die Kläger mit der Wirkung, daß diese sich daraus volle Befriedigung wegen ihrer erwähnten Konkursforderung verschaffen können. Der Berufungsrichter hält den Konkursverwalter auch zu einer solchen Verfügung für berechtigt. Im Anschluß an das Urteil des VI. Zivilsenats des Reichsgerichts in den Entsch. des RG.s in Zivils. Bd. 29 Nr. 23 S. 80flg. führt er aus:

Nach den §§ 2. 5. 107 KO. (a. F.) stehe dem Konkursverwalter grundsätzlich das Verwaltungsrecht über die gesamte Konkursmasse uneingeschränkt zu. Nur dann lasse sich ausnahmsweise eine Nichtigkeit seiner Rechtsgeschäfte geltend machen, wenn sie augenscheinlich gegen Grund und Zweck seiner Befugnisse verstießen; sonst seien sie Dritten gegenüber rechtsgültig, möchten sie auch zum Nachteil der Masse ausschlagen und den Konkursverwalter den Konkursgläubigern gegenüber verantwortlich machen. Darum könne die vorliegende Abtretung nicht schon wegen Fehlens einer Gegenleistung oder wegen Bevorzugung der Kläger vor anderen Konkursgläubigern als ungültig angefochten werden; vielmehr sei deren Ungültigkeit wesentlich dadurch bedingt, ob ihr Zweck auf eine eigentliche Schenkung gerichtet gewesen sei, da zu einer solchen dem Konkursverwalter allerdings die Berechtigung abgehe.

Es folgt dann die Darlegung, daß und weshalb eine Schenkung nicht angenommen werden könne, wofür namentlich die Erwägung verwertet wird, daß der Konkursverwalter bei der eigentümlichen Sachlage geglaubt haben möge, die Kläger hätten aus der Hypothekenübernahme durch den Gemeinschuldner noch weitergehende Ansprüche an die Konkursmasse, sei es auf Abtretung ihrer Ansprüche gegen den Beklagten, sei es auf Herausgabe der Bereicherung. Auch hält der Berufungsrichter für möglich, daß der Konkursverwalter angenommen habe, der abgetretene Anspruch sei von seiten der Konkursmasse doch nicht zu realisieren, die Konkursgläubiger würden also durch die Abtretung nicht geschädigt. Hiernach, so schließt der Berufungsrichter, fehle es an einer tatsächlichen Unterlage für die Feststellung, daß die Abtretung schenkungsweise und zur Benachteiligung der anderen Konkursgläubiger erfolgt sei, und damit fielen die Bedenken gegen ihre Rechtswirksamkeit und Gültigkeit.

Da nach § 516 Abs. 1 BGB. eine Schenkung nur vorliegt, wenn beide Teile darüber einig sind, daß die Zuwendung unentgeltlich erfolge, mag der Berufungsrichter unter den von ihm geschilderten Umständen, bei der Möglichkeit eines Zweifels des Konkursverwalters an der Unentgeltlichkeit der Abtretung, mit Recht Bedenken getragen haben, eine Schenkung als vorliegend festzustellen. Damit ist aber die Frage nach der Zulässigkeit der von ihm vorgenommenen Abtretung noch nicht erledigt. Dieses Rechtsgeschäft darf nicht ausschließlich unter dem Gesichtspunkt einer Handlung betrachtet werden, die der Konkursverwalter in Ausübung seines Verwaltungs- und Verfügungsrechts (§ 5 KO. a. F.) und dessen Betätigung bei der ihm obliegenden Sammlung, Verwaltung und Verwertung der Teilungsmasse (§ 107 a. F.) vorgenommen hätte. In diesem Geschäftskreise ist allerdings dem pflichtmäßigen Ermessen des Konkursverwalters ein weiter Spielraum gelassen, der erst überschritten wird, wenn es sich um Rechtsgeschäfte außerhalb des Konkurszwecks handelt, wie z. B. um reine Schenkungen, die dem auf die Verwendung der Konkursmasse zum Besten der Gläubiger gerichteten Ziele des Konkursverfahrens zuwiderlaufen.

Vgl. Jurist. Wochenschr. 1886 S. 196 Nr. 5; Entsch. des RG.s in Zivils. Bd. 29 Nr. 23 S. 82.

Aber auch wenn die hier in Frage stehende Abtretung keine Schenkung im eigentlichen Sinne enthielt, wie der Berufungsrichter annimmt, wenn sie geschehen wäre um einem vermeintlichen Anspruch der Kläger gegen die Konkursmasse zu genügen, drängt sich für die Beurteilung der Zulässigkeit dieser Maßregel der weitere Gesichtspunkt auf, daß sie tatsächlich eine Bevorzugung der Kläger vor den übrigen Gläubigern enthielt. Daß der Konkursverwalter sich über die Verwertbarkeit der abgetretenen Forderung für die Konkursmasse getäuscht hat, wie der Berufungsrichter anzunehmen scheint, kann an der Tatsache nichts ändern, daß sie zur Masse eingezogen werden konnte, in solchem Falle die Teilungsmasse vergrößert hätte und allen Konkursgläubigern zugute gekommen wäre, während sie jetzt dazu dienen soll, unter Benachteiligung der übrigen Gläubiger den Klägern für deren Konkursforderung statt der bloßen Konkursdividende volle Befriedigung zu verschaffen. Die Befriedigung von Konkursgläubigern in anderer Weise als in dem gesetzlich geordneten Verteilungsverfahren (§§ 137flg. a. F.) liegt aber überhaupt außerhalb der Aufgaben des Konkursverwalters, und vollends läßt sich die Bevorzugung eines nicht bevorrechtigten Konkursgläubigers vor den übrigen so wenig mit Grund und Ziel des Konkurses vereinigen, daß sie demselben vielmehr schnurstracks zuwiderläuft. Demgemäß sind vom Reichsgericht für nichtig erklärt worden: konkursordnungswidrige Zahlungen aus der Konkursmasse an Absonderungsberechtigte (Entsch. des RG.s in Zivils. Bd. 23 Nr. 12 S. 62), die ungerechtfertigte Anerkennung eines Vorrechts für eine Konkursforderung (Bolze, Praxis Bd. 17 S. 441 Nr. 854), die vertragsmäßige Einräumung des Zurückbehaltungsrechts an einen Konkursgläubiger (Entsch. des RG.s in Zivils. Bd. 53 Nr. 47 S. 193).

Von diesem Gesichtspunkt aus läßt sich die Ungesetzlichkeit der vorliegenden Abtretung nicht bezweifeln. Sie konnte dem Beklagten gegenüber auch dadurch keine Gültigkeit gewinnen, daß sie etwa in einer Gläubigerversammlung und von dem Gemeinschuldner, wie Kläger behaupten, als rechtsverbindlich anerkannt worden ist. Da der Beklagte selbst Konkursgläubiger ist, konnte er nicht ohne seine Zustimmung in seinem gesetzlichen Recht auf anteilige Befriedigung aus der Konkursmasse verkürzt werden.

Auf Grund der ihnen vom Konkursverwalter abgetretenen Forderung der Konkursmasse können demnach die Kläger die eingeklagte Summe nicht beanspruchen; die gegenteilige Entscheidung des Berufungsgerichts beruht auf einer Verletzung des Konkursrechts und *war darum aufzuheben.*" ...

RGZ. 58, 12†

Bedarf es einer vorgängigen Pfändung, wenn der Konkursverwalter die Verwertung eines zur Masse gehörigen beweglichen Gegenstandes, an welchem ein Gläubiger ein Faustpfandrecht oder ein diesem gleichstehendes Recht beansprucht, nach Maßgabe der Vorschriften über die Zwangsvollstreckung betreiben will?

§ 117 Abs. 1 KO. a. F. (§ 127 Abs. 1 KO. n. F.).

III. Zivilsenat. Urt. v. 1. Dezember 1903.

I. Landgericht Frankfurt a. M. II. Oberlandesgericht daselbst.

Aus den Gründen:

Nach § 177 KO. vom 10. Februar 1877 ist der Verwalter berechtigt, die Verwertung eines zur Masse gehörigen beweglichen Gegenstandes, an welchem ein Gläubiger ein Faustpfandrecht oder ein diesem gleichstehendes Recht beansprucht, nach Maßgabe der Vorschriften über die Zwangsvollstreckung zu betreiben. Der Gläubiger kann einer solchen Verwertung nicht widersprechen, vielmehr seine Rechte nur auf den Erlös geltend machen.

Daß zu den im § 117 KO. genannten „beweglichen Gegenständen" auch Forderungen auf Leistung beweglicher Gegenstände gehören, unterliegt keinem Zweifel. Für die Entscheidung des Rechtsstreites kommt es im weiteren auf die Auslegung der Bestimmung an, daß die Verwertung nach Maßgabe der Vorschriften über die Zwangsvollstreckung zu betreiben ist. Der Grund für diese Bestimmung liegt darin, daß die Veräußerung den Gläubigern gegenüber, die ein Faustpfandrecht oder ein diesem gleichstehendes Recht beanspruchen, und denen das Gesetz ein Widerspruchs- oder ein Vorzugsrecht für den Fall einer Zwangsvollstreckung beigelegt hat, wie eine Zwangsvollstreckung wirkt. Diesen Gläubigern soll deshalb Gelegenheit gegeben werden, bei der Verwertung durch den Konkursverwalter ihre Befugnisse geltend zu machen.

Vgl. Entsch. des RG.s in Zivils. Bd. 42 S. 89.

Wenn die Forderung der Berliner Zentralbank nach Maßgabe der Vorschriften über die Zwangsvollstreckung versteigert und vom Kläger erworben ist, dann hat die Firma N. nur Anspruch auf den Erlös, der bei der Versteigerung an den Kläger erzielt und von diesem, wie er behauptet, an den Konkursverwalter F. bezahlt worden ist, nicht aber auf die 2500 M., die der Kläger nach Erwerb der Forderung von dem Schuldner derselben, der Konkursmasse G., erlangt hat.

Das Berufungsgericht hat die Frage, ob die Versteigerung nach Maßgabe der Vorschriften über die Zwangsvollstreckung stattgefunden habe, verneint. Es führt aus: die Zwangsvollstreckung in Forderungen geschehe nach § 730 ZPO. a. F. durch Pfändung und Überweisung. Nun sei zwar eine Überweisung nicht für erforderlich zu halten, da der Konkursverwalter sich schon im Besitze der Forderung befinde; wohl aber sei eine Pfändung notwendig, und zwar nicht nur von dem formellen Gesichtspunkt aus, daß § 117 KO. ausdrücklich eine Verwertung nach Maßgabe der Zwangsvollstreckung verlange, sondern auch von dem praktischen Gesichtspunkt aus, daß erst durch die Pfändung eine Grundlage des Verfahrens geschaffen, und der Drittschuldner gehindert werde, die Forderung an den Pfandgläubiger auszuzahlen. Daß eine Pfändung vorgenommen sei, habe aber der Kläger gar nicht behauptet.

Die Ansicht, daß es bei einer Verwertung nach § 117 KO. a. F. (§ 127 KO. vom 17. Mai 1898) einer Pfändung der beweglichen Gegenstände bedürfe, wird in neuerer Zeit mehrfach vertreten. Es wird geltend gemacht: da sich das Verfahren in den Formen der Zwangsvollstreckung bewege, so könne es nur mit der Pfändung beginnen; denn ohne Pfändung gebe es keine Zwangsvollstreckung, und darum auch keine Verwertung nach Maßgabe der Vorschriften über die Zwangsvollstreckung. Der allgemeine Konkursbeschlag schließe zwar das Bedürfnis nach einem Pfändungspfandrecht aus, erübrige aber keineswegs den speziellen Pfändungsakt; denn ein Rechtsakt sei nicht deshalb unzulässig oder überflüssig, weil eine besondere Wirkung desselben in einem Falle besonderer Art nicht eintrete. Der Pfändungsakt sei nicht überflüssig; nur er setze die Frist des § 810 (717) ZPO. in Lauf; nur er ermögliche eine Anschlußpfändung (§ 826 [727] flg. ZPO.). Auch bei Verwertung von Forderungen und anderen Vermögensrechten bedürfe es der Pfändung, und ferner der Überweisung zur Einziehung. Der Konkursbeschlag und der offene Arrest könnten hierfür keinen Ersatz bieten. Durch den offenen Arrest werde dem Drittschuldner nur verboten, an den Gemeinschuldner, nicht aber, an den Absonderungsberechtigten zu zahlen.

Vgl. Wolff, Das Absonderungsrecht im Konkurs (1892) S. 193. 194; Wolff, Konkursordnung (1900) Bem. 3 zu § 127 KO. n. F.; Jäger, Die Konkursordnung (1902) Bem. 9 und 10 zu § 127 KO. n. F.

Diese Ausführungen sind nicht geeignet, die Notwendigkeit einer Pfändung darzutun. Ein Pfändungsrecht zum Zwecke der Verwertung in den Fällen des § 117 KO. ist nicht nur entbehrlich, sondern nach den Bestimmungen der Konkursordnung ausgeschlossen. Für den die Verwertung betreibenden Verwalter, als das im öffentlichen Interesse zur Verwaltung und Verwertung der Konkursmasse geschaffene Organ (vgl. Entsch. des RG.s in Zivils. Bd. 29 S. 36, Bd. 35 S. 81), kann es nicht zur Entstehung kommen, da er nicht Gläubiger ist, und die Konkursgläubiger haben nur Anspruch darauf, daß der bei der Verwertung des beweglichen Gegenstandes sich ergebende Erlös, soweit sich nach Befriedigung des Pfandgläubigers ein Überschuß ergibt, zu ihrer gemeinschaftlichen Befriedigung verwendet wird (§ 117. § 2 KO. a. F.). Kann also von einem Pfändungspfandrecht nicht die Rede sein, so bedarf es auch keiner Pfändung, da es zu deren Begriff wesentlich ist, daß der Gläubiger ein Pfandrecht an dem gepfändeten Gegenstand erwirbt. Es bleibt nur die Besitzergreifung des beweglichen Gegenstandes zum Zwecke der Verwertung übrig, welche aber keine Pfändung ist und daher nicht in den Formen derselben vorgenommen zu werden braucht. Aus der Bestimmung des § 816 (717) ZPO., daß die Versteigerung der gepfändeten Sachen nicht vor Ablauf einer Woche seit dem Tage der Pfändung geschehen darf, kann ein Beweisgrund nicht entnommen werden; denn diese Frist kann von der Besitzergreifung an gerechnet werden, ohne daß letztere einen Pfändungsakt darzustellen brauchte. Unzutreffend ist ferner die Erwägung, daß die Pfändung notwendig sei, weil nur sie eine Anschlußpfändung ermögliche. Die Zivilprozeßordnung gestattet die Pfändung bereits gepfändeter Sachen in den vereinfachten Formen der Anschlußpfändung, läßt aber nicht die Auffassung zu, daß in Fällen, in denen es sonst einer Pfändung nicht bedürfen würde, eine solche erforderlich sei zum Zwecke der Ermöglichung einer Anschlußpfändung.

Es ist aber auch der Ausgangspunkt nicht richtig, daß sich das Verfahren vollständig in den Formen der Zwangsvollstreckung bewege. Nach § 117 KO. a. F. handelt es sich nur um die Verwertung eines zur Masse gehörigen beweglichen Gegenstandes nach Maßgabe der Vorschriften über die Zwangsvollstreckung. Im § 117 des Entwurfes der Konkursordnung stand „Veräußerung" an Stelle von „Verwertung". Die Änderung erfolgte, um klarzustellen, daß der Ausdruck

„Veräußerung“, auf Forderungen angewendet, auch deren Beitreibung in sich begreife.

Vgl. Hahn, Die gesamten Materialien zur Konkursordnung S. 18 und 586.

Die Vorschriften über die Zwangsvollstreckung kommen hiernach nur bezüglich der Verwertung, nicht bezüglich des bei Zwangsvollstreckungen dem Verfahren der Verwertung vorausgehenden Verfahrens zur Anwendung. Es folgt also auch hieraus, daß es einer Pfändung nicht bedarf, und es ist unrichtig, daß es ohne Pfändung keine Verwertung nach Maßgabe der Vorschriften über die Zwangsvollstreckung gebe. Der § 117 KO. berechtigt den Verwalter zu dieser Verwertung ohne vorausgehende Pfändung. Diese Berechtigung des Verwalters entspricht den ihm zustehenden allgemeinen Befugnissen. Mit der Eröffnung des Konkursverfahrens geht das Verwaltungs- und Verfügungsrecht bezüglich des zur Konkursmasse gehörigen Vermögens auf den Konkursverwalter über; er hat dieses Vermögen sofort in Besitz und Verwaltung zu nehmen und dasselbe zu verwerten (§§ 5. 107 KO. a. F.). Beauftragt der Konkursverwalter den Gerichtsvollzieher, eine zur Konkursmasse gehörige Sache nach den Vorschriften über die Zwangsvollstreckung zu veräußern, und ergreift der Gerichtsvollzieher darauf den Besitz der Sache, so ist dies keine Pfändung, sondern lediglich die Ausübung der dem Konkursverwalter nach §§ 107 und 117 Abs. 1 KO. a. F. zustehenden Befugnis der Besitzergreifung zum Zwecke der Verwertung.

Bedarf es hiernach zur Verwertung beweglicher Sachen nach § 117 KO. einer Pfändung nicht, so gilt das gleiche für die Verwertung von Forderungen. Das Gesetz unterscheidet nicht. Das Berufungsgericht macht geltend, daß erst durch die Pfändung der Drittschuldner gehindert werde, die Forderung an den Pfandgläubiger auszuzahlen. Allein durch die Pfändung einer Forderung gemäß § 829 (730) ZPO. wird dem Drittschuldner nur verboten, an den Schuldner zu zahlen, und an den Schuldner das Gebot erlassen, sich jeder Verfügung über die Forderung, insbesondere der Einziehung derselben, zu enthalten. Ein Verbot, an den Pfandgläubiger zu zahlen, ergeht nicht. Der Fall einer Forderungspfändung nach § 829 (730) ZPO. liegt aber überhaupt nicht vor. Es handelt sich vielmehr lediglich darum, daß der im Konkurse der Berliner Zentralbank bestellte Verwalter eine dieser Bank als Gläubigerin gegen die Konkursmasse G. als Schuldnerin zustehende Forderung auf Grund des § 117 KO. a. F. verwertet hat. Der Konkursmasse G., als Schuldnerin, war schon durch den offenen Arrest aufgegeben, nichts an den Gemeinschuldner, die Berliner Zentralbank, zu leisten (§ 108 KO.), und die letztere war nach § 5 KO. nicht mehr befugt, über die Forderung zu verfügen. Der Firma N. gegenüber, welche ein Pfändungspfandrecht an der Forderung der Zentralbank erlangt hatte, bedurfte der Konkursverwalter einer Pfändung nicht, weil er nach § 117 Abs. 1 KO. zur Versteigerung berechtigt war, und der Pfandgläubigerin ein Widerspruchsrecht nicht zustand. Auch eine Überweisung zur Einziehung ist nicht erforderlich. Der Verwalter, welcher die Forderung nach § 117 veräußert, will dieselbe nicht einziehen, sondern auf einen anderen übertragen, damit dieser sie von dem Schuldner einfordere und nötigenfalls gegen ihn einklage.

Von den Vorschriften der Zivilprozeßordnung über die Zwangsvollstreckung, welche nach § 117 Abs. 1 KO. maßgebend sind, kommen, wie schon oben hervorgehoben wurde, alle diejenigen nicht in Betracht, welche dem Verfahren der Verwertung (Versteigerung) vorausgehen. Die Vorschrift des § 844 (743) ZPO., welche in besonderen Fällen dem Gericht gestattet, auf Antrag an Stelle der Überweisung eine andere Art der Verwertung anzuordnen, kommt hiernach nicht zur Anwendung; einer solchen Anordnung bedarf es auch nicht, da der § 117 KO. a. F. dem Verwalter das Recht zur Versteigerung einräumt. Hierdurch finden alle Ausführungen der Parteien, die sich an die Vorschrift des § 844 (748) ZPO. angeknüpft haben, ihre Erledigung.

Die Revision hat noch geltend gemacht: die Widerklägerin — Firma N. — habe nicht behauptet, daß sie ihre Rechte aus den Pfändungsbeschlüssen zu den Konkursakten angemeldet oder auch nur dem Konkursverwalter F. gegenüber geltend gemacht habe. Der Konkursverwalter habe daher die Verwertung der Forderung als eines Aktivums der Masse durch Versteigerung unter Zustimmung des Gläubigerausschusses nach § 121 Ziff. 2 KO. a. F. ungehindert vornehmen können. Dieser Einwand, welcher dahin geht, daß in solchem Falle auch ein freihändiger Verkauf das Pfändungspfandrecht der Firma N. zur Erlöschung gebracht habe, ist nicht begründet. Diese Wirkung ist nur der nach Maßgabe der Vorschriften über die Zwangsvollstreckung vorgenommenen Versteigerung beigelegt. Die von der Revision in bezug genommenen Entsch. des RG.s Bd. 14 S. 4 und Bd. 33 S. 117 betreffen die andere Frage, ob der Konkursverwalter wegen Nichtberücksichtigung des Absonderungsrechts haftbar gemacht werden kann, wenn das Absonderungsrecht vor dem Verkauf nicht geltend gemacht worden ist. Diese Frage wird verneint, und es wird ausgesprochen, daß die Anmeldung des Absonderungsrechts in dem Konkurse nicht erforderlich ist, daß es vielmehr genügt, wenn das Absonderungsrecht dem Konkursverwalter gegenüber überhaupt geltend gemacht worden ist (Entsch. des RG.s in Zivils. Bd. 14 S. 3. 4)." . . .

RGZ. 58, 166

Kann ein Konkursgläubiger die Haftung aus § 25 HGB. gegen denjenigen geltend machen, der ein zur Masse gehöriges Handels-

geschäft von dem Konkursverwalter erworben hat und unter der bisherigen Firma fortführt?

I. Zivilsenat. Urt. v. 21. Mai 1904.

I. Landgericht Bremen, Kammer für Handelssachen.
II. Oberlandesgericht Hamburg.

In dem Konkurse über das Vermögen der offenen Handelsgesellschaft C. W. Ms. Verlagsbuchhandlung veräußerte der Konkursverwalter nach Einholung der Genehmigung der Gläubigerversammlung und der Zustimmung der Inhaber der falliten Gesellschaft das Verlagsgeschäft mit dem Rechte zur Fortführung unter der bisherigen Firma samt allen Aktiven, Vorräten, Manuskripten, Verlagsrechten usw. an den Beklagten. Über die Passiven enthielt der Vertrag keine ausdrückliche Bestimmung; ebensowenig fand sich in der Eintragung im Handelsregister ein darauf bezüglicher Vermerk.

Der Kläger meldete im Konkurse eine Forderung an, auf die er, nachdem der Konkursverwalter sie anerkannt hatte, die Konkursdividende erhielt. An der Gläubigerversammlung, in welcher die Genehmigung zum Verkaufe des Geschäfts gegeben wurde, hatte er nicht teilgenommen. Jetzt verlangte er von dem Beklagten auf Grund des § 25 HGB. Zahlung seines Ausfalls.

Landgericht und Oberlandesgericht wiesen die Klage ab. Die Revision ist zurückgewiesen worden.

Aus den Gründen:

. . . „Die Frage, ob bei dem Erwerb eines Handelsgeschäfts aus der Hand des Konkursverwalters der § 25 HGB. überhaupt nicht Anwendung finden könne, steht gegenwärtig nicht zur Entscheidung. Es handelt sich nur darum, ob gegenüber einem solchen Erwerbe ein Konkursgläubiger sich darauf berufen dürfe, daß der Erwerber für die im Betriebe des Geschäfts begründeten Verbindlichkeiten des Kridars hafte, weil die Voraussetzungen nicht gegeben seien, unter welchen eine abweichende Vereinbarung nach Abs. 2 daselbst Dritten gegenüber wirksam sei. Die Revision meint, daß, entgegen der Ansicht beider Vorinstanzen, diese Frage unbedingt zu bejahen sei, da der § 25 ganz allgemein laute, und die Vorschriften der Konkursordnung keine Ausnahme rechtfertigten. Es ist richtig, daß keine besondere konkursrechtliche Ausnahmevorschrift besteht. Dessen bedarf es auch gar nicht. Die Stellung, welche einerseits die Konkursgläubiger, andererseits der Konkursverwalter innerhalb des Konkursverfahrens einnimmt, ergibt ohne weiteres, daß hinsichtlich der vom Konkursverwalter vorgenommenen Veräußerung des zur Konkursmasse gehörigen Handelsgeschäftes der Konkursgläubiger nicht ein Dritter im Sinne des Abs. 2 des § 25 HGB. sein kann. Mit Recht hat das

Berufungsgericht geltend gemacht, daß der Konkursverwalter, wenn er zur Konkursmasse gehörige Gegenstände veräußert, um die zur Verteilung an die Konkursgläubiger zu bringenden Barbeträge zu beschaffen, in Wahrnehmung der Interessen der Konkursgläubiger handelt und über Vermögensrechte der Konkursgläubiger verfügt, welche diesen infolge der Konkurseröffnung bezüglich der zur Aktivmasse gehörenden Wertsobjekte erwachsen sind. Ebenso zutreffend hebt es hervor, daß es nicht darauf ankomme, ob der Konkursverwalter dabei als der Vertreter der Konkursgläubiger anzusehen sei. Jedenfalls handelt er in Erfüllung seiner gesetzlichen Aufgabe zum Zwecke der konkursmäßigen Befriedigung aus der Masse. Auf diese Art der Befriedigung sind die Konkursgläubiger beschränkt; sie müssen daher die Rechtshandlungen, welche der Konkursverwalter zur Versilberung der Masse vornimmt, auch für sich gelten lassen; sie sind daran gebunden und dürfen sich nicht in Widerspruch dazu setzen. Darin liegt das Entscheidende. Wenn das Berufungsgericht noch weiter darauf Gewicht legt, daß im vorliegenden Falle der Veräußerungsvertrag ... durch die Gläubigerversammlung genehmigt worden, daß der Kläger zwar in dieser Versammlung nicht erschienen, aber nach § 97 KO. an den Beschluß gebunden sei, daß er auch im Konkursverfahren Dividenden, deren Verteilung erst durch die Veräußerung des Verlagsgeschäftes ermöglicht worden, entgegengenommen habe, wenn es überhaupt zum Schlusse das eigentlich Maßgebende darin findet, daß der Vertrag als mit Genehmigung des Klägers abgeschlossen anzusehen sei, so steht alles dies zwar der Richtigkeit des Ergebnisses nicht entgegen, aber es ist zur Begründung nicht erforderlich und könnte zu unzutreffenden Konsequenzen führen. Denn offenbar würde, wenn es darauf ankäme, ob der Veräußerungsvertrag vom Kläger genehmigt worden oder doch als von ihm genehmigt anzusehen sei, die Entscheidung mindestens zweifelhaft werden, wenn nicht die Gläubigerversammlung, sondern ein Gläubigerausschuß sich für die Veräußerung ausgesprochen hätte, und sie müßte zugunsten des Klägers ausfallen, wenn dieser in der Gläubigerversammlung erschienen wäre, aber Widerspruch erhoben hätte. Ebenso würde, falls der Empfang von Dividenden erheblich wäre, der Klaganspruch begründet erscheinen, wenn der Beklagte sich an dem Konkursverfahren gar nicht beteiligt hätte. Alles dies ist unerheblich. Nicht auf das subjektive Verhalten des Klägers darf Gewicht gelegt werden, sondern das allein entscheidende Moment liegt darin, daß er, als Konkursgläubiger, soweit die Konkursmasse in Frage steht, nur einen Anspruch auf anteilsweise Befriedigung im geordneten Wege des Konkursverfahrens hat.

Man könnte einwenden, daß der Veräußerungsvertrag nicht nur das zur Konkursmasse gehörige Handelsgeschäft umfaßte, sondern auch die Firma, die nicht zu dieser Masse gehörte, und für die der

Konkursverwalter, wie auch tatsächlich geschehen ist, das Recht zur Fortführung nur mit Einwilligung der Gemeinschuldner übertragen konnte. Allein in dieser Weise darf der Veräußerungsvertrag nicht auseinandergerissen werden. Für sich selbst hatte die Firma keinen Wert und konnte sie auch nicht veräußert werden (§ 23 HGB.). Sie darf nur als ein unselbständiger Gegenstand des in der Hauptsache auf die Veräußerung des Handelsgeschäftes gerichteten Vertrags angesehen werden.“...

RGZ. 75, 153

Kann der Konkursverwalter aus § 127 KO. das Recht herleiten, von dem Akzeptanten eines an den Gemeinschuldner begebenen Wechsels die Herausgabe des Wechsels oder die Zahlung der Wechselsumme zu fordern, wenn der Wechsel vom Gemeinschuldner einem Gläubiger als Pfand gegeben, von diesem Gläubiger infolge Abtretung der ihm gegen den Gemeinschuldner zustehenden Forderung dem Zessionar ausgehändigt worden war und vom Zessionar im Erbgange an den Akzeptanten gelangt ist, im Verhältnisse zwischen dem Akzeptanten und dem Gemeinschuldner aber nur die Natur eines Gefälligkeitsakzeptes hatte?

VII. Zivilsenat. Urt. v. 20. Januar 1911.

I. Landgericht I Berlin. II. Kammergericht daselbst.

Im Besitze des Beklagten befand sich ein am 1. Juli 1906 von Frau Marie B. auf ihn an eigene Order gezogener, von ihm angenommener Wechsel über 25000 M., fällig am 1. Januar 1907, auf der Rückseite versehen mit dem Blankoindossamente der Ausstellerin und darunter mit dem an die Order des Herrn W. W. lautenden Indossamente der Firma F. & Co. Über das Vermögen dieser Firma wurde am 19. Dezember 1906 das Konkursverfahren eröffnet. Der Konkursverwalter behauptete, die Firma W. W. habe vor der Konkurseröffnung jenen der Gemeinschuldnerin gehörigen Wechsel als Pfand für ihre Forderungen an die Gemeinschuldnerin von dieser erhalten; die Firma W. W. habe durch Abtretung vom 31. Dezember 1906 ihre Forderungen gegen die Gemeinschuldnerin auf Marie B. übertragen und habe dieser auf Grund dessen auch den Wechsel nebst dem inzwischen aufgenommenen Proteste ausgehändigt; eine gemäß § 127 Abs. 2 KO. der Frau Marie B. durch das Konkursgericht gesetzte Frist zur Verwertung des Wechsels sei abgelaufen. Mit der auf diese Behauptungen gestützten, gegen Marie B. erhobenen Klage war der Antrag gestellt worden, die Beklagte zu verurteilen, nach ihrer Wahl entweder zu dulden, daß der Kläger die Verwertung des Wechsels nach Maßgabe der Vorschriften über die Zwangsvollstreckung oder über den Pfandverkauf betreibe, und zu diesem Zwecke den Wechsel nebst Protest an die Konkursmasse herauszugeben, oder 25000 M. nebst 6% Zinsen seit dem 1. Januar 1907 an die Konkursmasse zu zahlen.

Das Landgericht wies die Klage ab. Im Laufe der Berufungsinstanz starb die Beklagte Marie B.; an ihre Stelle trat als Beklagter ihr Alleinerbe, der Wechselakzeptant B. Der Kläger änderte mit Rücksicht auf den drohenden Eintritt der Wechselverjährung den Klagantrag dahin, daß er Zahlung von 25000 M. nebst Zinsen zur Konkursmasse forderte und den andern Teil des Klagantrags nur noch hilfsweise aufrecht erhielt. Das Kammergericht wies die Berufung zurück. Auch die Revision des Klägers ist zurückgewiesen worden, aus folgenden

Gründen:

„Nach den Feststellungen des Berufungsgerichts hatte der Beklagte, als er in das von der Gemeinschuldnerin betriebene Geschäft als Kommanditist eintrat, seine auf 50000 M. vereinbarte Vermögenseinlage zunächst durch zwei von seiner Mutter auf ihn gezogene, von ihm angenommene Wechsel über je 25000 M. geleistet. Diese Wechsel sollte er nach der zwischen den Gesellschaftern getroffenen Abmachung jederzeit zurückfordern dürfen, wenn er seine Einlage anderweit berichtigte. Zur Einlösung der Wechsel sollte er nicht vor dem 1. Februar 1908 verpflichtet, die Gesellschaft aber sollte berechtigt sein, die Wechsel zu Kreditzwecken zu verwenden. Den einen der Wechsel hat die Gesellschaft der Firma W. W. als Pfand für deren Forderungen an sie gegeben. Im September und Oktober 1905 hat der Beklagte seine Einlage anderweit, nämlich teils durch Barzahlung, teils durch Hingabe von Wertpapieren, berichtigt.

Aus diesen lediglich dem Gebiete des Tatsächlichen angehörigen, von der Revision auch nicht angefochtenen Feststellungen hat das Berufungsgericht die rechtliche Folgerung gezogen, daß, wenn auch die Gemeinschuldnerin infolge des Pfandbesitzes der Firma W. W. zur Herausgabe des Wechsels an den Beklagten nicht imstande war, doch jedenfalls im Verhältnisse zwischen der Gemeinschuldnerin und dem Beklagten seit dem Oktober 1905 eine Verpflichtung des Beklagten aus dem Akzepte nicht mehr bestanden habe, der Wechsel vielmehr in diesem Verhältnisse nur noch die rechtliche Natur eines Gefälligkeitsakzepts gehabt habe, aus dem die Gemeinschuldnerin gegen den Beklagten eine Forderung nicht hätte herleiten können, und daß alles dies auch von dem jetzt in Streit stehenden, als Prolongationsakzept an die Stelle des ursprünglichen getretenen Wechsel gelte, weil nach dem Willen aller Beteiligten das Rechtsverhältnis bezüglich des Prolongationswechsels dasselbe sein sollte, wie es bezüglich des ursprünglich gegebenen gewesen war. Diese Folgerung an sich wird von der Revision ebenfalls nicht angegriffen. Sie gibt auch zu rechtlichen Bedenken keinen Anlaß. Die Richtigkeit der Rechtsauffassung des Berufungsgerichts wird durch den am 19. Juni 1906 zwischen dem Beklagten einerseits und dem anderen Gesellschafter F. und der Gesellschaft anderseits geschlossenen Vergleich erhärtet. Durch diesen Vergleich wurde, wie ebenfalls unangefochten vom Berufungsgerichte festgestellt ist, die Gesellschaft aufgelöst und bestimmt, daß der Beklagte zur Einlösung des damals noch in Drittbesitz befindlichen Wechsels erst verpflichtet sein sollte, wenn er die Wechselsumme von der Gemeinschuldnerin oder von F. erhalten haben würde. Wenn sonach die zur Einlösung des Wechsels bei dem Drittbesitzer erforderlichen Mittel dem Beklagten von der Gemeinschuldnerin (oder von dem anderen Gesellschafter) zu gewähren waren, so liegt es auf der Hand, daß die Gemeinschuldnerin selbst, sofern sie wieder in den Besitz des Wechsels gelangt wäre, dessen Einlösung aus Mitteln des Beklagten nicht würde haben fordern dürfen.

Die Revision meint, diese Rechtslage habe sich infolge der Konkurseröffnung verändert: dem Konkursverwalter könne die nur der Gemeinschuldnerin gegenüber begründete Einrede des Gefälligkeitsakzepts nicht entgegengehalten werden.

Der Auffassung der Revision kann nicht zugestimmt werden. Sie findet in dem dafür angeführten § 127 KO. keine Stütze. Diese Vorschrift gehört zu dem mit der Überschrift „Teilungsmasse" bezeichneten 3. Titel des 2. Buches der Konkursordnung. Der erste § dieses Titels (117) legt dem Verwalter die Pflicht auf, nach der Eröffnung des Verfahrens „das gesamte zur Konkursmasse gehörige Vermögen . . . zu verwerten." Hierzu ist ihm für zur Masse gehörige unbewegliche Gegenstände das Recht zur Betreibung der Zwangsversteigerung gegeben (§ 126); auf diesem Wege macht er den nach Berichtigung der Hypotheken und sonstigen dinglichen Belastungen von dem Erlöse etwa verbleibenden Überschuß für die Teilungsmasse flüssig. Solchen Überschuß können aber auch bewegliche Sachen, die sich im Pfandbesitze eines Dritten befinden, ergeben; auch dieser Überschuß muß für die Teilungsmasse flüssig gemacht werden, und deshalb ist dem Verwalter durch § 127 das Mittel gewährt, in solchen und ähnlichen Fällen die Verwertung herbeizuführen. Darin erschöpft sich aber auch die Bedeutung des § 127, soweit sie hier in Betracht kommt. Keineswegs ist aus dieser Vorschrift zu entnehmen, daß der Konkursverwalter Werte zur Masse ziehen könne, die nicht zum Vermögen des Gemeinschuldners gehören. Die Zugehörigkeit zur Masse wird in allen drei Bestimmungen (§§ 117, 126, 127) ausdrücklich vorausgesetzt, und zur Masse gehört nicht, was nicht zur Zeit der Konkurseröffnung Vermögen des Gemeinschuldners war (§ 1 KO.).

Den Beweis dafür, daß das Recht des Konkursverwalters im Falle des § 127 weiter gehe, als das des Gemeinschuldners, glaubt die Revision daraus schöpfen zu können, daß der Gemeinschuldner nur das

Recht gehabt habe, die verpfändete Sache durch Befriedigung des Pfandgläubigers einzulösen, nicht aber, wie § 127 es dem Verwalter gestatte, die Verwertung nach den Regeln des Pfandverkaufs zu betreiben. Allein diese Verwertung ist nur eine Verwaltungsmaßregel, für die das entsprechende sachliche Rechtsverhältnis, die Zugehörigkeit zur Masse, vorausgesetzt wird. Hätte die Gemeinschuldnerin den Wechsel vor der Konkurseröffnung bei der Pfandbesitzerin W. W. eingelöst, so würde sie nach den festgestellten Abmachungen, da die Vermögenseinlage des Beklagten anderweit berichtigt worden war, zur Herausgabe des Wechsels an den Beklagten verpflichtet gewesen sein, und dies würde der Beklagte gegen eine aus seinem Akzepte erhobene Forderung der Gemeinschuldnerin mit Erfolg haben einwenden können. Hieraus folgt, daß auch der klagende Konkursverwalter vom Beklagten weder unmittelbar die Bezahlung des Wechsels, noch nach § 127 dessen Herausgabe fordern kann. Welche Wirkung es sonst auf die Verbindlichkeit aus dem Wechselakzepte hat, wenn diese und das Pfandrecht an dem Wechsel in einer Person zusammentreffen, bedarf hier nicht der Erörterung. Es genügt, daß das Akzept des Beklagten, auch wenn der Wechsel im Besitze des Konkursverwalters wäre, einen gegen den Beklagten geltend zu machenden Wert so wenig bilden würde, wie er ihn im Besitze der Gemeinschuldnerin gebildet hätte.

Auch der von der Revision beispielshalber unterstellte Fall, daß die Firma W. W. ihre Forderung nebst dem Pfandrechte nicht auf die Mutter des Beklagten übertragen, sondern den Wechsel auf eine gemäß § 127 ergangene Aufforderung an den Kläger herausgegeben hätte, bietet nichts, was die Auffassung der Revision unterstützen könnte. Ob in diesem Falle der Kläger befugt gewesen wäre, für die Firma W. W. deren Rechte aus dem Wechsel gegen den Beklagten geltend zu machen, ist keineswegs außer Zweifel. Denn durch § 127 ist nicht, wie die Revision meint, dem Verwalter die Befugnis gegeben, „im Interesse aller Beteiligten an Stelle des säumigen Pfandgläubigers dessen Rechte auszuüben". Vielmehr übt der Verwalter nach § 127 seine Verwertungsbefugnis aus, tut es aber unbeschadet der Rechte des Pfandgläubigers, die dieser nur nicht mehr an der Sache, sondern an dem Erlöse geltend zu machen hat. Von einer Vertretung des Pfandbesitzers durch den Verwalter ist demnach keine Rede. Indes kann die Frage, ob in dem von der Revision unterstellten Falle der Kläger den Wechsel bis zur Höhe der Forderung der Firma W. W. für diese geltend machen könnte, ohne daß ihm insoweit die Einrede des Gefälligkeitsakzepts entgegenstände, auf sich beruhen; es kommt nur darauf an, ob er den Wechsel für die Masse gegen den Beklagten geltend machen kann, und das wäre nach dem früher Ausgeführten auch in jenem Falle (bezüglich eines nach Abzug der W. W.schen Forderung von der Wechselsumme verbleibenden Überschusses) zu verneinen.

Ob die von der Firma W. W. an die Mutter des Beklagten abgetretene und von dieser im Erbgange an den Beklagten gelangte Forderung überhaupt besteht, was der Kläger bestritten hat, und ob sie ferner, wie er behauptet hat, für die Firma H. Sch. gepfändet und dieser zur Einziehung überwiesen ist, hat für die Entscheidung keine Bedeutung; denn der Beklagte macht nicht diese Forderung geltend. In der Übergehung jener Streitpunkte durch das Berufungsgericht ist deshalb die gerügte Verletzung des § 286 ZPO. nicht zu finden.

Der Revision kann auch nicht zugegeben werden, daß der Beklagte der Einrede des Gefälligkeitsakzepts infolge der Entscheidung des Vorprozesses verlustig gegangen sei. Der Beklagte hatte die 25000 M., die ihm die Gemeinschuldnerin zur Einlösung des Wechsels herzugeben verpflichtet war, als Konkursforderung angemeldet, und diese Forderung ist durch die Entscheidung im Vorprozesse rechtskräftig festgestellt. Der Vorprozeß ist aber, wie das Berufungsgericht zutreffend hervorhebt, auf einer wesentlich anders gestalteten tatsächlichen Grundlage geführt und entschieden worden. Damals befand sich der Wechsel noch im Drittbesitze, und der Beklagte stand vor der Gefahr, von dem Pfandbesitzer, wenn das auch seine Mutter war, aus dem Wechsel in Anspruch genommen zu werden, weshalb er das berechtigte Interesse hatte, jene Verpflichtung der Gemeinschuldnerin geltend zu machen. Dadurch, daß der Wechsel erbweise an den Beklagten gekommen ist, hat die erwähnte Gefahr aufgehört. Welche Wirkung das auf das rechtskräftige Urteil und für dessen Vollstreckung hat, ist hier nicht zu entscheiden. Wäre auf die festgestellte Forderung eine Zahlung an den Beklagten erfolgt, dann könnte angenommen werden, daß insoweit der Wechsel wieder aufgehört habe, ein bloßes Gefälligkeitsakzept zu sein; die bloße Feststellung der Forderung aber ändert nichts an den Verhältnissen, aus denen sich nach dem früher Ausgeführten ergibt, daß der klagende Konkursverwalter eine Forderung aus dem Akzepte gegen den Beklagten nicht erheben kann und auch als Besitzer des Wechsels nicht erheben könnte. Andernfalls wäre das Ergebnis, daß der Beklagte den Wechsel voll zur Masse zu bezahlen hätte, seinerseits aber mit der im Vorprozesse festgestellten Forderung auf die möglicherweise geringe Konkurshebung angewiesen wäre. Die Folge wäre für den Beklagten, sofern sich nicht für ihn mit der bestrittenen W. W.schen Forderung ein Absonderungsrecht ergäbe, ein Verlust, für den nach den früheren Ausführungen eine rechtfertigende Grundlage nicht vorhanden ist.

Da nach alledem auch ein Verstoß gegen materielle Rechtsnormen, insbesondere die von der Revision gerügte Verletzung des § 127 KO. und des Art. 82 WO., der angefochtenen Entscheidung nicht zugrunde liegt, mußte der Revision der Erfolg versagt werden."

RGZ. 80, 37

Unter welchen Voraussetzungen ist eine Bankfirma als Hinterlegungsstelle im Sinne des § 137 KO. anzusehen und bei Nichtbeachtung dieser Vorschrift haftbar?

KO. §§ 129, 132, 137.

III. Zivilsenat. Urt. v. 5. Juli 1912.

I. Landgericht Görlitz. II. Oberlandesgericht Breslau.

Gründe:

„Als Zessionar des Konkursverwalters im Konkurs über das Vermögen des Fabrikbesitzers H. in M. beansprucht der Kläger von der verklagten Bank, bei der auf Beschluß der Gläubigerversammlung die eingehenden Massegelder hinterlegt wurden, die Rückzahlung von 19000 M. hinterlegter Massegelder mit der Begründung, daß die Konkursmasse vier Zahlungen der Beklagten an den früheren Konkursverwalter F. von zusammen 19000 M. nicht gegen sich gelten zu lassen brauche, weil die Quittungen entgegen der Vorschrift des § 167 KO. nur von dem Konkursverwalter, nicht auch von einem Mitgliede des Gläubigerausschusses unterzeichnet seien und F. über 80000 M. Massegelder unterschlagen habe. Die Vorinstanzen haben die Klage abgewiesen. Der Berufungsrichter stellt zwar fest, daß die früheren Konkursverwalter nicht persönlich, sondern im Namen der Konkursmasse die Gelder bei der Beklagten eingezahlt haben; er erklärt den § 137 aber deshalb für nicht anwendbar, weil die Beklagte zur Hinterlegungsstelle im Sinne dieser Vorschrift nicht auf Grund des einseitigen Beschlusses der Gläubigerversammlung werden könne, sondern nur im Wege des Übereinkommens; denn es könne ihr nicht zugemutet werden, daß sie gegen ihren Willen die durch § 137 vorgeschriebene besondere Sorgfaltspflicht übernehme. Das ist rechtsirrig.

Die Vorschrift des § 137 beruht auf dem Gedanken, daß das Gesetz Gewähr gegen mißbräuchliche Erhebungen hinterlegter Gelder, Wertpapiere oder Kostbarkeiten durch den Konkursverwalter bieten müsse, wie in den Motiven S. 353 hervorgehoben wird. Deshalb wird von der Regel des § 136, nach der Rechtshandlungen des Konkursverwalters trotz des Fehlens der nach §§ 133 bis 135 erforderlichen Genehmigung des Gläubigerausschusses oder der Gläubigerversammlung dritten Personen gegenüber gültig sind, im § 137 eine Ausnahme gemacht und den von dem Verwalter allein unterzeichneten Quittungen über den Empfang von Geldern usw. von der Hinterlegungsstelle sowie den Anweisungen auf die Hinterlegungsstelle die Gültigkeit abgesprochen, so daß die Hinterlegungsstelle, welche dieser Vorschrift zuwider nur gegen Quittung des Verwalters gezahlt hat, der Konkursmasse gegenüber nicht befreit wird, wenn der Verwalter den abgehobenen Betrag veruntreut. Mit diesem Zwecke und Inhalte der Vorschrift ist die Annahme unvereinbar, daß sie durch Vereinbarung des Konkursverwalters und der Hinterlegungsstelle außer Kraft gesetzt werden könne; die Vorschrift ist vielmehr zwingenden Rechtes, wie der erkennende Senat bereits in dem Urteile vom 31. März 1903 (Entsch. des RG.s in Zivils. Bd. 54 S. 212) ausgesprochen hat. Wenn aber eine ausdrückliche gegenteilige Vereinbarung die Anwendung des § 137 nicht ausschließt, kann auch nicht als Voraussetzung seiner Anwendung eine ausdrückliche oder stillschweigende Vereinbarung der Anwendbarkeit, ein Einverständnis darüber, daß die Bank Hinterlegungsstelle im Sinne des § 137 sein solle, der Abschluß eines Verwahrungsvertrags besonderen Inhalts, wie das *Berufungsgericht meint*, gefordert werden.

Anderseits findet der § 137 nicht auf jeden Hinterlegungsvertrag Anwendung, den der Konkursverwalter namens der Masse mit der Bank abschließt, sondern nur auf den Verkehr des Verwalters mit der gemäß § 132 Abs. 1 durch Beschluß der Gläubigerversammlung oder gemäß § 129 Abs. 2 durch Anordnung des Gerichts oder des Gläubigerausschusses bestimmten „Hinterlegungsstelle". Dies wird in der Rechtslehre fast allgemein anerkannt. Streitig ist aber, ob der Bank oder dem Bankier, bei dem die Hinterlegung erfolgt, der Beschluß oder die Anordnung bekannt sein muß, damit die Vorschrift des § 137 ihnen gegenüber Anwendung erlangt. Der erkennende Senat hat in dem erwähnten Urteile diese Frage bejaht und sogar eine durch Dritte erlangte Kenntnis von dem Beschlusse der Gläubigerversammlung nicht für genügend, sondern eine Mitteilung des Beschlusses durch den Konkursverwalter für erforderlich erklärt (ebenso die Kommentare zur KO. von Wilmowski-Kurlbaum-Kühne, 6. Aufl., Anm. 2 zu § 137 und von Willenbücher-Günther, 3. Aufl., Anm. 2 zu § 137); dagegen ist Jaeger (KO., 3. u. 4. Aufl., § 137 Anm. 2) der Meinung, das Gesetz verlange weiter nichts, als daß infolge einer gemäß § 129 Abs. 2 oder § 132 Abs. 1 getroffenen Anordnung Gelder, Wertpapiere oder Kostbarkeiten erkennbar als Bestandteile einer Konkursmasse hinterlegt worden seien.

An jener Ansicht kann bei nochmaliger Prüfung der Frage nicht festgehalten werden. Die Erwägung, daß „nach allgemeinen Grundsätzen" der Beschluß der Gläubigerversammlung der verwahrenden Bank mitgeteilt werden müsse, um ihr gegenüber wirksam zu sein, wird zwar nicht durch die Ausführung Jaegers a. a. O. widerlegt, die Beschlüsse der §§ 129 Abs. 2, 132 Abs. 1 seien „interne Verwaltungsmaßnahmen (vgl. § 136) und nicht an die Hinterlegungsstelle gerichtet"; denn der § 137 trifft, wie erwähnt, eine von der Regel des § 136 abweichende Ausnahmevorschrift, nach der jene Beschlüsse auch der Hinterlegungsstelle gegenüber wirken. Aber die Mitteilung der Beschlüsse der Gläubigerversammlung ist in der Konkursordnung nicht allgemein vorgeschrieben und eine Sonderbestimmung, welche die Mitteilung der hier in Rede stehenden Beschlüsse anordnete, ist nicht vorhanden. Dazu kommt die weitere Erwägung, daß zur Vertretung der Konkursmasse nach außen nur der Konkursverwalter befugt ist, daß aber § 137 gerade gegen mißbräuchliche Abhebungen durch ihn Schutz gewähren will und es daher nicht im Sinne des Gesetzes liegen kann, die Wirksamkeit dieser Schutzbestimmung gegenüber der Hinterlegungsstelle von einer Handlung des Verwalters abhängig zu machen. Demnach ist jedenfalls jede Kenntnis der Hinterlegungsstelle von dem Beschlusse der Gläubigerversammlung als genügend anzusehen, *um die Vorschrift des § 137 ihr gegenüber* für künftige Zahlungen in Kraft zu setzen, und zwar, wie gegenüber den Ausführungen des Vorderrichters und von Wilmowski-Kurlbaum-Kühne a. a. O. zu betonen ist, ohne Rücksicht darauf, ob die Kenntnis vor oder nach der Einzahlung der Gelder erlangt ist.

Aber man wird noch weitergehen und eine Haftung der Hinterlegungsstelle wegen Verstoßes gegen § 137 unter Umständen selbst dann bejahen müssen, wenn ihr eine solche Kenntnis nicht nachgewiesen werden kann. Bezüglich der weiteren Voraussetzung der Anwendung des § 137, der Bestellung eines Gläubigerausschusses, wird im Anschluß an eine Bemerkung in den Motiven S. 353 fast einstimmig angenommen, es sei Sache der Hinterlegungsstelle, sich bei der Auszahlung hinterlegter Gelder zu vergewissern, daß zu dieser Zeit kein Gläubigerausschuß vorhanden, oder daß der Verwalter von der Gläubigerversammlung zu selbständigem Handeln ermächtigt ist. In gleicher Weise läßt sich auch für jene Voraussetzung, die Bestimmung der Bank zur Hinterlegungsstelle gemäß § 129 Abs. 2 oder § 132 Abs. 1, eine Erkundigungspflicht der Bank, bei der Gelder auf den Namen der Konkursmasse hinterlegt sind, rechtfertigen. Eine solche Pflicht ist jedenfalls dann anzunehmen, wenn die Bank aus den ihr bekannten Umständen das Vorliegen einer derartigen Bestimmung entnehmen muß; unterläßt sie trotzdem die Erkundigung, so muß sie die Ungültigkeit der von dem Verwalter allein unterzeichneten Quittung gegen sich gelten lassen. Für diese Ansicht spricht einmal die Erwägung, daß der an einen Vertreter oder den Inhaber eines Amtes Zahlende grundsätzlich die Befugnis des Empfängers zum Empfange der Zahlung zu prüfen hat, ferner der Umstand, daß das Gesetz die Bestimmung der Hinterlegungsstelle durch die Gläubigerversammlung als die Regel hinstellt, daß folglich auch der Verwahrer der Massegelder, der sich mit den Vorschriften der Konkursordnung bekannt machen muß, davon auszugehen hat, daß dieser Regelfall vorliegt. Für diese Ansicht spricht vor allem der erwähnte Zweck des § 137, der es erfordert, die Anwendung dieser Schutzbestimmung nicht an

Voraussetzungen zu knüpfen, die im Gesetze selbst nicht aufgestellt sind, es sei denn, daß das berechtigte Interesse der Hinterlegungsstelle eine Einschränkung erfordere.

Der hier vertretenen Ansicht steht aber ein berechtigtes Interesse des Verwahrers der Massegelder nicht entgegen. Ihm erwachsen allerdings infolge der Vorschrift des § 137 Schwierigkeiten, aber weniger durch die Pflicht, sich zu erkundigen, ob er zur Hinterlegungsstelle bestimmt sei — denn diese wird regelmäßig durch eine einmalige Nachfrage erfüllt werden —, als durch die bei jeder Zahlung vorzunehmende Prüfung, ob der Zahlungsempfänger zu dieser Zeit Konkursverwalter und der Mitunterzeichner der Quittung Mitglied des Gläubigerausschusses ist. Aber diese Schwierigkeiten sind unvermeidbar, wenn den Konkursgläubigern der von dem Gesetz erstrebte Schutz zuteil werden soll, und können als eine unbillige Belästigung des Verwahrers deshalb nicht erachtet werden, weil er in der Lage ist, die Annahme von Gegenständen der Konkursmasse zur Verwahrung von vornherein abzulehnen, wenn er sich diesen Erschwerungen des Geschäftsverkehrs nicht unterwerfen will. Tut er dies nicht, sondern schließt er mit dem Konkursverwalter als solchem einen Verwahrungsvertrag ab, so muß er auch damit rechnen, daß er der gesetzlichen Regel gemäß zur Hinterlegungsstelle von der Gläubigerversammlung bestellt ist oder bestellt wird, und daß dann die Vorschrift des § 137 zu beachten ist.

In dem vorliegenden Falle ließen schon der erhebliche Betrag der hinterlegten Massegelder und die Tatsache, daß der Konkursverwalter F. fünf früher der Beklagten eingereichte Quittungen über zusammen 125000 M. von einem Gläubigerausschußmitgliede hatte mitunterzeichnen lassen, vermuten, daß die Beklagte von der Gläubigerversammlung zur Hinterlegungsstelle bestimmt, und daß ein Gläubigerausschuß bestellt war; die Kenntnis von dessen Bestellung hat übrigens die Beklagte auch gar nicht bestritten. Die Beklagte hätte deshalb hinterher gegen Quittungen des Verwalters allein nur dann zahlen dürfen, wenn sie festgestellt hätte, daß sie nicht zur Hinterlegungsstelle bestimmt wäre, oder daß die Gläubigerversammlung eine Abweichung von § 137 beschlossen hätte, und sie muß die Vorschrift des § 137 gegen sich gelten lassen, auch wenn sie wirklich, wie der Vorderrichter feststellt, von ihrer Bestellung zur Hinterlegungsstelle keine Kenntnis gehabt haben sollte. Es bedarf daher keines Eingehens auf die gegen diese Feststellung erhobenen Revisionsangriffe.

Das angefochtene Urteil ist demnach aufzuheben. Da der Vorderrichter noch nicht festgestellt hat, ob die hier fraglichen 19000 M. veruntreut oder, wie die Beklagte behauptet, tatsächlich für die Masse verwendet worden sind, ist die Sache zur Verhandlung und Entscheidung an das Berufungsgericht zurückzuverweisen.

RGZ. 84, 68

Steht dem Absonderungsberechtigten, mit dessen Zustimmung der Konkursverwalter die belastete Sache freihändig verkauft hat, ein Recht auf den Erlös auch dann zu, wenn der Konkursverwalter den Erlös nach einer zwischen ihm und einem Aussonderungsberechtigten ergangenen einstweiligen Verfügung als unter ihnen streitige Masse hinterlegt hat?

KO. § 127 Abs. 1. BGB. § 1245.

VII. Zivilsenat. Urt. v. 20. Januar 1914.

I. Landgericht I Berlin. II. Kammergericht daselbst.

Über das Vermögen der offenen Handelsgesellschaft V. & H., die in gemieteten Räumen eine Möbeltischlerei betrieben hatte, wurde im Januar 1912 das Konkursverfahren eröffnet. Da der Beklagte auf Grund verschiedener Übereignungsverträge das Eigentum an der im Besitze der Gemeinschuldnerin befindlichen beweglichen Habe in Anspruch nahm, erwirkte der Konkursverwalter eine einstweilige Verfügung, durch die ihm der freihändige Verkauf dieser Sachen unter der Auflage der Hinterlegung des Erlöses gestattet wurde. Der Konkursverwalter hat dementsprechend einen freihändigen Verkauf vorgenommen und den Erlös hinterlegt. Die Kläger beanspruchen mit der Behauptung, daß ihnen aus verschiedenen Mietverträgen noch eine Forderung von 5766,70 M. zustehe, in dieser Höhe Befriedigung aus dem hinterlegten Erlös und haben, da der Beklagte seine Einwilligung zur Auszahlung verweigerte, auf Erteilung dieser Einwilligung geklagt. Der Beklagte hat geltend gemacht, daß durch die in Ausführung der einstweiligen Verfügung erfolgte freihändige Veräußerung und durch die sich anschließende Hinterlegung des Erlöses als einer zwischen ihm und der Konkursmasse streitigen Masse die Anwendung des § 127 KO. und damit jeder Anspruch der Kläger auf Befriedigung ihrer Mietforderungen aus dem Erlös ausgeschlossen sei.

Das Landgericht erkannte nach dem Klagantrage. Auf die Berufung des Beklagten wurde die Klage abgewiesen. Dieses Urteil ist auf Revision der Kläger aufgehoben worden.

Aus den Gründen:

. . . „Der Berufungsrichter hat den Klaganspruch auch für den Fall als unbegründet angesehen, daß der das Vermieterpfandrecht anerkennende Konkursverwalter mit dem Erblasser der Kläger vor Erwirkung der einstweiligen Verfügung vereinbart haben sollte, daß er die Sachen freihändig verkaufen und den Erlös hinterlegen solle. Zur Begründung dieser Ansicht führt der Berufungsrichter aus, auch wenn das Pfandrecht infolge der Vereinbarung trotz des Verbleibens des größten Teiles der Sachen in den Räumen der Kläger erloschen sein und der Konkursverwalter sich verpflichtet haben sollte, für die Vermieter an Stelle des erloschenen Pfandrechts durch die Hinterlegung des Erlöses ein Recht auf Befriedigung aus dem Erlöse zu begründen, so habe doch der Konkursverwalter diese Verpflichtung nicht erfüllt und ein solches Recht nicht begründet; denn, wie die Hinterlegungserklärung klar ergebe, sei der Erlös nicht für die Kläger, sondern auf Grund der einstweiligen Verfügung nur als Streitmasse zwischen dem Beklagten und der Konkursmasse hinterlegt. Diese Beurteilung wird der Sachlage nicht gerecht.

Die Verwertung durch den Konkursverwalter ist auch dann „nach Maßgabe der Vorschriften über den Pfandverkauf" im Sinne des § 127 Abs. 1 erfolgt, wenn der Verkauf *gemäß einer nach § 1245 BGB.* gestatteten Abrede „freihändig" bewirkt worden ist. Eine solche Abrede ist, wie im Schrifttum allgemein anerkannt wird, auch dem Konkursverwalter gestattet. Daß auch in einem solchen Falle durch die freihändige Verwertung das Pfandrecht an den veräußerten Sachen untergeht, ist selbstverständlich. Eine Veräußerung der Sachen, belastet mit dem Pfandrechte, würde ihren Zweck völlig verfehlen. Anderseits geht aber das dem Pfandgläubiger auf Grund seines Pfandrechts gewährte Absonderungsrecht durch die Verwertung gemäß § 127 Abs. 1 keineswegs unter, sondern es setzt sich fort am „Erlöse" der Sachen. Wenn § 127 Abs. 1 Satz 2 bestimmt: „der Gläubiger kann seine Rechte nur auf den Erlös geltend machen", so kann das nur heißen: „die ihm bisher zustehenden Rechte". Sein bisher bestehendes dingliches Recht an der Sache verwandelt sich ohne weiteres in ein den Erlös ergreifendes Recht auf vorzugsweise Befriedigung (vgl. Entsch. des RG.s Jur. Wochenschr. 1909 S. 424). Es kann keine Rede davon sein, daß der Pfandgläubiger dadurch, daß er eine Abrede gemäß § 1245 mit dem Konkursverwalter trifft, auf seine aus dem Pfandrechte sich ergebenden Rechte in einem über die Abrede hinausgehenden Umfange verzichten wolle.

Um den Klägern ein Recht auf vorzugsweise Befriedigung aus dem Erlöse zu verschaffen, bedurfte es hiernach keineswegs, wie der Berufungsrichter anzunehmen scheint, einer besonderen, auf Begründung eines solchen Rechtes gerichteten Rechtshandlung, hier der vom Berufungsrichter vermißten Hinterlegung für die Kläger. In Frage kann nur kommen, ob das durch die gemäß § 127 KO. vorgenommene Verwertung für die Kläger ohne weiteres entstandene Recht auf den Erlös durch die vom Konkursverwalter getätigte Art und Weise der Hinterlegung wieder untergegangen ist. Das ist aber im Gegensatze zum Berufungsrichter zu verneinen. Zu Unrecht geht der Berufungsrichter davon aus, daß der Verkauf durch den Konkursverwalter lediglich dem Beklagten gegenüber und nur auf Grund der diesem gegenüber erwirkten einstweiligen Verfügung erfolgt sei. Hat, wie für die Revisionsinstanz zu unterstellen ist, die behauptete Vereinbarung zwischen dem Erblasser der Kläger und dem Konkursverwalter stattgefunden, so muß beim Mangel jeglicher für eine gegenteilige Annahme sprechender Umstände mit dem Landgericht als allein der Sachlage entsprechend angesehen werden, daß der Konkursverwalter sich den Klägern gegenüber auf Grund der Abrede, dem Beklagten gegenüber auf Grund der einstweiligen Verfügung zum freihändigen Verkaufe für berechtigt erachtet und ihn demgemäß beiden gegenüber ausgeführt hat. Dann fehlt es aber an jedem Grunde für die Annahme, daß durch die Hinterlegung, die sowohl der Auflage in der einstweiligen Verfügung als der Abrede entsprach, das ganz unabhängig von der Hinterlegung durch den Verkauf selbst erwachsene Recht der Kläger auf den Erlös zugunsten des Beklagten untergegangen sein soll. Insbesondere kann daraus, daß bei der Hinterlegung als deren Anlaß nur die in der einstweiligen Verfügung gemachte Auflage bezeichnet worden ist, nicht gefolgert werden, daß der Konkursverwalter — zuwider der mit dem Erblasser der Kläger getroffenen Abrede — über den Erlös irgendwie in einer das Recht der Kläger auf vorzugsweise Befriedigung aus dem Erlös ausschließenden Weise zugunsten des Beklagten habe verfügen wollen oder tatsächlich verfügt habe, so daß die Kläger nur auf einen Ersatzanspruch gegen die Konkursmasse oder den Konkursverwalter angewiesen wären. Trotz des Inhalts der Hinterlegungserklärung, nach der übrigens die Auszahlung „an den sich ausweisenden Empfangsberechtigten" erfolgen soll, blieb der Erlös als solcher oder doch der an seine Stelle getretene Anspruch gegen den Staat unterscheidbar bestehen, und nach wie vor steht er den Klägern für die Geltendmachung ihres im § 127 Abs. 1 Satz 2 vorbehaltenen Rechtes zur Verfügung." ...

RGZ. 98, 302

1. Zur Frage der Auskunftspflicht des Konkursverwalters im Falle des § 127 Abs. 1 KO.

2.—3. ...

II. Zivilsenat. Urt. v. 9. April 1920.

Die Entscheidung ist abgedruckt unter „Verfahrensrecht, Zivilprozeßordnung 3".

Schuldenmasse

RGZ. 13, 315 †

Bedeutung und Bedingungen der Aufnahme eines unterbrochenen Verfahrens, insbesondere im Falle des § 132 (144 n. F.) Abs. 2 der Konkursordnung.

III. Zivilsenat. Urt. v. 23. Januar 1885.

I. Landgericht Braunschweig. II. Oberlandesgericht daselbst.

Der Beklagte war in erster Instanz verurteilt worden, dem Kläger 10000 M. nebst Zinsen zu bezahlen. Seine Berufung wurde durch ein bei seinem Ausbleiben am 14. Januar 1882 wider ihn ergangenes Versäumnisurteil verworfen. Am 17. Januar 1882 wurde gegen ihn das Konkursverfahren eröffnet. In diesem Verfahren meldete der Kläger seine urteilsmäßige Forderung an; dieselbe wurde in dem Prüfungstermine von dem Verwalter zugestanden, aber sowohl von einer Konkursgläubigerin (der Ehefrau des Gemeinschuldners) als auch von dem Gemeinschuldner selbst bestritten. Darauf nahm diese Konkursgläubigerin auf Grund des § 134 Abs. 3 KO. den anhängigen Rechtsstreit gegen den Kläger auf und erhob Einspruch gegen das Versäumnisurteil. Während die Verhandlung über ihren Einspruch noch schwebte, ließ der Kläger dem Beklagten am 14. Februar 1884 einen Schriftsatz zustellen, in welchem er erklärte, daß er wegen seines ihm gemäß § 152 KO. demnächst zustehenden Nachforderungsrechtes das Verfahren gegen den beklagten Gemeinschuldner aufnehme, und ließ darauf am 20. März 1884 auch der Beklagte dem Kläger einen Schriftsatz zustellen, in welchem er zunächst auf die vom Kläger vorgenommene Aufnahme des Verfahrens sich bezog und eventuell erklärte, daß er selbst das Verfahren aufnehme und alsdann Einspruch gegen das Versäumnisurteil erhebe mit dem Antrage, dasselbe aufzuheben und seiner Berufung stattzugeben, unter Ladung des Klägers zu dem zur Verhandlung über diesen Antrag anberaumten Termine. Bei der Eröffnung dieses Termines wurde gerichtsseitig angeordnet, daß die Verhandlung zunächst auf die Frage der Gültigkeit der von beiden Teilen erklärten Aufnahme des Verfahrens, bzw. des erhobenen Einspruches beschränkt werde; nach der hierüber stattgefundenen Verhandlung wurde erkannt, daß „sowohl die von dem Kläger gegen den Beklagten in dem Schriftsatze vom 14. Februar 1884, als auch die von dem Beklagten gegen den Kläger in dem Schriftsatze vom 20. März 1884 erklärte Wiederaufnahme des Prozesses beziehentlich Einspruchserhebung als unzulässig verworfen werde, unter Kompensation der Kosten dieses Verfahrens“.

Die Gründe, aus welchen die Aufnahmeerklärung des Klägers für unzulässig erachtet wurde, sind aus dem Nachstehenden ersichtlich; dem Beklagten wurde die Befugnis zur Aufnahme des Verfahrens abgesprochen, weil dieselbe im § 132 Abs. 2 KO. nur dem Gläubiger und nicht auch dem Gemeinschuldner beigelegt sei. — Auf die Revision des Klägers wurde dieses Urteil aufgehoben und die Sache zur anderweiten Verhandlung und Entscheidung an das Berufungsgericht zurückverwiesen aus folgenden

Gründen:

„Indem die Vorinstanz dem Kläger die Befugnis zur Aufnahme des Prozesses abspricht, verstößt sie gegen die ausdrückliche und keiner *Einschränkung unterworfene Bestimmung* des § 132 Abs. 2 KO., daß, wenn die im Konkursverfahren angemeldete Forderung vom Gemeinschuldner in dem Prüfungstermine bestritten worden ist, der Rechtsstreit, welcher über dieselbe zur Zeit der Konkurseröffnung anhängig war, gegen den Gemeinschuldner aufgenommen werden kann. Der Zweck dieser Gesetzesbestimmung geht dahin, daß dem Gläubiger die Möglichkeit gewährt werden soll, wegen seines demnächstigen Nachforderungsrechtes, wegen dessen in diesem Falle nach § 152 Abs. 2 KO. die Zwangsvollstreckung aus der Eintragung der Festsetzung seiner Forderung in die Tabelle nicht stattfindet, sich schon während des Konkursverfahrens einen vollstreckbaren Titel zu verschaffen.

Die unrichtige Entscheidung der Vorinstanz ist veranlaßt durch ihre Annahme, daß die Aufnahme eines unterbrochenen Prozesses verbunden sein müsse mit einem das Prozeßverfahren fortsetzenden Antrage und daher nur vorgenommen werden könne von einer Partei, welche sich zugleich in der prozessualen Lage befinde, einen Antrag zur Sache selbst erheben zu können. Diese Annahme beruht auf Verkennung des Wesens der Aufnahme eines unterbrochenen Verfahrens. Dieselbe wird nach § 227 ZPO. ohne Zutun des Gerichtes vollzogen durch die Zustellung eines die entsprechende Erklärung enthaltenden Schriftsatzes. Und da nach § 226 die Wirkung der Unterbrechung des Verfahrens darin besteht, daß der Lauf einer jeden Frist aufhört, und daß eine während der Unterbrechung von einer Partei in Ansehung der Hauptsache vorgenommene Prozeßhandlung der anderen Partei gegenüber ohne rechtliche Wirkung ist, so besteht umgekehrt die Wirkung der Aufnahme des Verfahrens nur darin, daß die Fristen, welche im Zeitpunkte der Unterbrechung im Laufe begriffen waren, wieder in Lauf gesetzt werden, und daß jede der beiden Parteien in die Lage zurückversetzt wird, einen Antrag zur Hauptsache rechtswirksam erheben zu können. Die Befugnis zur Aufnahme des Rechtsstreites ist auch nicht bedingt durch den Nachweis eines bezüglichen Interesses der das Verfahren aufnehmenden Partei; dieses Interesse ist stets schon vorhanden in dem Interesse, welches jede Partei an der Beschleunigung der Beendigung des Rechtsstreites hat. Die Aufnahme kann, soweit sie überhaupt statthaft ist, vorgenommen werden in jedem Stadium des Prozesses bis zur rechtskräftigen Beendigung desselben.

Der Beklagte hat in der Revisionsverhandlung zugunsten der Aufrechterhaltung des angefochtenen Urteiles noch die Meinung aufgestellt, daß die Befugnis des Klägers, das Verfahren gegen den Gemeinschuldner aufzunehmen, dadurch ausgeschlossen sein müsse, daß das Verfahren schon vorher dem Kläger gegenüber durch eine Konkursgläubigerin (die Ehefrau des Gemeinschuldners), welche gleichfalls jene Forderung in dem Prüfungstermine bestritten hatte, aufgenommen worden war; er hat zur Rechtfertigung dieser Meinung darauf hingewiesen, daß die zweifache Aufnahme und Verhandlung desselben Rechtsstreites unter verschiedenen Parteien der seines Erachtens unzulässigen Möglichkeit der demnächstigen Erlassung zweier sich widersprechender Erkenntnisse Raum gebe. Auch diese Meinung ist unrichtig. Durch die Entscheidung des anhängigen Rechtsstreites, welche auf Grund der von der Ehefrau des Gemeinschuldners gemäß § 134 Abs. 3, 6 KO. vorgenommenen Aufnahme des Verfahrens zwischen ihr und dem Kläger zu ergehen hat, wird die gemäß Abs. 7 daselbst in die Tabelle einzutragende und somit für das Konkursverfahren maßgebende Festsetzung der Klageforderung bewirkt werden; da aber in diesem Falle die Eintragung in die Tabelle gegen den Gemeinschuldner, wie schon erwähnt, nicht bindend ist, so ist der Kläger wegen seines demnächstigen Nachforderungsrechtes darauf angewiesen, den anhängigen Prozeß außerdem auch noch gegen den Gemeinschuldner fortzusetzen, und zu diesem Zwecke ist ihm im § 132 Abs. 2 KO. die Aufnahmebefugnis beigelegt. Der Art. 152 Abs. 2 KO. hat gerade dadurch, daß der für das Konkursverfahren getroffenen Festsetzung einer angemeldeten Forderung keine verbindliche Kraft wegen des Nachforderungsrechtes gegen den Gemeinschuldner gegeben ist, sofern letzterer die Forderung im Prüfungstermine bestritten hat, der Möglichkeit Raum lassen wollen, daß die Festsetzung derselben Forderung im Konkursverfahren in anderer Weise stattfinden kann, als der Person des Gemeinschuldners gegenüber.

Hiernach ist das angefochtene Urteil zunächst insoweit aufzuheben, als dasselbe die Aufnahmeerklärung des Klägers als unzulässig verworfen hat. Allein in Konsequenz dieser Entscheidung muß, obwohl der Beklagte kein Rechtsmittel eingelegt hat, auch der ganze übrige Teil des angefochtenen Urteiles aufgehoben werden. Dies gilt namentlich von dem Ausspruche desselben, daß der Einspruch des Beklagten als unzulässig verworfen werde; denn dieser Einspruch erscheint als zulässig infolge der vom Kläger vorgenommenen Aufnahme des Verfahrens. Zu einer Aufnahme des Verfahrens war allerdings der beklagte Gemeinschuldner seinerseits nicht befugt; allein der Ausspruch, daß die Aufnahmeerklärung des Gemeinschuldners als unzulässig verworfen werde, muß gleichfalls beseitigt werden, weil diese Erklärung in dem Schriftsatze vom 20. März 1884 nur eventuell — was nur heißen kann, für den Fall, daß die Aufnahme noch nicht vom Kläger bewirkt sein sollte — abgegeben, dieser Fall aber — dem gegenwärtigen Urteile gemäß — nicht eingetreten ist. Endlich ist auch die vorinstanzliche Entscheidung des Kostenpunktes nicht bloß in der die Kostenkompensation aussprechenden Form derselben schon des Klägers wegen zu beseitigen, sondern es ist ihr auch insoweit, als dieselbe dem Beklagten hiermit die auf seiner Seite erwachsenen Kosten auferlegt, durch die Aufhebung aller in der Sache selbst getroffenen Entscheidungen ihre notwendige Grundlage entzogen. Die gänzliche Aufhebung des angefochtenen Urteiles entspricht überdies auch dem Revisionsantrage."

RGZ. 14, 172

1. Kann neben dem Gläubiger, welcher Konkursdividende für seine volle Forderung erhält, auch der Mitverpflichtete, welcher einen selbständigen Regreßanspruch geltend macht, Konkursdividende beanspruchen?

2. Wie verhält es sich in dieser Beziehung im Falle des Zwangsvergleiches?

Vereinigte Zivilsenate. Urt. v. 15. Februar 1886.

I. Landgericht Neuburg a. D. II. Oberlandesgericht Augsburg.

Der Kaufmann E. hatte dem Kaufmanne H. in dessen Auftrage Akzeptkredit gewährt und demzufolge drei Wechsel im Gesamtbetrage von 19400 M. in Erwartung künftiger Deckung akzeptiert. Unmittelbar nach Verfall der Wechsel geriet E. und einen Tag später H. in Konkurs.

Im Konkurse H. wurde ein Zwangsvergleich geschlossen, auf Grund dessen die Wechselinhaber 50 Prozent ihrer Forderungen erhielten. Im Konkurse E. erhielten dieselben ferner etwa 30 Prozent ihrer Forderungen.

Die Konkursmasse E., welche ihre Regreßforderung im Konkurse H. angemeldet hatte, beanspruchte nun auf Grund des Zwangsvergleiches von H. und dessen Bürgen 50 Prozent der von ihr gezahlten Summe, welche ihr, im Einklange mit der Entscheidung des I. Zivilsenates des Reichsgerichtes,

vgl. Entsch. des RG.s in Zivils. Bd. 7 Nr. 28,

in zwei Instanzen zugesprochen wurde. Auf Revision der Beklagten wurde die Sache an die vereinigten Zivilsenate verwiesen, welche, unter Aufhebung des angefochtenen Urteiles, die Klage abwiesen aus folgenden

Gründen:

„Die zunächst zu erörternde Frage ist: „ob neben dem Gläubiger, welcher Konkursdividende für seine volle Forderung empfängt, auch der Mitverpflichtete, welcher einen selbständigen Regreßanspruch geltend macht, Konkursdividende beanspruchen könne."

Vor Einführung der deutschen Konkursordnung bestanden hierüber verschiedene Ansichten.

Sowohl das französische Fallimentsgesetz vom 28. Mai 1838 (Code de commerce Art. 542, 543) als die preußische Konkursordnung vom 8. Mai 1855 (§§ 86, 87) enthielten Bestimmungen, welche neben dem Prinzipe, daß Teilzahlungen eines Mitverpflichteten nach der Konkurseröffnung das Recht des Gläubigers, für seine volle zur Zeit der *Konkurseröffnung bestehende Forderung Konkursdividende zu beanspruchen*, nicht beeinträchtigen, das weitere Prinzip, daß neben diesem Dividendenbezuge des Gläubigers nicht auch der Mitverpflichtete wegen seiner Regreßforderung Dividende beanspruchen könne, ausdrücklich anerkannten. Die Berechtigung dieses letzteren Prinzipes wurde jedoch für Fälle, wo dem Mitverpflichteten ein selbständiger vertragsmäßiger Regreßanspruch zur Seite steht, von C. F. Koch in seinen, allerdings zunächst den Fall des Akkordes treffenden Ausführungen, Note 14 zum § 198 preuß. KO., sowie in mehreren Erkenntnissen des preußischen Obertribunales,

vgl. Striethorst, Archiv Bd. 41 S. 329, Bd. 43 S. 147, Bd. 46 S. 323,

bestritten.

In den deutschen Rechtsgebieten, wo keine gesetzliche Regelung dieser Frage bestand, insbesondere im Gebiete des gemeinen Rechtes, hatte sich in Doktrin und Praxis die Ansicht Geltung verschafft, daß Hauptforderung und Regreßforderung im Konkurse nur als eine einheitliche Forderung in Betracht kommen könnten, ohne Rücksicht darauf, ob die Regreßforderung eine selbständige sei oder der Mitverpflichtete nur in den Rechten des Hauptgläubigers auftrete.

So wurde entschieden vom Oberappellationsgerichte zu Dresden,

vgl. Sächs. Annalen N. F. Bd. 2 S. 92,

vom Obertribunale in Stuttgart,

vgl. Württemb. Monatsschrift für die Justizpflege Bd. 8 S. 50,

vom Oberappellationsgerichte zu Berlin,

vgl. Seuffert's Archiv Bd. 27 Nr. 284,

und vom badischen Hofgerichte des Unterrheinkreises,

vgl. Annalen der badischen Gerichte Bd. 19 S. 331.

Die gleiche Ansicht ist geltend gemacht von Wolffson (Neues Archiv für Handelsrecht von Voigt, Bd. 2 S. 289 flg.), von Sarwey im vorbezeichneten Bande der württembergischen Monatsschrift S. 34 in der Note, von Günther (Konkurs der Gläubiger nach gemeinem

Rechte S. 61) und von Reichardt (Ordnung der Gläubiger im Konkurse nach dem in Sachsen geltenden Rechte S. 88).

Was nun die deutsche Konkursordnung anbelangt, so spricht sie zwar im § 61 das Prinzip, daß der Gläubiger, ohne Rücksicht auf Teilzahlungen Mitverpflichteter, bis zu seiner vollen Befriedigung seine ganze zur Zeit der Konkurseröffnung bestehende Forderung im Konkurse geltend machen dürfe, klar und bestimmt aus, gibt jedoch betreffs der Frage, ob, falls der Gläubiger seine ganze Forderung geltend macht, auch noch der Mitverpflichtete mit selbständigem Regreßrechte neben ihm Dividende beanspruchen könne, keine Bestimmung. Die bezügliche Bestimmung der preußischen Konkursordnung ist weggelassen. Nur in den Motiven zu § 60 des Entwurfes (jetzt § 60 KO.) ist die bezeichnete Frage erörtert. Der Verfasser der Motive bezeichnet die Regreßforderungen der Bürgen und Mitschuldner als bedingte Forderungen, welche nach § 60 zur Sicherung berechtigten, und erörtert sodann, daß in Fällen, wo der Rückgriff des Mitverpflichteten auf einem Eintreten in die Rechte des Gläubigers beruhe, dessen Rückgriffsforderung durch konkursmäßige Befriedigung des Hauptgläubigers konsumiert sei, daß aber in Fällen, wo dem Mitverpflichteten eine selbständige Regreßforderung auf Grund Mandates usw. zustehe, er für diese Forderung neben dem Hauptgläubiger Dividende beanspruchen könne.

Diese Ausführungen gehen von der, wie vorerwähnt, vom preußischen Obertribunale vertretenen Ansicht aus, daß die bezügliche Bestimmung der preußischen Konkursordnung, auf selbständige Regreßforderungen angewendet, prinzipwidrig sei, und der Verfasser derselben war offenbar der Meinung, infolge der Beseitigung jener Bestimmung würden sich, nach Maßgabe der richtigen Prinzipien, von selbst und ohne gesetzliche Bestimmung, die von ihm bezeichneten Folgen ergeben.

Erweist sich diese Ansicht als unrichtig, so fallen selbstverständlich auch die Folgen weg. Denn so wichtig auch die Motive eines Gesetzes unter Umständen sein mögen, um den Sinn zweifelhafter Gesetzesbestimmungen zu ermitteln, die Bedeutung können sie nie gewinnen, eine Gesetzesbestimmung, die erforderlich gewesen wäre, zu ersetzen.

In der Tat muß man nun bei näherer Prüfung dazu gelangen, die bezeichnete Ansicht als unhaltbar zu erklären; es führt dazu die Konsequenz der Bestimmungen des § 61 a. a. O., welche es dem Gläubiger gestatten, ohne Rücksicht auf spätere Teilzahlungen Mitverpflichteter, seine ganze zur Zeit der Konkurseröffnung bestehende Forderung im Konkurse geltend zu machen, in Verbindung mit dem Grundsatze, daß die Forderung des Hauptgläubigers und die Regreßforderung des Mitverpflichteten, soweit sie die nämlichen Forderungsbeträge treffen, dem Hauptschuldner gegenüber nur als eine einheitliche Forderung in Betracht kommen.

Sieht man zunächst vom Falle des Konkurses ab, so steht die Regreßforderung des Mitverpflichteten zu der Forderung des Gläubigers in dem Verhältnisse, daß sie immer nur wirksam wird, soweit diese erlischt. Der Hauptschuldner hat nur entweder an den Gläubiger oder an den regreßberechtigten Mitverpflichteten zu zahlen; er kann nie in die Lage kommen, für die nämliche Forderung zugleich beiden Zahlung leisten zu müssen; die Schuld ist daher für ihn eine einheitliche, möge die Regreßforderung auf einem selbständigen Rechtsgrunde beruhen oder nicht.

Der Umstand, daß gegen den Hauptschuldner der Konkurs eröffnet ist, kann dieses Verhältnis nicht wesentlich umgestalten; er kann nicht bewirken, daß der Konkursmasse gegenüber eine Forderung sich vervielfältige, die Schuld, welche vorher nur eine einheitliche war, nun eine mehrfache werde und die Verpflichtungen der Konkursmasse sich infolgedessen erhöhen.

Die rechtliche Folge des Konkurses besteht darin, daß die Ansprüche der Konkursgläubiger sich auf den Betrag der nach dem Bestande der Konkursmasse auf sie fallenden Dividende herabmindern. Hat daher die Konkursmasse für eine Konkursforderung die volle konkursmäßige Befriedigung gewährt, so ist für sie diese Forderung getilgt, und es kann aus Anlaß derselben weder direkt noch indirekt ein Anspruch weiter gegen sie erhoben werden. Diese konkursmäßige Tilgung der Forderung muß für die Konkursmasse ebenso die Tilgung des Regreßanspruches bewirken, wie eine vollständige Zahlung außerhalb des Konkurses, mag auch dem Gemeinschuldner gegenüber jener Anspruch fortbestehen (§ 152 Abs. 1 KO.).

Soweit der Anspruch des Regreßberechtigten dahin gerichtet ist, daß der Hauptschuldner ihn von der Mithaftung befreie, gewährt die Konkursmasse die Befreiung im Sinne des Konkursrechtes, indem sie dem Gläubiger für seine ganze Forderung die konkursmäßige Dividende zahlt, d. h. die ganze Forderung konkursmäßig tilgt.

Mit Unrecht wird eingewendet, der Mitverpflichtete könne von seiner Haftung nur befreit werden durch volle Zahlung, nicht durch Teilzahlung, wie sie in Gewährung einer Dividende zu finden sei; man beachtet dabei nicht die eigentümlichen Wirkungen des Konkurses, zufolge deren die Zahlung der vollen Dividende für die Konkursmasse der vollen Zahlung gleich zu achten ist. Diese eigentümlichen Wirkungen sind im Wesen des Konkursrechtes begründet und müssen eintreten, wenn der Zweck desselben, allen nicht bevorrechteten Konkursgläubigern gleichheitliche Befriedigung zu verschaffen, erreicht werden soll; es würde mit diesem Zwecke im offensten Widerspruche stehen, wenn für eine Schuld, welche außerhalb des Konkurses nur einmal zu zahlen ist, doppelte Dividende gewährt werden müßte.

Obgleich daher der Regreßberechtigte ohne Zweifel Konkursgläubiger ist, so kommt doch, soweit der Hauptgläubiger die Forderung geltend macht und so lange dieser nicht voll befriedigt ist, sein Konkursanspruch nicht neben dem Konkursanspruche des Hauptgläubigers in Wirksamkeit, weil er eben mit diesem und durch diesen seine Befriedigung erhält.

Die Richtigkeit der vorerörterten Ansicht tritt insbesondere auch hervor, wenn man den Zweck der Bestimmung des § 61 KO. ins Auge faßt.

Wäre diese Bestimmung nicht gegeben, würde vielmehr als Prinzip angenommen, daß auch solche Teilzahlungen, welche von Mitverpflichteten nach der Konkurseröffnung geleistet werden, an der *Forderung des Gläubigers in Abzug kämen, dieser also nur seine* Restforderung im Konkurse geltend machen könnte, so würde ohne Zweifel der Mitverpflichtete berechtigt sein, für seine Teilzahlung, sei es unter Eintritt in die Rechte des Gläubigers, sei es auf Grund selbständigen Regresses, Konkursdividende zu beanspruchen. Dieser Dividendenbezug würde jedoch insofern dem Mitverpflichteten nichts nützen und die Minderung der Dividende des Gläubigers diesem nicht schaden, als ersterer ja doch für den ganzen Ausfall einstehen muß. Das Endergebnis würde immer nur sein, daß der Mitverpflichtete den ganzen Ausfall, welchen die Forderung erleidet, zu tragen hätte. Nur im Falle der Insolvenz des Mitverpflichteten würde sich ergeben, daß der Gläubiger dadurch, daß er nicht seine volle Forderung im Konkurse des Hauptschuldners geltend machen dürfte, beschädigt wäre. Dies zu verhüten, ist Zweck des § 61 KO., weshalb er denn auch in seiner ursprünglichen Fassung, übereinstimmend mit Art. 542 Code de commerce und § 87 preuß. KO., sich darauf beschränkte, den Fall, wo mehrere für dieselbe Leistung haftende Personen in Konkurs geraten, zu regeln. Es erhellt hieraus, daß die Absicht des § 61 KO. nur darauf gerichtet ist, den Hauptgläubiger vor Schaden zu bewahren, nicht aber den Mitverpflichteten zu Lasten der Konkursmasse, sowie des Hauptgläubigers günstiger zu stellen, wie es der Fall sein würde, wenn er neben diesem letzteren und in Konkurrenz mit demselben zum Bezuge von Dividende berechtigt wäre.

Die Unrichtigkeit der bekämpften Ansicht macht sich insbesondere auch in den Folgen bemerkbar, die sich daran knüpfen.

Wird der Mitverpflichtete vom Gläubiger genötigt, sei es vor, sei es nach der Konkurseröffnung die ganze Schuld zu zahlen, so zieht er auf Grund seiner Regreßforderung nur die einfache Dividende, also wenn der Konkurs 50 Prozent Dividende ergibt, nur diese 50 Prozent; hält aber der Gläubiger sich zunächst an die Konkursmasse und läßt sich vom Mitverpflichteten nur den zu erwartenden Ausfall zahlen, so zieht letzterer von dieser Zahlung nochmals Dividende, geht also statt mit 50 Prozent nur mit 25 Prozent in Verlust. In dieser Weise ist es vom Zufalle oder von der Willkür des Gläubigers oder gar von der Gewandtheit des Mitverpflichteten, durch Ausflüchte und Schikane die Zahlung hinauszuschieben, abhängig, ob derselbe den Vorteil zweifacher Dividende zieht und die Masse zweifach belastet wird, oder nicht.

Übrigens läßt der Umstand, daß sofort mit Zahlung der ganzen Schuld jeder Schein des Nebeneinanderbestehens zweier besonderer Forderungen verschwindet und ein einheitlicher Anspruch sich darstellt, klar erkennen, daß die Theorie der Motive die richtige nicht sein kann. Beständen wirklich zwei selbständige Forderungen, so würde es ohne Belang sein, wenn sie in derselben Hand sich vereinigten; sie würden nichtsdestoweniger beide geltend gemacht werden können.

Schließlich möge erwähnt sein, daß im Auslande die vorerörterten Prinzipien im wesentlichen allgemein anerkannt sind.

Vgl. für Italien: Codice di commercio Art. 776—780; für die Vereinigten Staaten von Nordamerika: Blumenstiel, The law and practice of bankruptcy, New York 1878, S. 277—281; für Belgien: Fallimentsgesetz von 1857 Art. 537—541; für Österreich: Konkursordnung von 1868 §§ 18, 19; für die Schweiz: Art. 810 des Obligationenrechtes.

Eine weiter zu erörternde Frage ist, ob etwa im Falle des Zwangsvergleiches, wie er im vorliegenden Rechtsstreite gegeben ist, andere Grundsätze betreffs der Regreßforderungen gelten, als im Falle der Durchführung des Konkurses. Dieselbe ist unbedenklich zu verneinen.

Der Zwangsvergleich wird zwischen dem Gemeinschuldner einerseits und den nicht bevorrechteten Konkursgläubigern andererseits geschlossen (§ 160 KO.), und er ist, sobald er rechtskräftig bestätigt ist, wirksam für und gegen alle nicht bevorrechteten Konkursgläubiger (§ 178 KO.). Der Inhalt des Zwangsvergleiches ist insofern ein gesetzlich bestimmter und der Privatwillkür entzogener, als nach § 168 KO. derselbe allen nicht bevorrechteten Konkursgläubigern gleiche Rechte gewähren muß und Bevorzugungen einzelner Gläubiger, sofern sie nicht die ausdrückliche Zustimmung der zurückgesetzten Gläubiger erhalten, rechtsunwirksam sind.

Aus diesen Bestimmungen ergibt sich klar, daß der Zwangsvergleich nur das Verhältnis der Konkursgläubiger zum Gemeinschuldner regelt, daß er nur den Konkursgläubigern Rechte gibt und Rechte nimmt, und daß ein Gläubiger die Akkordrate nur beanspruchen kann, wenn und insoweit er Konkursgläubiger ist.

Ist nun die erörterte Ansicht betreffs der Stellung des regreßberechtigten Mitverpflichteten im Konkurse richtig, so ist dieser zwar Konkursgläubiger, kommt jedoch als solcher nur insofern in Betracht, als der Gläubiger selbst seine Rechte nicht geltend macht oder bereits vollständig befriedigt ist. Für den Ausfall besteht kein Konkursanspruch des Mitverpflichteten neben dem Konkursanspruche des Gläubigers, vielmehr ist der ganze Konkursanspruch des ersteren durch den Dividendenbezug des letzteren konsumiert.

Hieraus ergibt sich von selbst, daß der regreßberechtigte Mitverpflichtete nie befugt sein kann, neben dem Gläubiger, der die Akkordrate für die volle Forderung bezieht, noch weitere Akkordraten für den durch ihn zu zahlenden Ausfall zu verlangen.

Man darf nicht entgegnen, daß es sich beim Zwangsvergleiche nur um das Interesse des Gemeinschuldners handle, während im Konkurse selbst das Interesse der durch den Bezug mehrfacher Dividende benachteiligten Konkursgläubiger in Frage stehe, denn dem klar kundgegebenen Willen des Gesetzes gegenüber können Erwägungen dieser Art keine Beachtung finden.

Übrigens mußte es aus naheliegenden Gründen bedenklich erscheinen, beim Zwangsvergleiche Forderungen zu berücksichtigen, die im Konkurse selbst nicht berücksichtigt werden können. Setzt man den Fall, daß bei einem Konkurse gerade den bedeutenden Forderungen Bürgen zur Seite stehen mit selbständigen Regreßansprüchen, so erscheint ein Zwangsvergleich unmöglich, falls für diese Regreßansprüche besondere Akkordrate verlangt werden kann, während sie im Konkurse selbst nicht dividendenberechtigt sind. Der Gemeinschuldner, welcher, falls nur die Dividendenberechtigten in Frage kommen, 50 Prozent bieten kann, vermag, falls noch die Regreßforderungen hinzutreten, nur 40 Prozent oder noch weniger Akkordrate zu bieten; mit dieser Rate aber würden die Konkursgläubiger nicht zufrieden sein, vielmehr es vorziehen, den Konkurs unter Ausschluß der Regreßforderungen durchzuführen.

Erwägt man nun, daß das Gesetz den Zwangsvergleich begünstigen will, nicht bloß im Interesse des Gemeinschuldners, sondern auch im Interesse der Konkursgläubiger, welche durch denselben (wie die Motive hervorheben) in der Regel höhere Dividende erlangen, weil, abgesehen von den Kosten des Konkursverfahrens, das Vermögen der Masse in der Regel für den Gemeinschuldner, der sein Geschäft weiter betreiben kann, weit höheren Wert hat, als für die Konkursmasse, so wird klar, daß allerdings ein gesetzgeberisches Interesse vorlag, fragliche Vervielfältigung der Forderungen lediglich für die Akkordrate nicht zu gestatten.

Schließlich ist zu bemerken, daß die Frage, ob dem Regreßberechtigten eine Einwirkung auf den Abschluß des Zwangsvergleiches durch Ausübung des Stimmrechtes zustehe, jedenfalls nur von höchst nebensächlicher Bedeutung ist. Auch wenn man ihm jedes Stimmrecht versagte, würde er nicht schutzlos gestellt sein. Ist er solvent, so kann er durch sofortige Befriedigung des Gläubigers und Eintritt in dessen

Rechte, sich in die Lage versetzen, sein Interesse vollständig zu wahren; ist er aber insolvent, kann also der Gläubiger nicht darauf rechnen, bei ihm Deckung für seinen Ausfall zu erhalten, so hat der Gläubiger eigenes Interesse, auf einen möglichst vorteilhaften Zwangsvergleich hinzuwirken. Zudem wird auch das Interesse aller sonstigen Gläubiger an einer möglichst hohen Akkordrate in Betracht zu ziehen sein." ...

RGZ. 27, 91

Steht der Anfechtungsklage des Konkursverwalters die Einrede entgegen, daß der Saldo des Kontokorrentes, in welchem dem Gemeinschuldner die angefochtene Leistung gutgeschrieben war, nach Anerkennung im Prüfungstermine in die Konkurstabelle eingetragen sei?

KO. § 133 (145 n. F.).

II. Zivilsenat. Urt. v. 13. März 1891.

I. Landgericht Köln. II. Oberlandesgericht daselbst.

Der Konkursverwalter behauptet, der Gemeinschuldner habe nach seiner dem beklagten Bankhause bekannten Zahlungseinstellung demselben mehrere Kundenwechsel auf laufende Rechnung eingehändigt, er fordert daher mittels der auf § 23 KO. gestützten Anfechtungsklage Rückgewähr des Erlöses. Das Bankhaus wendet ein, die Wechsel seien dem Gemeinschuldner im Kontokorrente gutgeschrieben, der Konkursverwalter habe im Prüfungstermine den Saldo des eingereichten Rechnungsauszuges anerkannt, und dieser Saldo sei als Konkursforderung in die Tabelle eingetragen worden; diese in § 133 KO. dem rechtskräftigen Urteile gleichgestellte Eintragung stehe der Anfechtung entgegen. Die Vorinstanzen erkannten auf Klagabweisung; auf Revision des Konkursverwalters wurde das Berufungsurteil aufgehoben.

Aus den Gründen:

„Mit Recht geht der Berufungsrichter davon aus, daß die Geltung der Eintragung in die Tabelle als eines rechtskräftigen Urteiles, welche derselben in § 133 KO. den Konkursgläubigern gegenüber beigelegt wird, auch dem Konkursverwalter entgegensteht. Diese Eintragung setzt mit Notwendigkeit voraus, daß der Verwalter die angemeldete Forderung im Prüfungstermine nicht bestritten habe. Mag man daher die rechtliche Stellung des Verwalters dahin auffassen, daß derselbe im Prüfungstermine die Konkursgläubiger vertrete, oder mag man annehmen, daß er lediglich in seiner Eigenschaft als Vertreter des Gemeinschuldners auch das Interesse der Gläubiger den Anmeldungen gegenüber zu wahren berufen sei, in jedem Falle kann ihm die Befugnis nicht zuerkannt werden, eine Forderung nachträglich zu einer streitigen zu machen, welche infolge seines Nichtbestreitens als eine unbestrittene Aufnahme in die Tabelle gefunden hat.

Aus der Rechtskraftwirkung der Eintragung ergibt sich jedoch nicht die von dem Berufungsrichter hergeleitete Folgerung, daß dem Konkursverwalter das Anfechtungsrecht bezüglich derjenigen Rechtshandlungen des Schuldners entzogen sei, deren Ergebnis als Rechnungsposten zugunsten desselben in die der Anmeldung zugrunde liegende Rechnung aufgenommen worden ist und zur Feststellung des anerkannten Saldos geführt hat.

Die Gleichstellung der Eintragung mit dem rechtskräftigen Urteile hat zur notwendigen Folge, daß der Umfang der materiellen Rechtskraft *gemäß § 293 ZPO. zu bestimmen ist. In der Form der gericht*lichen Entscheidung würde der verfügende Teil dahin lauten: die Konkursforderung des Bankhauses wird in Höhe von . . . festgestellt, und die Begründung würde besagen, da weder das Guthaben noch die Belastung des Gemeinschuldners in dem eingereichten Kontokorrente bestritten werde, erscheine die Saldoforderung als gerechtfertigt. Ob nach der gemeinrechtlichen Theorie mit dieser Entscheidung auch die einzelnen Kreditrechnungsposten als notwendige Elemente derselben Rechtskraft erlangen würden, kann unerörtert bleiben, denn die Zivilprozeßordnung hat, wie Wortlaut des § 293, Motive und Verhandlungen ergeben, mit dieser Theorie gebrochen. Rechtskraft besteht nur, soweit über den durch Klage oder Widerklage erhobenen Anspruch erkannt ist, also nur bezüglich des als Konkursforderung festgestellten Saldos, nicht aber auch bezüglich der einzelnen als Kreditposten in der Rechnung vorkommenden Rechtsgeschäfte. Da diese Feststellung der Konkursforderung auch jetzt nicht bestritten, vielmehr ausdrücklich anerkannt wird, so steht die Gleichstellung der Eintragung mit dem Urteile der Anfechtungsklage nicht entgegen.

Allerdings legt das Gesetz der Eintragung die Wirkung bei, daß dieselbe rücksichtlich der festgestellten Forderungen sowohl ihrem Betrage als ihrem Vorrechte nach Rechtskraft erlangt. Was aber der Konkursverwalter mit der Klage begehrt, läßt Betrag und Vorrecht der Konkursforderung unberührt. Im Falle der Zusprechung der Klage wäre das Bankhaus gehalten, die ihm durch die Annahme der Wechsel zugeflossene Leistung zurückzugewähren, und diese Rückgewähr würde nach § 32 KO. das Wiederaufleben der ursprünglichen Forderung zur Folge haben. Wenn auch anzuerkennen ist, daß die Eintragung sowohl gegen als für den Liquidanten gilt (Motive S. 364), so stände dieser Grundsatz doch dem beklagten Bankhause nicht entgegen, falls dasselbe nach Leistung der Rückgewähr die ursprüngliche weitere Forderung wieder zur Anmeldung brächte, da dieselbe bei der ersten Anmeldung nicht bestand und erst infolge des Urteilsvollzuges wieder in Kraft trat. Das etwaige Ergebnis der Anfechtungsklage steht daher, wenn es auch die Lage der Gläubigerin verschlechtert, nicht in Widerspruch mit der rechtskräftigen Feststellung der Konkursforderung, diese wird in ihrem Betrage dadurch nicht verändert.

Zur Unterstützung der Auffassung, daß die rechtskräftige Feststellung der Forderung die Anfechtungsklage im vorliegenden Falle ausschließe, führt das Berufungsurteil aus, es handle sich hier um einen aus einem Kontokorrente herrührenden Saldo, welcher die einzelnen Posten, deren rechtliche Existenz aufhöre, in sich aufnehme; durch die Anerkennung des Saldos sei daher ein Angriff auf einzelne Posten des Kontokorrentes unmöglich geworden. Auch dieser Grund erscheint nicht als geeignet, die Entscheidung zu rechtfertigen, da ein Verzicht auf die Anfechtungsklage weder ausdrücklich von dem Konkursverwalter erklärt worden ist, noch aus der Anerkennung des Saldos mit Notwendigkeit gefolgert werden muß. Hätte sogar der Konkursverwalter bereits bei den Verhandlungen im Prüfungstermine die Erhebung der Anfechtungsklage beabsichtigt, so würde er doch nicht in der Lage gewesen sein, die Forderung des Bankhauses in dem angemeldeten Betrage zu bestreiten. Zur Mitteilung seiner Absicht, einzelne Kreditposten zum Gegenstande einer Anfechtungsklage zu machen, war er durch kein Gesetz verpflichtet. Eine solche Mitteilung würde auch bedeutungslos gewesen sein, weil sie die Feststellung der angemeldeten Forderung und deren Aufnahme in die Tabelle nicht hätte verhindern können. Da weder ein ausdrücklicher noch ein stillschweigender Verzicht vorliegt, und Verzichte überhaupt nicht vermutet werden, steht die Anerkennung des Saldos der Klage nicht entgegen.

Das Urteil war daher wegen Verletzung des § 293 ZPO. und der §§ 32, 133 KO. aufzuheben und die Sache unter Vorbehalt der Kostenentscheidung zur weiteren Verhandlung und Entscheidung an das Berufungsgericht zurückzuverweisen."

RGZ. 34, 409

Kommen die Bestimmungen des § 217 ZPO. zur entsprechenden Anwendung, wenn der Konkursverwalter im Prüfungstermine eine Forderung, für die ein Endurteil vorliegt, bestritten, sodann aber die Aufnahme des in der Berufungsinstanz anhängigen Rechtsstreites verzögert hat? Kann in solchem Falle der Gläubiger die Feststellung seiner Forderung durch Aufnahme des Rechtsstreites verfolgen?

VI. Zivilsenat. Beschl. v. 7. Januar 1895.

I. Oberlandesgericht Dresden.

Das Reichsgericht hat die Beschwerde des Klägers zurückgewiesen aus folgenden

Gründen:

„Nachdem die Beklagte gegen das landgerichtliche Endurteil, durch welches sie zur Zahlung von 10000 M. an den Kläger verurteilt war, die Berufung eingelegt hatte, wurde über ihr Vermögen am 9. Mai 1893 der Konkurs eröffnet und damit gemäß § 218 ZPO. das Prozeßverfahren unterbrochen. Mittels Schriftsatzes vom 10. August 1894 lud der Kläger den zum Konkursverwalter ernannten Rechtsanwalt G. zur Aufnahme und zugleich zur Verhandlung der Hauptsache und der Berufung vor das Oberlandesgericht, indem er angab, daß die Klageforderung mit 10000 M. und Kosten von ihm zum Konkurse angemeldet, jedoch vom Verwalter bestritten worden sei. Im Verhandlungstermine war der Konkursverwalter nicht erschienen, worauf der Kläger unter Nachweisung der Ladung den Antrag stellte, „durch Versäumnisurteil auszusprechen, daß der Rechtsstreit durch den Verwalter im Konkurse zum Vermögen des Beklagten aufgenommen sei". Mit Recht ist dieser Antrag durch den jetzt angefochtenen Beschluß zurückgewiesen worden.

Der Beschwerdeführer geht von der Ansicht aus, es gelte der zweite Satz des Abs. 1 des § 8 KO. für alle Arten der Aufnahme anhängiger Rechtsstreite, von denen in der Konkursordnung die Rede ist, also auch für die in §§ 9, 132, 134 geordneten Fälle. Die Unrichtigkeit dieser Ansicht folgt indessen ohne weiteres daraus, daß die Konkursordnung in den §§ 8, 9, 132, 134 wesentlich verschiedene Fälle der Aufnahme anhängiger Rechtsstreitigkeiten behandelt, und daß nur in dem § 8, der die für den Gemeinschuldner anhängigen Rechtsstreitigkeiten betrifft, die Bestimmungen des § 217 ZPO. bei Verzögerung der Aufnahme durch den Verwalter für entsprechend anwendbar erklärt werden. Demgemäß hat das Reichsgericht bereits in einem Beschlusse vom 24. Juni 1886,

vgl. Entsch. des RG.s in Zivils. Bd. 16 S. 358 flg., 363,

unter Hinweisung auf die Entstehungsgeschichte des Gesetzes ausgesprochen, daß der § 217 Abs. 2 ZPO. auf die Fälle der §§ 132, 134 KO. nicht anwendbar ist. Allerdings waren damals für die Aufnahme nur die Abs. 1, 3 des § 134 maßgebend, während im gegenwärtigen Falle, da für die Forderung des Klägers ein Endurteil vorliegt, der Abs. 6 des § 134 zur Anwendung kommt, wonach der Widerspruch gegen die Forderung von dem widersprechenden Verwalter zu verfolgen ist. Faßt man die in dem Beschlusse vom 24. Juni 1886 mitgeteilte Entstehungsgeschichte des Gesetzes, insbesondere die vom Vertreter der Reichsregierung zur zweiten Lesung des Entwurfes der Zivilprozeßordnung abgegebenen Erklärungen ins Auge, so könnte es scheinen, als hätte man bei der Streichung des Abs. 2 des § 210 jenes Entwurfes die Vorschrift des Abs. 6 des § 134 KO. nicht genügend beachtet.

Vgl. Entsch. des RG.s in Zivils. Bd. 16 S. 363 und Protokolle der Kommission S. 667.

Es braucht jedoch hierauf nicht näher eingegangen zu werden. Denn jedenfalls fehlt es nach der jetzigen Gestaltung des Gesetzes an einer Bestimmung, die das Prozeßgericht ermächtigen könnte, im Falle des Abs. 6 des § 134 KO. gegen den Konkursverwalter ein Versäumnisurteil mit dem vom Kläger beantragten Inhalte zu erlassen. Daß beim Mangel einer solchen Bestimmung dem Kläger die Fortsetzung des anhängigen Prozesses unmöglich wäre, behauptet die Beschwerde mit Unrecht. In dem schon vom Vorderrichter angezogenen Urteile vom 8. Januar 1892, Rep. III. 214/91 *), hat das Reichsgericht mit eingehender Begründung, auf die hier verwiesen werden kann, dargelegt, daß durch die Bestimmung des Abs. 6 des § 134 dem anmel-

*) In den Gründen dieses, in S. Sch. (Kl.) w. H. (Bekl.) ergangenen, Urteiles heißt es: „Ob die Revision des ... Klägers begründet ist, hängt nur davon ab, ob der im Konkurse anmeldende Gläubiger gegen den Widersprechenden auch dann nach § 134 Abs. 1, 2 KO. auf Feststellung seiner Forderung klagen kann, wenn er für dieselbe einen vollstreckbaren Titel hat. Im Gegensatze zu den Vorinstanzen" (Landgericht Hildesheim, Oberlandesgericht Celle) „mußte diese Frage bejaht werden".

Der Abs. 1 des § 134 (146 n. F.) spricht ganz allgemein für alle angemeldeten und bestrittenen Konkursforderungen den Anmeldenden das Recht zu, die Feststellung derselben gegen die Bestreitenden zu betreiben. Das Recht ist hier gewährt, ohne daß es einer Prüfung bedarf, ob die Voraussetzungen des § 231 ZPO. vorliegen, so daß es selbst dann zustehen würde, wenn der letztere Paragraph fehlte. Die folgenden Absätze (2—5) schränken das Recht nicht ein, sondern bestimmen nur darüber, bei welchem Gerichte und in welchen Formen die Betreibung zu erfolgen hat. Dagegen bestimmt der Abs. 6:

„Der Widerspruch gegen eine Forderung, für welche ein mit der Vollstreckungsklausel versehener Schuldtitel, ein Endurteil oder ein Vollstreckungsbefehl vorliegt, ist von dem Widersprechenden zu verfolgen",

und scheint auf den ersten Blick mit den Worten „ist von dem Widersprechenden zu verfolgen" eine Ausnahme vom Abs. 1 in dem Sinne zu begründen, daß für den genannten Fall dem anmeldenden Gläubiger das Recht, seinerseits die Feststellung zu betreiben, wieder entzogen werden soll. Ein solcher Satz müßte jedoch in hohem Grade befremden, da ja der Anmeldende in diesem Falle eine erheblich günstigere Stellung hat, und es unwahrscheinlich ist, daß er dann in den ihm sonst zustehenden Befugnissen eingeschränkt werden soll. Eine nähere Prüfung und Vergleichung mit der Bestimmung des § 140 KO. zeigt nun auch, daß es sich im Abs. 1 des § 134 nicht nur um ein Recht, sondern auch um eine Pflicht der Betreibung handelt, letztere in dem Sinne, daß der Anmeldende, solange er die Feststellung nicht betreibt, an der Dividendenverteilung nicht teilnimmt. Der Abs. 6 will nun offenbar, indem er die Pflicht („ist zu verfolgen", im Gegensatze zu „bleibt überlassen") betont, diese Pflicht für die dort genannten Fälle dem Anmeldenden abnehmen und dem Widersprechenden denden Gläubiger das Recht nicht entzogen sei, seinerseits die Feststellung der streitig gebliebenen Forderung zu betreiben. Wie demzufolge in dem gedachten Urteile auf Grund des Abs. 2 des § 134 die Feststellungsklage des Gläubigers für gerechtfertigt erklärt wurde, so kann dem Gläubiger auch nicht die Befugnis abgesprochen werden, die Feststellung seiner Forderung, für die ein noch nicht rechtskräftiges Endurteil vorliegt, gemäß Abs. 3 des § 134 durch Aufnahme des Rechtsstreites zu verfolgen.

Vgl. auch die Erklärung des Vertreters der Reichsregierung bei der zweiten Lesung des Entwurfes der KO. zu § 8, Protokolle S. 148.

Die Beschwerde macht nun zwar eventuell noch geltend, daß der Kläger den Rechtsstreit durch die Ladung des Verwalters bereits aufgenommen habe; die Richtigkeit dieser Ausführung kann indessen dahingestellt bleiben, da bei der gegenwärtigen Entscheidung nur zu prüfen war, ob die Erlassung des beantragten Versäumnisurteiles mit Recht abgelehnt worden ist." ...

---

auflegen, das Recht dagegen jenem belassen. Diese Absicht des Gesetzes ergibt sich auch klar aus den Motiven (Materialien zur Konkursordnung S. 329)....

Man kann auch nicht sagen, daß mit der Beseitigung der Verpflichtung und der aus ihrer Vernachlässigung erwachsenden Nachteile die ratio legis wegfalle, das Gesetz keine Veranlassung habe, das Recht des Abs. 1 diesem Gläubiger zu belassen, weil es nun demselben an jedem Interesse fehle, auf Feststellung zu klagen; denn ein solches Interesse besteht nach wie vor. Sind ihm auch die Dividenden auszuzahlen, solange die Widerspruchsklage nicht erhoben ist, so wird doch nach § 155 KO. die Auszahlung sofort sistiert, wenn und solange die Klage schwebt; eine Verzögerung ihrer Anstellung kann also leicht die Folge haben, daß der Prozeß zur Zeit der Verteilung noch nicht beendet ist, und deshalb der Anmeldende nicht nur für längere Zeit das Kapital entbehren muß, sondern auch die Zinsen der Zwischenzeit völlig einbüßt. Das Interesse des Anmeldenden fordert daher auch in diesen Fällen die Befugnis, Klage auf Feststellung zu erheben, und der Widersprechende hat gewiß keinen Grund, sich zu beklagen, wenn der von ihm selbst erhobene und aufrecht erhaltene Widerspruch zum Austrage gebracht wird. Wenn Beklagter meint, das Interesse des Klägers sei dadurch genügend geschützt, daß er Setzung einer Frist zur Erhebung der Widerspruchsklage unter dem Präjudize ihres Verlustes gegen den Widersprechenden beantragen könne, so bedarf es eines Eingehens hierauf nicht, da eine solche Befugnis im Gesetze nicht begründet ist. Auch die ratio legis spricht daher für das gewonnene Resultat.

Vgl. v. Wilmowski, Konkursordnung Anm. 1 zu § 134.

Da hiernach schon auf Grund des § 134 KO. die Betreibung der Feststellung durch den Kläger zulässig erscheint, bedarf es keiner Prüfung der Frage, ob, wenn der Abs. 6 des § 134 die Klage des Anmeldenden ausschlösse, sie dennoch durch die allgemeine Bestimmung des § 231 ZPO. gerechtfertigt werden könnte." ...

RGZ. 37, 386

Ist gegen eine Eintragung in die Konkurstabelle die Restitutionsklage zulässig? Frist für die Erhebung dieser Klage.

III. Zivilsenat. Urt. v. 17. April 1896.

I. Landgericht Güstrow. II. Oberlandesgericht Rostock.

Gegen die von der beklagten Firma im Konkursverfahren des St. mit dem Vorrechte der Dotalforderungen angemeldete Forderung von 39500 M. wurde von keiner Seite Widerspruch erhoben, worauf in die Konkurstabelle eingetragen wurde: festgestellt zum Betrage von 39500 M. mit dem beanspruchten Vorrechte. Nachdem der Konkursverwalter diese Eintragung, soweit sie für die festgestellte Forderung ein Vorrecht über den Betrag von 15000 M. hinaus anerkennt, mit der Restitutionsklage aus § 543 Ziff. 7b ZPO. ohne Erfolg angefochten hatte, hat er die gegenwärtige, am 14. Juni 1894 zugestellte Restitutionsklage mit demselben Antrage erhoben. Er macht geltend, daß er von den mit der Klage überreichten Schuld-, Zessions- und Agnitionsurkunden erst am 20. Mai 1894 durch Mitteilung von Abschriften Kenntnis erlangt habe, und daß er, falls er diese Urkunden schon im Prüfungstermine gekannt hätte, dem von der Beklagten für ihre ganze Forderung beanspruchten Vorrechte über den Betrag von 15000 M. hinaus jedenfalls widersprochen haben würde. Nach dem Urteile des Landgerichtes wird die Feststellung, soweit sie ein Vorrecht für die festgestellte Forderung über den Betrag von 15000 M. hinaus anerkennt, aufgehoben, wenn der Kläger schwört: es ist nicht wahr, daß ich die in der Klageschrift in bezug genommenen Urkunden vor dem 20. Mai 1894 zu benutzen imstande gewesen bin. Die Berufung der Beklagten ist erfolglos geblieben, und die von ihr gegen das Berufungsurteil eingelegte Revision ist zurückgewiesen worden aus folgenden

Gründen:

... „Die Revision hält die Restitutionsklage gegen Feststellungen in der Konkurstabelle überhaupt für unzulässig und macht gegen die Anwendung des § 543 Ziff. 7b ZPO. geltend, daß von einer früheren Entscheidung nicht die Rede sein könne, und die später aufgefundene Urkunde an der Auffassung des Konkursrichters nichts geändert haben würde, höchstens an der Erklärung des Verwalters, eines Gläubigers oder des Gemeinschuldners, was für die Restitutionsklage nicht maßgebend sei; so wenig gegen ein Anerkenntnisurteil nach § 278 ZPO. eine Restitutionsklage zulässig sei, so wenig sei auch Raum für diese Klage gegen Feststellungen zur Konkurstabelle.

Der Revision muß zugegeben werden, daß sich für die Zulässigkeit der Restitutionsklage gegen eine Eintragung in die Tabelle keine

Bestimmung der Zivilprozeßordnung anführen läßt, und daß die Nichtbestimmung eines Gerichtsstandes für Klagen gegen Eintragungen in § 547 ZPO. sogar gegen die Zulässigkeit zu sprechen scheint. Auch die Konkursordnung enthält eine ausdrückliche Bestimmung über die Statthaftigkeit der Restitutionsklage nicht. Wenn aber nach § 133 Abs. 2 KO. die Eintragung in die Tabelle rücksichtlich der festgestellten Forderungen ihrem Betrage und ihrem Vorrechte nach wie ein rechtskräftiges Urteil gegenüber allen Konkursgläubigern gilt, so bietet diese gesetzliche Gleichstellung der Eintragung mit einem rechtskräftigen Urteile eine genügende Grundlage für die Zulassung der Restitutionsklage, so weit sie nicht durch die Natur des Konkursverfahrens von selbst ausgeschlossen wird.

Das praktische Bedürfnis, welches für gewisse Fälle zur Zulassung der Restitutionsklage gegen rechtskräftige Urteile geführt hat, besteht auch gegenüber Eintragungen nicht bestrittener Forderungen, und dieses Bedürfnis kann sich insbesondere auch nach Auffindung von Urkunden geltend machen, die die Aufrechthaltung der Feststellung der Forderung bzw. des Vorrechtes als eine schwere Beeinträchtigung der übrigen Konkursgläubiger erscheinen lassen. Es haben daher auch fast sämtliche Schriftsteller über die Konkursordnung die Restitutionsklage gegen Eintragungen im Prinzipe anerkannt. Was den Restitutionsgrund aus § 543 Ziff. 7 anlangt, so ist es zwar richtig, daß sich dieser Grund Eintragungen gegenüber nicht unmittelbar anwenden läßt, weil die Eintragung in die Tabelle nicht eine Entscheidung des Konkursrichters über Bestand und Vorrecht der angemeldeten Forderung ist, die Forderung vielmehr mit dem beanspruchten Vorrechte schon beim Ausbleiben eines Widerspruches als festgestellt gilt, und die Eintragung an sich nur die Beurkundung des Ergebnisses der Prüfungsverhandlung, nicht ein auf richterlicher Prüfung und Überzeugung beruhender Akt ist. Wenn aber hiernach allein die Unterlassung des Widerspruches zur Feststellung und zu der wie ein rechtskräftiges Urteil wirkenden Eintragung führt, so ist auch eine entsprechende Anwendung jenes Restitutionsgrundes dahin zulässig, daß die Klage sich gegen die Unterlassung des Widerspruches richtet und ausführt, daß Widerspruch erfolgt sein würde, wenn die neuen Urkunden im Prüfungstermine hätten benutzt werden können. Ob gegen ein Anerkenntnisurteil aus § 278 ZPO. eine Restitutionsklage zulässig ist, bedarf keiner Entscheidung; hier genügt die Bemerkung, daß die Voraussetzungen für das Anerkenntnisurteil andere sind als für die Eintragung; jenes ergeht auf Grund einer Disposition des Beklagten, der Anerkennung des Klaganspruches, diese erfolgt beim Ausbleiben eines Widerspruches.

Was das Verhalten des Klägers im Prüfungstermine und die Bedeutung der neuen Urkunden anlangt, so hat das Berufungsgericht ausgeführt, daß der Kläger im Termine gegenüber der auf das Vorrechtsregister gestützten Anmeldung der Beklagten keinen Grund zur Bestreitung der Forderung und des in Anspruch genommenen Vorrechtes gehabt hat, daß er aber widersprochen haben würde, wenn ihm schon damals die jetzt zur Frage stehenden Schuldverschreibungen, Zessions- und Agnitionsurkunden vorgelegen hätten. Ein Rechtsirrtum in diesen Erwägungen ist nicht ersichtlich.

Die von der Revision aufrecht erhaltene exceptio rei judicatae ist unbegründet. Der Vorprozeß war auf ganz andere Urkunden gestützt und hat nur den auf diese Urkunden gestützten Restitutionsanspruch erledigen können. Die jetzige Klage ist auch nicht, wie die Revision unter Berufung auf § 549 ZPO. auszuführen sucht, aus dem Grunde versäumt, weil in den Vorprozessen der damalige Prozeßvertreter des jetzigen Klägers Kenntnis von den jetzt zur Frage stehenden Urkunden gehabt hat. Die Frist für die Erhebung der jetzigen Klage hat erst mit dem Tage beginnen können, an welchem der jetzige Kläger selbst von den neuen Urkunden Kenntnis erhalten hat und zu ihrer Benutzung imstande gewesen ist. Nur die Kenntnis eines Generalbevollmächtigten würde dem Kläger präjudiziert haben. Daß aber der Prozeßbevollmächtigte des Klägers in den Vorprozessen zugleich sein Generalbevollmächtigter für alle ihm aus seiner Stellung als Konkursverwalter erwachsenen Rechte und Pflichten gewesen ist, liegt nicht vor. Soweit es sich um Wahrung der Notfrist aus der Person des Klägers handelt, sind die Angaben des Klägers über die Erlangung des Besitzes der neuen Urkunden nach Annahme des Landgerichtes durch die Beweiserhebung soweit unterstützt worden, daß das Landgericht ihm über seine Behauptung, daß er die Urkunden vor dem 20. Mai 1894 nicht habe benutzen können, den richterlichen Eid anvertraut hat. Das Berufungsgericht aber ist insoweit den landgerichtlichen Erwägungen beigetreten. Die Eidesnorm ist allerdings in ihrer Anlehnung an § 543 Ziff. 7 sehr allgemein, kann aber nach der Sachlage für prozessualisch unzulässig nicht erachtet werden." *) ...

RGZ. 42, 35

Aufnahme eines Darlehns im Interesse eines Anderen mit Verbürgung des Anderen für das Darlehn. Rechtsfolgen für das Verhältnis zwischen Hauptschuldner und Bürgen, insbesondere nachdem beide in Konkurs verfallen.

I. Zivilsenat. Urt. v. 8. Oktober 1898.

I. Landgericht Hamburg. II. Oberlandesgericht daselbst.

M. jun. war ein Sohn des M. sen. Im Jahre 1892 „sollte und wollte" — wie sich die Klageschrift ausdrückt — der Sohn dem Vater

*) Vgl. Bd. 35 S. 80: Feststellung zur Tabelle = vollstreckb. Titel zur Anfechtung nach Anfechtungsgesetz.

ein Darlehn geben. Da er aber selbst so gut wie nichts besaß, so lieh er sich im Einvernehmen mit dem Vater von der Volksbank in Hamburg 40000 M., wofür er dieser vier Bürgen stellte, darunter seinen Vater. Im Einverständnis mit dem Sohne übernahm der Vater gegenüber den anderen Bürgen auch Rückbürgschaft. Dann „lieh" der Sohn dem Vater in mehreren Einzelzahlungen nach und nach 38668,33 M., die ihm der Vater im April 1896 zurückzahlen sollte.

Im Jahre 1896 wurde über das Vermögen des Vaters das Konkursverfahren eröffnet, und am 21. Januar 1897 auch über das Vermögen des Sohnes. Im Konkurse des Vaters wurde die Forderung der Volksbank aus der Bürgschaft für den Sohn in Höhe von 40000 M. angemeldet und festgestellt. Denselben Betrag meldete die Volksbank nach der Behauptung des Klägers auch im Konkurse des Sohnes, als ihres Hauptschuldners, an.

Nach der Eröffnung des Konkursverfahrens über das Vermögen des Vaters meldete der Sohn hier auch seine sog. Darlehnsforderung an, die er auf 40000 M. bezifferte. Im Prüfungstermine wurde diese Forderung vom Verwalter bestritten. Darauf erhob der Konkursverwalter des Sohnes auf Feststellung der Forderung Klage, indes mit einer doppelten Einschränkung der Anmeldung. Erstens beschränkte er den Betrag der Forderung auf die oben erwähnte Summe von 38668,33 M., und zweitens wollte er sich auf diese Forderung diejenige Dividende anrechnen lassen, welche auf die von der Volksbank angemeldete Bürgschaftsforderung von 40000 M. im Konkurse des Vaters entfallen werde.

Der erste Richter erkannte nach dem Klagantrag und stellte die Forderung des Sohnes im Konkurse des Vaters mit diesen Einschränkungen fest. Die Berufung des Beklagten wurde zurückgewiesen. Das Reichsgericht hat das Berufungsurteil aufgehoben und die Klage abgewiesen aus folgenden

Gründen:

„Durch die Entscheidung der Vereinigten Zivilsenate des Reichsgerichts vom 15. Februar 1886 (Entsch. des RG.s in Zivils. Bd. 14 S. 172) hat für das deutsche Konkursrecht der Rechtssatz Anerkennung gefunden, daß neben dem Gläubiger, der für seine volle Forderung anteilsmäßige Befriedigung aus der Masse erhält, nicht auch der Mitverpflichtete, der einen Regreßanspruch geltend macht, Konkursdividende beanspruchen kann. Die Anwendung dieses Rechtssatzes auf den vorliegenden Fall, die der Beklagte gefordert hatte, hat das Oberlandesgericht abgelehnt, weil zwar ein wirtschaftlicher, aber kein rechtlicher Zusammenhang zwischen der Darlehnsforderung des Sohnes und der Bürgschaftsforderung der Volksbank gegen den Vater bestehe. Daß sich der Sohn die Mittel für das Darlehn an den Vater von der Volksbank verschafft habe, sei rechtlich unerheblich. Die

Plenarentscheidung beziehe sich auf den Fall, wo materiell nur eine einzige Forderung vorliege, so daß der Schuldner außerhalb des Konkurses nie in die Lage kommen könne, zweimal Zahlung leisten zu müssen, sowohl dem Hauptgläubiger als auch seinem regreßberechtigten Mitschuldner. Hier aber hätten der Sohn und die Volksbank auch außerhalb des Konkurses ihre Forderungen gegen den Vater selbständig geltend machen können, ohne daß die Befriedigung der einen das Erlöschen der anderen zur Folge gehabt haben würde. Dem Vater stehe aber ein Regreßanspruch gegen den Sohn zu auf Ersatz dessen, was er der Volksbank aus seiner Bürgschaft zahle. Dieser durch Zahlung bedingte Gegenanspruch gegen das Darlehn sei zwar zur Zeit noch nicht fällig; nach Konkursrecht aber (§ 47 KO.) stehe das der Aufrechnung nicht im Wege; vielmehr könne danach die Masse des Vaters von der Masse des Sohnes Sicherstellung für die demnächstige Aufrechnung fordern. Diese Sicherstellung werde erreicht, wenn ausgesprochen werde, daß die an die Volksbank zu zahlende Dividende auf die Darlehnsforderung des Sohnes abzusetzen sei. Weiter wird ausgeführt, daß auch der Befreiungsanspruch des verurteilten Bürgen zu keinem günstigeren Ergebnisse für die Konkursmasse des Vaters führe, und daß dem Beklagten eine exceptio doli oder non adimpleti contractus nicht zur Seite stehe.

Es mag unerörtert bleiben, ob diesen Ausführungen zuzustimmen sein möchte, wenn ihr Ausgangspunkt richtig wäre.

Was die Revision zum Erfolge führen muß, ist, daß schon der Ausgangspunkt des Oberlandesgerichts ein unrichtiger ist, wonach sich die beiden Gemeinschuldner einerseits als Darlehnsgeber und Darlehnsnehmer und andererseits als Hauptschuldner und regreßberechtigter Bürge gegenüber ständen.

Maßgebend für das Rechtsverhältnis zwischen Hauptschuldner und Bürgen sind ausschließlich die zwischen ihnen bestehenden Beziehungen. Daß der Volksbank gegenüber der Sohn als Hauptschuldner, und der Vater als Bürge aufgetreten ist, nötigt noch nicht zu der Annahme, daß sich Vater und Sohn auch untereinander in diesen Rollen gegenüber stehen, und daß Regreßrechte des Vaters gegen den Sohn bestehen. Das gemeine Recht versagt den Regreßanspruch, wenn die Bürgschaft für eine Schuld übernommen ist, die eigentlich den Bürgen angeht; der fidejussor in rem suam wird als reus behandelt (l. 24 Dig. de pact. 2, 14; l. 8 § 1 Dig. qui satisd. 2,8).

Die Aufnahme eines Darlehns für einen Anderen wird als Übernahme einer fremden Verbindlichkeit aufgefaßt und fällt als tacita intercessio unter das Verbot des Senatusconsultum Vellejanum (l. 8 § 14. l. 29 pr. Dig. ad SC. Vellej. 16, 1; l. l. 4. 19 Cod. eod. 4, 29.

So aber liegt die Sache hier. Denn aus dem, was beide Parteien in den Instanzen übereinstimmend vorgetragen haben, erhellt, daß der Sohn das Darlehn bei der Volksbank mit Wissen des Vaters in dessen Interesse und zur Verwendung für ihn aufgenommen, und daß demnächst der Vater das Geld durch den Sohn erhalten hat. Im Verhältnis zwischen Vater und Sohn ist hiernach die Schuld an die Volksbank materiell immer die Schuld des Vaters, und Regreßrechte des Vaters gegen den Sohn auf Ersatz dessen, was der Vater an die Volksbank bezahlt hat, oder auf Befreiung des Vaters von seiner Bürgschaft für den Sohn, bestehen nicht, weder als actio mandati noch als actio negotiorum gestorum. Umgekehrt aber hat der Sohn, obwohl er dem Gläubiger gegenüber in die Rolle des Hauptschuldners getreten ist, aus der Übernahme der fremden Verbindlichkeit im Interesse des Vaters gegen diesen die actio mandati oder die actio negotiorum gestorum so, wie wenn er in Wahrheit der Bürge wäre.

Von dieser Regreßforderung des Sohnes aber gilt der in der Plenarentscheidung aufgestellte Rechtssatz. Macht die Volksbank ihren Anspruch aus der nominellen Bürgschaft des Vaters in dessen Konkurse geltend, so kann nicht neben ihr auch der Sohn die Konkursdividende für seine Regreßansprüche fordern, die sich auf eben diese, materiell den Vater angehende, Schuld beziehen. Das ist um so gewisser, als der Vater auch außerhalb des Konkurses nicht genötigt werden könnte, sowohl an die Volksbank wie an den Sohn Zahlung zu leisten; denn der Sohn würde den Vater immer nur insoweit in Anspruch nehmen können, als er selbst seine nominelle Hauptschuld bei der Volksbank getilgt hätte.

Das sind die Rechtsfolgen, die sich aus der unstreitigen materiellen Sachlage ergeben. Sie können dadurch nicht beeinträchtigt werden, daß die Parteien im Prozesse die Zahlungen des Sohnes an den Vater als „Darlehn“ bezeichnet haben. Darin liegt eine unzutreffende rechtliche Charakterisierung dieser Zahlungen. Denn da feststeht, daß der Sohn die Gelder bei der Volksbank im Auftrage des Vaters oder in nützlicher Geschäftsführung zur Abführung an den Vater erhoben hat, so stellen sich die Zahlungen des Sohnes an den Vater auch nur als Rechtshandlungen dar, mit denen der Sohn das ihm aufgetragene oder freiwillig übernommene Geschäft ausführte. Der Sohn hat die actio mandati oder die actio negotiorum gestorum contraria. Und dieses Rechtsverhältnis erlangt dadurch keinen anderen Inhalt, daß Vater und Sohn etwa verabreden, der Vater solle dem Sohne das Geld, das dieser unter Bürgschaft des Vaters in dessen Interesse von der Volksbank entliehen hatte, um es dem Vater auszuzahlen, als „Darlehn“ verschulden. Festgestellt ist das nicht, ja nicht einmal behauptet. Es konnte aber nicht in Frage kommen, die Sache zur weiteren Ermittelung dieses Punktes in die Vorinstanz zurückzuverweisen.“ ...

RGZ. 55, 157

1. Wirkt die Eintragung einer festgestellten Konkursforderung in die Tabelle wie ein rechtskräftiges Urteil gegenüber den Konkursgläubigern auch außerhalb des Konkursverfahrens, insbesondere bei Verteilung des Erlöses eines zur abgesonderten Befriedigung dienenden Gegenstandes?

KO. § 145 Abs. 2.

2. Geht auf den für die Nachlaßverbindlichkeiten nicht unbeschränkt haftenden Erben, der eine Nachlaßverbindlichkeit aus eigenen Mitteln und nicht für Rechnung des Nachlasses berichtigt hat und demgemäß im Nachlaßkonkurse an die Stelle des befriedigten Gläubigers tritt, das mit der berichtigten Forderung verbundene Hypothekenrecht über?

KO. § 225 Abs. 2. BGB. §§ 412. 401. 1979.

V. Zivilsenat. Urt. v. 1. Juli 1903.

I. Landgericht Königsberg i. P. II. Oberlandesgericht daselbst.

Am 23. Februar 1901 starb zu Königsberg i. Pr. die verw. Frau v. Pr., deren alleinige Erbin die Beklagte ist. Über den Nachlaß wurde am 7. Mai 1901 der Konkurs eröffnet, der inzwischen beendet ist mit dem Ergebnis, daß die nicht bevorrechteten Gläubiger eine Verteilungsrate von 1,451 Prozent ihrer Forderungen erhielten. Zu dem Nachlaß gehörte das Grundstück „Vordere Vorstadt Nr. 35", auf dem verschiedene Hypotheken, und hinter diesen für den Kläger eine Grundschuld von 15000 M. nebst Zinsen eingetragen standen. Zinsen der erwähnten Hypotheken im Betrage von 1907,50 M. zahlte im März und April 1901 die Beklagte an die betreffenden Gläubiger, und zwar nach ihrer, vom Kläger bestrittenen, Behauptung aus eigenen Mitteln, nämlich mit Gelde, das sie dazu sich geliehen hatte. Im Konkursverfahren machte die Beklagte die von ihr bezahlten Zinsen mit dem Anspruche auf abgesonderte Befriedigung geltend. Die Forderung der Beklagten wurde als „1907,50 M. verauslagte Zinsen" in die Tabelle aufgenommen, und demnächst dabei als Prüfungsergebnis der Vermerk „anerkannt" eingetragen. Auch der Kläger hatte seine Grundschuld, für die ihm die Erblasserin auch persönlich verpflichtet war, in Höhe des entstehenden Ausfalls zum Konkurse angemeldet. Hierauf erfolgte die Zwangsversteigerung des erwähnten Grundstücks, bei welcher die Beklagte ihre im Konkurse angemeldete Forderung nebst Kostenpauschquantum in Höhe von 1930,60 M. geltend machte und damit mit dem Range der von ihr bezahlten Hypothekenzinsen voll zur Hebung kam, während der Kläger mit dem größten Teil seiner Grundschuld ausfiel.

Infolge des vom Kläger gegen den Teilungsplan erhobenen Widerspruchs wurde der Betrag von 1930,60 M. zu einer M.-v. Pr.'-schen Streitmasse genommen. Die zur Durchführung dieses Widerspruchs erhobene Klage wurde in erster Instanz abgewiesen, und die Streitmasse der Beklagten zugesprochen. Die Berufung des Klägers ist zurückgewiesen worden, ebenso seine Revision, diese aus folgenden

Gründen:

...„I. Was zunächst die tatsächliche Streitfrage betrifft, ob die Klägerin die Hypothekenzinsen aus eigenen (wenn auch erborgten) Mitteln, oder aus Mitteln des Nachlasses bezahlt hat, so hält der Berufungsrichter dieselbe gemäß § 145 KO. durch die Eintragung des Prüfungsergebnisses „anerkannt" in die Tabelle für erledigt. Durch diese Eintragung sei den Konkursgläubigern gegenüber, zu denen auch der Kläger gehört, rechtskräftig festgestellt, daß eine Forderung der Beklagten „für verauslagte Zinsen" in Höhe von 1907,50 M. gegen den Nachlaß bestand, wie sie nicht bestanden haben würde, wenn die Zinsen aus den Mitteln des Nachlasses berichtigt worden wären. Hiergegen richtet sich der erste Angriff der Revision, welcher Verletzung des § 145 KO. rügt. Daraus — so führt die Revision aus —, daß die Eintragung in die Tabelle gegenüber allen Konkursgläubigern wie ein rechtskräftiges Urteil wirkt, folge nicht, daß auch hinsichtlich eines von dem betreffenden Gläubiger beanspruchten Absonderungsrechts und gegenüber den sonstigen Absonderungsberechtigten der Feststellung und Eintragung die gleiche Wirkung zukomme.

Der Angriff ist nicht begründet. Es ist zuzugeben, daß die Eintragung in die Tabelle nicht dazu bestimmt ist, etwaige Absonderungsrechte der Konkursgläubiger festzustellen.

Vgl. Petersen u. Kleinfeller, KO. Bem. 5 zu § 145, Bem. 3 zu § 64.

Es wird also durch die Eintragung in die Tabelle nicht das Absonderungsrecht, wohl aber die Forderung selbst rechtskräftig festgestellt, und lediglich um ein Bestreiten der Existenz dieser Forderung handelt es sich, soweit Kläger seinen Widerspruch gegen das Liquidat der Beklagten auf die Behauptung gründet, daß die Beklagte nicht aus eigenen Mitteln, sondern aus Mitteln des Nachlasses die fraglichen Zinsen bezahlt habe. Zu diesem Bestreiten der Existenz der Forderung ist aber der Kläger nicht mehr berechtigt, nachdem durch die Eintragung in die Tabelle die Forderung mit Wirkung gegenüber allen Konkursgläubigern, also auch dem Kläger, als bestehend festgestellt ist. Denn Gegenstand dieser Feststellung ist nach §§ 144. 145 KO. nicht etwa bloß das Teilnahmerecht am Konkurse, sondern die Forderung selbst, und zwar gleichviel ob die Feststellung und Eintragung auf Grund, sei es ausdrücklichen, sei es (§ 144 Abs. 1) stillschweigenden, Anerkenntnisses erfolgt, oder einem Bestreitenden gegenüber im Prozeßwege (§§ 146. 147 a. a. O.) erwirkt worden ist. Die Wirkung dieser Feststellung auf das Konkursverfahren zu beschränken, dafür geben die erwähnten Vorschriften keinen Anhalt. Die entgegengesetzte Auffassung würde mit dem Begriff des rechtskräftigen Urteils nicht wohl vereinbar sein. Ein solches schafft zwischen den Beteiligten unabänderliches Recht, dergestalt, daß es auch für spätere Rechtsstreitigkeiten eine unverrückbare Grundlage bildet. So erkennt auch § 164 Abs. 2 a. a. O. der im Konkursverfahren erfolgten Feststellung eine über dieses hinausgehende Wirkung zu, indem danach für die Gläubiger, deren Forderungen festgestellt und auch nicht von dem Gemeinschuldner im Prüfungstermin ausdrücklich bestritten sind, die Eintragung in die Tabelle einen vollstreckbaren Titel gegen den Gemeinschuldner bildet.

Was nun die Natur und den Grund des durch die Eintragung in die Tabelle anerkannten Anspruchs der Beklagten betrifft, so erwägt der Berufungsrichter unter Bezugnahme auf § 1979 BGB. ohne Rechtsirrtum, es sei nach Lage der Sache ausgeschlossen, daß die Beklagte die Zahlung für Rechnung des Nachlasses geleistet habe. Diese Erwägung wird von der Revision nicht besonders angegriffen.

Ist aber die Zahlung weder aus den Mitteln, noch für Rechnung des Nachlasses erfolgt, so ist die von der Beklagten angemeldete Forderung dem Grunde nach keine andere, als die der von ihr bezahlten Hypothekengläubiger, und die Befriedigung der letzteren bildet nur den translativen Titel, auf den die Beklagte ihren Anspruch stützt (§ 225 Abs. 2 KO.).

II. Es kommt nun darauf an, ob die Beklagte, die unstreitig für die Nachlaßverbindlichkeiten nicht unbeschränkt haftet, durch die Bezahlung der Zinsen an die Hypothekengläubiger an deren Stelle nicht bloß in Ansehung der persönlichen Forderung, sondern auch des mit letzterer verbundenen Realrechts und des dadurch begründeten Absonderungsrechts getreten ist. Ob dies, mit dem Berufungsrichter, anzunehmen ist, hängt davon ab, ob in der Bestimmung des § 225 Abs. 2 KO., daß der Erbe in dem dort gesetzten Falle „an die Stelle des Gläubigers tritt“, eine Übertragung der Forderung kraft Gesetzes im Sinne des § 412 BGB. zu finden ist, in welchem Fall der § 401 a. a. O. zur Anwendung kommt, wonach mit den abgetretenen Forderungen auch die Hypotheken oder Pfandrechte, die für sie bestehen, auf den neuen Gläubiger übergehen.

Gegen diese Auffassung der Vorschrift des § 225 Abs. 2 KO. und demgemäß gegen die Anwendung der §§ 412 und 401 BGB. richtet sich der zweite Angriff der Revision, welcher ausführt, § 225 Abs. 2 KO. bestimme nicht, daß die berichtigte Forderung auf den Erben übergehe, sondern gebe dem Erben nur das Recht, an die Stelle des befriedigten Gläubigers zu treten, also im Konkurse und den Konkursgläubigern gegenüber die von ihm berichtigte Forderung geltend zu machen. Der hier gemachte Unterschied kann als berechtigt nicht anerkannt werden. Wenn das Gesetz bestimmt, daß der Zahlende an die Stelle des befriedigten Gläubigers tritt, so heißt das nichts anderes, als daß die Forderung von dem befriedigten Gläubiger auf den Zahlenden übergeht. Denn die Forderung besteht ja noch; nur ist an die Stelle des bisherigen Gläubigers ein neuer Gläubiger getreten, auf den also die Forderung kraft Gesetzes übergegangen ist. Es kann auch daraus, daß das Bürgerliche Gesetzbuch in Fällen, wo eine Übertragung von Forderungen kraft Gesetzes stattfindet (z. B. §§ 268. 426. 774. 1143. 1225) sich des Ausdruckes, daß die Forderung „übergeht", bedient, ein Bedenken nicht entnommen werden. Sachlich bedeutet es nichts anderes, als daß ein neuer Gläubiger an die Stelle des bisherigen tritt. Von den Kommentatoren der Konkursordnung spricht sich Jäger, Bem. 3 zu § 225, in Übereinstimmung hiermit dahin aus:

> „Der Erbe rückt kraft einer cessio legis an die Stelle des von ihm befriedigten Nachlaßgläubigers und erlangt damit dessen Forderungsrecht, so wie es dem Befriedigten selbst zustand, z. B. als Masseschuld oder zugleich mit einem im Nachlaßkonkurse wirksamen Absonderungs- oder Vorzugsrecht."

Ebenso Sarwey-Bossert, Bem. 2 zu § 225.

Dagegen sagt der Kommentar von Petersen u. Kleinfeller, Bem. 5 zu § 225:

> „War der befriedigte Nachlaßgläubiger in der Lage, abgesonderte Befriedigung zu verlangen, so geht diese Möglichkeit auf den Erben nicht über; denn der Gegenstand, der dem ursprünglichen Gläubiger zur abgesonderten Befriedigung hätte dienen können, ist durch Tilgung der Schuld frei geworden. § 225 Abs. 2 gibt aber dem Erben nur eine Forderung, kein Absonderungsrecht."

Was zunächst den letzten Satz betrifft, so ist zu bemerken, daß das Absonderungsrecht kein besonderes Recht neben der dadurch zu befriedigenden Forderung ist, sondern daß sich dasselbe aus der rechtlichen Beschaffenheit der letzteren, d. h. aus dem mit ihr verbundenen Realrecht, insbesondere Pfandrecht, gemäß §§ 47. 48 KO., von selbst ergibt. Die Frage ist also nicht dahin zu stellen, ob das Absonderungsrecht, sondern ob das mit der berichtigten Nachlaßverbindlichkeit verbundene Hypothekenrecht durch die Befriedigung der Hypothekengläubiger untergegangen ist. Hierauf bezieht sich der in obiger Ausführung enthaltene Satz, daß der Gegenstand, der zur abgesonderten Befriedigung hätte dienen können, frei geworden sei. Aber dieser Satz ist falsch. Nach § 1153 BGB. ist die Hypothek mit der Forderung, für welche sie bestellt ist, so lange diese besteht, untrennbar verbunden. Die Forderung kann nicht ohne die Hypothek, die Hypothek nicht ohne die Forderung abgetreten werden. Dasselbe ergibt sich aus den Vorschriften der §§ 412 und 401 a. a. O., soweit sie sich auf Hypothekenforderungen beziehen. Erlischt die Forderung (sei es auch durch Tilgung durch einen Dritten), so erwirbt der Eigentümer die Hypothek (mit der Einschränkung, daß sie für etwaige Rückstände an Zinsen oder sonstigen Nebenleistungen erlischt, § 1178 a. a. O.). So lange aber die Forderung nicht erloschen ist, besteht auch die Hypothek, gleichviel ob es sich um das Kapital, oder, wie im vorliegenden Fall, um Zinsen handelt. Gibt also der § 225 Abs. 2 KO. dem Erben das Recht, die Forderung anstatt des von ihm befriedigten Gläubigers geltend zu machen, so ist eben die durch die Hypothek gesicherte Forderung, und folglich die dafür bestellte Hypothek nicht erloschen, woraus dann weiter folgt, daß der Erbe berechtigt ist, für seine Forderung bei der Zwangsversteigerung des Pfandgrundstücks an der Stelle der Hypothek abgesonderte Befriedigung zu suchen.

In den Motiven zu § 205 h des Entwurfes zum Gesetze, betr. Änderungen der Konkursordnung, der dem § 225 KO. zugrunde liegt, ist als der Grund und Zweck dieser Bestimmung angegeben, es werde dadurch verhütet, daß die dem befriedigten Gläubiger gleich- oder nachstehenden Gläubiger auf Kosten des Erben um den Betrag bereichert werden, der auf die Forderung jenes Gläubigers entfallen wäre, wenn er sich beim Nachlaßkonkurse beteiligt hätte. Der Berufungsrichter weist darauf hin, daß diese Absicht des Gesetzes vereitelt würde, wenn gegebenenfalls dem zahlenden Erben der Eintritt in das mit der bezahlten Nachlaßschuld verbundene Realrecht versagt bliebe. Diese Betrachtung trifft als Grund für die Auslegung des § 225 auch hier zu, wenngleich es hier nicht, wie in den Motiven des Gesetzes, um Bereicherung von Konkursgläubigern, sondern eines ausgefallenen Hypothekengläubigers sich handelt.

Hiernach hat der Berufungsrichter auch den § 225 Abs. 2 KO., sowie die §§ 412 und 401 BGB. mit Recht zur Anwendung gebracht, und es ist auch der gegen diese Anwendung erhobene Revisionsangriff nicht begründet."

RGZ. 58, 369

1. Fortgang des Prozeßverfahrens, wenn auf Feststellung einer vom Verwalter bestrittenen Konkursforderung geklagt ist, und während des Prozesses der Konkurs durch einen Zwangsvergleich beendet wird.

2. Prätendentenstreit im Konkurse; kann, wenn in einem solchen von zwei Seiten Forderungen angemeldet werden, von denen nur entweder die eine, oder die andere berechtigt ist, der Umstand, daß der Anspruch des einen der anmeldenden Gläubiger im Prüfungstermin allseitig unbestritten geblieben ist, die Folgerung begründen,

daß nun die Forderung des anderen Liquidanten von der Befriedigung aus der Konkursmasse ohne weiteres ausgeschlossen sei?

VI. Zivilsenat. Urt. v. 4. Juli 1904.

I. Landgericht Dresden. II. Oberlandesgericht daselbst.

Die Klägerin hatte in dem im Jahre 1901 zu dem Vermögen des Kaufmanns H. M. Sch. eröffneten Konkurse eine hohe Darlehnsforderung angemeldet; das gleiche war von seiten ihres — von ihr getrennt lebenden — Ehemannes geschehen. Der Konkursverwalter erkannte die Forderung des letzteren, gegen die auch sonst kein Widerspruch erfolgte, im Prüfungstermin an, bestritt dagegen die Forderung der Klägerin. Diese erhob deshalb Feststellungsklage nach § 146 KO.; ihr Anspruch wurde auch von der ersten Instanz, wenigstens zum größeren Teile, als begründet festgestellt; dagegen wies das, allein vom Konkursverwalter angerufene, Oberlandesgericht die Klage im vollen Umfange ab. Die Klägerin legte Revision ein und brachte dabei vor, daß der Konkurs inzwischen durch einen gerichtlich bestätigten Zwangsvergleich beendet, und der bisherige Gemeinschuldner wieder in den Besitz seines Vermögens gelangt sei; sie beantragte, das erstinstanzliche Urteil mit der Maßgabe wieder herzustellen, daß dem früheren Gemeinschuldner gegenüber ihre Forderung zu dem vom Landgericht bestimmten Betrage als akkordberechtigt festgestellt, und der frühere Gemeinschuldner verurteilt werde, der Klägerin die im Zwangsvergleich festgesetzte Quote ihrer Forderung nach Maßgabe der sonst in diesem Vergleiche getroffenen Bestimmungen zu bezahlen. In dem Termine, zu welchem die Klägerin sowohl den Konkursverwalter als auch den bisherigen Gemeinschuldner geladen hatte, beide aber unvertreten geblieben waren, erging Versäumnisurteil, durch welches das Berufungsurteil aufgehoben, und die Sache zur anderweiten Verhandlung an das Oberlandesgericht zurückverwiesen wurde.

Aus den Gründen:

„Nach § 557 verbunden mit § 331 ZPO. ist das den Zwangsvergleich betreffende neue Vorbringen der Klägerin als von den Gegnern zugestanden anzusehen. Hiernach ist davon auszugehen, daß der bisherige Gemeinschuldner Sch. die freie Verfügung über sein Vermögen zurückerlangt hat, und die Vertretungsmacht des früheren Konkursverwalters erloschen ist.

Vgl. Entsch. des RG.s in Zivils. Bd. 27 S. 113, Bd. 31 S. 40.

Eine Unterbrechung des zwischen der Klägerin und dem Konkursverwalter anhängig gewordenen Prozeßverfahrens ist durch die Aufhebung des Konkurses nicht eingetreten.

Vgl. Entsch. des RG.s in Zivils. Bd. 47 S. 372, auch Bd. 27 S. 113, und Seuffert, Archiv Bd. 55 S. 487, sowie Jurist. Wochenschr. 1903

S. 4 Nr. 7, auch die Kommentare zur ZPO. von Gaupp-Stein, Aufl. 6 u. 7 Bem. III zu § 240 und Bem. I, d zu § 241, von Struckmann u. Koch, Aufl. 8 Bem. 1 zu § 241.

Es hat somit auch keiner Aufnahme des Verfahrens bedurft; der Prozeß ist vielmehr ohne weiteres gegen den bisherigen Gemeinschuldner fortzusetzen, wie es zu geschehen hat, wenn während des Prozesses der gesetzliche Vertreter einer Partei die Vertretungsmacht dadurch verliert, daß die Partei selbst prozeßfähig wird.

Die Sache selbst anlangend, so hat sich die Klägerin am 24. April 1889 in Genf mit einem Kaufmann . . . W. K. W. (der sich später W. C. C. genannt hat) verheiratet. . . . Sie behauptet, der jetzige Beklagte Sch. habe sich schon vor dem 24. April 1889 an den W. K. W. mit der Bitte gewendet, ihm größere Geldmittel zum Betriebe seines Warenhauses in Dresden zu verschaffen; W. habe erklärt, er beabsichtige, die Klägerin zu heiraten, und diese werde dann ihr Vermögen dem Beklagten leihen. In der Tat habe W. nach der Eheschließung die Klägerin zu bestimmen gewußt, nach und nach ihr ganzes Vermögen, in Höhe von 280000 M., dem Beklagten darzuleihen; die Auszahlung sei durch Vermittlung der englischen Rechtsbeistände der Klägerin erfolgt.

Die Ehe zwischen ihr und W. sei, weil die gesetzlichen Formen nicht gewahrt worden seien, rechtsunwirksam; übrigens würde nach dem Rechte des Staates New-York, dem W. zur Zeit der Eheschließung angehört habe, die Klägerin, auch wenn die Ehe gültig wäre, das Recht freier Verfügung über ihr Vermögen haben.

Der Konkursverwalter hat bestritten, daß Sch. von der Klägerin Darlehne erhalten habe; wohl aber seien ihm solche zu verschiedenen Gelegenheiten von deren genanntem Ehemanne gewährt worden, wobei es möglich sei, daß das von ihm an Sch. gegebene Geld aus dem Vermögen der Klägerin herrühre. Da W. die Darlehne gewährt habe, so sei auch von ihm der Betrag, den ihm Sch. schuldig gewesen sei, in Höhe von 163621,38 M. als Konkursforderung angemeldet worden. Diese sei, da von keiner Seite Widerspruch erfolgt sei, zur Tabelle festgestellt worden.

Von der Klägerin ist eingeräumt worden, daß eine Forderung in der angegebenen Höhe von W. zum Konkurs des jetzigen Beklagten angemeldet und im Prüfungstermin unbestritten geblieben sei.

Das Berufungsgericht erachtet für erwiesen, daß die von W. angemeldete Forderung mit der von der Klägerin geltend gemachten identisch sei, in dem Sinne, daß jeder von ihnen auf Grund derselben Vorgänge Ansprüche gegen Sch. erheben zu können glaube, dieser aber jedenfalls den in Frage stehenden Betrag nur einmal schulde, und zwar nicht den beiden Forderungsprätendenten als Gesamtgläubigern, sondern so, daß entweder die Klägerin allein, oder nur

W., oder vielleicht auch jeder von ihnen zu einem Teile forderungsberechtigt sei.

Im Anschluß an die Ausführungen des I. Zivilsenates des Reichsgerichtes in dem Urteile vom 14. Dezember 1895 (Entsch. des RG.s in Zivils. Bd. 37 S. 1 flg.) hat das Oberlandesgericht angenommen, die Klägerin könne, ohne Rücksicht darauf, ob an sich ihr Anspruch an Sch. begründet gewesen sei, oder nicht, anteilige Befriedigung aus der Konkursmasse nicht fordern, weil durch die Feststellung des von W. angemeldeten Anspruches auch ihr gegenüber für das Konkursverfahren rechtskräftig feststehe, daß W. die Konkursdividende für die von ihnen beiden angemeldete Forderung zu beanspruchen habe, und eine zweimalige Berücksichtigung einer und derselben Forderung bei Verteilung der Konkursmasse ausgeschlossen sei.

Es kann dahingestellt bleiben, ob, wenn diese Auffassung zutreffend wäre, sie auch jetzt nach Aufhebung des Konkursverfahrens im Verhältnis zu dem vormaligen Gemeinschuldner wirksam sein würde, dergestalt daß auch er die Befriedigung der Klägerin nach Maßgabe des Zwangsvergleiches verweigern dürfte. Denn der erkennende Senat des Reichsgerichtes hat der Meinung des Berufungsgerichtes überhaupt nicht beizutreten vermocht.

Hervorzuheben ist zunächst, daß die von W. angemeldete Forderung mit der jetzt streitigen der Klägerin nicht als wirklich identisch bezeichnet werden kann. W. und ihm beitretend der Konkursverwalter haben bezüglich der Vorgänge, die zur Entstehung der Schuld des jetzigen Beklagten geführt haben, eine Darstellung gegeben, die von derjenigen der Klägerin wesentlich abweicht; es sind verschiedene Tatbestände behauptet, und je nachdem der eine, oder der andere wirklich vorliegt, ist die Forderung von Haus aus für W., oder für die Klägerin entstanden.

Der vorliegende Fall liegt, wie übrigens das Berufungsgericht nicht verkannt hat, insofern anders als derjenige, welcher in dem oben erwähnten Urteile des I. Zivilsenates des Reichsgerichtes zur Entscheidung vorlag. Damals hatte der Gemeinschuldner E. drei Wechsel akzeptiert, die der Kaufmann S. auf E. gezogen und an eigene Order gestellt hatte. S. war somit unstreitig zunächst Gläubiger des Gemeinschuldners geworden, und der Streit beschränkte sich auf die Frage, ob der andere Forderungsprätendent, v. H., durch Indossamente, die S. nach der Konkurseröffnung auf die Wechsel gebracht hatte, nochmals Inhaber der Wechselforderungen geworden sei.

Nach Ansicht des jetzt erkennenden Senates kann nun für einen Prätendentenstreit,

vgl. Oetker, Konkursrechtliche Grundbegriffe Bd. 1 S. 379 flg.; Kohler, im Archiv für die zivil. Praxis Bd. 81 S. 384 flg., wie er hier vorliegt, die in dem letzterwähnten, anders gearteten Falle von dem I. Zivilsenate vertretene Meinung, die von mehreren Kommentatoren der Konkursordnung gebilligt, von anderen bekämpft worden ist,

vgl. Petersen u. Kleinfeller, Aufl. 4 Bem. 3 zu §§ 141—143; v. Sarwey-Bossert, Aufl. 4 Bem. 3 zu § 145; Rintelen, Aufl. 2 S. 277; andererseits Jäger, Bem. 8 zu § 145, und Wolff, Bem. 3 Abs. 2 zu § 145,

nicht angenommen werden.

Es ist gewiß nicht zu bestreiten, daß es dem Zwecke des Konkursverfahrens zuwiderläuft, wenn für eine Schuld, die der Gemeinschuldner außerhalb des Konkurses nur einmal zu bezahlen verpflichtet wäre, mehrfache Dividende gewährt würde. Dies ist auch mehrfach vom Reichsgericht anerkannt worden, auch in einer Entscheidung der vereinigten Zivilsenate (Entsch. des RG.s in Zivils. Bd. 31 S. 84flg.), und hat, abweichend von der in den Motiven zur Konkursordnung zum Ausdrucke gelangten Meinung, zu der Folgerung geführt, daß derjenige, welcher für eine Schuld des Kridars mitverpflichtet ist, wegen des Betrages, bezüglich dessen ihm an diesen das Rückgriffsrecht zusteht, nicht neben dem gemeinsamen Gläubiger anteilige Befriedigung aus der Masse fordern dürfe.

Hieraus folgt indes, wenn bezüglich einer Schuld des Kridars mehrere Forderungsprätendenten im Konkurse aufgetreten sind, an sich nur, daß von denjenigen, denen die ordnungsmäßige Verteilung des vom Konkurse ergriffenen Vermögens und damit auch die richtige Feststellung der Passivmasse obliegt, in solchem Falle als Gläubiger nur derjenige anerkannt werden darf, welchem die Forderung in Wahrheit zusteht. Wie sich der Konkursverwalter, in dessen Pflichtenkreis auch diese Aufgabe fällt, dann zu verhalten hat, wenn Zweifel bestehen, wer der wirklich Berechtigte sei (vgl. Oetker a. a. O.), ist hier nicht zu erörtern; jedenfalls folgt aus jenem Grundsatze nicht, daß, wenn der Verwalter irrigerweise den Anspruch des in Wahrheit nicht berechtigten Liquidanten ausdrücklich oder durch Nichtbestreiten anerkennt, dies dem wirklich Berechtigten präjudiziere. Die Folgerung, daß dieser von der Befriedigung aus der Masse ausgeschlossen sei, könnte vielmehr nur darauf gestützt werden, daß er selbst der Forderung des anderen Prätendenten zu widersprechen unterlassen habe, diese deshalb nach § 145 Abs. 2 KO. auch ihm gegenüber als rechtskräftig festgestellt gelte, und er sich in Konsequenz dieser Feststellung seine Ausschließung von der Konkursmasse gefallen lassen müsse.

Eine solche Argumentation erscheint aber nach der Stellung, die den einzelnen Konkursgläubigern bei der Feststellung der Passivmasse zugewiesen ist, nicht als berechtigt. Den einzelnen Gläubigern ist nur das Recht eingeräumt, zur Verhinderung unberechtigter Schmälerung ihrer eigenen Konkursdividende der Zulassung von Forderungen, die sie für unbegründet halten, zu widersprechen; sie handeln dabei nur in eigenem Namen und in ihrem Interesse, nicht zur Wahrung ordnungsmäßiger Verteilung der Masse überhaupt oder auch nur für die übrigen Konkursgläubiger. Dementsprechend ist ihr Bestreiten einer anderen Forderung wirksam, auch wenn der Konkursverwalter und alle übrigen Gläubiger die von ihnen bestrittene Forderung ausdrücklich oder stillschweigend anerkennen, und es ist dabei auch ganz ihrem Ermessen überlassen, ob sie den Widerspruch aufgeben wollen; auch kommt nichts darauf an, aus welchem Grunde sie das etwa tun.

Vgl. die Bemerkungen zu §§ 144. 145 bei Petersen u. Kleinfeller unter I, 2, sowie Kohler, in seiner angezogenen Abhandlung S. 404.

Wenn nach § 147 KO. das *Urteil*, welches über den nur von einzelnen Gläubigern erhobenen Widerspruch entscheidet, zugleich gegenüber allen anderen Konkursgläubigern wirkt, so beruht dies darauf, daß es unmöglich erscheint, einen Gläubiger gegenüber einem oder mehreren anderen an der Verteilung der Masse teilnehmen zu lassen, gegenüber anderen aber ihn ausschließen.

Vgl. Wach, Zur Lehre von der Rechtskraft, S. 18flg.; Hellwig, Wesen usw. der Rechtskraft, S. 26 unter 2.

Aus dieser Begrenzung der dem einzelnen Gläubiger bei Feststellung der Passivmasse angewiesenen Stellung, aus dem beschränkten Zwecke seines Widerspruchsrechtes ist zu folgern, daß auch der Nichtausübung desselben keine weitere Bedeutung zukommt, als die Zustimmung dazu, daß die von ihm unbestritten gelassenen Forderungen an der Verteilung der Masse teilnehmen, und seine eigene Ausfallsquote dadurch beeinflußt werde. Und dementsprechend ist auch die urteilsmäßige Bedeutung, welche der Eintragung einer festgestellten Forderung in die Tabelle gegenüber allen Konkursgläubigern beigelegt ist, dahin zu verstehen, daß ihnen gegenüber die Mitberücksichtigung der eingetragenen Forderung bei der Verteilung der Masse festgestellt ist.

Vgl. auch Hellwig, a. a. O. S. 25.

Auch die Motive und die sonstigen Materialien zur Konkursordnung bieten keinen Anhalt dafür, daß der Gesetzgeber der Eintragung einer Forderung als einer unbestritten gebliebenen in die Tabelle eine weitergehende Tragweite, insbesondere die von der Vorinstanz angenommene, habe beilegen wollen.

Auch vom praktischen Standpunkte aus würde, wie nicht unerwähnt bleiben mag, die vorstehend bekämpfte Auffassung zu keineswegs unbedenklichen Ergebnissen führen. Sie würde die einzelnen Gläubiger nötigen, um einer, wenn auch seltenen, aber immerhin möglichen Präklusion ihres angemeldeten Anspruches zu begegnen, eine genauere Prüfung aller einzelnen angemeldeten Forderungen, und zwar nicht bloß nach der Tabelle, sondern auch nach der Begründung im einzelnen, vorzunehmen, bzw. durch einen Rechtsanwalt vornehmen zu lassen.

An der Befolgung der vorstehend dargelegten Ansicht ist der erkennende Senat durch die mehrfach erwähnte Entscheidung des I. Senates nicht gehindert. Dieser liegt, wie oben hervorgehoben worden ist, ein Tatbestand zugrunde, der in seiner rechtlichen Gestaltung von dem hier vorliegenden wesentlich abweicht. Ob die Meinung des I. Senates in ihren Konsequenzen zu der von der Vorinstanz angenommenen Beurteilung des gegenwärtigen Falles führen würde, kann dahingestellt bleiben; jedenfalls hat der I. Senat nicht ausgesprochen, daß er solche Konsequenzen für geboten oder zulässig erachte. Weiter aber kommt in Betracht, daß die Entscheidung des I. Senates auf der hier in Frage stehenden Auffassung nicht beruht; es handelt sich vielmehr um eine Ausführung, welche die damals getroffene Entscheidung nicht beeinflußt hat; das damalige Urteil ist so, wie geschehen, nicht wegen der in dieser Ausführung dargelegten Rechtsmeinung, sondern trotz derselben ergangen. Aus diesem Grunde war die Anrufung der Entscheidung der vereinigten Zivilsenate ausgeschlossen." ...

RGZ. 84, 228

Kann der Verkäufer eines Grundstücks den Anspruch auf Zahlung des Kaufpreises, wenn der Käufer (Hauptschuldner) in Annahmeverzug geraten ist, im Konkurse des Bürgen geltend machen? Hat die Feststellung der Forderung dem sie bestreitenden Konkursverwalter gegenüber auf Leistung Zug um Zug zu geschehen?

BGB. §§ 433, 322, 274. KO. §§ 146, 26, 17.

VI. Zivilsenat. Urt. v. 23. Februar 1914.

I. Landgericht Duisburg. II. Oberlandesgericht Düsseldorf.

Der Malermeister Kre. hatte durch notarielle Verträge vom 30. November 1911 und 8. Februar 1912 von der Klägerin ein Grundstück zum Preise von 43176 M. gekauft. Für alle Verbindlichkeiten des Kre. aus diesem Geschäfte hatte der Kaufmann Kra. die selbstschuldnerische Bürgschaft übernommen. Der Käufer Kre. kam seinen Verpflichtungen nicht nach; die Eintragung des Grundstücks auf ihn unterblieb. Die Klägerin verlangte nun Bezahlung des Kaufpreises von dem Bürgen Kra., über dessen Vermögen inzwischen das Konkursverfahren eröffnet war, und klagte gegen den Konkursverwalter, der die Forderung bestritt, mit dem Antrage, diese in Höhe von 42160 M. nebst Zinsen und Stempel als Konkursforderung festzustellen.

Das Landgericht erkannte entsprechend dem Klagantrage. Das Berufungsgericht dagegen hat auf die Berufung des Beklagten die Forderung der Klägerin als Konkursforderung Zug um Zug gegen Auflassung des verkauften Grundstücks an den Käufer Kre. zur Tabelle festgestellt. Die hiergegen von der Klägerin eingelegte Revision ist zurückgewiesen worden aus folgenden

Gründen:

„Der Anspruch der Klägerin auf Zahlung des restlichen Kaufpreises nach Maßgabe der Verträge vom 30. November 1911 und 8. Februar 1912 wäre, wenn man zunächst von der Einwirkung des Konkursverfahrens absieht, gegenüber dem Gemeinschuldner als dem *selbstschuldnerischen Bürgen an sich begründet. Der Hauptschuldner* Kre. hat nur das Angeld von 1016 M. (beim Kaufabschlusse), weiter aber auf den Kaufpreis nichts bezahlt; er hat auch weder Zinsen, die nach dem Vertrage vom 1. Juli 1912 ab zu zahlen gewesen wären, noch die nach der Vertragsstimmung von ihm zu tragenden Kosten des Kaufes bezahlt. Er befand sich zur Zeit der Konkurseröffnung gegen den Bürgen sonach in Zahlungsverzug. Zugleich aber war er wegen der Gegenleistung der Verkäuferin in Annahmeverzug. Die Klägerin hatte das verkaufte Grundstück dem Käufer aufzulassen und dessen Eintragung in das Grundbuch zu bewilligen (§§ 873, 925, 433 BGB.). Die Auflassung ist auch bereits in dem notariellen Akte vom 8. Februar 1912 erklärt (vgl. Art. 143 Abs. 1 EG. z. BGB., Art. 26 § 1 preuß. AG. z. BGB.). Die Eintragung in das Grundbuch ist aber bisher nicht erfolgt. Dem Grundbuchamte gegenüber ist von der Verkäuferin eine Eintragungsbewilligung nicht abgegeben worden. Anderseits ist der Käufer, der nicht einmal die Stempel- und Beurkundungskosten beglichen hat, seiner Erklärung nach außerstande, den Kaufpreis zu bereinigen. Sollte er auch bereit sein, die ihm angebotene Eigentumsübertragung anzunehmen, so hat er doch seinerseits die verlangte Gegenleistung nicht angeboten (§ 298 BGB.).

Würde die Klägerin den Hauptschuldner Kre. auf Erfüllung des Kaufvertrags belangt haben, so könnte dieser, ungeachtet seines Annahmeverzugs, gemäß § 322 BGB. Verurteilung Zug um Zug gegen Bewirkung der Gegenleistung verlangen (vgl. § 274 Abs. 1 BGB.). Auf Grund einer solchen Verurteilung Zug um Zug könnte jedoch die Klägerin nach § 274 Abs. 2 BGB. wegen des Annahmeverzugs des Schuldners ihren Anspruch ohne Bewirkung der ihr obliegenden Leistung im Wege der Zwangsvollstreckung verfolgen, wobei sich das Verfahren gemäß § 726 Abs. 2, §§ 756, 765 ZPO. vollzöge.

Vgl. hierzu Entsch. des RG.s in Zivils. Bd. 51 S. 368; Jur. Wochenschr. 1904 S. 90 Nr. 8; RGRKomm. Anm. 1 und 2 zu § 274: v. Staudinger Anm. 1 und 2 zu § 274.

Es fragt sich, wie sich die Rechtslage gegenüber dem Bürgen und im Konkurse des Bürgen gestaltet. Der Vorderrichter geht davon aus, daß der Bürge Kra., wenn über sein Vermögen nicht der Konkurs eröffnet worden wäre, auf Grund des § 768 BGB. die Einrede des nicht erfüllten Vertrags erheben und mit dieser die Verurteilung der Klägerin zur Gegenleistung Zug um Zug mit seiner Leistung herbeiführen könnte. Das entspricht der herrschenden Ansicht, während von anderer Seite die Meinung vertreten wird, daß in einem derartigen Falle — auch bei Annahmeverzug des Hauptschuldners — der Bürge überhaupt nicht belangt werden könne, oder daß die Klage gegen ihn auf die Einrede des nicht erfüllten Vertrags hin zurzeit abzuweisen sei. Vgl. Hölder, Arch. f. ZivPrax. Bd. 93 S. 121; Westerkamp, Bürgschaft und Schuldbeitritt S. 444 flg. Dagegen: Oertmann, Recht der Schuldverhältn. zu § 768 Anm. 2a. γ. S. 944. Es ist, wie sich ergeben wird, hier nicht nötig, diese Frage grundsätzlich zu entscheiden.

Das Berufungsgericht nimmt weiterhin an, jene Berechtigung des Bürgen Kra., Verurteilung Zug um Zug zu verlangen, sei durch die Eröffnung des Konkurses über sein Vermögen nicht weggefallen, noch geändert worden. Einmal finde die Vorschrift des § 17 KO. nur auf zweiseitige Verträge, dagegen nicht auf die einseitigen oder unvollkommenen zweiseitigen Rechtsverhältnisse Anwendung, also auch nicht im vorliegenden Falle, wo aus Bürgschaft geklagt sei. Sodann sei Gegenstand der Feststellungsklage nicht etwa nur das Recht der Teilnahme am Konkurs oder gar nur des Dividendenbezuges, sondern die Forderung selbst, weil u. a. künftig Rechtsgewißheit über das den Gegenstand der Feststellungsklage bildende Rechtsverhältnis geschaffen werden solle, und weil insbesondere gegenüber dem Gemeinschuldner die festgestellte Forderung auch für die Zukunft als rechtskräftig festgestellter und ohne weiteres vollstreckbarer Leistungstitel wirken solle (§§ 164, 194, 206 KO.). Die Forderung der Klägerin sei aber nicht schlechthin die Forderung auf Zahlung des Kaufpreises in der von ihr angegebenen Höhe. Die Klägerin könne vielmehr ihre Forderung nur geltend machen, wenn sie gleichzeitig Zug um Zug gegenleiste. An diesem Ergebnis werde auch dadurch nichts geändert, daß in einem solchen Falle gemäß §§ 726 Abs. 2, 756 ZPO. die Zwangsvollstreckung ohne Bewirkung der Gegenleistung betrieben werden könne.

Die Revision rügt Verletzung des materiellen Rechtes, insbesondere des § 765 BGB., sowie der §§ 65, 66, 67 KO. Durch die vom Berufungsgericht ausgesprochene Feststellung der Forderung als einer nur Zug um Zug zu erfüllenden sei die Klägerin im höchsten Grade beschwert, denn ihr Grundstück habe einen bedeutend höheren Wert. Der Beklagte oder der Gemeinschuldner könne nicht mehr Rechte haben, als der Hauptschuldner Kre. selbst. Diesem brauche die Klägerin das Grundstück nur aufzulassen gegen Bezahlung, und zwar des ganzen Kaufpreises. Eventuell brauche die Klägerin höchstens gegen Bestellung der Kaufgeldhypothek das Grundstück auf den Käufer eintragen zu lassen. Die Sicherheit der Klägerin sei jetzt schwer beeinträchtigt. Indem der Bürge in Konkurs geriet, sei die Forderung fällig geworden, auch gegenüber dem zahlungsunfähigen Käufer.

Die Revision konnte keinen Erfolg haben. Fällig kann die Forderung der Klägerin geworden sein auch abgesehen von der Zahlungsunfähigkeit des Käufers und von dem Konkurse des Bürgen. Sie ist aber nicht um deswillen, weil die Klägerin gegenzuleisten hat, als betagte oder bedingte Forderung im Sinne von §§ 65, 66, 67 KO. anzusehen oder zu behandeln. Den Einwand des nicht erfüllten Vertrags erhebt der verklagte Konkursverwalter eben aus den Vertragsrechten des Hauptschuldners. Dem Umstande, daß durch die jetzige Gestaltung der Verhältnisse die Sicherheit der Klägerin beeinträchtigt ist, kann eine besondere rechtliche Bedeutung für den gegenwärtigen Rechtsstreit nicht zukommen. Auch der von der Revision weiter erhobene Einwand, der Bürge handle unbillig und vertragswidrig, wenn er von der Klägerin die Eintragung eines zahlungsunfähigen Käufers verlange, würde keine Beachtung finden können, wofern hier die Vorschriften der §§ 320 Abs. 1, 322 Abs. 1, 274 Abs. 2 BGB. Platz greifen. Ein Fall des § 320 Abs. 2 BGB. (vgl. Entsch. des RG.s in Zivils. Bd. 56 S. 151 flg., Bd. 68 S. 22) liegt hier nicht vor. Ob oder inwieweit aber der verklagte Konkursverwalter zu leisten verpflichtet und Gegenleistung an den Hauptschuldner zu verlangen berechtigt ist, steht eben in Frage. Und dafür sind die konkursrechtlichen Vorschriften mit zu berücksichtigen. Hierbei gelangt man indes eher zu dem Ergebnis, daß die Entscheidung des Berufungsgerichts nicht die Klägerin, sondern den Beklagten zu Unrecht beschwert.

Dem Vorderrichter ist zwar darin recht zu geben, daß die Bestimmung des § 17 KO. auf den vorliegenden Fall nicht (unmittelbar) zutrifft. Die Bürgschaft ist an sich kein zweiseitiger Vertrag, wird daher auch von mehreren Schriftstellern unter den einseitigen Verträgen, die nicht dem § 17 unterständen, mit aufgeführt (v. Wilmowski-Kurlbaum Anm. 3, Petersen-Kleinfeller Anm. 3 zu § 17). Allein in den Fällen, wo die Bürgschaft geleistet ist für die Verpflichtungen des Schuldners aus einem zweiseitigen (synallagmatischen) Vertrage wird doch wenigstens dann, wenn der Bürge sich aus dem Rechte des Hauptschuldners dem Gläubiger gegenüber verteidigt, das Rechtsverhältnis im Konkursverfahren nach Maßgabe des der Hauptschuld zugrunde liegenden Geschäfts zu beurteilen sein. Denn es handelt sich hier eigentlich um die Verbindlichkeit des Hauptschuldners, die ein anderer — aus dem Rechtsgrunde der Bürgschaft — zu erfüllen hat, und das Schuldverhältnis auch zwischen Gläubiger und Bürgen läßt sich hierbei, namentlich soweit die Wechselbeziehung von Leistung und Gegenleistung in Frage steht, nur aus dem unterliegenden zweiseitigen Vertrage heraus bestimmen und beurteilen (vgl. dazu auch § 767 Abs. 1 Satz 1, 2, § 768 Abs. 1, § 770 BGB.).

Nun ist freilich die Anwendung der Vorschrift des § 17 KO. selbst hier aus einem anderen Gesichtspunkt ausgeschlossen. Diese Vorschrift setzt bei dem in die Wahl des Konkursverwalters gestellten Verlangen der Erfüllung von dem anderen Teile voraus, daß auch zum Vorteil der Masse erfüllt werden kann. Sie hat die Fälle im Auge, wo der zweiseitige, zur Zeit der Konkurseröffnung von dem Gemeinschuldner und vom anderen Teile nicht oder nicht vollständig erfüllte Vertrag einerseits vom Konkursverwalter für den Gemeinschuldner aus der Konkursmasse (§ 59 Nr. 2 KO.), anderseits vom Vertragsgegner zur *Konkursmasse erfüllt werden kann und auf diesem Wege das beider*seitige Schuldverhältnis vollständig erledigt wird (Sonderbestimmungen für einzelne Verträge sind wiederum in §§ 18—22, 23 KO. getroffen; auf das bürgerliche Recht verweist § 25).

Vgl. Jaeger, Konkursordnung 3. Aufl. § 17 Anm. 1, 25, 27, 33, § 59 Anm. 5, 6; Sarwey-Bossert 4. Aufl. § 17 Anm. 6; Petersen-Kleinfeller 4. Aufl. Anm. 3.

Im vorliegenden Falle wäre eine derartige beiderseitige Vertragserfüllung nicht möglich. Die Klägerin, Verkäuferin des Grundstücks, soll und kann das Eigentum an diesem nicht auf den Gemeinschuldner (Bürgen) und für diesen auf den Konkursverwalter, sondern nur auf den Käufer (Hauptschuldner) übertragen. Dieser auch nur würde die im Vertrag ausbedungene hypothekarische Sicherstellung der Klägerin gewähren können. Der verklagte Konkursverwalter seinerseits könnte zwar den Restkaufpreis und die Kaufkosten aus der Masse, sofern diese hierfür ausreichen sollte, an die Klägerin bezahlen, aber er wäre nicht in der Lage, durch Mitwirkung zur Eintragung des Grundstücks auf den Käufer dessen Annahmeverzug zu beseitigen. Von einem Wählen des Konkursverwalters zwischen Erfüllung oder Nichterfüllung im Sinne des § 17 KO. kann also hier nicht die Rede sein.

Wohl aber erscheint es angängig, den Grundgedanken des Gesetzes, auf dem § 17 und weiterhin § 26 KO. beruhen, für die Entscheidung zu verwerten. Als die natürliche Regel darf gelten, daß es bei zweiseitigen Verträgen, die zur Zeit der Konkurseröffnung nicht schon von einem Teile vollständig erfüllt sind, bei der Nichterfüllung im Konkurse bleibt. Die Nichterfüllung ist hier die unmittelbare Folge der Konkurseröffnung. Im § 17 KO. ist allerdings nicht die Regel erwähnt, sondern nur ausgesprochen, daß der Verwalter auch die Erfüllung wählen kann. Es sollte damit der Unbilligkeit vorgebeugt werden, die sich daraus ergeben würde, daß der Konkursverwalter einerseits nicht verpflichtet ist, die persönlichen Verbindlichkeiten des Gemeinschuldners (voll) zu erfüllen, anderseits aber berechtigt wäre, die Forderung des Gemeinschuldners zur Geltung zu bringen.

Vgl. Motive zur KO. S. 66, 67 (Hahn Mater. S. 85flg.); v. Wilmowski-Kurlbaum zu § 17 Anm. 6; Jaeger Einl. zu §§ 17flg. S. 187.

Die Vorschriften des § 26 KO. aber beziehen sich allgemein auf die Fälle, wo infolge der Eröffnung des Konkursverfahrens die Nichterfüllung einer Verbindlichkeit (oder, was hier nicht zutrifft, die Aufhebung eines Rechtsverhältnisses) des Gemeinschuldners eintritt. Dazu gehört der Fall der nach § 17 KO. eintretenden Nichterfüllung, aber nicht dieser allein. Das Konkursverfahren bezweckt die gleichmäßige Befriedigung von Geldforderungen, deren glatte Erledigung an sich durchführbar ist oder durch bestimmte Vorschriften der Konkursordnung ermöglicht wird (§§ 3, 65, 66, 69). Die für aufschiebend bedingte Forderungen vorgeschriebene Behandlung (§§ 67, 154, 156, 168 Nr. 2, 169 KO.) hat ihren Grund in der besonderen Natur dieser Rechtsverhältnisse. Für Forderungen, die von einer Gegenleistung abhängig sind, ist eine (allgemeine) Regelung nur in § 17 KO. getroffen. Allerdings hat, soweit solche Forderungen zu erfüllen sind, der Konkursverwalter die Erfüllung so zu beanspruchen und zu bewirken, wie außerhalb des Konkursverfahrens der Gemeinschuldner selbst, und es wird daher vorkommen, daß Leistung und Gegenleistung Zug um Zug zu erfüllen sind.

Vgl. Jaeger § 17 Anm. 8, 34; hierzu § 146 Anm. 12 S. 223, Urt. des OLG. Dresden vom 25. September 1907, Leipz. Zeitschr. 1908 S. 88.

Aber die Durchführung der Bestimmungen in §§ 320, 322, 274 BGB. mag schon in dem Falle, wo der Gemeinschuldner der alleinige oder Hauptschuldner ist, auf Schwierigkeiten stoßen, wobei namentlich zweifelhaft sein würde, ob und wie die Vorschriften der §§ 726, 756, 765 ZPO. im Hinblick auf §§ 12, 14 KO. im Konkursverfahren, sei es auch nur entsprechende Anwendung finden könnten oder durch die „Generalexekution" hier ersetzt werden. Um so stärker sind die Erschwernisse der Anwendung in dem Falle, wo der Gemeinschuldner als Bürge eine von der Gegenleistung (die außerhalb des Konkurses, einem Dritten, dem Hauptschuldner gegenüber zu erfüllen wäre) abhängige Leistung schuldet. Es erweist sich auch hiernach, daß sich in einem solchen Falle die Erfüllung des Vertrags mit der konkursrechtlichen Gestaltung des Verhältnisses nicht wohl verträgt und sich in den Rahmen des Konkursverfahrens kaum wird einfügen lassen.

Wenn die Bürgschaftsverbindlichkeit des Gemeinschuldners im vorliegenden Falle überhaupt aus den Grundsätzen über zweiseitige Verträge zu beurteilen ist, dann handelt es sich um einen im Sinne von §§ 17, 26 KO. noch von keinem Teile vollständig erfüllten Vertrag. Denn wenngleich die notarielle Auflassungserklärung erfolgt ist, so kann der Vertrag so lange, als die Eintragung in das Grundbuch noch aussteht, nicht als von der Verkäuferin vollständig erfüllt gelten.

Vgl. Jaeger zu § 17 Anm. 11; Sarwey-Bossert § 17 Anm. 2; Petersen-Kleinfeller zu § 17 Anm. 7 (A. M. Fitting, Konkursrecht § 6 S. 46 Note 4).

Die Nichterfüllung der Verbindlichkeit des Hauptschuldners — und des Gemeinschuldners — ist, wenngleich der Grundstückskäufer schon früher in Zahlungsverzug und Annahmeverzug geraten war, endgültig doch „infolge der Eröffnung des Konkursverfahrens“ eingetreten (vgl. Entsch. des RG.s in Zivils. Bd. 17 S. 78 flg.).

Treffen die vorstehenden Erwägungen zu, dann hätte der von der Klägerin erhobenen Feststellungsklage gar nicht stattgegeben werden dürfen. Der Hinweis des Vorderrichters auf die rechtliche Bedeutung der Feststellungsklage gemäß § 146 KO. würde hiergegen nicht durchgreifen. Mag auch das auf diese Klage ergehende Urteil nicht als Leistungs-, sondern als Feststellungsurteil zu betrachten sein (Jaeger Anm. 12 zu § 146 Bd. 2 S. 221), so liegen doch Zweck und Wesen jener Klage und dieses Urteils in der Feststellung der Forderung als einer Konkursforderung, wodurch sie Berücksichtigung im Konkurse erlangt. Wegen der mit der Feststellung verknüpften Nebenwirkungen, der etwaigen Wirksamkeit über das Konkursverfahren hinaus, könnte die Klägerin natürlich nicht für die von der Teilnahme am Konkurs ausgeschlossene Forderung gegenüber dem Konkursverwalter eine Feststellung (wie sonst nach § 256 ZPO.) begehren. Es müßte aber diesfalls mangels einer Anschlußrevision des Beklagten nach § 559 ZPO. bei der Entscheidung des Berufungsgerichts bewenden.

Indessen selbst dann, wenn die Versagung der die Streitforderung betreffenden Feststellung nicht als unbedenklich erschiene, würde doch die Feststellung in der vom Vorderrichter ausgesprochenen Beschränkung das Äußerste sein, was der Klägerin zugestanden werden könnte. Die Klägerin wäre vermutlich in der Lage gewesen, nach § 326 BGB. das gegenseitig verpflichtende Schuldverhältnis dem Käufer gegenüber in ein einseitiges, auf Schadensersatz gerichtetes umzuwandeln (vgl. auch Westerkamp a. a. O. S. 449). Sie konnte gemäß § 26 KO. einen solchen Anspruch auf Leistung des Interesses wegen Nichterfüllung, sofern diese die Folge der Eröffnung des Konkursverfahrens gegen den Bürgen war, als Konkursgläubigerin geltend machen. Wenn sie das nicht getan hat, sondern als Konkursforderung den Anspruch auf Vertragserfüllung durch Zahlung des ganzen rückständigen Kaufpreises festgestellt haben will, so müßte sie sich, soll die Feststellung überhaupt zulässig sein, solange der Kaufvertrag ihrerseits nicht vollständig erfüllt ist, mit einem Urteilsausspruche, wie er hier gemäß § 274 Abs. 1, § 322 Abs. 1 BGB. ergangen ist, begnügen.

Hierbei ist schließlich noch nicht Rücksicht auf einen von der Revision erhobenen Anstand folgendes zu bemerken. Wenn im Tenor des Berufungsurteils gesagt ist: „Zug um Zug gegen Auflassung des . . . Grundstücks", so ist damit ohne Zweifel der gesamte Rechtsvorgang nach §§ 873, 925 BGB. gemeint, also Auflassung im gesetzlichen Sinne und Eintragung (vgl. v. Staudinger Kom. zu § 925 II 3 S. 323). In den Urteilsgründen ist ausdrücklich angeführt: da die Auflassung schon erfolgt sei, so habe die Klägerin später nur die Einwilligung zur Umschreibung des Grundstücks zu erteilen. Der Urteilsausspruch kann daher nicht mißverstanden werden."

RGZ. 85, 64

1. Wann muß der mit der Vollstreckungsklausel versehene Schuldtitel für eine nach § 146 Abs. 6 KO. angemeldete Forderung vorliegen?

2. Ist den Gläubigern bestrittener Konkursforderungen von Amts wegen ein beglaubigter Auszug aus der Konkurstabelle zu erteilen?

3. Entschuldbarer Rechtsirrtum des Konkursrichters.

KO. §§ 146 Abs. 1 u. 6. BGB. § 839.

Preuß. Gesetz vom 1. August 1909 über die Haftung des Staates für Amtspflichtverletzungen von Beamten bei Ausübung der öffentlichen Gewalt (GS. S. 691).

III. Zivilsenat. Urt. v. 19. Mai 1914.

I. Landgericht Düsseldorf. II. Oberlandesgericht daselbst.

Die den Sachverhalt ergebenden

Gründe

lauten:

„Der Kläger besaß, als im Jahre 1912 das Konkursverfahren über das Vermögen seines Schuldners H. R. in R. eröffnet wurde, gegen diesen einen vollstreckbaren Titel für eine Wechselforderung von 383,65 M. und für die Prozeßkosten. Diese Kosten waren noch nicht festgesetzt; sie betragen unstreitig 30,10 M. Die beiden Forderungen meldete der Kläger unter Berufung auf seinen mit der Vollstreckungsklausel versehenen Titel, jedoch ohne diesen in Urschrift oder Abschrift beizufügen, als Konkursforderungen an. Der Konkursverwalter bestritt im Prüfungstermine die Forderungen bis zur Vorlegung des Titels. Von diesem Widerspruch erfuhr der Kläger, als am 3. April 1913 die Masse ausgeschüttet war. Ein Auszug aus der Tabelle ist ihm nicht zugefertigt worden und er ist im Konkurse leer ausgegangen. Der Kläger erblickt in dieser Unterlassung eine schuldhafte Verletzung der Amtspflicht des Konkursrichters oder auch des Gerichtsschreibers nach § 839 BGB., weil § 146 Abs. 1 KO. die Erteilung eines beglaubigten Tabellenauszugs an die Gläubiger der streitig gebliebenen Forderungen von Amts wegen vorschreibe. Wegen dieser Amtspflichtverletzung des Konkursgerichts nimmt er den preußischen Fiskus nach § 1 des preußischen Gesetzes vom 1. August 1909 über die Haftung des Staates für Amtspflichtverletzungen von Beamten bei Ausübung der öffentlichen Gewalt in Anspruch. Er verlangt die Konkursdividende von 25% mit 103,40 M., die im Falle seiner Beteiligung an der Masse unstreitig auf ihn entfallen wäre, weil er durch die Amtspflichtverletzung des Konkursrichters oder des Gerichtsschreibers an der rechtzeitigen Wahrnehmung seiner Rechte verhindert worden sei.

Die Instanzen gehen mit den Parteien davon aus, es sei die Anmeldung des Klägers als eine Anmeldung von Forderungen zu behandeln, für die ein mit der Vollstreckungsklausel versehener Schuldtitel nicht vorliege; sie wenden daher nur den § 146 Abs. 1 KO. und nicht den § 146 Abs. 6 an, welcher die mit einem vollstreckbaren Schuldtitel versehenen Forderungen betrifft. Der Berufungsrichter weist die Klage deswegen ab, weil dem Kläger nach § 146 Abs. 1 KO. ein beglaubigter Tabellenauszug nur auf Antrag hätte erteilt werden müssen. Auf die fürsorgliche Verteidigung des Beklagten, daß sich der Konkursrichter in einem entschuldbaren Rechtsirrtume befunden habe und daß dem Kläger der Vorwurf überwiegenden Verschuldens (§ 254 BGB.) zu machen sei, wenn der Tabellenauszug von Amts wegen zu erteilen gewesen wäre, geht der Berufungsrichter nicht ein. Von seinem Standpunkte brauchte er darauf auch nicht einzugehen. Dieser Standpunkt des Berufungsrichters ist jedoch unrichtig. Zunächst ist allerdings davon auszugehen, daß man es nicht mit einer Forderung zu tun hat, für welche ein mit der Vollstreckungsklausel versehener Schuldtitel im Sinne des § 146 Abs. 6 KO. zur Zeit der Anmeldung vorlag. Hätte man es mit einer solchen Forderung (einer sog. titulierten Forderung) zu tun, so würde zuerst die Frage zu entscheiden sein, ob der Tabellenauszug des § 146 Abs. 1 KO., wenn er überhaupt von Amts wegen zu erteilen ist, dem Kläger oder nur dem widersprechenden Konkursverwalter oder beiden zu erteilen gewesen wäre. Diese Frage ist streitig, weil der Tabellenauszug nur zum Zwecke der Prozeßführung demjenigen erteilt werden soll, der diesen Prozeß führen muß. Bei Forderungen, für die kein vollstreckbarer Schuldtitel vorliegt, muß der Gläubiger der bestrittenen Forderung die Feststellung seiner Forderung erstreiten, sonst wird sie im Konkurse nicht berücksichtigt. So ist es dem Kläger gemäß § 152 KO. ergangen. Er hat nichts erhalten, weil man im Konkurse davon ausging, es wäre seine Sache gewesen, seine Forderung zu betreiben. Wäre die Forderung des Klägers als eine solche anzusehen, für welche ein vollstreckbarer Schuldtitel vorlag, so würde es sich gerade umgekehrt verhalten. Der Kläger hätte sich dann um den Widerspruch des Konkursverwalters nicht zu kümmern brauchen und es wäre dessen Sache gewesen, seinen Widerspruch zu betreiben; unter allen Umständen hätte die Konkursdividende zurückbehalten werden müssen (§ 168 Nr. 1, § 152 KO.). Zum Betriebe dieses Prozesses würde der Konkursverwalter des Auszugs bedurft haben. Dem Kläger hätte es keinen Schaden bringen können, auch wenn er in Unkenntnis von dem Widerspruche blieb, falls der Konkursverwalter die Dividende ausbezahlt oder zurückbehalten hätte, wie er es hätte tun müssen, wenn es sich um eine titulierte Forderung nach § 146 Abs. 6 KO. gehandelt hätte. Von einer titulierten Forderung könnte man allerdings nur reden hinsichtlich der Wechselforderung von 383,65 M.; denn hinsichtlich der Kostenforderung von 30,10 M. fehlte es an einem vollstreckbaren Schuldtitel überhaupt (§§ 104, 724, 725, 794 Nr. 2a ZPO.).

Die Meinungen gehen darüber auseinander, wann ein mit der Vollstreckungsklausel versehener Schuldtitel nach § 146 Abs. 6 KO. „vorliegt". Desselben Ausdrucks bedient sich § 152 KO., indem er die zeitliche Grenze angibt, bis zu der die Konkursgläubiger für ihre bestrittenen Forderungen, hinsichtlich deren ein mit der Vollstreckungsklausel versehener Schuldtitel nicht „vorliegt", dem Konkursverwalter den Betreibungsnachweis erbracht haben müssen. In den Gesetzesmaterialien findet sich keine ausdrückliche Erläuterung, was man unter dem „Vorliegen" eines mit der Vollstreckungsklausel versehenen Schuldtitels zu verstehen hat. Nach einer Meinung soll es zur Anwendung des § 146 Abs. 6 KO. und folgeweise zur Berücksichtigung bei der Verteilung genügen, wenn überhaupt ein mit der Vollstreckungsklausel versehener Schuldtitel zur Zeit der Konkurseröffnung bereits vorhanden war. Die Entscheidung darüber, ob der Titel vorhanden war, soll dem nun nach § 146 Abs. 6 KO. von dem Widersprechenden anzustrengenden Rechtsstreite vorbehalten bleiben. Die Vertreter dieser Meinung lassen die Nachbringung des Titels teils jederzeit zu, teils setzen sie als Grenze die Offenlegung des Gläubigerverzeichnisses (§ 151 KO.), teils halten sie es für hinreichend, wenn der Gläubiger seinen Titel durch Einwendung gegen das Verteilungsverzeichnis (§§ 158, 162 KO.) aufdeckt. Die Begründung dieser Meinung geht dahin, daß im Prüfungstermine nur die Konkursforderung, nicht deren Titel zu prüfen sei. Der Titel gehöre zu den urkundlichen Beweismitteln, deren Vorlage nach § 139 Satz 3 KO. nicht unerläßlich sei. Danach würde der Kläger hier eine titulierte Forderung angemeldet haben.

Dieser Meinung ist jedoch nicht beizutreten. Zunächst läßt sich hierfür das Urteil in RGZ. Bd. 54 S. 314 nicht, wie es versucht wird, verwerten. In diesem Urteil ist ausgesprochen, der Absonderungsgläubiger, der auf Grund eines Arrestbefehls gepfändet hat, könne noch im Feststellungsprozeß über seinen Absonderungsanspruch durch Vorlegung des Arrestbefehls die Übereinstimmung des Rechtsgrundes seiner Forderung mit dem im Arrestbefehl angegebenen Rechtsgrunde (§ 146 Abs. 4 KO.) dartun. Für die damals angemeldete Forderung war gerade kein mit der Vollstreckungsklausel versehener Schuldtitel vorhanden. Es handelte sich damals um § 146 Abs. 1 und nicht um § 146 Abs. 6 KO. Denn ein Arrestbefehl bedeutet keinen selbständigen Titel, wie ihn der § 146 Abs. 6 KO. verlangt.

Dagegen ergibt sich aus dem den §§ 146 Abs. 6 und 152 KO. zugrunde liegenden Rechtsgedanken, daß der vollstreckbare Schuldtitel, auf den sich eine Anmeldung nach § 146 Abs. 6 KO. stützt, im Prüfungstermine vorhanden sein, d. h. vorliegen muß. Der Satz 3 des § 139 KO., wonach die urkundlichen Beweisstücke in Urschrift oder in Abschrift der Anmeldung beizufügen sind, bleibt freilich außer Betracht, ganz abgesehen davon, daß er nur eine Ordnungsvorschrift aufstellt. Entscheidend ist vielmehr, daß der Gläubiger, der seine Anmeldung auf einen mit der Vollstreckungsklausel versehenen Schuldtitel stützt, damit die bevorzugte Stellung in Anspruch nimmt, die das Gesetz aus der Vermutung herleitet, daß die Forderung zu Recht bestehe. Diese bevorzugte Stellung, die der Gläubiger kraft des vollstreckbaren Titels in Anspruch nehmen darf, besteht darin, daß der Widersprechende die Klägerrolle übernehmen muß. Verfolgt er seinen Widerspruch nicht, so wird die angemeldete Forderung trotz des Widerspruchs wie eine festgestellte behandelt; die Dividende wird gezahlt. Verfolgt der Widersprechende seinen Widerspruch, so bleibt dem Anmeldenden die Dividende bis zum Austrage gesichert. Wäre der Anmeldende nicht verpflichtet, im Prüfungstermine seinen mit der Vollstreckungsklausel versehenen Schuldtitel vorzulegen und der Prüfung zu unterstellen, so würde zum Nachteile der Gläubiger ein Ausnahmezustand geschaffen, dessen rechtliche Unterlagen gar nicht geprüft werden könnten, weil sie niemand kennt. Einen solchen Rechtszustand kann der Gesetzgeber nicht gewollt haben. Der Gesetzgeber verlangt vielmehr eine Anmeldung, die derart beschaffen sein muß, daß sie geprüft werden kann. Ist dies richtig, so kann der § 146 Abs. 6 KO. nur zur Anwendung gebracht werden, wenn der mit der Vollstreckungsklausel versehene Schuldtitel im Prüfungstermine vorliegt. Dies ist der Sinn sowohl des § 146 Abs. 6 KO. als auch des § 152 KO.

Diesem Erfordernis einer Anmeldung nach § 146 Abs. 6 KO. entsprach die Anmeldung des Klägers nicht. Seine Anmeldung war nur als die einer nicht titulierten Forderung zu erachten. Wollte der Kläger eine titulierte Forderung anmelden, so hätte er die Anordnung eines neuen Prüfungstermins nach § 142 Abs. 2 KO. beantragen und seinen Titel dazu vorlegen müssen.

Aus diesen Gründen ist der Standpunkt der Parteien und der Instanzgerichte zu billigen, die davon ausgehen, es sei vom Kläger auch die Wechselforderung als nicht titulierte Forderung, also nach § 146 Abs. 1 und nicht nach § 146 Abs. 6 KO. angemeldet, denn er hat sie zugleich als Wechselforderung angemeldet.

Nach § 146 Abs. 1 KO. war es Sache des Klägers, seinen Anspruch zur Anerkennung zu bringen. Der § 146 Abs. 1 KO. lautet:

„Den Gläubigern streitig gebliebener Forderungen bleibt es überlassen, die Feststellung derselben gegen die Bestreitenden zu betreiben. Zu diesem Behufe hat das Gericht den Gläubigern einen Auszug aus der Tabelle in beglaubigter Form zu erteilen."

Die Form, in der der Absatz 2 die Erteilung eines Tabellenauszugs gebietet, „hat zu erteilen", deutet allerdings noch nicht mit Gewißheit darauf hin, daß die Erteilung des Auszugs von Amts wegen erfolgen müsse. Der ausgesprochene Zweck der Abschriftserteilung verdeutlicht jedoch den Willen des Gesetzgebers. Das Gesetz sagt selbst ausdrücklich, der Auszug sei zu erteilen, damit der Gläubiger die Feststellung betreiben könne („zu diesem Behufe"). Ohne den Auszug kann er diese Feststellung nicht betreiben, weil er oft erst durch den Auszug Kenntnis erhält, daß seine Forderung bestritten ist und daß er Gefahr läuft, übergangen zu werden, wenn er die Betreibung nicht nachweist (§ 152 KO.). Denn die Prüfung der Forderung bedarf der Anwesenheit des Gläubigers im Prüfungstermine nicht (§ 143 KO.). Der Berufungsrichter versteht den Zusammenhang zwischen Satz 1 und Satz 2 des Abs. 1 des § 146 KO. nicht richtig. Er meint nämlich, der Auszug aus der Tabelle sei nur nötig, um die Einhaltung der Schranken der Feststellungsklage (§ 146 Abs. 4 KO.) zu gewährleisten; das bedeuteten die Worte „zu diesem Behufe", mit denen der Satz 2 beginnt. Für diesen Zweck genüge die Erteilung eines Auszugs auf Antrag. Die Erteilung eines Auszugs setze ein darauf gerichtetes Verlangen des Gläubigers voraus, weil der Gläubiger sich vielleicht bei dem Widerspruche beruhige; erst wenn er sich nicht beruhige, wenn er also die Feststellung der Forderung betreiben wolle, brauche er einen Auszug. Ihm einen Auszug zu erteilen, wenn er ihn gar nicht brauche, verursache unnötiges Schreibwerk. Dies alles findet der Berufungsrichter in der Begründung zum Entwurf einer Konkursordnung vom 21. Januar 1875 § 134 Abs. 1, der dem jetzigen § 146 Abs. 1 KO. wörtlich entspricht. Die betreffende Stelle der Begründung (Hahn, Mat. S. 328) mag wörtlich hierher gesetzt werden, weil sie von Jaeger, 3./4. Aufl. § 146 Anm. 20 und Fitting, Das Reichskonkursrecht 3. Aufl. § 12 Anm. 45 ebenso wie vom Berufungsrichter verstanden wird. Die Stelle lautet:

„Die preußische Konkursordnung (§ 229) läßt von Amts wegen jedem Gläubiger, dessen Forderung bestritten ist, zum Zwecke der

Klaganstellung eine beglaubigte Abschrift seiner Anmeldung, des Prüfungsprotokolls und eines Auszugs aus der Tabelle erteilen. Für die zahlreichen Fälle, in welchen der Gläubiger gar nicht beabsichtigt, den Prozeßweg zu beschreiten, erwächst aus dieser Vorschrift überflüssigerweise ein nicht unerhebliches Schreibwerk. Aber auch für die übrigen Fälle kann die Notwendigkeit derselben nicht anerkannt werden, da dem Prozeßrichter die Verpflichtung abgenommen wird, die Begründung jeder Klage von Amts wegen zu prüfen. Ob die zu § 134 Abs. 4 (d. i. jetzt § 146 Abs. 4) zu besprechenden Schranken der Feststellungsklage bei Formulierung der Klaganträge beobachtet sind, läßt sich durch die übereinstimmenden Parteierklärungen konstatieren; eventuell mag die beweispflichtige Partei bei dem Konkursgericht auf Erteilung der erforderlichen Nachweise antragen, jedenfalls wird die vom Entwurf (§ 134 Abs. 1) vorgeschriebene Mitteilung eines beglaubigten Auszugs der Tabelle genügen; diese vorzuschreiben, empfiehlt sich allerdings, um die Kongruenz des ergehenden Urteils mit der Anmeldung jedenfalls zu sichern."

Die Entwurfsbegründung sagt hiermit deutlich, daß es bei der Erteilung eines beglaubigten Tabellenauszugs von Amts wegen verbleiben solle. Dagegen sei es überflüssiges Schreibwerk, wenn man auch noch die Erteilung von beglaubigten Abschriften der Anmeldung und des Prüfungsprotokolls von Amts wegen vorschreiben wollte; in bezug auf diese könne ein Antrag auf Abschriftserteilung abgewartet werden. Die Erteilung eines beglaubigten Tabellenauszugs ist in erster Linie unerläßlich, damit der Anmeldende Kenntnis vom Widerspruch erhält. Diesen ersten Grund berührt die Entwurfsbegründung nicht, weil er auf der Hand liegt. Nur der zweite Grund, nämlich die Sicherung der Übereinstimmung der Anmeldung mit Klage und Urteil, war in der Begründung zu besprechen, weil zu erwägen war, ob etwa aus diesem Gesichtspunkte heraus die Erteilung einer Abschrift der Anmeldung oder des Prüfungsprotokolls von Amts wegen zu verlangen sei.

Das Konkursgericht R. gehört zum Landgerichtsbezirk Düsseldorf. Es bedarf deshalb eines Blickes auf die preußische Geschäftsordnung für die Gerichtsschreibereien vom 11. Oktober 1906 (JMinBl. S. 305), geändert durch die allgemeine Verfügung des Justizministers vom 29. Januar 1910 (JMinBl. S. 20). Die betreffenden §§ 32flg. der Geschäftsordnung gedenken des § 146 Abs. 1 KO. nicht. Die Erklärung dafür ergibt sich daraus, daß der Konkursrichter, nicht der Gerichtsschreiber, die Erteilung des Auszugs anzuordnen hat, wie oben dargelegt ist. Die bayerische Geschäftsanweisung für die Gerichtsschreibereien der Amtsgerichte vom 2. März 1910 (JMinBl. S. 369) bemerkt in § 196, der Gerichtsschreiber habe den Auszug nach § 146 Abs. 1 KO. auf Anordnung des Konkursgerichts den Gläubigern streitiger

Forderungen zu erteilen. Ob das Konkursgericht diese Anordnung in jedem Falle, also ohne Antrag, zu treffen hat, wird nicht gesagt. Der § 1454 der Geschäftsordnung für die sächsischen Justizbehörden (in Kraft seit 1. Januar 1903) schreibt dagegen in Absatz B ausdrücklich vor, daß den Gläubigern bestrittener Forderungen ein beglaubigter Auszug aus der Konkurstabelle von Amts wegen zu erteilen sei.

Wie sich aus den bisher angestellten Erwägungen ergibt, ist dem angefochtenen Urteile die einzige Unterlage, auf der es ruht, entzogen. Trotzdem ist das Urteil nicht aufzuheben, vielmehr aus anderen Gründen aufrecht zu erhalten. Der § 839 BGB. verlangt Vorsatz oder Fahrlässigkeit bei Verletzung einer Amtspflicht, also ein schuldhaftes Handeln. Damit ist ausgesprochen, daß der Beamte, auf den der § 839 BGB. zur Anwendung gebracht werden soll, bei Beobachtung der für einen Beamten der betreffenden Kategorie im Verkehr erforderlichen Sorgfalt in der Lage gewesen sein muß, seine Handlungsweise als einen Verstoß gegen seine Amtspflicht zu erkennen. Wäre die Auslegung, die der Konkursrichter dem § 146 Abs. 1 KO. gegeben hat, offenbar unrichtig, so würde an seinem Verschulden nicht zu zweifeln sein. Nun ist aber die Vorschrift des § 146 Abs. 1 KO., hinsichtlich deren der Konkursrichter geirrt hat, schon ihrem Wortlaute nach nicht so klar, daß man nicht über deren Bedeutung Zweifel hegen könnte. Der Konkursrichter hat, wie bereits bemerkt, namhafte Rechtslehrer auf seiner Seite. Mit Rücksicht auf diese Lage, die das Revisionsgericht selbständig zu beurteilen vermag, ist in dem Verhalten des Konkursrichters ein Verschulden nicht zu erblicken und ihm der Vorwurf der schuldhaften Verletzung einer Amtspflicht nicht zu machen, da das Reichsgericht als die höchste Instanz sich über die streitige Frage auszusprechen, bis jetzt noch keine Gelegenheit gehabt hat (vgl. RGZ. Bd. 60 S. 395, Bd. 59 S. 388).

Aus diesen Gründen ist die Revision zurückzuweisen."

RGZ. 86, 394

Kann eine nicht angemeldete Konkursforderung oder der von der Anmeldung ausgenommene Teil einer solchen nach § 146 KO. verfolgt oder bekämpft werden? Ist der Mangel der Anmeldung und Prüfung von Amts wegen zu beachten?

KO. §§ 139, 141, 144, 146.

VI. Zivilsenat. Urt. v. 3. Mai 1915.

I. Landgericht Dresden. II. Oberlandesgericht daselbst.

Die drei Beklagten T., R. und K. haben eine Darlehnsschuld von 80500 M. persönlich als Gesamtschuldner übernommen, sind im vorliegenden Rechtsstreit auf Zahlung eines Teilbetrags von 5500 M. in Anspruch genommen und in erster Instanz dem Klagantrage gemäß verurteilt worden. Auf Grund des ersten Urteils leistete der Beklagte T. zwecks Abwendung der Zwangsvollstreckung am 20. Mai 1913 Zahlung in Höhe von insgesamt 6239,53 M. an den Kläger. Die drei Beklagten legten Berufung ein, T. mit dem Antrag auf Rückzahlung des Geleisteten nebst Zinsen, die beiden anderen mit dem Antrag auf Klagabweisung. Nach Einlegung der Berufung ist am 19. August 1913 über das Vermögen des Beklagten K. das Konkursverfahren eröffnet worden. Für den Konkursverwalter wurde die Aufnahme des Rechtsstreits erklärt; er wiederholte den Antrag auf Klagabweisung.

Die Berufungen blieben erfolglos. Auch die Revisionen der Beklagten T. und R. wurden zurückgewiesen. Auf die Revision des Konkursverwalters dagegen wurde das Berufungsurteil diesem gegenüber aufgehoben und die Sache insoweit an das Berufungsgericht zurückverwiesen.

Aus den Gründen:

. . . „Das Urteil mußte zu diesem Teile deshalb aufgehoben werden, weil, wie die Revision zutreffend rügt, der Eintritt des Konkursverwalters in den Rechtsstreit gegen das Recht verstößt. Wie die Revision richtig anführt, hat der Kläger bei der Anmeldung seiner Forderung (80500 M.) zum Konkurse des K. ausdrücklich den hier eingeklagten Teil der Forderung, weil am 20. Mai 1913 vom Beklagten bezahlt, in Abzug gebracht. Die Anmeldung, die Eintragung und die vom Konkursverwalter (allein) erfolgte Bestreitung betreffen also die Forderung des Klägers nur unter Ausschluß des hier streitigen Teilbetrags. Für diesen Teilbetrag wird daher die Teilnahme am Konkursverfahren gar nicht verlangt, vielmehr ausdrücklich darauf verzichtet. Der Beklagte T. seinerseits hat ein Drittel des gezahlten Betrags zum Konkurse K. angemeldet.

Es kann unerörtert bleiben, ob danach überhaupt in Ansehung des hier umstrittenen Betrags eine Unterbrechung des Verfahrens gemäß § 240 ZPO. eingetreten ist (vgl. einerseits RGZ. Bd. 25 S. 17, Bd. 29 S. 73, Bd. 45 S. 326; Jur. Wochenschr. 1886 S. 229, 1894 S. 172 Nr. 7, 1896 S. 697 Nr. 30, 1907 S. 51 Nr. 14; anderseits bes. Jaeger, Konkursordnung 3./4. Aufl., § 12 Anm. 1 flg.; Eccius bei Gruchot Bd. 44 S. 774, Gruchot Bd. 46 S. 726 und die weiter bei Stein, Zivilprozeßordnung, 10. Aufl., § 240 Fußnote 20 Angef.). Denn jedenfalls war die namens des Konkursverwalters mit Schrift des Rechtsanwalts H. vom 20. Mai 1914 erklärte Aufnahme des Rechtsstreits sowie dessen weiteres Auftreten für den Konkursverwalter unstatthaft. Das hiermit eingeschlagene Verfahren nach § 146 Abs. 6 KO. war deshalb nicht am Platze, weil — vgl. Abs. 4 das. — das Feststellungsbegehren der aufgenommenen Klage wie der Widerspruch gegen eine Forderung nur auf den Grund gestützt und auf den Betrag gerichtet werden dürfen, welcher in der Anmeldung oder in dem Prüfungstermin angegeben ist. Eine nicht angemeldete Konkursforderung kann nach § 146 KO. nicht verfolgt oder bekämpft werden; keine Konkursforderung darf zur Klage gestellt werden, die nicht der vorschriftsmäßigen Prüfung unterworfen wurde. Der Mangel dieser Klagevoraussetzungen — Anmeldung und Prüfung, §§ 139, 141 KO. — ist von Amts wegen zu beachten (vgl. u. a. RGZ. Bd. 39 S. 38, Bd. 51 S. 96). Daß hier der Konkursverwalter selbst den Rechtsstreit aufgenommen und so das Urteil gegen die Konkursmasse herbeigeführt hat, kann daher an der Sachlage nichts ändern, ebensowenig der Umstand, daß die Gegenseite dem Eintritt des Konkursverwalters in den Rechtsstreit nicht widersprochen hat.

Anders wäre zu entscheiden, wenn die auf das erste Urteil geleistete Zahlung nicht von T., sondern von K. geleistet worden wäre: dann hätte der Konkursverwalter auch ohne Forderungsanmeldung des Klägers das Verfahren aufnehmen können, und zwar mit einem Leistungsantrag nach § 717 Abs. 2 ZPO. gemäß § 10 KO., weil durch den Antrag nach § 717 Abs. 2 ZPO. der Rechtsstreit zu einem Aktivprozeß der Masse geworden wäre (vgl. RGZ. Bd. 11 S. 389, Bd. 45 S. 324; Jur. Wochenschr. 1897 S. 562 Nr. 4). So liegt die Sache aber nicht. Für den Mitbeklagten R. und den Konkursverwalter K. steht lediglich der Antrag auf Klagabweisung in Frage; auch der Anspruch auf Kostenersatz im Falle des Prozeßgewinns macht für sich allein den Rechtsstreit nicht zu einem Aktivprozeß im Sinne des § 10 KO. (RGZ. Bd. 16 S. 358flg., 360).

Hiernach war das angefochtene Urteil zu diesem Teile samt dem zugrunde liegenden fehlerhaften Verfahren aufzuheben und die Sache insoweit zur erneuten Verhandlung zurückzuverweisen. Daß Konkursgläubiger, die am Konkurse nicht teilnehmen oder auf Befriedigung aus der Masse verzichten, während der Dauer des Konkursverfahrens ihre vermögensrechtlichen Ansprüche gegen den Gemeinschuldner, wenn auch keine Sondervollstreckung (§ 14 KO.) verfolgen können, ist in der Rechtsprechung des Reichsgerichts grundsätzlich anerkannt (a. A. vor allem Jaeger KO. § 12 Anm. 6—8); es sei in dieser Hinsicht hier insbesondere auf die Entscheidung RGZ. Bd. 29 S. 73 verwiesen." . . .

RGZ. 93, 13

Wird der Grund einer Anmeldung im Konkurse geändert, wenn bei Anmeldung eines Kontokurrentsaldos nachträglich in das Kontokurrent Schadensersatzforderungen oder Bereicherungsansprüche an

Stelle von Forderungen auf vertragliche Leistungen eingestellt werden?

HGB. §§ 355flg. KO. § 139.

I. Zivilsenat. Urt. v. 1. Mai 1918.

I. Landgericht I Berlin. II. Kammergericht daselbst.

Th. jr. trat im November 1909 durch seinen Generalbevollmächtigten Dr. B. mit der Nd. Bank in Geschäftsverbindung. Die Bank gab Darlehen gegen Eintragung von Hypotheken auf Grundbesitz des Th. jr. und gewährte in erheblichem Umfange Akzeptkredit. Die Akzepte hat Th. jr. teils begeben, teils, soweit das nicht möglich war, der Bank zurückgegeben. Die Bank führte eine laufende Rechnung. Auf Konto A wurden die Wechselgeschäfte gebucht, auf Konto B die übrigen Geschäfte. Nachdem über das Vermögen sowohl der Bank als auch des Th. jr. das Konkursverfahren eröffnet war, meldete der Konkursverwalter der Bank einen Teil des Saldos der laufenden Rechnung im Konkurse des Th. jr. an. Der Konkursverwalter des Th. jr. und die Beklagten unter 1 und 3, diese als Konkursbeteiligte, bestritten die angemeldete Forderung.

Der Kläger klagt auf die Feststellung der Forderung zur Konkurstabelle. Die Klage ist auf das Kontokurrent und in zweiter Linie auf Bereicherung gestützt. Die Beklagten haben einen großen Teil der Geschäfte wegen arglistiger Täuschung, deren sich die Nd. Bank schuldig gemacht haben soll, angefochten. Das Landgericht wies die Klage ab. Die Berufung des Klägers wurde zurückgewiesen. Auf die Revision des Klägers ist das Berufungsurteil aufgehoben worden.

Aus den Gründen:

(Es wird zunächst dargelegt, daß die Feststellungen über eine Täuschung des Th. jr. und seines Generalbevollmächtigten Dr. B. nicht einwandfrei getroffen seien. Sodann wird fortgefahren): „Aber selbst wenn man davon ausgeht, daß die sämtlichen Geschäfte wegen Täuschung anfechtbar seien, ergeben sich gegen das Berufungsurteil weitere rechtliche Bedenken. Von den Akzepten, die die Bank Th. jr. gegeben hat, hat dieser einen Teil zurückgegeben. Die übrigen hat er weiter begeben. Einige der jetzigen Inhaber — nicht alle — haben ihre Rückgriffsansprüche im Konkurse Th. angemeldet. Die Klägerin hat behauptet, daß Akzepte im Betrage von 500000 M. nicht im Konkurse Th., wohl aber im eigenen Konkurse angemeldet seien. Anscheinend aus diesem Grunde ist der Klagantrag aus Konto A nur zur Höhe von 500000 M. gestellt, weil, soweit die dritten Wechselinhaber ihre Wechselforderungen im Konkurse Th. angemeldet haben, zweifelhaft sein kann, ob die Klägerin daneben noch eigene Ansprüche aus der Hingabe dieser Wechsel geltend machen kann (vgl. Jaeger Konkursordn. § 67 Anm. 5 a. E.). Für jene 500000 M. bestehen aber derartige Bedenken nicht. Allerdings kann die Klägerin aus den Verträgen, auf Grund deren sie jene Akzepte gewährt hat, Ansprüche nicht geltend machen, falls die Verträge mit Erfolg angefochten werden sollten. Aber ihr bleiben die Ansprüche auf Rückgewähr ihrer Akzepte oder — da Th. jr. diese begeben hat — auf Herausgabe der Bereicherung. Mit Recht hat die klagende Bank sich deshalb auf Bereicherung berufen.

Es kann nicht eingewendet werden, daß ein Bereicherungsanspruch im Konkurse nicht angemeldet und nicht geprüft sei. Nach § 139 KO. hat die Anmeldung die Angabe des Grundes der Forderung zu enthalten. Grund der Forderung ist derjenige Tatbestand, aus dem die Forderung entspringt. Es müssen also die Tatumstände, die der Forderung zugrunde liegen, angegeben werden; Angabe der rechtlichen Gesichtspunkte, nach denen diese Tatumstände zu würdigen sind, ist nicht erforderlich. Nun findet sich in dem Trattenkonto A, welches neben dem Konto B der Anmeldung zugrunde lag, eine Angabe der einzelnen Akzepte, die die Bank an Th. jr. verabfolgt hat und aus deren Hergabe sie Ansprüche ableitet. Diese Ansprüche sind damit im Sinne des § 139 KO. genügend genau individualisiert. Das muß um so mehr gelten, als zwischen den Parteien ein Kontokurrentverkehr bestand. Daß ein solcher vorlag, ergibt sich aus der Aufmachung der Abrechnung, aus dem Abschlusse des Kontos A mit 31. März 1910, aus der fortlaufenden Erwähnung der „laufenden Rechnung“ im Briefwechsel der Parteien. Nicht gegen einen Kontokurrentverkehr spricht, wie das Berufungsgericht annimmt, der Umstand, daß die Bank die Hypotheken, die ihr von Th. jr. eingeräumt waren, an die Westh. Bank abgetreten hat. Denn die Forderungen aus den Hypotheken sind im Kontokurrent überhaupt nicht verbucht. Vielmehr ist Th. jr., als er die Hypotheken eingeräumt hatte, deren Gegenwert gutgebracht worden. Die Abtretung der nicht gebuchten Hypothekenforderungen kann also nicht gegen das Vorliegen einer Kontokurrentverbindung verwertet werden. Da somit ein Kontokurrentverkehr stattfand, konnte die Bank nicht aus den einzelnen Geschäften klagen oder diese anmelden, sondern sie war darauf angewiesen, den Saldo zu ziehen und diesen anzumelden. Wenn die Gegnerin die Rechtsgültigkeit einzelner Geschäfte bestritt, so konnte das zu einer Berichtigung und Änderung der Abrechnung führen. Da aber Grund der Anmeldung das Kontokurrent, nicht jedoch die einzelnen Geschäfte oder die aus ihnen sich ergebenden einzelnen Ansprüche waren, so liegt in jener Abänderung und Berichtigung, auch wenn dadurch die rechtliche Würdigung der einzelnen gebuchten Ansprüche geändert wurde, nicht eine Änderung des Grundes der Anmeldung, denn dieser war und blieb das Kontokurrent. Übrigens waren in dem Kontokurrent zum Teil auch schon Schadensersatzansprüche enthalten, nämlich in allen den Fällen, wo Th. jr. sich der Akzepte nur gegen Vergütung der Valuta bedienen durfte, die Valuta aber tatsächlich nicht überwiesen hat. In diesen Fällen würde die Erhebung des Bereicherungsanspruchs ohnehin keine Änderung des Anmeldegrundes enthalten (vgl. RGZ. Bd. 71 S. 361 flg.).

Sonach erscheint es nicht zutreffend, wenn das angefochtene Urteil die Berufung auf eine Bereicherung für unzulässig erklärt hat, vielmehr wird die Klage auch von diesem Gesichtspunkt aus zu würdigen sein."

RGZ. 116, 368

1. Ist für die Feststellungsklage wegen bestrittenen Vorrechts einer im Konkurse des Steuerschuldners angemeldeten Steuerforderung der ordentliche Rechtsweg zulässig?

2. Ist der Konkursverwalter berechtigt und verpflichtet, die Feststellungsklage auf Aberkennung eines von ihm bestrittenen Vorrechts zu erheben, wenn für die angemeldete Forderung ein Titel vorliegt?

3. Ist für das Vorrecht einer Steuerforderung deren erste Fälligkeit maßgebend oder der Zeitpunkt ihres Wiederfälligwerdens, wenn sie nachträglich gestundet worden ist?

KO. § 146 Abs. 5, 6, § 61 Nr. 2; GVG. § 13; RAbgO. §227.

VI. Zivilsenat. Urt. v. 18. März 1927.

I. Landgericht Plauen. II. Oberlandesgericht Dresden.

Am 30. Januar 1924 wurde dem Inhaber der Firma M. H. in Plauen ein Steuerbescheid über 1875 GM. Einkommensteuer-Abschlußzahlung für das Jahr 1922 und über 3042,30 GM. Rhein- und Ruhrabgabe, je mit zweiwöchiger Zahlungsfrist, zugestellt. Dem Steuerschuldner wurde dann zweimal Stundung gewährt, und zwar indem ihm am 8. Mai 1924 Teilzahlungen mit Frist bis Ende Mai, Ende Juni und Ende Juli, und am 25. September 1924 Teilzahlungen von je 250 GM. in vierzehntägigen Zwischenräumen ab 1. Oktober 1924 bewilligt wurden. Am 23. Februar 1925 wurde das Konkursverfahren über sein Vermögen eröffnet. Der verklagte Fiskus meldete die restliche Forderung von 4596,95 RM. mit Vorrecht gemäß § 61 Nr. 2 KO. an. Der Konkursverwalter bestritt das Vorrecht und klagte auf Feststellung, daß dieses dem Beklagten nicht zustehe. Das Landgericht wies die Klage ab, das Oberlandesgericht dagegen sprach dem Beklagten das Vorrecht ab. Die Revision des Beklagten hatte keinen Erfolg.

Gründe:

1. Die Revision hat zunächst zur Prüfung verstellt, ob für die Entscheidung der Frage des Vorrechts einer Steuerforderung nach § 61 Nr. 2 KO. der Rechtsweg vor den ordentlichen Gerichten zulässig sei.

Der erkennende Senat hat in seiner Entscheidung vom 8. Oktober 1926 (RGZ. Bd. 114 S. 372) die Zulässigkeit des Rechtswegs angenommen, freilich ohne nähere Begründung, aber in Übereinstimmung mit der fast einheitlichen Meinung in Schrifttum und Rechtsprechung*).

Der vom Revisionskläger mitgeteilte Bericht des Präsidenten des Landesfinanzamts Schleswig vom 21. Oktober 1926 kann den Senat nicht von der gegenteiligen Auffassung überzeugen. Die dort in Bezug genommenen Entscheidungen des Reichsfinanzhofs (R.F.H. Bd. 17 S. 186; Bd. 18 S. 85, 86, 144) enthalten über diese Frage nichts, und Becker Komm. z. RAbgO. (vgl. die Fußnote) steht im Gegenteil auf dem Standpunkt der herrschenden Meinung, wenn auch ohne nähere Begründung.

Für die Entscheidung der Streitfrage ist von der Vorschrift des § 13 GVG. auszugehen, wonach vor die ordentlichen Gerichte alle bürgerlichen Rechtsstreitigkeiten gehören, für welche nicht (was hier allein in Betracht kommt) die Zuständigkeit von Verwaltungsbehörden oder Verwaltungsgerichten begründet ist. Es ist demnach zu prüfen: Ist der Vorrechtsstreit bei Steuerforderungen eine bürgerliche Rechtsstreitigkeit, und im Falle der Bejahung dieser Frage: ist etwa durch eine besondere gesetzliche Vorschrift die Entscheidung über das Vorrecht von Steuerforderungen im Konkurse den ordentlichen Gerichten entzogen und den Finanzbehörden oder Finanzgerichten übertragen worden?

Was die erste Frage angeht, so gehören die Bestimmungen über den Rang der Konkursforderungen zu den materiellrechtlichen Vorschriften der Konkursordnung. § 61 KO. regelt die vermögensrechtliche Konkurrenz der Konkursgläubiger untereinander. Nun ist zwar keineswegs jeder Rechtsstreit schon deshalb, weil er einen vermögensrechtlichen Anspruch betrifft, ein bürgerlicher Rechtsstreit. Vermögensrechtliche Ansprüche können vielmehr auch im öffentlichen Recht begründet sein; Streitigkeiten über solche Ansprüche sind öffentlichrechtlicher Natur und gehören grundsätzlich zur Zuständigkeit der Verwaltungsbehörden oder Verwaltungsgerichte. Dennoch folgt aus der öffentlichrechtlichen Natur der Steuerforderungen nicht, daß auch

*) Vgl. Petersen-Kleinfeller KO. Anm. 16 zu § 146; v. Sarwey-Bossert KO. Anm. 8 zu § 146; v. Wilmowsky-Kurlbaum KO. Anm. 9 zu § 146; Jaeger KO. Anm. 16 zu § 146; derselbe in der Enzyklopädie der Rechts- und Staatswissenschaften XVIII 1924 S. 133 Anm. 1; Mentzel KO. 1926 Anm. 9 zu § 146; Becker RAbgO. Anm. 4 zu § 227, Anm. 7 Vorb. vor § 298; Delbrück in JW. 1921 S. 1592; Kaatz ebendaselbst 1923 S. 591; Schumann in der Zeitschr. d. Verb. Deutscher Bücherrevisoren 1925 S. 241. Vgl. auch RGZ. Bd. 34 S. 247 und OLG. Bd. 15 S. 43. — A. M., soweit ersichtlich, nur Wolff KO. Anm. 7 zu § 146; Bley, die Feststellung des Konkursgläubigerrechts, Diss. 1914 S. 106.

der Streit über ihre Bevorrechtigung im Konkurse ein öffentlichrechtlicher wäre. Denn das den Steuerforderungen gewährte Vorrecht findet seine Grundlage nicht im öffentlichen Recht, sondern im privaten Konkursrecht (vgl. v. Wilmowsky-Kurlbaum KO. Anm. 9 zu § 146; auch RGZ. Bd. 34 S. 247). Der Streit über das Vorrecht von Konkursforderungen, mögen diese selber auf bürgerlichrechtlicher oder auf öffentlichrechtlicher Grundlage entstanden sein, ist stets eine bürgerlichrechtliche Streitigkeit im Sinne des § 13 GVG., die grundsätzlich zur Zuständigkeit der ordentlichen Gerichte gehört.

Besondere gesetzliche Bestimmungen, die diese Zuständigkeit für Streitigkeiten über das Vorrecht von Steuerforderungen auf die Finanzbehörden oder die Finanzgerichte übertragen hätten, bestehen nicht. Aus § 146 Abs. 5 KO. allein läßt sich die Zuständigkeit der Finanzbehörden nicht herleiten. Wenn es dort heißt:

„Die Bestimmungen des ersten, dritten und vierten Absatzes finden auf Forderungen, für deren Feststellung . . . eine Verwaltungsbehörde oder ein Verwaltungsgericht zuständig ist, entsprechende Anwendung",

so hat die Vorschrift eben zur Voraussetzung, daß diese Zuständigkeit auf Grund anderer gesetzlicher Bestimmungen gegeben ist. Diese anderen Bestimmungen sind aber nicht nur dafür maßgebend, ob, sondern auch inwieweit die Verwaltungsbehörden oder Verwaltungsgerichte für die Feststellung mit Wirkung für das Konkursverfahren zuständig sind, ob sie nämlich außer über Grund und Betrag der angemeldeten Forderung auch über ihr Vorrecht zu entscheiden haben. Es fragt sich also, was die Steuergesetze des Reichs, insbesondere die Reichsabgabenordnung, in dieser Hinsicht bestimmen.

Der Reichsfinanzminister will die Unzulässigkeit des Rechtswegs auch für den Streit über das Vorrecht der Steuerforderungen aus § 227 RAbgO. herleiten, der in Satz 1 besagt:

„In Steuersachen ist der Rechtsweg vor den ordentlichen Gerichten ausgeschlossen."

Diese Ansicht wäre dann begründet, wenn man auch die Frage nach dem Vorrecht der Steuerforderungen zu den „Steuersachen" zählen müßte. Aber der Begriff der „Steuersachen" im Sinne des § 227 RAbgO. läßt sich nicht auf das Vorrecht ausdehnen. Dagegen spricht zunächst schon, daß die Reichsabgabenordnung das Konkursverfahren überhaupt nicht erwähnt, sondern gänzlich unberührt läßt. Wenn man sich ferner der Ansicht Beckers (Anm. 1 zu § 227) anschließt, daß die Vorschrift für alle Ansprüche und Verpflichtungen gelte, die sich aus dem materiellen Steuerrecht und dem dieses regelnden Verfahren ergeben, so können unter dem materiellen Steuerrecht und dem steuerrechtlichen Verfahren doch nur die Vorschriften der eigentlichen Steuergesetze verstanden werden. § 61 Nr. 2 KO. ist aber kein Steuergesetz, und die Ranganspruche aus dieser Vorschrift sind daher keine Ansprüche aus dem materiellen Steuerrecht oder dem steuerrechtlichen Verfahren, sondern, wie schon oben dargelegt, solche aus dem materiellen Konkursrecht. Die Steuerbehörden sind zwar zuständig zur Feststellung der Steuerforderungen nach Grund und Betrag (vgl. § 204 RAbgO.), nicht aber auch zur Feststellung des den Steuerforderungen konkursgesetzlich eingeräumten Vorrechts. Es fehlt übrigens auch an der inneren Berechtigung für die Zuständigkeit der Finanzbehörden oder Finanzgerichte zur Entscheidung von Vorrechtsstreitigkeiten. So zweckmäßig es ist, sie auf dem ihnen zugewiesenen Sondergebiete des Steuerrechts im Verhältnis zwischen Steuergläubiger und Steuerschuldner mit der Feststellung der Steuerforderungen nach Grund und Betrag ausschließlich zu befassen, so wenig erscheinen sie berufen, die auf dem Gebiete des materiellen Konkursrechts liegenden Streitigkeiten zwischen den Konkursgläubigern über das Vorrecht von Steuerforderungen gegenüber anderen Konkursforderungen zu entscheiden. Hiernach ist der Rechtsweg zulässig.

2. In zweiter Reihe ist von Amtswegen zu prüfen, ob der Konkursverwalter befugt war, die Klage auf Aberkennung des Vorrechts zu erheben, oder ob er es nicht dem Vorsteher des Finanzamts überlassen mußte, auf Feststellung des bestrittenen Vorrechts zu klagen. Das Berufungsgericht meint: der Konkursverwalter hätte es zwar dem Beklagten überlassen können, die Feststellung des beanspruchten Vorrechts zu betreiben, da hierfür § 146 Abs. 1 KO. gelte; das stehe aber einer Feststellungsklage des Verwalters nicht entgegen, wenn ihre Voraussetzungen nach § 256 ZPO. gegeben seien, und eben dies sei hier der Fall. Die Revision hat dagegen keinen Angriff erhoben.

Das Reichsgericht hat wiederholt ausgesprochen, daß Zweck und Charakter der Feststellungsklage aus § 146 KO. ein wesentlich anderer sei als der einer Feststellungsklage aus § 256 ZPO., die eine rein grundsätzliche Entscheidung bezwecke (JW. 1900 S. 393 Nr. 13; 1903 S. 315 Nr. 12; auch RGZ. Bd. 24 S. 405). Wenn die Feststellungsklage aus § 146 KO. auch nicht auf eine Leistung geht, so hat das die Forderung feststellende Erkenntnis doch in Verbindung mit dem daraufhin erfolgten Tabelleneintrag neben der Wirkung, daß die Forderung am Konkurs teilnehmen kann, noch die gleiche Wirkung wie eine Leistungsklage, nämlich die Wirkung der Vollstreckbarkeit über den Konkurs hinaus, falls der Gemeinschuldner im Prüfungstermin nicht widersprochen hatte (§ 164 KO.; RGZ. Bd. 84 S. 235). Diese Wirkung kommt der Feststellungsklage aus § 256 ZPO. nicht zu. Immerhin schließt § 146 KO. eine Feststellungsklage gemäß § 256 ZPO. nicht grundsätzlich aus. Unter besonderen Umständen kann sie zulässig sein, wenn nämlich ein besonderes rechtliches Interesse an der alsbaldigen Feststellung gegeben ist, das sich also nicht mit dem Interesse an der Feststellung aus § 146 KO. decken darf. Welcher Art aber hier das besondere rechtliche Interesse des Konkursverwalters ist, hat der Berufungsrichter nicht festgestellt. Das kann nicht daraus entnommen werden, daß der Vorsteher des Finanzamts den Konkursverwalter wegen des bestrittenen Vorrechts auf den Rechtsweg verwiesen hat.

Der widersprechende Konkursverwalter ist nach § 146 Abs. 6 KO. zur Feststellungsklage befugt, wenn die angemeldete Forderung eine „titulierte" ist. Sonst hat er die Erhebung der Klage dem anmeldenden Gläubiger zu überlassen. Der Gläubiger, der für seine Forderung keinen Titel besitzt, kann nicht vom bestreitenden Verwalter in einen Feststellungsprozeß verwickelt werden, den er nicht haben will und an dem der Verwalter regelmäßig auch kein Interesse hat, weil er bei der Verteilung eine bestrittene Forderung so lange nicht zu beachten braucht, als ihm nicht die Erhebung der Feststellungsklage nachgewiesen ist (§ 152 KO.). Nun war aber im vorliegenden Falle dem Gemeinschuldner schon vor der Konkurseröffnung der Steuerbescheid zugestellt worden, der als Titel gilt (Entsch. d. RFH. Bd. 18 S. 144; Bd. 19 S. 359). Das Vorrecht hat natürlich in dem Steuerbescheid keine Erwähnung gefunden und konnte sie auch nicht finden, schon deshalb nicht, weil, wie oben ausgeführt, das Finanzamt zur Feststellung des Vorrechts nicht befugt ist. Dazu kommt, daß sich bei Erlaß des Steuerbescheids noch gar nicht übersehen läßt, ob in Zukunft die Voraussetzung des § 61 Nr. 2 KO. vorliegen wird, wenn es zur Eröffnung des Konkursverfahrens über das Vermögen des Steuerschuldners kommen sollte. Es fragt sich nun, ob der Konkursverwalter zur Anstellung der Feststellungsklage wegen des Vorrechts befugt ist, obwohl ein Titel nur über Grund und Betrag der Forderung vorliegt. Jaeger in der Enzyklopädie der Rechts- und Staatswissenschaften XVIII S. 133 Anm. 1 verneint die Frage, weil der Steuerbescheid die Vorrechtsfrage nicht löse. Dieser Ansicht kann jedoch nicht beigetreten werden. § 146 KO. spricht vom Vorrecht überhaupt nicht. Daraus ist nun zwar nicht zu schließen, daß er auf ein bestrittenes Vorrecht keine Anwendung fände, wohl aber darf man daraus den Schluß ziehen, daß auch für die Feststellung eines bestrittenen Vorrechts die gleiche Unterscheidung zu machen ist wie beim Widerspruch gegen Grund oder Betrag der angemeldeten Forderung, nämlich in dem Sinne, daß beim Fehlen eines Titels der anmeldende Gläubiger, beim Vorliegen eines solchen der Widersprechende nicht nur wegen des Grundes und Betrages, sondern auch wegen des beanspruchten, aber bestrittenen Vorrechts die Feststellungsklage zu erheben hat. Für das Vorrecht wird bei Anmeldung der Forderung niemals schon ein Titel vorliegen. Es müßte daher, wenn man der Ansicht Jaegers folgen wollte, stets der anmeldende Gläubiger, auch wenn seine Forderung „tituliert" ist, wegen des bestrittenen Vorrechts die Feststellungsklage erheben, während es Sache des Widersprechenden wäre, wegen des etwa bestrittenen Grundes oder Betrages auf Feststellung zu klagen. Eine solche Regelung des prozessualen Feststellungsverfahrens wäre unzweckmäßig. Sachgemäßer erscheint es und es läßt sich auch ungezwungen mit dem Wortlaut des Gesetzes vereinbaren, daß, wenn für eine Forderung nach Grund und Betrag ein Titel vorliegt und gleichzeitig mit der Anmeldung ein Vorrecht beansprucht wird, der Widersprechende im ganzen Umfang seines Widerspruchs, also auch wegen des Vorrechts, die Feststellungsklage zu erheben hat. Selbstverständlich ist dann der nur dem Vorrecht widersprechende Konkursverwalter nicht bloß befugt, sondern bei Vermeidung persönlicher Haftung auch verpflichtet, seinerseits im Wege der Feststellungsklage den Widerspruch zu verfolgen.

3. Zur Sache selbst ist die Revision unbegründet. § 61 Nr. 2 KO. gewährt den Forderungen der Reichskasse wegen öffentlicher Abgaben ein Vorrecht, wenn sie im letzten Jahre vor der Eröffnung des Konkursverfahrens fällig geworden sind oder nach § 65 KO. als fällig gelten. Voraussetzung des Vorrechts ist also der Eintritt der Fälligkeit im letzten Jahre vor der Konkurseröffnung oder die Entstehung der Forderung vor Konkurseröffnung und der Eintritt der Fälligkeit nach diesem Zeitpunkt. Der angemeldete Steuerbetrag war zunächst nach Ablauf von zwei Wochen seit der am 30. Januar 1924 erfolgten Zustellung des Steuerbescheids, also am 13. Februar 1924 fällig geworden. Das Konkursverfahren wurde am 23. Februar 1925 eröffnet. Das erste Fälligwerden der Forderung liegt also länger als ein Jahr vor der Konkurseröffnung zurück. Dem Gemeinschuldner ist dann am 8. Mai 1924 und auch später noch Stundung bewilligt worden. Unter den Parteien besteht Streit, ob für den Beginn der Jahresfrist, in welche die Konkurseröffnung fallen muß, um die Steuerforderung des Vorrechts teilhaftig werden zu lassen, die erste Fälligkeit der Forderung maßgebend ist oder der Zeitpunkt des Wiederfälligwerdens nach Ablauf der Stundungsfristen. Schon der Wortlaut des Gesetzes spricht bei ungezwungener Auslegung für die erstere Auffassung; denn „fällig geworden" ist eine Forderung, sobald der erste Zahlungstermin eingetreten ist. Aber auch der Zweck der Vorschrift bestätigt diese Auslegung. Dadurch, daß das Gesetz gewissen Konkursforderungen ein Vorrecht vor anderen eingeräumt hat, hat es den allgemeinen, den Konkurs beherrschenden Grundsatz (§ 3 KO.) der gemeinschaftlichen, anteilmäßigen Befriedigung aller Konkursgläubiger durchbrochen, jedoch mit enger zeitlicher Begrenzung. Es hat keineswegs beabsichtigt, allen rückständigen Forderungen der in § 61 Nr. 1 bis 5 bezeichneten Art unbeschränkt ein Vorrecht zu gewähren; dies sollte vielmehr nur insofern der Fall sein, als die Forderungen im letzten Jahre vor der Konkurseröffnung entstanden (Nr. 1 und 4) oder fällig geworden (Nr. 2 und 3) oder innerhalb einer bestimmten Zeit und bis zur Konkurseröffnung verfolgt worden sind (Nr. 5). Wenn nun auch zugunsten der

Steuerforderungen mit Rücksicht darauf, daß aus bestimmten wirtschaftlichen oder steuertechnischen Gründen eine Hinausschiebung der Fälligkeit über die Entstehung der Steuerschuld geboten war (es kämen namentlich die in den Motiven zur Konkursordnung und bei Jaeger in Anm. 19 zu § 61 genannten Fälle in Betracht), nicht der Zeitpunkt der Entstehung, sondern derjenige der Fälligkeit für maßgebend erklärt worden ist, so wird man der Ansicht des Gesetzgebers, das Vorrecht zeitlich einzuschränken, doch nur dann gerecht, wenn man den Lauf der Jahresfrist mit dem ersten Fälligwerden der Forderung beginnen läßt. Wenn durch wiederholte Stundungen der maßgebende Zeitpunkt der Fälligkeit immer wieder hinausgeschoben werden könnte, so wäre die gesetzliche Fristbestimmung zwecklos. Denn der Fall, daß wegen fällig gewordener Steuerforderungen in mehr als Jahresfrist von der Steuerbehörde nichts veranlaßt wird, kommt bei ordnungsgemäßem Geschäftsbetrieb nicht vor; entweder schreiten die Finanzämter zur Beitreibung oder sie gewähren auf Antrag Stundung. Auf dem letzteren Wege könnte dann aber allen Steuerrückständen, mögen sie vor noch so langer Zeit fällig gewesen sein, das Vorrecht gewahrt werden. Daß das nicht der Sinn und Zweck des Gesetzes ist, leuchtet ein. Der Steuerfiskus wird auch nicht etwa durch die für eine Ausnahmevorschrift gebotene enge Auslegung des § 61 Nr. 2 KO. in eine besonders mißliche Lage versetzt. Die Reichsabgabenordnung gibt ihm so viele und so wirksame Sicherungen für seine Forderungen an die Hand, wie sie einem Privatgläubiger nicht zur Verfügung stehen. Zölle und Verbrauchsabgaben sind nach § 101 RAbgO. kraft Gesetzes schon durch ein weitgreifendes Pfandrecht gesichert. Für die anderen Steuern kann sich der Fiskus jederzeit im Verwaltungszwangsverfahren Sicherheiten verschaffen. Stundungen können und sollen auch regelmäßig nur gegen Sicherheitsleistung gewährt werden (§ 105 RAbgO.). Es sind denn auch in neuerer Zeit zahlreiche Stimmen aus den Kreisen der Wirtschaft und der Juristen (vgl. u. a. Jaeger in der Enzykl. d. Rechts- u. Staatswissenschaften XVIII S. 45; Schumann in der Zeitschr. d. Verb. Deutsch. Bücherrevisoren 1925 S. 241) laut geworden, die eine gänzliche Beseitigung des Steuervorrechts fordern. Es mag sein, wie die Revision ausführt, daß die Finanzverwaltung, wenn sie Gefahr läuft, durch Stundung das Vorrecht des § 61 Nr. 2 KO. zu verlieren, von Stundungen absehen wird, falls der Schuldner keine Sicherheit leistet oder leisten kann. Das kann aber keinen Grund bilden, der Vorschrift des § 61 Nr. 2 KO. eine Auslegung zu geben, die ihr nach Sinn und Zweck nicht zukommt.

Es könnte nur noch in Frage kommen, ob nicht etwa nach Maßgabe der Steuergesetze, insbesondere der Reichsabgabenordnung, der Stundung von Steuerforderungen die Wirkung der völligen Beseitigung aller mit der bisherigen Fälligkeit verbundenen Rechtsfolgen beizumessen wäre. Daß nach bürgerlichem Recht die Stundung diese

Wirkung nicht ohne weiteres hat, ist unbedenklich. So bleiben beispielsweise die eingetretenen Verzugsfolgen trotz nachträglicher Stundung bestehen, wenn sich nicht ausnahmsweise aus der Stundungsabrede der Verzicht darauf ergibt (vgl. RG. in JW. 1903 Beil. S. 23 Nr. 47; WarnRspr. 1911 Nr. 11; Recht 1920 Nr. 604; OLG. Bd. 22 S. 194). Im Zweifel ist nur die Beitreibung gestundet (RGR.Komm. zum BGB. Anm. 5 zu § 284; Staub-Koenige HGB. Anm. 7 zu § 353). Die mit der Fälligkeit des Anspruchs beginnende Verjährung wird durch Stundung nur gehemmt. Eine alle Rechtsfolgen der Fälligkeit seitigende Wirkung kommt aber auch der Stundung nach Steuerrecht nicht zu. Es wird nur der Zahlungstermin hinausgeschoben; die in § 104 RAbgO. an die Fälligkeit als Rechtsfolge geknüpfte Zinspflicht bleibt z. B. bestehen, wenn sie nicht ausdrücklich erlassen wird (§ 105 Abs. 2 RAbgO. und Stundungsordnung vom 29. Januar 1923, RGBl. I S. 75, § 4). Nach § 124 RAbgO. hat zwar die Stundung, anders als nach bürgerlichem Recht, die Wirkung, daß die Verjährung unterbrochen, die bereits begonnene Verjährung also restlos beseitigt wird. Wäre die Jahresfrist des § 61 Nr. 2 KO. eine Verjährungsfrist, so ließe sich aus § 124 RAbgO. der Schluß ableiten, daß mit der Stundung einer Steuerforderung der mit ihrer ersten Fälligkeit begonnene Lauf der Frist beseitigt sei. Aber die Fristen des § 61 KO. sind keine Verjährungsfristen, sondern Ausschlußfristen, auf welche die über die Verjährung geltenden Vorschriften keine Anwendung finden.

RGZ. 130, 333

Ist der Anspruch eines Treuhand-Instituts, das vor Eröffnung eines Konkursverfahrens ohne Erfolg bemüht war, den Gemeinschuldner vor dem wirtschaftlichen Zusammenbruch zu bewahren, als Konkursforderung bevorrechtigt?

KO. § 61 Nr. 1, § 146 Abs. 1 u. 4.

III. Zivilsenat. Urt. v. 7. November 1930.

I. Landgericht Gera. II. Oberlandesgericht Jena.

Die Klägerin, eine Treuhandgesellschaft, ist seit dem 18. Januar 1927 für den Rittergutsbesitzer V. tätig geworden zu dem Zweck, seinen drohenden wirtschaftlichen Zusammenbruch zu verhindern. Sie hat sich zunächst durch Aufstellung einer Bilanz eine Übersicht über die wirtschaftliche Lage des V. verschafft, hat diesen in allen wirtschaftlichen und steuerlichen Angelegenheiten beraten, hat auf Grund einer ihr von V. ausgestellten Generalvollmacht die Veräußerung einzelner größerer Vermögenswerte selbständig betrieben, hat mit Vollstreckungsgläubigern Vereinbarungen über die Löschung von Zwangshypotheken getroffen und in zwei Fällen aus eigenen

Mitteln zur Verhinderung von Vollstreckungsmaßnahmen geldliche Hilfe geleistet. Die Tätigkeit der Klägerin, die im wesentlichen von ihrem Mitinhaber Rü. geleistet wurde, fand alsbald nach der am 25. März 1927 erfolgten Konkurseröffnung über das Vermögen des V., also nach etwas mehr als zwei Monaten, ihr Ende. Das Entgelt für ihre Tätigkeit berechnet die Klägerin vereinbarungsgemäß nach der Gebühren-Ordnung des Verbandes Deutscher Treuhand- und Revisionsgesellschaften.

Im Konkursverfahren V. hat die Klägerin am 14. Juni 1927 6118,70 RM., am 10. Mai 1928 1255 RM. und am 15. November 1928 1580 RM., insgesamt 8953,70 RM. angemeldet und für die beiden ersten Beträge ein Vorrecht nach § 61 Nr. 1 KO. beansprucht. Der Konkursverwalter hat das Vorrecht für die zuerst angemeldeten 6118,70 RM. bestritten. Für den Betrag von 1580 RM. hat die Klägerin nach der Konkurstabelle kein Vorrecht in Anspruch genommen. Diese Forderung und der Anspruch von 1255 RM. sind im Konkursverfahren noch nicht geprüft worden.

Mit der vorliegenden Klage verlangt die Klägerin Feststellung, daß ihren Konkursforderungen in Höhe von 7669,85 RM. bevorrechtigte Befriedigung zukomme. Zur Begründung macht sie geltend, ihre rechtlichen Beziehungen zu V. seien als Dienstvertrag anzusehen, und bei dem Umfang des Vermögens des Gemeinschuldners und ihrer fortlaufenden Tätigkeit, die für unabsehbare Dauer geplant gewesen sei, erscheine die Anwendung des § 61 Nr.1 KO. geboten.

Der verklagte Konkursverwalter hat Abweisung der Klage beantragt mit der Begründung, es habe kein Dienst-, sondern ein Werkvertrag vorgelegen, denn es habe sich um die Erreichung eines einzigen Zwecks, nämlich der Abwendung des wirtschaftlichen Zusammenbruchs von V. gehandelt; auch habe keine wirtschaftliche Abhängigkeit der Klägerin vom Gemeinschuldner bestanden, vielmehr sei dieser von der Klägerin abhängig gewesen.

Das Landgericht hat dem Klagantrag in Höhe von 7569,85 RM. stattgegeben, sonach die Forderung der Klägerin in dieser Höhe als bevorrechtigt anerkannt, im übrigen hat es die Klage abgewiesen. Auf die Berufung des Beklagten hat das Oberlandesgericht die Klage in vollem Umfang abgewiesen. Die Revision der Klägerin war erfolglos.

Gründe:

Das Berufungsgericht erklärt die Klage insoweit für unzulässig, als sie Feststellung eines Vorrechts der im Mai und November 1928 angemeldeten Forderungen von 1255 RM. und 1580 RM. erstrebt. Seinen Ausspruch begründet das Gericht damit, daß diese beiden Forderungen, wie die Konkurstabelle ergebe, im Konkursverfahren noch nicht geprüft worden seien und daß die Klägerin für die Forderung von 1580 RM. überhaupt kein Vorrecht in Anspruch genommen habe. Diese Auffassung ist rechtlich nicht zu beanstanden. Sie wird gerechtfertigt durch den Hinweis des Berufungsgerichts auf § 146 Abs. 1 KO., wonach nur den Gläubigern streitig gebliebener Forderungen überlassen bleibt, deren Feststellung gegen die Bestreitenden zu betreiben, und auf Abs. 4 daselbst, der bestimmt, daß die Feststellung nur auf den Grund gestützt und nur auf den Betrag gerichtet werden kann, der in der Anmeldung oder im Prüfungstermin angegeben worden ist. Nach der Rechtsprechung des Reichsgerichts ist die vorschriftsmäßige Anmeldung und Prüfung der Forderung notwendige, von Amts wegen zu berücksichtigende Voraussetzung der Feststellungsklage (RGZ. Bd. 39 S. 47, Bd. 51 S. 96, Bd. 86 S. 396; RGUrt. vom 4. Juni 1902 I 135/02, abgedr. JW. 1902 S. 397 Nr. 30). Die Meinung der Revision, es hätte der Prüfung bedurft, ob nicht nach dem Bestreiten des Vorrechts für die Forderung von 6118,70 RM. die Feststellungsklage in Ansehung der beiden anderen Beträge aus dem Gesichtspunkt des § 256 ZPO. als zulässig anzusehen gewesen wäre, geht — von anderem abgesehen — schon aus dem Grunde fehl, weil überhaupt kein dahingehender Antrag gestellt, sondern ausdrücklich und allein die Feststellung des Vorrechts verlangt war.

In der Sache selbst geht das Berufungsgericht davon aus, daß zwischen der Klägerin und dem Gemeinschuldner V. ein Dienstvertrag bestanden habe. Diese der Klägerin günstige Annahme wird von der Revision nicht bekämpft. Sie ist auch nach den Feststellungen, die der Berufungsrichter über Art und Umfang der von der Klägerin zugesagten Dienstleistungen im einzelnen trifft, rechtlich nicht zu beanstanden.

Dem Berufungsrichter ist auch darin beizutreten, daß nicht jede Forderung aus einem Dienstvertrag nach § 61 Nr. 1 KO. bevorrechtigt sei. Das angefochtene Urteil erkennt der Klägerin das in Anspruch genommene Vorrecht um deswillen ab, weil sie sich gegenüber dem Gemeinschuldner wirtschaftlich und rechtlich nicht in einem Verhältnis der Abhängigkeit befunden habe. Denn der Sinn der Vorschrift sei, Personen, die sich in dienender, abhängiger Stellung befänden, in bezug auf ihre Lohnansprüche zu schützen, auf die sie zu ihrem Lebensunterhalt angewiesen sind. Das Berufungsgericht stützt sich hierbei auf ein Urteil des II. Zivilsenats des Reichsgerichts vom 13. März 1928 (RGZ. Bd. 120 S. 300). Es ist jedoch zu beachten, daß bei diesem Urteil zunächst nur die Frage zur Entscheidung stand, ob eine Konkursforderung, die einem Mitglied des Vorstandes einer in Konkurs geratenen Aktiengesellschaft wegen seiner Gehaltsansprüche gegen die Gesellschaft zusteht, gemäß § 61 Nr. 1 KO. bevorrechtigt ist. Für die Verneinung dieser Frage war der Umstand entscheidend, daß der Vorstand der Aktiengesellschaft nicht ein sozial abhängiger Dienstverpflichteter, sondern geradezu der Leiter der Gesellschaft ist und die Stellung eines Prinzipals einnimmt. Allerdings enthält das Urteil des II. Zivilsenats, wie nicht zu verkennen ist, zu Eingang der Entscheidungsgründe Erwägungen, die über den Einzelfall hinausgehen und der Annahme Raum geben, daß der Kreis der nach § 61 Nr. 1 KO. bevorrechtigten Dienstverpflichteten enger gezogen werden sollte, als dies in der älteren Rechtsprechung des Reichsgerichts geschehen ist (Urteil des erkennenden Senats vom 21. Dezember 1926 III 632/25, abgedr. Gruch. Bd. 69 S. 227 und JW. 1927 S. 848 Nr. 14 sowie die dort angeführten Entscheidungen). Eines näheren Eingehens auf jenes Urteil des II. Zivilsenats bedarf es jedoch nicht, da die hier zu treffende Entscheidung nicht davon abhängt.

Nach den Feststellungen des Vorderrichters war es der Klägerin allein überlassen, wie sie sich ihrer Aufgabe entledigen wollte, den wirtschaftlichen Zusammenbruch des V. zu verhindern. Sie mußte nach ihrem freien Ermessen die Maßnahmen ergreifen, die ihr für die Erreichung dieses Ziels am zweckmäßigsten erschienen; sie behielt in weitem Umfang die freie Verfügung über ihre Zeit und über die Arbeitskraft ihrer beiden Inhaber, auch des Gesellschafters Rü., der im wesentlichen die Arbeiten für V. erledigt hat. Auch war die Sanierung der V.schen Betriebe nicht die einzige Sache, welche die Klägerin in jener Zeit zu bearbeiten hatte, sie war vielmehr in sehr erheblichem Umfang auch mit anderen Angelegenheiten beschäftigt. Auch Rü. hat in jener Zeit noch andere Geschäfte erledigt; nach der Berechnung der Zeitgebühr ist er für die sog. Spezialaufträge des V. im ganzen nur rund 12 Tage in Anspruch genommen worden. Der Vertrag zwischen V. und der Klägerin ließ dieser und auch dem Teilhaber Rü. die Möglichkeit, nebenher in erheblichem Umfang noch andere Geschäfte zu besorgen. Auch war Rü., wie festgestellt, zu seinem Lebensunterhalt nicht auf die Einnahmen aus der Geschäftsbesorgung für V. angewiesen. Durch den Eintritt der Zahlungsunfähigkeit des Gemeinschuldners fiel für die Klägerin und im besonderen für Rü. nur ein Einnahmeposten unter vielen aus, ihre wirtschaftliche Existenz wurde dadurch aber nicht entscheidend beeinflußt. Wenn die ältere Rechtsprechung des Reichsgerichts als Erfordernisse für das Vorliegen der Voraussetzungen des § 61 Nr. 1 KO. aufgestellt hat, daß der sich Verdingende seine Selbständigkeit in größerem oder geringerem Umfang aufgebe, daß er auf die freie Verfügung über seine Zeit und Arbeitskraft zugunsten eines anderen mehr oder weniger verzichte, und zwar dadurch, daß er sich verpflichte, seine Dienste ausschließlich oder doch hauptsächlich dem Dienstberechtigten zu leisten (RGZ. Bd. 62 S. 231), so kann hier nach den festgestellten besonderen Umständen des Falles der Tatbestand jener Vorschrift auch im Sinne der früheren Rechtsprechung des Reichsgerichts nicht als nachgewiesen angesehen werden. Es bestand zwischen der Klägerin und V. wohl ein Dienstvertrag, aber kein Dienstverhältnis; es lag kein „Sichverdingen“ im Sinne des § 61 Nr. 1 KO. vor; die Klägerin war selbständiger Kaufmann und blieb es auch während der Dauer des mit V. abgeschlossenen Vertrags. Demgegenüber ist es von untergeordneter Bedeutung, daß der Berufungsrichter im Hinblick auf die zweimalige Darlehnsgewährung der Klägerin geradezu eine wirtschaftliche Abhängigkeit des Gemeinschuldners von jener feststellt. Indessen kann auch diese Annahme nicht als rechtsirrig erachtet werden.

RGZ. 139, 83

1. Kann im Konkursverfahren ein Gläubiger, nachdem er abgesonderte Befriedigung beansprucht hat und nachdem seine Forderung zur Tabelle nur für den Ausfall festgestellt worden ist, aus der Masse Befriedigung für die ganze Forderung verlangen, wenn ihm das Absonderungsrecht nicht zusteht?

2. Kann dieses Verlangen Gegenstand einer Feststellungsklage sein?

KO. §§ 64, 146. ZPO. § 256.

IV. Zivilsenat. Urt. v. 5. Dezember 1932.

I. Landgericht Kassel. II. Oberlandesgericht daselbst.

Die Klägerin hatte dem Kaufmann B. in den Jahren 1929/30 mehrere Darlehen von insgesamt 30000 RM. gewährt und von ihm als Sicherung drei Lebensversicherungspolicen erhalten. In zweien dieser Policen ist die Ehefrau des Versicherungsnehmers als Bezugsberechtigte benannt, während die dritte auf den Inhaber ausgestellt ist. Nach dem Tode des B. ist über seinen Nachlaß das Konkursverfahren eröffnet und der Beklagte zum Verwalter bestellt worden. Die Klägerin hat ihre Darlehnsforderungen nebst Zinsen (insgesamt 30284,93 RM.) unter Hinweis auf ein beanspruchtes Absonderungsrecht als Ausfallforderung angemeldet. Zur Tabelle sind alsdann die angemeldeten Forderungen nach dem Antrag des Beklagten festgestellt worden mit dem Zusatz: „vorläufig als Ausfallforderung“. Der Beklagte hat bei einer inzwischen vorgenommenen Abschlagsverteilung die Klägerin, obwohl sie ein Absonderungsrecht nicht mehr geltend macht, nicht berücksichtigt. Die Klägerin ist der Ansicht, daß sie — abgesehen von dem auf die dritte Police entfallenden Betrage von 9888,20 RM., den sie deshalb vom Gesamtbetrag ihrer Forderung in der Klage absetzt — unbeschränkt ihre Befriedigung aus der Konkursmasse suchen könne, und klagt auf Feststellung dieses Rechts.

Das Landgericht hat die Klage abgewiesen. Das Oberlandesgericht dagegen hat auf die Berufung der Klägerin festgestellt, daß diese berechtigt sei, wegen eines Betrages von 20396,73 RM. Befriedigung aus der Konkursmasse zu suchen. Die Revision des Beklagten hatte keinen Erfolg.

Gründe:

Das Berufungsgericht ist in rechtsirrtumsfreien Erwägungen davon ausgegangen, daß die beiden Policen, in denen die Witwe B. als Bezugsberechtigte benannt ist, nicht zum B.schen Nachlaß, also auch nicht zur Konkursmasse gehören, und daß demnach an ihnen der Klägerin kein Absonderungsrecht zusteht. Materiell greift aber die in § 64 KO. angeordnete Beschränkung auf verhältnismäßige Befriedigung *für den Ausfall nur dann Platz, wenn dem Gläubiger an einem* zur Konkursmasse gehörigen Vermögensstück ein Recht auf abgesonderte Befriedigung zusteht (RGZ. Bd. 91 S. 13). Da dies hier nicht der Fall ist, so besteht, wie der Berufungsrichter mit Recht angenommen hat, für die ganze Schuld nur eine Konkursforderung. Dem dahingehenden Feststellungsantrage widerspricht der Konkursverwalter um deswillen, weil die Klägerin ein Absonderungsrecht beansprucht und demzufolge nur eine Ausfallforderung zur Tabelle angemeldet habe. Er wendet daher ein, daß sie zunächst ihre Forderung unbeschränkt und nicht als Ausfallforderung zur Tabelle anzumelden habe, und daß die Forderung dann erst in einem neuen Prüfungstermin festgestellt werden müsse.

Dem ist das Berufungsgericht nicht gefolgt. Es ist der Meinung, daß allerdings die Klägerin nur eine Ausfallforderung angemeldet habe, daß aber gleichwohl die Feststellung einer nur als Ausfallforderung angemeldeten Forderung die Forderung nach Grund und Betrag in voller Höhe umfasse, und daß diese Feststellung zur Tabelle die vollen konkursrechtlichen Wirkungen der §§ 146flg., 164 Abs. 2 KO. habe. Eine erneute Anmeldung sei daher nicht einmal mehr zulässig. Es handle sich also nicht um eine Klage aus § 146 KO., der eine streitig gebliebene Forderung voraussetze, sondern um eine Feststellungsklage aus § 256 ZPO., an der die Klägerin um deswillen ein rechtliches Interesse habe, weil der Beklagte ihr Recht als Konkursgläubigerin auf Stimmrecht und auf Teilnahme an den Verteilungen bestritten habe.

Die Revision bekämpft diese Ausführungen, weil nach ihrer Meinung die Klägerin nur den möglicherweise entstehenden Ausfall angemeldet habe und weil die angemeldeten Forderungen nur in Höhe der Anmeldung eingeklagt werden könnten. Was nicht angemeldet sei, könne weder gemäß § 144 KO. ohne Widerspruch noch gemäß § 146 KO. streitig geblieben sein. Es gehe aber nicht an, eine beschränkte Anmeldung so zu beurteilen, als ob sie unbeschränkt erfolgt wäre. Sie meint daher, daß die Klage als unzulässig hätte verworfen werden müssen.

Dem ist nicht beizutreten. Der Irrtum der Revision besteht darin, daß sie schon der Anmeldung einer Forderung „als Ausfallforderung" nur die Wirkungen einer beschränkten Anmeldung beilegen will. Es ist indessen dem Gläubiger, der abgesonderte Befriedigung beansprucht, unbenommen, seine Forderung zwar als Ausfallforderung, aber doch zum vollen Betrage im Konkurs anzumelden. Steht noch nicht fest, zu welchem Betrage er bei der abgesonderten Befriedigung Zahlung empfängt, so muß er sogar die Forderung zum vollen Betrage anmelden, wenn er nicht in seinem Recht, Befriedigung in Höhe seines etwaigen Ausfalls aus der Konkursmasse zu erlangen, verkürzt werden will (vgl. RGZ. Bd. 37 S. 16). Beschränkt er dagegen seine Anmeldung auf einen Teil seiner Forderung, weil er für den Rest im Wege der abgesonderten Befriedigung Deckung zu erlangen glaubt, so muß er allerdings, soweit er diese Befriedigung nicht erlangt, auch den Rest, mit dem er ausgefallen ist, zur Konkurstabelle anmelden. Hat der Gläubiger aber keine solche Beschränkung vorgenommen, sondern die ganze Forderung angemeldet, so wird sie auch als ganze geprüft und, sofern sie nicht bestritten wird, festgestellt, wenn auch nur als „Konkursforderung für den Ausfall". Die zusätzliche Beschränkung „als Ausfallforderung" hat nicht die Bedeutung, daß die Forderung nur in Höhe des etwaigen späteren Ausfalls festgestellt wäre, sondern sie gilt lediglich der Konkursforderung.

Eine Anmeldung der ganzen Forderung liegt aber hier entgegen der Meinung der Revision vor. Das besagen unzweideutig die Eingangsworte der Anmeldung vom 31. August 1931: „... melden wir folgende Ansprüche an: eine Darlehnsforderung in Höhe von 25000 RM. . . . bzw. 5000 RM." Eine Beschränkung dieser Anmeldung dem Betrage nach kann in den folgenden Sätzen nicht gefunden werden. Soweit sich diese auf die Verpfändung der Lebensversicherungspolicen beziehen, enthalten sie nur einen Hinweis auf die Verpfändung und auf das „eventuelle" Recht, abgesonderte Befriedigung aus den Versicherungssummen zu verlangen. Dadurch ist aber die Anmeldung dem Betrage nach nicht eingeschränkt worden. Eine solche Einschränkung liegt auch nicht darin, daß die Anmelder erklären, es werde, falls eine Befriedigung aus den Policen erfolgte, ein etwaiger Ausfall als Ausfallforderung geltend gemacht. Denn damit ist nur gesagt, was sich bei jeder Anmeldung eines abgesonderte Befriedigung beanspruchenden Gläubigers nach dem Gesetz von selbst versteht, nämlich, daß verhältnismäßige Befriedigung aus der Masse nur für den Betrag des Ausfalls verlangt werden solle. Ist demnach die Anmeldung der Forderung, wenn auch als Ausfallforderung, so doch zum vollen Betrage erfolgt, so ist die Feststellung zur Tabelle „vorläufig als Ausfallforderung" für die ganze Forderung wirksam (vgl. RGZ. Bd. 22 S. 153).

Zu fragen wäre nur, ob hier, wo in Ermangelung eines Absonderungsrechts von vornherein keine Ausfallforderung bestand, eine erneute Anmeldung nötig ist. Mit Recht hat jedoch der Berufungsrichter dies verneint. Denn die Wirksamkeit der Feststellung der Forderung zur Tabelle wird nicht dadurch in Frage gestellt, daß der Gläubiger irrtümlich ein Absonderungsrecht für sich beansprucht hat. Es kann vielmehr keinen Unterschied begründen, ob der Gläubiger auf sein Absonderungsrecht verzichtet hat oder damit ganz ausgefallen ist, oder ob der Konkursverwalter und er nachträglich dahin einig geworden sind, daß er ein Absonderungsrecht nicht in Anspruch nehmen könne.

Da sich der verklagte Konkursverwalter weigert, diese Rechtslage anzuerkennen, und die Klägerin nicht an den Abschlagsverteilungen teilnehmen läßt, so besteht ein rechtliches Interesse der Klägerin an der Feststellung ihres Konkursteilnahmerechts. Ihre Feststellungsklage ist nicht die des § 146 KO., sondern die allgemeine Klage aus § 256 ZPO. Indem der Berufungsrichter diese zuläßt, lehnt er es durchaus zutreffend ab, die Klägerin gegenüber den Maßnahmen des Beklagten auf die Einzelrechtsbehelfe der Konkursordnung, insbesondere den § 158 KO. zu verweisen. Denn ihre Feststellungsklage bezweckt, eine grundsätzliche Entscheidung über ihr Konkursteilnahmerecht herbeizuführen, und eine Klage aus § 256 ZPO. wird — wie in der Rechtsprechung des Reichsgerichts (RGZ. Bd. 116 S. 372) anerkannt ist — durch § 146 KO. nicht grundsätzlich ausgeschlossen, sondern kann unter besonderen Umständen zugelassen werden. Solche liegen hier vor.

RGZ. 143, 355

1. Kann, nachdem eine ohne Vorrecht angemeldete Konkursforderung in der Tabelle als unstreitig festgestellt worden ist, die Anmeldung eines Vorrechts für diese Forderung noch nachgeholt werden?

2. Ist im Konkurse einer Ersatzkrankenkasse ein Konkursvorrecht nach § 61 Nr. 4 KO. zugunsten von kassenärztlichen Vereinigungen für die Forderungen ihrer Mitglieder anzuerkennen?

KO. § 61 Nr. 1 und 4, § 142.

III. Zivilsenat. Urt. v. 9. Februar 1934.

Landgericht Braunschweig.

Die Kläger, sämtlich wirtschaftliche Vereinigungen von Ärzten und Vereine von Kassenärzten, sind Mitglieder des Verbandes der Ärzte Deutschlands (Hartmannbund) mit dem Sitz in Leipzig, während die Berufskrankenkasse des Polier-, Werk- und Schachtmeisterbundes für das Baugewerbe Deutschlands, Ersatzkasse B., dem Verband kaufmännischer Berufskrankenkassen (Ersatzkassen), Sitz H., angehörte. Beide Verbände haben einen Kollektiv-Vertrag abgeschlossen, demzufolge die dem Hartmannbund angehörenden Ärztevereine durch ihre Mitglieder, soweit sie sich dazu bereit erklärt haben, zu den Bedingungen des Vertrags die vertragsärztliche Versorgung der in den Vertragsklassen versicherten Anspruchsberechtigten und ihrer Familienangehörigen übernommen haben.

Am 31. Juli 1932 wurde über das Vermögen der genannten Berufskrankenkasse das Konkursverfahren eröffnet und der Beklagte zum Konkursverwalter bestellt. Die Kläger meldeten auf Grund des kassenärztlichen Gesamtvertrags eine Reihe von Forderungen für ärztliche Vertragsleistungen zur Konkurstabelle an. Die sämtlichen Forderungen (taxmäßige Gebührnisse) sind für das letzte Jahr vor der Eröffnung des Konkursverfahrens rückständig. Die Forderungen als solche sind auch im Prüfungstermin festgestellt worden.

Sämtliche Kläger mit Ausnahme des Klägers zu 11 haben rechtzeitig ein Vorrecht gemäß § 61 Nr. 4 KO. angemeldet; dieses Vorrecht ist jedoch von dem Konkursverwalter bestritten worden. Nach dem Prüfungstermin und der Feststellung der Forderungen zur Tabelle haben ferner sämtliche Kläger nachträglich noch ein Vorrecht gemäß § 61 Nr. 1 KO. angemeldet, der Kläger zu 11 weiterhin ein Vorrecht nach § 61 Nr. 4 KO. Auch diese Vorrechte sind laut Tabellenauszug von dem Konkursverwalter bestritten worden.

Die Kläger haben daraufhin Klage erhoben mit dem Antrag, ihre einzeln aufgeführten Forderungen an die Konkursmasse der Berufskrankenkasse als bevorrechtigte Forderungen im Sinne von § 61 Nr. 1 KO. festzustellen, hilfsweise, diese Forderungen als bevorrechtigt im Sinne von § 61 Nr. 4 KO. festzustellen. Der verklagte Konkursverwalter hat dagegen geltend gemacht, die nachträgliche Anmeldung von Vorzugsrechten nach erfolgter Feststellung der Konkursforderung im Prüfungstermin sei unzulässig. Weiter hat er bestritten, daß die Voraussetzungen des § 61 Nr. 1 und 4 KO. gegeben seien.

Das Landgericht hat die Klage abgewiesen. Die Kläger haben unmittelbar Revision eingelegt. Die Revision des Klägers zu 11 wurde zurückgewiesen. Den übrigen Klägern wurde das Vorrecht aus § 61 Nr. 4 KO., nicht aber aus Nr. 1 das. zuerkannt.

Gründe:

Den Hauptantrag der Kläger auf Feststellung ihres Konkursvorrechts nach § 61 Nr. 1 KO. läßt der erste Richter an der Tatsache scheitern, daß ein Vorrecht in dieser Rangordnung erst angemeldet worden ist, nachdem die Forderungen sämtlicher Kläger zur Tabelle festgestellt waren. Den Hilfsantrag auf Feststellung eines Vorrechts nach § 61 Nr. 4 weist das Landgericht bezüglich des Klägers zu 11 aus der gleichen Erwägung, bezüglich aller anderen Kläger aus dem Grunde ab, weil es die sachlichen Voraussetzungen für das Bestehen eines Vorrechts nach § 61 Nr. 4 nicht als gegeben ansieht. Die Revision bekämpft das angefochtene Urteil nach beiden Richtungen.

I. Für seine Ansicht, daß die Anmeldung eines Konkursvorrechts nach Feststellung der Forderung im Prüfungstermin unzulässig sei, kann sich der Erstrichter auf zwei ältere Entscheidungen des Reichsgerichts berufen, eine des II. Zivilsenats vom 13. Januar 1888 (RGZ. Bd. 20 S. 412) und eine des VI. Zivilsenats vom 30. Dezember 1896 (RGZ. Bd. 38 S. 417). Die zuerst erwähnte Entscheidung war u. a. mit dem Hinweis auf die Bestimmung des § 145 Abs. 2 KO. begründet, wonach die Eintragung in die Tabelle rücksichtlich der festgestellten Forderungen dem Betrage und ihrem Vorrechte nach wie ein rechtskräftiges Urteil gegenüber allen Konkursgläubigern gelte, und es war daraus geschlossen worden, daß einer Nachholung der Vorrechtsanmeldung die Einrede der Rechtskraft entgegenstehe. An diesem Entscheidungsgrund hat das Urteil vom 30. Dezember 1896 nicht festgehalten; das Landgericht folgt in diesem Punkte der späteren Entscheidung und auch der erkennende Senat macht sich den aus der Rechtskraftwirkung von § 145 Abs. 2, § 147 KO. abgeleiteten Entscheidungsgrund nicht zu eigen.

Das Schrifttum vertritt überwiegend den gleichen Standpunkt wie die Rechtsprechung des Reichsgerichts (v. Wilmowski KO. 5. Aufl. Anm. 3 zu § 133 S. 381; Petersen-Kleinfeller KO. 4. Aufl. Anm. 5 zu § 139; Sarwey KO. 4. Aufl. Anm. 3 zu § 145; v. Völderndorff KO. 2. Aufl. Bd. 2 S. 378; Mentzel KO. Anm. 5 zu § 139, Anm. 4 zu § 143 KO.; Bleyer KO. 3. Aufl. Anm. 4 zu § 142; Fitting Das Reichs-Konkursrecht, 3. Aufl. S. 131/132 Anm. 13). Es haben sich aber auch einige gewichtige Stimmen dagegen erhoben (Kohler Lehrbuch des Konkursrechts S. 558; v. Wilmowski-Kurlbaum KO. 6. Aufl. Anm. 9 zu § 145 und namentlich Jaeger KO. Anm. 11 zu § 139).

An dem in der Rechtsprechung des Reichsgerichts aufgestellten Grundsatz, daß, nachdem eine ohne Vorrecht angemeldete Konkursforderung in der Tabelle als unstreitig festgestellt worden ist, die Anmeldung eines Vorrechts für diese Forderung nicht nachgeholt werden kann, ist auch nach wiederholter Prüfung der dagegen erhobenen Bedenken festzuhalten. Auszugehen ist von der Fassung des § 142 KO. Hier ist im Abs. 1 von Forderungen die Rede, die nach dem Ablauf der Anmeldefrist angemeldet sind. Sie sollen, wenn kein Widerspruch erfolgt, in dem allgemeinen Prüfungstermin mitgeprüft werden; im Fall eines Widerspruchs ist auf Kosten des Säumigen ein besonderer Prüfungstermin zu bestimmen. Nach Abs. 2 findet diese Bestimmung entsprechende Anwendung auf nachträglich beanspruchte

Vorrechte und sonstige Änderungen der Anmeldung. Abs. 3 bestimmt dann wörtlich:

Gläubiger, welche Forderungen nach dem Prüfungstermine anmelden, tragen die Kosten des besonderen Prüfungstermins.

Bei einem sorgfältig gearbeiteten Gesetz, wie es die Konkursordnung ist, kann es kein reiner Zufall sein, wenn in Abs. 2 ausdrücklich die Bestimmungen über die nach dem Ablauf der Anmeldefrist angemeldeten Forderungen auch auf nachträglich beanspruchte Vorrechte für anwendbar erklärt werden, in Abs. 3 aber, der von der Anmeldung nach dem Prüfungstermin handelt, lediglich von Forderungen, nicht aber von Vorrechten die Rede ist. Wollte man annehmen, daß der Gesetzgeber auch die Geltendmachung von Vorrechten noch nach dem Prüfungstermin hätte zulassen wollen, dann wäre es unverständlich, daß in Abs. 3 nicht neben den Forderungen auch die Vorrechte erwähnt sind. Noch unverständlicher wäre es aber, bei gegenteiliger Auslegung, daß dann nach Abs. 3 wohl die säumigen Anmelder von Forderungen die Kosten des besonderen Prüfungstermins zu tragen hätten, nicht aber derjenige, der erst nach dem Prüfungstermin noch ein Vorrecht in Anspruch nimmt.

Die vorstehende Auslegung geht allerdings zunächst von dem Wortlaut des Gesetzes aus; allein über die klare Bestimmung des Gesetzes ist nun einmal nicht hinwegzukommen. Jedenfalls ist aus der amtlichen Begründung und den sonstigen Vorarbeiten zur Konkursordnung nichts zu entnehmen, was dieser Auslegung entgegenstehen könnte. Der bereits in den früheren Entscheidungen des Reichsgerichts betonte Umstand, daß § 174 der preuß. Konkurs-Ordnung vom 8. Mai 1855 (GS. S. 321), dem der § 145 Abs. 2 der ReichsKO. nachgebildet ist, die Anmeldung eines Vorrechts nach Beendigung des Prüfungstermins ausgeschlossen hat, nötigt im Gegenteil zu der Annahme, daß in diesem Punkt keine Änderung des früheren Rechts eintreten sollte.

Es sprechen aber auch innere Gründe — Sinn und Zweck des Gesetzes — dafür. Die beiden älteren Entscheidungen des Reichsgerichts betonen übereinstimmend, daß die Ausschließung nachträglicher Vorrechtsansprüche dem Interesse eines „geordneten und beschleunigten Verfahrens", dem Grundsatz „rascher und sicherer Durchführung" des Konkursverfahrens entspreche. Dagegen läßt sich nicht einwenden, daß die Erreichung dieses Zieles durch die nachträgliche Beanspruchung eines Vorrechts kaum in höherem Maße beeinträchtigt werden könne als durch die verspätete, aber für zulässig erklärte Anmeldung neuer Forderungen. Zutreffend weist das Landgericht darauf hin, daß der Konkursverwalter in der Lage sein soll, sich auf Grund der Feststellungen zur Tabelle ein Bild über den Stand des Konkurses und der Masse zu machen und seine Maßnahmen danach einzurichten.

Nachträgliche Anmeldungen von Konkursforderungen, insbesondere auch solcher mit Vorrechten, könnten zwar dieses Bild verändern, jedoch nicht in grundlegender Weise. Eine nachträgliche Anmeldung von Vorrechten bei bereits festgestellten Forderungen, die der Konkursverwalter als Grundlage genommen hat, würde jedoch geeignet sein, diese Grundlage völlig zu erschüttern und den Zweck der gesetzlichen Bestimmungen über die fristgerechte Anmeldung von Forderungen ganz zu vereiteln. Die gleichen Erwägungen greifen auch für die übrigen nicht säumigen Konkursgläubiger Platz. Auch diese sollen an Hand der Konkurstabelle nach Ablauf des Prüfungstermins einen wenigstens ungefähren Überblick über ihre Aussichten auf teilweise Befriedigung aus der Konkursmasse gewinnen und sich darauf einrichten können.

Wie sehr die Zulassung und Berücksichtigung nachträglicher Vorrechtsansprüche diese Belange zu beeinträchtigen vermag, dafür bietet der zur Entscheidung stehende Fall ein bezeichnendes Beispiel. Nach den von den Klägern und dem Konkursverwalter teils in der Klagschrift und teils zur Glaubhaftmachung des Vorhandenseins der Revisionssumme gegebenen Zahlen beträgt die gesamte Konkursmasse nur wenig über 50000 RM.; die angemeldeten Konkursforderungen der Kläger betragen allein über 25000 RM., also rund die Hälfte der Konkursmasse. Im ganzen sind, einschließlich der von den Klägern nachträglich beanspruchten, Vorrechte von 70000 bis 75000 RM. geltend gemacht, also weit mehr, als die ganze Konkursmasse beträgt. Würden die sämtlichen Vorrechte aberkannt, so würden die Konkursforderungen rund 154000 RM. betragen, und es wäre für die Konkursgläubiger mit einer Konkursdividende von etwa 32,5% zu rechnen.

Hierzu kommt aber — von der besonderen Gestaltung des vorliegenden Falls abgesehen — noch folgende allgemeine Erwägung: Es läßt sich ganz wohl der Fall denken, daß ein als einfache Konkursforderung angemeldeter Anspruch im Prüfungstermin von dem Konkursverwalter und den übrigen Konkursgläubigern aus dem Grund nicht bestritten wird, weil man bei einer verhältnismäßigen Befriedigung aller Konkursgläubiger damit rechnet, daß durch die Berücksichtigung dieses Anspruchs als einer einfachen Konkursforderung keine wesentliche Verschiebung der Gesamtlage eintritt. Stünde es nun dem Gläubiger frei, nach Feststellung seiner Forderungen zur Tabelle nachträglich noch ein Vorrecht für diese in Anspruch zu nehmen, so würde diese grundlegende Verschiebung, mit der die anderen Gläubiger und der Konkursverwalter nicht gerechnet hatten und nicht zu rechnen brauchten, nachträglich gleichwohl eintreten, und an der im Prüfungstermin erfolgten Feststellung der Forderungen selbst wäre nichts mehr zu ändern. Die Gefahr einer Schädigung der übrigen am Verfahren beteiligten Gläubiger wäre um so größer, wenn es ein Gläubiger darauf anlegen würde, zunächst nur die Feststellung einer einfachen Konkursforderung zu erreichen und dann erst den Anspruch auf bevorrechtigte Befriedigung nachzuschieben.

Nimmt man noch hinzu, daß der Gesetzgeber in den §§ 138 bis 147 KO. strenge Vorschriften für alle Anmeldungen im Konkursverfahren aufstellt und daß die Rechtsprechung auf genaue Beobachtung dieser Vorschriften hält (RG. in JW. 1890 S. 256 Nr. 5; RG. in LZ. 1908 Sp. 391 Nr. 9; OLGR. Bd. 32 S. 384γ), so ist kein Anlaß zu finden, von der mehrfach erwähnten Rechtsprechung des Reichsgerichts abzuweichen.

Ist aber die Anmeldung eines Konkursvorrechts nach Feststellung der Forderung im Prüfungstermin als gesetzlich unzulässig anzusehen, dann ist der Hauptantrag sämtlicher Kläger auf Feststellung eines Vorrechts nach § 61 Nr. 1 KO. mit Recht abgewiesen worden und ebenso der Hilfsantrag des Klägers zu 11 auf Feststellung eines Vorrechts gemäß § 61 Nr. 4. Die Revision dieses Klägers erweist sich danach in vollem Umfang als unbegründet.

II. Dagegen ist dem Rechtsmittel der übrigen Kläger, die rechtzeitig ein Vorrecht nach § 61 Nr. 4 angemeldet haben, soweit sie mit ihrem Hilfsantrag dessen Feststellung betreiben, der Erfolg nicht zu versagen. Zwar ist dem bloßen Wortlaut des Gesetzes ein solches Vorrecht nicht zu entnehmen, denn der Gesetzgeber spricht nur von Forderungen der „Ärzte“ und denkt lediglich an eine Einzelpersönlichkeit als Schuldner. Allein es ist zu beachten, daß die Krankenversicherung als Sozialversicherung mit Versicherungszwang erst zu Anfang der 80er Jahre des vorigen Jahrhunderts — also nach Inkrafttreten der Konkursordnung — gesetzlich eingeführt worden ist, und daß das Krankenversicherungsgesetz erst am 15. Juni 1883 erlassen wurde (RGBl. S. 73). Die neuere Rechtsentwicklung hat dahin geführt, dem Kassenarzt und dem Kassenpatienten die Regelung der vermögensrechtlichen Beziehungen vollständig abzunehmen und zwischen beide einerseits die ärztlichen Vereinigungen, anderseits die Krankenkassen und Kassenverbände einzuschieben. Verfolgt aber die Bestimmung des § 61 Nr. 4 KO., wie anerkannt, den Zweck, die berufsmäßige Ausübung der Heilkunde zu fördern und demjenigen, der in Berufserfüllung Kranken hilft, die Sorge um die Sicherung seiner Vergütung abzunehmen, verbietet es — wie es in der amtlichen Begründung zu § 54 des Entwurfs heißt — die „Sitte und Menschlichkeit den zur Hilfe von Kranken berufenen Personen, ihre Hilfeleistung davon abhängig zu machen, ob der Kranke diese sofort zu vergüten oder die Vergütung sicherzustellen vermag“ (Hahn Die gesamten Materialien zur Konkursordnung S. 241 V), dann fehlt es an jedem inneren Grunde, den Ärzten den gesetzlichen Schutz da zu versagen, wo ihnen als Vertragspartei nicht der einzelne Heilbedürftige, sondern die Krankenkasse oder der Kassenverband gegenübersteht. Der Arzt, dem doch durch Abschluß der kassenärztlichen Gesamtverträge eine möglichst weitgehende Sicherstellung für seine Vergütungsforderungen gewährt werden sollte, würde dann im Falle eines finanziellen Zusammenbruchs der Kasse in Wirklichkeit schlechter gestellt sein als bei dem Konkurs eines Patienten, was unannehmbar erscheint. Es liegt daher durchaus im Zug der neueren Rechtsentwicklung und muß als eine danach zulässige Fortbildung des Rechts angesehen werden, den § 61 Nr. 4 auch auf Fälle wie den zur Entscheidung stehenden anzuwenden (so neuerdings auch Jaeger KO. 6./7. Aufl. Anm. 30 zu § 61); dies um so mehr, als das Vertragswesen zwischen kassenärztlichen Vereinigungen einerseits und Krankenkassen (Kassenverbänden, Kassenvereinigungen) anderseits durch die Vierte Notverordnung des Reichspräsidenten zur Sicherung von Wirtschaft und Finanzen und zum Schutze des inneren Friedens vom 8. Dezember 1931, Fünfter Teil Kap. I — Krankenversicherung (RGBl. I S. 699, 718), ferner durch die Notverordnung des Reichspräsidenten über Krankenversicherung vom 1. März 1933 (RGBl. I S. 97) und die Verordnung des Reichsarbeitsministers über die Kassenärztliche Vereinigung Deutschlands vom 2. August 1933 (RGBl. I S. 567) weitgehend gesetzlich geregelt und damit der Verfügungsmacht der Vertragsparteien entzogen ist.

RGZ. 147, 69

1. Ist das durch § 80 des Versicherungsaufsichtsgesetzes neuer Fassung geschaffene Konkursvorrecht auch in der Transportversicherung anwendbar?

2. Kann es noch geltend gemacht werden, wenn schon vor seiner Einführung (1. April 1931) der Versicherungsnehmer seine Schadensforderung als gewöhnliche Konkursforderung angemeldet und ein Prüfungstermin darüber stattgefunden hat?

Gesetz über die Beaufsichtigung der privaten Versicherungsunternehmungen und Bausparkassen vom 6. Juni 1931 (RGBl. I. S. 315). — VAG. — §§ 1, 80, 148. KO. §§ 61, 142.

VII. Zivilsenat. Urt. v. 19. Februar 1935.

Die Entscheidung ist abgedruckt unter „Handelsrecht, Privatversicherungsrecht 3“.

RGZ. 149, 257

1.—2. . . .

3. Welche Bedeutung für die Anwendung des § 144 Abs. 1 Halbsatz 2 KO. hat die Zurücknahme eines Widerspruchs mit der Maßgabe, daß die Forderung „aufschiebend bedingt anerkannt“ werde?

4. Können im Konkurse Vorrechte auch noch für solche Forderungen beansprucht werden, die bereits ohne Vorrecht festgestellt worden sind?

KO. §§ 61, 141, 142, 144, 146 Abs. 1 u. 2.

VII. Zivilsenat. Urt. v. 26. November 1935.

Die Entscheidung ist abgedruckt unter „Handelsrecht, Privatversicherungsrecht 2".

Verteilung

RGZ. 25, 7

Unter welchen Umständen ist der bei der Schlußverteilung nicht befriedigte Konkursgläubiger durch die Vorschrift des § 153 (166 n. F.) Abs. 2 KO. verhindert, ein Vermögensstück des Schuldners auf Grund des § 152 (164 n. F.) das. zu seiner (vorzugsweisen) Befriedigung in Anspruch zu nehmen?

V. Zivilsenat. Urt. v. 6. November 1889.

I. Landgericht Bromberg. II. Oberlandesgericht Posen.

Aus den Gründen:

„Das Konkursverfahren über das Vermögen der Eheleute S. ist nach Abhaltung des Schlußtermines durch Gerichtsbeschluß vom 9. Dezember 1887 aufgehoben worden (§ 151 KO.). Das zur Konkursmasse gehörige Rittergut W. war im Konkursverfahren zwangsweise verkauft worden, dagegen war das gleichfalls bei Eröffnung des Konkurses dem Gemeinschuldner gehörige Grundstück P. unverkauft geblieben, weil dem Konkursverwalter und den übrigen Beteiligten dessen Eintragung auf besonderem Grundbuchblatte unbekannt war, und weil wegen seiner wirtschaftlichen Verbindung mit dem Rittergute angenommen wurde, daß es zu diesem gehöre und mit diesem verkauft sei. Der Beklagte hatte zu dem Konkurse eine vollstreckbare Forderung von 18000 M. und Zinsen angemeldet. Nachdem der Beschluß über Aufhebung des Konkurses ergangen war, ermittelte er, daß das Grundstück P. noch auf den Namen des Gemeinschuldners eingetragen stand, und erwirkte bei diesem Grundstücke die Eintragung einer Vormerkung wegen seiner Forderung. Demnächst wurde das Konkursverfahren durch Gerichtsbeschluß wieder eröffnet und dem bisherigen Verwalter vom Gerichte aufgegeben, die nachträgliche Verwertung des Grundstückes P. zu betreiben. In Ausführung dieser Anordnung klagt der Verwalter auf Einwilligung des Beklagten in die Löschung der von ihm erwirkten Vormerkung. Beide Vorinstanzen haben nach dem Klagantrage erkannt. Die Revision des Beklagten ist nicht begründet.

Die Eröffnung des Konkurses entzieht nach § 5 KO. dem Gemeinschuldner die Verwaltungs- und Verfügungsbefugnis über sein zur Konkursmasse gehöriges (d. h. nach § 1 das. über das ihm zur Zeit der Eröffnung gehörende, einer Zwangsvollstreckung unterliegende) Vermögen; sie hemmt zugleich (§ 11) die Zwangsvollstreckung zugunsten der einzelnen Konkursgläubiger, sowohl in das zur Konkursmasse gehörige, als in das sonstige (das nach der Eröffnung des Konkurses erworbene) Vermögen des Gemeinschuldners. Diese, lediglich durch den Zweck des Konkurses bedingten Wirkungen der Konkurseröffnung können das Bestehen des Konkurses grundsätzlich nicht überdauern. Seinen äußerlich erkennbaren Abschluß findet der Konkurs, abgesehen von den als Ausnahmen zu betrachtenden Fällen der Einstellung und des Zwangsvergleiches (§§ 118 flg., 160 flg. KO.) durch den an den Schlußtermin (§ 150) sich anschließenden Gerichtsbeschluß über die Aufhebung des Konkursverfahrens und dessen öffentliche Bekanntmachung (§ 151). Selbstfolge dieser Bekanntmachung ist also die, daß nicht nur, wie der § 125 ausdrücklich bestimmt, die Vorschrift des § 11 außer Wirksamkeit tritt, die (nicht befriedigten) Konkursgläubiger ihre Forderungen gegen den Schuldner wieder unbeschränkt, d. h. in das zur Konkursmasse gehörige, aber nicht bereits verwertete, wie in das sonstige Vermögen des Schuldners geltend machen können, sondern daß auch der Gemeinschuldner die als Folge der Konkurseröffnung ihm entzogene Verfügungsbefugnis (§ 5) zurück erhält. Und zwar muß dies dem Begriffe der Aufhebung des Konkurses gemäß gelten nicht nur in bezug auf die „nicht verwertbaren" Teile der Konkursmasse (§ 150), d. h. diejenigen Vermögensstücke, welche als unverwertbar vom Verwalter und von der Gläubigerschaft erachtet worden sind, und über welche eine besondere Verfügung im Schlußtermine nicht getroffen ist, sondern in bezug auf alle aus irgend einem Grunde tatsächlich von der Verwertung im Konkurse ausgeschlossenen Vermögensstücke. Eine scheinbare Ausnahme machen diejenigen Beträge, welche erst nach der Schlußverteilung für die Masse frei werden, nachdem sie zunächst (zu einem der im § 155 KO. bezeichneten Zwecke) zurückbehalten waren, oder welche, nachdem sie aus der Masse gezahlt worden, zu derselben zurückfließen. Die endgültige Verfügung über diese Beträge ist bedingungsweise schon durch die Schlußverteilung getroffen; der Verfügung des Gemeinschuldners sind sie auch tatsächlich durch die Zurückbehaltung oder durch die ihre bedingungsweise Zurückzahlung einschließende Verfügung des Verwalters entzogen geblieben, sie gehören also rechtlich wie tatsächlich noch zur Konkursmasse, und es ist nur folgerichtig, wenn der § 153 Abs. 1 bestimmt, daß sie „von dem Verwalter nach

Anordnung des Konkursgerichtes auf Grund des Schlußverzeichnisses", also lediglich in Fortsetzung des alten, nicht mittels eines neu zu eröffnenden Konkursverfahrens zur nachträglichen Verteilung zu bringen sind. Der § 153 Abs. 2 ordnet aber die ganz gleiche Behandlung an:

wenn nach der Schlußverteilung oder der Aufhebung des Verfahrens zur Konkursmasse gehörige Vermögensstücke ermittelt werden,

also für solche Gegenstände, welche zwar nach § 1 KO. vom Konkurse rechtlich ergriffen wurden, weil sie zur Zeit der Eröffnung zum Vermögen des Gemeinschuldners gehörten, deren Zugehörigkeit zu diesem Vermögen aber unbekannt war, und die deshalb bis zur Schlußverteilung nicht hatten verwertet werden können — im Gegensatze zu solchen, auf deren Verwertung im Konkurse verzichtet worden ist. Es versteht sich, daß derartige Gegenstände nicht gleichzeitig einerseits — wie § 153 Abs. 2 anordnet — für die Gesamtheit der Konkursgläubiger verwertet werden, und andererseits, wie es die Tatsache der Aufhebung des Konkurses mit sich bringt, der freien Verfügung des Gemeinschuldners und dem Zugriffe des einzelnen unbefriedigten Gläubigers anheimfallen können. Der Berufungsrichter sucht diesen Widerspruch durch die Annahme zu lösen, daß in bezug auf diese Gegenstände die Wirkungen der Konkurseröffnung (§§ 5, 11) trotz der Aufhebung des Konkurses unverändert fortdauern, so daß die beschlossene und öffentlich bekannt gemachte Aufhebung des Konkurses in bezug auf diese Gegenstände als nicht geschehen zu fingieren wäre. Für diese Annahme bietet aber weder das Gesetz einen Anhalt, noch ist sie zur Ausgleichung des Widerspruches notwendig. Vielmehr hat, wenn auf Grund der Aufhebung des Konkurses der Gemeinschuldner über einen tatsächlich nicht verwerteten, also seiner Verfügung wieder anheimgefallenen Gegenstand verfügt oder ein einzelner Gläubiger denselben zu seiner Befriedigung in Beschlag genommen oder verwendet hat, eben damit die Möglichkeit aufgehört, daß der Gegenstand als ein zur Masse gehöriger noch nachträglich ermittelt werde, und für die Anwendung des § 153 Abs. 2 bleibt solchenfalls kein Raum mehr. Diese Auffassung ist, was das Verfügungsrecht des Gemeinschuldners angeht, auch schon vom vormaligen preußischen Obertribunale auf Grund der preußischen Konkursordnung vom 8. Mai 1855 ausgesprochen worden, welche zwar den Umfang der Konkursmasse anders bestimmte als die Konkursordnung vom 10. Februar 1877, welche aber übrigens in den hier in Frage kommenden Vorschriften mit dieser übereinstimmt.

Vgl. Striethorst, Archiv Bd. 97 S. 195.

Gleichwohl aber kann dem einzelnen unbefriedigten Konkursgläubiger nicht unter allen Umständen die Befugnis vom Gesetze eingeräumt sein, die im § 153 Abs. 2 der Gesamtheit gegebene Berechtigung, nachträglich ermittelte Gegenstände zur gemeinschaftlichen Befriedigung zu verwenden, dadurch zu vereiteln, daß er sie vorweg zu seiner Sonderbefriedigung mit Beschlag belegt oder verwertet. Vielmehr kann das Gesetz, indem es den freien Verkehr mit der bekannt gemachten Aufhebung des Konkurses wieder eröffnet, nur den gutgläubigen Verkehr zu schützen beabsichtigen. Der Gläubiger aber, welcher es weiß, daß ein Gegenstand zu denen gehört, welche nach Konkursrecht zur Befriedigung der Gesamtheit dienen sollen, und daß nur aus Unkenntnis diese Verwendung bis zur Schlußverteilung unterblieben ist, handelt arglistig, indem er die Unkenntnis des Verwalters und der Gläubigerschaft zu seinem Vorteile benutzt. Deshalb muß dem Berufungsrichter darin beigetreten werden, daß die Kenntnis von dem bestehenden Anspruche der Gläubigerschaft die Befugnis des Einzelnen zum Zugriffe (§ 152) ausschließt.

Die Anwendung dieses Satzes führt zur Zurückweisung der Revision.

Zu den „nach der Schlußverteilung . . . ermittelten, zur Konkursmasse gehörenden Gegenständen“ ist das Grundstück P. zu rechnen, obwohl, wie die irrige Annahme der Beteiligten, daß es mit dem Rittergute veräußert worden sei, beweist, dessen Zugehörigkeit zur Konkursmasse von vornherein nicht unbekannt gewesen ist. Das Entscheidende ist, daß dieser Irrtum zu der Zeit, zu welcher die Verwertung des Grundstückes vor der Schlußverteilung hätte erfolgen können, obgewaltet und die Verwertung des Grundstückes gehindert hat, und daß er erst nach der Schlußverteilung gehoben, zu dieser Zeit also die noch fortdauernde Zugehörrigkeit des Grundstückes zur Masse im Sinne des § 153 KO. erst ermittelt worden ist. Es liegt kein Grund vor, die Wirkung dieses Irrtumes anders zu beurteilen, als die eines Irrtumes (einer Unkenntnis) über das Dasein des Vermögensstückes oder über dessen ursprüngliche Zugehörigkeit zu der Masse.

Daß ferner der Revisionskläger, als er die Eintragung der Vormerkung zu seinen Gunsten erwirkte, wußte, daß das Grundstück zur Konkursmasse gehörte, und daß er wissen mußte, daß es in Anwendung des § 153 KO. zur nachträglichen Verteilung gebracht werden konnte, hat der Berufungsrichter in unanfechtbarer Weise tatsächlich festgestellt. Dieses Wissen oder Wissen-Müssen zur Zeit der von ihm ergriffenen Vollstreckungsmaßregel, das der Revisionskläger fälschlich als mala fides superveniens bezeichnet, genügt aber, um der Konkursmasse gegenüber sein Recht aus der eingetragenen Vormerkung unwirksam zu machen. Daß nach den Grundsätzen des Grundbuchrechtes (§ 9 des Eigentumserwerbsgesetzes vom 5. Mai 1872) ein den Erwerb des dinglichen Rechtes ausschließender böser Glaube (Kenntnis von dem mangelnden Eigentume oder der mangelnden Verfügungsfähigkeit des eingetragenen Eigentümers) beim Beklagten nicht bestand, ist unerheblich, denn nicht die Ungültigkeit der Eintragung an sich ist der Grund für deren Unwirksamkeit gegenüber der Gläubigerschaft, sondern die aus seiner Kenntnis von den Befugnissen der Gläubigerschaft sich ergebende Verpflichtung, von seinem im übrigen gültig erworbenen Rechte an dem Grundstücke ihnen gegenüber keinen Gebrauch zu machen. Die Frage der Gültigkeit der Eintragung nach Grundbuchrecht würde nur in Betracht kommen können, wenn ein Dritter, welcher das Grundstück nach Aufhebung des Konkurses etwa erworben hätte, auf dessen Herausgabe zur Nachverteilung in Anspruch genommen werden sollte."

RGZ. 32, 84

Befreit der Konkursverwalter durch Zahlung der Konkursdividende auf Wechselakzepte des Gemeinschuldners die Konkursmasse auch von den Ansprüchen des Trassanten der Wechsel, welcher vertragsgemäß die Deckung der Akzepte dem Gemeinschuldner vor dem Verfalle eingesandt hatte?

Treten andere Rechtsgrundsätze ein, wenn der Einsender der Deckung den Inhabern der Wechsel nicht wechselmäßig, sondern aus anderem Grunde regreßpflichtig war?

Welchen Einfluß hat auf die Entscheidung dieser Fragen der Umstand, daß zwischen dem zur Einsendung der Deckung Verpflichteten und dem Gemeinschuldner ein Kontokorrentverhältnis bestand?

II. Zivilsenat. Urt. v. 17. November 1893.

I. Landgericht Aachen. II. Oberlandesgericht Köln.

Die Kommanditgesellschaft B. & Co. zu A. stand mit der Klägerin in der Weise in Geschäftsverbindung, daß sie Wechsel, welche die Klägerin oder deren Kunden auf sie zogen, akzeptierte, während von der Klägerin zur Deckung dieser Akzepte Zahlungen an sie geleistet wurden. Ausweislich des von B. & Co. zum 31. Dezember 1890 aufgestellten, der Klägerin mit Schreiben vom 1. Februar 1891 übersandten Rechnungsauszuges war Klägerin mit ihren Zahlungen in Höhe von 43795,70 M. im Vorschusse, während die Kommanditgesellschaft B. & Co. für Klägerin noch nicht fällige Wechsel zum Gesamtbetrage von 71645,50 M. akzeptiert hatte. Demnächst wurde über das Vermögen der Kommanditgesellschaft B. & Co. der Konkurs eröffnet. Zur Zeit dieser Eröffnung hatte sich der von der Klägerin gezahlte Deckungsvorschuß auf 46795,70 M. erhöht, während die von der Gemeinschuldnerin für Klägerin akzeptierten, noch nicht fälligen Tratten insgesamt 63036,50 M. betrugen. Klägerin meldete im Konkursverfahren ein nach dem ihr gewordenen Kontokorrente zustehendes Barguthaben von 46795,70 M. an mit der Maßgabe, daß von diesem Guthaben die Quote abgezogen werden sollte, welche die Konkursmasse auf die noch laufenden, von der Gemeinschuldnerin für Klägerin akzeptierten 63036,50 M. Tratten bezahlen werde. Der Konkursverwalter erhob im Prüfungstermine Widerspruch gegen diese Forderung, worauf die Klägerin gegen die Konkursmasse in der Person des Konkursverwalters Klage mit dem Antrage erhob, festzustellen, daß Klägerin an die beklagte Konkursmasse eine Forderung von 46795,70 M. habe, gegen welche die Beträge, welche Beklagte in der Verteilung im Konkursverfahren auf die Wechsel bezahlen werde, bis zum Belaufe dieser Beträge in Aufrechnung gebracht würden, so daß die Forderung der Klägerin 46795,70 M. weniger der Summe der vorgedachten Beträge ausmache.

Die Beklagte beantragte Abweisung der Klage, indem sie ausführte, daß Klägerin sich auf die von ihr angemeldete Forderung nicht nur den im Konkurse zur Auszahlung gelangenden, sondern den vollen Betrag der für sie von der Gemeinschuldnerin akzeptierten, im Konkurse seitens der Inhaber angemeldeten und auch festgestellten Wechsel aufrechnen lassen müsse, wonach die Masse nicht Schuldnerin, sondern Gläubigerin der Klägerin sei.

Das Landgericht erkannte nach dem Klagantrage, indem es annahm, daß zwischen der Klägerin und der Firma B. & Co. ein Kontokorrentverhältnis bestanden, und letztere die Saldoforderung der Klägerin anerkannt habe, welches Anerkenntnis durch die Klage angenommen worden sei. Gegen diese selbständige Forderung der Klägerin könne die Beklagte nur dasjenige zur Aufrechnung bringen, was sie an die Inhaber der Akzepte zahle.

Auf die von der Beklagten eingelegte Berufung stellte das Oberlandesgericht die Forderung der Klägerin gegen die beklagte Konkursmasse auf 46795,70 M. mit der Maßgabe fest, daß von der auf diese Forderung fallenden Dividende diejenigen Zahlungen in Abzug zu bringen seien, welche von der beklagten Konkursmasse auf die im entscheidenden Teile des erstinstanzlichen Urteiles einzeln aufgeführten Wechsel geleistet werden.

Setze man auch voraus, — so wird in den Entscheidungsgründen des Berufungsurteiles ausgeführt, — daß zwischen der Klägerin und der Gemeinschuldnerin ein Kontokorrentverhältnis bestanden habe, so stehe dem Saldoguthaben der Klägerin von 46795,70 M. doch die Verpflichtung gegenüber, für die in Umlauf befindlichen Akzepte der Gemeinschuldnerin dieser Deckung einzusenden, das Guthaben könne also nur nach Einlösung der Wechsel und gegen Rückgabe derselben gefordert werden. Wenn nun die Beklagte durch Zahlung der Konkursdividende die Akzepte einlöse, so werde sie dadurch nicht bloß von ihrer Wechselschuld, sondern auch von dem Anspruche frei, den die Klägerin wegen der von den Wechselinhabern gegen sie als Trassantin erhobenen Ansprüche an sich geltend machen könnte. Demnach sei die klägerische Konkursforderung nur festzustellen auf den Saldo von 46795,70 M. abzüglich der im entscheidenden Teile des erstinstanzlichen Urteiles aufgeführten Wechselbeträge, soweit auch diese als Konkursforderungen festgestellt werden; dies lasse sich einfacher in der Weise ausdrücken, daß die Klägerin sich von der auf ihre Forderung von 46795,70 M. fallenden Dividende die auf die gedachten Wechsel zur Auszahlung gelangende Dividende abziehen lassen müsse. — Aus den das Kontokorrentverhältnis beherrschenden Rechtsgrundsätzen folge eine Abweichung von diesem auf dem Konkursrechte beruhenden Ergebnisse nicht; der Ausführung der Klägerin aber, daß die Bedingung defiziert sei, unter welcher der Trattenvortrag im neuen Kontokorrente Aufnahme gefunden habe, stehe entgegen, daß im Verhältnisse der Klägerin zur Konkursmasse die konkursmäßige Tilgung der *Wechselschuld als volle Tilgung* anzusehen, die Bedingung also eingetreten sei.

Die Revision der Klägerin wurde zurückgewiesen.

Aus den Gründen:

„Die Revision konnte keinen Erfolg haben.

Indem das Oberlandesgericht im entscheidenden Teile seines Urteiles die Forderung der Klägerin gegen die beklagte Konkursmasse auf den Betrag von 46795,70 M. mit der Maßgabe feststellt, daß von der auf diese Forderung fallenden Dividende diejenigen Zahlungen in Abzug gebracht werden sollen, welche von der Beklagten auf die näher bezeichneten Wechsel geleistet werden, will es, wie in den Urteilsgründen mehreren Ortes klar gestellt wird, zum Ausdrucke bringen, daß die Klägerin als Konkursgläubigerin nur mit demjenigen Betrage zugelassen werden soll, um welchen ihre Saldoforderung von 46795,70 M. den Betrag der als Konkursforderungen zugelassenen Wechselakzepte übersteigt, daß also die Klägerin überhaupt nicht zuzulassen ist, sofern — was übrigens nach der eigenen Behauptung der Klägerin zutrifft — die Summe der angemeldeten und zugelassenen Wechselforderungen über den Betrag von 46795,70 M. hinausgeht; mit anderen Worten: die Beklagte hat als Passivum der Konkursmasse nur den Betrag der Wechselakzepte anzusetzen, es sei denn, daß der Betrag der klägerischen Saldoforderung ein höherer sein sollte, in welchem Falle noch der überschießende Betrag eine Schuld der Konkursmasse an die Klägerin bilden würde. Durch die Begründung des Berufungsurteiles ist sonach einer mißverständlichen Auffassung der Entscheidung in dem Sinne, daß sowohl die Forderungen der Wechselinhaber als die Saldoforderung der Klägerin ihrem vollen Betrage nach als Bestandteile der Schuldenmasse anzusehen seien, vorgebeugt. Die Entscheidung selbst ist vom Berufungsrichter unter Bezugnahme auf die Grundsätze, welche dem Urteile der vereinigten Zivilsenate des Reichsgerichtes vom 15. Februar 1886 (Entsch. des RG.s in Zivils.

Bd. 14 S. 172flg.) zugrunde liegen, gerechtfertigt worden, und hierin kann ein Rechtsirrtum nicht gefunden werden.

Die Klägerin war nach dem mit B. & Co. getroffenen Übereinkommen verpflichtet, die Deckung für die von ihr selbst oder für ihre Rechnung an Dritte begebenen B.schen Akzepte vor dem Verfalle der letzteren an die Akzeptantin einzusenden, wogegen diese der Klägerin gegenüber zur Einlösung der Akzepte verbunden war. Für B. & Co. bestand sonach neben der wechselmäßigen Verpflichtung gegenüber den Inhabern der Akzepte auch eine Schuldverbindlichkeit gegenüber der Klägerin. Das der letzteren Verbindlichkeit gegenüberstehende Forderungsrecht hatte den Anspruch zum Gegenstande, durch Einlösung der Akzepte von eventuellen Ansprüchen der Wechselinhaber, denen die Wechsel von der Klägerin durch Indossament übertragen oder als Zahlungsmittel gegeben waren, befreit zu werden, und verwandelte sich in den Anspruch auf Rückzahlung der eingesandten Deckung, wenn und soweit B. & Co. ihrer Verpflichtung zur Einlösung der Akzepte nicht nachkamen.

Die Forderung auf Rückzahlung war sonach bei Einsendung der Deckung nur eine bedingte, abhängig vom Eintritte der Tatsache, daß B. & Co. ihrer wechselmäßigen Verpflichtung nicht nachkamen. Die letztgedachte Firma stand also zwar in zwiefachem Schuldverhältnisse, hatte aber nach dem Inhalte dieser Verbindlichkeiten die geschuldete Summe nur einmal zu leisten, entweder an die Wechselinhaber oder, falls diese im Falle der Nichteinlösung der Akzepte sich bei der Klägerin erholten, und diese Deckung eingesandt hatte, an die Klägerin; nur für den Fall, daß letztere einen die Wechselbeträge übersteigenden Deckungsvorschuß eingesandt hätte, wäre für sie auf den Überschuß ein besonderer Rückforderungsanspruch erwachsen. Hatte aber die Kommanditgesellschaft B. & Co. den Betrag der Akzepte nur einmal zu leisten, so hat auch ihre Konkursmasse für diesen Betrag nur einmal Dividende zu zahlen; die Zahlung der vollen Dividende ist also für die Konkursmasse der vollen Zahlung gleichzuachten und bewirkt Defizienz der Bedingung, von welcher das Entstehen eines Rückforderungsrechtes für die Klägerin abhängig war. Diese Gleichstellung der Dividendenzahlung mit der vollen Zahlung ist, wie in der gedachten Plenarentscheidung des Reichsgerichtes näher ausgeführt wird, in dem Wesen des Konkursrechtes begründet; denn es würde mit dem Zwecke des Konkursverfahrens, allen nicht bevorrechteten Konkursgläubigern gleichheitliche Befriedigung zu verschaffen, in Widerspruch stehen, wenn für eine Schuld, welche außerhalb des Konkurses nur einmal zu zahlen ist, doppelte Dividende gewährt werden müßte.

Wenn seitens der Revisionsklägerin darauf hingewiesen wird, daß der Plenarentscheidung ein anderer Fall zugrunde liege, so ist dies zwar richtig, da es sich dort um die sogenannte Revalierungsklage des

Akzeptanten gegen die bereits von den Wechselinhabern im Wechselregresse in Anspruch genommene Konkursmasse des Trassanten handelte; allein die Rechtslage der in beiden Fällen in Anspruch genommenen Konkursmassen ist — worauf es allein ankommt — insofern die gleiche, als in beiden Fällen es sich um eine Schuld des Gemeinschuldners handelt, welche für diesen gar nicht entstand, wenn er den Hauptgläubiger befriedigte, und als in beiden Fällen vorausgesetzt ist, daß von den Konkursmassen dem Hauptgläubiger volle Dividende gewährt ist, bzw. gewährt werden wird.

Ohne Bedeutung für die Anwendung der entwickelten Grundsätze ist weiter auch der von der Revision hervorgehobene Umstand, daß die Annahme des Berufungsrichters, als gründe sich die Regreßpflichtigkeit der Klägerin gegenüber den Wechselinhabern auf ihre Eigenschaft als Trassantin, mit dem festgestellten Tatbestande nicht in Einklang stehe, wonach B. & Co. Wechsel akzeptierten, welche die Klägerin „oder deren Kinder" auf sie zogen. Denn nicht darauf kommt es zur Anwendung der Grundsätze der Plenarentscheidung an, daß B. & Co. und die Klägerin Mitschuldner aus demselben Rechtsgeschäfte sind — auch der Bürge und der Hauptschuldner haften dem Gläubiger aus verschiedenen Rechtsgeschäften —, sondern lediglich darauf, daß für die Klägerin ein Anspruch auf Zahlung gegen die Kommanditgesellschaft B. & Co. erst durch Nichterfüllung der der letzteren aus den Akzepten erwachsenen Verbindlichkeit entstand. Daß aber die Klägerin im Falle der Nichteinlösung der Akzepte auch denjenigen Inhabern ersatzpflichtig wurde, die nicht die Eigenschaft von Indossataren hatten, kann die Revisionsklägerin nicht in Abrede stellen wollen, da sie damit ihrer Klage den Grund entziehen würde.

Weiter ist zu prüfen, ob an der rechtlichen Beurteilung der Sache dadurch etwas geändert wird, daß zwischen der Klägerin und B. & Co. ein Kontokorrentverhältnis bestand, welches sich gerade auf die in Rede stehenden Kreditgeschäfte bezog. Die Revisionsklägerin entnimmt aus dem Bestehen eines solchen Verhältnisses einen Angriff gegen das Berufungsurteil, indem sie darzulegen versucht, daß sie nach § 47 KO. befugt sei, „auf ihr Kontokorrentguthaben die zur Zeit der Konkurseröffnung noch bedingte und betagte Gegenforderung der Masse, soweit sie nach der Konkurseröffnung durch Zahlung von Konkursdividende auf die streitigen Objekte entstehe, auf den Zeitpunkt vor der Konkurseröffnung zurückzubeziehen und so aufzurechnen, als ob die Gemeinschuldnerin den gleichen Betrag in diesem Zeitpunkte auf die Wechsel gezahlt hätte".

Auch dieser Angriff ist verfehlt. Derselbe beruht auf der Anschauung, daß der Saldoposten von 43795,70 M., mit welchem das Kontokorrent am 31. Dezember 1890 zugunsten der Klägerin abschloß, vermehrt um später von der Klägerin zur Deckung eingesandte

3000 M., eine selbständige und unbedingte Forderung der Klägerin darstelle. Daß etwa eine ausdrückliche Abrede zwischen der Klägerin und B. & Co. dahin getroffen worden sei, daß die von der Klägerin eingesandten Deckungen als unbedingte Forderungen derselben behandelt werden sollten, ist von der Klägerin niemals behauptet worden; der Berufungsrichter konnte deshalb nur prüfen, ob aus der Natur des Kontokorrentverhältnisses sich eine solche Folgerung ergebe. Er verneint dies mit Recht. Der Kontokorrentvertrag bezweckt weder, noch bewirkt er eine Änderung in der juristischen Eigentümlichkeit der Rechtsverhältnisse, auf welche sich seine Wirksamkeit erstreckt, sondern betrifft nur die Art und Weise, wie die einzelnen entstehenden Forderungen und Gegenforderungen getilgt werden sollen. Eine Änderung in dem rechtlichen Charakter der einzelnen Forderungen wird auch nicht durch die von der *einen* Seite vorgenommene Art der Buchung oder Saldoziehung bewirkt; von Einfluß in dieser Beziehung ist erst das dazu kommende Anerkenntnis von der anderen Seite und der Vortrag des anerkannten Saldos in dem mit gegenseitiger Übereinstimmung fortgesetzten Kontokorrent. Wenn nun im vorliegenden Falle die Kommanditgesellschaft B. & Co. der Klägerin den Rechnungsauszug für 1890 mit einem Schreiben folgenden Inhaltes übersandte:

> „Beifolgend übersenden wir Ihnen den Auszug Ihrer Rechnung, abgeschlossen am 31. Dezember 1890, deren Saldo
> 43795,70 M. Valuta 31. Dezember zu Ihren Gunsten,
> 71645,50 M. desgl. Trattenvortrag
> zu unseren Gunsten Sie unter gefälliger Anzeige gleichlautend mit uns vorzutragen belieben“,

und wenn die Klägerin ausdrücklich oder stillschweigend hiermit sich einverstanden erklärte, so kommt hierin die Auffassung der Parteien, daß an dem Wesen der zwischen ihnen bestehenden rechtlichen Beziehungen nichts geändert sein soll, deutlich zum Ausdrucke. Daß der im neuen Konto vorgetragene Aktivsaldo der Klägerin nicht eine unbedingte Forderung derselben, der Trattenvortrag nicht eine solche von B. & Co. bedeuten kann, ergibt sich klar daraus, daß die beiden Posten eben nicht voneinander abgezogen sind, in welchem Falle sich ein Passivsaldo der Klägerin von 27849,80 M. ergeben würde. Vielmehr kann die Wiedervortragung der beim Jahresabschlusse der Klägerin kreditierten 71645,50 M. im Debet der Klägerin nur die Bedeutung haben, für den Willen, daß das klägerische Saldoguthaben keine unbedingte Forderung, sondern von der Bedingung der Nichteinlösung eines mindestens gleichen Betrages der Akzepte durch B. & Co. abhängig sein sollte, den buchmäßigen Ausdruck zu finden. Auch unter der Voraussetzung also, daß zwischen der Klägerin und der Gemeinschuldnerin ein Kontokorrentverhältnis bestand, wird dadurch, daß die Konkursmasse den Wechselinhabern die volle Konkursdividende zahlt, die Entstehung eines Anspruches der Klägerin gegen die Konkursmasse auf Zahlung verhütet, und es kann von Aufrechnung einer bedingten Forderung der Gemeinschuldnerin gegen eine unbedingte Forderung der Klägerin nicht die Rede sein." ...

RGZ. 36, 20

Zur Auslegung des § 153 (166 n. F.) Abs. 2 KO. Voraussetzung der nachträglichen Ermittelung von Vermögensstücken.

I. Zivilsenat. Urt. v. 2. November 1895.

I. Landgericht I Berlin. II. Kammergericht daselbst.

Über das Vermögen des Kaufmannes C. R. in B. ist im Juni 1893 der Konkurs eröffnet. R. war damals Mitglied der Eingetragenen Genossenschaft mit unbeschränkter Haftpflicht „Genossenschaftsbank des Stralauer Stadtviertels zu B." und hatte als Geschäftsanteil 1800 M. eingezahlt. In der von dem jetzigen Kläger im Konkurse aufgestellten Bilanz ist dieser Betrag als Aktivum aufgeführt. Der Konkurs ist durch Schlußverteilung beendet und die Aufhebung des Konkursverfahrens beschlossen worden, nachdem im Schlußtermine von den Gläubigern niemand erschienen und die Schlußrechnung unbeanstandet geblieben war. In der Schlußrechnung sind die 1800 M. Geschäftsanteil unter den Außenständen als Soll mit dem Bemerken unter „Ist" eingetragen: „vacat, hat höhere Gegenforderungen."

Nach Aufhebung des Konkurses hat C. R. auf Grund des Statutes der Genossenschaft seine Mitgliedschaft zu Ende des Geschäftsjahres 1894 gekündigt und demnächst sein Guthaben von 1800 M. an seinen Bruder und früheren Prokuristen H. R. zediert. Dieser hat die Forderung an den Kaufmann O., den Beklagten, weiter zediert. O. hat gegen die Genossenschaftsbank auf Zahlung der 1800 M. zu dem statutenmäßigen Fälligkeitstage geklagt.

Der Kläger ist als früherer Verwalter des C. R.schen Konkurses auf Grund des § 153 Abs. 2 KO. gegen den Zessionar und die Genossenschaftsbank auf Anerkennung, daß das Guthaben von 1800 M. zur Konkursmasse gehöre, und auf Zahlung desselben an ihn beziehentlich Einwilligung in die Auszahlung an ihn klagbar geworden.

Die beklagte Genossenschaftsbank ist in der Verhandlung nicht erschienen. Der Beklagte O. hat Abweisung der Klage beantragt. Er bestreitet, daß der Kläger ohne Anordnung des Konkursgerichtes zur Klage legitimiert sei, und macht geltend, daß das Guthaben zur Konkursmasse nicht gehört habe, weil es vor Kündigung der Mitgliedschaft nicht entstanden sei, daß es jedenfalls nicht mehr zur Konkursmasse gehöre, nachdem es zediert sei, und daß der Fall des § 153

Abs. 2 KO. nicht vorliege, weil das Guthaben nicht nachträglich ermittelt, sondern dem Kläger als Verwalter bekannt gewesen, vor Aufhebung des Konkurses auch dem Kridar ausdrücklich überlassen sei.

Der erste Richter hat nach dem Klagantrage erkannt, auf die Berufung des Beklagten aber hat der Berufungsrichter den Kläger abgewiesen.

Auf die Revision des Klägers ist das Berufungsurteil aufgehoben und die Sache an das Berufungsgericht zurückverwiesen worden aus folgenden

Gründen:

„Die Legitimation des Klägers zu der Klage ist vom Berufungsrichter mit Recht angenommen und wird auch nicht mehr in Zweifel gezogen. Der Berufungsrichter weist die Klage ab, weil die Forderung des C. R. gegen die Genossenschaftsbank nicht erst nach der Schlußverteilung oder der Aufhebung des Verfahrens als zur Konkursmasse gehöriges Vermögensstück ermittelt sei. Dem kann nicht beigetreten werden.

Darüber können rechtliche Bedenken nicht bestehen, daß die Rechte des C. R. gegen die Genossenschaftsbank aus der Einzahlung seines Geschäftsanteiles und aus seiner Mitgliedschaft zu seinem Vermögen und zu seiner Konkursmasse gehörten, obwohl er nach dem Gesetze und nach den Statuten der Genossenschaft die Auszahlung seines Geschäftsguthabens erst nach seinem Ausscheiden, auf Grund der Bilanz zur Zeit dieses Ausscheidens, und erst sechs Monate nach dem Ausscheiden zu fordern hatte, und das Ausscheiden die Kündigung voraussetzte, die während des Konkurses unstreitig nicht erfolgt ist. Denn zum Vermögen und zur Konkursmasse gehören auch eventuelle, bedingte, noch nicht fällige Vermögensrechte. Daß der Geschäftsanteil des R. zur Zeit der Konkurseröffnung aufgezehrt war oder während des Konkursverfahrens aufgezehrt ist, und daß das Geschäftsguthaben, das ihm jetzt unstreitig zusteht, erst durch den Gang der Geschäfte nach der Eröffnung oder Beendigung des Konkursverfahrens erworben ist, ist von keiner Seite behauptet; vielmehr besteht, soweit ersichtlich, Einverständnis zwischen den Parteien darüber, daß dem R. das jetzt eingeklagte Geschäftsguthaben schon im Konkursverfahren zustand. R. hat das Guthaben zwar unstreitig nach Aufhebung des Konkursverfahrens an H. R. und dieser es weiter an den Beklagten O. zediert. Damit würde das Guthaben aus dem Vermögen des R. ausgeschieden sein, wenn die Zession zur Eigentumsübertragung erfolgt wäre. Der Zession stand weder der § 48 der Statuten der Genossenschaftsbank noch der § 153 Abs. 2 KO. entgegen. Wie die im § 5 KO. bestimmte Folge der Eröffnung des Konkursverfahrens, so tritt auch die Wirkung der Aufhebung des Verfahrens von Rechts wegen ein. Der frühere Gemeinschuldner erlangt das mit der Eröffnung des Konkursverfahrens verlorene Verwaltungs- und Verfügungsrecht über das zur Konkursmasse gehörige Vermögen wieder. Das Gesetz behält dem früheren Verwalter nur die nachträgliche Verteilung von solchen zur früheren Konkursmasse gehörigen Vermögensstücken vor, die nach der Aufhebung des Verfahrens ermittelt werden. Das setzt voraus, daß sie zur Konkursmasse gehört haben und noch zur Konkursmasse gehören würden, wenn der Konkurs nicht aufgehoben wäre. Hat der frühere Gemeinschuldner durch Rechtsakt über sie verfügt, bevor der Verwalter sie zur nachträglichen Verteilung zieht, so liegt ein zur Konkursmasse gehöriges Vermögensstück nicht mehr vor, und die nachträgliche Verteilung ist regelmäßig, von besonderen Umständen abgesehen, ausgeschlossen.

Vgl. Entsch. des RG.s in Zivils. Bd. 25 S. 7; Striethorst, Archiv Bd. 97 S. 195; Entsch. des ROHG.s Bd. 10 S. 419, 423.

Der Kläger hat aber schon in erster Instanz behauptet und unter Beweis gestellt, daß das streitige Geschäftsguthaben von C. R. dem H. R. und von diesem dem Beklagten O. in Wahrheit nicht zum Eigentume, sondern ohne Valuta nur zur Einkassierung zediert sei. Ist dies richtig, so gehört das Geschäftsguthaben rechtlich noch zum Vermögen das C. R. und kann zur nachträglichen Verteilung gezogen werden, wenn es als nach der Schlußverteilung und nach der Aufhebung des Verfahrens ermitteltes Vermögensstück zu gelten hat. Das Berufungsurteil verneint dies ohne zureichenden Grund. Denn nach der Feststellung des Berufungsrichters ist klar, daß bei der Schlußverteilung davon ausgegangen ist, dem Gemeinschuldner stehe ein Anspruch gegen die Genossenschaftsbank aus seiner Mitgliedschaft und der Einlage seines Geschäftsanteiles von 1800 M. nicht zu. In der Schlußrechnung heißt es ausdrücklich „Soll: 1800 M. Ist: vacat, hat höhere Gegenforderung". Dies beruhte, wie sich nachträglich herausgestellt hat und nicht mehr streitig ist, auf einem Irrtume, und insofern liegt die Sache materiell nicht anders als der in dem Urteile des Reichsgerichtes vom 6. November 1889,

vgl. Entsch. des RG.s in Zivils. Bd. 25 S. 7,

entschiedene Fall, wo ein zur Konkursmasse gehöriges Grundstück unverkauft geblieben war, weil die Beteiligten irrtümlich angenommen hatten, daß es zu dem verkauften Rittergute des Gemeinschuldners gehöre. Bei solchem Irrtume konnte weder dort noch kann hier die Rede davon sein, daß auf die Verwertung des in Wahrheit nicht bekannten Vermögensstückes verzichtet und dasselbe dem Gemeinschuldner überlassen ist. Die Aufdeckung des Irrtumes steht vielmehr der nachträglichen Ermittelung des Vermögensstückes völlig gleich. Ob der Irrtum des Verwalters und der Gläubiger, die gegen die Schlußrechnung nichts erinnerten, gegründeten Anlaß hatte oder nicht, das heißt unentschuldbar oder mehr oder weniger entschuldbar war, ist rechtlich ganz bedeutungslos."...

RGZ. 87, 151

Haftet der Konkursverwalter, der die Forderung eines Konkursgläubigers in das Schlußverzeichnis aufzunehmen schuldhaft unterlassen hat, diesem auf Schadensersatz, obwohl der Gläubiger im Schlußtermin Einwendungen gegen das Schlußverzeichnis nicht erhoben hat?

KO. §§ 82, 86, 151 flg., 162.

VI. Zivilsenat. Urt. v. 27. September 1915.

I. Landgericht Düsseldorf. II. Oberlandesgericht daselbst.

Die Klägerin hatte in dem Konkurse der Sparfeuerungsgesellschaft G. m. b. H. in D. eine Forderung von 64530,10 M. angemeldet. Verwalter des Konkurses war der Beklagte. Nach der Konkurstabelle wurde die Forderung als vom Konkursverwalter vorläufig bestritten bezeichnet, nach einem Vermerk vom 31. Mai 1912 in Spalte 10 wurde ihr Stimmrecht gewährt. Die Klägerin behauptet, daß der Beklagte in den Terminen vom 31. Mai und 21. Juni 1912 vor dem Konkursgericht die Forderung überhaupt anerkannt habe. Sie wurde aber beim Abschlusse des Konkursverfahrens in das Schlußverzeichnis nicht aufgenommen und deshalb auch bei der Schlußverteilung nicht berücksichtigt.

Die Klägerin erhebt nun gegen den Beklagten Klage auf Schadensersatz wegen schuldhafter Unterlassung der Eintragung ihrer Forderung in das Schlußverzeichnis; sie fordert Zahlung der Dividende, die bei ordnungsmäßiger Berücksichtigung auf ihre Forderung entfallen sein würde.

Das Landgericht hat die Klage abgewiesen; die Berufung der Klägerin wurde zurückgewiesen. Auf die Revision der Klägerin wurde das Urteil des Oberlandesgerichts aufgehoben und die Sache an das Berufungsgericht zurückverwiesen aus folgenden

Gründen:

„Die Gerichte beider Vorinstanzen haben die Klage abgewiesen, weil die Klägerin Einwendungen gegen das Schlußverzeichnis im Schlußtermine des Konkurses nicht erhoben und dadurch nicht nur den Anspruch auf Berücksichtigung ihrer Forderung bei der Schlußverteilung gegen die Konkursmasse, sondern auch einen etwaigen Ersatzanspruch gegen den Konkursverwalter verloren habe. Die gegen diese Annahme und gegen die darauf gestützte Entscheidung des Berufungsgerichts erhobene Revisionsbeschwerde erschien begründet.

Das Berufungsgericht geht zutreffend davon aus, daß die Entscheidung auf die Klage davon abhängt, ob die Bestimmung des § 86 KO., wonach die Schlußrechnung des Konkursverwalters als anerkannt gilt, wenn dagegen in der dazu bestimmten Gläubigerversammlung Einwendungen nicht erhoben werden, auch auf das von dem Verwalter aufzustellende Schlußverzeichnis (§ 162 KO.) Anwendung findet. Das Berufungsgericht bejaht diese Frage. Darin kann ihm indessen nicht beigetreten werden.

Nach § 82 KO. ist der Konkursverwalter grundsätzlich für die Erfüllung der ihm obliegenden Pflichten allen Beteiligten verantwortlich; bei schuldhafter Nichterfüllung dieser Pflichten ist er deshalb den Beteiligten, zu denen in erster Linie die Konkursgläubiger zählen, schadensersatzpflichtig (RGZ. Bd. 39 S. 94; Jur. Wochenschr. 1896 S. 34 Nr. 23, 1900 S. 73 Nr. 8, 1911 S. 60 Nr. 63; Warneyer Rechtspr. 1915 Nr. 65). Zu den Pflichten des Verwalters gehört die Aufstellung der Schlußrechnung (§§ 86, 162 KO.) und ebenso diejenige des Schlußverzeichnisses (§§ 151—158, 162 KO.). Für die Schlußrechnung, worin die Rechenschaftsablegung des Konkursverwalters bei der Beendigung seines Amtes enthalten ist, sei es, daß sie während des Konkurses infolge der Ernennung eines anderen Verwalters, sei es daß sie am Ende des Konkurses aus Anlaß seiner Einstellung oder Aufhebung geschieht, gibt § 86 KO. eine Sondervorschrift, die der Haftung des Konkursverwalters aus Fehlern der Rechnung eine Grenze setzt. Soweit gegen die Schlußrechnung in dem dafür anberaumten Termine nicht von den Beteiligten (dem Gemeinschuldner, den Konkursgläubigern und dem nachfolgenden Verwalter) Einwendungen erhoben werden, „gilt die Rechnung als anerkannt". Damit ist dann der Konkursverwalter den Beteiligten gegenüber entlastet; die Bestimmung bezweckt „die Abgrenzung der aus seiner Geschäftsführung geltend zu machenden Ansprüche" (Mot. z. KO. Bd. 2 S. 308). Auch wenn ihn ein Verschulden trifft, ist er infolge der Anerkennung der Rechnung von der Haftung gegenüber den Beteiligten gemäß § 82 KO. befreit, selbstverständlich nicht von einer solchen aus vorsätzlich begangener unerlaubter Handlung gemäß §§ 823, 826 BGB. Die Sondervorschrift des § 86 KO. bildet den Schluß der Bestimmungen der Konkursordnung, die die Stellung des Konkursverwalters regeln (§§ 78 bis 86). Die Anerkennung der Schlußrechnung bedeutet sein Ausscheiden aus den Verpflichtungen, die das Amt auf ihn übertrug; sie hat nicht lediglich Bedeutung für das Konkursverfahren, sondern sie bewirkt eine endgültige Befreiung des Verwalters von allen aus der Amtsführung gegen ihn entstandenen Ansprüchen der Beteiligten insoweit, als die Rechenschaftsablegung seine Verwaltungstätigkeit dargelegt und darzulegen bestimmt ist (vgl. Jaeger, Konkursordnung 3./4. Aufl. Anm. III 1 und 3 zu § 86). Die Vorschrift des § 86 KO. hat es somit lediglich mit der Person des Konkursverwalters zu tun. Die Schlußrechnung beendet seine Verwaltungstätigkeit und ihre Anerkennung beendet seine Verpflichtungen daraus; sie bewirkt im Rahmen der Schlußrechnung seine persönliche Entlastung von allen gegen ihn zu erhebenden Ansprüchen. Die Ansprüche erlöschen.

Von dem Schlußverzeichnis handelt die Konkursordnung im Abschnitt über die Verteilung der Konkursmasse (§ 162), wo auch der Schlußrechnung nochmals gedacht wird. Zur Abnahme der Schlußrechnung, zur Erhebung von Einwendungen gegen das Schlußverzeichnis und zur Beschlußfassung der Gläubiger über die nicht verwertbaren Vermögenstücke wird ein Schlußtermin bestimmt. Die im Schlußverzeichnis übergangenen Gläubiger gehen, wenn sie Einwendungen in diesem Termine nicht erheben, gemäß § 162 Abs. 2, § 158 Abs. 2 KO. ihrer Rechte gegenüber der Konkursmasse verlustig; darin erschöpft sich aber die Wirkung der Nichterhebung eines Widerspruchs. Die Ansprüche selbst bleiben gegenüber dem Gemeinschuldner erhalten; die Bedeutung einer Anerkennung der Richtigkeit des Schlußverzeichnisses hat die Nichterhebung von Einwendungen nicht. Dem Berufungsgericht ist zwar darin zuzustimmen, daß die Schlußrechnung und das Schlußverzeichnis zusammen die endgültige und unumstößliche Grundlage für die Schlußverteilung bilden: die Schlußrechnung stellt endgültig die Verteilungsmasse fest, das Schlußverzeichnis ebenso für den Konkurs endgültig die Forderungen der Konkursgläubiger, die an der Schlußverteilung teilnehmen. Im übrigen gehen aber ihre Zwecke auseinander, und das Schlußverzeichnis kann nicht als Anlage und als Bestandteil der Schlußrechnung angesehen werden. Das Schlußverzeichnis hat nur Bedeutung und Wirkung im Konkursverfahren; die Schlußrechnung hat außerdem auch die in § 86 KO. ausgesprochene materiellrechtliche Bestimmung, die Abrechnung mit dem Konkursverwalter herbeizuführen und ihn für die Zukunft von der Verantwortung aus seiner Verwaltung zu entlasten.

Es ist nicht zu verkennen, daß für den Konkursverwalter in seiner Tätigkeit bei Aufstellung der Schlußrechnung und des Schlußverzeichnisses eine gewisse Gleichheit der Rechtslage besteht. Die fehlerhafte Aufstellung stellt hier wie da, wenn sie auf Verschulden beruht, eine Pflichtverletzung dar, die ihn den Beteiligten verantwortlich und, sofern sie dadurch geschädigt werden, schadensersatzpflichtig macht. Es würde deshalb eine gleichartige Behandlung beider Verfehlungen im Gesetze gewiß angängig und verständlich gewesen sein. Allein der Gesetzgeber ist sich der inhaltlichen Verschiedenheit der Schlußrechnung und des Schlußverzeichnisses, wie die Behandlung in dem Gesetze ergibt, wohl bewußt gewesen; er hat jedoch an der Stelle des Gesetzes, wo es sich um das Verhältnis des Konkursverwalters zu den übrigen Konkursbeteiligten, um seine Rechte und Pflichten und um die Entlastung von seiner Verantwortung handelt, des Schlußverzeichnisses nicht gedacht. Eine Ausdehnung der Sondervorschrift für die Schlußrechnung im § 86 KO. auf das Schlußverzeichnis erscheint daher nicht angängig, vielmehr muß der Grundsatz des § 82 Platz greifen.

Das Urteil des Berufungsgerichts war deshalb aufzuheben, weil es auf der rechtlichen Annahme beruht, der Konkursverwalter sei infolge der Nichterhebung von Einwendungen gegen das Schlußverzeichnis auch für die darin enthaltenen Fehler nicht verantwortlich. Der Beklagte hat gegenüber dem wider ihn erhobenen Schadensersatzanspruch ein mitwirkendes, eigenes Verschulden der Klägerin bei der Verursachung des Schadens geltend gemacht. Ein solches kann darin, daß der übergangene Gläubiger die Einsicht des offengelegten Schlußverzeichnisses und die Geltendmachung seiner Rechte im Schlußtermin unterlassen hat, je nach der Sachlage wohl gefunden werden. Inwiefern ein mitwirkendes Verschulden der Klägerin vorliegt und in Anwendung des § 254 BGB. den Schadensersatzanspruch der Klägerin aufzuheben oder zu mindern geeignet ist, muß der weiteren Prüfung des Berufungsgerichts überlassen bleiben, an das die Sache zur anderweiten Verhandlung und Entscheidung gemäß § 565 Abs. 1 ZPO. zurückzuverweisen war."

RGZ. 112, 297 †

Kann der Gläubiger, der vor der Konkurseröffnung über das Vermögen seines Schuldners gegen diesen ein rechtskräftiges vollstreckbares Urteil erlangt hat, nach Beendigung des Konkursverfahrens, in dem seine Forderung angemeldet und zur Konkurstabelle festgestellt wurde, auf den früher erwirkten Vollstreckungstitel zurückgreifen?

KO. § 164.

II. Zivilsenat. Urt. v. 8. Januar 1926.

I. Landgericht Hamburg, Kammer für Handelssachen.
II. Oberlandesgericht daselbst.

Die Beklagte hatte gegen den Kläger am 6. Mai 1921 im Wechselprozeß ein Urteil auf Zahlung von 115000 dänischen Kronen nebst Zinsen erwirkt. Im Dezember 1921 wurde auf ihr Betreiben das Konkursverfahren über das Vermögen des Klägers eröffnet und in diesem Verfahren von der Beklagten eine Gesamtforderung von 1438544,90 dänischen Kronen angemeldet, in welcher jene Wechselforderung von 115000 Kronen enthalten war. Auf Aufforderung des Konkursgerichts, die angemeldete Forderung gemäß § 69 KO. in deutsche Reichswährung umzurechnen, erwiderte der Vertreter der Beklagten, diese habe dänische Kronen zu verlangen, bezifferte aber trotzdem den Betrag der Forderung nach dem „heutigen Tageskurs" auf 55815542,12 M. Zu diesem Markbetrag wurde die Forderung in die Tabelle eingetragen. Bei Erörterung der Forderung im Prüfungstermin, in dem die Beklagte durch ihren Anwalt vertreten war, wurde sie vom Verwalter zunächst bestritten, der Widerspruch in Höhe von 49253259 M. (Gesamtbetrag der Forderung abzüglich eines in Händen der Beklagten befindlichen Markdepots von 6600000 M.) am 22. August 1923 jedoch zurückgezogen, nachdem der Kläger zur vollen Befriedigung der angemeldeten Konkursgläubiger einen Betrag von 70000000 M. in die Masse eingeschossen hatte. Während die übrigen Konkursgläubiger vorbehaltlos quittierten, behielt sich der Vertreter der Beklagten den Anspruch auf Ersatz der Geldentwertung vor und zog unter Rückzahlung des erhaltenen Betrags die Anmeldung zurück. Am 16. Februar 1924 wurde das Konkursverfahren gemäß § 202 KO. eingestellt.

Nachdem die Beklagte im April 1924 dem Gerichtsvollzieher einen Zwangsvollstreckungsauftrag zur Beitreibung der 115000 Kronen auf Grund des Urteils vom 6. Mai 1921 erteilt hatte, erhob der Kläger Klage auf Unzulässigkeit der Zwangsvollstreckung aus diesem Urteil, weil durch die Feststellung der Forderung im Konkursverfahren der frühere Vollstreckungstitel unwirksam geworden sei. Die Beklagte bestritt, daß von ihrer Seite eine Anmeldung in Papiermark erfolgt und die Feststellung zur Konkurstabelle rechtswirksam erfolgt sei; jedenfalls aber schließe diese Feststellung ebensowenig wie die spätere Zahlung das Zurückgreifen auf die ursprüngliche Kronenforderung aus.

Das Landgericht wies die Klage ab. Die Berufung des Klägers war erfolglos. Auf die Revision des Klägers gab das Reichsgericht der Klage statt.

Gründe:

Das Berufungsgericht hat ohne Rechtsirrtum angenommen, daß die Beklagte sich mit ihrer Wechselforderung von 115000 dänischen Kronen an dem Konkursverfahren über das Vermögen des Klägers beteiligt hat, indem sie diese Forderung zusammen mit anderen Forderungen in Kronen zur Tabelle anmeldete, es dann aber ohne Widerspruch geschehen ließ, daß die in Markwährung in die Tabelle aufgenommene Forderung in dieser Form im Prüfungstermin erörtert wurde. Mit Recht wird aus diesem Verhalten der Beklagten gefolgert, daß sie mit der Geltendmachung ihrer Forderung als einer umgewandelten Markforderung einverstanden war und daß deshalb die Eintragung in die Konkurstabelle nach Rücknahme des allein vom Konkursverwalter erhobenen Widerspruchs nach § 144 Abs. 1 KO. als Feststellung der Forderung galt und nach § 145 Abs. 2, § 164 Abs. 2 das. die Wirkung eines rechtskräftigen Urteils auch gegenüber dem Kläger als Gemeinschuldner hatte. Diese Rechtskraftwirkung kann durch eine nach der Feststellung erfolgte Zurücknahme der Anmeldung nicht mehr in Frage gestellt werden. Das Oberlandesgericht geht weiter in Übereinstimmung mit der herrschenden Auffassung davon aus, daß die auf Grund des § 69 KO. durch die Geltendmachung der Forderung im Konkursverfahren eingetretenen Veränderungen der Forderung sowohl dem Gläubiger wie dem Schuldner gegenüber dauernd maßgebend bleiben, und zwar auch über den Konkurs hinaus, und daß deshalb ein Zurückgreifen auf die ursprüngliche Forderung und insbesondere auf einen über sie erwirkten Zwangsvollstreckungstitel regelmäßig ausgeschlossen sei. Es will aber von diesen Grundsätzen hier mit Rücksicht auf die besonderen Verhältnisse der Inflationszeit eine Ausnahme machen. Wie ein rechtskräftiges Urteil über den Papiermarkbetrag der Forderung die Geltendmachung der Aufwertung hinsichtlich des ursprünglichen Anspruchs nicht hindere, komme auch der Papiermarkfeststellung im Konkurs nur eine gleiche beschränkte Wirkung zu, so daß ein Zurückgreifen auf den ursprünglichen Forderungsinhalt und auf den vermöge der beschränkten Rechtskraftwirkung nicht gegenstandlos gewordenen Schuldtitel nicht unstatthaft sei. Ebensowenig könne die Zahlung des Papiermarkbetrags ein Erlöschen des ganzen Anspruchs herbeiführen, zumal da die Beklagte sich ihre Rechte auf Aufwertung vorbehalten habe.

Die Revision wendet sich gegen diese Auffassung; sie ist auch rechtlich nicht haltbar. Die Frage, welche Bedeutung die Feststellung und gegebenenfalls die Befriedigung einer im Konkursverfahren geltend gemachten Papiermarkforderung für die Möglichkeit einer späteren Erhebung von Aufwertungsansprüchen hat, ist durchaus verschieden von der hier in Betracht kommenden, in der Hauptsache verfahrensrechtlichen Frage, ob gegenüber der Feststellung einer Forderung zur Konkurstabelle ein Zurückgreifen auf den früheren, vor der Konkurseröffnung erwirkten Vollstreckungstitel zulässig ist.

Die der Eintragung in die Konkurstabelle beigelegte Bedeutung eines rechtskräftigen Urteils, die beim Nichtbestreiten des Gemeinschuldners nach § 164 Abs. 2 KO. auch für das Nachforderungsrecht nach Aufhebung oder Einstellung (§ 206 Abs. 2 KO.) des Konkursverfahrens gilt, führt zu der Schlußfolgerung, daß ein Konkursgläubiger, der am Verfahren teilgenommen hat, seine angemeldete Forderung im Fall ihrer Feststellung später nur in der Gestalt geltend machen kann, die sie durch die Beteiligung am Verfahren gewonnen hat, also mit den auf Grund der §§ 65, 69 und 70 KO. eingetretenen Änderungen, als eine auf einen bestimmten Geldbetrag in Reichswährung gerichtete Forderung. Insbesondere bleiben auch angemeldete Valutaforderungen nur noch zu ihrem festgestellten Schätzungswert in Reichswährung maßgebend. Weder der Gläubiger noch der Schuldner können wieder auf die Forderung in ihrer ursprünglichen Form zurückgreifen (RGZ. Bd. 93 S. 209, 213). Das gilt auch dann, wenn der Gläubiger schon vor der Konkurseröffnung bezüglich der später angemeldeten Forderung ein rechtskräftiges vollstreckbares Urteil erlangt hatte. Durch die konkursmäßige Feststellung wird ein früherer Vollstreckungstitel aufgezehrt und bildet keine geeignete

Grundlage mehr für die Zwangsvollstreckung. Inwiefern der Gedanke der Aufwertung eine Abweichung von dieser der herrschenden Meinung entsprechenden Auffassung rechtfertigen soll, läßt sich nicht einsehen. Die Aufwertung will einen Ausgleich schaffen für die Einwirkung der Geldentwertung auf den Bestand des Schuldverhältnisses: sie führt zu einer Umwandlung der auf eine bestimmte Geldsumme gerichteten Forderung in eine hinsichtlich ihrer Höhe nach Treu und Glauben sich bestimmende Leistung. Ein bloßes Zurückgreifen auf den früheren Schuldtitel würde diesen Gedanken nicht zur Geltung bringen. Es würde in dem hier gegebenen Fall weit über das Ziel hinausschießen und für Valutaforderungen eine ungerechtfertige Begünstigung bedeuten. Gegenüber diesen Gründen kann die allgemeine Erwägung nicht durchschlagen, daß man einem Gläubiger, der schon einmal einen Titel erwirkt hat, nicht zumuten könne, auf der gleichen Grundlage von neuem zu klagen.

Hiernach ist der Beklagten aus verfahrensrechtlichen Gründen das Recht zu versagen, den früheren Vollstreckungstitel wieder zur Beitreibung ihrer Wechselforderung zu benutzen, da er durch den jetzt allein noch wirksamen Tabelleneintrag außer Kraft gesetzt ist. Die Zwangsvollstreckung aus jenem früheren Urteil darf also nicht mehr betrieben werden. Es handelt sich hier um eine Einwendung, welche den durch Urteil festgestellten Anspruch selbst betrifft; denn es wird geltend gemacht, daß der Anspruch in der Art, wie er im Urteil festgestellt war (als Valutaforderung), nicht mehr erhoben werden könne, sondern nur in seiner konkursmäßigen Gestalt in Reichswährung. Die gemäß § 767 ZPO. erhobene Vollstreckungsgegenklage ist deshalb begründet.

. . .

RGZ. 164, 212

1. Über den zeitlichen Anwendungsbereich des § 80 VAG. im Fall eines nach dessen Inkrafttreten (1. April 1931) eröffneten Konkurses über das Vermögen des Rückversicherers.

2. Über den Einfluß der Aufnahme der mit dem Konkursvorrecht ausgestatteten Versicherungsforderungen in die laufende Rechnung des Rückversicherers und der Saldofeststellung auf den Bestand der Konkursvorrechte.

3. Unter welchen Voraussetzungen hat der Abschluß eines Vergleichs zwischen dem Konkursverwalter und der versicherten Versicherungsgesellschaft über die Höhe der von ihr zum Konkurse des Rückversicherers angemeldeten Versicherungsansprüche umschaffende Wirkung mit der Folge, daß das Recht auf vorzugsweise Befriedigung für diese Ansprüche verloren geht?

4. Wie sind bei Teilausschüttungen die vom Konkursverwalter geleisteten Auszahlungen auf die Konkursforderungen eines Gläubigers zu verrechnen, wenn diese Forderungen teilweise bevorrechtigt, aber zur Konkurstabelle ohne Vorrecht festgestellt sind?

VAG. § 80. HGB. § 356. BGB. §§ 366, 779. KO. §§ 158 flg.

VII. Zivilsenat. Urt. v. 11. Juni 1940.

I. Landgericht München I. II. Oberlandesgericht München.

Die Klägerin hatte ihr Wagnis aus Transport-, Haftpflicht-, Kraftfahrzeugkasko- und anderen Versicherungen durch verschiedene Verträge bei der S. Rückversicherungs-Aktiengesellschaft, der jetzigen Gemeinschuldnerin, in der Weise versichert, daß diese die bei jener anfallenden Schäden *anteilig zu tragen hatte. Am 14. Mai 1930* wurde über das Vermögen der S. Rückversicherungs-Aktiengesellschaft das Konkursverfahren eröffnet. Die Klägerin meldete teils vor dem Prüfungstermin, teils nachher zum Konkursverfahren eine Reihe von Forderungen aus dem Versicherungsgeschäft — zunächst als gewöhnliche Konkursforderungen — mit insgesamt 686751,61 RM. an. Im Prüfungstermin vom 21. November 1930 wurden die bis dahin angemeldeten Forderungen vom Konkursverwalter bestritten.

In der Folgezeit verhandelten die Parteien über die Anmeldungen. Am 1. Oktober 1932 schrieb der Konkursverwalter an den Anwalt der Klägerin, die Sache würde wesentlich erleichtert, wenn diese wenigstens auf 550000 RM. zurückginge. Die Klägerin ließ erwidern, sie wolle der Einfachheit halber den Betrag auf 580000 RM. abrunden. Darauf schrieb der Konkursverwalter am 27. Oktober 1932 zurück: Der Gläubigerausschuß habe seinem Vorschlage, die Gesamtforderung endgültig auf 580000 RM. festzusetzen, zugestimmt. „Ich bitte Sie nun", so heißt es in dem Briefe vom 27. Oktober 1932 weiter, „die Berichtigung der Konkurstabelle veranlassen zu wollen, und zwar halte ich es nach den gemachten Erfahrungen, um Mißverständnisse beim Konkursgericht zu vermeiden, für zweckmäßig, daß Sie wie folgt an das Konkursgericht schreiben: Ich ziehe die eingetragenen Forderungen von ... hiermit zurück. Meiner Mandantin steht gegen die S. Rückversicherungs-Aktiengesellschaft im Konkurs eine Forderung von insgesamt 580000 RM. zu, welche ich hiermit anmelde und welche der Konkursverwalter gemäß einer mit ihm getroffenen Vereinbarung anerkennen wird". Am 3. November 1932 richtete der Vertreter der Klägerin an das Konkursgericht eine Zuschrift in der vom Konkursverwalter vorgeschlagenen Fassung. Daraufhin wurde die Zurücknahme der früheren Anmeldungen in der Konkurstabelle vermerkt und die neu angemeldete Forderung von 580000 RM. unter der Bezeichnung „Gesamtforderung laut Vergleich" unter Nr. 7 der Tabelle eingetragen; im Prüfungstermin vom 22. November 1932 wurde sie als gewöhnliche Konkursforderung festgestellt. Am 7. August 1936 meldete die Klägerin durch ihren Vertreter beim Konkursgericht für die angemeldeten und vom Konkursverwalter anerkannten Forderungen das Recht auf bevorzugte Befriedigung gemäß § 80 VAG. an.

Mit der vorliegenden, im November 1938 eingereichten Klage hat die Klägerin die Feststellung begehrt, daß die unter Nr. 7 der Tabelle angemeldete Forderung (für einen Teilbetrag) das Vorrecht nach § 80 VAG. genieße. Der Konkursverwalter hat die Anwendbarkeit des § 80 VAG. bestritten und weiter u. a. geltend gemacht, durch den Vergleich, in dem die Klägerin ihre Forderungen auf 580000 RM. ermäßigt habe, seien die etwaigen Konkursvorrechte der früheren Einzelforderungen erloschen.

Beide Vordergerichte haben das Konkursvorrecht in der schließlich begehrten Höhe anerkannt. Die Revision der Beklagten blieb im wesentlichen ohne Erfolg.

Aus den Gründen:

1. Zutreffend geht das Berufungsgericht davon aus, daß sich die Rückversicherungsverträge, durch welche die Gemeinschuldnerin an dem Haftpflichtversicherungsgeschäft der Klägerin und an den von dieser übernommenen Kraftfahrzeugkaskoversicherungen beteiligt worden ist, rechtlich als Schadensversicherungen darstellen und als solche zu den im § 80 VAG. erwähnten Versicherungszweigen gehören, die von der Beachtung der Vorschriften der §§ 65 bis 79 VAG. über die Deckungsrücklage befreit sind. Das Berufungsgericht nimmt demnach einwandfrei an, daß den angemeldeten und vom Konkursverwalter auch anerkannten und demgemäß zur Tabelle festgestellten Konkursforderungen insoweit das Konkursvorrecht gemäß § 80 VAG. zukomme, und zwar ohne Rücksicht darauf, ob zur Zeit des Inkrafttretens des Gesetzes vom 6. Juni 1931 über die Beaufsichtigung der privaten Versicherungsunternehmungen und Bausparkassen (RGBl. 1931 I S. 315), d. i. am 1. April 1931 (Art. VI des Gesetzes vom 30. März 1931, RGBl. I S. 102), das Konkursverfahren schon eröffnet war oder nicht und ob das Konkursvorrecht zugleich mit der Anmeldung der Konkursforderungen oder erst nachträglich geltend gemacht worden ist. Das ergibt sich aus der bisherigen Rechtsprechung des erkennenden Senats, zu deren Änderung dieser auch nach nochmaliger Prüfung keinen Anlaß sieht (RGZ. Bd. 141 S. 57, Bd. 147 S. 69, Bd. 149 S. 257 [270]). Dabei ist es auch ohne wesentliche Bedeutung, ob die betreffenden Forderungen schon vor dem Inkrafttreten des neuen Gesetzes (1. April 1931) zum Konkursverfahren angemeldet worden sind, wie es in den in RGZ. Bd. 147 S. 69 und S. 79 behandelten Fällen geschehen war, oder erst nachher. Denn wenn auch, wie im vorliegenden Falle, die Geltendmachung des Konkursvorrechts schon gleichzeitig mit der Anmeldung der Forderungen im Konkurs-

verfahren selbst möglich war, so läßt doch die Unterlassung keinen Schluß etwa darauf zu, daß der Gläubiger damit seinen Willen zum Verzicht auf das Konkursvorrecht habe erklären wollen; dies um so weniger, als erst seit dem Jahre 1937 feststeht, daß die Rückversicherung als echte Versicherung zu gelten hat, für welche die Vorschrift des § 80 VAG. trotz der Bestimmung in § 186 VVG. im Konkurse des Versicherers anwendbar ist (Urteil vom 22. Dezember 1939 VII 139/39 in RGZ. Bd. 162 S. 244 [255]). So hat denn der erkennende Senat auch in den bisherigen Entscheidungen auf den Zeitpunkt der Anmeldung der Sachversicherungsforderungen zum Konkurse des Versicherers kein entscheidendes Gewicht gelegt, vielmehr in dem vorbezeichneten Urteil das Bestehen des begehrten Konkursvorrechts anerkannt, obwohl in dem dort entschiedenen Falle die Konkursforderungen ebenfalls zunächst ohne die Geltendmachung der Konkursvorrechte in einem Zeitpunkt angemeldet worden waren, in dem das Gesetz vom 6. Juni 1931 für die neue Fassung des § 80 VAG. schon in Kraft war.

2. Mit Recht nimmt der Berufungsrichter an, die Vorrechtseigenschaft der festgestellten Konkursforderungen sei nicht durch die Aufnahme der Forderungen der Klägerin in die laufende Rechnung bei der Gemeinschuldnerin und durch die vierteljährliche Saldofeststellung erloschen; denn hierdurch sei dem Saldoguthaben nicht die besondere Wesensart des aus dem Rückversicherungsverhältnisse stammenden Anspruchs genommen worden. Diese Auffassung entspricht der Meinung, die der erkennende Senat erst kürzlich in dem Urteil vom 22. Dezember 1939 VII 139/39 niedergelegt und eingehend begründet hat (RGZ. Bd. 162 S. 244). Der Sachverhalt des vorliegenden Falles bietet nichts, was eine davon abweichende Rechtsauffassung rechtfertigen könnte. Auch was die Revision ausführt, ist dazu nicht geeignet. Der Senat hält nach nochmaliger Prüfung an seiner Meinung fest. Es bedarf hierbei auch keines Eingehens auf die in den Besprechungen des Senatsurteils vom 22. Dezember 1939 (vgl. Thees in DJ. 1940 S. 275 und Kersting in DR. Ausg. A 1940 S. 694) angeschnittene Frage, ob nicht beim Zusammentreffen von bevorrechtigten und nichtbevorrechtigten Konkursforderungen in der laufenden Rechnung das Vorrecht des § 80 VAG. nur in dem Verhältnis zugebilligt werden darf, in dem in der laufenden Rechnung gewöhnliche und bevorrechtigte Forderungen enthalten waren. Da von der Gleichwertigkeit der einzelnen Posten auszugehen ist, so bewirkt die Aufrechnung nach der herrschenden Auffassung im allgemeinen eine verhältnismäßige Tilgung. Das hat der erkennende Senat nicht verkannt. Indessen ist diese Regelung nicht zwingend. Denn der Grundsatz der verhältnismäßigen Aufrechnung gilt nur dann, wenn die Beteiligten nichts anderes vereinbart haben. Dies hängt also von der vertragsmäßigen Gestaltung des Laufrechnungsverhältnisses im einzelnen Fall

ab. Abgesehen davon wäre es in einem Falle der vorliegenden Art, wo es sich nur um die Feststellung des (bestrittenen) Konkursvorrechts für schon früher angemeldete und festgestellte Schadensansprüche eines Sachversicherungsnehmers handelt, Sache des verklagten Konkursverwalters, Tatsachen vorzutragen und im Streitfalle zu beweisen, aus denen sich ergibt, daß und in welchem Ausmaße diese Ansprüche durch ihre Aufnahme in die laufende Rechnung und die Feststellung des Saldos infolge eines Zusammentreffens mit anderen nicht bevorrechtigten Ansprüchen in ihrem Bestande gemindert worden sind. Solche Tatsachen sind indessen im vorliegenden Rechtsstreit in den Tatsachenrechtszügen nicht vorgetragen worden. Infolgedessen ist das Revisionsgericht nicht in der Lage, zu ermessen, ob etwa insoweit die Feststellung des Konkursvorrechts für die angemeldeten Schadensforderungen in der im angefochtenen Urteil bezeichneten Höhe auf sachlichem Rechtsverstoß beruht. In dieser Richtung hat auch die Revision keinen Angriff erhoben.

3. Auch der Hinweis der Revision auf den zwischen den Parteien abgeschlossenen Vergleich über die Höhe der Forderungen der Klägerin vermag dem Rechtsmittel zu keinem Erfolge zu verhelfen. Schon der Erstrichter hat ausgeführt, es unterliege keinem Zweifel, daß für die Forderungsanmeldung vom 3. November 1932 der gleiche Rechtsgrundsatz maßgebend gewesen sei und habe sein sollen wie für die vorher angemeldeten Einzelforderungen; dies ergebe sich sowohl aus der Natur der Sache als auch aus dem Wortlaut der Zuschrift des Beklagten an den Gegner vom 27. Oktober 1932 sowie aus der Zurücknahme der ursprünglichen Anmeldungen und aus der Neuanmeldung, welche der Vereinfachung des Konkursverfahrens habe dienen sollen. Dieser Auffassung ist der Vorderrichter beigetreten, wobei er für diese seine Meinung auch den Umstand verwertet, daß gerade der Beklagte es gewesen sei, der die Anmeldung in dieser Form veranlaßt habe, und daß der Vertreter der Klägerin nur dem Vorschlage des Beklagten entgegenkommend gefolgt sei. Der Vergleich (§ 779 BGB.) läßt grundsätzlich das bisherige Rechtsverhältnis bestehen, es müßte denn sein, daß ein anderes als Wille der Parteien aus dem Vergleichsinhalt zu entnehmen wäre. In aller Regel bleiben deshalb auch Bürgschaften, Pfänder und andere Sicherungen von dem Abschluß eines Vergleichs, durch den der Streit oder die Ungewißheit über das bisherige Rechtsverhältnis beseitigt werden sollte, unberührt, zumal wenn keine Vermutung dafür besteht, daß eine Partei ihr zustehende Sicherungen aufzugeben beabsichtigt habe (vgl. RGRKomm. z. BGB. Bem. 5 zu § 779).

Ob im einzelnen Falle der Vergleich nach dem Willen der Vertragschließenden umschaffend wirken, also einen neuen Verpflichtungsgrund, ein neues Schuldverhältnis an Stelle des bisherigen begründen und demgemäß auf bestehende Sicherungsrechte vernichtend wirken soll, läßt sich nur durch Willenserforschung auf Grund der gesamten Tatumstände ermitteln (RGUrt. vom 12. Juni 1906 VII 506/05 in Gruchots Beitr. Bd. 51 S. 630, vom 16. Mai 1911 VII 528/10 in JW. 1911 S. 648 Nr. 18 und vom 6. Oktober 1925 VI 229/25 in LZ. 1926 Sp. 229 Nr. 5). Im vorliegenden Falle fehlt es nach der tatrichterlichen Überzeugung des Vorderrichters, die für das Revisionsgericht bindend ist, für eine solche Annahme an jedem Anhalt. Im Gegenteil ergibt die rechtlich einwandfreie Auslegung des Vergleichs durch den Berufungsrichter, daß die Parteien ein neues Rechtsverhältnis durch den Vergleichsabschluß nicht zu schaffen beabsichtigt, insbesondere nicht den Willen zur Vernichtung der bisher mit den Ansprüchen verbundenen Rechte gehabt haben. Auch die *Ausführungen* der *Revision* zu diesem *Punkte* vermögen die Feststellung des Berufungsgerichts über die rechtliche Bedeutung des Vergleichs und über den von den Parteien dabei verfolgten Willen nicht zu erschüttern. Insbesondere ist kein Widerspruch in den darauf bezüglichen Ausführungen des Berufungsurteils enthalten. Wenn das Berufungsgericht darauf hinweist, jede der einzelnen Forderungen habe — durch Bewilligung eines Nachlasses von 8 v. H. auf die gesamte Forderung — im Verhältnis ihrer ursprünglichen Gesamtsumme zur nunmehr ermäßigten Gesamtsumme gesenkt werden sollen, so steht dies nicht der Annahme entgegen, daß die einzelnen dergestalt ermäßigten Forderungen ihre Wesensart behalten und der ihnen als Versicherungsforderungen zukommenden Eigenschaften, insbesondere ihrer Vorrechte, nicht entkleidet werden sollten. Die Auslegung des Berufungsgerichts entspricht der natürlichen Betrachtungsweise; denn es wäre ungewöhnlich, wenn die Parteien mit dem — vom Konkursverwalter des Versicherers selbst abgeschlossenen — Senkungsabkommen eine so weitgehende Wirkung hätten verbinden wollen, ohne dabei irgendwie zum Ausdruck zu bringen, daß die bisherigen Versicherungsforderungen nunmehr als eine neue selbständige Vergleichsforderung gelten und demgemäß mit etwaigen Vorzugsrechten am Konkurse nicht teilnehmen sollten. Haben die Parteien in jenem Zeitpunkt an die Möglichkeit bevorzugter Teilnahme am Konkurs auch nicht gedacht, so läßt sich doch in einem Falle der vorliegenden Art, wo es ihnen offenbar nur auf eine sachliche zahlenmäßige Begrenzung des geschuldeten Betrags ankam, die Absicht einer Umschaffung (Novation) der bisherigen Versicherungsforderungen nicht ohne weiteres unterstellen, und dem Berufungsrichter ist nicht entgegenzutreten, wenn er meint, durch die vergleichsmäßige Senkung der angemeldeten Forderungsbeträge auf eine bestimmte Gesamtsumme allein habe sich in der bisherigen Rechtsnatur der angemeldeten Forderungen nichts geändert.

4. Das Berufungsgericht meint schließlich, daß sich die angemeldete und anerkannte Forderung von 580000 RM. nunmehr teile in einen bevorrechtigten Teil von 193902,15 RM. und einen nichtbevorrechtigten Teil von 386097,85 RM., und verrechnet den vom Beklagten als Konkursdividende schon geleisteten Teilbetrag von 12 v. H. = 69600 RM. auf den nichtbevorrechtigten Teil von 386097,85 RM. mit der Begründung, durch diese Teilleistung sei lediglich die Gesamtforderung von 580000 RM. auf 510400 RM. verringert worden, weil die Teilforderung von 193902,15 RM. als bevorrechtigte Forderung der Klägerin größere Sicherheit biete als der in der Gesamtsumme von 580000 RM. enthaltene Teil gewöhnlicher Konkursforderungen und deshalb gemäß § 366 Abs. 2 BGB. die Konkursabschlagszahlung von 12 v. H. auf den nichtbevorrechtigten Teil der Gesamtforderung anzurechnen sei.

Diesen Teil der Begründung beanstandet die Revision mit Recht. Das Berufungsgericht geht davon aus, trotz der einheitlichen Anmeldung der Gesamtforderung von 580000 RM. seien die darin enthaltenen einzelnen Forderungen mit ihrem ursprünglichen Schuldgrund aufrechterhalten und nur (bei ihrer Zusammenfassung in die einheitlich angemeldete Forderung von 580000 RM.) um einen Nachlaß von rund 8 v. H. gekürzt worden. Dies vorausgesetzt, müssen aber die abschlagsweise als Konkursdividende (nach §§ 158flg. KO.) gezahlten Beträge von 12 v. H. gleichmäßig auf die in dem Gesamtbetrag enthaltenen Einzelforderungen der Klägerin verrechnet werden. Mangels jeglicher Feststellungen ist in diesem Rechtszuge davon auszugehen, daß bei der Auszahlung der 12 v. H. die die Abschlagsverteilungen regelnden Vorschriften der Konkursordnung eingehalten worden sind, daß also der vom Verwalter (oder dem Gläubigerausschuß) bestimmte Hundertsatz (§ 159 KO.) auf die im Verzeichnis eingetragenen und als festgestellt bezeichneten Forderungen gleichmäßig geleistet worden ist. Dann ist es aber nicht zulässig, nach Maßgabe des § 366 Abs. 2 BGB. zu unterscheiden zwischen den verschiedenen Forderungen und sie je nach ihrer Fälligkeit oder dem Grad ihrer Sicherheit oder Lästigkeit oder nach ihrem Alter verschieden zu behandeln. Auf eine Abschlagszahlung im Konkursverfahren kann die bezeichnete Vorschrift keine Anwendung finden. Denn dem Konkursverwalter steht nicht das Recht zu, die Forderungen zu bestimmen, auf die er leisten will. Er ist nicht befugt, die Reihenfolge vorzuschreiben, in der er die Konkursgläubiger befriedigen will, vielmehr regelt das Gesetz in zwingender Weise, wie die zur gemeinschaftlichen Befriedigung aller persönlichen Gläubiger (welche einen zur Zeit der Eröffnung des Verfahrens begründeten Vermögensanspruch an den Gemeinschuldner haben) dienende Konkursmasse (§ 3 Abs. 1 KO.) zu verwenden ist. Bei den Posten, für die jetzt das Vorrecht beansprucht wird, müssen demnach die ausgeschütteten Beträge ebenso angerechnet werden, wie auf die bei der Abschlagsverteilung berücksichtigten nichtbevorrechtigten Forderungen, zumal da der Konkursverwalter, wie die Revisionsklägerin in der mündlichen Verhandlung selbst vorgetragen hat, bei der Vornahme der Abschlagsverteilungen am 4. Februar 1933 (6 v. H.), 5. April 1934 (3 v. H.) und 25. Juni 1935 (3 v. H.) nicht an das Bestehen der damals nicht geltend gemachten Konkursvorrechte gedacht hat, sondern alle Gläubiger, insbesondere auch die Gesamtforderung der Klägerin, soweit sie festgestellt worden war, gleichmäßig befriedigen wollte. Wenn auch die Zulässigkeit nachträglicher Vorrechtsanmeldung, und zwar auch für solche Forderungen, die bereits geprüft und zur Tabelle festgestellt worden sind, nicht bezweifelt werden kann, so hängt doch die Frage, inwieweit der Gläubiger damit noch wirtschaftlichen Erfolg erzielen kann, — wie der erkennende Senat schon wiederholt ausgesprochen hat (RGZ. Bd. 141 S. 57 [64], Bd. 149 S. 257 [270]) — von der jeweiligen Lage ab, in der sich das Konkursverfahren befindet. Denn die nachträgliche Vorrechtsinanspruchnahme kann selbstverständlich nur „unbeschadet der Schranken des Verteilungsverfahrens" wirken (§§ 149flg., 155 KO.). Es muß also bei der einmal bewirkten Tilgung einer Konkursforderung, für die kein Vorrecht angemeldet war, nach Maßgabe der vorgenommenen Abschlagsverteilungen grundsätzlich sein Bewenden behalten, und es ist deshalb auch abwegig, wenn die Revision im Rahmen des vorliegenden Streitverfahrens einen Ausspruch erstrebt, daß die in den Abschlagsverteilungen ausgeschütteten Teilbeträge zugunsten der Konkursmasse anders verrechnet werden müßten, als es im bisherigen Abschnitte des Konkursverfahrens tatsächlich geschehen ist. Lediglich weil das Berufungsurteil (entsprechend seiner gekennzeichneten Stellungnahme) wohl dahin verstanden werden muß, daß die der Klägerin zugeflossenen Teilbeträge (insgesamt 69600 RM.) nicht gleichmäßig auf ihre zur Zeit der Abschlagsverteilungen festgestellte Gesamtforderung, sondern nur auf deren nichtbevorrechtigten Teil zu verrechnen seien, ist die Unrichtigkeit dieser Auffassung zur Verhütung von Mißverständnissen in der Urteilsformel kenntlich zu machen.

Zwangsvergleich

RGZ. 22, 153

Findet aus einem rechtskräftig bestätigten Zwangsvergleiche für einen Konkursgläubiger gegen den Gemeinschuldner die Zwangsvollstreckung schon dann statt, wenn die Voraussetzungen der Feststellung der Forderung vorliegen, die Feststellung aber mit Unrecht unterblieben ist?

I. Zivilsenat. Urt. v. 20. Oktober 1888.

I. Landgericht Hagen. II. Oberlandesgericht Hamm.

Aus den Gründen:

„Der Klägerin steht wegen alles desjenigen, was ihr der Beklagte aus der fraglichen Geschäftsverbindung oder aus irgend welchem Rechtsgrunde schuldig geworden ist, ein Pfandrecht und, nachdem Beklagter in Konkurs verfallen ist, ein Recht auf abgesonderte Befriedigung bezüglich der beiden fraglichen Grundschulden von 5000 Talern und 30000 M. zu. Nachdem der Konkurs durch Zwangsvergleich beendigt ist, verlangt sie im vorliegenden Prozesse wegen ihrer Forderung, deren Betrag sie auf 18309,58 M. mit Zinsen angibt, und deren Feststellung im Konkursverfahren sie behauptet, Zwangsvollstreckung in die Grundschuld von 5000 Taler durch gerichtliche Überweisung und Zahlung der Akkordrate von der Ausfallforderung. Diesem Klagantrage entsprechend haben die beiden Vorinstanzen den Beklagten verurteilt, obwohl Beklagter im vorliegenden Prozesse die Richtigkeit der klägerischen Forderung, namentlich die Seite 4 des angefochtenen Urteiles speziell bezeichneten Posten der Klagerechnung bestritten hat.

Es kann zugegeben werden, daß die Anwendung der Bestimmungen in § 152 Abs. 2 und § 179 KO. dadurch nicht ausgeschlossen wird, daß einem Gläubiger des Gemeinschuldners ein Absonderungsrecht zusteht. Zwar soll nach § 3 Abs. 2 KO. die abgesonderte Befriedigung unabhängig vom Konkursverfahren erfolgen. Aber nach § 57 KO. kann ein Gläubiger, welcher abgesonderte Befriedigung beansprucht, die Forderung, wenn der Gemeinschuldner auch persönlich für dieselbe haftet, zur Konkursmasse geltend machen, verhältnismäßige Befriedigung aus der Konkursmasse aber nur für den Betrag fordern, zu welchem er auf abgesonderte Befriedigung verzichtet, oder mit welchem er bei der letzteren ausgefallen ist. Es findet daher, wenn der Gläubiger seine Forderung an den Gemeinschuldner gemäß § 57 zur Konkursmasse angemeldet hat, darauf auch das in Buch II Tit. 4 der Konkursordnung geregelte Feststellungsverfahren mit allen gesetzlichen Wirkungen der Feststellung Anwendung, und zwar nicht etwa beschränkt auf den durch das Objekt des Absonderungsrechtes nicht gedeckten Ausfall, für welchen Befriedigung aus der Konkursmasse verlangt wird, sondern für den ganzen Betrag der angemeldeten und festgestellten Forderung, auch soweit dieselbe durch das Objekt des Absonderungsrechtes gedeckt wird. Die Beschränkung der Wirkungen der Feststellung auf die Ausfallforderung führt zu unmöglichen Konsequenzen und steht mit § 57 a. a. O. im Widerspruche.

Klägerin hat ihre Forderung an den Beklagten im Konkurse angemeldet und ihr Absonderungsrecht geltend gemacht, wegen des Ausfalles aber Befriedigung aus der Konkursmasse verlangt. Beide im vorliegenden Prozesse verfolgte Klagansprüche sind dadurch bedingt, daß die Forderung der Klägerin im Konkurse festgestellt ist. Ist dies nicht der Fall, so mußte Klägerin ihre Forderung im vorliegenden Prozesse nach den Regeln des ordentlichen Prozesses begründen und, soweit sie vom Beklagten bestritten ist, beweisen. Namentlich ist nach dem § 179 KO., auf welchen auch das Berufungsgericht seine Entscheidung gründet, die im Falle eines Zwangsvergleiches aus demselben gewährte Zwangsvollstreckung durch die Feststellung der Forderung im Konkursverfahren bedingt. Nun nimmt das Berufungsgericht selbst an, daß eine ordnungsmäßige Feststellung der klägerischen Forderung im Konkurse nicht erfolgt sei. Dessenungeachtet glaubt das Berufungsgericht den § 179 zur Anwendung bringen zu dürfen, weil die Feststellung im Konkursverfahren, namentlich die Eintragung in die Tabelle, mit Unrecht unterblieben sei. Diese Argumentation ist rechtsirrtümlich. Der § 179 setzt voraus, daß die Forderung festgestellt ist, und dieses Erfordernis kann, wenn demselben nicht genügt ist, nicht dadurch ersetzt werden, daß das erkennende Gericht im vorliegenden Prozesse findet, daß alle gesetzlichen Voraussetzungen der Feststellung vorlagen, daß also der Konkursrichter die Forderung hätte feststellen sollen, und dies mit Unrecht unterlassen hat. Der § 179 setzt vielmehr eine Feststellung im Konkurse gemäß §§ 132—134 KO. voraus. Diese Feststellung findet ihren Abschluß in der dem Gerichte obliegenden Eintragung in die Tabelle, welcher nach § 133 Abs. 2 die Wirkung eines rechtskräftigen Urteiles beigelegt ist. Diese Feststellung bildet auch die Voraussetzung des § 179, und sie kann nach beendigtem Konkurse nicht mehr nachgeholt werden. In einem erst nach beendigtem Konkurse anhängig gemachten Prozesse muß der Gläubiger seine Forderung nach den allgemeinen Vorschriften, soweit sie bestritten ist, beweisen und ein Urteil erwirken, auf Grund dessen dann die Zwangvollstreckung erfolgen kann.“

RGZ. 28, 96

Zur Auslegung des § 168 (181 n. F.) KO.

I. Zivilsenat. Urt. v. 7. November 1891.

I. Landgericht I Berlin. II. Kammergericht daselbst.

Die Klägerin hatte gegen W. eine Forderung für gelieferte Waren und für eine Geschäftseinrichtung, die sie ihm geliehen hatte, die aber von ihm verkauft worden war. Nach Eröffnung des Konkurses über das Vermögen des W. schloß sie nach ihrer Behauptung mit dem Beklagten, einem Schwager des W., ein Abkommen, durch das sie sich verpflichtete, von der strafgerichtlichen Verfolgung des W. abzusehen, der Beklagte aber als selbstschuldnerischer Bürge die Zahlung von 50 Prozent der Warenforderung und der vollen Forderung für die Geschäftseinrichtung nebst einem Zinsenpauschquantum mit der Bestimmung übernahm, daß die Klägerin sich abrechnen lassen müsse, was sie bei einer Verteilung der Konkursmasse oder im Falle eines Zwangsvergleiches erhalten würde. Der Konkurs wurde demnächst durch Zwangsvergleich, gegen den die Klägerin stimmte, beendet. Der Zwangsvergleich gewährte den Gläubigern etwa 25 Prozent unter Bürgschaft. Die Klägerin nahm darauf den Beklagten auf Grund des Abkommens auf Zahlung des Restes ihrer Forderungen in Anspruch.

Die Klage ist in den Instanzen abgewiesen und die eingelegte Revision zurückgewiesen worden aus nachfolgenden

Gründen:

„Der Berufungsrichter geht davon aus, daß der Beklagte durch das von der Klägerin behauptete Abkommen im Laufe des Konkursverfahrens für den Fall der Beendigung des Konkurses (sei es ohne Verteilung der Masse oder durch Verteilung der Masse oder durch Zwangsvergleich) die selbstschuldnerische Bürgschaft in Höhe des vollen Betrages der einen und in Höhe von 50 Prozent der anderen Forderung der Klägerin an den Gemeinschuldner übernommen habe, daß dies Abkommen gültig sein würde, wenn der Konkurs ohne Zwangsvergleich durch Schlußverteilung beendet wäre, daß es aber, nachdem der Konkurs durch Zwangsvergleich beendet worden, nach § 168 KO. nichtig sei, da es auch für diesen tatsächlich eingetretenen Fall geschlossen sei und dem Kläger gegenüber den anderen Konkursgläubigern eine von diesen nicht bewilligte, von Anfang an beabsichtigte Bevorzugung gewähre.

Die Angriffe, welche die Revision dagegen erhebt, konnten nicht für begründet erachtet werden.

Nach dem Abkommen sollte die Klägerin sich abrechnen lassen, was sie bei einer Verteilung der Masse oder im Falle eines Zwangsvergleiches gezahlt erhalten würde. Was der Beklagte ihr schuldete, ergab sich erst mit der Beendigung des Konkurses, sei es durch Schlußverteilung, sei es durch Zwangsvergleich oder Einstellung des Verfahrens (§§ 149, 160flg., 188flg. KO.). Es ist deshalb nicht richtig, daß das Abkommen ohne Rücksicht auf die Gestaltung des Konkursverfahrens abgeschlossen ist. Die rechtliche Bedeutung eines Abkommens im Konkurse, durch welches sich der Konkursgläubiger einen Dritten als Schuldner oder Mitschuldner und durch diesen eine Befriedigung verschafft, welche er als Konkursgläubiger nicht erhalten haben würde, während er den Dritten in die Lage versetzt, als Konkursgläubiger aufzutreten, braucht deshalb nicht erörtert zu werden. Dieser Fall liegt nicht vor.

Daß die Klägerin durch das Abkommen den anderen Konkursgläubigern und den Rechten, welche sie durch den Zwangsvergleich erhielten, gegenüber objektiv bevorzugt ist, erhellt, obwohl der Inhalt des Zwangsvergleiches in den Instanzen, was hätte geschehen sollen, nicht erörtert ist, daraus, daß die Klägerin unstreitig aus dem Zwangsvergleiche etwa 25 Prozent ihrer Forderungen zu beanspruchen hat, während das Abkommen ihr teils volle Befriedigung, teils 50 Prozent ihrer Forderungen zusichert. Daß diese Bevorzugung von den Parteien gewollt ist, daß sie hat eintreten sollen, was die Revision vermißt, kann überhaupt nicht in Frage gezogen werden. Denn das Abkommen bestimmt, daß die Klägerin von dem Betrage sich abrechnen lassen müsse, was sie im Falle eines Zwangsvergleiches gezahlt erhalten würde. Der Beklagte verpflichtete sich für den Fall der Beendigung des Konkurses durch Zwangsvergleich nur in Höhe dessen, was die Klägerin durch den Zwangsvergleich nicht erhalten würde. Das zeigt aber, daß die Parteien schon bei dem Abkommen den Fall ins Auge gefaßt, wenn nicht schon als sicher vorausgesetzt haben, daß die Klägerin durch den Zwangsvergleich weniger erhalten würde, als was das Abkommen ihr gewährte, und gewollt haben, daß die Klägerin das Mehr erhielte.

Dies genügt zur Anwendung des § 168 Abs. 2 KO. Die Ausführung der Revision, der Abschluß des Zwangsvergleiches müsse zur Bedingung des Abkommens gemacht werden, hier sei das Abkommen ohne jede Rücksichtnahme auf den Zwangsvergleich abgeschlossen und dem Beklagten nur vorbehalten, die Ergebnisse des Konkursverfahrens in Betracht zu ziehen, ist unhaltbar.

Nach § 168 KO. soll der Vergleich allen nicht bevorrechteten Konkursgläubigern gleiche Rechte gewähren, eine ungleiche Bestimmung der Rechte nur mit ausdrücklicher Einwilligung der zurückgesetzten Gläubiger zulässig sein. Das Ergebnis der Ungleichheit der Rechte soll auch dadurch nicht erreicht werden, daß der Gemeinschuldner oder andere Personen hinter dem Rücken der anderen Gläubiger mit einzelnen Gläubigern ein Abkommen schließen, durch welches diese bevorzugt werden sollen. Das Gesetz erklärt ein solches Abkommen für nichtig.

Der gesetzgeberische Grund dieser Vorschrift ist klar. Nachdem der Vergleich im Konkurse zum Zwangsvergleiche erhoben ist, welcher auch nicht zugezogene und nicht zustimmende Gläubiger bindet, ist das Erfordernis gleicher Behandlung aller Gläubiger ein Erfordernis der Gerechtigkeit und der Billigkeit. Der Zwang zum Vergleiche hat eine innere Berechtigung nur, wenn der Vergleich das gemeinsame Interesse aller Gläubiger wahrt (§ 173 Abs. 1 Ziff. 2 KO.), und jeder Gläubiger durch den Vergleich dasselbe erhält. Ob das gemeinsame Interesse aller Gläubiger gewahrt ist, vermögen an erster Stelle die Gläubiger selbst am besten zu beurteilen, und es ist anzunehmen, daß es gewahrt ist, wenn die vom Gesetze (§ 179 a. a. O.) bestimmte Mehrheit der Gläubiger den Vergleich annimmt, daß es nicht gewahrt ist, wenn sie ihn verwirft. Aber diese Annahme fällt weg, wenn einzelne Gläubiger hinter dem Rücken der anderen durch Abkommen mit dem Gemeinschuldner oder mit Dritten sich Vorteile versichern lassen, welche andere Gläubiger durch den Vergleich nicht erhalten. Solche Gläubiger werden geneigt sein, für einen Vergleich zu stimmen, auch wenn er das gemeinsame Interesse nicht wahrt, weil ihr eigenes Interesse durch das Abkommen gewahrt und von dem Vergleiche nicht berührt wird.

Hierauf beruht die Vorschrift im Satz 3 des § 168, welcher heimliche Abkommen dieser Art für nichtig erklärt. Sie setzt ein Abkommen voraus, welches der Einwilligung aller Gläubiger bedürfte, wenn es Inhalt des Vergleiches wäre, und das zum Inhalte des offen gelegten Vergleiches gemacht werden muß, weil es dieser Einwilligung bedarf. Jedes nicht offen gelegte Abkommen ist nichtig, welches neben dem Zwangsvergleiche gelten soll und die Einwilligung der anderen Gläubiger nicht erhalten hat, obwohl es dieser Einwilligung bedurfte. Das Abkommen muß deshalb in Verbindung mit und in Beziehung zu dem Zwangsvergleiche stehen. Aber darauf, ob das Abkommen auch für den Fall der Beendigung des Konkurses ohne Zwangsvergleich geschlossen und ob der Zwangsvergleich als Bedingung des Abkommens formuliert ist, kann es nicht ankommen. Hiervon ist das Reichsgericht bereits in seinem Urteile vom 25. Juni 1886 in Sachen V. wider F. Rep. III. 10/86 ausgegangen. Der Umgehung des Gesetzes würden Tür und Tor geöffnet werden, wenn dem Abkommen, welches das Gesetz neben dem Zwangsvergleiche verbietet, dadurch Gültigkeit neben dem Zwangsvergleiche verschafft werden könnte, daß es nicht nur für den vorauszusehenden und vielleicht vorausgesehenen Fall des Zwangsvergleiches, sondern auch für den Fall der Beendigung des Konkurses auf anderem Wege abgeschlossen wird.

Auch auf das in den Instanzen angedeutete Motiv des Vergleiches kommt es nicht an. Der Grund der Nichtigkeit des Abkommens ist nicht die Bevorzugung eines Gläubigers mit Zurücksetzung der anderen allein. Diese läßt der § 168 mit Einwilligung der zurückgesetzten Gläubiger zu. Die Einwilligung soll aber nicht umgangen werden. Ist das Abkommen von Anfang an nichtig, weil es eine Bevorzugung ohne Einwilligung der zurückgesetzten Gläubiger enthält, so kann die Nichtigkeit durch die nachträgliche Einwilligung beseitigt werden, nicht aber durch den Nachweis, daß der Vergleich durch die Begünstigung nicht zustande gebracht ist oder werden sollte, namentlich auch nicht durch den Nachweis, daß der begünstigte Gläubiger gegen den Vergleich gestimmt hat, wie hier unstreitig ist. Der § 173 Abs. 1 Ziff. 1 KO., welcher bestimmt, daß der Vergleich auf Antrag eines Konkursgläubigers zu verwerfen ist, wenn er durch Begünstigung eines Gläubigers zustande gebracht ist, steht zwar ebenso, wie der § 182 KO. über die Anfechtung eines durch Betrug zustande gebrachten Vergleiches und die Strafvorschrift des § 213 KO. in innerer Beziehung zu dem § 168 KO. Der § 168 Satz 3 hat aber seine selbständige Bedeutung als Schutzvorschrift gegen Benachteiligung der Gläubiger im Konkurse durch geheime Abkommen. Die Nichtigkeit solcher Abkommen ist absolut angedroht, weil sie das Zustandekommen eines Zwangsvergleiches beeinflussen können. Die Nichtigkeit ist nicht davon abhängig gemacht, daß das Abkommen den Vergleich zustande gebracht hat. Das Abkommen ist nichtig, auch wenn die Abstimmung des bevorzugten Gläubigers für oder gegen den Vergleich unwesentlich, der Vergleich auch ohne seine Zustimmung zustande gekommen wäre, selbst wenn der bevorzugte Gläubiger gar nicht mitgestimmt hat. Die absolute Nichtigkeit ist angedroht, um von geheimen Abkommen überhaupt abzuhalten, und weil die Frage, ob die nicht gehörten, zurückgesetzten Gläubiger bei Kenntnis von dem geheimen Abkommen eingewilligt haben würden, zu den verwickeltsten Untersuchungen führen müßte.

Wird hiervon ausgegangen, so ist die Anwendung des § 168 auf den vorliegenden Fall gerechtfertigt. Die Klägerin war Konkursgläubigerin. Nach Eröffnung des Konkurses bot ihr der Beklagte, wie sie selbst vorträgt, ein Arrangement an. Das behauptete Abkommen sollte neben dem Zwangsvergleiche gelten. Es bevorzugte die Klägerin und sollte sie, wie dargelegt, bevorzugen. Die Einwilligung der anderen Gläubiger fehlt. Das Abkommen kann danach neben dem Zwangsvergleiche nicht geltend gemacht werden."

RGZ. 29, 38

Bildet die dem Beschlusse eines Zwangsvergleiches im Konkurse über das Gesellschaftsvermögen einer offenen Handelsgesellschaft vor-

ausgegangene Zusage eines vor der Konkurseröffnung aus der Gesellschaft ausgeschiedenen Teilhabers derselben an einen Gläubiger der Gesellschaft, diesem bezüglich einer Forderung, welche aus der Zeit der Teilhaberschaft des nun ausgeschiedenen Teilhabers stammt, den durch den Zwangsvergleich nicht gedeckten Betrag ersetzen zu wollen, ein nach § 168 (181 n. F.) KO. nichtiges Abkommen? Findet insbesondere § 200 (211 n. F.) Abs. 2 KO. auf Personen Anwendung, welche vor der Eröffnung des Konkurses über das Gesellschaftsvermögen einer Handelsgesellschaft aus der Gesellschaft, welcher sie als persönlich haftende Gesellschafter angehörten, ausgeschieden sind?

II. Zivilsenat. Urt. v. 1. März 1892.

I. Landgericht Mannheim. II. Oberlandesgericht Karlsruhe.

Aus den Gründen:

. . . „Das Oberlandesgericht hat durch die Annahme, es bilde die unter Ziff. III der Einleitung zu dem Vergleiche zwischen der Klägerin und dem Beklagten vom 28. Oktober 1880 erwähnte, dem Abschlusse des Zwangsvergleiches vom 19. August 1880 vorausgegangene mündliche Zusage des Beklagten an die Klägerin, daß er ihr den Ausfall von 47% ihrer Forderung von 15465,36 M. ersetzen werde, kein nach § 168 KO. nichtiges Abkommen, durch welches ein einzelner Gläubiger bevorzugt werden sollte, sondern nur eine Zusage dessen, was der Beklagte schon ohnedies gesetzlich an die Klägerin schuldig gewesen wäre, das Gesetz, insbesondere §§ 168, 178, 200 KO., nicht verletzt.

Dafür, daß in jener Zusage ein nichtiges Abkommen im Sinne des § 168 KO. liegen würde, hat der Vertreter des Beklagten die Behauptung aufgestellt, es finde § 200 Abs. 2 KO. — besagend: „Der Zwangsvergleich begrenzt, soweit er nicht ein Anderes festsetzt, zugleich den Umfang der persönlich haftenden Gesellschafter mit ihrem sonstigen Vermögen" — nicht bloß auf die zur Zeit der Eröffnung des Konkursverfahrens über das Gesellschaftsvermögen der Gesellschaft noch angehörenden Teilhaber, sondern auch auf vor diesem Zeitpunkte ausgeschiedene Gesellschafter Anwendung. Mit Recht hat jedoch das Oberlandesgericht angenommen, es finde § 200 Abs. 2 KO. keine Anwendung auf solche Personen, welche schon vor der Eröffnung des Konkursverfahrens über das Gesellschaftsvermögen aus der Gesellschaft ausgeschieden waren. Die Richtigkeit der Auslegung des Oberlandesgerichtes ergibt sich aus Wortlaut, Zusammenhang und Grund des Gesetzes. Es ist die Annahme ausgeschlossen, daß das Gesetz den gleichen Ausdruck „persönlich haftende Gesellschafter" in den zwei Absätzen des § 200 KO. in einem unter sich verschiedenen Sinne, ebenso, daß es in § 200 KO. diesen Ausdruck in einem anderen Sinne als in dem des unmittelbar vorausgehenden § 199 KO. gebraucht haben sollte. Nun kann aber schon in § 199 KO. nach dem dortigen äußeren Verhältnisse des Wortes „Gesellschafter“ zu dem (dortigen) Worte „Gesellschaft“ sowie nach dem Grunde, auf welchem die Bestimmung des § 199 KO. beruht, unter den Worten „persönlich haftender Gesellschafter“ nur eine solche Person verstanden werden, welche noch der Gesellschaft als (und zwar persönlich haftender) Gesellschafter angehört. Das Gesetz kann aber auch in § 200 KO., da nach demselben die im Abs. 1 dieser Gesetzesstelle bezeichneten Personen sich als solche Personen darstellen, mit welchen der Zwangsvergleich abgeschlossen wird, und für den Gesetzgeber ein Anlaß vorlag, behufs eines wirksamen Interesses an dem Zwangsvergleiche gerade ihnen den in dem § 200 Abs. 2 bestimmten Vorteil zu gewähren, unter den „persönlich haftenden Gesellschaftern“ nicht solche Personen gemeint haben, welche bereits außerhalb der Gesellschaft stehen, welche schon aus ihr ausgeschieden sind. Den letzteren Personen trotz ihres erfolgten Ausscheidens aus der Gesellschaft einen so weit gehenden Einfluß zu erteilen, wie § 199 und § 200 Abs. 1 KO. den „persönlich haftenden Gesellschaftern“ gewähren, hatte der Gesetzgeber durchaus keinen Anlaß, deshalb aber ebensowenig dazu, ihre aus der früheren Zugehörigkeit zur Gesellschaft und während dieser Zugehörigkeit entstandene Verbindlichkeit in der in § 200 Abs. 2 KO. bestimmten Weise zu begrenzen. Gegen die bisherige Ausführung kann auch nicht etwa der in dem (von dem Vertreter des Beklagten bei der Revisionsverhandlung angerufenen) Urteile des Reichsoberhandelsgerichtes vom 3. Dezember 1874 (Entsch. des ROHG.s Bd. 15 S. 204flg.) verwertete Gedanke, daß in gewisser Beziehung zwischen den aus der Gesellschaft ausgeschiedenen und den verbliebenen Gesellschaftern eine Gemeinschaft fortdauere, geltend gemacht werden; denn für die Anwendung einer solchen Anschauung auch auf dem Gebiete der §§ 199 und 200 KO. ist gegenüber den dortigen bestimmten, in Obigem dargelegten, Festsetzungen kein Raum.

Wenn nach dem Gesagten § 200 Abs. 2 KO. nicht auf die bereits aus der Gesellschaft ausgeschiedenen persönlich haftenden Gesellschafter Anwendung findet, so verbleibt es bezüglich der Frage, welchen Einfluß der im Konkurse über das Gesellschaftsvermögen abgeschlossene Zwangsvergleich auf ihre Verbindlichkeiten hat, bei den sonstigen rechtlichen Bestimmungen. In dieser Hinsicht ist aber im vorliegenden Falle die Bestimmung des § 178 KO. entscheidend, daß durch den Zwangsvergleich die Rechte der Gläubiger gegen Mitschuldner und Bürgen des Gemeinschuldners nicht berührt werden. Denn der Beklagte zählt zu den „Mitschuldnern des Gemeinschuldners“ im Sinne des § 178 KO., da, wie das Oberlandesgericht mit Recht ausgeführt hat, das Gesetz gerade auch bezüglich derjenigen, welche für die Schuld einer dem Konkursverfahren unterliegenden Person oder Vermögensmasse mit dieser solidarisch haften, die unveränderte Fortdauer ihrer Haftung trotz des Zwangsvergleiches aussprechen wollte, der Beklagte aber für die vor seinem Ausscheiden aus der Gesellschaft entstandene, von der Klägerin in dem Konkurse über das Gesellschaftsvermögen angemeldete Forderung von 15465,36 M. solidarisch haftete.

Unbegründet ist weiter die von dem Vertreter des Beklagten eventuell angeregte Anschauung, ob nicht, wenn man auch § 200 Abs. 2 KO. nicht auf den ausgeschiedenen Teilhaber der dem Konkursverfahren unterliegenden Gesellschaft für anwendbar erachte, die Haftbarmachung des Beklagten an sich wenigstens auf denjenigen, noch nicht feststehenden Betrag sich hätte beschränken müssen, welcher sich ohne einen Zwangsvergleich aus der Konkursmasse ergeben haben würde, und ob nicht aus diesem Grunde die unter Ziffer III der Einleitung zu dem Vergleiche vom 28. Oktober 1880 erwähnte Zusage des Beklagten an die Klägerin, ihr für die Restforderung mit 47% aus ihrer angemeldeten Forderung später aufzukommen, ein nach § 168 KO. nichtiges Abkommen bilde. Zu einer derartigen Beschränkung der Haftbarmachung ist im Gesetze nirgends ein Anhalt gegeben. Insbesondere könnte hierfür Art. 122 HGB. nicht verwertet werden. Überhaupt ist die Wirkung des Zwangsvergleiches in dem Konkursverfahren, sei es gegen eine Gesellschaft oder gegen einen Gesellschafter, auf die sonstigen Rechte der Gläubiger gegen Mitverhaftete nicht in dem Handelsgesetzbuche geregelt, sondern es ist in dieser Beziehung die in § 178 KO. getroffene Regelung maßgebend."

RGZ. 31, 40

Einfluß der Beendigung des Konkursverfahrens durch Zwangsvergleich auf die vom Konkursverwalter angestellten Anfechtungsprozesse. Kann der Anfechtungsgegner nach Eintritt der Wirksamkeit des Aufhebungsbeschlusses das vorher erlassene Urteil mit der Berufung anfechten *).

VI. Zivilsenat. Urt. v. 27. März 1893.

I. Landgericht Insterburg. II. Oberlandesgericht Königsberg.

Auf die vom Verwalter der Holzhändler E. H.schen Konkursmasse gemäß § 23 Ziff. 1 KO. angestellte Anfechtungsklage ist die beklagte

*) Vgl. Fitting, Reichskonkursrecht § 43. § 48 Anm. 22; Kohler, Lehrbuch des Konkursrechts S. 437, 491 flg.; Kommentare zur Konkursordnung von v. Völderndorff, Bd. 1 Anm. 3 zu § 29; Petersen u. Kleinfeller, Anm. 2 zu § 29 S. 152, Anm. 2 zu §§ 175—177 S. 531; v. Wilmowski, Anm. 3 zu § 22 S. 124, Anm. 1 zu § 176 S. 446; v. Sarwey, Anm. 4 zu § 176 S. 806; sowie auch Entsch. des preuß. Obertrib. Bd. 47 S. 388, Bd. 51 S. 416, Bd. 73 S. 77.

Handlung durch Urteil des Landgerichtes vom 18. Dezember 1891 verurteilt worden, mehrere für sie bei dem Holzhändler E. H. gepfändete Haufen Bretter pfandfrei zur H.schen Konkursmasse zurückzugewähren und die Kosten des Rechtsstreites zu tragen. Nachdem das H.sche Konkursverfahren infolge gerichtlich bestätigten Zwangsvergleiches durch Beschluß vom 13. Januar 1892 aufgehoben war, wurde von der Beklagten gegen das gedachte Urteil mittels Schriftsatzes vom 16. Februar 1892 die Berufung eingelegt, die Berufungsschrift nebst dem Urteile sowohl dem vom Konkursverwalter für die erste Instanz bestellten Prozeßbevollmächtigten als dem früheren Gemeinschuldner H. zugestellt, und bei der Verhandlung vor dem Berufungsgerichte beantragt, unter Abänderung des erstinstanzlichen Urteiles die Klage abzuweisen. Seitens des Konkursverwalters wurde ein Gegenantrag nicht gestellt; dagegen beantragte ausweislich des Tatbestandes „der Berufungsbeklagte, Holzhändler E. H.“, die Berufung der Beklagten als unzulässig zu verwerfen, eventuell den Rechtsstreit in der Hauptsache für erledigt zu erklären und der Beklagten die Kosten der Berufungsinstanz aufzuerlegen. Das Oberlandesgericht hat hierauf die Berufung als unzulässig verworfen und diese Entscheidung darauf gestützt, daß die Parteifähigkeit des Konkursverwalters als Vertreters der Konkursmasse und der Konkursgläubiger aufgehört habe, der frühere Gemeinschuldner aber, mindestens bezüglich des hier in Rede stehenden Verhältnisses, als Rechtsnachfolger des Konkursverwalters nicht gelten könne. Das Reichsgericht hat die Revision der Beklagten zurückgewiesen.

Aus den Gründen:

„In erster Reihe sucht die Revisionsklägerin unter Bezugnahme auf die §§ 151, 153, 175—177 KO. auszuführen, daß ihre Berufung gegenüber dem Konkursverwalter für zulässig erachtet werden müsse; dieser Ausführung war indessen nicht beizupflichten. Ohne jede Bedeutung für die vorliegende Entscheidung sind die §§ 151, 153 a. a. O., da dieselben nach ihrem Wortlaute, nach ihrer Stellung im 5. Titel des II. Buches der Konkursordnung und nach ihrem erkennbaren Zwecke voraussetzen, daß der Beendigung des Konkurses nicht ein Zwangsvergleich, sondern eine Verteilung der Masse nebst der Abhaltung des Schlußtermines vorausgegangen ist. Trotz des Vollzuges der Schlußverteilung und trotz der danach erfolgten Bekanntmachung des den Konkurs aufhebenden Beschlusses soll das Verwaltungs- und Verfügungsrecht des Verwalters (§ 5 KO.) zugunsten der noch nicht vollständig befriedigten Konkursgläubiger fortdauern, soweit dies zur Vornahme der in § 153 bezeichneten Nachtragsverteilungen erforderlich ist. Mag auch insoweit dem Verwalter die Befugnis zur Prozeßführung für die Konkursmasse behufs der Erstreitung eines der nachträglichen Verteilung vorbehaltenen Forderungsbetrages beizulegen sein,

vgl. Entsch. des RG.s in Zivils. Bd. 28 S. 68,

so läßt sich doch daraus nicht folgern, daß der Verwalter zur Fortführung von Prozessen namens der Konkursmasse auch dann befugt sei, wenn die Aufhebung des Konkursverfahrens infolge der rechtskräftigen Bestätigung eines Zwangsvergleiches beschlossen und bekannt gemacht worden ist. Interessen der Konkursgläubiger kann in diesem Falle der Verwalter nicht mehr wahrnehmen, ebensowenig aber Interessen des Gemeinschuldners, da dieser nach § 177 KO., soweit nicht der Zwangsvergleich ein anderes bestimmt, das Recht zurückerhält, über die Konkursmasse frei zu verfügen. Demgemäß verliert der Verwalter mit der Wirksamkeit des nach Bestätigung des Zwangsvergleiches ergangenen Aufhebungsbeschlusses jede Vertretungsbefugnis, insbesondere auch die Legitimation zur Prozeßführung für die Konkursmasse. Daß dies auch von solchen Prozessen gilt, die wegen bestrittener Masseforderungen anhängig sind, und daß die dem Verwalter in § 176 KO. zugewiesene Tätigkeit vor Aufhebung des Konkurses zu bewirken ist, hat das Reichsgericht bereits in seinem Urteile vom 6. März 1891,

vgl. Entsch. des RG.s in Zivils. Bd. 27 S. 113,

mit eingehender Begründung dargelegt. Danach mangelte dem Konkursverwalter nach der Wirksamkeit des Aufhebungsbeschlusses die Legitimation zur Fortführung des von ihm auf Grund des § 29 KO. angestellten Anfechtungsprozesses für die Konkursmasse nicht bloß wegen der mit der Aufhebung des Konkursverfahrens von selbst erledigten Hauptsache, sondern auch wegen der Prozeßkosten (§ 52 Ziff. 1 KO.), zu deren Deckung ihm eine Masse nicht mehr zur Verfügung stand. Daß der Verwalter persönlich für die Prozeßkosten etwa deshalb verhaftet sei, weil er für die Sicherstellung des möglicherweise entstehenden Kostenanspruches der Beklagten vor Aufhebung des Konkursverfahrens nicht Sorge getragen habe (§ 176 Abs. 1 KO.), ist von der Beklagten selbst nicht behauptet worden. Es kann deshalb unerörtert bleiben, ob eine hierauf gestützte Entschädigungsforderung im gegenwärtigen Prozesse mit Erfolg hätte geltend gemacht werden können.

Aus der Verneinung der Legitimation des Konkursverwalters folgt nun aber keineswegs, wie die Revisionsklägerin eventuell meint, daß an die Stelle des Verwalters der Gemeinschuldner getreten, und daß wenigstens diesem gegenüber die Berufung zulässig gewesen sein müßte. Wenn der Gemeinschuldner das Recht zurückerhielt, über die Konkursmasse frei zu verfügen, so wurde ihm damit nicht die Befugnis zur Fortführung des vom Verwalter angestellten Anfechtungsprozesses verliehen. Wie auch die rechtliche Stellung des Konkursverwalters bei der Führung sonstiger Prozesse für die Konkursmasse aufzufassen sein möchte,

vgl. Entsch. des RG.s in Zivils. Bd. 29 S. 29flg.,

keinesfalls kann derselbe in Anfechtungsprozessen als Vertreter des Gemeinschuldners angesehen werden, da das Anfechtungsrecht lediglich zugunsten der Konkursgläubiger ausgeübt wird, erst mit der Eröffnung des Konkursverfahrens entsteht, mit dessen Beendigung aber gegenstandslos wird und erlischt.

Vgl. die Zitate des vorher angezogenen Urteiles Bd. 29 S. 38 sowie Bolze, Praxis Bd. 2 Nr. 599, Bd. 7 Nr. 1071, und Urteil vom 5. Januar 1893 Rep. VI. 228/92.

Dem entsprechend ist in dem Urteile des Reichsgerichtes vom 14. März 1882,

vgl. Entsch. des RG.s in Zivils. Bd. 7 S. 35,

auf dessen Begründung hier Bezug genommen werden kann, dem Gemeinschuldner das Recht abgesprochen worden, nach Beendigung des Konkursverfahrens durch Zwangsvergleich eine vom Konkursverwalter auf Grund des § 23 KO. erhobene Anfechtungsklage fortzusetzen. Ebensowenig ist danach der Anfechtungsgegner befugt, den Eintritt des früheren Gemeinschuldners in den Prozeß, soweit dieser das Anfechtungsrecht betrifft, zu verlangen. Kann bezüglich des Anfechtungsanspruches der Gemeinschuldner nicht als Rechtsnachfolger der Konkursgläubiger oder des Konkursverwalters angesehen, vielmehr nur einem sonstigen bei der Anfechtung unbeteiligten Dritten gleichgeachtet werden, so erweist sich die gegen ihn eingelegte Berufung in der Hauptsache als formell unzulässig.

Allerdings könnte, da das Landgericht die Beklagte nicht bloß zur Rückgewähr der gepfändeten Bretter an die Konkursmasse, sondern auch zur Kostentragung verurteilt hat, ein Zweifel darüber entstehen, ob nicht nach der Erledigung des Anfechtungsrechtes eine Fortsetzung des Prozesses zwischen der Beklagten und dem früheren Gemeinschuldner wegen des Kostenpunktes statthaft gewesen wäre. Eines näheren Eingehens auf diese Frage bedarf es jedoch nicht. Denn auch bei der Annahme, daß der Gemeinschuldner für die Kosten des vom Verwalter angestellten Anfechtungsprozesses als für Masseschulden persönlich verhaftet*), daß über seine Verhaftung, nach Beendigung des Konkursverfahrens durch Zwangsvergleich, im Anfechtungs-

*) Vgl. Entsch. des RG.s in Zivils. Bd. 2 S. 24; Motive zur KO. S. 240 und Protokolle S. 109; Fitting, a. a. O. § 14 S. 127; v. Sarwey, Anm. 2 zu § 52; Petersen u. Kleinfeller, S. 255, 497; v. Wilmowski, S. 124, Vorbemerkung vor § 50 S. 234; aber auch Kohler a. a. O. S. 381flg. 387; v. Völderndorff, Bd. 1 S. 590flg.; v. Canstein in Grünhut, Zeitschrift für Privatrecht Bd. 9 S. 488.

prozesse selbst zu entscheiden, und daß er behufs Herbeiführung dieser Entscheidung zum Eintritte in den Prozeß auf Verlangen des Anfechtungsgegners verpflichtet sei (was alles dahingestellt bleiben kann), würde die Entscheidung des Berufungsgerichtes angesichts des § 94 ZPO. begründet erscheinen, weil jedenfalls die Berufung der Beklagten in der Hauptsache nach dem vorher Gesagten wegen Mangels der Legitimation des Gemeinschuldners als unzulässig zu verwerfen ist. Daß der Fall, wo ein in der Hauptsache unzulässiges Rechtsmittel eingelegt wird, im Sinne und Geiste des § 94 ZPO. ebenso behandelt werden muß, als wenn gegen die Entscheidung in der Hauptsache ein Rechtsmittel überhaupt nicht eingelegt ist, hat das Reichsgericht wiederholt ausgesprochen.

Vgl. Entsch. des RG.s in Zivils. Bd. 6 S. 339, Bd. 10 S. 309flg., Bd. 13 S. 395.“ . . .

RGZ. 39, 17

Kann der Zwangsvergleich im Falle heimlicher Begünstigung einzelner Gläubiger wegen Betruges nach § 182 (196 n. F.) KO. nur angefochten werden, wenn ohne die Zustimmung der begünstigten Gläubiger der Vergleich nicht zustande gekommen wäre?

VI. Zivilsenat. Urt. v. 25. März 1897.

I. Landgericht I Berlin. II. Kammergericht daselbst.

Aus den Gründen:

„Das am 2. September 1890 eröffnete Konkursverfahren über das Vermögen des Pferdehändlers W. in B. wurde durch am 26. März 1891 konkursgerichtlich bestätigten Zwangsvergleich beendigt, wonach die Konkursgläubiger 12 Prozent ihrer festgestellten Forderungen zugesichert erhielten. Drei Konkursgläubiger, darunter die beiden Revisionskläger . . ., welche für den Zwangsvergleich gestimmt haben, fechten mit der gegen W. erhobenen Klage den vergleichsmäßigen Nachlaß ihrer Forderungen als durch Betrug zustande gekommen auf Grund der Vorschrift des § 182 KO. an. Sie verlangen die Verurteilung des Beklagten zur Einwilligung, daß ihnen für ihre festgestellten Forderungen, nach Abzug der ausbezahlten Akkorddividende, noch in Höhe von 15928 M. und 19266,79 M. vollstreckbare Ausfertigungen erteilt werden. An Stelle des im Laufe des Prozesses verstorbenen Beklagten sind dessen Erben in den Prozeß eingetreten. Die Kläger werfen dem W. vor, er habe, wie sie erst nach Aufhebung des Konkursverfahrens erfahren hätten, mehrere Konkursgläubiger durch das vertragsmäßige Versprechen besonderer Vorteile zur Einwilligung in den Zwangsvergleich bewogen und erhebliche Teile der Aktivmasse, darunter Wechselforderungen gegen eine Witwe K. im Betrage von 16000 M., verheimlicht und beiseite geschafft.

Das Landgericht hat nach dem Klagantrage erkannt. Es erachtet für erwiesen, daß wenigstens ein Konkursgläubiger, der Pferdehändler G., der mit seiner Forderung von 2974,50 M. für den Zwangsvergleich gestimmt hat, hierzu lediglich durch den Gemeinschuldner W. mittels des schriftlichen Versprechens der Bezahlung von weiteren 959 M. über die Akkorddividende veranlaßt worden sei. Die Merkmale des Betruges erachtet das Landgericht für dargetan, weil W. den Klägern . . . diese Bevorzugung des G. geflissentlich verschwiegen, hierdurch in ihnen den Irrtum erregt und unterhalten habe, daß kein Konkursgläubiger bevorzugt worden sei, und weil, wie anzunehmen, die jetzigen Revisionskläger bei Kenntnis des mit G. geschlossenen Vertrages *dem Zwangsvergleiche nicht zugestimmt* hätten; ohne ihre Zustimmung wäre aber vermöge des Betrages ihrer Forderungen (§ 169 Ziff. 2 KO.) der Zwangsvergleich nicht zustande gekommen.

Auf die Berufung der Beklagten hat das Kammergericht die Klage abgewiesen. Es hält die Auffassung des Landgerichtes von der Vorschrift des § 182 KO. für falsch. Erfordert werde hiernach allerdings ein ursächlicher Zusammenhang zwischen dem Betruge und der Abstimmung. Ein solcher könne aber, soweit heimliche Begünstigungsverträge mit einzelnen Konkursgläubigern in Frage kommen, nicht stets als vorhanden angenommen werden, wenn ein Gläubiger hinter dem Rücken der anderen durch besonderes Abkommen mit dem Gemeinschuldner oder einem Dritten sich über das durch den Zwangsvergleich Gewährte hinausgehende Vorteile habe zusichern lassen; sonst würde jede heimliche Bevorzugung eines Gläubigers den Zwangsvergleich für jeden nicht begünstigten Gläubiger anfechtbar machen. Nach der Entstehungsgeschichte des § 182 KO. (preußische Konkursordnung vom 8. Mai 1855 § 203, Entwurf einer Gemeinschuldordnung von 1873 § 186) sei vielmehr die Auffassung geboten, daß, soweit die Anfechtung auf ein Begünstigungsgeschäft gestützt werde, ein ursächlicher Zusammenhang zwischen Betrug und Abstimmung nur dann als vorhanden angesehen werden dürfe, wenn *ohne die Zustimmung des begünstigten Gläubigers* der Vergleich nicht angenommen worden wäre. Von diesem Gesichtspunkte aus sei das tatsächliche Material zu prüfen. Diese Rechtsauffassung werde auch allein dem inneren Verhältnisse, in welchem die §§ 168, 213 KO. zu dem § 182 stehen, gerecht. Hiernach komme es auf die Feststellung an, ob und mit welchen Gläubigern W. heimliche Begünstigungsverträge, durch welche dieselben zur Zustimmung zum Akkord veranlaßt worden, geschlossen habe, *und* ob ohne die Einwilligung *dieser* Gläubiger die erforderliche Majorität für das Zustandekommen des Zwangsvergleiches nicht vorhanden gewesen wäre. Nach dem Beweisergebnisse könne nun, wie weiter ausgeführt ist, nur der Fall G. in Betracht kommen. Dieser Fall sei aber bis jetzt hinsichtlich der Zeit, zu welcher dem G. die Bezahlung der 959 M. zugesichert worden, noch nicht aufgeklärt, und auf die in dieser Richtung weiter angebotenen Beweise einzugehen, sei deshalb überflüssig, weil, worüber auch die Parteien einig seien, für die Annahme des Zwangsvergleiches auch ohne die Stimme des G. die erforderliche Majorität vorhanden gewesen wäre. Anlangend die angebliche Beseitigung von Bestandteilen des Aktivvermögens durch W., so sei zwar nach § 182 KO. (wie nach der preußischen Konkursordnung und dem Entwurfe einer Gemeinschuldordnung a. a. O.) die Annahme ohne weiteres gerechtfertigt, daß, wenn die Teilungsmasse zu gering, oder die Schuldenmasse zu hoch angegeben wurde, diese unrichtige Angabe einen kausalen Irrtum veranlaßt habe. Aber die Beseitigung sei in keinem der von den Klägern behaupteten Fälle erwiesen.

Die Revision wirft, soweit der Abschluß heimlicher Begünstigungsverträge mit einzelnen Konkursgläubigern in Frage steht, dem Berufungsgerichte mit Recht Verletzung der Vorschrift des § 182 KO. vor.

Die preußische Konkursordnung vom 8. Mai 1855 bestimmte in § 203 allerdings: „Eine Klage auf Vernichtung des Akkords wegen Betrugs kann von jedem durch den Akkord betroffenen Gläubiger gegen den Gemeinschuldner erhoben werden, wenn erst nach Ablauf der zur Einlegung des Einspruches gegen die Bestätigung des Akkords bestimmten Frist entdeckt wird, daß das zur Konkursmasse gehörige Vermögen teilweise verheimlicht oder beiseite geschafft worden ist, oder daß Schulden ganz oder teilweise erdichtet sind, oder daß einem oder mehreren Gläubigern, ohne deren Einwilligung die gesetzlichen Erfordernisse zum Akkord nicht vorhanden gewesen wären, für ihre erteilte Einwilligung von dem Gemeinschuldner oder von einer anderen Person ein besonderer Vorteil heimlich gewährt oder versprochen worden ist.“ Aber schon der Entwurf einer deutschen Gemeinschuldordnung von 1873, § 186, welcher im Falle des Betruges jedem Gläubiger nur die Klage auf Anfechtung des vergleichsmäßigen Erlasses seiner Forderung unbeschadet der ihm durch den Vergleich gewährten Befugnisse gibt, hat den drei Fällen der preußischen Konkursordnung die clausula generalis beigefügt: „oder wenn der Zwangsvergleich in anderer Weise durch Betrug zustande gebracht ist“. In den Motiven dieses Entwurfes, welche zunächst das Verlassen des Nichtigkeitsprinzipes rechtfertigen, ist gesagt: die Anfechtungsgründe beruhen darauf, daß entweder die Gläubiger bei Beurteilung des Vergleiches in einen wesentlichen Irrtum über die Sachlage versetzt worden seien (vgl. Strafgesetzbuch für das Deutsche Reich § 281 Ziff. 1, 2, § 282), oder daß unmittelbar der Abschluß oder die Bestätigung des Vergleiches betrüglich bewirkt sei. In letzterer Hinsicht verdiene die heimliche Begünstigung eines Gläubigers hervorgehoben zu werden. Die Reichskonkursordnung § 182 (wie schon der Entwurf) hat nun von jeder Exemplifikation Abstand genommen und gewährt jedem Gläubiger, wenn der Zwangsvergleich durch Betrug zustande gekommen ist, das Recht zur Anfechtung des vergleichsmäßigen Erlasses seiner Forderung unbeschadet der ihm durch den Vergleich gewährten Rechte (unter der hier nicht in Frage stehenden Voraussetzung, daß der Gläubiger ohne Verschulden außerstande war, den Anfechtungsgrund in dem Bestätigungsverfahren geltend zu machen). Die Motive beschäftigen sich, indem sie vorausschicken, Betrug entkräfte jeden Vertrag und jedes Urteil, nur mit der Begründung des Anfechtungsprinzipes gegenüber dem gemeinen, französischen und preußischen Rechte, wonach jeder Gläubiger über sein Interesse hinaus die Nichtigkeit des Zwangsvergleiches herbeiführen kann. In der Reichsjustizkommission fand eine Erörterung nur statt über den Begriff des Betruges. Hervorgehoben wurde, Betrug sei hier in der zivilrechtlichen Bedeutung zu verstehen; erforderlich sei absichtliche Erregung oder Unterhaltung eines Irrtumes, welcher sich als kausal für das Zustandekommen des Vergleiches darstelle, während die Richtung auf beabsichtigten Vermögensvorteil und Vermögensbeschädigung hier schon durch das bezweckte Rechtsgeschäft gegeben sei. Von dem Vertreter des Bundesrates wurde hierbei, im Anschlusse an die Motive zu der Bestimmung in § 173 Ziff. 1 KO., bemerkt, unter Betrug in § 182 sei etwas Anderes, Engeres zu verstehen als in der dort genannten Begünstigung oder unlauteren Handlungsweise. Der von einer Seite angeregte Gedanke, zu der Exemplifikation des § 186 des Entwurfes einer Gemeinschuldordnung zurückzukehren, fand keinen Anklang.

Vgl. Protokoll S. 114, 115; s. auch Sarwey, Kommentar zur Reichs-Konkursordnung 3. Aufl. S. 818flg.

Die Ansicht des Berufungsgerichtes, welche wesentlich auf seiner Auffassung von der Entstehungsgeschichte des § 182 KO. beruht, wird insoweit hiernach durch dieselbe nicht bestätigt, sondern geradezu widerlegt. Die Reichskonkursordnung weicht vielmehr bewußt von der preußischen Konkursordnung ab, wie schon der Entwurf der Gemeinschuldordnung mit der clausula generalis ein allgemeines Prinzip aufgestellt hat. Für die preußische Konkursordnung könnte bezweifelt werden, ob sie die Nichtigkeitsklage überhaupt an die Voraussetzung des Betruges knüpfte, oder ob sie in den von ihr genannten Fällen eine absolute Präsumtion des Betruges und des durch solchen herbeigeführten Abschlusses des Akkordes aufstellte. Jedenfalls ließ sie die Nichtigkeitsklage nur in diesen drei Fällen zu und schloß damit die Nichtigkeitsklage für den Fall aus, wenn die Zustimmung gerade desjenigen Gläubigers, welcher für seine Zustimmung zum Akkord den besonderen Vorteil erhalten hat, nicht ausschlaggebend für das Zustandekommen des Akkordes war, obwohl klar vorliegen mochte, daß andere (nicht begünstigte) Gläubiger, ohne deren Zustimmung der Vergleich nicht zustande gekommen wäre, von dem Gemeinschuldner oder einem Dritten in Beziehung auf die Gewährung besonderer Vorteile an jenen Gläubiger oder einzelne Gläubiger getäuscht worden seien, und sie bei Kenntnis solcher heimlichen Begünstigung nicht für den Akkord gestimmt hätten. Nach der clausula generalis der Gemeinschuldordnung wäre auch die Berücksichtigung dieses Falles möglich gewesen. Daß die Reichskonkursordnung beim Zutreffen dieser Merkmale die Anfechtung wegen Betruges nicht ausschließen will, kann bei der absichtlich allgemeinen Fassung des § 182 nicht bezweifelt werden. Inwiefern die übrigen Vorschriften der Konkursordnung dieser Auffassung entgegenstehen sollten, ist nicht ersichtlich. Dies gilt insbesondere von §§ 168, 213 KO. Die Vorschrift, welche jedes andere Abkommen des Gemeinschuldners oder anderer Personen mit einzelnen Gläubigern, durch welches diese bevorzugt werden sollen, für nichtig erklärt (§ 168 Satz 2), hat selbständige Bedeutung als Schutzvorschrift gegen die auch nur mögliche Benachteiligung der Gläubiger durch geheime Abkommen und bezweckt tunlichste Abhaltung von derlei Abkommen. Mehr sagt auch das von dem Berufungsgerichte angeführte Urteil des I. Zivilsenates,

Entsch. des RG.s in Zivils. Bd. 28 S. 96flg.,

nicht; insbesondere ist daselbst die Bestimmung des § 168 Satzes 2 nicht in eine Beziehung zu derjenigen des § 182 gebracht, welche die einschränkende Auslegung des Berufungsgerichtes rechtfertigte.

Vgl. Entsch. des RG.s in Zivils. Bd. 30 S. 24.

In ähnlicher Weise verhält es sich mit der Strafvorschrift des § 213 (243 n. F.). Die Handlung des Gläubigers, welcher sich besondere Vorteile dafür hat gewähren oder versprechen lassen, daß er bei den Abstimmungen der Konkursgläubiger in einem gewissen Sinne stimme (z. B. für einen vorgeschlagenen Zwangsvergleich), ist unter Strafe gestellt wegen der Möglichkeit, daß er durch seine Abstimmung auf die Rechte der übrigen Gläubiger zwingend einwirkt.

Vgl. Motive zu § 213 S. 461, 462; Entsch. des RG.s in Strafs. Bd. 12 S. 122flg.

Desgleichen läßt die Bestimmung in § 173 (188 n. F.) Ziff. 1, wonach der Vergleich auf Antrag eines nicht bevorrechtigten Konkursgläubigers von dem Konkursgerichte zu verwerfen ist, wenn der Vergleich durch Begünstigung eines Gläubigers oder sonst in unlauterer Weise zustande gebracht ist, nicht den Schluß darauf zu, daß die in § 182 allgemein statuierte nachträgliche Anfechtbarkeit des Zwangsvergleiches in dem hier fraglichen Falle nur zulässig sein sollte, wenn ohne die Einwilligung des begünstigten Gläubigers der Zwangsvergleich nicht angenommen wäre. Die Ansicht des Berufungsgerichtes ist auch, soviel ersichtlich, in der Literatur nirgends vertreten. Es muß vielmehr in Übereinstimmung mit der Doktrin angenommen werden, daß die Anfechtung des Zwangsvergleiches nach § 182 gestattet ist, wenn nur der Beweis erbracht wird, daß ein Betrug das Zustandekommen des Vergleiches bewirkt hat. Liegt vor, daß Vermögensstücke verheimlicht oder beiseite geschafft, oder daß erdichtete Schulden aufgestellt worden sind, dann wird die Annahme des betrüglichen Zustandekommens des Zwangsvergleiches ohne weiteres gerechtfertigt sein. Denn die Kenntnis der wirklichen Aktiv- und der Passivmasse bildet für alle interessierten Gläubiger die selbstverständliche Grundlage für ihre Entschließung, ob sie sich auf einen proponierten Zwangsvergleich einlassen wollen, oder nicht. In anderen Fällen kommt es auf die konkrete Prüfung der Umstände an. Insbesondere ist es Tatfrage, ob beim heimlichen Abschlusse begünstigender Verträge mit einem Gläubiger oder mehreren einzelnen Gläubigern dann, wenn zwar nicht die Zustimmung dieser begünstigten Gläubiger, wohl aber diejenige anderer, zurückgesetzer Gläubiger für das Zustandekommen des Vergleiches ausschlaggebend war, angenommen werden kann, daß sie von dem Gemeinschuldner (oder einem Dritten) in Beziehung auf solche Verträge (auf den Nichtabschluß derselben) in Irrtum versetzt, und dieser Irrtum kausal für ihre Zustimmung zu dem Zwangsvergleiche gewesen ist. Hierbei ist prinzipiell nicht einmal erforderlich, daß die begünstigten Gläubiger den besonderen Vorteil neben dem allen Gläubigern durch den Zwangsvergleich Gebotenen für ihre Zustimmung zugesagt erhielten, oder daß sie in der Tat nur durch den gewährten besonderen Vorteil zur Abgabe ihrer Stimme für den Vergleich bestimmt worden sind, auch nicht, daß sie für den Vergleich gestimmt haben. Es wird sich auch nicht empfehlen, in solchen Fällen bei der tatsächlichen Würdigung der Frage, ob maßgebende Gläubiger durch den Abschluß heimlicher Begünstigungsgeschäfte mit anderen Gläubigern getäuscht und hierdurch zur Abgabe ihrer Stimme für den Vergleich bewogen worden sind, ob sie bei Kenntnis der wirklichen Sachlage ihre Zustimmung verweigert hätten, der Zwangsvergleich also nicht zustande gekommen wäre, einen zu strengen Maßstab anzulegen. Soweit hierbei die Absicht der Benachteiligung oder die objektive Benachteiligung der zurückgesetzten Gläubiger in Betracht kommt, ist zu berücksichtigen, daß, falls die Gläubiger als Konkursdividende nicht mehr oder vielleicht weniger erlangt hätten, als ihnen durch den Zwangsvergleich geboten wird, doch der Gemeinschuldner grundsätzlich beim Zustandekommen eines Zwangsvergleiches von der Verpflichtung, den Ausfall der Gläubiger nachträglich zu ersetzen, befreit wird, während beim regelmäßigen Verlaufe des Konkursverfahrens nach der Aufhebung desselben die nicht befriedigten Konkursgläubiger ihre Forderungen, bzw. ihren Ausfall gegen den Gemeinschuldner unbeschränkt geltend machen können (§ 152 KO.). Da hiernach das Berufungsurteil, soweit die Klage auf den mit dem Gläubiger G. geschlossenen Begünstigungsvertrag gestützt ist, auf einer rechtsirrigen Auffassung des § 182 KO. beruht, mußte es aufgehoben, und die Sache zur anderweiten Verhandlung und Entscheidung auf den vorentwickelten Grundlagen zurückverwiesen werden. Hierbei ist, da beklagterseits geltend gemacht war, das Abkommen mit G. sei erst nach dem 26. März 1891 geschlossen worden, selbstverständlich die Zeit des Abschlusses festzustellen. Im übrigen ist nicht bestritten, daß ohne die Zustimmung der beiden Revisionskläger der Zwangsvergleich nicht zustande gekommen wäre (§ 169 KO.). Die Revisionskläger haben auch zum Beweise dafür, daß gerade sie tatsächlich nur deshalb für den Vergleich gestimmt hätten, weil sie von der gleichmäßigen Behandlung aller Gläubiger überzeugt gewesen seien, einen speziellen Umstand angeführt, dessen Erheblichkeit erforderlichen Falles noch zu prüfen sein wird."

(Weiter folgt die, hier nicht interessierende, Darlegung, daß das Urteil auch in Ansehung des Vorwurfes der Verheimlichung der Forderung gegen die Witwe K. wegen Verstoßes gegen § 259 ZPO. aufgehoben werden müsse.)

RGZ. 41, 41

Setzt die Nichtigkeit eines Abkommens im Sinne des § 168 (181 n. F.) Satzes 3 KO. lediglich eine objektive Bevorzugung eines einzelnen Gläubigers, oder auch das Bewußtsein der Bevorzugung auf seiten eines Vertragschließenden voraus?

III. Zivilsenat. Urt. v. 25. Februar 1898.

I. Landgericht Rudolstadt. II. Oberlandesgericht Jena.

Die Klägerin hatte in dem am 28. März 1893 über das Vermögen der Firma A. St. & Co. in G. eröffneten Konkursverfahren eine Forderung von 4274 M. angemeldet, die im Prüfungstermine vom 8. Juni 1893 anerkannt und als festgestellt in die Konkurstabelle eingetragen wurde. Der Beklagte stellte der Klägerin am 25. Juni 1893 folgende Urkunde aus: „Für den Ausfall, den die Firma S. & L. zu N. an dem Konkurse der Firma A. St. & Co. in G. erleidet, leiste ich hiermit dergestalt selbstschuldnerische Bürgschaft, daß ich mich dazu verpflichte, wenn die Firma S. & L. die dem Kaufmann A. St. zugesagte Unterstützung durch Kreditierung von Waren, die in Kommission gegeben werden, gewährt, innerhalb 3 Jahre vom Tage der Feststellung des Ausfalls an, falls derselbe anderweitig nicht abgetragen sein sollte, als meine eigene Schuld an die Firma S. & L. zu bekennen und diese zu berichtigen." Die Beendigung des Konkursverfahrens erfolgte durch einen am 28. Juli 1893 gerichtlich bestätigten Zwangsvergleich, durch welchen den Konkursgläubigern 30 Prozent ihrer Forderungen zugesprochen wurden. Klägerin erhielt demgemäß 1282,20 M. ausbezahlt. Wegen des angeblich nicht gedeckten Restes ihrer Forderungen von 2991,80 M. nebst 5 Prozent Prozeßzinsen nahm die Klägerin den Beklagten gerichtlich in Anspruch. Die Klage wurde in erster Instanz abgewiesen, und die Berufung der Klägerin durch das angefochtene Urteil zurückgewiesen. Die gegen dieses Urteil eingelegte Revision ist für begründet erachtet.

Aus den Gründen:

... „Es kann die Ansicht des Berufungsgerichtes, daß gemäß § 168 Satz 3 KO. jedes ohne ausdrückliche Einwilligung der zurückgesetzten Gläubiger geschlossene Nebenabkommen, welches nur objektiv eine Bevorzugung enthält — ganz einerlei, ob die Absicht der Vertragschließenden auf eine Bevorzugung ging, oder nicht — nichtig sei, nicht gebilligt werden. Es ist allerdings eine Streitfrage, ob eine objektive Bevorzugung genügt, oder ob nicht wenigstens das Bewußtsein der Bevorzugung auf seiten des Gemeinschuldners (bzw., wie in concreto, des dritten Kontrahenten) oder des Bevorzugten zu erfordern ist. Während von Petersen u. Kleinfeller (Konkursordnung 3. Aufl. S. 502) und von Mandry (Der zivilrechtliche Inhalt der Reichsgesetze 3. Aufl. § 38 S. 360) die objektive Bevorzugung für genügend erachtet wird, wird von Endemann (Das deutsche Konkursverfahren S. 587/8), Fitting (Das Reichs-Konkursrecht § 47 Anm. 16 S. 360), v. Wilmowski (Konkursordnung 5. Aufl. Bem. 4 S. 449/50) und Sarwey-Bossert (Konkursordnung 3. Aufl. § 168 Note 3 S. 787) das subjektive Bewußtsein der Bevorzugung erfordert. Der erkennende Senat schließt sich der letzteren Ansicht an. Schon der Wortlaut von § 168 Satz 3 KO.: „Jedes andere Abkommen des Gemeinschuldners oder anderer Personen mit einzelnen Gläubigern, durch welches diese bevorzugt werden sollen, ist nichtig“, spricht für diese Auslegung, und der bloße äußere Zusammenhang mit den beiden ersten Sätzen des § 168 KO., wonach der Zwangsvergleich allen nicht bevorrechtigten Konkursgläubigern gleiche Rechte gewähren muß, und eine ungleiche Bestimmung der Rechte nur mit ausdrücklicher Einwilligung der zurückgesetzten Gläubiger zulässig ist, ist kein Grund gegen jene Auslegung. Es ist deshalb nicht, wie das Berufungsurteil es tut, dahingestellt zu lassen, ob das Bewußtsein der Bevorzugung bei Abschluß des Abkommens auf Seiten der Klägerin oder des Beklagten vorhanden war. Demgemäß ist das Berufungsurteil aufzuheben, und die Sache, welche zur Endentscheidung noch nicht reif ist, zur Verhandlung und Entscheidung an das Berufungsgericht zurückzuverweisen.“ ...*)

---

*) Vgl. Bd. 61 S. 296 bzgl. eines nach Bestätigung aber vor Rechtskraft des Bestätigungsbeschlusses getroffenen Abkommens.

RGZ. 52, 155

Hat ein in einem ausländischen Konkursverfahren abgeschlossener Zwangsvergleich den Untergang der angemeldeten und zugelassenen Forderung eines inländischen Gläubigers über die Dividende hinaus mit Wirkung auch für das Inland zur Folge? Tritt diese Wirkung wenigstens dann ein, wenn der inländische Gläubiger bei Abschluß des Zwangsvergleichs mitgewirkt und ihm zugestimmt hat?

II. Zivilsenat. Urt. v. 11. Juli 1902.

I. Landgericht Düsseldorf. II. Oberlandesgericht Köln.

Aus den Gründen:

... „Der Beklagte und Revisionsbeklagte hat nach der Beurkundung insbesondere des Tatbestandes erster Instanz zugegeben, auf Grund eines früheren Gesellschaftsverhältnisses mit dem Kläger diesem denjenigen Betrag von Hauptsumme 5932,45 Franken schuldig geworden zu sein, von welchem der Kläger einen Teilbetrag von 1600 M. mit der gegenwärtigen, beim Landgericht Düsseldorf als auf Grund des § 23 ZPO. zuständigen Gericht erhobenen Klage fordert; er hat diesem Anspruch lediglich die Einrede entgegengesetzt, daß diese Forderung durch das im Fallimente des Beklagten zu Bordeaux im Jahre 1893, den Bestimmungen des französischen Konkursrechtes entsprechend, formell und materiell rechtswirksam zustande gekommene Konkordat untergegangen sei. In dieser Hinsicht ist unbestritten, auch in den Instanzen ausdrücklich festgestellt, daß der Kläger zu jenem Falliment des Beklagten seine vorangegebene Forderung angemeldet hatte, daß er durch seine Bevollmächtigte, die Firma B. & Cie., dem Konkordat zugestimmt, und die letztere unterm 1. Juni 1896 über den Empfang der Konkordatsdividende Saldoquittung erteilt hat.

Anlangend die Frage, welchen Einfluß diese Vorgänge auf den Bestand der klägerischen Forderung, soweit dieselbe nicht durch jene Dividende gedeckt worden ist, gehabt haben, so ist zunächst mit dem Oberlandesgericht davon auszugehen, daß an sich die bloße Beteiligung eines inländischen Gläubigers an dem ausländischen Konkurse den nach dem ausländischen Rechte eintretenden Untergang der angemeldeten Forderung über die Akkordrate hinaus für das Inland nicht zur Folge hat. Die vereinzelt namentlich von v. Bar (Internationales Privatrecht Bd. 2 S. 488) vertretene gegenteilige Ansicht kann als zutreffend nicht erachtet werden und ist namentlich auch bisher vom Reichsgericht,

vgl. Entsch. in Zivils. Bd. 21 S. 7 flg.; Bd. 24 S. 383 flg., besonders S. 388. 389,

nicht gebilligt worden. Die für dieselbe gegebene Begründung, daß, wenn der inländische Gläubiger an den unter Umständen mit dem

Konkordat verbundenen Vorteilen teilnehme, er nach Treue und Glauben auch die nachteiligen rechtlichen Folgen auf sich nehmen müsse, ist insbesondere für das deutsche Recht nicht entscheidend. Die in Frage stehende Wirkung des Untergangs der Forderungen der anmeldenden Gläubiger knüpft sich an einen mit dieser Wirkung durch das ausländische Gesetz ausgestatteten, von der Genehmigung der ausländischen Gerichte bedingten Rechtsakt, der, soweit er als solcher vom inländischen Recht nicht anerkannt wird, ebenso, wie an sich ein ausländisches Urteil für das Inland die Rechtswirkung des Untergangs der Forderung des inländischen Gläubigers nicht haben kann. Daß das deutsche Konkursrecht, wenngleich in den Motiven zu den §§ 207. 208 (S. 457) und in den Verhandlungen der Kommission (Protokolle S. 196 flg.) einem freieren Standpunkt das Wort geredet ist, doch auf diesem Grundsatze der bloß territorialen Wirkung der ausländischen Konkurse beruht, ergibt insbesondere die Bestimmung des § 237 KO. (früher § 207), der ausnahmslos die Zwangsvollstreckung in das im Inlande befindliche Vermögen des ausländischen Kridars zuläßt.

Wenn hiernach das in Bordeaux zustande gekommene Konkordat des Beklagten den Untergang der jetzt eingeklagten Forderung des Klägers nicht schon wegen der bloßen Beteiligung desselben an dem Fallimente zur Folge gehabt hat, so fragt es sich weiter, ob diese Wirkung, wie das Oberlandesgericht angenommen hat, dadurch eingetreten ist, daß der Kläger durch seinen Bevollmächtigten jenem Konkordat zugestimmt hat. In dieser Hinsicht könnte der Untergang der Forderung nur aus dem Gesichtspunkte des Vertrags, infolge eines freiwilligen Verzichts hergeleitet werden. Nun kann ein solcher Verzicht in der Zustimmung zu dem Konkordate allerdings gefunden werden; aber an sich ergibt er sich daraus nicht. Diese Zustimmung hat als solche rechtlich nur die Bedeutung, daß der Gläubiger, der seine Stimme in bejahendem Sinne abgibt, für das Zustandekommen der Auseinandersetzung zwischen den Gläubigern und dem Gemeinschuldner im Wege des Zwangsvergleichs durch das ihm zustehende Stimmrecht eintritt. Insbesondere aber bei dem ausländischen Konkurse kann der Zustimmung des inländischen Gläubigers keinesfalls ohne weiteres eine weitere Tragweite beigelegt werden, als daß derselbe sich bezüglich seiner Forderung mit denjenigen Wirkungen einverstanden erklärt, welche das ausländische Konkordat für ihn als inländischen Gläubiger überhaupt hat.

Nun hat zwar das Oberlandesgericht in seinen Ausführungen angenommen und dargetan, daß der Kläger tatsächlich und freiwillig auf den Überschuß seiner Forderung verzichtet habe. Das ist aber um deswillen rechtsirrtümlich, weil die Annahme immer doch lediglich auf die Tatsache der Zustimmung zu dem Konkordat gegründet wird, die an sich rechtlich diese Bedeutung nicht hat. Insbesondere ist es rechtsirrig, wenn das Oberlandesgericht entscheidendes Gewicht darauf legt, daß die Zustimmung ohne Vorbehalt erklärt worden sei, weil nur derjenige einen Vorbehalt zu machen hat, welcher bewirken will, daß seine Willenserklärung eine sonst nach dem Gesetze eintretende Folge nicht habe; das war aber nicht erforderlich, weil, wie ausgeführt, das ausländische Konkordat eben nicht zum Nachteile des inländischen Gläubigers im Inlande wirkt. Spezielle Gründe und tatsächliche Umstände dafür, daß es Absicht des Klägers bei der Abgabe seiner Stimme für das Konkordat gewesen sei, auf seine Forderung über die Dividende hinaus und insbesondere auf deren Geltendmachung im Inlande zu verzichten, hat das Oberlandesgericht nicht gegeben; es sind solche aber auch vom Beklagten ersichtlich niemals geltend gemacht und behauptet worden. Das Oberlandesgericht hat namentlich selbst kein Gewicht auf den Inhalt der Saldoquittung vom 1. Juni 1896 gelegt, die sich ihrem Inhalte nach auch nur auf die Dividende bezieht.

Danach erscheint die Abweisung der Klage nicht gerechtfertigt. Vielmehr mußte unter Aufhebung des angefochtenen Urteils, da auch aus den feststehenden Tatsachen die Begründetheit des Klaganspruchs sich ergibt, gemäß § 565 Abs. 3 Ziff. 1 ZPO. zur Sache selbst wie geschehen nach dem Klagantrage erkannt werden.“ ...

RGZ. 92, 121

Kann sich der Bürge dem Gläubiger gegenüber auf einen zur Abwendung des Konkurses des Hauptschuldners geschlossenen Vergleich berufen, oder haftet er ihm für den dadurch erlassenen Teil der Hauptschuld?

BGB. 767 Abs. 1 Satz 1, § 774. KO. § 193.

III. Zivilsenat. Urt. v. 29. Januar 1918.

Die Entscheidung ist abgedruckt unter „Bürgerliches Recht, Schuldrecht 7“.

RGZ. 92, 181

Zwangsvergleich im Konkurse, worin den nicht bevorrechtigten Konkursgläubigern ein Prozentsatz ihrer Forderungen versprochen ist.

1. Wird in solchem Falle die persönliche Forderung eines Absonderungsberechtigten auf die Vergleichsquote herabgesetzt, und kann der Gläubiger auch diese Quote nur verlangen, wenn und soweit er auf sein Absonderungsrecht verzichtet hat oder bei dessen Ausübung ausgefallen ist?

2. Gelten Zinsen von einer nicht bevorrechtigten Konkursforderung für die Zeit nach dem Zwangsvergleich als gänzlich erlassen,

oder bleiben solche Zinsansprüche trotz des Zwangsvergleichs für den nicht erlassenen Teil des Kapitals im Zweifel bestehen?

KO. §§ 63, 64, 193, 211.

V. Zivilsenat. Urt. v. 9. Februar 1918.

I. Landgericht Nürnberg. II. Oberlandesgericht daselbst.

Der Kläger hat der Beklagten zu 1, der jetzt in Liquidation befindlichen offenen Handelsgesellschaft Gebr. L., deren Gesellschafter die Beklagten zu 2 und 3, H. und C. L., waren und deren Liquidatoren jetzt diese Beklagten sind, im Jahre 1910 ein Darlehn von 80000 M. gegeben, das mit $4^1/_2$% verzinst werden sollte und zu dessen Sicherheit eine Buchhypothek von 80000 M. an zwei der Beklagten zu 1 gehörigen Grundstücken in G. an erster Stelle bestellt worden ist. Die Zinsen sind seit 1. Januar 1911 nicht bezahlt worden. Der Kläger hat am 24. März 1911 das Darlehn gekündigt. Am 20. Mai 1911 ist über das Vermögen der Beklagten zu 1 das Konkursverfahren eröffnet worden. Der Kläger meldete am 7. Juni 1911 seine Darlehnsforderung von 80000 M. nebst $4^1/_2$% Zinsen seit 1. Januar 1911 unter Geltendmachung seines Absonderungsrechts in Höhe des Ausfalls zum Konkurs an; die Forderung wurde, wie angemeldet, im Prüfungstermine festgestellt.

Am 13. Mai 1914 reichte die Gemeinschuldnerin dem Konkursgericht einen Zwangsvergleichsvorschlag ein, wonach sie den nicht bevorrechtigten Gläubigern eine Zwangsdividende von 10% bot. Am 3. Juli 1914 zog dann der Kläger die Anmeldung seiner Ausfallforderung bei dem Konkursgerichte zurück. Demnächst wurde der Zwangsvergleichsvorschlag angenommen und durch rechtskräftig gewordenen Beschluß des Konkursgerichts vom 8. Juli 1914 bestätigt. Am 6. November 1914 wurde das Konkursverfahren aufgehoben.

Im Rechtsstreite machte der Kläger gegen die Beklagte zu 1 den dinglichen Anspruch und gegen alle drei Beklagte als Gesamtschuldner den persönlichen Anspruch auf Zahlung der Zinsen zu $4^1/_2$% von den 80000 M. für die Zeit vom 1. Januar 1915 bis zum 30. Juni 1916 geltend. Der dingliche Anspruch wurde durch Anerkenntnis der Beklagten zu 1 erledigt. Gegen den persönlichen Anspruch wandten sie ein, dem Kläger stehe gegen sie die Forderung und somit auch der eingeklagte Zinsanspruch zufolge des Zwangsvergleichs nur in Höhe von 10 Prozent zu, aber auch diese 10 Prozent könne er mangels Verzichts auf das Absonderungsrecht nur von dem Betrage verlangen, mit dem er bei der Zwangsversteigerung der mit seiner Hypothek belasteten Grundstücke ausfalle, und einen Ausfall habe er, da eine Zwangsversteigerung nicht erfolgt sei, bisher überhaupt noch nicht erlitten.

Der Kläger erachtete dagegen den für eine Zeit nach der Konkurseröffnung geltend gemachten persönlichen Zinsanspruch als nicht von einem Ausfalle seiner Hypothek abhängig und auch als nicht von dem Zwangsvergleiche betroffen. Weiter focht er den Zwangsvergleich wegen Betrugs nach § 196 KO. an.

Der erste Richter verurteilte die drei Beklagten als Gesamtschuldner zur Zahlung der Zinsen von einem Kapitalbetrage von 4000 M.; im übrigen wies er den persönlichen Zinsanspruch ab. Der Berufungsrichter erkannte auf gänzliche Abweisung des persönlichen Zinsanspruchs.

Die Revision des Klägers hatte gegen die Beklagte zu 1 keinen Erfolg. Dagegen wurde der Revision gegenüber den Beklagten zu 2 und 3 hinsichtlich der Zinsen von 8000 M. stattgegeben und die Verurteilung der Beklagten zu 2 und 3 als Gesamtschuldner zur Zahlung der Zinsen zu $4^1/_2$% von diesem Teilbetrage der Hypothekenforderung für die Zeit vom 1. Januar 1915 bis zum 30. Juni 1916 ausgesprochen. Im übrigen wurde auch diese Revision zurückgewiesen.

Aus den Gründen:

... „Für die Revisionsinstanz kommt nur in Betracht der vom Berufungsrichter abgewiesene persönliche (schuldrechtliche) Anspruch des Klägers gegen die drei Beklagten auf Zahlung der Zinsen von dem der Beklagten zu 1 gewährten Darlehn von 80000 M., zu dessen Sicherung eine Hypothek zu gleichem Betrag auf den der Beklagten zu 1 gehörigen Grundstücken für den Kläger eingetragen ist. Der Anspruch betrifft die Zinsen zu $4^1/_2$% von der ganzen Darlehnsforderung für die Zeit vom 1. Januar 1915 bis zum 30. Juni 1916, also für einen Zeitraum, der nach dem am 8. Juli 1914 vom Konkursgerichte bestätigten Zwangsvergleich und nach der am 6. November 1914 erfolgten Aufhebung des Konkursverfahrens über das Vermögen der Beklagten zu 1 liegt. Der Berufungsrichter beurteilt das Schuldverhältnis der Beklagten zu 1 und das der Beklagten zu 2 und 3, der Gesellschafter der Beklagten zu 1, zu dem Kläger hinsichtlich dessen Darlehnsforderung nebst Zinsen überall in gleicher Weise. Er erklärt die Auffassung des Klägers, daß der Zwangsvergleich ihn in dieser Beziehung, weil er auf Grund der für ihn auf den Grundstücken der Beklagten zu 1 eingetragenen Hypothek absonderungsberechtigter Gläubiger sei, so lange nicht berühre, als nicht durch Verwertung der Pfandgrundstücke sein Ausfall feststehe, für unhaltbar, und nimmt an, daß der Kläger gerade wegen Bestehens des Absonderungsrechts und zufolge des Zwangsvergleichs erst dann, wenn nach Verwertung der Pfandgrundstücke ein Ausfall sich ergeben haben würde, einen Anspruch wegen des Darlehnskapitals geltend machen könnte, und zwar nur in Höhe der Vergleichsquote von dem Betrage des Ausfalls, daß er aber in seiner Eigenschaft als persönlicher Gläubiger den

Zinsanspruch durch den Zwangsvergleich, dessen Anfechtung wegen Betrugs nicht gerechtfertigt sei, überhaupt verloren habe, weil in dem Zwangsvergleiche Zinsen nicht ausbedungen worden seien.

Die Auffassung des Berufungsrichters hinsichtlich der Wirkung des Bestehens des Absonderungsrechts trifft für die Darlehnsforderung des Klägers gegen die Beklagte zu 1 zu. Dies hat zunächst von der Kapitalforderung zu gelten, die hier freilich vom Kläger nicht geltend gemacht worden ist. Nach § 193 Satz 2 KO. ist nur das dingliche Recht des Klägers aus der für die Forderung bestehenden Hypothek durch den Zwangsvergleich unberührt geblieben. Dagegen ist der Zwangsvergleich gemäß § 193 Satz 1 gegen den Kläger als Gläubiger der schuldrechtlichen Forderung selbst wirksam, da der Kläger insoweit nach § 3 nicht bevorrechtigter Konkursgläubiger ist (RGZ. Bd. 5 S. 395, Bd. 23 S. 43). Der Kläger hat aber weiter auch nicht unbedingt einen Anspruch auf die Zwangsvergleichsquote von seiner ganzen Forderung, soweit es sich um Befriedigung aus anderem Vermögen der Beklagten zu 1 als den der Hypothek unterliegenden Grundstücken handeln würde. Nach § 64 KO. kann ein absonderungsberechtigter Gläubiger verhältnismäßige Befriedigung aus der Konkursmasse nur für den Betrag seiner Forderung verlangen, zu welchem er auf abgesonderte Befriedigung verzichtet oder mit welchem er bei der letzteren ausgefallen ist. Der Gläubiger wird also vom Gesetze darauf verwiesen (vgl. RGZ. Bd. 5 S. 395, Bd. 16 S. 70), zunächst aus den zu seiner abgesonderten (§ 4 Abs. 2) Befriedigung dienenden Gegenständen (§§ 47 flg.) Befriedigung zu suchen und nur, wenn und soweit er auf das Absonderungsrecht verzichtet hat oder bei dessen Ausübung ausgefallen ist, kann er verhältnismäßige Befriedigung für den betreffenden Betrag seiner persönlichen Forderung aus der Konkursmasse verlangen. § 64 regelt allerdings zunächst nur das Rechtsverhältnis zwischen den Absonderungsberechtigten und den Konkursgläubigern. Diese gesetzliche Regelung wird aber durch den Abschluß eines Zwangsvergleichs nicht beseitigt. Für die Konkursgläubiger tritt der Zwangsvergleich an die Stelle der Verwertung und Verteilung der Konkursmasse und die Zwangsvergleichsquote an die Stelle des Anteils an der unter die Konkursgläubiger zu verteilenden Masse, und wenn der Anspruch auf den Anteil von einer Bedingung abhängig war, haftet auch dem Anspruch auf die Zwangsvergleichsquote diese Bedingung an. Demnach kann der absonderungsberechtigte Gläubiger nur, wenn und soweit er auf sein Absonderungsrecht verzichtet hat oder bei dessen Ausübung ausgefallen ist, die Zwangsvergleichsquote von dem betreffenden Betrage seiner persönlichen Forderung verlangen (RGZ. Bd. 5 S. 396, Bd. 6 S. 66, Bd. 78 S. 75). Im vorliegenden Falle hat der Kläger weder auf seine Hypothek verzichtet noch seine Befriedigung aus den für die Hypothek haftenden Grundstücken der Beklagten zu 1 betrieben. Daher würde eine vom Kläger gegen die

Beklagte zu 1 wegen der Kapitalforderung erhobene Klage auf Zahlung, wenn zunächst von der Anfechtung des Zwangsvergleichs abgesehen und dessen Rechtsbeständigkeit vorausgesetzt wird, von vornherein hinfällig sein.

Hinsichtlich des hier mit der Klage geltend gemachten Anspruchs auf Zahlung von Zinsen für eine nach dem Zwangsvergleiche liegende Zeit kommt weiter die Vorschrift des § 63 Nr. 1 KO. in Betracht, wonach im Konkursverfahren die seit der Eröffnung des Verfahrens laufenden Zinsen nicht geltend gemacht werden können. Im Schrifttum wird von der herrschenden Meinung angenommen, daß Geldstrafen und Forderungen aus einer Freigebigkeit des Gemeinschuldners, welche nach § 63 Nr. 3, 4 ebenfalls im Konkursverfahren nicht geltend gemacht werden können, von einem Zwangsvergleich unberührt blieben, weil sie, wenn ihre *Geltendmachung im Konkursverfahren nicht* zulässig sei, nicht Konkursforderungen im Sinne des § 193 Satz 1 KO. seien und mit ihren Gläubigern (§ 173) der Vergleich nicht geschlossen werde. Ferner wird angenommen, daß die seit der Konkurseröffnung laufenden Zinsen von bevorrechtigten Konkursforderungen ebenfalls von einem Zwangsvergleiche nicht betroffen würden, weil ein Zwangsvergleich nach § 193 Satz 1 KO. gegen bevorrechtigte Konkursgläubiger nicht wirksam sei. Ob dies zutreffend ist, kann dahingestellt bleiben. Für die seit der Konkurseröffnung laufenden Zinsen von nicht bevorrechtigten Konkursforderungen kann es keinesfalls gelten, daß sie von einem Zwangsvergleiche nicht betroffen werden, sondern in ihrem ganzen Umfange Bestand behalten. Die Zinsen sind Nebenforderungen und als solche grundsätzlich von dem Bestande der Hauptforderung abhängig, und der Gläubiger der Hauptforderung ist auch zugleich in der Regel ihr Gläubiger. Ist nun der Zwangsvergleich nach § 193 Satz 1 gegen den Gläubiger der Hauptforderung als einer nicht bevorrechtigten Konkursforderung wirksam, so muß er grundsätzlich auch gegen ihn als Gläubiger der Nebenforderung wirksam sein und, wenn durch ihn eine Ermäßigung der Hauptforderung herbeigeführt wird, auch eine Herabsetzung des Zinsanspruchs bewirken. Der besonderen Bewilligung dieser Herabsetzung durch die davon betroffenen Gläubiger bedarf es nicht. Auch wenn sie, wie vorliegend der Kläger, am Zwangsvergleichsverfahren nicht teilgenommen haben, tritt die Herabsetzung ein. Denn da zufolge des Erlasses durch den von der Mehrheit der Gläubiger (§ 182) beschlossenen und vom Konkursgerichte bestätigten, trotz der Nichtteilnahme am Zwangsvergleichsverfahren gegen sie wirksamen Zwangsvergleich ihre Hauptforderungen, soweit der Erlaß reicht, erlöschen, ist es unbedingte gesetzliche Folge, daß auch das Zinsrecht für den erlassenen Teil der Hauptforderungen erlischt (vgl. RGZ. Bd. 74 S. 81).

Anderseits ist aus § 63 Nr. 1 nicht zu folgern, daß Zinsen von nicht bevorrechtigten Konkursforderungen seit der Konkurseröffnung überhaupt nicht mehr beansprucht werden könnten und daß daher nach Aufhebung des Konkurses zufolge Zwangsvergleichs ein Anspruch auf Zinsen auch von dem nicht erlassenen Teile der Hauptforderungen in jedem Falle ausgeschlossen sei. Die gesetzgeberischen Gründe für die Vorschrift sind nach den Motiven zu § 56 des Entwurfs gewesen, daß jede Zinsforderung, wenngleich die Ursache der Zinsverpflichtung (der Zinsvertrag oder die gesetzliche Zahlbarkeit der Forderung oder der Verzug) in die Zeit vor der Konkurseröffnung fallen möge, immer erst mit dem Ablaufe der Zeit für die gehabte oder entzogene Benutzung des geschuldeten Gegenstandes entstehe und daher laufende Zinsen überhaupt nicht als Konkursforderungen im Sinne des § 3 anzusehen seien, und daß praktisch die Berücksichtigung der laufenden Zinsen die Verteilung der Masse unnötig erschweren würde, *während bei ihrer Nichtberücksichtigung kein Gläubiger* dem anderen gegenüber schlechter gestellt würde (vgl. auch RGZ. Bd. 9 S. 153). Die Zinsverpflichtung dauert aber auch für die Zeit nach der Konkurseröffnung an sich fort. Besteht für verzinsliche Forderungen ein Absonderungsrecht, so können die laufenden Zinsen bei der abgesonderten Befriedigung, da diese nach § 4 Abs. 2 unabhängig vom Konkursverfahren erfolgt, geltend gemacht werden (RG. in Jur. Wochenschr. 1888 S. 196 Nr. 4). Ferner sind die Zinsen gegen den Gemeinschuldner, soweit es sich um Vermögen handelt, das nicht zur Konkursmasse gehört, auch während des Konkursverfahrens verfolgbar (RG. das. 1887 S. 115 Nr. 16), und soweit ein Schuldverhältnis nach Aufhebung des Konkurses überhaupt noch besteht, ist ihre Geltendmachung, wie die aller ungetilgten Forderungen, dann unbeschränkt zulässig (§ 164, RGZ. Bd. 15 S. 117). Deshalb ist daraus, daß nach § 63 Nr. 1 die seit der Eröffnung des Verfahrens laufenden Zinsen „im Konkursverfahren" nicht geltend gemacht werden können, keinesfalls für sich allein und ohne weiteres zu folgen, daß im Falle eines Zwangsvergleichs, durch den der Gemeinschuldner, wenn nicht ein anderes bestimmt ist, gemäß § 192 das Recht zurückerlangt, über die Konkursmasse zu verfügen, ein Anspruch auf solche Zinsen gänzlich, auch für den nicht erlassenen Teil der Hauptforderung, fortan ausgeschlossen sei.

Es kann aber auch der im Schrifttum vereinzelt vertretenen Meinung nicht beigestimmt werden, daß durch einen Zwangsvergleich jeder Zinsanspruch deshalb beseitigt werde, weil an die Stelle der Forderung, wie sie zur Zeit der Konkurseröffnung bestanden habe, die Vergleichsforderung getreten und sonach außer dieser keine Forderung mehr vorhanden sei, von welcher Zinsen berechnet und gezahlt werden könnten. Der Zwangsvergleich verändert die Konkursforderung ihrem Wesen und Inhalte nach nicht und setzt nicht eine anders geartete Forderung an die Stelle der bisherigen, sondern er begrenzt nur, indem er an die Stelle der Verteilung der Konkursmasse unter die Konkursgläubiger tritt, den Umfang der bisherigen Konkursforderungen. Daher wird durch ihn nicht grundsätzlich ausgeschlossen, daß Nebenforderungen, soweit nicht eine Herabsetzung der Hauptforderungen auch ihre Herabsetzung nach sich zieht, fortbestehen bleiben. Es ist deshalb auch die Auffassung des Berufungsrichters unzutreffend, daß Zinsen nur dann verlangt werden könnten, wenn solche im Zwangsvergleiche besonders bedungen seien. Vielmehr kommt es, da die Zinsverpflichtung, wenn sie zur Zeit der Konkurseröffnung bestand, auch während des Konkursverfahrens an sich fortgedauert hat, darauf an, ob und inwieweit aus dem Inhalte des Zwangsvergleichs, der sich als ein vom Konkursgerichte genehmigter, den besonderen Vorschriften der §§ 173 flg. KO. unterworfener Vertrag des Gemeinschuldners mit den nicht bevorrechtigten Konkursgläubigern über eine bestimmte unter *Aufhebung des Konkurses erfolgende Befriedigung* dieser Gläubiger darstellt und im allgemeinen nach Vertragsgrundsätzen zu beurteilen ist (RGZ. Bd. 77 S. 404, Warneyer Rspr. 1911 Nr. 353), die Aufhebung der Zinsverpflichtung zu entnehmen ist. Im Schrifttum ist die Meinung überwiegend, daß im Zweifel ein Anspruch der Konkursgläubiger auf Zinsen seit der Konkurseröffnung als durch den Zwangsvergleich gänzlich ausgeschlossen zu erachten sei. Dabei wird besonders ein solcher Zwangsvergleich ins Auge gefaßt, in dem den nicht bevorrechtigten Konkursgläubigern die Gewährung eines bestimmten Prozentsatzes ihrer Forderungen zugesagt wird, ohne daß von Zinsen darin die Rede ist. Um einen derartigen Zwangsvergleich handelt es sich auch hier. Nach dem am 8. Juli 1914 vom Konkursgerichte bestätigten Zwangsvergleiche „soll den nicht bevorrechtigten Gläubigern, soweit sie nicht auf Befriedigung verzichtet haben, eine Zwangsvergleichsdividende von 10% ausbezahlt werden“. Eine Bestimmung über Zinsen ist darin nicht enthalten. Jene Meinung wird nun einesteils darauf gegründet, es entspreche dem Wesen des Zwangsvergleichs, daß die Gläubiger sich mit einem Teile desjenigen Betrags ihrer Forderungen begnügten, den sie im Konkursverfahren angemeldet hätten oder hätten anmelden können, und deshalb sei im Zweifel, also falls nichts Gegenteiliges im Zwangsvergleiche bestimmt sei, als Wille der Vergleichsparteien anzunehmen, daß Ansprüche auf Zinsen seit der Konkurseröffnung, die nach § 63 Nr. 1 KO. im Konkursverfahren nicht geltend gemacht werden konnten, aufgeopfert würden. Anderntheils wird die Meinung darauf gegründet, daß die den nicht bevorrechtigten Konkursgläubigern im Zwangsvergleiche zugesagte Befriedigung an die Stelle derjenigen trete, welche sie bei Erledigung des Konkursverfahrens durch Verteilung erhalten hätten, im übrigen aber solle der Gemeinschuldner von ihren Forderungen frei werden, und deshalb seien die im § 63 Nr. 1 KO. genannten Zinsforderungen als aufgehoben anzusehen.

Es kann dahingestellt bleiben, ob sich aus dem einen oder dem anderen dieser Gründe die Annahme rechtfertigen ließe, daß im Falle eines lediglich die Gewährung einer Quote der Forderungen festsetzenden, bezüglich der Zinsen eine Bestimmung nicht enthaltenden Zwangsvergleichs, wie er vorliegend gegeben ist, die Zinsen von der Konkurseröffnung ab bis zur Bestätigung des Zwangsvergleichs oder, wenn für die Entrichtung der Zinsen ein weiter hinausliegender Zahlungstermin festgesetzt wäre, auch bis zu diesem Termin als gänzlich erlassen zu gelten hätten, daß also Zinsen für diese Zeit auch von dem bestehen gebliebenen Teile der Hauptforderungen nicht beansprucht werden könnten. Hier stehen Zinsen für eine solche Zeit nicht in Frage. Vielmehr handelt es sich um Zinsen für einen Zeitraum, der nach dem die Festsetzung eines bestimmten Zahlungstermins nicht *enthaltenden Zwangsvergleiche liegt.* Zur Rechtfertigung einer Annahme aber, daß die Zinsverpflichtung auch hinsichtlich der Zinsen für die Zeit nach dem Zwangsvergleiche durch diesen aufgehoben sei, kann jedenfalls keiner der genannten Gründe herangezogen werden. Denn mangels eines Anhalts in den Vergleichsbestimmungen kann nicht damit gerechnet werden, daß die Vergleichsparteien bei der Festsetzung der Quote der Forderungen, mit der die Gläubiger sich begnügen wollten und sollten, Zinsen für die Zeit nach Aufhebung des Konkurses zufolge des Zwangsvergleichs in Betracht gezogen und die Aufhebung der Zinsverpflichtung für diese Zeit in ihren Willensentschluß aufgenommen haben, und der Gesichtspunkt, daß die im Zwangsvergleiche zugesagte Befriedigung an die Stelle der Befriedigung aus der Konkursmasse trete, ist hier jedenfalls deswegen nicht zutreffend, weil die Fortdauer der Zinsverpflichtung für die Zeit nach dem Zwangsvergleiche zufolge Unterbleibens der vom Gemeinschuldner in dem Zwangsvergleiche zugesagten (teilweisen) Befriedigung in Frage steht. Auch die Erwägung kann hier nicht Platz greifen, daß der Gemeinschuldner, wenn er nach einem Überschlage, den er über das, was er zu leisten vermöge, und über die Höhe der gegen ihn bestehenden Ansprüche sich gemacht haben werde, den Gläubigern eine Quote biete, damit den Gläubigern die Quote ihrer Kapitalforderungen als das Höchstmaß dessen, was er leisten könne und zusage, bezeichnen wolle, und daß, wenn die Gläubiger den Vorschlag ohne Vorbehalt und Widerspruch annähmen, der Vergleich im Sinne dieses Vorschlags zustande komme. Denn bei den Zinsen für die Zeit nach dem Zwangsvergleiche handelt es sich um Vergütung für die Vorenthaltung der vom Gemeinschuldner selbst zugesagten Kapitalquoten. Wie bei anderen Vertragsverhältnissen muß auch bei einem Zwangsvergleiche der Inhalt der Vereinbarung nach dem Wortlaute der darüber aufgenommenen, als erschöpfend und endgültig zu vermutenden, Urkunden zunächst beurteilt werden (RGZ. Bd. 77 S. 405). Ist in den Vergleichsurkunden eine Bestimmung wegen der Zinsen nicht enthalten und liegen auch, wie im gegebenen Falle, keinerlei Tatsachen vor, welche eine Deutung des Erklärten nach der Richtung des Willens auf gänzliche Aufhebung der Zinsverpflichtungen zu rechtfertigen geeignet wären, so fehlt jeder Grund für die Annahme, daß die Zinsverpflichtungen für die Zeit nach dem Zwangsvergleiche hinsichtlich des danach bestehen gebliebenen Teiles der Kapitalforderungen aufgehoben seien. Die betreffenden Gläubiger sind dann nicht, wie die Gläubiger unverzinslicher Forderungen, darauf beschränkt, im Falle des Verzugs des bisherigen Gemeinschuldners mit der Zahlung der Vergleichsquote Verzugszinsen (§ 288 BGB.) oder — wenn sie ihre Forderungen, was besonders bei solchen, die erst nach dem Zwangsvergleich aufgedeckt worden sind (vgl. RGZ. Bd. 87 S. 83, Gruch. Beitr. Bd. 50 S. 1117), in Betracht kommt, im Klagewege geltend machen — Prozeßzinsen (§ 291 BGB.) von den Quoten ihrer Forderungen zu verlangen, sondern sie können Zinsen gemäß der vor der Konkurseröffnung begründeten Zinsverpflichtung, mag sie auf Gesetz (vgl. z. B. §§ 256, 347 Satz 3, 452, 641 Abs. 2, 820 Abs. 2, 849, 1834 BGB.; §§ 352, 353 HGB.) oder auf Vertrag beruhen, für die Zeit nach dem Zwangsvergleiche von den Kapitalquoten, wenn und solange diese nicht berichtigt worden sind, beanspruchen. Im vorliegenden Falle sind für die Dahrlehnsforderung des Klägers von 80000 M. Zinsen zu $4^1/_2$% vertraglich festgesetzt. Nach dem Vorerörterten ist daher diese Zinsverpflichtung hinsichtlich der Zinsen für die Zeit nach dem Zwangsvergleiche von der Vergleichsquote von 10% der Darlehnsforderung durch den Zwangsvergleich nicht aufgehoben worden.

Daraus folgt jedoch noch nicht, daß der vom Kläger geltend gemachte persönliche Anspruch auf Zahlung von $4^1/_2$% Zinsen von der ganzen Darlehnsforderung für die nach dem Zwangsvergleiche liegende Zeit vom 1. Januar 1915 bis zum 30. Juni 1916, soweit er sich gegen die Beklagte zu 1 als die bisherige Gemeinschuldnerin richtet, auch nur zu einem Teilbetrage gerechtfertigt ist. Wenn zunächst von der vom Kläger erklärten Anfechtung des Zwangsvergleichs abgesehen und die Wirksamkeit des Zwangsvergleichs gegenüber dem Kläger unterstellt wird, ist nach obigen Ausführungen auch der mit der Klage geltend gemachte persönliche Zinsanspruch durch den Zwangsvergleich nach Maßgabe der darin festgesetzten Vergleichsquote herabgesetzt und ist daher der Klaganspruch, soweit er den danach für den Kläger noch bestehen gebliebenen Teil der Zinsforderung überschreitet, überhaupt unbegründet. Aber auch im übrigen ist die Klage gegen die Beklagte zu 1 nach gegenwärtiger Sachlage nicht gerechtfertigt. Da, wie dargestellt, das aus der Hypothek des Klägers sich ergebende Absonderungsrecht auch für die nach der Konkurseröffnung laufenden Zinsen von der Darlehnsforderung des Klägers besteht und die persönliche Zinsforderung gegen die Beklagte zu 1 von dem Zwangsvergleiche betroffen worden ist, greift auch gegenüber dem mit der Klage gegen die Beklagte zu 1 geltend gemachten Zinsansprüche die Vorschrift des § 64 KO. Platz. Es könnte daher der Kläger diesen Zinsanspruch, auch soweit er für ihn nach dem Zwangsvergleiche noch bestehen geblieben ist, gegen die Beklagte zu 1 nur verfolgen, wenn und soweit er auf das Absonderungsrecht für die Zinsen verzichtet hätte oder nach Ausübung des Absonderungsrechts ausgefallen wäre. Er hat aber bisher weder auf das Absonderungsrecht verzichtet noch die Befriedigung wegen der Hypothekenforderung aus den für seine Hypothek haftenden Grundstücken der Beklagten zu 1 betrieben. Der erste Richter freilich hat angenommen, daß der Kläger nach dem Werte der Pfandgrundstücke aus diesen mutmaßlich einen Ausfall von 40000 M. an seiner Hypothekenforderung erleiden werde und daß deshalb der persönliche Zinsanspruch insoweit, als er Zinsen von einem Zehntel des mutmaßlichen Ausfalls, also von 4000 M. betreffe, begründet sei. Allein durch den Beweis, daß der Wert des Pfandgegenstandes eine gewisse Höhe nicht überschreite, und durch eine darauf gegründete Vermutung, daß bei Veräußerung des Pfandes ein Ausfall zu einem gewissen Betrag eintreten werde, kann das Erfordernis des Nachweises eines wirklichen Ausfalls nicht ersetzt werden (RGZ. Bd. 64 S. 427). Auch hat der Kläger selbst gar nicht behauptet, daß er im Falle der Zwangsversteigerung der Pfandgrundstücke vermutlich einen Ausfall an seiner Hypothek erleiden werde. Vielmehr geht seine Behauptung, wie auch die Revision bemerkt, dahin, daß ein solcher Ausfall überhaupt nicht zu erwarten sei. Danach ist die Klage wegen des fraglichen persönlichen Zinsanspruchs, wenn zunächst von der Anfechtung des Zwangsvergleichs abgesehen wird, gegen die Beklagte zu 1 hinfällig.

Anders verhält es sich mit dem gleichen Klaganspruche gegen die Beklagten zu 2 und 3, die Gesellschafter der Beklagten zu 1. Über das Privatvermögen dieser Beklagten war das Konkursverfahren nicht eröffnet. Es kam daher nicht die Vorschrift des § 212 Abs. 1 KO. in Betracht, wonach die Gesellschaftgläubiger, wenn über das Gesellschaftsvermögen das Konkursverfahren eröffnet worden ist, in dem Konkursverfahren über das Privatvermögen eines persönlich haftenden Gesellschafters Befriedigung nur wegen desjenigen Betrags suchen können, für welchen sie in dem ersteren Verfahren keine Befriedigung erhalten. Ferner galt nicht mehr die Vorschrift des Art. 122 HGB. a. F., wonach im Falle des Konkurses über das Gesellschaftsvermögen die Gläubiger einer offenen Handelsgesellschaft Befriedigung aus dem Privatvermögen der Gesellschafter nur wegen des Ausfalls suchen konnten. Gemäß § 128 HGB. n. F. hafteten demnach die Beklagten zu 2 und 3 für die Verbindlichkeiten der Beklagten zu 1 auch während des Konkurses über deren Vermögen unbeschränkt als Gesamtschuldner persönlich. Der Kläger hätte daher die Beklagten zu 2 und 3 auf Zahlung seiner Forderung aus dem der Beklagten zu 1 gewährten Darlehen in ganzer Höhe als Gesamtschuldner persönlich auch während des Konkursverfahrens über das Gesellschaftsvermögen der Beklagten zu 1 in Anspruch nehmen können. Daran wäre er auch nicht dadurch gehindert gewesen, daß ihm auf Grund seiner zur Sicherung der Darlehnsforderung auf den Grundstücken der Beklagten zu 1 eingetragenen Hypothek das Recht auf abgesonderte Befriedigung wegen der Hypothekenforderung aus den Grundstücken zustand, er aber weder auf das Absonderungsrecht verzichtet noch es ausgeübt hatte. § 64 KO. betrifft nur Beschränkungen des Anspruchs eines Konkursgläubigers auf Befriedigung aus der Konkursmasse zufolge eines für den Gläubiger zugleich bestehenden Absonderungsrechts an *einem zur Konkursmasse* gehörenden Gegenstande; haftet dem Gläubiger für seine Forderung gegen den Gemeinschuldner auch noch ein Dritter, so ist er durch ein für ihn an einem Gegenstande der Konkursmasse bestehendes Absonderungsrecht in keiner Weise in der Geltendmachung seiner Forderung gegen den dritten Mitschuldner beschränkt (vgl. RGZ. Bd. 7 S. 90, Bd. 74 S. 233, 234; Gruchots Beitr. Bd. 54 S. 1174). Dies alles gilt aber nicht nur für die Kapitalforderung, sondern ebenso für die vertraglichen Zinsen, auch für die seit der Konkurseröffnung über das Gesellschaftsvermögen der Beklagten zu 1 laufenden. § 63 Nr. 1 KO. schließt nur die Geltendmachung der nach Konkursbeginn laufenden Zinsen „im Konkursverfahren" über das Vermögen des Gemeinschuldners aus; Dritte, die neben dem Gemeinschuldner für die betreffende Forderung nebst Zinsen haften, also, wenn über das Vermögen einer offenen Handelsgesellschaft der Konkurs eröffnet ist, auch die einzelnen Gesellschafter können unbeschränkt auch auf Zahlung der laufenden Zinsen in Anspruch genommen werden (RGZ. Bd. 9 S. 153, 154, Bd. 15 S. 117).

Sonach wäre vorliegend, wenn der Zwangsvergleich nicht geschlossen worden wäre, der Klaganspruch auf Zahlung der Zinsen von der dem Kläger gegen die Beklagte zu 1 zustehenden Darlehnsforderung für die Zeit vom 1. Januar 1915 bis zum 30. Juni 1916 gegen die Beklagten zu 2 und 3 in voller Höhe begründet. Gemäß § 193 Satz 2 KO. werden die Rechte der Gläubiger gegen Mitschuldner des Gemeinschuldners durch einen Zwangsvergleich nicht berührt. Es können also nicht bevorrechtigte Konkursgläubiger trotz Kürzung ihrer Forderungen gegen den Gemeinschuldner durch den Zwangsvergleich gegen Dritte, die für die Forderungen mithaften, diese in voller Höhe geltend machen. Jedoch für den Fall des Gesellschaftskonkurses gibt § 211 Abs. 2 KO. die Ausnahmebestimmung (vgl. RGZ. Bd. 23 S. 120, Bd. 56 S. 366), daß der Zwangsvergleich, soweit er nicht ein anderes festsetzt, zugleich den Umfang der persönlichen Haftung der Gesellschafter begrenzt. Da im gegebenen Falle der Zwangsvergleich die Gewährung einer Quote der Konkursforderungen gegen die Gemeinschuldnerin, die Beklagte zu 1, von 10 Prozent festsetzt, ohne daß über den Umfang der Haftung der Beklagten zu 2 und 3 eine besondere Bestimmung getroffen worden ist, und nach obigen Ausführungen aus dem Zwangsvergleiche nicht zu entnehmen ist, daß die Verpflichtung zur Zahlung der vertraglichen Zinsen von der hypothekarisch gesicherten Darlehnsforderung des Klägers für die Zeit nach dem Zwangsvergleiche gänzlich erlassen worden, vielmehr anzunehmen ist, daß diese Verpflichtung zwar nicht hinsichtlich der ganzen Forderung, aber doch hinsichtlich der genannten Vergleichsquote fortbesteht, der Geltendmachung der Zinsforderung gegen die Beklagten zu 2 und 3 auch nicht die Beschränkungen aus § 64 KO. entgegenstehen, so ist der Klaganspruch auf Zahlung der Zinsen von $4^1/_2$% für die hier fragliche Zeit in Höhe der Zinsen von einem Zehntel der Darlehnsforderung des Klägers, also von 8000 M., gegen die Beklagten zu 2 und 3 begründet; aber auch nur in dieser Höhe, während im übrigen die Klage auch gegen die Beklagten zu 2 und 3 unbegründet ist, wenn nicht die vom Kläger erklärte Anfechtung des Zwangsvergleichs durchgreift."

(Es wird sodann ausgeführt, daß in der Darlegung des Berufungsrichters, die Anfechtung des Zwangsvergleichs wegen Betrugs sei nach der Sachlage unbegründet, eine Gesetzesverletzung nicht zu finden sei.)

RGZ. 135, 295

Kann der Geschädigte auch nach Aufhebung des Konkursverfahrens über das Vermögen des Schadensersatzpflichtigen wegen Zwangsvergleichs die volle Befriedigung seines Anspruchs aus der Haftpflichtversicherungsforderung des Ersatzpflichtigen verlangen?

VVG. § 157. KO. §§ 64, 193.

IX. Zivilsenat. Urt. v. 12. Dezember 1931.

Die Entscheidung ist abgedruckt unter „Handelsrecht, Privatversicherungsrecht 1".

RGZ. 158, 79

1. Kann ein Gläubiger, der im Bestätigungsverfahren erfolglos geltend gemacht hat, der Zwangsvergleich sei durch Betrug des Gemeinschuldners zustande gekommen, die Wirksamkeit des rechtskräftig bestätigten Zwangsvergleichs dadurch beseitigen, daß er einen

Schadensersatzanspruch aus § 826 BGB. geltend macht, den er mit dem gleichen Verhalten des Gemeinschuldners begründet?

2. Hat der Begriff „Geltendmachen" in der Vorschrift des § 196 Abs. 2 KO. die Bedeutung von „Vorbringen", „Anführen", „Behaupten" im Gegensatz zu „Glaubhaftmachen"?

VII. Zivilsenat. Urt. v. 26. Juli 1938.

I. Landgericht Magdeburg. II. Oberlandesgericht Naumburg a. S.

Die erste Frage ist verneint, die zweite bejaht worden aus den folgenden, den Sachverhalt und die Entscheidung ergebenden

Gründen:

Zur Begründung des Widerklageanspruchs, soweit er in die Berufungsinstanz gelangt ist, hat der Beklagte vorgetragen, der Kläger habe als Gemeinschuldner die Zustimmung der Firma L. zu dem Zwangsvergleich durch arglistige Täuschung sowie dessen Bestätigung durch Prozeßbetrug erreicht. Diese Gläubigerin, in deren Rechte er durch Abtretung eingetreten sei, habe, wie dem Kläger bekanntgegeben worden, dem Zwangsvergleich nur zustimmen wollen, wenn die ihr zukommende Vergleichsleistung nicht gepfändet werde, ihr vielmehr ungeschmälert verbleibe. Der Kläger habe sich auch dafür einsetzen wollen, in Wirklichkeit aber die Pfändung im eigenen Interesse selbst veranlaßt und die Firma L. im Abstimmungstermin in dem Glauben gelassen, daß keine Pfändung erfolgt sei. Der Kläger habe ferner im Widerspruch mit den Tatsachen der Firma L. mitgeteilt, bei der Durchführung des Konkurses würden die Gläubiger nur $^{1}/_{2}$% ihrer Forderungen erhalten. Im Bestätigungsverfahren habe der Kläger diese von der Firma L. vorgebrachten Verwerfungsgründe wahrheitswidrig geleugnet. Da der Firma damals keine ausreichenden Beweismittel zur Verfügung gestanden hätten, sei der Zwangsvergleich rechtskräftig bestätigt worden. Weitere Beweismittel für das betrügerische Verhalten des Klägers (Briefe des Klägers selbst) habe die Firma erst im Sommer 1934 erhalten.

Das Berufungsgericht hat diese Widerklage aus folgenden Erwägungen abgewiesen. Die arglistige Täuschung, durch welche die Firma L. nach der Darstellung des Beklagten veranlaßt worden sei, für den Zwangsvergleich zu stimmen, stelle einen Betrug im Sinne des § 196 KO. dar und habe für die angeblich getäuschte Gläubigerin den dort vorgesehenen Rechtsbehelf begründet, den vergleichsmäßigen Erlaß ihrer Forderung anzufechten. Da die Firma im Bestätigungsverfahren diese Anfechtungsgründe erfolglos geltend gemacht habe, sei sie mit der Rechtskraft des Bestätigungsbeschlusses an den Zwangsvergleich endgültig gebunden. Der Umstand, daß der Firma hinreichende Unterlagen zur Glaubhaftmachung des Betruges erst später bekannt und zugänglich geworden seien, gebe ihr keine neue Anfechtungsmöglichkeit. Wenn aber ein rechtskräftig bestätigter Zwangsvergleich nicht mehr gemäß § 196 KO. von einem Gläubiger angefochten werden könne, so dürfe er nach dem Sinne der gesetzlichen Sonderregelung auch nicht mehr in anderer Weise seine Wirksamkeit entkleidet werden. Es versage daher in dieser Hinsicht sowohl die Einrede der Arglist gegenüber der Berufung auf den Zwangsvergleich wie die Geltendmachung eines Schadensersatzanspruchs aus § 823 Abs. 2 oder aus § 826 BGB.

Rechtlich nicht zu beanstanden ist die Auffassung des Berufungsrichters, daß eine Anfechtung des Zwangsvergleichs aus § 196 KO. nicht mehr stattfinden kann, nachdem die Firma L. die hier in Frage stehenden Anfechtungsgründe im Bestätigungsverfahren *geltend zu machen in der Lage war und tatsächlich*, wenn auch erfolglos, geltend gemacht hat (§ 196 Abs. 2 KO.). Entgegen der Annahme der Revision muß daran festgehalten werden (Urteil des erkennenden Senats vom 27. März 1903, abgedr. in SeuffArch. Bd. 59 S. 87 und JW. 1903 S. 182 Nr. 35), daß die „Geltendmachung" im Sinne der obigen Bestimmung nur die Bedeutung von „Vorbringen", „Anführen", „Behaupten", nicht zugleich „Glaubhaftmachen" hat (ebenso Jaeger KO., 6./7. Aufl., Anm. 5 zu § 196; Mentzel KO., 5. Aufl., Anm. 8 zu § 196). Es ist daher unter diesem Gesichtspunkt unerheblich, ob die Firma L. ihre Anfechtungsgründe im Bestätigungsverfahren glaubhaft zu machen in der Lage war oder nicht.

Für seine Auffassung, daß der Beklagte als Rechtsnachfolger der Firma L. auch im Wege einer Arglisteinrede und der Geltendmachung eines Schadensersatzanspruches dem vergleichsmäßigen Erlaß der Forderung nicht zu begegnen vermöge, stützt sich der Berufungsrichter auf die Entscheidungen des I. Zivilsenats des Reichsgerichts vom 3. März 1904 (RGZ. Bd. 57 S. 270) und des erkennenden Senats vom 21. März 1930 (RGZ. Bd. 127 S. 372). In der erstgenannten Entscheidung ist ausgesprochen, daß ein konkursmäßiger, rechtskräftig bestätigter Zwangsvergleich nicht mehr wegen Irrtums angefochten werden könne. Die zweite Entscheidung befaßt sich mit einem im Geschäftaufsichtsverfahren geschlossenen, ebenfalls rechtskräftig bestätigten Zwangsvergleich, dessen Unwirksamkeit von einem Gläugeltend gemacht wurde, weil er Bestimmungen enthielte, die angeblich der Form des § 313 BGB. bedurft hätten. Der erkennende Senat hat dem Gläubiger die Möglichkeit der Berufung auf diesen Formmangel versagt, indem er, im Anschluß an jene Entscheidung des I. Zivilsenats, angenommen hat, daß ein Gläubiger, abgesehen von den zugelassenen und besonders geregelten Fällen der §§ 196, 197 KO. und der diesen entsprechenden Vorschriften der früheren Geschäftsaufsichts-Verordnung, auch aus sonstigen Gründen einen rechtskräftig bestätigten Zwangsvergleich nicht nachträglich zu Fall bringen oder auch nur in seiner Wirksamkeit mindern könne. Dieser Auffassung stehe nicht entgegen, daß der Zwangsvergleich nach Vertragsgrundsätzen zu beurteilen sei; denn es werde durchweg anerkannt, daß der Zwangsvergleich in seinem Zustandekommen und seiner Wirksamkeit besonderen Vorschriften folge, bei denen öffentlich-rechtliche Belange ausschlaggebend seien. Die Sonderregelung der Wirksamkeit des Zwangsvergleichs schließe es aus, hier privatrechtlichen Rechtsbehelfen Raum zu geben, die eine Durchbrechung jener Sonderregelung mit sich bringen würden. Im gleichen Sinne hat sich der Senat in der Entscheidung vom 10. Juli 1936 (RGZ. Bd. 152 S. 65 [67]) ausgesprochen, die einen bestätigten Entschuldungsplan im Osthilfe-Verfahren zum Gegenstande hat.

Die in diesen Entscheidungen erörterten Fälle unterscheiden sich zwar von dem vorliegenden insofern, als dort die Unwirksamkeit des Zwangsvergleichs aus rechtlichen Gründen geltend gemacht wurde, die mit einem betrügerischen Verhalten des Schuldners beim Zustandekommen des Vergleichs nichts zu tun hatten. Der dort ausgesprochene Grundsatz der Unangreifbarkeit des bestätigten Zwangsvergleichs außerhalb des Rahmens der hierfür gegebenen konkursrechtlichen Vorschriften muß gleichwohl auch im gegebenen Falle zur Geltung kommen und die Möglichkeit ausschließen, durch das Mittel des Schadensersatzanspruchs aus § 826 BGB. die Wirksamkeit des Zwangsvergleichs zu beseitigen. Der bestätigte Zwangsvergleich kann insoweit einem rechtskräftigen Urteil im Zivilprozeß nicht gleichgestellt werden. Wenn die Rechtsprechung gegenüber der sittenwidrigen Erwirkung und Ausnutzung eines rechtskräftigen Urteils die Berufung auf § 826 BGB. zugelassen hat (RGZ. Bd. 155 S. 55, Bd. 156 S. 265), so findet dies seine Rechtfertigung darin, daß die Vorschriften der Zivilprozeßordnung über die Wiederaufnahme eines durch rechtskräftiges Urteil abgeschlossenen Verfahrens zur Bekämpfung eines solchen Unrechts nicht ausreichen, und daß der deshalb erkannten Notwendigkeit der Heranziehung des § 826 der Wille des Gesetzes erkennbar nicht widerspricht (RGZ. Bd. 155 S. 58). Anders liegt es bei dem bestätigten Zwangsvergleich. Das Gesetz unterwirft den Zwangsvergleich einem konkursgerichtlichen Bestätigungsverfahren, in dem die Verwerfungsgründe, insbesondere die gegen die Redlichkeit des Zustandekommens des Vergleichs sprechenden Umstände, vorzubringen und zu erörtern sind. Führt dies Verfahren, für das zwei Rechtszüge zur Verfügung stehen, zur endgültigen Bestätigung des Vergleichs, so soll nach der klaren Vorschrift des Gesetzes seine Anfechtung durch einen Gläubiger nur noch möglich sein, wenn er durch Betrug zustande gebracht ist und wenn der Gläubiger ohne Verschulden außerstande war, den Anfechtungsgrund im Bestätigungsverfahren geltend zu machen. Die Konkursordnung trifft also für den Zwangsvergleich eine Regelung, die einerseits die Nachprüfung des

Zustandekommens des Vergleichs vor dessen Bestätigung in vollem Umfang ermöglicht, eine Ergänzung, wie sie im Falle des rechtskräftigen Urteils als notwendig erkannt wurde, also entbehrlich macht, in der anderseits aber mit voller Klarheit zum Ausdruck kommt, daß der Zwangsvergleich nach durchgeführtem Bestätigungsverfahren nur noch im Rahmen des § 196 KO. angefochten werden darf. Im Interesse der Sicherheit der durch den Zwangsvergleich geregelten vielfältigen Beziehungen zwischen Gemeinschuldner und Gläubigerschaft soll auch der beim Zustandekommen des Vergleichs verübte Betrug, also eine vorsätzliche, sittenwidrige Handlung, fernerhin nur dann Bedeutung haben, wenn er als Verwerfungsgrund im Bestätigungsverfahren nicht geltend gemacht werden konnte. Mit diesem klar ausgesprochenen Willen des Gesetzes wäre es unvereinbar, wenn in *Fällen*, in denen nach § 196 KO. ein Betrug zur Anfechtung des Vergleichs nicht mehr berechtigt, die Wirkung einer Anfechtung durch den Rechtsbehelf des § 826 BGB. praktisch doch zugelassen würde....

Besondere Bestimmungen

RGZ. 56, 362

1. Ist eine von einem Konkursgläubiger bei Anmeldung seiner Forderung erklärte Aufrechnung eines Teils derselben gegen einen dem Gemeinschuldner gegen ihn zustehenden Anspruch rechtlich wirksam?

2. Unter welchen Umständen ist der Schuldner eines persönlich haftenden, aber ausgeschiedenen Gesellschafters einer Kommanditgesellschaft, wenn über das Vermögen der Gesellschaft und dann über das Vermögen des Gesellschafters der Konkurs eröffnet ist, berechtigt, der Masse im Konkurse des Gesellschafters gegenüber mit einer Forderung gegen die Gesellschaft und den Gesellschafter, die er im Konkurse der ersteren angemeldet hat, aufzurechnen? Zwangsvergleich.

BGB. §§ 388. 390. KO. § 212.

VII. Zivilsenat. Urt. v. 5. Januar 1904.

I. Landgericht Zwickau. II. Oberlandesgericht Dresden.

Der Beklagte betrieb unter der Firma F. H. ein Bankiergeschäft. Er stand mit der Kommanditgesellschaft „Metallwerke Gl." in Kontokorrentverkehr, indem er der Gesellschaft baren Kredit gewährte, Wechsel diskontierte und von ihr Zahlungen erhielt. Persönlich haftende Gesellschafter der Kommanditgesellschaft waren R. S. und

M. L., ein Sohn des Klägers. Kläger selbst war Kommanditist der Gesellschaft.

Am 1. Juli 1900 wandte S. sich an den Kläger mit der Bitte, der Gesellschaft zu ihrer Unterstützung Wertpapiere zukommen zu lassen, welche die Gesellschaft bei ihrem Bankier als Sicherheit in Depositum geben könne. Der Kläger übersandte am 2. Juli an S. verschiedene ihm gehörige Wertpapiere. S. schickte dieselben dem Beklagten mit der Aufforderung zu, dieselben zur Eröffnung eines weiteren Kredits von 11000 M. als Sicherstellung in Depositum nehmen zu wollen. Dies geschah. S. schied am 5. Juli 1901 aus der Kommanditgesellschaft aus. Am 19. August 1901 wurde über das Vermögen der letzteren, und am 22. dess. Mts. über das Vermögen des S. der Konkurs eröffnet.

Die Geschäftsverbindung des Beklagten mit der Kommanditgesellschaft hatte bis zur Eröffnung des Konkurses über deren Vermögen fortgedauert. Als sein Guthaben meldete der Beklagte im Konkurse der Kommanditgesellschaft einen Betrag von 30164,16 M. an. Der Konkursverwalter bestritt die Anmeldung. Der Konkurs wurde nach rechtskräftig bestätigten Zwangsvergleich, laut dessen die nicht bevorrechtigten Gläubiger $33^1/_3$ Prozent ihrer Forderungen erhielten, aufgehoben. Der für den Beklagten erforderliche Betrag wurde deponiert. In dem Konkurse über das Vermögen des S. meldete der Beklagte dieselben Beträge an, kürzte hier jedoch 9845,23 M. als ein Guthaben des S. laut Buchauszugs, so daß die angemeldete Summe sich im Endresultat hier auf noch 20618,93 M. belief. Der Konkursverwalter bestritt die Forderung, erachtete auch die Aufrechnung mit Hinblick auf § 212 KO. für nicht berechtigt.

Kläger verlangte nun vom Beklagten die Herausgabe der Wertpapiere. Er machte u. a. geltend, die Forderung des Beklagten an die Kommanditgesellschaft sei getilgt; denn abgesehen von anderen, nicht mehr in Betracht kommenden Posten, mindere die Forderung des Beklagten sich noch um den Betrag von 9845,23 M., den er sich bei Anmeldung seiner Forderung im S.schen Konkurse abgerechnet habe. Der Beklagte hielt die im S.schen Konkurse von ihm erklärte Aufrechnung des Guthabens des S. im Betrage von 9845,23 M. für unerheblich. In der Berufungsinstanz wurde angenommen, daß die Forderung des Beklagten eine Minderung um den eben genannten Betrag nicht erfahren habe. Auf die Revision des Klägers ist das Urteil aufgehoben.

Aus den Gründen:

. . . „Zuerst muß auf die vom Berufungsrichter unentschieden gelassene Frage eingegangen werden, ob die Aufrechnung vom Beklagten im S.schen Konkurse in zulässiger Form geltend gemacht ist. Die Aufrechnung erfolgt gemäß § 388 Satz 1 BGB. gegenüber dem Gläubiger, welcher zugleich der Schuldner ist, oder gegenüber dem gesetzlichen Vertreter desselben oder demjenigen, der sonst an Stelle des Gläubigers über die Forderung zu verfügen, sowie die Schuld anzuerkennen oder zu bestreiten befugt ist. Dies trifft im Konkurse nach § 6 KO. auf den Konkursverwalter zu. Indem der Beklagte im S.schen Konkurse bei Anmeldung seiner Forderung erklärte, daß er auf seine Schuld gegen S. einen entsprechenden Teil seiner Forderung gegen denselben aufrechne, gab er zu erkennen, daß er die Anmeldungs- sowie die Aufrechnungserklärung an den Verwalter richte, der auch schon kraft seiner Stellung Kenntnis von der Anmeldung zu nehmen und auf dieselbe eine Erklärung abzugeben berufen war. Die Aufrechnung diente zugleich zur Erläuterung des Umstandes, daß der Beklagte seine Forderung nicht in ihrem vollen ursprünglichen Umfange, sondern nur zum Teil anmeldete.

Auch war die Aufrechnung nicht unter einer Bedingung erklärt (§ 388 Satz 2 BGB.). Der Beklagte fügte der Aufrechnung keine Einschränkung bei, wenn er auch selbst der Meinung gewesen sein mag, daß nach § 212 KO. eine bedingungslose Wirkung seiner Erklärung nicht eintreten werde. Sein Wille war schlechthin auf das Erreichbare gerichtet. Unwirksam wird die Aufrechnung nur durch eine auf dem Willen des Erklärenden beruhende Einschränkung.

Es lag ferner kein gesetzliches Hindernis für eine so beschaffene Aufrechnung vor, sondern der Beklagte durfte sie erklären. Der Berufungsrichter findet ein Hindernis in § 212 KO. in Verbindung mit § 390 BGB. Wenn in dem Konkursverfahren über das Privatvermögen eines persönlich haftenden Gesellschafters die Gesellschaftsgläubiger, falls das Konkursverfahren über das Gesellschaftsvermögen eröffnet ist, Befriedigung nur wegen desjenigen Betrages suchen können, für welchen sie in dem letzteren Verfahren keine Befriedigung erhalten, so ist dies für die Aufrechnung jedenfalls nur insoweit von Bedeutung, als daraus zu folgern, daß eine vom Schuldner im Konkurse des Gesellschafters erklärte Aufrechnung einer Forderung desselben gegen die Gesellschaft und gegen den Gesellschafter so lange keine Wirkung hat, als nicht feststeht, daß sie im Gesellschaftskonkurse nicht zur Befriedigung gelangt. Seiner Forderung steht ein im bürgerlichen Recht begründeter Einwand nicht entgegen, sondern nur ihre Geltendmachung ist konkursrechtlich beschränkt. Die Erklärung der Aufrechnung hat nicht zur Voraussetzung, daß der Ausfall bereits eingetreten wäre, sondern nur ihre Wirkung ist suspendiert. Gelangt die Forderung im Gesellschaftskonkurse zur Befriedigung, so kommt sie nunmehr, und zwar deshalb, weil sowohl sie als auch nach § 422 BGB. der Anspruch an den einzelnen Gesellschafter getilgt ist, im Privatkonkurse des Gesellschafters in Wegfall. Im anderen Falle tritt volle Wirksamkeit der Aufrechnung ein. Dies muß auch aus § 54 KO. geschlossen werden.

Die angegebene Voraussetzung für den Eintritt der vollen Wirksamkeit der Aufrechnung ist negativer Art, indem sie eben darin besteht, daß der Gläubiger keine Befriedigung im Gesellschaftskonkurse erhält. Ein Ausfall in diesem Sinne liegt nicht bloß dann vor, wenn die Masse versilbert ist, und das Ergebnis zur Befriedigung der Konkursgläubiger nicht ausreicht, sondern auch dann, wenn der Konkurs durch einen Zwangsvergleich seine Erledigung findet. Das Gesetz hat keine weitergehende Tendenz als die, den Gläubiger zunächst auf den Versuch zu verweisen, seine Befriedigung im Gesellschaftskonkurse zu versuchen, und dieser ist auch insoweit, als der Zwangsvergleich die volle Befriedigung hindert, als mißlungen anzusehen. Eine andere Frage würde die sein, ob die durch den Zwangsvergleich rechtlich herbeigeführte Minderung der Forderung hier von Bedeutung ist; allein vom Reichsgericht ist bereits ausgesprochen, daß, wenn nach § 200 KO. a. F. (entsprechend § 211 n. F.) der Zwangsvergleich, soweit er nicht ein anderes festsetzt, zugleich den Umfang der persönlichen Haftung der Gesellschafter begrenzt, diese Vorschrift sich auf die persönliche Haftung der bereits ausgeschiedenen Gesellschafter nicht erstreckt, sondern hier § 178 KO. a. F. entscheidet.

Vgl. Entsch. des RG.s in Zivils. Bd. 29 S. 38.

Hieran muß festgehalten werden. Demgemäß kann auf sich beruhen bleiben, ob nicht schon die rückwirkende Kraft der Aufrechnung nach § 389 BGB. in Verbindung mit § 54 KO. zur Folge haben muß, daß die volle Wirkung der Aufrechnung auch durch eine nachträglich durch Zwangsvergleich bewirkte rechtliche Herabminderung der einen Forderung nicht gehindert wird, sondern trotz derselben im vollen Umfange eintritt.

Die von ihm selbst vorgenommene Aufrechnung muß der Beklagte auch gegenüber dem Kläger gelten lassen. Wenn die Revisionsbeantwortung ausführt, der Beklagte solle gezwungen werden, eine Aufrechnung vorzunehmen, so entspricht das der Sachlage nicht.

Nach dem Tatbestande des Berufungsurteils erhalten die Konkursgläubiger $33^1/_3$ Prozent ihrer Forderung. In Höhe von $66^2/_3$ Prozent ist die Forderung des Beklagten mithin ausgefallen, und die Aufrechnung im S.schen Konkurse wirksam, die Forderung, für welche die Pfänder haften, also getilgt.“ ...

RGZ. 134, 257

1. Kann der Konkursverwalter für die Konkursmasse Eigentümergrundschulden des Gemeinschuldners in Anspruch nehmen, die aus früheren Hypotheken dadurch entstanden sind, daß der Hypothekengläubiger aus einem von ihm mit Anspruch auf die erste Stelle gewährten neuen Hypothekendarlehen die vorgehenden

Hypotheken abgelöst hatte, ohne daß es bis zur Konkurseröffnung zu deren Löschung gekommen war?

2. Kann der Konkursverwalter in solchem Falle gegen die vom Hypothekengläubiger wegen seiner Darlehensforderung erwirkte Pfändung der Eigentümergrundschulden vorgehen?

BGB. § 1163. KO. §§ 3, 221.

V. Zivilsenat. Urt. v. 2. Dezember 1931.

I. Landgericht Königsberg i. Pr. II. Oberlandesgericht daselbst.

Auf dem Gute Tr., das seit 1914 den Erben des Rittergutsbesitzers Kr. in ungeteilter Erbengemeinschaft gehörte, hafteten für die Beklagte Pfandbriefhypotheken aus Darlehen von 259800 M. und 3150 Zentnern Roggen. Im Jahre 1925 nahmen die Erben bei der Beklagten ein neues Pfandbriefdarlehen von 165500 GM. auf, mit dem die alten Hypotheken beseitigt werden sollten. Die Beklagte hat abredegemäß für Rechnung des Gegenwertes der neuen Hypothek die den alten Hypotheken entsprechenden Pfandbriefe angeschafft, über diese Hypotheken löschungsfähig quittiert und die Löschungsurkunden samt dem Löschungsantrag des Bevollmächtigten der Miteigentümer dem Grundbuchamt zur Löschung eingereicht. Es ist aber nicht zur Löschung gekommen, weil jener Bevollmächtigte den Löschungsantrag zurücknahm. Nunmehr hat die Beklagte wegen ihrer Ansprüche aus der neuen Hypothek die durch Rückzahlung der alten Hypotheken entstandenen Eigentümergrundschulden gepfändet und sich zur Einziehung überwiesen; die Pfändung ist im Grundbuch vermerkt; die Hypothekenbriefe sind im Besitz der Beklagten verblieben. Am 29. Oktober 1929 wurde über den Kr.schen Nachlaß Konkurs eröffnet. Der klagende Konkursverwalter verlangt auf Grund des § 221 KO. die Feststellung, daß der Beklagten aus der Pfändung der Eigentümergrundschulden kein Anspruch auf abgesonderte Befriedigung aus der Konkursmasse zustehe. Das Berufungsgericht hat die Klage abgewiesen. Die Revision des Klägers blieb erfolglos.

Gründe:

Der Kläger nimmt die alten Hypotheken der Beklagten als Eigentümergrundschulden für die Nachlaßkonkursmasse in Anspruch. Nun kann nach § 221 KO. im Nachlaßkonkurs auf Grund einer gegen den Nachlaß — wenn auch vor der Konkurseröffnung — vorgenommenen Zwangsvollstreckungsmaßregel keine abgesonderte Befriedigung verlangt werden. Deshalb hält der Kläger die von der Beklagten ausgebrachte Pfändung der Grundschulden für unwirksam. Das Berufungsgericht ist der Ansicht, es liege eine Zwangsvollstreckung nicht in den Nachlaß, sondern in das Vermögen der Erben vor; diese hätten die Beklagte befriedigt und dadurch selbst die

Grundschulden erworben. Ebenso seien die Forderungen, deretwegen die Beklagte vollstrecke, gegen die Erben als die Nehmer des neuen Hypothekendarlehens gerichtet. Die Revision läßt diese Begründung nicht gelten. Sie meint, es handle sich bei Aufnahme der neuen und bei der damit verbundenen Tilgung der alten Darlehensschuld um die Verwaltung des Nachlasses durch die als Beauftragte anzusehenden Erben; diese hätten die Beklagte mit Mitteln des Nachlasses befriedigt und demgemäß die Grundschulden für den Nachlaß erworben. Für ihr Privatvermögen etwas zu erwerben, sei angesichts der Fortsetzung der Erbengemeinschaft und der erweislichen Trennung des Nachlasses von ihm nicht ihre Absicht gewesen; auf den Erwerbswillen komme es aber an.

Der Revision ist zuzugeben, daß die Begründung des angefochtenen Urteils *insoweit den Fall tatsächlich und rechtlich nicht erschöpft*. Diese stützt sich nur auf den äußeren Umstand, daß das neue Hypothekendarlehen, mit dessen Hilfe die alten Hypothekenschulden getilgt wurden und auf dem auch die später von der Beklagten vollstreckte Forderung beruht, von den Erben aufgenommen worden ist. Nicht beachtet wurde dagegen, daß die Erben das Geschäft, wirtschaftlich betrachtet, zur Verwaltung des Nachlasses vorgenommen haben, daß es also, nachdem dieser durch den Konkurs wieder von ihrem Vermögen getrennt worden war, als für Rechnung des Nachlasses abgeschlossen gilt (§ 1978 BGB.). Hiernach konnte das Berufungsgericht die Zugehörigkeit der infolge des Geschäfts (wenngleich nicht unmittelbar durch dieses) auf die Erben übergegangenen Grundschulden zum Sondervermögen der Erben, das jetzt Nachlaßkonkursmasse geworden ist, nicht ohne eine weitere Prüfung der Rechtslage verneinen.

Über die allgemeine Frage, ob ein Ersatzerwerb der Erben, den diese keinesfalls behalten könnten, unmittelbar Bestandteil des Nachlasses und der Konkursmasse wird, gehen die Ansichten auseinander, ohne daß bisher die Rechtsprechung des Reichsgerichts eine Klärung gebracht hätte. Der Entscheidung dieser Frage bedarf es hier nicht, weil dadurch in dem für die Revision günstigen Falle nur ein Bedenken gegen den Klaganspruch beseitigt würde. Den Kern des Streits der Parteien bildet vielmehr die Frage, ob die Klage mit dem Abkommen vereinbar ist, das der Vertreter der Erben mit der Beklagten getroffen hat. Das neue Landschafts-Hypothekendarlehen, das die Beklagte den Erben in Höhe von 165500 GM. gab, sollte abredegemäß an die Stelle der alten, auf Mark und Roggen lautenden Hypothekendarlehen treten, die der Beklagten bis dahin am Grundstück der Erben zustanden. Die Beklagte sollte sich insoweit aus dem neuen Darlehen selber befriedigen und dann sollten die alten Hypotheken gelöscht werden. Demgemäß bewilligte die Beklagte nach Anschaffung der erforderlichen alten Pfandbriefe die Löschung der alten

Hypotheken und der langjährige Bevollmächtigte der Erben, durch den sie das Darlehen aufnahmen, beantragte die Löschung, wenn er auch den Antrag später zurücknahm, angeblich wegen Meinungsverschiedenheiten mit den Machtgebern. Alle diese Anführungen der Beklagten sind unbestritten geblieben. Der Kläger hat in zweiter Instanz nur behauptet, der Bevollmächtigte der Erben habe nicht versprochen, von den Eigentümergrundschulden keinen Gebrauch zu machen. Eines solchen besonderen Versprechens bedurfte es aber bei dem sonstigen Inhalt des Geschäfts nicht. Jeder Gebrauch der Eigentümergrundschulden verbot sich von selbst, wenn die alten Hypotheken nach der Vereinbarung der Vertragsparteien zu löschen waren. Die Beklagte ist nun der Ansicht, daß diese Vereinbarung auch den Kläger binde. Sie erhebt deshalb gegen die Klage die Einrede der Arglist. Dagegen meint der Kläger, er dürfe die Beklagte wegen ihres Anspruchs auf Löschung als Konkursgläubigerin behandeln und die Eigentümergrundschulden zur Masse ziehen.

Dieser Streit ist zugunsten der Beklagten zu entscheiden. Daß eine Vereinbarung der hier vorliegenden Art, wodurch der Eigentümer einem Hypothekengläubiger gegenüber auf eine vorhandene oder künftig entstehende Eigentümergrundschuld verzichtet, für die Vertragsparteien verbindlich ist und insbesondere bei der Zwangsversteigerung zugunsten des Versprechensempfängers wirkt, ist anerkannten Rechtens. Das Reichsgericht hat aber in ständiger Übung auch angenommen, daß der Konkursverwalter die Vereinbarung gelten lassen müsse und die Eigentümergrundschuld zur Vermeidung der Arglisteinrede und einer Masseschuld aus § 59 KO. nicht zur Masse ziehen dürfe, sondern sie auf Verlangen des Vertragsgegners zu löschen habe. Dabei wurde erwogen: die Vereinbarung trage im wesentlichen die Erfüllung bereits in sich, der Verzicht wirke unmittelbar auf das Recht ein und belasse dem Gemeinschuldner nur eine formale Stellung; so wenig wie er dürfe der Verwalter seiner Masse diese Stellung mißbrauchen, da er kein Dritter sei, sondern das Vermögen mit den daran haftenden Beschränkungen übernehme. Diese Rechtsprechung ergibt sich namentlich aus den Urteilen RGZ. Bd. 19 S. 59, Bd. 52 S. 5; JW. 1900 S. 525 Nr. 17, 1908 S. 200 Nr. 15; WarnRspr. 1908 Nr. 237; SeuffArch. Bd. 61 Nr. 176; LZ. 1907 Sp. 353 Nr. 8 u. Sp. 834 Nr. 6. Durch die Entscheidungen RGZ. Bd. 77 S. 106, WarnRspr. 1908 Nr. 272, LZ. 1910 Sp. 223 Nr. 2 sollte sie, wie dort betont, nicht angetastet werden und sie wurde, soweit bekannt, auch späterhin nicht aufgegeben. Im Schrifttum wird sie allerdings stark angefochten; vgl. Strecker im Recht 1913 S. 154 (mit Angabe älterer Literatur); Erläuterungswerke von Planck-Strecker 4. Aufl. Anm. 6i zu § 1163 BGB.; Staudinger 9. Aufl. Anm. 1h zu § 1179 BGB.; RGRKomm. 6. Aufl. Anm. 5 zu § 1179 BGB.; Jäger KO. 6. Aufl. Anm. 30 zu § 6; ferner Enneccerus-Wolff § 146 Anm. 16. Diese

Schriftsteller machen geltend, daß der Verzicht die dingliche Rechtslage nicht zu ändern vermöge, und glauben daraus den entgegengesetzten Schluß ziehen zu müssen. Dagegen sind Turnau-Foerster Liegenschaftsrecht Bd. 1 S. 972 Anm. 10 zu § 1179 BGB.; Warneyer BGB. 2. Aufl. Bd. 2 S. 431 bei Ziff. VII; Bleyer KO. 3. Aufl. Anm. 1a zu § 24; Mentzel KO. 3. Aufl. Anm. 5 zu § 1 (S. 17) dem Reichsgericht beigetreten. Der gegenwärtige Rechtsstreit nötigt aber nicht, die gegen die Rechtsprechung erhobenen Bedenken zu erörtern. Denn mindestens die besondere Lage des Falles rechtfertigt es, den Konkursverwalter hier, ebenso wie in den früheren Entscheidungen, auf die Rechtsstellung des Gemeinschuldners zu beschränken. Die Erben haben das Versprechen, die alten Hypotheken löschen zu lassen, nicht einem beliebigen Hypothekengläubiger gegeben, sondern im *Rahmen der weiteren Vereinbarung,* die sie mit der Beklagten über die Hergabe und Verwendung des neuen Hypothekendarlehens trafen. Danach übernahm es die Beklagte, die alten Hypothekenforderungen für die Erben mit Mitteln zu tilgen, die sie ihnen zu diesem Zweck zur Verfügung stellte. Sie selbst verschaffte ihnen also auf jene Zusage die Grundschulden, und zwar nur zu dem Zwecke, damit sie im Anschluß an diesen Rechtsübergang zum Besten der Beklagten gelöscht würden. Die Grundschulden, welche die Beklagte den Erben verschaffte, waren ihnen hiernach anvertraut wie fremdes Gut, worüber sie gemäß der Weisung der Beklagten nur zu deren Vorteil durch Löschung verfügen durften. Dieser Fall kann keineswegs auf dieselbe Stufe gestellt werden mit den persönlichen Verpflichtungen des Gemeinschuldners zur Zahlung, Lieferung oder Leistung, deren Erfüllung sein Vermögen infolge der Konkurseröffnung nur zu gleichen Anteilen dienen darf. Es handelt sich nicht darum, daß aus der Konkursmasse etwas weggegeben werden soll, dessen Verschaffung der Gemeinschuldner dem Gläubiger zugesagt hatte, sondern darum, zu verhindern, daß ein Gegenstand, der auf den Gemeinschuldner nur übergegangen war, um aus seinem Vermögen sofort wieder ausgeschieden zu werden, dem entgegen darin verbleibe. Wenn sich der Fall auch vom Treuhandverhältnis unterscheidet, weil die Grundschuld nicht selbst auf die Beklagte zurückübertragen, sondern nur aufgegeben werden sollte, so daß es allein ihr Rang war, den die Beklagte mit ihrer neuen Hypothek einnehmen konnte, so betrifft der Unterschied doch nichts, worauf es bei der hier zu treffenden Entscheidung ankommt. Hat die Beklagte ein Recht, der Verwertung der Grundschulden für die Masse zu widersprechen, so ist die Klage unbegründet als unzulässiger Versuch, die Grundschulden zum Vorteil der Masse und zum Nachteil der Beklagten geltend zu machen. Keinen Einfluß kann der Umstand haben, daß die Beklagte die Grundschulden vorsorglich gepfändet hat und daß sich die Klage dagegen richtet. Gegenstände, die — wie dargelegt — aus der Masse auszuscheiden sind, werden von der Vorschrift des § 221 KO. überhaupt nicht betroffen. Die Klage ist auch nicht etwa damit begründet worden, daß die Beklagte mit Hilfe der Pfändung mehr aus dem zur Masse gehörigen Grundstück erlangen könnte als durch die Löschung der Grundschulden.

RGZ. 153, 200†

1. Welche Einwendungen können im Rechtsstreit mehrerer Pfändungspfandgläubiger gegen den Bestand des Pfandrechts vorgebracht werden?

2. Wird die inländische Rechtsverfolgung gegen einen ausländischen Gemeinschuldner durch den im *Auslande eröffneten Konkurs* gehindert? Ist die Klage gegen den Gemeinschuldner oder seinen Konkursverwalter zu richten?...

3. Wird der ausländische Konkursverwalter dem inländischen Gläubiger gegenüber schadensersatzpflichtig, wenn er einem ausländischen Gläubiger bei der schnellen Beschaffung eines vollstreckbaren Titels behilflich ist, um diesen bei der Pfändung von Inlandsvermögen des Gemeinschuldners den Vorsprung vor dem inländischen Gläubiger zu verschaffen?

ZPO. § 878. KO. § 237 Abs. 1. BGB. § 826.

VII. Zivilsenat. Urt. v. 5. Januar 1937.

I. Landgericht Frankfurt a. M. II. Oberlandesgericht daselbst.

Die holländische, im Jahre 1924 gegründete Nationale Spaarbank N. V. nahm im Jahre 1926 den Namen Nationale Spaar- en Emissie Bank N. V. an. Im Jahre 1929 verlegte sie ihren Sitz von N. nach A. Im Jahre 1930 wurde die Nationale Emissiebank N. V. in A. (Holland) gegründet; diese übernahm die Geschäfte der Nationalen Spaar- en Emissiebank N. V. mit Ausnahme der Sparbank und der Sparkasse. Vorstandsmitglied beider Banken war Direktor D. Beide Banken waren in demselben Gebäude untergebracht und benutzten denselben Fernsprecher und dasselbe Postscheckkonto. Die Nationale Emissiebank N. V. gebrauchte teilweise Briefbogen mit dem Kopfaufdruck

Nationale Emissiebank N. V.
formerly (vormals) Nationale Spaar- en Emissiebank N. V.

Über das Vermögen beider Banken wurde am 28. Januar 1932 das Konkursverfahren eröffnet. Die Kläger sind in beiden Konkursen zu Konkursverwaltern bestellt worden, sie klagen als Konkursverwalter der Spaar- en Emissiebank N. V.

Am 19. Oktober 1931 hatte der Beklagte wegen verschiedener Provisionsansprüche einen Schiedsspruch über 23186,97 holl. Gulden (fl.) gegen die Nationale Emissiebank N. V., vormals Nationale Spaar- en Emissiebank N. V. in A. erwirkt. Der Schiedsspruch wurde am 25. Januar 1932 durch das Landgericht in F. für vorläufig vollstreckbar erklärt. Auf Grund dieses Titels erhielt der Beklagte vom Amtsgericht in B. gegen die Nationale Emissiebank N. V. zwei Pfändungs- und Überweisungsbeschlüsse vom 23. Februar und 18. März 1932, durch die 1. die angebliche Forderung der Schuldnerin gegen den Kaufmann V. und dessen Ehefrau in B. aus einem Darlehen in Höhe von 50000 RM. nebst $6^1/_2$ v. H. Zinsen und die im Grundbuch von B. zugunsten der Schuldnerin eingetragene Darlehnshypothek von 50000 RM. und 2. die angebliche Forderung der Schuldnerin gegen den Kaufmann V. und dessen Ehefrau in B. auf Zinsen für ein Darlehen von 50000 RM., für das im Grundbuch von B. an derselben Stelle zugunsten der Schuldnerin eine Darlehnshypothek eingetragen sei, gepfändet und dem Beklagten zur Einziehung überwiesen wurden. In dem zweiten Beschluß war als Schuldnerin die Nationale Emissiebank N. V., vormals Nationale Spaar- en Emissiebank N. V. angegeben. Die Hypothek ist im Grundbuch zugunsten der Nationalen Spaar- en Emissiebank N. V. eingetragen. Der Beklagte konnte zunächst nicht in den Besitz des Hypothekenbriefes gelangen, da dieser in Holland verwahrt wurde.

Am 29. April 1932 trafen die Kläger mit der Kirchengemeinde St. Lambertus in M. (Holland) ein Abkommen, in dem diese sich verpflichtete, die deutschen Aktiven der Nationalen Spaar- en Emissiebank N. V. mit Beschlag zu belegen und den Reinertrag an die Konkursmasse abzuliefern; jedoch sollten der Kirchengemeinde 10 v. H. des Reinertrags verbleiben. Auf Grund des Abkommens erwirkte die Kirchengemeinde St. Lambertus am 22. August 1932 bei dem Amtsgericht in D. einen Vollstreckungsbefehl über 60000 RM. gegen die Nationale Spaar- en Emissiebank N. V., pfändete laut Beschluß des Amtsgerichts in B. vom 26. August 1932 die Hypothekenforderung gegen die Eheleute V. sowie den Anspruch gegen diese Eheleute auf Rückzahlung des Kapitals, auf Zahlung der rückständigen und noch fällig werdenden Zinsen und ließ sich beides zur Einziehung überweisen. Den Hypothekenbrief, der inzwischen zu dem Prozeßbevollmächtigten der Kläger, Rechtsanwalt K., geschafft worden war, händigte dieser ihrem Anwalt aus.

Darauf brachte der Beklagte am 6. Oktober/29. November 1932 beim Landgericht in B. gegen die Kläger als Kuratoren im Konkursverfahren über das Vermögen der Nationalen Emissiebank N. V., vormals Nationale Spaar- en Emissiebank N. V., eine einstweilige Verfügung aus, durch die den Klägern verboten wurde, über die genannte Hypothek, insbesondere den Hypothekenbrief, zu verfügen.

Am 29. November 1932 erwirkte der Beklagte außerdem gegen die Kirchengemeinde St. Lambertus einen Arrestbefehl mit Pfändungsbeschluß, durch welchen die Hypothek und der Anspruch der Kirchengemeinde gegen ihren Anwalt auf Aushändigung des Hypothekenbriefs für den Beklagten gepfändet und die Herausgabe des Hypothekenbriefs an den zuständigen Gerichtsvollzieher angeordnet wurde. Die Parteien einigten sich bald daraufhin, daß der Hypothekenbrief an den damaligen Prozeßbevollmächtigten des Beklagten, Rechtsanwalt G., als Treuhänder herausgegeben werden sollte. Dieser ist noch jetzt im Besitz des Briefes.

Die Hypothekenschuldner V. hinterlegten die seit Juni 1932 fällig werdenden Hypothekenzinsen mit halbjährlich 1625 RM. bei der Hinterlegungsstelle des Amtsgerichts in B. Die am 15. Juni 1932 fällig gewesenen 1625 RM. sind auf Klage der jetzigen Kläger rechtskräftig der Kirchengemeinde St. Lambertus zugesprochen worden.

In dem jetzt anhängigen Rechtsstreit streiten die Parteien über die im Januar und Juli 1933 sowie im Januar 1934 hinterlegten je 1625 RM., in der Berufungsinstanz auch noch über die im Juli 1934 hinterlegten weiteren 1625 RM. Das Landgericht hat unter Abweisung der Klage die Kläger zur Einwilligung in die Auszahlung der von den Eheleuten V. damals hinterlegten 4875 RM. an den Beklagten verurteilt. Das Oberlandesgericht hat die Berufung der Kläger zurückgewiesen und auf die Anschlußberufung des Beklagten die Kläger weiter verurteilt, einzuwilligen, daß die von den Eheleuten V. im Juli 1934 hinterlegten 1625 RM. an den Beklagten ausbezahlt würden.

Die Revision der Kläger führte zur Aufhebung und Zurückverweisung.

Gründe:

Nach den Feststellungen des Berufungsrichters hat die Kirchengemeinde St. Lambertus die Kläger, denen die von ihr gepfändeten Hypothekenzinsen zum größten Teil zufließen sollen, ausdrücklich zur Klageerhebung im eigenen Namen ermächtigt. Es bedarf daher nicht der Entscheidung, ob sie auch ohne diese Ermächtigung als Konkursverwalter der Nationalen Spaar- en Emissiebank klageberechtigt gewesen wären. Ebenso richtet sich die Widerklage mit Recht gegen die Kläger, weil die Hypothekenzinsen auch zugunsten der Nationalen Spaar- en Emissiebank hinterlegt worden sind.

Die Pfändung der Hypothekenzinsen durch die Kirchengemeinde ist nach der Konkurseröffnung über das Vermögen der Nationalen Spaar- en Emissiebank erfolgt. Nach § 237 Abs. 1 KO. ist aber die Zwangsvollstreckung in das inländische Vermögen des Schuldners auch dann noch zulässig, wenn über sein Vermögen im Auslande ein Konkursverfahren eröffnet worden ist. Davon geht auch der Berufungsrichter aus. Er verneint aber das Bestehen eines Pfandrechtes der Kirchengemeinde an den hinterlegten Zinsen, weil die Kläger nicht bewiesen hätten, daß der Kirchengemeinde die Forderung, wegen deren sie vollstreckt habe, gegenüber der Nationalen Spaar- en Emissiebank zustehe. Mit Recht wendet sich die Revision gegen diese Ausführungen. Die Kirchengemeinde St. Lambertus hat gegen die Nationale Spaar- en Emissiebank N. V. einen Vollstreckungsbefehl über 60000 RM. erwirkt und auf Grund dieses Titels die Hypothekenforderung dieser Bank gegen die Eheleute V. nebst Zinsen gepfändet und sich zur Einziehung überweisen lassen; der Hypothekenbrief ist ihr ausgehändigt worden. Damit hat sie, vorausgesetzt, daß der Vollstreckungsbefehl der Schuldnerin rechtsgültig zugestellt worden ist, das Pfandrecht an der Hypothek erworben. Richtig ist, daß das Pfandrecht nicht entstehen kann, wenn dem Gläubiger der zu vollstreckende Anspruch nicht zusteht. Aber durch das Vorhandensein des Vollstreckungsbefehls ist der Beweis geführt, daß der Kirchengemeinde der Anspruch gegen die Spaar- en Emissiebank zusteht. Mit der Frage, gegen welche Personen die Rechtskraft einer Entscheidung wirkt, hat dies nichts zu tun. Der Beklagte muß sich den Vollstreckungsbefehl ebenso entgegenhalten lassen, wie er sich ein Schuldanerkenntnis der Kläger gegenüber der Kirchengemeinde entgegenhalten lassen müßte. Nur soweit die Kläger selbst noch nach §§ 795, 796, 767 ZPO. Einwendungen gegen den Vollstreckungsbefehl erheben könnten, würde dies auch der Beklagte können (RGZ. Bd. 121 S. 349 [352]). In dieser Richtung hat er aber nichts vorgebracht.

Auch der Zahlungs- und Vollstreckungsbefehl ist gegen die Nationale Spaar- en Emissiebank zu einer Zeit ergangen, als schon in den Niederlanden das Konkursverfahren über ihr Vermögen eröffnet worden war. Beide sind ebenso wie der Pfändungsbeschluß dem angeblichen bisherigen Generalbevollmächtigten der Nationalen Spaar- en Emissiebank, Rechtsanwalt K., zugestellt worden, den die Kläger als ihren Vertreter anerkennen. Der Beklagte bestreitet, daß Rechtsanwalt K. Generalbevollmächtigter gewesen sei, und hält deshalb die Pfändung der Kirchengemeinde für ungültig. Nach §§ 830, 829 Abs. 3 ZPO. ist die Pfändung mit der Zustellung des Pfändungsbeschlusses an den Drittschuldner als bewirkt anzusehen, die Zustellung an den Schuldner ist für die Wirksamkeit der Pfändung nicht wesentlich. Darauf, ob der Pfändungsbeschluß der Nationalen Spaar- en Emissiebank wirksam zugestellt worden ist, kommt es daher nicht entscheidend an. Anders liegt es mit der Zustellung des Vollstreckungsbefehls, die nach §§ 795, 750 ZPO. wesentliche Voraussetzung einer gültigen Zwangsvollstreckung ist. Die Ungültigkeit dieser Zustellung und damit der Pfändung kann der Beklagte, der selbst ein Pfandrecht an der Hypothekenforderung zu haben behauptet, nach der ständigen Rechtsprechung des Reichsgerichts (RGZ. Bd. 20 S. 433; RGUrt. vom 25. Februar 1898 III 311/97 in SeuffArch. Bd. 53

Nr. 362), an der festzuhalten ist, nicht nur durch Erinnerung nach § 766 ZPO. geltend machen, sondern auch im ordentlichen Rechtsstreit den Klägern als angeblichen Pfandgläubigern entgegensetzen.

Es ist also zu prüfen, ob die Zustellung des Vollstreckungsbefehls an Rechtsanwalt K. genügte, um daraufhin in inländisches Vermögen des ausländischen Gemeinschuldners zu vollstrecken. Durch § 237 Abs. 1 KO. wird eine Zwangsvollstreckung in das inländische Vermögen trotz des Auslandskonkurses schlechthin für zulässig erklärt, der Vollstreckungstitel braucht also nicht schon vor der Eröffnung des Auslandskonkurses erwirkt zu sein. Deshalb muß aber auch die durch den Auslandskonkurs etwa eingetretene Beschränkung der Rechtsverfolgung gegen den Gemeinschuldner für das inländische Verfahren zur Erwirkung des Vollstreckungstitels außer Betracht bleiben. Klage, Mahnverfahren und Vollstreckungsanträge müssen sich gegen den Schuldner selbst richten, die Zustellungen müssen an ihn erfolgen, nicht an den Konkursverwalter (RGZ. Bd. 6 S. 400 [404 bis 408], Bd. 14 S. 412 [413 bis 417]; Jaeger KO. 6./7. Aufl. § 237 Anm. 4).

. . .

Die Zwangsvollstreckung in das inländische Vermögen des ausländischen Konkursschuldners nach § 237 Abs. 1 KO. steht nicht nur den inländischen, sondern auch den ausländischen Gläubigern des Schuldners frei. Hieran ändert nichts die Bestimmung des niederländischen Rechts, wonach der niederländische Gläubiger das im Ausland Eingezogene zur Konkursmasse abzuliefern hat. Eine solche Bestimmung verstößt weder gegen die guten Sitten, noch gegen den Zweck eines deutschen Gesetzes (Art. 30 EG.z.BGB.). Selbst wenn aus § 237 Abs. 1 KO. die Folgerung gezogen werden müßte, daß der ausländische Konkursverwalter selbst das Inlandsvermögen des Schuldners nicht zur Masse einziehen könnte, ist es vom Standpunkt des deutschen Rechts ohne Bedeutung, ob der ausländische Gläubiger das nach § 237 Abs. 1 KO. im Inlande vom Schuldner Eingezogene behält oder gezwungen ist, es an die Konkursmasse zur gleichmäßigen Befriedigung aller Konkursgläubiger abzuliefern (vgl. Jaeger KO. § 237 Anm. 3; Mentzel KO. 4. Aufl. § 238 Anm. 3; anderseits RGZ. Bd. 16 S. 337 [339]; RGUrt. vom 28. Februar 1899 II 337/98, abgedr. Reichsanzeiger Beil. 1899 S. 102). Das Pfandrecht der Kirchengemeinde an den Hypothekenzinsen ist also nicht zu beanstanden. Daraus folgt aber weiter, daß Rechtsanwalt G. den bei ihm hinterlegten Hypothekenbrief für die Kirchengemeinde besitzt, nicht für den Beklagten und daß der Beklagte schon aus diesem Grunde kein Pfandrecht an der Hypothek erworben hat.

Wenn die Kirchengemeinde eine Forderung gegen die Nationale Spaar- en Emissiebank hatte, kann auch kein Verstoß gegen die guten Sitten darin gesehen werden, daß die Kläger sie veranlaßten, wegen ihrer Forderung die Hypothek V. zu pfänden, und auf diese Weise zu erreichen suchten, daß der Erlös aus der Pfändung der Konkursmasse zugute kam. Anders würde die Sache allerdings zu beurteilen sein, wenn die Kirchengemeinde keine Forderung gegen die Nationale Spaar- en Emissiebank hatte, und die Kläger sie veranlaßten, sich für eine erdichtete Forderung einen vollstreckbaren Titel gegen sie zu verschaffen und auf Grund dieses Titels die Hypothek zu pfänden, um dem Beklagten die Vollstreckung in die Hypothek unmöglich zu machen. Ein solches Verhalten würde die Kirchengemeinde und auch die Kläger dem Beklagten nach § 826 BGB. zum Schadensersatz verpflichten.

Ein Schaden könnte aber dem Beklagten durch ein solches Verhalten nur dann entstanden sein, wenn er ohne dies Verhalten das Pfandrecht an der Hypothek erworben hätte. Auch in dieser Richtung bestehen rechtliche Bedenken gegen die Ausführungen des Berufungsgerichts. Sowohl der Schiedsspruch und die Vollstreckbarkeitserklärung als auch die Pfändungsbeschlüsse sind gegen die Nationale Emissiebank N. V. ergangen. Dadurch, daß der Bezeichnung der Schuldnerin hinzugefügt ist „vormals Nationale Spaar- en Emissiebank N. V." ändert sich nichts daran, daß nur die Nationale Emissiebank verurteilt und nur gegen sie gepfändet ist. Die Hypothek steht aber nach dem Grundbuch der Nationalen Spaar- en Emissiebank N. V. zu, gegen diese ist eine Pfändung nicht ausgebracht worden. Der Berufungsrichter meint, die Kläger könnten sich hierauf nicht berufen, weil einem solchen Handeln die Einrede der Arglist entgegenstehe; sie müßten sich so behandeln lassen, als ob die eine Bank mit der anderen personengleich sei, weil sie sich sonst mit dem früheren Verhalten der beiden Banken in Widerspruch setzen würden. Dem kann nicht zugestimmt werden. Die Spaar- en Emissiebank N. V. und die Emissiebank N. V. bestanden als selbständige Aktiengesellschaften nebeneinander. Die Emissiebank N. V. hatte zwar einen Teil der Geschäfte der Spaar- en Emissiebank N. V. übernommen, die Spaar- en Emissiebank N. V. war aber nicht etwa in die Emissiebank N. V. aufgegangen, sondern führte die Geschäfte einer Sparbank und Sparkasse weiter. Die Hypothek V. ist auf die Emissiebank nicht übertragen worden. Der Beklagte hat keinen vollstreckbaren Titel gegen die Spaar- en Emissiebank, auch keinen Pfändungsbeschluß gegen sie. Er würde deshalb, auch wenn ihm der Hypothekenbrief übergeben worden wäre, kein Pfandrecht an der Hypothek erlangt haben und ist mangels der gesetzlichen Voraussetzungen auch nicht in der Lage, ein solches zu erlangen. Die Voraussetzungen einer wirksamen Zwangsvollstreckung sind vom Gesetz zwingend vorgeschrieben und können nicht durch die Berufung auf Treu und Glauben ersetzt werden.

Nun behauptet der Beklagte allerdings, auch Ansprüche gegen die Nationale Spaar- en Emissiebank zu haben. Nur dadurch, daß die Banken in der Geschäftsführung zwischen den Geschäften der einen und anderen Bank keinen Unterschied gemacht hätten, und insbesondere dadurch, daß die Spaar- en Emissiebank geduldet habe, daß die Emissiebank sich als ihre Rechtsnachfolgerin bezeichnete, sei er davon abgehalten worden, seine Ansprüche im Schiedsverfahren auch gegen die Spaar- en Emissiebank geltend zu machen und später die dieser zustehende Hypothek gültig zu pfänden; ein solches Verhalten mache die Spaar- en Emissiebank ihren Gläubigern gegenüber verantwortlich. Mit diesen Ausführungen macht der Beklagte vertragliche Schadensersatzansprüche aus dem Verhalten der Organe der Spaar- en Emissiebank aus der Zeit vor der Konkurseröffnung geltend. Da, wie bereits dargelegt, die Spaar- en Emissiebank durch die Konkurseröffnung aufgelöst worden ist und ihre Vertretung nach niederländischem Recht jetzt ausschließlich in den Händen der Kläger als ihrer Konkursverwalter liegt, können solche Ansprüche auch außerhalb des Konkursverfahrens gegen die Kläger geltend gemacht werden (RGZ. Bd. 14 S. 417). Allerdings beschränkt sich die Möglichkeit der Vollstreckung der so geltend gemachten Schadensersatzansprüche auf das inländische Vermögen der Schuldnerin, das ungeachtet der Konkurseröffnung im Auslande nach § 237 Abs. 1 KO. der Einzelzwangsvollstreckung zur Verfügung steht. Um Inlandsvermögen handelt es sich aber bei den hinterlegten Hypothekenzinsen auf die sich der vorliegende Rechtsstreit bezieht.

Ein Anspruch des Beklagten gegen die Kläger auf Einwilligung in die Auszahlung der hinterlegten Hypothekenzinsen an ihn könnte demnach gegeben sein, wenn ihm Ansprüche gegen die Nationale Spaar- en Emissiebank zustehen und diese durch ihr Verhalten ihn schuldhaft davon abgehalten hat, sie geltend zu machen und durch Pfändung der Hypothek V. durchzusetzen, und wenn weiter die Kläger im Zusammenwirken mit der Kirchengemeinde St. Lambertus dieser einen Vollstreckungsbefehl wegen einer nicht bestehenden Forderung gegen die Spaar- en Emissiebank und damit die Möglichkeit verschafft haben, die Hypothek V. vor dem Beklagten zu pfänden. Wenn beides der Fall ist, würden die Kläger verpflichtet sein, in die Auszahlung der hinterlegten Hypothekenzinsen an den Beklagten zu willigen; andernfalls würde der Beklagte seine Zustimmung zur Auszahlung an die Kirchengemeinde St. Lambertus geben müssen.

RGZ. 157, 294

Kann der Verwalter im Nachlaßkonkurse die Löschung einer Hypothek verlangen, die nach dem Eintritt des Erbfalls auf einem

Nachlaßgrundstück im Wege der Zwangsvollstreckung eingetragen worden ist?

KO. § 221.

VII. Zivilsenat. Urt. v. 29. April 1938.

I. Landgericht Berlin. II. Kammergericht daselbst.

Die Frage ist bejaht worden aus folgenden

Gründen:

Daß der Tatbestand des § 221 KO. gegeben ist, verkennt das Berufungsgericht nicht; es meint aber, diese Bestimmung rechtfertige nicht das Verlangen des Konkursverwalters auf Löschung der Hypothek, sondern gebe ihm nur einen Anspruch auf Eintragung eines Vermerkes im Grundbuch, daß die Hypothek den Konkursgläubigern gegenüber unwirksam sei. Dem kann nicht zugestimmt werden. § 221 KO. nimmt nach seinem Wortlaut einem Gläubiger, der nach dem Erbfall in den Nachlaß vollstreckt hat, zunächst nur das Recht auf abgesonderte Befriedigung auf Grund seiner Vollstreckungsmaßregel. Es handelt sich insoweit nur um eine Verfahrensvorschrift. Es ist aber nicht zweifelhaft, daß diese auch einen sachlich-rechtlichen Gehalt hat. Es hätte keinen Sinn, dem Gläubiger für die Zeit des Konkurses das Recht auf abgesonderte Befriedigung abzusprechen, wenn nicht der Konkursverwalter zugleich das Recht haben sollte, die Sache, in die vollstreckt wurde, ohne Rücksicht auf die dadurch erworbenen Rechte auf abgesonderte Befriedigung in Erfüllung seiner Aufgaben zu verwerten (§ 117 KO.). § 221 KO. schafft also für die Dauer des Konkurses einen Zustand sachlichen Rechts, der im Falle der Verwertung der Sache, in die vollstreckt wurde, ein Dauerzustand wird, im anderen Fall aber nach Beendigung des Konkurses oder Freigabe der Sache endigt, so daß die durch die Vollstreckung erworbenen Rechte wieder in vollem Umfange gelten. Dieser Rechtszustand besteht in der Unwirksamkeit des durch die Vollstreckung erworbenen Rechts auf abgesonderte Befriedigung, d. h., da diese Art der Befriedigung das Wesen des erworbenen Rechts ausmacht, in der Unwirksamkeit des erworbenen Rechts, zunächst für die Dauer des Konkurses, unter Umständen aber auch nach Beendigung des Konkurses. Ob man die zeitlich beschränkte Unwirksamkeit der Rechte, wie sie § 221 KO. ausspricht, in jeder Beziehung als Unwirksamkeit gegenüber allen, aber nur für die Zwecke des Konkurses anzusehen hat, gleich der Unwirksamkeit bei der Bestellung eines dinglichen Rechts durch den Gemeinschuldner nach der Eröffnung des Konkurses gemäß § 7 KO. (RGZ. Bd. 71 S. 38; Mentzel KO. 5. Aufl. § 7 Anm. 3; Jäger KO. 5. Aufl. § 7 Anm. 8), und wie sich die in den §§ 28, 87, 104 der Vergleichsordnung vom 26. Februar 1935 (RGBl. I S. 321) ausgesprochene Unwirksamkeit dazu verhält, mag auf sich beruhen. Auf keinen Fall liegt nur eine derart beschränkte Unwirksamkeit vor, daß, wie das Berufungsgericht meint, die Eintragung eines Vermerks ins Grundbuch über die Unwirksamkeit gegenüber den Konkursgläubigern zur Berichtigung des infolge der Konkurseröffnung unrichtig gewordenen Grundbuchs genügte, daß also eine Art Verfügungsbeschränkung vorläge. Dem Konkursverwalter soll durch § 221 KO. die Möglichkeit einer Verwertung ohne Rücksicht auf die erworbenen Rechte gegeben werden. Es hieße ihn ungebührlich beschränken, wenn man ihm nicht das Recht geben wollte, die Einwilligung zur Löschung einer nach § 221 KO. unwirksamen Zwangshypothek zu verlangen. Kraft seines Amtes hat er die Verwertung der zur Konkursmasse gehörenden Gegenstände vorzunehmen. Will er ein Grundstück verwerten, so kann man ihn nicht darauf verweisen, zunächst darüber zu verfügen und dann erst, nötigenfalls nach einem langwierigen Rechtsstreit, die Löschung der Hypothek herbeizuführen. Die Aussichten auf einen Verkauf würden ungebührlich geschmälert, eine Verwertung oft unmöglich gemacht werden, wenn die Hypothek bei Verkaufsverhandlungen noch im Grundbuche stünde und der Kaufliebhaber nicht wüßte, wie sich der Hypothekengläubiger zu dem Verkaufe stellen werde. Nur in Ausnahmefällen, z. B. wenn eine Zwangshypothek auf ein schon vorher überlastetes Grundstück eingetragen wäre, so daß sie für die Verwertung durch den Konkursverwalter keine Bedeutung hätte, mag ein Anspruch auf ihre Löschung nicht gegeben sein; daß aber ein solcher Fall hier vorläge, ist nicht behauptet worden. Im übrigen muß es dem Konkursverwalter möglich sein, die Löschung der Hypothek zu verlangen (Mentzel KO. 5. Aufl. § 221 Anm. 6). Jäger (KO. 5./6. Aufl. § 221 Anm. 5) äußert sich dazu folgendermaßen: „Beeinträchtigt eine nach § 221 Abs. 1 der Absonderungskraft ermangelnde Zwangshypothek die konkursmäßige Verwertung, so muß der Konkursverwalter zum Zweck der Erfüllung seiner gesetzlichen Aufgabe (§ 117) berechtigt sein, die Löschung zu erwirken. Das Grundbuch ist nun unrichtig.“ Wenn dies dahin zu verstehen sein sollte, daß der Konkursverwalter erst dann die Löschung verlangen könnte, wenn er einen Kaufliebhaber gefunden oder das Grundstück gar schon verkauft hätte, so könnte dem aus den oben dargelegten Gründen nicht zugestimmt werden. Es ist nicht anzunehmen, daß der Konkursverwalter die Zwangshypothek löschen ließe, wenn ein Verkauf des Grundstücks nicht oder nicht mehr in Frage kommt. Hatte er sie aber löschen lassen und wurde das Grundstück nicht verkauft, so würde es als seine Amtspflicht anzusehen sein, vor der Beendigung des Konkurses die Wiedereintragung der Hypothek zu veranlassen. Geht man hiervon aus, so sind auch die Belange des Gläubigers gewahrt, die das Berufungsgericht in den Vordergrund seiner Erörterungen stellt.

Sachregister

(Die Ziffern bedeuten die Seitenzahlen dieses Bandes)

A

B

F

G

Kolibri 360 GmbH
Ferdinand-Jühlke-Straße 7
99095 Erfurt, Deutschland
produktsicherheit@kolibri360.de